ROAD ATLAS
EUROPE

19th edition June 2018

© AA Media Limited 2018

© 2018 MairDumont, D-73751 Ostfildern

A05617

Published by AA Publishing (a trading name of AA Media Limited, whose registered office is Fanum House, Basing View, Basingstoke, Hampshire RG21 4EA, UK. Registered number 06112600).

ISBN: 978 0 7495 7967 8 (spiral bound)
ISBN: 978 0 7495 7990 6 (flexi bound)

A CIP catalogue record for this book is available from The British Library.

Contents

Scale 1:800,000
or 12.6 miles to 1 inch

Travel information · Reiseinformation · Informations voyageurs · Rejseinformation

	🚗	✚	SOS	🛣	‰	🚗	🦺	🔧	Automobile club
A	112	112	112	✓ Vignette	0,5‰	✓	✓	✓	120 ÖAMTC
AL	129	127	128	✗	0,1‰	✗	✓	✓	+355 42 262 263 ACA
AND	110	116	118	✗	0,5‰	✓	✗	✓	+376 80 34 00 Automòbil Club d'Andorra
B	101	112	100	✗	0,5‰	✓	✓	✓	+32 70 34 47 77 Touring Club Belgium
BG	166	150	160	✓ Vignette	0,5‰	✓	✓	✓	+359 2 911 46 Union of Bulgarian Motorists
BIH	122	124	123	✓	0,3‰	✓	✓	✓	+387 33 12 82 BIHAMK
BY	02	03	01	✓	0,0‰	✓	✓	✓	116 BKA
CH	112/117	112/144	112/118	✓ Vignette	0,5‰	✓	✗	✓	0800 140 140 TCS
CY	112	112	112	✗	0,5‰	✗	✓	✓	22 31 31 31 CAA
Kıbrıs	155	112	199	✗	0,0‰	✗	✗	✓	22 31 31 31 CAA
CZ	112	112	112	✓ Vignette	0,0‰	✓	✓	✓	12 30 ÚAMK
D	110	112	112	✗	0,5‰	✗	✓	✓	22 22 22 ADAC
DK	112	112	112	✗	0,5‰	✓	✗	✓	+45 70 13 30 40 FDM
E	112	112	112	✓	0,5‰	✗	✓	✓	+34 900 11 22 22 RACE
EST	110/112	112	112	✗	0,2‰	✓	✓	✓	1888 EAK
F	112/17	112/17	112/18	✗	0,5‰	✗	✓	✓	0800 08 92 22 AIT
FIN	112	112	112	✗	0,5‰	✓	✓	✓	0200 80 80 AL
FL	117	144	118	✗	0,8‰	✗	✗	✓	0800 140 140 TCS
FO	112	112	112	✗	0,5‰	✓	✗	✓	+45 70 13 30 40 FDM
GB	112	112	112	✗	0,8‰	✗	✗	✓	0800 82 82 82 RAC
GBZ	199	199	190	✗	0,5‰	✗	✓	✓	+34 900 11 22 22 RACE
GR	112/100	112/166	112/199	✗	0,5‰	✗	✗	✓	10 400 ELPHA
H	112/107	112/104	112/105	✓ Vignette	0,0‰	✓	✓	✓	188 MAK
HR	112/192	112/94	112/93	✗	0,5‰	✓	✓	✓	+385 1 1987 HAK
I	112	112	112	✓	0,5‰	✓	✓	✓	803 116 ACI
IRL	112	112	112	✗	0,5‰	✗	✗	✓	1800 66 77 88 AA
IS	112	112	112	✗	0,5‰	✓	✗	✓	+354 511 21 12 FIB
L	112/113	112	112	✗	0,5‰	✗	✗	✓	+352 260 00 ACL
LT	112	112	112	✗	0,4‰	✓	✓	✓	1888 LAS
LV	112	112	112	✗	0,5‰	✓	✓	✓	1888 LAMB
M	112	112	112	✗	0,8‰	✗	✓	✓	+356 21 24 22 22 RMF
MC	112	112	112	✗	0,5‰	✗	✓	✓	0800 08 92 22 AIT
MD	902	903	901	✗	0,0‰	✓ XI–III	✓	✓	+373 6 91 43 724 ACM
MK	192	194	193	✓	0,5‰	✓	✓	✓	196 AMSM
MNE	112	112	112	✗	0,3‰	✓	✓	✓	+382 198 07 AMSCG
N	112	113	110	✗	0,2‰	✓	✓	✓	08 505 NAF
NL	112	112	112	✓ Vignette	0,5‰	✗	✗	✓	+31 88 269 28 88 ANWB
P	112	112	112	✗	0,5‰	✗	✗	✓	707 509 510 ACP
PL	112	112	112	✗	0,2‰	✓	✗	✓	19637 PZM
RKS	92	94	93	✗	0,5‰	✓	✗	✓	+385 1 1987 HAK
RO	112	112	112	✗	0,0‰	✓ Fahrzeuge > 3,5 t	✓	✓	+40 21 222 22 22 ACR
RSM	112	112	112	✗	0,5‰	✓	✓	✓	803 116 ACI
RUS	02	03	01	✗	0,0‰	✓	✗	✓	8 800 505 08 66 AKAR
S	112	112	112	✗	0,2‰	✓	✓	✓	+46 771 91 11 11 M
SK	112	112	112	✗	0,0‰	✓	✓	✓	18 124 SATC
SLO	112	112	112	✓ Vignette	0,5‰	✓	✗	✓	19 87 AMZS
SRB	92	94	93	✗	0,3‰	✓	✓	✓	1987 AMSS
TR	155	112	110	✓	0,5‰	✗	✗	✓	+90 212 3 47 90 45 TTOK
UA	02	03	01	✗	0,0‰	✓	✓	✓	+380 9 76 68 38 30 112UA
V	112	118	115	✗	0,5‰	✓	✓	✓	803 116 ACI

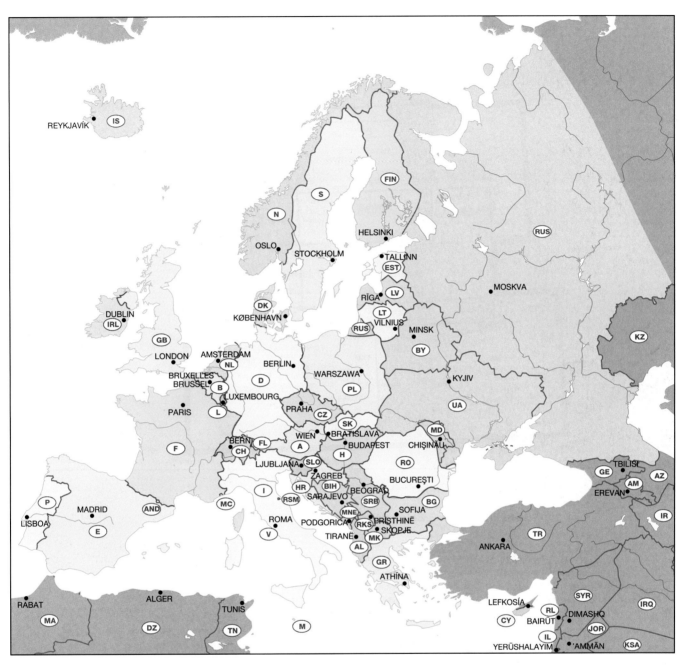

EUROPA · EUROPE

		□ km²	👥(x1000)
(A)	Österreich	83 879	8 508
(AL)	Shqipëria (Albania)	28 748	3 600
(AND)	Andorra	468	75
(B)	België · Belgique	32 545	11 199
(BG)	Bălgarija	110 994	7 364
(BIH)	Bosna i Hercegovina	51 197	3 817
(BY)	Belarus'	207 595	9 462
(CH)	Schweiz · Suisse · Svizzera · Svizra	41 285	8 000
(CY)	Kýpros	9 251	885
(CZ)	Česko	78 866	10 520
(D)	Deutschland	357 168	80 716
(DK)	Danmark	43 094	5 627
(E)	España	505 990	46 700
(EST)	Eesti	45 227	1 310
(F)	France	543 965	64 437
(FIN)	Suomi · Finland	338 144	5 460
(FL)	Liechtenstein	160	37
(GB)	United Kingdom	243 820	63 700
(GR)	Elláda (Greece)	131 957	11 000

EUROPA · EUROPE

		□ km²	👥(x1000)
(H)	Magyarország (Hungary)	93 030	9 900
(HR)	Hrvatska (Croatia)	56 538	4 285
(I)	Italia	301 277	60 783
(IRL)	Éire · Ireland	70 282	4 581
(IS)	Ísland	103 000	326
(L)	Lëtzebuerg · Luxemburg	2 586	549
(LT)	Lietuva (Lithuania)	65 300	2 960
(LV)	Latvija	64 589	2 005
(M)	Malta	316	421
(MC)	Monaco	2	36
(MD)	Moldova	33 800	3 559
(MK)	Makedonija (F.Y.R.O.M)	25 713	2 100
(MNE)	Crna Gora (Montenegro)	13 812	625
(N)	Norge	385 200	5 100
(NL)	Nederland	41 526	16 828
(P)	Portugal	92 345	10 600
(PL)	Polska	312 679	38 500
(RKS)	Kosovë · Kosovo	10 877	1 800
(RO)	România	238 391	20 100

EUROPA · EUROPE

		□ km²	👥(x1000)
(RSM)	San Marino	61	32
(RUS)	Rossija	17 098 200	143 300
(S)	Sverige	449 696	9 640
(SK)	Slovensko	49 034	5 410
(SLO)	Slovenija	20 273	2 060
(SRB)	Srbija	77 474	7 100
(TR)	Türkiye	783 562	76 670
(UA)	Ukrajina	603 700	45 600
(V)	Civitas Vaticana · Città del Vaticano	0,44	0,8
	EU · UE	4 381 000	512 000

1 : 4,500,000

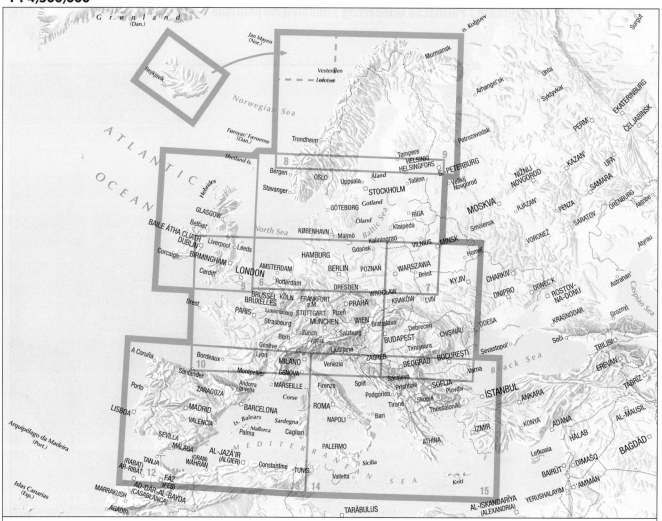

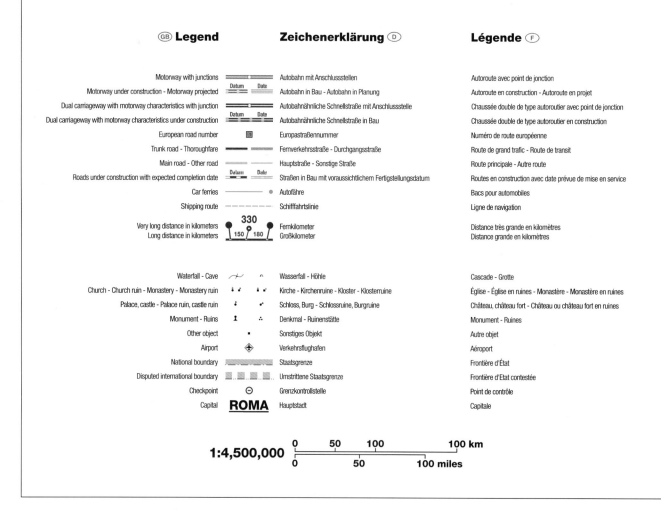

GB **Legend**		**Zeichenerklärung** D	**Légende** F
Motorway with junctions		Autobahn mit Anschlussstellen	Autoroute avec point de jonction
Motorway under construction - Motorway projected	Datum / Date	Autobahn in Bau - Autobahn in Planung	Autoroute en construction - Autoroute en projet
Dual carriageway with motorway characteristics with junction		Autobahnähnliche Schnellstraße mit Anschlussstelle	Chaussée double de type autoroutier avec point de jonction
Dual carriageway with motorway characteristics under construction	Datum / Date	Autobahnähnliche Schnellstraße in Bau	Chaussée double de type autoroutier en construction
European road number		Europastraßennummer	Numéro de route européenne
Trunk road - Thoroughfare		Fernverkehrsstraße - Durchgangsstraße	Route de grand trafic - Route de transit
Main road - Other road		Hauptstraße - Sonstige Straße	Route principale - Autre route
Roads under construction with expected completion date	Datum / Date	Straßen in Bau mit voraussichtlichem Fertigstellungsdatum	Routes en construction avec date prévue de mise en service
Car ferries		Autofähre	Bacs pour automobiles
Shipping route		Schifffahrtslinie	Ligne de navigation
Very long distance in kilometers	**330**	Fernkilometer	Distance très grande en kilomètres
Long distance in kilometers	150 / 180	Großkilometer	Distance grande en kilomètres
Waterfall - Cave		Wasserfall - Höhle	Cascade - Grotte
Church - Church ruin - Monastery - Monastery ruin		Kirche - Kirchenruine - Kloster - Klosterruine	Église - Église en ruines - Monastère - Monastère en ruines
Palace, castle - Palace ruin, castle ruin		Schloss, Burg - Schlossruine, Burgruine	Château, château fort - Château ou château fort en ruines
Monument - Ruins		Denkmal - Ruinenstätte	Monument - Ruines
Other object		Sonstiges Objekt	Autre objet
Airport		Verkehrsflughafen	Aéroport
National boundary		Staatsgrenze	Frontière d'État
Disputed international boundary		Umstrittene Staatsgrenze	Frontière d'Etat contestée
Checkpoint	⊖	Grenzkontrollstelle	Point de contrôle
Capital	**ROMA**	Hauptstadt	Capitale

1:4,500,000

0	50	100	100 km
0		50	100 miles

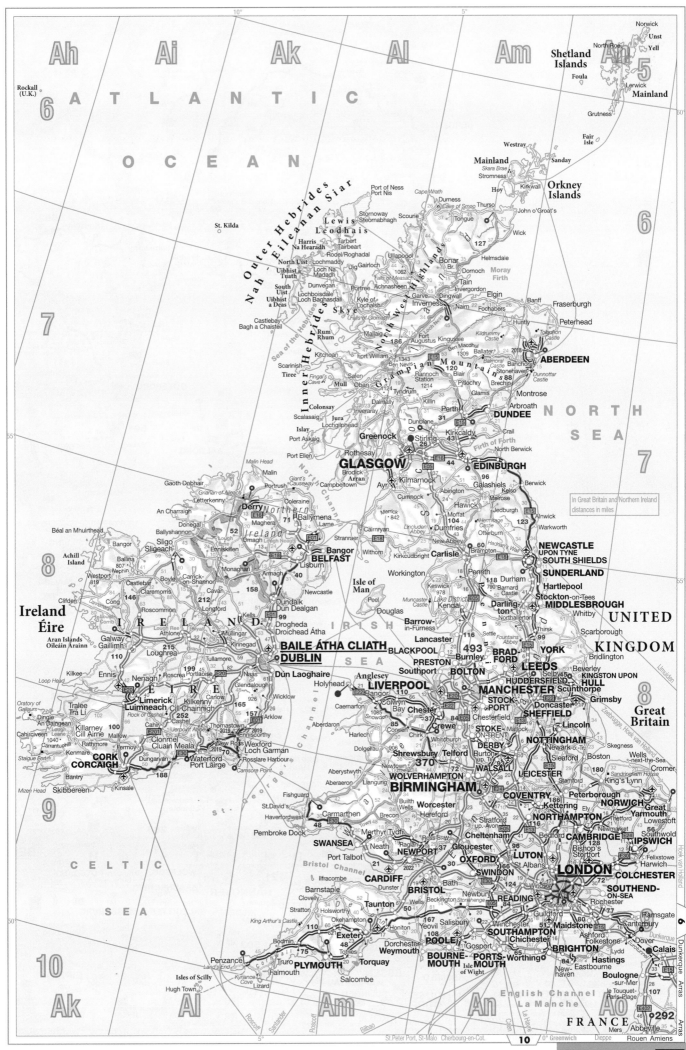

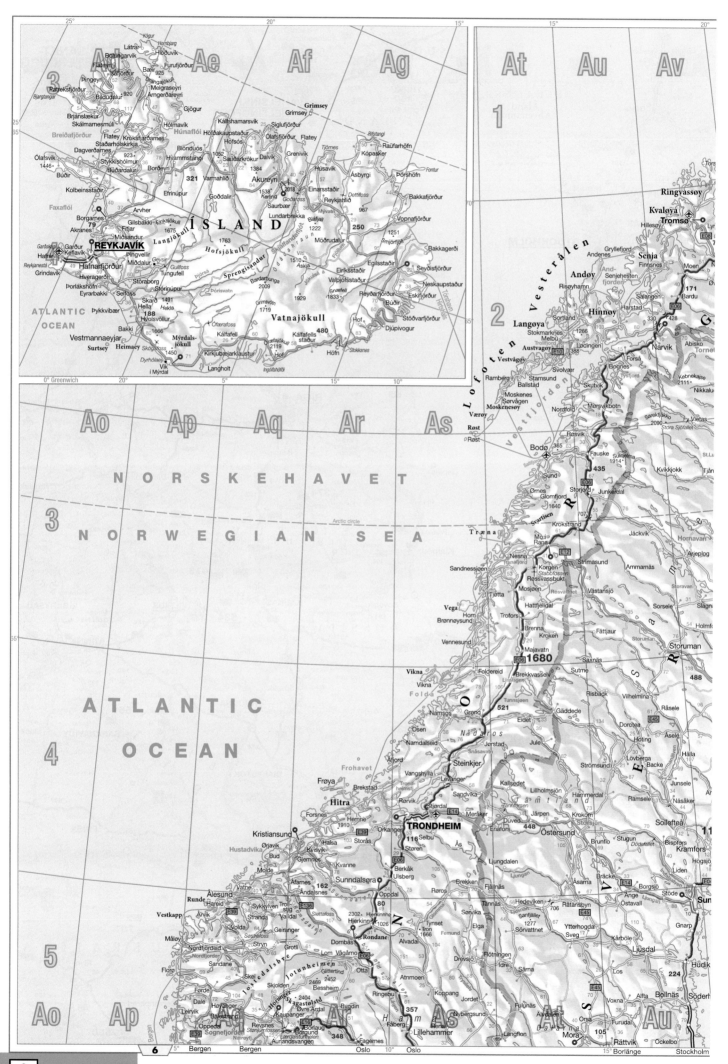

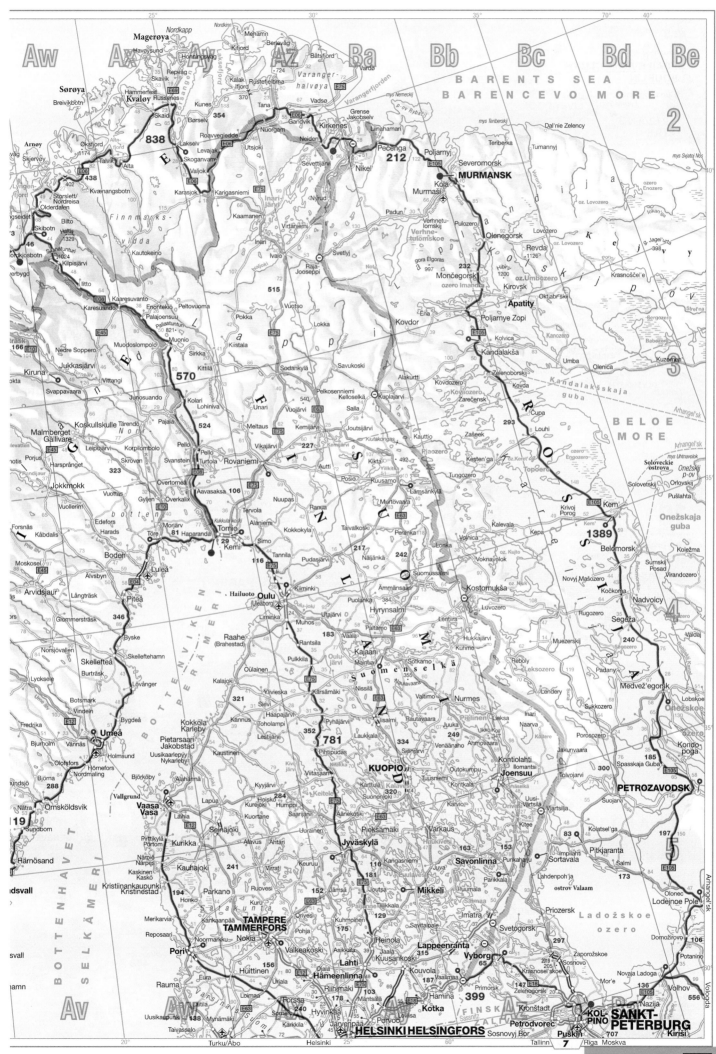

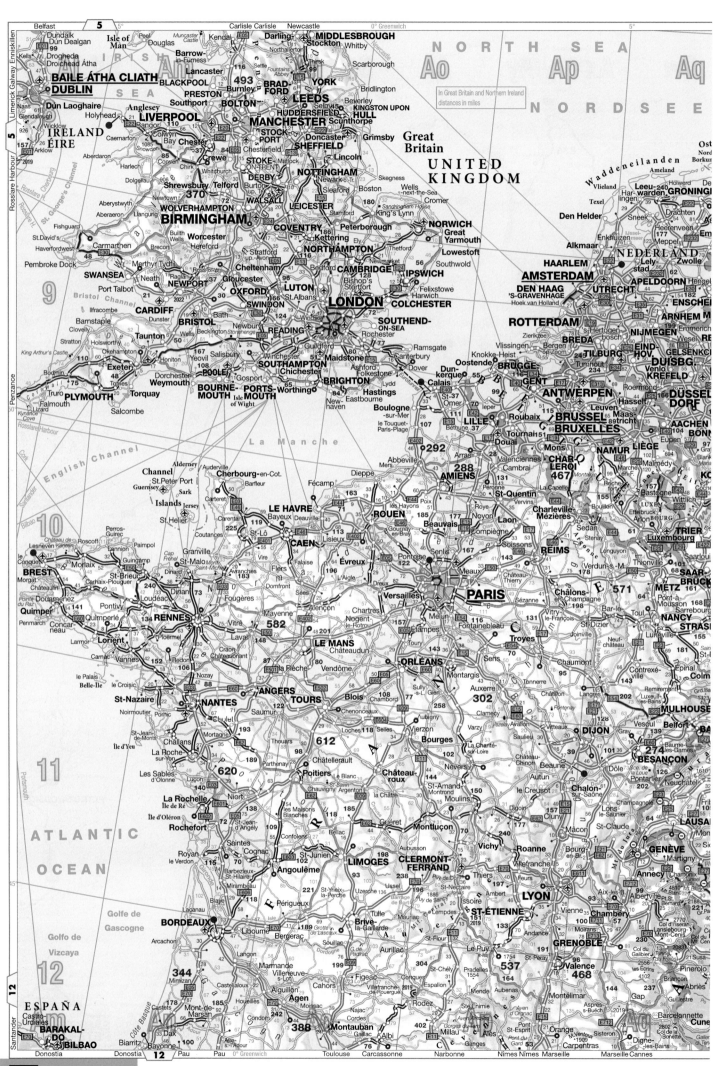

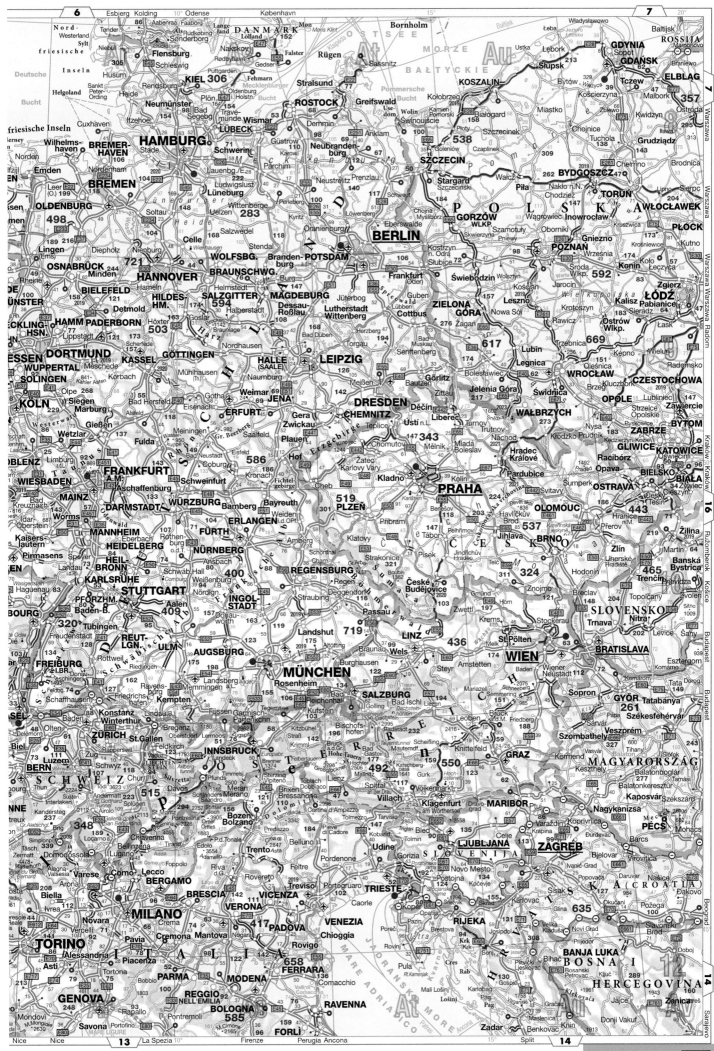

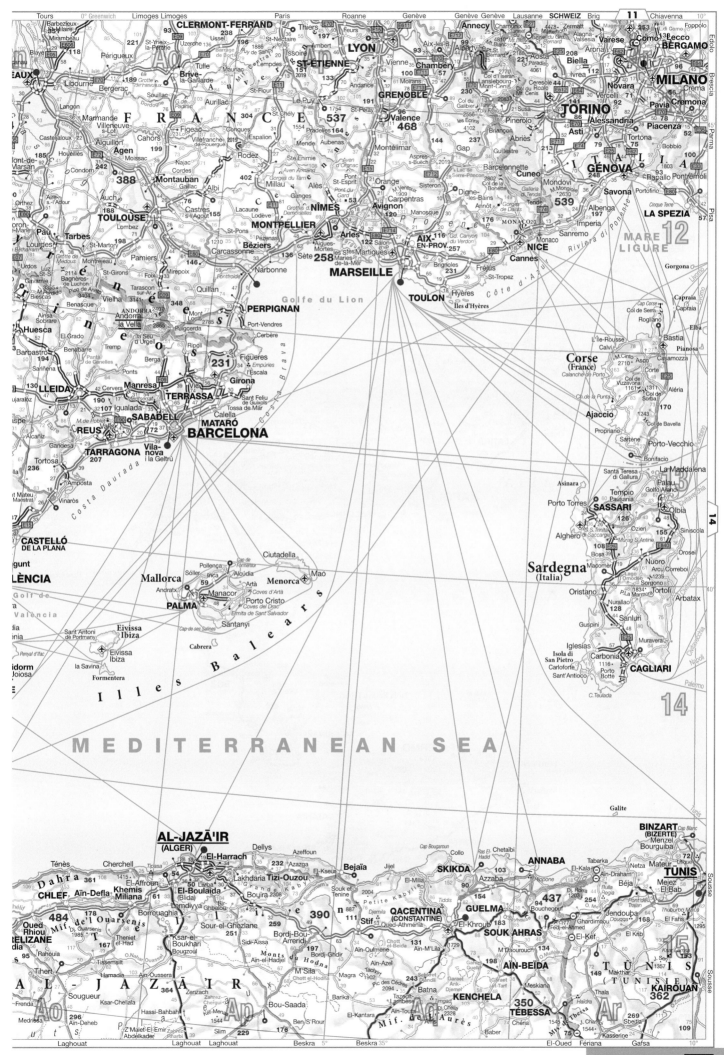

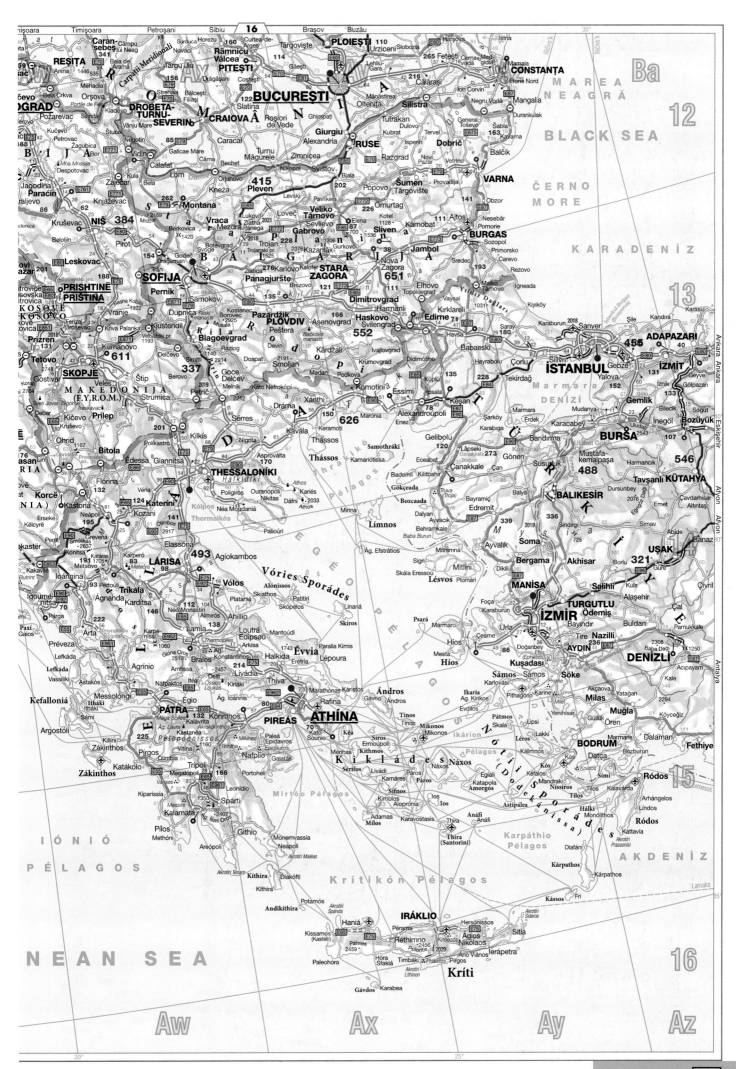

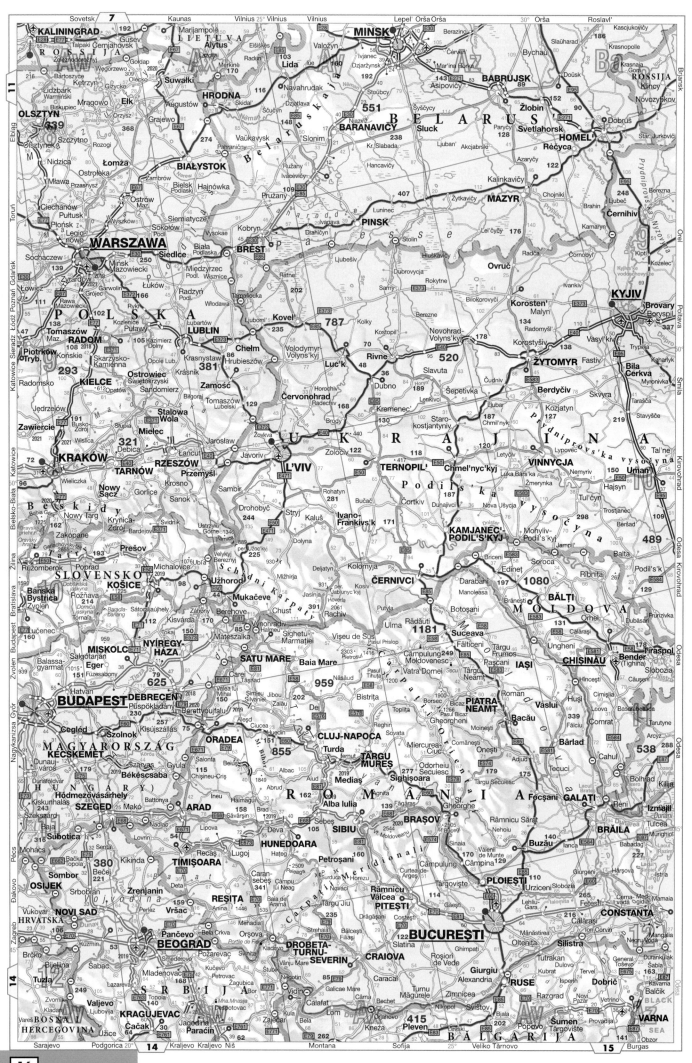

Distances · Entfernungen · Distances · Afstande

km
10 km = 6.2 miles

	Athína (GR)	Berlin (D)	Bern (CH)	København (DK)	Kyjiv (UA)	Lisboa (P)	London (GB)	İstanbul (TR)	Madrid (E)	Moskva (RUS)	Paris (F)	Roma (I)	Stockholm (S)	Warszawa (PL)	Wien (A)
Athína (GR)		2346	2405	2776	2083	4238	3185	1096	3685	2937	2897	1274	3420	2339	1712
Berlin (D)	2346		965	439	1372	2872	1041	2225	2314	1847	1053	1508	1083	574	681
Bern (CH)	2465	965		1235	2228	2011	982	2316	1564	2691	571	931	1899	1445	869
København (DK)	2776	439	1235		1771	2948	1245	2626	2488	2248	1217	1901	661	1002	1114
Kyjiv (UA)	2083	1372	2228	1771		4147	2403	1462	3687	877	2402	2354	2413	782	1352
Lisboa (P)	4238	2872	2011	2948	4147		2188	4087	631	4666	1751	2526	3596	3410	2910
London (GB)	3185	1041	982	1245	2403	2188		3044	1720	2873	454	1838	1899	1627	1476
İstanbul (TR)	1096	2225	2316	2626	1462	4087	3044		3572	2150	2805	2258	3272	2190	1592
Madrid (E)	3685	2314	1564	2488	3687	631	1720	3572		4097	1281	1967	3126	2851	2397
Moskva (RUS)	2957	1847	2691	2248	877	4666	2873	2150	4097		2851	3066	1438	1257	1954
Paris (F)	2897	1053	571	1217	2402	1751	454	2805	1281	2851		1425	1867	1592	1238
Roma (I)	1274	1508	931	1901	2354	2526	1838	2258	1967	3066	1425		2548	1795	1133
Stockholm (S)	3420	1083	1879	661	2413	3596	1899	3272	3126	1438	1867	2548		1645	1760
Warszawa (PL)	2339	574	1445	1002	782	3410	1627	2190	2851	1257	1592	1795	1645		718
Wien (A)	1712	681	869	1114	1352	2910	1476	1592	2397	1954	1238	1133	1760	718	

United Kingdom Malta Deutschland Österreich France Luxembourg

 Republic of Ireland Liechtenstein Schweiz Belgique Monaco

 Suisse

Republic of Ireland

(GB)

(D)

(F)

GB	D		F
Motorway with junctions	Autobahn mit Anschlussstellen		Autoroute avec points de jonction
Tol motorway - Toll station	Autobahn mit Gebühr - Mautstelle		Autoroute à péage - Gare de péage
Filling-station - Road-side restaurant - Road-side restaurant and hotel - Truckstop - Truck secure parking	Tankstelle - Raststätte - Rasthaus mit Übernachtung - Autohof - LKW -Sicherheitsparkplatz		Poste d'essence - Restaurant - Motel - Relais routier - Parking sécurisé poids lourds
Motorway under construction - Motorway projected	Autobahn in Bau - Autobahn in Planung		Autoroute en construction - Autoroute en projet
Dual carriageway with motorway characteristics - under construction	Autobahnähnliche Schnellstraße - in Bau		Chaussée double de type autoroutier - en construction
Dual carriageway - Thoroughfare	Straße mit getrennten Fahrbahnen - Durchgangsstraße		Route à chaussées séparées - Route de transit
Important main road - Main road - Secondary road	Wichtige Hauptstraße - Hauptstraße - Nebenstraße		Route principale importante - Route principale - Route secondaire
Roads under construction	Straßen in Bau		Routes en construction
Carriageway (use restricted) - Footpath	Fahrweg (nur bedingt befahrbar) - Fußweg		Chemin carrossable (praticabilité non assurée) - Sentier
Road closed for motor vehicles - Gradient	Straße für Kraftfahrzeuge gesperrt - Steigung	×××××× 8%	Route interdite aux véhicules à moteur - Montée
Pass - Closure in winter	Pass - Wintersperre	12-04	Col - Fermeture en hiver
Not recommended - closed for caravans - Car-loading terminal	Für Wohnanhänger nicht empfehlenswert - gesperrt - Autozug-Terminal		Non recommandée - interdite aux caravanes - Gare auto-train
Road numbers	Straßennummern	A35 28 18 5 E45	Numéros des routes
Distances in km on motorways	Kilometrierung an Autobahnen	75	Distances en km sur autoroutes
Distances in km on other roads	Kilometrierung an übrigen Straßen	63	Distances en km sur autres routes

In Great Britain and Northern Ireland distances in miles | In Großbritannien und Nordirland Entfernungen in Meilen | | En Grande-Bretagne et Irlande du Nord distances en milles

GB	D		F
Main line railway - Secondary line railway	Fernverkehrsbahn - Sonstige Eisenbahn		Chemin de fer: ligne à grand trafic Chemin de fer: ligne à trafic secondaire
Rack-railway - Aerial cableway	Zahnradbahn - Luftseilbahn		Chemin de fer à crémaillère - Téléphérique
Car ferry - Car ferry on river	Autofähre - Autofähre an Flüssen		Bac pour automobiles - Bac fluvial pour automobiles
Shipping route - Railway ferry	Schifffahrtslinie - Eisenbahnfähre		Ligne de navigation - Ferry-boat
Airport - Regional airport - Airfield	Verkehrsflughäfen - Regionalflughäfen - Flugplatz		Aéroport - Aéroport régional - Aérodrome
Route with beautiful scenery - Tourist route	Landschaftlich schöne Strecke - Touristenstraße	Strada del Vino	Parcours pittoresque - Route touristique
Church - Monastery - Castle, palace - Mosque - Ruins	Kirche - Kloster - Burg, Schloss - Moschee - Ruinen		Église - Monastère - Château fort, château - Mosquée - Ruines
Archaeological excavation or ruins - Tower - Lighthouse	Ausgrabungs- oder Ruinenstätte - Turm - Leuchtturm		Site archéologique ou ruines - Tour - Phare
Monument - Cave - Waterfall - Other object	Denkmal - Höhle - Wasserfall - Sonstiges Objekt		Monument - Grotte - Cascade - Autre objet
National park, nature park	Nationalpark, Naturpark		Parc national, parc naturel
Point of view	Aussichtspunkt		Point de vue
Youth hostel - Camping site	Jugendherberge - Campingplatz		Auberge de jeunesse - Terrain de camping
Refuge - Isolated hotel	Berghütte - Allein stehendes Hotel		Refuge - Hôtel isolé
Prohibited area	Sperrgebiet		Zone interdite
National boundary - Check-point - Check-point with restrictions	Staatsgrenze - Grenzkontrollstelle - Grenzkontrollstelle mit Beschränkung		Frontière d'État - Point de contrôle - Point de contrôle avec restrictions
Disputed national boundary	Umstrittene Staatsgrenze		Frontière d'État contestée
Capital	Hauptstadt	**PARIS**	Capitale

1 : 800,000

0	10	20	30	40	50 km
0		10		20	30 mi

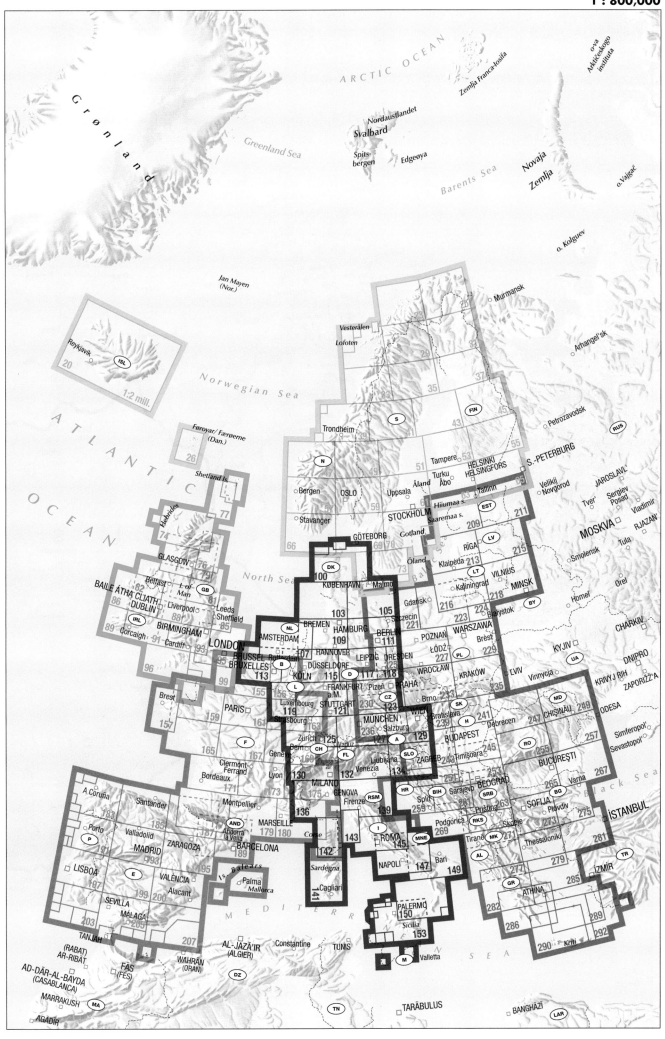

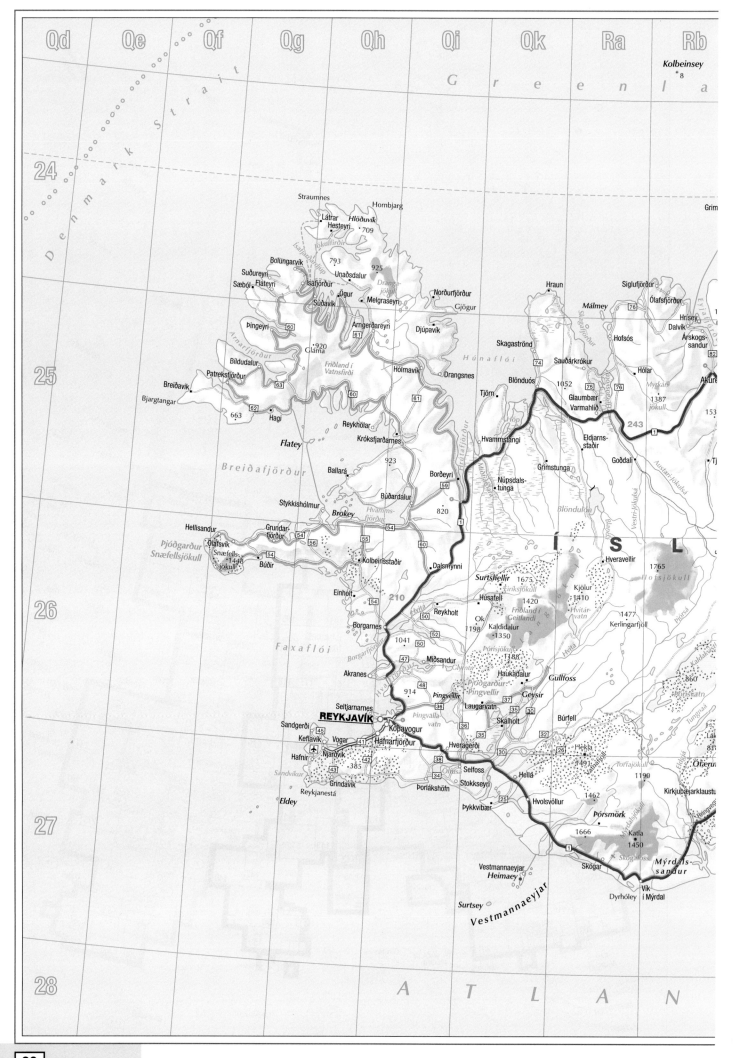

24

25

26

27

28

Kolbeinsey
*8

G *r* *e* *e* *n* *l* *a*

Grim

Denmark *Strait*

Straumnes
Hornbjarg
Látrar   Hlöðuvík
Hesteyri   •709
Bolúngarvík   793
Suðureyri   Unaðsdalur   925
Sæból   Flateyri   Ísafjörður
Þingeyri   Súðavík   Ögur   Melgraseyri
Ísafjarðardjúp   Norðurfjörður
Gjögur
•920   Arngerðareyri
Gláma   61   Djúpavík   Skagaströnd
Bíldudalur   *Friðland í*
Patreksfjörður   *Vatnsfirði*   Hólmavík   Drangsnes   Blönduós
Breiðavík   63   Reykhólar   60   *Húnaflói*   Tjörn
Bjargtangar   62   Króksfjarðarnes   61   Borðeyri   Hvammstangi
663   Hagi   Ballará   923   59   Núpsdals-
Flatey   Búðardalur   tunga   Grímstunga
Breiðafjörður   820   1   *Blöndulón*
Stykkishólmur   *Hvamms-*   54
Brokey   *fjörður*   54
Hellisandur   Grundar-   55   60
Ólafsvík   fjörður   54   56   Kolbeinsstaðir   Dalsmynni   Surtshellir   1675
Þjóðgarður   Snæfells-   54   Húsafell   1420
Snæfellsjökull   1448   Búðir   Einholt   54   Reykholt   Ok
jökull   210   50   Kaldidalur   1350
Borgarnes   52   1198
1041   50
Faxaflói   47   Miðsandur
Borgarfjörður   Haukadalur
Akranes   48   914   *Þjóðgarður:*
Þingvellir   Pingvellir
Seltjarnarnes   36
REYKJAVÍK   *Þingvalla-*
Sandgerði   45   Kópavogur   *vatn*   36   35
Keflavík   Vogar   41   Skálholt
Njarðvík   42   Hafnarfjörður   Hveragerði
Hafnir   43   •385   38   30
Sandvíkur   Grindavík   34   Selfoss
Reykjanestá   Þorlákshöfn   Stokkseyri
Eldey   Þykkvibær   25   Hvolsvöllur
Hella
Vestmannaeyjar
Surtsey   *Heimaey*
Vestmannaeyjar

Hraun   Siglufjörður
76   Ólafsfjörður
Málmey   Hrísey
Hofsós   Dalvík
Sauðárkrókur   Árskógs-
74   sandur   82
1052   75   Hólar   *Myrkár*
Glaumbær   76   1387
Varmahlíð   243   *jökull*   Akure
1   153
Eldjarns-
staðir
Goðdali   Tj
Austari-jökulsá
Í *S*   *L*
Hveravellir
1765
Eiríksjökull   Kjölur   *Hofsjökull*
Friðland í   1410
Geitlandi   Hvítár-   1477
Þórisjökull   vatn   Kerlingarfjöll
1188   *Þórá*
Gullfoss   860
Geysir
Laugarvatn   35   30   Búrfell   *Tungnaá*
35   32
30   26   Hekla   Lak
1491   *Torfajökull*   81
Vatnajökull   1190   Ólæru
1462   Kirkjubæjarklaustu
Þórsmörk   *Mýrdals-*
1666   Katla   *sandur*
1   1450   *Skógafoss*
Skógar   Vík
Dyrhóley   í Mýrdal

A   T   L   A   N

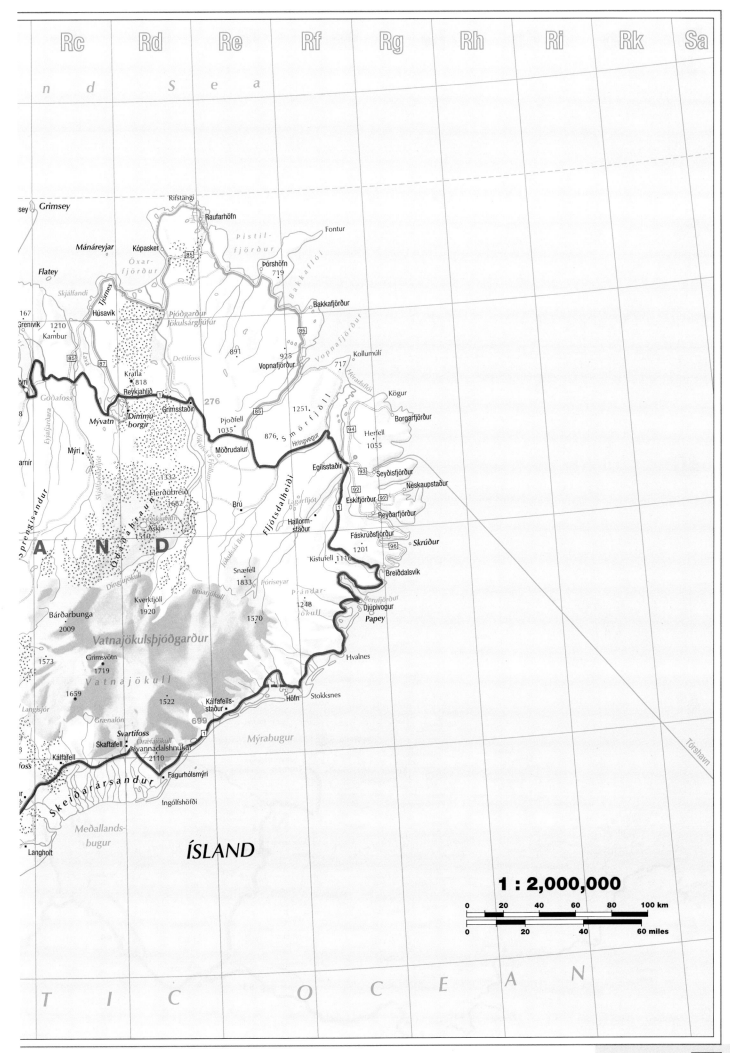

n   d   S   e   a

Grimsey
sey

Mánáreyjar   Rifstangi
                    Raufarhöfn
Kópasker   Fontur
Flatey   85   Pistil-
          Öxar-   fjörður
          fjörður   Þórshöfn
Skjálfandi   719

              Tjörnes   Þjóðgarður   Bakkafjörður
167 Húsavik   Jökulsárgljúfur
Grenivik 1210   Dettifoss   85
     Kambur   Vopnafjörður
                    Krafla 891   925   Kollumúlí
          85 87   818   Reykjahlíð   Vopnafjörður 717   Kögur
Goðafoss   1 Grímsstaðir   276   Borgarfjörður
     Mývatn Dimmu-   876 1251   Smjörfjöll
          borgir   Þjóðfell 1035   Möðrudalur 94 Herfell
Myri   1332   Brú   93 Seyðisfjörður
          Herðubreið   Egilsstaðir 92 Neskaupstaður
          1682   Askja   Eskifjörður 92
A   N   D   1510   Hallorm-   Reyðarfjörður
              Snæfell   staður   Fáskrúðsfjörður
              1833   Kistufell 1201 96 Skrúður
Bárðarbunga Kverkfjöll 1248   Breiðdalsvík
2009   1920   1570
          Vatnajökulsþjóðgarður   Djúpivogur
1573 Grímsvötn   Hvalnes   Papey
     1719
     Vatnajökull   Höfn Stokksnes
1659   Kálfafells-
     1522   staður
Grænalón   699
Svartifoss 1 Öræfajökull
Skaftafell Hvannadalshnúkur Mýrabugur
Kálfafell   2110
          Fagurhólsmýri
     Skeiðarársandur
          Ingólfshöfði
     Meðallands-
     bugur   ÍSLAND
Langholt

1 : 2,000,000

0   20   40   60   80   100 km
0   20   40   60 miles

T   I   C   O   C   E   A   N

21

39

NORSKE HA

NORWEGI

SEA

40

NORSKE HAV

Næringen

Ryten

Nakkeslett · Burøya · Fugløya

Torsvåg · Burøysundet · 753 Rundkallen

Grøtøy · Vannareid · Stora · Årviksand

Nord-kvaløy · Vanna · Skorøya · Kristoffervalen

Helgøy · 1033 Vanntindan · 906 · Akkarvik · A

Rebbenesøy · Bromnes · Mikkelvik · Dåvøya · Kvalvåg · Skåningsbukt

654 · Rebbenesbotn · Keipen · Steinnes · Grunnfjord · Karlsøy

Sandøya 429 · Engvik · Sør-Grunnfjord · Anes 676 · Steinvollen · Langnes · Skattøra · Skog · Karlsøy

Mjølvik · Skarsfjord · Skagsfjord- · Steinsund · Hansnes · Stakkvik · Klokkarvollen · 390 · Lyngstuva

Måsvik · vatnet · Komagvik · Hessfjord · Nordeidet · Russelv

105 · Risøy · 586 · Y. Kårvik · Gamnes · Reinøy · Søreidet · Nord-Lenangen · 1390

Runda · Gråtind · Ringvassøy · Steinalder- · Bjørnskar · Helleristninger · Tverrbakktind · Sør Lenangen

Kvannholmen · Musvær · Kiberg · graver · 863 · Finnkroken · Lenangsøra · Iddonjargga · Gamm handelss

Vengsøya · Naustbukt · Trondjord · Skulsfjord · Skulgam · Grøtsundet · 1094 · Botn · Krigsruiner

Tromvik · Vengsøy- · Belvik · Futrikelv · Ullstind · Oldervik · Jægervatn · 1596 · Store Lenangstind

fjorden · 863 · Tønsvik · Skittenelv · Ullsnesvik · Breivikeidet · 1512 · Koppangen

Sessøya · Rekvik · 1044 · Store Blåmannen · 1111 · Nonstind · Hov · Svensby

Tussøya · Vasstrand · 1042 Ersfjordbotn · Kvaløysletta · TOS · Skjelnan · Tromsøysundtunnelen · 71 · Skarmunken · Jægervasstindane

Hillesøy · Skintinden · Eidkjosen · Tromsømuseet · 91 · Jøvik · Kiosen · Kviteberg

Store Sommarøy · Sandneshamn · Kvaløy · Tromsømuseet · Tromsø · Sandeggen · 1283 · Lyngseidet · Odder

414 · Hillesøy · 862 · Håkøybotn · Vollen · 1283 · Tromsdalstind · Fagernes · 2018 · Fossheim

Kjølva · Berg · Mjeldskardtind · Larseng · 91 · 1359 · Bjørnskartind · Fornesbreen · O

778 · Husøy · Millom- · 953 · Vikran · Sandvik · 1567 · Holmbukt · 63

559 · Okshornan · gard · Helleristninger · Krakletta · N · Ullsfjord · 1413 · Kvalvik

Melfjordvær · Hustufter · Greipstad · Ånsnes · 858 · Sarasteinen · 72 · Skognes · Hundberg · 1833 Jiekkevarre- · Skibotn

Senjehopen · Fjordgård · Jakobnjargga · Selnes · E08 · Stordalselv · breen · E06

Berg · 862 · Tennskjer · 1045 · 1323 · Lakselvbukt · Furuflaten · E08

Straumsnes · Vangshamn · Spildra · Sletting · Kvitnes · Lyngsijellan · 1554

Hamn · 864 · Stønnesbotn · Aglapsvik · 1118 · Malangen · Kantornes · Langdalstinden · 868 · E06

Gryllefjord · Finnsæter · Svarthol- · Lysnes · Malangseidet · Mesterv · Slettmo · Lakselvslettta · Elsnes · 44

86 · Straums- · 957 · Bukkemoen · 577 · Kårvikkjølen · Skutvik · Lia · Elvevollen · Storfjord · 1462 Falesgaissa

Torsken · botn · Sætra · Istindan · Lys- · Rossfjord · Svartnes · Piggtind · Oteren · 1360 · E05

Medby · Senja · Enga · vatnet · 861 · Middagsbukt · 859 · 1505 · Signalnes

Kaldfarnes · Kvænan · Gibostad · Malangen · Aursfjordgård · Balsfjord · Seljelvnes · 1405 · Övergård · Govdda-

Ørja · 851 · Senja · Bjorelvnes · Straumen · Tårnelv · Nordfjorden · Furudal · Bergneset · Russetind · Otertind · javrre

Kaperfjellet · 68 · Sørli · Kvannås · 1004 · Bygdetun · Steinheim · Keianes · Luneng · 858 · Nordkjosbotn · 1527 · Signaldalen

Flakkstadvåg · Finnfjordeidet · 856 · Målsnes · 632 · Nordfjordbotn · E06 · 63 · Tamokdalen · Rognli

964 · Silsand · 632 · Myrhaug · Sagelv- · 87 · Mallan lu

Lønketind · 847 · Ánderdalen · 466 · Rønningen · Karlstad · 1380 · vat. · Heia · 214 · L. Russetind · Vingstad · 1467

Torsken- · nasjonal- · Kampevoll · 860 · Hemmingsjord · 855 · Rossvoll · Blåtindan · Straumsli · 1527

orden · park · Vågan · Skatvik · Takvatnet

Andervat · Vangsvik · Finnsnes · Lunneborg · Geologi

Rødsand · 1096 · Sørreisa · 653 · Moen · 854

Å · Stonglandet · Gjøvik · Espenes · 43 · Solstad

njehesten · Svartåsen · 84 · Fossmo · Svartelv · 86

Fossbakken · Andselv · 28

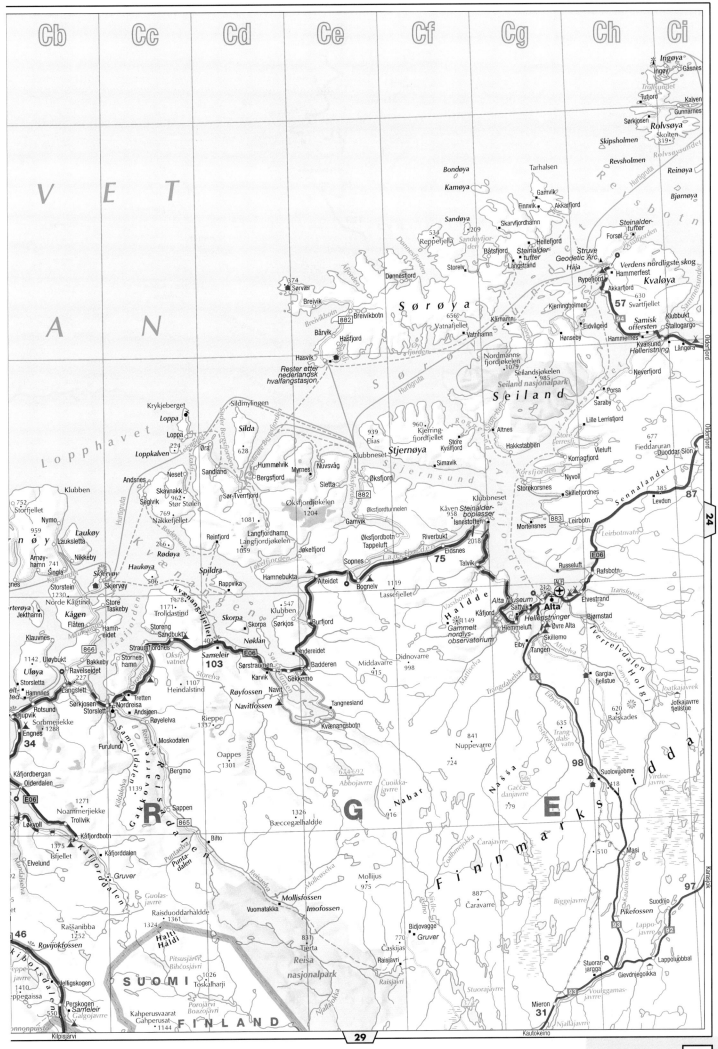

Ingøya
Ingøy · Gåsnes
Tufjord
Trollsundet
Kalven
Sørkjosen · Gunnarnes
Rolvsøya
Skipsholmen · Skolten 319·
Revsholmen
Reinøya · Bjørnøya

Bondøya · Tarhalsen
Kamøya · Gamvik2
Finnvik · Akkarfjord
Sandøya · Skarvfjordhamn
534 · 209 · Hellefjord
Reppefjella · Sandøyfjorden · Steinalder-tufter · Struve
Båtsfjord · tufter · Geodetic Arc · Forsøl
Storelv · Langstrand · Håja
Dønnesfjord · Steinalder-Rypefjord · Hammerfest · **Verdens nordligste skog**
374 · tufter · Hája · Akkarfjord · **Kvaløya**
Sørvær · 630
Breivik · 57 Svartfjellet
Kjerringholmen · Klubbukt
Breivikbotn · Stallogargo
882 · Eidvågeid · Samisk offersten
Bárvik · Vatnafjellet · Kårhamn · Hønseby · Hammernes · Kvalsund
Hasfjord · Vatnhamn · **Seiland** · Hellerristning · Långøra

Sørøya
Nordmanns- · Neverfjord
fjordbreen · 1079 · Porsa
Rester etter · Seilandsjøkelen · Saraby
nederlandsk · 985 · Lille Lerrisfjord
hvalfangststasjon · **Seiland nasjonalpark** · 677
Krykjeberget · Altnes · Fieddaruran
Loppa · Silda · 939 · 960 · Hakkstabben · Vieluft · Duoddar Sion
Loppa · Elias · Kjerring- · Store · Komagfjord
Loppkalven · Øra · 628 · Stjernøya · fjordfjellet · Kvalfjord · Nyvoll · 385
Neset · Hummelvik · Nuvsvåg · Simavik · Storekorsnes · Skillefjordnes · Levdun · 87
Andsnes · Sandland · Bergsfjord · Klubbneset · Klubbneset · 883 · E06
Klubben · Storfjellet · Skavnakk · Sletta · 882 · Gamvik · 958 · Steinalder- · Leirbotn
Nymo · 752 · Seglvik · Stør Stølen · Sør-Tverrfjord · Øksfjord · Isnestoften · Mortensnes · Russelutt
959 · 224 · 769 · Nakkefjellet · 1081 · Øksfjordjøkelen · Øksfjordtunnelen · Rafsbotn
Laukøy · Reinfjord · Langfjordhamn · 1204 · Øksfjordbotn · Riverbukt · 2018
Lauksletta · 962 · Langfjordjøkelen · Tappeluft · Eidsnes · E06
Arnøy- · Nikkeby · 266 · 1059 · Jøkelfjord · 75 · Talvik · Transforelva
hamn · 741 · **Rødøya** · Sopnes · Elvestrand
Singla · Haukøya · Spildra · Hamnebukta · 1119 · ALF · 212
Storstein · 506 · Rappvika · Alteidet · Bognelv · Alta Museum · Alta
Nørde Kågtind · 1230 · Store · 1178 · Lassefjellet · Sattvik · Hellerristninger · Bjørnstad
Skjervøy · Taskeby · Skorpa · Klubben · 547 · Kåfjord · Øvre Alta
jekthamn · **Kågen** · 1171 · Trolldastind · Skorpa · Klubben · Sørkjos · Burfjord · 1149 · Skillemo · Gargia-
Klauvnes · Flåten · 402 · Nøklan · Undereidet · Gammelt · Eiby · fjellstue
1142 · Uløybukt · Hamn- · Storeng · Sandbuktₐ · nordlys- · Tangen
Uløya · eidet · Straumfjordnes · Stornes- · E06 · Baddere · observatoriet · 620 · Bæskades
Storsletta · Ravelseidet · hamn · Oksfj- · Sørstraumen · Middavarre · Didnovarre · Baskades
Hamnnes · 227 · vatnet · **Sameleir** · Karvik · 998 · 93 · fjellstue
Langslett · Tretten · 1107 · Sekkemo · 915 · Gargia-
Rotsund · Sørkjosen · Nordreisa · Heindalstind · **Røyfossen** · Navit · 635
Djupvik · Storslett · Andsjøen · Rieppe · Navitfossen · Tangnesland · 841
Sørbmejiekke · Røyelelva · 1337· · Kvænangsbotn · Trang- · 98 · Suolovuobme
Engnes · 1288 · Furulund · Moskodalen · dals- · 418
34 · Bergmo · Oappes · vatn · Virdne-
Kåfjordbergan · 1301 · 674-692 · **Nabar** · Nàssa · javrre
Olderdalen · E06 · 1271 · Sappen · Abbojavrre · Čuoikka- · Gačča- · Jotkajavrre
Noammerjiekke · 865 · javrre · danjavrre · 779
Trollvik · Bilto · 1326 · 916 · 724 · 887 · 510 · Masi
1375 · Ìsfjellet · Kåfjorddalen · Bæccegælhaldde · Čaravarre
Elvelund · Gruver · Mollijus · Biggejavrre
Gàolas- · 975 · Pikefossen
Råššanibba · javrre · Raisduoddarhåldde · **Mollisfossen** · 93 · 92
46 · 1252 · 1324· · 1361 · Vuomatakka · **Imofossen** · Suodnjo · Lappo-
Rovijokfossen · Halti · Bidjovagge · javrre
Helligskogen · Háldi · 831 · 770 · Stuoran-
1410 · **SUOMI** · 1026 · Tjerta · **Gruver** · Càskjas · jargga · Lappoluobbal
550 · Toskalharji · Raisjàvri · **Reisa** · Gievdnjeguoikka
Sameleir · Kahperusvaarat · Porojärvi · nasjonalpark · Mieron · Vuolggamas-
Galgojavrre · Gahperusat · Boazojärvi · Raisjàvri · 31 · 93 · javrre
Kilpisjärvi · 1144 · **FINLAND** · Njallàvjàkka · Kautokeino

24

97

V E T · **A N**

Lopphavet

Sørøya

Sandøy-fjorden

Stjernøya

Finnmarksvidda

R E G E

G

E

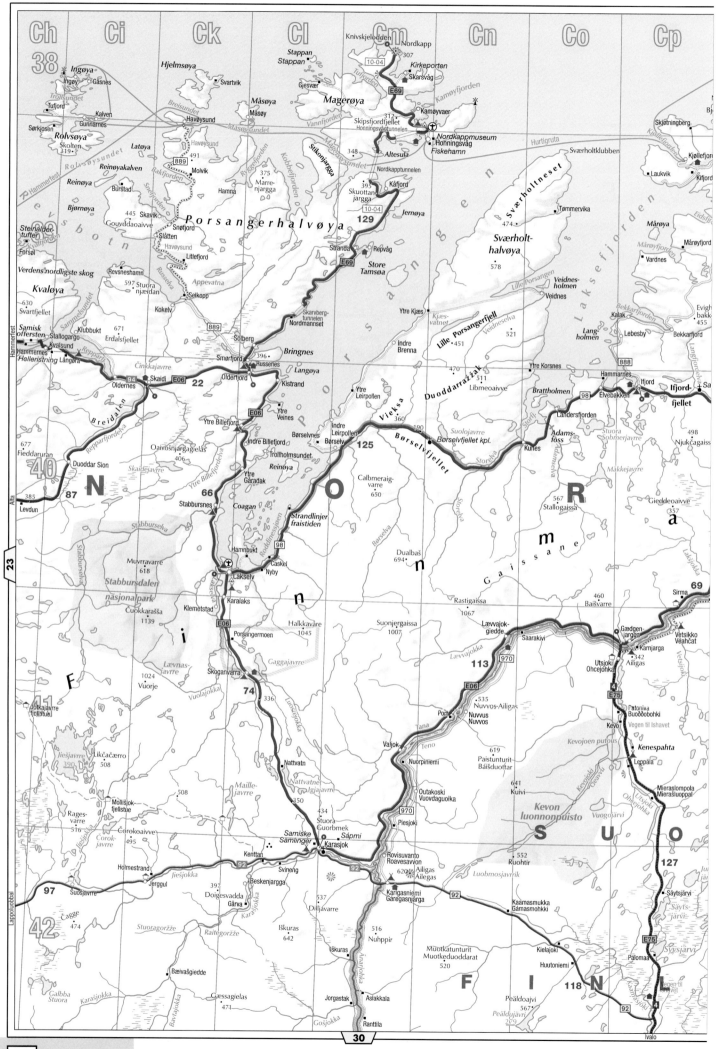

38

Ingøya
Ingøy · Gåsnes
Trollsundet
Tufjord
Kalven
Sørkjosen   Gunnarnes
Rolvsøya
Skolten
319 ·

Hjelmsøya

Svartvik

Stappan
Stappan   Gjesvær

Knivskjelodden
Nordkapp
307
10-04
Kirkeporten
Skarsvåg

E69

Måsøya
Måsøy

Magerøya

Breisundet
Havøysund
Måsøysundet

Vannfjorden

Kamøyvaer

Kamøyfjorden

Skjøtningberg

Bj

312
Skipsfjordfjellet
Honningsvågtunnelen

Nordkappmuseum
Honningsvåg
Fiskehamn

Hurtigruta

Latøya   491
889   Molvik

Reinøyakalven
Reinøya   Burstad
Bjørnøya

Havøysund
Rakfjorden

375
Marre-
njargga
Hamna

Altesula

348
Nordkapptunnelen

Store
Tamsøa

Sværholtklubben

Tømmervika

Sværholt-
halvøya

Mårøya

Mårøyfjord
Vardnes

Svartfjellet
630

Kvaløya
Steinalder-
tufter
Forsøl
Verdens nordligste skog

445 Skavik
Gouvddaoaivve
Snøfjord
Slåtten
Havøysund
Litlefjord

Revsneshamn

Porsangerhalvøya

Russelva
Appevatna

597 Stuora
njæidan

Kokelv

889

Selkopp

Stranda

395
Skuottan-
jargga

10-04
129

Kåfjord

Jernøya

Repvåg

E69

Store
Tamsøa

578

Sværholt-
neset

474

Lakse

Evigh
bakk 455

Kjølefjord

Laukvik
Kifjord

Kjøllefjord

Eids

Bekkarfjorden
Kalak
Lebesby
Bekkarfjord

888

Skarvberg-
tunnelen
Nordmannset

Ytre Kjæs

Kjæs-
vatnet

Lille Porsangerfjell
451

Veidneselva
521

Veidnes-
holmen
Veidnes

Lille Porsangen

Lang-
holmen

Hammerfest

Samisk
offersten   Stallogargo
Kvalsund
Hammernes
Hellerøstring   Långøra

Klubbukt   671
Erdalsfjellet

Činkkajavrre

94   Skaidi
Oldernes   E06   22

Smørfjord   396
Russenes

Langøya

Ytre Billefjord

Ytre
Leirpollen

Duoddarraššak   511
Libmeoaivve

470

Ytre Korsnes

Brattholmen

Hammarnes
Ifjord
Elvebakken

98

Ifjord-
fjellet

Sa

677
Fieddaruran

40

Olderfjord

E06

Kistrand

Indre
Brenna

Vieksa
360

Børselvfjellet kpl.

Adams-
foss
Kunes

Stuora
Sobmerjavrre

498
Njukčagaiss

Duoddar Sion

Skaidejavrre

Ytre Billefjord

Ytre
Veines

Ytre Gåradak

E06

Børselvnes
Børsev

Indre
Leirpollen

190

Landersfjorden

Makkejavrre

87

385
Levdun

Alta

N

Repparfjordelva   Breidalen

66

Indre Billefjord

Trollholmsundet

Reinøya

Oaivošnjargagielas
406

Stabbursnes

Coagan

Strandlinjer
fraistiden

Hamnbukt

Caskel
Nyby

98

Lakselv

O

125

Calbmeraig-
varre
650

Børselva

Storeiva

n

Dualbaš
694 ·

567
Stallogaissa

Gieddeoaivve
357

R

a

m

Gaissane

460   Sirma   69
Baišvarre

Vetsikko
Véahčat

Muvrravarre
618

Stabbursdalen
nasjonalpark
Čuokkarašša
1139

Klemetstad

F

i

Karalaks

E06

Porsangermoen

Halkkavåre
1045

Gaggajavrre

23

Gædgen-
jargga

Kamjarga
342
Ailigas

Utsjoki
Ohcejohka

4

E75

Rastigaissa
1067

Lævvajok-
giedde
Saarakivi

970

113

E06

Suonjergaissa
1007

Læmasjavrre
1024
Vuorje

Skoganvarra

74   336

Vuolajokka

Luossejokka

535
Nuvvos-Ailigas

Porti
Nuvvus
Nuvvos

Valjok

Tana

619

Paistunturit-
Bàišduottar

Patoniva
Buoððobohki

Kevo

Kenespahta

Leppala

Vegen til Ishavet

Kevojoen putous

Kevojoki

Otsjoki

Ohcejohka

Mieraslompola
Mierašluoppal

41

Jotkajavrre
fjellstue

Jiešjavrre
390

Likčačærro
508

Nattvatn

Nattvatnet
Igjajavrre

Maille-
javrre

508

350

434
Stuora
Guorbmek
Piesjoki

641
Kuivi

Kevon
luonnonpuisto

Vuogojävri

S   U   O

O

127

Säytsjärvi

Ragesvarre
516

Čorokoaivve
495

Corok-
javrre

Mollišjok-
fjellstue

Jiešjokka

Samiske
Sämlinger

Sápmi

Karasjok

Rovisuvanto
Roavesavvon

Ailigas
620 · Ailegas

552
Ruohtir

92

Jie jokka

Säyts-
järvi

Holmestrand

Jerggul

Kenttan

Sviheng

Beskenjargga

92

Karigasniemi
Gáregasnjárga

92

Luobmosjavrrik

97   Suosjavrre

397
Doigesvadda
Gärva

Karasjokka
Karasjokka

537

Dilljávrre

Luossejokka

516
Nuhppir

Muotkatunturit
Muotkeduoddarat
520

Kielajoki
Gámasmohkki
Kaamasmukka

E75

Palomaa

42   Čagge
474

Stuoragor e

Raitegor e

Iškuras
642

Iškuras

Anárjohka

Sysysjärvi

Ju

Lappoluobbal

Galbba
Stuora
Karašjokka

Bardujohka

Gássagielas
474

Bæivašgiedde

Jorgastak

Aslakkala

Ranttila

Gošjokka

F   I   N

Peäldoajvi
567
Peäldujavri
279

118   N

92   4

Ivalo

30

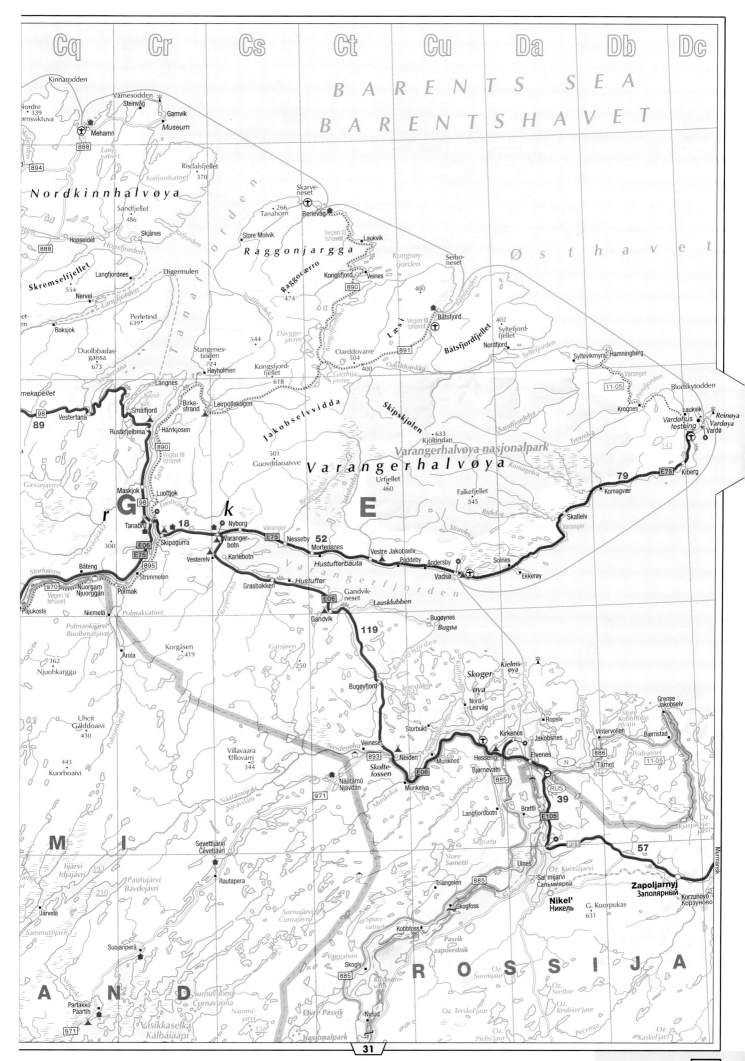

BARENTS SEA

BARENTSHAVET

Østhavet

Kinnarodden

Nordre · 339
ørnsviktuva

Varnesodden
Steinvåg
Gamvik
Museum

Mehamn

888

894

Langvatnet

Nordkinnhalvøya

Sandfjellet
486

Skjånes

Risdalsfjellet · 370

Koifjordvatnet · 370

Skarve-
neset

· 266
Tanahorn   Berlevåg

Store Molvik

Vegen til
Ishavet   Laukvik

Kongsøy-
fjorden

Seibo-
neset

· 400

Hopseidet

888

Langfjordnes

Digermulen

Skremselfjellet
554

Nervei

Perletind
639

Boksjok

Duolbbadas-
gaissa
673

Raggonjargga

Raggocærro
474

Kongsfjord   Veines

890

Båtsfjord

· 402
Syltefjord-
fjellet

Davgge-
javrre   Kongsfjord-
fjellet

Stangenes-
tinden
724   Høyholmen

· 544

· 618

Oarddovarre
504
· 400

891

Oarddojokka

Båtsfjordfjellet

Nordfjord

Syltefjorden

Syltevikmyra · Hamningberg

11-05

Varanger

Pesvfjorden   Blodskytodden

Mekapellet

98

Vestertana

89

Langnes

Sund-
vått-
Smalfjord

Birke-
strand   Leirpollskogen

Vesterana

Rustefjelbma

Hårrkjosen

890

Vegen til
Ishavet

Jakobselvvidda

· 501

Guovddaoaivve

Jakobselvvidda   Skipskjølen

· 633
Kjöltindan

Varangerhalvøya-nasjonalpark

Varangerhalvøya

Urfjellet
460

Sandfjorddelva

Tverrelva

Krognes

Laukvik

Vardøhus
festning

Reinøya
Vardøya
Vardø

143

Gæssejavrre

Maskjok

98

r G

Tanabru

18

k

Nyborg

E

Falkefjellet
545

Komagelva

Ridelva

79

E75

Kiberg

Komagvær

300

E06
E75   Skipagurra

Varanger-
botn   Karlebotn

Vesterev

E75   Nesseby

Varanger

52   Mortensnes

Vestre Jakobselv

Paddeby   Andersby

Hustufterbauta

Solnes

Skallelv

Varanger

Storelva

895

Strimmelen

Storfossen

Båteng

970   Nuorgam
Njuorggán   Polmak

Vegen til
Ishavet

Grasbakken

Hustufter

Vadsø

Ekkerøy

Varangerfjorden

Pajukoste

Niemelä

Polmakvatnet

E06   Gandvik-
neset

Lausklubben

Pulmankijärvi
Buolbmatjávri

· 362
Njuohkarggu

Korgåsen
· 419

Arola

Garsjøen

· 250

Gandvik

119

Bugøyfjord

Bugøynes

Bugøa

Bøkfjorden

Skoger-
øya   Kielms-
øya

Store
Kobbholm
Vatn

Grense
Jakobselv

Uhcit
Gálddoaivi
430

Villavaara
Ullovárri
· 344

Nord-
Leirvåg

Ropelv

Vintervollen   Bjørnstad

· 443
Kuorboaivi

Storbukt

Kirkenes

Jakobsnes

886

11-05

Valvatnet

Neidenelva

Veineset

893   Neiden

Skolte-
fossen

Munknes

Hessneng

Bjørnevatn

N

Elvenes

Tårnet

Näätämö
Njávdán

E06

Munkelva

Brattli

885

RUS

39

E105

Oz.
Kjasjukkja-
järvi

Sevettijärvi
Cevetjávri

Villavaara

Store
Sametti

Langfjordbotn

Ulnes

Oz. Kuétssjärvi

P21

57

Murmansk

M I

Iijärvi
Idjajávri   193

Pautujärvi
Bávdejávri   210

Järvelä

Rautapera

Triangelen

885   Sal'mijärvi
Сальмиярви

Nikel'
Никель

Zapoljarnyj
Заполярный   Korzunovo
Корзуново

Sammuttijärvi

Suojanperä

Surnujärvi
Čurnajávri

Spurv-
vatnet

Skogfoss

G. Kuorpukas
631

Pečenga

A   N   D

Partakko
Päärtih

971

Väsikkaselkä
Kálbáiääpi

· 158

Surnuvuono
Čurnavuona

Nammi-
järvi

885

Kobbfoss

Pasvik
zapovednik

Nyrud

nasjonalpark

Skogly

Vaggatem

R O S S I J A

Øvre Pasvik

Oz.
Šuonijaur

Oz. Terskel'jaur   Oz.
Piebs'jaur

Oz. Svetloe

Oz.
Keubšer'jaur

Oz.
Kaskel'jaur

31

25

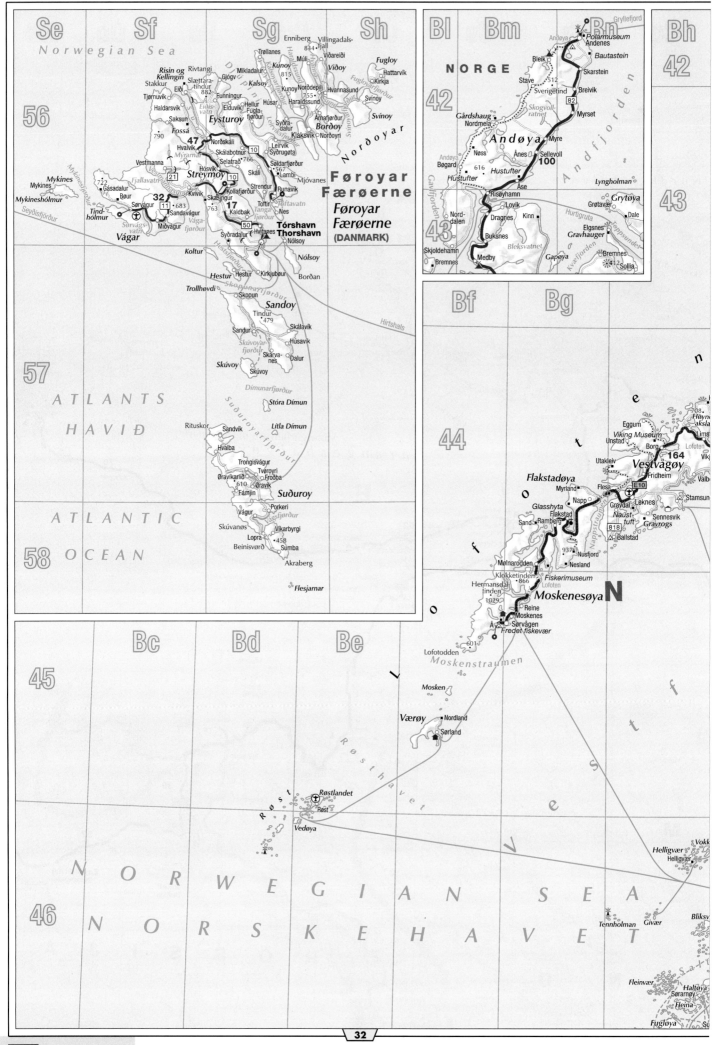

Se / Sf / Sg / Sh

Norwegian Sea

Risin og Kellingin
Stakkur
Tjørnuvík
Haldarsvík
Saksun
790
Eiði
Funningur
Elduvík
Hellur
Fuglafjørður
Norðskáli
Hvalvík
Skálabotnur
Selatrað 766
Skáli
Strendur
Kollafjørður
Runavík
Toftir
Toftavatn
Kaldbak
Syðradalur
Nes
Hósvík
Hóvsik
Kvívík
Skælingur
763
Vestmanna
Streymoy
Eysturoy
Fossá
47
882
Slættaratindur
Gjógv
Mikladalur
Kunoy
815
Kalsoy
Kunoy Norðdepil
Húsar
567
755
Hvannasund
Haraldssund
Svínoy
Kirkja
Svínoy
Viðareiði
Múli
Trøllanes
Enniberg
Villingadals-fjall
844
Viðoy
Hattarvik
Fugloy
Arnafjørður
Norðoyri
Klaksvík
Borðoy
Søldarfjørður
Lambi
Mjóvanes
Norðoyar

Føroyar Færøerne

Føroyar Færøerne (DANMARK)

56

Mykines
Mykineshólmur
Mykines
722
Gásadalur
Bøur
Sørvágur
Tind-hólmur
32
11 683
Sandavágur
Miðvágur
Vága-fjørður
Vágar
Vágs-vatn
Sørvágs-fjørður
Syðradalur
Nólsoy
Tórshavn Thorshavn
Hvítanes
Koltur
Hestur
Hestur
Kirkjubøur
Nólsoy
Borðan
Trollhøvdi
Skopun
Sandoy
Tindur
479
Skálavík
Sandur
Húsavík
Skarva-nes
Dalur
Skúvoy
Skúvoy
Stóra Dímun
Lítla Dímun

57

ATLANTS HAVIÐ

Rituskor
Sandvík
Hvalba
Trongisvágur
Øravíkarlíð
610
Øravík
Fámjin
Suðuroy
Vágur
Porkeri
Vágsfjørður
Skúvanøs
Lopra
Beinisvørð
458
Sumba
Akraberg

ATLANTIC OCEAN

58

Flesjarnar

Bl / Bm / Bn / Bh

Gryllefjord
Andøya
Polarmuseum Andenes
Bautastein
Bleik
Skarstein
Stave 512
Sverigetind
Breivik
82
Myrset
Gårdshaug
Nordmela
Skogvoll-ratnet
Andøya
Myre
Bøgard
Næss
Ånes
Sellevoll
100
616
Hustufter
Åse
Hustufter
Risøyhamn
Lovik
Lyngholman
Grytøya
Grøtavær
Dragnes
Kinn
Dale
Elgsnes
Gravhauger
Nord-dalen
Buksnes
Hurtigruta
Bremnes
Skjoldehamn
Gapøya
Kvæfjorden
Bremnes
412
Sollia
Medby

NORGE

42

43

42

43

Andøya

Andfjorden

43

Bf / Bg

44

Eggum
708
Høyn-aksla
Viking Museum
Unstad
Borg
Lofoten
Utakleiv
164
Vestvågøy
Vik
Flakstadøya
Myrland
Fridheim
E10
Napp
Flesa
Valb...
Glasshyta
Flakstad
Gravdal
Leknes
Sand
Ramberg
818
Naust-tuft
Stamsun...
937
Nusfjord
Ballstad
Sennesvik
Gravrogs...
Mølnarodden
Nesland
Klokketinden
866
Fiskerimuseum
Hermansdal-tinden
1029
Lofoten
Reine
Moskenes
Å
Sørvågen
Fredet fiskevær
Moskenesøya **N**
Lofotodden
601
Moskenstraumen
Mosken

Bc / Bd / Be

45

Værøy
Nordland
Sørland
Røst
Røstlandet
Røst
Vedøya
Helligvær
Vokk...
Helligvær

NORWEGIAN SEA NORSKEHAVET

46

Tennholman
Givær
Bliks...
Fleinvær
Haltøy...
Sørnøy...
Fleina
Fugløya

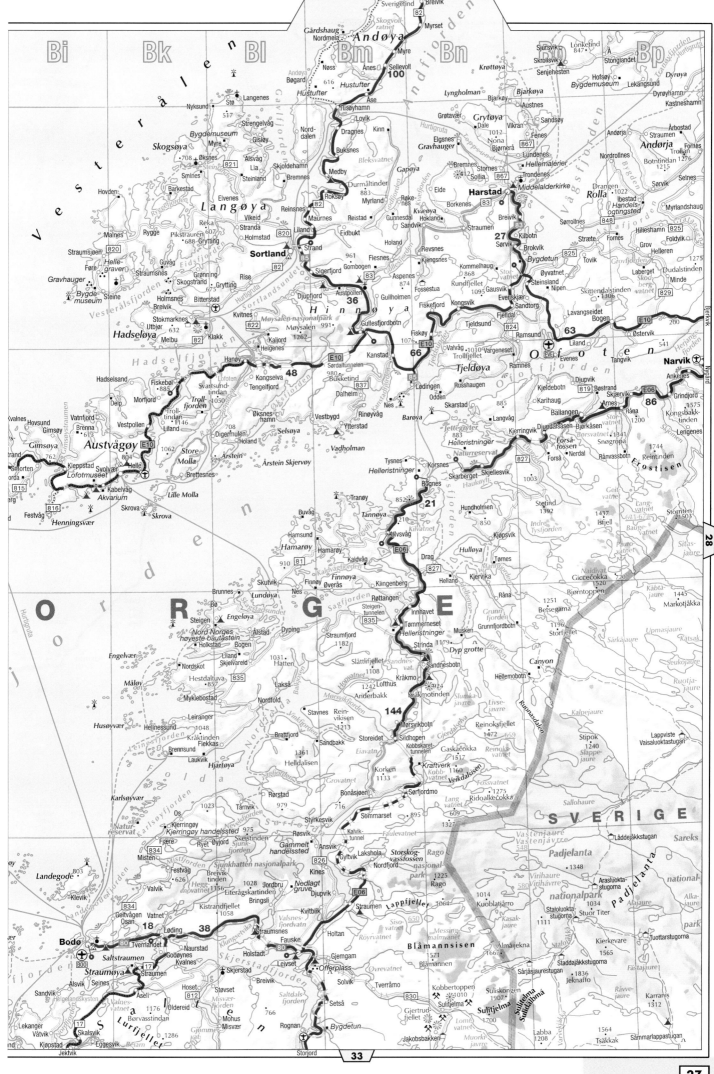

Sveritind   Breivik
Skogvoll-ratnet
Gårdshaug   Myrset
Nordmela   **Andøya**
Myre
Nøss   Ånes   Sellevoll   **100**
Bøgard   Hustufter
616
Hustufter   Tilsøyhamn
Åse
Langenes   Stø   Lovik
517   Dragnes   Kinn
Nord-dalen
Strengelvåg   Buksnes
Gisløy
Myre   Medby
Bygdemuseum
Skogsøya   Skjoldehamn   Durmåltinder
708   Øksnes   Steinland   Bremnes   883
821   Lia   Alsvåg   Myrland
Smines   Roksøy
Barkestad
Hovden   Elvenes   **Langøya**
Reinsnes   Maurnes   Reistad
Vikeid   Eidbukt
Malnes   Rygge   Pikstrauren   Stranda   Holmstad
Reka   607   688   Grytting   Liland   820   Strand
Straumsjøen   820
36
Holan
Fiesnes   Revsnes
Gullholmen
Hinnøya

Harstad
27
63
Narvik

33

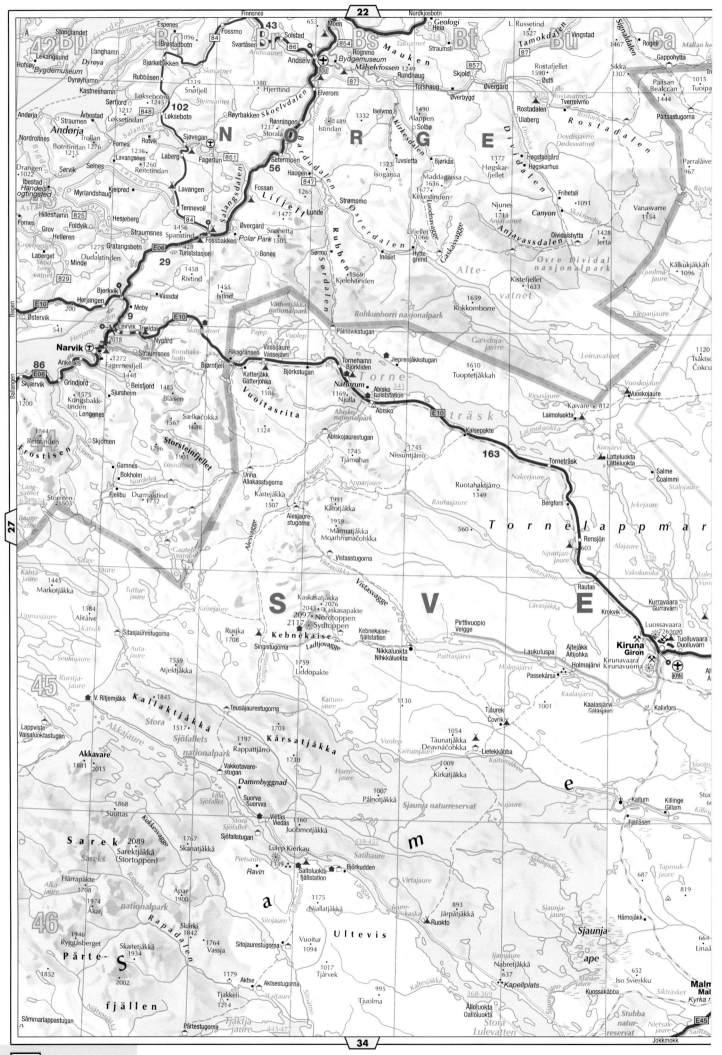

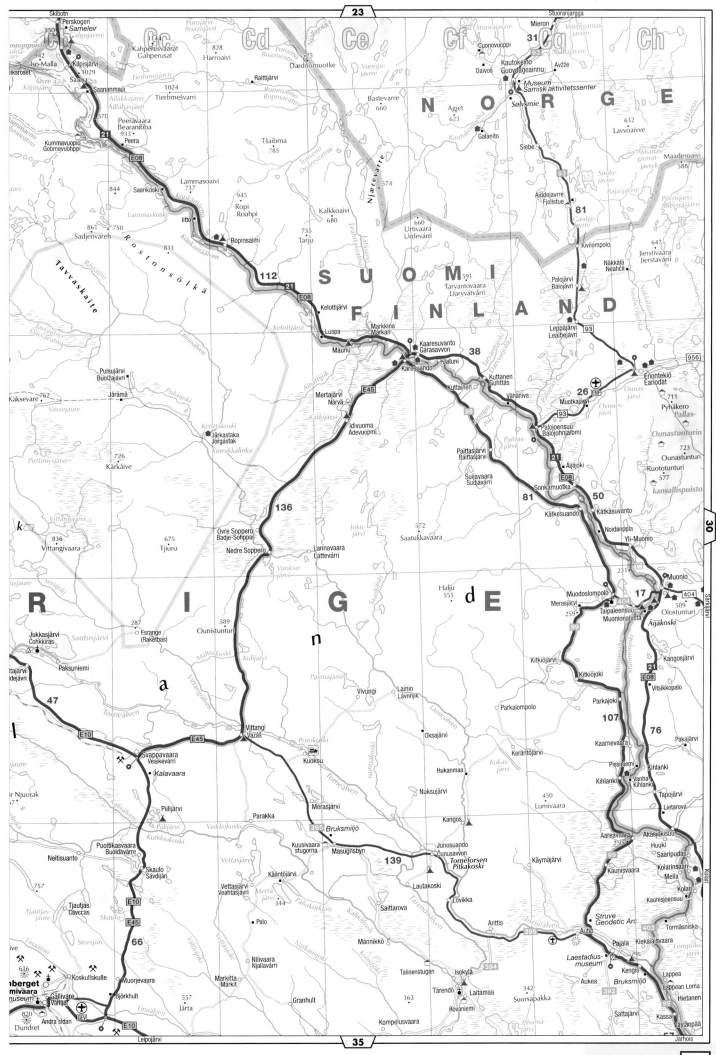

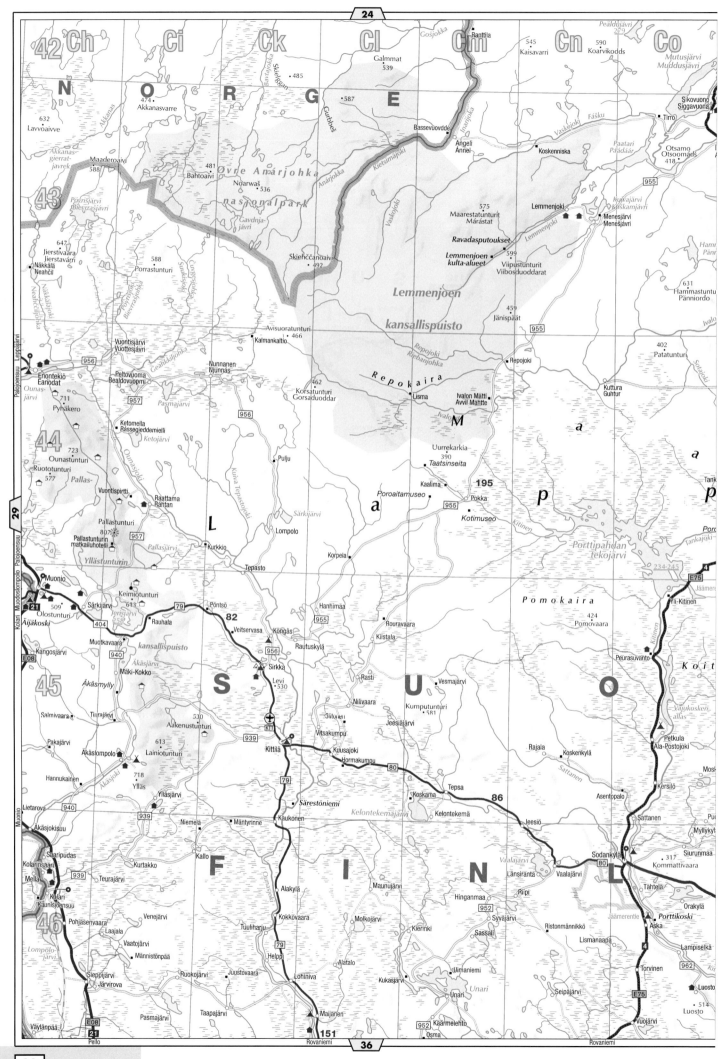

42 Ch Ci Ck Cl Cm Cn Co

N O R G E

Peäldöjävri
Gošjokka
Ranttila
545 Kaisavarri
590 Koarvikodds
Mutusjärvi
Muddusjävri

Galmmat
539

Sikovuono
Siggavuona

485
474 Akkanasvarre
Akkanasvarre
Bassevuovdde
Tirro

632
Lavvoaivve
587
Angeli
Anneli
Koskenniska
955
Otsamo
Otsoomáš
418

Akkanas-
gierrat-
javrek
Maaderoaivi
588
Övre Anárjohka
481 Bahtoaivi
Noarwaš 536
Gurbbeš
575 Maarestatunturit Márástat
Lemmenjoki
kuwajärvi Köškamjärvi
Menešjärvi
Menešjävri
Paatari
Páádáár

43
Pövrišjärvi
Bievrrasjävri
nasjonalpark
Gavdnja-
jávri
Ravadasputoukset
599
Lemmenjoen
kulta-alueet
Viipustunturit
Viibosduoddarat
631 Hammastunturi
Pänniordo

647
Jierstivaara
Jierstavárri
Näkkälä
Neahčil
588
Porrastunturi
Skiehččanoaivi
492
Lemmenjoen
459
Jänispäät

Neahčolohka
Vuontisjärvi
Vuottesjävri
Geahkkeljohka
Nunnanen
Njunnäs
466
Avisuoratunturi
Kalmankaltio
kansallispuisto
Repokaira
402
Patatunturi

956
Peltovuoma
Bealdovuopmi
462
Korsatunturi
Gorsaduoddar
Lisma
Repojoki
Repojoki
Kuttura
Guhtur

Enontekiö
Eanodat
957
Pasmajärvi
Ivalon Mätti
Avvil Mähtte
M

711
Pyhäkero
Ketomella
Rässegieddemielli
Ketojärvi
Uurrekarkia
390
Taatsinseita
a
a

44
723
Ounastunturi
Pulju
Kaalima
195
p
p

577
Ruototunturi
Vuontispirtti
Pallas-
Poroaitamuseo
Pokka
955

Pallastunturi
807
Raattama
Rähtan
Kuiva Tepastojoki
L
Särkijärvi
Lompolo
Kotimuseo
Porttipahdan
tekojärvi
234-245
E75

Pallastunturin
matkailuhotelli
957
Pallasjärvi
Kurkkio
Tepasto
Korpela
Pomokaira
4

Yllästunturin
Keimiötunturi
Pöntsö
Hanhimaa
955
Rouravaara
424
Pomovaara
Yli-Kitinen

Muonio
509
613
Jerisjärvi
558
Rauhala
82
Veitservasa
Köngäs
Rautuskylä
Kiistala
Peurasuvanto

45
Olostunturi
Särkijärvi
79
956
Sirkka
Levi 530
Rasti
Vesmajärvi
U
O
Koit

Äijäkoski
Muotkavaara
940
Äkäsjärvi
Niliivaara
Kumputunturi
581
Jeesiöjärvi
Rajala
Koskenkylä
Vajukosken allas
Petkula
Ala-Postojoki

Kangosjärvi
Mäki-Kokko
kansallispuisto
KTI
Siitonen
Kersilö

Salmivaara
Tiurajärvi
530
Aakenustunturi
939
Vitsakumpu
Kuusajoki
Koskama
Tepsa
86
Asentopalo

Pakajärvi
613
Kittilä
Hormakumpu
80
Sattanen

Äkäslompolo
Lainiotunturi
79
Särestöniemi
Kelontekemäjärvi
Kelontekemä
Jeesiö
Sodankylä
317
Siurunmaa
Kommattivaara

Hannukainen
718
Yllas
Yläsjärvi
Niemelä
Mäntyrinne
Kaukonen
Tähtelä

Lietarova
940
Äkäsjoki
939
Vaalajärvi
Länsiranta
Vaalajärvi
Orakylä

Säaripudas
Kolarinsaari
Muonio
Kurtakko
Kallo
Alakylä
Maunujärvi
Hinganmaa
Riipi
952
Ristonmännikkö
Porttikoski
Aska

Mella
Kolari
939
Teurajärvi
Kokkovaara
Molkojärvi
Kierinki
Syväjärvi
Sassali
Lismanaapa
4
Lampiselkä
962

Käunisjoensuu
46
Pohjasenvaara
Laajala
79
Tuuliharju
Helppi
Alatalo
Uimaniemi
Vuojärvi
Luosto

Lompolo-
järvi
Venejärvi
Vaatojärvi
Männistönpää
Kukasjärvi
Seipäjärvi
514
Luosto

Väylänpää
E08
Pasmajärvi
Ruokojärvi
Juustovaara
Taapajärvi
Lohiniva
Unari
Unari
Osma
952 Käärmelehto

Pello
21
Maijanen
Rovaniemi
151
Rovaniemi
Torvinen
4

F I N L A N D

S L A

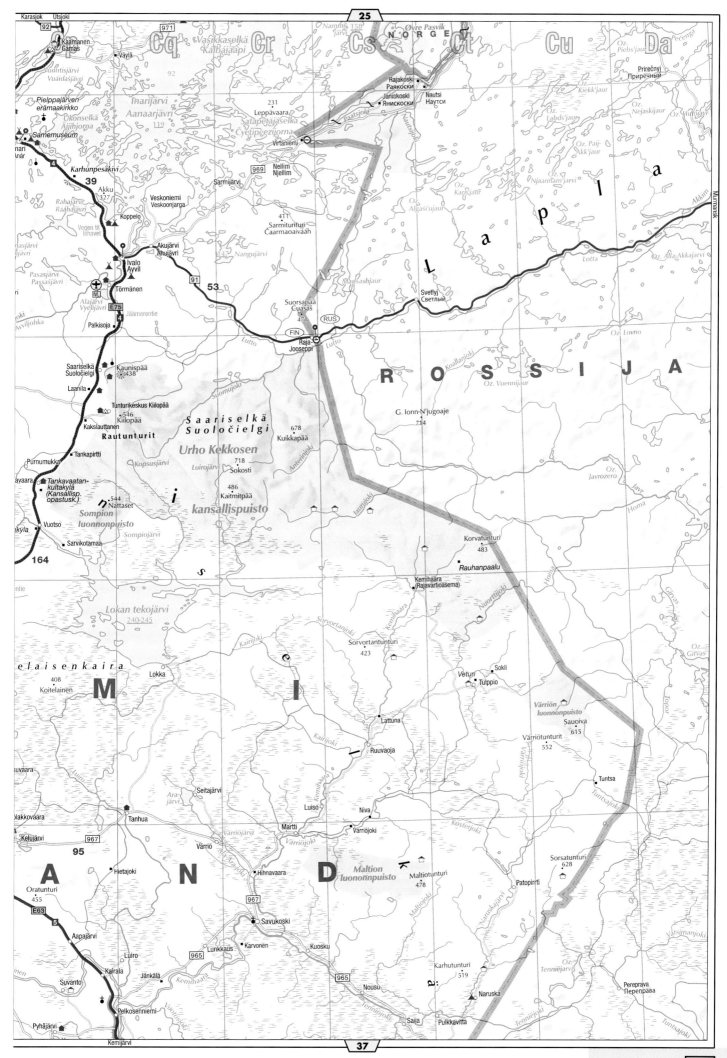

Karasjok Utsjoki

92

Kaamanen
Gámas

971

Cq

Väylä

Vašikkaselkä
KälBáiáapi

Cr

Nammi-
jarvi

N O R G E

158

Øvre Pasvik

Cs

Ct

Cu

Da

Oz. Piebs'jaur

Pečenga

Prirečnyj
Приречный

Vuontisjärvi
Vuaidašjärvi

Inarijärvi
Aanaarjärvi

92

Satapetäjäselkä
Čyetipčeezjorna

231

Rajakoski
Раякоски

Leppävaara

Janiskoski
Янискоски

Nautsi
Наутси

Oz.
Kiekk'jaur

Oz.
Labds'jaur

Oz.
Nejaskijaur

Oz. Üljijaur

Pielppajärven
erämaakirkko

Čikonselkä
Ájijhjorna

119

Virtaniemi

Paatsjoki

L

a

p

l

a

Murmansk

Akkim

Samemuseum

Inari
Inári

4

Karhunpesäkivi

39

Akku
327

969

Nellim
Njellim

Sarmijärvi

411
Sarmitunturi
Čaarmaoaiváah

Oz.
Karp'jaur

Oz.
Njaannam'jarvi

L

a

p

l

a

Lotta

Oz. Alla-Akkajärvi

Rahajärvi
Räähäjärvi

Veskoniemi
Veskoonjarga

Koppelo

147 Nangujärvi

Svetlyj
Светлый

Oz. Algaščujaur

Pasasjärvi
Passasjärvi

Akujärvi
Áhujärvi

Ivalo
Avvil

91

53

Madsashjaur

Törmänen

Oz. Lovno

Alajärvi
Vyelijärvi

E75
Jäämerentie

4

Suorsapää
Cuasas

471

RUS

Oz. Vuennijaur

R O S S I J A

Avviljohka

Palkisoja

FIN

Raja-
Jooseppi

Lutto

Lutto

Saariselkä
Suločielgi

Kaunispää
438

G. Ionn-N'jugoaje
714

Laanila

Tunturikeskus Kiilopää
546
Kiilopää

S a a r i s e l k ä
S u o l o č i e l g i

Kakslauttanen

Rautunturit

Urho Kekkosen

678
Kuikkapää

Purnumukka

Kopsusjärvi

Luirojärvi

718
Sokosti

i

kansallispuisto

n 544
Nattaset

486
Kaitmitpää

Korvatunturi
483

Tankavaatan-
kultakylä
(Kansallisp.
opastusk.)

Sompion
luonnonpuisto

Rauhanpaalu

Vuotso

Kemihaara
(Rajavartioasema)

Sarvikotamaa

Sompiojärvi

s

Oz.
Javrozero

Homa

164

Lokan tekojärvi
240-245

e l a i s e n k a i r a

M

Lokka

Sorvortanjoki

Sorvortantunturi
423

Oz.
Girvas

Oz.
Girvas

408
Koitelainen

I

Veturi

Sokli

Tulppio

Värriön
luonnonpuisto

Sauoiva
615

Värriötunturit
552

Lattuna

Topor

kuvaara

Luiro

Ruuvaoja

Tuntsa

Ara-
järvi

Seitajärvi

olakkovaara

Tanhua

Luiso

Niva

Kelujärvi

967

95

Hietajoki

Värriö

Martti

Värriöjoki

Kosterjoki

Sorsatunturi
628

Oratunturi
455

N

Hihnavaara

D

Maltion
luonoñnpuisto

Maltiotunturi
478

Patopirtti

E63

5

967

Savukoski

Oz.
Tenniejärvi

Pereprava
Переправа

Aapajärvi

Kairala

Lunkkaus

965

Karvonèn

Kuosku

Karhutunturi
519

Suvanto

Jänkälä

965

Nousu

Naruska

Pyhäjärvi

Pelkosenniemi

Saija

Pulkkavitta

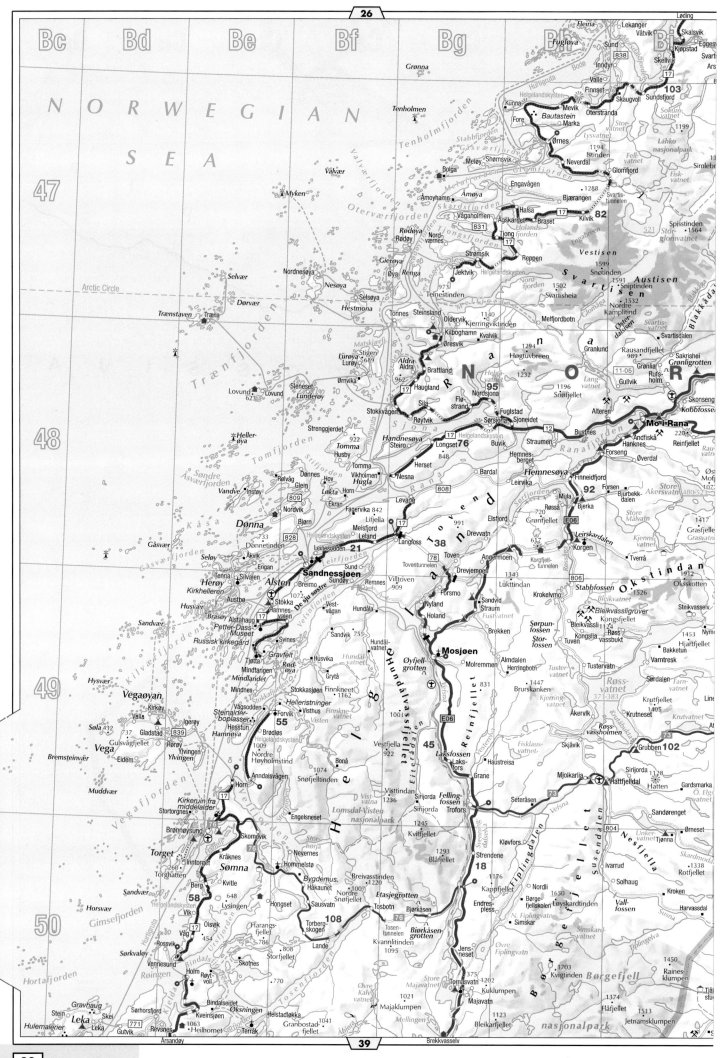

Løding
Lekanger
Skalsvik
Fleina
Våtvik
Kjøpstad
Eggesvik
Sund
Skellvik
Svarti
838
Fugløya
Inndyr
17
Ars

N O R W E G I A N

Grønna

Hurtigruta
Bodø
Valle
Finnset
Skaugvoll
103
Helgelandskysten
Kunna
Mevik
Oterstranda
Marka
Sundsfjord
Sokn
Tenholmen
Fore
Bautastein

S E A
Tenholmfjorden

Stabbfjorden
Gåsværfjorden

Ørnes
Lysvatnet
Stor
vatnet
Istinden
1199

47
Tenholmfjorden

Myken
Vålvær
Meløy Shømsvik
Bolga
Meløyfjorden
Åmøya
Åmøyhamn
Skardfjorden
Neverdal
1194
Låhko
nasjonalpark
13

Arctic Circle
Engavågen
1288
Bjærangen
Glomfjord
Fisk
vatnet
Simlebr

Oterværfjorden
Valværfjorden
Skardfjorden
Halsa
Svarti-
tunnelen

Trænstaven Træna
Selvær
Dørvær
Rødøya
Nord-
værnes
Vågaholmen
17
Agskardet
Braset
Kilvik
82
Spisstinden
1564
521

Nordnesøya
Nesøya
Hestmona
Gierøya
Øya Renga
831
Tjong
Holands
fjorden
Reppen
Vestisen
Stor-
glomvatnet

Selvær
Strømsik
Jektvik
Helgelandskysten
Svartisen
Snøtinden
1599
Austisen

48
Selsøya
Telnestinden
973
Nord
fjorden
1591
1502
Svartisheia
Sniptinden
1532
Blakkåda

Heller-
øya
Stigen
Lurøy
689
Lurøya
Aldra
Aldra
962
Brattland
Haugland
Sila
17
Flø-
strand
Nordsjona
95
Fuglstad
Helga
vatnet
Høgtuvbreen
1294
Granlund
Rausandfjellet
989
Rufs-
holm
Grønli
Sakrishei
Grønligrotten
11-05

Lovund
Lovund
623
Sleneset
Lunderøy
Ørnvika
Stokkvågen
Røytvik
Sjoneidet
Sørsjona
Sjoneidet
1232
Snøfjellet
1196
12
Gullvik
Alteren
Skonseng
Kobbfossen

Strenggjerdet
Handnesøya
Steiro
17
Helgelandskysten
Longset
76
Buvik
Straumen
Ranafjorden
Bustnes
Mo i Rana
Andfiskå
Hanknes
220
Reinfjellet
Rau

Tomfjorden
Tomma
Husby
848
Herset
Leirvika
Hemnes-
berget
Hemnesøya
92
Finneidfjord
Forsen
Mula
Bjurbekk-
dalen
Øst
Mof

Vandve
Instøy
Rølvåg
Glein
Hov
Vikholmen
Hugla
Nesna
Bardal
Sørfjorden
Rosså
720
92
Bjerka
Store
Malvatn
1417

Nordvik
Bjørn
Løkta
Horn
Ekran
Fagervika
842
Levang
808
Drevvatn
991
Elsfjord
Grønfjellet
617
E06
Korgen
Leirskardalen
Grasfjelle
Grasvatn
Kjenns
vatnet

Dønna
733
Dønnetinden
Seløy
Akvik
Engan
Lifjella
Meisfjord
Leland
17
Langfoss
38
Toven
78
806
Stabbfossen
1526
Lukttindan
O k s t i n d a n
1912
Okskotten

Gåsvær
828
Helgelandskysten
Leinesodden
21
Sund
Remnes
Villtoven
909
Toventunnelen
Angermoen
Drevjemoen
1343
Krokelvmo
Bleikvass
Steikvassel

Herøy
Tennøya
Silvalen
Alsten
Breimo
Sandnessjøen
1072
Vest-
vågan
Forsmo
Sandvid
Straum
Korgfjell-
tunnelen
Bleikvassligruver
Kongsfjellet
Kongslia
1453
Nymo

Kirkhelleren
Austbø
Stokka
Hamnes-
valen
De Sju søstre
Hundåla
Sandvik
755
Nyland
Holand
Brekken
Sørpun-
fossen
1124
Stor-
fossen
Røss
vassbukt
1453

Husvær
Brasøy
Alstahaug
Petter Dass-
Museet
Russisk kirkegård
17
Svines
Hundål-
vatnet
Holand
Mosjøen
Almdalen
Herringbotn
Tuven
Hjartfjellet
Varntresk

Tjøtta
Rødøya
Gravfelt
Grytå
Husvika
Øyfjell-
grotten
Molremmen
831
Brurskanken
1447
Tuster-
vatnet
Tustervatn
Bakketun

Mindtangen
Mindlandet
Mindnes
Stokkasjøen
Finnkneet
1162
Heling
Hundalvassfjellet
E06
Kjerring
vatnet
Sørdalen
Varntresk
Farn-
vatnet
Line

Hysvær
Vegaøyan
Kirkøy
Helleristninger
Visthus
Finnkne-
vatnet
100
Reinfjellet
831
Almdalen
Åkervik
Krutneset
1405
Krutvatnet

Valla
Igerøy
55
Brødløs
Vesleøy
Vestfjella
922
45
Laksfossen
Laks-
fors
Vesterøy
Fisklaus-
vatnet
Skjåvik
Røss-
vassholmen
73
Grubben
102

Søla
432
737
Gladstad
Rørøy
Ylvingen
Steinalder-
boplasser
Hamnøya
839
Nordre
Høyholmstind
1009
Vistfjella
Grane
Haustreisa
Mjolkarlia
Hattfjelldal
Sirijorda
1128
Hatten

Vega
Bremsteinvær
Eidem
Ylvingen
1074
Snøfjelltinden
Bonå
Vist-
vatna
1236
Sirijorda
Trofors
Seteråsen
73
Hatt
Gardsmarka
Ö. Elgs
vatnet

Muddvær
Kirkeruin fra
middelalder
17
Horn
Anndalsvågen
Lomsdal-Visten
nasjonalpark
1245
Visttindan
1236
Felling-
fossen
804
Sandørenget

Stortorgnes
Brønnøysund
76
Skomøvik
Nevernes
Engelsneset
Stor-
borja
Kvitfjellet
Kløvfors
Nesfjella
Skardmodi
Ørneset
Tjønna

Torget
Inntorget
260
76
Hommelstø
Bygdemus.
Håkaunet
1293
Blåfjellet
Strendene
18
1176
Ivarrud
Rotfjellet
1338

Sømna
Kråknes
Breivasstinden
1220
1007
Kappfjellet
Nordli
Solhaug
Kroken

Berg
Kvitle
Hongset
Nordre
Snøfjellet
Etasjegrotten
Tosbotn
Bjørkåsen
1650
Børge-
fjellskolen
Løyskardtinden
1650

58
648
Lysingen
Sausvatn
Tosen-
tunnelen
Kvannlitinden
1095
76
Bjørkåsen-
grotten
Jens-
neset
Kvisk
Endres-
pless
N. Fiplingvatn
Simskar
Simsk
Vall-
fossen
Susna
Harrsdal

50
Horsvær
Sandvær
Gimsefjorden
Helgelandskysten
17
Olsvik
Harangs-
fjellet
786
808
Lande
Storfjellet
Torberg-
skogen
108
375
1202
Tomasvatn
1703
Kvigtinden
Kviklumpen
1450
Raines-
klumpen

Gravhaug
Stein
Hortafjorden
Leka
Leka
Vennesund
Røyten
Kjelda
Tosenfjorden
Øvre
Kalv
vatnet
Majavatnet
1021
Majaklumpen
Majavatn
1123
1374
Flåfjellet
1513
Jetnamsklumpen
Tjä
stu

Hulemalerier
Gutvik
771
Revsnes
1063
Heilhornet
Terråk
Bindalseidet
Øksningen
Granbostad-
fjellet
Helstadløkka
1041
Brekkvasselv
Bleikarfjellet
nasjonalpark

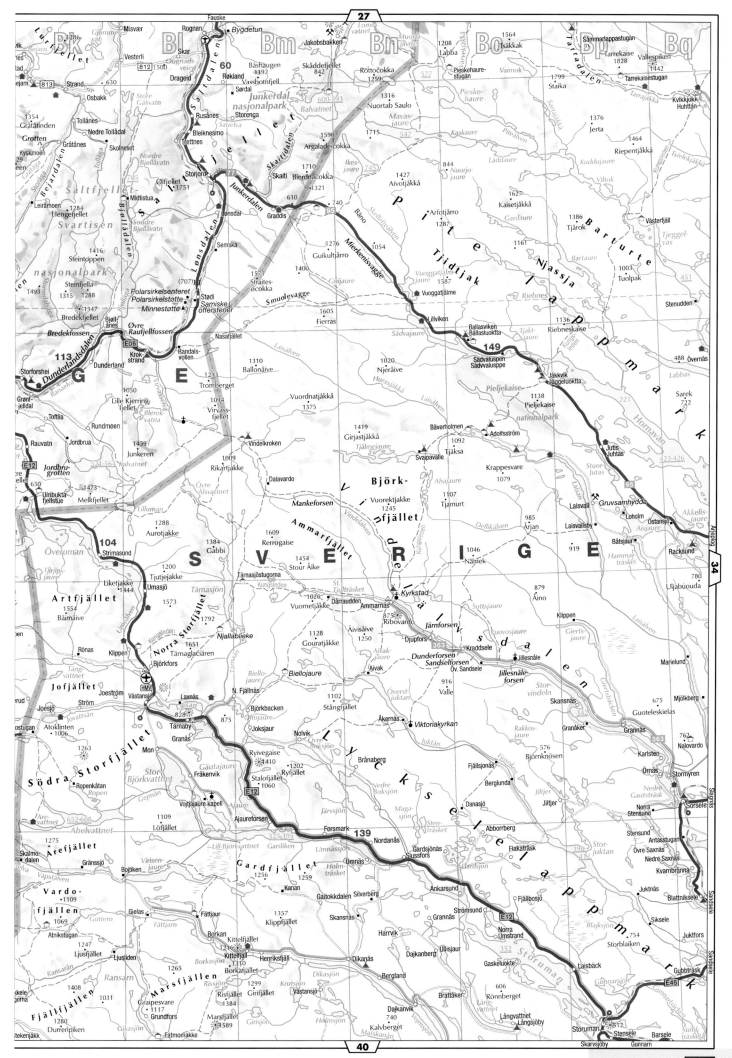

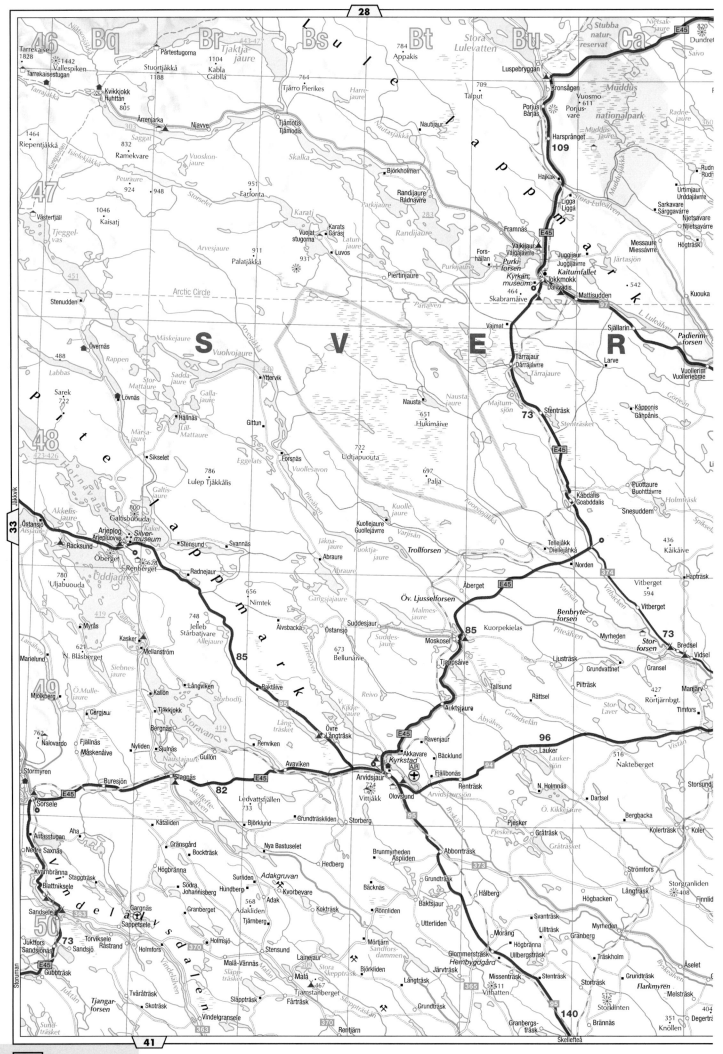

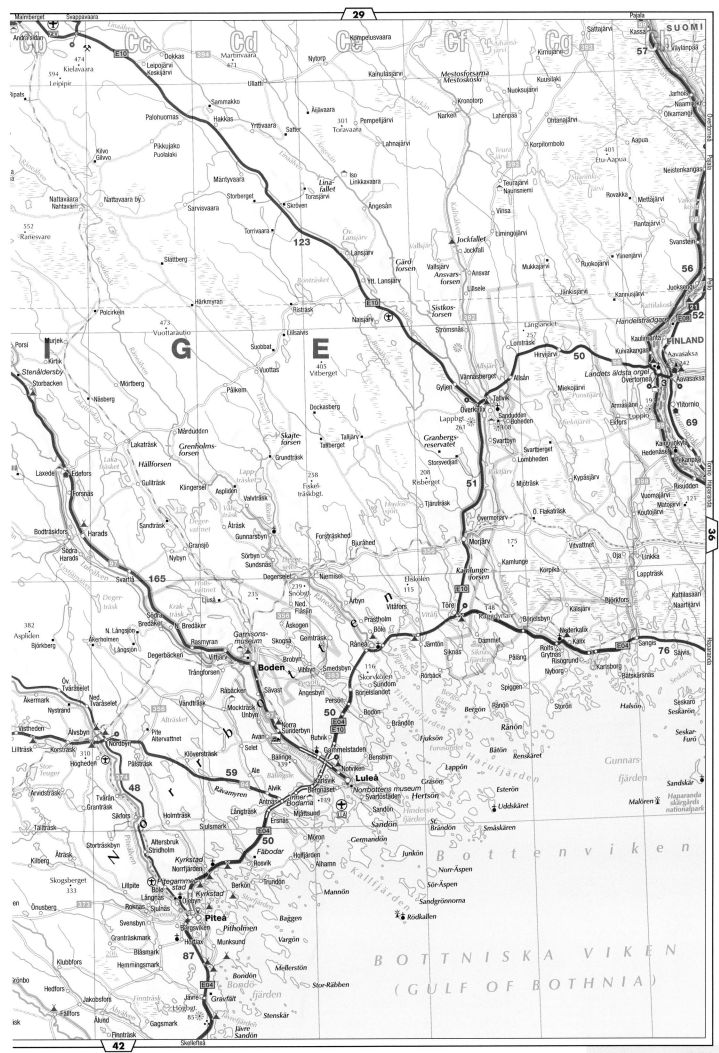

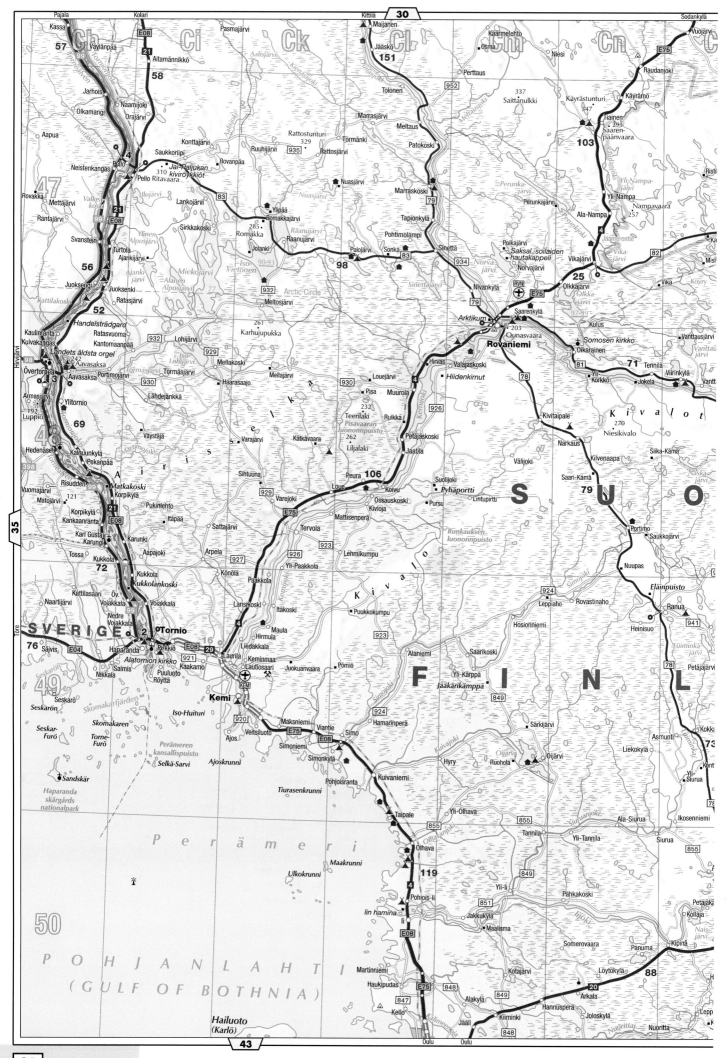

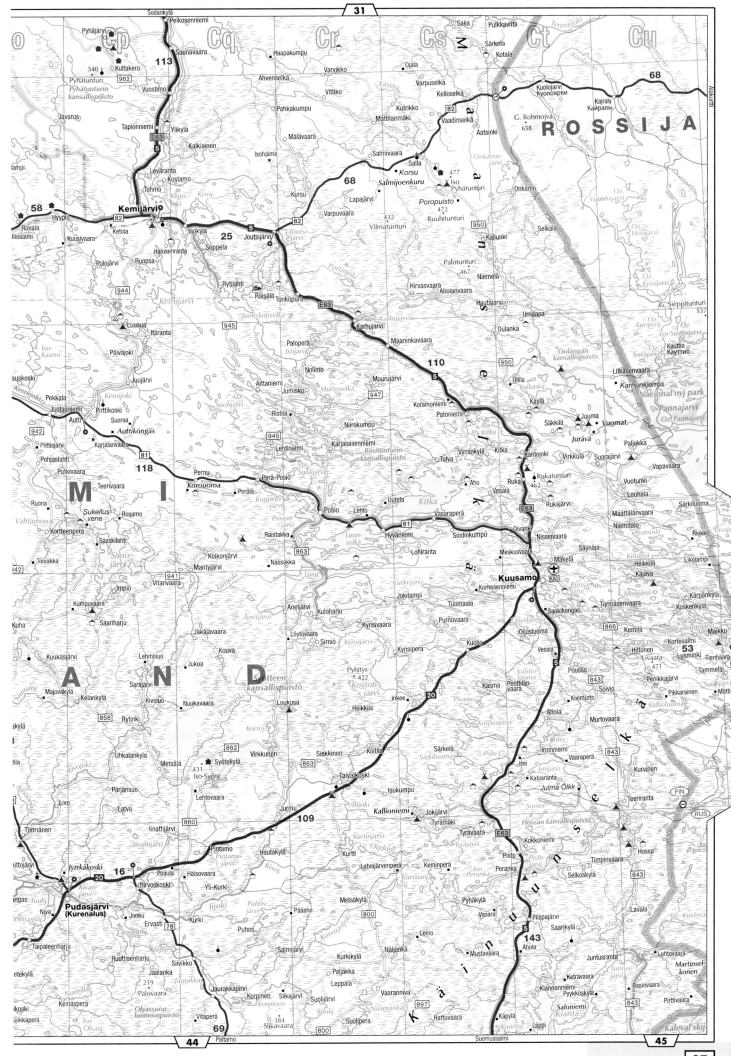

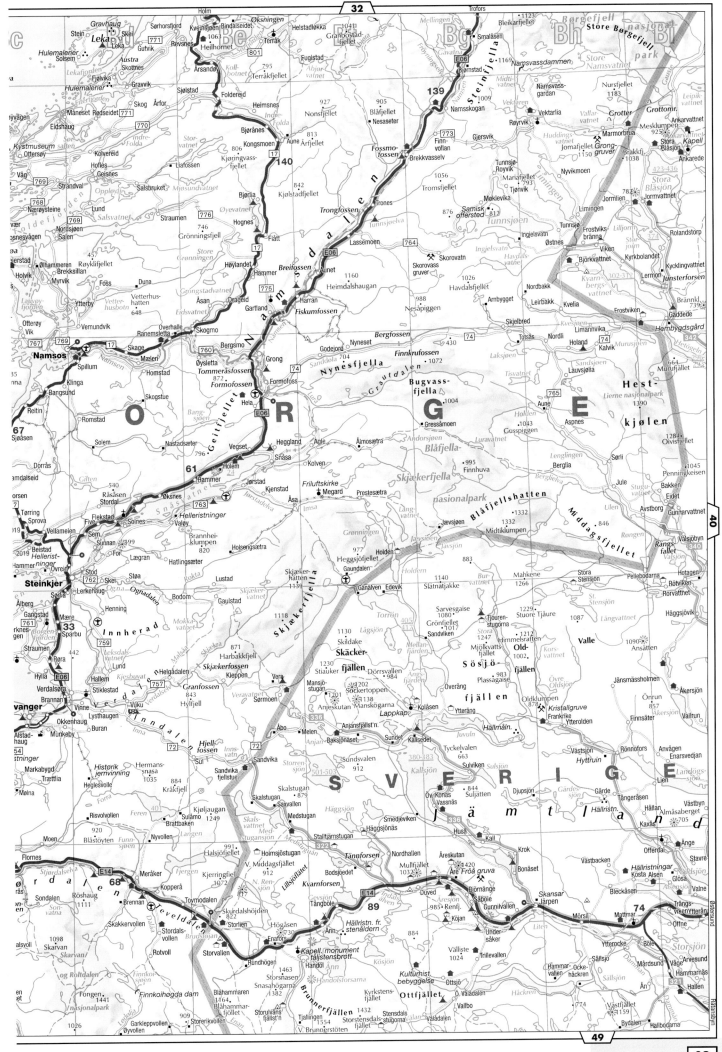

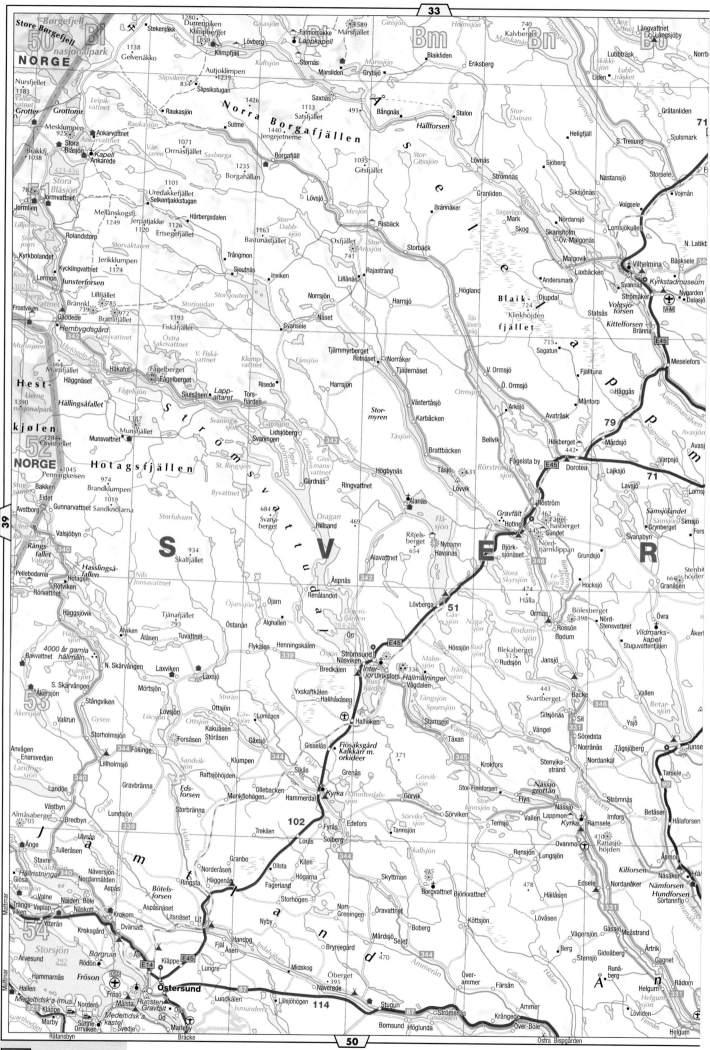

Store Børgefjell
Børgefjell
50 BI
nasjonalpark
NORGE

Bm
Bn
Bo

Nursfjellet
1183
Vallar
Grottomr.
Grotter
Mesklumpen
925
Stora
Blåsfj.
1038
Ankarvattnet
Kapell
Ankarede

Stekenjåkk
Durrenpiken
Klimpberget
850
Lövberg

1280
1589
Marsfjället
Fatmomakke
Lappkapell

Girisjön
740
Kalvberget
Matskanån
Holmsjön

Långvattnet
Långsjöby
Norrb

Klimpfjäll
Autjoklimpen
1239

Blaikliden
Eriksberg

Gelvenåkko
1138

Kultsjön
Stornäs
Marsliden
Grytsjö

Marssjön

Sagavägen

Lubbträsk
Liden
Lubb-
träsket

Skikki-
sjön

782fj
Stora
Blåsjön
Jormvattnet
Jormlien

Lillfjäll
Stor
jorm

1183
Nursfjellet

Slipsiken
834
Slipsikstugan
1426
Raukasjön
Raukasjön

Norra Borgafjällen
Satsfjället
1113
Jengejetneme
1440

491
Bångnäs
Stalon

Hällforsen
Stor-
Dainan

Heligfjäll
724

S. Tresund
Sjulsmark

71

1071
Ormnäsfjället
Saxborga
Borgafjäll

1235
Gitsfjället

Stor-
Gitssjön

Lövnäs
Strömnäs
Granliden

Sjöberg
Nastansjö
Siksjönäs

Gråtanliden

Vojmån
Storsele

Volgsele

N. Latikb

1101
Uredakkefjället
Selkentjakkstugan

Härbergsdalen
Borgahällan

Lövsjö

Mesjön

Risbäck
Brännåker

Mark
Skog
Skansholm

Malgovik
Andersmark

Vojmån

Lomsjökullen

Vilhelmina

Bäksele

36

Mellånskogsfj.
1249
Jerpatjakke
1120
Jerikklumpen
1126
Ertsegefjället
1174
Kycklingvattnet
Kyrkbolandet

Stor-
Dabb-
sjön

Oxfjället
741
Trångmon

Rajastrand
Lillånäs

Storbäck

Ö. Malgonäs

Djupdal

Svannäs
Kyrkstadmuseum
Strömåker
Nygarden
Dalasjö

Höglund

Laxbäcken

Blaik-
fjället

VHM

Lermon
Junsterforsen
Frostviken
Brännkl
739
785
972
Gäddede
Hembygdsgård
342

Storjouden
Storsjouten
Fiskåfjället
1193
Norrsjön
Näset
Svansele

Harrsjö
Norråker
Tjärnmyrberget
Rotnäset

Norrsjön

Harrjö

Klinkhöjden
Statsås
Sagatun
715

Kittelforsen
Bränna

V. Ormsjö
Ö. Ormsjö

Fjälltuna
Måntorp
Häggås

Meselefors

E45

Murusjøen
Hetögeln
664
Murufjället
290
913
Håkafот
Fågelberget
646
Fågelberget

V. Fiská-
vattnet
Östra
Sakrivattnet

Lappaltaret
Risede

Tjädernäset

Arksjö
Avaträsk

79

Hest-
Lierne
1390
nasjonalpark
Hällingsåfallet

Fågelsjön
Sjulsåsen
Torsfjärden

Stormyren

Västertåsjö
Karbäcken
Bellvik

Fågelsta by
442
Hökberget

Mårdsjö

Varpsjö
Avasjö

kjølen
1284
Orvistfjället
NORGE
1045
Penningkeisen
Hotagsfjällen

Munsfjället
Munsvattnet
974
Brandklumpen
1019

St. Ringsjön
Gardsjön
Svaningen
Lidsjöberg
Svaningen
Ögel-
strömmen

Gardiksjön
Giss-
mans-
vattnet
342
Fåndn

Tåsjön

Högbynäs
Brattbäcken

Tåsjö
631

Rörströms-
sjön

Dorotea

Lajksjö

Lavsjö

71

Lomsj

Samsjölandet
Samsjön
Grynberget

Simsjö

Fors

Stugu-
vattnet
Bakken
Eidet
Avstborg
Valsjöbyn

Storfulvurm
Skalfjället
934

Byvattnet
684
Svana-
berget
Hillsand

Dragan
469

Flå-
sjön

Röström
Gravfält
Hoting

162
Fågel-
hasberget
445
Sundet

Stenbit-
höjder
666

Rängs-
fallet
340
Valsjön
Hasslingså-
fallen
Hotagen
Pellebodarna
Rötviken
Rörvattnet

Nils
Jonsavattnet

S
V
E
R

Ritjels-
berget
654

Nyhamn
Havsnäs

Alavattnet

Björk-
sjönäset

346

Stora
Skyrsjön

Nörd-
tjärnklippan

Grundsjö
Hocksjö

Granåsen

Övra
Åkerl

Häggsjövik
Härjå
326

Tjänafjället
793
Älviken
Ålåsen
Tuvattnet

Öjarssjön
Öjarn
Alghallen

Renålandet
Äspnäs
342

Diverö-
fjärden
284-29
Ön

Gäxsjön
Lövberga
Nagasjön

474
Hålla

Orrnäs

Rudsjön
Bodum-
sjön

Rudsjön
Blekaberget
515

398
Bölesberget
Nörd-
Stensvattnet

Vildmarks-
kapell
Stuguvattentjälen

51

4000 år gamla
Bakvattnet hällmäln.
S. Skärvången
N. Skärvången
Skär-
vångs-
sjön

Åkersjön
55
Åkersjön

Laxviken
Laxsjö

Mörtsjön

Storån
Ottsjön
Kakuasen

Flykälen
Henningskälen
Ösjön
Strömsund
Näsviken
Bredkälen

Inter-
lor Ulriksfors
Yxskaftkälen
Hallhåxåsen

Hallviken

339

Stamsele

336
Malm-
sjön
Hällmälningen
Vågdalen
Fångsjön
Sporrsjön

Hössjön
Rud-
sjön

Jansjö

443
Svartberget

Backe

346

Vallen

Betar-
sjön

Stångviken
Storholmsjön
Vallrun
Gysen

Lövsjön
Ottsjön
Lomågen
Störåsen
Forsåsen
Gåxsjö

Gisselås
Fösåksgård
Kalkkärr m.
orkidéer

371
Grenås

Krokfors

Stenviks-
strand

Gilsjönäs
Sil
Norrnäs
Nordankäl

Söredsta
Tågsjöberg
Vängel

Junse

Almåsbergåret
705
Bredbyn
Landön
Gravbränna
Eds-
forsen
Edsforsen
Munkflohögen

Sikås
Kyrka
Hammerdals-
sjön

Görvik-
sjön
Görvik
Stor-
Finnforsen
Sörviken

Flyn
Nässjö-
grottan
Nässjö

331

Strömnäs

90

Tarsele

J
a
m
t
l
Ulvsås
Tulleråsen
Änge
Stavre
Hällristningar
340
Glösa
Näbersjön
Nordannälden
Aspås
Böle

Trekilen
Lorås
Granbo
Oilsta
Kilen
Norderåsen
Häggenäs
Fagerland
Storhögen

Fyrås
Solberg
Edefors
Tannsjön

344
Terrsjö
Sörviks-
sjön
Sörvik

Vallen
Lappmon
Kyrka
Ramsele

410
Ranasjö-
höjden

Imfors
Betåsen
Hålaforsen

Åsmon

Trängs-
viken
Vaplan
Rödön
Krokom
Kroksgård
Dvärsätt
Borgruin
Ås
Klåppe
E45
Lungre

Fjäl
Handog
Åsen

Norr-
Greningen
Öravattnet

Rensjön
Lungsjön

Ovanmo

Vägersjön
Gässjö
Meåstrand

Kilforsen
Edsele
Nordanåker
Nämforsen
Hundforsen
Sörtannflo

Näsåker
Hä

54
Storsjön
292
Arvesund
Hammarnäs
Hallen
Medeltidså (mus.)
321

Frösö
OSD
Östersund
E14

Lundkälen
Runsten
Gravfält
Öd
Ope

Brynjegård
Selet
Boberg
Mårdsjö

478
Skyttmon
Borgvattnet
Björkvattnet

470
Övre-
ammer
Färsån

Hällåsen
Köttsjön
Lövåsen

Berg
Stensjö

Runå-
berg

Gideåberg
Gagnet
Ärtrik

Kläppe
Marby
Sunne
Orrviken
Svartbodaren
Rätansbyn

Medeltidsk'a
kastel
Svedje
Marieby
Bräcke

Handog
Nyby
Litsnäset
Lit
Fjäl
Åsen

Midskog
Öbberget
395
Näverede
114

Stugun
87
Strömsnäs
Höglunda
Bomsund

Gesunden
Krångede
Över-Böle

Östra Bispgården

Å
n
n

Helgum
331

Helgum

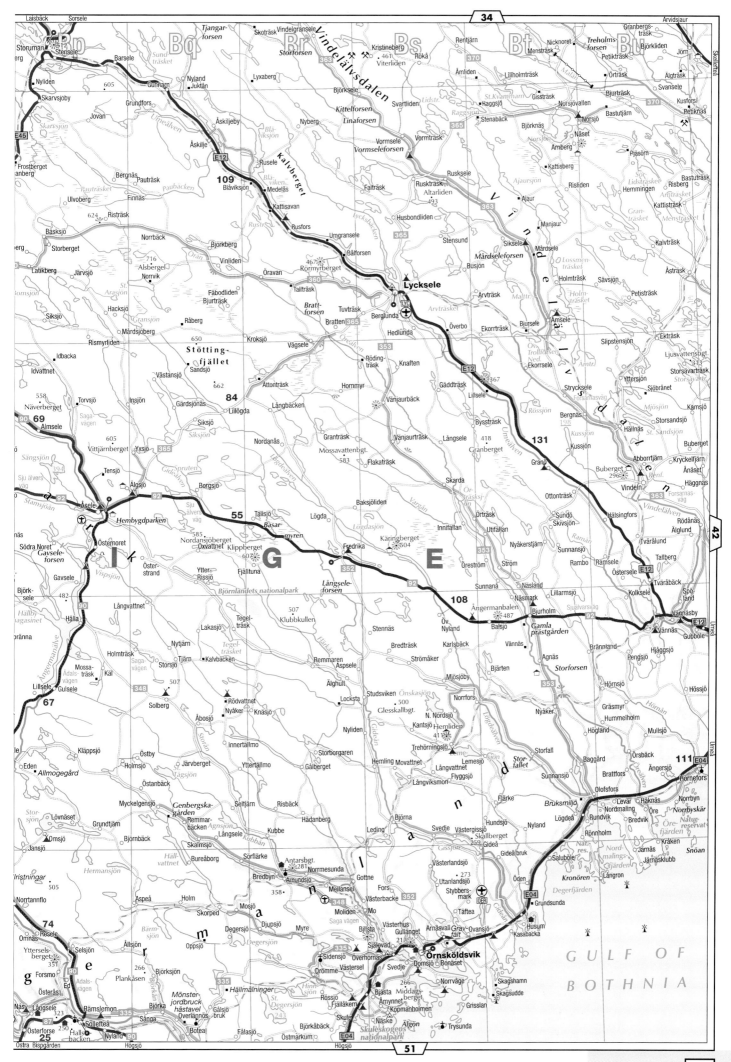

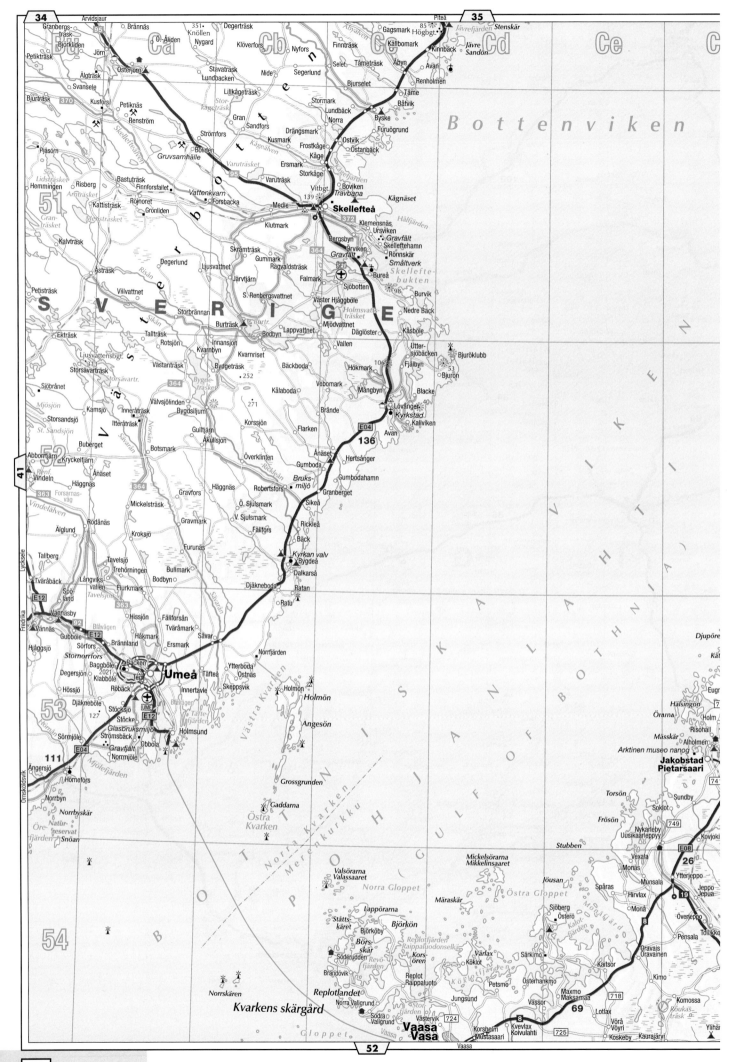

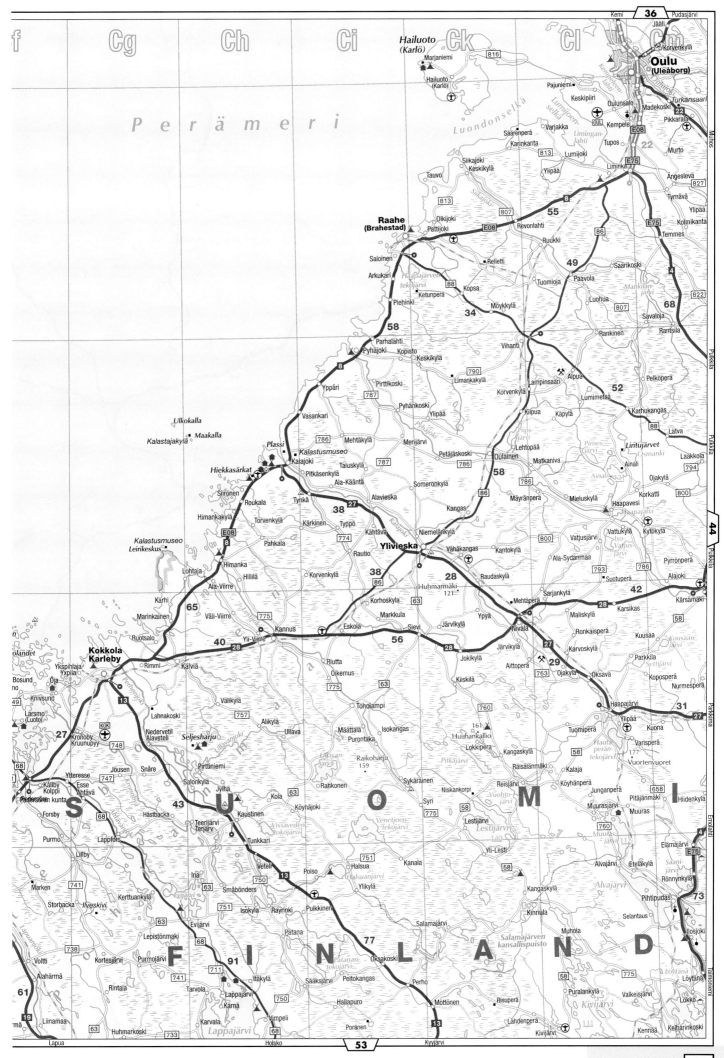

Kemi   Pudasjärvi

Jääli

Korvenkylä

Oulu
(Uleåborg)

Pajuniemi   Keskipiiri   Oulunsalo   Madekoski   Turkansaari

OUL   Kempele   E08   Pikkarala

Muhos

Hailuoto
(Karlö)   Marjaniemi   816

Hailuoto
(Karlö)   Säärenperä   Varjakka   Liminganlahti

Karinkanta   Tupos   Murto

Siikajoki   Keskikylä   813   Lumijoki   Liminka   22

Tauvo   Ylipää   E75   Ängeslevä   827

P e r ä m e r i   Luondonselkä   Tyrnävä   Ylipää

8   55   Kolmikanta

813   807   Revonlahti   86   Temmes   4

Raahe
(Brahestad)   Olkijoki   E08

Pattijoki   Ruukki   49   Saarikoski   E75

Saloinen   Relletti   Tuomioja   Paavola   822

Arkukari   88   Kopsa   Luohua   68

Piehinki   Ketunperä   Möykkylä   807   Savaloja

34   Rankinen   Rantsila

58   Vihanti

Parhalahti   Alpua   Pelkoperä

Pyhäjoki   Kopisto   Lampinsaari   52

Keskikylä   790   Limankakylä   Korvenkylä   Kilpua   Käpylä   Karhukangas

Yppäri   787   Pyhänkoski   Lumimetsä   88   Latva

Vasankari   Ylipää   Lehtopää   Oulainen   58   Ainali   794

Ulkokalla   786   Mehtäkylä   Merijärvi   Petäjäskoski   786   Matkaniva   Korkatti   800

Maakalla   Plassi   Kalastusmuseo   Someronkylä   86   Mäyränperä   Mieluskylä   Ojakylä

Kalastajakylä   Kalajoki   Taluskylä   787   Haapavesi   Vattukylä   Kytokylä

Hiekkasärkat   Pitkäsenkylä   Alavieska   Kangas   Vatjusjärvi

Siironen   Ala-Kääntä   38 27   Typpö   Niemelänkylä   Vähäkangas   Kantokylä   Ala-Sydänmaa   Pyrrönperä

Roukala   Tynkä   **Ylivieska**   800   Suoluperä

Himankakylä   Kärkinen   774   Raudaskylä   42   793   Alajoki

E08   Torvenkylä   Pahkala   Rautio   38   Huhmarmäki   28   Karsikas   58

8   Himanka   86   121   Sarjankylä   Kärsämäki

Lohtaja   Korvenkylä   Korhoskyla   63   Mehtäperä   Maliskylä   Karsikas

Ala-Viirre   Markkula   Ypyä   Nivala   Ronkaisperä   Kuusaa

Karhi   65   Väli-Viirre   775   Eskola   Sievi   Järvikylä   27 29   Karvoskylä   Parkkila

Marinkainen   Kannus   56   Jokikylä   Aittoperä   763   Ojakylä   Oksava   Koposperä

Ruotsalo   40 28   Yli-Viirre   28   Järvikylä   Kiiskilä   Nurmesperä

Kokkola   Rimmi   Kälviä   Riutta   Haapajärvi   31

Karleby   Oikemus   63   Ylipää   27

Ykspihlaja   13   760   Kuona

Yxpila   Lahnakoski   Välikylä   775   Tuomipera   Varisperä

Bosund   Knivsund   757   Alikylä   Ullava   Toholampi   Kangaskylä   177   Vuortenvuoret

Larsmo   Nedervetil   Ullava-   Isokangas   Huuhankallio   Räisälänmäki   Kalaja   658

(Luoto)   27   Kronoby   KOK   Alaveteli   Seljesharju   järvi   161   Lokkipera   Köyhänperä   Junganperä   Pitäjänmäki   Hiidenkylä

Kruunupyy   748   Jousen   Snåre   Pirttiniemi   Raikoharju   Reisjärvi   Muurasjärvi   Muuras

68   Ytteresse   747   Salonkylä   Jylhä   159   Rahkonen   Sykäräinen   Niskankorpi   4

Kållby   Esse   Kola   63   Syri   58   E75

Kolppi   Åhtävä   43   Hästbacka   Köyhäjoki   775   Lestijärvi   Alvajärvi   Etelakylä

Pedersören kunta   Teerijärvi   Kaustinen   Yli-Lesti   760   järvi

Forsby   68   Terjärv   Kanala   Rönnynkylä

Purmo   Lappfors   Tunkkari   Halsua   58   Kangaskylä   Pihtipudas   73

Lillby   Ina   Veteli   Polso   Ylikylä   58   Ilosjoki

Marken   741   13   Smabönders   751   Kinnula   Löytana

Storbacka   Ilveskivi   63   751   Rayrinki   Pulkkinen   Salamajärvi   Selantaus

Evijärvi   Patana   Salamajärven   kansallispuisto   Muhola   775

63   Lepistönmaki   Isokyla   77   Perho   Löytänä

Voltti   738   Kortesjärvi   Purmojärvi   68   Itäkylä   Oksakoski   58   Puralankylä   Kennää

Alahärmä   Rintala   741   711   Sääksjärvi   Peltokangas   Valkeisjärvi   Keihärinkoski

61   Tarvola   Möttönen   775   Lökkö

19   Liinamaa   63   Huhmarkoski   733   Karvala   Lappajärvi   68   Vimpeli   Hailapuro   Pöranen   13   Kivijärvi

Lapua   Holsko   Kyyjärvi

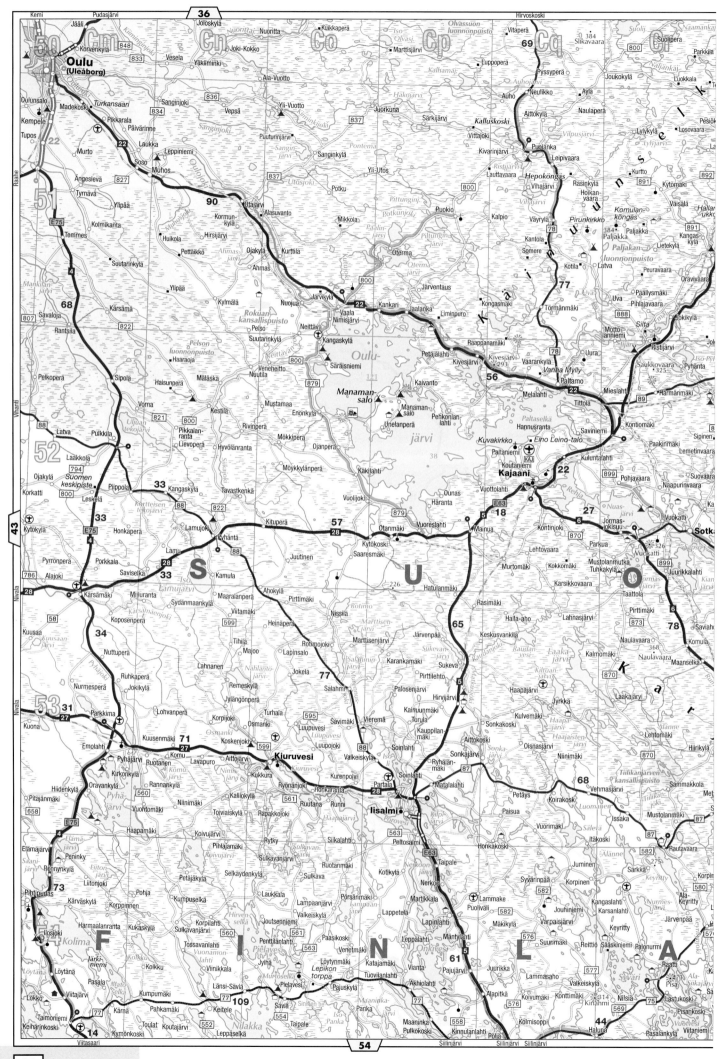

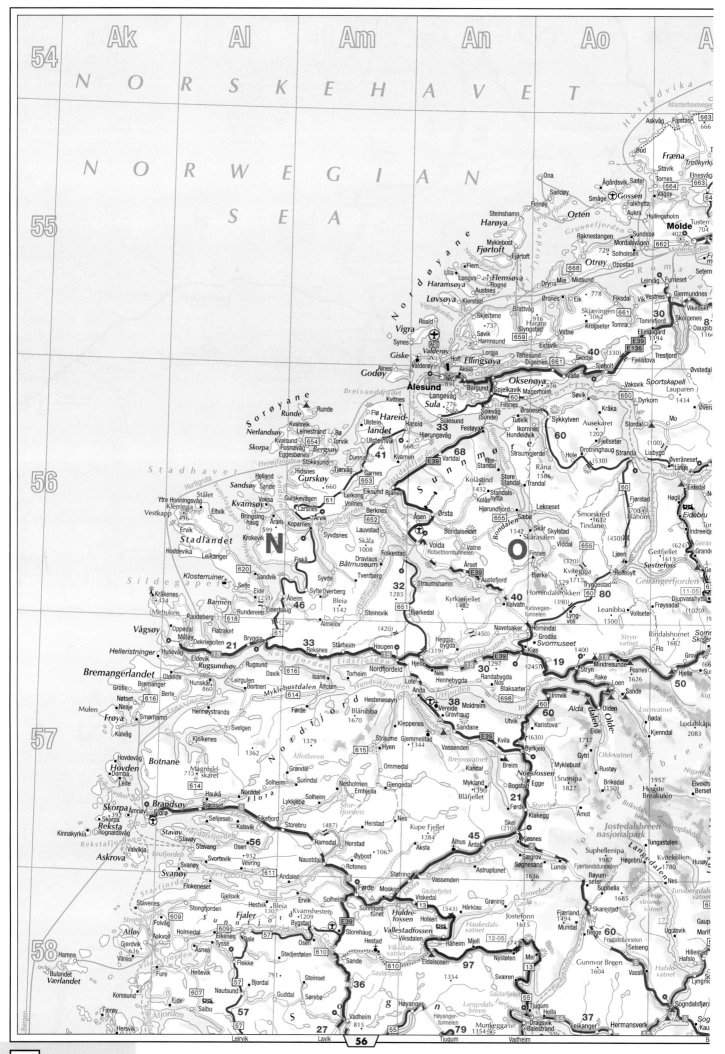

NORSKEHAVET

NORWEGIAN

SEA

Askvåg Farstad
666
663

55

Frøna Trollkyrkja
Bud Stavik
Smøge Gossen Elnesvåg
Falkhytta 664 663
Falkhytta Hollingsholm
Aukra

Ona
Sandøy
Finnøy
Orten
Molde
407

Steinshamn
Harøya
Myklebost
Fjørtoft Fjørtoft
Fiem
Flemsøya
Longva 49
Austnes Rogne
Haramsøya
Løvsøya Kjerstad
Brattvåg 916 Haram
Slyngstad
Vigra
Roald
Søvik
Hamnsund
Vatne

Synes
Giske
Godøy
Ålesund

N

O

56

57

58

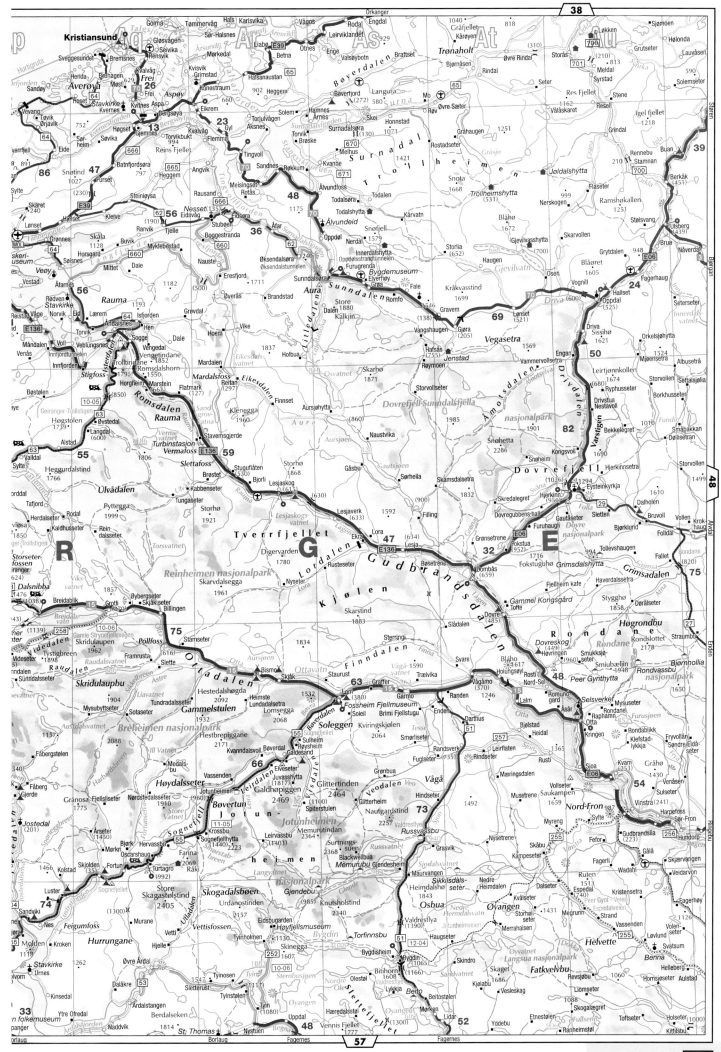

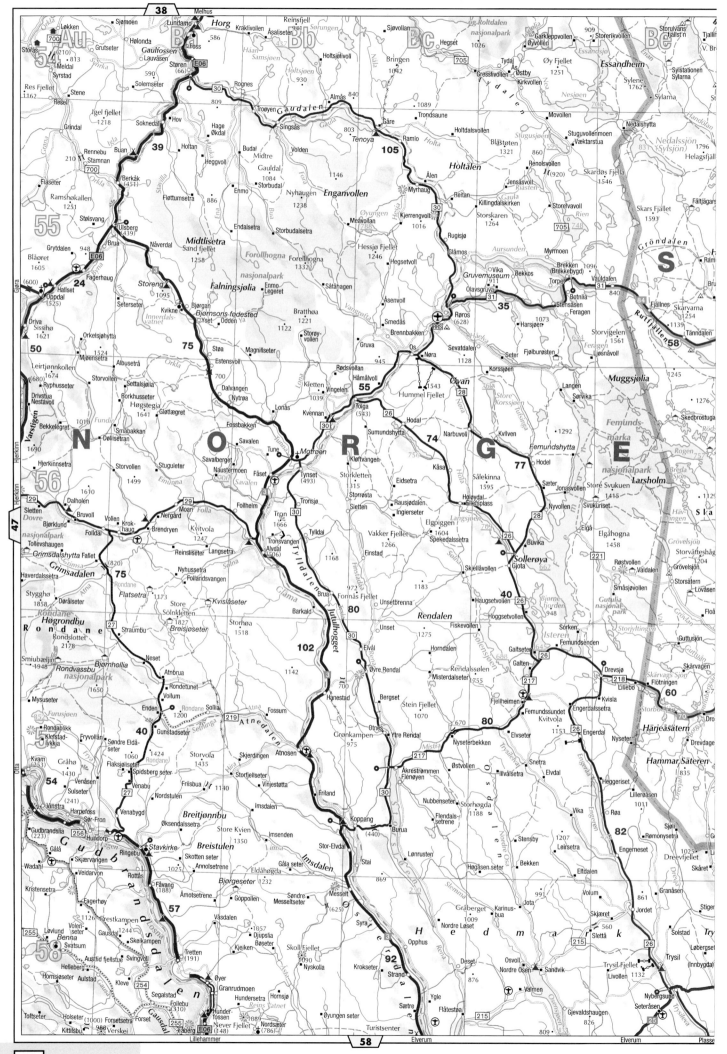

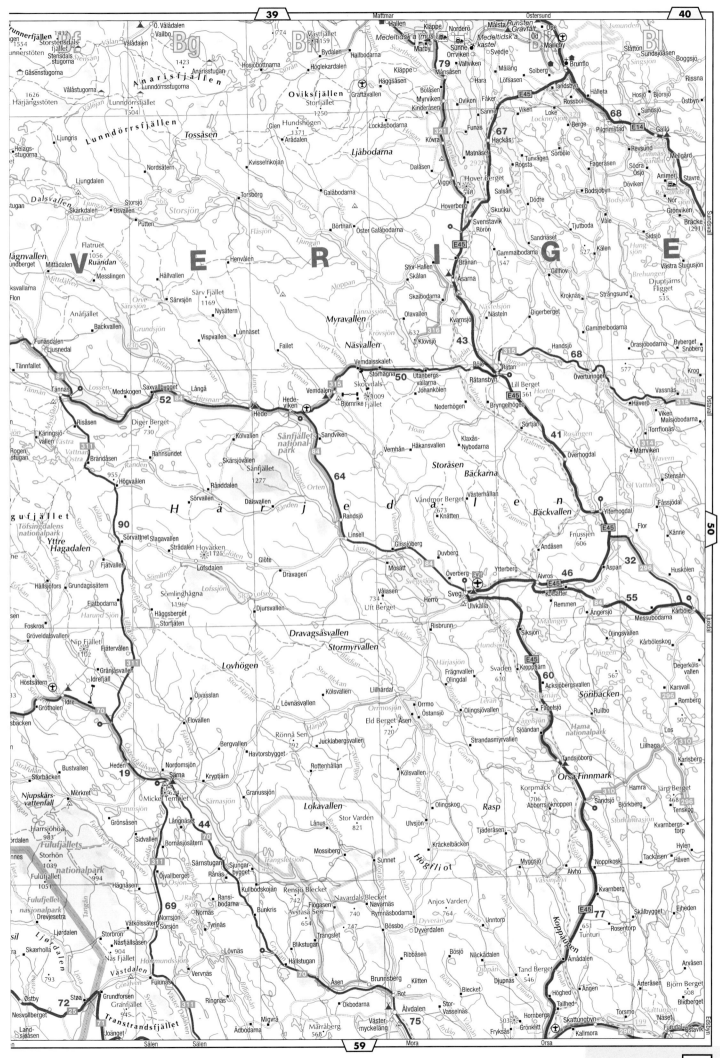

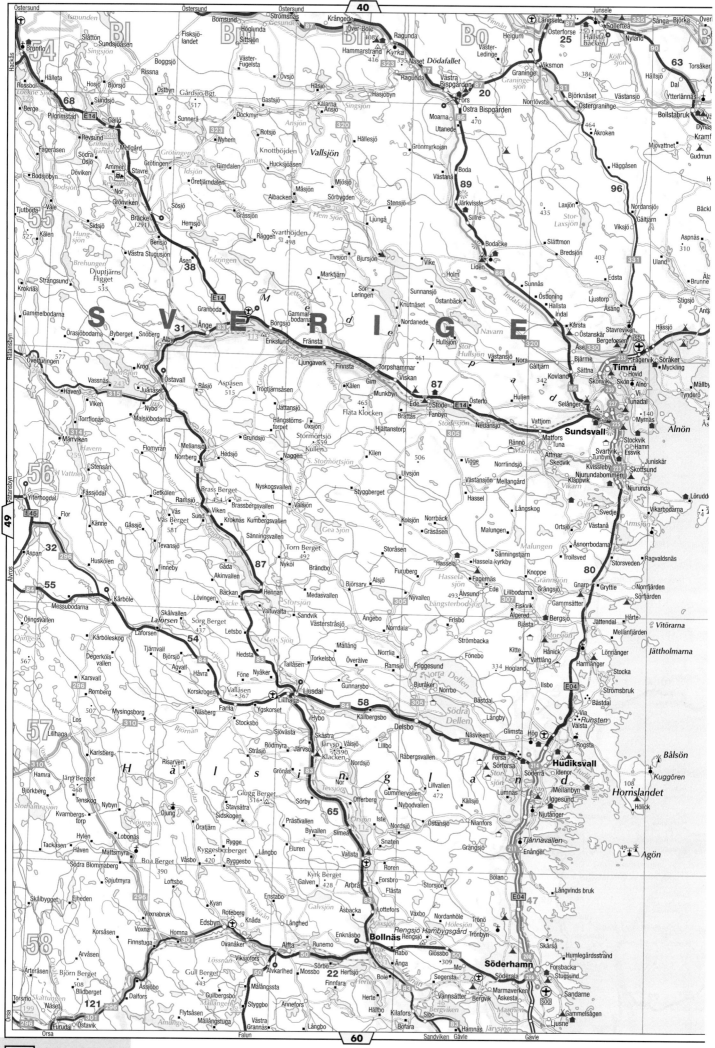

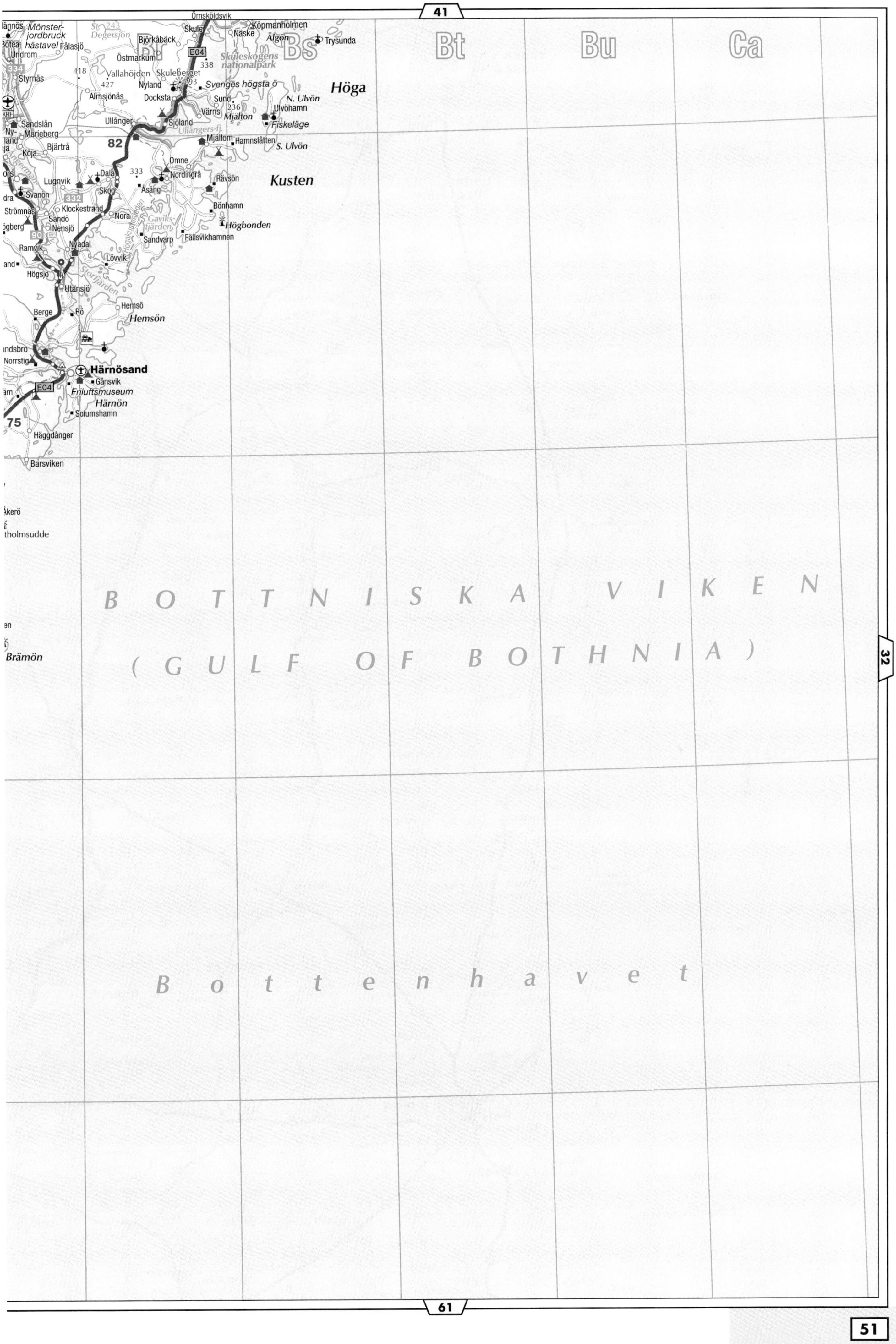

Bt   Bu   Ca

Örnsköldsvik
Mönster-
jordbruck
hästavel Fålasjö
Degersjö
Björkåbäck
Skule
Köpmanholmen
Näske
Älgön
Trysunda
Bs
Östmarkum
E04
338
Skuleskogens
nationalpark
Höga
418
Vallahöjden
Skuleberget
427
Nyland
393
Sveriges högsta ö
Almsjönäs
Docksta
Sund
N. Ulvön
Sund
236
Ulvöhamn
Värns
Mjälton
Fiskeläge
Ullånger
Sjöland
Ullångers-fj.
Mjällom
Hamnslåtten
S. Ulvön
82
Omne
Kusten
Lugnvik
Dala
333
Nordingrå
Rävsön
Skog
Åsäng
Nora
Bönhamn
Klockestrand
Bönhamn
Gaviks-
Sandö
fjärden
Sandvarp
Fällsvikhamnen
90
Nensjö
Högbonden
Ramvik
Nyadal
Lövvik
Högsjö
Utänsjö
Berge
Rö
Hemsö
Hemsön
Norrstig
Härnösand
Gånsvik
E04
Friluftsmuseum
Härnön
Solumshamn
75
Häggdånger
Bärsviken

B O T T N I S K A   V I K E N

(G U L F   O F   B O T H N I A)

B o t t e n h a v e t

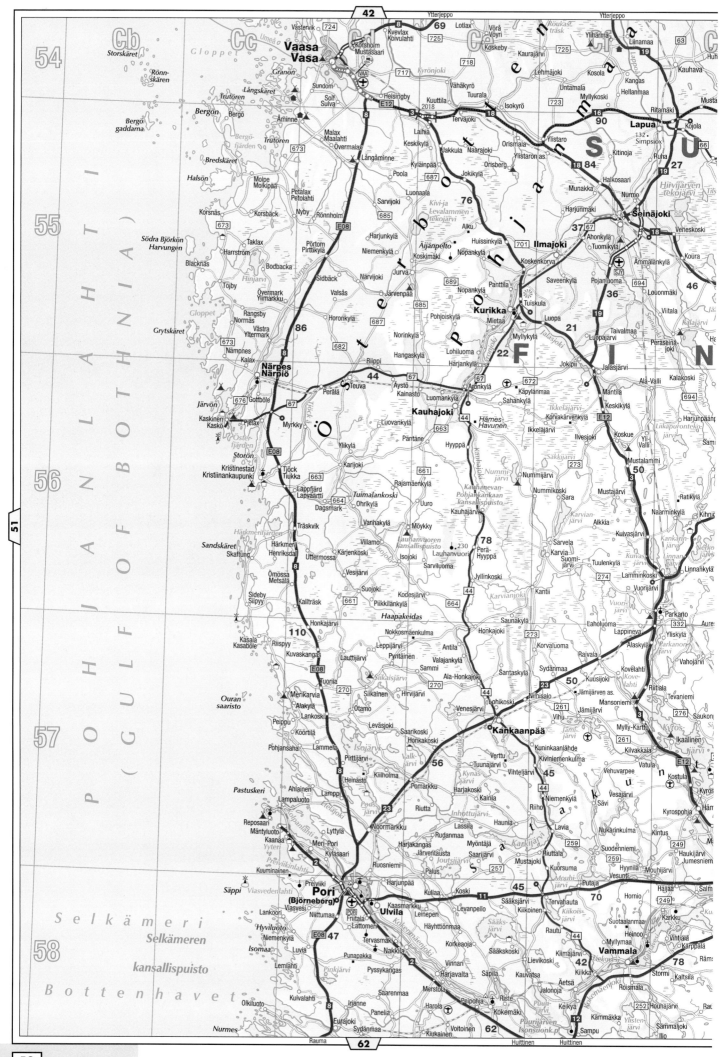

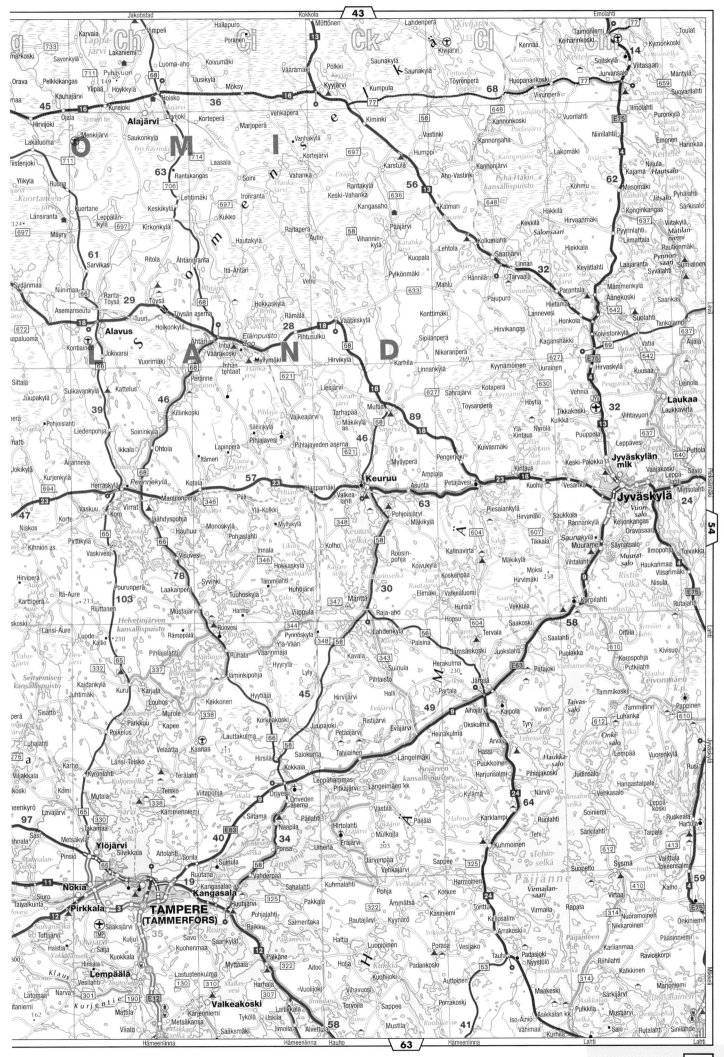

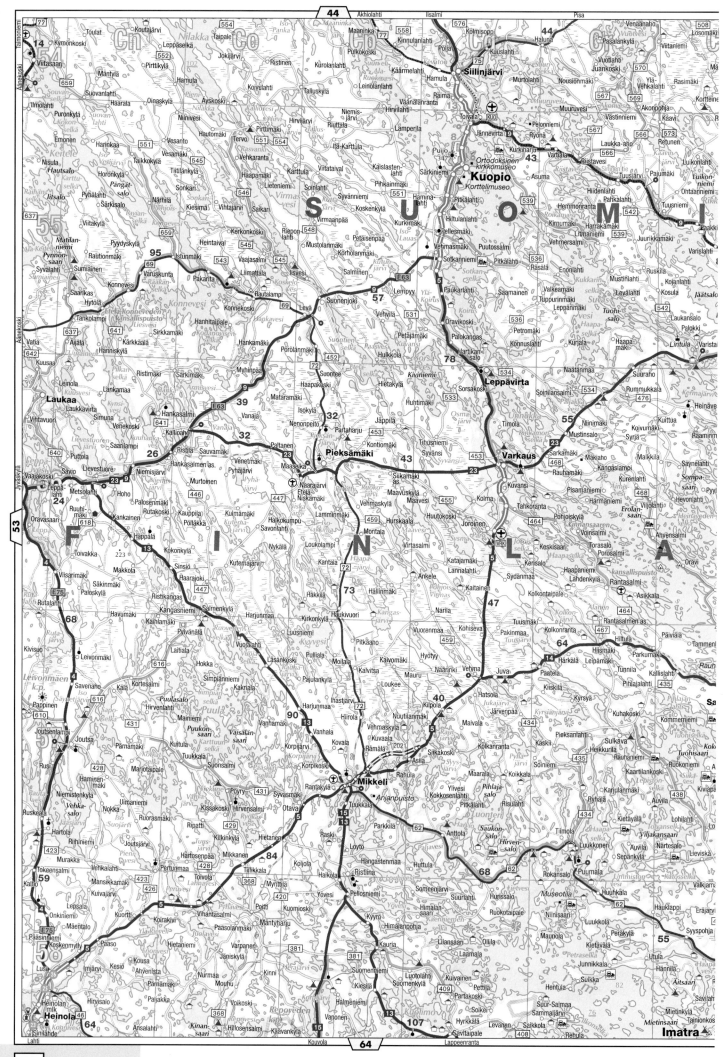

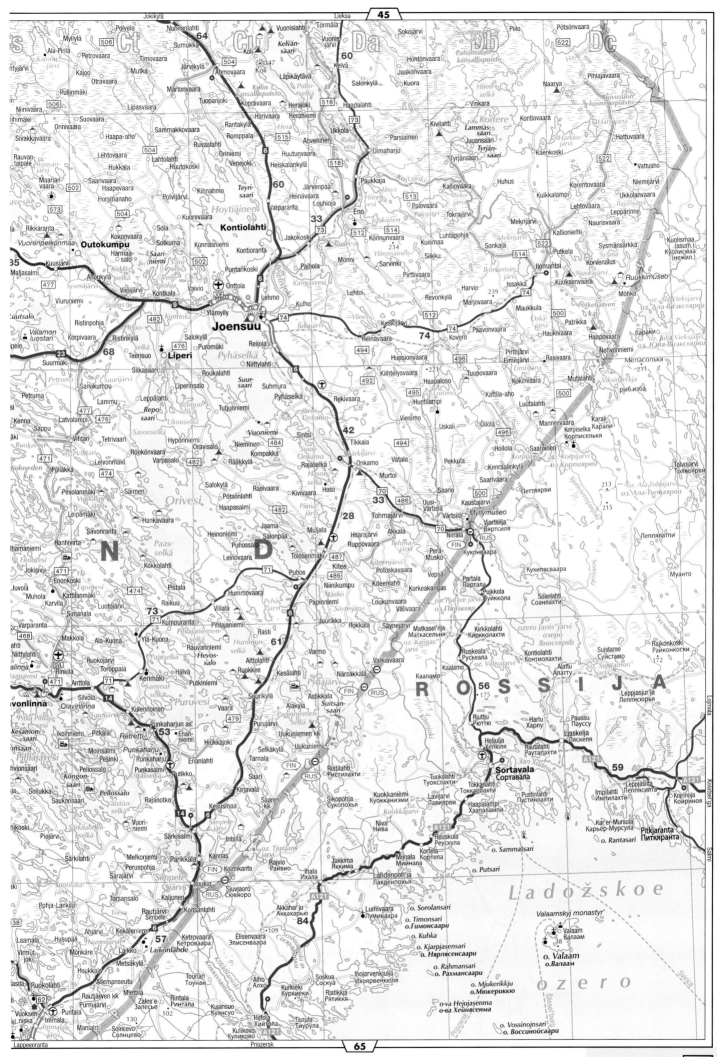

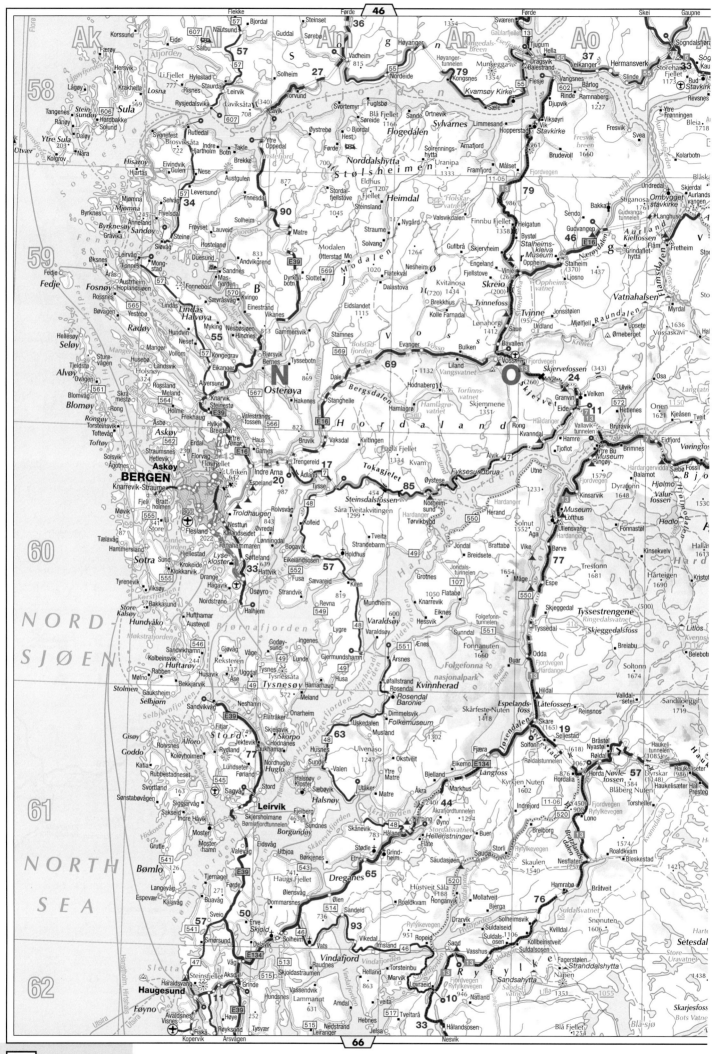

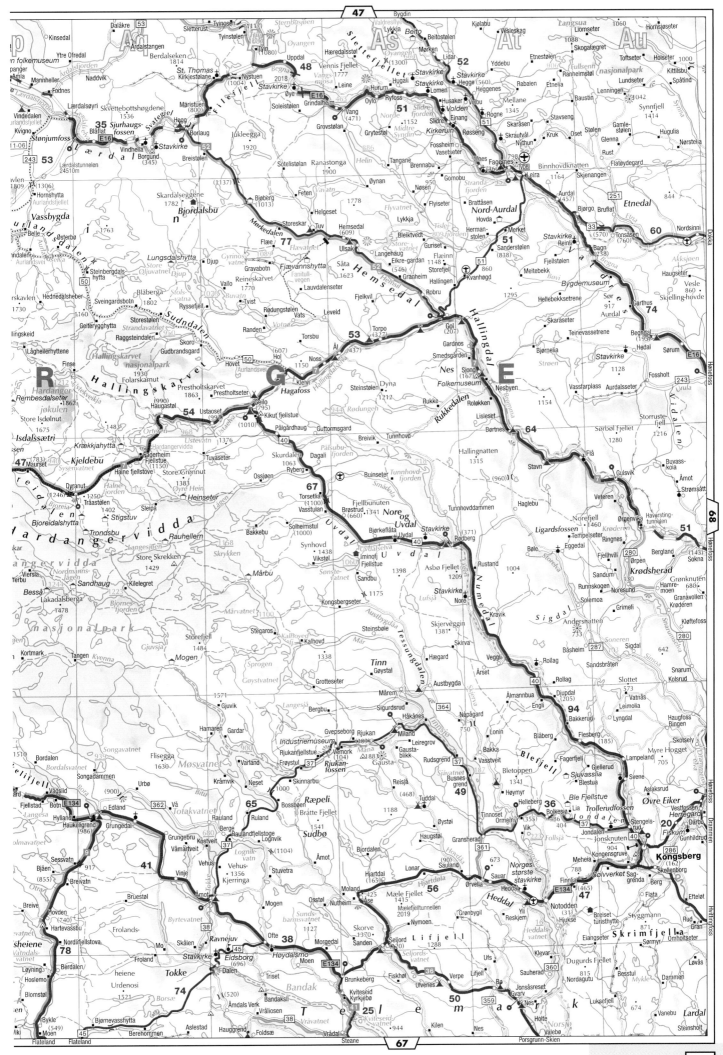

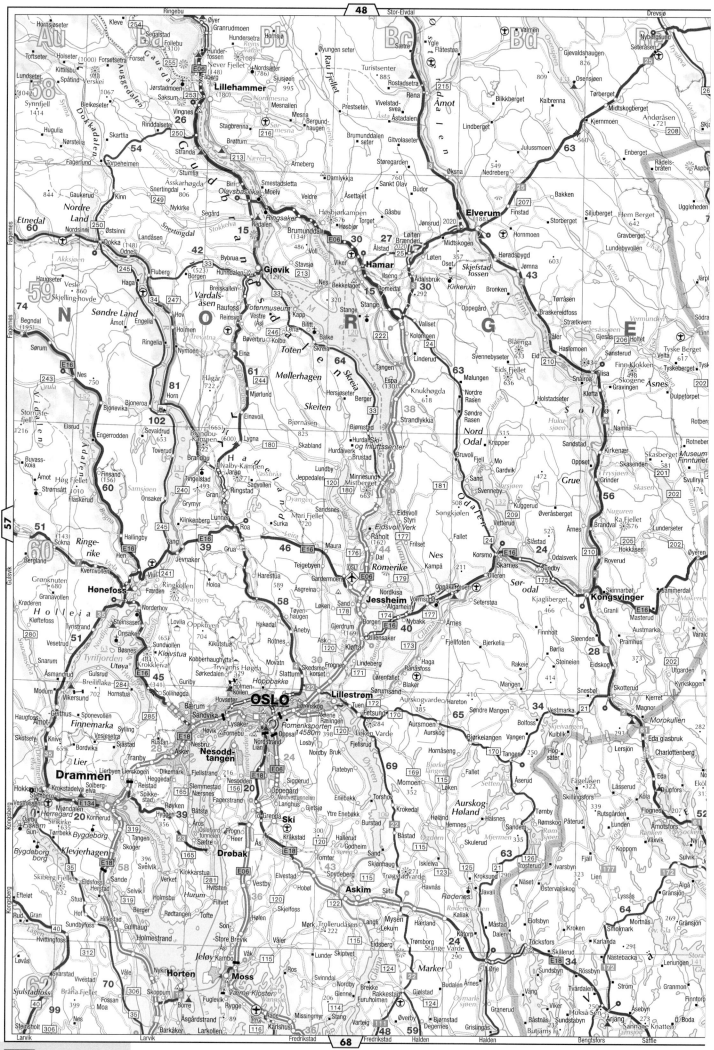

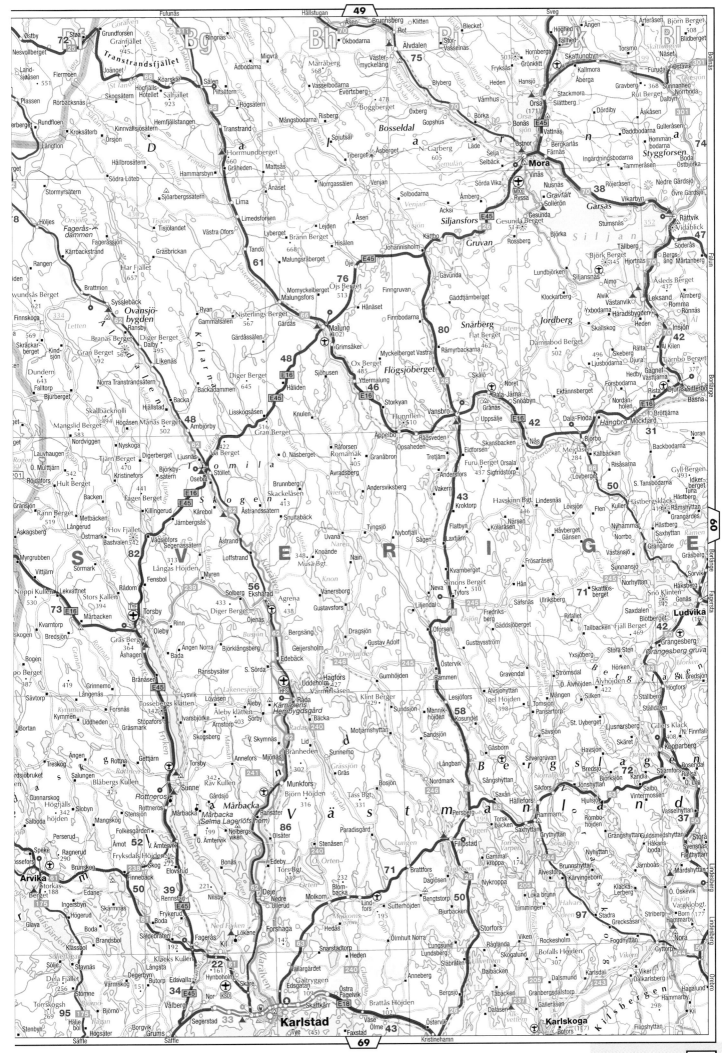

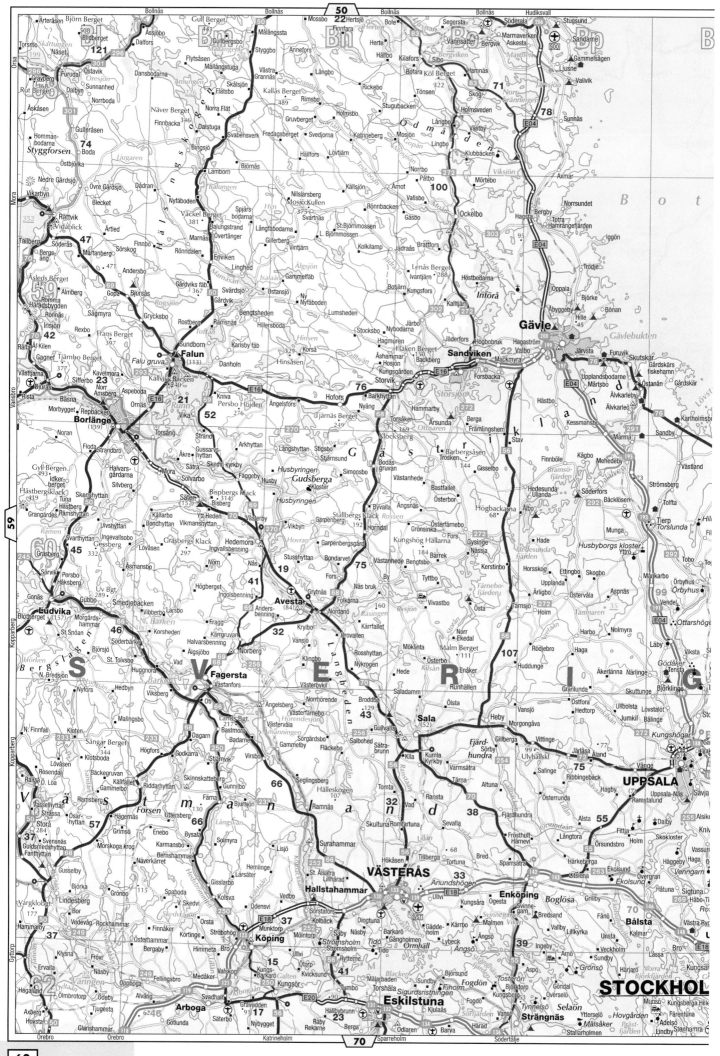

t e n h a v e t

S e l k ä m e r i

S U O M I
F I N L A N D

Ahvenanmaa
Åland

Mariehamn
Maarianhamina

Å l a n d s   H a v
(Ahvenanmeri)

Södra Kvarken
(Ahvenanrauma)

Norrtälje

B A L T I C   S E A

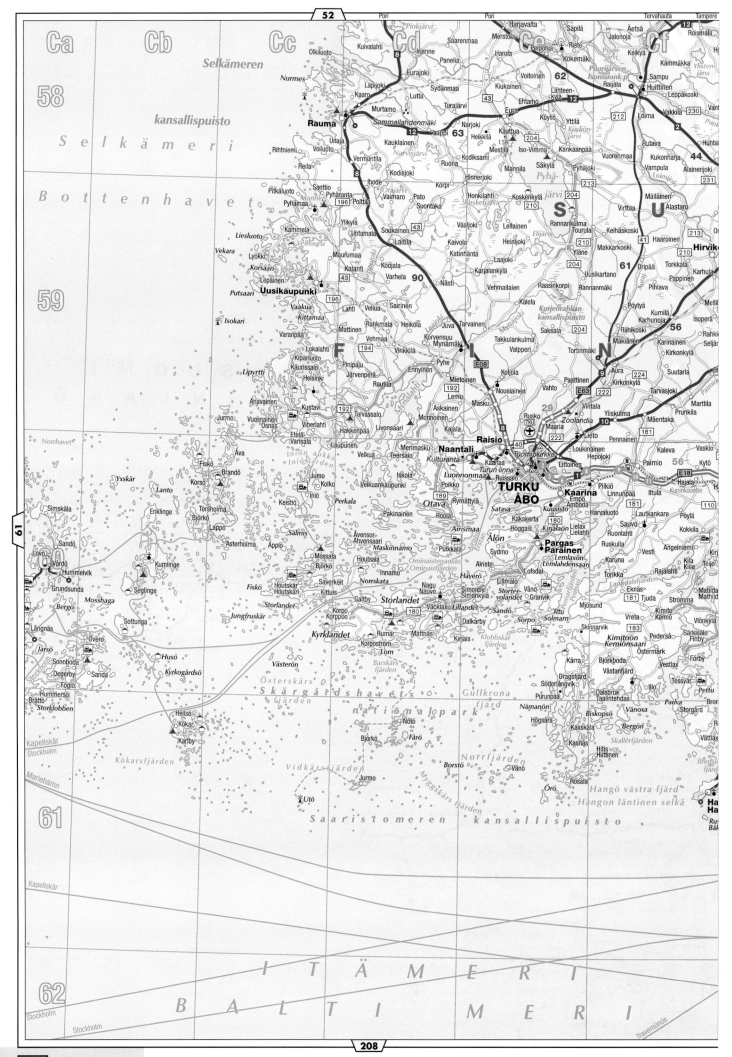

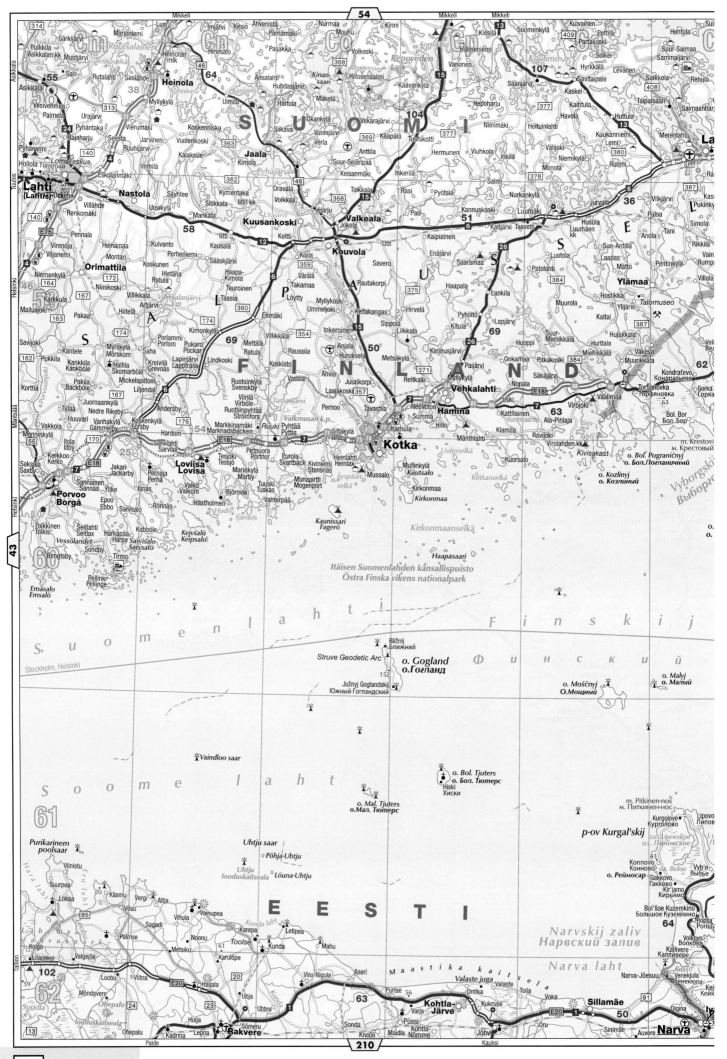

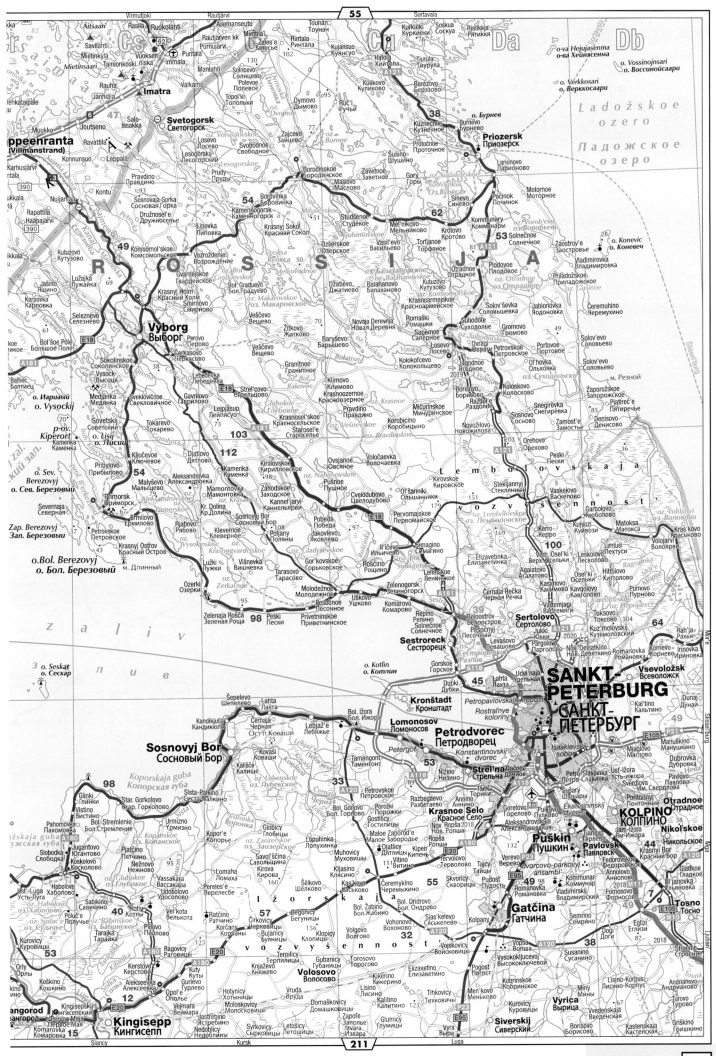

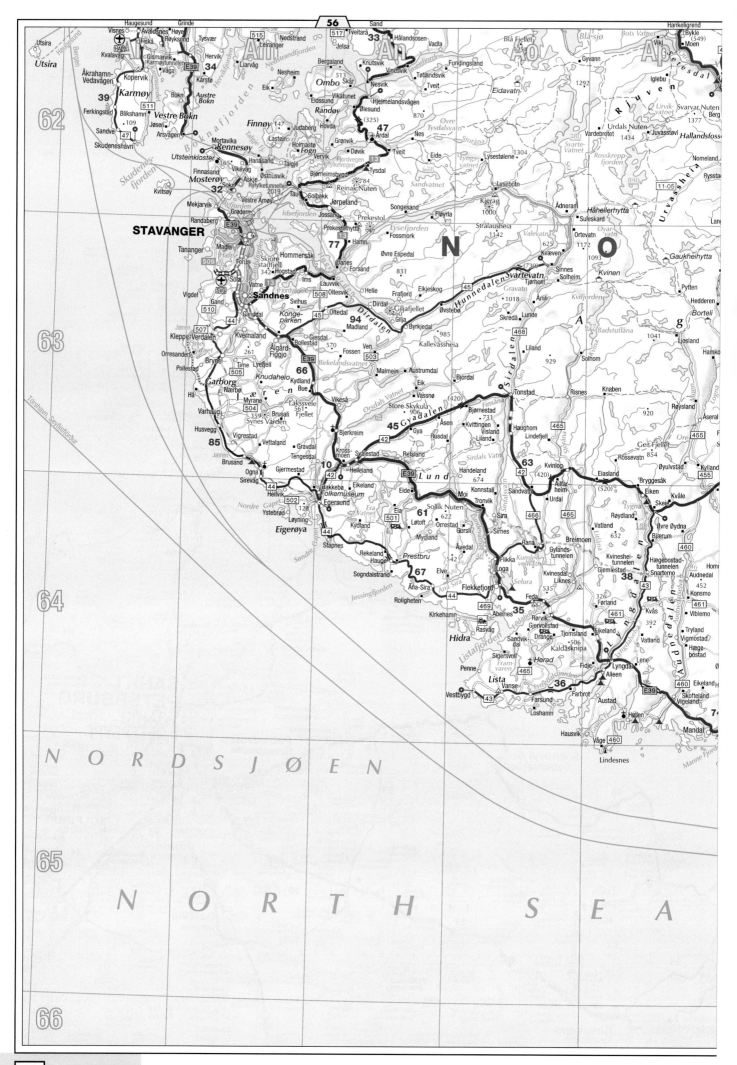

Utsira

Haugesund Grinde Sand
Visnes Avaldsnes Høye Tysvær 515 Leiranger Tveitarå 517 Sand Tveitarå 33 Hålandsosen Vadla
Fiskå Røyksund Hervik Liarvåg Nedstrand Bergaland Knutsvik Vindsvik Funningsland Gyvann
Gismarvik Karmøytunnelen E39 34 Kårstø Nesheim 513 Skår Tveit Eidavatn 1292
Kvalavåg Våga Bokn Eik Vikatunet Nesvik Hjelmelandsvågen Tjelmelandsvågen
Åkrahamn-Vedavågen Kopervik 39 Austre Bokn Randøy Ølesund 870 Øvre Tysdalsvatn Svarte-Vatnet
Karmøy Ferkingstad Bokn Finnøy 147 Judaberg Hovda (325) 47 Nes Lysestølene 1304
Sandve 109 Jøsen Vestre Bøkn Lastein Holmastø Grønvik Årdal Eide Lysebotn
47 Arsvågen Mortavika Fogn Vervik Døvik Tveit Storåna
Skudeneshavn Rennesøy Utsteinkloster Hanasand Tålgje Bjørneimsbygd Tysdal 678 Sandvatnet Lyseskard
Kvitsøy Finnasand Vikevåg Østhusvik Askje Vestre Åmøy Reinak Nuten Kjerag 1000
Mosterøy Sokn Ryfylketunnelen Tau Solbakk Songesand Fløyrla Ådneram Håhellerhytta
32 Mekjarvik Vestre Åmøy Grødem Jørpeland Prekestol Strålausheia 1142 Suleskard
Randaberg E39 Idsefjorden Jossang Prekestolhytta 597 Fossmork N O Valevatn Ortevatn Gaukheihytta
STAVANGER Hamn Øvre Espedal (730) Kvæven 1093 Kvinen
Tananger Madla Hommersåk Danes Forsand Eikjeskog Sinnes Solheim Pytten
Sola Skjore stadfjell 342 Hogstad Ims Helle Frafjord Giljafjellet Gravatn Åmli Kvifjorden Hedderen
Vigdel SVG Vatne 13 Oltesvik 508 Dirdal Øvre Espedal 1018 Skreda Lunde Borteli
Gand Ganddal Svihus Oltedal Gilja Byrkjedal Kallevassheia 468 Liland A g 1041
Sandnes Konge-parken 45 Madland 94 Ven 985 Bjørdal Solhom Ljosland
510 Jæren 507 Kvernaland Bollestad 570 Fossen 503 Malmein Austrumdal Liland 929 Hamko
63 Kleppe Verdalen Ålgård Birkelandsvatnet Eik Bjørdal Sira 455
Orresanden Bryne Figgjo E39 66 Kydland Vassnø Store Skykula Tonstad Risnes Knaben 920 Røysland
Garborg Time Lyefjell Knudaheio Bue Vikeså Ørsdals Vatnet Bjørnestad 731 Haughom Åseral
Nærbø Myrane Bjørnestad Gya Kvittingen Lindefjell 465
Hå Varhaug 504 Brusali 361 Laksesvela Kvittingen Visland Liland Geit-Fjellet 854
85 Husvegg Synes Varden 45 Gyadalen Åsen Rusdal Kvinlog Rossevatn Øyulvstad Kylland
Vigrestad Vettaland Bjerkreim 42 Refsland 63 Eiasland Bryggesåk 455
Jæren Brusand Gravdal Kross-moen Svalestad Sirdals Vatn 42 (420) Eiken Kvåle
Ogna Gjermestad 10 Helleland Handeland 466 465 Røydland Skeib
Sirevåg 44 42 Eikeland E39 Lund 674 Sandvatn 465 Vatland Øvre Øydna
502 Bakkebø Folkemuseum Eide Moi Urdal Ailfar-heim Bjærum 460
Hellvik Egersund Ela Sollik Nuten Tronvik Sira Vatland 632 Vatland
Ystebrød Løyning 501 Løtoft 622 Konnstali Sirnes Rana Breimoen Tjomsland 460
Eigerøya 44 Kydland Orrestad Mydland Åvedal Gylands-tunnelen Gjemlestad Kvås 452 Konsmo
Stapnes Prestbru Elve 542 Flikka Kvinesdal Liknes 38 43 461 Tryland
67 Rekeland 44 Loga Feda 535 Vigmostad
Sogndalstrand Haugen Selura Førland 461 Hæge-bostad
Ana-Sira Flekkefjord 469 Kaldåsknipa Eikeland 392
Jøssingfjorden Rolligheten Abelnes 35 Rørvik Eikeland Lene Vigeland
Kirkehamn Rasvåg Gjervollstad Sandvik-dal Herad Fidje Alleen E39 460 Skofteland
Hidra Sigersvoll Tjomsland 506 Drange Lyngdal
Listafjorden Penne Herad Farsund 465 Hausvik 36 460
Lista Vanse Mandal
Vestbygd 43 Farsund Austad Loshamn Lindesnes

N O R D S J Ø E N

N O R T H   S E A

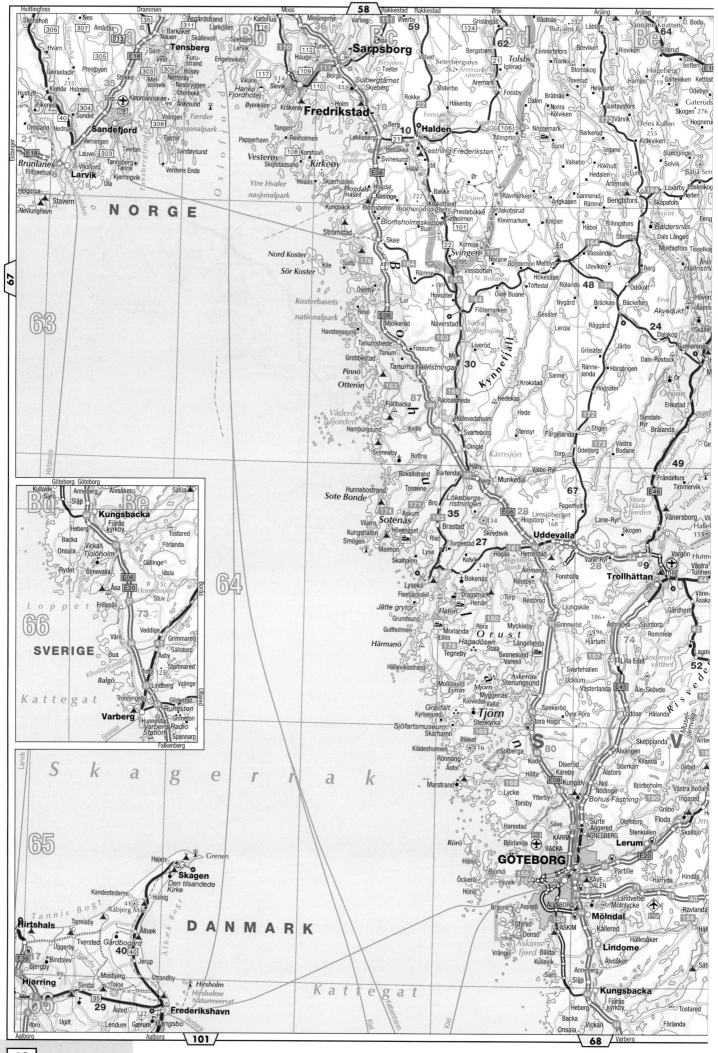

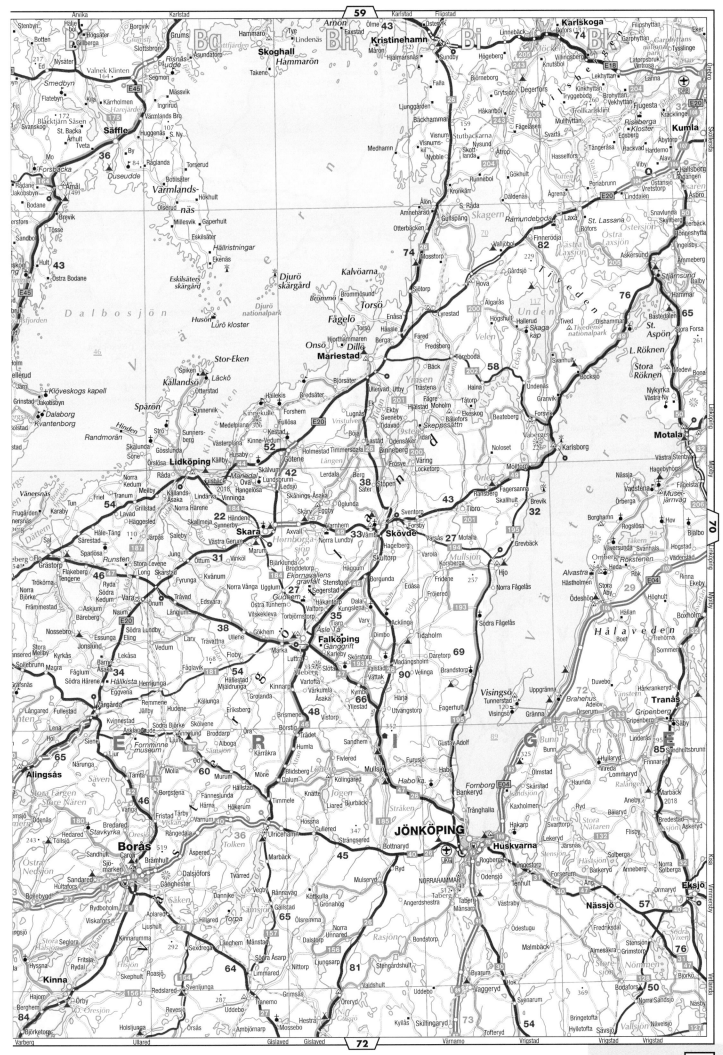

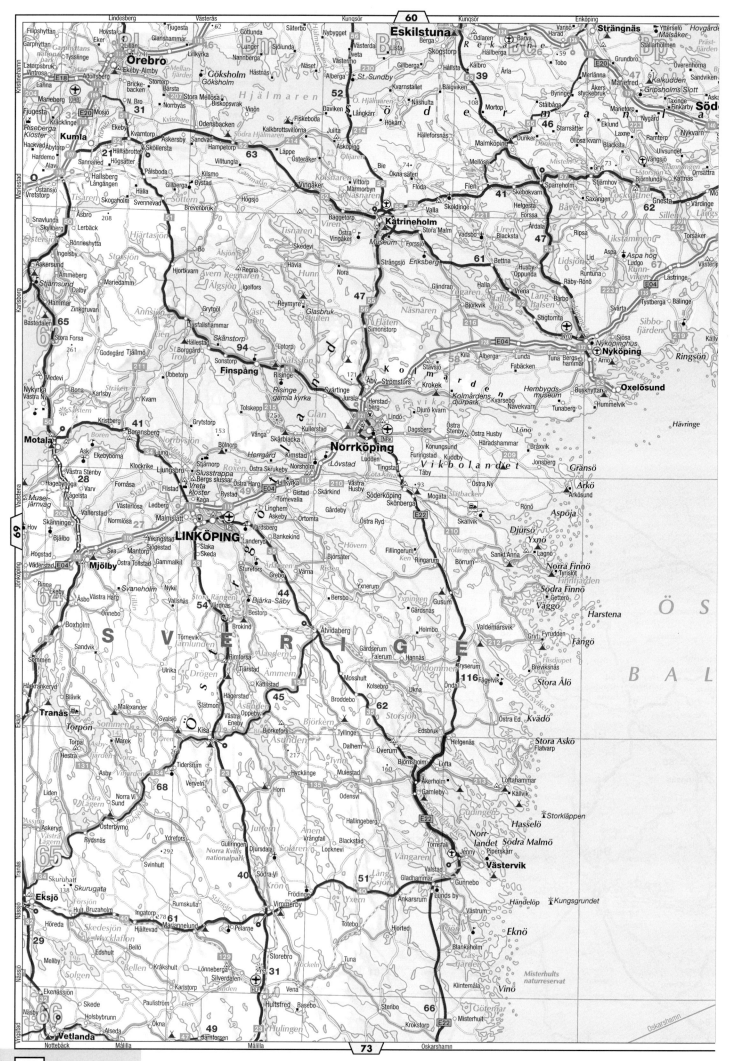

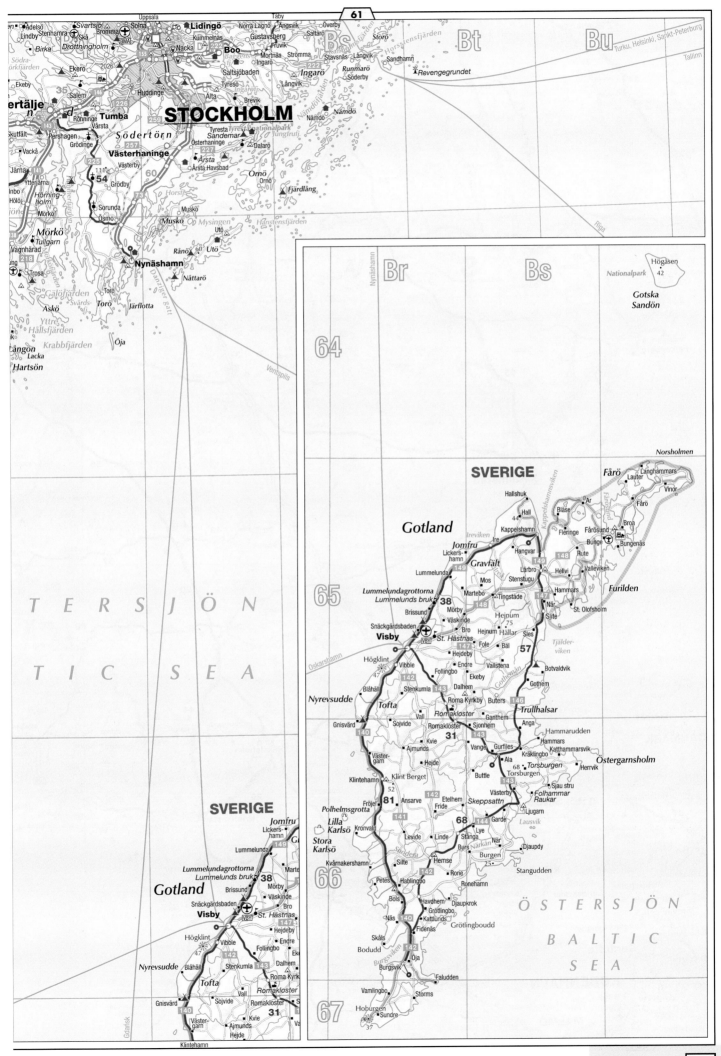

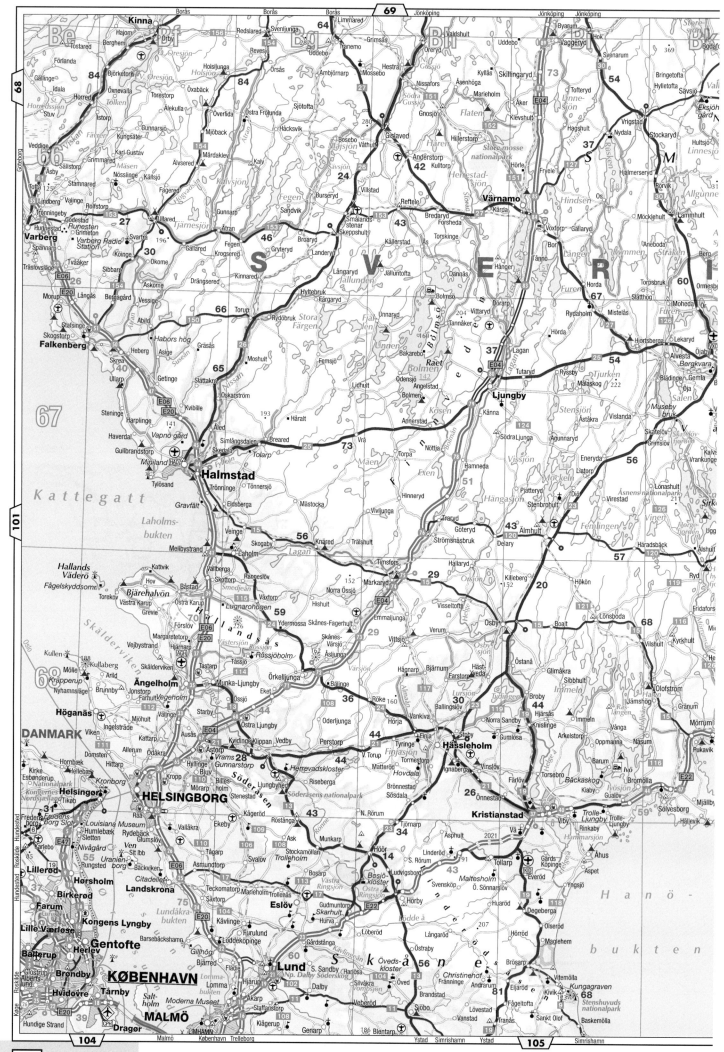

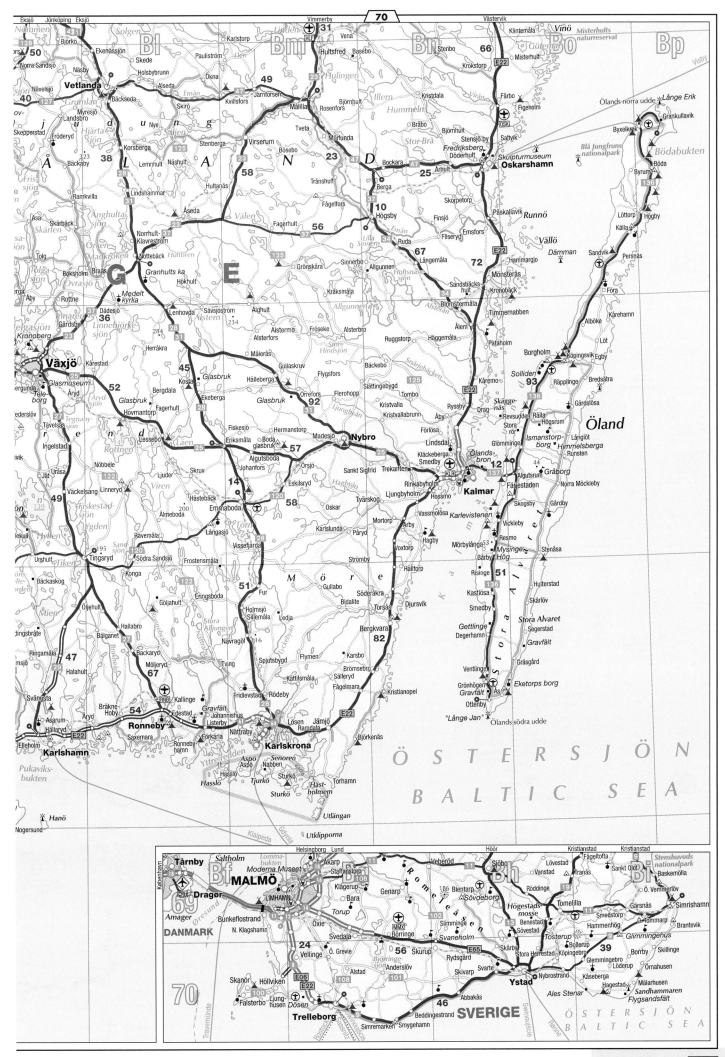

Eksjö Jönköping Eksjö · Vimmerby · Västervik · Vinö *Misterhults naturreservat*

Bl Bm Bn Bo Bp

Nämmen Solgen Lidden Klintemåla Götemar

128 431 Björkö Karlstorp Vena 31 Hultsfred Basebo Stenbo 66 Misterhult E22

50 Norra Sandsjö Ekenässjön Paulström HLF Krokstorp Figeholm Ölands norra udde Långe Erik

Näsby Skede Holsbybrunn Ökna 49 Järnforsen Kristdala Fårbo Figeholm Byxelkrok Grankullavik

Nävelsjö Vetlanda Bäckseda 47 Skirö Kvillsfors Målilla Björnhult Rosenfors Bråbo Björnhult Saltvik Blå Jungfruns nationalpark Böda

40 127 Grumlan Myresjö Tveta Mörlunda Stensjö by Fredriksberg Skulpturmuseum Bödabukten

Landsbro Nye n g Döderhult Oskarshamn Byrum 136

Skepperstad Fröderyd Hjärta sjön Korsberga Stenberga Virserum Bösebo 23 D Bockara 47 OSK Runnö Löttorp Högby

j u d u 38 L Lemnhult Näshult A 23 Berga 25 Århult Källa

Å Bäckaby 28 Hultanäs Tränshult 10 Skorpetorp Påskallavik Vållö Persnäs

Fris sjön Ramkvilla Lindshammar 31 Åseda Fågelfors Högsby Finsjö Fliseryd Emsfors Dämman Sandvik 136

Åsa Skärbäck Norrhult- 37 Fagerhult 56 37 Ruda 67 Långemåla 72 Hammarglo Föra

Tolg Böksholm Braås Klavreström Nottebäck Hultbren 125 Grönskåra Sinnerbo Allgunnen 34 Sandsbäcks-hult Mönsterås Kårehamn

G E Kråksmåla Blomstermåla Kronobäck Alböke

Medelt kyrka Granhults ka Hökhult Allgunnen 34 Timmernabben Köpingsvik

Åby Rottne Lenhovda Sävsjöström 234 Alstermo Alsterfors Fröseke Alsterbro Åstermo Ålem Patholm Borgholm Egby

Dädesjö 37 36 Alstern Store Hindsjön Ruggstorp Häggemåla Kåremo Solliden Löt

Kronoberg Gårdsby 23 Linnebjörke sjön 284 28 Herråkra Målerås Gullaskruv Flygsfors Bäckebo Revsudden 93 Räpplinge Bredsätra

Växjö 31 Kosta Hälleberga Slättingebygd 125 Ryssby Stora Ismanstorp- borg Himmelsberga Gärdslösa

Glasmuseum 45 Glasbruk Orrefors 92 Flerohopp Kristvalla Aby Drag Skägge- näs Rälla Runsten

Teleborg 52 Bergdala Ekeberga Glasbruk 31 Kristvallabrunn Förlösa Högsrum Öland

Åryd Hovmantorp Fagerhult 28 Ljungbyån Lindsdal 136 Glömminge

Tävlásás Aryd sjön Fiskesjö Hermanstorp Madesjö Nybro Kläckeberga Ölands- Algutsrum Gråborg

Tegnaby 27 Lessebo Boda glasbruk 57 Örsjö Sankt Sigfrid Trekanten Smedby bron 12 Färjestaden Norra Möckleby

Ingelstad Eriksmåla Johanfors 25 KLR 13 Skogsby Gårdby

Nöbbele Skruv 14 Eskilsryd 58 Tvärskog Rinkabyholm Kalmar

Jät Urása 122 Ljuder Hästebäck 120 Oskar Ljungbyholm Hossmo Vickleby

Väckelsang Linneryd Viren Almeboda 200 Emmaboda Karlslunda Påryd Vassmośla Karlevistenen Resmo Stenåsa

49 139 Rävemåla törn Långasjö Mortorp Arby Hagby Mörbylånga Mysinge Hög

Tiken Nöbbele Tingsryd 195 Södra Sandsjö Vissefjärda 28 Strömby Hålltorp Voxtorp Bårby 51 Risinge

Urshult Konga Frostensmåla M ö r e Gullabo Söderåkra Risinge 136 Huttestad

Backåskog 122 Eringsboda 51 Fur Bidalite Torsås Djursvik Kastlösa Skärlöv

Öljehult Göljahult Holmsjö Ledja Bergkvara 82 Smedby Stora Alvaret

Ringamåla Hallabro Nävragöl 516 Sillemåla Gettlinge Segerstad

Bälganet 27 Tving Spjutsbygd Flymen Karsbo Degerhamn Gravfält

47 Halahult Backaryd Brömsebro Sälleryd Fågelmara Gräsgård

29 67 Möljeryd Fridlevstad Kättilsmåla Kristianopel Ventlinge Ås

Svängsta RNB Kallinge Rödeby Grönhögen Eketorps borg

Asarum 54 Edestad Gravfält Johannishus Lösen Jämjö Gravfält Ottenby

Aryd Bräkne- Hoby Listerby Nättraby 60 Ramdala Björkenäs E22 "Långe Jan" Ölands södra udde

Hällaryd Saxemara Ronneby Förkärla Karlskrona

E22 Ronneby- hamn Nättraby

Karlshamn Aspö Senoren Nabben Torhamn

Pukaviks- bukten Hasslö Tjurkö Sturkö Hästholmen Ö S T E R S J Ö N

Nogersund Hanö Utlängan B A L T I C   S E A

Klaipéda Gdynia Utklipporna

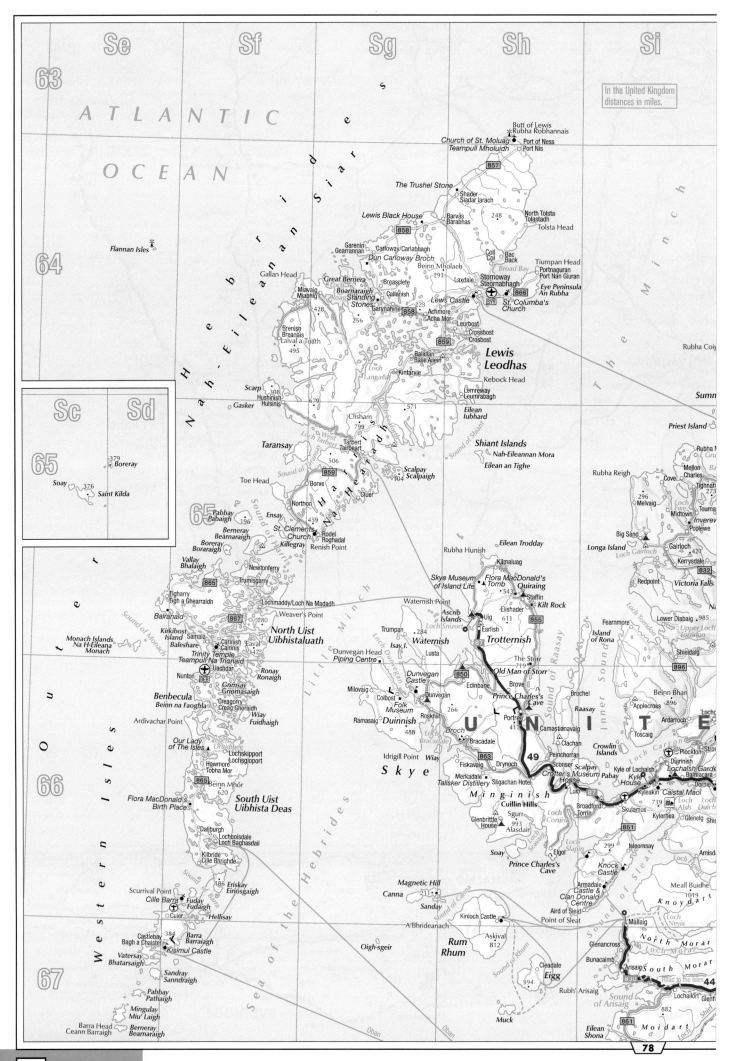

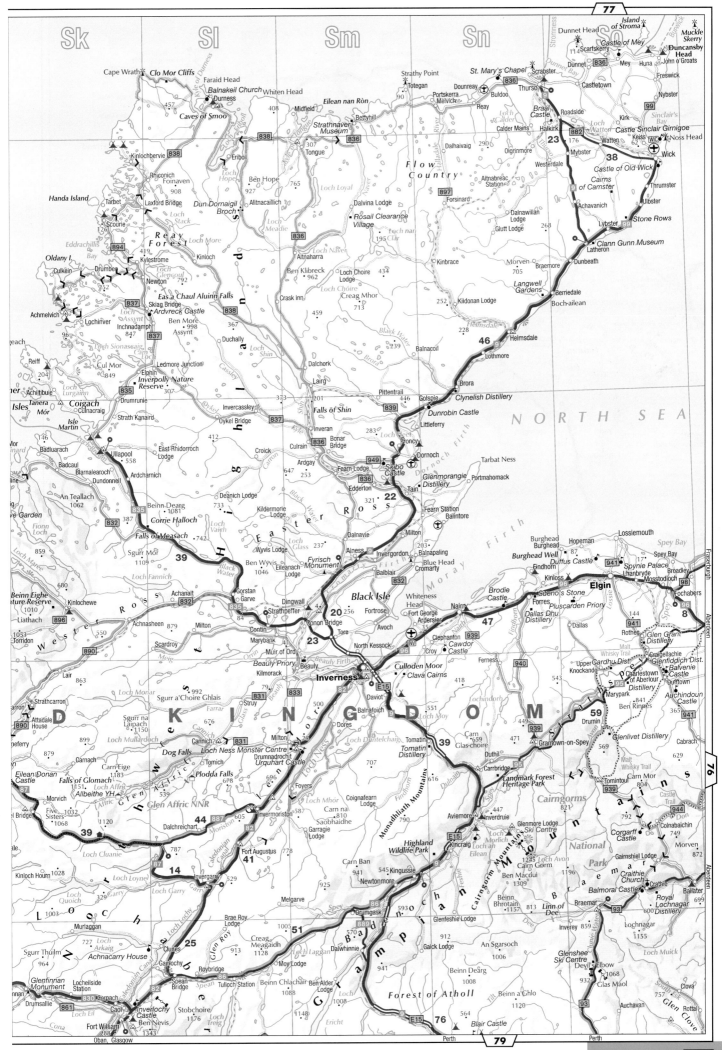

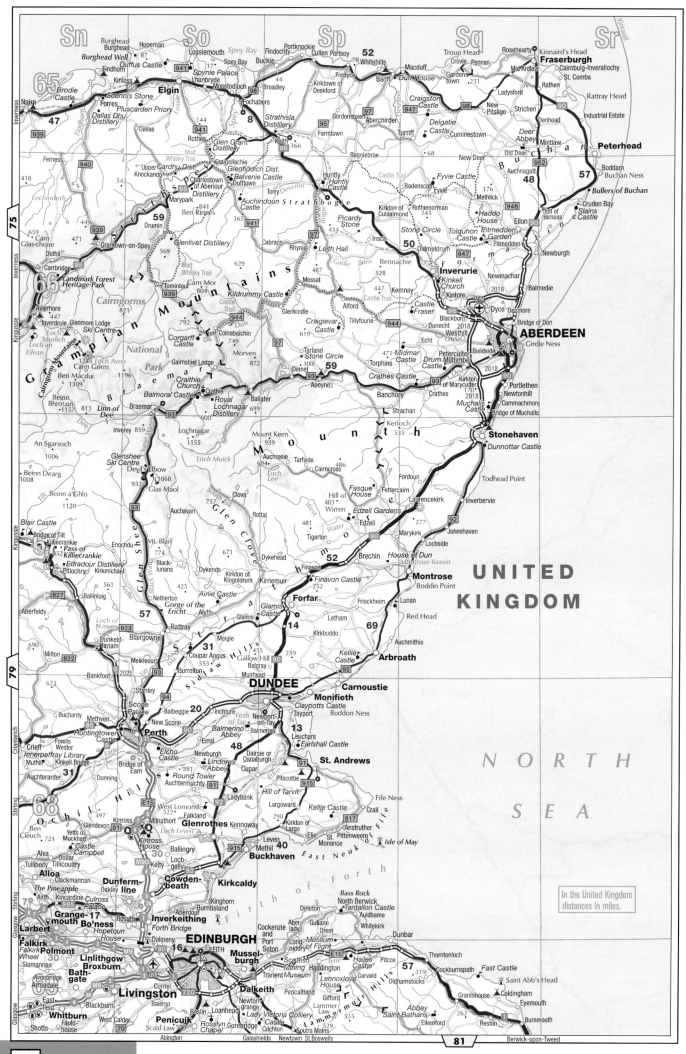

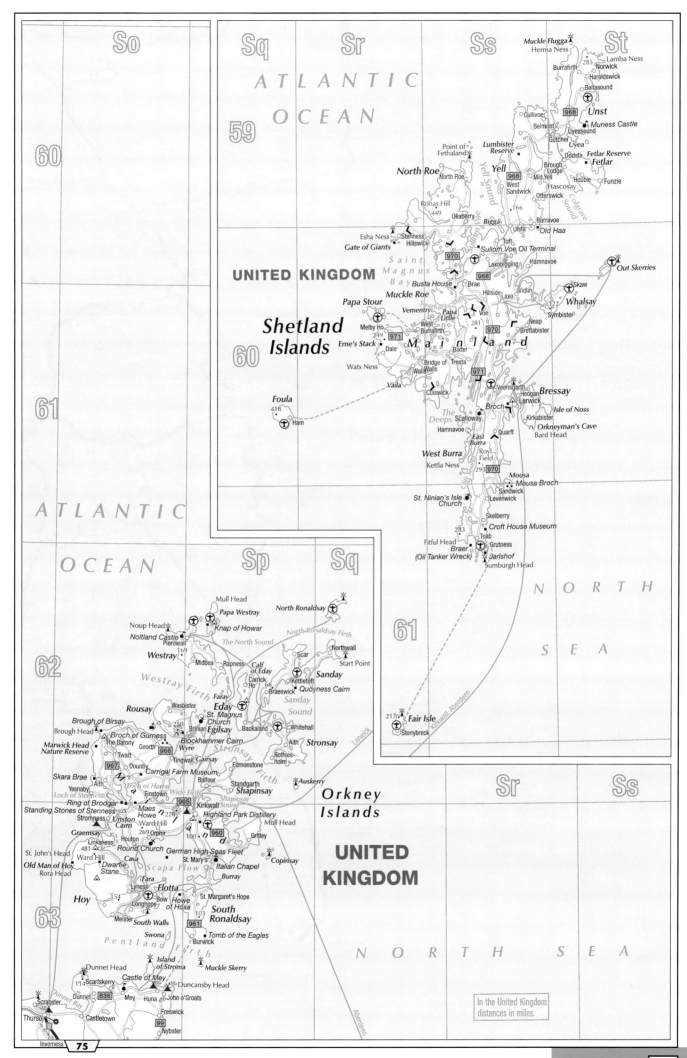

Shetland Islands map (So, Sq, Sr, Ss, St)

ATLANTIC OCEAN

So
60
61
59
60

Sq
Sr
Ss
St

Muckle Flugga
Herma Ness
Burrafirth
285 Lamba Ness
Norwick
Haroldswick
Baltasound
968
Unst
Muness Castle
Uyeasound
Cullivoe
Belmont
Gutcher
Uyea
Oddsta
Fetlar Reserve
Fetlar
Brough
Lodge
Houbie
Funzie
Mid Yell
Hascosay
West
Sandwick
Otterswick
Burravoe
Old Haa
166
Point of
Fethaland
Lumbister
Reserve
North Roe
North Roe
968
Yell
Yell Sound
Colgrave Sound
Ronas Hill
449
Ollaberry
Bigga
Ulsta
Esha Ness
Stenness
Hillswick
Gate of Giants
Toft
Sullom Voe Oil Terminal
970
Hamnavoe
Laxobigging
968
Out Skerries
Saint
Magnus
Bay
Busta House
Brae
Hillside
Vidlin
Skaw
22 Whalsay
Symbister
Muckle Roe
Papa Stour
Vementry
Papa
Little
Laxo
Voe
281
Neap
Brettabister
970
Melby Ho.
249
West
Burrafirth
971
Mainland
Erne's Stack
Dale
Bixter
Bridge of Tresta
Wats Ness
Walls Walls
971
Vaila
Culswick
Veensgarth
Heogan Bressay
Lerwick
Isle of Noss
Foula
418
Ham
Broch
Scalloway
Kirkabister
The Deeps
Hamnavoe
Orkneyman's Cave
Bard Head
East
Burra
Quarff
West Burra
Roy.
Field
Kettla Ness
293 970
Mousa
Mousa Broch
Sandwick
Levenwick
St. Ninian's Isle
Church
Skelberry
Croft House Museum
283
Toab
Fitful Head
Grutness
Braer
(Oil Tanker Wreck)
Jarlshof
Sumburgh Head

UNITED KINGDOM

Shetland Islands

NORTH
SEA

61

Kirkwall, Aberdeen

Lerwick

217 Fair Isle
Stonybreck

Orkney Islands map (Sp, Sq)

Sp
Sq

ATLANTIC OCEAN
62

Mull Head
Papa Westray
North Ronaldsay
Noup Head
Knap of Howar
Noltland Castle
Pierowall
169
Westray
Scar
Northwall
Start Point
Midbea
Rapness
Calf
of Eday
Carrick
Ho.
Kettletoft
Sanday
Faray
66
Braeswick
Quoyness Cairn
Sanday
Sound
Rousay
Wasbister
Eday
St. Magnus
Church
Egilsay
Backaland
Whitehall
Brough of Birsay
Brinian
250
Wyre
Aith
Stronsay
Brough Head
Broch of Gurness
The Barony
Georth
966
Tingwall
Gairsay
Rothies-
holm
Marwick Head
Nature Reserve
Blockhammer Cairn
Edmonstone
Skara Brae
967
Twatt
Dounby
Carrigal Farm Museum
Standgarth
Yesnaby
Aith
Loch of Harray
Finstown
Balfour
Shapinsay
Auskerry
Ring of Brodgar
Wide Firth
965
Kirkwall
Standing Stones of Stenness
Loch of Stenness
Stromness
Maes Howe
228
Highland Park Distillery
Mull Head
Graemsay
269 Orphit
100
960
Gritley
Round Church
German High Seas Fleet
Copinsay
St. John's Head
Ward Hill
481
St. Mary's
Old Man of Hoy
Cava
Dwarfie
Stane
Italian Chapel
Burray
Rora Head
Fara
Scapa Flow
Hoy
Lyness
Flotta
154
Bow
Howe
of Hoxa
St. Margaret's Hope
Longhope
South Walls
103
961
South
Ronaldsay
Melster
Swona
Tomb of the Eagles
Pentland Firth
Burwick
Dunnet Head
Island
of Stroma
Muckle Skerry
114
Scarfskerry
Castle of Mey
Duncansby Head
Crabster
Dunnet
836
Mey
Huna
John o'Groats
Thurso
Castletown
Freswick
99
Nybster
Inverness

Orkney
Islands

UNITED
KINGDOM

NORTH SEA

Aberdeen

In the United Kingdom
distances in miles.

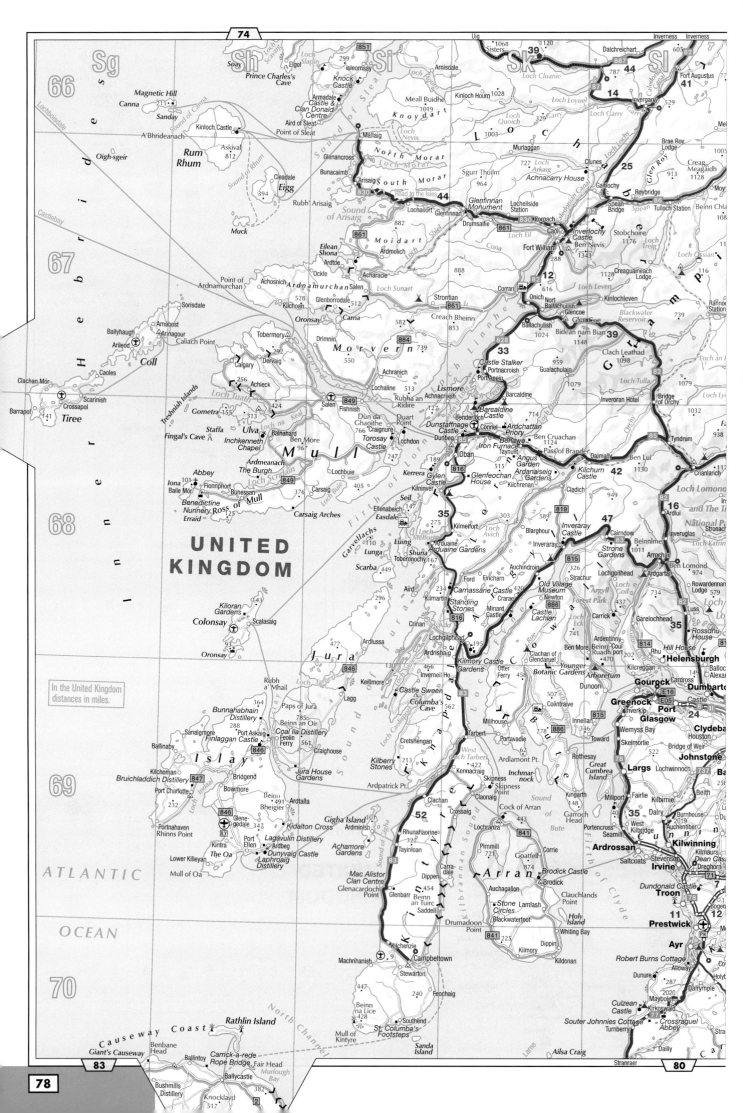

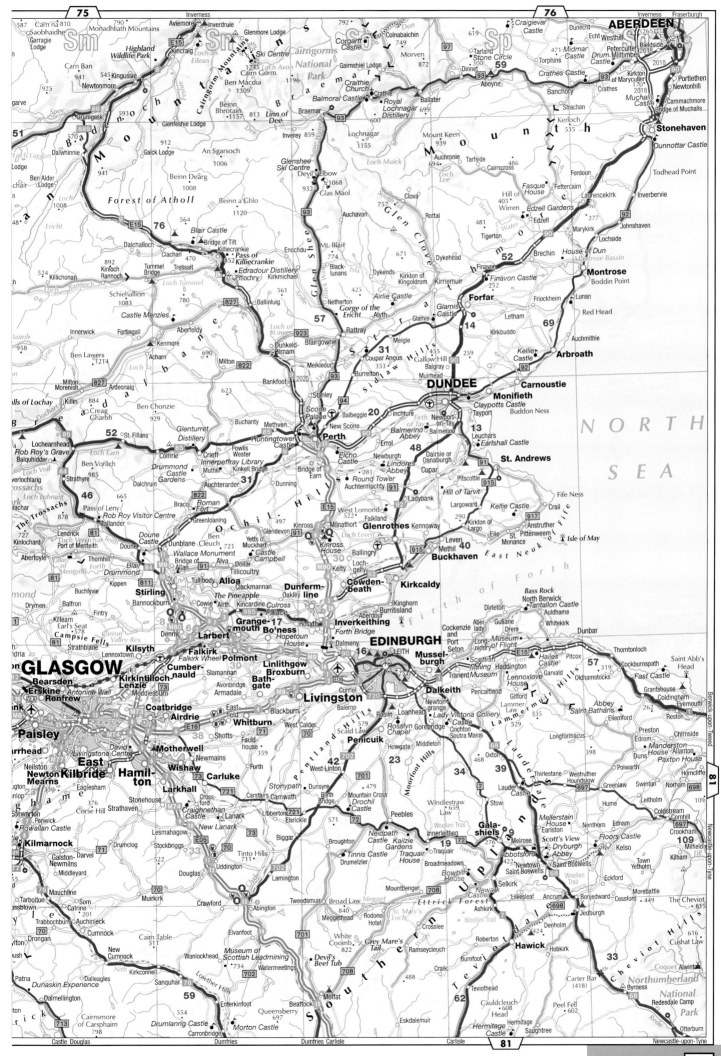

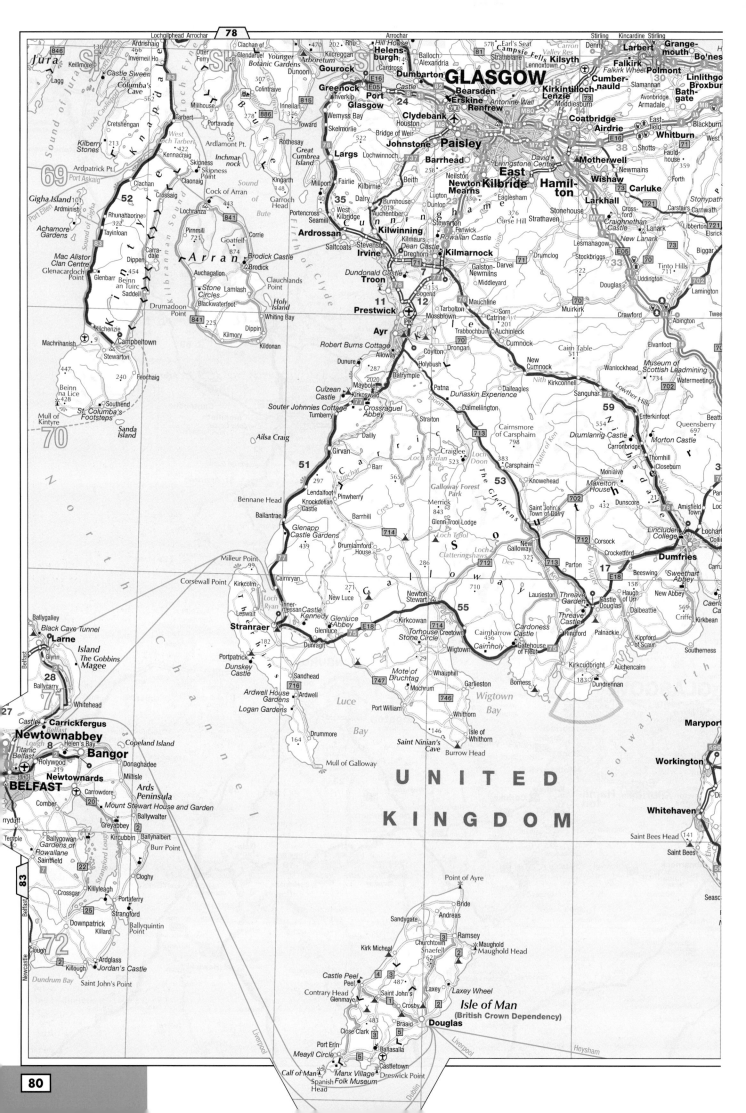

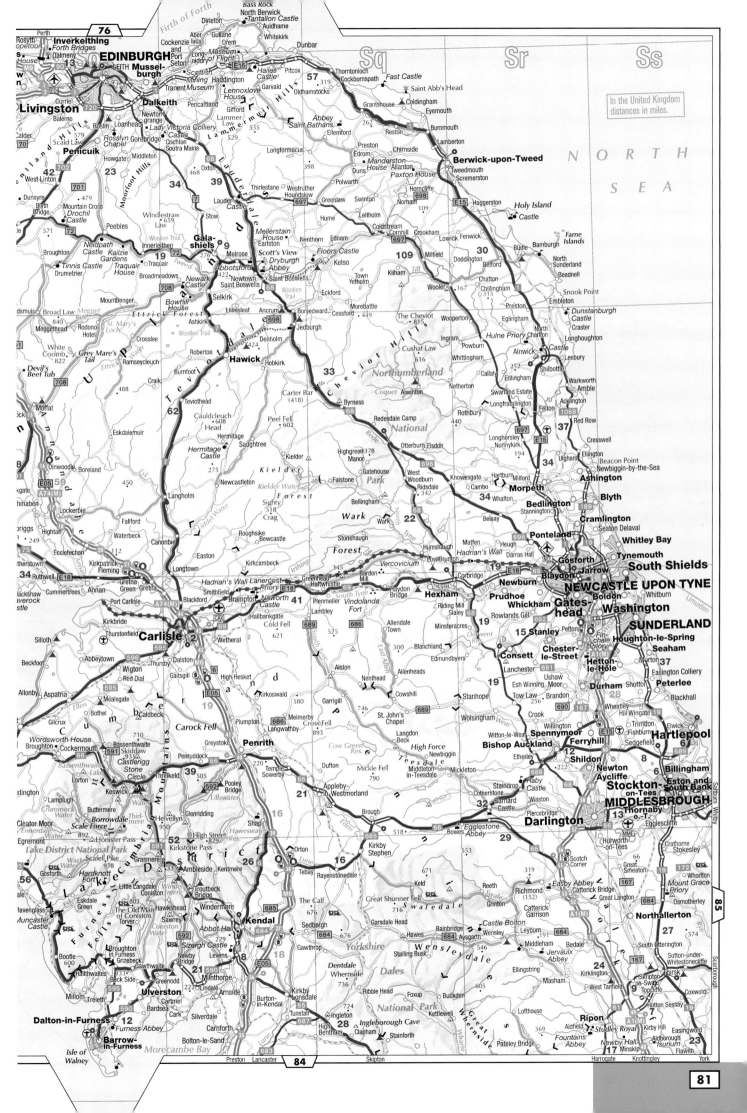

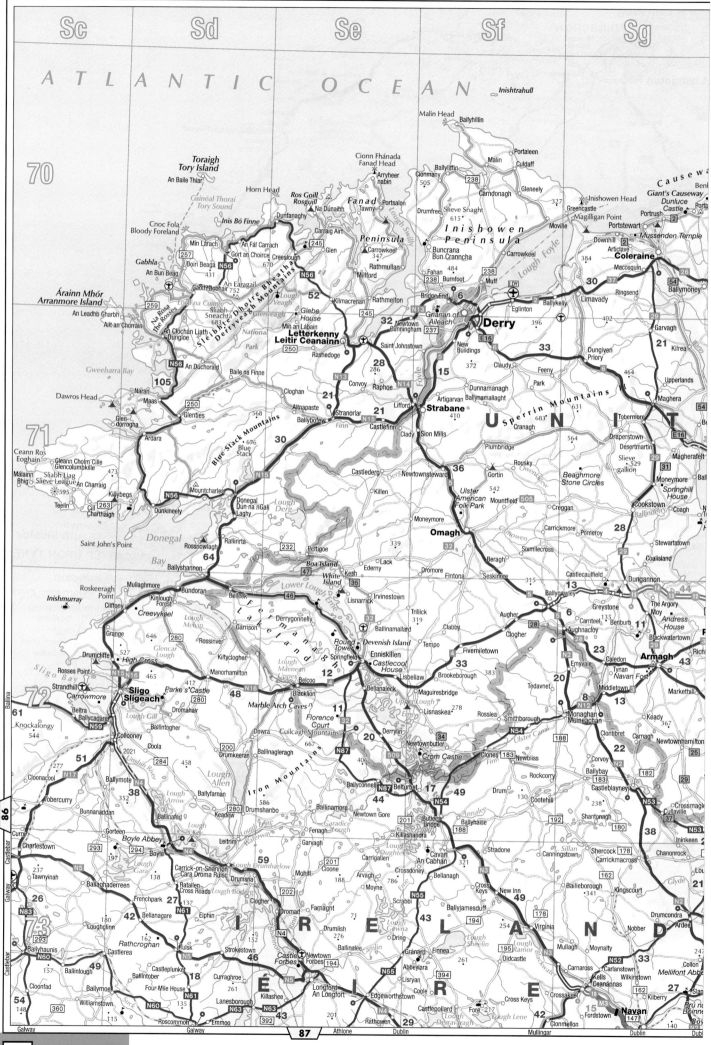

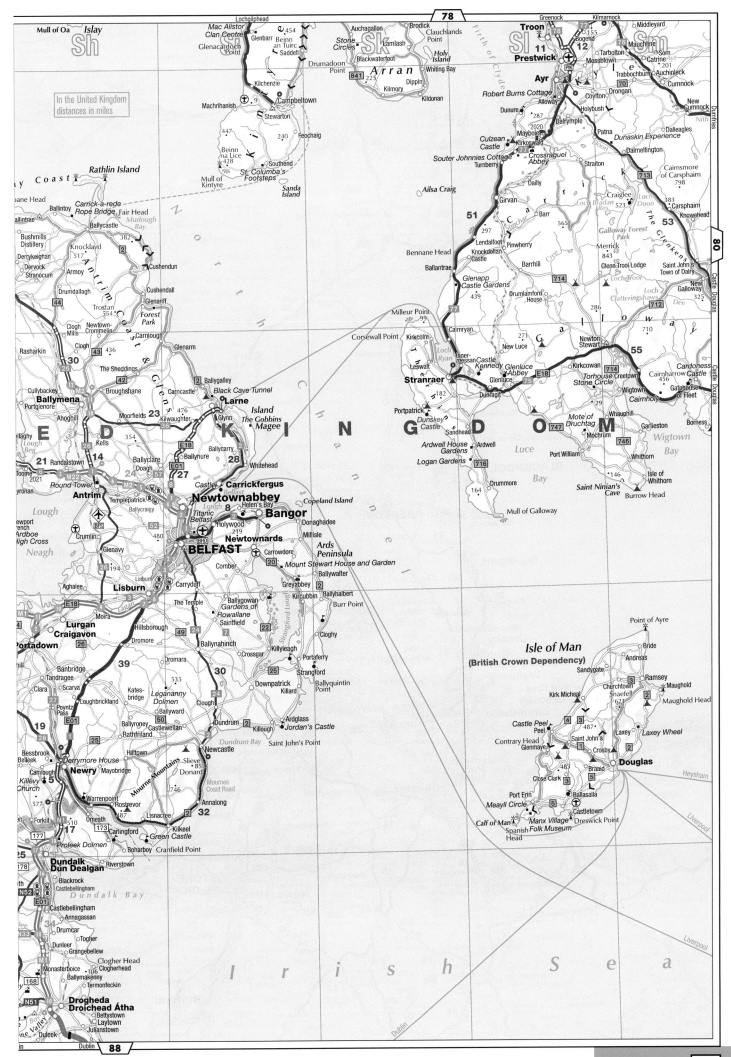

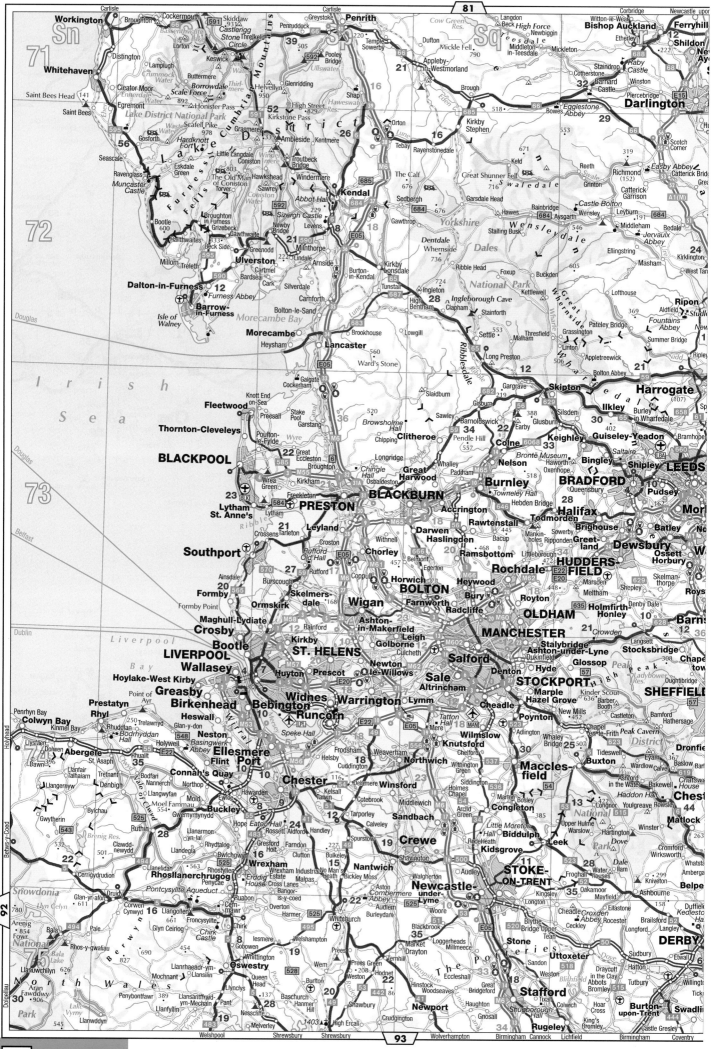

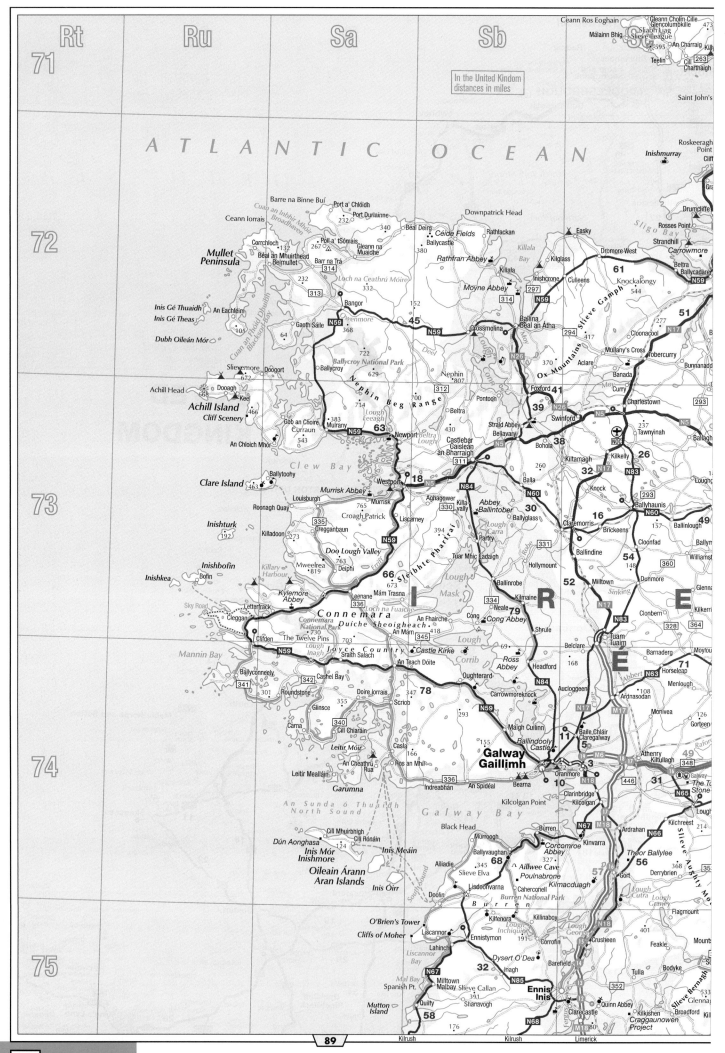

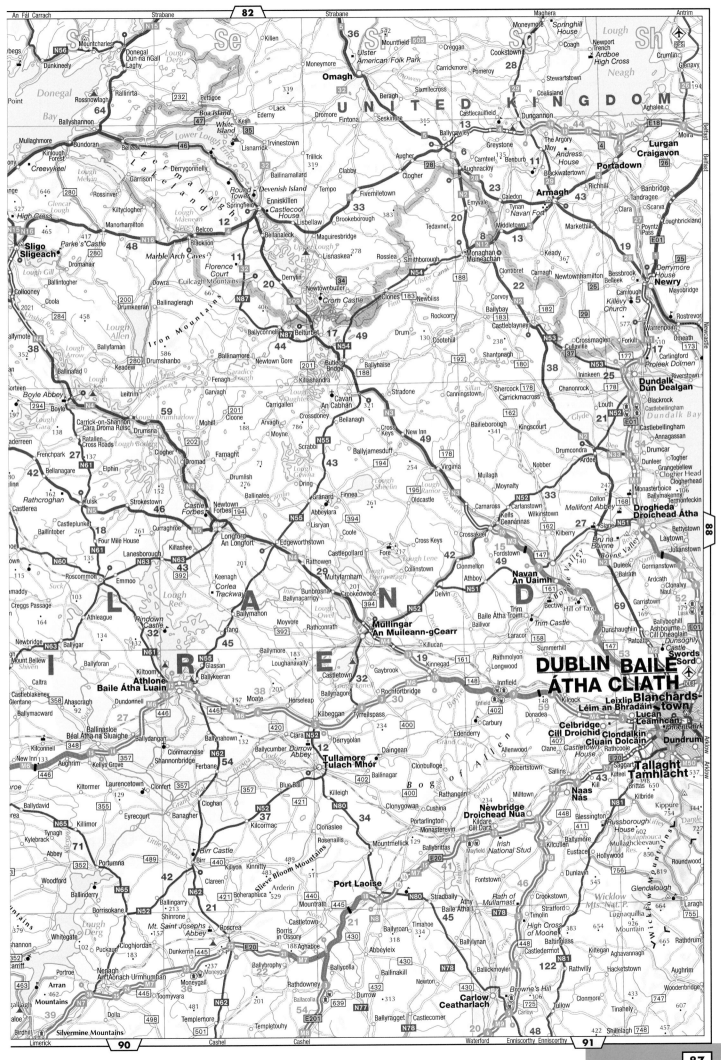

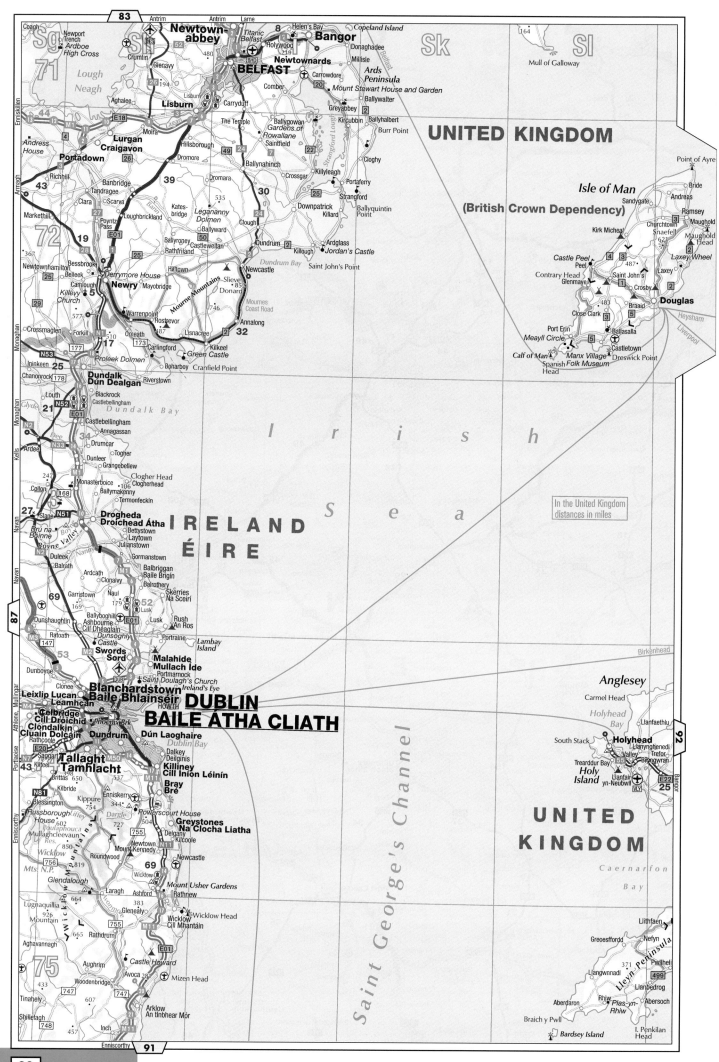

UNITED KINGDOM

Isle of Man

(British Crown Dependency)

I r i s h

S e a

In the United Kingdom
distances in miles

IRELAND
ÉIRE

Coagh
Newport
Trench
Ardboe
High Cross
Sg
71
Lough
Neagh
Enniskillen
Andress
House
Markethill
72
Armagh
Monaghan
Kells
Navan
Navan
87
Enniscorthy
Portlaoise
Athlone, Mullingar
75

Antrim   Antrim   Larne
Newtown-
abbey
Helen's Bay   Copeland Island
Titanic
Belfast
Bangor
Hollywood
Newtownards
Donaghadee
Millisle
BELFAST
Carrowdore
Ards
Peninsula
Comber
Ballywalter
Mount Stewart House and Garden
Greyabbey
Lisburn
Carryduff
Kircubbin   Ballyhalbert
Moira
The Temple
Ballygowan   Burr Point
Gardens of
Rowallane
Hillsborough
Saintfield
Dromore
Portaferry
Ballynahinch
Cloghy
Killyleagh
Ballyquintin
Point
Crossgar
Downpatrick   Strangford
Killard
Dromara
Leganany
Dolmen
Clough
Dundrum
Killough   Jordan's Castle
Ardglass
Saint John's Point
Newcastle
Dundrum Bay
Slieve
Donard
Mournes
Coast Road
Annalong

Point of Ayre
Bride
Andreas
Sandygate
Ramsey
Maughold
Maughold
Head
Kirk Micheal   Snaefell
Castle Peel
Peel
Laxey Wheel
Contrary Head
Glenmaye   Saint John's
Laxey
Crosby
Braaid   Douglas
Close Clark
Port Erin
Meayll Circle   Ballasalla
Calf of Man   Castletown
Spanish   Manx Village   Dreswick Point
Head   Folk Museum
Heysham
Liverpool

Birkenhead

Anglesey
Carmel Head
Holyhead
Bay
South Stack   Holyhead
Valley
Trearddur Bay
Holy
Island
UNITED
KINGDOM
Caernarfon
Bay
Bangor

DUBLIN
BAILE ÁTHA CLIATH

Saint George's Channel

Llithfaen
Greoesfford   Nefyn
Llangwnnadl   Lleyn Peninsula
Aberdaron   Llanbedrog
Rhiw   Abersoch
Plas-yn-
Rhiw
Braich y Pwll
Bardsey Island   I. Penkilan
Head

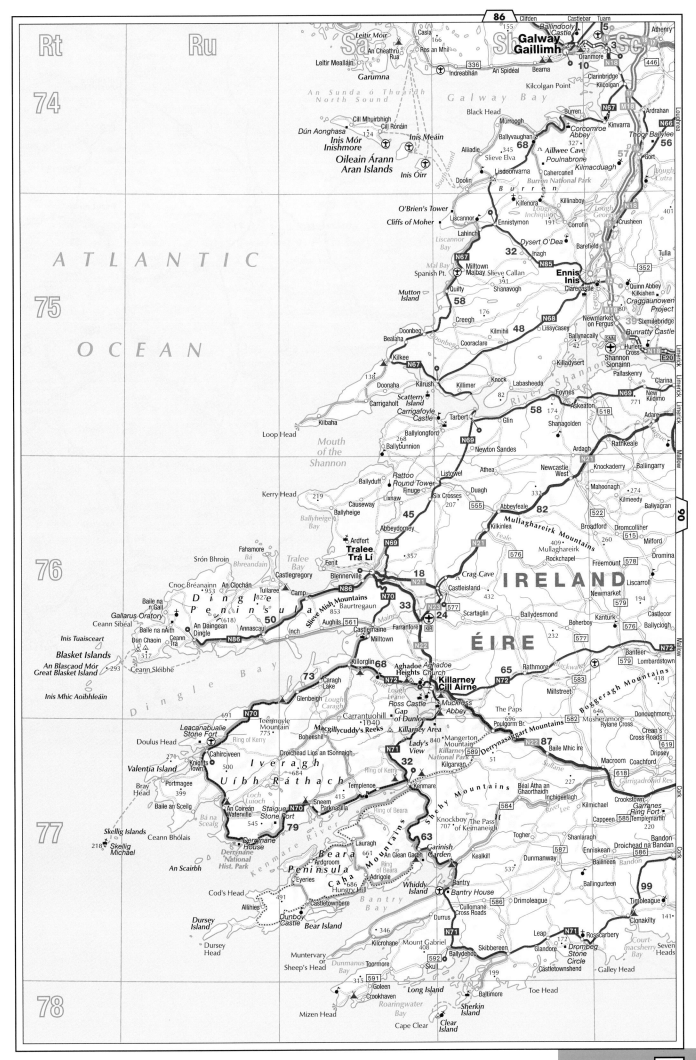

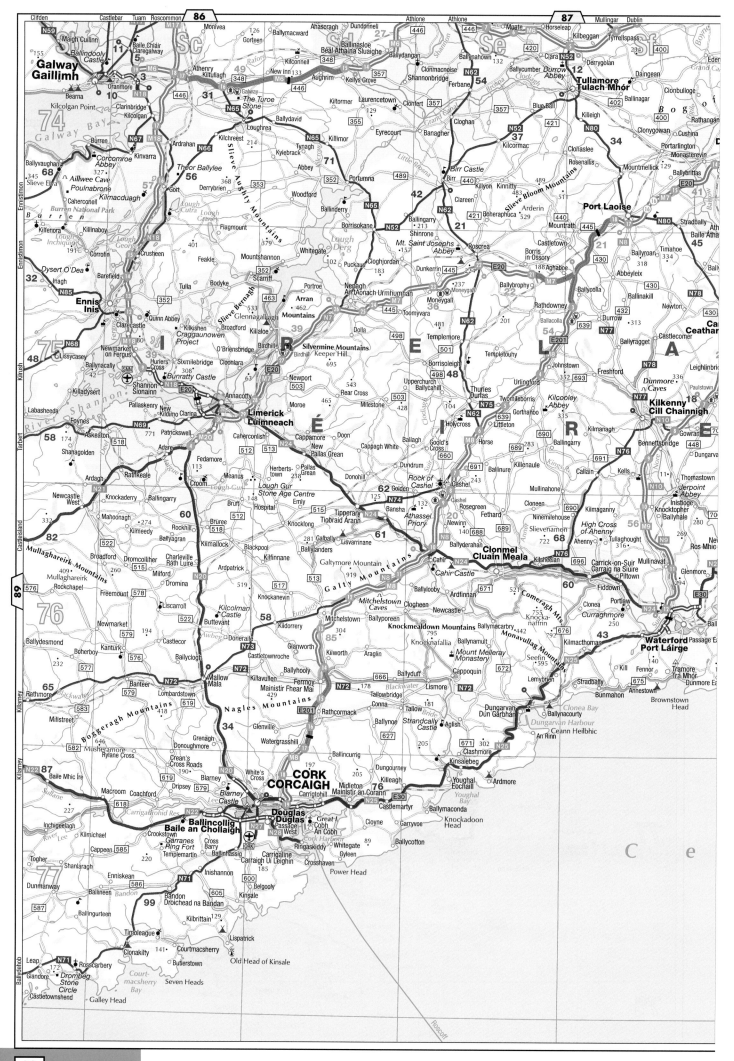

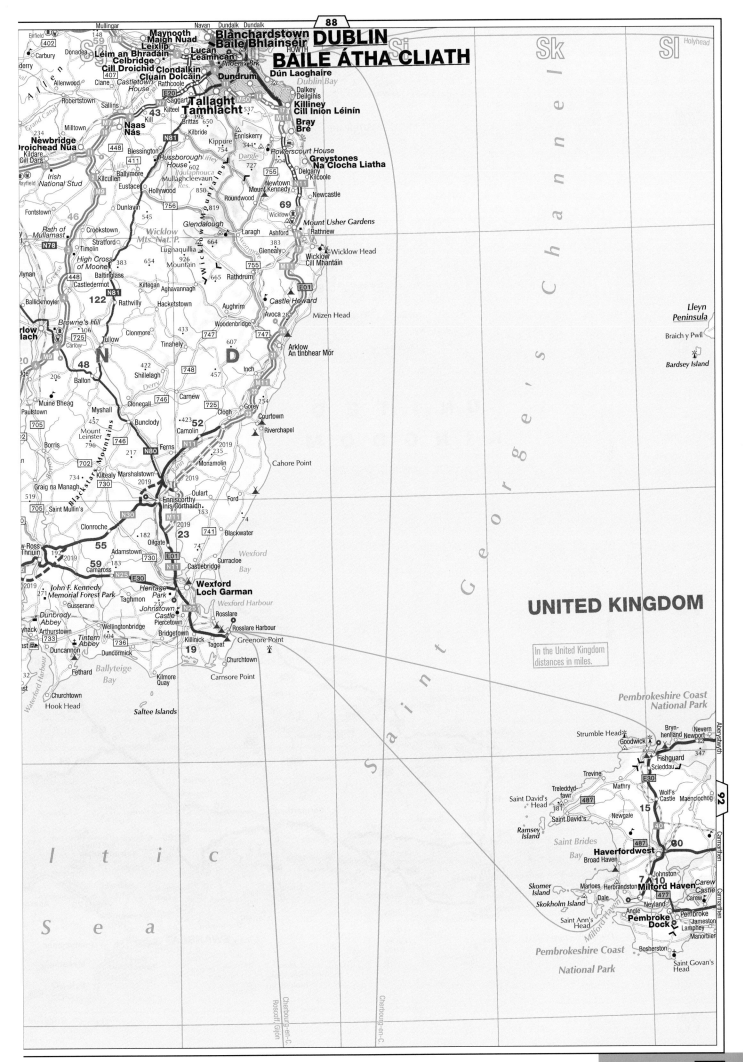

DUBLIN
BAILE ÁTHA CLIATH

Mullingar Navan Dundalk Dundalk

Enfield
Maynooth
Maigh Nuad
Blanchardstown
Baile Bhlainséir
HOWTH
Sk
Sl
Holyhead
Carbury
Donadea
Léim an Bhradáin
Leixlip
Lucan
Leamhcán
Phoenix Brk.
Dún Laoghaire
Cill Droichid
Clondalkin
Celbridge
Cluain Dolcáin
Dundrum
Dublin Bay
Dalkey
Deilginis
Allenwood
Clane
Castletown
House
Rathcoole
Saggart
Kilteel
Tallaght
Tamhlacht
Killiney
Cill Inion Léinín
Robertstown
Sallins
Kill
Brittas
Bray
Bré
Milltown
Naas
Nás
Kilbride
Kippure
Enniskerry
Powerscourt House
Newbridge
Droichead Nua
Blessington
Dargle
Greystones
Na Clocha Liatha
Kildare
Cill Dara
Kilcullen
Russborough
House
Mullaghcleevaun
Res.
Delgany
Kilcoole
Mayfield
Irish
National Stud
Eustace
Hollywood
Poulaphouca
Res.
Newtown
Mount Kennedy
Fontstown
Dunlavin
Roundwood
Newcastle
Rath of
Mullamast
Crookstown
Stratford
Wicklow
Mts. Nat. P.
Glendalough
Laragh
Ashford
Mount Usher Gardens
Rathnew
High Cross
of Moone
Timolin
Lugnaquillia
Mountain
Glenealy
Wicklow
Cill Mhantáin
Wicklow Head
Ballickmoyler
Castledermot
Baltinglass
Rathvilly
Aghavannagh
Rathdrum
Browne's
Hill
Tullow
Hacketstown
Aughrim
Castle Howard
Mizen Head
Carlow
Ballon
Shillelagh
Tinahely
Woodenbridge
Avoca
Muine Bheag
Myshall
Clonmore
Carnew
Arklow
An tInbhear Mór
Paulstown
Mount
Leinster
Bunclody
Clonegall
Clogh
Gorey
Inch
Borris
Kiltealy
Marshalstown
Camolin
Courtown
Graig na Managh
Ferns
Riverchapel
Saint Mullin's
Clonroche
Enniscorthy
Inis Córthaidh
Monamolin
Cahore Point
Adamstown
Oulart
Ford
Camaross
Oilgate
Blackwater
John F. Kennedy
Memorial Forest Park
Heritage
Park
Wexford
Loch Garman
Curracloe
Gusserane
Taghmon
Johnstown
Castle
Piercetown
Rosslare
Wexford Bay
Dunbrody
Abbey
Arthurstown
Wellingtonbridge
Bridgetown
Rosslare Harbour
Greenore Point
Tintern
Abbey
Duncannon
Killinick
Tagoat
Churchtown
Fethard
Duncormick
Kilmore
Quay
Carnsore Point
Ballyteige
Bay
Hook Head
Saltee Islands

UNITED KINGDOM

In the United Kingdom
distances in miles.

Lleyn
Peninsula

Braich y Pwll

Bardsey Island

Pembrokeshire Coast
National Park

Strumble Head
Bryn-
henland
Nevern
Newport
Goodwick
Fishguard
Aberystwyth
Sk
Sl
Trevine
Scleddau
Wolf's
Castle
Maenclochog
Treleddyd-
fawr
Mathry
Saint David's
Head
Newgale
Saint David's
Ramsey
Island
Saint Brides
Bay
Haverforwest
Broad Haven
Skomer
Island
Marloes
Herbrandston
Milford Haven
Carew
Castle
Skokholm Island
Dale
Neyland
Carew
Saint Ann's
Head
Angle
Pembroke
Dock
Pembroke
Jameston
Lamphey
Manorbier
Pembrokeshire Coast
National Park
Bosherston
Saint Govan's
Head

Saint George's Channel

Celtic Sea

Roscoff/Gijon
Cherbourg-en-C.
Cherbourg-en-C.

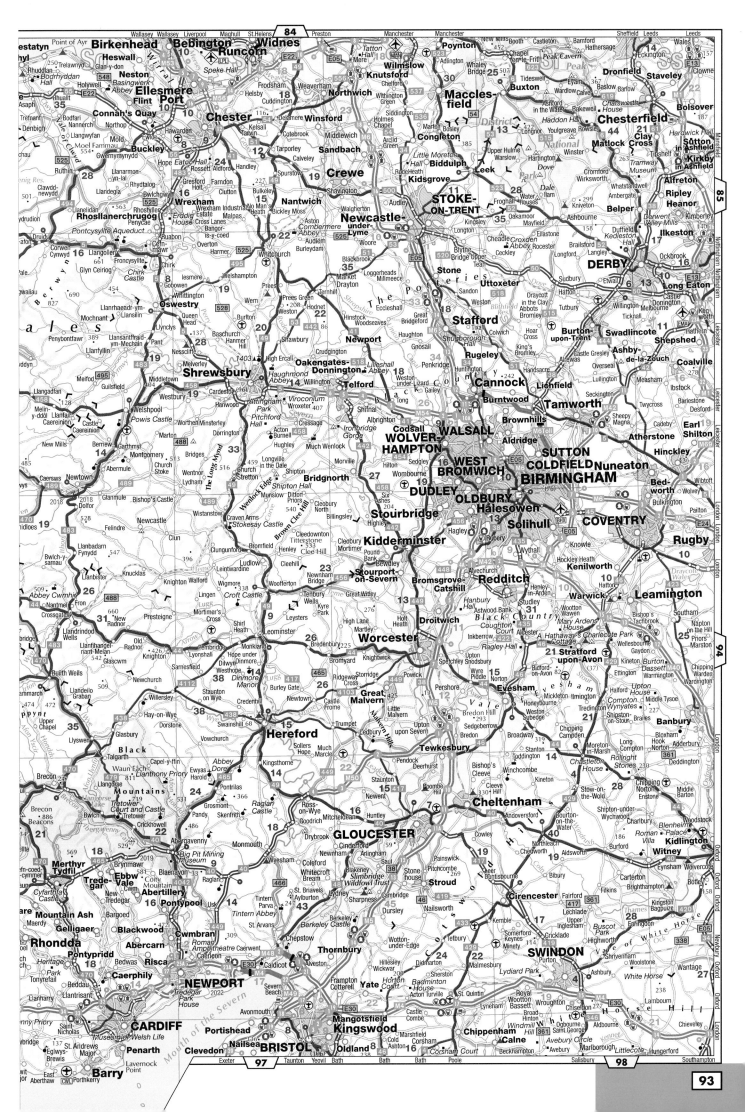

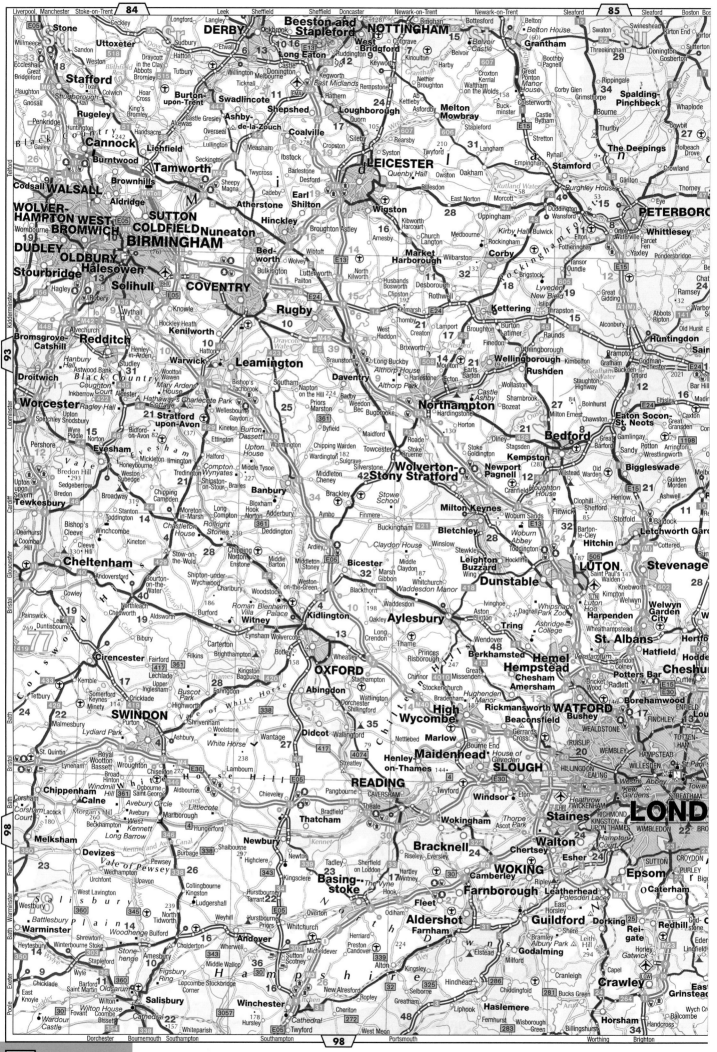

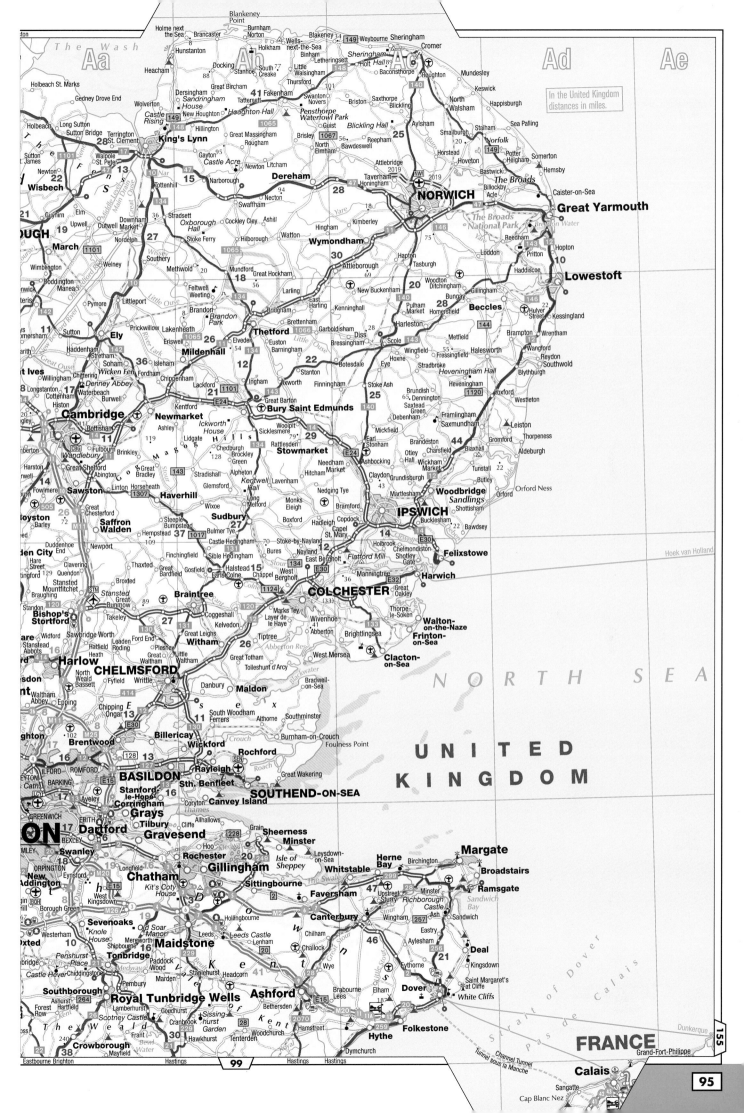

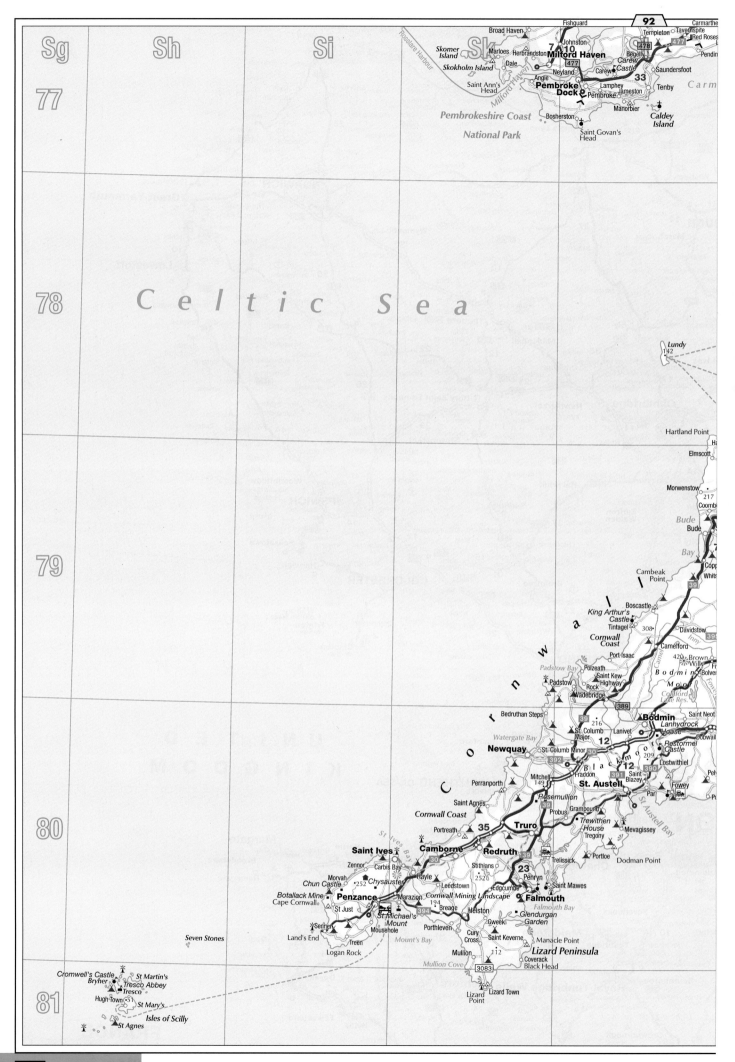

Sg   Sh   Si   Sk

77

Celtic Sea

78

79

80

81

Carmarthe
Fishguard
Broad Haven
Skomer Island   Johnston   Templeton   Taverispite   Red Roses
Marloes   Herbrandston   7 10   Begelly   Pendin
Skokholm Island   Dale   Milford Haven   Carew   Castle
Neyland   Carew   Saundersfoot
Saint Ann's   Angle   Lamphey   33   Tenby
Head   Pembroke   Jameston   Carm
Dock   Pembroke   Manorbier
Pembrokeshire Coast   Bosherston   Saint Govan's   Caldey
National Park   Head   Island

Lundy
142

Hartland Point   Ha
Elmscott
Morwenstow   .
217
Coomb
Bude
Bude
Bay
7
Cambeak   Copp
Point   Whits
39
King Arthur's   Boscastle
Castle   Davidstow
Tintagel   308   39
Cornwall   Camelford   Inny
Coast   Port Isaac   420   Brown
Will   Fi
Padstow Bay   Polzeath   *Bodmin*   Bolve
Saint Kew   *Moo*
Padstow   Highway   Colliford
Rock   Lake Res.
Wadebridge   389   *Bodmin*   Saint Neot
Lanhydrock
Bedruthan Steps   39   216   House
39   St. Columb   Lanivet   Restormel   Bodwall
Watergate Bay   Major   12   Castle
St. Columb Minor   209   Lostwithiel
Newquay   30   B l a   12   Saint
392   391   Blazey   390   Fowey
Mitchell   Fraddon   St. Austell   Par
Perranporth   149   *St. Austell*
Saint Agnes   Resemullion   *St. Austell Bay*
Probus   Grampound
Cornwall Coast   39   Trewithen   Mevagissey
Portreath   35   Truro   House
Tregony   Portloe   Dodman Point
Saint Ives   Camborne   Redruth   Trelissick
Zennor   30   Stithians   39   Saint Mawes
Carbis Bay   Hayle   2520   23
Chun Castle   252   Chysauster   Leedstown   Penryn
Botallack Mine   Penzance   Marazion   Edgcumbe   Falmouth
Cape Cornwall   194   Breage   *Cornwall Mining Landscape*   *Falmouth Bay*
St Just   394   Helston   Glendurgan
Serihen   St Michael's   Porthleven   Gweek   Garden
Land's End   Mount   Cury   Saint Keverne   Manacle Point
Logan Rock   Mousehole   Cross   Coverack
Treen   Mullion   112   *Lizard Peninsula*
Mount's Bay   3083   Black Head
Seven Stones   *Mullion Cove*
Cromwell's Castle   St Martin's   Lizard   Lizard Town
Bryher   Tresco Abbey   Point
Tresco
Hugh Town   51   St Mary's
Isles of Scilly
St Agnes

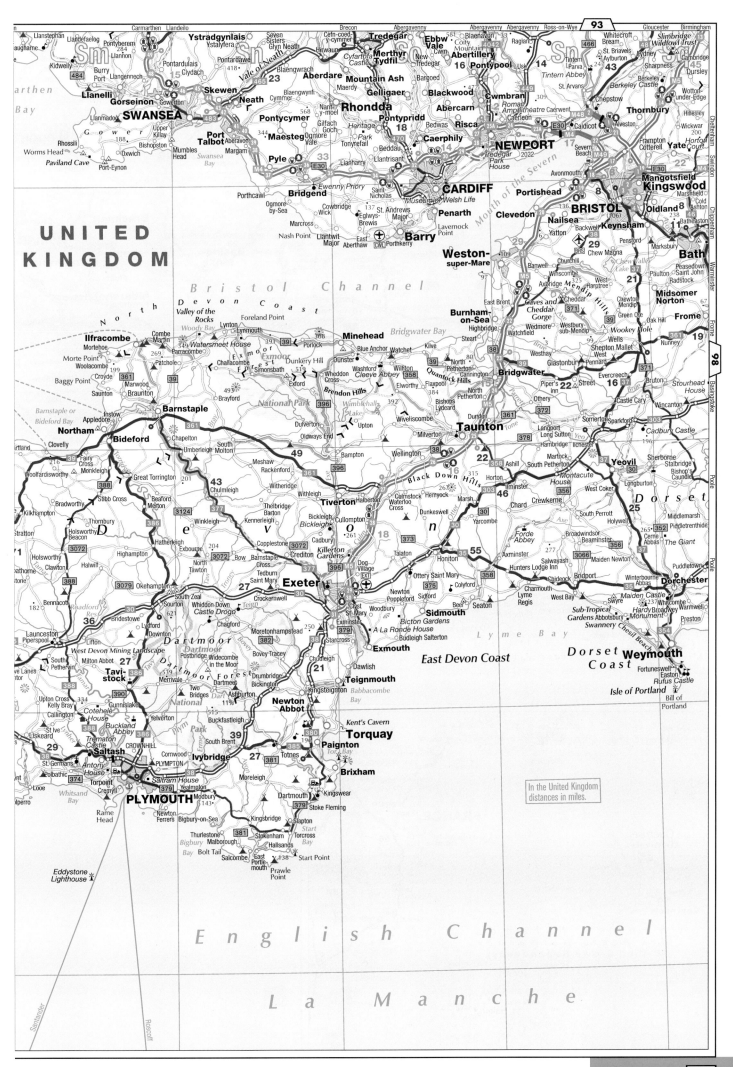

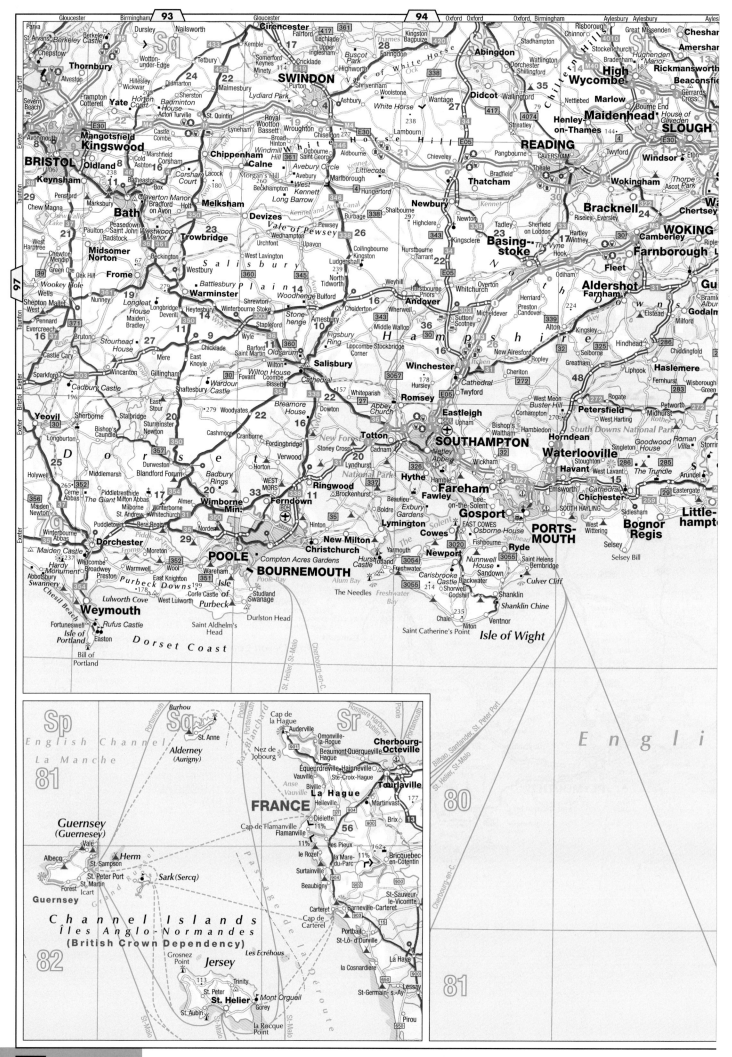

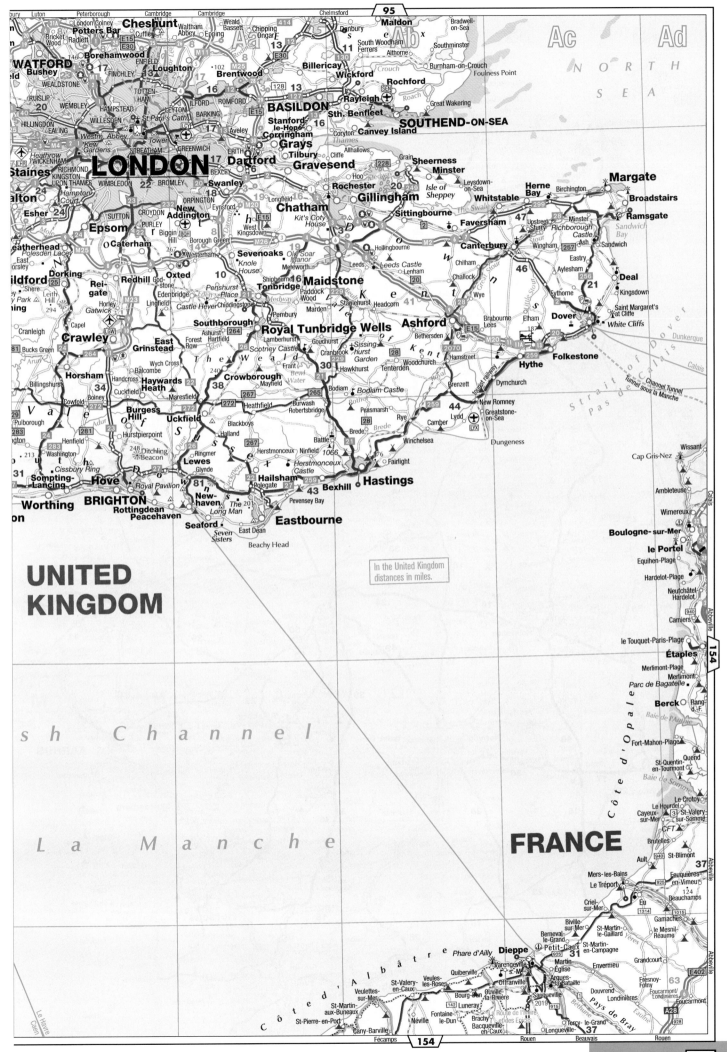

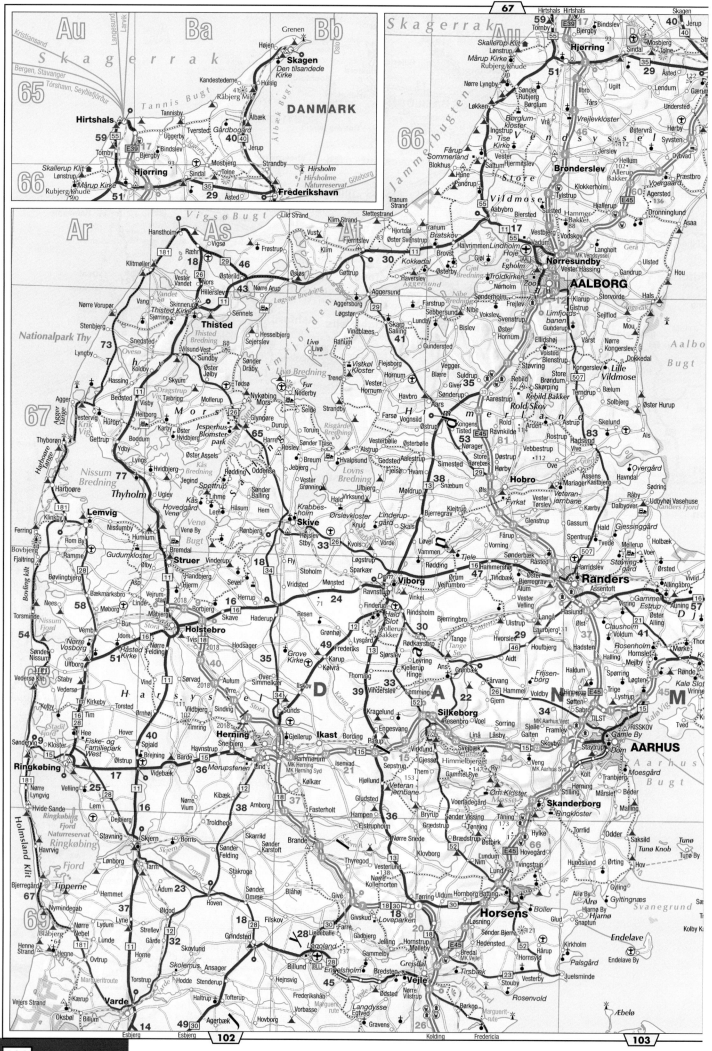

Ao   Ap   Aq

Søndervig Holstebro Give   Give
Kærup   **Varde**   Tofterup
Vejers Strand   Oksbøl Billum   **14**   Hovb
Øksby   Ho   **21**   Ny Lifstrup Årre   **49**   Agerbæk
Hjerting   Ho   **12**   Tarp   **30**   Grimstrup   Terpling
Bugt   Endrup   **A**
Skallingen   Skads   Vester   Holsted   **55**
Nykirke   Tirslundstenen   **A**
76   **15**   **11**   Holsted
Nordby   Tjæreborg Bramming   Gørding Stby
Esbjerg   **33**   Kærgård Gredstedbro   **31**   Tobøl   **5**
Rindby Strand   Gredstedbro   Marguerit-   **32**
Fanø   route   **Ribe**   Ribe
Fanø   Vade-   Kalvslund   Sønder
Sønderho   Vester/   **Ribe**
N O R D S E E   Vedsted   Hømvejle   **24**
Mandø   Egebæk
Mandø By   Frifelt
Mandøhuset
Koresand   Høgsbro   havet
Rømø   Juvre   Brøns   Skærbæk Hønning
Nørre Tvismark   Lovrup   **62**   **25**
Lakolk   Randerup   **11**
Havneby   Randerup   Løgum
Bådsbøl-Ballum   Trøjborg   **48**   Bredebro   Løgum
Jordsand   kloster
List auf Sylt Vester Gammelby   Abild
Guldhornene   Møgel-   Jejsing
Kampen   Høer   tønder **Tønder**
Rotes Kliff   Schackenborg   Sæd
Nordsee-Aquarium   **52**   Lister Ley   Süderlüg
Westerland   Keitum   Hindenburg-   Neukirchen   **14**
Sylt   damm   Rudbøl   **5**
Sylt   Morsum   Klanxbüll
Rantum   Nationalpark   Horsbüll   Klixbüll
Emmelsbüll-   **Niebüll**   Leck
Hörnumtief   **Föhr**   Dagebüll   Risum-   Eng-   San
Hörnum   Oldsum   Lindholm
Utersum   Alkersum   Oland Schlüttsiel Waygaard
Nieblum   Wyk   Langenhorn
Norddorf   auf Föhr   Ockholm   **47**
Windmühlenhaus   Nebel Hunnenswarft   Gröde-   Bredstedt
Wittdün Kirchwarft   Langeneß   Gröde Appelland
Rixwarft Nordmarsch-   Habel
Amrum   Langeneß   **Halligen**   Bredstedt
Süderaue   Nordstrandisch-   Neuwarft
Japsand   **Hooge**   Hooge   moor
Königspesel   Elisabeth-Sophien-   Hattsted
Norderoog-   Koog
sand   Alte Kirche   w o rm Tammensiel
Westertill   **Husu**
Pellworm   Süden   Süderhfn.
Süderoog **Nordstrand**
Süderoogsand   Süderoog Südfall   Simonsberg
Schleswig-   Heverstrom
Osterhever Oldenswort
Eiderstedt   Tetenbüll
Bad St. Peter   **202**
D e u t s c h e   Tating Garding   **5**
St. Peter-Ording   Welt   **Tönning**
B u c h t   Eider-Sperrwerk   E i d e r
Holsteinisches
Helgoland   Wesselburen
Helgoland   Blauort Wöhrden   **203**
Tertiussand   **Büsum**
Meldorfer
Trischen   Bucht
H e l g o l ä n d e r   Friedrichskoog
Wattenmeer   Seehundstation
B u c h t   Nationalpark Kronprinzenkoog
Scharhörn   Hamburgisches
Neuwerk   Wattenmeer
Nationalpark   **Br**
Großer   **Cuxhaven**   Alte Liebe   Elbe
O s t f r i e s i s c h e I n s e l n   Knechtsand   Ritzebüttel   Otterndorf
Museums-**Spiekeroog**   **Wangerooge**   Berensch
Pferdebahn   Wangerooge   Nordholz   Lüdingworth   **66**
Langeoog   Spiekeroog   **Niedersächsisches**   Spieka   **E234**   Nordleda Neuenkirc
Langeoog   **21**   **40**   Wanhöden Ihlienworth
Norderney   Baltrum   Mellum   Midlum   L a n d H a d e l n Baby
O s t f r i e s l a n d   Niedersächsisches   Bremerhaven
Norderney   Baltrum   **Wattenmeer**

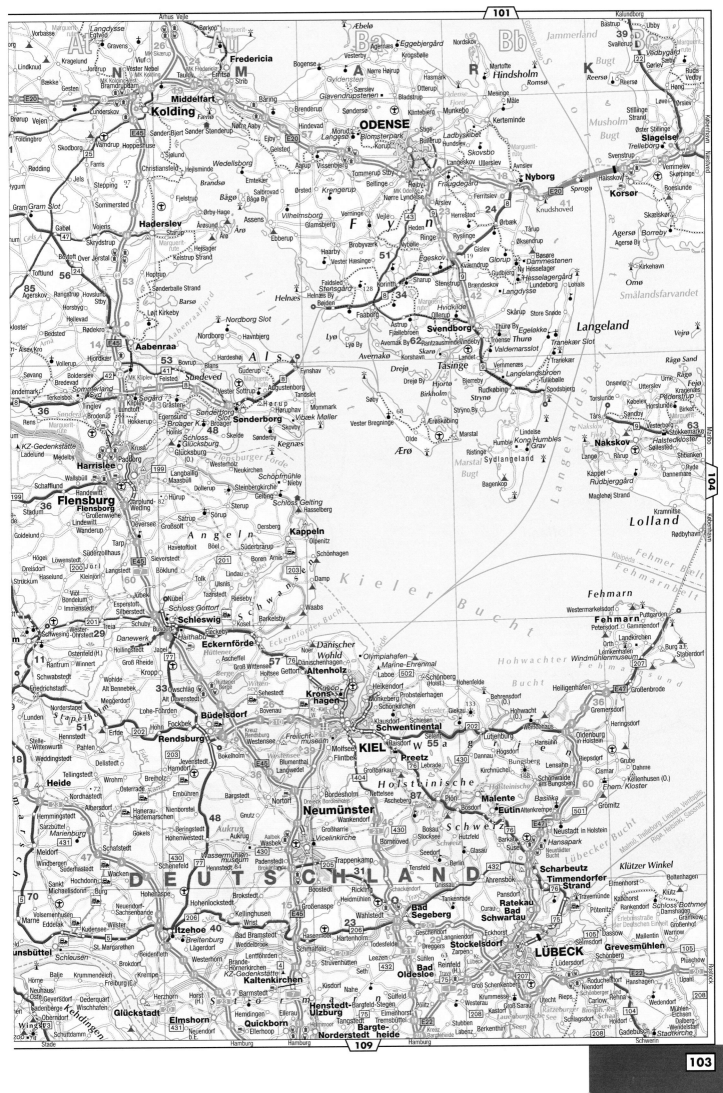

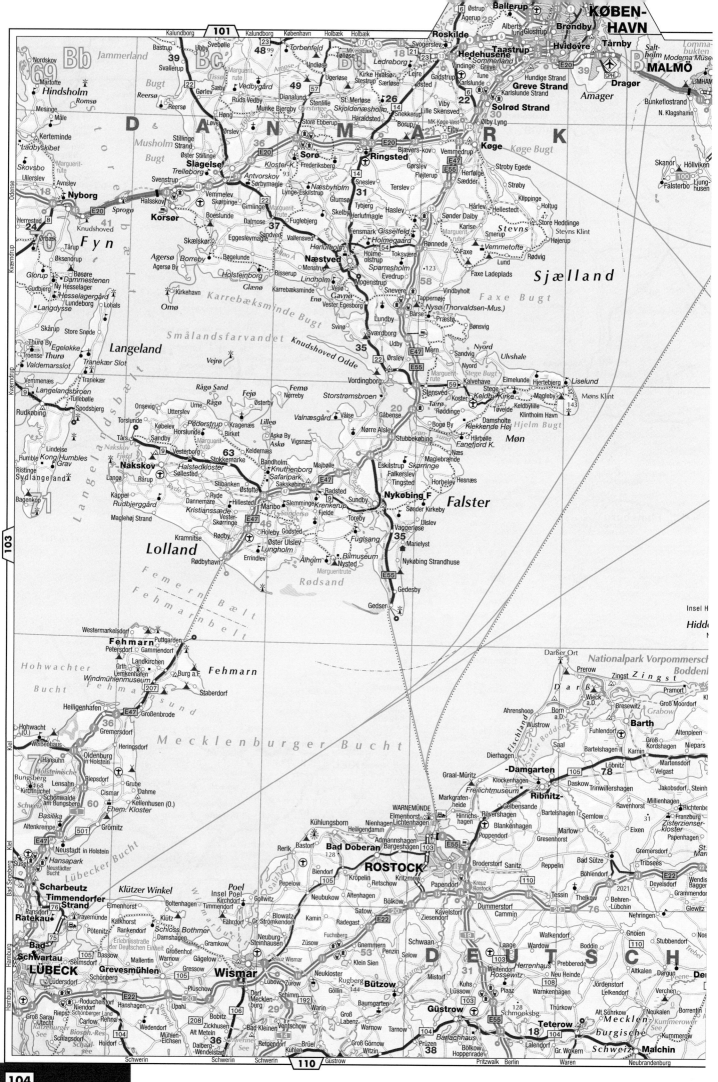

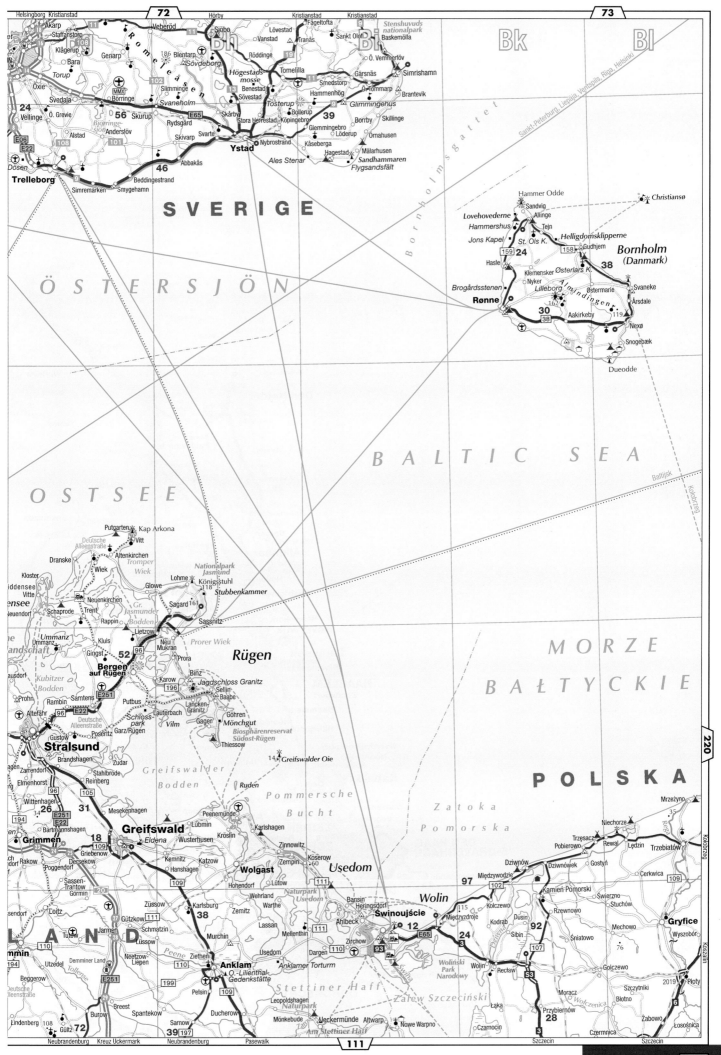

Helsingborg Kristianstad
Hörby
Kristianstad   Kristianstad
Åkarp
Staffanstorp   Veberöd   Sjöbo
Lövestad   Fågeltofta
Stenshuvuds
nationalpark

Bh   Bi   Bk   Bl

Klågerup
Bara
Genarp   Blentarp   Vanstad   Tranås   Sankt Olof
Sövdeborg   Röddinge
Baskemölla

Högestads-
mosse   Tomelilla   Gärsnäs   Simrishamn
Öxie   Slimminge   Benestad   Smedstorp   Ö. Vemmerlöv
Svedala   Börringe   Sövestad   Hammenhög   Brantevik
Svaneholm   Skårby   Tosterup   Ö. Tommarp
24   Skurup   56   Rydsgård   Bollerup   Glimmingehus
Anderslöv   Skivarp   Svarte   Köpingebro   39   Borrby   Skillinge
Alstad   Svarte   Glemmingebro   Löderup   Örnahusen
Vellinge Ö. Grevie   Abbekås   Ystad   Käseberga
Dösen   Nybrostrand   Ales Stenar   Hagestad   Sandhammaren
Trelleborg   46   Beddingestrand   Flygsandsfält
Simremarken   Smygehamn

S V E R I G E

Hammer Odde
Sandvig
Lovehovederne   Allinge
Hammershus   Tejn   Helligdomsklipperne
Jons Kapel   St. Ols K.   Gudhjem
159   24   158   Bornholm
Hasle   (Danmark)
Klemensker Østerlars K.   38
Nyker   Østermarie   Svaneke
Brogårdsstenen   Lilleborg   Årsdale
Rønne   162   Aakirkeby   119
30   38   Nexø
Ö S T E R S J Ö N   Snogebæk
Dueodde

B A L T I C   S E A

O S T S E E   Baltijsk
Kolberg

Putgarten   Kap Arkona
Vitt
Deutsche   Altenkirchen
Alleenstraße   Tromper
Dranske   Wiek
Wiek   M O R Z E
Kloster   Nationalpark
Vitte   Jasmund   B A Ł T Y C K I E
Neuenkirchen   Lohme   Königsstuhl
Schaprode   Trent   Glowe   118
Rappin   Stubbenkammer
Ummanz   Sagard   161
Ummanz   Gingst   Lietzow   Sassnitz
Kluis   Neu
52   Mukran
96   Prorer Wiek
Bergen   Prora
Prohn   auf Rügen   Rügen
Rambin   Samtens   Karow   Binz   P O L S K A
Altefähr   96   Putbus   196   Jagdschloss Granitz
E22   Deutsche   Sellin
Gustow   Alleenstraße   Lauterbach   Baabe
Stralsund   Garz/Rügen   Vilm   Göhren   Mönchgut
Brandshagen   Schloss-   Gager
Zarrendorf   park   Thiessow   Greifswalder Oie
Stahlbrode   Greifswalder
Elmenhorst   Reinberg   Bodden   Ruden
Wittenhagen   96   Mesekenhagen   Pommersche
26   105   Bucht   Mrzeżyno
E251   Peenemünde   Z a t o k a
31   Zinnowitz   P o m o r s k a   Niechorze
Greifswald   Lubmin   Karlshagen
Grimmen   18   Eldena   Wusterhusen   Koserow   Rewal
109   Griebenow   Kemnitz   Zempin   Trzebiatów
Rakow   Dersekow   Katzow   60   Pobierowo   Lędzin
Poggendorf   Hanshagen   Zinnowitz   Dziwnów   Gostyń
Sassen-   Wolgast   Usedom   Dziwnówek   Cerkwica
Trantow   Hohendorf   111   97   Międzywodzie   109
Görmin   Züssow   Lütow   111   102   Kamień Pomorski
Loitz   Karlsburg   Wehrland   Naturpark   Świerzno
Gützkow   38   Zemitz   Usedom   Wolin   Rzewnowo   Stuchowo
Jarmen   Schmatzin   Warthe   Bansin   24   Kodrąb   Dusin   Gryfice
110   Lüssow   Lassan   Heringsdorf   Świnoujście   12   3   Sibin   92   Mechowo   Wyszobór
194   Murchin   Usedom   Ahlbeck   Międzyzdroje   107
Demmin   Züssow   Dargen   65   Wolin   Śniatowo   76
Tutow   Ziethen   Mellenthin   Zirchow   93   Wolin   Rzewo
E251   Peene   Usedom   110   Reców   Golczewo
Demmin   Anklam   Dargen   Woliński   S3   Golczewo
Neetzow-   O.-Lilienthal-   Anklamer Torturm   Park   Morawica
Liepen   Gedenkstätte   Narodowy   Wolczenica
199   Stettiner Haff   Mochy   2019   Płoty
Pelsin   Leopoldshagen   Zalew Szczeciński   Moracz   Blotno   Szczytniki
L A N D   Naturpark   Przybiernów   28   Zabowo
Burow   Spantekow   Mönkebude   Ueckermünde   Altwarp   3   Łosośnica
Lindenberg   Gültz   72   Sarnow   Am Stettiner Haff   Czermnica   Szczecin
Neubrandenburg   39 197   Szczecin
Neubrandenburg   Pasewalk

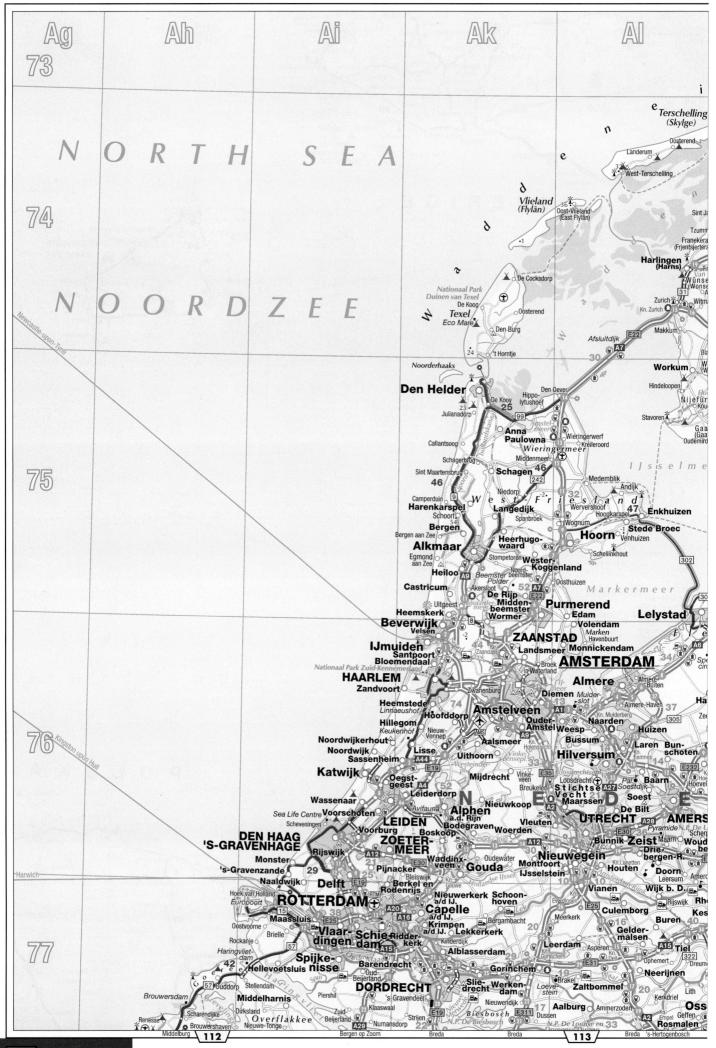

NORTH SEA

NOORDZEE

Terschelling
(Skylge)

Oosterend

Landerum

West-Terschelling

Vlieland
(Flylân)

Oost-Vlieland
(East Flylân)

Sint Ja

Tzummi

Franekera
(Frjentsjerter

Harlingen
(Harns)

Fr
Wonse

Zurich
Kn. Zurich

Witma

Nationaal Park
Duinen van Texel

De Cocksdorp

De Koog

Texel
Eco Mare

Oosterend

Den Burg

't Horntje

Afsluitdijk

Makkum

Workum

Hindeloopen

Nijefur
Kou

Noorderhaaks

Den Helder

Den Oever

Hippo-
lytushoef

De Kooy

25

99

Julianadorp

Stavoren

Gaa
(Gaa
Oudemird

Callantsoog

**Anna
Paulowna**

Wieringerwerf

Kreileroord

Amstel
meer

Wieringermeer

IJsselme

Schagerbrug

Middenmeer

Schagen

46

242

Medemblik

Andijk

Sint Maartensbrug

46

Niedorp

West-Friesland

Wervershoof

Hoogkarspel

47

Enkhuizen

Camperduin

9

Harenkarspel

Langedijk

Spanbroek

Wognum

Schoorl

54

Bergen aan Zee

Bergen

**Heerhugo-
waard**

Hoorn

Venhuizen

Stede Broec

Alkmaar

Stompetoren

**Wester-
Koggenland**

Schellinkhout

302

Egmond
aan Zee

Beemster

Noord-
beemster
Polder

Oosthuizen

Markermeer

Heiloo

A9

Castricum

Akersloot

52

A7

E22

De Rijp

**Midden-
beemster**

Wormer

Purmerend

Edam

Lelystad

30

Uitgeest

8

Volendam

Marken
Havenburt

Heemskerk

-2

ZAANSTAD

Landsmeer

Monnickendam

A6

Beverwijk

Velsen

Zaandam

Broek
in Waterland

34

IJmuiden

Santpoort

Bloemendaal

AMSTERDAM

Sp
circ

Nationaal Park Zuid-Kennemerland

Almere

Almere-
Buiten

HAARLEM

Zandvoort

Zwanenburg

Diemen

Muider-
slot

Almere-Haven

37

Ha

Heemstede

Linnaeushof

74

Amstelveen

A1

Naarden

305

Ze

Hillegom

Keukenhof

Hoofddorp

**Ouder-
Amstel**

Weesp

Bussum

Huizen

Laren Bun-
schoten

Nieuw-
Vennep

A9

Noordwijkerhout

AMS

Aalsmeer

Kn.
Holendrecht

Hilversum

Eemnes

44

E232

Noordwijk

Sassenheim

52

Uithoorn

Vinke
veensepl.

Loosdrecht

Pal

Baarn

Hoevel

Katwijk

Lisse

A44

E19

Mijdrecht

E35

Stichtse
Vecht

Soestdijk

A27

**Oegst-
geest**

A4

Vinke-
veen

21

Soest

Leiderdorp

Nieuwkoop

N

E

Maarssen

De

Wassenaar

Voorschoten

Avifauna

Alphen
a/d Rijn

Vleuten

Bunnik

Zeist

Drie-
bergen-R.

Woud
be

Sea Life Centre

Bodegraven

Scheveningen

Voorburg

LEIDEN

A2

Woerden

E30

N.P. De U
Scher

**DEN HAAG
'S-GRAVENHAGE**

Rijswijk

**ZOETER-
MEER**

Boskoop

A12

UTRECHT

A28

AMERS

Pyramide

Monster

29

Waddinx-
veen

E30

Oudewater

Nieuwegein

Houten

Doorn

Leersum

Amer

's-Gravenzande

Pijnacker

Bleiswijk

Gouda

Montfoort

IJsselstein

10

Wijk b. D.

Rhe

Naaldwijk

Delft

E19

Berkel en
Rodenrijs

Tollandse IJssel

Kn.Lunetten

Vianen

Kes

Hoek van Holland

RTM

Nieuwerkerk
a/d IJ.

**Schoon-
hoven**

Culemborg

Buren

40

Europoort

ROTTERDAM

A20

Capelle
a/d IJ.

Bergambacht

20

Meerkerk

Gelder-
malsen

A15

Tiel

15

Oostvoorne

Maassluis

E25

A16

Krimpen
a/d IJ.

Lekkerkerk

Leerdam

Asperen

E31

322

Dreumel

Rockanje

Brielle

**Vlaar-
dingen**

**Schie-
dam**

Ridder-
kerk

Kinderdijk

Alblasserdam

Gorinchem

Brakel

19

20

Neerijnen

57

A15

**Spijke-
nisse**

Hellevoetsluis

Barendrecht

**Oud-
Beijerland**

's-Gravendeel

Loeve-
stein

Zaltbommel

Lith

Kerkdriel

Haringvliet-
dam

42

Goe

57

Ouddorp

Stellendam

DORDRECHT

Sliedrecht

Werken-
dam

Nieuwendijk

Dussen

Aalburg

Ammerzoden

A2

Empel

Geffen

Oss

Brouwersdam

Scharendijke

Dirksland

Piershil

Zuid-
Beijerland

Klaaswaal

17

E311

Rosmalen

Renesse

Middelharnis

Nieuwe-Tonge

Overflakkee

Numansdorp

Strijen

N.P. De Biesbosch

N.P. De Loonse en
Drunen

33

Brouwershaven

Middelburg

112

Bergen op Zoom

Breda

Breda

113

Breda

's-Hertogenbosch

Newcastle-upon-Tyne

Kingston upon Hull

Harwich

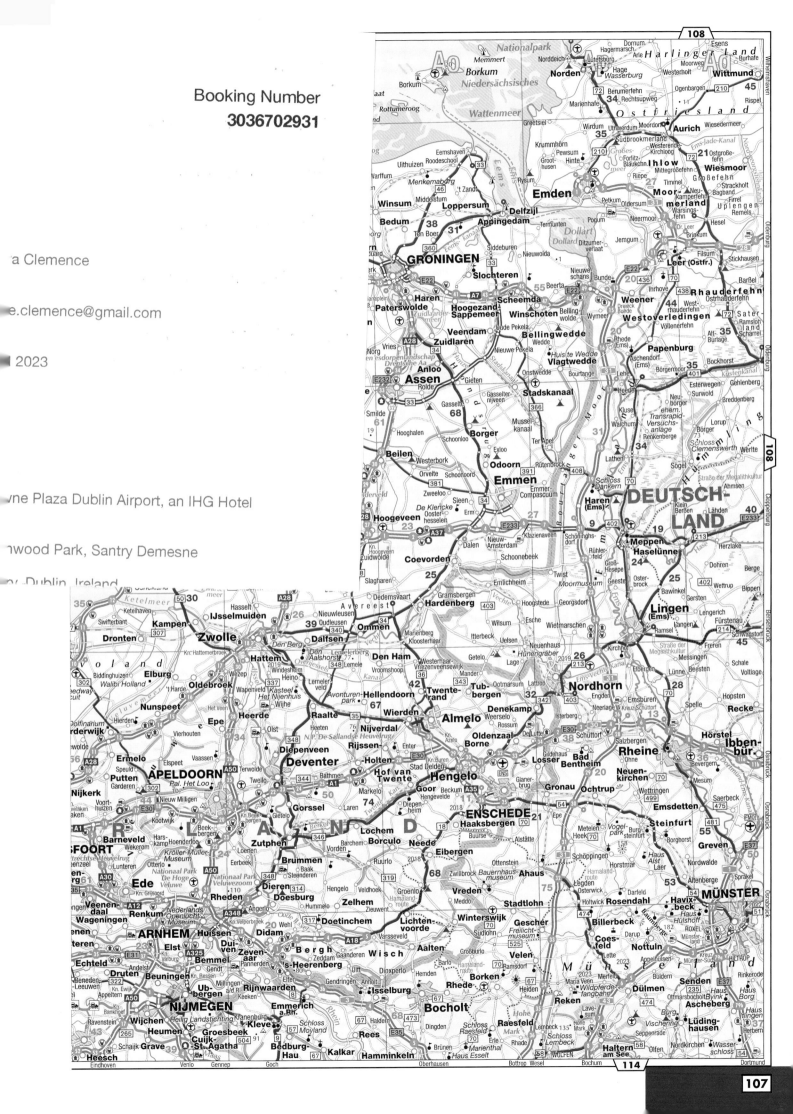

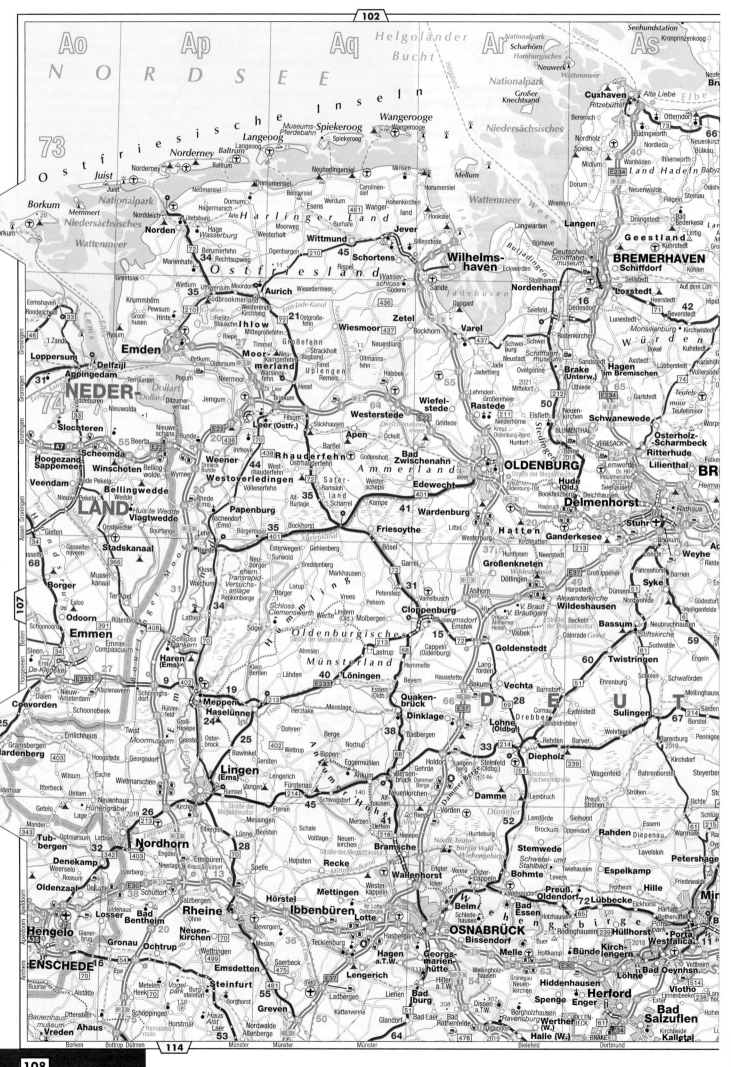

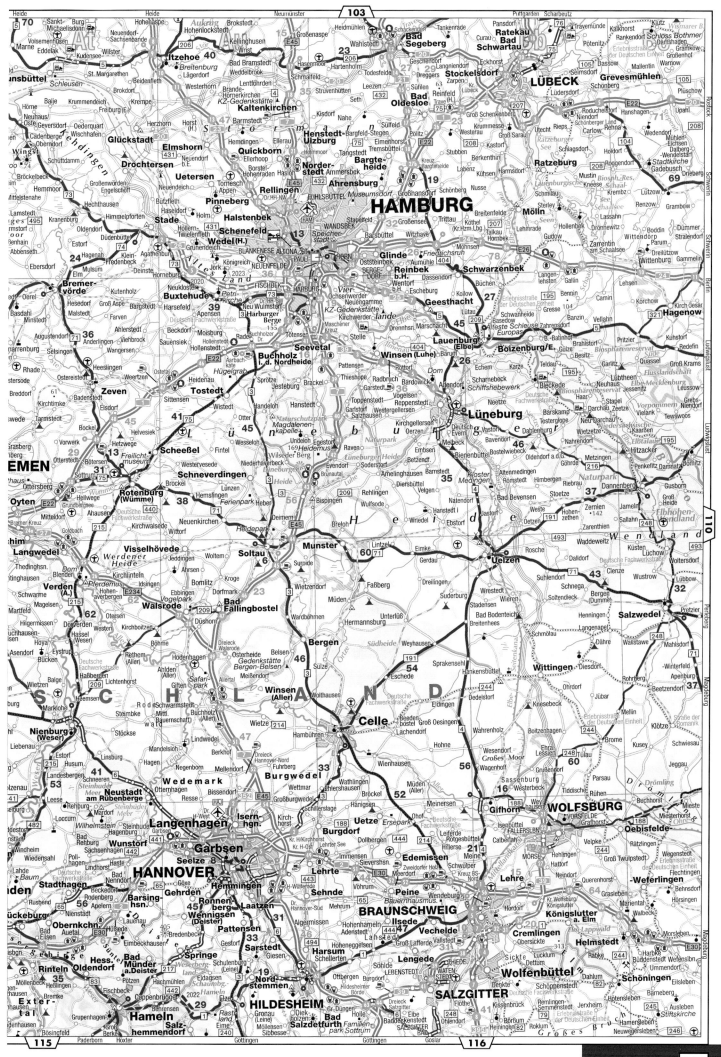

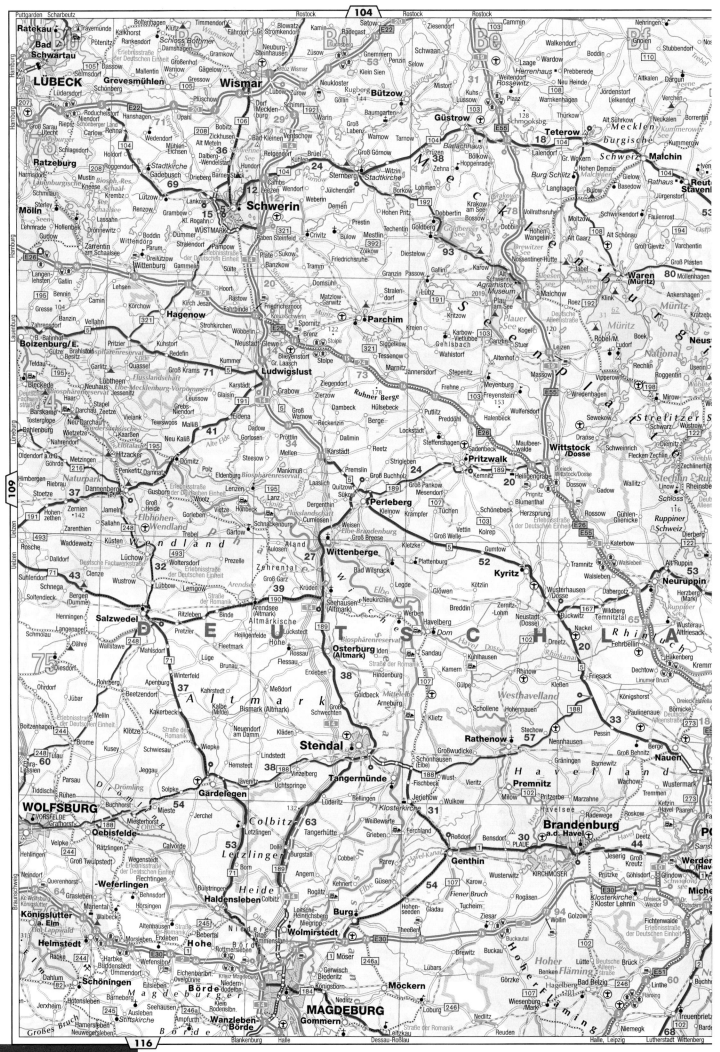

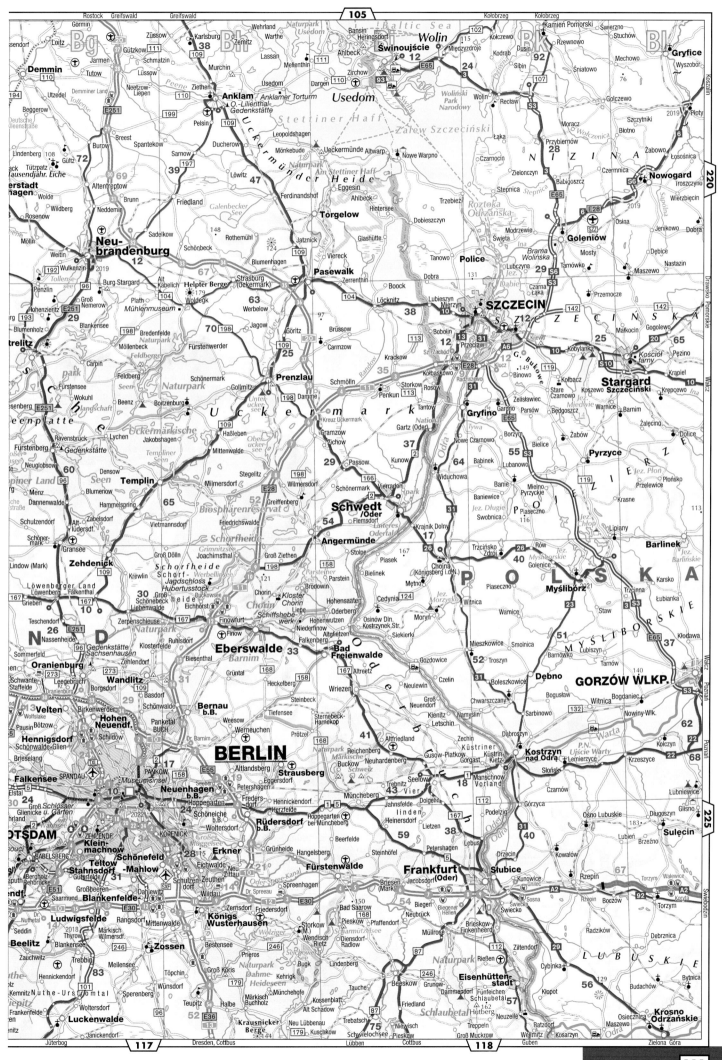

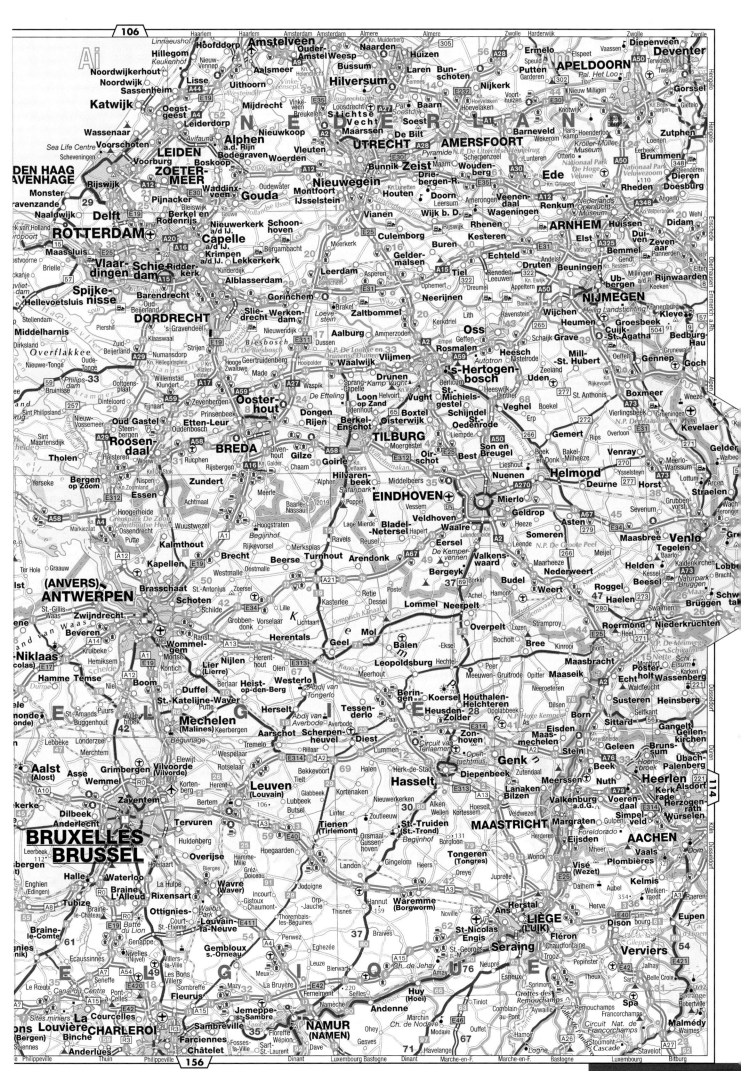

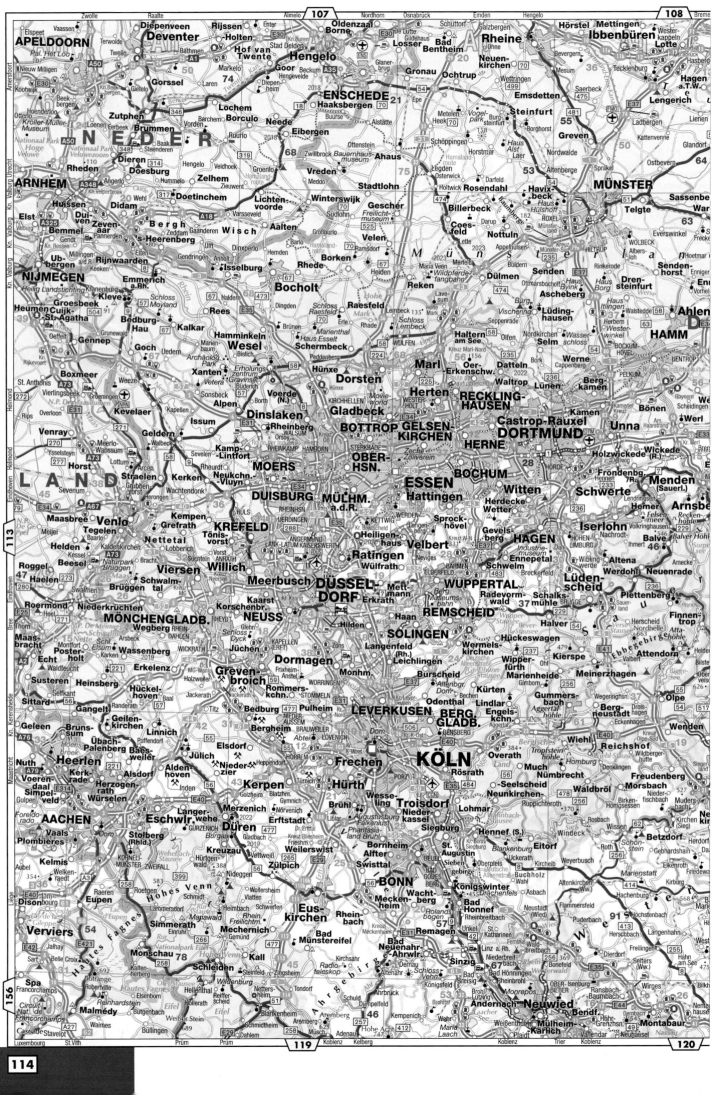

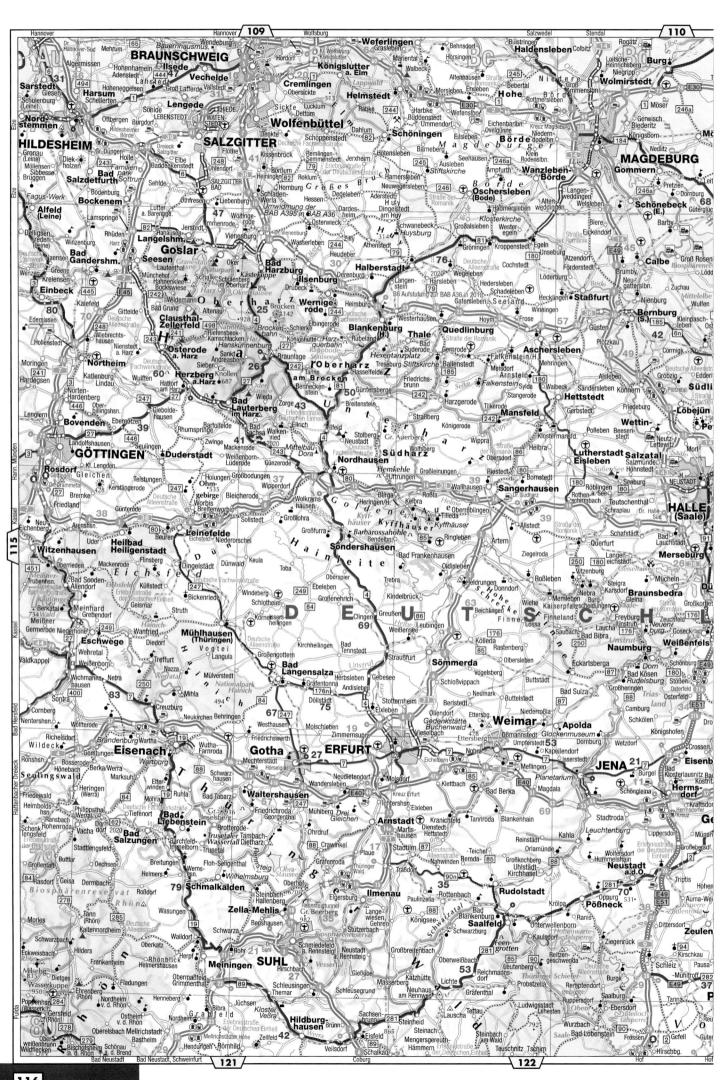

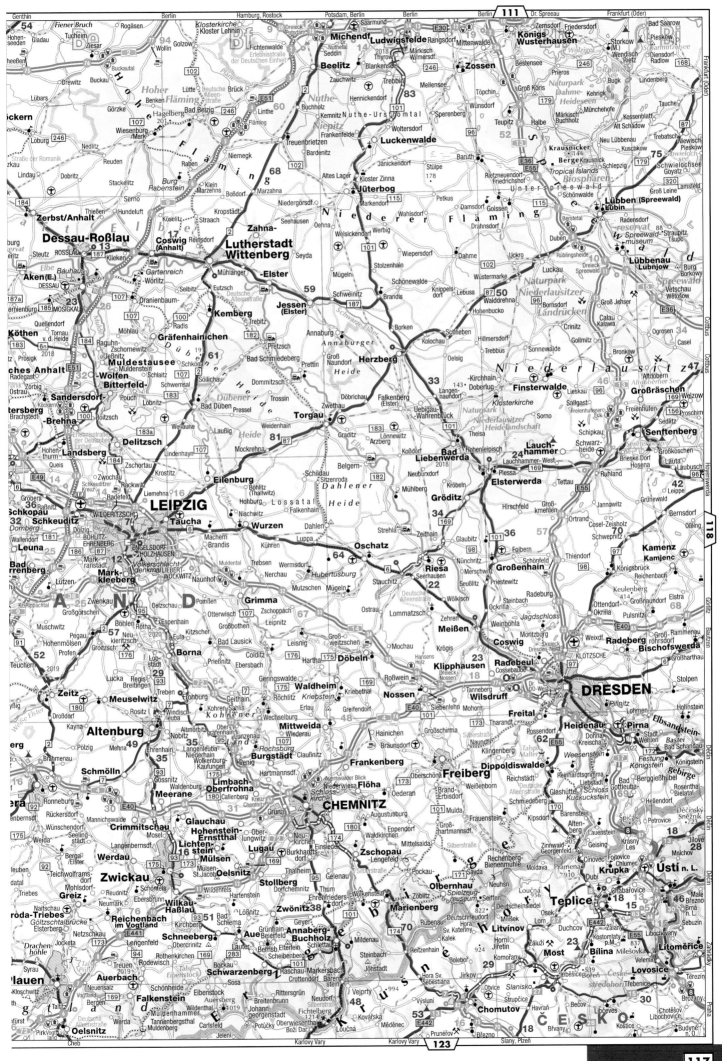

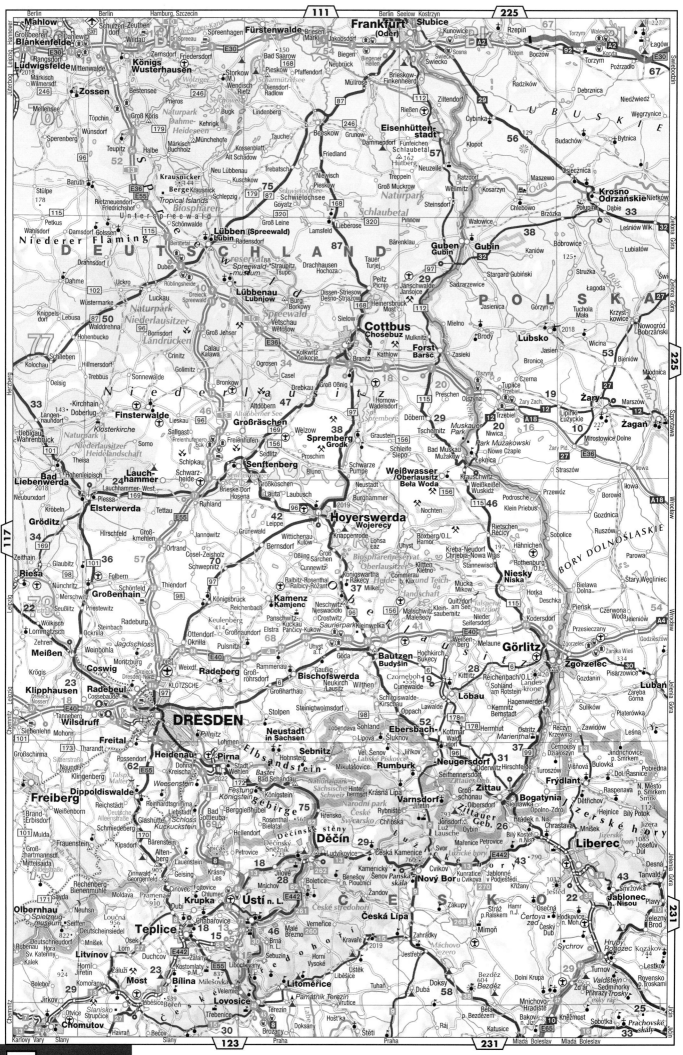

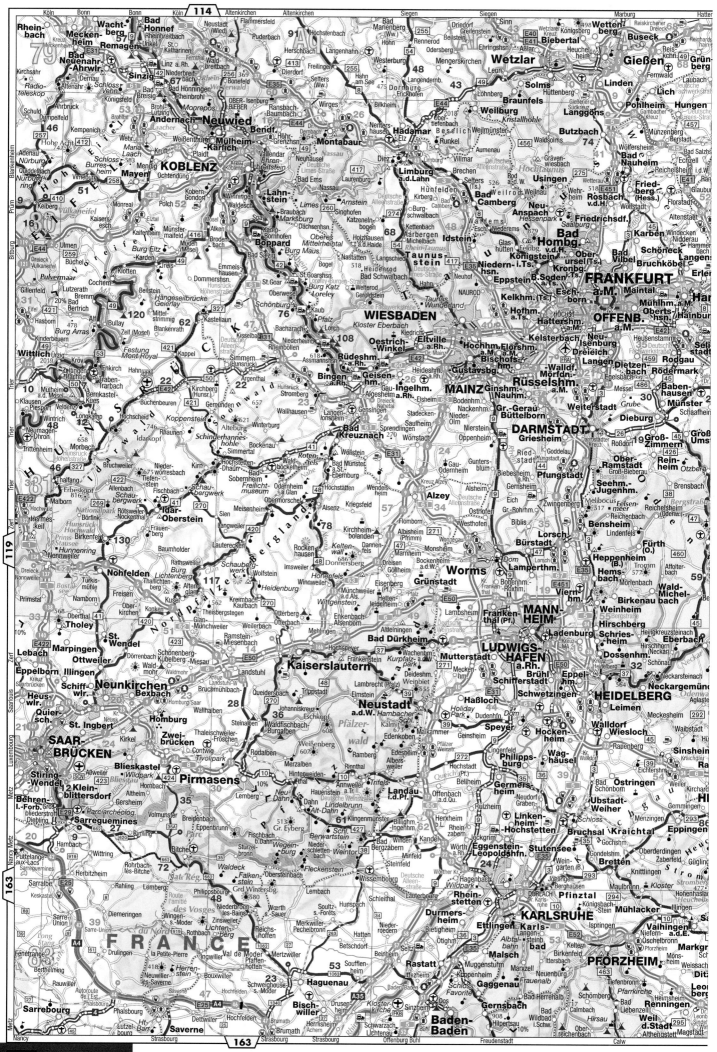

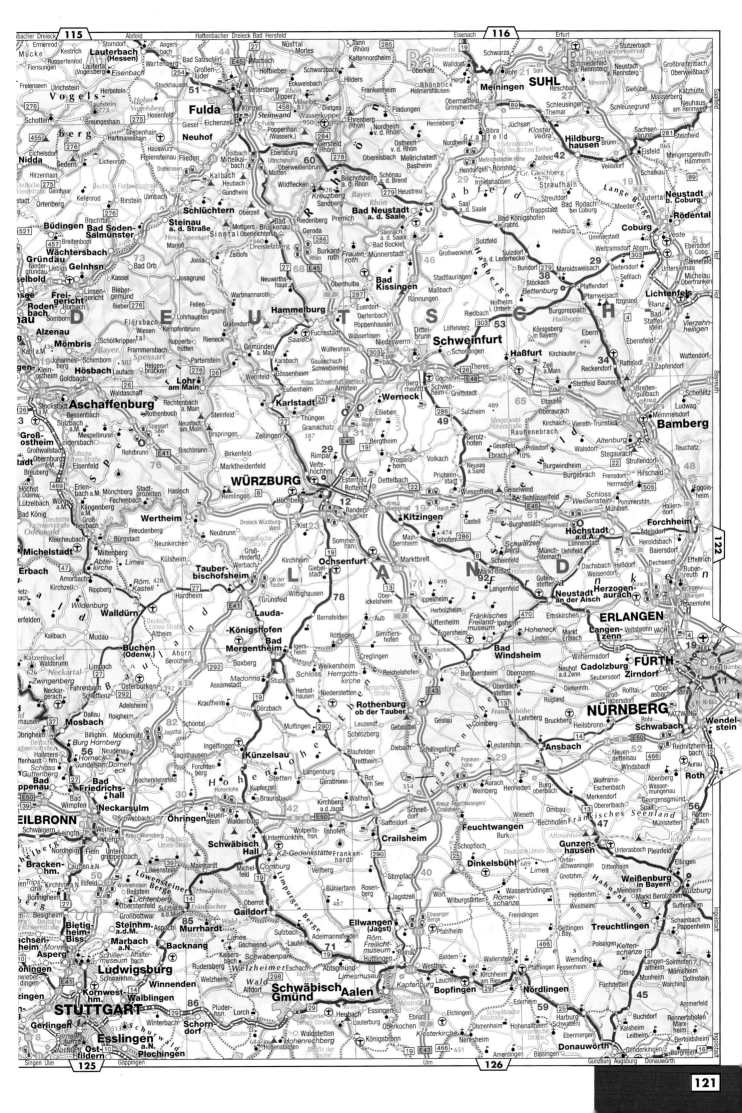

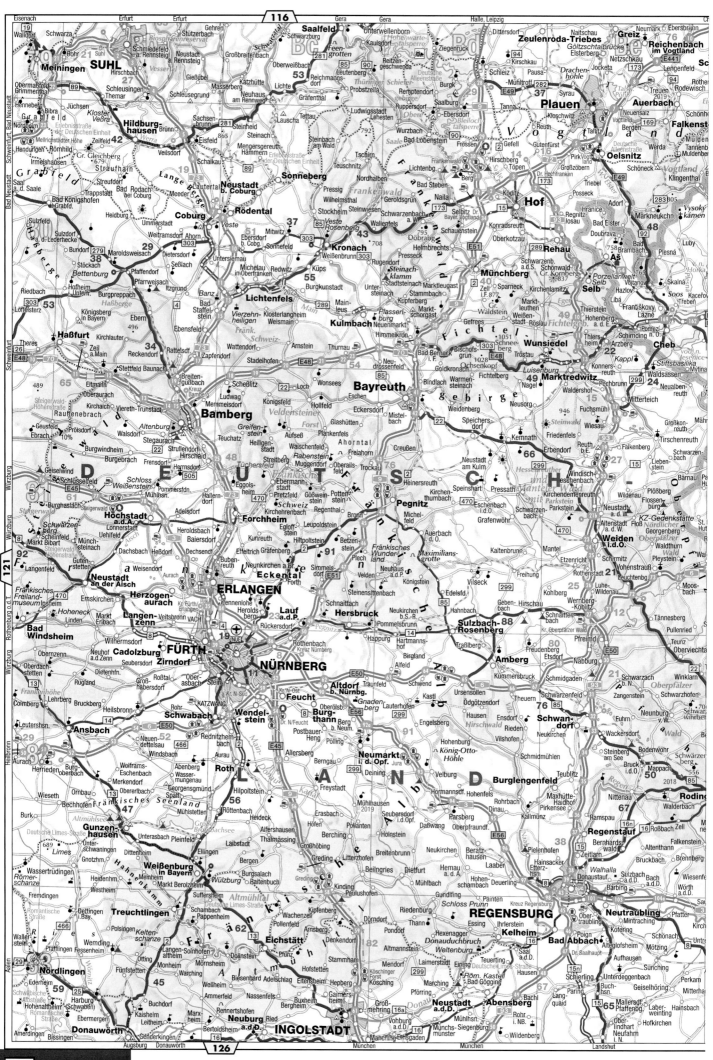

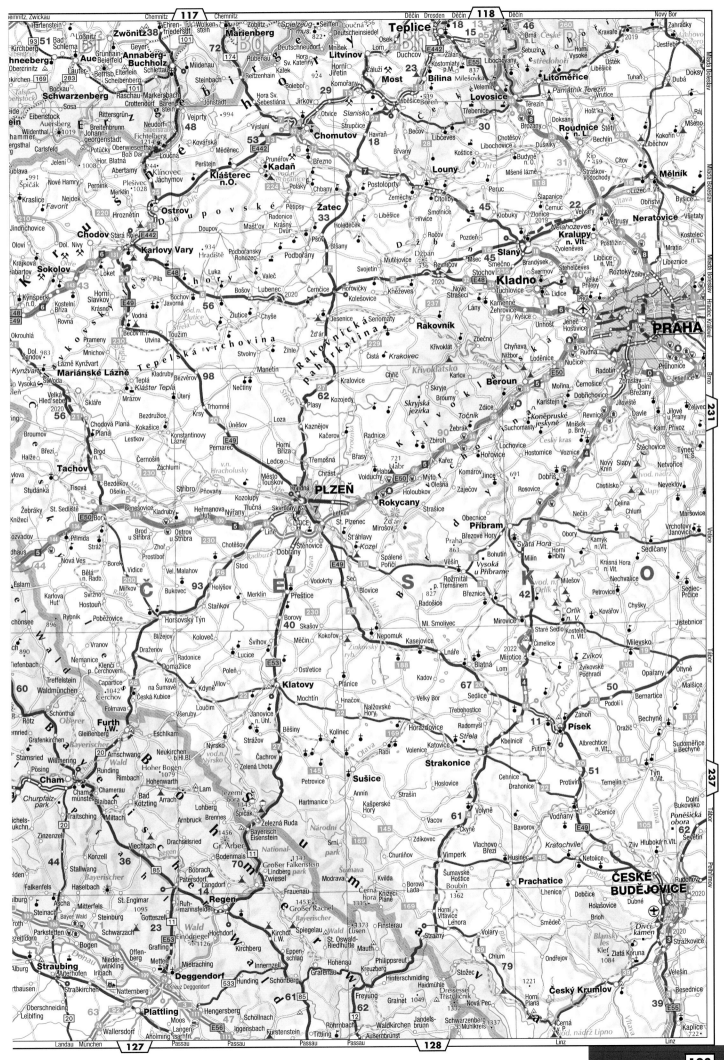

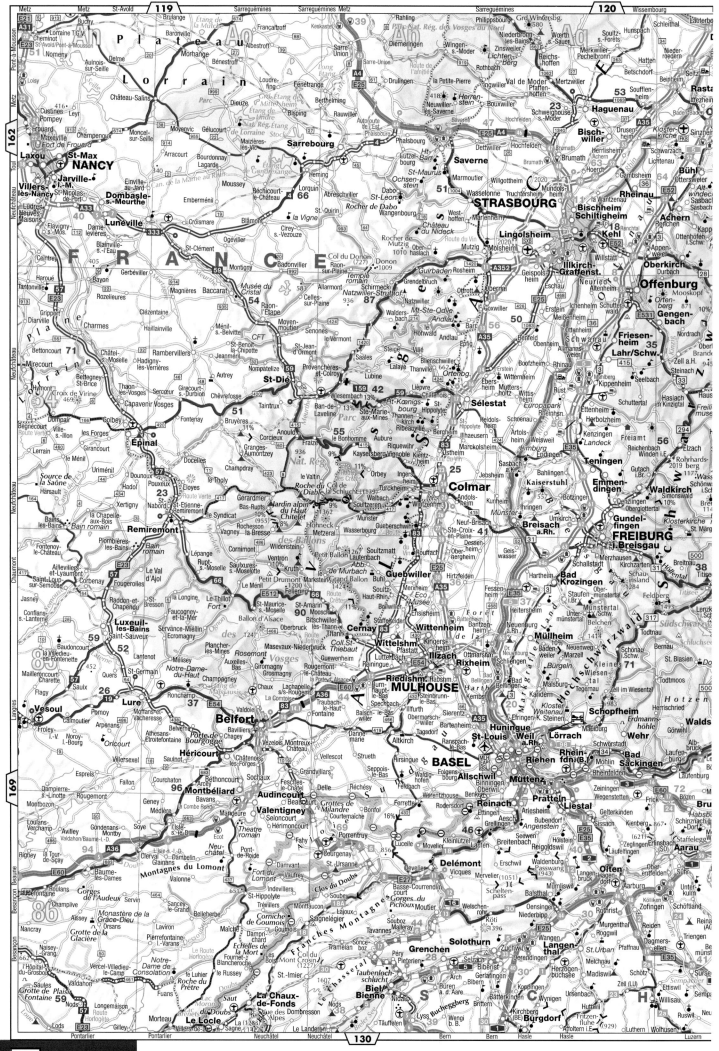

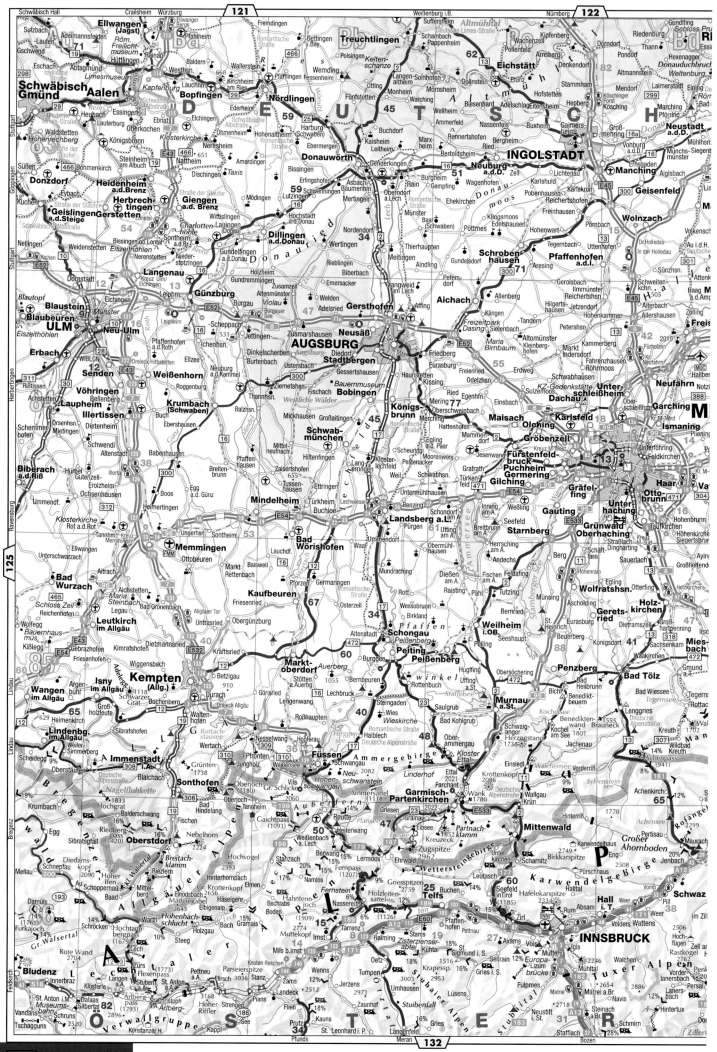

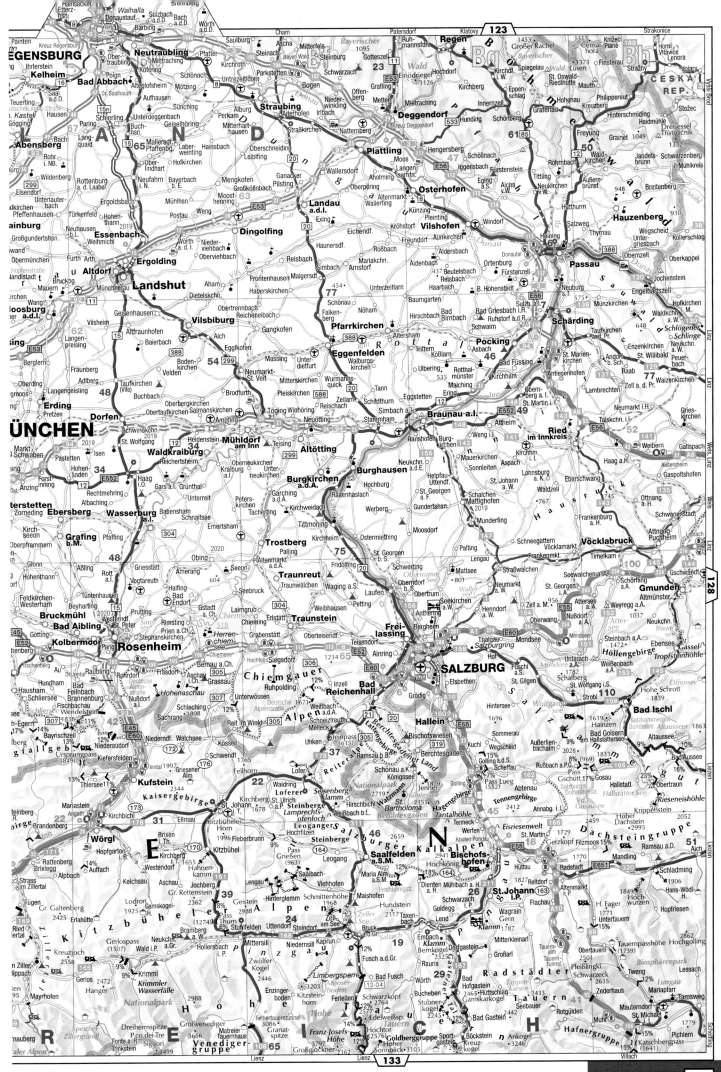

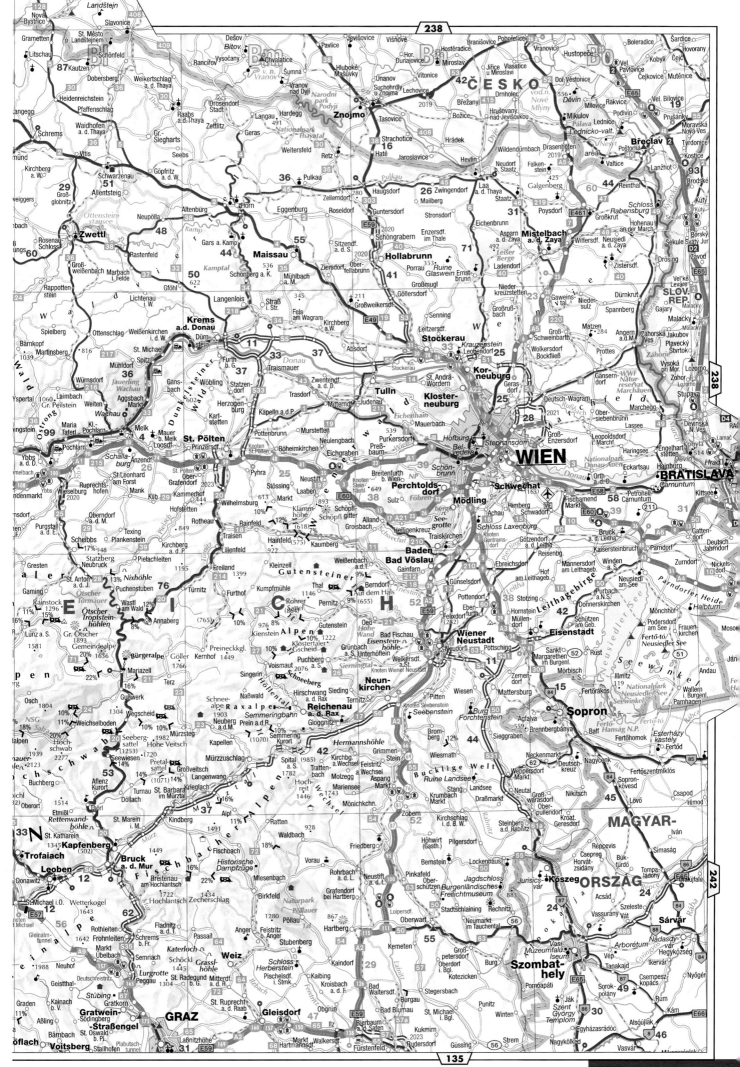

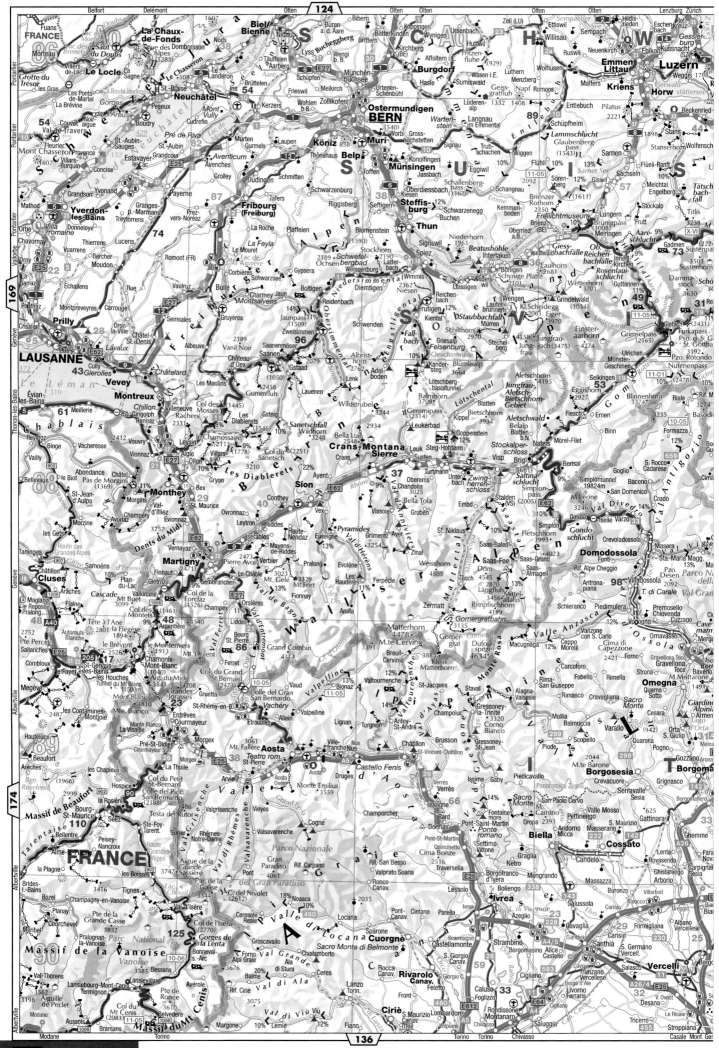

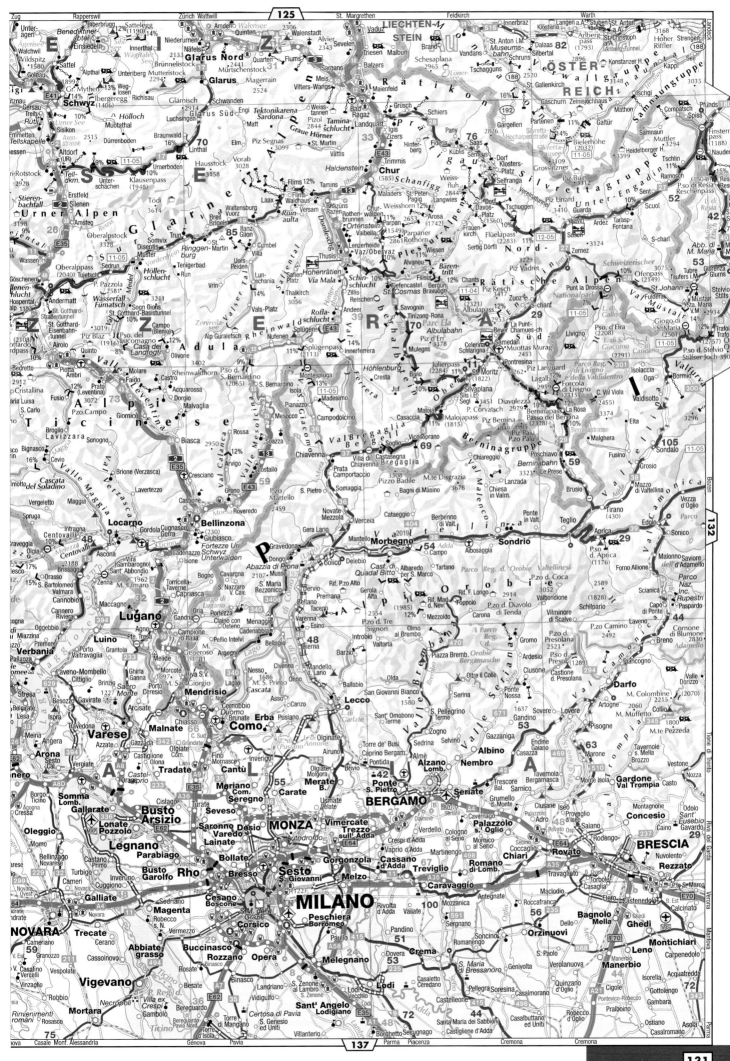

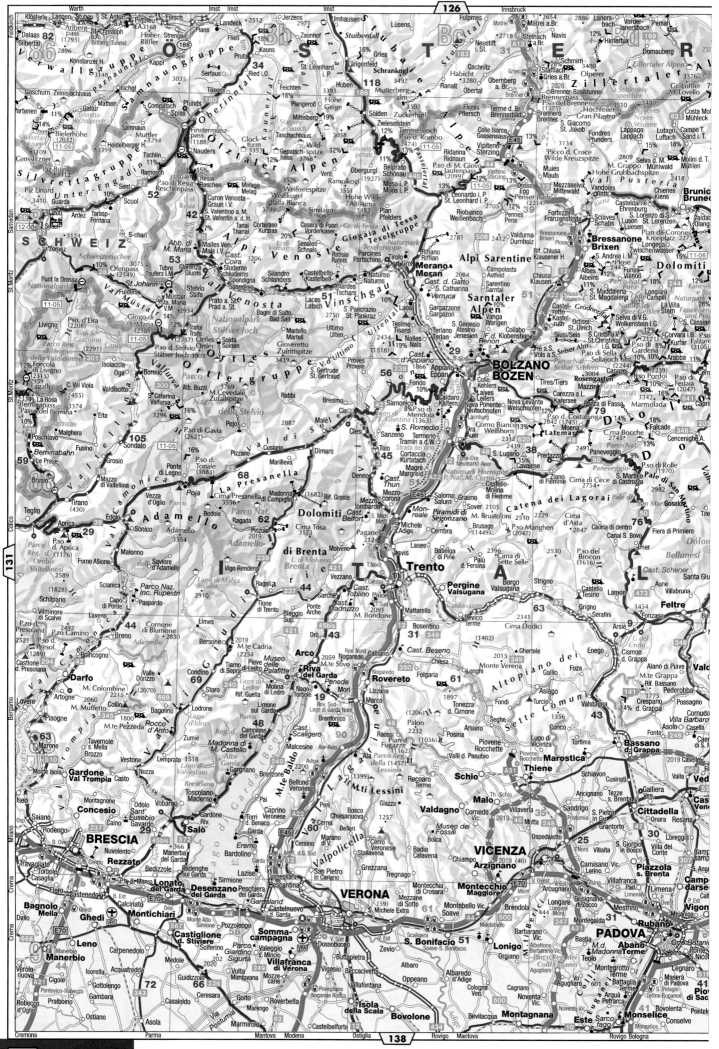

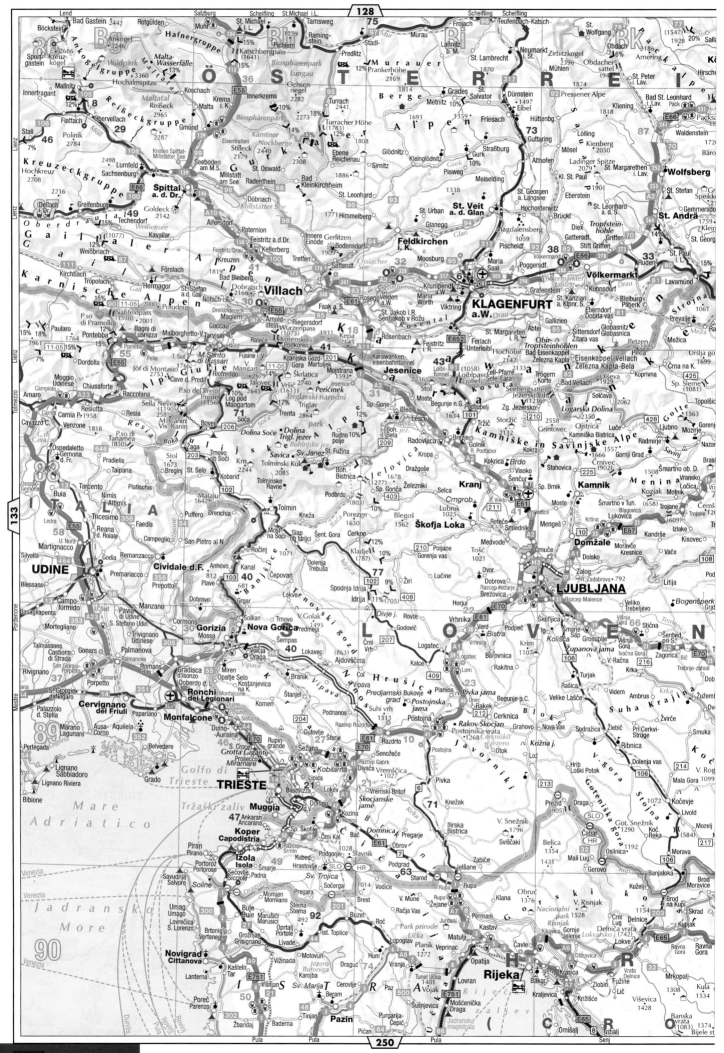

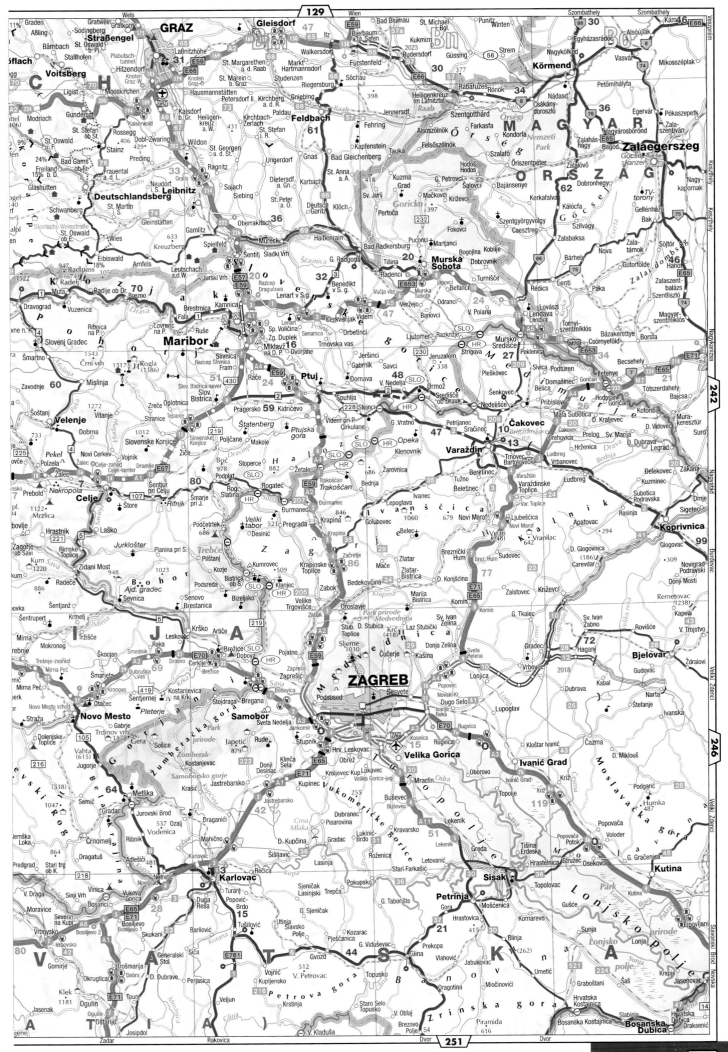

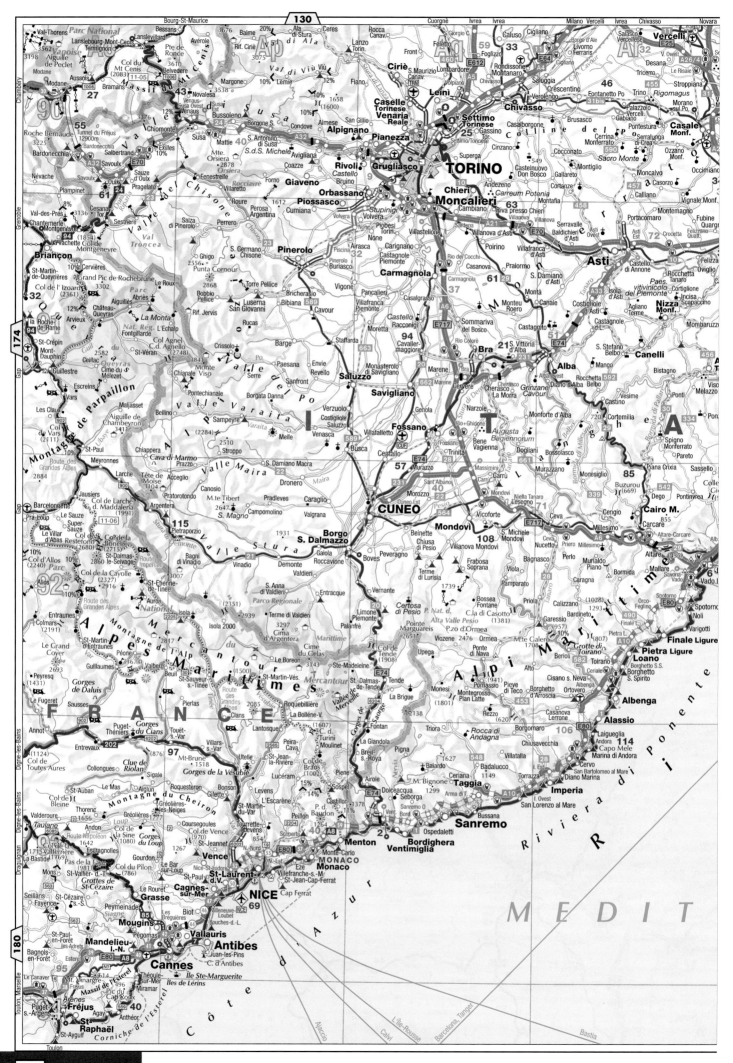

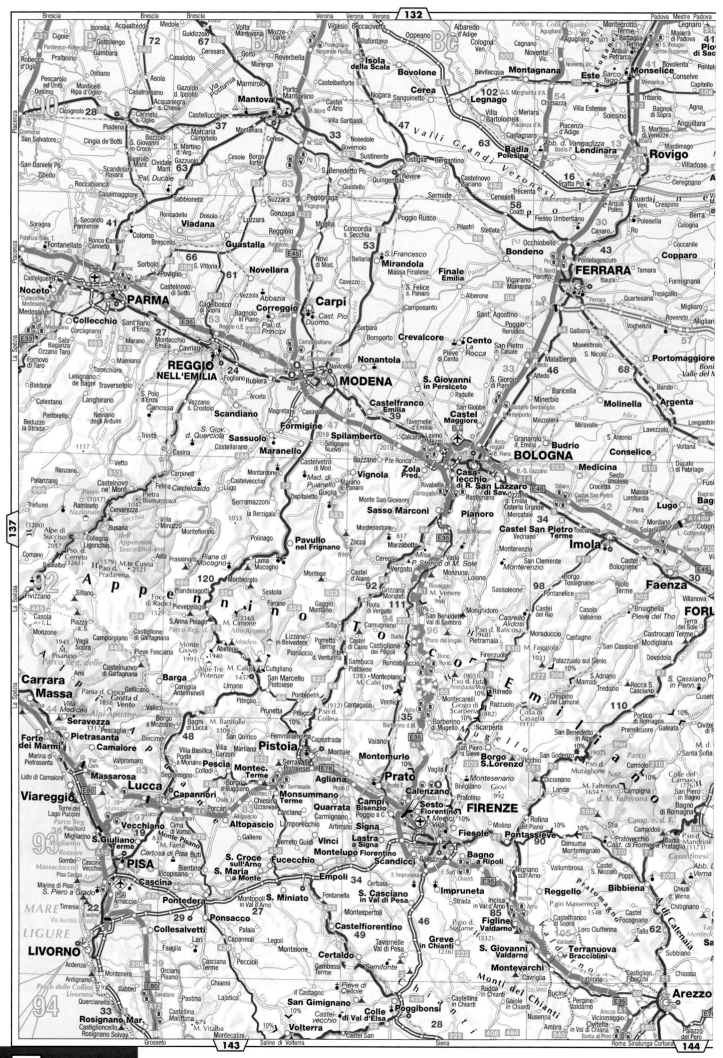

HRVATSKA

(CROATIA)

JADRANSKO MORE

MARE ADRIATICO

MEDITERRANEAN SEA

ITALIA

Golfo di
Venezia

ISTRA

Novigrad
Cittanova

Rovinj
Rovigno

Pula
Anfiteatar

Chioggia

Cavarzere

Porto Viro

Delta del Po

Porto
Tolle

Codigoro

Comacchio

Alfonsine

RAVENNA

Russi

Cervia

Cesenatico

Bellaria

RIMINI

Riccione

Cattolica

Pesaro

Fano

Forlimpopoli

Cesena

Savignano
sul Rubicone

Santarcangelo
di Romagna

SAN
MARINO

Urbino

Mondolfo

Senigallia

Falconara
Marittima

Ancona

Chiaravalle

Jesi

Osimo

Castelfidardo

Loreto

Recanati

Città
di Castello

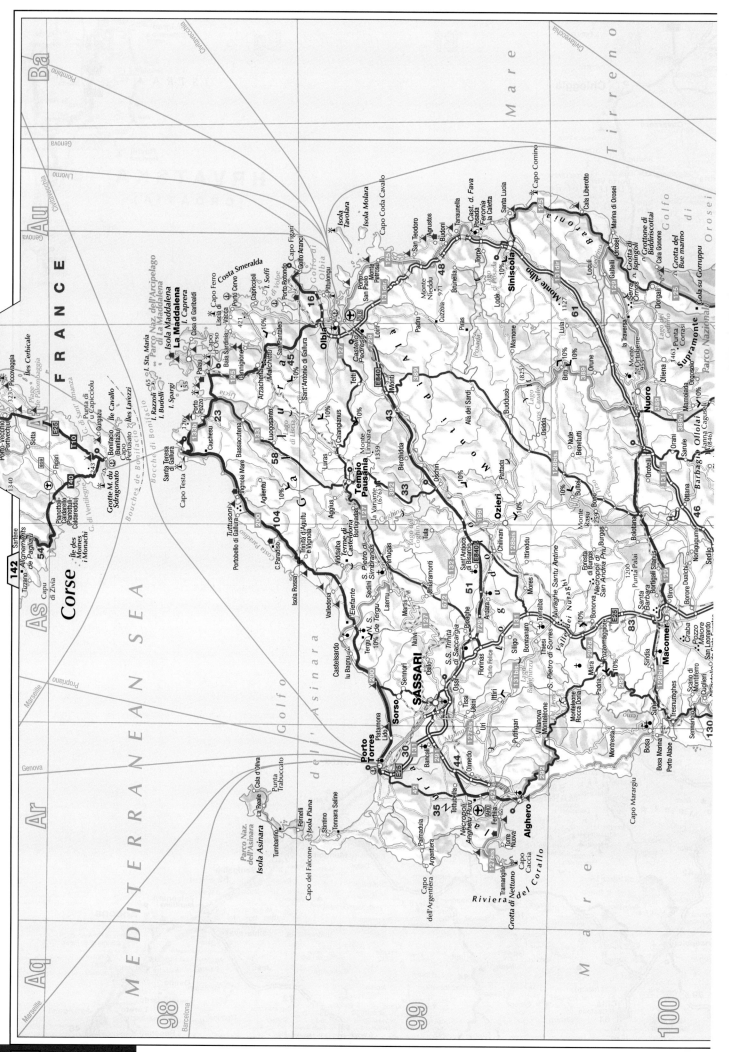

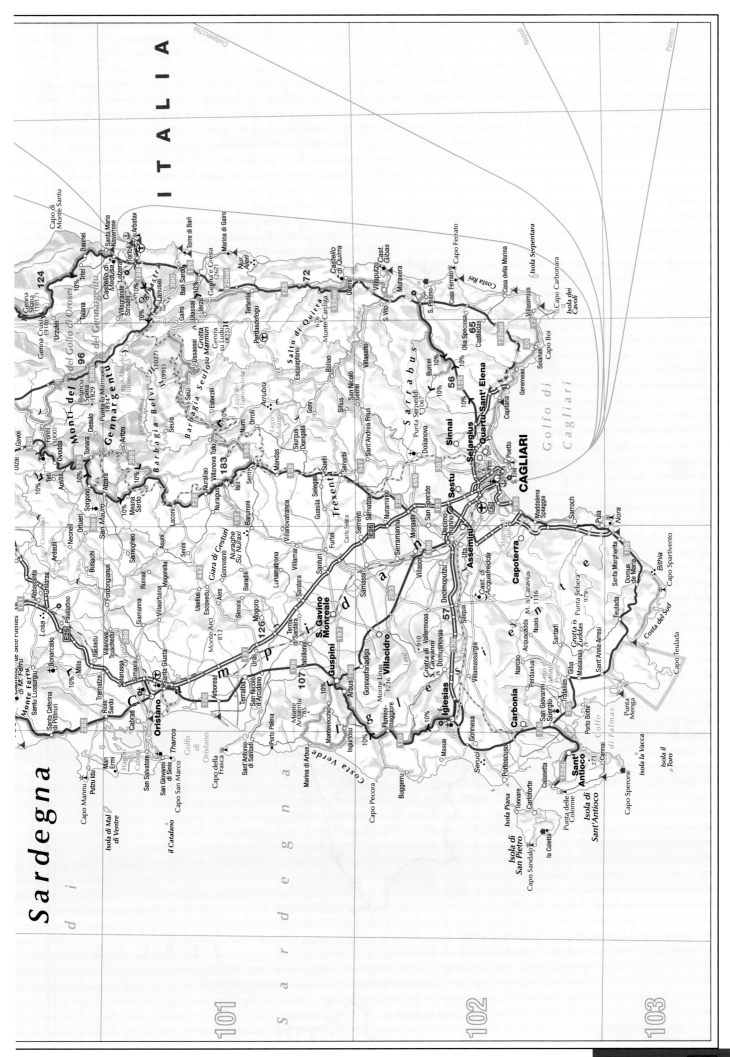

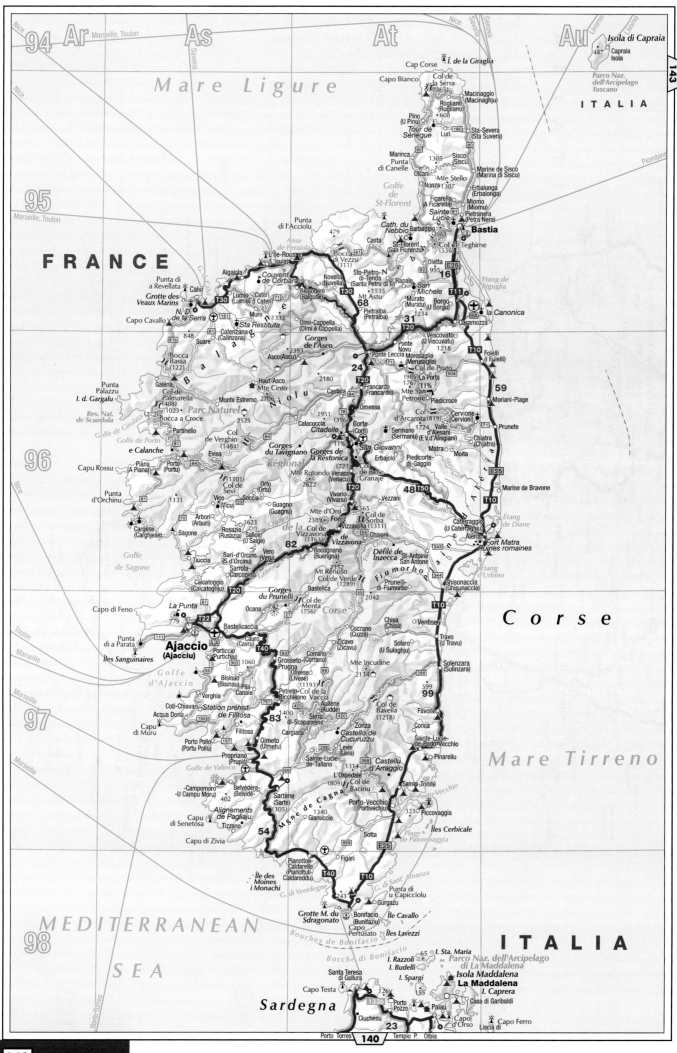

Nice Savona Genova
Nice Liverno Isola di Capraia
Marseille, Toulon

447 Capraia Isola

Mare Ligure

ITALIA

Cap Corse
Î. de la Giraglia
Capo Bianco Col de la Serra (365)
Macinaggio (Macinaghju)
Rogliano (Rughjanu) 608
Pino (U Pinu)
Tour de Sénèque 180 Sta-Severa (Sta Suvera)
Luri

Marinca Punta di Canelle 80 1305 Sisco (Siscu)
Olcani Mte Stello Marine de Sisco (Marina di Siscu)
Nonza 1307 Erbalunga (Erbalunga)
Golfe de St-Florent Miomo (Miomu) Pietranera (Petra Nera)

Punta di Î. d'Acciolu Figarella (A Ficarella)
479 Cath. du Nebbio Sainte Lucie 81 Bastia
Casta St-Florent (San Fiurenzu) Col de Teghime (536)
L'Île-Rousse (L'Isula) Bocca di Vezzu (311) Sto-Pietro-N di-Tenda (Santu Petru di T.) Rapale Murato (Muratu) Borgo (U Borgu) 16
Algajola Novella (Nuvella) 1535 San Michele
Lumio (Lumiu) Cateri (I Cateri) Bergodere (Balgude) Mt Astu E25 la Canonica
Calvi N.D. de la Serra 71 68 Pietralba (Petralba) 1234 T11 Casamozza BIA
Grotte des Veaux Marins Muro 1132 31 T20 Vescovato (U Viscuvatu)
Capo Cavallo Sta Restituta Olmi-Cappella (Olmi e Cappella) Gorges de l'Asco Ponte Novu 1218 T10 Folelli (I Fulelli)
Calenzana (Calinzana) Ponte Leccia Morosaglia (Merusaglia) Col de Prato (985) 506
Bocca Bassa (122) Suare 848 Asco (Ascu) 2393 11% La Porta 1767 59 Moriani-Plage
Punta Palazzu Haut-Asco Mte Cinto 2180 T20 Francardo (Francardu) Mte San Petrone Piedicroce E25
Î. d. Gargalu Col de Palmarella (408) 1023 Monte Estremo 2525 Castirla 84 Omessa Col d'Arcarota (819) Cervione (Cervioni) 71 Prunete
Res. Nat. de Scandola Bocca a Croce (272) Niolu Calacuccia 1951 396 Corte (Corti) Valle d'Alesani (E.V.d'Alisgiani) Chiatra (Chjatra)
Galéria Partinello Citadelle Sermano (Sermanu) Matra Moita
Capu Rossu Evisa Col de Verghio (1484) Gorges du Tavignano Gorges de la Restonica San Giovanni Erbajolo Piedicorte-di-Gaggio 96
Piana (A Piana) Porto (Portu) 84 Régional Mte Rotondo Venaco (Venacu) 723 Col de Belle Granaje
Punta d'Orchinu Col de Sevi (1101) Orto (Ortu) 2622 T20 48 T50 Marine de Bravone
1131 Vico (Vicu) 23 Soccia Vivario (Vivariu) Vezzani E25
Cargèse (Carghjese) Arbori (Arburi) Guagno (Guagnu) Mte d'Oro 2389 565 Col de Sorba (1311) Caterraggio (U Caterrachju) Étang de Diane
Golfe de Sagone Rosazia (Rusazia) Salice (U Salge) Forêt Ghisoni 69 Aléria Fort Matra Ruines romaines
Tiuccia Sari-d'Orcino (S.d'Orcinu) Vero (Veru) Col de Vizzavona (1163) de Vizzavona 343
Sagone Sarrola-Carcopino Bocognano (Buenga) Défilé de St-Antoine
Calcatoggio (Calcatoghju) 82 Mt Renoso Inzecca San Antone 344 Ghisonaccia (Ghisunaccia) Étang d'Urbino
Capo di Feno La Punta 81 Gorges Col de Verde (1289) Prunelli-di-Fiumorbo
779 Ocana du Prunelli Bastelica Corse 2042 T10
Ajaccio (Ajacciu) T22 Bastelicaccia Col de Menta (756) Cozzano (Cuzza) Chisa (Chisa) Ventiseri
AJA Cauro (Cavru) Zicavo (Zicavu) Solaro (U Sulaghju) Travo (U Travu) Corse
Porticcio (Purtichju) T40 Corrano (Corranu) Mte Incudine Solenzara (Sulinzara)
Îles Sanguinaires Pila-Canale 83 Grosseto-Prugna 69 2134 268 599
Punta di a Parata Bisinao (Bisinau) 1060 Olivese (Livese) 99
Golfe d'Ajaccio Verghia 1400 1193 Petreto-Col de la Favone
Coti-Chiavari Station préhist. de Filitosa Bicchisano Vaccia 420 Col de Bavella (1218) Conca
Acqua Doria 757 Aullène (Aludde) Zonza Sainte-Lucie-de-Porto-Vecchio
Capu di Muru Filitosa Serra-di-Scopamène 420 Castello de Cucuruzzu Pinarellu 97
Porto Pollo (Portu Pollu) 157 Cargiaca Levie (Livia) Castellu d'Arragio
Propriano (Prupià) Sainte-Lucie-de-Tallano 268 1314 Sainte-Trinité
Golfe de Valinco 69 Oimeto (Ulmetu) L'Ospedale (809) Col de Bacinu Mare Tirreno
Campomoro-U Campu Moru Belvédère (Belvidé) 402 Porto-Vecchio (Portivechju) 323 Piccovaggia
Alignements de Pagliaju Sartène (Sarte) Mgne de Cagna 1340 Îles Cerbicale
Capu di Senetosa Tizzano 305 Gianuccio Sotta Plage de Palombaggia
Capu di Zivia 54 859 E25
Île des Moines i Monachi Pianottoli-Caldarello (Pianottuli Caldareddu) Figari Îles Lavezzi
T40 T10
243 G. di Sant'Amanza
G. di Ventilegne Gurgazu Punta di u Capicciolu
Grotte M. du Sdragonato Bonifacio (Bunifaziu) Île Cavallo
Capo Pertusato Îles Lavezzi
Bouches de Bonifacio
MEDITERRANEAN 98 Bocche di Bonifacio I. Razzoli 65 I. Sta Maria
I. Budelli Parco Naz. dell'Arcipelago di La Maddalena
SEA Santa Teresa di Gallura I. Spargi Isola Maddalena La Maddalena
Capo Testa 126 I. Caprera Casa di Garibaldi
Porto 133b Porto Pozzo Palau
Sardegna Ciuchesu 55 Capo d'Orso Liscia di Capo Ferro
23
Porto Torres 140 Tempio P. Olbia

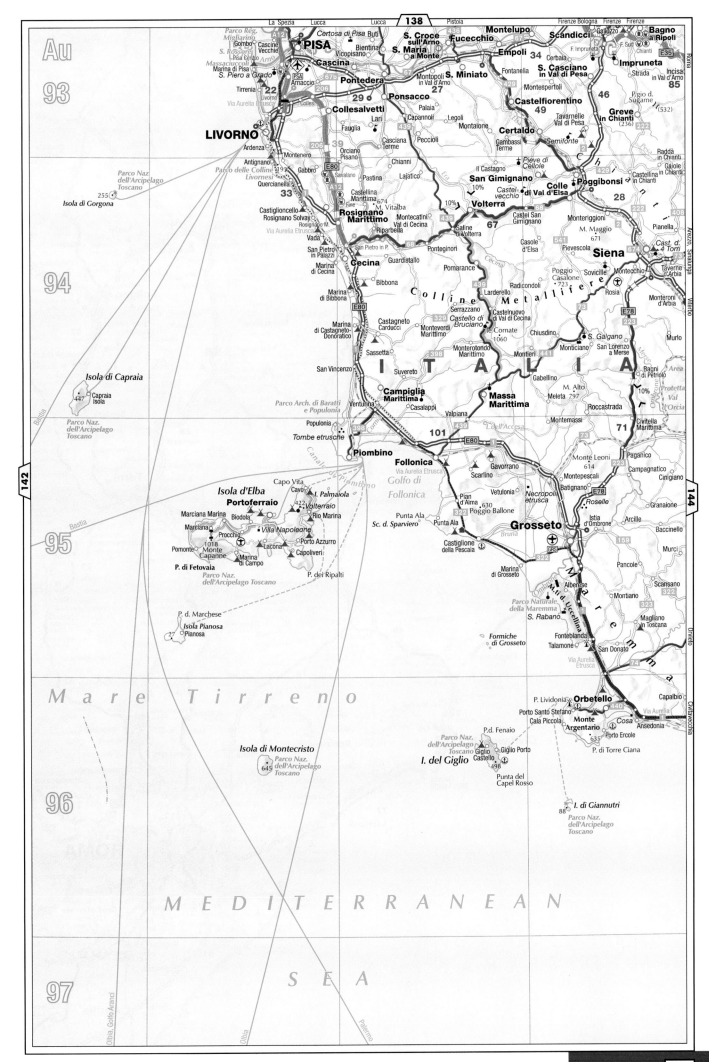

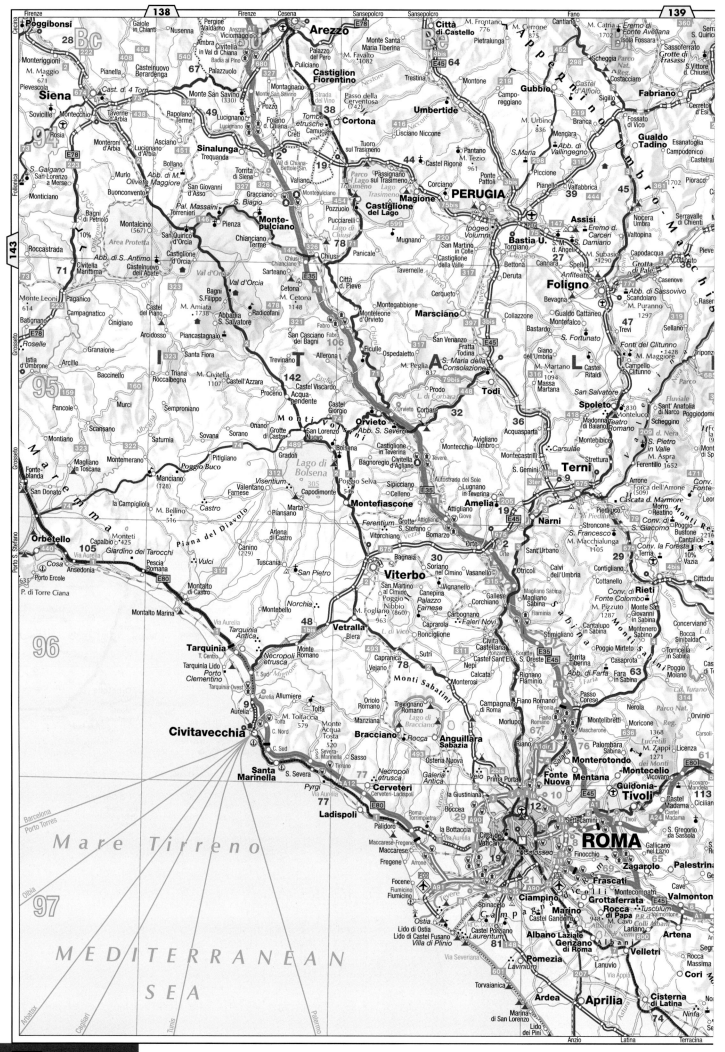

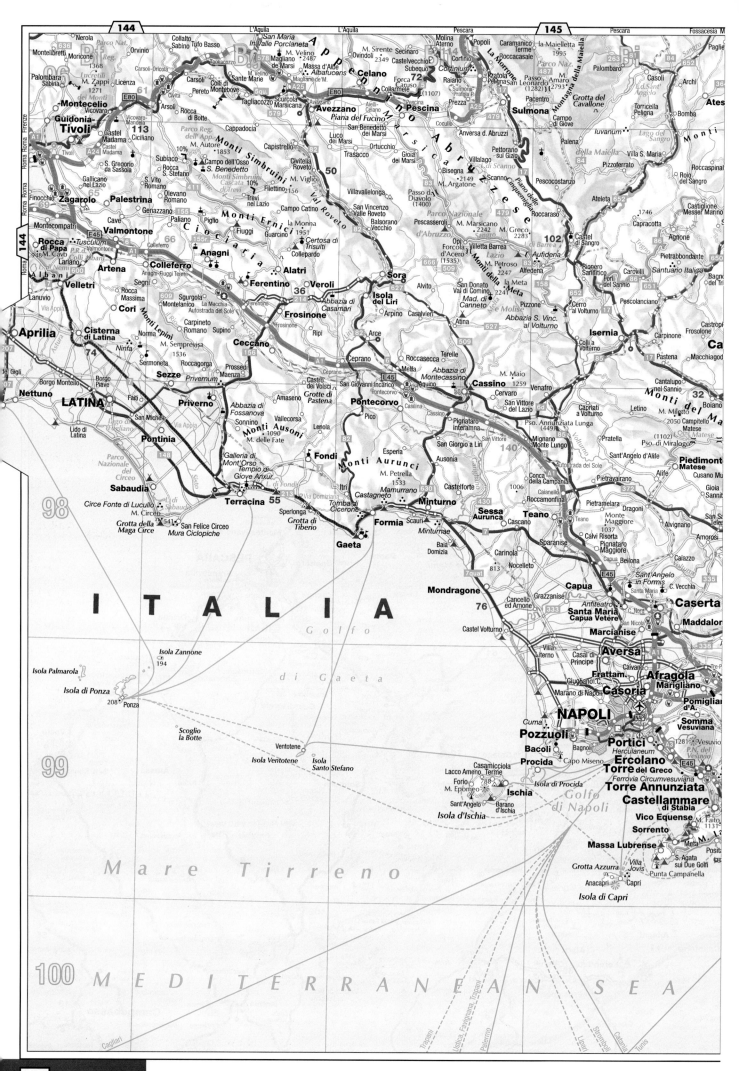

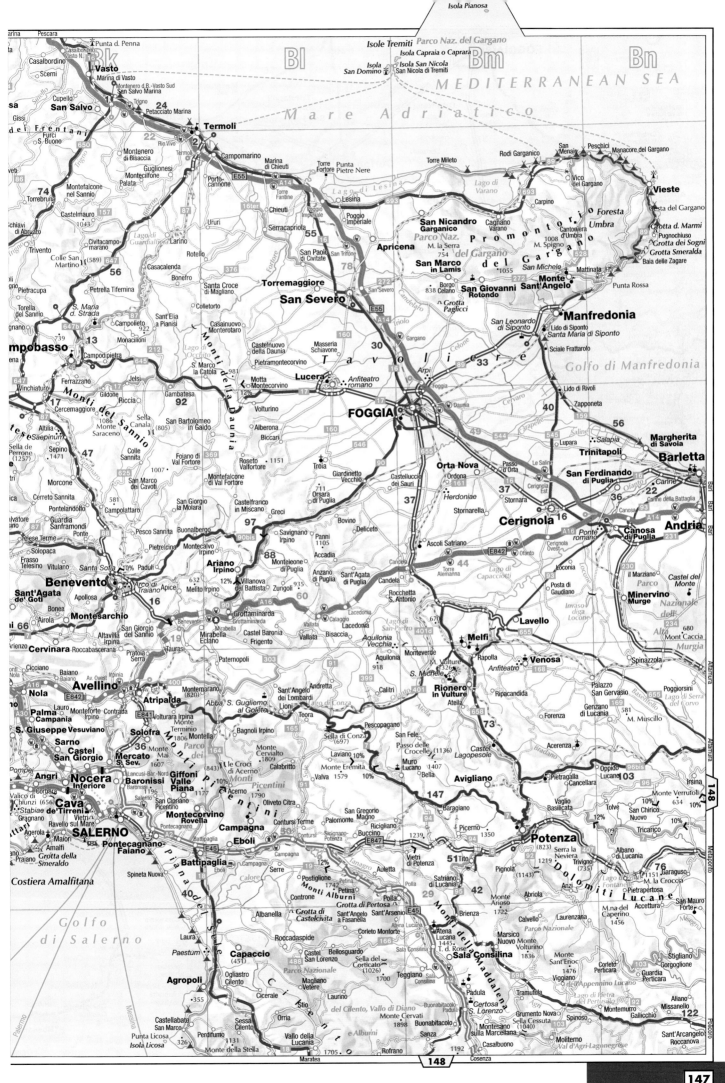

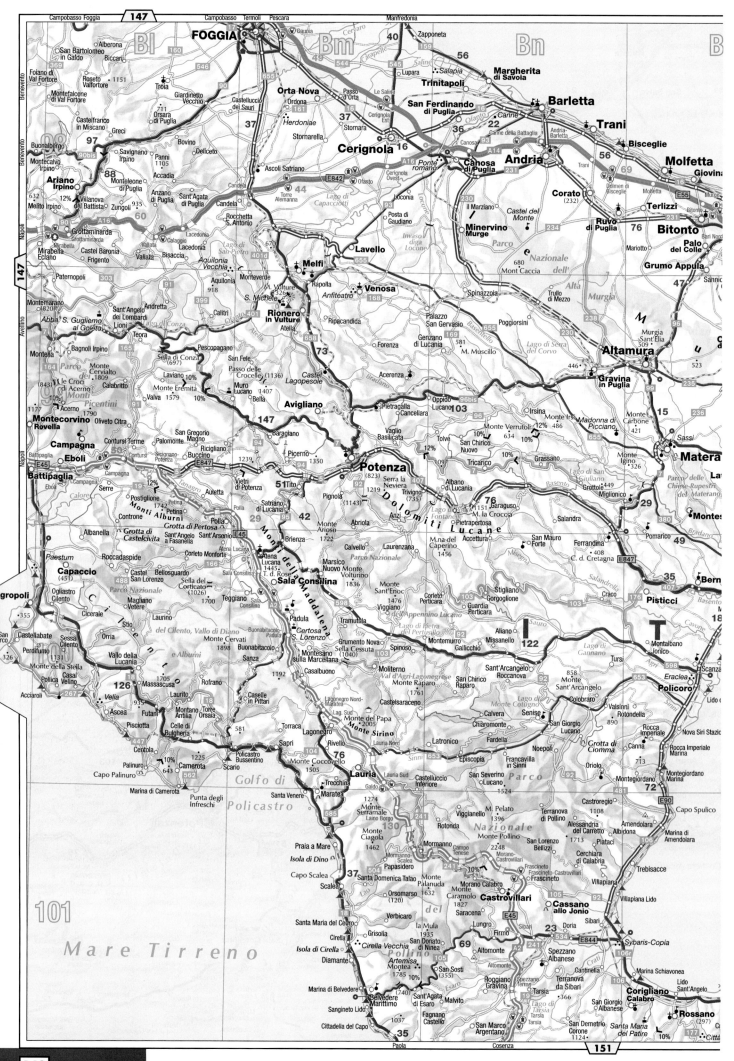

Mare Tirreno

MEDITERRANEAN SEA

ITAL

103

Isola Strombolicchio

Isola Stromboli   Stromboli
924
i Vancori

Isole Eolie o Lipari

Isola
Panarea   *Isola di Basiluzzo*
420   *Isola Lisca Bianca*

Isola
Salina   San Pietro

Isola Filicudi   Punta di   Malfa
Perciato   Capo Faro
Grotta   Fossa Felci   Pollara
723   Leni   962   Santa Marina
Isola Alicudi   Filicudi Porto   Rinella   Salina
675   Punta   Lingua
Stimpagnato   Capo Graziano   Punta
Alicudi   Castagna
Porto

Quattropani   602
M. Chirica
Pianoconte   Canneto
Terme di S. Calogero   *Isola Lipari*

Lipari
Bocche di Vulcano   Porto Levante
Gran   391
Cratere   *Isola Vulcano*
Gelso
Punta
Bandiera

104   Capo
di Milazzo   *Golfo di Milazzo*   S. Saba

Paradiso   Messina Nord-Villafranca T. 113c
Villafranca Tirrena   E90
Milazzo   Rometta
Spadafora
113
Santa Marina   A20   Mijazzo-I. Eolie   Rometta
Capo   Barcellona   Olivarella
d'Orlando   Capo Calavà   Monforte   Divieto
Gioiosa   San Giorgio   **Barcellona**   San Giorgio
Sicilia   Marea   Golfo   P. di Gotto   Santa Lucia
Capo d'Orlando   Brolo   *di Patti*   del Mela   1127
Naso   Tyndaris   Castroreale   Monte
la Rocca   Sant'Angelo   **Patti**   Falcone   Poverello   Itala   88
Golfo di Termini   di Brolo   Patti   Novara   1279   A18
Sant'Agata   Castell'Umberto   Tindari   185   di Sicilia   1214
Imerese   **di Militello**   Racuia   Furnari   Fiumedinisi   M. Sud-
Cefalù   Acquedolci   Frazzanò   Basicò   1288   Tremestieri
Cefalù   Finale   Torrenova   Mandanici
Milianni   Santo Stefano   San Piero   Montalbano   Novara
E90   Tusa   di Camastra   Ucria   Patti   Elicona   114
Agglomerato   Marina   Sant'Agata d.M.   Tortorici   Roccalumera
Industriale   A20   di Caronia   Acquedolci   Portella   Fondachelli Fantina   Santa Teresa di Riv
Pollina   113   San Fratello   Alcara   d. Zoppo   Antillo   Casalvecchio   E45
Campofelice   Caronia   li Fusi   Floresta   Roccalumera   Siculo
di Roccella   Furiano   116   Portella   Ali Terme
Buonfornello   Caronia   1264   Pertusa   Montagna   Forza d'Agrò
Collesano   Reitano-Santo Stefano d.C.   974   Grande   1374   Francavilla di Sicilia
A19   Pollina   Reitano   dei   Roccella   Melia
Cerda   Castelbuono   Motta   Valdemone   Taormina
409   Pizzo   Mistretta   d'Affermo   Moio Alcantara   Letojanni
Castelbuono   Carbonara   brodi   S. Domenica   185
105   Parco   1979   1847   Vittoria   Gaggi   **Taormina**
Isnello   San Mauro   Portella dell'   Monte Soro   Passopisciaro
Scillato   Castelverde   Obolo   Nebrodi   Linguaglossa   Giardini-Naxos
Scillato   Rif. Martini   1503   Portella   286   Galatabiano
152   Monti Ne   1567   d. Miraglia   120   Parco   Rif. Conti   A18
Polizzi   1660   Pizzo Pilato   1464   **Randazzo**   284   Fiumefreddo di Sicilia
Caltavuturo   Petralia   120   S. Domenica   Mareneve
Generosa   Sottana   Colle del   Cesarò   120   Monte Pizzillo
E932   147   Contrasto   2414   dell'   Fiumefreddo   A18
Petralia   1107   Cerami   Simeto
120   Gangi   Portella   **Troina**   Adrano
Castellana   Madonnuzza   **Bronte**
Sicula   990
Caltanissetta   Nicosia   Nicosia   Catánia

Madonie
Monti Peloritani
Nebrodi
Simeto

180

117

116

289

113

Termini Imerese

Palermo
Napoli   Napoli   Napoli   Salerno

Bn | Bi | Bo | Bp

23

69

Maratea
Santa Maria del Cedro
Parco Nazionale del Pollino
la Mula 1935
Grisolia
Cirella Vecchia
San Donato di Ninea
Altomonte
Lungro
Firmo
Sibari
Doria
Taranto
Sybaris-Copia
Napoli
E844
E846
106r

Cirella
Isola di Cirella
Diamante
Artemisa Montea 1785 10%
San Sosti (355)
Roggiano Gravina
Spezzano Albanese
Cantinella
Marina Schiavonea
Lido Sant'Angelo
Capo Trionto
Mirto Crosia

Marina di Belvedere
Belvedere Marittimo (740)
Sant'Agata di Esaro
1037
Fagnano Castello
Malvito
1404
Serra Pantanolata
San Marco Argentano
Tarsia
Lago di Tarsia
San Demetrio Corone 1124
San Giorgio Albanese
Terranova da Sibari 366
Corigliano Calabro
Santa Maria del Patire
Rossano (297)
Crosia 59

Sanzineto Lido
Cittadella del Capo
35
Cetraro
Fuscaldo
Guardia Piemontese
Cerzeto
Bisignano
Rota Greca (350)
Toranò
Mucone
Acri
Abbazia della Sambucina (1187)
Monte Paleparto 1481
Longobucco M. Basilico (784) 1013
Bocchigliero
Campana
Crucoli Torretta
Terravecchia
Cariati
Punta Fiume Nicà
383

Paola
San Lucido
Cozzo Cervello 1389
San Fili
Fuscaldo
Montalto Uffugo
Rose-Montalto
Serra la Guardia
Camigliatello Silano
Lago di Cecita o Mucone
1431
Serra la Guardia
1708 Monte Pettinascura
Savelli
Ponte dei Pesci 7%
Carfizzi
M. Basilico
Verzino
Serra Paluri
San Nicola dell'Alto
404
Crucoli
Strongoli
Monte Lelo
529
Cirò
Petelia
Cirò Marina
Punta Alice
54

Cosenza Nord
Spezzano della Sila
1768
65
1928
Camigliatello Silano
E846
Germano
San Giovanni in Fiore
1881 Lago
Cerenzia
Acerenzia
Belvedere di Spinello
Casabona
Rocca di Neto 10%
Santa Severina
Torre Melissa
Melissa
E90
107

Cosenza
Carolei
Pedace Monte Botte Donato
Royale
51
Cotronei
Marchesato
San Mauro
63
Crotone
Tempio di Hera Lacinia

Fiumefreddo Bruzio
Monte Cocuzzo 1541
Colle d' Ascione (1384)
Bocca di Piazza
Monte Gariglione 1765 della Sila
10%
Petilia Policastro
(890)
Mesoraca
Salica
Capo Colonna
CRV
Isola di Capo Rizzuto

59
Amantea
Lago
Grimaldi
M. Serratore 1233
Rogliano
66
Coraci 108b
1495 10%
Tirivolo
10%
Taverna 10%
Petronà
Sersale
Cropani
Botricello
le Castella
Capo Rizzuto

Aiello Calabro
Altilia
Soveria Mannelli
Villaggio Mancuso
Sila Piccola
Zagarise
Cropani Marina
Sellia Marina

Campora San Giovanni
Nocera Terinese
San Mango d'Aquino
Monte Mancuso 1417
Pso. di Acquabona (1020)
179d
Gimigliano
Pentone
Soveria Simeri
Catanzaro Marina
63

Falerna
Falerna Marina
Falerna Marina
Feroleto Antico 1039
Platania
M. Portella
Tiriolo
Catanzaro
la Petrizia
Golfo di Squillace

Lamezia Terme
Capo Suvero
Lamezia
Santa Eufemia Lamezia
SUF
Lamezia Terme
Caraffa di Catanzaro
40
Girifalco
10%
384
Borgia
181
Roccelletta di Borgia/Scolacium
Lido di Squillace
Squillace

Golfo di Santa Eufemia
E848
E45
19d
Maida
Cortale
Curinga
Gasperina
382
Squillace

Pizzo Calabro
Filadelfia (878)
Polia 1013
Chiaravalle Centrale
Petrizzi
Soverato
Marina di Davoli

Briatico
Vibo Valentia Marina
522
Pizzo
Maierato
Sant'Onofrio-Vibo Val.
San Nicola da Crissa
Serre
San Vito sullo Ionio
182
57

Tropea
Ricadi
M. Poro 710
Rombiolo
Vibo Valentia
Zungri Hipponion
63
Arena
Soriano Calabro
Simbario 89
Serra San Bruno
M. San Nicola 1360
Sant'Andrea (Apostolo dello Ionio)
Badolato Marina
Badolato
Santa Caterina dello Ionio-Marina

Capo Vaticano
Joppolo
Nicotera Marina
Nicotera
Mileto
Dasà
Mongiana 1423
Ferdinandea
Monte Pecoraro 1335
Santa Caterina dello Ionio
E90

Golfo di Gioia
San Ferdinando
Eranova
Rosarno
E45
Dinami
Laureana di Borrello
Fabrizia
Stilo
Monasterace
Riace
Punta Stilo
Monasterace Marina

Rosarno
18
Gioia Tauro
60
Rosarno
Cinquefrondi
M. Crocco 1276
Monte Seduto 1143
682
(1110)
Caulonia
Riace Marina
106

Lido di Palmi
Polistena
Taurianova
Cittanova
910
38
Mammola
Grotteria
Caulonia
30
Gioiosa Ionica

Palmi
Palmi
Seminara
Varapodio
Oppido Mamertina (952)
Roccella Ionica

Bagnara Calabra
Sant'Elia
Bagnara Cal.
(948)
Cosoleto (1057)
2c
Gerace
Marina di Gioiosa Ionica
Siderno
Locri

Costa Viola
Scilla
Sinopoli
Delianuova
Plati
Ardore
Locri Epizefiri
Bovalino Marina

Torre Faro
Castanea delle Furie 609
Sant'Agata
Scilla
Villa S. Giovanni
Campo Calabro
Calanna
Aspromonte
Gambarie
Montalto 1955
San Luca (250)
1572 10%
Careri
Bianco
Bovalino
Sant'Anna

Villa San Giovanni
MESSINA
Gallico
Santo Stefano in Aspromonte
Parco Naz. dell'Aspromonte
Caraffa del Bianco
Bianco

REGGIO DI CALABRIA
REG
San Gregorio
Cardeto
Punta d' Atò 1379
M. Lesti o Grosso 1307
Samo
Ta Verde
110

Pellaro
E90
Motta San Giovanni
Roccaforte del Greco
Bagaladi
Staiti
Palizzi

Bocale
Lazzaro
Montebello Ionico
109
Bova
Brancaleone Marina
Costa dei Gelsomini

Melito di Porto Salvo
Marina di San Lorenzo
Bova Marina
Stracia
Capo Spartivento

I A

Stretto di Messina

Mare Ionio

Costa dei Gelsomini

MALTA inset:

Bi | Bk

MALTA

108
109

Wied il-Mielah Window
Il-Pont ta' San Dimitri (San Dimitri Point)
Marsalforn
Gozo
Ghawdex
Ggantija Prehistoric Temples
Prozzallo

Inland Sea
Gharb
Comino Kemmuna
Victoria
Mgarr

Malta
Rabat

Marfa
Mellieha Bay
St. Paul's Island
Gzejjer ta' San Pawl

Ghajn Tuffieha
Mellieha
St. Julian's
Sliema
Valletta

Birkirkara
Mdina
Mosta
Paola
Dingli
Qormi
MLA
Zejtun
Birzebbuga
Hypogeum

Dingli Cliffs
Hagar Qim
Zurrieq
Il-Ponta ta' Delimara (Delimara Point)

Filfla
Blue Grotto

MEDITERRANEAN SEA

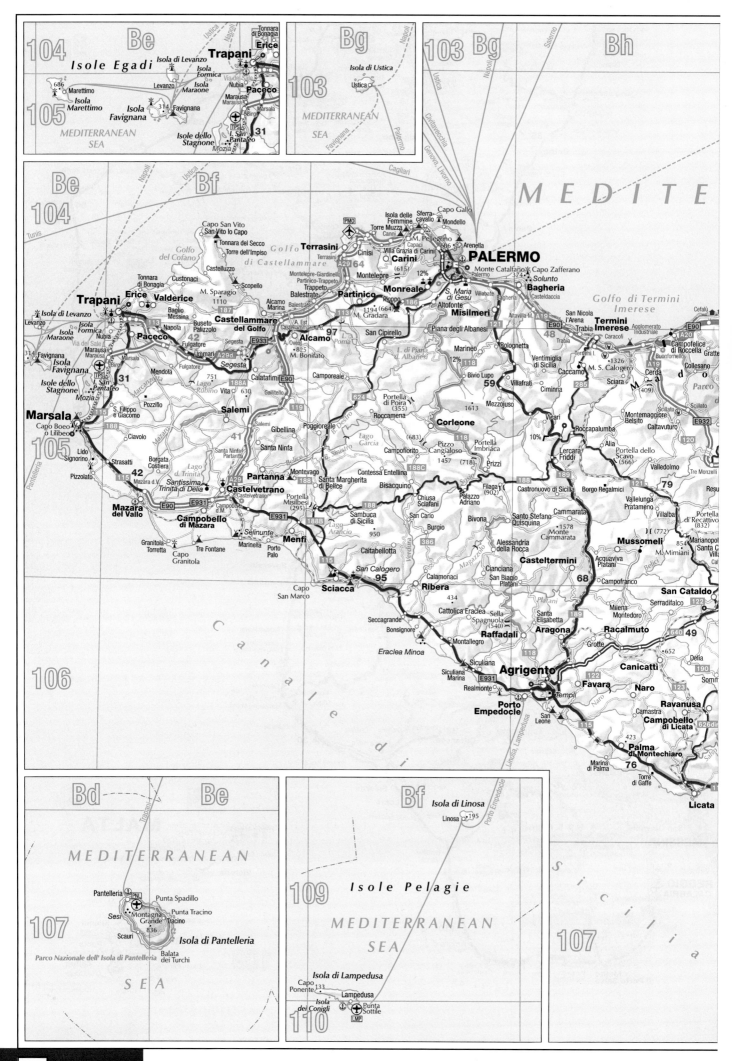

Isole Egadi
Tonnara di Bonagia
Trapani Erice
Isola di Levanzo
Isola Formica
Levanzo Isola Maraone
Via del Sale
Nubia **Paceco**
Marausa
Marsala
686 Marettimo
Isola Marettimo
314 Favignana
Isola Favignana
Isole dello Stagnone
I. San Pantaleo 31
Mozia
MEDITERRANEAN SEA

Isola di Ustica
Ustica
MEDITERRANEAN SEA
103

M E D I T E

Capo San Vito
San Vito lo Capo
Tonnara del Secco
Torre dell'Impiso
Castelluzzo
Golfo del Cofano
Scopello
Golfo di Castellammare
Isola delle Femmine
Sferracavallo
Capo Gallo
Mondello
Torre Muzza
Canni M. Pellegrino 606 Arenella
PMO
Terrasini Cinisi
Villa Grazia di Carini
Capaci
Carini (615) 12%
PALERMO
Monte Catalfano
Capo Zafferano
Soluto 374
Bagheria
Tonnara di Bonagia
Custonaci
M. Sparagio 1110
Trapani Erice **Valderice**
Baglio Messina
Napola
Buseto Palizzolo
Fulgatore
Castellammare del Golfo
Alcamo Marina
Balestrate Balestrate
A29 164
Montelepre-Giardinello
Partinico-Trappeto
Trappeto
Partinico
Montelepre
Monreale
S. Maria di Gesù
186
Villabate
Casteldaccia
Paceco
Via del Sale
Marausa
Marsala
Mendola
Segesta
A29d
Fulgatore
Ummari
Segesta
E933
A. Est Castellammare
A. Ovest
97
Alcamo
113
1194 (664) M. Gradara
Rioppo
Altofonte
Misilmeri
Piana degli Albanesi
121
118
Aitavilla M.
A19
San Nicola l'Arena
Termini Imerese
Trabia
Caracoli
Termini I.
48
E90
Golfo di Termini Imerese
Cefalù
A19
A20
Campofelice di Roccella
Buonfornello
Gratte
Isola di Levanzo
Levanzo
Isola Formica
Isola Maraone
Nubia
31
I. San Pantaleo
Mozia
Marausa
Birgi
TPS
314 Favignana
Isola Favignana
Isole dello Stagnone
S. Filippo e Giacomo
Pozzillo
751
Lago Rubino
Calatafimi
187
188A
Vita 630
E90
Mendola
Salemi
Segesta
119
Camporeale
San Cipirello
San Cipirello
Marineo
Bivio Lupo
12%
Ventimiglia di Sicilia
Caccamo
M. S. Calogero
1326
Collesano
Cerda
285
409
Scillato
Sciara
Scillato
Parco
Marsala
Capo Boeo o Lilibeo
Lido Signorino
Ciavolo
Strasatti
Pizzolato
188
41
42
115
Salemi
Gibellina
Santa Ninfa
Poggioreale
Santa Ninfa Partanna
624
Portella di Poira (355)
Roccamena
1613
Corleone
Mezzojuso
118
59
Villafrati
Ciminna
Vicari
Roccapalumba
10%
Alia
Portella dello Scavo (566)
Valledolmo
Lercara Friddi
Tre Monzelli
189
M a
Montemaggiore Belsito
Caltavuturo
120
E932
Borgata Costiera
Lago d. Trinita
Santissima Trinità di Delia
Partanna
Montevago
Santa Margherita di Belice
188
Campofiorito
(683)
Pizzo Cangialoso 1457 (718)
Prizzi
Portella Imbriaca
Lago Garcia
Contessa Entellina
Bisacquino
188C
Filaga (902)
Castronuovo di Sicilia
Borgo Regalmici
Palazzo Adriano
188
189
121
79
Resu
Lido
105
42
Mazara del Vallo
Campobello di Mazara
E931
Campobello d.M.
Castelvetrano
Castelvetrano
Portella Misilbesi (295)
188
950
Lago Arancio
Sambuca di Sicilia
San Carlo
Chiusa Sciafani
188
San Carlo
Burgio
386
Bivona
Santo Stefano Quisquina
1578 Monte Cammarata
Cammarata
Vallelunga Pratameno
Villalba
Portella di Recattivo (832)
Mussomeli
854 M. Mimiani
Marianopoli Santa C Villa
Granitola-Torretta
Tre Fontane
Marinella
Porto Palo
Capo Granitola
Selinunte
Menfi
115
Caltabellotta
San Calogero
95
Ribera
434
Ribera
Calamonaci
San Biagio Platani
Cianciana
Alessandria della Rocca
Santa Elisabetta
Sella Spagnuola (540)
Santa Elisabetta
Acquaviva Platani
Campofranco
68
Casteltermini
Miiena Montedoro
San Cataldo
Serradifalco
122
118
Capo San Marco
Sciacca
Seccagrande
Bonsignore
Cattolica Eraclea
Montallegro
Eraclea Minoa
Montallegro
Raffadali
Grotte
Aragona
640
Racalmuto
49
652
Delia
190
Siculiana
Siculiana Marina
E931
Agrigento
118
189
Favara
Canicatti
Naro
123
Realmonte
Tempii
Porto Empedocle
San Leone
115
Campobello di Licata
626din
626
Ravanusa
Camastra
423
Palma di Montechiaro
Marina di Palma
76
Torre di Gaffe
Licata
105
106

MEDITERRANEAN
Pantelleria
PN
Punta Spadillo
Sesi
Montagna Grande 836
Punta Tracino
Tracino
Scauri
Isola di Pantelleria
Parco Nazionale dell' Isola di Pantelleria
Balata dei Turchi
SEA
107

Isola di Linosa
Linosa 195
Isole Pelagie
MEDITERRANEAN SEA
109
Isola di Lampedusa
Capo Ponente 133
Lampedusa
Isola dei Conigli
Punta Sottile
LMP
110

S i c i l i a

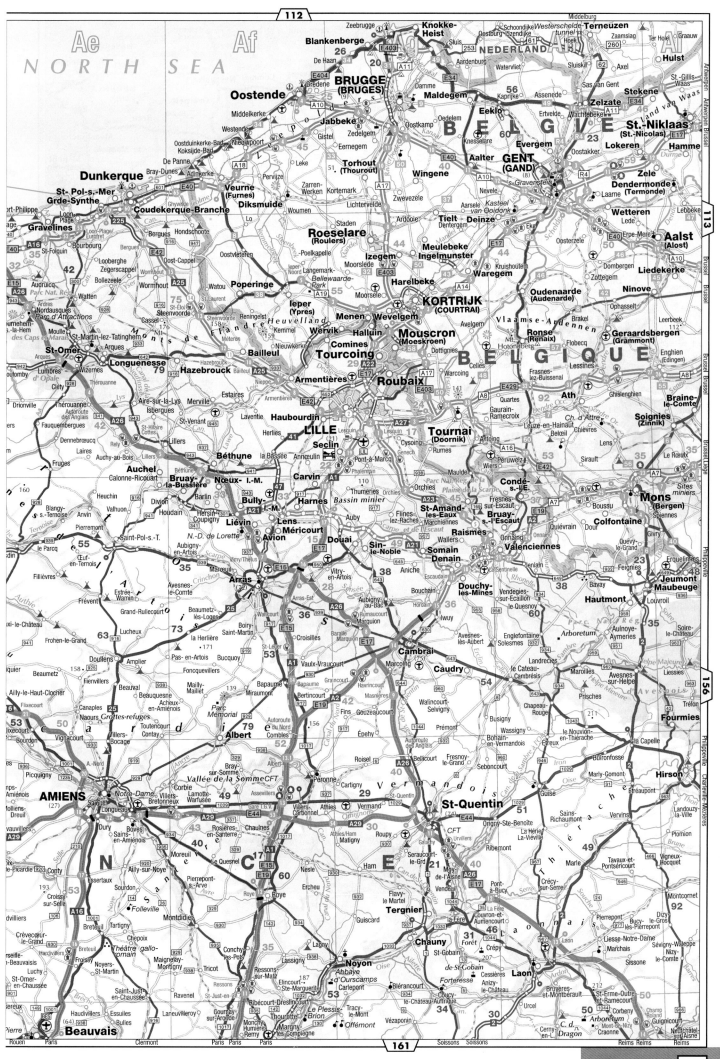

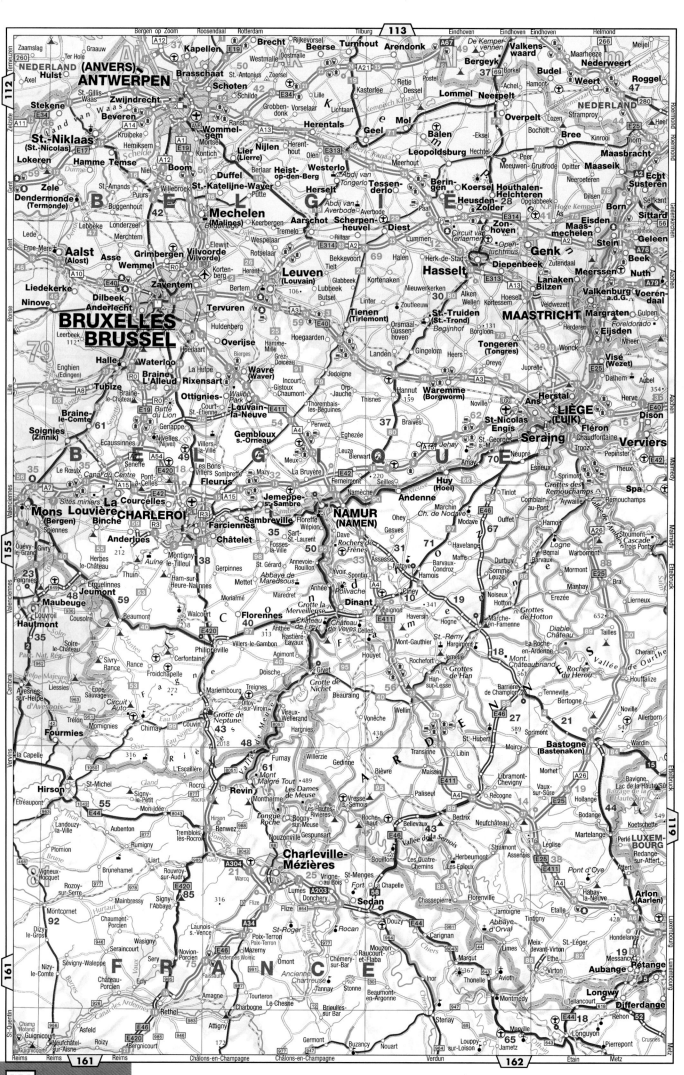

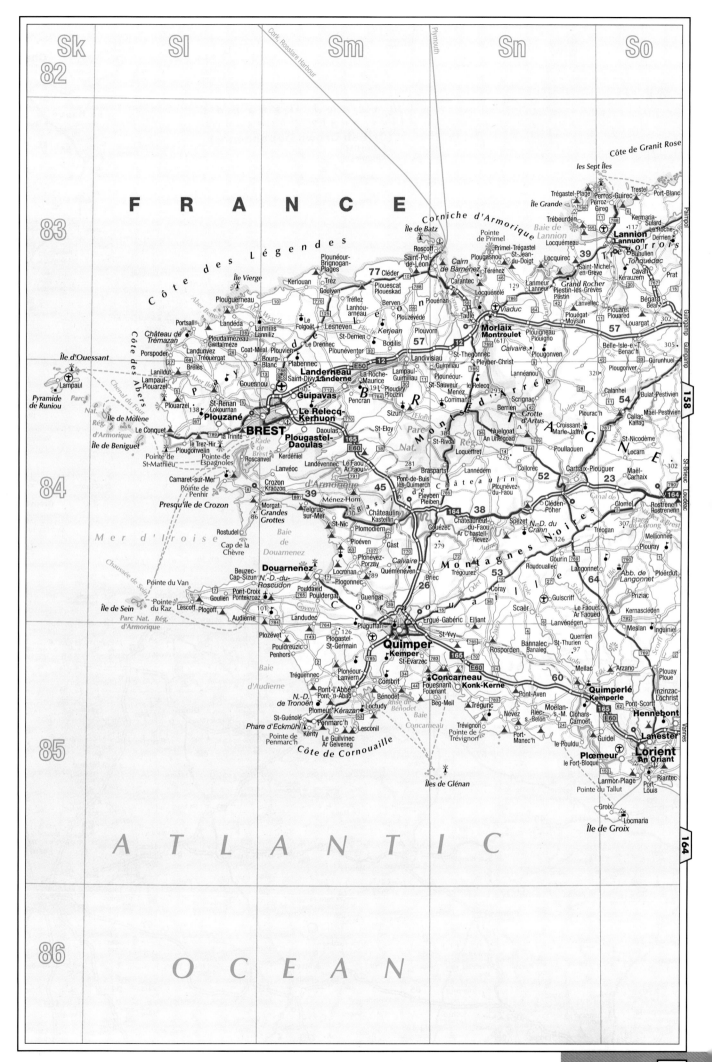

FRANCE

ATLANTIC

OCEAN

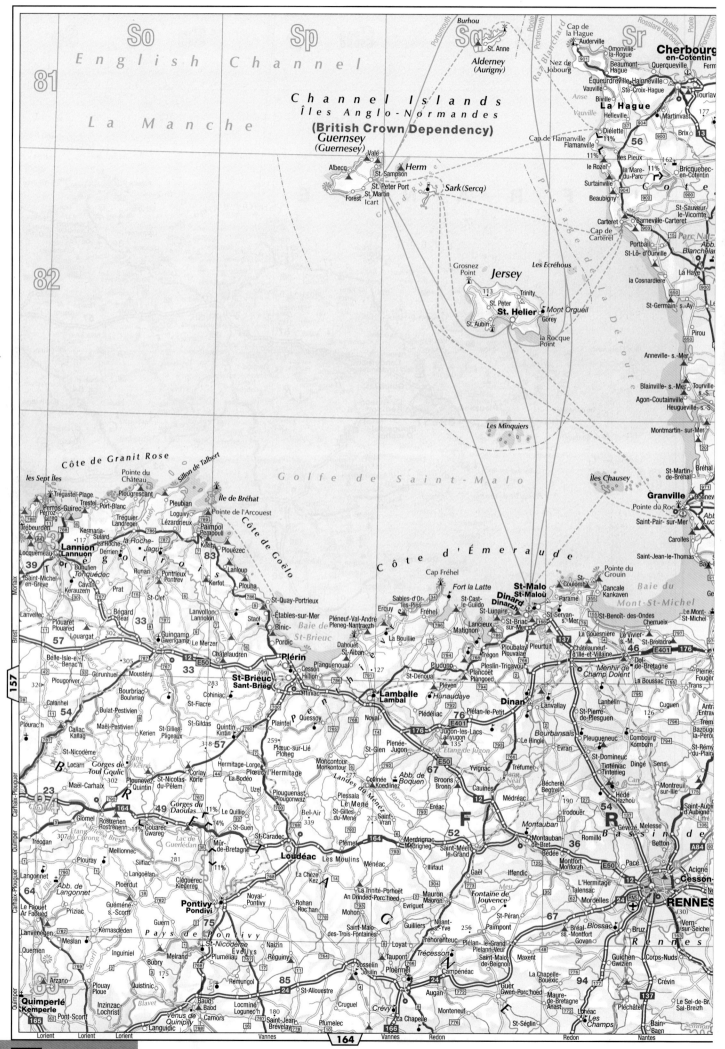

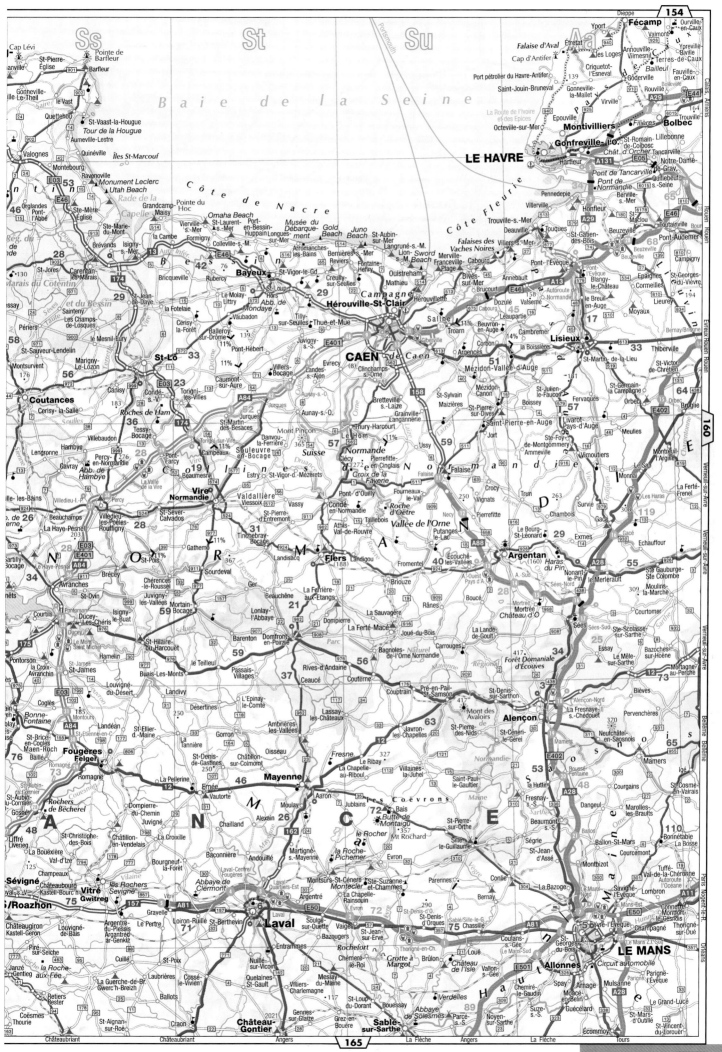

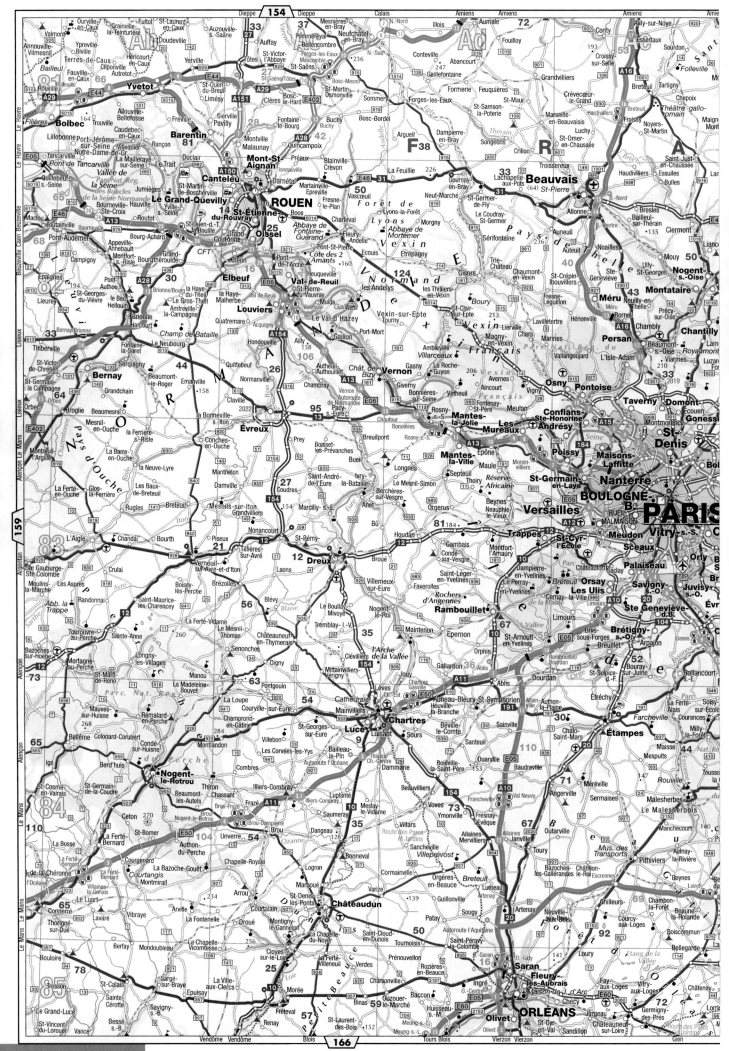

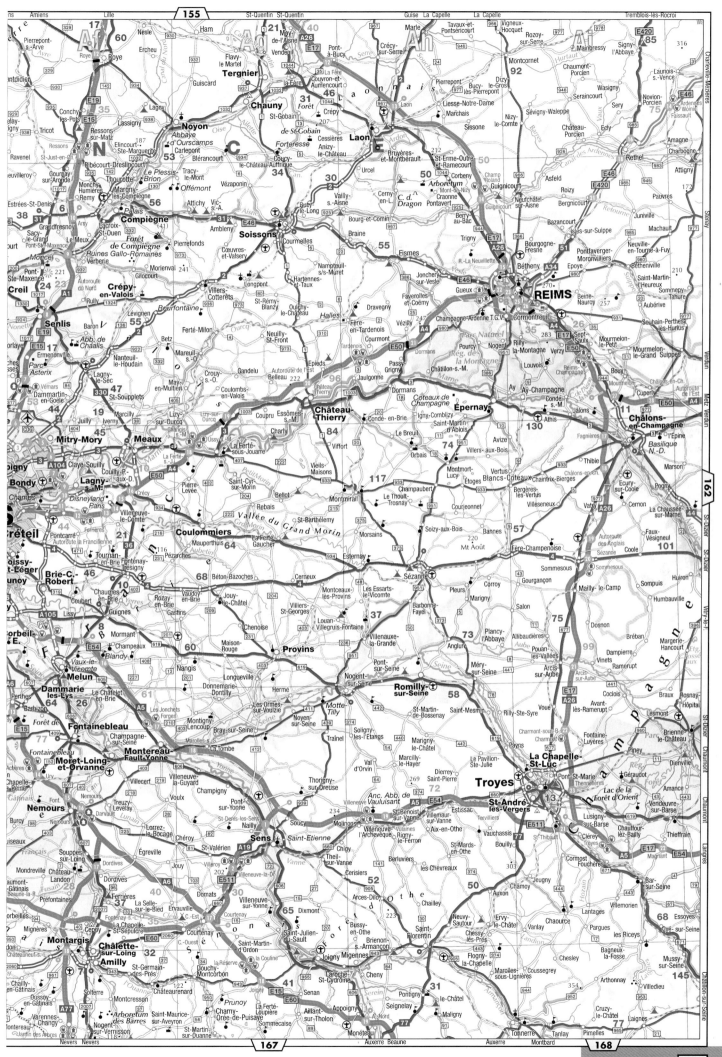

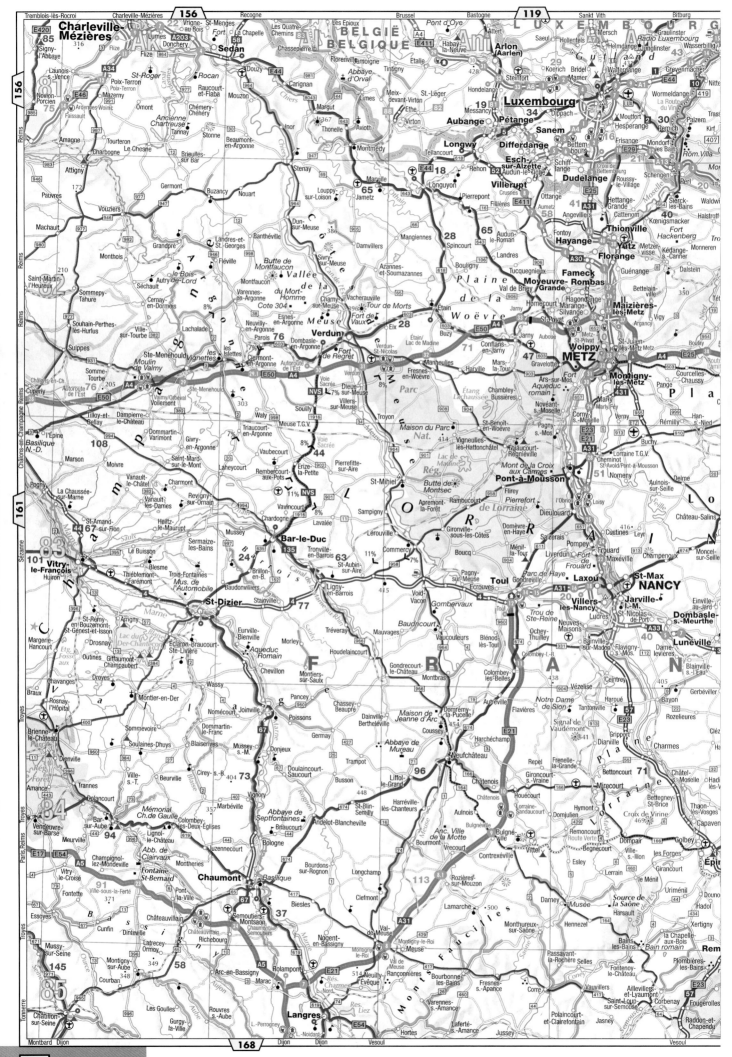

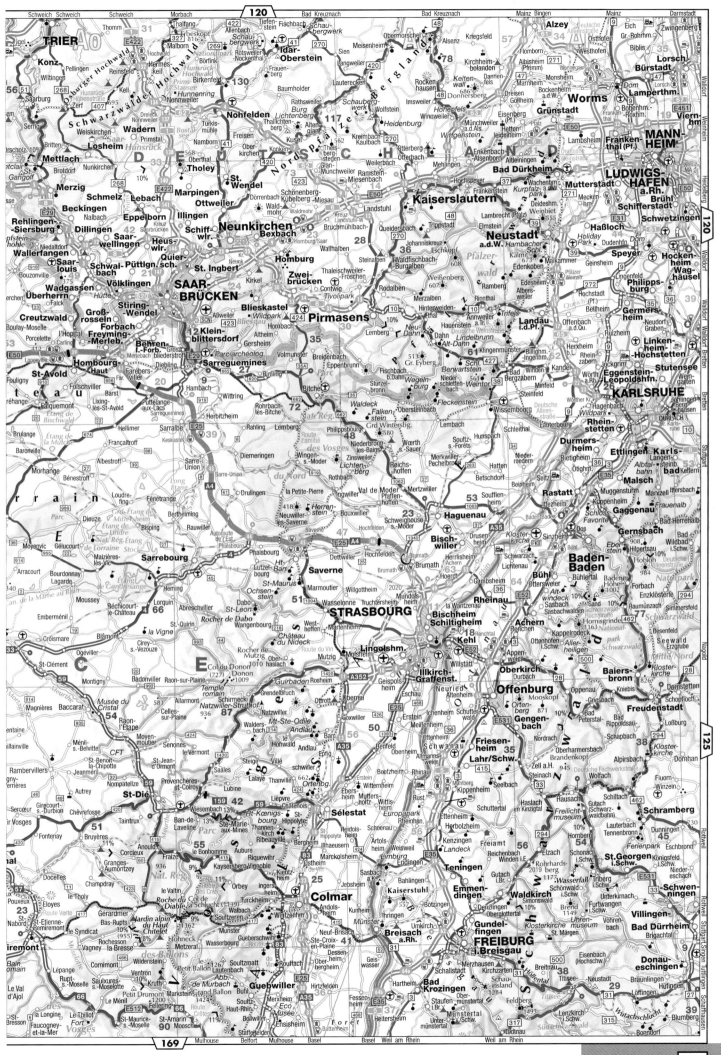

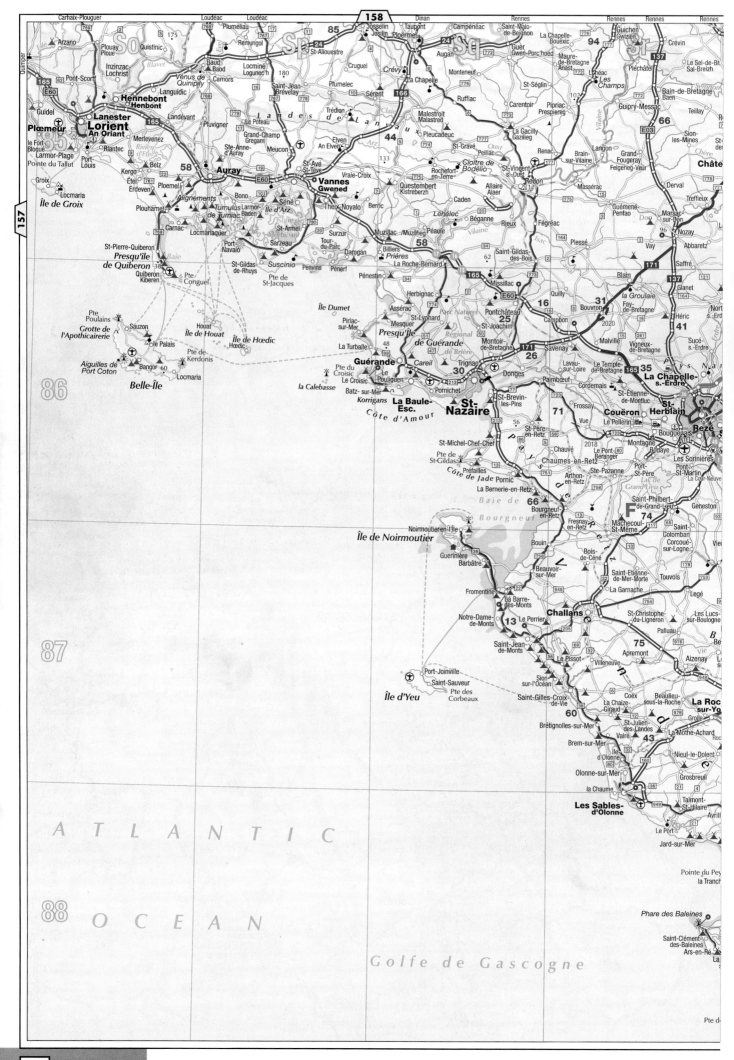

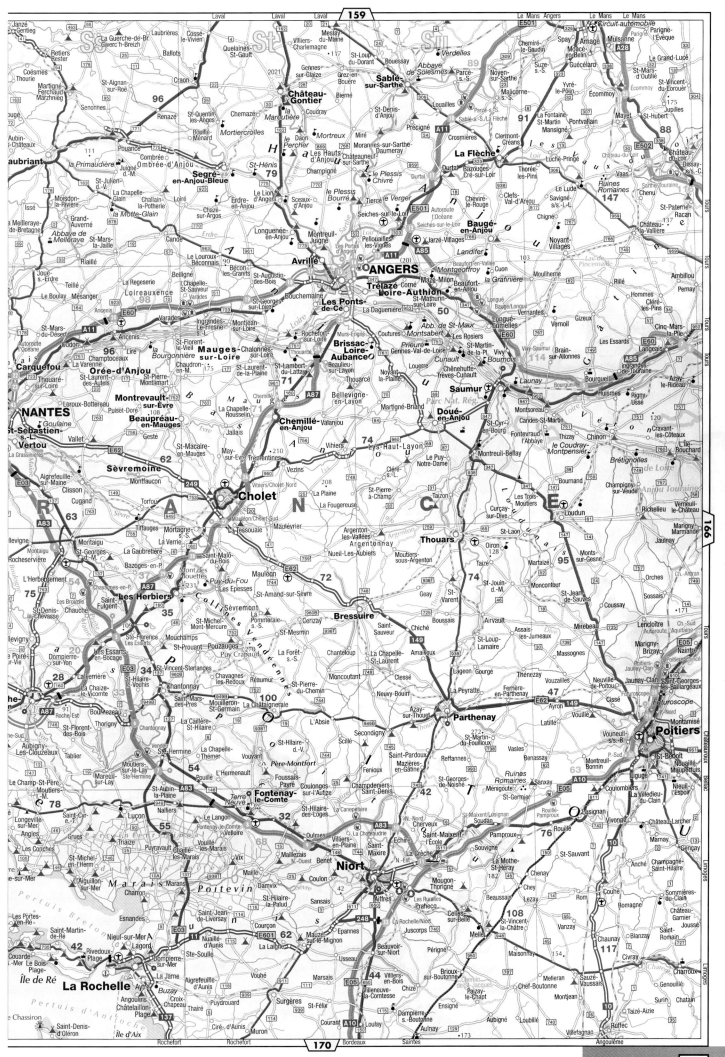

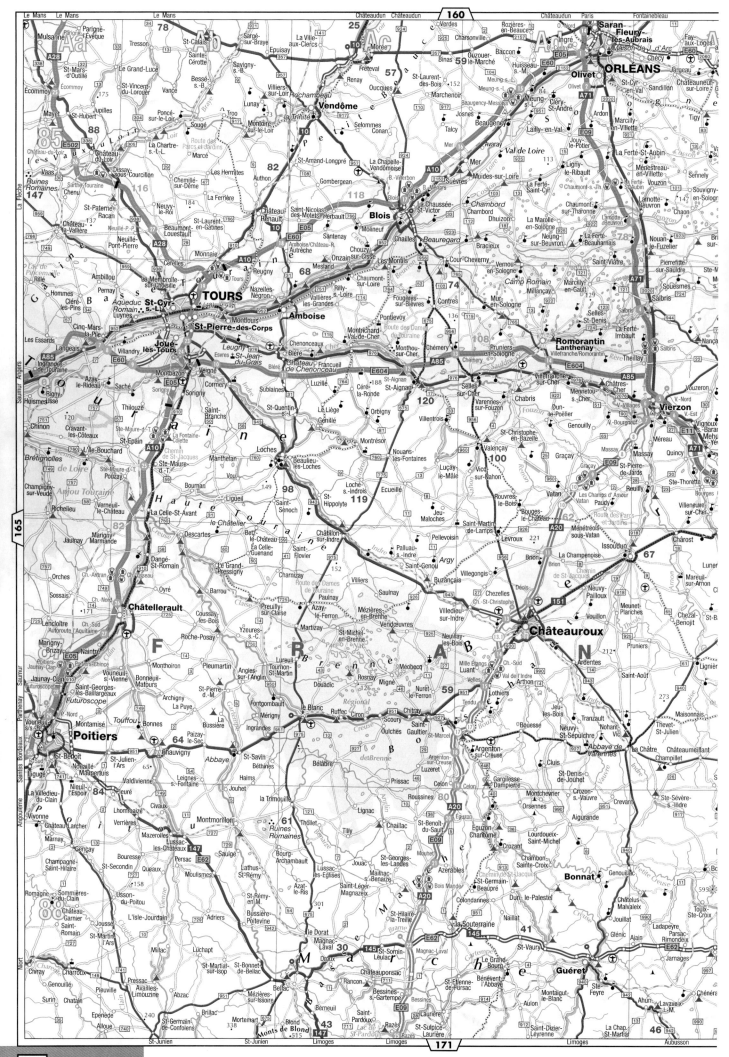

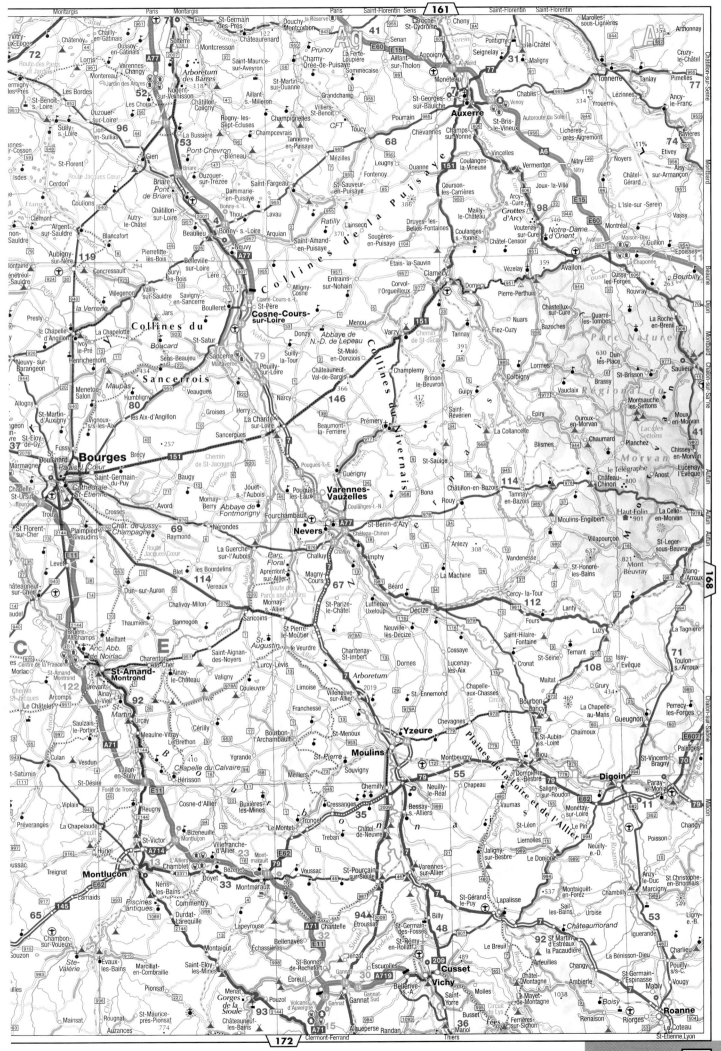

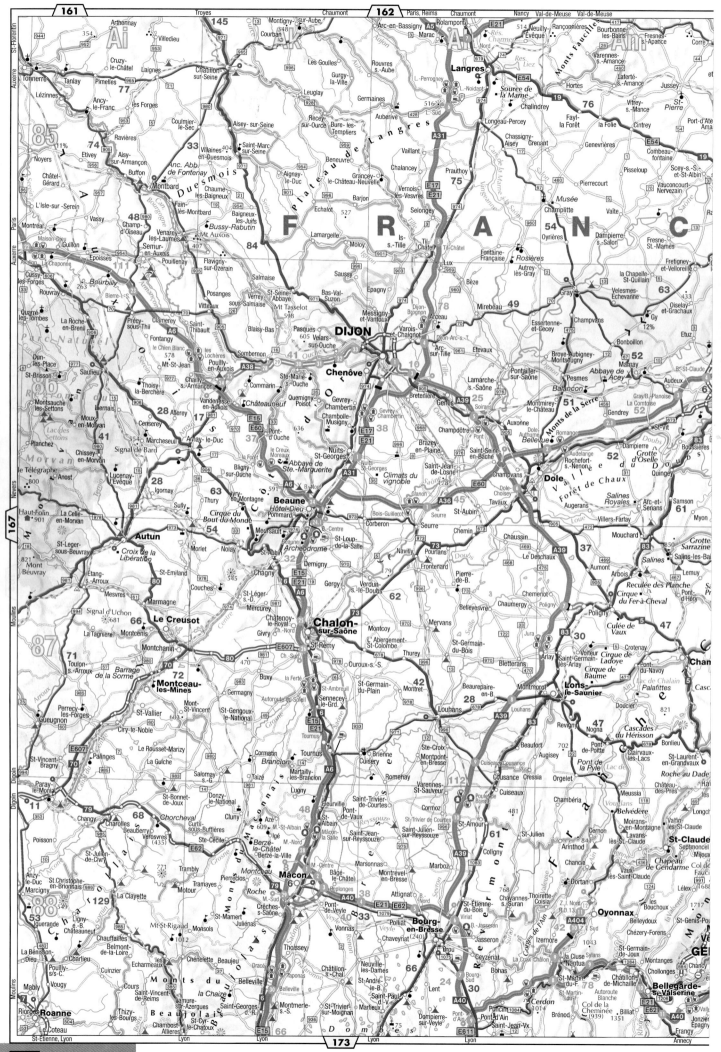

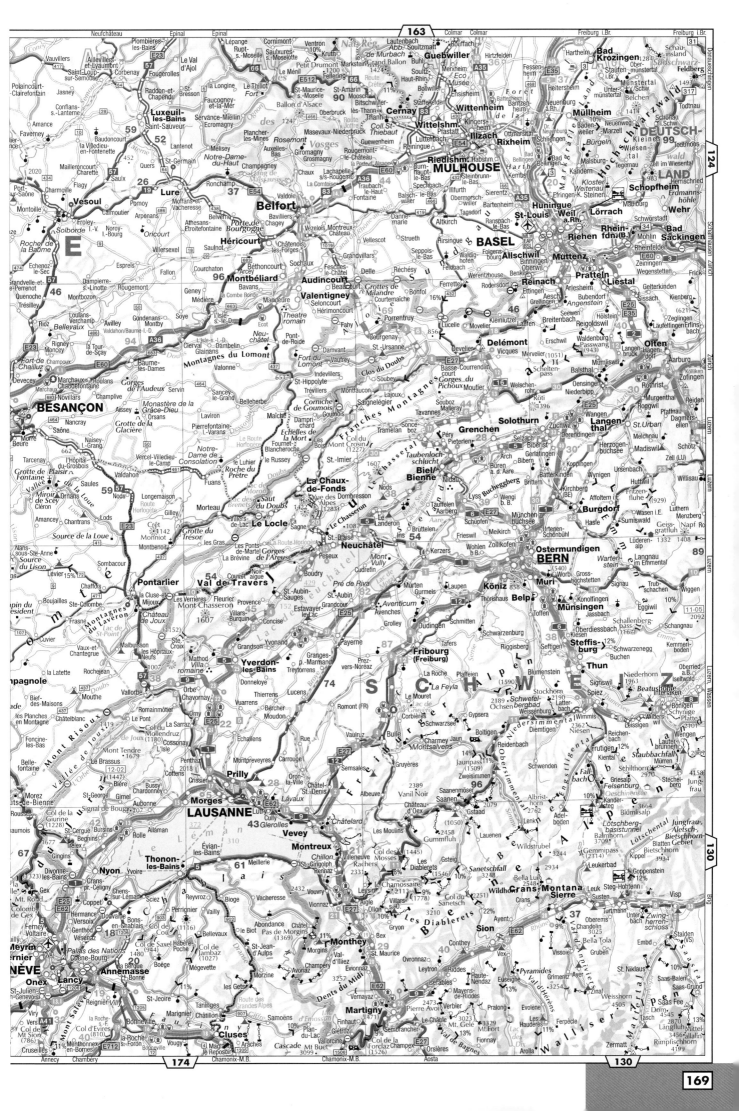

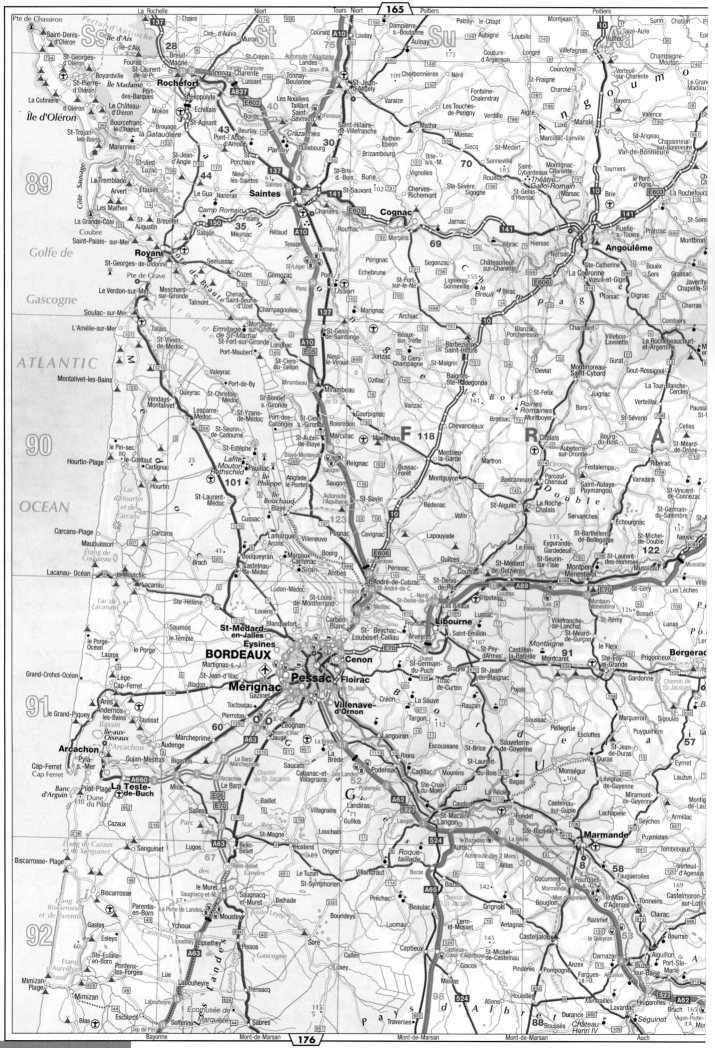

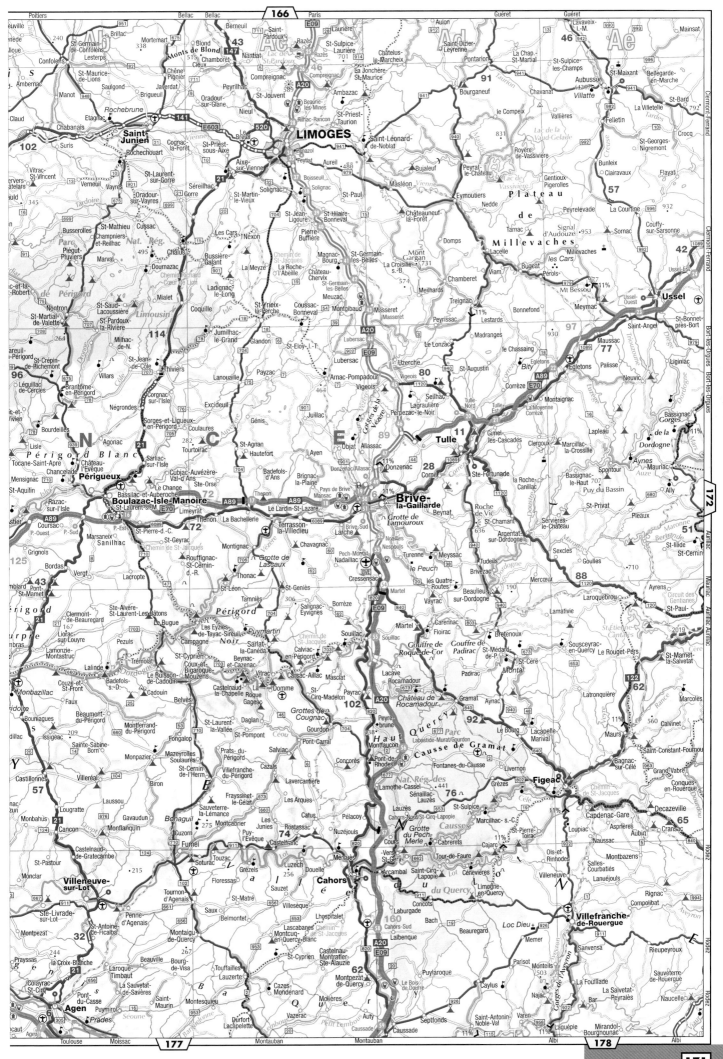

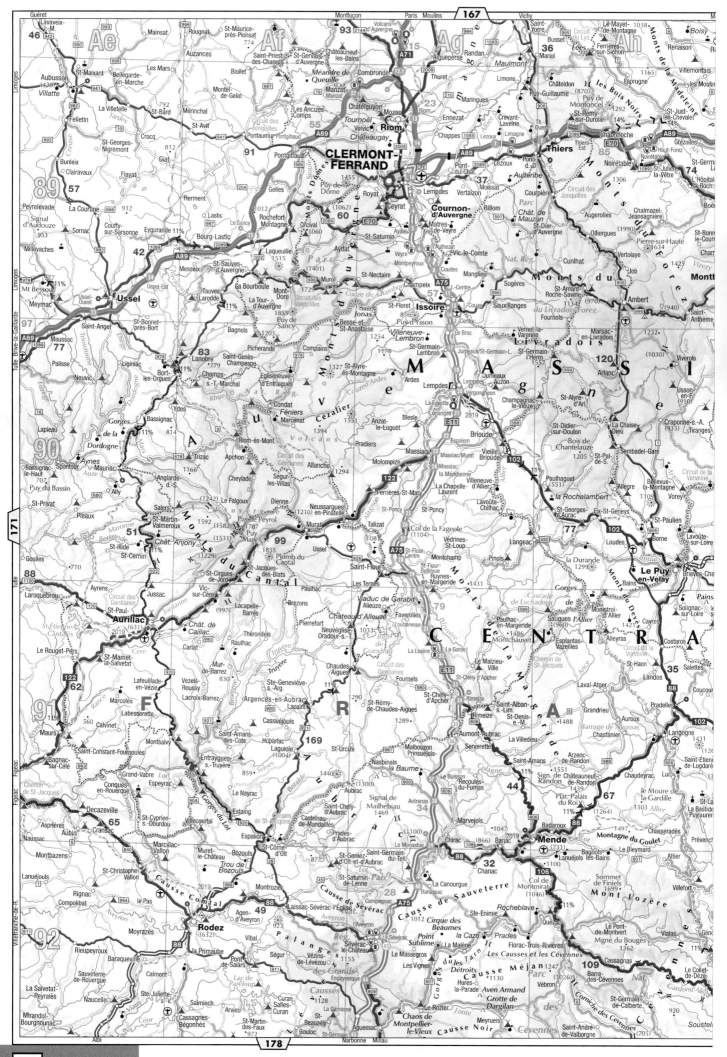

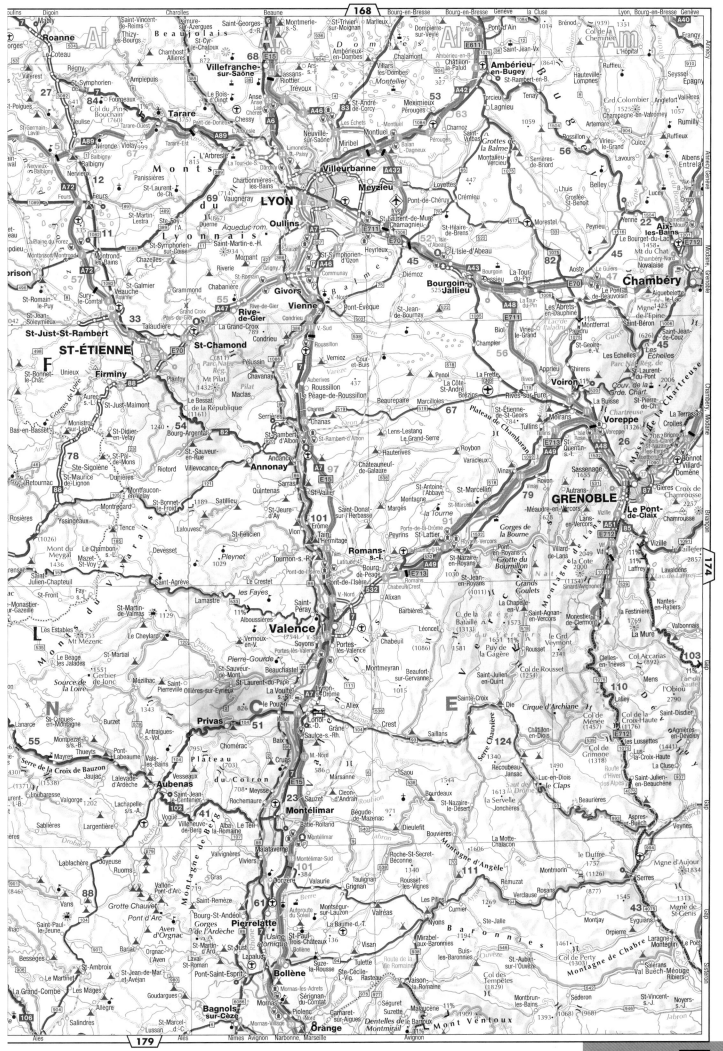

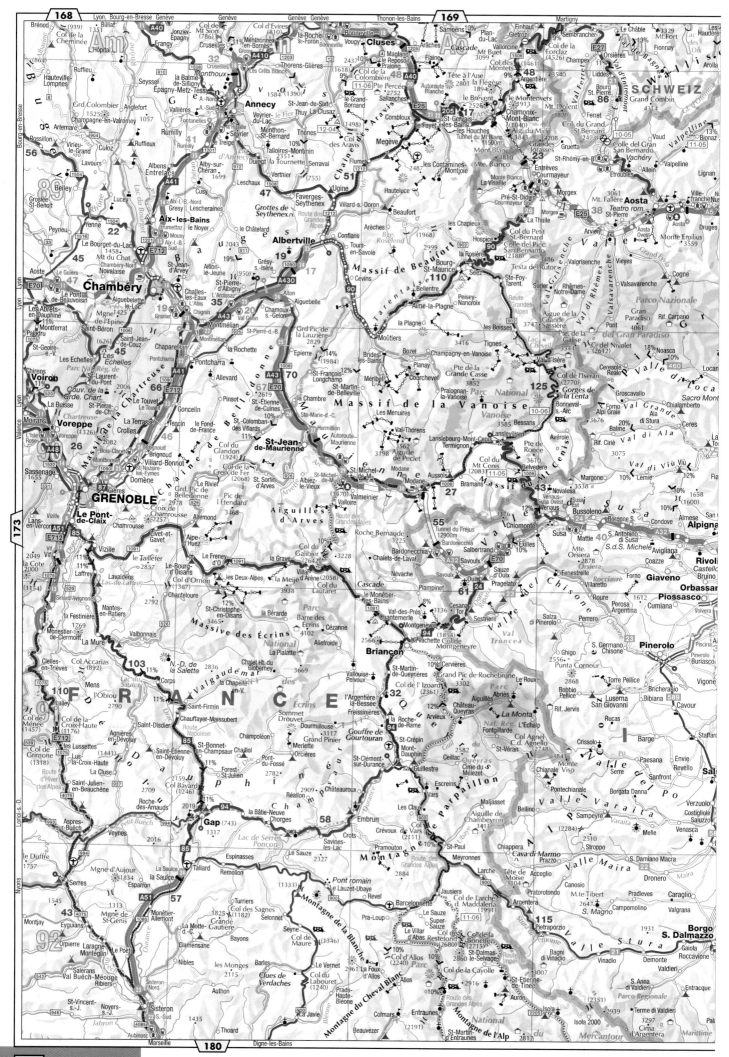

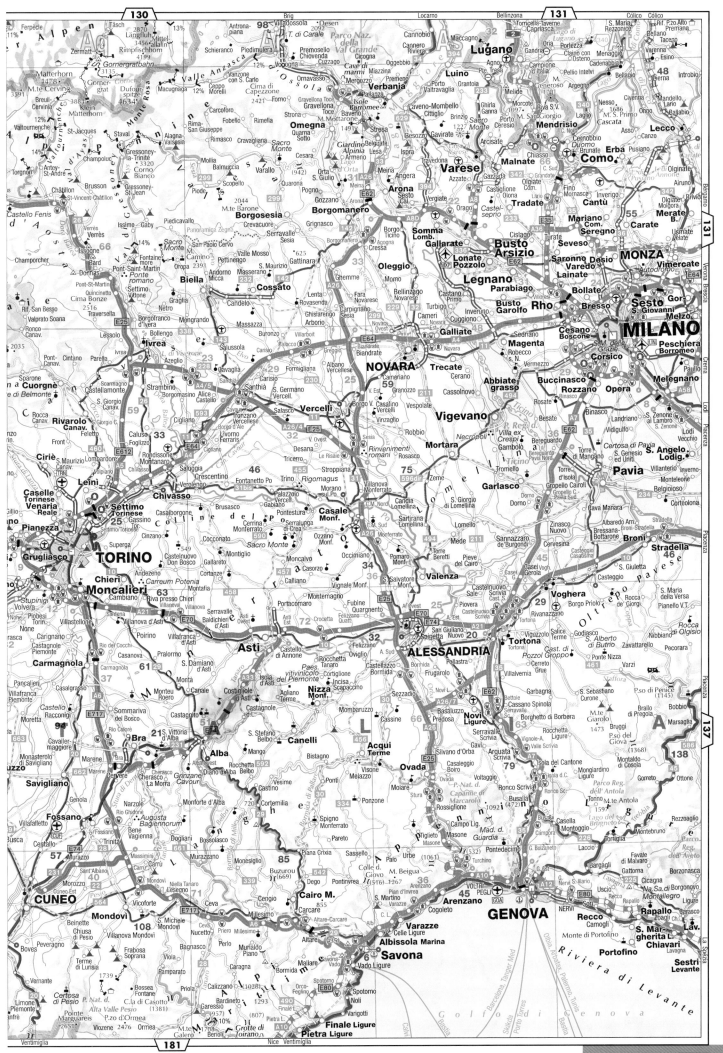

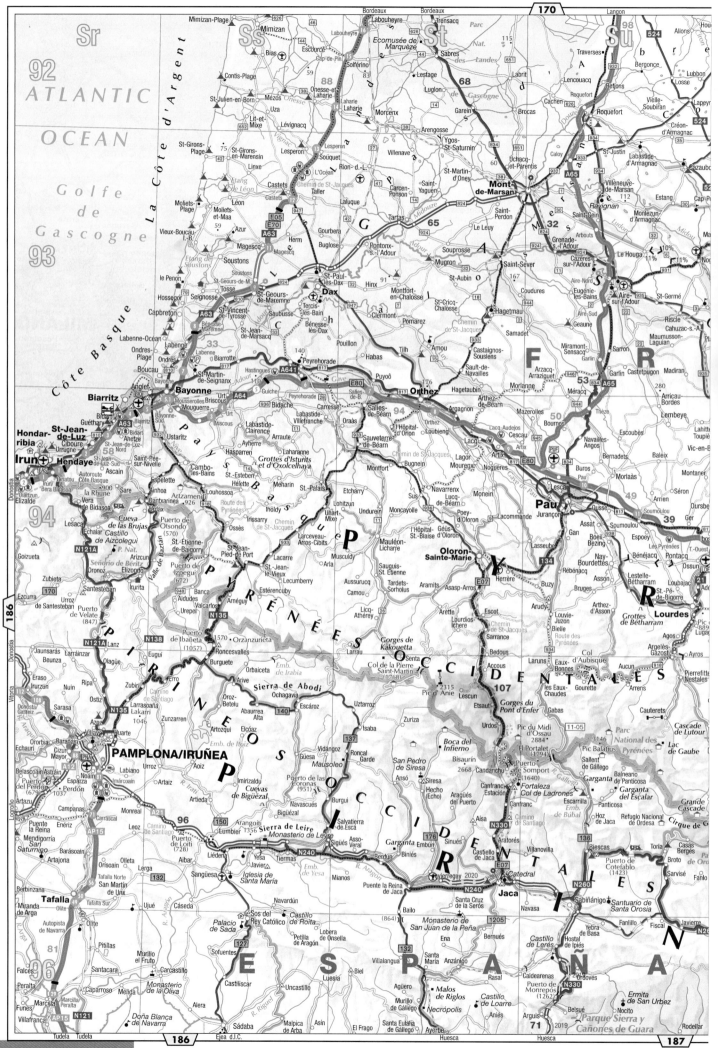

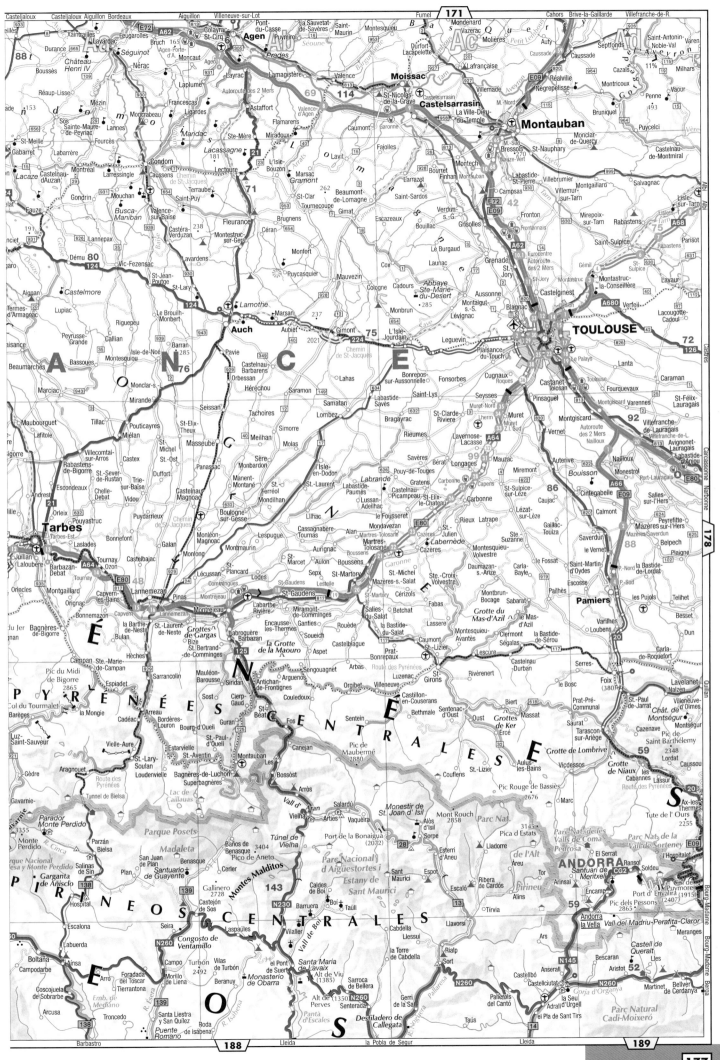

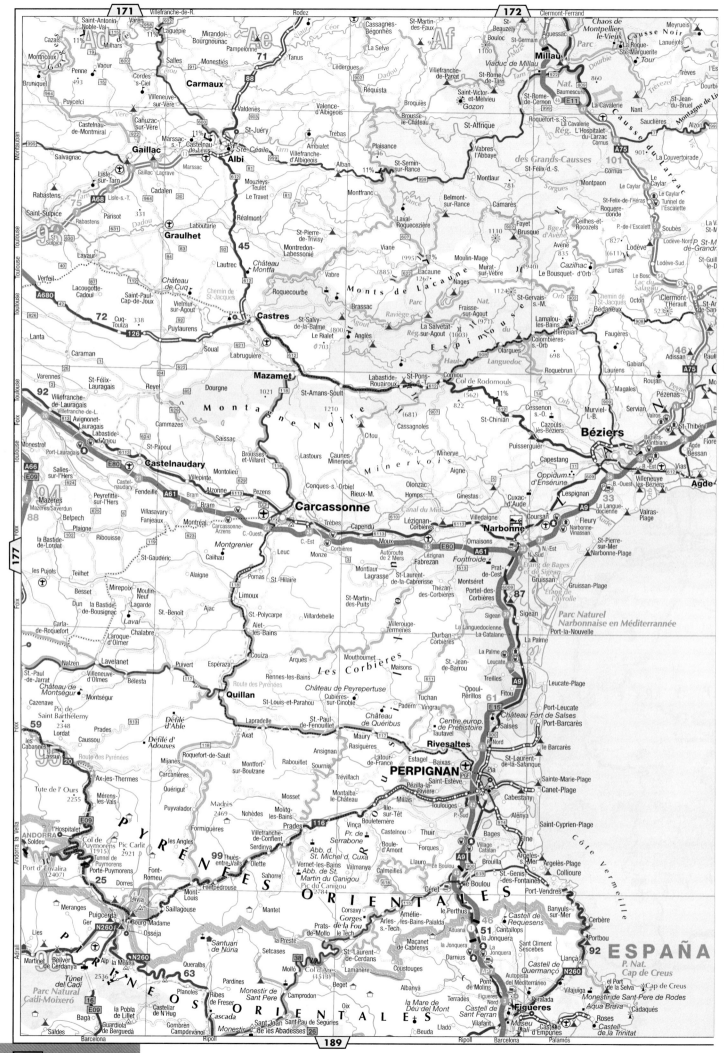

FRANCE

Golfe du Lion

MEDITERRANEAN SEA

MARSEILLE

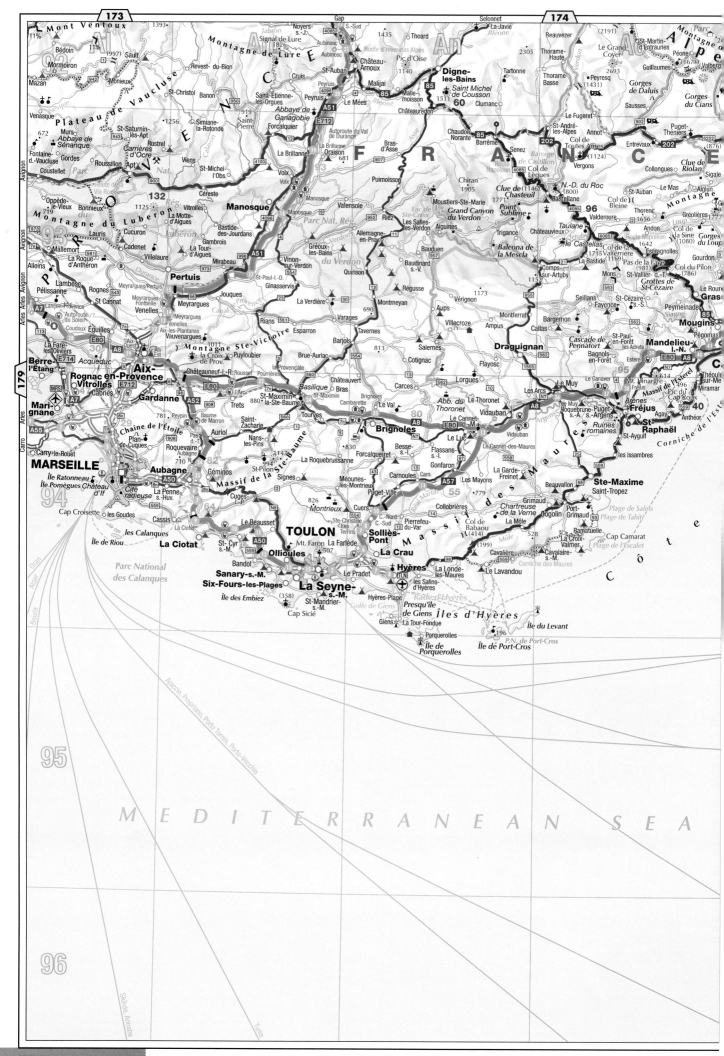

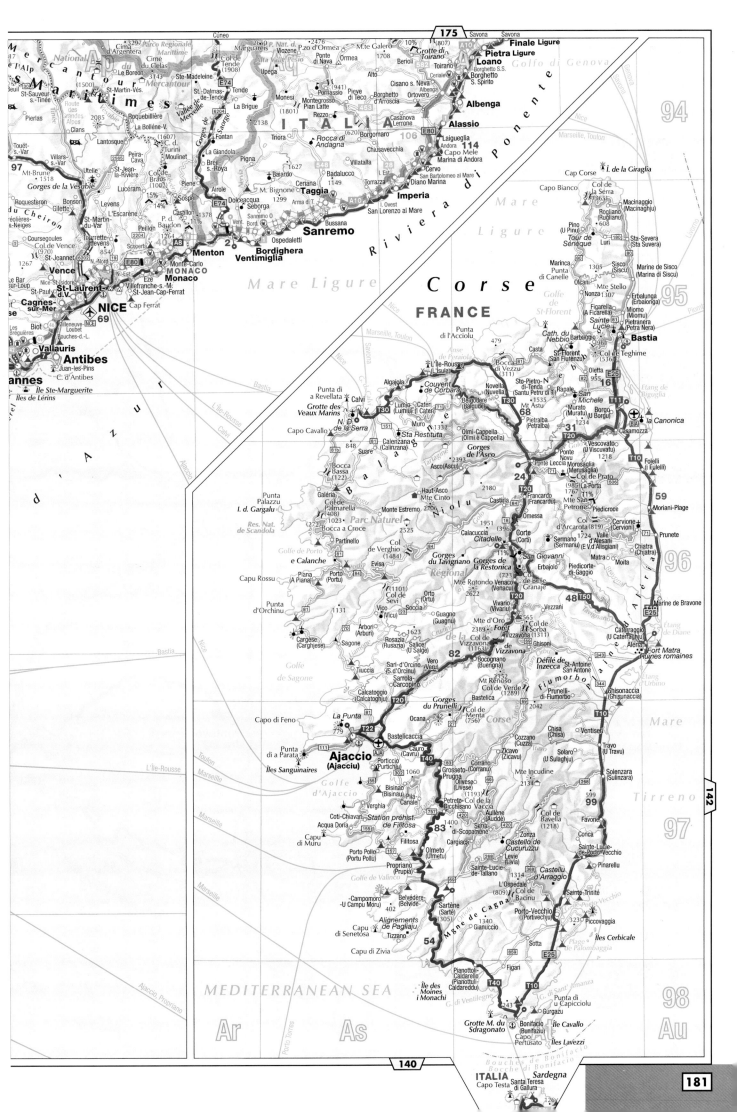

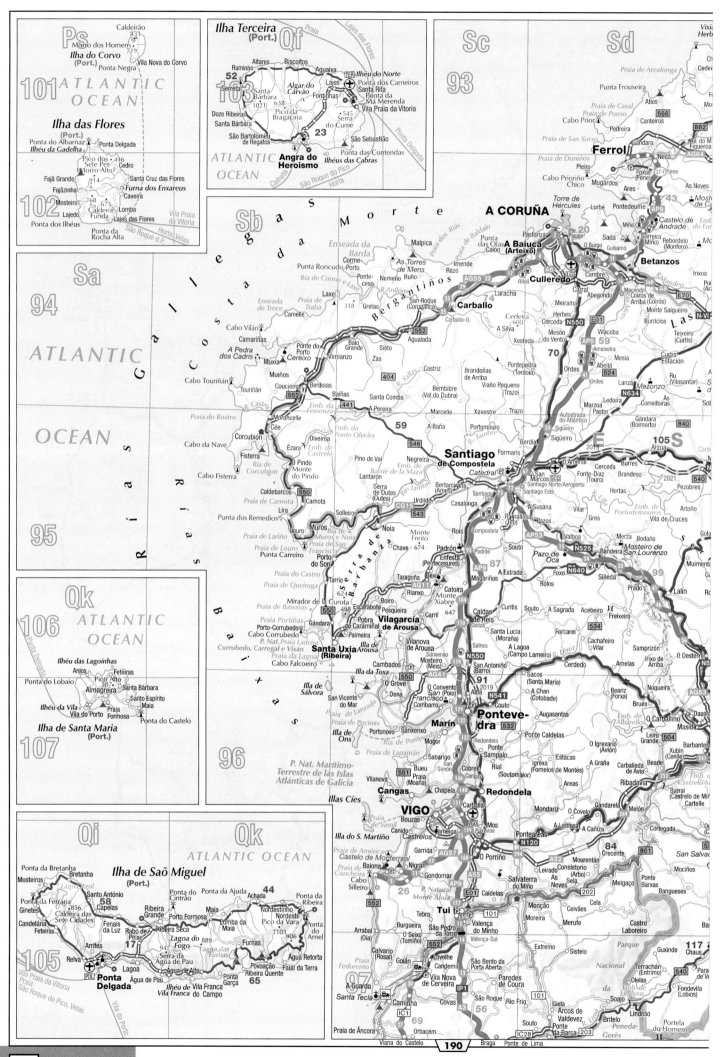

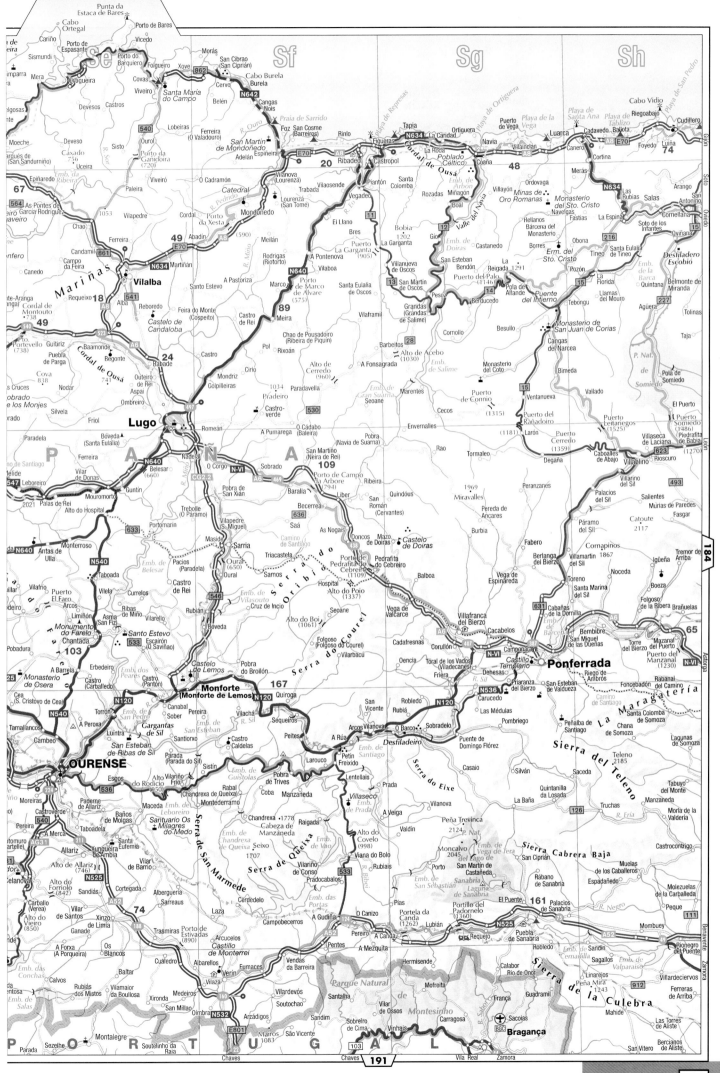

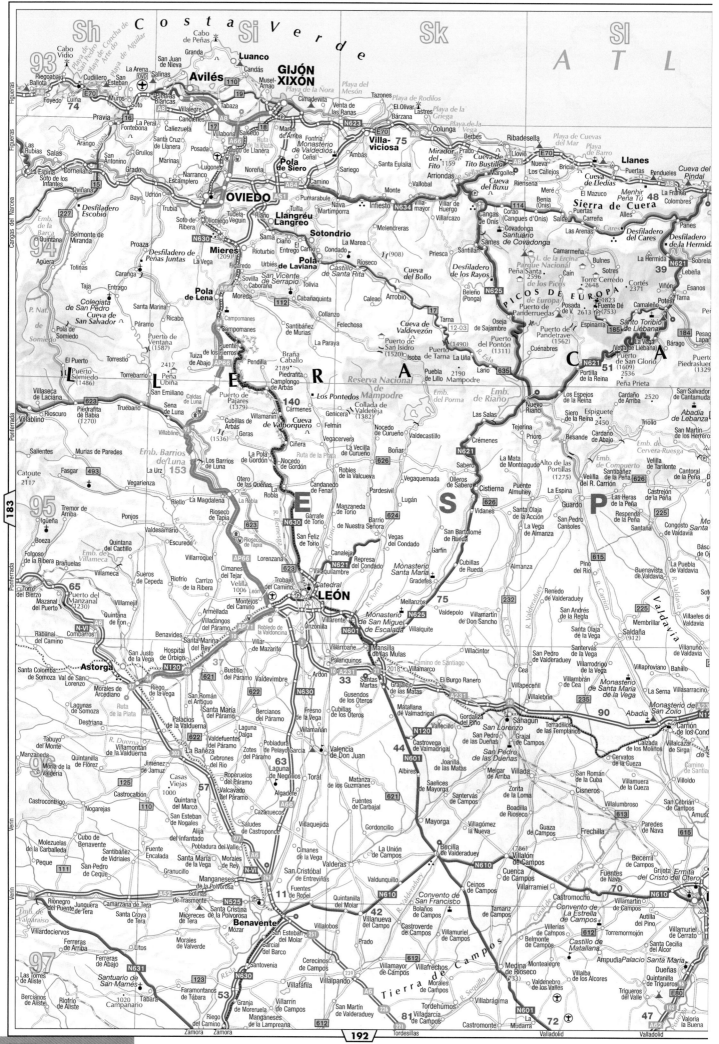

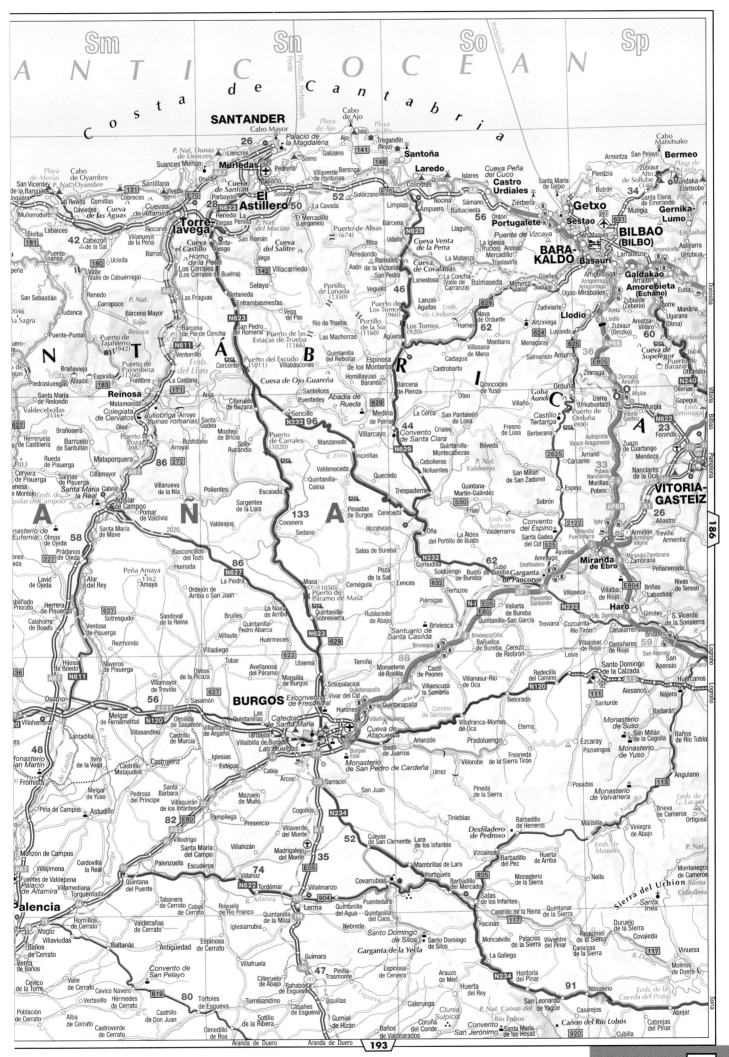

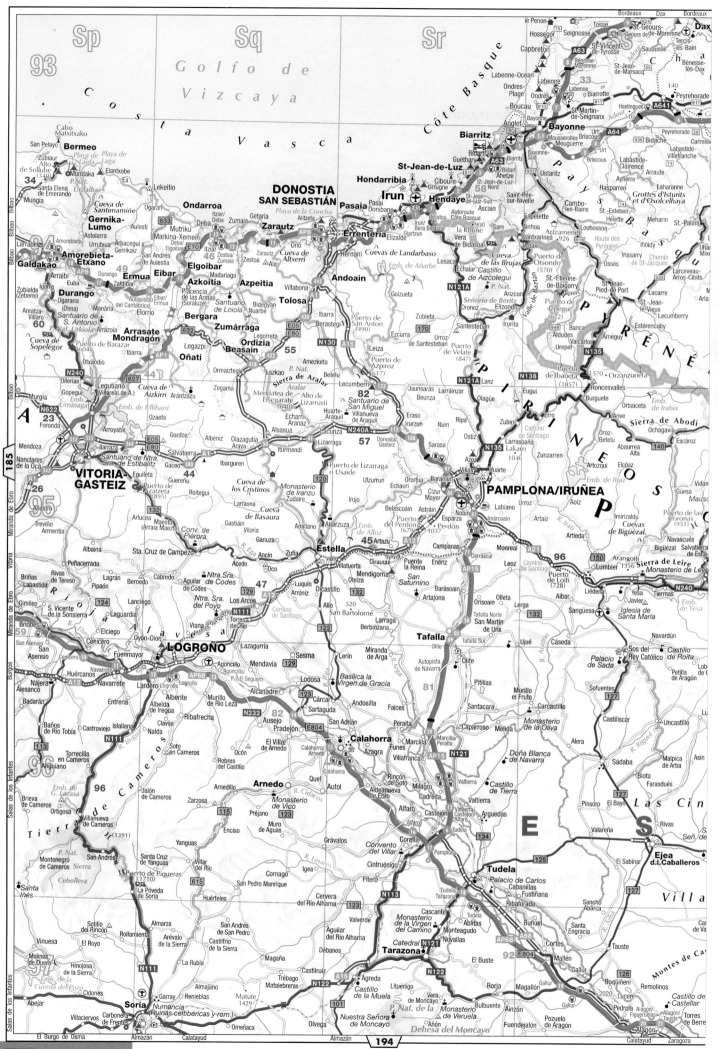

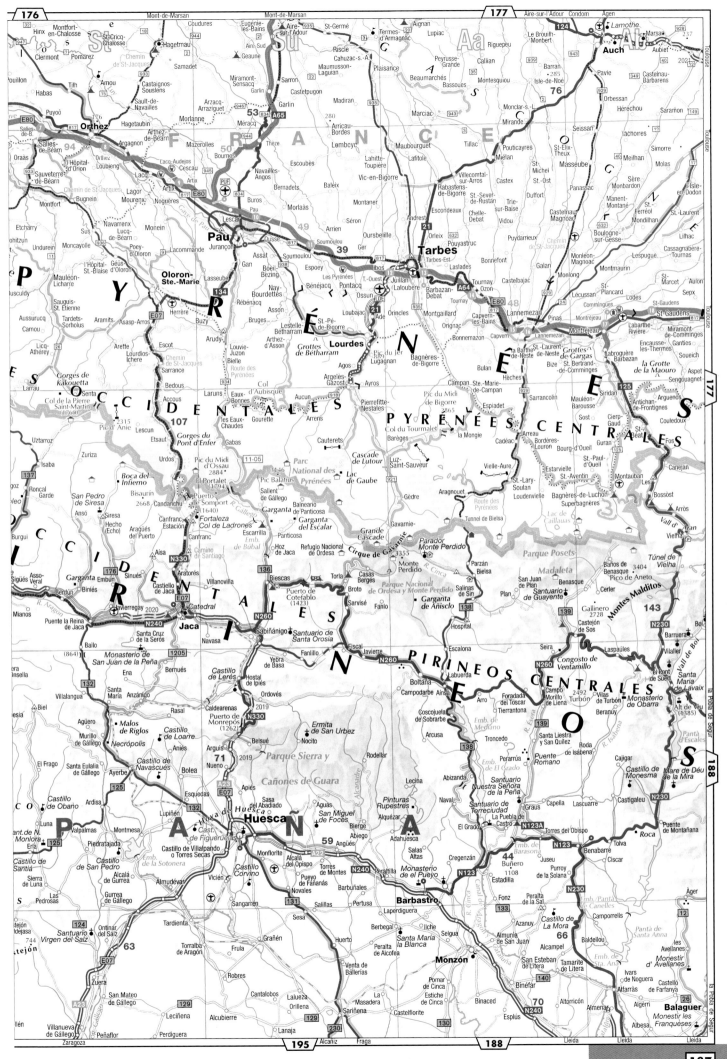

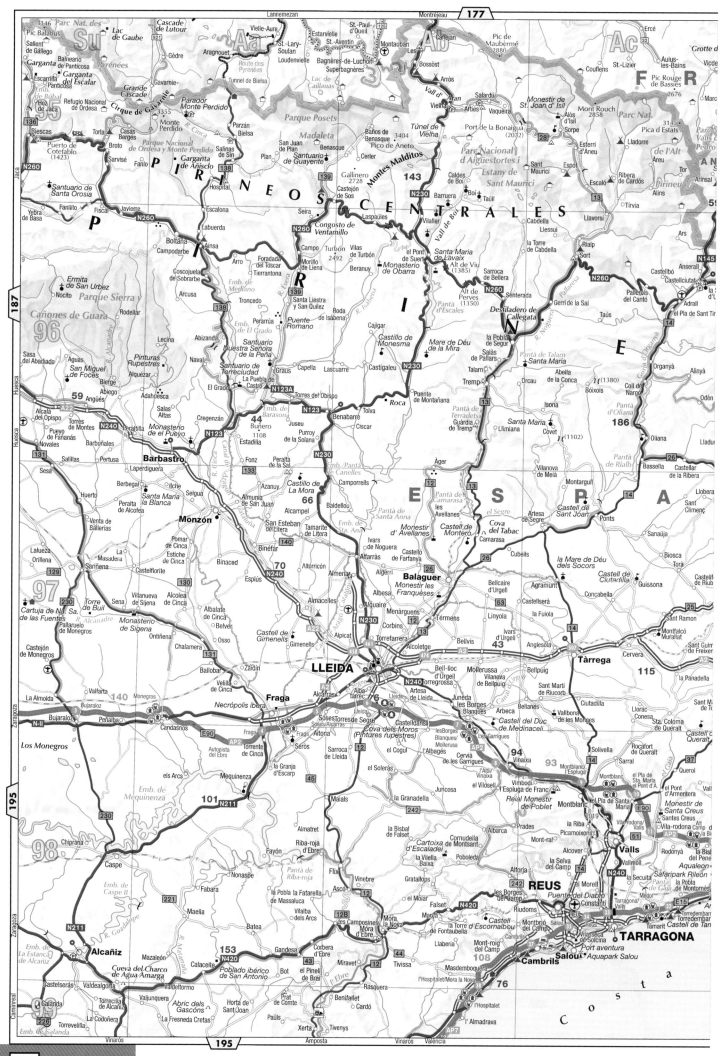

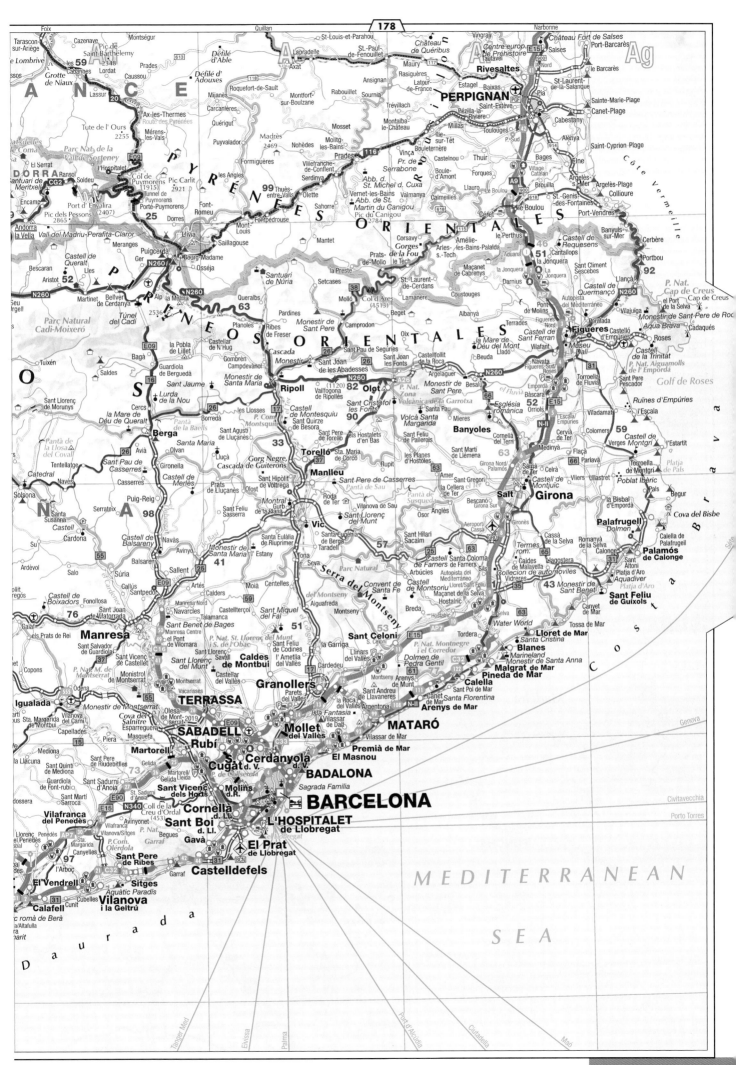

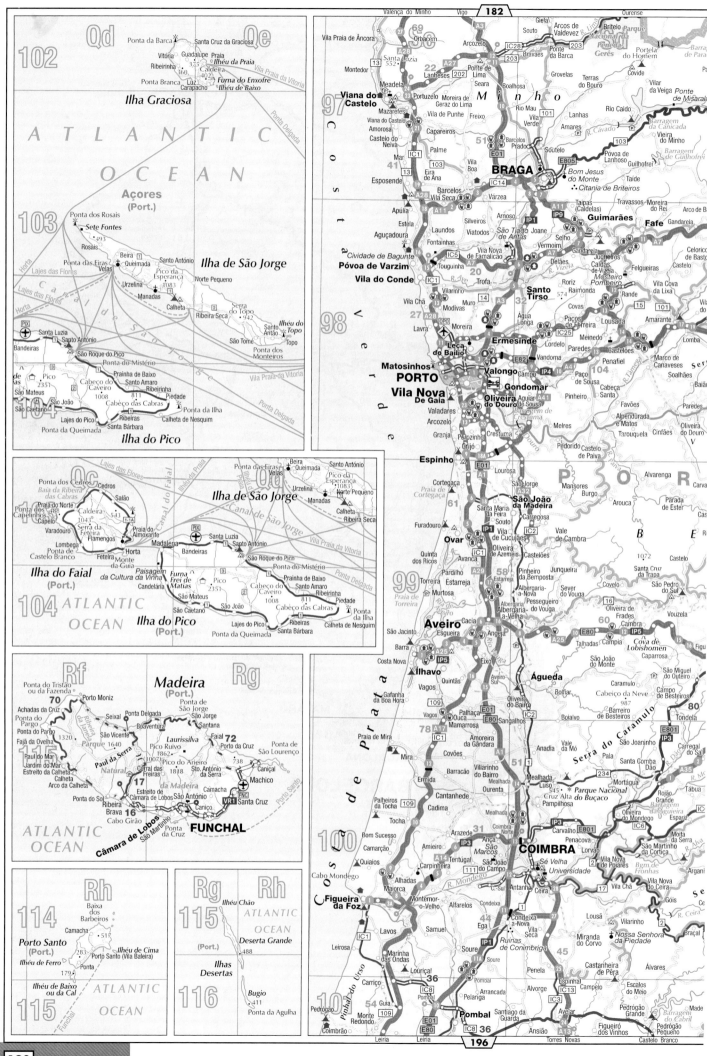

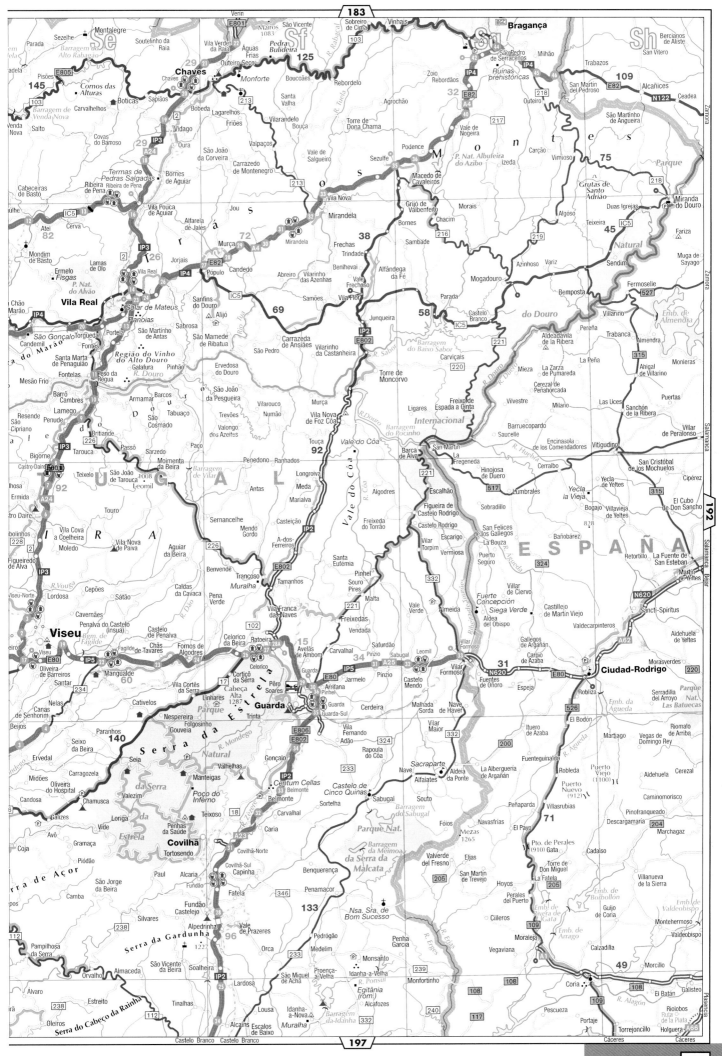

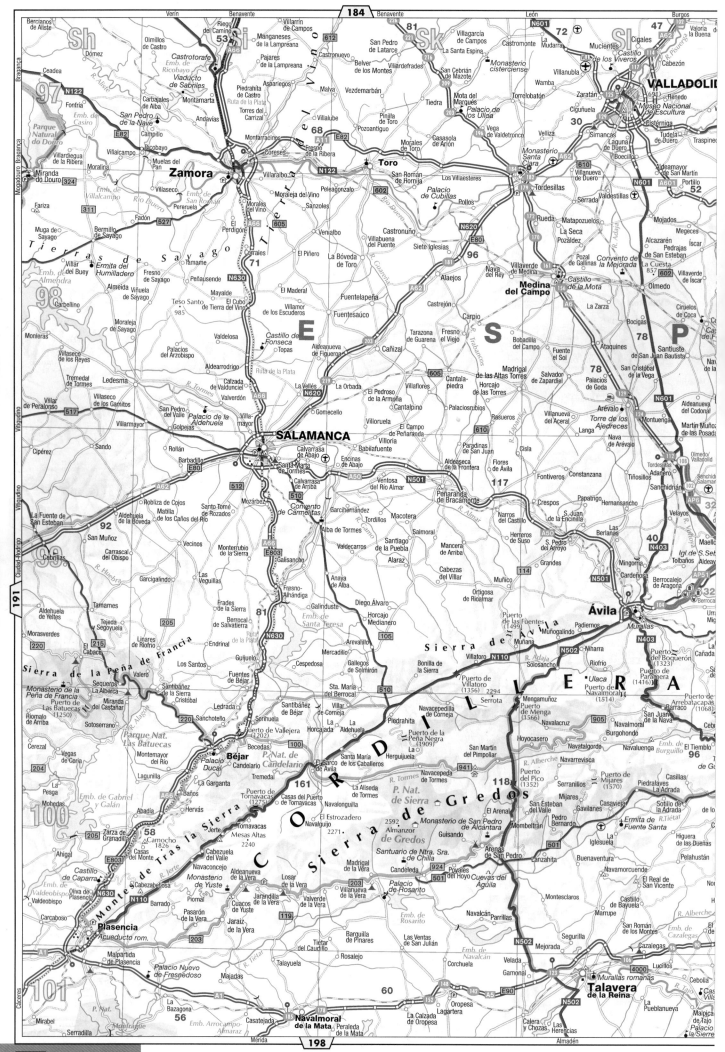

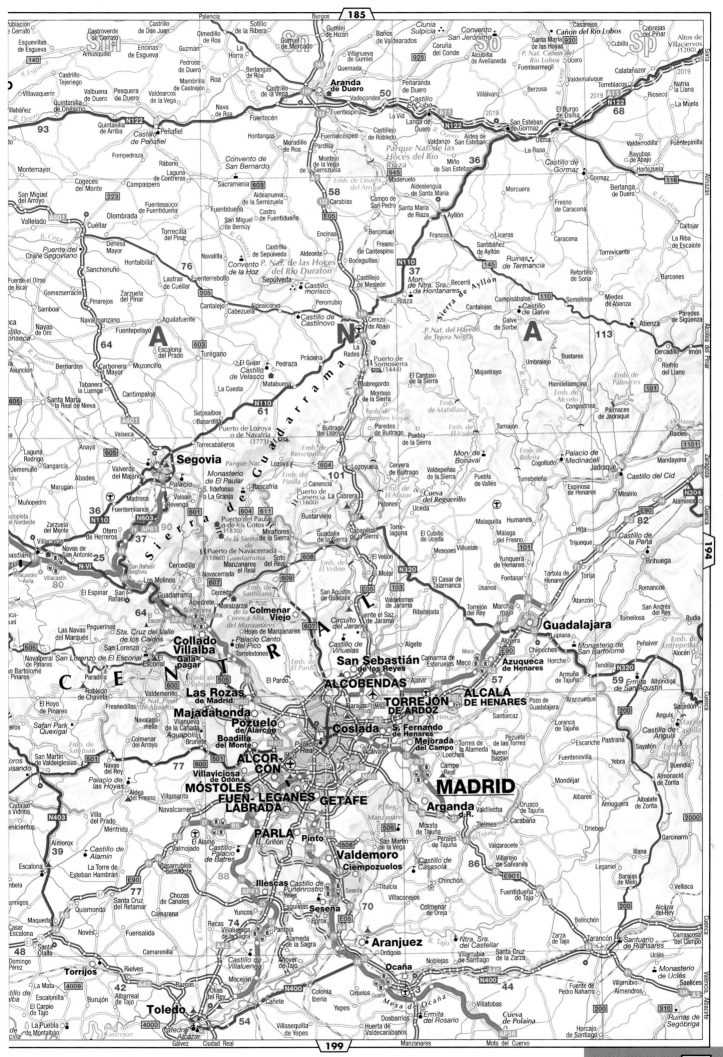

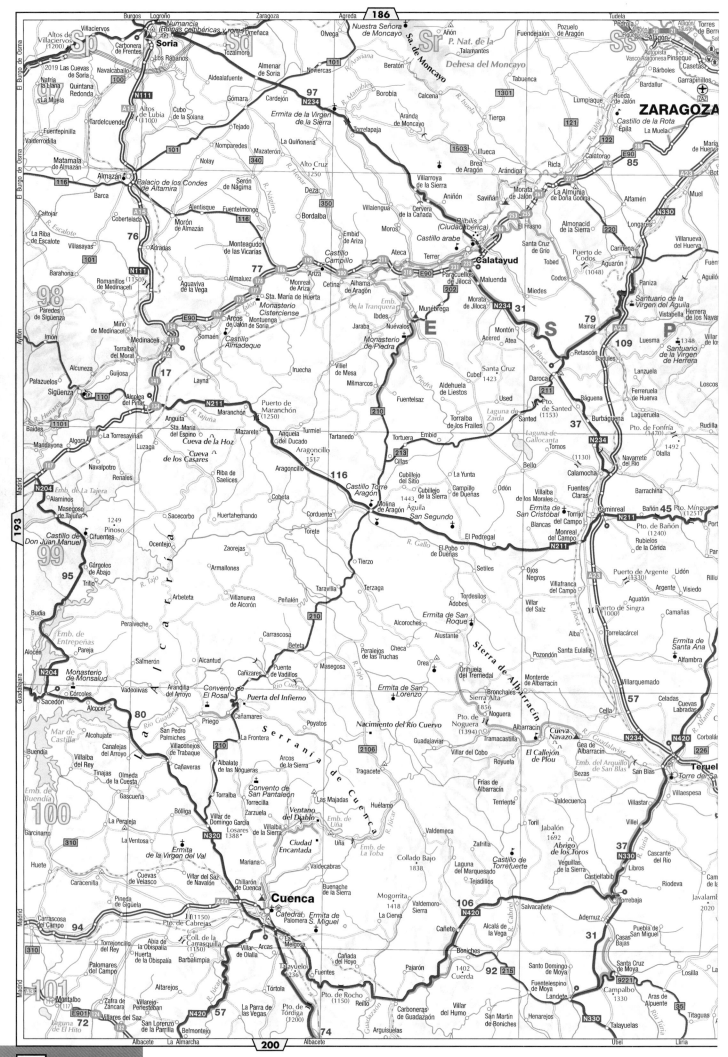

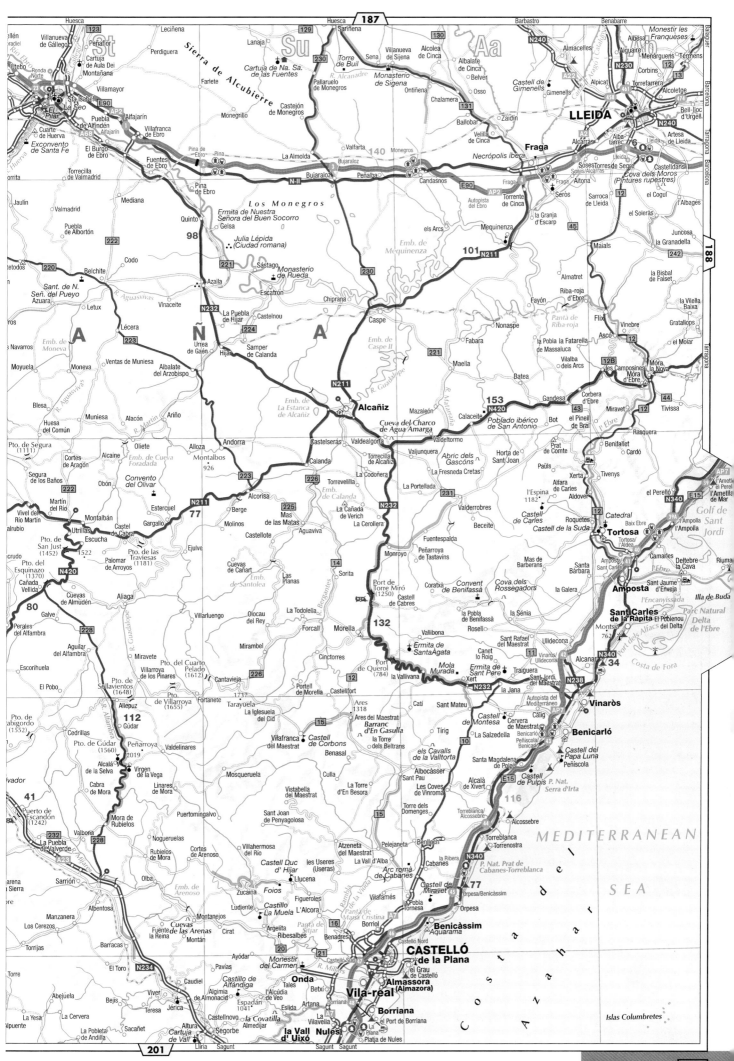

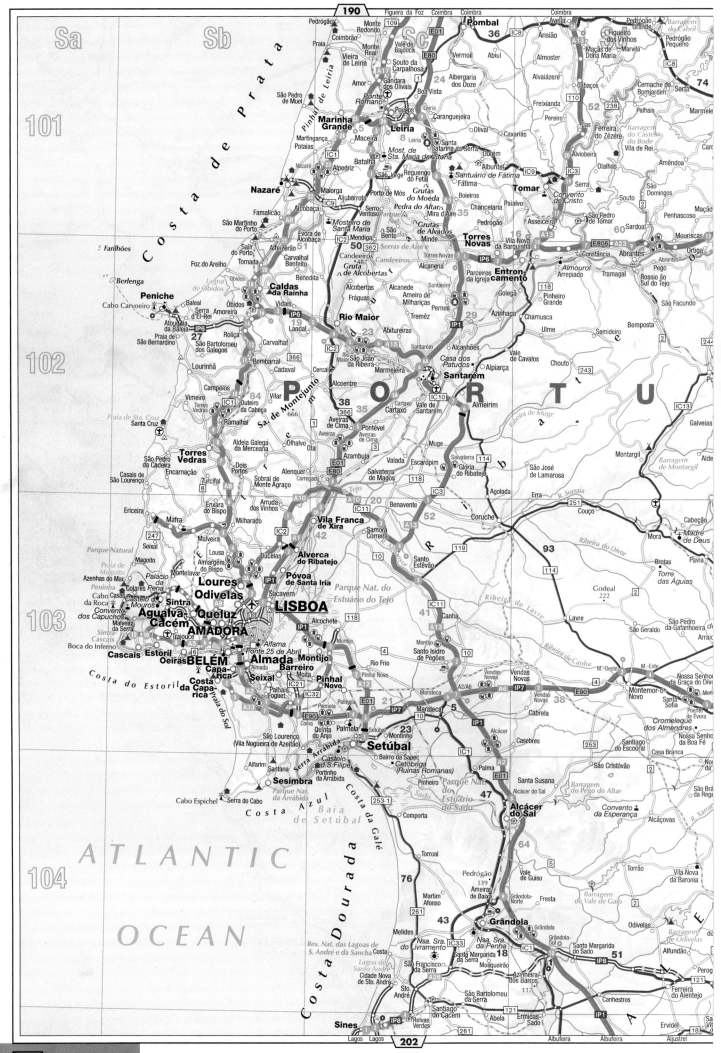

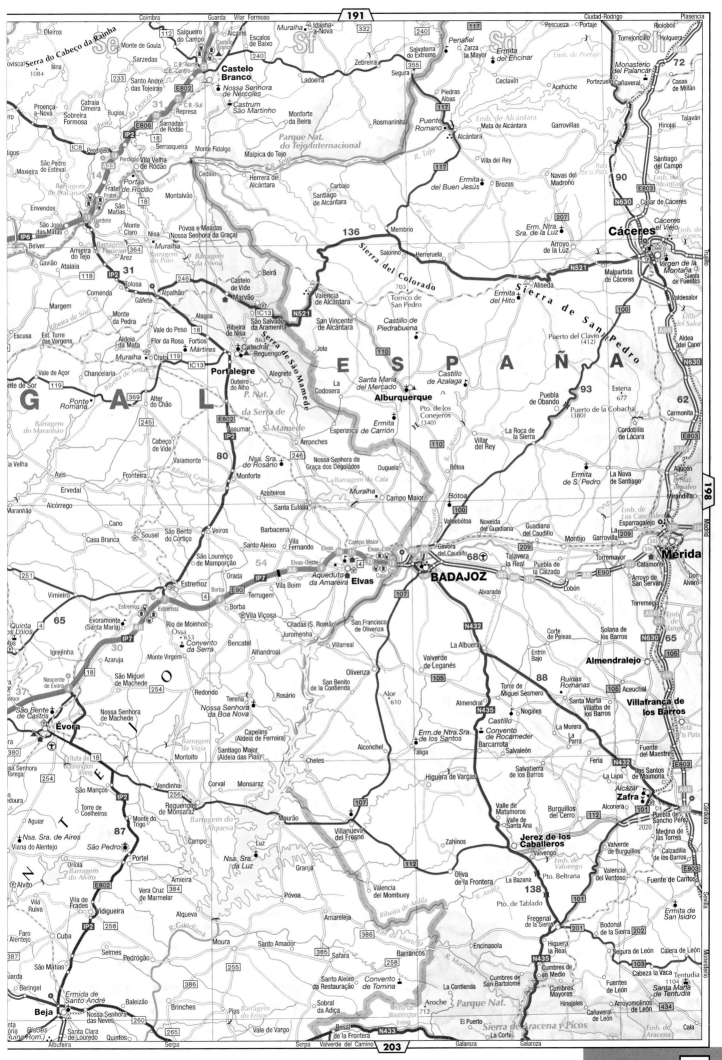

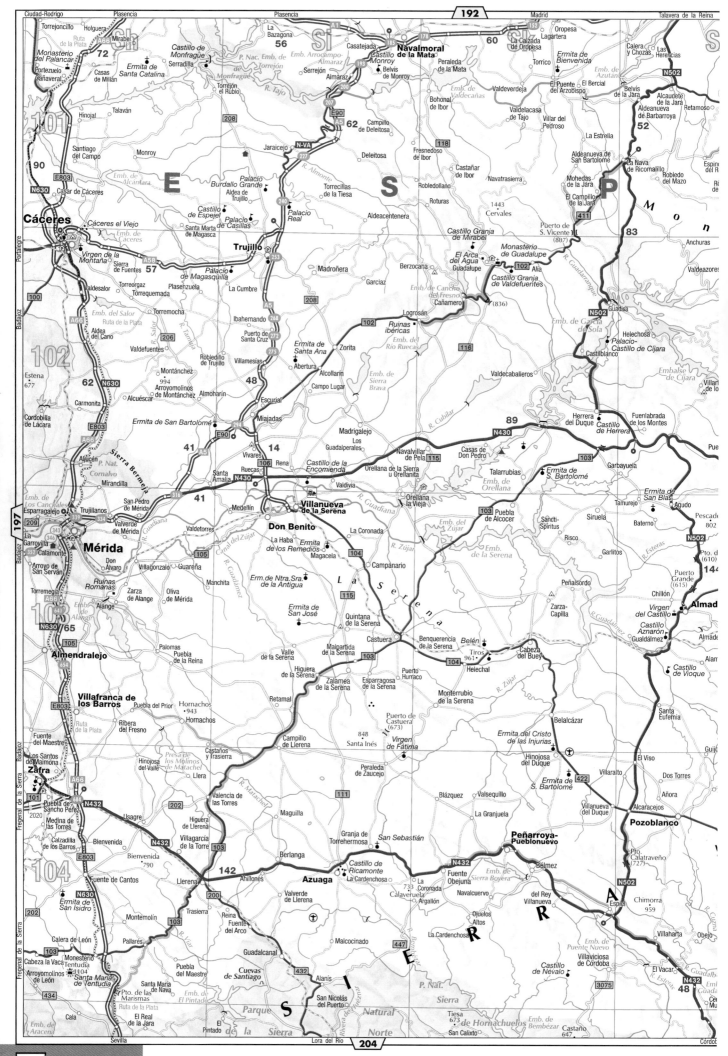

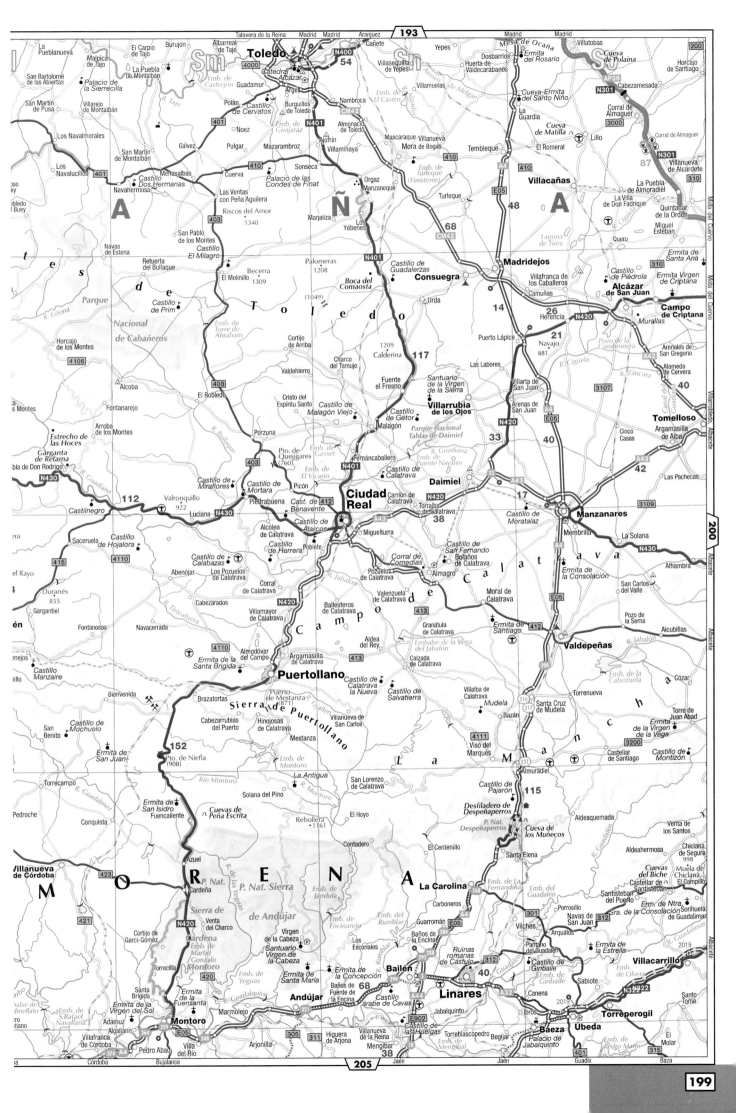

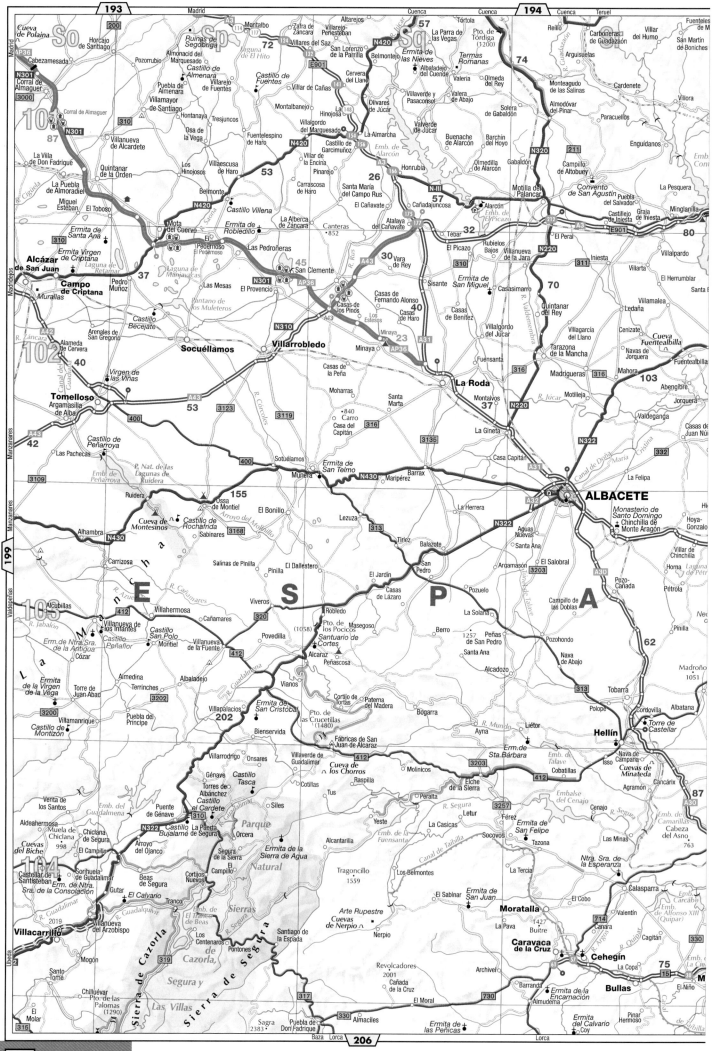

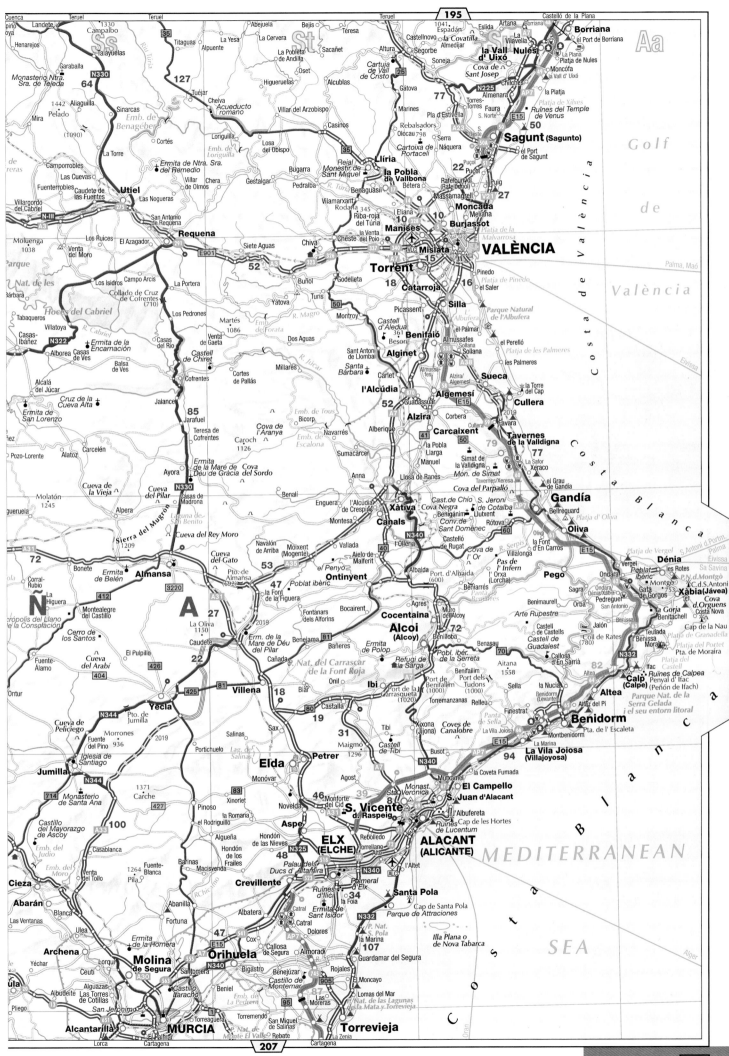

Aa

Golf

de

València

Costa de València

Costa Blanca

MEDITERRANEAN

SEA

St

Sr

N

A

Teruel

Cuenca

Sagunt (Sagunto)

VALÈNCIA

Torrent

Requena

Utiel

Gandía

Dénia

Xàbia (Jávea)

Calp (Calpe)

Altea

Benidorm

La Vila Joiosa (Villajoyosa)

El Campello

ALACANT (ALICANTE)

ELX (ELCHE)

Alcoi (Alcoy)

Xàtiva

Almansa

Villena

Yecla

Jumilla

Elda

Petrer

Orihuela

Molina de Segura

MURCIA

Torrevieja

Cieza

Abarán

Archena

Alcantarilla

Borriana

Nules

la Vall d'Uixó

Moncada

Burjassot

Manises

Catarroja

Silla

Benifaió

Alginet

l'Alcúdia

Algemesí

Sueca

Cullera

Alzira

Carcaixent

Tavernes de la Valldigna

Canals

Ontinyent

Cocentaina

Crevillente

Santa Pola

S. Vicente d. Raspeig

S. Juan d'Alacant

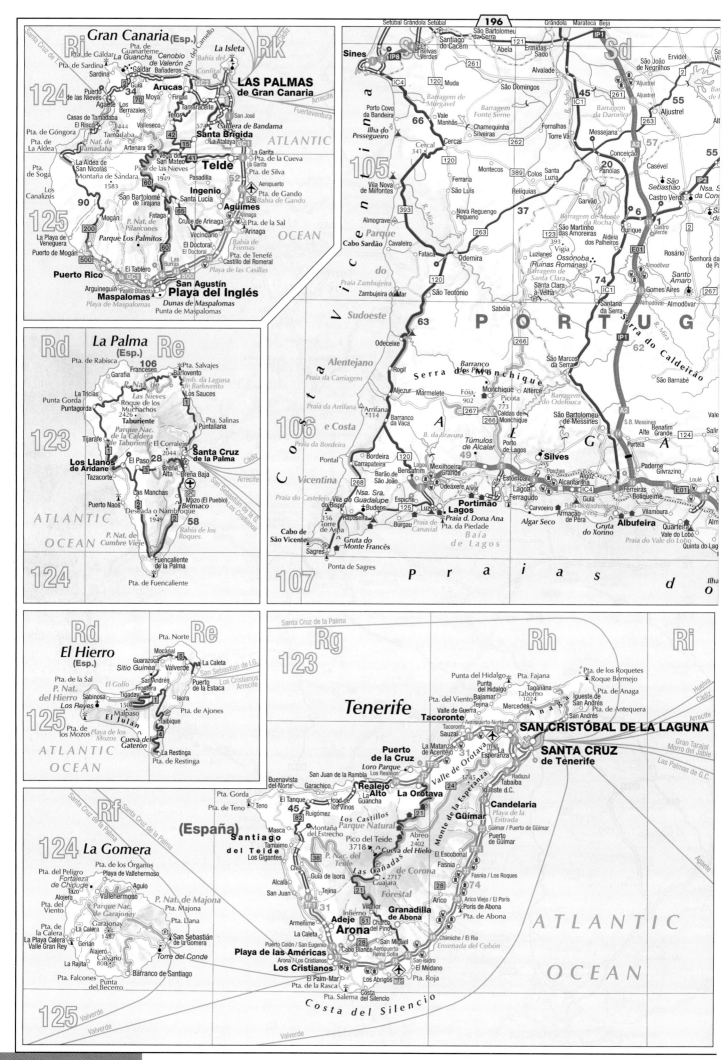

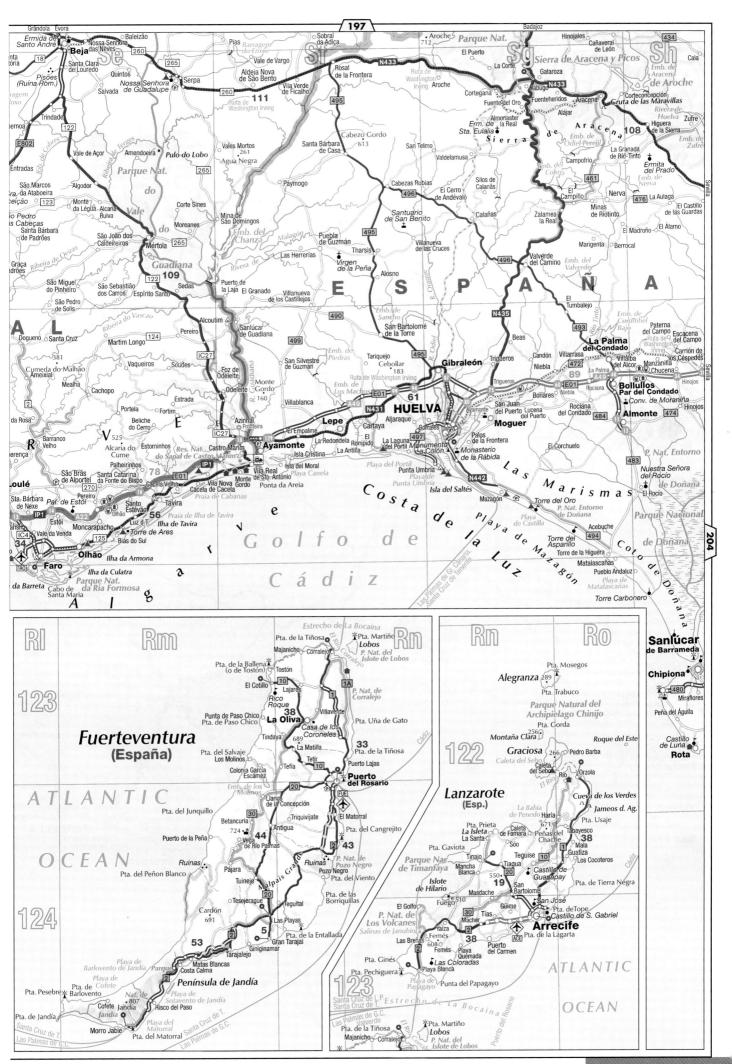

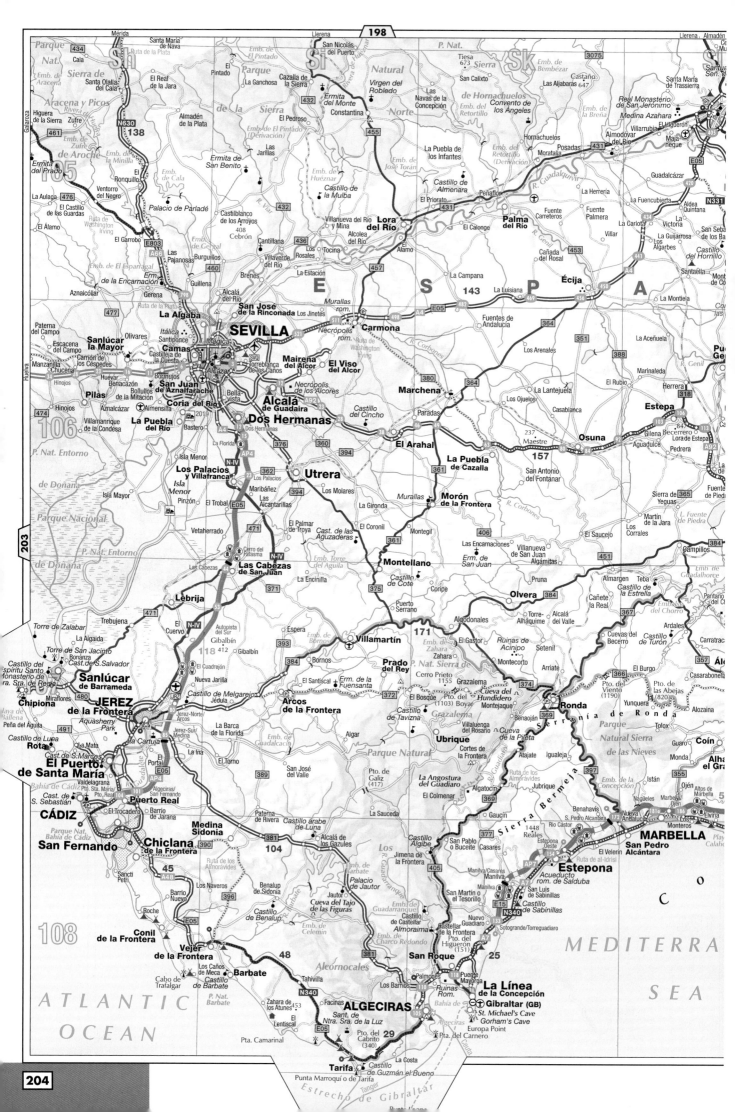

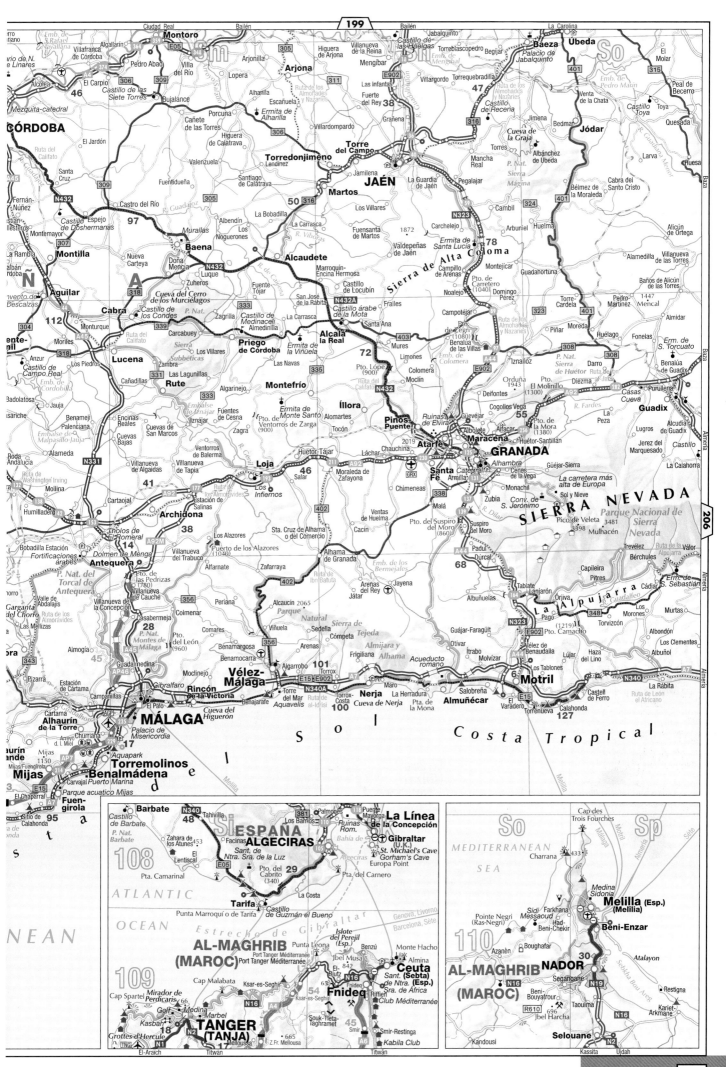

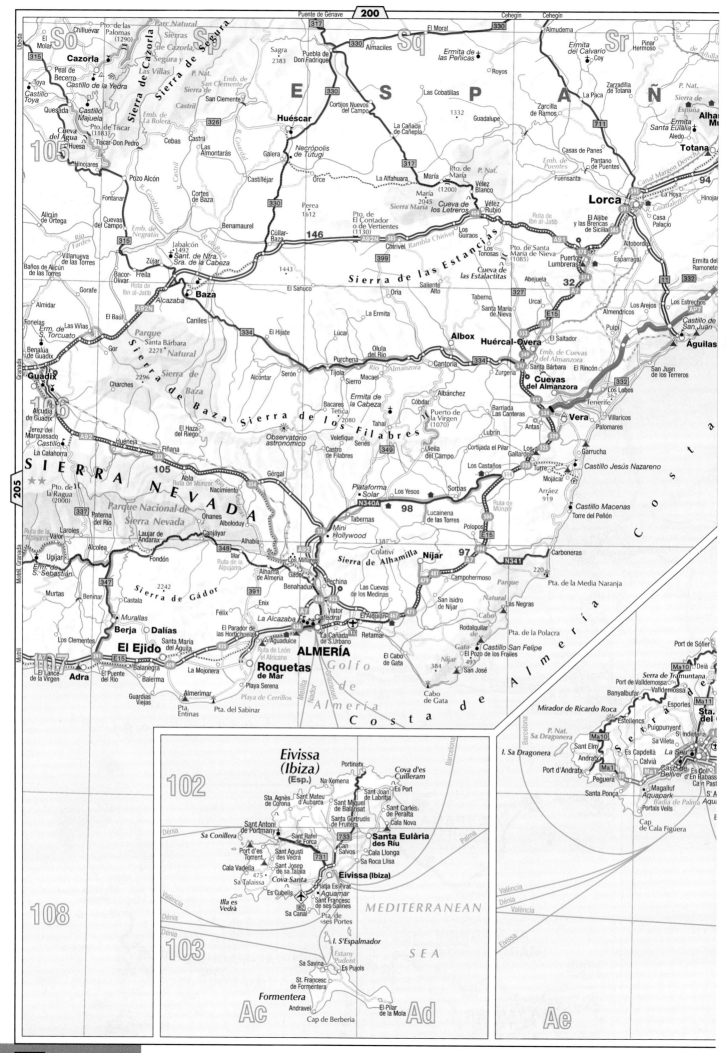

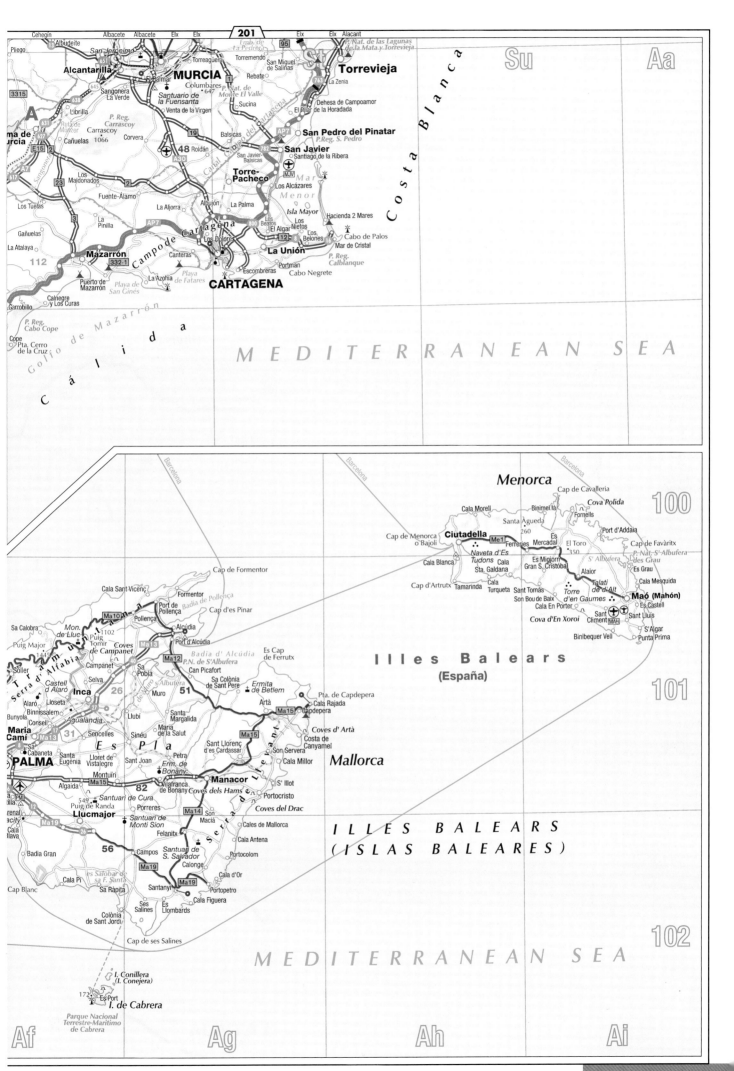

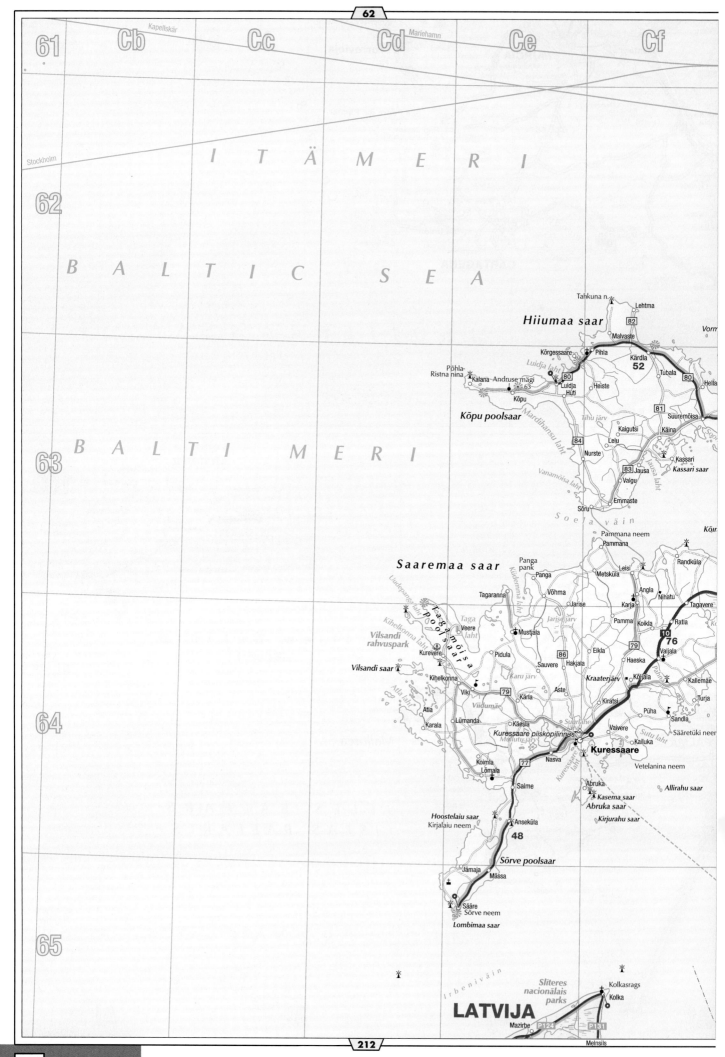

I T Ä M E R I

Stockholm

62

B A L T I C   S E A

Tahkuna n.

Lehtma

Hiiumaa saar

82

Vorm

Malvaste

Kõrgessaare Pihla

Kärdla

Luidja laht

Põhla-
Ristna nina   Kalana Andruse mägi   Luidja   **52**   Tubala
                                          Hüti   80   Heltа
80   Kõpu
63   Heiste

Kõpu poolsaar

Mardihansu laht

Tihu järv

Suuremõisa

Kaigutsi   Käina

84   Lelu

B A L T I   M E R I

Nurste   Kassari

83 Jausa   *Kassari saar*

63   Valgu

Vanamõisa laht

Emmaste

Sõru   Kõir

Soela väin

Pammana neem

Pammana

Panga
pank   Leisi   Randküla

Saaremaa saar   Panga   Metsküla

Uudepanga laht   Tagaranna   Võhma   Angla   Nihatu

Taga-   Kaidemaa laht   Karja   Tagavere

Kihelkonna laht Taga
poolsaar laht   Jarise   Pamma Koikla   Ratla

Jarisejärv

*Vilsandi
rahvuspark*   Mustjala   79 **10** **76**

Kurevere   Pidula   Eikla   Valjala

86   Sauvere Hakjala   Haeska

Vilsandi saar   Kihelkonna   *Kraaterjärv* Kõljala   Kallemäe

Atla laht   Viki   Kärla   Aste   Kiratsi   Turja

64   79   Karu järv   Püha   Sandla

Viidumäe   Vaivere   Sutu laht

Karala   Lūmanda Kāesla   Suurlahe järv   Sääretüki neem

Kuressaare piiskopilinnus   Kailuka

Koimla   **Kuressaare**

77   Nasva   Kuressaare laht   Vetelanina neem

Lōmala

Abruka   *Allirahu saar*

Salme   *Kasema saar*

Hoostelaiu saar   Abruka saar
Kirjalaiu neem   Anseküla   *Kirjurahu saar*

48

Sõrve poolsaar

Jämaja   Mässa

65   Sääre
                 Sõrve neem
         Lombimaa saar

Irbeni väin

*Slīteres
nacionālais
parks*   Kolkasrags

Kolka

LATVIJA

Mazirbe P124   P131

Melnsils

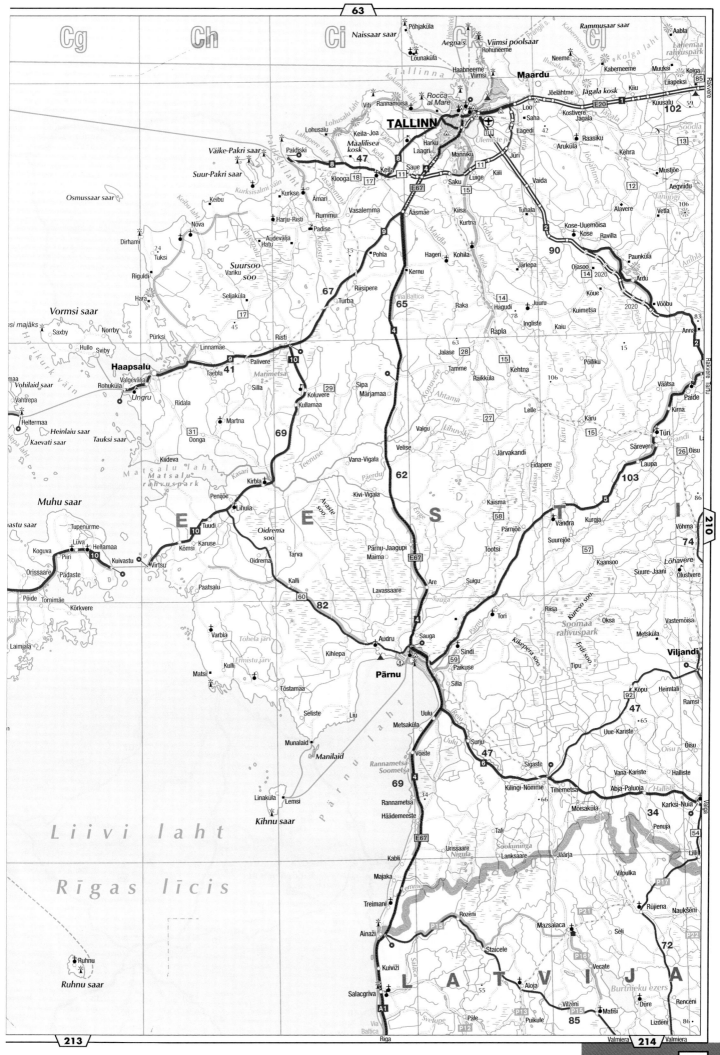

Cg Ch Ci Ck Cl

Naissaar saar
Põhjaküla
Lõunaküla
Aegna saar
Viimsi poolsaar
Rohuneeme
Neeme
Kaberneeme
Rammusaar saar
Aabla
Kolga
Muuksi
Muksi
Liiapeksi

Maardu

Viti
Rannamõisa
Rocca al Mare
Haabneeme
Viimsi
Jõelähtme
Jägala kosk
Kiiu
Kostivere
Jägala
Kuusalu

102

Lohusalu
Keila-Joa
Maalilisea kosk
TALLINN
Harku
Laagri
Männiku
Loo
Saha
Lägedi
Arukula
Raasiku
Kehra
Mustjõe

Väike-Pakri saar
Paldiski
47
Keila
Saue
Ülemiste riv
Jüri
13

Suur-Pakri saar
Klooga
18
17
11
E67
Saku
Luige
Kiili
Vaida
Aegviidu
Vetla

Osmussaar saar
Keibu
Kurkse
Amari
Vasalemma
Äämäe
Kiisa
Kurtna
Tuhala
Kose-Uuemõisa
Kose
Ravilla
12

Dirhami
Nõva
Harju-Risti
Rummu
9
Pohla
Hageri
Kohila
Järlepa
Ojasoo
14 2020
Ardu
Vööbu

24
Tuksi
Variku
Suursoo soo
Padise
Kernu
Raka
90
Köue
Kuimetsa
2020

Riguldi
Hara
Seljaküla
Riisipere
Turba
67
65
14
Hagudi
Juuru
Ingliste
Kaiu
Anna

Vormsi saar
17
45
Risti
Via Baltica
Rapla
Kehtna
Põlliku
Väätsa
Paide

Saxby
Norrby
Sviby
Pürksi
Linnamäe
9
Palivere
10
4
Jalase
28
15
Raikküla
106
Kirna
Türi

Haapsalu
Valgevälja
Taebla
41
Silla
Koluvere
Kullamaa
29
Sipa
Märjamaa
Tamme
Lelle
15
Säerevere
26 Oisu

Rohuküla
Ungru
Ridala
Martna
31
Oonga
69
Vana-Vigala
Valgu
Järvakandi
Eidapere
Laupa

Heltermaa
Kiideva
Kirbla
Kivi-Vigala
27
103
5
Võhma

Muhu saar
Matsalu laht
Matsalu rahvuspark
Penijõe
Lihula
62
Kaisma
Pärnjõe
58
Vändra
Kurgja
74

Tupenurme
Lüva
Hellamaa
10
Tuudi
Oidrema soo
Pärnu-Jaagupi
Maima
Tootsi
Suurejõe
57
Kaansoo
Suure-Jaani
Lõhavere

Koguva
Piiri
10
Kuivastu
Virtsu
Kömsi
Karuse
Tarva
Are
Suigu
Olustvere

Orissaare
Pädaste
Põide
Tornimäe
Kõrkvere
Oidrema
Kalli
60
82
Lavassaare
Sauga
Tori
Riisa
Soomaa rahvuspark
Oksa
Vastemõisa
Metsküla

Varbla
Audru
Kihlepa
1
Pärnu
Sindi
Paikuse
59
Viljandi

Laimjala
Matsi
Kulli
Tõstamaa
Seliste
Liu
Silla
Köpu
Heimtali
Ramsi

Munalaid
Manilaid
Metsaküla
Uulu
Surju
47
65
Uue-Kariste
Õisu

Linaküla
Lemsi
Kihnu saar
Rannametsa
Soometsa
Võiste
47
6
Sigaste
Vana-Kariste
Halliste

Kihnu saar
Häädemeeste
69
4
Kilingi-Nõmme
Tihemetsa
Abja-Paluoja
Halliste
Karksi-Nuia

Liivi laht
Kabli
E67
Urissaare
Nigula
Lanksaare
Jääarja
Mõisaküla
Penuja
54

Majaka
Sookuninga
Tali
Vilpulka

Rīgas līcis
Kabli
Treimani
Rozēni
P17
Rūjiena
Naukšēni

Ruhnu
Ainaži
P15
P21
Mazsalaca
Seli
72

Kuiviži
Staicele
Vecate
Dūre
Renceni

Ruhnu saar
Salacgrīva
A1
LATVIJA
Aloja
Vilzēni
Puikule
Matīši
85
Lizdēni

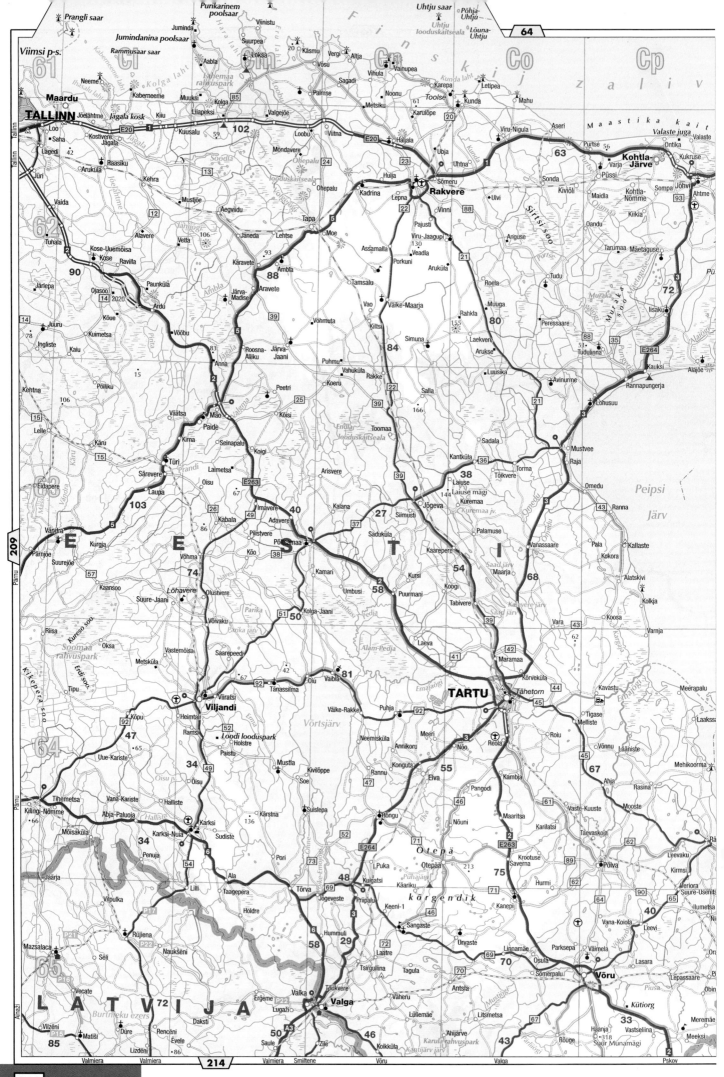

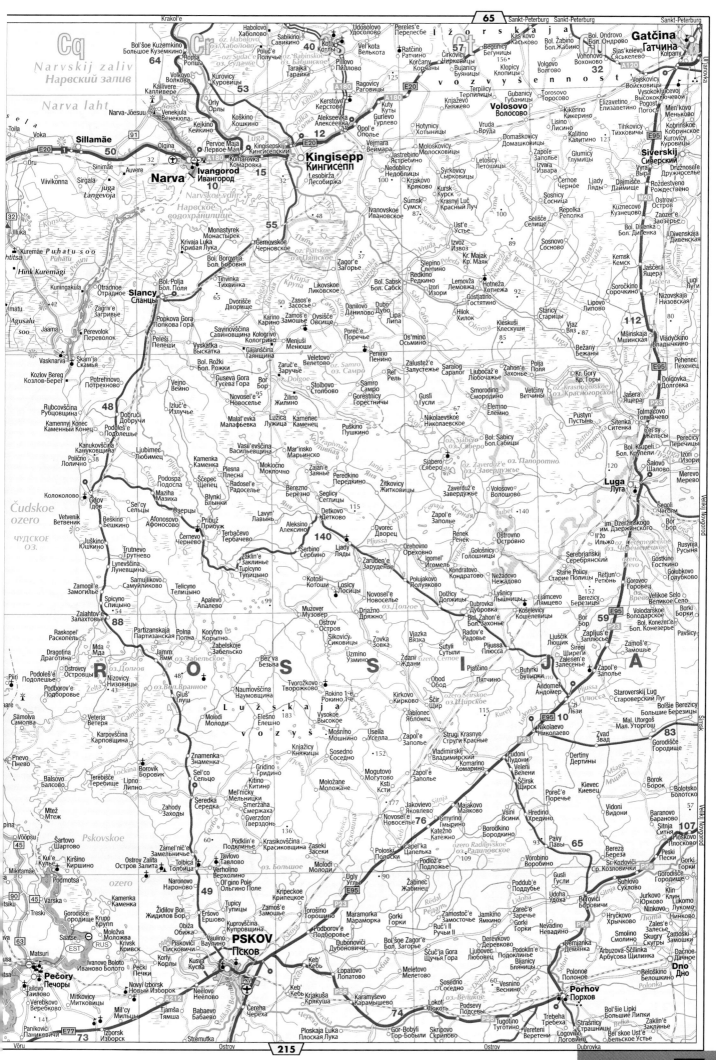

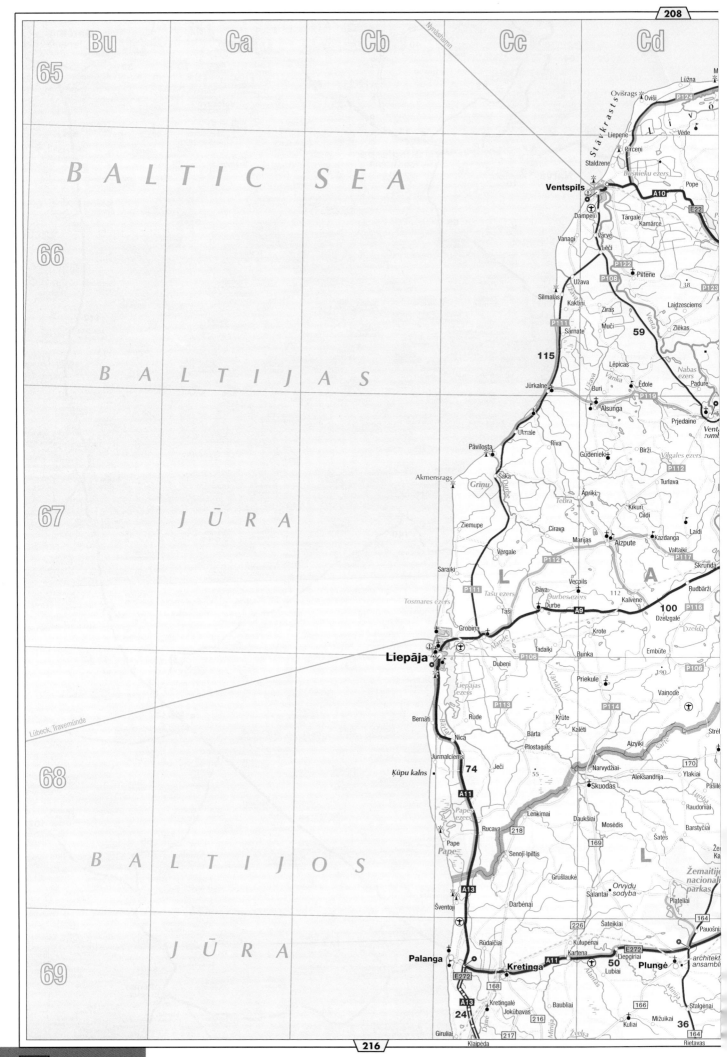

BALTIC SEA

B A L T I J A S

J Ū R A

B A L T I J O S

J Ū R A

Bu Ca Cb Cc Cd

65
66
67
68
69

Lūžna
Ovišrags Oviši P124
Vēde
Slītkrasts
Liepene
Circeni
Staldzene
Ventspils A10
Pope E22
Dampeļi Tārgale Kamārce
Vanagi Vārve
Lēči
Užava P122 Piltene
Silmalas P108 P123
Kaktini 38
Silmaļas Ziras
Sārnate Muči 59 Zlēkas
P111 Nabas ezers
Lēpicas Padure
115 Vanka
Jūrkalne Buri Ēdole
Alsunga P119
Prjedaine Vent. rumb
Ulmale Riva
Pāvilosta Gudenieki Birži Vilgales ezers
Saka Turlava P112
Akmensrags Grinu Apriki
Tebra Kikuri
Ziemupe Cirava Cildi
Marijas Kazdanga Laidi
Vergale Aizpute Valtaiki P117
Saraiki P112 Skrunda
P111 Vecpils Rāva A
Tašu ezers Durbes ezers 112 Rudbārži
Tosmares ezers Tāši Durbe A9 Kalvene 100 P116
Grobina Dzelzgale Dzelda
Ataņde Krote Embūte
Liepāja Tadaiki P106
Dubeni Bunka P106
Dubeni
Liepājas ezers Priekule 190
Vainode
Rude P113 Krūte P114
Bernāti Kalēti
Nica Bārta Aizviki Strē
Jūrmalciems Plostagals Sarre
Ječi 55 Narvydžiai 170
Küpu kalns 74 Aleksandrija Ylakiai Pašile
Skuodas Raudoniai
A11 Lenkimai Daukšiai Mosėdis Barstyčiai Šates
Papes ezers Rucava 218 Senoji-Įpiltis 169 L
Pape 50 Žemaitijos nacionalinis parkas
Pape Grūšlaukė Orvydų sodyba
A13 Šalantai Plateliai
Švėntoji Darbėnai 164
226 Šateikiai Pauošniai
Rūdaičiai Kartena E272 Liepgiriai
Palanga Kretinga A11 50 Lubiai Plungė architekt. ansambli
E272 Kulupėnai
168 Baubliai 166 Mižuikai 36
A13 Kretingalė Jokūbavas 216 Kuliai Stalgėnai 164
24 Girulitai 217 Rietavas
Klaipėda

Nynäshamn

Lübeck, Travemünde

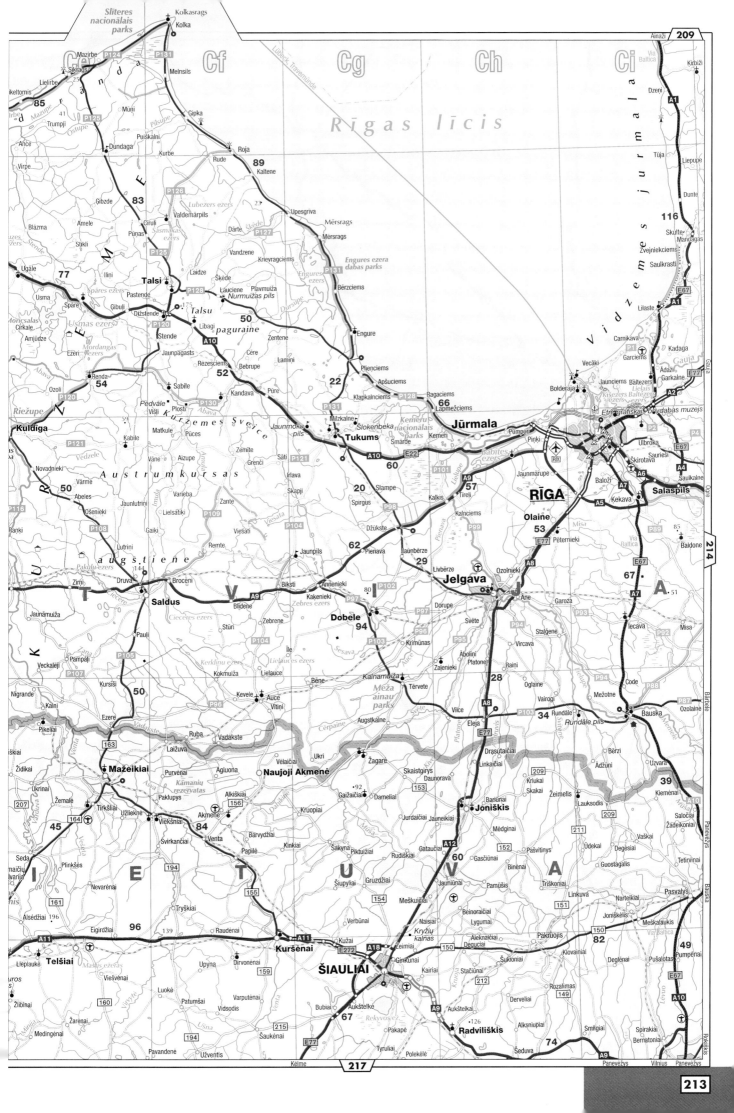

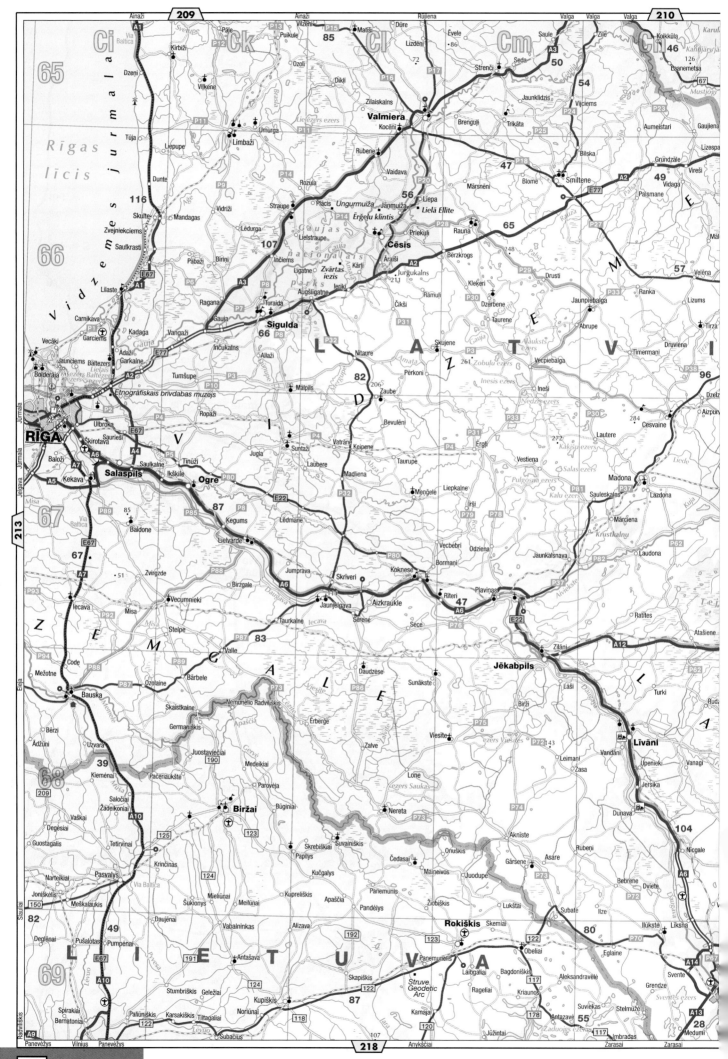

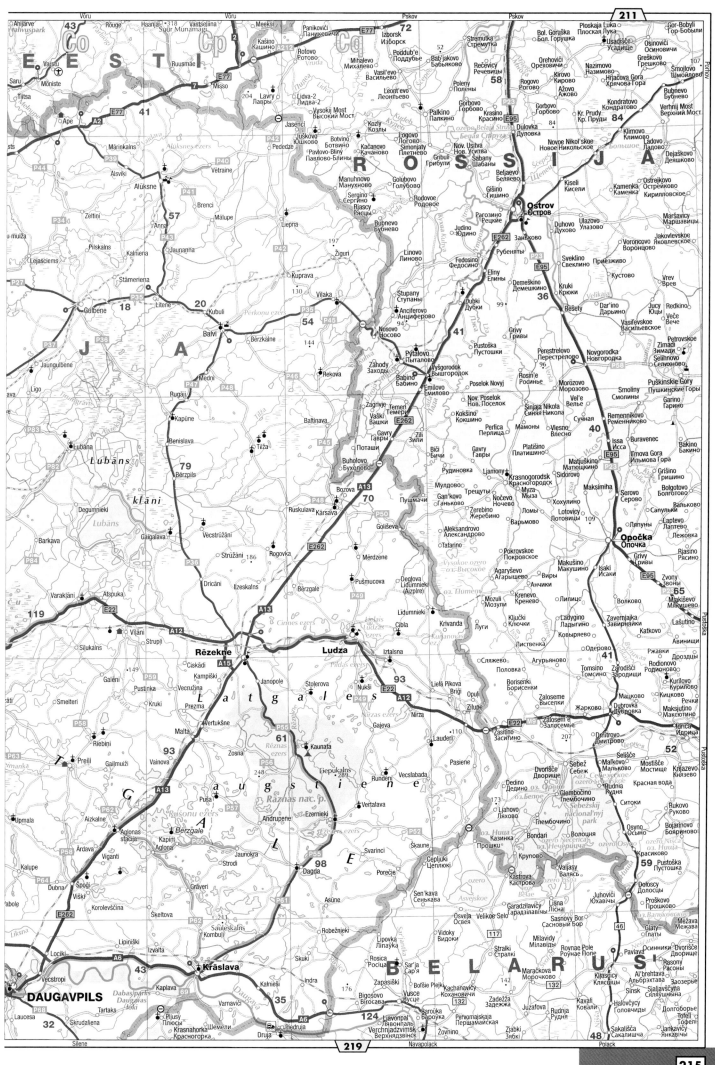

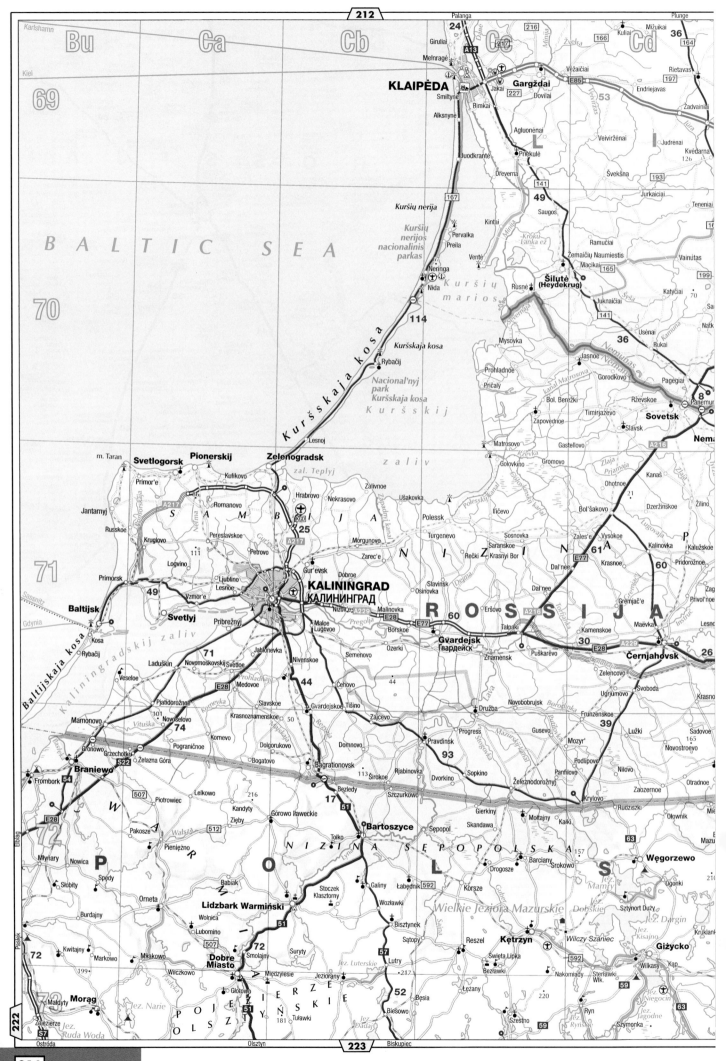

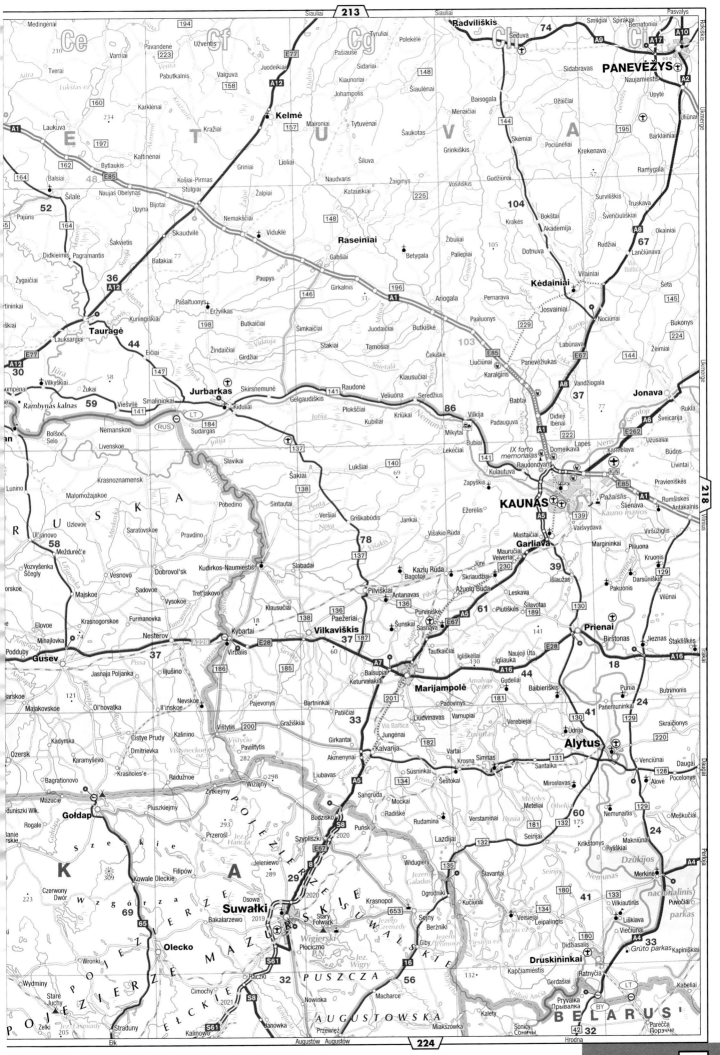

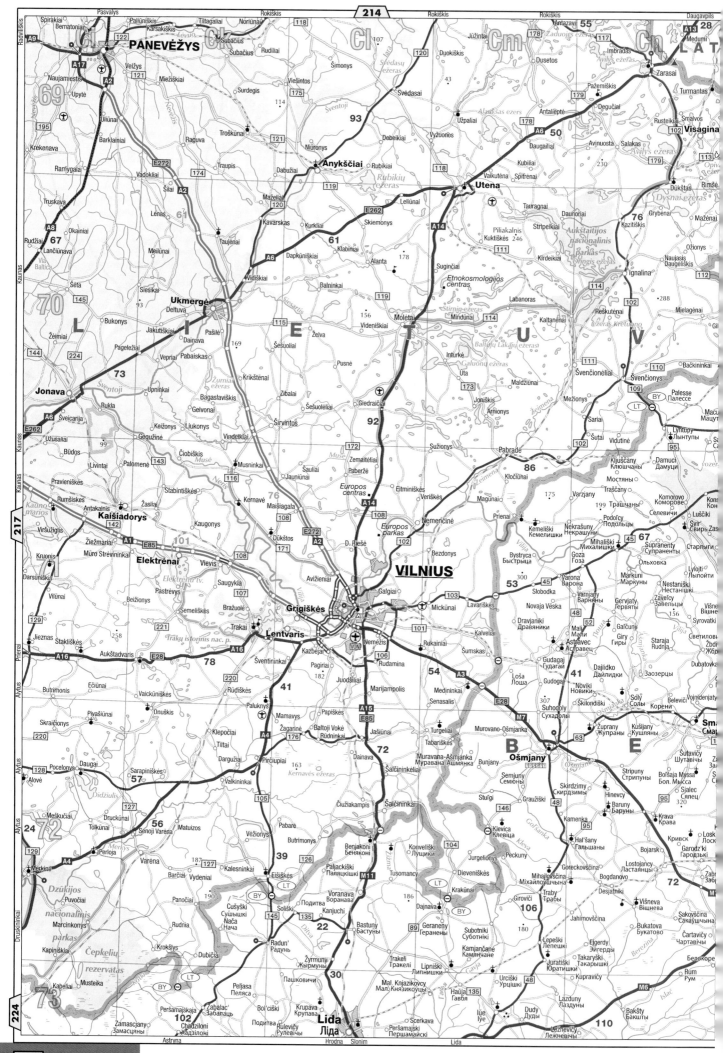

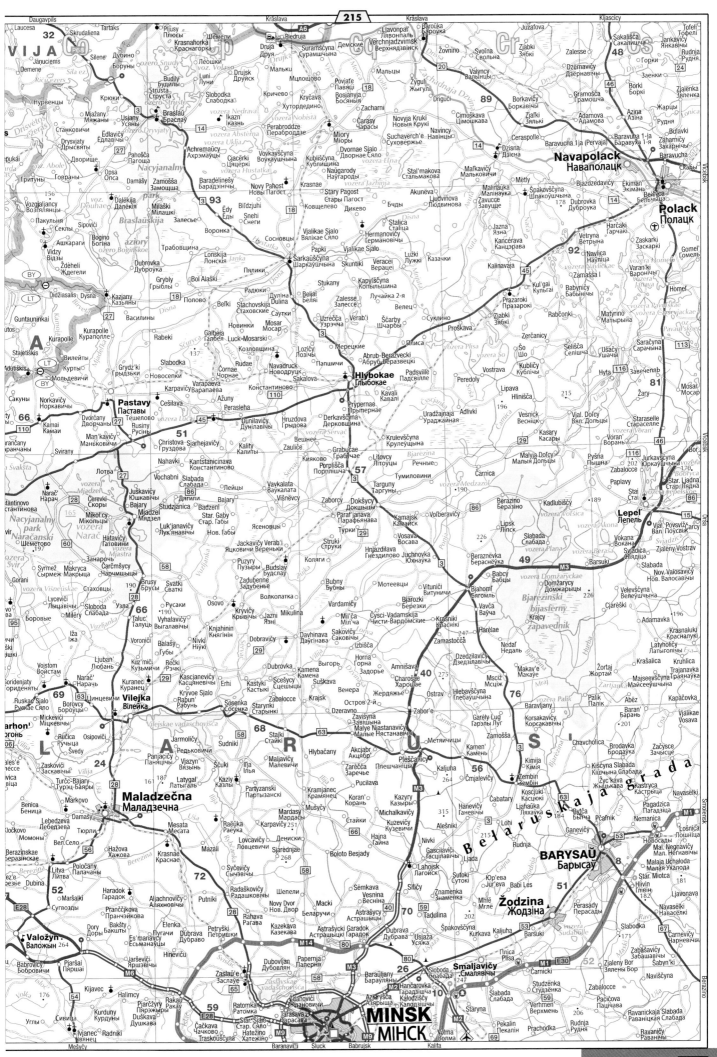

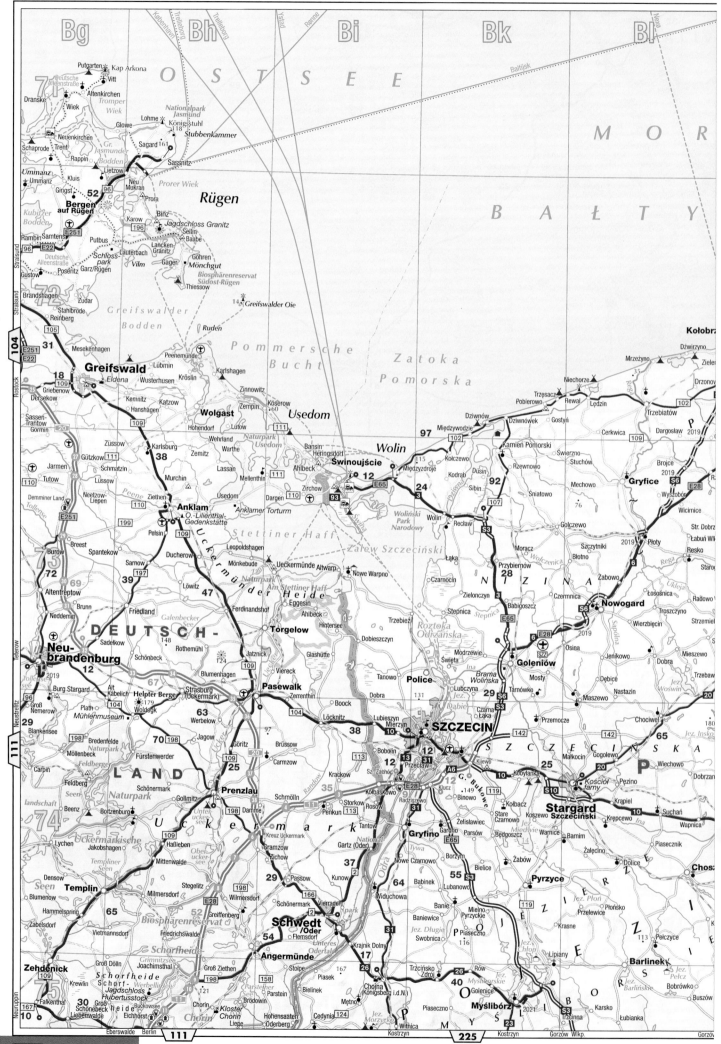

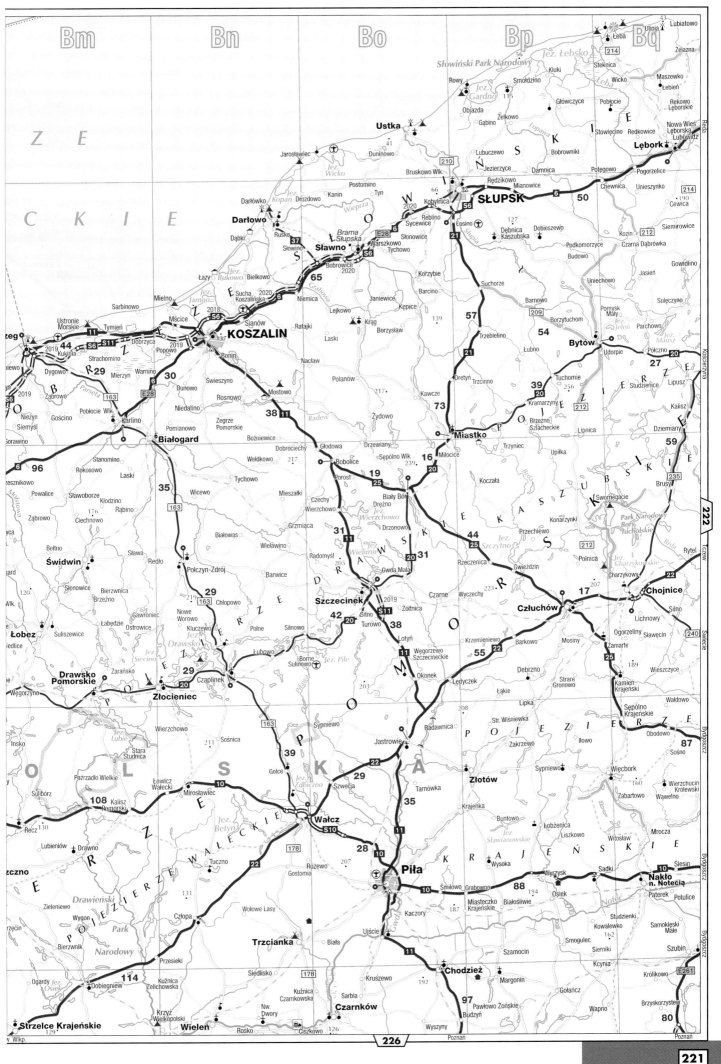

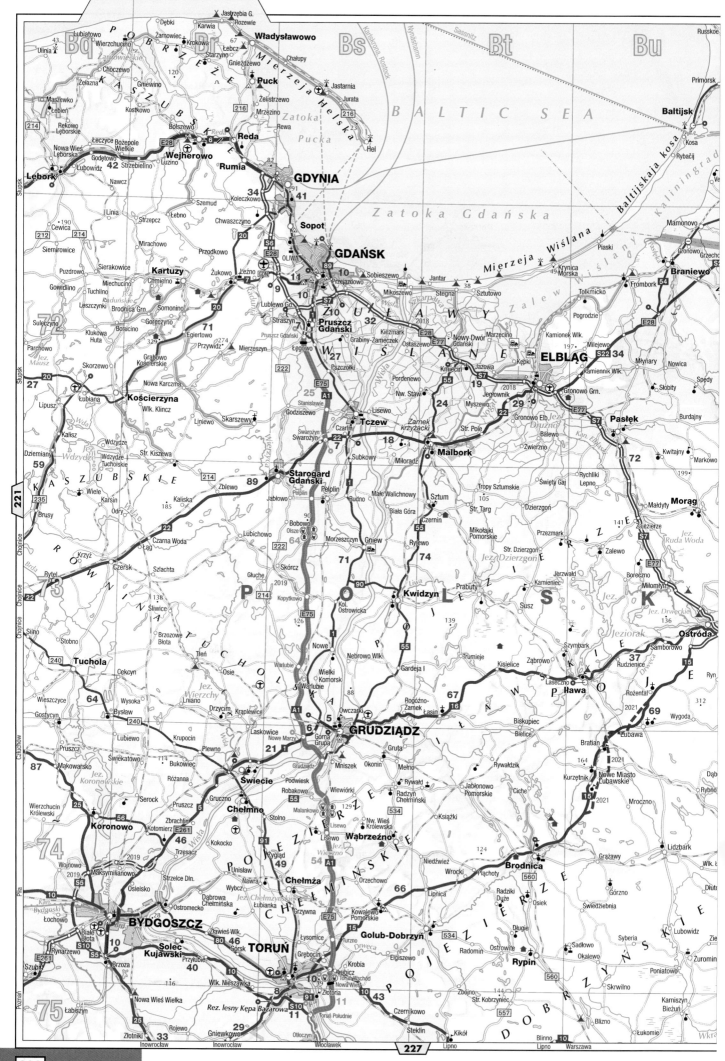

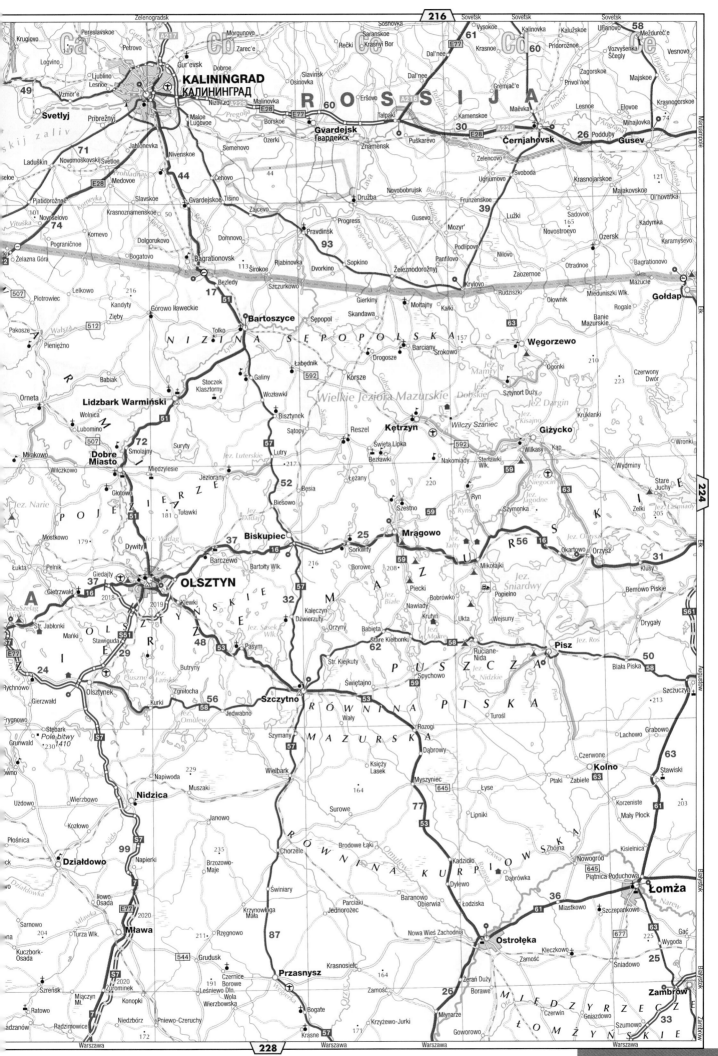

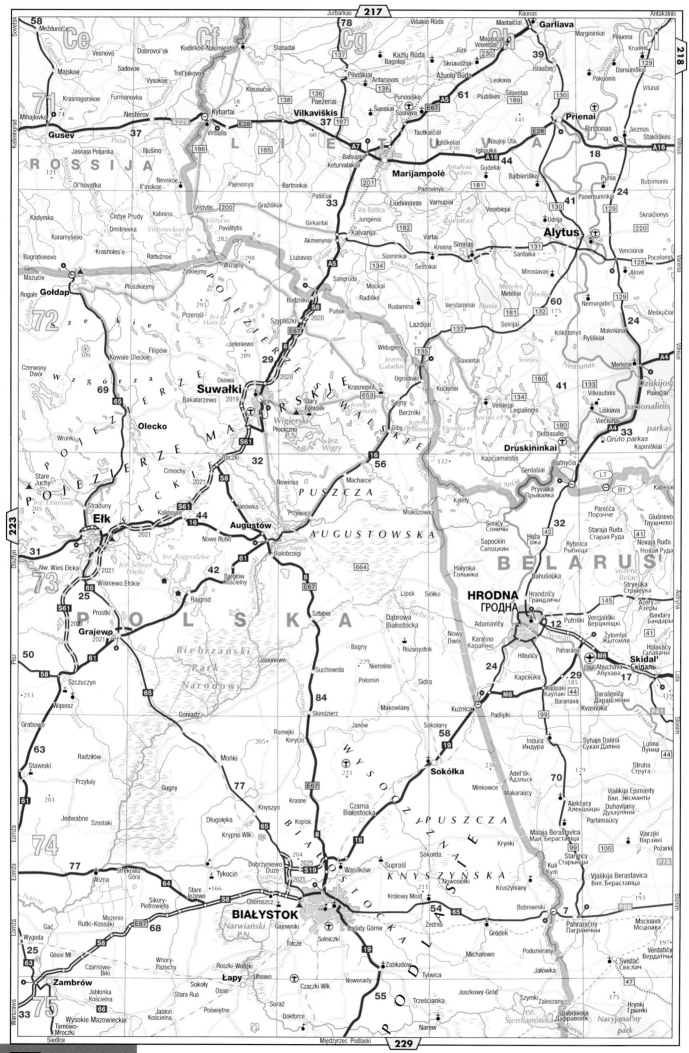

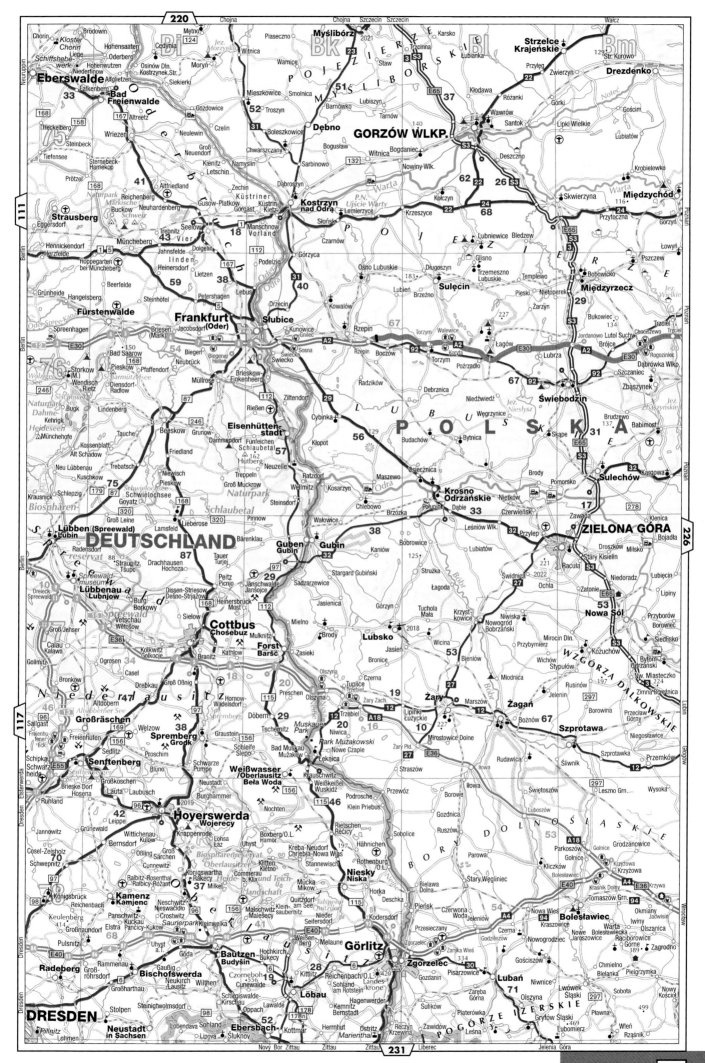

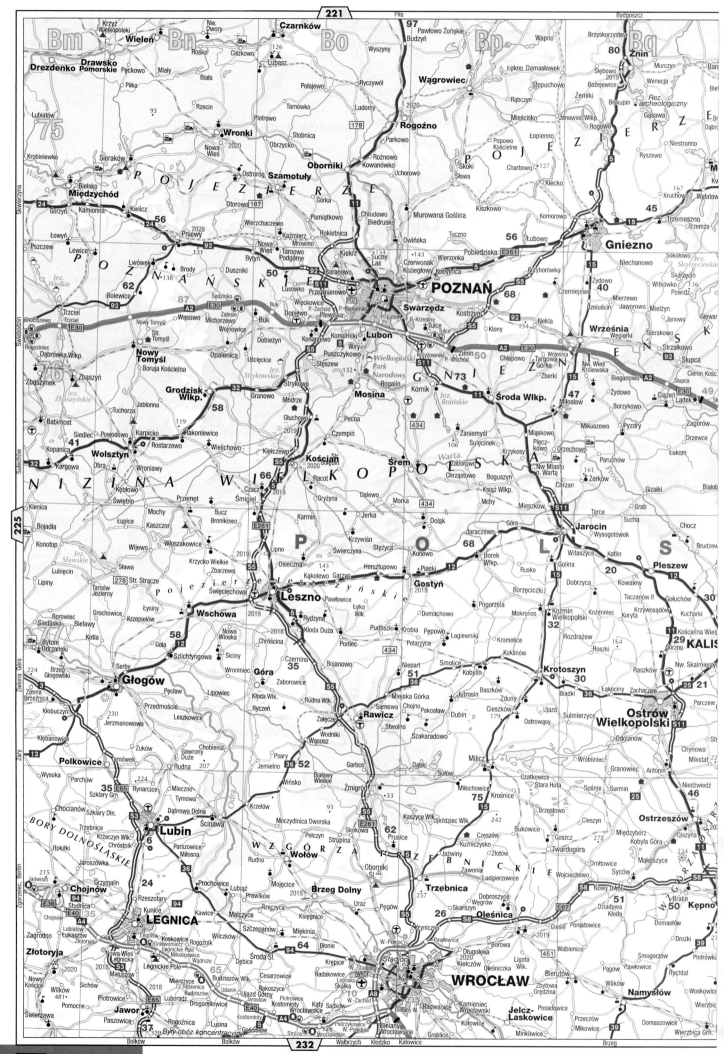

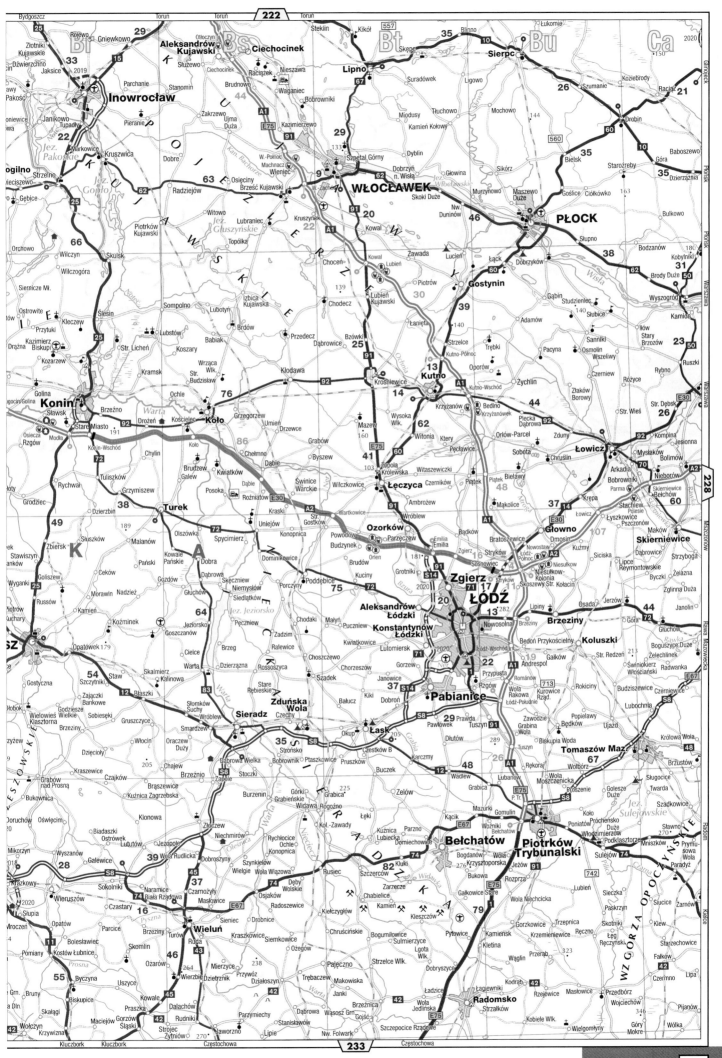

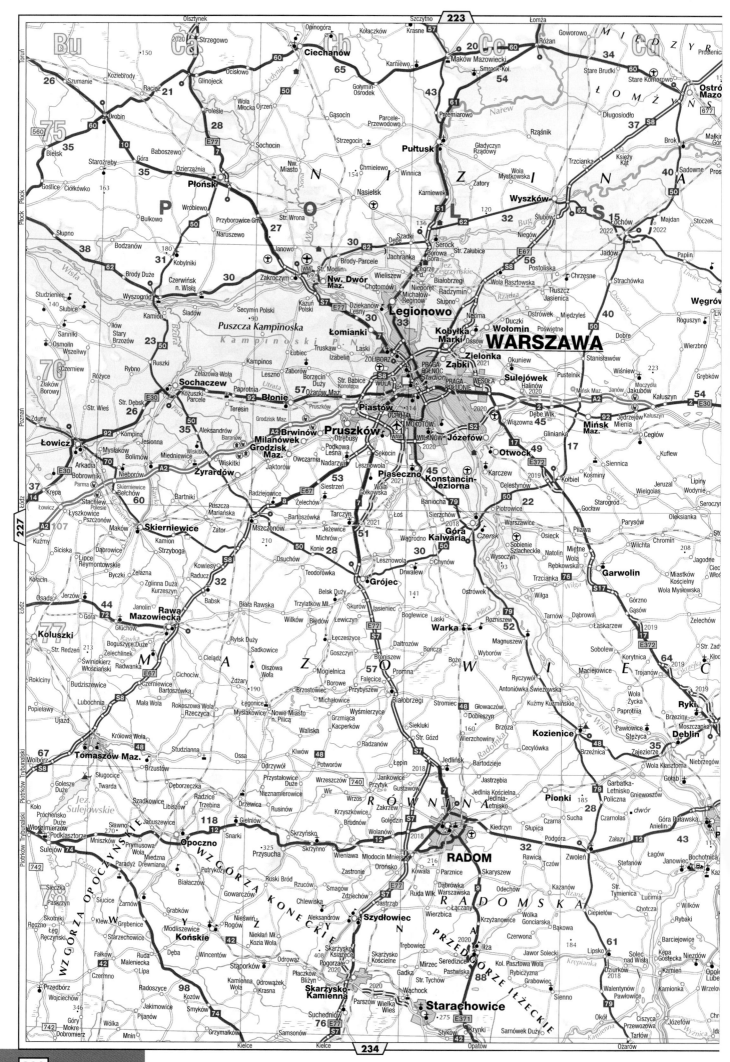

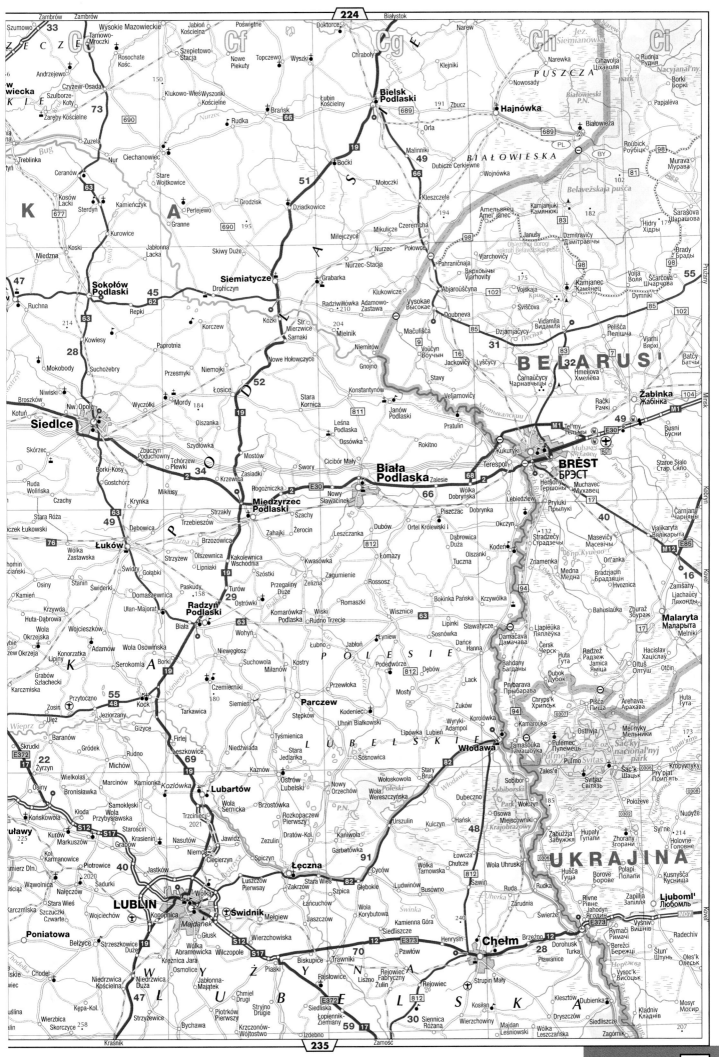

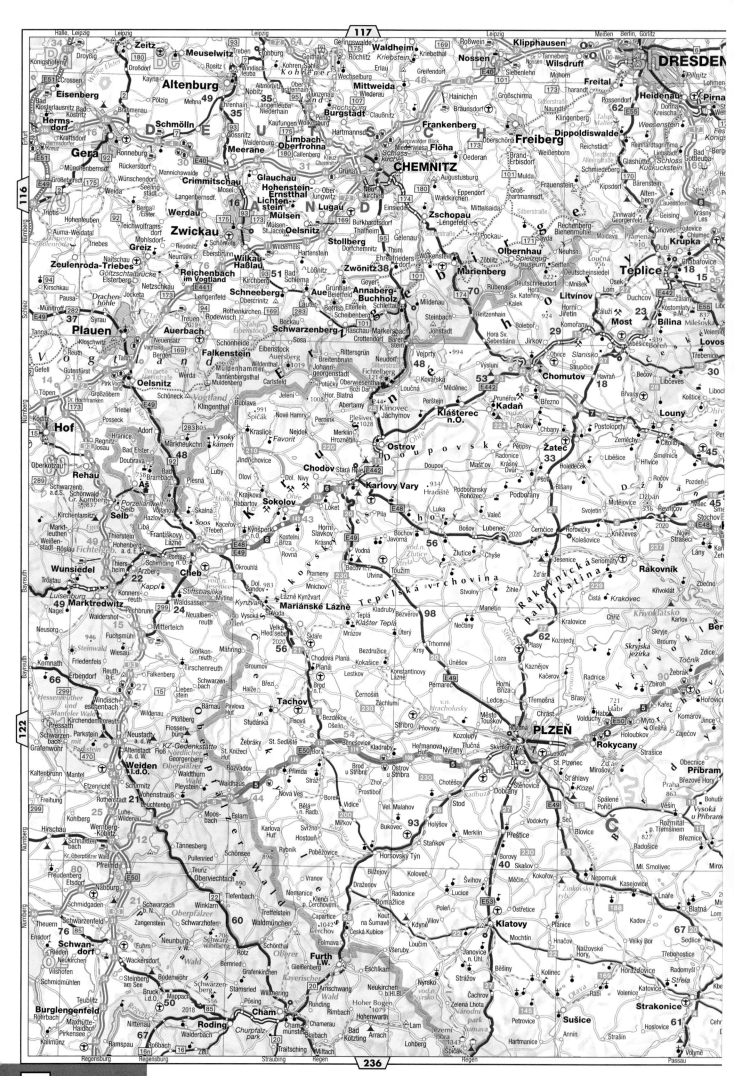

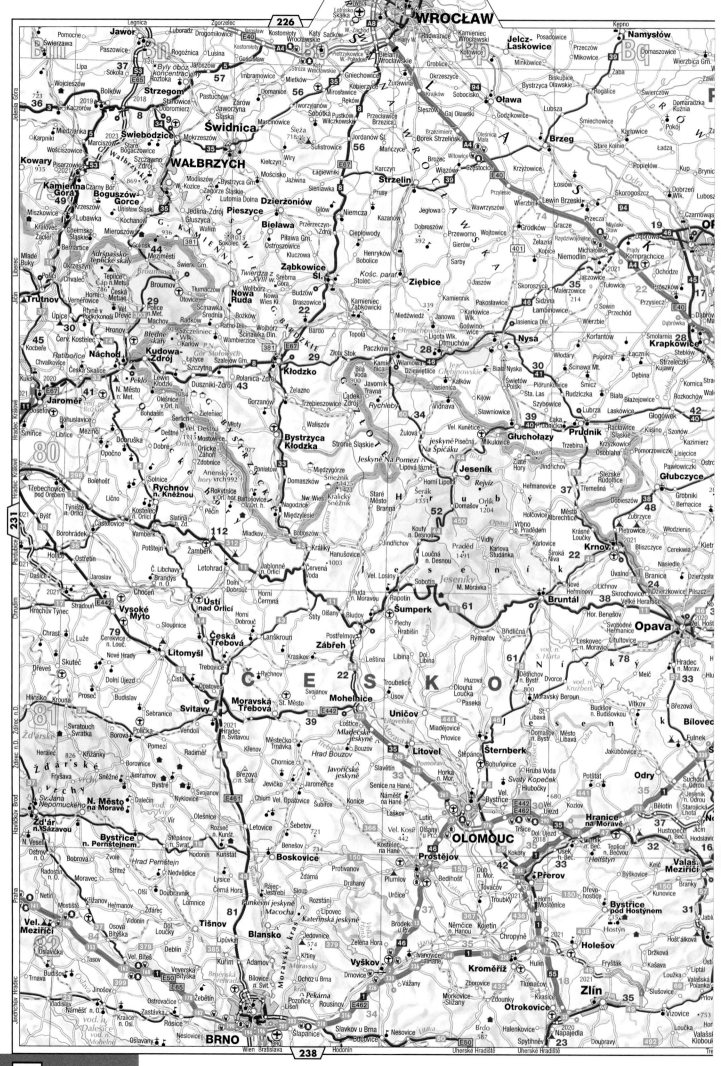

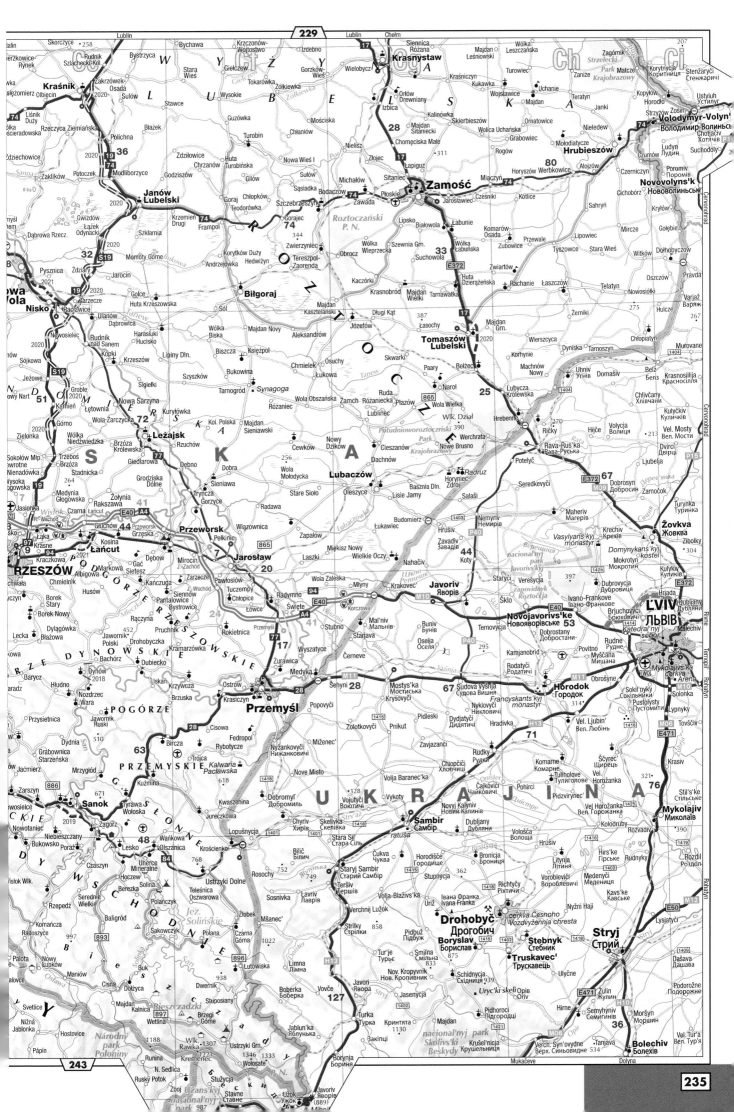

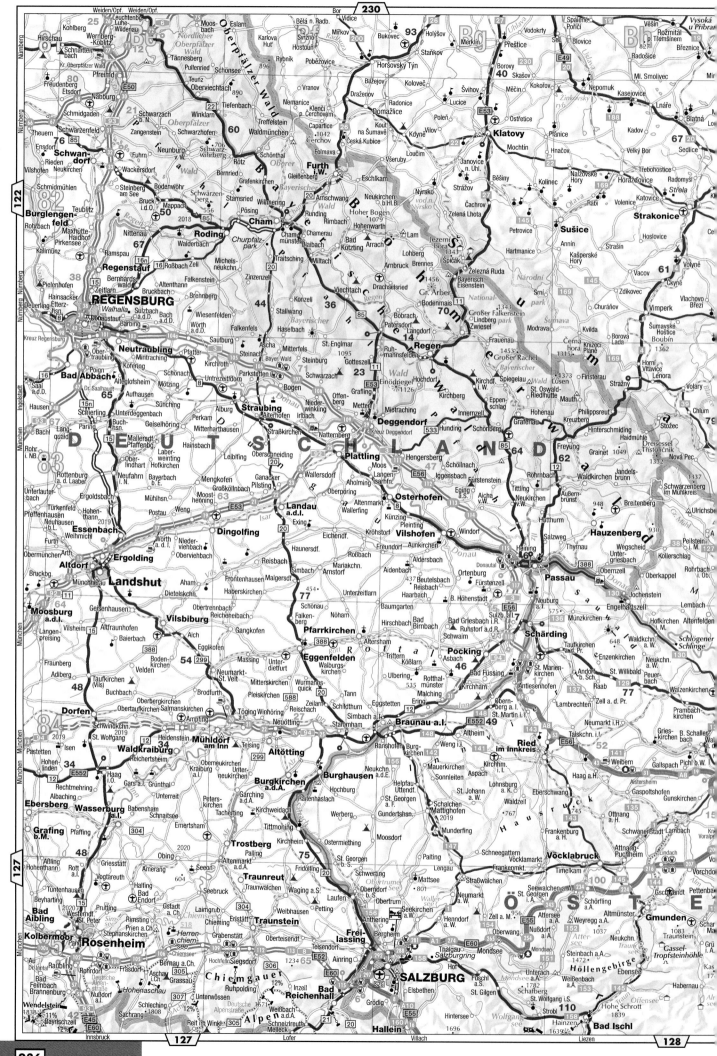

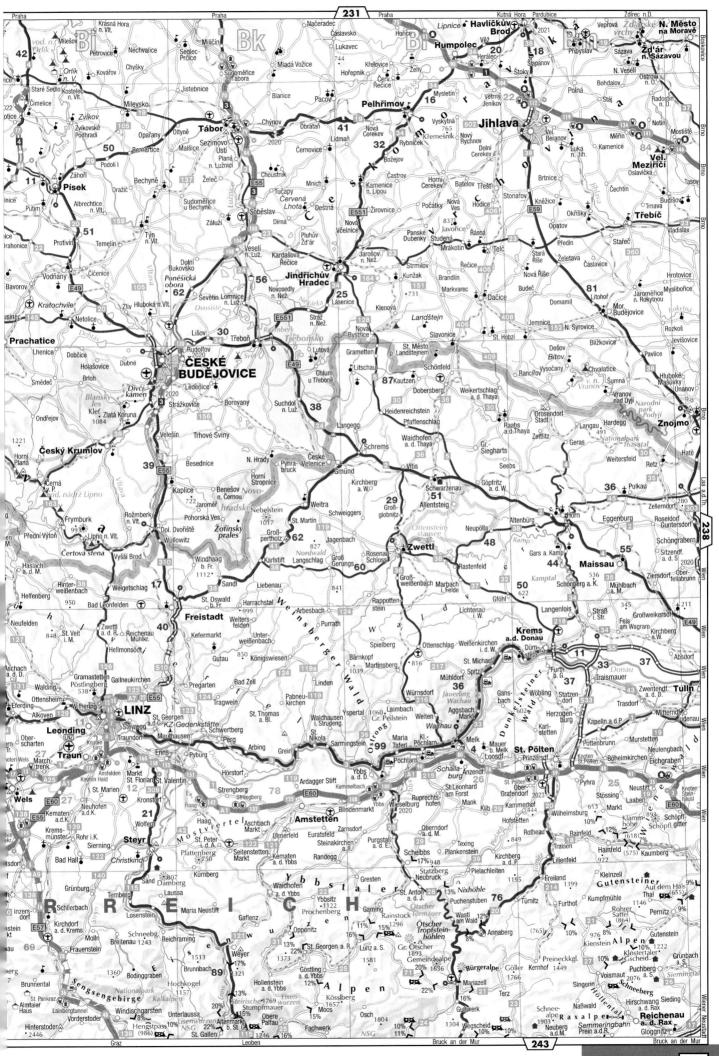

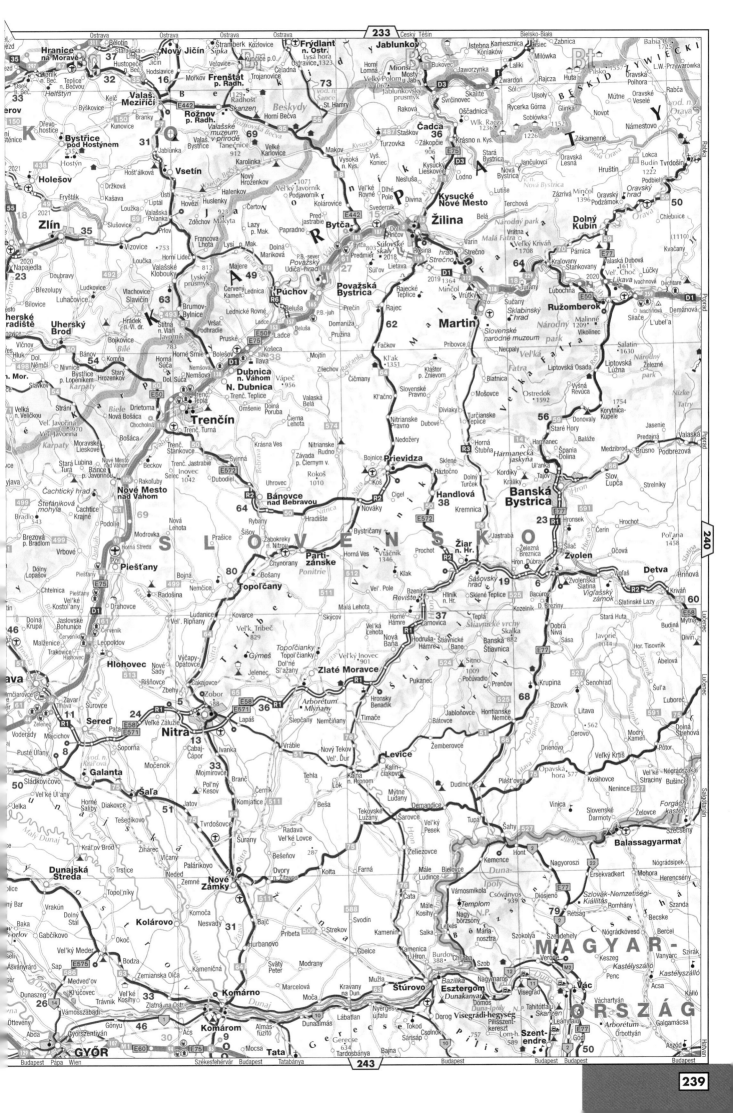

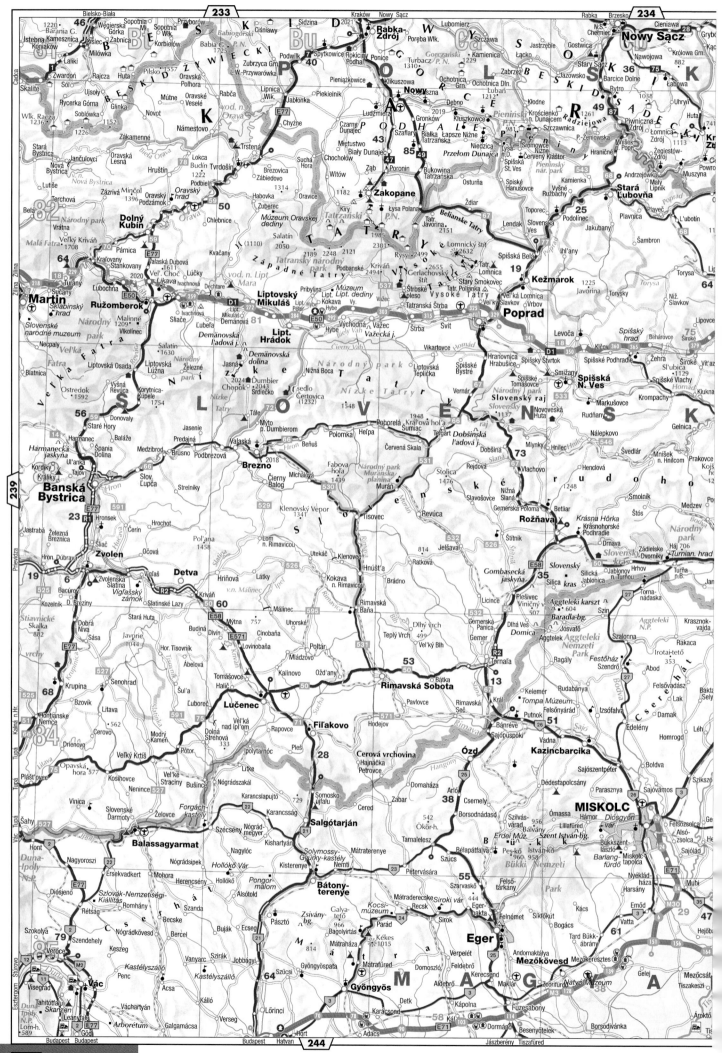

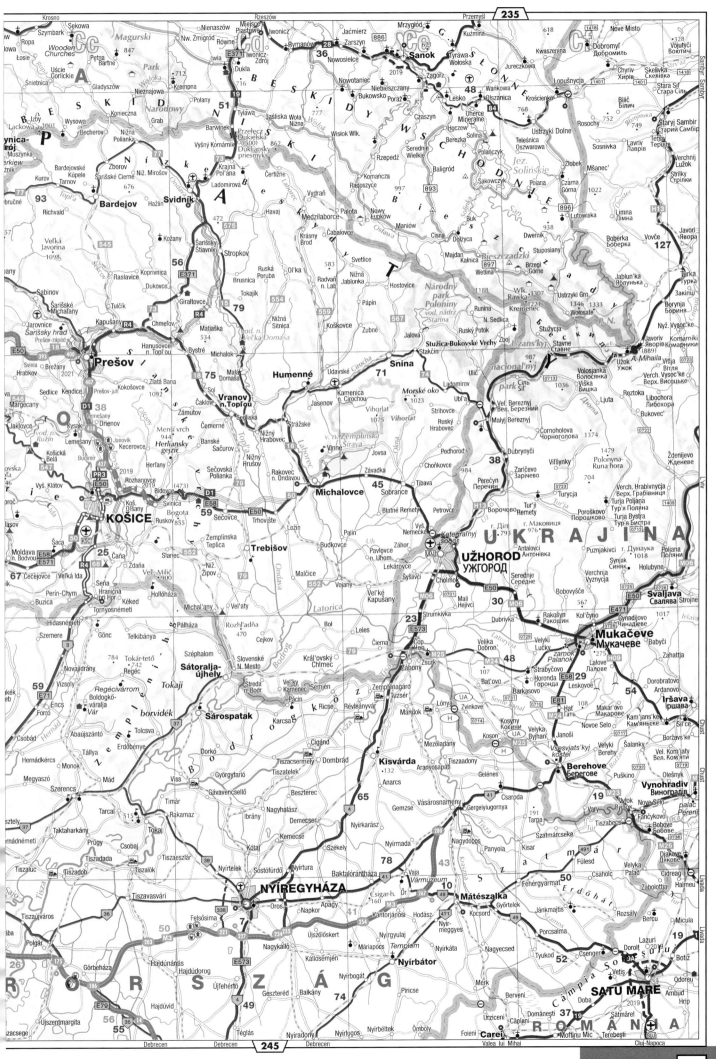

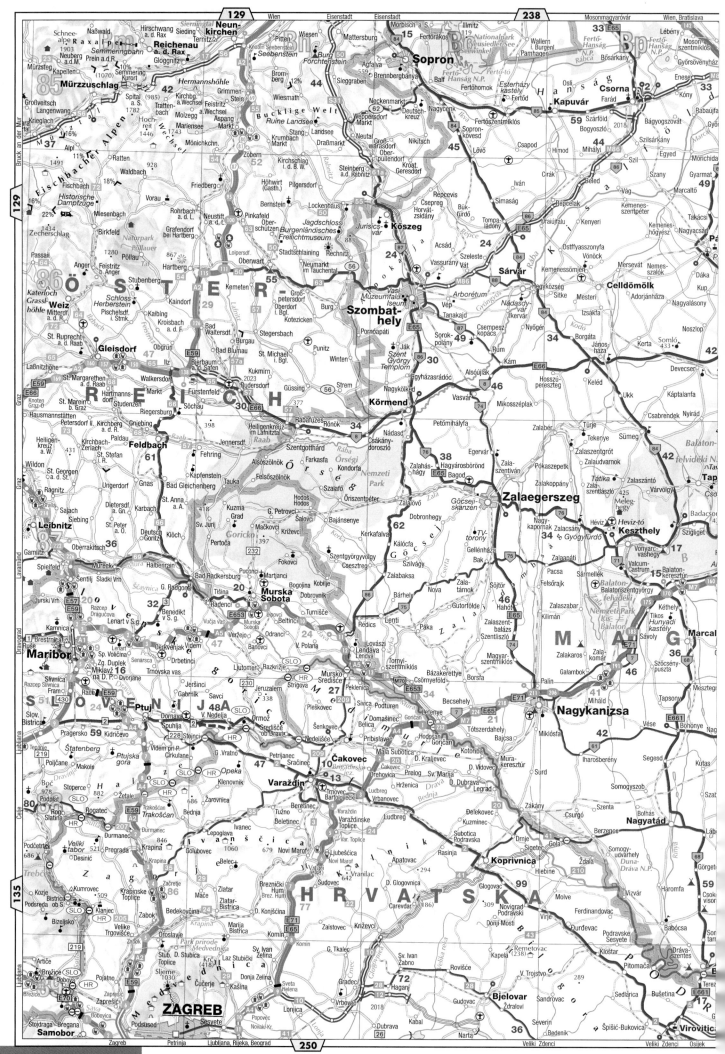

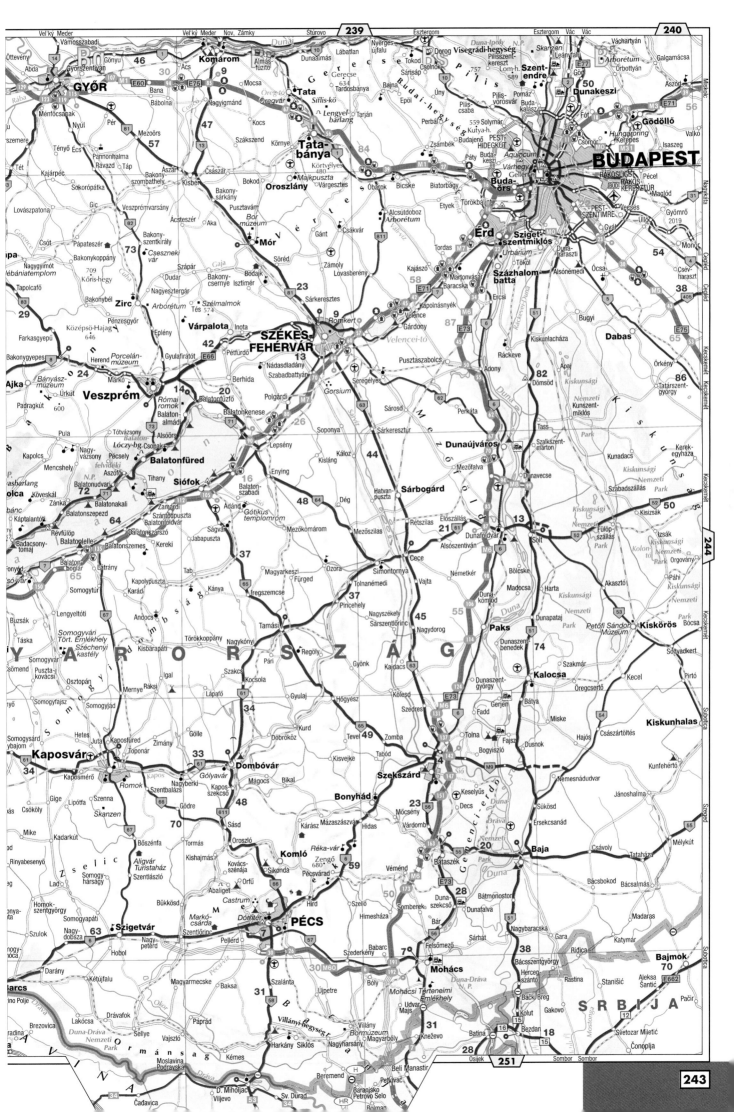

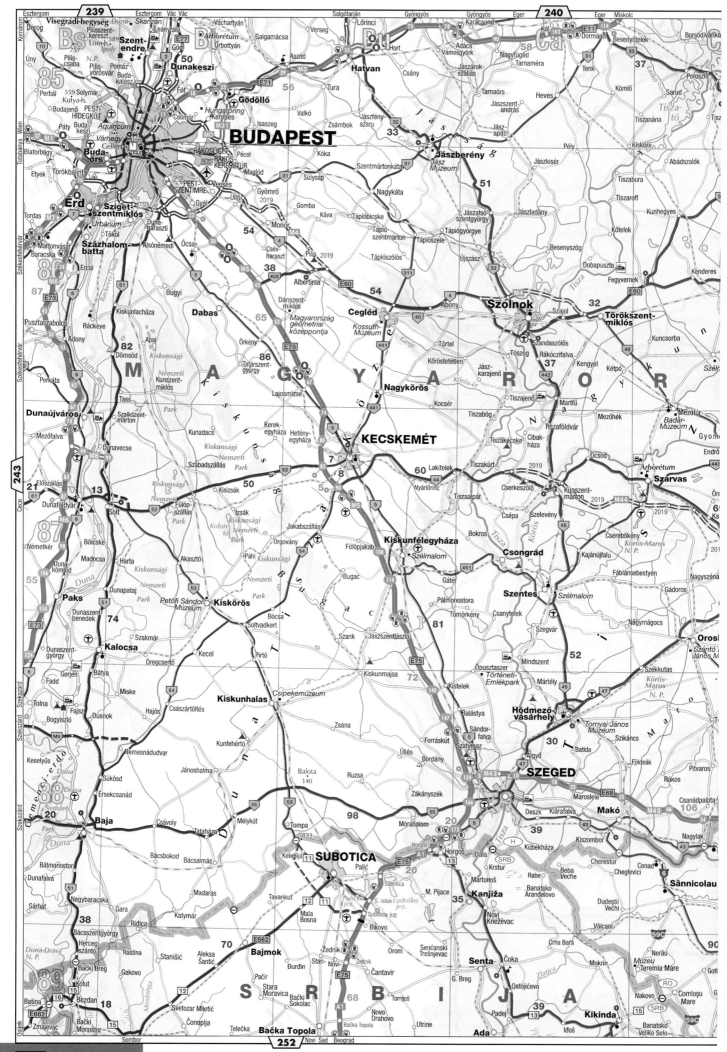

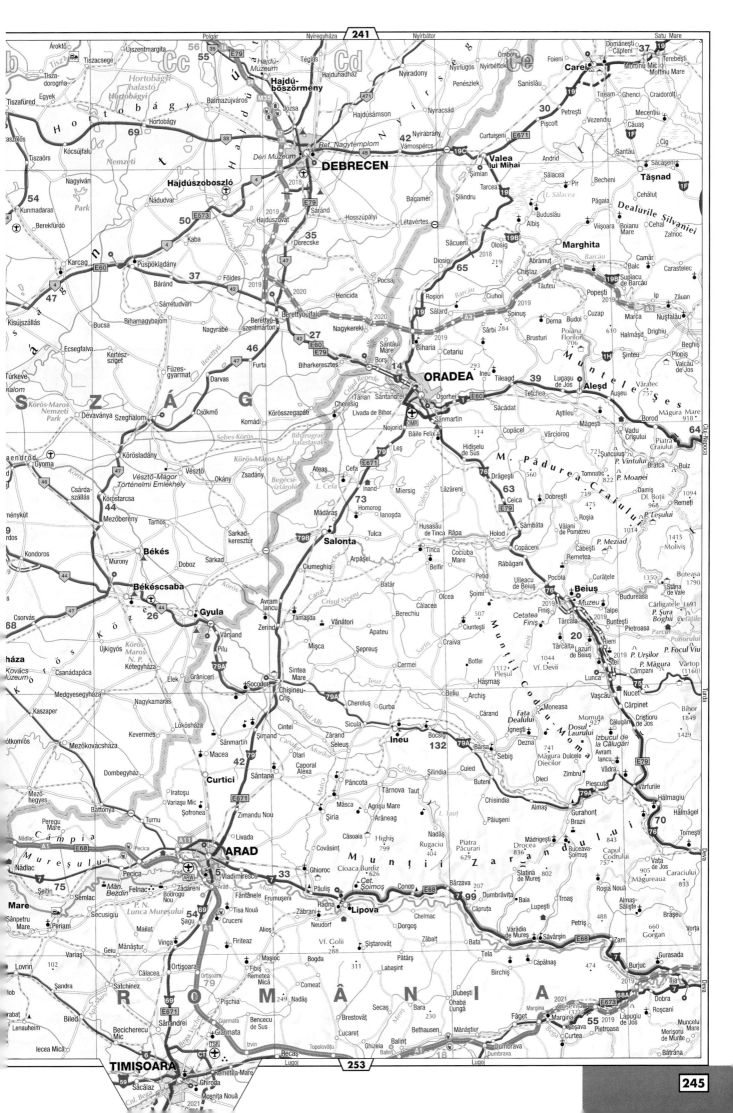

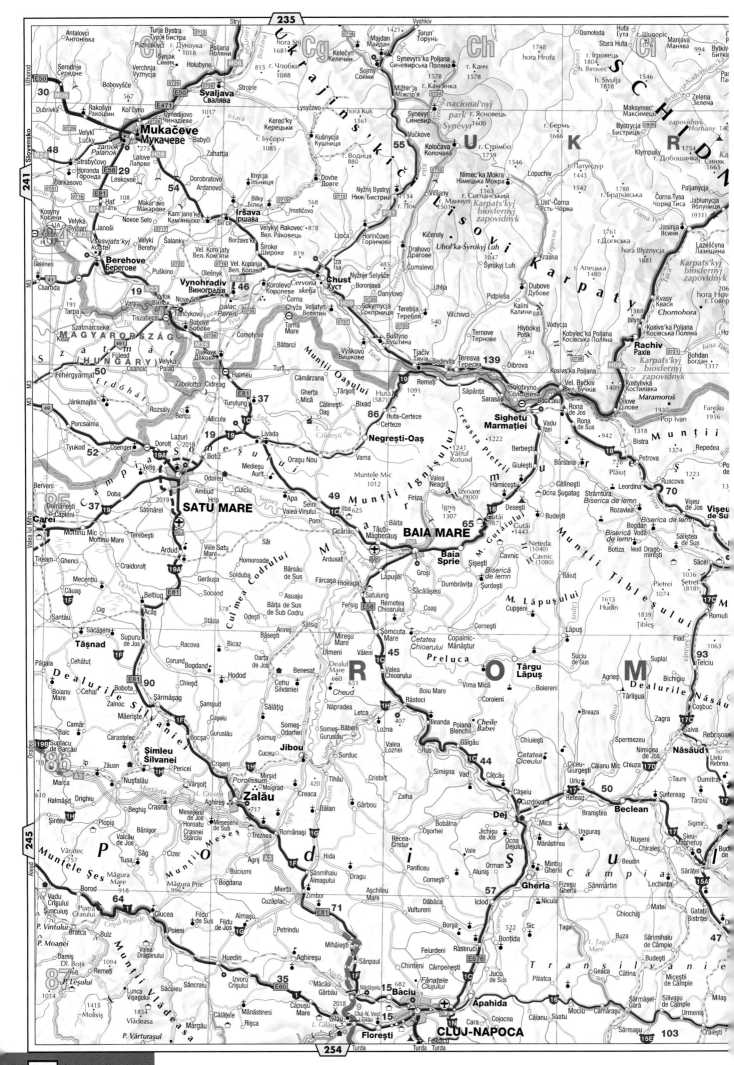

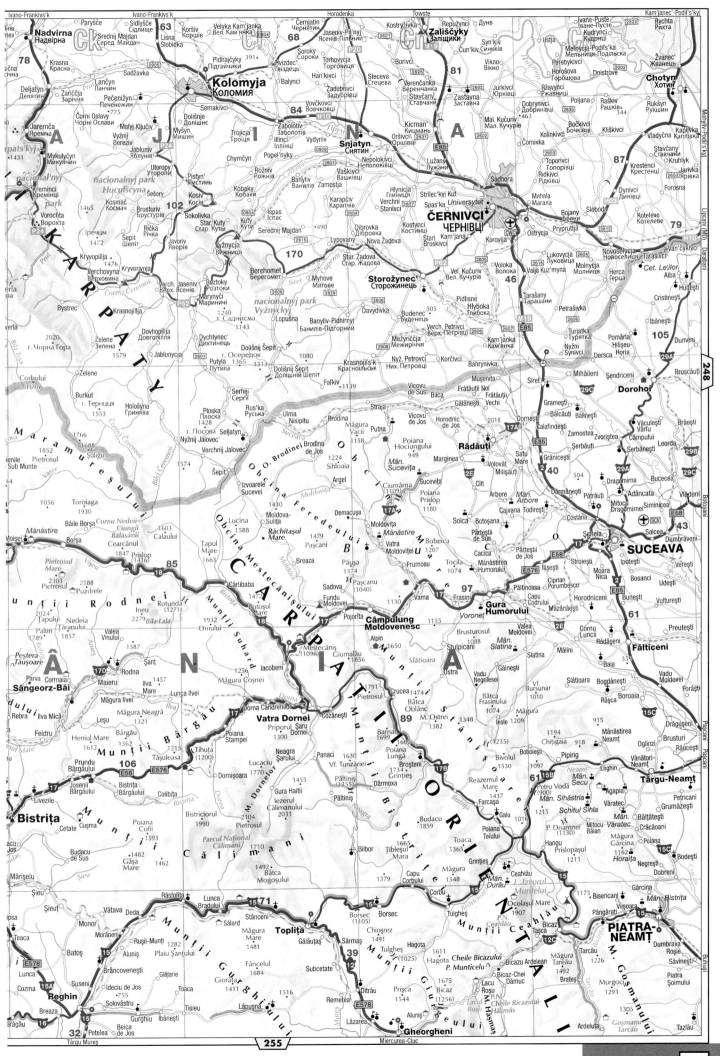

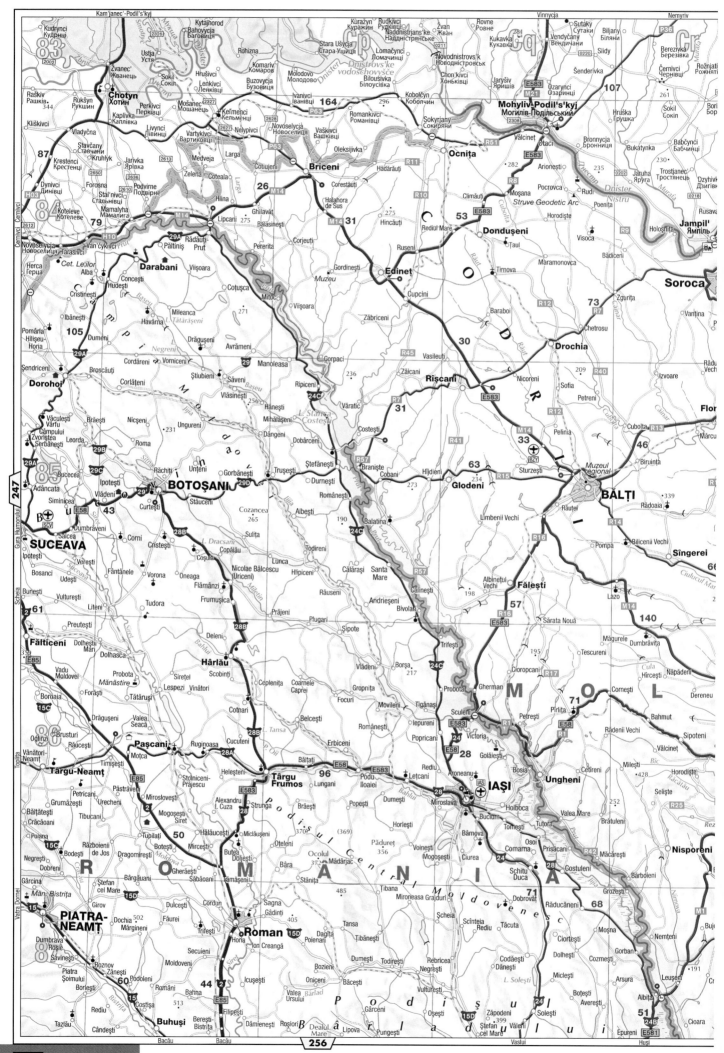

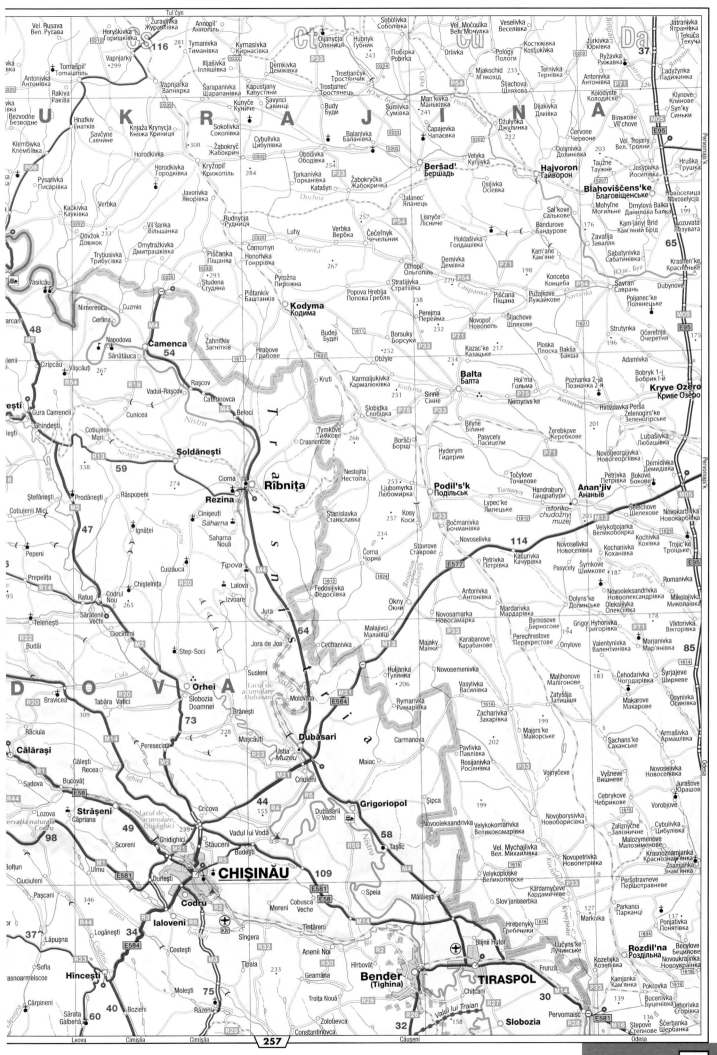

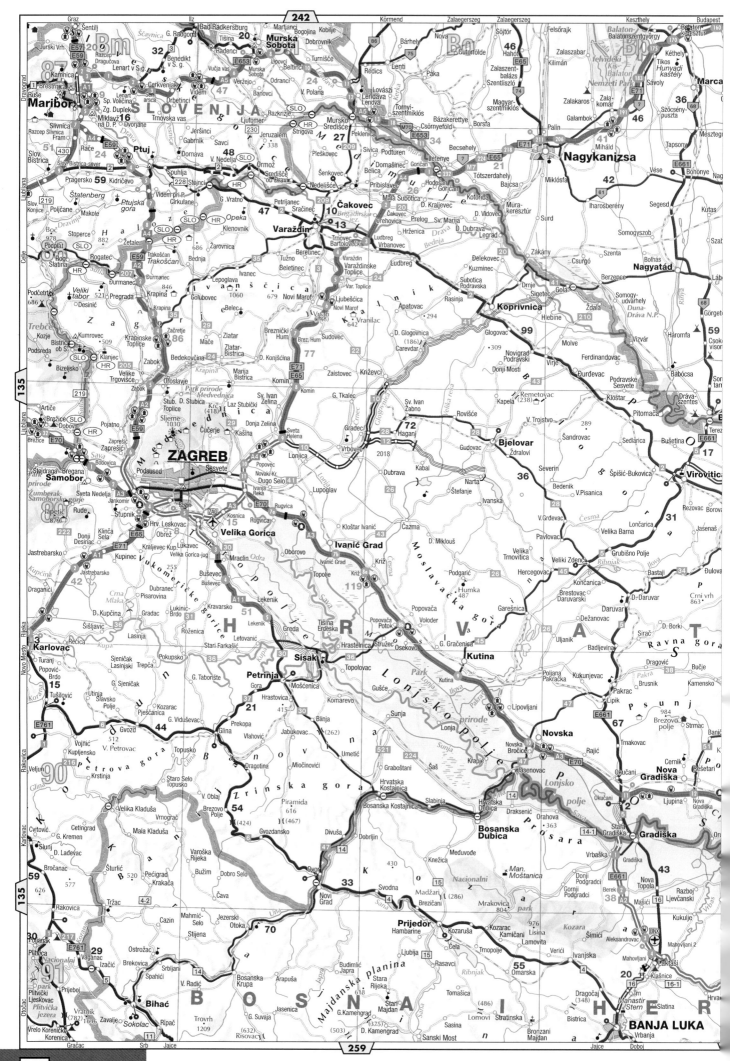

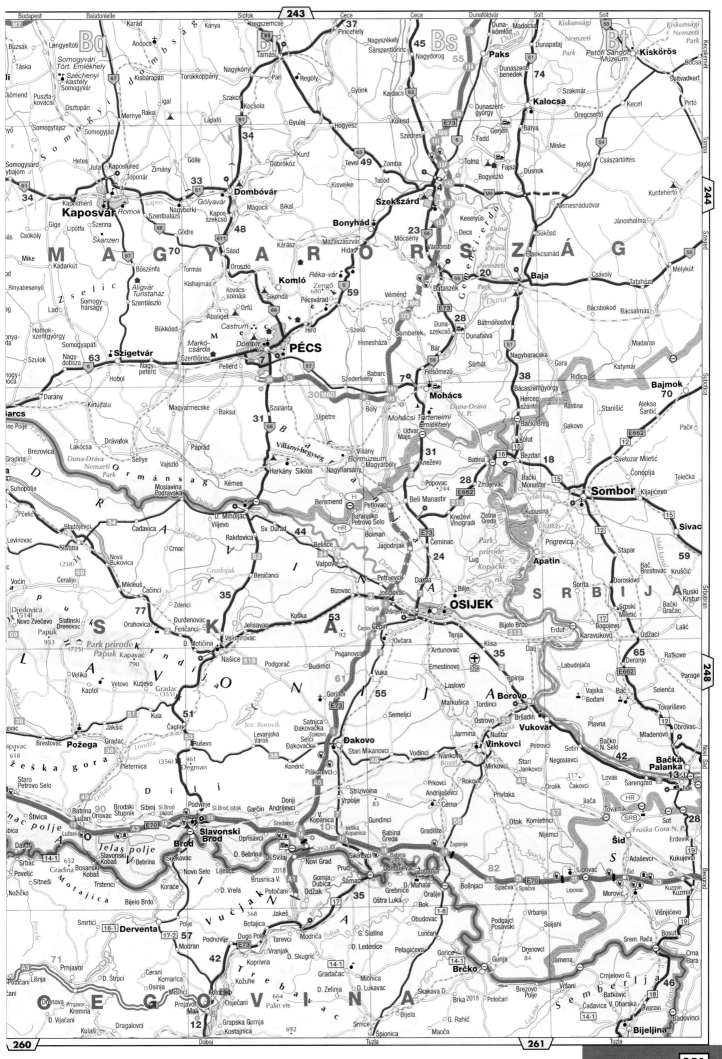

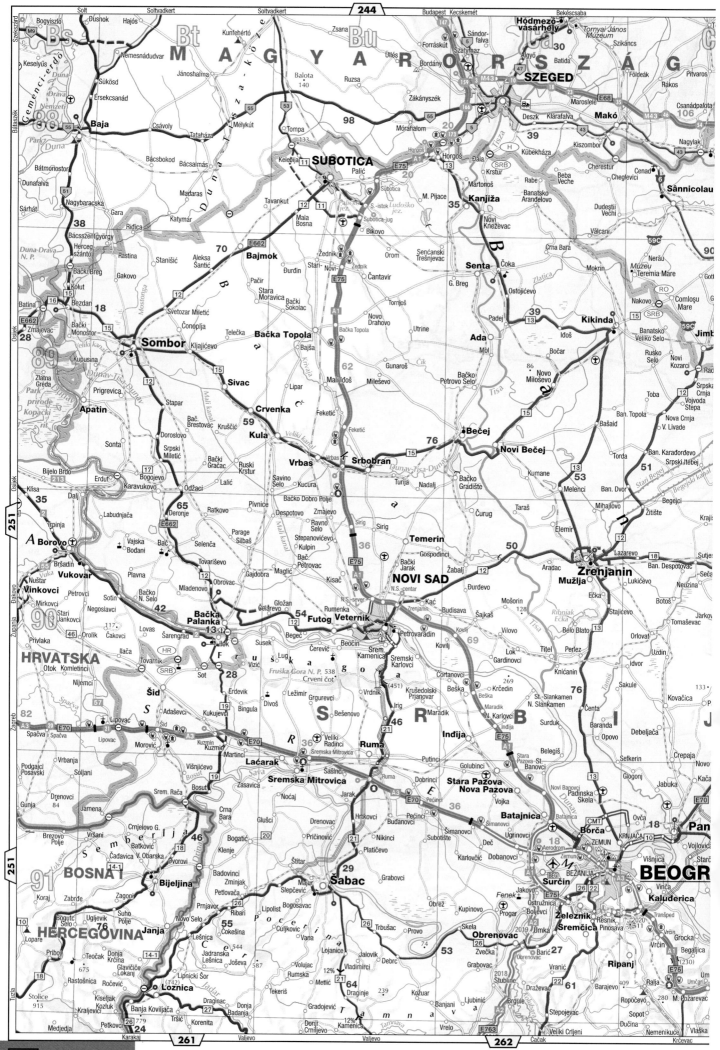

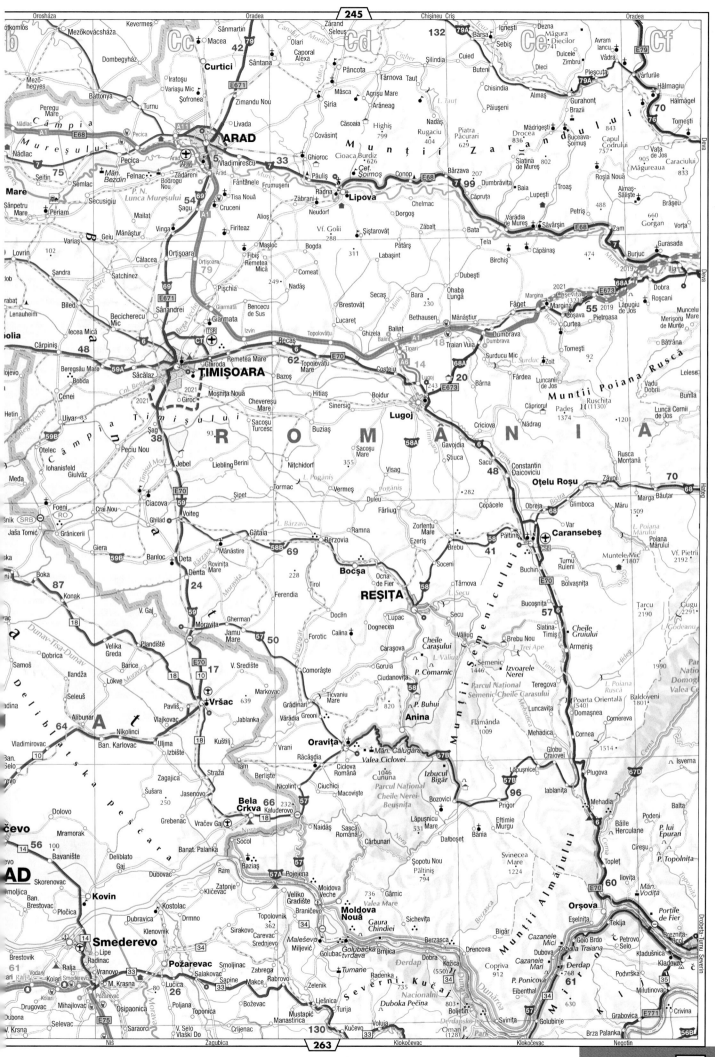

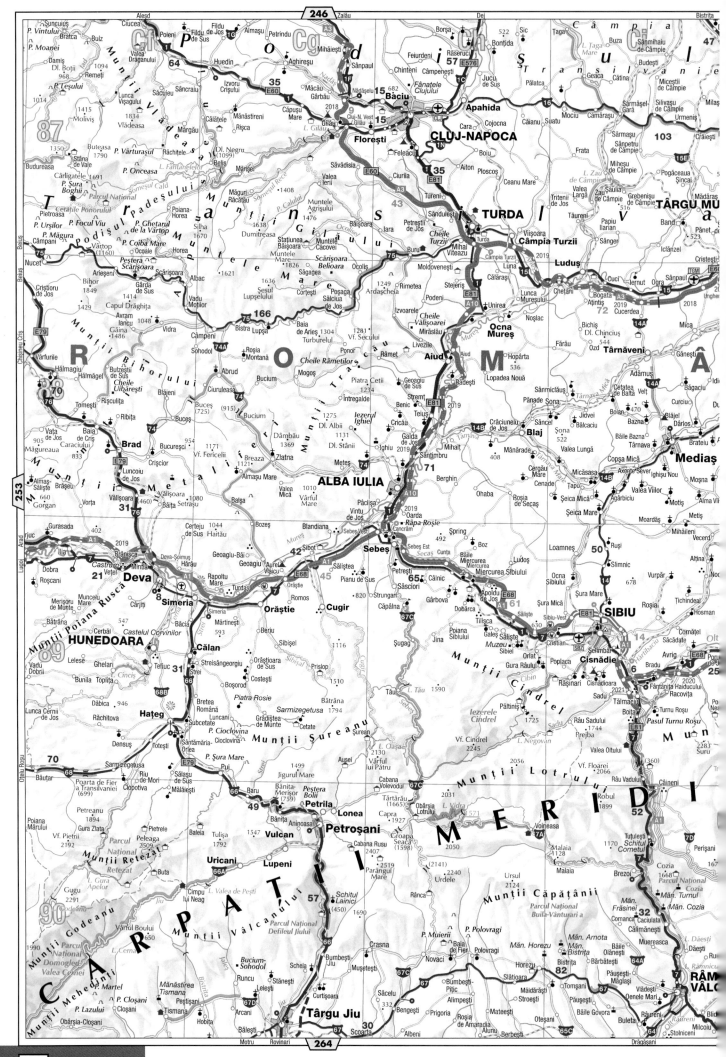

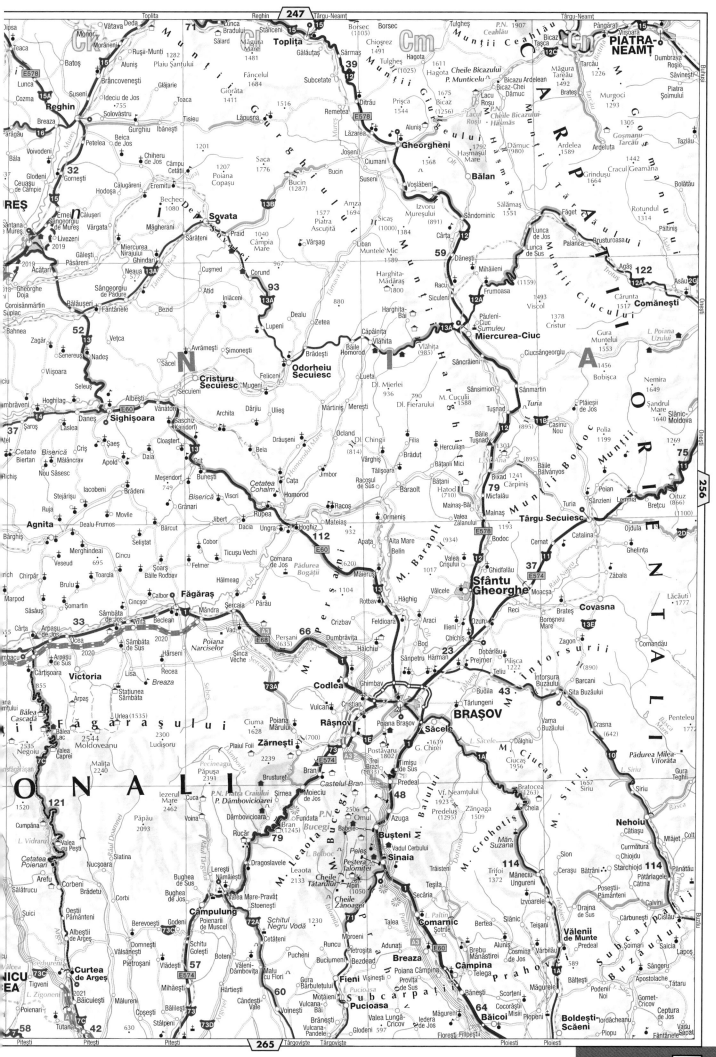

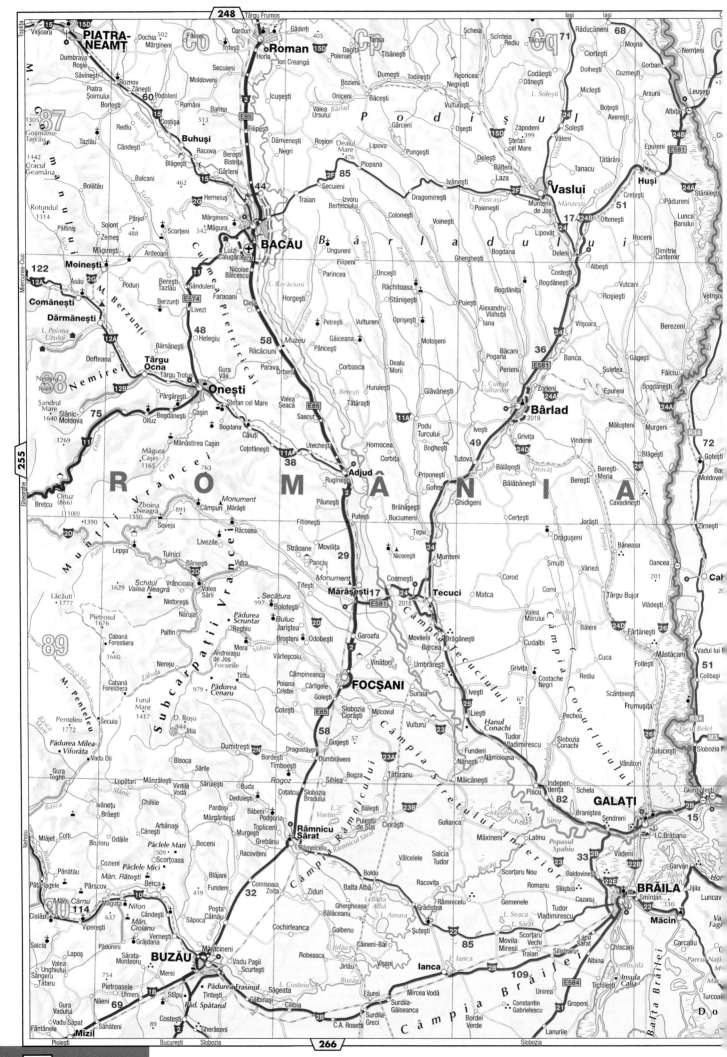

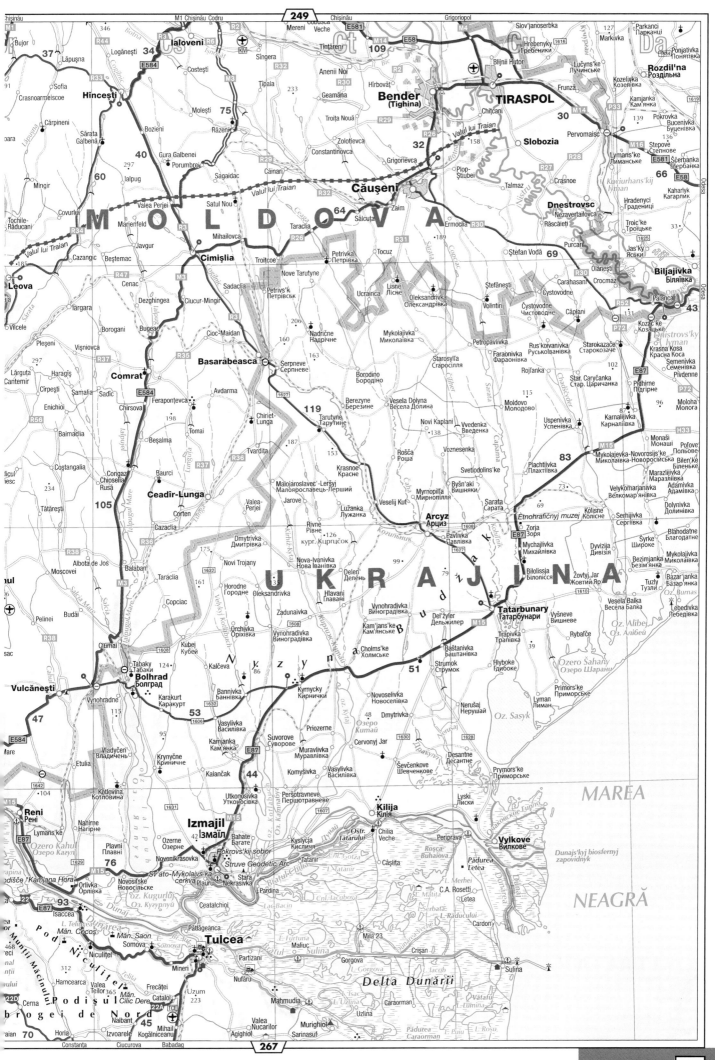

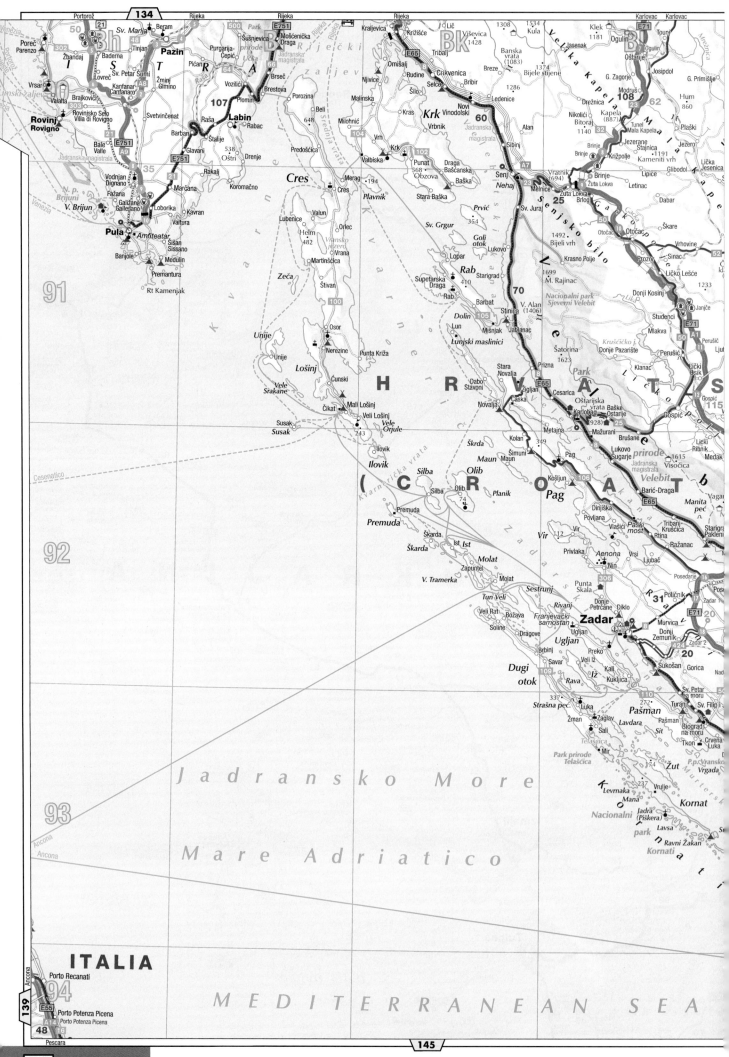

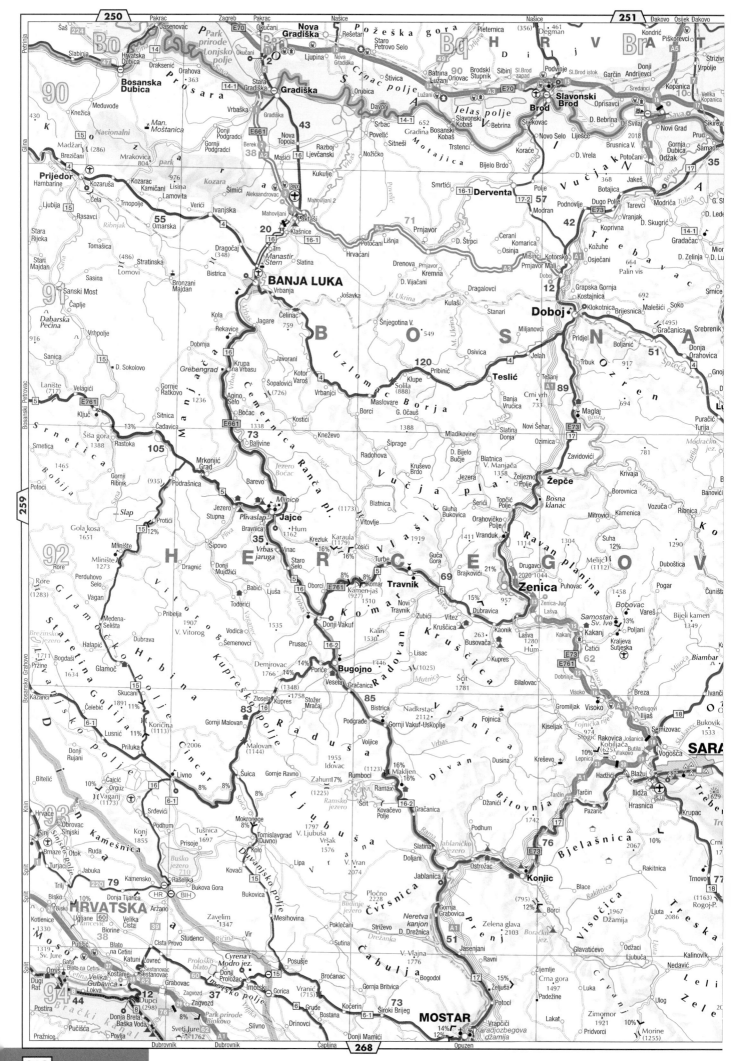

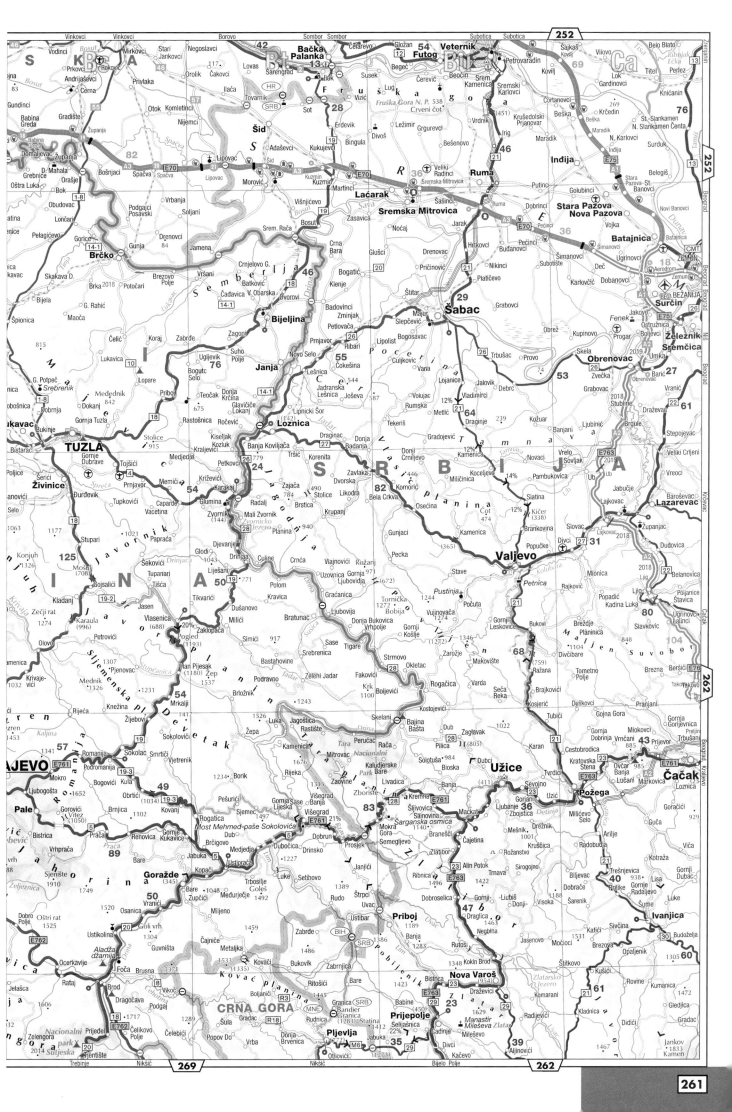

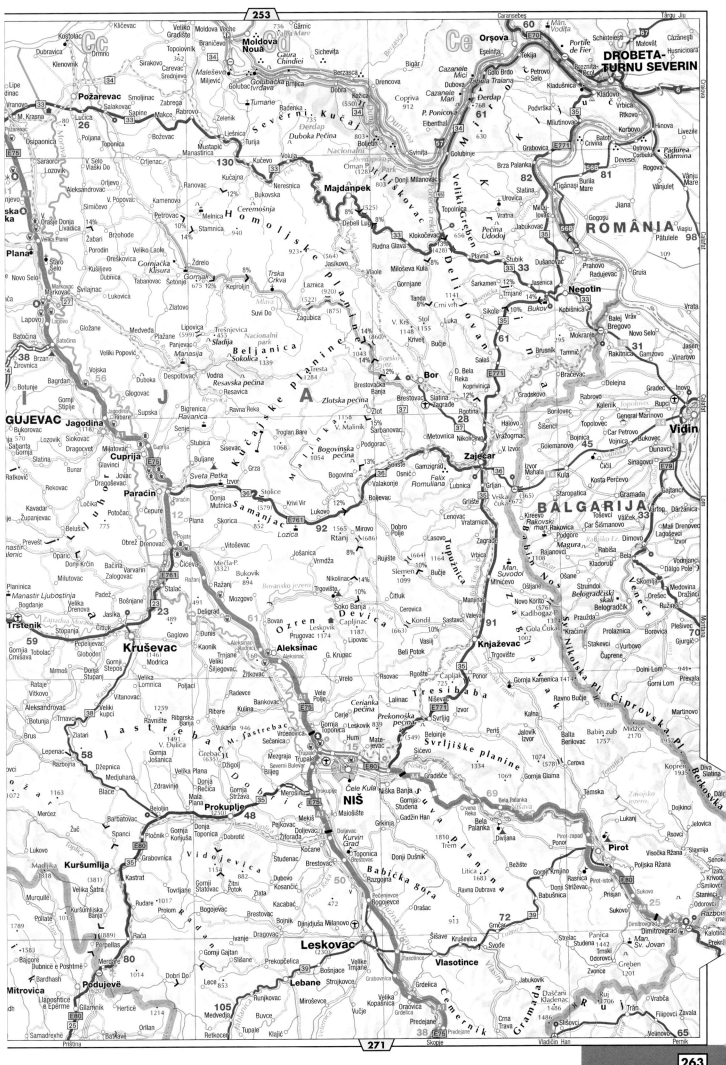

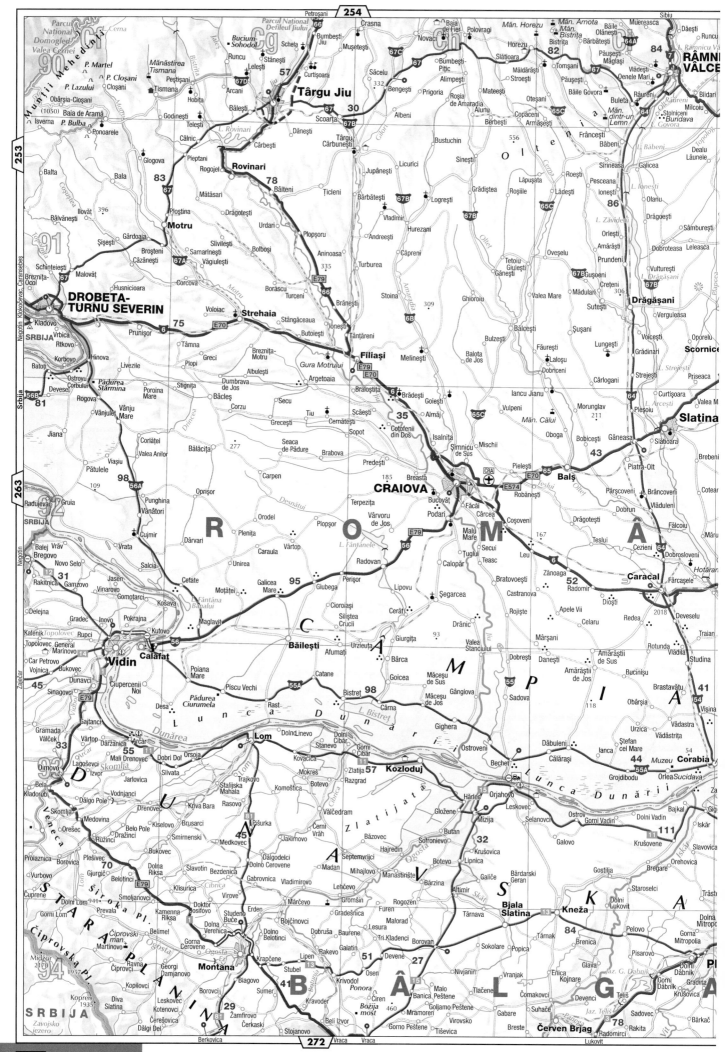

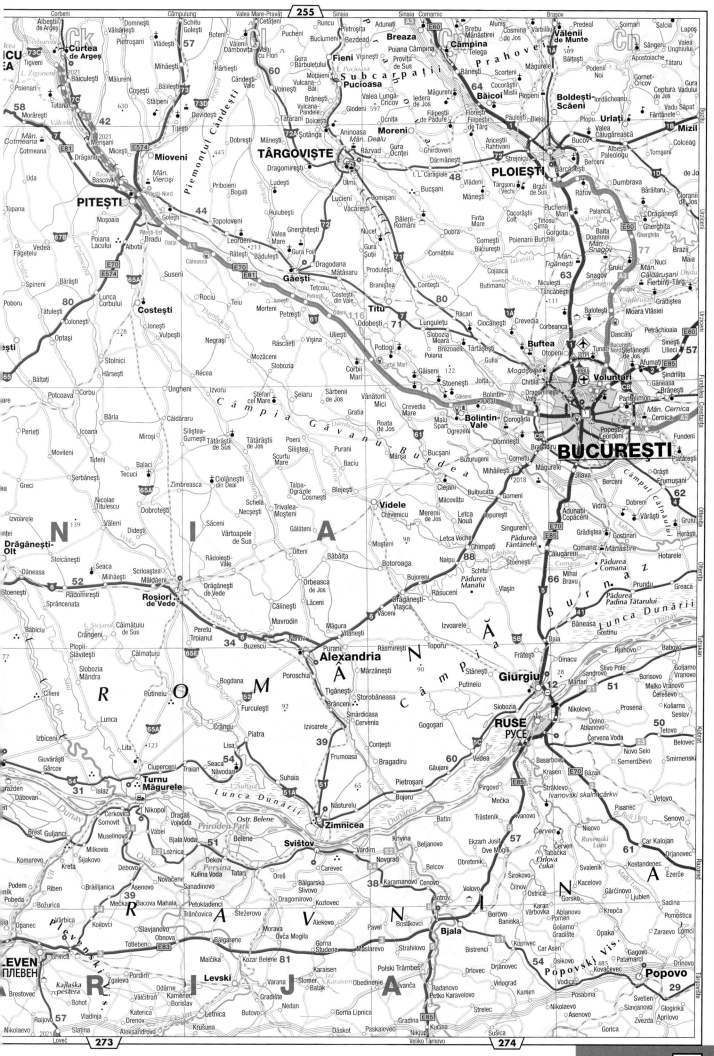

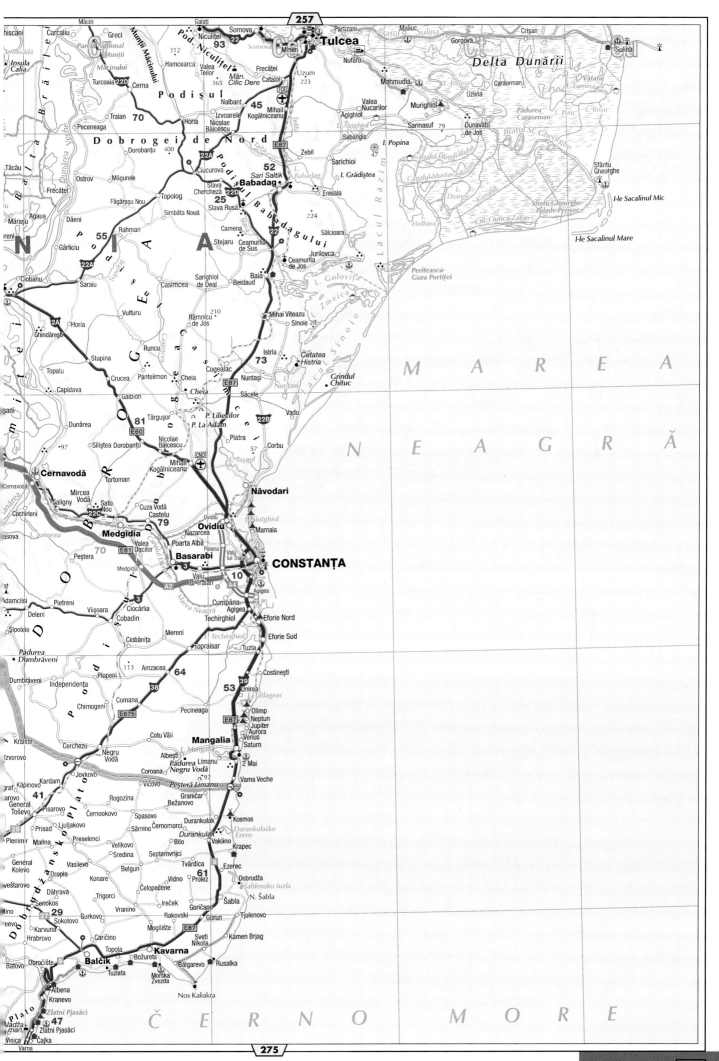

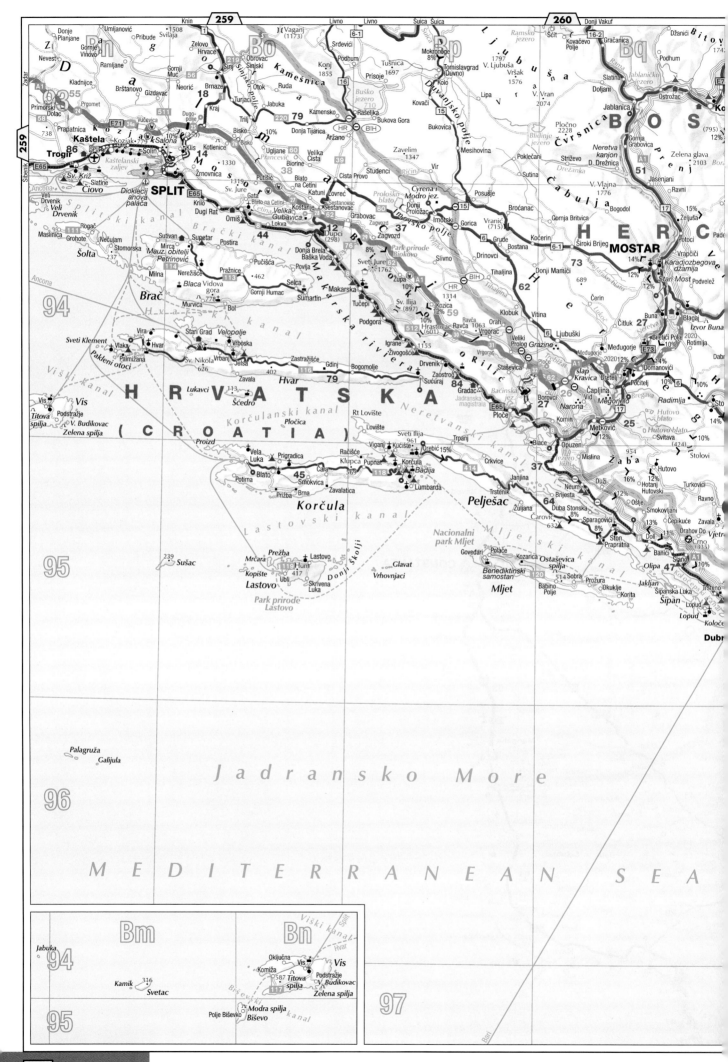

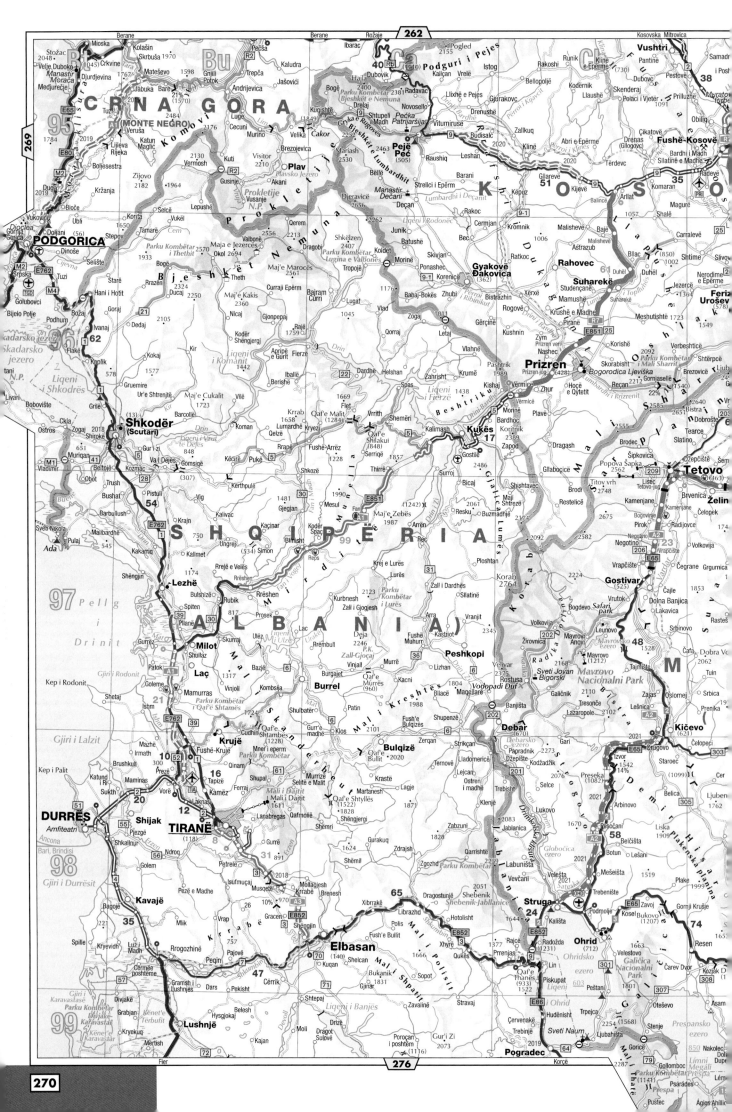

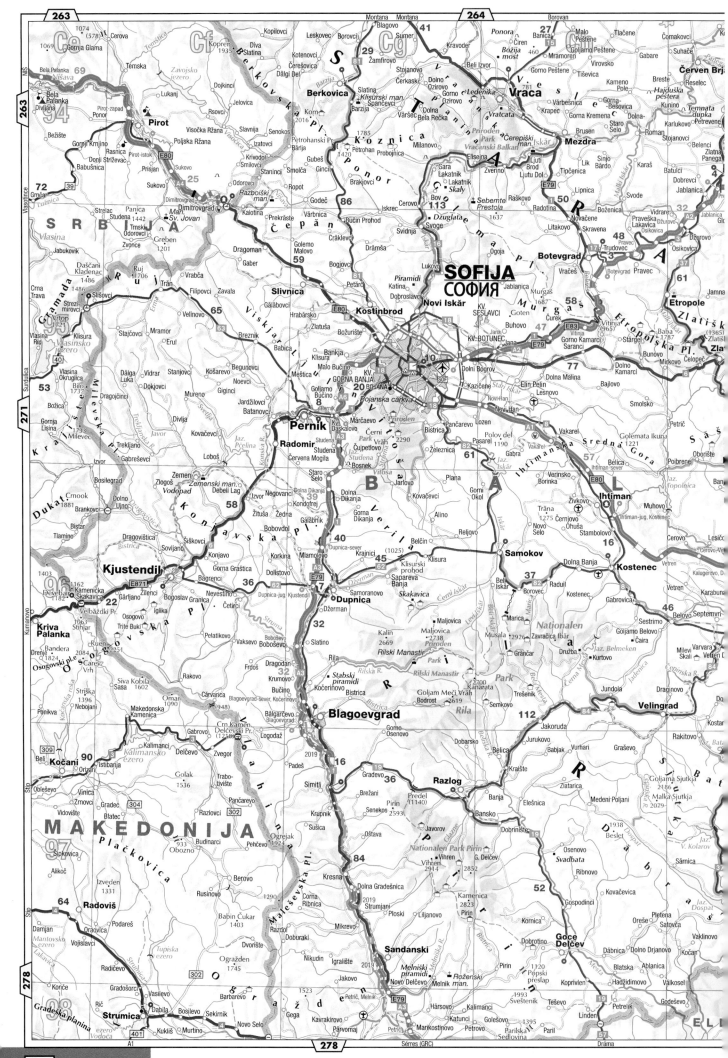

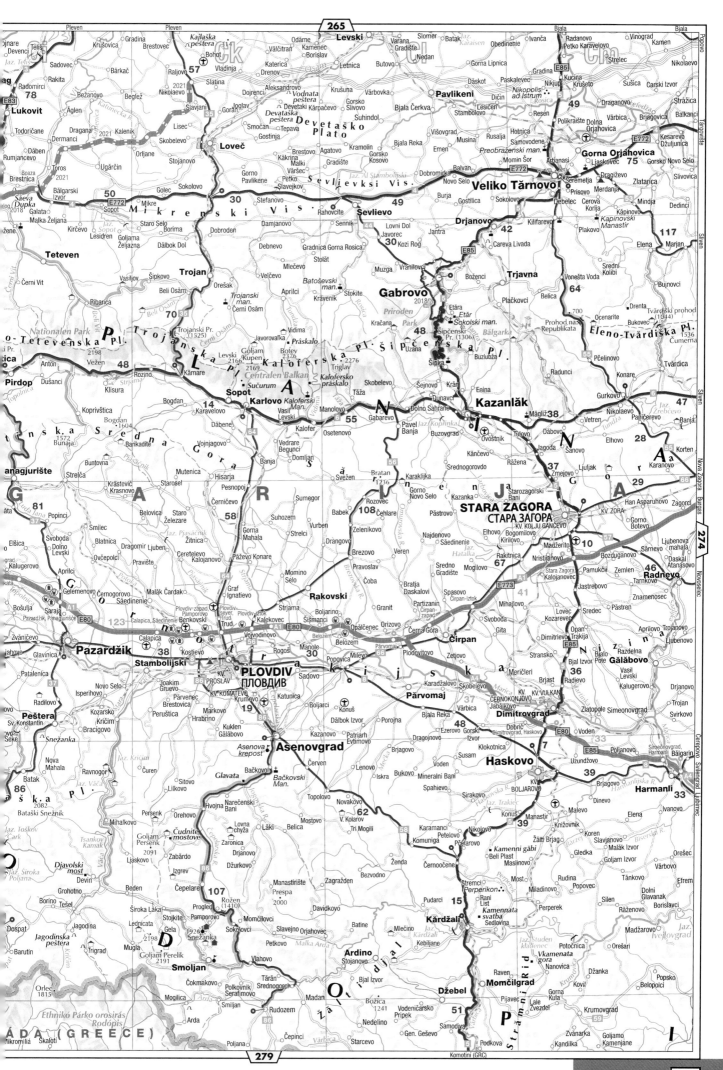

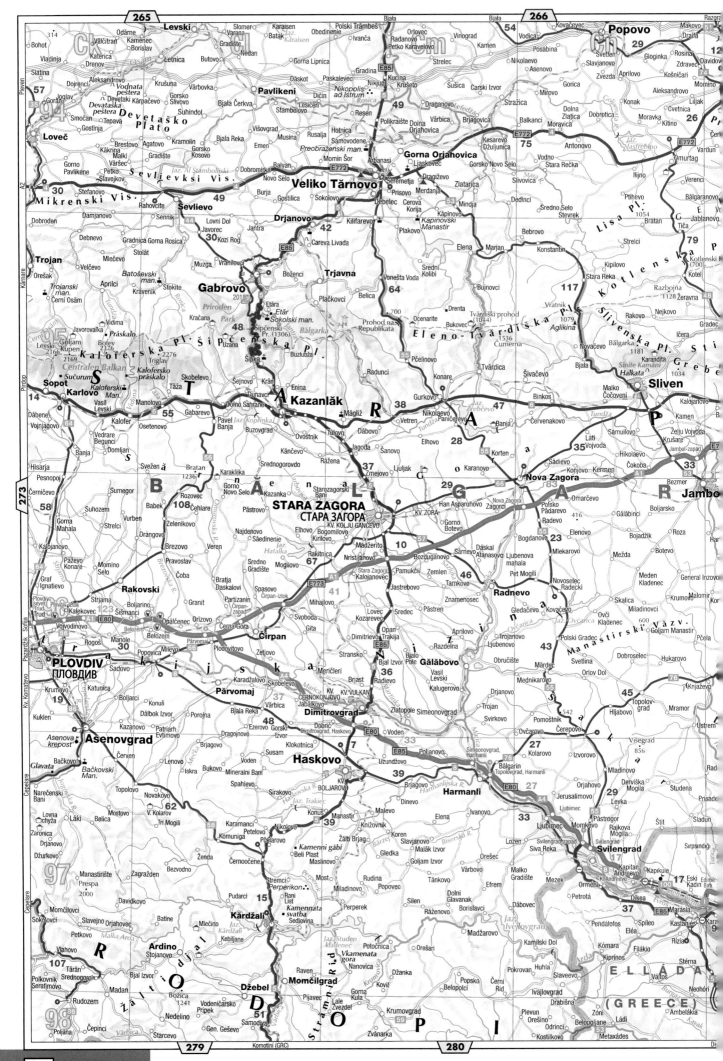

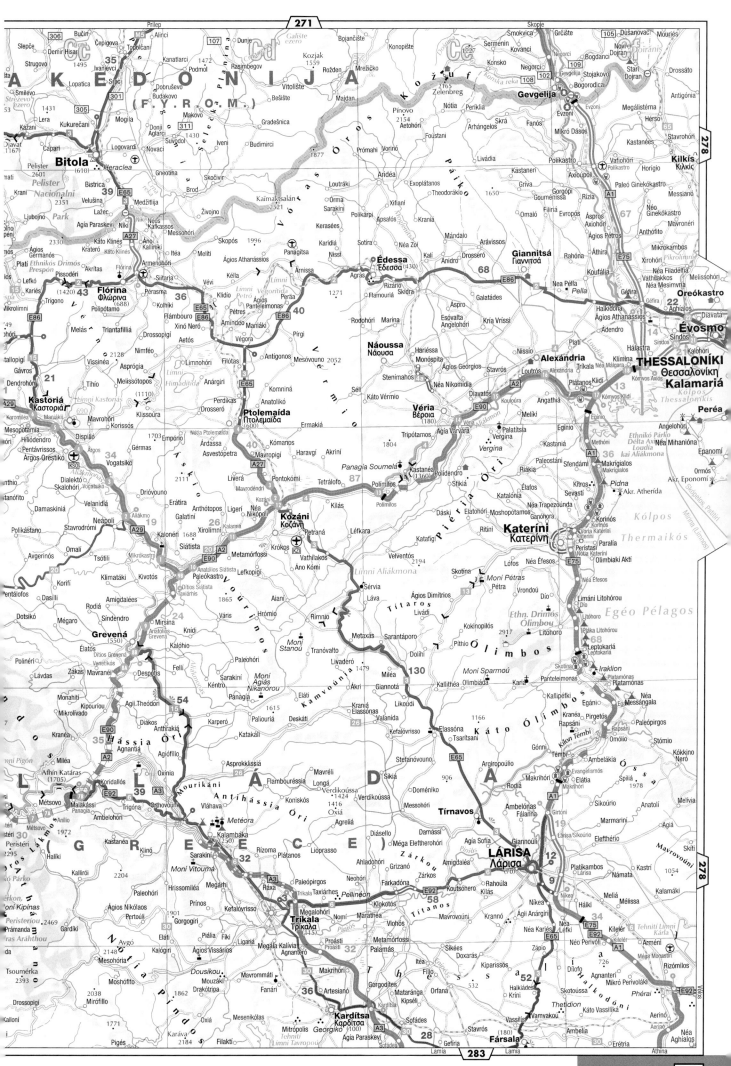

Ethnikó Párko orosirás
Rodópis

Smoljan

Čokmakovo

Mogilica
Plovdiv
Smiljan
Rudozem
Madan
Arda
Čepinci

Mikromiliá
Skaloti
1280

Sidiróneroł
Livaderó
Karagiós
1055
Paranésti
Sterna
Ano Kariófito

Makripláglo
Ipsilí Ráhi
Pteléa
Pashaliá
Dafnó
Stavroúpoli

Platánia
Lekáni
Kehrókambos
Komniná
Xánthi
Ξάνθη
Kimería

Ori Lekanis
Peristéria
1298
Dipótamos
Skopos
Galáni
Pigádia
Séleroi
Amaxádes

Adrianí
Likóstomo
Platamónas
Ágios Kosmás
Diomidia
Yaféika
43
Iasmos Poliántho

Horisti
Doxáto
Makrihóri
Vaniáno
Exohi
Polissito
Iasmos

Agios Athanásios
Limniá
Korifés
Pérni
Koutsó
Sálpi
Egiros
Ágii Theódori

Kalambáki
29
Filippi
Hrissoúpoli
Ávato
Mángana
Abdera
Fanári
Néo Sidirohóri

Kavála
Καβάλα
Néa Karváli
Eratinó
Hrissohóri
Néo Erásmio
Arogí
Xilagani

Dassohóri
Keramoti
Ethnikó Párko Anatolikís Makedonías kai Thrákis

Thassopoúla

Ormós
Prinou
Skála
Rahoniou
Thássos
Prínos
Panagía
Potamiá
Skála Kalliráhis
Sotír
Mariés
1203
Kalliráhi
Theológos
Koivupa
Skála Marió
Limenária
Aliki
Potós
Thássos
Panagia

Paleópoli
Thérma
Kamariótissa
Samothráki
1611
Féngari
Lákkoma
Akr. Kipos

Samothráki

Moní Vatopédiou
Moní Pantokrátoros
Kariés
Athos
Dáfni
Moní Ivíron
Moní Karákallou
Moní Dionisíou
Áthos Óros
Moní Megistís Lávras
2033
Moní Agíou Pávlou
Akrotíri
Akrathos
Akrótiri
Píntes

Gökçeada
Kaleköy
Tepeköy
597
Gökçeada
Uğurlutepe
Dereköy
İnce Burun
Kömürlimanı

TÜRKİYE

Akrotíri Plaka
Plaka
Sergítsi
Akrotíri Moútzeflos
430
Iphaistia
Sardés
Atsiki
Város
Kornós
Kondópoli
Káspakas
Límnos
Mírina
Moúdros
Poliochni
Kondiás
Ormós Kontiás
Skandáli
Akrótiri Stavrós
Akrotíri Agiás Irínis

Ágios Efstrátios
Ágios Efstrátios

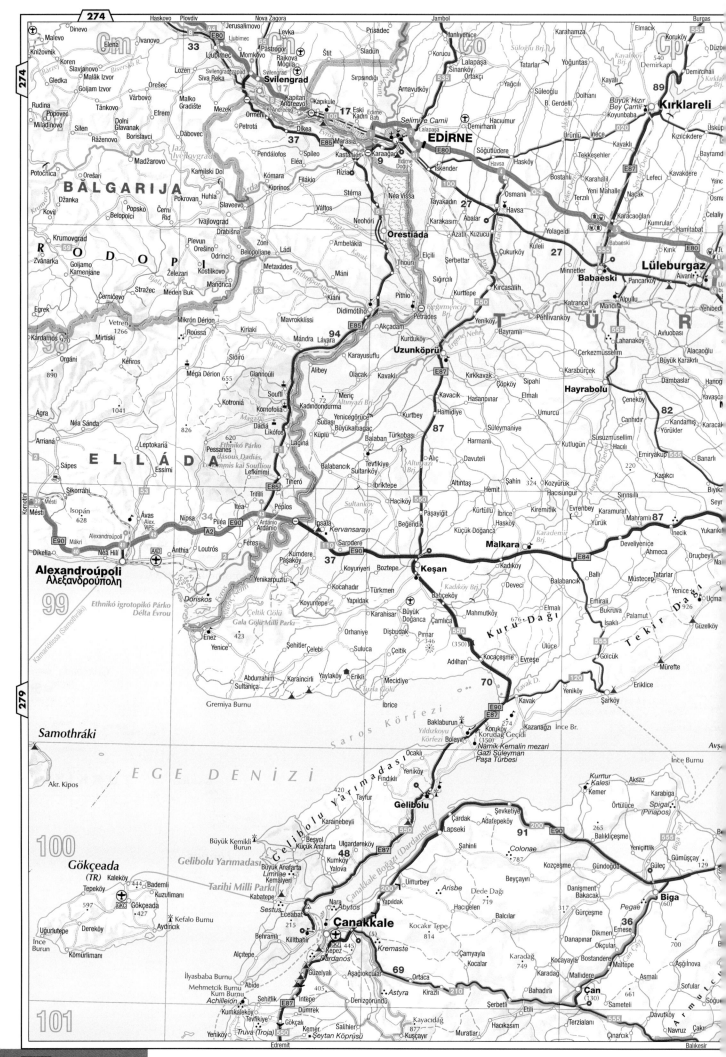

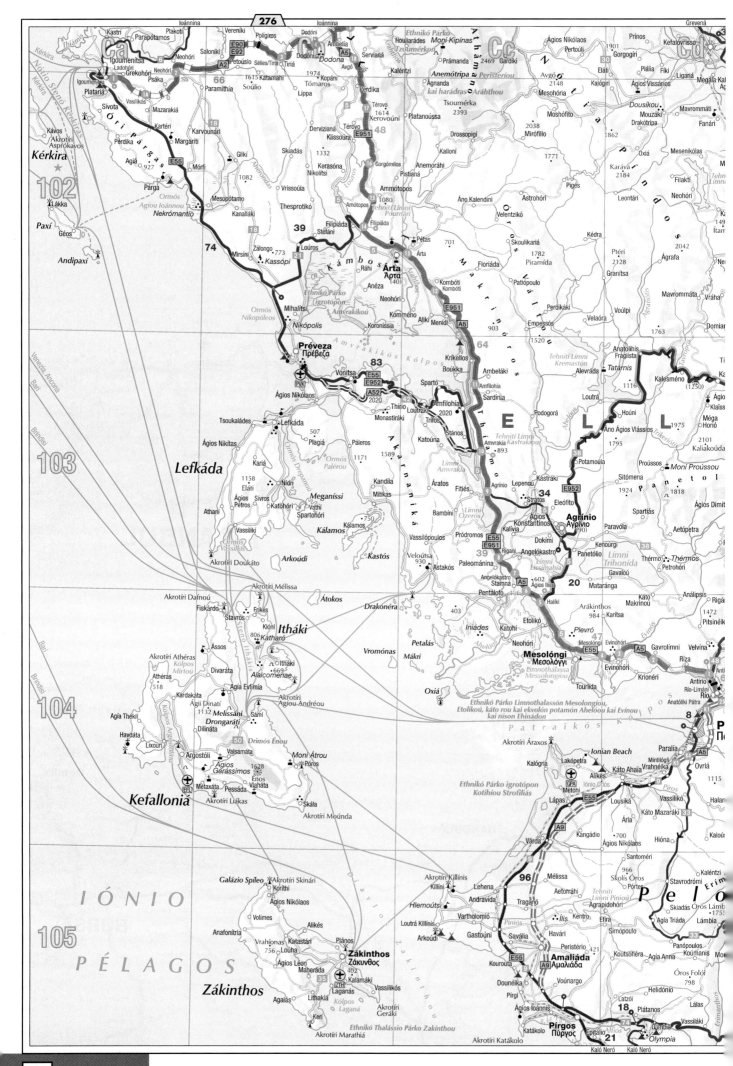

101 Cg Ch Ci Ck

Psathoúra

Akrotíri Erimítis

Gioúra
570

Kirá Panagiá
299

Pipéri

Akrotíri Gérakas

Alónnisos

Ethnikó Thalássio Párko

Alónnisos Vóries Sporádes

Peristéra
456
260

Neohóri
34

102
Xinóvrissi
Argalastí

Promíri
Kástro
Milína
Platanía
433
JSI
Skíathos

Skópelos
Glóssa
680
Loutráki
Skándzoura

Alónnisos
Patitíri

Máratha
Skíathos
Adelfí

Skíathos
Skópelos
Agnóntas

Akrotíri Artemíssio
Pontikoníssi
Agriovótano

SKU
368
Ólimbos
Skíros

Vóries Sporádes

Skíros

Artemíssio
Ellinká
86
Krioneríti
Páppades
Skiropoúla
Linariá
Kohílas
772

Kokinómbléa
Ahládi
Valáxa

Xiró
991
Angáli
Agía Ánna
Sarakinó
Akrotíri Lithári

Roviés
Kourkouli
Strofiliá
Mantoúdi

Límni
Galatáki
77
Píllo
Prokópi

Évvia
Akrotíri Sarakíniko

67
Néos Pagóntas
Pixariá
1343

Ágios
(605)
Stavrós
Paralía Hiliadoú

Kamaritsa
Áttali
866
Akrotíri Kímis

Neotrivía
Politiká
Metóhi
Kími
Paralía Kímis

Mártino
Lárimna
Kastélla
Pissónas
Mistros
Séta
Andróniani
Oxílithos

Néa Artáki
77
Stení Dírfios
Trahíli
Orológi
Kádio

Ágios Ioánnis
Loukíssia
Drossiá
Theológos
1171
Othóniá
761
Akrotíri Ohthonías

Ptío 698
Akréfio
Halkída
Χαλκίδα
Ágios Harálambos

Akréfia
Mourikí
Vassilikó
Áno Váthia
Neohóri

Límni Ilíki
Halkída
Vathí
56
44
Lépoura
Krieza
Akrotíri Poúnda

Ságmata
16
Eleónas/Ritsóna
Erétria
Amárinthos
Alivéri
Límni Distoú

Thíva/Mourík
A11
Dílesi
Nótios Evoïkós Kólpos
Distós

Livadia
4
24
Shimatári
Halkída
Distós

Árma
Kallithéa
Tanágra

Thíva
Θήβα
(218)
A11
Inófita
73
Almiropótamos

Neohoráki
Inófita
Oropós
Ágili Apóstoli
E
Panagía
Messohória

Melissohóri
Asopós
Ágios Thomás
A1
Malakása
Kálamos
648

Kaparéli
E962
46
Pili
Skoúrta
Avlóna
Kavalliani
Néa Stíra

Platéés
Erithrés
Óros Pástra
1016
Malakása
49
Afidnés
Sfenárí
Rámnous
Stíra
680

Kitherón Óros
1409
Eléftheres
Pánakto
Kapandríti
Agía Marína

Egósthena
Vília
Inói
Fili
Karampóla
Grammatikó
Néa Stíra

Egósthena
Moní Ossioú Meletiou
Ágios Stéfanos
E75
Marathónas
Ágios Dimítrios

1131
Óros Patéras
Agía Sotíra
Klistó
Ekáli
Shiniás
Marmári
Óhi
Kómita

Mándra
25
Fili
Dekélia
Marathon
Ethnikó Párko Shiniá Marathóna
1398
Óhi

Ágios Ieró theos
Mándra
Μάνδρα
Aharnés
Dionísos
88
Néa Mákri
Νέα Μάκρη
Vatísi
Platanistós

Mégara
Μέγαρα
A8
23
Aspropírgos
Ασπρόπυργος
Ílio
Kifissiá
Maroúsi
Potámi

287
Nikea
A6
Néa Péramos
Péntéli
Agía Paraskeví
Ntaoú Pendéli
Kárystos

Elefsína
Ελευσίνα
Pé(rama)
Pérama
Πέραμα
Halándri
Χαλάνδρι
Rafína
Ραφήνα
Akrotíri Kambanó

Salamína
Σαλαμίνα
Keratsíni
Dáfni
Akrópolis
15
Spáta
Kaliváni

PIREÁS
Πειραιάς
26
KALLITHEA
Καλλιθέα
Ártemis
Άρτεμις
Epáno Fellós

ATHÍNA
Αθήνα
Ilioúpoli
27
Koropí
Peanía
ATH
Vravróna
Gávrio
Arnás

Glifáda
Kalívia
Καλύβια
Markópoulo
Pórto Rafti
Ánd

Voúla
Vouliagméni
Moní Sotíros
49
Moní Sotíros
Batsí 994
Apíkia

105
Diápora Nissiá
Varkíza
Keratéa
Apíkia

Souvála
Lagoníssi
91
Anávissos
Thorikó
Θορικό
Kéas
Agía Iríni
Paleópoli

Aféa
59
Fléves
Lávrio
Makroníssi
Otziás
Vourkári

Égina
Agía Marína
Arsída
Paleá Fókea
Kéa
Korissía

Óros
531
Naós Poseidónos
Kalí Soúnio
Korissía
Vourkári

Angístri
Égina
Patróklou
Akrotíri Soúnio
Kéa
Kéa

Pérdika
Salamína
Σ a r o n i k ó s   k ó l p o s

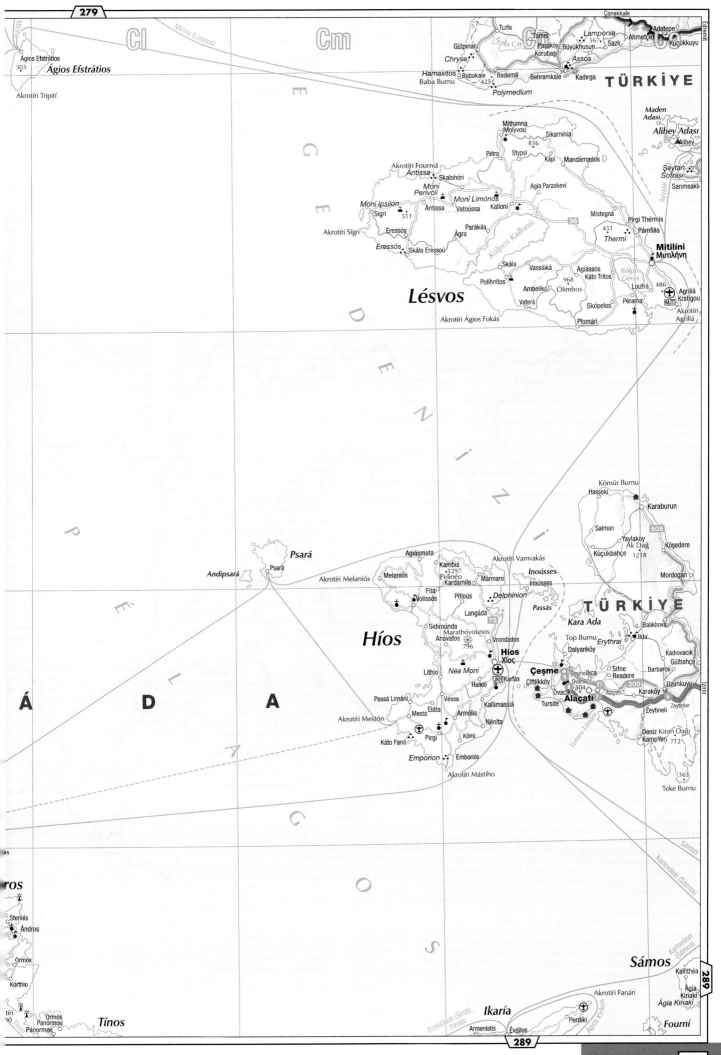

CI

Cm

Çanakkale

Tuzla

Tamis
Lamponia
567
Adatepe
Ahmetçeli
Küçükkuyu
Gülpınar
Paşaköy
Büyükhusun
Sazlı
Korubaşı
Chryse
Assos
Hamaxitos
Babakale
Bademli
Behramkale
Kadırga
TÜRKİYE
Baba Burnu
425
Polymedium

Maden Adası

Alibey Adası
Alibey

Mithimna
(Molyvos)
Sikaminía
Akrotíri Fourniá
Pétra
Stypsi
Kápi
Mandámados
Antissa
Skalohóri
Moní
Perivóli
Seytan Sofrası
Sarımsaklı
Moní Ipsilón
Antissa
Moní Limónos
Vatoússa
Agia Paraskeví
Sigri
511
Kallloní
Mistegná
Pirgi Thérmis
Akrotíri Sígri
Parákila
Ágra
36
451
Thermí
Pámfilla
Eressós
Skála Eressoú
Eressós
Mitilíni
Μυτιλήνη
Skála
Vassiliká
Agiássos
Kólpos
Géras
Polihnitos
Káto Trítos
486
Agriliá
Kratigou
MUTI
Ámbelikó
968
Ólimbos
Loutrá
Vaterá
Skópelos
Pérama
Akrotíri
Agriliá
Lésvos
Akrotíri Ágios Fokás
Plomári

Kölpos Kallonís

AEGEAN DENIZI

Kömür Burnu
Hasseki
Karaburun
505
Salman
Yaylaköy
Ak Dağ
Küçükbahçe
1218
Köşedere

Psará
Agiásmata
Akrotíri Vamvakás
Mordogan
Andipsará
Psará
Kambiá
Inoússes
TÜRKİYE
1297
Pelinéo
Akrotíri Melaniós
Melaniós
Kardámila
Mármaro
Inoússes
Kara Ada
Balıklıova
Fitá
Volissós
Pitioús
Delphinion
Passás
Top Burnu
Erythrai
İldır
Langáda
75
Kadıovacık
Híos
Sidiroúnda
Marathóvounos
Anávatos
796
Vrondádos
Dalyanköy
Gülbahçe
Lithío
Néa Moní
Híos
Xιος
Çeşme
Sifne
Barbaros
Halkió
MUTI
Karfás
Çeşmellica
Resdere
Passá Limáni
Véssa
Kallimassiá
Çiftlikköy
Ovacık
304
Karaköy
300
Uzunkuyu
Á
D
A
Mestá
Eláta
Armólia
Alaçatı
Zeytineli
Akrotíri Mestón
Pirgí
Kómi
Tursite
Nénita
Káto Fanó
Emporión
Emboriós
Deniz Kıran Dağı
KampYeri
712
Akrotíri Mástiho
Yumru Limanı

363
Teke Burnu

Á
P
É
L
A
G
O
S

ros

Stenié
Ándros
Ormós
Kórthio
Ormós Panórmou
Pánormos
Tínos

Sámos

Kalithéa
Ágia Kiriakí
Ágia Kiriakí

Ikaría
Akrotíri Fanári
Perdiki
Fourní
Armenistís
Évdilos

289

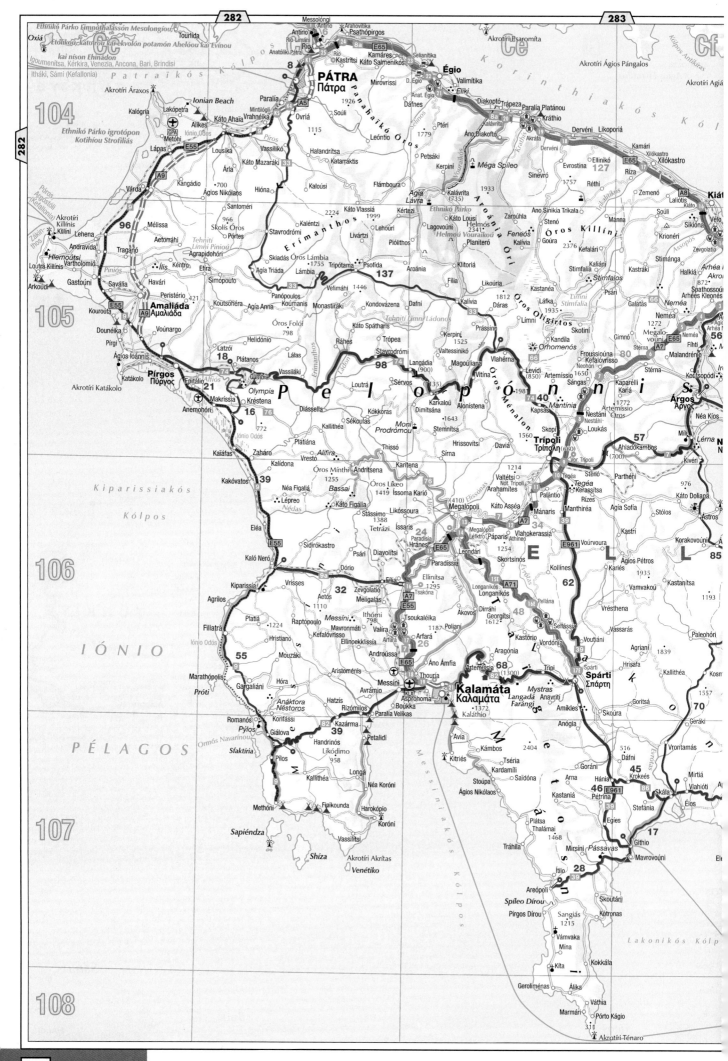

104

105

106

107

108

Cc

Ce

Cf

PÁTRA
Πάτρα

Égio

Amaliáda
Αμαλιάδα

Pírgos
Πύργος

Olympia

Tríopli
Τρίπολη

Árgos
Άργος

Kalamáta
Καλαμάτα

Spárti
Σπάρτη

Kiát

56

85

N

L

P e l o p ó n n i s.

S.

E

L

A

M a n i

Í Ó N I O

P É L A G O S

Kiparissiakós
Kólpos

Patraïkós

Korinthiakós Kólpos

Lakonikós Kólpos

Messiniakós Kólpos

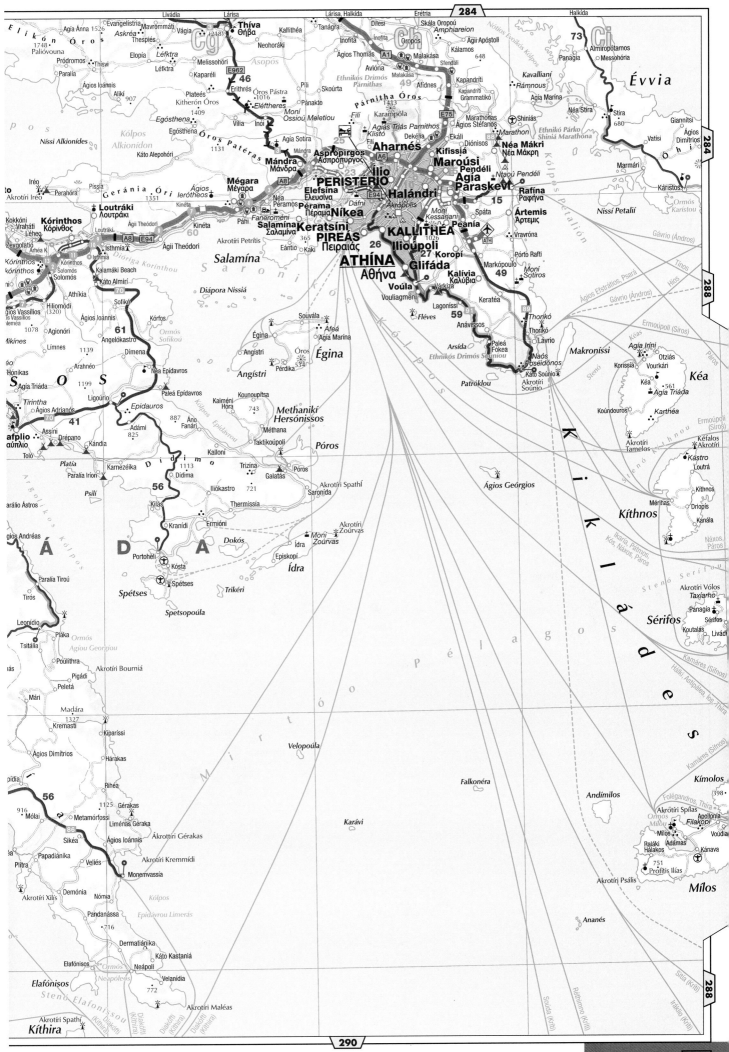

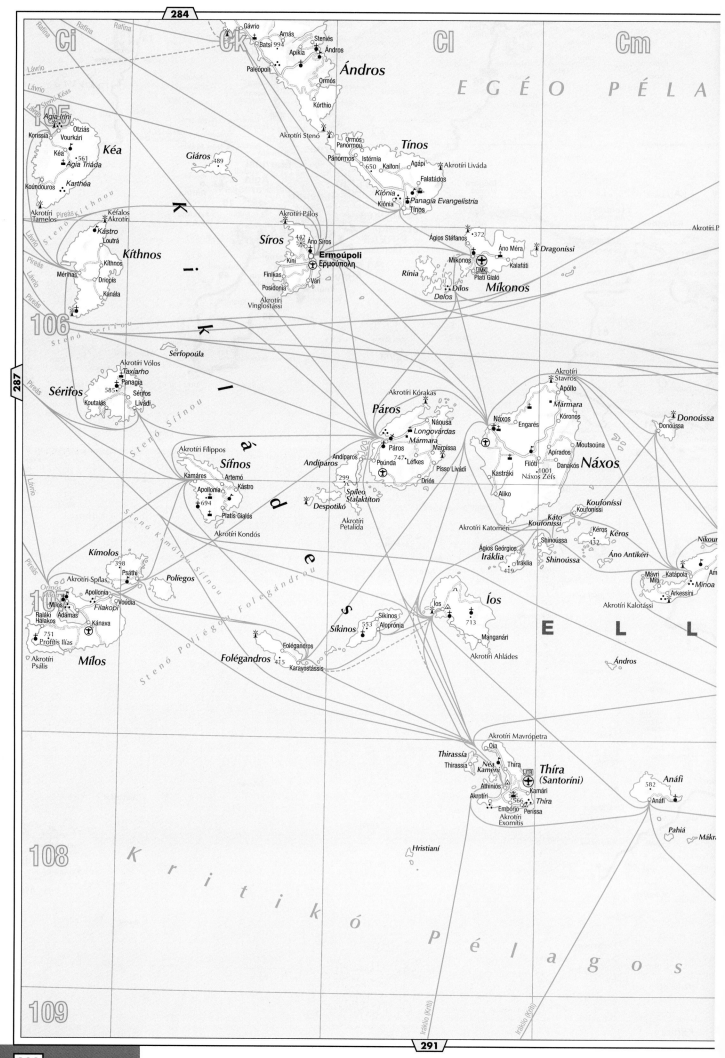

Ci Ck Cl Cm

E G É O   P É L A

Ándros

Gávrio
Arnás
Batsí 994
Steniés
Apíkia
Ándros
Paleópoli
Ormós
Kórthio

105

Agía Iríni
Otziás
Korissía
Vourkári
Kéa
Kéa
•561
Agía Triáda
Koúndouros
Karthéa
Akrotíri
Tamelos
Kéfalos
Akrotíri

Giáros
•489

K

Akrotíri Stenó
Ormós
Panórmou
Pánormos
Istérnia
650
Kalloní
Agápi
Tínos
Falatádos
★ Akrotíri Livída

Kiónia
Kiónia
Panagía Evangelístria
Tínos

Akrotíri Pálos
442
Áno Síros
Síros
Kíni
Ermoúpoli
Ερμούπολη
Fínikas
Posidonía
Vári
Akrotíri
Vinglostássi

Ágios Stéfanos
•372
Mikonos
Áno Méra
Dragoníssi
Plati Gialó
Kalafáti
Míkonos
Rínia
Dílos
Delos

Kástro
Loutrá
Kíthnos
Kíthnos
Driopis
Mérihas
Kanála

106

K i

Serfopoúla

Stenó Serífou

Akrotíri Vólos
Taxiárho
Panagía
585•
Sérifos
Livádi
Sérifos
Koutalás

l á

Akrotíri Kórakas
Náousa
Longovárdas
Mármara
Páros
Páros
747•
Poúnda
Léfkes
Písso Livádi
Dríos

Andíparos
Andíparos
Spíleo
Stalaktíton
Despotikó
Akrotíri
Petalída

299

Akrotíri
Stavrós
Apóllo
Náxos
Mármara
Kóronos
Engarés
Apírados
Filóti
Danakós
1001
Náxos Zéfs
Kastráki
Aliko

Donoússa
Donoússa

Koufoníssi
Koufoníssi
Káto
Koufoníssi
Kéros
Kéros
432
Áno Antikéri
Nikou...
Shinoússa
Ágios Geórgios
Iráklia
Iráklia
419
Shinoússa
Mávri
Míti
Katápola
Minoa
Arkessíni
Akrotíri Kalotássi
Am...

Sífnos
Akrotíri Fílippos
Kamáres
Artemó
Apollonía
Kástro
•694
Platís Gialós
Akrotíri Kondós

d

e

S

Sikínos
Aloprónia
Síkinos
553

Íos
Íos
713
Manganári
Akrotíri Ahládes

E L L L

Ándros

107

Kímolos
398
Psáthi
Akrotíri Spílas
Apollonía
Voúdia
Políegos
Filakopí
Mílos
Raláki
Adámas
Hálakos
Kánava
751
Profítis Ilías
Mílos
Akrotíri
Psális

Ormós
Mílou

Stenó Poliégou Folegándrou

Folégandros
Folégandros
415
Karavostássis

108

K r i t i k ó

Akrotíri Mavrópetra
Oía
Thirassía
Néa
Thirassía
Kaméni
Thíra
Thíra
(Santoríni)
Athiniós
Kamári
Akrotíri
566
Thíra
Emborió
Perissa
Akrotíri
Exomítis

Anáfi
582
Anáfi

Pahiá
Mákra

Hristianí

P é l a g o s

109

287

291

Lávrio
Rafína
Pireás

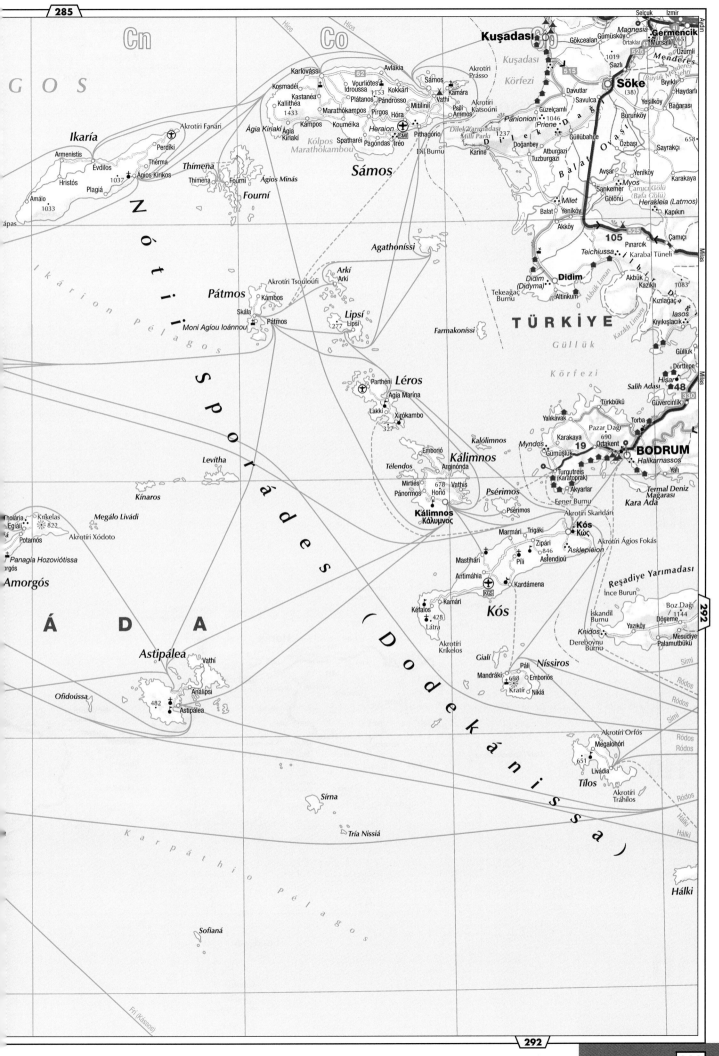

Cn

Co

A G O S

Ikaría

Akrotíri Fanári
Armenistís
Perdíki
Thérma
Évdilos
Hristós
1037
Ágios Kírikos
Plagiá
Amálo
1033
ápas

Thímena
Thímena
Fourní
Ágios Minás
Fourní

Z ó t i . . . S p o r á d e s
(D o d e k á n i s s a)

Karlovássi
Avlákia
Vourliótes
Idroússa
Kokkári
Sámos
Kamára
Kosmadéi
1153
Kastanéa
Plátanos
Pándrosso
Mitilinií
Vathí
Akrotíri
Katsoúni
Kallithéa
1433
Marathókampos
Pírgos
Hóra
Psilí
Ammos
Kámpos
Kouméika
Heraion
Pithagório
Ágia Kiriakí Ágia
Kiriakí
Spatharéi
Pagóndas
Iréo
Kólpos
Marathókambou
Dil Burnu

Sámos

Agathoníssi

Akrotíri Tsoúloúfi
Arkí
Arkí

Pátmos
Kámbos
Skála
Moní Agíou Ioánnou
Pátmos

Lipsí
277
Lipsí

Farmakoníssi

Léros
Parthéni
Agia Marína
Lakkí
Xirókambo
327

Levítha

Kínaros

Kríkelas
Tholária
822
Megálo Livádi
Egiáli
á
Potamós
Akrotíri Xódoto
Panagia Hozoviótissa
orgós

Amorgós

Á D A

Astipálea
Vathí
Análipsi
Ofidoússa
482
Astipálea

Emborió
Télendos
Kálimnos
Arginónda
Mirtiés
678
Myrtiés
Pánormos
Vathís
Horió
Kalólimnos
Psérimos
Psérimos

Kálimnos
Κάλυμνος

Mastihári
Marmári
Trigáki
Zipári
846
Píli
Asfendioú
Antimáhia
Kardámena
KGS
Kéfalos
Kamári
428
Látra
Akrotíri
Kríkelos

Kós

Sírna

Tría Nissiá

Sofianá

Kuşadası
Kuşadası
Körfezi
Akrotíri
Prásso
Pánionion
1046
Priene
Dilek Yarımadası
Milli Parkı
1237
D
Doğanbey
Karine
Güllübahçe

TÜRKİYE

Selçuk İzmir
Magnesia
Germencik
Gökcealan
Gümüşköy
Ortaklar
Mursallı
Uzümli
(65)
1019
Sazlı
Söke
(38)
Bıyıklı
Haydarlı
525
Davutlar
Savulca
Yeşilköy
Bağarası
Güzelçamlı
Burunköy
515
Balat
Ovası
Güllübahçe
Özbaşı
Sayrakçı
658
Avşar
Yeniköy
Karakaya
Myos
Sarıkemer
Çamiçi Gölü
Gölönü
Herakleia (Latmos)
Milet
Balat
Yeniköy
Kapıkırı
Akköy
105
Çamiçi
525
Pınarcık
Teichiussa
Karabal Tüneli
Didim
(Didyma)
Didim
Akbük
Kızıklı
1083
Tekeağaç
Burnu
Altınkum
Akbük Liman
Kızılağaç
Iasos
Kazıklı Limanı
Kıyıkışlacık

Güllük
Körfezi
Güllük
Dörttepe
Hisar
48
Salih Adası
330
Türkbükü
Güvercinlik
Yalıkavak
Torba
Pazar Dağı
Karakaya
690
BODRUM
Myndos
19
Ortakent
Halikarnassos
Gümüşlük
Yalı
Turgutreis
(Karatoprak)
Akyarlar
Termal Deniz
Mağarası
Fener Burnu
Kara Ada
Akrotíri Skándari

Kós
Κώς
Akrotíri Ágios Fokás
Asklepieíon

Reşadiye Yarımadası
İnce Burnu
İskandil
Burnu
Boz Dağı
1144
Döşeme
Knidos
Yazıköy
Mesudiye
Palamutbükü
Dereboynu
Burnu

Gialí
Páli
Níssiros
Emboriós
Mandráki
698
Kratír
Nikiá

Akrotíri Orfós
Megalohóri
651
Livádia
Tílos
Akrotíri
Tráhilos

Símí
Ródos
Ródos
Ródos
Hálki
Ródos

K a r p á t h i o   P é l a g o s

Fri (Kássos)

Hálki

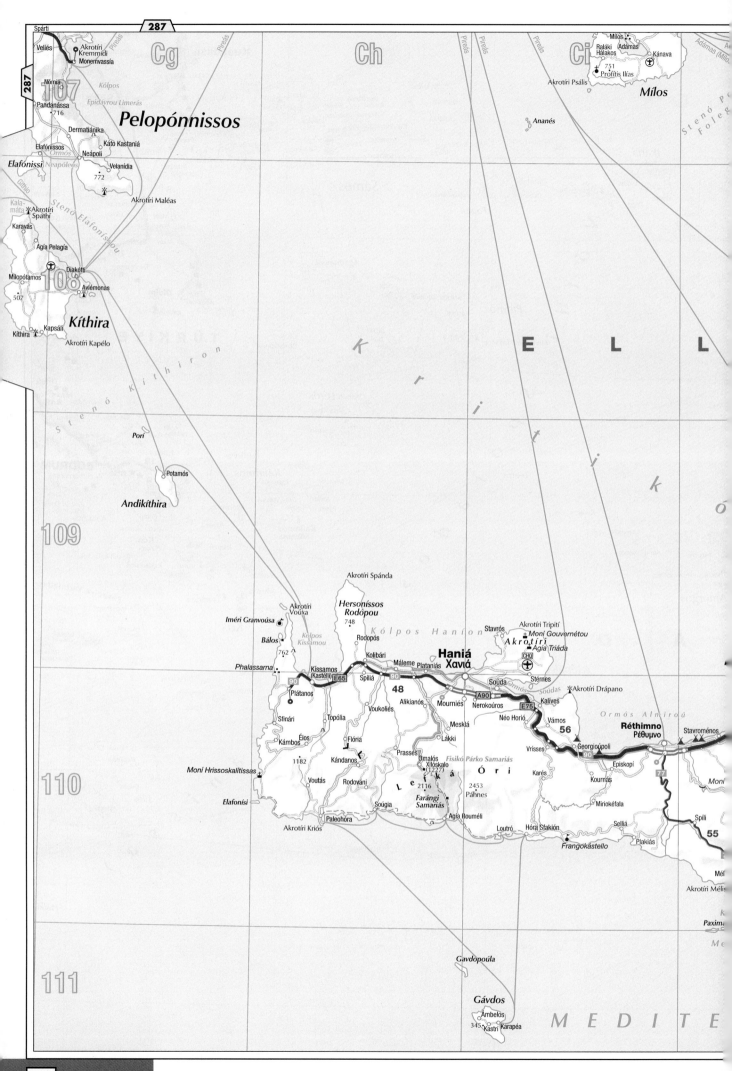

Spárti
Veliés
Akrotíri
Kremmídi
Monemvassía

Nómia
Pandanássa
•716

Kólpos

Cg

Ch

Ci

Milos
Raláki   Adámas
Halakos
Kánava

Akrotíri Psális

Proíitis Ilías
751

Adámas (Mílo)

Epidávrou Limerás

Pelopónnissos

Ananés

Mílos

Stenó Po
Foleg

Dermatiánika

Elafónissos   Káto Kastaniá
Neápoli
Velanídia

Ormós   Neápóleos

772

Elafónissi

Akrotíri Maléas

K

E

L

L

Githio

Stenó Elafonissou

Kala-
máta   Akrotíri
Spathí

Karavás

Agía Pelagía

K

r

i

t

i

k

Diakófti

Milopótamos

Avlémonas

ó

107

108

507

Kíthira   Kapsáli

Kíthira

Akrotíri Kapélo

Porí

Stenó Kíthiron

Potamós

Andikíthira

Kólpos Hanión

109

Akrotíri Spánda

Hersoníssos
Rodópou
748

Iméri Granvoúsa

Akrotíri
Voúxa

Stavrós

Akrotíri Tripití

Moní Gouvernétou

Rodópos

Akrotíri

Bálos
762

Kólpos
Kíssamou

Kolibári

Máleme Plataniás

Haniá
Χανιά

Agía Triáda

CHO

Phalassarna

Kíssamos
(Kastélli)   E65

Spiliá   90

Soúda
A90

Stérnes
Ormós Soúdas

Akrotíri Drápano

Alikianós

Mourniés

Nerokoúros

E75

Kalíves

90

Plátanos

48

Néo Horió

Vámos

Ormós Almiroú

Sfinári   Topólia

Voukoliés

Mesklá

Néo Horió

56

Réthimno
Ρέθυμνο

Stavroménos

Élos

Flória

Lákki

Vrísses

Georgioúpoli   90

Kámbos

Prasses   Omalós

Fisikó Párko Samariás

Karés

Kournás

Episkopí

77

Moní

1182   Kándanos
Xilóskalo
1227
L e   ká

Rodováni

Ó r i

Selliá

Spili

Moní Hrissoskalítissas   Voutás

2116

2453
Páhnes

Sellá

Miriokéfala

55

Elafonísi   Soúgia   Farángi
Samariás

Agía Rouméli

Loutró   Hóra Sfakión

Plakiás

Mél

Paleohóra

Akrotíri Kriós

Frangokástello

Akrotíri Mélis

Paxima

Me

Gavdopoúla

MEDITE

111

Gávdos

Ambelos
345   Kastri Karapéa

CK
Cl
Cm
Cn

Psáthi (Kímolos)
Dámas (Mílos)
Sífnos
Náxos
Síkinos
Aloprónia
Íos
713
Íos
Manganári
Akrotíri Ahládes
Ándros
Astipálea
Astipálea
liéġou
ndrou
Folégandros
Folégandros
Karavostássis
553
Síkinos

Ofidoússa

Akrotíri Mavrópetra
Oía
Thirassía
Thirassía
Néa
Kaméni
Thíra
Thíra
Thíra
(Santoríni)
Anáfi
Athiniós
Kamári
582
Akrotíri
566
Thíra
Anáfi
Ródos
Embório Períssa
Akrotíri
Exomítis
Pahiá
Mákra
Hristianí

Karpáthio Pélagos

Á   D   A   A

*P
é
l
a
g
o
s*

Fri (Kássos)

K r í t i

Fri (Kássos)

Día
Akrotíri Stavrós
Agía Pelagía
Kólpos Iraklíou
Dragonáda 128
Gianissáda 147
Akrotíri
Sideros
Pánormos
E75
90
Sísses
IRÁKLIO
Ηράκλειο
Akrotíri
Ágios Ioánnis
Lemesos
Ítanos
PéMama
76
1083
Fódele
Gázi
HER Alikarnassós
Αλικαρνασσός
Gournés
Liménas Hersoníssou
Kólpos Málion
Pláka
Spinalónga
Kólpos
Vái Vái
Moní
Toploú
Akrotíri
Pláka
Dámasta
Fortétsa
Φορτέτσα
97
Knossós
Mália
Mohós
Milatos
Eloúnda
Sitía
Í d i Ó r o s
Zonianá
Anógia
Tílisos
Ágios
Mironás
Ioúhtas Epáno Arhánes
Goniés
Tzermiádo
69
E75
Neápoli
Ágios Nikólaos
Άγιος Νικόλαος
90
Móhlos
49
E75
90
Skopí
Piskokéfalo
Palékastro
Akrotíri
Pláka
Apóstoli
Psiloritis
2456
Kroussónas
Dáfnes
811
Kastélli
Diktéon
Ándron
Psihro
Láto
Kólpos Mirambéllou
Krítsa
(300)
Sfáka
Exo Mouliana
Kavoússi
24
Mitáto
Zákros
Ágios
819
Áno Méros
Amári
Fourfourás
Káto Ássites
Thrapsanó
340
L a s s í t h i
45
Kamáres
Zarós
2020
Profítis Ilías
48
Arkalohóri
Ó r o s D í k t i
2148
Máles
(600)
Kaló Horió
Pahia Ámmos
Goúrnia
1476 Ágios Stéfanos
Káto Horió
Óri Thríptis
Ziros
Hamétoulo
(450)
Handrás
54
Agía Galíni
Tibáki
35
Agía Varvára
Agía Déka
19
Teféli
52
2019
Górtis
(700)
99
Áno Viános
Péfkos
48
Anatolí
15
Ierápetra
Makrigialos
Akrotíri Goudoúra
bes
Vóri
Míres
Trías
Phaistos
Pómbia
Hárakas
Pírgos
(290)
Keratókambos
Arvi
Tsoútsouros
Mírtos
Kófinas Óros
1231

Akrotíri Líthinon
Matala
Kalí Liménes
Léndas
Koufonísi
64

Hrisi
Hrisí

RRANEAN   SEA

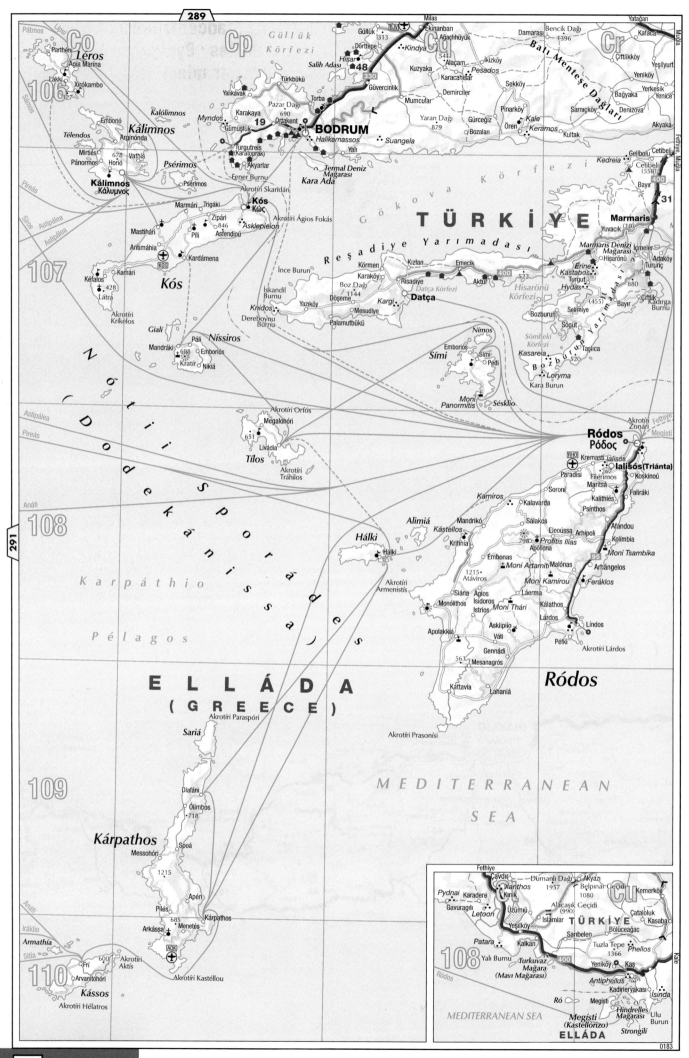

Pátmos · Lipsí
Léros
Co
Cp
Güllük Körfezi
Cu
Cr
Yatağan
Partheni
Milas
Ekinanban
Damarası
Bencik Dağı
Kafaca
Agia Marina
313
1396
Çiftlikköy
Yeşilyurt
106
Xirókambo
Güllük
Kindya
Batı Menteşe Dağları
Lákki
Dörttepe
48
Ağaçlıhüyük
Yeniköy
Hisarı
Salih Adası
Kuzyaka
Alaçam
İkizdağ
Yerkesik
Yenice
Emborió
Türkbükü
330
Karacahisar
Pesados
Bağyaka
Denizova
Telendos
Myndos
Pazar Dağı
Sekköy
Kálymnos
Yalıkavak
Torba
Güvercinlik
Mumcular
Sarnıçköy
Akyaka
Mirtiés
678
Karakaya
690
Demirciler
Pınarköy
Arginónda
Vathís
Myndos
19
Ortakent
Pánormos
Horió
Gümüşlük
BODRUM
Yaran Dağı
Bozalan
Kale
Keramos
Gelibolu
Cetibeli
Kedreia
Kálimnos
Halikarnassos
879
Gürçeğiz
Ören
Kultak
Cetibeli
Κάλυμνος
Turgutreis
Yalı
Suangela
(550)
(Karátoprak)
Akyarlar
400
Psérimos
Fener Burnu
Termal Deniz
Bayır
Mağarası
31
Akrotíri Skandárí
Kara Ada
Psérimos
Marmaris
Marmári Trigáki
Kós
Gökova Körfezi
TÜRKİYE
(19)
Mastihári
Zípari
Kós
Yuvacık
Marmaris Denizi
İçmeler
846
Κώς
Mağarası
Asklepieíon
Akrotíri Ágios Fokás
Erine
Hisarönü
Adaköy
Antimáhia
Pili
Reşadiye Yarımadası
Kastabos
Turunç
KGS
Kardámena
Körmen
Kızlan
Emecik
Turgut
880
Kéfalos
Kamári
İnce Burun
Karaköy
400
522
Hydas
Kádırga
428
Risadiye
Aktur
Hisarönü
Bayır
Burnu
Látra
Kós
İskandil
Boz Dağı
Datça
Körfezi
Selimiye
Burnu
1144
Kargı
Datça
Bozburun
Akrotíri
Yazıköy
Döşeme
Söğüt
Kríkelos
Derebóynu
Mesudiye
Nímos
Sömbeki
Giali
Burnu
Palamutbükü
Körfezi
Páli
Níssiros
Emboriós
Kasareia
Taşlıca
Mandráki
698
Emboriós
Símí
Síimi
520
Krátir
Nikiá
Símí
Pédi
Loryma
Kara Burun
Moní
Panormítis
Séskilo
Akrotíri Orfós
Megalohóri
Ródos
Akrotíri
Fethiye
651
Ρόδος
Zonári
Megísti
Livádia
RHO
Kremastí
Íalysós (Triánta)
Tílos
Paradísi
Filérimos
Koskinoú
Akrotíri
267
Tráhilos
Soroní
Maritsá
Faliráki
Kamíros
Kalavárda
Kalithiés
Psínthos
Alimiá
Mandríko
Sálakos
Eleoússa
Afándou
Hálki
Kástellos
Kritinía
798
Profítis Ilías
Arhípoli
Kolimbia
Hálki
Apóllona
95
Moní Tsambíka
Émbonas
Moní Artamíti Malónas
Arhángelos
Akrotíri
1215
Moní Kamírou
Armenístis
Atáviros
Láerma
Feráklos
Siána
Ágios
Láthos
ELLÁDA
Monólithos
Isídoros
Moní Thári
Kálathos
(GREECE)
Apolakkiá
Asklipíío
Láerma
Víti
Lárdos
Líndos
Péfki
Akrotíri Paraspóri
Gennádi
Akrotíri Lárdos
Sariá
563
Mesanagrós
Ródos
Káttavia
Lahaniá
MEDITERRANEAN
Diafáni
109
Ólimbos
SEA
718
Akrotíri Prasonísi
Kárpathos
Messohóri
1215
Spoá
Aperi
Piiés
685
Kárpathos
Arkássa
Menetés
Iráklio
Armathía
AOK
Sitía
Frí
600
Akrotíri
Arvanitohóri
Aktís
110
Kássos
Akrotíri Kastéllou
Akrotíri Hélatros

Inset map:
Fethiye
Cu
Çavdır
Dümanlı Dağı
Akyazı
Kemerköy
1957
Belpınar Geçidi
Pydnai
Xanthos
Kınık
1080
Çataloluk
Gavuragılı
Karadere
Alaçaşık Geçidi
TÜRKİYE
Letoon
Üzümlü
(990)
Kasaba
İslamlar
Sarıbelen
Bölüceağaç
108
Patara
Kalkan
Tuzla Tepe
Phellos
1366
Ródos
Yalı Burnu
400
Yeniköy
Kaş
Turkuvaz
Antiphellus
Mağara
Kadırleryakası
İsinda
(Mavi Mağarası)
Ró
Megísti
Hindrelles
Mağarası
Ulu
MEDITERRANEAN SEA
Megísti
Burun
(Kastellórizo)
Strongílí
ELLÁDA

Citypläne · City maps · Plans des centre-villes · Stadcentrumkaarten
Piante dei centri urbani · Planos del centro de las ciudades · Byplaner · Stadskartor
Plany centrów miast · Plany středů měst · Mapy centier miest · Cityтérképek
1 : 20 000

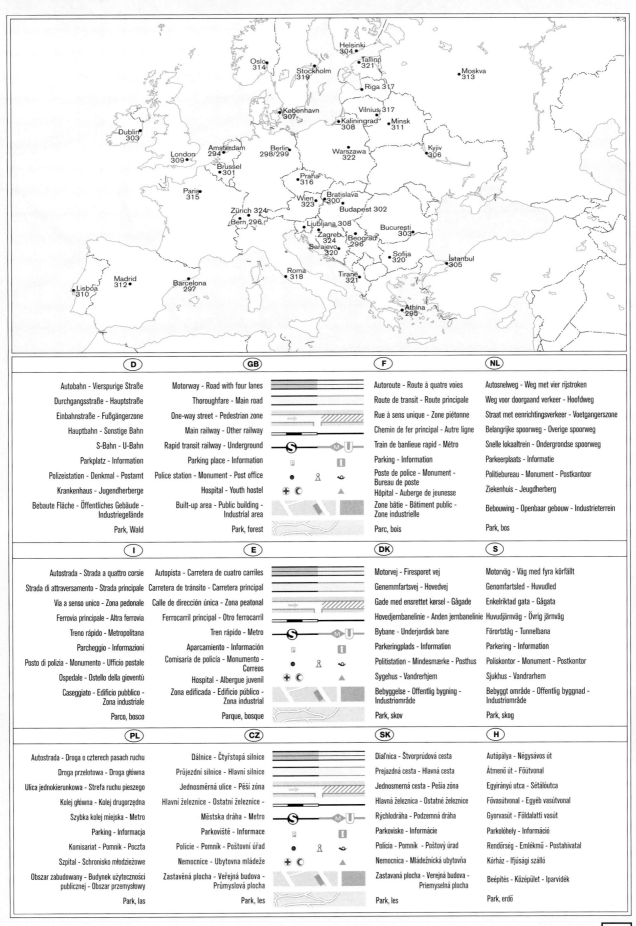

D	GB	F	NL
Autobahn - Vierspurige Straße	Motorway - Road with four lanes	Autoroute - Route à quatre voies	Autosnelweg - Weg met vier rijstroken
Durchgangsstraße - Hauptstraße	Thoroughfare - Main road	Route de transit - Route principale	Weg voor doorgaand verkeer - Hoofdweg
Einbahnstraße - Fußgängerzone	One-way street - Pedestrian zone	Rue à sens unique - Zone piétonne	Straat met eenrichtingsverkeer - Voetgangerszone
Hauptbahn - Sonstige Bahn	Main railway - Other railway	Chemin de fer principal - Autre ligne	Belangrijke spoorweg - Overige spoorweg
S-Bahn - U-Bahn	Rapid transit railway - Underground	Train de banlieue rapid - Métro	Snelle lokaaltrein - Ondergrondse spoorweg
Parkplatz - Information	Parking place - Information	Parking - Information	Parkeerplaats - Informatie
Polizeistation - Denkmal - Postamt	Police station - Monument - Post office	Poste de police - Monument - Bureau de poste	Politiebureau - Monument - Postkantoor
Krankenhaus - Jugendherberge	Hospital - Youth hostel	Hôpital - Auberge de jeunesse	Ziekenhuis - Jeugdherberg
Bebaute Fläche – Öffentliches Gebäude – Industriegelände	Built-up area - Public building - Industrial area	Zone bâtie - Bâtiment public - Zone industrielle	Bebouwing - Openbaar gebouw - Industrieterrein
Park, Wald	Park, forest	Parc, bois	Park, bos

I	E	DK	S
Autostrada - Strada a quattro corsie	Autopista - Carretera de cuatro carriles	Motorvej - Firesporet vej	Motorväg - Väg med fyra körfällt
Strada di attraversamento - Strada principale	Carretera de tránsito - Carretera principal	Genemmfartsvej - Hovedvej	Genomfartsled - Huvudled
Via a senso unico - Zona pedonale	Calle de dirección única - Zona peatonal	Gade med ensrettet kørsel - Gågade	Enkelriktad gata - Gågata
Ferrovia principale - Altra ferrovia	Ferrocarril principal - Otro ferrocarril	Hovedjernbanelinie - Anden jernbanelinie	Huvudjärnväg - Övrig järnväg
Treno rápido - Metropolitana	Tren rápido - Metro	Bybane - Underjordisk bane	Förortståg - Tunnelbana
Parcheggio - Informazioni	Aparcamiento - Información	Parkeringplads - Information	Parkering - Information
Posto di polizia - Monumento - Ufficio postale	Comisaría de policía - Monumento - Correos	Politistation - Mindesmærke - Posthus	Poliskontor - Monument - Postkontor
Ospedale - Ostello della gioventù	Hospital - Albergue juvenil	Sygehus - Vandrerhjem	Sjukhus - Vandrarhem
Caseggiato - Edificio pubblico - Zona industriale	Zona edificada - Edificio público - Zona industrial	Bebyggelse - Offentlig bygning - Industriområde	Bebyggt område - Offentlig byggnad - Industriområde
Parco, bosco	Parque, bosque	Park, skov	Park, skog

PL	CZ	SK	H
Autostrada - Droga o czterech pasach ruchu	Dálnice - Čtyřstopá silnice	Diaľnica - Štvorprúdová cesta	Autópálya - Négysávos út
Droga przelotowa - Droga główna	Průjezdní silnice - Hlavní silnice	Prejazdná cesta - Hlavná cesta	Átmenő út - Főútvonal
Ulica jednokierunkowa - Strefa ruchu pieszego	Jednosměrná ulice - Pěší zóna	Jednosmerná cesta - Pešia zóna	Egyirányú utca - Sétálóutca
Kolej główna - Kolej drugorzędna	Hlavní železnice - Ostatní železnice	Hlavná železnica - Ostatné železnice	Fővasútvonal - Egyéb vasútvonal
Szybka kolej miejska - Metro	Městska dráha - Metro	Rýchlodráha - Podzemná dráha	Gyorsvasút - Földalatti vasút
Parking - Informacja	Parkoviště - Informace	Parkovisko - Informácie	Parkolóhely - Információ
Komisariat - Pomnik - Poczta	Policie - Pomník - Poštovní úřad	Polícia - Pomník - Poštový úrad	Rendőrség - Emlékmű - Postahivatal
Szpital - Schronisko młodzieżowe	Nemocnice - Ubytovna mládeže	Nemocnica - Mládežnícka ubytovňa	Kórház - Ifjúsági szálló
Obszar zabudowany - Budynek użyteczności publicznej - Obszar przemysłowy	Zastavěná plocha - Veřejná budova - Průmyslová plocha	Zastavaná plocha - Verejná budova - Priemyselná plocha	Beépítés - Középület - Iparvidék
Park, las	Park, les	Park, les	Park, erdő

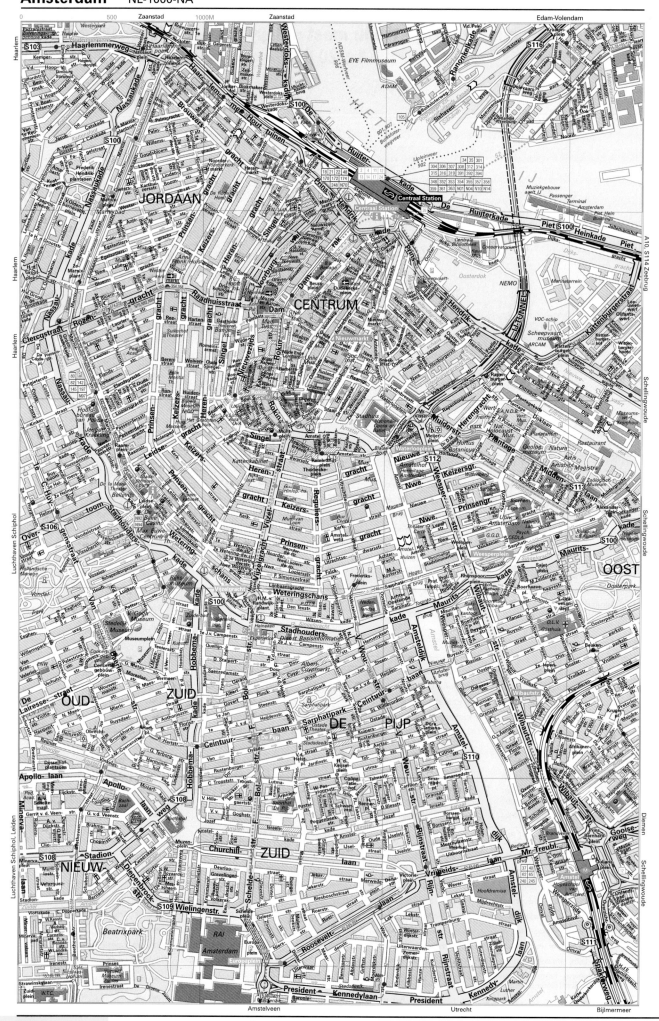

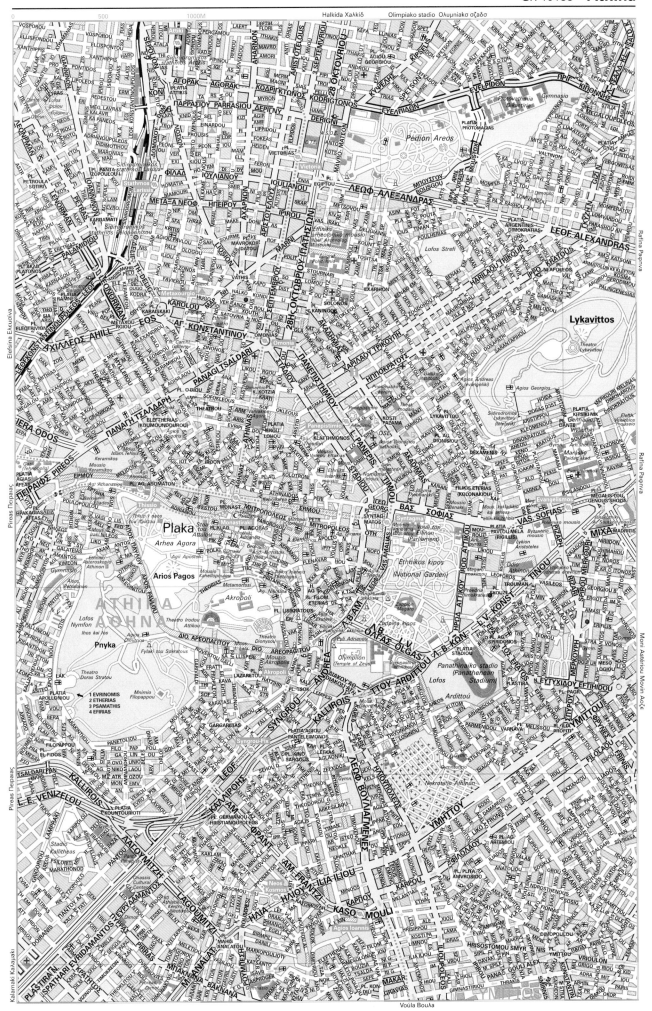

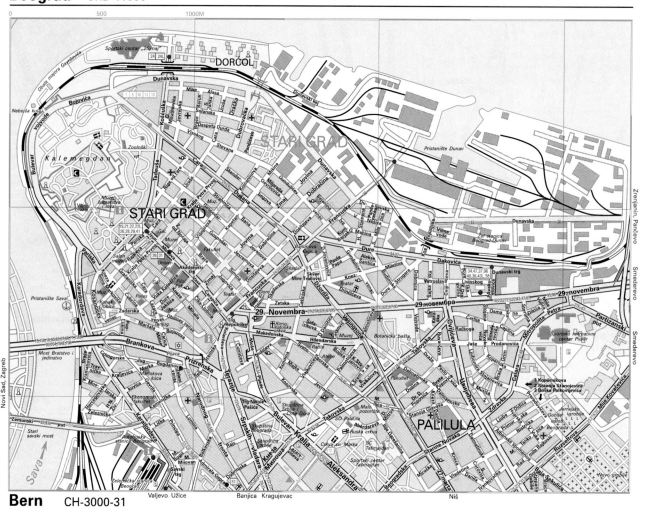

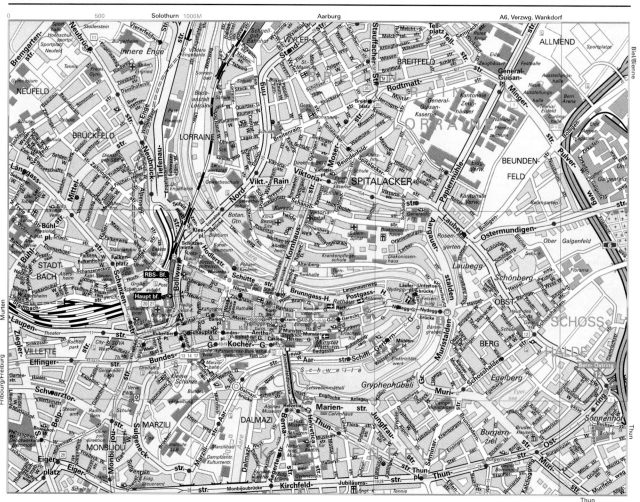

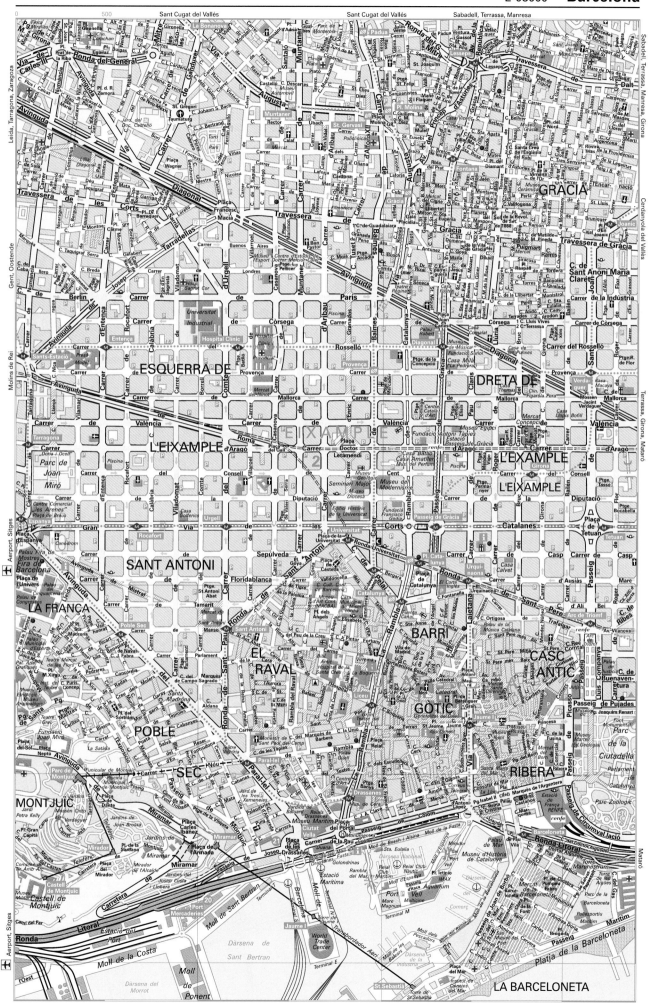

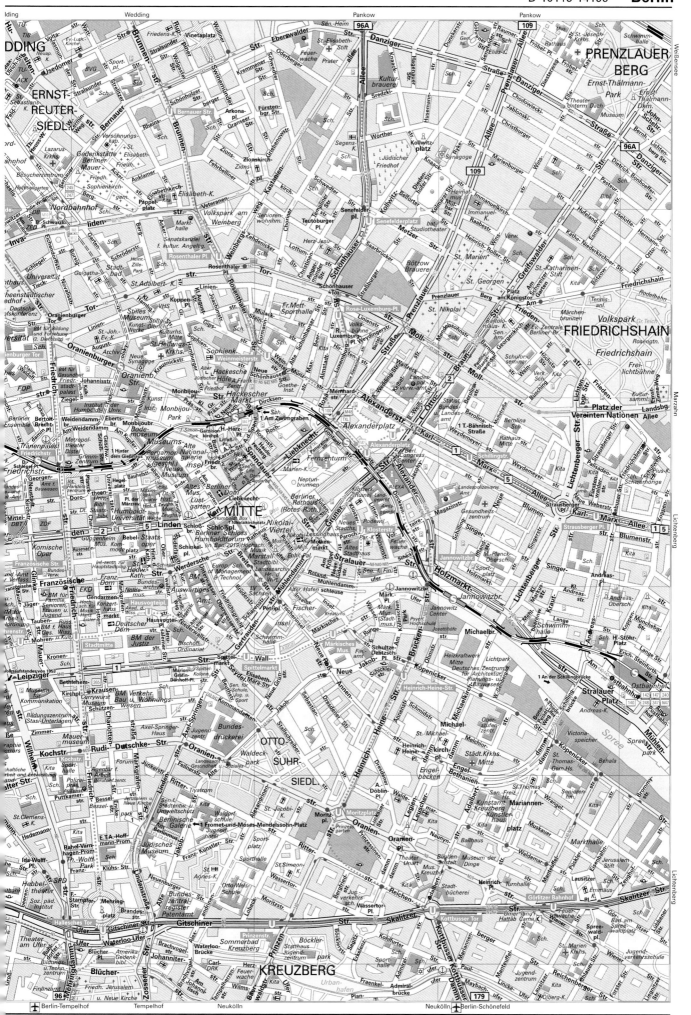

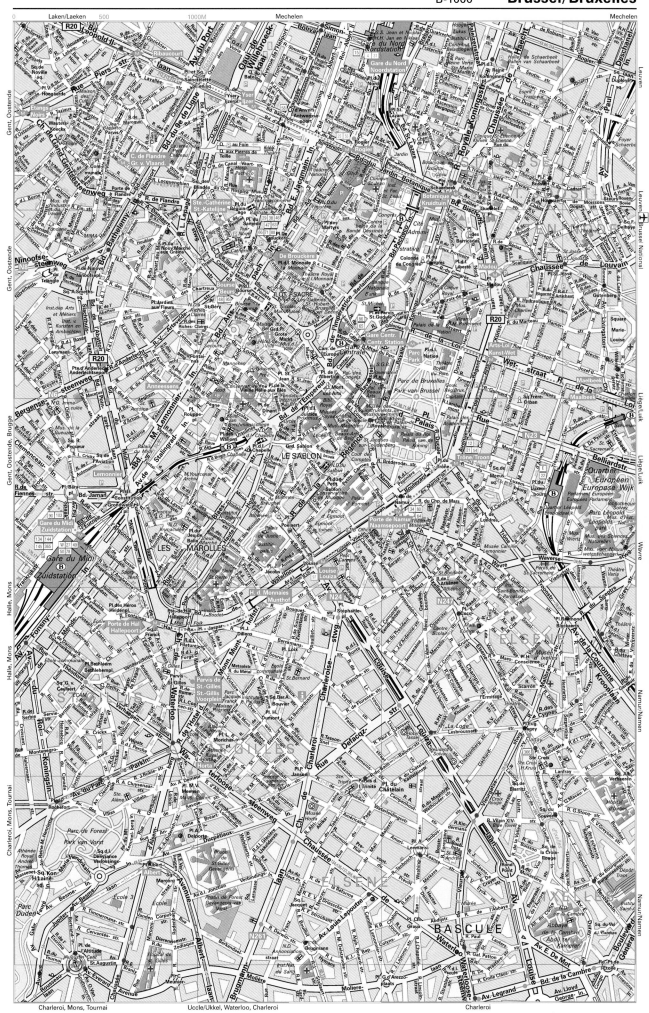

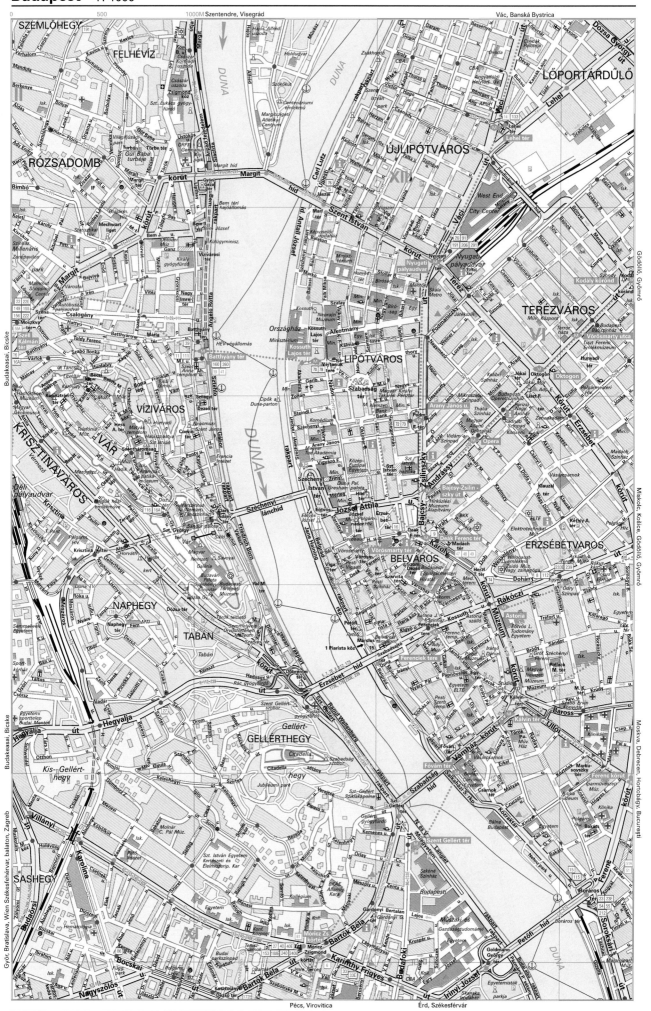

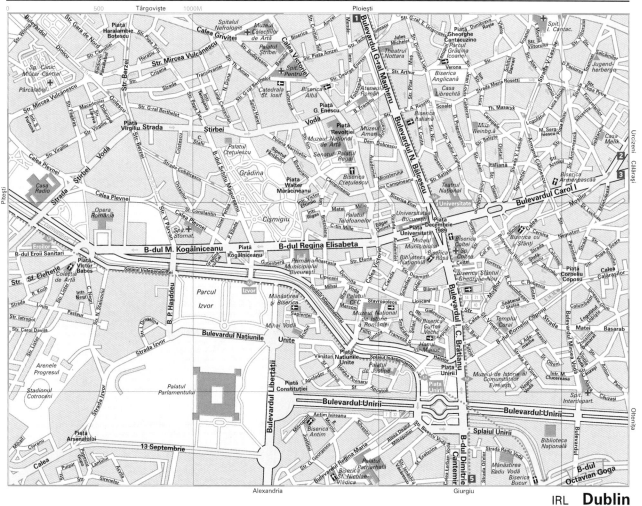

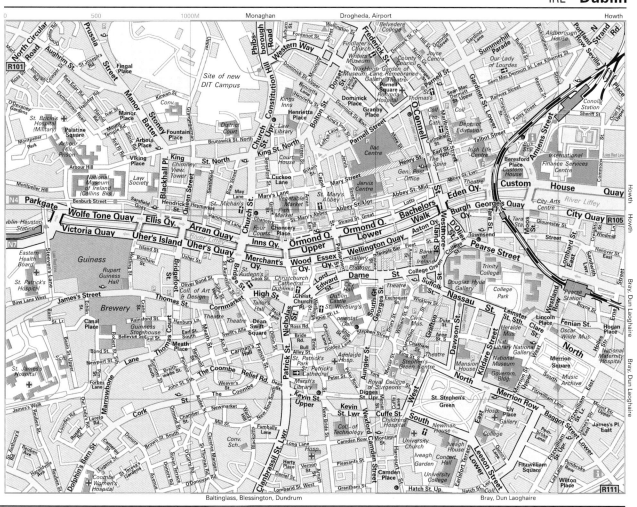

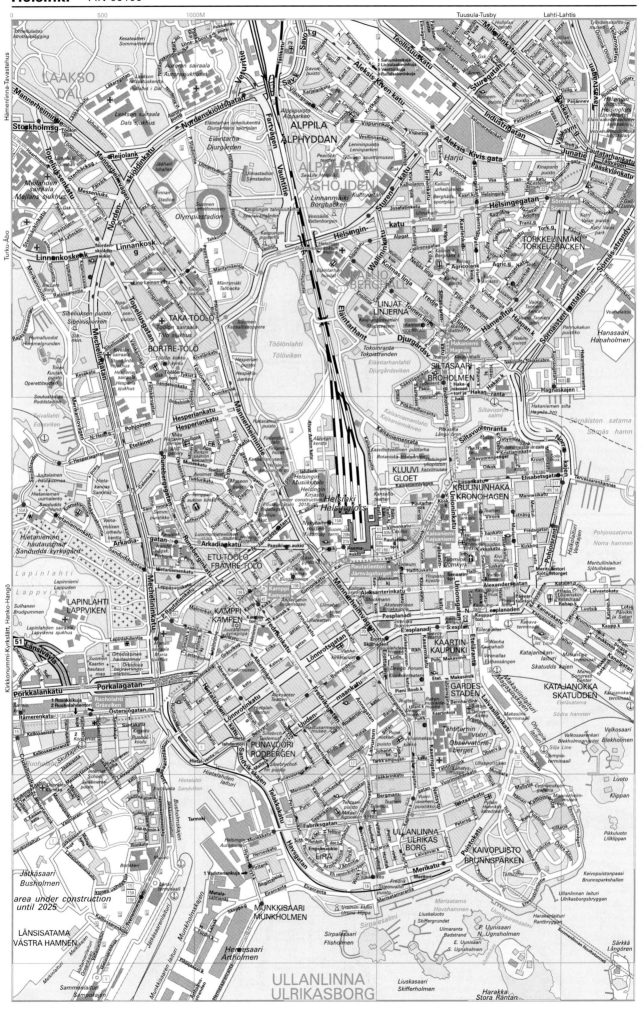

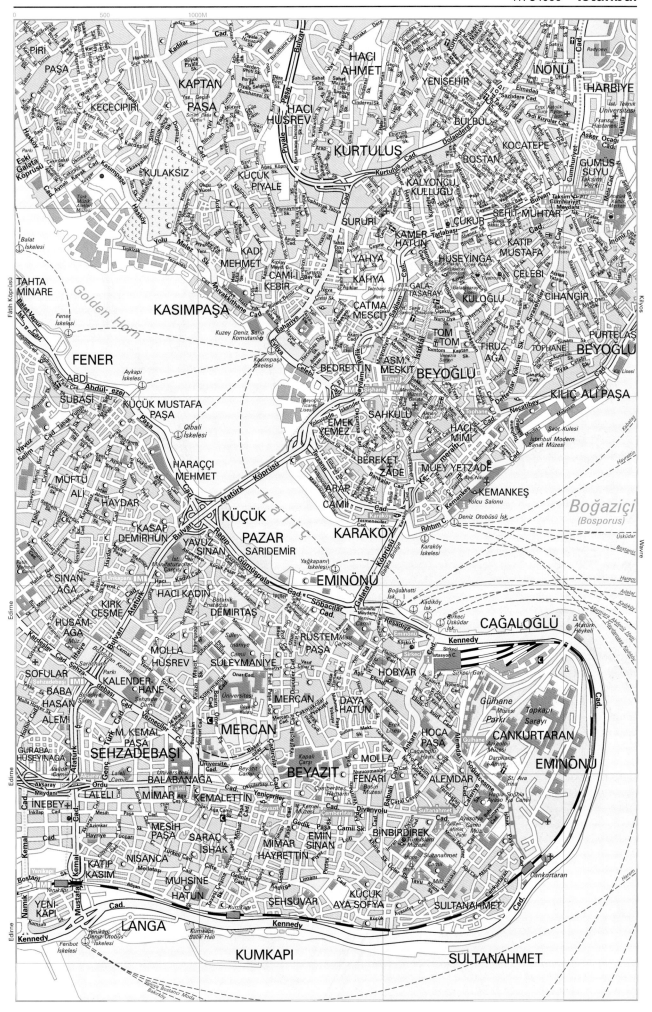

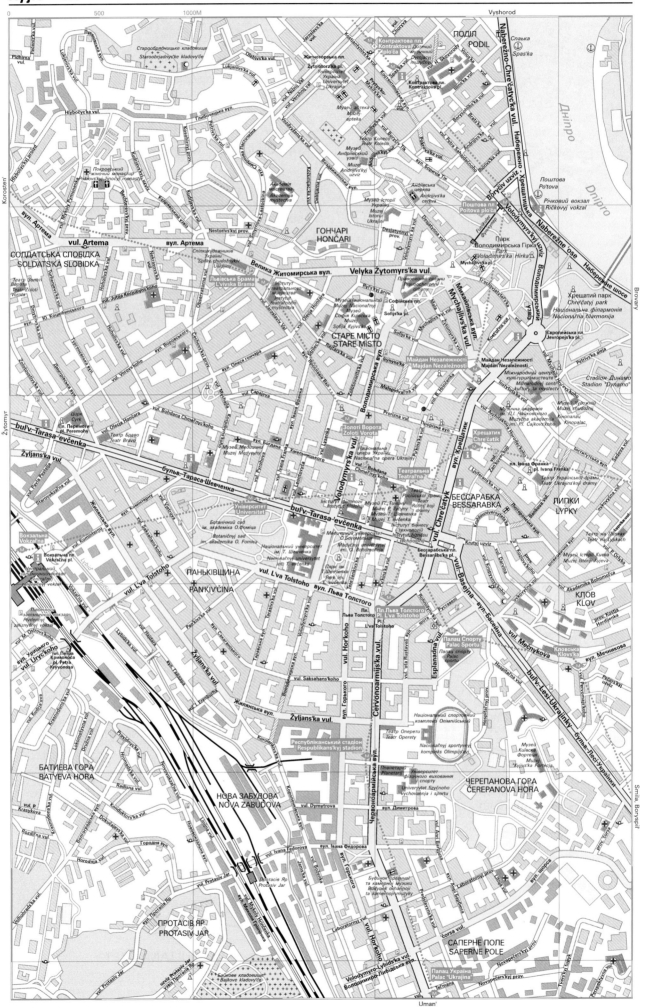

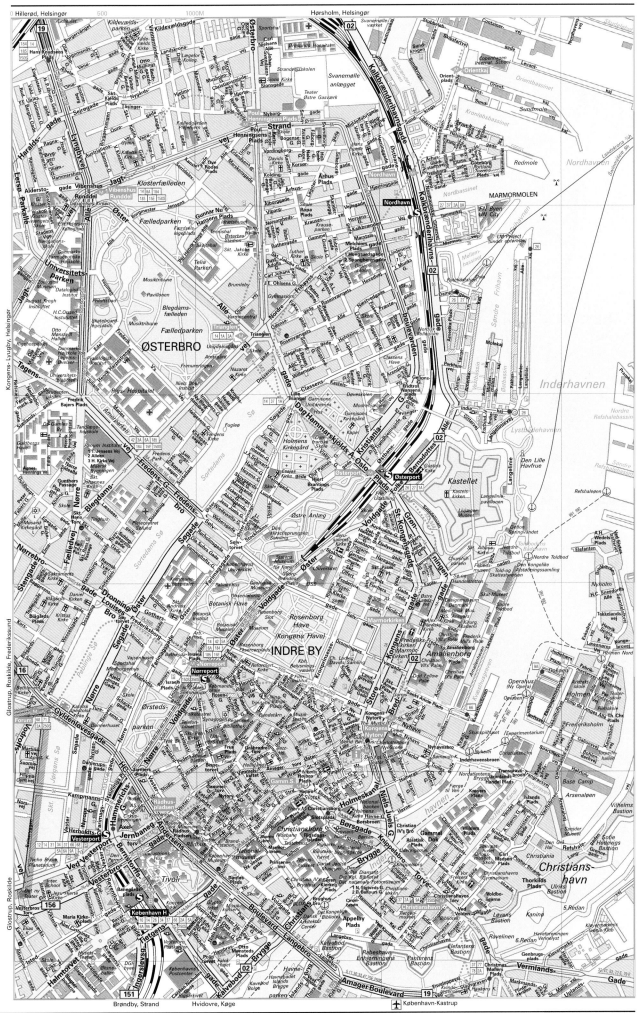

Kaliningrad RUS-236000

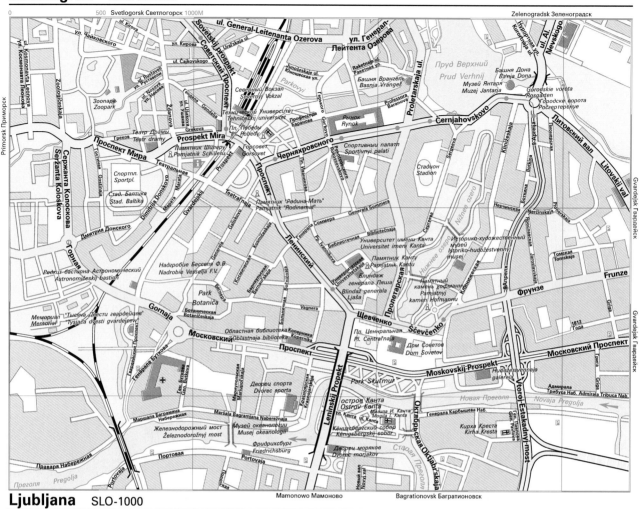

Ljubljana SLO-1000

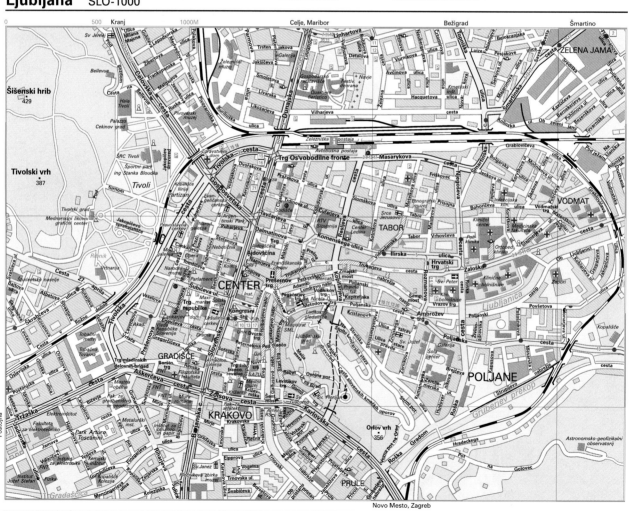

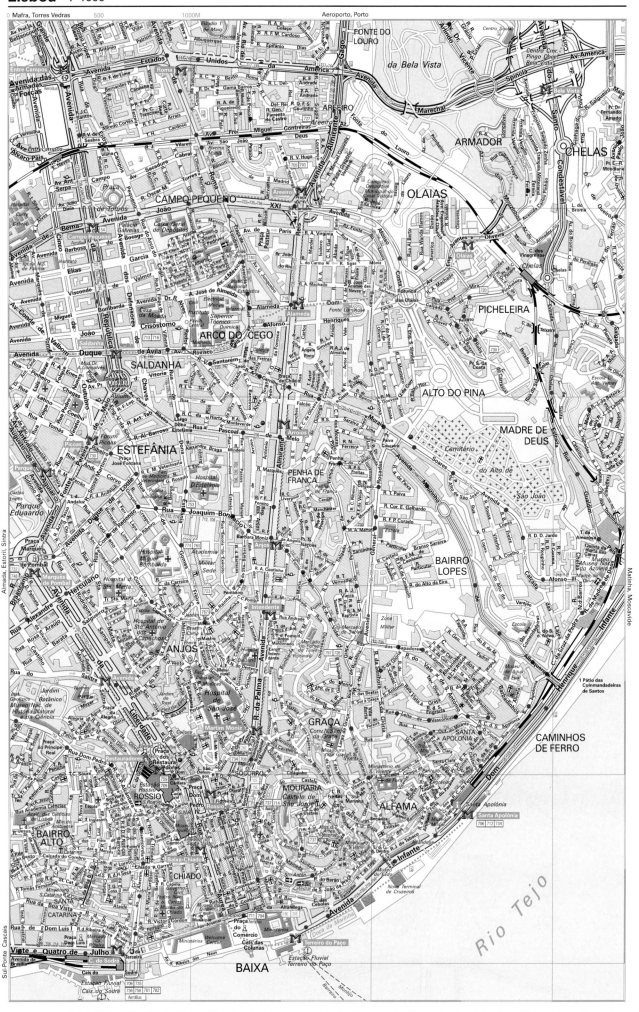

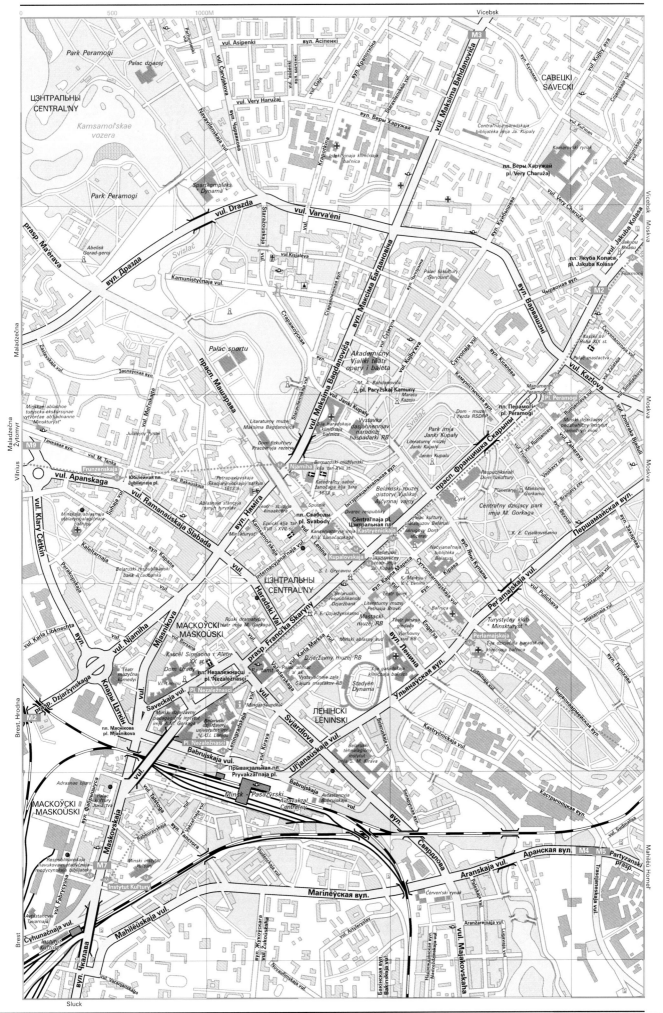

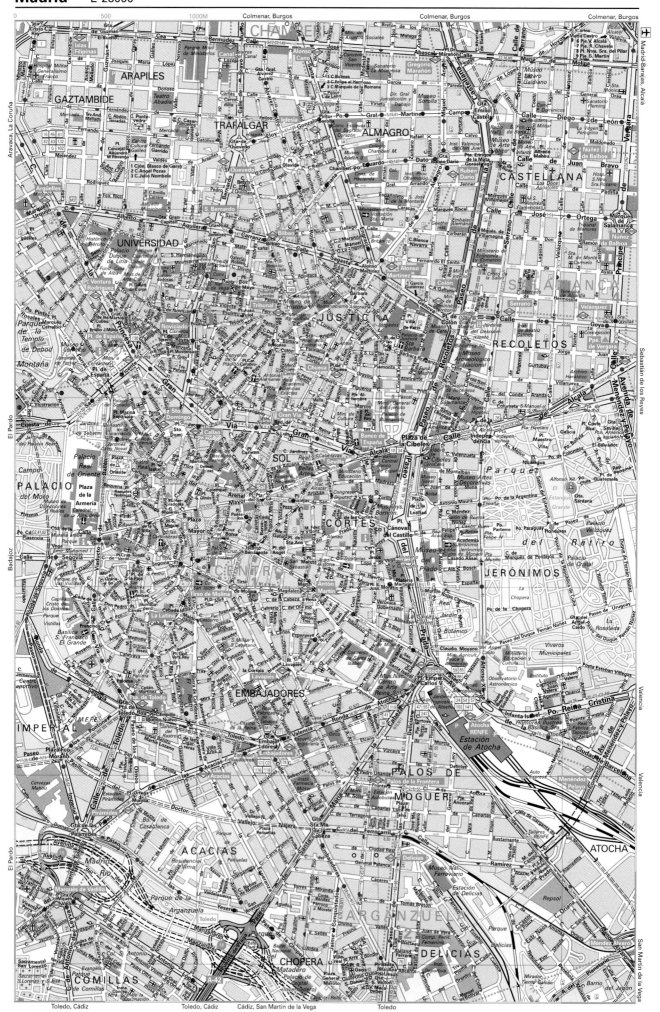

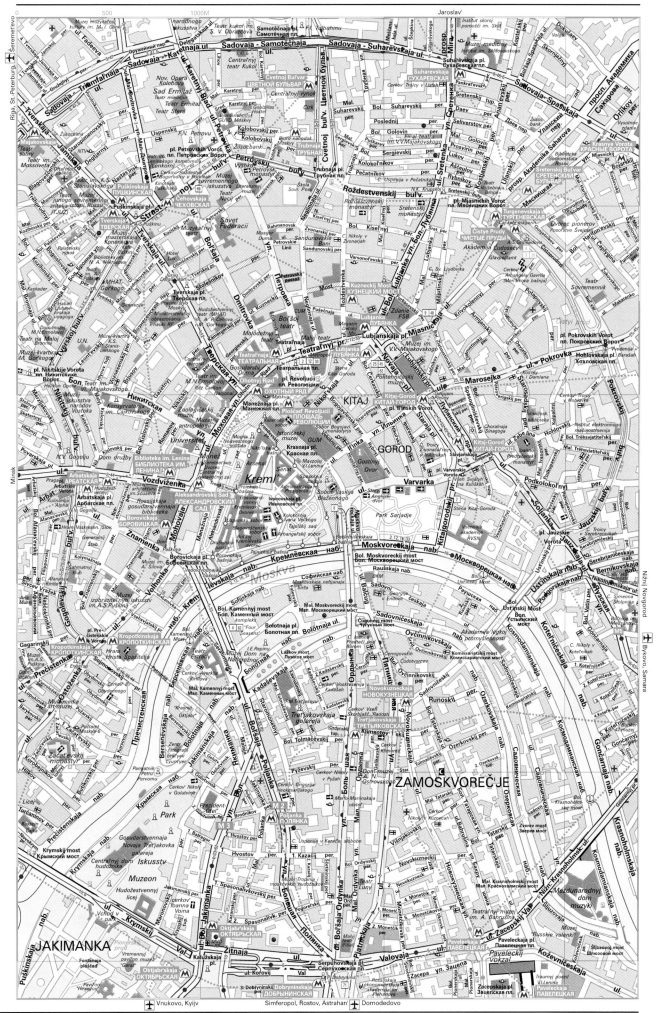

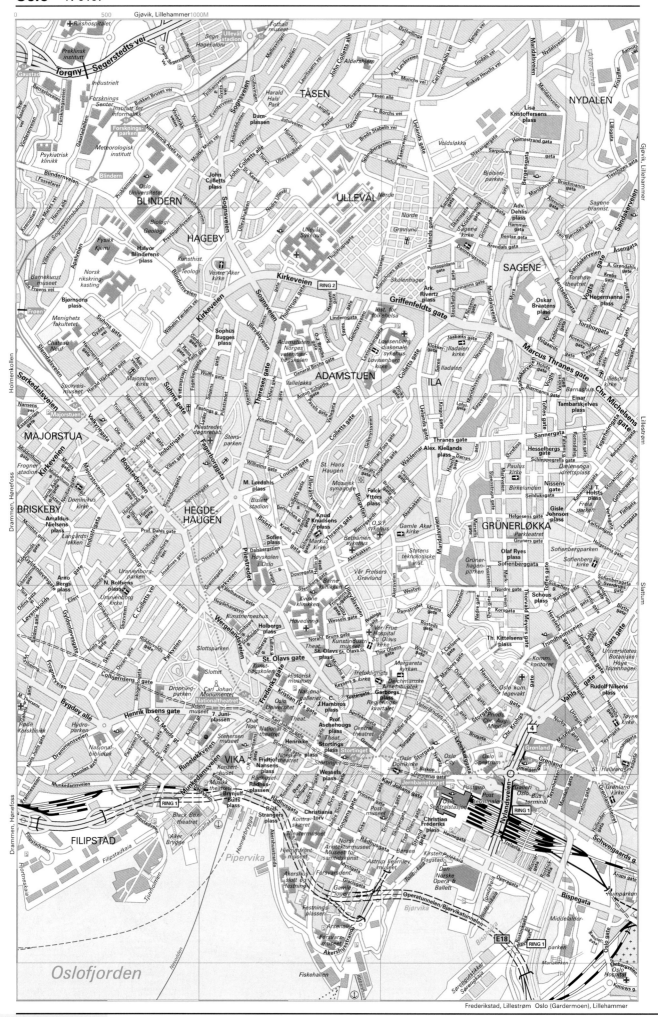

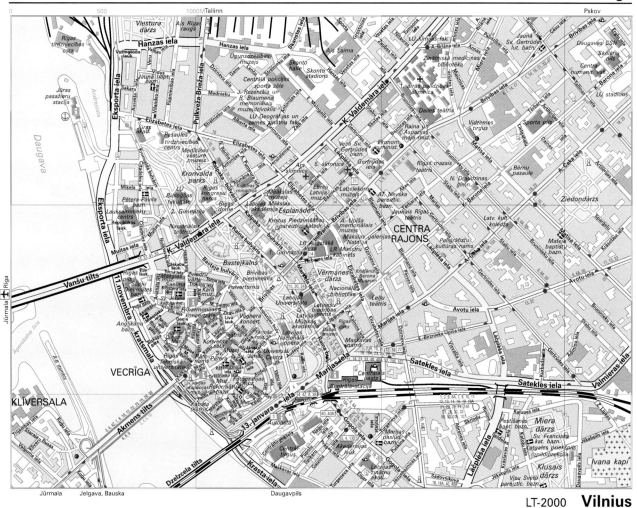

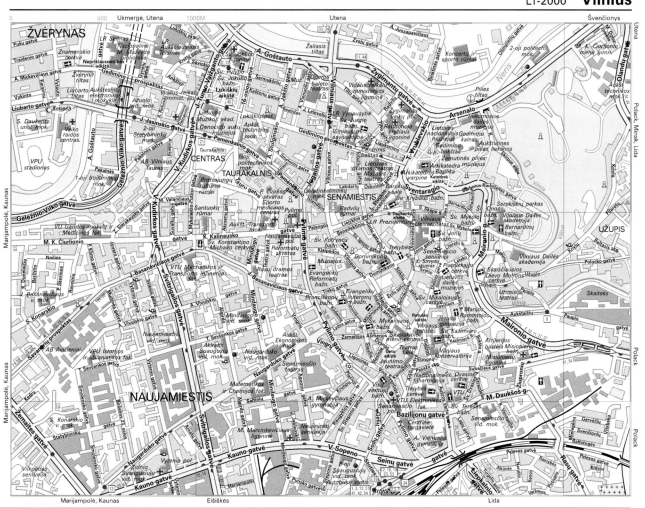

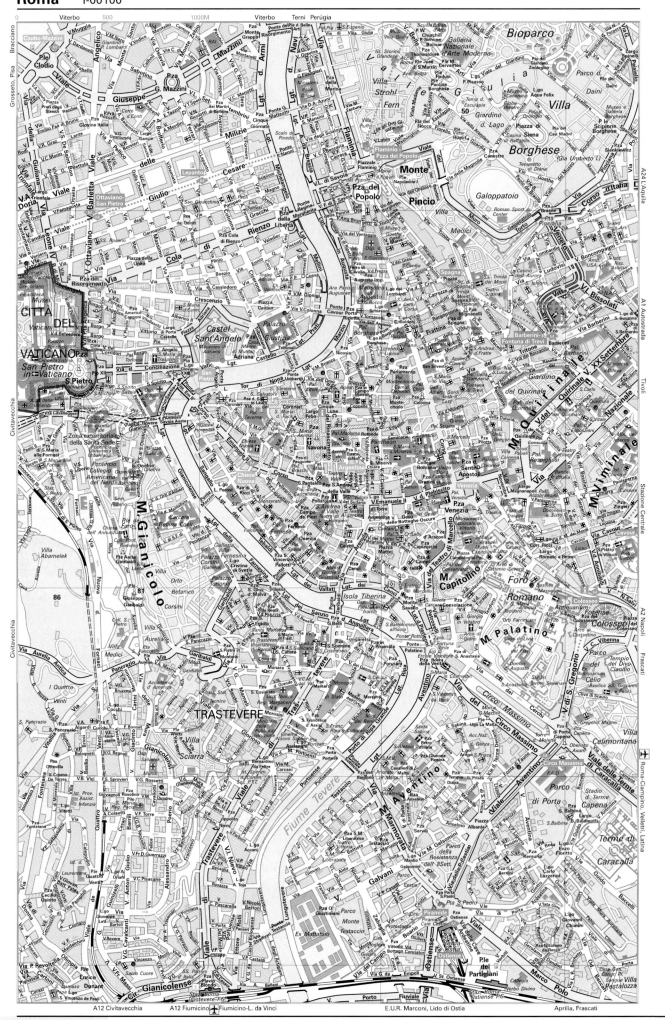

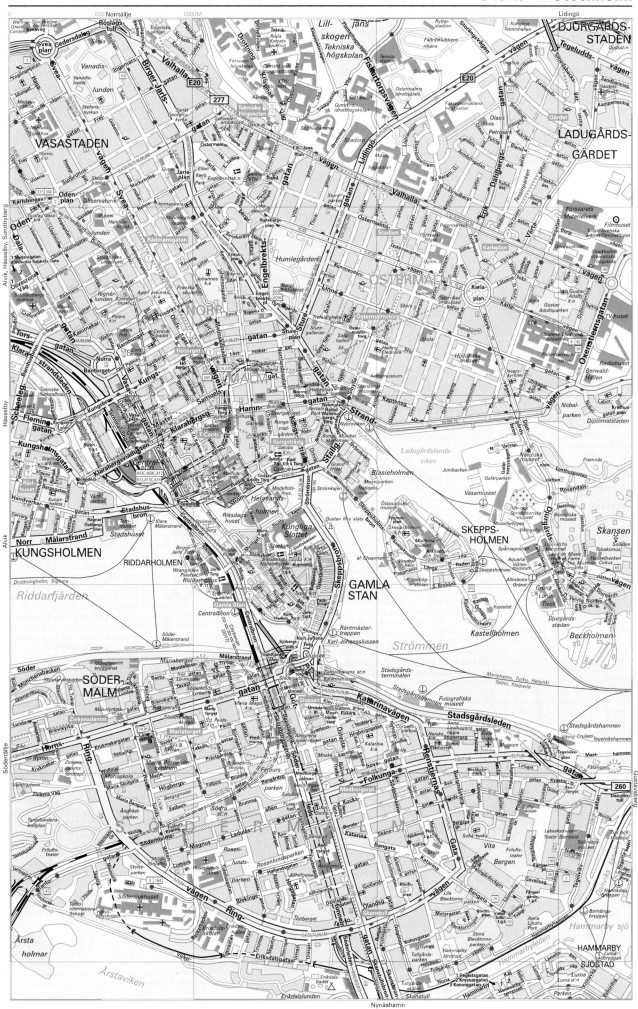

Sarajevo BiH

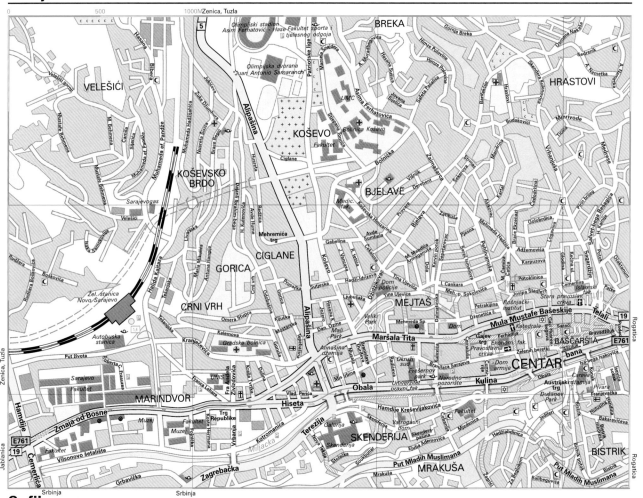

Sofija BG-1000

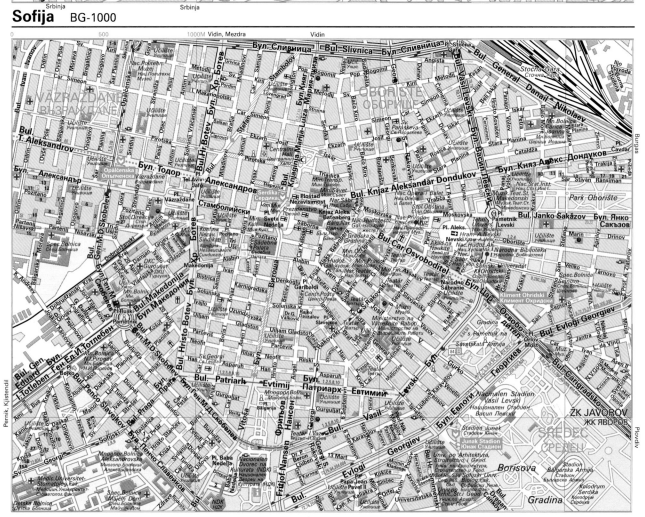

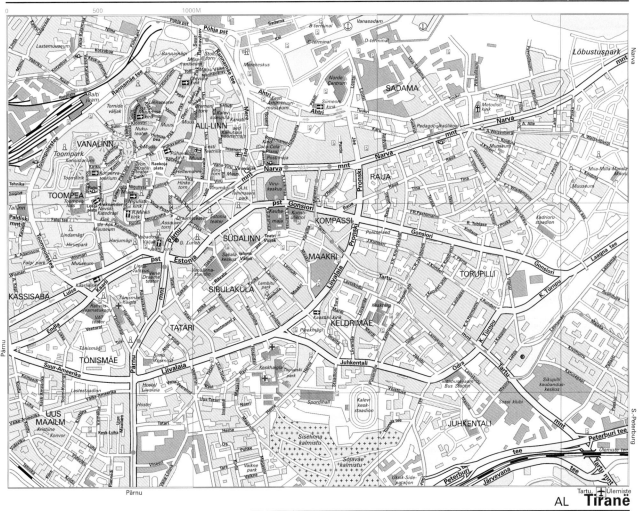

AL **Tiranë**

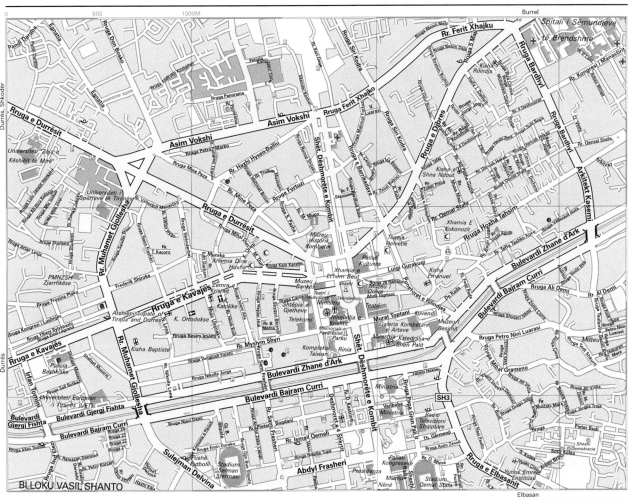

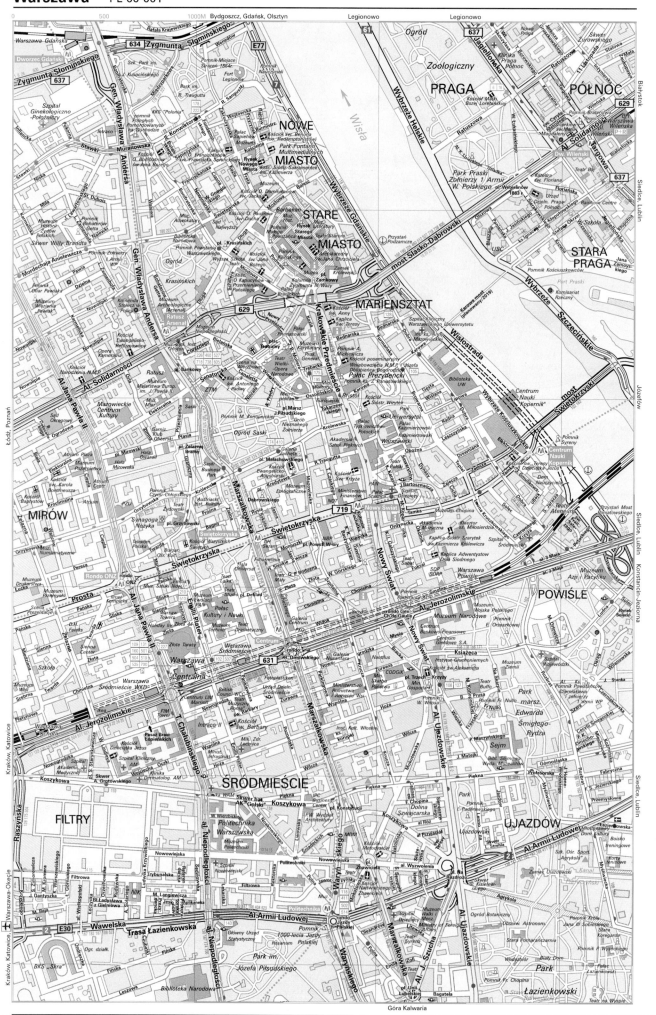

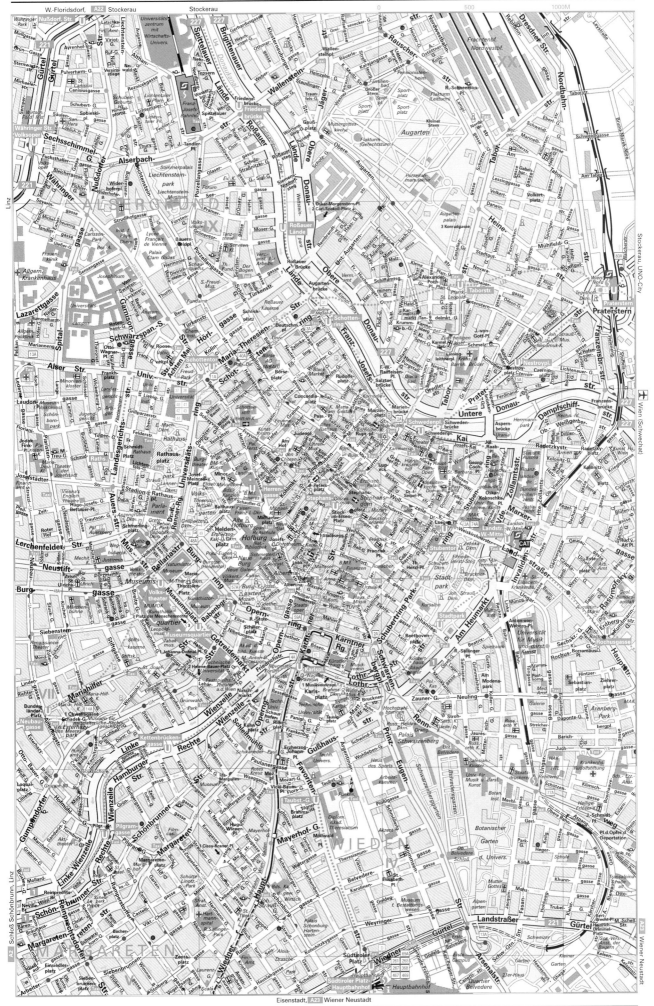

Zagreb HR-10000

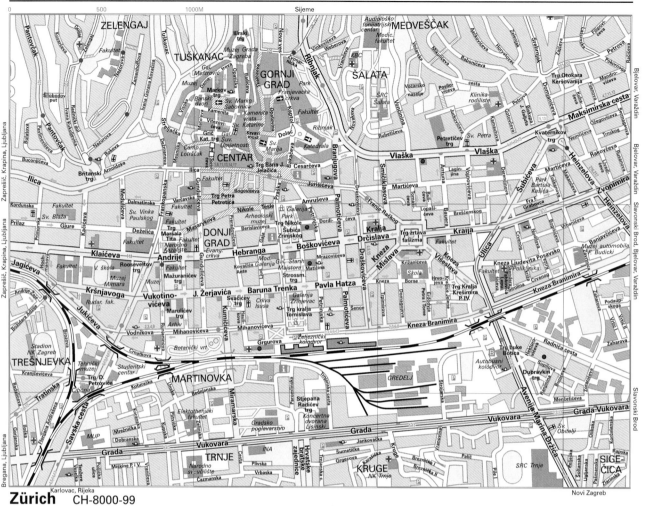

Zürich CH-8000-99

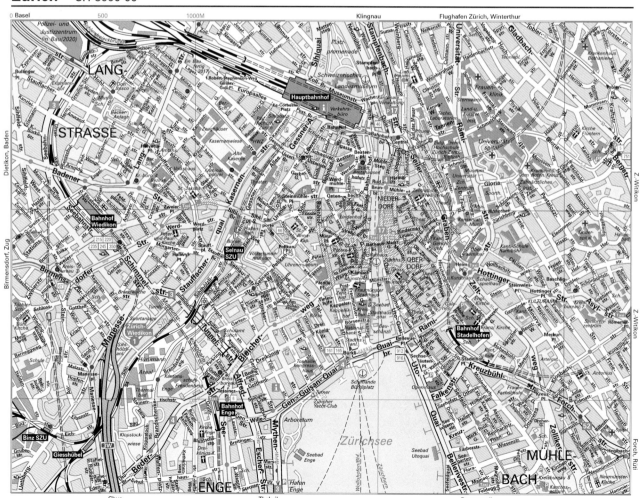

Index of place names · Ortsnamenverzeichnis · Index des localités · Navnefortegnelse

①	②	③	④
Aachen	D	114	An 79

① GB Place name / D Ortsname / F Localité / DK Stednavn
② GB Nation / D Nation / F Nation / DK Folkeslag
③ GB Page number / D Seite / F Numéro de page / DK Sidetal
④ GB Grid reference / D Suchfeld / F Coordonnées / DK Kvadratangivelse

A Österreich
AL Shqipëria (Albania)
AND Andorra
AX Åland · Ahvenanmaa
B België · Belgique
BG Bălgarija
BIH Bosna i Hercegovina
BY Belarus'
CH Schweiz · Suisse
CZ Česko
D Deutschland
DK Danmark
E España
EST Eesti

F France
FIN Suomi · Finland
FL Liechtenstein
FO Føroyar · Færøerne
GB United Kingdom
GBA Alderney
GBG Guernsey
GBJ Jersey
GBM Isle of Man
GBZ Gibraltar
GR Elláda (Greece)
H Magyarország (Hungary)
HR Hrvatska (Croatia)
I Italia

IRL Éire · Ireland
IS Ísland
L Lëtzebuerg · Luxembourg
LT Lietuva (Lithuania)
LV Latvija
M Malta
MC Monaco
MD Moldova
MK Makedonija (F.Y.R.O.M.)
MNE Crna Gora (Montenegro)
N Norge
NL Nederland
P Portugal
PL Polska

RKS Kosovë · Kosovo
RO România
RSM San Marino
RUS Rossija
S Sverige
SK Slovensko
SLO Slovenija
SRB Srbija
TR Türkiye
UA Ukrajina
V Civitas Vaticana · Città del Vaticano

Agordina, La Valle I 133 Be88
Agordo I 133 Be88
Agost E 201 St104
Agos-Vidalos F 176 Su94
Ågotnes N 56 Ak60
Ágra GR 278 Cm98
Ágra GR 285 Cn102
Ágrafa GR 282 Cd102
Agram = Zagreb HR 250 Bm89
Agramón E 200 Sr104
Agramunt E 188 Ac97
A Graña E 182 Sd96
Agrapidohóri GR 282 Cd105
Agrás GR 277 Cd99
Ágreda E 186 Sr97
Agreliá GR 277 Cd101
Ågrena S 69 Bk62
Agres E 201 St103
Agri DK 101 Bb68
Agriá GR 283 Cg102
Agrianí GR 286 Cf106
Agrieș RO 246 Ci86
Agrigento I 152 Bh106
Agrij RO 246 Cg86
Agriliá Kratigou GR 285 Co102
Agrilos GR 286 Cd106
Agrínio GR 282 Cc103
Agriovótano GR 283 Cg102
Agrișu Mare RO 245 Cd88
Agrochão P 191 Sf97
Agropoli I 148 Bk100
Agrustos I 140 Au99
Ågskardet N 32 Bg47
Água de Alto P 182 Qk105
Água de Pau P 182 Qi105
Aguadulce E 204 Sl106
Aguadulce E 206 Sp107
Agualada E 182 Sc94
Água Longa P 190 Sd98
Agualva P 182 Qf103
Agualva-Cacém P 196 Sb103
A Guarda E 182 Sc97
Água Retorta P 182 Qk105
Aguarón E 194 Ss98
Aguas E 187 Su96
Aguasantas = Augasantas E 182 Sd96
Águas Frias P 191 Sf97
Aguatón E 194 Ss99
Aguaviva E 195 Su99
Aguaviva de la Vega E 194 Sq98
Auçadoura P 190 Sc98
A Gudiña E 183 Sf96
Agudo E 198 Sl103
Águeda P 190 Sd99
Agüera E 183 Sh94
Agüera E 185 So94
Agüero E 176 St96
Aguessac F 178 Ag92
Agugliano I 139 Bg93
Augugliaro I 132 Bd90
Aguiar P 197 Se104
Aguiar da Beira P 191 Se99
Aguiar de Sousa P 190 Sd98
Aguilafuente E 193 Sm98
Aguilar E 205 Sl105
Aguilar de Alfambra = Aguilar del Alfambra E 195 St99
Aguilar de Campoo E 185 Sm95
Aguilar de Codes E 186 Sq95
Aguilar de Codés = Aguilar de Codes E 186 Sq95
Aguilar del Alfambra E 195 St99
Aguilar del Río Alhama E 186 Sr97
Águilas E 206 Sr106
Aguilón E 194 Ss98
Agüimes E 202 Rk125
Agulo E 202 Rf124
Agunnaryd S 72 Bi67
Agurain = Salvatierra E 186 Sq95
Agvall S 50 Bm57
Aha S 34 Bq50
Aham D 127 Be83
Aharnés GR 287 Ch104
Ahascragh IRL 87 Sd74
Ahaus D 114 Ap76
Ahausen D 109 At74
Aheim N 46 Am56
Aheloj BG 275 Cq95
Ahenny IRL 90 Sf76
Ahetze F 176 Sr94
Ahigal E 192 Sh100
Ahigal de Villarino E 191 Sh98
Ahijärve EST 215 Co65
Ahillio GR 283 Cf102
Ahillones E 198 Si104
Ahimehmet TR 281 Cq98
Ahinora BG 266 Co93
Ahja EST 210 Cp64
Ahjärvi FIN 55 Ct58
Ahládi GR 284 Cg103
Ahladohóri GR 277 Ce101
Ahladohóri GR 278 Ch98
Ahladókambos GR 286 Cf105
Ahlainen FIN 52 Cd57
Ahlbeck D 105 Bi73
Ahlbeck D 111 Bi73
Ahlden (Aller) D 109 Au75
Ahlen D 114 Aq77
Ahlen D 125 Au84
Ahlerstedt D 109 At74
Ahlhorn D 108 Ar75
Ahmas FIN 44 Cn51
Ahmeca TR 280 Cp99
Ahmediye TR 281 Cs98
Ahmetbey TR 275 Cq98
Ahmetçe TR 285 Cn101
Ahmetler BG 275 Cp96
Ahmoo FIN 63 Ci59
Ahmovaara FIN 55 Cu54
Ahmsen D 107 Aq75
Ahnatal D 115 At78
Aho FIN 37 Cs48
Ahoghill GB 83 Sh71
Ahoinen FIN 63 Ci59
Ahokylä FIN 44 Co53
Ahola FIN 37 Ct49
Ahola FIN 37 Ct50
Aholanvaara FIN 37 Cs47
Aholming D 236 Bf83
Ahonkylä FIN 52 Cf55
Ahonkylä FIN 55 Ct55
Ahorn D 121 At82
Ahorn D 122 Bb80
Ahorntal D 122 Bc81
Aho-Vastinki FIN 53 Cl55
Ahrbrück D 120 Ao80
Ahrensbök D 103 Bb72
Ahrensburg D 109 Ba73
Ahrenshagen-Daskow D 104 Bf72
Ahrenshoop D 104 Be72
Ahrsen D 109 Au75
Ähtäri FIN 53 Ci55
Ähtärinranta FIN 53 Ci55
Ähtävä FIN 43 Cg53
Ahtme EST 210 Cp62
Ahtopol BG 275 Cq96
Ahujärvi = Akujärvi FIN 31 Cq43
Ahun F 166 Ae88
Åhus S 72 Bi69
Ahveninen FIN 55 Da55
Ahvenista FIN 54 Co58
Ahvensaari = Ävensor FIN 62 Cd60
Ahvensalmi FIN 54 Cr56
Ahvenselkä FIN 37 Cr47
Ahvio FIN 64 Co59
Ahvionsaari FIN 54 Cs57
Aia E 186 Sq94
Aianí GR 277 Cd100
Aibar E 186 Ss95
Aich A 128 Bh86
Aich D 127 Be84
Aichach D 126 Bc84
Aicha vorm Wald D 128 Bg83
Aichstetten D 125 Ba85
Aiddejavrre Fjellstue N 29 Cg43
Aidenbach D 128 Bg83
Aidlingen D 125 As83
Aidone I 153 Bi106
Aidt DK 100 Au68
Aiello Calabro I 151 Bn102
Aielo de Malferit E 201 St103
Aifersdorf A 133 Bh87
Aiffres F 165 Su88
Aigen im Mühlkreis A 128 Bh83
Aigle CH 130 Ao88
Aigle, L' F 160 Ab83
Aiglsbach D 126 Bd83
Aiglun F 136 Ao93
Aignan F 177 Aa93
Aignay-le-Duc F 168 Ak85
Aigne F 178 Af94
Aigre F 170 Aa89
Aigrefeuille-d'Aunis F 165 St88
Aigrefeuille-sur-Maine F 165 Ss86
Aiguafreda E 189 Ae97
Aiguebelette-le-Lac F 174 Am89
Aiguebelle F 174 An89
Aigueperse F 172 Ag88
Aigues-Mortes F 179 Ai93
Aiguilles F 136 Ao91
Aiguillon F 170 Aa92
Aiguillon-sur-Mer, L' F 165 Ss88
Aiguines F 180 An93
Aigurande F 166 Ad88
Äijäjoki FIN 29 Cg44
Äijälä FIN 53 Cn55
Aijala FIN 63 Cg60
Äijänneva FIN 53 Ch56
Äijävaara S 35 Ce47
Ailefroide F 174 An91
Ailfarheim N 66 Ao63
Ailiadie IRL 89 Sb74
Aillant-sur-Milleron F 167 Af85
Aillant-sur-Tholon F 161 Ag85
Aillas F 170 Su92
Aillevillers-et-Lyaumont F 162 An85
Aillon-le-Jeune F 174 An89
Ailly F 160 Ac82
Ailly-le-Haut-Clocher F 154 Ad80
Ailly-sur-Noye F 155 Ae81
Ailt an Chorráin IRL 82 Sd71
Aimargues F 179 Ai93
Aime-la-Plagne F 174 Ao89
Ainali FIN 43 Cl52
Ainay-le-Château F 167 Af87
Ainay-le-Vieil F 167 Af87
Ainaži LV 209 Ci65
Aincourt F 160 Ad82
Aindling D 126 Bb83
Ainet A 133 Bf87
Ainhoa F 176 Sr94
Ainring D 128 Bf85
Ainsa E 177 Aa96
Ainsa-Sorbabre = Ainsa E 177 Aa96
Ainsdale GB 84 So73
Ainzón E 186 Sr97
Airaines F 154 Ad81
Airasca I 174 Ap91
Aird GB 78 Si68
Aird of Sleat GB 78 Si66
Airdrie GB 80 Sm69
Aire-sur-l'Adour F 176 Su93
Aire-sur-la-Lys F 155 Ae79
Airisto FIN 62 Ce60
Airola I 147 Bk98
Airole I 181 Aq93
Airolo CH 131 As87
Airth GB 79 Sn68
Airuno I 131 At89
Airvault F 165 Su87
Aisa E 187 St95
Aisey-sur-Seine F 168 Ak85
Aïssey F 124 An86
Aisy-sur-Armançon F 168 Ai85
Aitamännikkö FIN 36 Ci46
Aita Mare RO 255 Cm89
Aiterbach D 126 Bd84
Aiterhofen D 123 Bf83
Aith GB 77 So62
Aith GB 77 Sp62
Áitijohka = Ajtejåkk S 28 Bu45
Aitolahti FIN 53 Ch57
Aiton RO 254 Ch87
Aitona E 188 Aa98
Aitoo FIN 53 Ci58
Aitrach D 125 Ba85
Aittaniemi FIN 37 Cq48
Aittojärvi FIN 36 Co50
Aittojärvi FIN 44 Cn53
Aittokoski FIN 44 Cp53
Aittokoski FIN 45 Cs51
Aittokylä FIN 44 Cq51
Aittolahti FIN 55 Cu57
Aittoperä FIN 43 Ck53
Aiud RO 254 Ch88
Aivak S 33 Bn49
Aivanlı TR 280 Cp98
Aix-d'Angillon, les F 167 Af86
Aix-en-Othe F 161 Ah84
Aix-en-Provence F 180 Al93
Aixe-sur-Vienne F 171 Ac89
Aix-les-Bains F 174 Am89
Aizenay F 164 Sr87
Aizkalne LV 215 Co68
Aizkraukle LV 214 Cl67
Aizpurve LV 214 Cn67
Aizpute LV 212 Cd67
Aizupe LV 213 Cf67
Aizvīķi LV 212 Cd68
Ajac F 178 Ae94
Ajaccio F 142 As97
Ajacciu = Ajaccio F 142 As97
Ajain F 166 Ae88
Ajalvir E 193 So99
Ajankijärvi FIN 36 Ci47
Ajaur S 41 Bt51
Ajaureforsen S 33 Bm49
Ajdovščina SLO 134 Bh89
Ajka H 243 Bq86
Ajmunds S 71 Br66
Ajnovc RKS 271 Cd95
Ajnovce = Ajnovc RKS 271 Cd95
Ajo E 185 Sn94
Ajofrín E 199 Sn101
Ajos FIN 36 Ck49
Ajtejåkk S 28 Bu45
Ajtos BG 275 Cp95
Aka H 243 Br86
Akademija LT 217 Ch70
Akani MNE 270 Bu95
Åkarp S 73 Bg69
Äkäsjokisuu FIN 29 Ch46
Äkäslompolo FIN 30 Ci45
Akasztó H 243 Bt87
Akbük TR 289 Cp106
Akçadam TR 280 Co98
Akçaova TR 281 Cq100
Akcjabr BY 219 Cq72
Aken (Elbe) D 117 Be77
Åker S 72 Bi66
Åkerbränna S 40 Bo53
Åkerholm S 70 Bo65
Åkerholmen S 35 Cc49
Åkerlänna S 60 Bp60
Åkermark S 35 Cb49
Åkernäs S 33 Bn49
Åkerö S 50 Bq56
Åkersberga S 61 Br62
Åkersjön S 39 Bi53
Akersloot NL 106 Ak75
Åkers styckebruk S 70 Bp62
Åkervik N 32 Bh49
Akhiolahti FIN 44 Cp54
Akıncılar TR 275 Cq98
Åkinvallen S 50 Bm56
Åkirkeby = Aakirkeby DK 105 Bk70
Akkala FIN 55 Da56
Akkarfjord N 23 Cg39
Akkarfjord N 23 Ch39
Akkarvik N 22 Ca40
Akkavare S 34 Bt49
Akköy TR 289 Cp106
Akkrum NL 107 Am74
Akland N 67 At63
Akmenė LT 213 Cf68
Akmenė, Naujoji LT 213 Cf68
Akmenynai LT 217 Cg72
Aknīste LV 214 Cm68
Akonpohja FIN 54 Cr54
Akovos GR 286 Ce106
Åkra N 56 An61
Åkrahamn-Vedavågen N 66 Al62
Akranes IS 20 Qh26
Åkre S 60 Bm60
Akréfnio GR 283 Cg104
Akrene N 58 Bb61
Åkrestrømmen N 48 Bc57
Akri GR 277 Cd101
Akriní GR 277 Cd100
Akrítas GR 271 Cc99
Åkroken S 50 Bp55
Akropótamos GR 278 Cf99
Akrotiri GR 291 Cl108
Aksakal TR 281 Cr100
Aksakovo BG 275 Cq94
Aksaz TR 280 Cp100
Aksdal N 56 Al62
Akset N 38 At53
Aksicim TR 275 Cr97
Aksla N 46 An56
Aksla N 46 An57
Aksnes N 47 Ar55
Aktse S 28 Br46
Aktsestugorna S 28 Br46
Aktur TR 292 Cq107
Akujärvi FIN 31 Cq43
Åkullsjön S 42 Ca52
Akuneva BY 219 Cq70
Akureyri IS 21 Rb25
Åkvik N 32 Be48
Akyarlar TR 289 Cp107
Akyazı TR 292 Cu108
Ål N 57 As59
Ala EST 210 Cm64
Ala I 132 Bc89
Ala S 71 Bs66
Alaçam TR 292 Cq106
Alacant E 201 Su104
Alacaoğlu TR 280 Cp98
Alaçatı TR 285 Cn104
Alacón E 195 St98
Alà dei Sardi I 140 At99
Ala di Stura I 130 Ap90
Alaejos E 192 Sk98
Alafors S 68 Be65
Alagna-Valsesia I 175 Aq89
Alagoa P 197 Se102
Alagón E 186 Ss97
Alahärmä FIN 43 Cf54
Ala-Honkajoki FIN 52 Ce57
Alaigne F 178 Ae94
Alainenjoki FIN 62 Cf58
Alaior E 207 Ai101
Alájar E 203 Sg105
Alajärvi FIN 53 Ch55
Alajeró E 202 Rf124
Alajõe EST 210 Cp62
Alajoki FIN 43 Cm53
Ala-Kääntä FIN 43 Ci52
Ala-Keyritty FIN 44 Cr54
Ala-Kuona FIN 55 Ct57
Alakylä FIN 30 Ck46
Alakylä FIN 36 Cm50
Alakylä FIN 52 Cd57
Alakylä FIN 55 Cu57
Alameda E 205 Sl106
Alameda de Cervera E 200 So102
Alameda de la Sagra E 193 Sn100
Alamedilla E 205 So105
Alamillo E 198 Sl103
Alaminos E 194 Sp99
Álamo, El E 193 Sn100
A Lamosa E 182 Sd96
Alan F 177 Ab94
Alan HR 258 Bk90
Ala-Nampa FIN 36 Cn47
Alanäs S 40 Bm52
Aland D 110 Bd75
Åland S 60 Bp61
Ålandsbro S 51 Bq55
Alange E 198 Sh103
Alaniemi FIN 36 Cl49
Alanís E 198 Si104
Alanno I 145 Bh96
Alano di Piave I 132 Bd89
Alanta LT 218 Cl70
Ala-Pihlaja FIN 64 Cq59
Ala-Pirilä FIN 55 Cs54
Alapitkä FIN 44 Cq54
Ala-Postojoki FIN 30 Co45
Alaraz E 192 Sk99
Alarcón E 200 Sq101
Alar del Rey E 185 Sm95
Alaró E 206-207 Af101
Alarup AL 276 Cb99
Alaşar TR 281 Cq100
Ålåsen S 40 Bk53
Ala-Siurua FIN 36 Cn49
Alaskylä FIN 52 Cf57
Alassio I 181 Ar92
Alastaro FIN 62 Cf59
Alasuvanto FIN 44 Cn51
Ala-Sydänmaa FIN 43 Cl52
Alatalo FIN 30 Cl46
Alatoz E 201 Ss102
Alatri I 146 Bg97
Alatskivi EST 210 Cp63
Ala-Valli FIN 52 Cf56
Alavattnet S 40 Bm53
Alavere EST 209 Cl62
Alaveteli = Nedervetil FIN 43 Cg53
Alavi S 70 Bk62
Alavieska FIN 43 Ci52
Ala-Vieski FIN 45 Cs52
Ala-Viirre FIN 43 Ch52
Ala-Vuokki FIN 45 Ct51
Ala-Vuotto FIN 44 Cn50
Alavus FIN 53 Ch55
Alazores, Los E 205 Sm106
Alba E 182 Sc96
Alba E 183 Se94
Alba E 194 Ss99
Alba I 175 Ar91
Alba RO 248 Cn84
Alba Adriatica I 145 Bh95
Albac RO 254 Cf88
Albacete E 200 Sr103
Albaching D 236 Be84
Albacken S 50 Bn55
Alba de Cerrato E 185 Sm97
Alba de Tormes E 192 Si99
Ålbæk = Aalbæk DK 68 Ba65
Albaida E 201 St103
Albaina E 186 Sp95
Alba Iulia RO 254 Ch88
Albaladejo E 200 Sp103
Albaladejo del Cuende E 200 Sq101
Alba-la-Romaine F 173 Ak91
Albalate de Cinca E 188 Aa97
Albalate del Arzobispo E 195 St98
Albalate de las Nogueras E 194 Sq100
Albalate de Zorita E 193 Sp100
Alban F 178 Ae93
Albánchez E 206 Sq106
Albánchez de Úbeda E 205 So105
Albanella I 147 Bl100
Albano di Lucania I 147 Bn99
Albano Laziale I 144 Bf97
Albano Vercellese I 130 Ar90
Albanyà E 178 Af96
Albarca E 188 Ab98
Albaredo Arnaboldi I 137 At90
Albaredo d'Adige I 132 Bc90
Albaredo per San Marco I 131 Au88
Albarellos E 183 Se97
Albares E 193 So100
Albaro I 132 Bc90
Albaron F 179 Ai93
Albarracín E 194 Ss100
Albarreal de Tajo E 193 Sm101
Albata de Jos MD 257 Cr89
Albatana E 200 Sr103
Albatàrrec E 195 Ab97
Albatera E 201 St104
Albbruck D 124 Ar85
Albecq GBG 98 Sp82
Albeins = Albes I 132 Bd87
Albeiza = Albéniz E 186 Sq95
Albelda de Iregua E 186 Sq96
Albena BG 267 Cr94
Albendín E 205 Sm105
Albenga I 181 Ar92
Albeni RO 264 Ch90
Albéniz E 186 Sq95
Albens F 174 Am89
Albentosa E 195 St100
Alberca, La E 192 Sh100
Alberca de Záncara, La E 200 Sq101
Alberese I 143 Bc95
Ålberg N 39 Bc53
Ålberga S 70 Bn62
Ålberga S 70 Bo63
Albergaria-a-Nova P 190 Sd99
Albergaria-a-Velha P 190 Sd99
Albergaria dos Doze P 196 Sc101
Albergueria E 183 Se96
Alberguería de Argañán, La E 191 Sg100
Alberique E 201 St101
Alberite E 186 Sq96
Albernoa P 203 Se105
Alberobello I 149 Bp99
Alberona I 147 Bl98
Alberone I 138 Bc91
Albersdorf D 103 At72
Albersloh D 114 Aq77
Albersweiler D 120 Ar82
Albert F 155 Af80
Albertirsa H 244 Bu86
Albertslund DK 104 Be69
Albertville F 174 An89
Albes I 132 Bd87
Albesa E 188 Ab97
Albeşti RO 248 Cp85
Albeşti RO 255 Ck88
Albeşti RO 256 Cq88
Albeşti RO 266 Cp91
Albeşti RO 267 Cr93
Albeşti-Paleologu RO 265 Cn91
Albestroff F 119 Ao83
Albeuve CH 169 Ap87
Albi F 178 Ae93
Albidona I 148 Bn101
Albiez-le-Vieux F 174 An90
Albigowa PL 235 Ce80
Albina RO 256 Cq90
Albineţue Vechi MD 248 Cq85
Albino I 131 Au89
Albires E 184 Sk96
Albiş RO 245 Ce86
Albisheim (Pfrimm) D 163 Ar81
Albissola Marina I 175 As92
Albiţa RO 248 Cr87
Alblasserdam NL 106 Ak77
Älbo S 60 Bp60
Albocácer = Albocàsser E 195 Aa100
Albocàsser E 195 Aa100
Alboga S 69 Bg65
Alböke S 73 Bo67
Alboloduy E 206 Sp106
Albolote E 205 Sn106
Albondón E 205 So107
Alborea E 201 Ss102
Ålborg = Aalborg DK 100 Au66
Albosaggia I 131 Au88
Albota RO 265 Ck91
Alboussières F 173 Ak91
Albox E 206 Sq106
Albrechtice nad Vltavou CZ 237 Bi82
Albrehtava BY 215 Cs69
Albrighton GB 93 Sq75
Albstadt D 125 At84
Albudeite E 207 Ss104
Albuera, La E 197 Sg103
Albufeira P 202 Sd106
Albufereta = Albufereta, l' E 201 Su104
Albufereta, l' E 201 Su104
Albuñol E 205 So107
Albujón E 207 Ss105
Albula CH 131 Au87
Albuleşti RO 264 Cg91
Albuñol E 205 So107
Albuñuelas E 205 Sn107
Alburg D 123 Bf83
Alburitel P 196 Sc101
Alburquerque E 197 Sg102
Albusetrå N 47 Ba56
Alby S 50 Bl55
Alby-sur-Chéran F 174 An89
Alcácer do Sal P 196 Sc104
Alcáçovas P 196 Sd104
Alcadozo E 200 Sr103
Alcafozes P 191 Sf101
Alcaine E 195 St99
Alcains P 191 Sf101
Alcalá E 202 Rg124
Alcalà de Chivert = Alcalà de Xivert E 195 Aa100
Alcalá de Guadaira E 204 Si106
Alcalá de Gurrea E 187 St96
Alcalá de Henares E 193 So100
Alcalá de la Selva E 195 St100
Alcalá de la Vega E 194 Sr100
Alcalá del Júcar E 201 Ss102
Alcalá del Obispo E 187 Su96
Alcalá de los Gazules E 204 Si108
Alcalá del Río E 204 Si105
Alcalá del Valle E 204 Sk107
Alcalà de Xivert E 195 Aa100
Alcalá la Real E 205 Sn106
Alcamo I 152 Bf105
Alcamo Marina I 152 Bf104
Alcampel E 187 Aa97
Alcanadre E 186 Sq96
Alcanar E 195 Aa99
Alcanede P 196 Sc102
Alcanena P 196 Sc102
Alcanhões P 196 Sc102
Alcañices E 191 Sh97
Alcañiz E 188 Su98
Alcántara E 197 Sg101
Alcantarilha P 202 Sd106
Alcantarilla E 200 Sq104
Alcantarilla E 201 Ss105
Alcantarillas, Las E 204 Si106
Alcantud E 194 Sq99
Alcaracejos E 198 Sl104
Alcara li Fusi I 150 Bk104
Alcaraz E 200 Sq103
Alcaria P 191 Se100
Alcaria Ruiva P 203 Se105
Alcarràs E 195 Ab97
Alcaucín E 205 Sm107
Alcaudete E 205 Sm105
Alcaudete de la Jara E 198 Sl101
Alcázar del Rey E 193 Sp100
Alcázar de San Juan E 199 So102
Alcazarén E 192 Sl98
Alcázares, Los E 207 St105
Alcester GB 94 Sr76
Alçitepe TR 280 Cn100
Alcoba E 199 Sm102
Alcobaça P 196 Sc101
Alcobendas E 193 Sn99
Alcobertas P 196 Sc102
Alcocer E 194 Sp100
Alcochete P 196 Sc103
Alcoentre P 196 Sc102
Alcohujate E 194 Sp100
Alcoi E 201 Su103
Alcolea E 205 Sl105
Alcolea E 206 Sp107
Alcolea de Calatrava E 199 Sm103
Alcolea de Cinca E 188 Aa97
Alcolea del Pinar E 194 Sq98
Alcolea del Río E 204 Si105
Alcoletge E 195 Ab97
Alcollarín E 198 Si102
Alconbury GB 94 Su76
Alconchel E 197 Sf103
Alconera E 197 Sh104
Alcóntar E 206 Sp106
Alcora = Alcora, L' E 195 Su100
Alcora, L' E 195 Su100
Alcorcón E 193 Sn100
Alcorisa E 195 Su99
Alcoroches E 194 Sr99
Alcórrego P 197 Se102
Alcossebre E 195 Aa100
Alcoutim P 203 Sf106
Alcover E 188 Ac98
Alcoy = Alcoi E 201 Su103
Alcsútdoboz H 243 Bs86
Alcubierre E 187 Su97
Alcubilla de Avellaneda E 193 So97
Alcubillas E 200 So103
Alcublas E 201 St101
Alcúdia E 207 Ag101
Alcúdia, l' E 201 St102
Alcúdia de Crespins, l' E 201 St103
Alcúdia de Guadix E 206 So106
Alcuéscar E 198 Sh102
Alcuneza E 194 Sp98
Aldborough GB 81 Ss72
Aldborough GB 85 Su73
Aldbourne GB 93 Sr78
Aldeacentenera E 198 Si101
Aldeadávila de la Ribera E 191 Sg98
Aldea del Cano E 197 Sh102
Aldea del Fresno E 193 Sm100
Aldea del Obispo E 191 Sg99
Aldea del Portillo de Busto, La E 185 So95
Aldea del Rey E 199 Sn103
Aldea de San Esteban E 193 So97
Aldea de Trujillo E 198 Si101
Aldeahermosa E 200 So104
Aldealafuente E 194 Sq97
Aldealcorvo E 193 Sn98
Aldealengua de Santa María E 193 So98
Aldeamayor de San Martín E 192 Sl97
Aldeanueva de Barbarroya E 198 Sl101
Aldeanueva de Ebro E 186 Sr96
Aldeanueva de Figueroa E 192 Si98
Aldeanueva de la Serrezuela E 193 Sn98
Aldeanueva de la Vera E 192 Si100
Aldeanueva del Codonal E 192 Sl98
Aldeanueva de San Bartolomé E 198 Sk101
Aldeaquemada E 199 So104
Aldea Quintana E 204 Sl105
Aldearrodrigo E 192 Si98
Aldeaseca de la Frontera E 192 Sk99
Aldeavieja E 193 Sm99
Aldeboarn NL 107 Am74
Aldebrő H 240 Ca85
Aldeburgh GB 95 Ad76
Aldehuela E 191 Sh100
Aldehuela, La E 192 Sk100
Aldehuela de la Bóveda E 192 Sh99
Aldehuela de Liestos E 194 Sr98
Aldehuela de Yeltes E 192 Sh99
Aldeia da Mata P 197 Se102
Aldeia da Ponte P 191 Sg100
Aldeia dos Palheiros P 202 Sd105
Aldeia Galega da Merceana P 196 Sb102
Aldeia Nova de São Bento P 203 Sf105
Aldeia Velha P 196 Sd102
Áldejávri = Alttajärvi S 29 Cb45
Aldemardum = Oudemirdum NL 107 Am75
Aldenhoven D 114 An79
Aldeonte E 193 Sn98
Aldersbach D 128 Bg83
Aldershot GB 98 St78
Aldeşti RO 264 Ci90
Aldfield GB 84 Sr72
Aldford GB 93 Sp74
Aldinci MK 271 Cc97
Aldingen D 125 As84
Aldover E 195 Aa99
Aldra N 32 Bg48
Aldridge GB 94 Sr75
Aldsworth GB 94 Sr77
Aldtsjerk NL 107 Am74
Åldtsjerk = Aldtsjerk NL 107 Am74
Aldudes F 186 Ss94
Ale S 35 Cd49
Åleby S 59 Bg61
Aled S 72 Bf67
Aledo E 206 Sr105
Alegrete P 197 Sf102
Aleknaičiai LT 213 Ch69
Alekovo BG 265 Cl94
Alekovo BG 266 Cp93
Aleksandravėlė LT 214 Cm69
Aleksandria PL 233 Bs79
Aleksandrija BG 266 Cq93
Aleksandrija LT 212 Cd68
Aleksandrovac SRB 263 Cc92
Aleksandrovac SRB 263 Cc94
Aleksandrovo BG 274 Ck94
Aleksandrovo BG 274 Cn94
Aleksandrovo BG 275 Co96
Aleksandrovskaja RUS 65 Da61
Aleksandrów Kujawski PL 227 Bs75
Aleksandrów Łódzki PL 227 Bt77
Aleksa Šantić SRB 244 Bt89
Alekseevka RUS 65 Cs62
Aleksin BY 235 Cf80
Aleksinac SRB 263 Cd93
Aleksino RUS 211 Cs63
Alekšycy BY 224 Ch74
Alekulla S 101 Bf66
Ålem S 73 Bn67
Ålen N 48 Bc55
Alençon F 159 Aa84
Alenquer P 196 Sb102
Alentisque E 194 Sq98
Alénya F 189 Af95
Alera E 186 Ss96
Aléria F 181 Au96
Alès F 179 Ai92
Ales I 141 As101
Alesanco E 185 Sp96
Aleşd RO 245 Ce86
Alesjaurestugorna S 28 Br44
Åle-Skövde S 68 Be64
Alešniki BY 219 Cq72
Alessandria I 175 As91
Alessandria del Carretto I 148 Bn101
Alessandria della Rocca I 152 Bg105
Alessano I 149 Br101
Ålestrup = Aalestrup DK 100 At67
Ålesund N 46 An56
Alet-les-Bains F 178 Ae94
Alevráda GR 282 Cc103
Alexa, Caporal- RO 245 Cd88
Alexain F 159 St84
Alexandria GB 78 Sl69
Alexándria GR 278 Ce99
Alexandria RO 265 Cl93
Alexandroúpoli GR 280 Cm99
Alexandru I. Cuza RO 248 Co86
Alexandru Vlahuță RO 256 Cq88
Alexeni RO 266 Co91
Alezio I 149 Br100
Alf D 119 Ap80
Alfacar E 205 Sn106
Alfaiates P 191 Sg100
Alfajarín E 195 St97
Alfambra E 194 Ss99
Alfamén E 194 Ss98
Alfândega da Fé P 191 Sg98
Alfara de Carles E 195 Aa99
Alfara dels Ports = Alfara de Carles E 195 Aa99
Alfarela de Jales P 191 Se98
Alfarelos P 190 Sc100
Alfarim P 196 Sb104
Alfarnate E 205 Sm107
Alfaro E 186 Sr96
Alfarràs E 187 Ab97
Alfatar BG 266 Cp93
Alfaz del Pi E 201 Su103
Alfdorf D 121 Au83
Alfedena I 146 Bi97
Alfeizerão P 196 Sb102
Alfeld D 122 Bd82
Alfeld (Leine) D 116 Au77
Alferce P 202 Sd106
Alfero I 139 Be93
Alfershausen D 122 Bc82
Alfhausen D 108 Aq76
Alfonsine I 139 Be91
Alford GB 76 Sp66
Alford GB 85 Aa74
Alforja E 188 Ab98
Alfoten N 46 Am57
Alfreton GB 93 Ss74
Alfta S 50 Bn58
Alfter D 114 Ap79
Alfundão P 196 Sd104
Algå S 58 Be61
Algaba, La E 204 Sh106
Algadefe E 184 Si96
Algaida E 206-207 Af101
Algaida, La E 204 Sh107
Algajola F 181 As95
Algallarín E 199 Sm105
Algámitas E 204 Sk106
Algar E 204 Si107
Algar, El E 207 St105
Algar, S' E 207 Ai101
Algarås S 69 Bi63
Algård-Figgjo N 66 Am63
Algarheim N 58 Bc60
Algarinejo E 205 Sm106
Algarrobo E 205 Sm107
Algatocín E 204 Sk107
Algeciras E 205 Sk108
Algemesí E 201 Su102
Älgered S 50 Bo56
Algermissen D 116 Au76
Algerri E 187 Ab97
Algesheim, Gau- D 120 Ar81
Algete E 193 So99
Älghallen S 40 Bl53
Alghero I 140 Ar99
Älghult S 41 Br53
Älghult S 73 Bm67
Algimia de Almonacid E 195 Su101
Alginet E 201 Su102
Älglund S 42 Bu52
Algodonales E 204 Sk107
Algodor P 203 Se105
Algodres P 191 Sf99
Algora E 194 Sp99
Algoso P 191 Sg98
Algoz P 202 Sd106
Älgsjö S 41 Bp52
Älgsjöbo S 60 Bm60
Älgträsk S 42 Bu50
Alguaire E 195 Ab97
Alguazas E 201 Ss104
Algueña E 201 Ss104
Alguer, L' = Alghero I 140 Ar99
Algutsboda S 73 Bm67
Algutsrum S 73 Bo67
Algyő H 244 Ca88
Alhabia E 206 Sp107
Alhadas P 190 Sc100
Alhama de Almería E 206 Sp107
Alhama de Aragón E 194 Sr98
Alhama de Granada E 205 Sm107
Alhama de Murcia E 207 Ss105
Alhambra E 200 So103
Alhamn S 35 Cd50
Alhandroal P 197 Sf103
Alharilla E 205 Sm105
Alhaurín de la Torre E 205 Sl107
Alhaurín el Grande E 205 Sl107
Alheim D 115 Au78
Alho RUS 55 Cu58
Alhojärvi FIN 53 Cl57
Alholmen FIN 42 Cf53
Alhóndiga E 193 Sp99
Ålhus N 46 An57
Ali I 150 Bl104
Alia E 198 Sk102

326 Agordina, La Valle – Alía

Alia I 152 Bh105
Aliaga E 195 St99
Aliaguilla E 201 Ss101
Aliano I 148 Bn100
Aliartos GR 283 Cg104
Alibey TR 280 Cn98
Alibey TR 285 Co102
Alibunar SRB 253 Cb90
Aliç TR 280 Co98
Alicante = Alacant E 201 Su104
Alice Castello I 130 Ar90
Alicudi Porto I 153 Bi103
Alicún de Ortega E 206 So105
Alife I 146 Bi98
Alija del Infantado E 184 Si96
Alijó P 191 Sf98
Alika GR 286 Ce108
Alikarnassós GR 291 Cl110
Alikés GR 282 Cb105
Alikes GR 282 Cd104
Aliki GR 282 Cc102
Aliki GR 283 Cg104
Alikianós GR 290 Ch110
Aliko GR 288 Cl107
Alikoč MK 272 Ce97
Alikylä FIN 43 Ch53
Aliman RO 266 Cq92
Alimena I 153 Bi105
Alimpeşti RO 264 Ch90
Alinci MK 271 Cc98
Alingsås S 69 Bf65
Alino BG 272 Cg96
Alin Potok SRB 262 Bu93
Alins E 188 Ac95
Alinyà E 188 Ac96
Alioş RO 253 Cd88
Alipaşa TR 281 Cr98
Aliseda E 197 Sg102
Aliseda de Tormes, La E 192 Sk100
Alistráti GR 278 Ch98
Ali Terme I 150 Bl104
Ali-Vekkoski FIN 63 Cl60
Alivéri GR 284 Ci104
Alixan F 173 Al91
Alizava LT 214 Cl69
Aljabaras, Las E 204 Sk105
Aljachnovičy BY 219 Cp72
Aljaraque E 203 Sf106
Aljezur P 202 Sc106
Aljinovići SRB 261 Bu94
Aljorra, La E 207 Ss105
Aljubarrota P 196 Sc101
Aljucén E 197 Sh102
Aljustrel P 202 Sd105
Alken B 113 Al79
Alken D 119 Ap80
Alkersum D 102 As71
Ål Kilen S 59 Bl59
Alkiškiai LT 213 Cf68
Alkkia FIN 52 Cf56
Alkmaar NL 106 Ak75
Alkoven A 128 Bi84
Alksniupiai LT 213 Ch69
Alksnynė LT 216 Cc69
Alku FIN 52 Ce55
Allaines-Mervilliers F 160 Ad84
Allaire F 164 Sq85
Allaman CH 169 An88
Allanche F 172 Af90
Alland A 238 Bn84
Allanton GB 81 Sq69
Allariz E 183 Se96
Allarmont F 124 Ap84
Allassac F 171 Ac90
Allaži LV 214 Ck66
Alleen N 66 Ap64
Alleghe I 133 Be88
Allègre F 172 Ah90
Allègre F 173 Ai92
Allein I 130 Ap89
Alleins F 179 Al93
Allemagne-en-Provence F 180 An93
Allemond F 174 An90
Allenbach D 120 Ap81
Allenberg D 126 Bc84
Allendale Town GB 81 Sq71
Allendorf (Eder) D 115 As78
Allendorf (Lumda) D 115 As79
Allenheads GB 81 Sq71
Allensbach D 125 At85
Allentsteig A 237 Bl83
Allenwood IRL 87 Sg74
Allepuz E 195 St100
Aller = Cabañaquinta E 184 Si94
Allerborn L 119 Am80
Allerey F 168 Ai86
Allerona I 144 Bd95
Allersberg D 122 Bc82
Allershausen D 126 Bd84
Allerston GB 85 St72
Allerum S 101 Bf68
Alles (Peñamellera Alta) E 184 Sl94
Alleshave DK 101 Bc69
Alleuze F 172 Ag91
Allevard F 174 An90
Allex F 173 Ak91
Alleyras F 172 Ah91
Allgunnen S 73 Bn66
Allhallows GB 95 Ab78
Allibaudières F 161 Ai83
Alligny-Cosne F 167 Ag86
Allihies IRL 89 Ru77
Allingåbro DK 100 Ba68
Allinge DK 105 Bk70
Allingmo N 68 Bd62
Alliste I 149 Br101
Allmannsweier D 163 Aq84
Allmendingen D 125 Au84
Allo E 186 Sq95
Alloa GB 79 Sn68
Allogny F 167 Ae86
Allolukta S 28 Bt46
Allonby GB 81 So71
Allonne F 160 Ae82
Allonnes F 159 Aa85
Allonnes F 176 Su92
Allos F 174 Ao92
Allouе F 171 Ab88
Allouville-Bellefosse F 160 Ab81
Alloway GB 78 Sl70
Alloza E 195 St99
Allsån S 35 Cf48
Allschwil CH 169 Aq85
Ållsjön S 41 Bp54
Allstedt D 116 Bc78
Alltnacaillich GB 75 Sl64
Alltwalis GB 92 Sm77
Allumiere I 144 Bd96
Ally F 172 Ae90
Almaceda P 191 Se100
Almacelles E 188 Aa97
Almaciles E 200 Sq105
Almada P 196 Sb103
Almadén E 198 Sl103
Almadén de la Plata E 204 Sh105
Almadenejos E 199 Sl103
Almadrava, l' E 188 Ab99
Almagreira P 182 Qk107
Almagro E 199 Sn103
Almăj RO 264 Ch92
Almajano E 186 Sq97
Almaluez E 194 Sq98
Almancil P 202 Sd106
Almannbua N 57 At61
Almansa E 201 Ss103
Almanza E 184 Sk95
Almanzora, Cuevas del E 206 Sr106
Almaraz E 198 Si101
Almargem do Bispo P 196 Sb103
Almargen E 204 Sk107
Almarza E 186 Sq97
Almås N 48 Bb54
Almaş RO 245 Ce88
Almásfüzitő H 243 Br85
Almaş-Săliște RO 253 Cf88
Almassora E 195 Su101
Almaşu RO 246 Cg87
Almasu Mare RO 254 Cg88
Almatret E 195 Aa98
Alma Vii RO 254 Ci88
Almazán E 194 Sp98
Almazora = Almassora E 195 Su101
Almberg S 59 Bl59
Almdalen N 32 Bh49
Alme D 115 As78
Almè I 131 Au89
Älmeboda S 73 Bl67
Almedijar E 195 Su101
Almedina E 200 Sp103
Almedinilla E 205 Sm106
Almeida E 192 Sh98
Almeida P 191 Sg99
Almeirim P 196 Sc102
Almelia N 67 As63
Almelo NL 107 Ao76
Almenar E 187 Ab97
Almenara E 201 Su101
Almenar de Soria E 194 Sq97
Almendra E 191 Sh98
Almendral E 197 Sg103
Almendralejo E 197 Sh103
Almendricos E 206 Sr106
Almendros E 193 Sp101
Almensilla E 204 Sh106
Almer GB 98 Sq79
Almere NL 106 Al76
Almere-Buiten NL 106 Al76
Almere-Haven NL 106 Al76
Almería E 206 Sq107
Almerimar E 206 Sp107
Almesåkra S 69 Bk65
Almese I 136 Ap90
Älmhult S 72 Bi67
Almidar E 206 So106
Almiropótamos GR 284 Ci104
Almirós GR 283 Cf102
Almklov N 46 Am56
Almli N 38 Bc52
Ålmo N 38 Ar54
Almo S 59 Bk59
Almodôvar P 202 Sd105
Almodóvar del Campo E 199 Sm103
Almodóvar del Pinar E 200 Sr101
Almodóvar del Río E 204 Sk105
Almogia E 205 Sl107
Almograve P 202 Sc105
Almoguera E 193 Sp100
Almoharín E 198 Sh102
Almolda, La E 195 Su97
Almonacid de la Sierra E 194 Ss98
Almonacid del Marquesado E 200 Sp101
Almonacid de Toledo E 199 Sn101
Almonacid de Zorita E 193 Sp100
Almonaster la Real E 203 Sg105
Almontarás, Las E 206 Sp105
Almonte E 203 Sg106
Almoradí E 201 St104
Almorox E 193 Sm100
Ålmosætra N 39 Bf52
Almoster P 196 Sd101
Almsele S 41 Bp52
Almsjönäs S 51 Br54
Almsta S 61 Bs61
Almtaler Haus A 128 Bi85
Almudena E 206 Sr104
Almudévar E 187 St96
Almuñécar E 205 Sn107
Almunge S 61 Br61
Almunia de Doña Godina, La E 194 Ss98
Almunia de San Juan E 187 Aa97
Almuradiel E 199 Sn103
Almussafes E 201 Su102
Alnes N 46 Am56
Alness GB 75 Sm65
Alnö S 50 Bp56
Alnwick GB 81 Sr70
Alocén E 194 Sp99
Aloja LV 209 Ck65
Alojera E 202 Rf124
Alojzów PL 235 Ch79
Alomartes E 205 Sn106
Alön S 69 Bi63
Alónissos GR 284 Ch102
Alonistena GR 286 Ce105
Aloprónia GR 288 Cl107
Álora E 205 Sl107
Alòs F 188 Ac95
Alosno E 203 Sf105
Alost = Aalst B 155 Ai79
Alovė LT 217 Ci72
Alovera E 193 So99
Alozaina E 204 Sl107
Alp E 178 Ad96
Alpalhão P 197 Se102
Alpbach A 127 Bd86
Alpe Cheggio, Rifugio I 130 Ar88
Alpe-d'Huez, l' F 174 An90
Alpedrete E 193 Sm99
Alpedrinha P 191 Sf100
Alpedriz P 196 Sc101
Alpen D 114 Ao77
Alpendurada e Matos P 190 Sd98
Alpera E 201 Ss103
Alp Guraletsch CH 131 At87
Alphen NL 113 Ak78
Alphen aan de Rijn NL 113 Ak76
Alpheton GB 95 Ab76
Alpiarça P 196 Sc102
Alpicat E 195 Ab97
Alpignano I 136 Aq90
Alpin RO 247 Cm86
Alpin RO 255 Cl90
Alpirsbach D 125 Ar84
Alpl A 242 Bm85
Alpthal CH 131 As86
Alpua FIN 43 Cl52
Alpuente E 194 Ss101
Alpullu TR 280 Cp98
Alqueva P 197 Se104
Alquézar E 188 Aa96
Alquián, El E 206 Sq107
Alrewas GB 94 Sr75
Alrø By DK 100 Ba69
Als DK 100 Ba67
Alsasua E 186 Sq95
Alsdorf D 113 An79
Alseda S 70 Bl66
Alsėdžiai LT 213 Ce68
Alsen S 39 Bh54
Alsenborn, Enkenbach- D 163 Aq82
Alseno I 137 Au91
Alsenz D 120 Aq81
Alsev Kro DK 103 At70
Alsfeld D 115 At79
Alsheim D 120 Ar81
Ålshult S 72 Bk67
Alsike S 61 Bq61
Alsjö S 50 Bn56
Alsleben (Saale) D 116 Bd77
Ålsø DK 101 Bb68
Alsónémedi H 243 Bt86
Alsóörs H 243 Bq87
Alsószentiván H 243 Bs87
Alsószölnök H 135 Bn87
Alsótold H 240 Bu85
Alsóújlak H 135 Bo86
Alsózsolca H 240 Cb84
Alsta S 60 Bp61
Ålstad N 27 Bl45
Ålstad N 38 Bc53
Ålstad N 47 Ap56
Ålstad N 58 Bc59
Alstad S 73 Bg70
Alstadhaug N 38 Bc53
Alstahaug N 32 Be49
Alstätte D 114 Ao76
Alsterbro S 73 Bm67
Alsterfors S 73 Bm67
Alstermo S 73 Bm67
Alston GB 81 Sq71
Alstrup DK 100 At67
Alsunga LV 212 Cd67
Alsvåg N 27 Bl43
Alsvik N 27 Bi46
Alsviki LV 215 Co66
Alta N 23 Cg41
Ålta S 71 Br62
Altamura I 148 Bo99
Altare I 175 Ar92
Altarejos E 194 Sq101
Altares P 182 Qf103
Altaussee A 128 Bh85
Altavilla Irpina I 147 Bk98
Altavilla Silentina I 147 Bk98
Alt Bennebek D 103 At72
Alt-Burlage D 107 Aq74
Altdöbern D 117 Bi77
Altdorf D 127 Be83
Altdorf (UR) CH 131 As87
Altdorf bei Nürnberg D 122 Bc82
Alt Duvenstedt D 103 Au72
Alte P 202 Sd106
Altea E 201 Su103
Altedo I 138 Bc91
Altefähr D 105 Bg72
Alteglofsheim D 122 Be83
Alteidet N 23 Ce40
Alte Kirche D 102 As71
Altena D 114 Aq78
Altenahr D 120 Ao79
Altenau D 116 Ba77
Altenbeken D 115 As77
Altenberg D 117 Bh79
Altenberge D 114 Ap76
Altenbüren D 115 As78
Altenburg A 129 Bm83
Altenburg D 117 Be79
Altenfelden A 128 Bh84
Altengeseke D 115 Ar77
Altenglan D 163 Ap81
Altenhagen D 104 Bd72
Altenhausen D 110 Bc76
Altenheim D 163 Aq84
Altenhof D 110 Be74
Altenholz D 103 Ba72
Altenhundem D 115 Ar78
Altenkirchen D 220 Bg71
Altenkirchen (Westerwald) D 114 Aq79
Altenkrempe D 104 Bb72
Altenmarkt D 127 Bf83
Altenmarkt an der Alz D 236 Bf84
Altenmarkt bei Sankt Gallen A 128 Bk85
Altenmarkt im Pongau A 127 Bg86
Altenmedingen D 109 Bb74
Altenmünster D 126 Bb84
Altenpleen D 104 Bf72
Altenstadt D 120 As80
Altenstadt D 125 Ba84
Altenstadt D 126 Bb85
Altenstadt an der Waldnaab D 230 Be81
Altensteig D 125 As83
Altenthann D 127 Be82
Altentreptow D 111 Bg73
Altenweddingen D 116 Bd76
Alter do Chão P 197 Se102
Alteren N 32 Bh48
Altersbruk S 35 Cc50
Altersham D 128 Bf84
Altes Lager D 117 Bg76
Altfraunhofen D 236 Be84
Altfriedland D 225 Bi75
Altfriesack, Wustrau- D 110 Bf75
Altgaarz D 110 Bf73
Altglietzen D 111 Bi75
Altheim A 128 Bg84
Altheim D 119 Ap82
Altheim D 121 At81
Althengstett D 125 As83
Althofen A 134 Bi87
Althorne GB 99 Ab77
Altier F 172 Ah92
Altilia I 147 Bk98
Altimir BG 264 Ch93
Altina RO 254 Ci89
Altinkum plajı TR 289 Cp106
Altıntaş TR 280 Co98
Altja EST 210 Cn61
Alt Käbelich D 220 Bg74
Altkalen D 104 Bf73
Altkirch F 169 Ap85
Altlandsberg D 111 Bh75
Altleiningen D 163 Ar81
Altlüdersdorf D 111 Bg74
Altmannstein D 122 Bd83
Altmärkische Höhe D 110 Bd75
Alt Meteln D 110 Bc73
Altmörbitz D 117 Bf79
Altmünster A 236 Bh85
Altnabreac Station GB 75 Sn64
Altnaharra GB 75 Sm64
Altnapaste IRL 82 Se71
Altnes N 23 Cg40
Alto I 181 Ar92
Altobordo E 206 Sr105
Alto do Hospital E 183 Se95
Altofonte I 152 Bg104
Altomonte I 151 Bn101
Altomünster D 126 Bc84
Alton GB 98 St78
Altona D 109 Au73
Altopascio I 138 Bb93
Altorricón E 188 Aa97
Altötting D 236 Bf84
Altreetz D 111 Bi75
Altrincham GB 84 Sq74
Alt Ruppin D 110 Bf75
Alt Sankt Johann CH 125 At86
Alt-Schadow D 118 Bh76
Alt Schönau D 110 Bf73
Alt Schwerin D 110 Be73
Altshausen D 125 Au85
Altstätten CH 125 Au86
Altsteußlingen D 125 Au84
Alt Sührkow D 110 Bf73
Alttajärvi S 29 Cb45
Altuna S 60 Bo61
Altura E 195 St101
Altwarp D 111 Bi73
Alūksne LV 215 Cp66
Ålum DK 100 Au68
Ålund S 35 Cc50
Alunda S 61 Br60
Aluniş RO 246 Ch86
Aluniş RO 247 Ck87
Aluniş RO 255 Cm87
Aluniş RO 255 Cm90
Alunu RO 264 Ch90
Alustante E 194 Sr99
Alva GB 79 Sn68
Alvaiázere P 196 Sd101
Alvajärvi FIN 43 Cl54
Alvalade P 202 Sd105
Alvaneu CH 131 Au87
Alvängt S 60 Bm62
Alvängen S 68 Be65
Alvarado E 197 Sg103
Alvarenga P 190 Sd99
Álvares P 190 Sd100
Álvaro P 191 Se101
Alvdal N 48 Bb56
Älvdalen S 59 Bi58
Alvechurch GB 94 Sr76
Alverca do Ribatejo P 196 Sb103
Alversund N 56 Al59
Alvesta S 72 Bk67
Alveston GB 98 Sp77
Alvestorp S 59 Bk61
Alvettula FIN 63 Cl58
Älvho S 49 Bk57
Älvhöjden Östra S 59 Bk61
Alvignano I 146 Bi98
Ålvik N 56 An60
Alvik S 35 Cd49
Alvik S 59 Bk59
Älviken S 40 Bi53
Alviobeira P 196 Sd101
Alvito I 146 Bh97
Alvito P 197 Se104
Älvkarleby S 60 Bp59
Älvkarleö S 60 Bp59
Älvkarlhed S 50 Bm58
Alvor P 202 Sc106
Alvorge P 190 Sd101
Alvra = Albula CH 131 Au87
Älvros S 49 Bk56
Älvsåker S 68 Be65
Älvsbacka S 34 Bs49
Älvsborg S 68 Bd65
Älvsbyn S 35 Cc49
Älvsered S 72 Bf66
Älvsjöhyttan S 59 Bi61
Älvsund S 50 Bo56
Älvundfoss N 47 As55
Alwinton GB 81 Sq70
Alyth GB 76 So67
Alytus LT 224 Ci72
Alzano Lombardo I 131 Au89
Alzenau D 121 At80
Alzey D 120 Ar81
Alzira E 201 Su102
Alzon F 178 Ag93
Alzonne F 178 Ae94
Åmådalen S 49 Bk58
Amadora P 196 Sb103
Amagne F 161 Ak81
Amailloux F 165 Su87
Åmål S 69 Bf62
Amalfi I 147 Bk99
Amaliáda GR 286 Cc105
Amaliápolis GR 283 Cf102
Amálo GR 289 Cm105
Amance F 161 Ak84
Amance F 169 An85
Amancey F 169 An86
Amandola I 145 Bg95
Amantea I 151 Bn102
Amara RO 266 Cp91
Amáranda GR 278 Cm98
Amarante P 190 Sd98
Amárantos GR 276 Cb100
Amárantos GR 283 Cd102
Amărăşti RO 264 Ci91
Amărăştii de Jos RO 264 Ci93
Amărăştii de Sus RO 264 Ci93
Amareleja P 197 Sf104
Amares P 190 Sd97
Ämari EST 209 Ci62
Amári GR 291 Ck110
Amárinthos GR 284 Ch104
Amaro I 133 Bg88
Amaru RO 266 Co91
Amaseno I 146 Bg98
Amatrice I 145 Bg95
Amaxádes GR 279 Cl98
Amay B 113 Al79
Amaya E 185 Sm95
Ambås E 184 Sk94
Ambazac F 171 Ac89
Ambeláki GR 282 Cc103
Ambelákia GR 274 Cn98
Ambelákia GR 277 Cf101
Ambelia GR 282 Cb101
Ambelia GR 283 Ce102
Ambelikó GR 285 Cn102
Ambelohóri GR 277 Cc101
Ambelónas GR 277 Ce101
Ambelos GR 290 Ci111
Amberg D 122 Bd82
Åmberg S 59 Bi59
Ambergate GB 93 Ss74
Ambérieu-en-Bugey F 173 Al89
Ambérieux-en-Dombes F 173 Ak88
Ambernac F 171 Ab89
Ambert F 172 Ah89
Ambès F 170 St90
Ambialet F 178 Ae93
Ambierle F 167 Ah88
Ambillou F 166 Aa86
Ambjörby S 59 Bg59
Ambjörnarp S 69 Bg66
Ambla EST 210 Cm62
Amble GB 81 Sr70
Ambleny F 161 Ag82
Ambleside GB 81 Sp72
Ambleteuse F 99 Ad79
Ambleville F 160 Ad82
Ämboda = Empo FIN 62 Ce60
Amboise F 166 Ab86
Ambra I 138 Bd94
Ambri CH 131 As88
Ambrières-les-Vallées F 159 St84
Ambrożew PL 227 Bt76
Ambrus SLO 134 Bk89
Ambud RO 241 Cf85
Amdal N 38 Bb54
Amdal N 56 Am62
Åmdals Verk N 57 Ar62
Amden CH 131 At86
Amecke D 114 Aq78
Ameiras de Baixo P 196 Sc104
Ameixial P 203 Se106
Amel B 119 An80
Amele LV 213 Ce66
Amelia I 144 Be95
Amélie-les-Bains-Palalda F 178 Af96
Amelinghausen D 109 Ba74
Ameľ janec BY 229 Ch75
Amêndoa P 196 Sd101
Amendoeira P 203 Se105
Amendolara I 148 Bo101
Amer E 189 Af96
Amerang D 236 Be85
Amerdingen D 122 Ba83
Amerongen NL 113 Al76
Amersfoort NL 113 Al76
Amersham GB 98 St77
Amesbury GB 98 Sr78
Ametlla del Vallès, l' E 189 Ae97
Ametlla de Mar, l' E 195 Ab99
Ameyugo E 185 So95
Amezketa E 186 Sq94
Amfíklia GR 283 Cf103
Amfilohía GR 282 Cc103
Amfissa GR 283 Ce103
Amfreville-la-Campagne F 160 Ab82
Amieira P 197 Se104
Amieira do Tejo P 197 Se101
Amieiro P 190 Sc100
Amiens F 155 Ae81
Amigdaléa GR 277 Ce101
Amigdalées GR 277 Cc100
Amigdaliá GR 283 Ce104
Amíkles GR 286 Ce106
Amillano E 186 Sq95
Amilly F 161 Af85
Amíndeo GR 277 Cd99
Åminne FIN 52 Cd55
Amisfield GB 80 Sn70
Amjūdze LV 213 Ce66
Åmli N 66 Ao63
Åmli N 67 As63
Åmliden S 41 Bt50
Amlwch GB 92 Sm74
Amlwch Port GB 92 Sm74
Ämmälänkylä FIN 52 Cf55
Ammanford GB 92 Sn77
Ämmänsaari FIN 45 Cs51
Ammarnäs S 33 Bn49
Ämmätsä FIN 53 Ck58
Ämmeberg S 69 Bi63
Ammenäs S 68 Bd64
Ammer S 40 Bn54
Ammer S 50 Bl55
Ammerfeld D 126 Bb83
Ammersbek D 109 Ba73
Ammerzoden NL 113 Al77
Ammeville F 159 Aa83
Ammótopos GR 282 Cb102
Ammouliani GR 278 Ch100
Ammehärad S 69 Bi63
Amniŝava BY 219 Cq71
Åmnøy N 46 Ak57
Am Ohmberg D 116 Ba78
Amöneburg D 115 As79
Amor P 196 Sc101
Amorbach D 121 At81
Amorebieta-Etxano E 186 Sp94
Amoreira P 196 Sb102
Amoreira da Gândara P 190 Sc100
Amorgós GR 288 Cm107
Amorosa P 190 Sc97
Amorosi I 146 Bi98
Åmot N 46 Ao57
Åmot N 57 Ar61
Åmot N 58 Au60
Åmot N 58 Ba59
Åmot S 59 Bf61
Åmot S 60 Bn59
Åmot/Geithus N 58 Au61
Åmotsetrene N 48 Ba58
Åmotsfors S 58 Be61
Amou F 187 St93
Amoyhamn N 32 Bg47
Ampezzo I 133 Bf88
Ampfing D 127 Be84
Ampfurth D 116 Bc76
Ampiala FIN 53 Ck56
Amplepuis F 173 Ai89
Amplier F 155 Ae80
Amposta E 195 Ab99
Ampudia E 184 Sl97
Ampuero E 185 So94
Ampus F 180 An93
Amriswil CH 125 At85
Åmsele S 41 Bt51
Amsteg CH 131 As87
Amstelveen NL 106 Ak76
Amsterdam NL 106 Ak76
Amstetten A 237 Bk84
Amtzell D 125 Au85
Amurrio E 185 So94
Amusco E 185 Sm96
Amusquillo E 193 Sm97
Åmynnet S 41 Bs54
Amzacea RO 267 Cr93
Ån S 39 Bh54
Anacapri I 146 Bi99
Anadia P 190 Sd100
Anadolufeneri TR 281 Ct98
Anáfi GR 291 Cm108
Anafonitria GR 282 Cb105
Anagni I 146 Bg97
Anaharávi GR 276 Bu101
Análipsi GR 289 Cn107
Análipsis GR 282 Cd104
Anan'jiv UA 249 Cu85
Anár = Inari FIN 31 Cp43
Anarcs H 241 Ce84
Anárgiri GR 277 Cd99
Anarisstugan S 49 Bg54
Ånäset S 41 Ca52
Ånäset S 42 Cc52
Ånäset S 59 Bh59
Åna-Sira N 66 An64
Anast = Maure-de-Bretagne F 158 Sr85
Añastro E 185 Sp95
Anatolí GR 276 Cb101
Anatolí GR 277 Cf101
Anatolí GR 278 Cf98
Anatolí GR 291 Cm110
Anatolihís GR 282 Cd103
Anatolikó GR 277 Cd99
Anavainen FIN 62 Cc59
Anávatos GR 285 Cn104
Anávissos GR 287 Ch105
Anávra GR 283 Ce102
Anávra GR 283 Cf102
Anavriti GR 286 Ce106
Anaya E 193 Sm99
Anaya de Alba E 192 Sk99
An Baile Thiar IRL 82 Sd70
An Bóthar Buí = Innfield IRL 87 Sg74
An Bun Beag IRL 82 Sd70
Ançã P 190 Sc100
An Cabhán = Cavan IRL 82 Sf73
An Caisleán Nua = Newcastle West IRL 90 Sb76
An Caisleán Riabhach = Castlerea IRL 87 Sd73
An Caol = Keel IRL 86 Ru73
Ancarano I 145 Bh95
Ancarano = Ankaran SLO 134 Bh89
Ancaster GB 85 St75
Ance LV 213 Ce65
Ancenis F 165 Ss86
An Charraig IRL 82 Sc71
Anché F 165 Aa88
An Cheathrú Rua IRL 86 Sa74
An Chloich Mhór IRL 86 Sa73
Anchuras E 198 Sl102
Anciferovo RUS 215 Cq66
Ancignano I 132 Bd89
Ancin E 186 Sq95
Ancizes-Comps, Les F 172 Af89
An Clochán IRL 89 Ru76
An Clochán = Clifden IRL 86 Ru74
An Clochán Liath IRL 82 Sd71
An Cóbh IRL 90 Sd77
An Coireán IRL 89 Ru77
Ancona I 139 Bh93
Ancrum GB 81 Sp69
Ancy-le-Franc F 167 Ai85
Anda N 46 An57
An Daingean = Dingle IRL 89 Ru76
Andalen N 46 Am58
Åndalsnes N 47 Aq55
Andance F 173 Ak90
Andåsen S 49 Bk56
Andau A 129 Bp85
Andavías E 192 Si97
Andebu N 68 Ba62
Andechs D 126 Bc85
Andeer CH 131 At87
Andelot-Blancheville F 162 Al84
Andelst NL 107 Am77
Andelys, Les F 160 Ac82
Andenes N 26 Bn42
Andenne B 113 Al80
Anderlecht B 156 Ai79
Anderlingen D 109 At74
Anderlues B 113 Ai80
Andermatt CH 131 As87
Andernach D 114 Ap80
Andernos-les-Bains F 170 Ss91
Andersbenning S 60 Bn60
Andersbo S 60 Bl59
Andersböle = Anttila FIN 63 Cl60
Andersby FIN 64 Cn59
Andersby N 25 Cu40
Andersfors S 59 Bi60
Anderslöv S 73 Bg70
Andersmark S 40 Bn51
Andersskog N 38 Ar54
Anderstorp S 72 Bh66
Andersviksberg S 59 Bh60
Andezeno I 136 Aq90
Andfiskå N 32 Bi48
Andijk NL 106 Al75
Andíparos GR 288 Cl106
Andisleben D 116 Bb78
Andjøen N 23 Cc41
Andlau F 163 Ap84
Andoain E 186 Sq94
Andocs H 251 Bq87
Andolsheim F 124 Ap84
Andon F 136 Ao93
Andorf A 127 Bh84
Andørja N 27 Bp43
Andornaktálya H 240 Ca85
Andorno Micca I 175 Ar89
Andorra E 195 Su99
Andorra la Vella AND 189 Ad95
Andosilla E 186 Sr96
Andouillé F 159 St84
Andover GB 98 Ss78
Andoversford GB 94 Sr77
Andrano I 149 Br101
Andrarum S 72 Bh69
Andrăşeşti RO 266 Cp91
Andra sidan S 35 Cb46
Andratx E 206 Ae101
Andraval E 206 Ac103
Andravida GR 282 Cc105
Andreas GBM 88 Sm72
Andreiaşu de Jos RO 256 Co89
Andrespol PL 227 Bu77
Andrest F 177 Aa94
Andrésy F 160 Ae83
Andretta I 148 Bl99
Andria I 148 Bn98
Andrid RO 245 Ce85
Andrieşeni RO 248 Cp85
Andrijaševci HR 251 Bs90
Andrijevica MNE 270 Bu95
An Drinded-Porc'hoed = Trinité-Porhoët, La F 158 Sp84
Andritsena GR 286 Cd106
Androniáni GR 284 Ci103
Ándros GR 285 Ck105
Androússa GR 286 Cd106
Andrupene LV 215 Cp68
Andrychów PL 233 Bt81
Andrzejewo PL 229 Ce75
Andrzejówka PL 234 Cb82
Andrzejówka PL 235 Cf79
Andselv N 28 Br42
Andsnes N 23 Cc40
An Dúchoraid IRL 82 Sd71
Andújar E 199 Sm104
An Dúnaibh IRL 82 Se70
Anduze F 179 Ah92
Andvikgrend N 56 Al59
Āne LV 213 Ch67
An Eachléim IRL 86 Ru72
Ånebjør N 66 Ap63
Aneboda S 72 Bk66
Åneby N 58 Bb60
Aneby S 69 Bk65
An Eleven = Elven F 164 Sp85
Anemohóri GR 286 Cd105
Anemoráhi GR 276 Cc102
Anenii Noi MD 249 Ct87
Ånes N 22 Bt40
Ånes N 27 Bm42
Ånes N 38 Ar54
Anet F 160 Ac83
Anetjärvi FIN 37 Cq49
Anéza GR 282 Cb102
An Fál Carrach IRL 82 Sd70
An Fhairche IRL 86 Sb73
Ång S 69 Bk65
Ånga S 50 Bn58
Anga S 71 Bs66
Angáli GR 284 Cg103
Angarn S 61 Br61
Angathiá GR 278 Ce99
Ånge S 39 Bi54
Ånge S 50 Bm55
Ängebo S 50 Bn57
Angeja P 190 Sc99
Angelburg D 115 Ar79
Ängelholm S 72 Bf68
Angeli FIN 30 Cm43
Angelniemi FIN 62 Cf60
Angelohóri GR 278 Cf100
Angelókastro GR 282 Cc103
Angelókastro GR 287 Cf105
Ängelsberg S 60 Bn61
Ängelsfors S 60 Bn59
Angelstad S 72 Bh67
Ängen S 49 Bk58
Ängen S 59 Bf61
Ängen Norra S 59 Bg60
Anger A 129 Bm86
Anger D 128 Bf85
Angera I 175 As89
Angerdshestra S 69 Bh65
Angered S 68 Be65
Angerlo NL 113 An76
Angermoen N 32 Bg48
Angermund D 114 Ao78
Angermünde D 111 Bh74
Angern D 110 Bd76
Angern an der March A 129 Bo84
Angers F 165 St86
Angersbach D 121 At79
Ångersjö S 41 Bu53
Ängersjö S 49 Bk56
Angerville F 160 Ae84
Ängesån S 35 Ce47
Ängesbyn S 35 Ce49
Ängeslevä FIN 43 Cm51
Angevillers F 162 An82
Anghiari I 139 Be93
An Ghrainseach = Grange IRL 82 Sc72
Angista GR 278 Ch99
Angístri GR 287 Cg105

Alia – Angístri 327

Ángistro GR 278 Cg98
Ángkasen S 68 Bd62
Angla EST 208 Cf63
Anglards-de-Salers F 172 Ae90
Angle GB 96 Sk77
An Glean Garbh IRL 89 Sa77
Anglefort F 174 Am89
Anglès E 189 Af97
Angles F 165 Ss88
Anglès F 178 Af93
Angles, les F 189 Ae95
Anglesola E 188 Ac97
Angles-sur-l'Anglin F 166 Ab87
Anglet F 176 Sr94
Anglure F 161 Ah83
Angoulême F 170 Aa89
Angoulins F 165 Ss88
Angra do Heroísmo P 182 Qf103
Angri I 147 Bk99
Ångsnäs S 60 Bo60
Ångsö S 60 Bo61
Ångsvik S 61 Bs62
Angüés E 188 Su96
Anguiano E 185 Sp96
Anguillara Sabazia I 144 Be96
Anguillara Veneta I 138 Bd90
Anguita E 194 Sq98
Anguix E 193 Sp100
Anguse EST 210 Co62
Angvik N 47 Ar55
Anhée B 156 Ak80
Anholt D 107 An77
Anholt DK 101 Bd67
Anhovo SLO 133 Bh88
Aniane F 179 Ah93
Aniche F 155 Ag80
Ánidro GR 277 Ce99
Anielin PL 228 Cd78
Aniés E 187 St96
Ånimskog S 69 Bf63
Anina RO 253 Cd90
Aninoasa RO 265 Cl91
Aniñón E 194 Sr98
Aninós GR 278 Ch99
Anizy-le-Château F 161 Ag81
Anjala FIN 64 Co59
Anjans fjällstation S 39 Bf53
Anjos P 182 Qk106
Anjum NL 107 An74
Ankaran SLO 134 Bh89
Ankarede S 40 Bi51
Ankarsrum S 70 Bn65
Ankarsund S 33 Bo50
Ankarvattnet S 40 Bi51
Ankele FIN 54 Cq56
Ankenes N 28 Bp44
Ankershagen D 110 Bf74
Anklam D 105 Bh73
Ankum D 108 Aq75
Anlaby GB 85 Su73
An Leadhb Gharbh IRL 82 Sc71
Anlezy F 167 Ah87
An Longfort IRL 87 Se73
Anloo NL 107 Ao74
An Mám IRL 86 Sa73
An Móta = Moate IRL 87 Se74
An Muileann gCearr = Mullingar IRL 87 Sf73
Ånn S 39 Bf54
Anna E 201 St102
Anna EST 209 Cm62
Anna LV 215 Cp66
Annaberg A 237 Bl85
Annaberg-Buchholz D 123 Bg79
Annaberg-Lungötz A 128 Bg85
Annaburg D 117 Bg77
Annacotty IRL 90 Sc75
Annagassan IRL 83 Sh73
Annalong GB 88 Si72
Annan GB 81 So71
Anna Paulowna NL 106 Ak75
An Nás = Naas IRL 91 Sg74
Annascaul IRL 89 Ru76
Anndalsvågen N 32 Be49
Annebault F 159 Aa82
Anneberg S 59 Bh62
Anneberg S 68 Be65
Anneberg S 69 Bk65
Annecy F 174 An89
Annefors S 59 Bg61
Annefors S 60 Bn58
Ännel = Angeli FIN 30 Cm43
Änneland N 56 Ak59
Annelund S 69 Bg65
Annemasse F 169 An88
Annenieki LV 213 Cg67
Annerstad S 72 Bh67
Annestown IRL 90 Sf76
Anneville-sur-Mer F 158 Sr82
Annevoie-Rouillon B 156 Ak80
Annikoru EST 210 Cn64
Annín CZ 123 Bh82
Annino RUS 65 Da61
Annœulin F 155 Af79
Annolsetrene N 48 Ba57
Annonay F 173 Ak90
Annopil' UA 249 Cs83
Annopol PL 234 Cd79
Annot F 180 Ao93
Annouville-Vilmesnil F 160 Aa81
Annweiler am Trifels D 163 Aq82
Áno Ágios Vlássios GR 282 Cc103
Áno Ámfia GR 286 Ce106
Áno Diakoftó GR 286 Ce104
Áno Fanári GR 287 Cg105
Anógia GR 286 Ce107
Anógia GR 291 Ck110
Áno Hóra GR 283 Cd103
Áno Kalendíni GR 282 Cc102
Áno Kalliníki GR 271 Cc99
Áno Kariófito GR 279 Ck98
Áno Kómi GR 277 Cd100
Anola FIN 64 Cq59
An Ómaigh = Omagh GB 87 Sf71
Áno Méra GR 288 Cl106
Áno Méros GR 291 Ck110
Añón E 186 Sr97
Áno Poróïa GR 278 Cg98
Añora E 198 Sl104
An Oriant = Lorient F 157 So85
Áno Sinikía Trikala GR 283 Ce105
Áno Síros GR 288 Ck106
Anost F 167 Ai86
Anould F 163 Ao84
Áno Váthia GR 284 Ch104
Añover de Tajo E 193 Sn101
Áno Viános GR 291 Cl110
Ånøya N 38 Ba54
Anquela del Ducado E 194 Sq99
Anrath D 114 An78
An Rinn IRL 90 Se76
Anröchte D 115 Ar77
An Ros = Rush IRL 88 Sh73
Ans B 156 Am79
Ans DK 100 Au68
Ansager DK 100 As69
Ansalahti FIN 64 Cn58
Ansarve S 71 Br66
Ansbach D 121 Bb82
An Scairbh = Scarriff IRL 86 Sc75
An Sciobairín = Skibbereen IRL 89 Sb77
An Scoil = Skull IRL 89 Sa77
Anse F 173 Ak89
Ansedonia I 144 Bc96
Anseküla EST 208 Ce64
Anserall E 177 Ac96
Ansião P 190 Sd101
Ansignan F 178 Af95
Ansjö S 50 Bn55
Ansku = Antskog FIN 63 Ch60
Ånsnes N 22 Br41
Ansnes N 38 As53
Ansó E 176 St95
An Spidéal IRL 86 Sb74
Anstruther GB 79 Sp68
Ansvar S 35 Cf47
Ansvik N 27 Bl46
An tAbhallort = Oulart IRL 91 Sh75
Antagnac F 170 Aa92
Antakalnis LT 218 Ci71
Antalieptė LT 218 Cm69
Antalovci UA 246 Cf83
Antanavas LT 217 Cg71
Antanhol P 190 Sd100
An tAonach = Nenagh IRL 87 Sd75
Antas E 206 Sr106
Antas P 191 Sf99
Antašava LT 214 Ck69
Antas de Ulla E 183 Se95
Antasstugan S 33 Bq50
Antazavė LT 214 Cm69
An Teach Dóite IRL 86 Sa74
An Teampall Mór = Templemore IRL 90 Se75
Antegnate I 131 Au90
Antemil (Cerceda) = Cerceda E 182 Sd94
Anten S 68 Be65
Antequera E 205 Sl106
Anterselva di Mezzo I 133 Be87
Anterselva di Sotto I 133 Be87
Antey-Saint-André I 130 Aq89
Antezana = Foronda E 186 Sp95
Anthée B 156 Ak80
Anthéor F 136 Ao94
Anthering A 236 Bg85
Ánthia GR 280 Cm99
Anthili GR 283 Ce103
Anthófito GR 277 Cf99
Antholz-Mittertal = Anterselva di Mezzo I 133 Be87
Antholz-Niedertal = Anterselva di Sotto I 133 Be87
Anthótopos GR 277 Cd100
Anthótopos GR 283 Cf102
Anthrakiá GR 277 Cd101
Antibes F 136 Ap93
Antichan-de-Frontignes F 187 Ab95
Antiesenhofen A 127 Bg84
Antignano I 138 Ba94
Antigónia GR 278 Cf98
Antigonos GR 277 Cd99
Antigua E 203 Rm124
Antigüedad E 185 Sm97
Antikíra GR 283 Cf104
Antila FIN 52 Ce57
Antillo I 150 Bl105
Antimáhia GR 289 Cp107
Antimovo BG 266 Co93
An tInbhear Mór = Arklow IRL 91 Sh75
Antirio GR 282 Cd104
Antissa GR 285 Cm102
An tIúr = Newry GB 87 Sh72
Antjärn S 51 Bq55
Antnäs S 35 Cd49
Antoing B 155 Ag79
Anton BG 273 Ci95
Antonin PL 226 Bq77
Antoniów PL 234 Cd79
Antoniówka Świeżowska PL 228 Cc77
Antonivka UA 249 Cr83
Antonovo BG 274 Cn94
Antraigues-sur-Volane F 173 Ai91
Antrain F 159 Ss84
Antrifttal D 115 At79
Antrim GB 83 Sh71
Antrodoco I 145 Bg96
Antronapiana I 175 Ar88
Antskog FIN 63 Ch60
Antsla EST 210 Co65
An tSnaidhm = Sneem IRL 89 Sa77
Anttila FIN 63 Cl60
Anttila FIN 64 Co58
Anttis S 29 Cf46
Anttola FIN 54 Cq57
Anttola FIN 55 Ct57
An Tulach = Tullow IRL 91 Sg75
Antunovac HR 251 Bs90
Antwerpen B 113 Ai78
An Uaimh = Navan IRL 87 Sg73
An Uhelgoad = Huelgoat F 157 Sn84
Anvågen S 39 Bi53
Anvers = Antwerpen B 113 Ai78
Anversa degli Abruzzi I 145 Bh97
Anvin F 112 Ae80
Anykščiai LT 218 Cl69
Anzánigo E 176 St96
Anzano di Puglia I 148 Bl98
Anzat-le-Luguet F 172 Ag90
Anzendorf A 237 Bl84
Anzex F 170 Aa92
Anzi I 148 Bm99
Anzing D 127 Bd84
Anzio I 146 Bf98
Anzur E 205 Sl106
Anzy-le-Duc F 167 Ai88
Aoiz E 176 Ss95
Aosta I 130 Ap89
Aoste F 173 Am89
Apa RO 246 Cg85
Apagy H 241 Cd85
Apahida RO 246 Ch87
Apaj H 243 Bt86
Apalevo RUS 211 Cr63
Apaščia LT 214 Cl68
Apåsdal N 67 Aq64
A Pastoriza E 183 Sf94
Apața RO 255 Cm89
Apateu RO 245 Cd87
Apatin SRB 252 Bs89
Apatovac HR 135 Bo88
Apchon F 172 Af90
Ape LV 215 Co65
Apecchio I 139 Be93
Apel, Ter NL 108 Ap75
Apeldoorn NL 114 Am76
Apelern D 109 At76
Apele Vii RO 264 Ci92
Apen D 108 Aq74
Apenburg-Winterfeld D 110 Bc75
Apensen D 109 Au74
A Pereira E 182 Sc95
Apéri GR 292 Cp109
Apfelstädt D 116 Bb79
A Peroxa E 183 Se96
Apice I 147 Bk98
Apídia GR 287 Cf107
Apiés E 187 Su96
Apikía GR 284 Ck105
Apírados GR 288 Cm106
Apiro I 139 Bg94
Aplared S 69 Bg65
Apolakkiá GR 292 Cq108
Apold RO 255 Ck88
Apolda D 116 Bd78
Apoldu de Jos RO 254 Ch89
Apóllo GR 288 Cm106
Apóllona GR 292 Cq108
Apollonía GR 287 Ci107
Apollonía GR 288 Ck107
Apollosa I 147 Bk98
A Pontenova E 183 Sf94
Apostolache RO 266 Cn90
Apostoloi GR 291 Ck110
Äppelbo S 59 Bi59
Appelhülsen D 107 Ap77
Appelscha NL 107 An75
Appeltern NL 107 Am77
Appen D 109 Au73
Appenweier D 124 Aq83
Appenzell CH 125 At86
Appeville-Annebault F 160 Ab82
Appiano sulla Strada del Vino I 132 Bc88
Appignano I 145 Bg94
Appignano del Tronto I 145 Bh95
Appingedam NL 108 Ao74
Appleby GB 85 St73
Appleby-in-Westmorland GB 84 Sq71
Applecross GB 74 Si66
Appledore GB 97 Sm78
Appletreewick GB 84 Sr72
Äpplö FIN 62 Cc60
Appoigny F 161 Ah85
Apprieu F 173 Am90
Apremont F 164 Sr87
Apremont-la-Forêt F 162 Am83
Apremont-sur-Allier F 167 Ag87
Aprica I 131 Ba88
Apricena I 147 Bl97
Aprigliano I 151 Bn102
Apriki LV 212 Cd67
Aprilci BG 273 Ci96
Aprilci BG 274 Ck95
Aprilia I 144 Bf97
Aprilovo BG 274 Cm96
Aprilovo BG 274 Cn94
Apripë e Gurit AL 270 Bu96
Apsalós GR 271 Ce99
Apšuciems LV 213 Cg66
Apt F 180 Al93
Apúlia P 190 Sc98
A Pumarega E 183 Sf95
Aquila, L' I 145 Bg96
Aquileia I 134 Bg89
Aquilonia I 147 Bl99
Aquino I 146 Bh98
Ar S 71 Bs65
Arabba I 132 Bd88
Aracena E 203 Sg105
Arâches F 174 Ao88
Araci RO 255 Cm89
Aračinovo MK 271 Cd96
Arad RO 253 Cc88
Aradac SRB 252 Ca90
Arådalen S 49 Bh55
Araglin IRL 90 Sd76
Aragnouet F 187 Aa95
Aragona I 152 Bh106
Aragoncillo E 194 Sq99
Aragónia GR 286 Ce106
Aragüés del Puerto E 187 St95
Arahal, El E 204 Si106
Arahamites GR 286 Ce106
Arahnéo GR 287 Cf105
Aráhova GR 283 Cf104
Araia = Araya E 186 Sq95
Araiši LV 214 Cl66
Araksbø N 67 Aq63
Åram N 46 Al56
Aramits F 187 St94
Aranda de Duero E 193 Sn97
Aranda de Moncayo E 194 Sr97
Arandelovac SRB 262 Cb92
Arándiga E 194 Sr97
Arandilla del Arroyo E 194 Sq99
Arăneag RO 245 Cd88
Aranga = Ponte-Aranga E 182 Sd94
Arango E 184 Sh94
Aranjuez E 193 Sn100
Arántzazu E 186 Sq95
Aranyosapáti H 241 Ce84
Aranzueque E 193 So100
Arapuša BIH 250 Bn91
Arås N 56 Ak59
Aras de Alpuente E 194 Ss101
Arasluoktastugorna S 27 Bo46
Aratorés E 187 St95
Áratos GR 278 Cm98
Áratos GR 282 Cc103
Arauzo de Miel E 185 So97
Aravete EST 210 Cm62
Arávissos GR 277 Ce99
Araya E 186 Sq95
Arazede P 190 Sc100
Arbacegui-Munitibar = Arbacegui y Gerrikaiz E 186 Sp94
Arbacegui y Gerrikaiz E 186 Sp94
Arbanasi BG 273 Cm94
Arbănași RO 256 Co90
Arbas F 177 Ab95
Arbatax I 141 Au101
Arbeca E 188 Ab97
Arbesbach A 237 Bk84
Arbeteta E 194 Sq99
Arbing A 128 Bk84
Arbinovo MK 270 Cb98
Arboç, l' E 189 Ad98
Arboga S 60 Bm62
Arbois F 168 Am87
Arbon CH 125 At85
Arbore RO 247 Cm85
Arborea I 141 As101
Arbori F 181 As96
Arborio I 130 Ar89
Arbós = Arboç, l' E 189 Ad98
Årbostad N 28 Bp43
Arbrå S 50 Bn58
Arbresle, L' F 173 Ak89
Arbroath GB 76 Sp67
Arbucias = Arbúcies E 189 Af97
Arbúcies E 189 Af97
Arbuniel E 205 Sn105
Arburi = Arbori F 181 As96
Arbus I 141 As101
Arby S 73 Bn67
Årbyn S 35 Ce49
Arcachon F 170 Ss91
Arcambal F 171 Ad92
Arcani RO 264 Cg90
Arčar BG 264 Cf93
Arcas E 194 Sq101
Arce I 146 Bh97
Arceau F 168 Al86
Arcen NL 113 An78
Arc-en-Barrois F 162 Al85
Arceniega = Artziniega E 185 So94
Arces-Dilo F 161 Ah84
Arceto I 138 Bb91
Arc-et-Senans F 168 Am86
Arcevia I 139 Bf94
Arcey F 169 Ao85
Arch CH 169 Ap86
Ar C'hastell-Nevez = Châteauneuf-du-Faou F 157 Sn84
Archena E 201 Ss104
Archi I 146 Bi96
Archiac F 170 Su89
Archidona E 205 Sm106
Archigny F 166 Ab87
Archiș RO 245 Ce88
Archita RO 255 Cl88
Archivel E 200 Sq104
Archlebov CZ 238 Bp82
Arcidosso I 144 Bd95
Arcille I 143 Bc95
Arcins F 170 St90
Arcisate I 131 As89
Arcis-sur-Aube F 161 Ai83
Arclid Green GB 93 Sq74
Arco I 132 Bb89
Arco da Calheta P 190 Rf115
Arco de Baúlhe P 191 Se98
Arcomps F 167 Ae87
Arcos E 183 Se95
Arcos E 183 Sf96
Arcos E 185 Sn96
Arcos, Los E 186 Sq95
Arcos de Jalón E 194 Sq98
Arcos de la Frontera E 204 Si107
Arcos de la Sierra E 194 Sq100
Arcos de Valdevez P 182 Sd97
Arcozelo P 190 Sc97
Arcozelo P 190 Sc98
Arcs, Les F 180 An94
Arc-sur-Tille F 168 Al86
Arcucelos E 183 Sf96
Arcugnano I 132 Bd90
Arcusa E 188 Aa96
Arcy-sur-Cure F 167 Ah85
Arcyz UA 257 Ct89
Arda BG 273 Ck98
Ardagger Stift A 237 Bk84
Ardagh IRL 90 Sb76
Årdal N 46 An57
Årdal N 66 An62
Årdal N 67 Aq63
Årdala S 70 Bo63
Ardales E 204 Sl107
Årdalstangen N 47 Aq58
Ardánio GR 280 Cn99
Ardanovo UA 241 Cf84
Ard an Ratha = Ardara IRL 82 Sd71
Ardara I 140 As99
Ardara IRL 82 Sd71
Ardarroch GB 74 Si66
Ardassa GR 277 Cd100
Ardauli I 141 As100
Ardava LV 215 Co68
Ardbeg GB 78 Sh69
Ardcath IRL 87 Sh73
Ardcharnich GB 75 Sk65
Ardea I 144 Bf97
Ardee IRL 88 Sg73
Ardeluța RO 255 Cn87
Arden DK 100 Au67
Ardentes F 166 Ad87
Ardentinny GB 78 Sl68
Ardenza I 143 Ba93
Ardeoani RO 256 Co87
Ardeonaig GB 79 Sm68
Ardersier GB 75 Sm65
Ardes F 172 Ag90
Ardesio I 131 Au89
Ardèvol E 189 Ad97
Ardez CH 131 Ba87
Ardfert IRL 89 Sa76
Ardfinnan IRL 90 Se76
Ardgartan GB 78 Sl68
Ardgay GB 75 Sm65
Ardglass GB 80 Si72
Ardgroom IRL 89 Sa77
Ardino BG 273 Cl97
Ardisa E 187 St96
Ardley GB 94 Ss77
Ardlui GB 78 Si68
Ardlussa GB 78 Si68
Ard Mhacha = Armagh GB 87 Sg72
Ardminish GB 78 Si69
Ardmolich GB 78 Si67
Ardmore IRL 90 Se77
Ardnasodan IRL 86 Sc74
Ardón E 184 Si96
Ardon F 166 Ad85
Ardooie B 112 Ag79
Ardore I 151 Bn104
Ardpatrick IRL 90 Sc76
Ardrahan IRL 89 Sc74
Ardres F 112 Ad79
Ardrishaig GB 80 Sk68
Ardrossan GB 78 Sl69
Ardtalla GB 78 Sh69
Ardtoe GB 78 Si67
Ardu EST 209 Cl62
Arduaine GB 78 Si68
Ardud RO 246 Cf85
Ardwell GB 83 Sl71
Are EST 209 Ck63
Åre S 39 Bg54
Areas E 182 Sd96
Areatza-Villaro E 185 Sp94
Arèches F 174 Ao89
Arefu RO 255 Ck90
Arehava BY 229 Ch77
Aremark N 68 Bd62
Aremberg D 114 Ao80
Arena I 151 Bn103
Arenal, El E 192 Sk100
Arenal, s' E 206-207 Af101
Arenales de San Gregorio E 200 So102
Arenao E 185 So94
Arenas E 205 Sm107
Arenas del Rey E 205 Sn107
Arenas de San Juan E 199 Sn102
Arenas de San Pedro E 192 Sk100
Arendal N 67 As63
Arendonk B 113 Al78
Arendsee (Altmark) D 110 Bc75
Arenella I 152 Bg104
Arenella = Rinella I 153 Bk103
Arengosse F 176 St92
Arenshausen D 116 Au78
Arenys de Mar E 189 Af97
Arenys de Munt E 189 Af97
Arenzano I 175 As92
Areópoli GR 286 Ce107
Ares E 182 Sd94
Arès F 170 Ss91
Ares del Maestrat E 195 Su100
Ares del Maestre = Ares del Maestrat E 195 Su100
Aresing D 126 Bc83
Åreskutan S 39 Bg54
Aréthousa GR 278 Ch99
Arette F 187 St94
Areu E 188 Ac95
Arevalillo E 192 Sk99
Arévalo E 192 Sl98
Arévalo de la Sierra E 186 Sq97
Arez P 197 Se102
Arezzo I 138 Bd94
Ar Faou = Faou, Le F 157 Sm84
Ar Faoued = Faouët, Le F 157 So84
Arfará GR 286 Ce106
Arfeuilles F 167 Ah88
Årfor N 39 Bd51
Argagnon F 187 St94
Argalasti GR 283 Cg102
Argallón E 198 Sk104
Argamasilla de Alba E 200 So102
Argamasilla de Calatrava E 199 Sm103
Argamasón E 200 Sq103
Arganda E 193 So100
Arganil P 190 Sd100
Argantred-ar-Genkiz = Argentré-du-Plessis F 159 Ss84
Argegno I 175 At89
Argel RO 247 Cl85
Argelaguer E 189 Af96
Argelès-Gazost F 176 Su94
Argelès-Plage F 189 Ag95
Argelès-sur-Mer F 189 Ag95
Argelita E 195 Su101
Argenbühl D 126 Au85
Argences F 159 Su82
Argences-en-Aubrac F 172 Af91
Argenta I 138 Bd91
Argentan F 159 Su83
Argentat-sur-Dordogne F 171 Ad90
Argente E 194 Ss99
Argentera I 136 Ao92
Argenthal D 119 Ag81
Argentiera I 140 Ar99
Argentière F 130 Ao89
Argentière-la-Bessée, L' F 174 Ao91
Argentona E 189 Ae97
Argenton-les-Vallées F 165 Su87
Argentonnay F 165 Su87
Argenton-sur-Creuse F 166 Ad87
Argentré F 159 St84
Argentré-du-Plessis F 159 Ss84
Argent-sur-Sauldre F 167 Ae85
Argés E 199 Sm101
Argetoaia RO 264 Cg91
Argiónda GR 292 Co106
Argirádes GR 276 Bu102
Argiropoúlio GR 277 Ce101
Árgos GR 286 Cf105
Árgos Orestikó GR 277 Cc100
Argostóli GR 282 Ca104
Argovë AL 276 Ca100
Arguedas E 186 Sr96
Argueil F 160 Ad81
Arguenos F 177 Ab95
Arguineguín E 202 Ri125
Arguis E 187 Su96
Arguisuelas E 194 Sr101
Arhángelos GR 277 Ce98
Arhángelos GR 292 Cr108
Arhées Kleonés GR 283 Cf105
Arhipoli GR 292 Cr108
Arholma S 61 Bt61
Århult S 69 Bf62
Århult S 73 Bn66
Århus = Aarhus DK 100 Ba68
Ari I 145 Bi96
Ariano Irpino I 148 Bl98
Ariano nel Polesine I 139 Be91
Ariceștii Rahtivani RO 265 Cm91
Arico E 202 Rh124
Ariđéa GR 271 Ce99
Arienzo I 146 Bi98
Arieșeni RO 254 Cf88
Arija E 185 Sn95
Arild S 101 Bf68
Arileod GB 78 Sg67
Arilje SRB 261 Ca93
Arinaga = Puerto de Arinaga E 202 Rk125
Arinagour GB 78 Sg67
Ariniș RO 246 Cg85
Ariño E 195 St98
Arinsal AND 188 Ac95
Arinthod F 168 Am88
Ariogala LT 217 Cg70
Arisaig GB 74 Si67
Aristoménis GR 286 Cd106
Aristot E 177 Ad96
Arisvere EST 210 Cn63
Aritzo I 141 At101
Arive E 176 Ss95
Ariza E 194 Sq98
Arizcun E 176 Ss94
Arizgoiti = Basauri E 185 Sp94
Årjäng S 58 Be62
Arjeplog S 34 Bq48
Arjepluovve = Arjeplog S 34 Bq48
Arjona E 205 Sm105
Arjonilla E 199 Sm105
Arkadia PL 227 Ca76
Arkala FIN 36 Cn50
Arkalohóri GR 291 Cl110
Arkássa GR 292 Cp110
Arkelstorp S 72 Bi68
Arkessíni GR 288 Cm107
Arkhyttan S 60 Bm60
Arki GR 289 Co106
Arkitsa GR 283 Cg103
Arklow IRL 91 Sh75
Arkösund S 70 Bo64
Arkoúdi GR 282 Cc105
Arksjö S 40 Bn52
Arkukari FIN 43 Ci51
Arla F 176 Ss94
Årla GR 282 Cd104
Årla S 70 Bo62
Arlanc F 172 Ah90
Arlanzón E 185 So96
Arlay F 168 Am87
Arle D 107 Ap73
Arlena di Castro I 144 Bd96
Arles F 179 Ak93
Arlesheim CH 124 Aq86
Arles-sur-Tech F 178 Af96
Årligbo S 60 Bp60
Arlingham GB 93 Sq77
Arllat RKS 270 Cb95
Arló H 240 Ca84
Arlon B 119 Am81
Arlucea E 186 Sp95
Arluzea = Arlucea E 186 Sp95
Årma GR 284 Cg104
Armação de Pêra P 202 Sd106
Armadale GB 76 Sn69
Armadale GB 78 Si66
Armagan TR 281 Cp97
Armagh GB 87 Sg72
Armallones E 194 Sq99
Armamar P 191 Se98
Armășești RO 264 Ci90
Armășești RO 266 Co91
Armasjärvi S 35 Ch48
Armata GR 276 Cb100
Armellada E 184 Si95
Armen AL 276 Bu99
Arméni GR 277 Cf102
Armeñime E 202 Rg124
Armeniș RO 253 Ce90
Armenistis GR 289 Cn105
Armeno I 175 Ar89
Armenohóri GR 271 Cc99
Armentia E 186 Sp95
Armentières F 112 Af79
Armilla E 205 Sn106
Armillac F 170 Aa91
Armiñón E 185 Sp95
Armintza E 185 Sp94
Arminza = Armintza E 185 Sp94
Armólia GR 285 Cn104
Armoy GB 83 Sh70
Armstorf D 109 At73
Armuña de Tajuña E 193 So99
Armutlu TR 281 Cq100
Armutlu TR 281 Cs99
Arna GR 286 Ce107
Arnabost GB 78 Sg67
Arnaccio I 138 Ba93
Arnac-Pompadour F 171 Ac90
Arnafjord N 56 An58
Arnafjørður FO 26 Sg56
Arnage F 159 Aa85
Arnás GR 284 Ck105
Arnåsvall S 41 Bs54
Arnavutköy TR 280 Co97
Arnavutköy TR 281 Cs98
Arnay-le-Duc F 168 Ai86
Arnbach A 133 Be87
Arnberg S 41 Bt51
Arnborg DK 100 As68
Arnbruck D 123 Bf82
Arnbygget N 39 Bg51
Arnéa GR 278 Ch100
Arneberg N 58 Bb58
Arneburg D 110 Be75
Arnedillo E 186 Sq96
Arnedo E 186 Sq96
Arnéguy F 186 Ss94
Arneiro de Milhariças P 196 Sc102
Arnelas E 182 Sd95
Arnemuiden NL 112 Ah77
Årnes N 27 Bo44
Årnes N 39 Bc51
Årnes N 58 Bc60
Årnes N 58 Bd62
Årnes N 58 Be60
Arnesby GB 94 Ss75
Arnfels A 135 Bl87
Arnhem NL 107 Am77
Arni I 138 Ba92
Arnis D 103 Au71
Arnisdale GB 78 Si66
Årnissa GR 277 Cd99
Arnö S 60 Bp62
Arnö S 70 Bp63
Arnold GB 85 Ss75
Arnoldstein A 134 Bh87
Arnoso P 190 Sd98
Arnøyhamn N 23 Cb40
Arnsberg D 115 Ar78
Arnsberg D 122 Bc83
Arnschwang D 123 Bf82
Arnset N 38 Au53
Arnside GB 84 Sp72
Arnstadt D 116 Bb79
Arnstein D 116 Bc77
Arnstein D 121 Au81
Arnstein D 122 Bc80
Arnstorf D 127 Bf83
Arnstorp S 59 Bg61
Arnum DK 102 As70
Arnundsjö S 41 Br54
Årø DK 103 Au70
Aroánia GR 283 Ce105
Aroche E 203 Sg105
Arogí GR 279 Cl99
Áröktő H 245 Cb85
Arola FIN 25 Cr41
Arolla CH 174 Ap88
Arona E 202 Rg124
Arona I 175 As89
Aroneanu RO 248 Cq86
Aronkylä FIN 52 Ce56
Åros N 58 Bb61
Arosa CH 131 Au87
Årøsund DK 103 Au70
Arouca P 190 Sd99
Årøysund N 68 Ba62
Arpajon F 160 Ae83
Arpaș RO 255 Ck89
Arpășel RO 245 Cd87
Arpașu de Jos RO 255 Ck89
Arpașu de Sus RO 255 Ck89
Arpela FIN 36 Ci48
Arpenans F 124 An85
Arpino I 146 Bh97
Arquà Petrarca I 132 Bd90
Arqua Polesine I 138 Bd90
Arquata del Tronto I 145 Bg95
Arquata Scrivia I 137 As91
Arques F 155 Ae79
Arques F 178 Ae95
Arques, les F 171 Ac91
Arques-la-Bataille F 99 Ac81
Arquian F 167 Af85
Arquillos E 199 So104
Arra AL 270 Ca97
Arrabal (Oia) E 182 Sc96
Arrach D 123 Bf82
Arracourt F 124 Ao83
Arraibi E 185 Sp94
Arraiolos P 197 Se103
Arrakoski FIN 53 Cl58
Arrancada P 190 Sc101
Arrankorpi FIN 63 Cl59
Arras F 155 Af80
Arrasate-Mondragón = Arrasate o Mondragón E 186 Sq94
Arrasate o Mondragón E 186 Sq94
Arraute-Charritte F 186 Ss94
Arrázola E 186 Sp94
Årre DK 102 As69
Arreau F 187 Aa95
Arrecife E 203 Rn123
Arredondo E 185 Sn94
Ar Releg-Kerhuon = Relecq-Kerhuon, Le F 157 Sm84
Arrën AL 270 Ca97
Årrenjarka S 34 Br47
Arrens-Marsous F 187 Su95
Arrepiado P 196 Sd102
Arreza e Madhe AL 276 Ca100
Arrianá GR 278 Cm98
Arriano E 185 Sp95
Arriate E 204 Sk107
Arricau-Bordes F 176 Su94
Arrien F 176 Su94
Arrifana P 191 Sf99
Arrifes P 182 Qi105
Arrigny F 162 Ak83
Arrigorriaga E 185 Sp94
Arrington GB 94 Su76
Arriondas E 184 Sk94
Arro E 177 Aa96
Arroba de los Montes E 199 Sl102
Arrobio E 184 Sk94
Arrochar GB 78 Sl68
Ar Roc'h-Bernez = Roche-Bernard, La F 164 Sq85
Ar Roc'h-Derrien = Roche-Derrien, La F 158 So83
Arroiabe = Arroyabe E 186 Sp95
Arromanches-les-Bains F 159 St82
Arronches P 197 Sf102
Arrone I 144 Bf95
Arróniz E 186 Sq95
Arròs E 177 Ab95
Arrou F 160 Ac84
Arroyabe E 186 Sp95
Arroyal E 185 Sm95
Arroyo E 185 Sm95
Arroyo de la Luz E 197 Sg102
Arroyo del Ojanco E 200 Sp104
Arroyo de San Serván E 197 Sh103
Arroyomolinos de León E 197 Sh104
Arroyomolinos de Montánchez E 198 Sh102
Arruda dos Vinhos P 196 Sb103
Arryheernabin IRL 82 Se70
Ars E 177 Ac96
Års = Aars DK 100 Au67
Arsandøy N 39 Be50
Arsbeck D 114 An78
Arsdale DK 105 Bl70
Ars-en-Ré F 164 Sr88
Arset N 46 An56
Årset N 57 At60
Arseter N 47 Aq57
Arsiè I 132 Bd89

328 Ángistro – Arsiè

Baarn NL 106 Al76
Baba Ana RO 266 Cn91
Babadag RO 267 Cs91
Babaeski TR 275 Cp98
Babaevo RUS 211 Cr65
Băbăița RO 265 Cl92
Babaj-Bokës RKS 270 Ca96
Babaj Boks = Babaj-Bokës RKS 270 Ca96
Babakale TR 285 Cn102
Babarc H 243 Bs88
Babčynci UA 248 Cr84
Babek BG 273 Cl96
Babele RO 255 Cl90
Babelsberg D 111 Bg76
Babenhausen D 120 As81
Babenhausen D 126 Ba84
Băbeni RO 246 Cg86
Băbeni RO 256 Co90
Băbeni RO 264 Ci91
Babensham D 127 Be84
Babiak PL 216 Ca72
Babiak PL 227 Bs76
Babica BG 272 Cf95
Babica PL 234 Cd81
Babići BIH 259 Bp92
Băbiciu RO 265 Ck92
Babięta PL 223 Cc73
Babigoszcz PL 111 Bk73
Babilafuente E 192 Sk99
Babimost PL 226 Bm76
Babina Greda HR 261 Bs90
Babine SRB 261 Bu94
Babinek PL 220 Bk74
Babino RUS 215 Cq66
Babino Polje HR 268 Bq95
Babjak BG 272 Ch97
Bab'jakovo RUS 215 Cr65
Babócsa H 242 Bp88
Bábolna H 243 Bq85
Baborów PL 232 Bq80
Baboszewo PL 228 Ca75
Babovo BG 266 Cn93
Babrovičy BY 219 Co72
Babsk PL 228 Ca77
Babtai LT 217 Ch70
Babuk BG 266 Cp92
Babušnica SRB 272 Ce94
Babyči UA 241 Cf84
Bac GB 74 Sh64
Bač MNE 262 Ca95
Bač SLO 134 Bi89
Bač SRB 251 Bt90
Băcani RO 256 Cq88
Bacares E 206 Sq106
Bacău RO 256 Co87
Baccarat F 124 Ao84
Baccinello I 144 Bc95
Baccon F 160 Ad85
Băcești RO 248 Cp87
Bach A 126 Ba86
Bach F 171 Ad92
Bach an der Donau D 127 Be82
Bacharach D 120 Aq80
Bachellerie, La F 171 Ac90
Bachl D 236 Bd83
Bachórz PL 235 Ce81
Băcia RO 254 Cf89
Bačina SRB 263 Cc93
Baciu RO 246 Ch87
Baciu RO 265 Cl92
Back GB 74 Sh64
Bäck S 42 Cb52
Bäck S 69 Bi63
Backa S 59 Bg59
Backa S 59 Bh61
Backa S 61 Bs61
Backa S 68 Bd65
Backa S 68 Bd66
Bäckaby S 73 Bk66
Backadammen S 59 Bg59
Bačka Gradište SRB 252 Ca89
Backaland GB 77 Sp62
Bäckan S 50 Bm56
Bačka Palanka SRB 252 Bt90
Backaryd S 73 Bl68
Bäckaskog S 73 Bk68
Bačka Topola SRB 252 Bu89
Backberg S 60 Bo59
Bäckboda S 42 Cb52
Backbodarna S 59 Bl60
Backböle = Pakila FIN 64 Cm59
Backe S 40 Bn53
Bäckebo S 73 Bn67
Bäckefors S 68 Be63
Bäckegruvan S 60 Bl61
Backen S 42 Ca53
Backen S 59 Bf60
Bäckhammar S 69 Bi62
Bački Breg SRB 244 Bs89
Bački Brestovac SRB 252 Bt89
Bački Gračac SRB 252 Bt89
Bački Jarak SRB 252 Bu90
Bački Monoštor SRB 252 Bs89
Bačkininkai LT 218 Cn70
Bački Petrovac SRB 252 Bu90
Bački Sokolac SRB 244 Bu89
Bäckland S 51 Bq55
Bäcklösen S 60 Bp60
Bäcklund S 34 Bt49
Backnang D 121 At83
Bäcknäs S 34 Bt50
Bačko Dobro Polje SRB 252 Bu89
Bačko Novo Selo SRB 251 Bt90
Bačko Petrovo Selo SRB 252 Ca89
Bačkovo BG 274 Ck97
Bačkowice PL 234 Cc79
Bäckseda S 73 Bl66
Backvallen S 49 Bf55
Bäckviken S 101 Bf69
Backwell GB 97 Sp78
Băcleș RO 264 Cg92
Bacoli I 146 Bi99
Baconnière, La F 159 St84
Baconsthorpe GB 95 Ac75
Bacor-Olivar E 206 Sp105
Bacova Mahala BG 265 Ck93
Bacqueville-en-Caux F 154 Ab81
Bácsalmás H 252 Bt88
Bácsbokod H 252 Bt88
Bácsszentgyörgy H 243 Bt89
Bacup GB 84 Sq73
Bacúrov SK 239 Bt83
Bad D 116 Ba76
Bada S 59 Bg60
Bad Abbach D 122 Be83
Badacsonytomaj H 243 Bq87
Bad Aibling D 236 Be85
Badajoz E 197 Sg103
Badalona E 189 Ae98
Badalucco I 181 Aq93
Badanj SRB 262 Cb94
Badarán E 185 Sp96
Badarne S 60 Bm61
Bad Arolsen D 115 At78
Badaroux F 172 Ah91
Bad Aussee A 128 Bh85
Bad Bederkesa D 108 As73
Bad Bellingen D 169 Aq85
Bad Belzig D 117 Bf76
Bad Bentheim D 108 Ap76
Badbergen D 108 Aq75
Bad Bergzabern D 120 Ar82
Bad Berka D 116 Bc79
Bad Berleburg D 115 Ar78
Bad Berneck im Fichtelgebirge D 122 Bd80
Bad Bertrich D 119 Ap80
Bad Bevensen D 109 Bb74
Bad Bibra D 116 Bd78
Bad Birnbach D 127 Bg84
Bad Blankenburg D 116 Bc79
Bad Bleiberg A 133 Bh87
Bad Blumau A 135 Bn86
Bad Bocklet D 121 Ba80
Bad Bodenteich D 109 Bb75
Bad Boll D 125 Au83
Bad Brambach D 122 Be80
Bad Bramstedt D 103 Au73
Bad Breisig D 120 Ap79
Bad Brückenau D 121 Au80
Bad Buchau D 125 Au84
Badby GB 94 Ss76
Bad Camberg D 120 Ar80
Badcaul GB 75 Sk65
Bad Colberg-Heldburg D 121 Bb80
Baddeckenstedt D 116 Ba76
Badderen N 23 Ce41
Bad Doberan D 104 Bd72
Bad Driburg D 115 At77
Bad Düben D 117 Bf77
Bad Dürkheim D 163 Ar82
Bad Dürrenberg D 117 Be78
Bad Dürrheim D 125 As84
Badefols-d'Ans F 171 Ac90
Badefols-sur-Dordogne F 171 Ab91
Bad Eilsen D 109 At76
Bad Eisenkappel = Železna Kapla A 134 Bk88
Bad Elster D 122 Be80
Bademli TR 285 Cn101
Bad Ems D 120 Aq80
Bad Emstal D 115 At78
Baden A 238 Bn84
Baden CH 125 Ar86
Baden-Baden D 163 Ar83
Bad Endbach D 115 Ar79
Bad Endorf D 236 Be85
Badenscoth GB 76 Sq66
Badenstedt D 109 At74
Badenweiler D 124 Aq85
Baderna HR 139 Bh90
Bad Essen D 108 Ar76
Bădeuți RO 247 Cm85
Bad Fallingbostel D 109 Au75
Bad Feilnbach D 127 Be85
Bad Fischau A 238 Bn85
Bad Frankenhausen (Kyffhäuser) D 116 Bc78
Bad Fredeburg D 115 Ar78
Bad Freienwalde (Oder) D 111 Bi75
Bad Friedrichshall D 121 At82
Bad Fusch A 127 Bf86
Bad Füssing D 236 Bg84
Bad Gams A 135 Bl87
Bad Gandersheim D 115 Ba77
Bad Gastein A 133 Bg86
Bad Gleichenberg A 242 Bm87
Bad Godesberg D 114 Ap79
Bad Gögging D 122 Bd83
Bad Goisern am Hallstättersee A 127 Bh85
Bad Gottleuba-Berggießhübel D 230 Bh79
Bad Griesbach im Rottal D 128 Bg84
Bad Grönenbach D 126 Ba85
Bad Großpertholz A 128 Bk83
Bad Grund (Harz) D 116 Ba77
Bad Hall A 128 Bi84
Bad Harzburg D 116 Bb77
Bad Heilbrunn D 126 Bc85
Bad Herrenalb D 125 Ar83
Bad Hersfeld D 115 Au79
Bad Hindelang D 126 Ba85
Bad Hofgastein A 128 Bg86
Bad Höhenstadt D 236 Bg84
Bad Homburg vor der Höhe D 120 As80
Bad Honnef D 119 Ap79
Bad Hönningen D 120 Ap79
Badia Calavena I 132 Bc89
Badia Gran E 206-207 Af102
Badia Polesine I 138 Bd90
Badia Pratáglia I 138 Bd93
Badia Tedalda I 139 Be93
Bad Iburg D 115 Ar76
Bădiceni MD 248 Cr84
Bad Ischl A 127 Bh85
Badje-Sohppar = Övre Soppero S 29 Cd44
Bad Karlshafen D 115 At77
Bad Kissingen D 121 Ba80
Bad Kleinen D 110 Bc73
Bad Kleinkirchheim A 134 Bh87
Bad Klosterlausnitz D 230 Bd79
Bad Kohlgrub D 126 Bc85
Bad König D 121 At81
Bad Königshofen im Grabfeld D 122 Ba80
Bad Kösen D 116 Bd78
Bad Köstritz D 230 Be79
Bad Kötzting D 123 Bf82
Bądków PL 227 Bt77
Bad Kreuznach D 120 Aq81
Bad Krozingen D 163 Aq85
Bad Laasphe D 115 Ar79
Bad Laer D 115 Ar76
Bad Langensalza D 116 Bb78
Bad Laterns A 125 Au86
Bad Lauchstädt D 116 Bd78
Bad Lausick D 117 Bf78
Bad Lauterberg im Harz D 116 Ba77
Bad Leonfelden A 128 Bi83
Bad Liebenstein D 116 Ba79
Bad Liebenwerda D 118 Bg77
Bad Liebenzell D 125 As83
Bad Lippspringe D 115 As77
Badljevina HR 250 Bp89
Bad Lobenstein D 116 Bd80
Badluarach GB 75 Sk65
Bad Marienberg (Westerwald) D 120 Aq79
Bad Mergentheim D 121 Au82
Bad Mitterndorf A 128 Bh85
Bad Münder am Deister D 115 At76
Bad Münster am Stein-Ebernburg D 120 Aq81
Bad Münstereifel D 119 Ao79
Bad Muskau D 118 Bk77
Bad Nauheim D 120 As80
Bad Nenndorf D 109 At76
Bad Neuenahr-Ahrweiler D 119 Ap79
Bad Neustadt an der Saale D 121 Ba80
Bad Oeynhausen D 115 As76
Badolato I 151 Bo103
Badolato Marina I 151 Bo103
Badolatosa E 205 Sl106
Bad Oldesloe D 103 Ba73
Badonviller F 124 Ao83
Bad Orb D 121 At80
Badovinci SRB 261 Bt91
Bad Peterstal-Griesbach D 163 Ar84
Bad Pirawarth A 129 Bo84
Bad Pyrmont D 115 At77
Bad Radkersburg A 242 Bm87
Bad Ragaz CH 131 Au86
Bad Rappenau D 121 At82
Bad Rehburg D 109 At76
Bad Reichenhall D 128 Bf85
Bad Rippoldsau-Schapbach D 163 Ar84
Bad Rodach bei Coburg D 121 Bb80
Bad Rothenfelde D 115 Ar76
Bad Saarow D 117 Bi76
Bad Sachsa D 116 Bb77
Bad Säckingen D 169 Aq85
Bad Salt = Bagni di Salto I 132 Bb87
Bad Salzdetfurth D 115 Ba76
Bad Salzhausen D 115 As80
Bad Salzig D 119 Aq80
Bad Salzschlirf D 121 Au79
Bad Salzuflen D 115 As76
Bad Salzungen D 116 Ba79
Bad Sankt Leonhard im Lavanttal A 134 Bk87
Bad Sankt Peter D 102 As72
Bad Sassendorf D 115 Ar77
Bad Saulgau D 125 Au84
Bådsbøl-Ballum DK 102 As70
Bad Schallerbach A 236 Bh84
Bad Schandau D 117 Bi79
Bad Schlema D 123 Bf79
Bad Schmiedeberg D 117 Bf77
Bad Schönborn D 120 As82
Bad Schussenried D 125 Au84
Bad Schwalbach D 120 Ar80
Bad Schwartau D 103 Bb73
Bad Segeberg D 103 Ba73
Bad Sobernheim D 120 Aq81
Bad Soden am Taunus D 120 As80
Bad Soden-Salmünster D 121 At80
Bad Sooden-Allendorf D 116 Au78
Bad Staffelstein D 122 Bb80
Bad Steben D 122 Bd80
Bad Suderode D 116 Bc77
Bad Sulza D 116 Bd78
Bad Sülze D 104 Bf72
Bad Tabarz D 116 Bb79
Bad Teinach-Zavelstein D 125 As83
Bad Tennstedt D 116 Bb78
Bad Tölz D 126 Bd85
Bad Traunstein A 237 Bl84
Badules E 194 Ss98
Bădulești RO 265 Cl91
Bad Urach D 125 At84
Bad Vellach A 134 Bk88
Bad Vilbel D 120 As80
Bad Vöslau A 238 Bn85
Bad Waldliesborn D 115 Ar77
Bad Waldsee D 125 Au85
Bad Waltersdorf A 242 Bn86
Bad Wiessee D 126 Bd85
Bad Wildbad im Schwarzwald D 125 As83
Bad Wildungen D 115 At78
Bad Wilsnack D 110 Bd75
Bad Wimpfen D 121 At82
Bad Windsheim D 122 Ba81
Bad Wörishofen D 126 Bb84
Bad Wünnenberg D 115 As77
Bad Wurzach D 126 Au85
Bad Zell A 128 Bk84
Badzeni BY 219 Cp71
Bad Zurzach CH 125 Ar85
Bad Zwesten D 115 At78
Bad Zwischenahn D 108 Ar74
Bae Colwyn = Colwyn Bay GB 84 Sn74
Bævivašgiedde N 24 Ck42
Bække DK 103 At69
Bækmarksbro DK 100 Ar68
Bælum DK 100 Ba67
Baen = Bain-de-Bretagne F 158 Sr85
Baena E 205 Sm105
Bærum N 58 Ba61
Baesweiler D 114 An79
Baeza E 199 So105
Bagà E 178 Ad96
Băgaciu RO 254 Ci88
Bagaladi I 151 Bm104
Bagamér H 245 Cd86
Bağarası TR 289 Cq105
Bagas F 170 Su91
Bagaslaviškis LT 218 Ck70
Bagband D 107 Aq74
Bagdoniškis LT 214 Cm69
Bâgé-le-Châtel F 173 Ai90
Bagenkop DK 103 Bb71
Bages F 189 Af95
Baggård S 41 Bt53
Baggböle S 42 Ca53
Baggetorp S 70 Bn62
Bagh a Chaister GB 74 Se67
Bagheria I 152 Bh104
Baglio Messina I 152 Bf104
Bagn N 57 Au59
Bagnacavallo I 138 Bd92
Bagnac-sur-Célé F 171 Ae91
Bagnaia I 144 Be96
Bagnara Calabra I 151 Bm104
Bagnasco I 175 Ar92
Bagnères-de-Bigorre F 177 Aa94
Bagnères-de-Luchon F 187 Ab95
Bagneux-la-Fosse F 161 Ai85
Bagni di Gogna I 133 Be87
Bagni di Lucca I 138 Bb92
Bagni di Lusnizza I 134 Bg87
Bagni di Petriolo I 144 Bc94
Bagni di Salto I 132 Bb87
Bagni di San Giuseppe I 133 Be87
Bagni di Valgrande I 133 Be87
Bagni di Vinadio I 174 Ap92
Bagni San Filippo I 144 Bd95
Bagno a Ripoli I 138 Bc93
Bagno di Romagna I 138 Bd93
Bagnoles-de-l'Orne Normandie F 159 Su83
Bagnoli I 146 Bi99
Bagnoli del Trigno I 146 Bi97
Bagnoli di Sopra I 138 Bd90
Bagnoli Irpino I 148 Bl99
Bagnolo in Piano I 138 Bb91
Bagnolo Mella I 131 Ba90
Bagnols F 172 Af90
Bagnols-en-Forêt F 180 Ao93
Bagnols-les-Bains F 172 Ah91
Bagnols-sur-Cèze F 179 Ak92
Bagnone I 137 Au92
Bagnoregio I 144 Be95
Bagnu, lu I 140 As99
Bagny PL 224 Cg73
Bågø By DK 103 Au70
Bagod H 135 Bo87
Bagojë AL 276 Bt98
Bagolino I 132 Ba89
Bagolyirtás H 240 Bu85
Bagotoji LT 217 Cg71
Bagrationovo RUS 223 Ce72
Bagrationovsk RUS 216 Cb72
Bagrdan SRB 263 Cc92
Bagrenci BG 272 Cf96
Báguena E 194 Ss98
Bagušoŭka BY 224 Ch73
Bağyaka TR 292 Cr106
Bágyogszovát H 242 Bp85
Bahabón de Esgueva E 185 Sn97
Bahadırlı TR 280 Co100
Bahate UA 257 Cs90
Bahçeköy TR 280 Co99
Bahçeköy TR 281 Cs98
Bahdany BY 229 Ch77
Bahillo E 184 Sl96
Bahlingen am Kaiserstuhl D 124 Aq84
Bahna RO 256 Co87
Bahnea RO 255 Ci88
Bahoň SK 238 Bp84
Bahovycja UA 248 Co83
Bahratal = Hellendorf D 118 Bh79
Bahrenborstel D 108 As75
Bahrynivka UA 247 Cm85
Bahuslaŭka BY 229 Ch77
Baia RO 247 Cn86
Baia RO 253 Ce88
Baia RO 267 Cs91
Baia de Aramă RO 264 Cf91
Baia de Arieș RO 254 Cg88
Baia de Criș RO 254 Cf88
Baia de Fier RO 264 Ch90
Baia delle Zagare I 147 Bn97
Baia Domizia I 146 Bh98
Baia Mare RO 246 Ch85
Baiano I 147 Bk99
Baião P 190 Sd98
Baiardo I 181 Aq93
Baia Sardinia I 140 At98
Baia Sprie RO 246 Ch85
Băicoi RO 265 Cm90
Băiculești RO 265 Ck90
Baides E 193 Sp98
Baienfurt D 125 Au85
Baierbach D 236 Be84
Baiersbronn D 125 Ar83
Baiersdorf D 121 Bc81
Baignes-Sainte-Radegonde F 170 Su90
Baigneux-les-Juifs F 168 Ak85
Baile Ailein GB 74 Sg64
Baile Amara RO 266 Cp91
Baile an Bhuinneánaigh = Ballybunnion IRL 89 Sa75
Baile an Chaistil = Ballycastle GB 83 Sh70
Baile an Chaistil = Ballycastle IRL 86 Sb72
Baile an Chollaigh = Ballincollig IRL 90 Sc77
Baile an Ghearlánaigh = Castlebellingham IRL 87 Sh73
Baile an Sceilg IRL 89 Ru77
Baile Átha Cliath = Dublin IRL 88 Sh74
Baile Átha Fhirdhia = Ardee IRL 88 Sg73
Baile Átha I = Athy IRL 87 Sg75
Baile Átha Luain = Athlone IRL 87 Se74
Baile Átha Seanaidh = Ballyshannon IRL 87 Sd72
Baile Átha Troim = Trim IRL 87 Sg73
Baile Basna RO 254 Ci88
Baile Bhlainséir = Blanchardstown IRL 87 Sh74
Baile Brigín = Balbriggan IRL 88 Sh73
Baile Chathail = Charlestown IRL 82 Sc73
Baile Chláir IRL 86 Sc74
Baile Easa Dara = Ballycadare IRL 82 Sc72
Băile Govora RO 264 Ci90
Băile Herculane RO 253 Ce91
Băile Homorod RO 255 Cl88
Baile Locha Riach = Loughrea IRL 90 Sc74
Baile Mhic Andáin = Thomastown IRL 90 Sf75
Baile Mhic Íre IRL 90 Sb77
Baile Mhistéala = Mitchelstown IRL 90 Sd76
Băile Miercurea RO 254 Ch89
Baile Mór GB 78 Sh68
Bailén E 199 Sn104
Baile na Finne IRL 82 Sd71
Baile na gCros = Castlepollard IRL 87 Sf73
Baile na nÁith IRL 89 Ru76
Baile na n Gall IRL 89 Ru76
Baile na nGallóglach = Millford IRL 82 Se70
Băile Olănești RO 254 Ci90
Baile Rodbay RO 255 Ck89
Bailești RO 264 Cg92
Băile Tușnad RO 255 Cm88
Baile Ui Mhatháin = Ballymahon IRL 87 Se73
Bailieborough IRL 82 Sg73
Baillé F 159 Ss84
Bailleau-le-Pin F 160 Ac84
Baillet F 170 St91
Bailleul F 155 Af79
Bailleul-sur-Thérain F 160 Ae82
Bailo E 176 St95
Baimaclia MD 257 Cr88
Baíñas E 182 Sb94
Bainbridge GB 81 Sq72
Bain-de-Bretagne F 158 Sr85
Bains F 172 Ah90
Bains-les-Bains F 162 An84
Bainton GB 85 St73
Bainville-sur-Madon F 162 An83
Baio Grande E 182 Sc94
Baiona E 182 Sc96
Bairro da Sapec P 196 Sc104
Bais F 159 Su84
Băișoara RO 254 Cg87
Baisogala LT 217 Ch69
Baisweil D 126 Bb85
Băița RO 246 Cg85
Băița RO 254 Cf88
Băița de Sub Codru RO 246 Cg85
Bäittasjärvi = Paittasjärvi S 29 Cf44
Băiuț RO 246 Ci85
Baix F 173 Ak91
Baixas F 178 Af95
Baja H 252 Bs88
Bajamar E 202 Rh123
Bajánsenye H 242 Bn87
Bajary BY 219 Co71
Bajary BY 219 Cp71
Bajas, Cuevas E 205 Sm106
Bajč SK 239 Br85
Bajcsa H 250 Bo88
Bajë RKS 270 Cb96
Bajgora = Bajgorë RKS 263 Cc95
Bajgorë RKS 263 Cc95
Bajina Bašta SRB 261 Bu93
Bajišta MNE 262 Bu95
Bajkal BG 264 Ci93
Bajlovce MK 271 Cd96
Bajlovo BG 272 Ch95
Bajmok SRB 244 Bt89
Bajna H 243 Bs85
Bajovo Polje MNE 269 Bs94
Bajram Curri AL 270 Ca96
Bajša SRB 252 Bu89
Bak H 242 Bo87
Baka SK 239 Bq85
Bakacak TR 280 Cp100
Bakałarzewo PL 217 Cf72
Bakar HR 134 Bk90
Bakarebo S 72 Bh67
Bakel en Milheeze NL 113 Am77
Bakewell GB 93 Sr74
Bakino RUS 215 Cs67
Bakırköy TR 281 Cr100
Bakırköy TR 281 Cs99
Bakka N 56 Ao59
Bakka N 57 At61
Bakkafjörður IS 21 Rf24
Bakkasund N 56 Al60
Bakke N 68 Ao62
Bakkebø N 66 An64
Bakkebu N 57 Ar60
Bakkeby N 23 Cb41
Bakkefean = Bakkeveen NL 107 An74
Bakkejord N 22 Br41
Bakken N 38 Bs48
Bakken N 39 Bi52
Bakken N 58 Bd59
Bakkerud N 57 At61
Bakketun N 32 Bi49
Bakkeveen NL 107 An74
Baklaburun TR 280 Co99
Bakonybél H 243 Bq86
Bakonycsernye H 243 Br86
Bakonygyepes H 243 Bq86
Bakonykoppány H 243 Bq86
Bakonysárkány H 243 Br86
Bakonyszentkirály H 243 Bq86
Bakonyszombathely H 243 Bq86
Bakov nad Jizerou CZ 118 Bk80
Bąków PL 233 Br79
Bąków PL 233 Bs81
Bąkowa PL 228 Cc78
Baksa H 243 Bq88
Baksjöliden S 41 Br52
Baksjönäset S 39 Bf53
Bakšty BY 218 Cn73
Bakšty BY 219 Co72
Bakta SK 240 Ca84
Baktåive S 34 Bs49
Baktakék H 241 Cc84
Baktalórántháza H 241 Ce85
Baktsjaur S 34 Bt50
Bakum D 108 Ar75
Bakvattnet S 39 Bi53
Bål S 71 Bs65
Bala GB 84 Sn75
Băla RO 255 Ci87
Bala RO 264 Cf91
Balaban MD 257 Cs89
Balaban TR 281 Cs98
Bălăbănești RO 256 Cq88
Balabanlı TR 281 Cq98
Bălăceanu RO 256 Cp90
Balaci RO 265 Ck92
Bălăcița RO 264 Cg92
Balaciu RO 266 Co91
Balaguer E 188 Ab97
Balahanovo RUS 65 Cu59
Balallan GB 74 Sg64
Bălan RO 246 Cg86
Bălan RO 255 Cm87
Balanegra E 206 Sp107
Balanivka UA 249 Ct84
Balaruc-les-Bains F 179 Ah94
Bälaryd S 69 Bk65
Bălășești RO 256 Cq88
Bălăsinești MD 248 Co84
Balassagyarmat H 240 Bt84
Balástya H 244 Ca88
Balašy BY 219 Cp71
Balat TR 289 Cp105
Balatina MD 248 Cp85
Balatonakali H 243 Bq87
Balatonalmádi H 243 Br86
Balatonboglár H 243 Bq87
Balatonföldvár H 243 Bq87
Balatonfüred H 243 Bq87
Balatonfűzfő H 243 Br86
Balatonkenese H 243 Br86
Balatonlelle H 243 Bq87
Balatonszabadi H 243 Br87
Balatonszárszó H 243 Bq87
Balatonszemes H 243 Bq87
Balatonszentgyörgy H 242 Bp87
Balatonudvari H 243 Bq87
Bălăușeri RO 255 Ck88
Baláže SK 239 Bt83
Balazote E 200 Sq103
Balbacienta E 185 So94
Balbeggie GB 76 So68
Balbieriškis LT 224 Ch71
Balbigny F 173 Ai89
Balblair GB 75 Sm65
Balboa E 183 Sg95
Balbriggan = Baile Brigín IRL 88 Sh73
Balc RO 245 Cf86
Bălcaciu RO 254 Ci88
Balcani RO 256 Co87
Bălcăuți RO 247 Cn85
Bălcești RO 264 Ch91
Balčik BG 267 Cr94
Balcıköy TR 281 Cq100
Balcılar TR 280 Co100
Balcombe GB 154 Su78
Balde D 115 Ar79
Baldellou E 187 Ab97
Baldern D 121 Ba83
Balderschwang D 125 Ba86
Baldichieri d'Asti I 136 Ar91
Baldock GB 94 Su77
Baldone I 137 Ba91
Baldone LV 214 Ci67
Baldovinești RO 256 Cq90
Bale HR 258 Bh90
Bâle = Basel CH 169 Aq85
Baleal P 196 Sb102
Bălea Lac RO 255 Ck89
Baleia RO 254 Cg90
Baleix F 176 Su94
Baleizão P 203 Se104
Balej BG 263 Cf92
Balen B 156 Al78
Băleni RO 256 Cq89
Băleni-Români RO 265 Cm91
Balerma E 206 Sp107
Balerno GB 76 So69
Bălești RO 256 Cp90
Bălești RO 264 Cg90
Balestrand N 56 Ao58
Balestrate I 152 Bg104
Balewo PL 222 Bt72
Balf H 242 Bo85
Bålforsen S 41 Br51
Balfour GB 77 Sp62
Balfron GB 79 Sm68
Bälganet S 73 Bl68
Bălgaranovo BG 274 Cn94
Bălgarčevo BG 272 Cg96
Bălgarene BG 265 Cl94
Bălgarevo BG 267 Cr94
Bălgarin BG 274 Cm97
Bălgarka BG 266 Cp92
Bălgarovo BG 275 Cp95
Bălgarski Izvor BG 273 Ci94
Bălgarsko Slivovo BG 265 Cl93
Balge D 109 At75
Balgray GB 79 Sp67
Balgudè = Belgodere F 142 At95
Bälgviken S 70 Bn62
Baligród PL 235 Ce82
Balıkliçeşme TR 280 Cp100
Balıklıdere TR 281 Cr101
Balıklıova TR 285 Co104
Bălilești RO 265 Ck90
Bălinești RO 247 Cn85
Bälinge S 35 Cd49
Bälinge S 60 Bq61
Bälinge S 70 Bp63
Bälinge S 72 Bg68
Balingen D 125 As84
Balinț RO 253 Cd89
Balintore GB 75 Sn65
Balje D 103 At73
Baljevac SRB 262 Cb94
Baljvine BIH 259 Bp92
Balk NL 107 Am75
Balkanci BG 274 Cn94
Balkanski BG 266 Cn93
Balkány H 241 Cd85
Balkbrug NL 107 An75
Balke N 58 Bb59
Balla IRL 86 Sb73
Ballaban AL 276 Ca100
Ballabio I 131 At89
Ballachulish GB 78 Sk67
Ballagh IRL 90 Se75
Ballaghaderreen IRL 82 Sc73
Ballancourt-sur-Essonne F 160 Ae83
Ballangen N 27 Bo44
Ballantrae GB 80 Sl70
Ballao I 141 At101
Ballará IS 20 Qh25
Ballasalla GBM 88 Sl72
Ballasluoktta = Ballasviken S 33 Bo48
Ballasviken S 33 Bo48
Ballater GB 79 So66
Balle DK 101 Bb68
Ballebro DK 103 Au71
Bällefors S 69 Bi63
Ballen DK 101 Bb69
Ballenstedt D 116 Bc77
Balleroy-sur-Drôme F 159 St82
Ballerup DK 72 Be69
Ballestero, El E 200 Sq103
Ballesteros de Calatrava E 199 Sn103
Balli TR 280 Cp99
Ballickmoyler IRL 87 Sg75
Ballina IRL 86 Sb72
Ballinaby GB 78 Sh69
Ballinafad IRL 82 Sd72
Ballinagar IRL 87 Sf74
Ballinagleragh IRL 87 Sd72
Ballinakill IRL 87 Sf75
Ballinalee IRL 87 Se73
Ballinamallard GB 87 Se72
Ballinamore IRL 82 Se72
Ballinasloe IRL 87 Sd74
Ballincollig IRL 90 Sc77
Ballincurrig IRL 90 Sd77
Ballinderry IRL 90 Sd74
Ballindine IRL 86 Sc73
Ballineen IRL 89 Sc77
Ballingarry IRL 89 Sc76
Ballingarry IRL 90 Sd74
Ballingarry IRL 90 Se75
Ballingry GB 76 So68
Ballingslöv S 72 Bh68
Ballingurteen IRL 90 Sb77
Ballinhassig IRL 90 Sc77
Ballinlough IRL 82 Sc73
Ballinluig GB 76 Sn67
Ballinrobe IRL 86 Sb73
Ballintober IRL 87 Sd73
Ballintogher IRL 82 Sd72
Ballintoy GB 83 Sh70
Ballinure IRL 90 Se75
Ballıpınar TR 281 Cq99
Ballivor IRL 87 Sg73
Ballobar E 195 Aa97
Balloch GB 80 Sl68
Ballon IRL 91 Sg75
Ballon-Saint-Mars F 159 Aa84
Ballota E 183 Sh93
Ballots F 159 Ss85
Ballsh AL 276 Bu99
Ballstad N 26 Bh44
Ballyagran IRL 90 Sc76
Ballybay IRL 87 Sg72
Ballybofey IRL 82 Se71
Ballyboghill IRL 88 Sh73
Ballybrittas IRL 90 Sf74
Ballybrophy IRL 87 Se75
Ballybunnion IRL 89 Sa75
Ballycadare IRL 82 Sc72
Ballycahill IRL 90 Se75
Ballycarry GB 83 Si71
Ballycastle GB 83 Sh70
Ballycastle IRL 86 Sb72
Ballyclare GB 83 Sh71
Ballyclogh IRL 90 Sc76
Ballycolla IRL 87 Sf75
Ballyconneely IRL 86 Ru74
Ballyconnell IRL 82 Se72
Ballycotton IRL 90 Sd77
Ballycroy IRL 86 Sa72
Ballycumber IRL 87 Se74
Ballydangan IRL 87 Sd74
Ballydavid IRL 90 Sd74
Ballydehob IRL 89 Sb77
Ballyderahan IRL 90 Se76
Ballydesmond IRL 89 Sb76
Ballyduff IRL 89 Sa76
Ballyduff IRL 90 Sd76
Ballyfarnan IRL 87 Sd72
Ballyforan IRL 87 Sd74
Ballygalley GB 83 Si71
Ballygar IRL 87 Sd73
Ballygawley GB 87 Sf72
Ballyglass IRL 86 Sb73
Ballygowan GB 80 Si72
Ballyhack IRL 91 Sg76
Ballyhaise IRL 87 Sf72
Ballyhalbert GB 80 Sk72
Ballyhale IRL 90 Sf76
Ballyhaugh GB 78 Sg67
Ballyhaunis IRL 86 Sc73
Ballyheige IRL 89 Sa76
Ballyhillin IRL 82 Sf70
Ballyhooly IRL 90 Sd76
Ballyjamesduff IRL 82 Sf73
Ballykeeran IRL 87 Se74
Ballykelly GB 82 Sf70
Ballylanders IRL 90 Sd76
Ballyliffin IRL 82 Sf70
Ballylongford IRL 89 Sb75
Ballylooby IRL 90 Se76
Ballylynan IRL 87 Sf75
Ballymacarbry IRL 90 Se76
Ballymaconda IRL 90 Se77
Ballymacward IRL 87 Sd74
Ballymahon IRL 87 Se73
Ballymakenny IRL 87 Sh73
Ballymena GB 83 Sh71
Ballymoe IRL 87 Sd73
Ballymoney GB 82 Sg70
Ballymore IRL 87 Se74
Ballymore Eustace IRL 91 Sg74
Ballymote IRL 82 Sc72
Ballynacally IRL 90 Sb75
Ballynacarrigy IRL 87 Se73
Ballynacourty IRL 90 Se76
Ballynagore IRL 87 Sf74
Ballynahinch GB 88 Si72
Ballynahown IRL 87 Se74
Ballynamallaght GB 82 Sf71
Ballynamult IRL 90 Se76
Ballynana = Baile na nÁith IRL 89 Ru76
Ballynoe IRL 90 Sd76
Ballynure GB 83 Si71
Ballyporeen IRL 90 Sd76
Ballyragget IRL 90 Sf75

330 Baarn – Ballyragget

Ballyroan IRL 87 Sf75
Ballyronan GB 82 Sg71
Ballyroney GB 83 Sh72
Ballyshannon IRL 87 Sd72
Ballytoohy IRL 86 Sa73
Ballyvaughan IRL 90 Sb74
Ballywalter GB 88 Sk71
Ballyward GB 83 Sh72
Balmacara GB 74 Si66
Balmazújváros H 245 Cc85
Balme I 130 Ap90
Balme-de-Sillingy, La F 174 An89
Balmedie GB 76 Sq66
Balmerino GB 79 So68
Balmuccia I 175 Ak89
Balnacoil GB 75 Sm64
Balnafoich GB 75 Sm66
Balnahard GB 78 Sh68
Balnapaling GB 75 Sm65
Balneario de Panticosa E 187 Su95
Balninkai LT 218 Cf70
Bálojávri = Palojärvi FIN 29 Cg43
Bálojohnjálbmi = Palojoensuu FIN 29 Cg44
Balota de Jos RO 264 Ch91
Baloteşti RO 265 Cn91
Baloži LV 213 Ci67
Balquhidder GB 79 Sm68
Balrath IRL 87 Sh73
Balrothery IRL 88 Sh73
Balş RO 264 Ci92
Balşa RO 254 Cg88
Balsa de Ves E 201 Ss102
Balsareny E 189 Ad97
Balschwiller F 169 Ap85
Balsfjord N 22 Bt42
Balsiai LT 217 Ce69
Balsicas E 207 St105
Balsjö S 41 Bt53
Balsorano Vecchio I 145 Bh97
Balsovo RUS 211 Cq64
Bålsta S 60 Bg61
Balsthal CH 144 Ap94
Balsupiai LT 224 Cg71
Balta UA 249 Cu85
Balta Albă RO 256 Cp90
Balta Berilovac SRB 263 Ce94
Balta Doamnei RO 265 Cn91
Baltar E 180 Sc97
Baltasound GB 77 St59
Bălţăteşti RO 247 Cn86
Bălţaţi RO 248 Cp86
Bălţaţi RO 265 Ck91
Bălteni RO 256 Cq87
Bălteni RO 264 Cg91
Bălţeşti RO 265 Cn90
Baltezers LV 214 Ci66
Bălţi MD 248 Cq85
Baltijsk RUS 216 Bu71
Baltimore IRL 89 Sb78
Baltinava LV 215 Cq67
Baltinglass IRL 87 Sg75
Baltoji Vokė LT 218 Cf72
Baltrum D 108 Ap73
Bałucz PL 227 Bt77
Balungstrand S 60 Bm59
Balvan BG 273 Cl94
Bălvăneşti RO 264 Cf91
Bălványos, Băile RO 255 Cm88
Balve D 114 Ag78
Balvi LV 215 Cp66
Balynci UA 247 Cf83
Balze I 139 Be93
Balzers FL 131 Au86
Balzhausen D 126 Ba84
Bamberg D 122 Bb81
Bambini GB 282 Cc103
Bamble N 67 Au62
Bamburgh GB 81 Sf69
Bamford GB 84 Sr74
Bampton GB 97 So79
Bana H 243 Bg85
Baña, A E 182 Sc95
Baña, La E 183 Sg96
Banada IRL 86 Sc72
Bañaderos E 202 Ri124
Banagher IRL 90 Se74
Banaleg = Bannalec F 157 Sn85
Banarlı TR 280 Cp98
Banatski Brestovac SRB 253 Cb91
Banatski Dvor SRB 252 Cb89
Banatski Karlovac SRB 253 Cc90
Banatski Palanka SRB 253 Cc91
Banatsko Aranđelovo SRB 252 Ca88
Banatsko Veliko Selo SRB 244 Cb89
Banbridge GB 88 Sh72
Banbury GB 93 Ss76
Banca F 186 Sg94
Banca RO 256 Cq88
Bancali I 140 Ar99
Banchory GB 79 Sq66
Band RO 254 Cl87
Bandaksli N 57 Ar62
Bandary BY 224 Ci73
Bande E 183 Se96
Bandeira E 182 Sd95
Bandeiras P 190 Qd103
Ban-de-Laveline F 163 Ap84
Bandholm DK 104 Bc71
Bandırma TR 281 Cg100
Bando I 138 Bd91
Bandol F 180 Am94
Bandon IRL 90 Sc78
Băneasa RO 256 Cq89
Băneasa RO 255 Cp92
Băneasa RO 266 Cq92
Bañeres E 201 St103
Băneşti RO 265 Cm90
Banevo BG 275 Cp95
Bañeza, La E 184 Si96
Banff GB 76 Sp65
Bångnäs S 40 Bm51
Bangor F 164 So86
Bangor GB 80 Si71
Bangor GB 92 Sm74
Bangor IRL 86 Sa72
Bangor-is-y-coed GB 93 Sp74
Bangsund N 39 Bc52
Bangueses E 182 Sd96
Bània RO 253 Ce91

Banica BG 264 Ch94
Baničevac HR 250 Bp90
Baniči HR 268 Bq95
Banie PL 220 Bk74
Banie Mazurskie PL 223 Ce72
Baniewice PL 111 Bk74
Baniocha PL 228 Cc76
Baniska BG 265 Cn94
Bănişor RO 246 Cf86
Bănița RO 254 Cg90
Banja BG 272 Ch97
Banja BG 272 Ci96
Banja BG 274 Ck95
Banja BG 274 Cm95
Banja BG 275 Cq95
Banja SRB 262 Bu93
Banja SRB 262 Cb94
Banja = Bajë RKS 270 Cb96
Banja e Kukës AL 270 Cb96
Banjani SRB 262 Bu91
Banja Vrućica BIH 260 Bq91
Banjaloka SLO 134 Bk89
Banja Luka BIH 259 Bp91
Banje RKS 262 Cb95
Banjica = Lixhë e Pejes RKS 270 Ca95
Banjište MK 270 Cb97
Banjole HR 258 Bh91
Banjska RKS 262 Cb95
Bankekind S 70 Bm64
Bankeryd S 69 Bi65
Bankfoot GB 76 Sn68
Bankja BG 272 Cg95
Bankovac SRB 263 Cd94
Banloc RO 253 Cc90
Bannalec F 157 Sn85
Bannegon F 167 Af87
Bannes F 161 Ah83
Bannia I 133 Bf89
Bannivka UA 257 Cs89
Bannockburn GB 79 Sn68
Bañobárez E 191 Sg99
Bañón F 194 Ss99
Banon F 180 Am92
Baños de Alicún de las Torres E 206 So103
Baños de Benasque E 187 Ab95
Baños de Cerrato E 185 Sm97
Baños de Fuente de la Encina E 199 Sn104
Baños de la Encina E 199 Sn104
Baños de Molgas E 183 Se96
Baños de Montemayor E 192 Si100
Baños de Río Tobía E 185 Sp96
Baños de Valdearados E 185 Sn97
Bánov CZ 239 Bq83
Bánovce nad Bebravou SK 239 Bf83
Banovci SLO 250 Bn87
Banovići BIH 261 Bs92
Banovići Selo BIH 260 Br92
Banovo BG 275 Cq94
Bánréve F 240 Ca84
Bansha IRL 90 Sd76
Bansin D 105 Bi73
Banská Bystrica SK 240 Bt83
Banská Štiavnica SK 239 Bs84
Banska Topola SRB 252 Ca89
Banské SK 241 Cd83
Banski Despotovac SRB 252 Cb90
Banski Stanovi MNE 269 Bt94
Bansko BG 272 Cg97
Bansko MK 271 Cf98
Bansko Karađorđevo SRB 252 Cb89
Bansko Novo Selo SRB 253 Cb91
Banteer IRL 90 Sc76
Bantheville F 162 Al82
Bantry IRL 89 Sb77
Bantzenheim F 124 Aq85
Bañuelos de Bureba E 185 So95
Banwell GB 97 Sp78
Banyalbufar E 206-207 Af101
Banyliv UA 247 Cf84
Banyliv-Pidhirnyj UA 247 Cf84
Banyoles E 189 Af96
Banyuls-sur-Mer F 178 Ag96
Banzin D 110 Bd73
Banzkow D 110 Bd73
Baod = Baud F 158 So85
Bapaume F 155 Af80
Bar F 171 Ae92
Bar H 251 Bs88
Bar MNE 269 Bt96
Bara RO 245 Cd89
Bâra RO 248 Cp86
Bâra S 73 Bg69
Barabhas = Barvas GB 74 Sg64
Baraboi MD 248 Cq84
Baracaldo = Barakaldo E 185 Sp94
Baracska H 243 Bs86
Baradili I 141 As101
Baradziničy BY 219 Cp69
Bărăganul RO 266 Cq91
Baragiano I 148 Bn99
Bárago E 184 Sl94
Barahona E 194 Sp98
Bărăitaru RO 266 Cn91
Barajas de Melo E 193 Sp100
Barajevo SRB 262 Ca91
Barakaldo E 185 Sp94
Baralla E 183 Sf95
Baralla (Neira de Xusá) = Baralla E 183 Sf95
Barañáin E 176 Sr95
Baranava BY 224 Ch73
Báránd H 245 Cc86
Baranda SRB 252 Cb90
Barane = Barani RKS 270 Ca95
Barani RKS 270 Ca95
Baranjsko Petrovo Selo HR 251 Br89
Barano d'Ischia I 146 Bh99
Baranów PL 229 Ce77
Baranów PL 223 Cc74
Baranowo PL 228 Cb77
Barão de São João P 202 Sc106

Baraqueville F 172 Ae92
Barásoain E 176 Sr95
Bărăşti RO 265 Ck91
Barayljany R 219 Cq72
Barbacena P 197 Sf103
Barbadillo E 192 Si99
Barbadillo de Herreros E 185 So96
Barbadillo del Mercado E 185 So96
Barbadillo del Pez E 185 So96
Barbaggio F 181 At95
Barbalimpia E 194 Sq101
Barban HR 258 Bi90
Barbano Vicentino I 132 Bd90
Barbantes E 182 Sd96
Barbara I 139 Bg93
Barbarano Vicentino I 132 Bd90
Barbaros TR 281 Cp99
Barbaros TR 285 Cn104
Barbarušince SRB 271 Ce96
Barbastro E 188 Aa96
Barbat HR 258 Bk91
Barbate E 204 Si108
Barbate de Franco = Barbate E 204 Si108
Bărbătescu RO 266 Co91
Bărbăteşti RO 264 Ch91
Barbatovac SRB 263 Cc94
Bărbâtre F 164 Sq87
Barbazan F 187 Ab94
Barbazan-Debat F 177 Aa94
Barbeitos E 183 Sf94
Bárbele LV 214 Ck68
Barber Booth GB 84 Sr74
Barberino di Mugello I 138 Bc93
Barbezieux-Saint-Hilaire F 170 Su90
Barbières F 173 Al91
Barbing D 127 Be82
Barbizon F 161 Af84
Bârbo S 70 Bo63
Barboeni MD 248 Cr86
Bárboles E 194 Ss97
Barbonne-Fayel F 161 Ah83
Barbullush AL 269 Bu97
Barbuñales E 188 Su96
Barby D 116 Bd77
Bârby S 73 Bn67
Barca E 194 Sp98
Bârca RO 264 Ch93
Barca de Alva P 191 Sg98
Barca de la Florida, La E 204 Si107
Barcaldine GB 78 Sk67
Bărcăneşti RO 265 Cn91
Bărcăneşti RO 266 Co91
Barcani RO 255 Cm88
Barcarrota E 197 Sg103
Barcea RO 256 Cq89
Barcellona Pozzo di Gotto I 153 Bl104
Barcelona E 189 Ae98
Barcelonnette F 174 Ao92
Barcelos P 190 Sc97
Bárcena E 185 So94
Bárcena del Monasterio E 183 Sg94
Bárcena de Pie de Concha E 185 Sm94
Bárcena de Pienza E 185 So95
Bárcena Mayor E 185 Sm94
Barchem NL 114 Am76
Barchfeld-Immelborn D 116 Ba79
Barchín del Hoyo E 200 Sq101
Barčiai LT 218 Ck72
Barcial del Barco E 184 Si97
Barciany PL 223 Cc72
Barcice Dolne PL 240 Cb81
Barcicejowice PL 228 Cd78
Barcin PL 226 Bq75
Barcino PL 221 Bn72
Barcis I 133 Bf88
Barco, O E 183 Sg96
Barco de Ávila, El E 192 Si100
Barcollé AL 269 Bu96
Barcones E 193 Sp98
Barcos P 191 Se98
Barcs H 242 Bp89
Bârcuț RO 255 Ck88
Barczewo PL 223 Cb73
Bard I 175 Aq89
Bardal N 32 Bg48
Bardallur E 194 Ss97
Bărdarski Geran BG 264 Ch93
Barde DK 100 As68
Bardejov SK 234 Cc82
Bardejovské Kúpele SK 234 Cc82
Bardenitz D 117 Bd76
Bardhash RKS 263 Cc95
Bardhi i Madh RKS 270 Cc95
Bardhoc SRB 270 Ca96
Bardi I 137 Au91
Bardineto I 136 Ar92
Bardney GB 85 Su74
Bardo PL 232 Bp79
Bardolino I 132 Bb89
Bardonecchia I 136 Ao90
Bardon Mill GB 81 Sg71
Bardowick D 110 Ba74
Bardsea GB 84 So72
Bardsey GB 85 Ss73
Bare BIH 261 Bs93
Bare MNE 269 Bu95
Bare SRB 261 Bt94
Bare SRB 262 Cb92
Bare SRB 262 Cb92
Barèges F 177 Aa95
Barenburg D 108 As75
Barendrecht NL 106 Ak77
Bårerk S 60 Bo60
Barevo BIH 260 Bp92
Bârfendal S 68 Bc64
Bårfjell S 55 Sn81
Barford Saint Martin GB 98 Sr78

Bârgâuani RO 248 Co87
Bârgăului Colibiţa RO 247 Ck86
Barge I 136 Ap91
Bargemon F 180 Ao93
Bargeshagen, Admannshagen- D 104 Bd72
Bargfeld-Stegen D 109 Ba73
Bărghiş RO 255 Ck89
Barglów Kościelny PL 224 Cf73
Bargoed GB 97 So77
Bargstedt D 103 Au72
Bargstedt D 109 At74
Bargteheide D 109 Ba73
Bargullas AL 276 Ca99
Bárhely H 250 Bo87
Bar Hill GB 95 Aa76
Bari I 149 Bo98
Baric SRB 262 Ca91
Baric-Draga HR 258 Bl92
Barice SRB 253 Cc90
Barice SRB 253 Cc90
Baricella I 138 Bd91
Barikadite BG 273 Ci95
Barilović HR 258 Bm90
Barinas E 201 Ss104
Bâring DK 103 Au70
Bari Sardo I 141 Au101
Barisciano I 145 Bh96
Bariūnai LT 213 Ch68
Barjac F 173 Ai92
Bárjás = Porjus S 34 Bu47
Barjols F 180 An93
Barjon F 168 Ak85
Bârkač BG 273 Ci94
Bárkáke N 58 Ba62
Barkaker N 58 Ba62
Barkald N 48 Bb56
Barkarö S 60 Bn61
Barkasovo UA 246 Cf84
Barkava LV 215 Co67
Barkelsby D 103 Au71
Barkerud S 68 Be62
Barkeryd S 69 Bi65
Barkestad N 27 Bk43
Barkhyttan S 60 Bo59
Barking GB 99 Aa77
Barkowo PL 221 Bp73
Barkston GB 85 St75
Barlborough GB 84 Su77
Bârla RO 265 Ck92
Bârlad RO 256 Cq88
Bar-le-Duc F 162 Al83
Barles F 174 An92
Barlestone GB 93 Ss75
Barletta I 148 Bn98
Barley GB 95 Aa76
Barlin F 112 Af80
Barlinek PL 120 Bl74
Bârlja BG 272 Cf94
Barlo D 107 Ao77
Bârlog N 56 Ao58
Barlovento E 202 Re123
Barlow GB 85 St75
Barma S 74 Sg64
Barmash AL 276 Cb100
Barmen D 114 Ag78
Barmouth GB 92 Sm75
Barmstedt D 109 Au73
Bårna RO 253 Cd89
Barnaderg IRL 86 Sc74
Barnana S 69 Bf64
Barnarp S 69 Bi65
Bârnau D 230 Be81
Barne-Åsaka S 69 Bf64
Barneberg D 109 Bc76
Barner Stück D 110 Bc73
Barnetby le Wold GB 85 Su73
Barneveld NL 113 Am76
Barneville-Carteret F 98 St82
Barnim PL 111 Bl74
Barningham GB 95 Ab76
Barnoldswick GB 84 Sq73
Barnowo PL 120 Ca86
Barnówko PL 111 Bk75
Barnowo PL 221 Bp72
Barnsley GB 85 Ss73
Barnstaple GB 97 Sm78
Barnstaple Cross GB 97 Sm78
Barnstedt D 109 Ba74
Barnstorf D 108 Ar75
Barntrup D 115 At77
Barokrane der = Eder J D 115 As78
Bascones de Ojeda E 184 Sl95
Báscov RO 265 Ck91
Basdahl D 108 As74
Basdorf D 111 Bg75
Basebo S 70 Bm66
Basedow D 109 Bb74
Basedow D 110 Bf73
Basel CH 169 Aq85
Basella de Pinè I 132 Bc88
Båseng di Oieda E 184 Sl95
Băşeşti RO 246 Cg86
Basharri = Barr S 74 Sg64
Bashtanivka UA 257 Cs89
Baštanovka UA 257 Cs89
Bastardo I 144 Bf95
Bastasi BIH 259 Bn92
Barró P 191 Se98
Barros E 185 Sn94
Barrou F 166 Ab87
Bas-en-Basset F 173 Aj90
Băseşti RO 246 Cg86
Băsheim N 57 At60
Basicò I 150 Bl104
Basildon GB 99 Aa79
Basiliano I 133 Bf88

Basile-et-Aubéroche F 171 Ab90
Basingstoke GB 94 Sq78
Bâsiou BG 272 Ci94
Baška HR 258 Bk91
Baška Voda HR 260 Bq94
Baške Oštarije HR 258 Bl91
Başköy SRB 40 Bo51
Bašksjö S 41 Bp51
Baslow GB 84 Sr74
Băsna S 60 Bl59
Basovizza I 134 Bh89
Bas-Rupts I 163 Ap84
Bassacutena I 140 At98
Bassano del Grappa I 132 Bd89
Bassano in Teverina I 144 Bf96
Bassecourt CH 144 Ap86
Bassenheim, Asbach- D 126 Bb83
Bassevuovdde N 30 Cm43
Bassignac F 171 Ae90
Bassignac-le-Haut F 171 Ae90
Bassingbourn GB 95 Aa76
Bassingham GB 85 St74
Bassoues F 176 At94
Bassum D 108 As75
Bâsta S 60 Bl59
Båstad S 60 Bl63
Bástad S 58 Bc61
Båstad S 72 Bi68
Bastahovine BIH 261 Bt92

Barrio Nuevo E 204 Sh108
Barrios, Los E 205 Sk108
Barrios de Luna, Los E 184 Si95
Barr na Trá IRL 86 Sa72
Barró P 191 Se98
Barros E 185 Sn94
Barrou F 166 Ab87
Barroux, le F 179 Al92
Bargood GB 97 So77
Bargstedt D 103 Au72
Bargstedt D 109 At74
Barruecopardo E 191 Sg98
Barruelo de Santullán E 185 Sm95
Barruera E 188 Ab95
Barry GB 93 So78
Bârsa SRB 262 Ca91
Bârsana RO 246 Ci85
Bârsăneşti RO 256 Co88
Bârsău de Sus RO 246 Cg85
Bârsbüttel D 109 Ba73
Barsdahl Umbra I 144 Bf94
Bârse DK 104 Bd70
Barsebäckshamn S 72 Bf69
Barskamp D 109 Ba74
Bârşmark D 109 Ba74
Bârsta S 70 Bl62
Bârsta S 70 Bl62
Barsviken S 51 Bq56
Bârta LV 212 Cc68
Bartakäker N 58 Ba62
Barth D 104 Be72
Bartenheim F 169 Ap85
Barth D 104 Be72
Barthe-de-Neste, La F 177 Aa94
Bartmannshagen D 105 Bg72
Bartne PL 241 Cc81
Bartnihi PL 228 Ca76
Bartninkai LT 224 Cg71
Bartodzieje PL 228 Cc77
Bartolfelde D 116 Ba77
Bartolty Wielkie PL 223 Cb73
Bartolme-le-Cley GB 94 Su77
Barton-upon-Humber GB 85 Su73
Bartošovice v Orlický horách CZ 232 Bo80
Bartoszyce PL 223 Cb72
Baru RO 254 Cg90
Barum D 109 Ba74
Barum S 72 Bi68
Barumini I 141 As101
Barutin BG 273 Ci97
Barva S 60 Bo62
Barvas GB 74 Sg64
Barvaux-Condroz B 156 Al80
Barvaux-sur-Ourthe B 156 Am80
Batignano I 143 Bc95
Batin BG 265 Cn93
Batina HR 244 Bs89
Batine BG 273 Ci97
Batković BIH 251 Bt91
Batlava = Batllavë RKS 263 Cc95
Batley GB 84 Sr73
Batllavë RKS 263 Cc95
Bátmonostor H 252 Bs88
Batnfjordsøra N 47 Aq55
Béal Easa = Foxford IRL 86 Sb73
Béal na mBuilli = Strokestown IRL 87 Sd73
Beaminster GB 97 Sp79
Bear = Bégard F 158 So83
Béard F 167 Ag87
Beariz (Forxa) E 182 Sd96
Bearna IRL 90 Sb74
Bearsden GB 79 Sm69
Beas E 203 Sg106
Beasain E 186 Sq94
Beas de Segura E 200 Sh104
Beateberg S 69 Bi63
Beattock GB 81 So70
Beauberry F 168 Ai88
Beaubigny F 98 St82
Beaucaire F 179 Ak93
Beaucamps-la-Vieux F 154 Ad81
Beauchamps F 99 Ad80
Beauchamps F 159 Ss83
Beauchastel F 173 Ak91
Beauchêne F 159 St83
Beaucourt F 124 Ap87
Beaufort F 168 Al87
Beaufort F 174 Ao89
Beaufort F 181 At95
Beaufort-en-Anjou F 165 Sk86
Beaufort-sur-Gervanne F 173 Al91
Beaugency F 166 Ab86
Beaujeu F 168 Ak88
Beaulac F 170 Su92
Beaulieu F 167 Af85
Beaulieu GB 98 Sq79
Beaulieu-lès-Loches F 166 Ac86
Beaulieu-sous-la-Roche F 164 Sr87
Beaulieu-sur-Dordogne F 171 Ad91
Beaulieu-sur-Layon F 165 St86
Beauly GB 75 Sm66
Beaumarchés F 187 Aa93
Beaumaris GB 92 Sm74
Beaumesnil F 159 St83
Beaumesnil F 160 Ab82
Beaumetz F 155 Ae80
Beaumetz-lès-Loges F 155 Af80
Beaumont B 156 Ai80
Beaumont-de-Lomagne F 177 Ab93
Beaumont-du-Gâtinais F 160 Ae84
Beaumont-du-Lac F 166 Ac88
Beaumont-du-Périgord F 171 Ab91
Beaumont-en-Argonne F 162 Al81
Beaumont-en-Auge F 160 Ab82
Beaumont-Hague F 98 St81
Beaumont-la-Ferrière F 167 Ag86
Beaumont-les-Autels F 160 Ab85
Beaumont-Louestault F 166 Ab85
Beaumont-sur-Oise F 160 Ae82
Beaumont-sur-Sarthe F 159 Aa84
Beaune F 168 Ak86

Beaune-la-Rolande F 160 Ae 84
Beaupréau-en-Mauges F 165 St 86
Beauquesne F 155 Ae 80
Beauraing B 156 Ak 80
Beaurainville F 112 Ad 80
Beauregard F 171 Ad 92
Beaurepaire F 173 Al 90
Beaurepaire-en-Bresse F 173 Al 89
Beaurières F 174 An 91
Beaussais F 165 Su 88
Beausset, Le F 180 Am 94
Beauvais F 155 Ae 82
Beauval F 155 Ae 80
Beauvallon F 180 Ao 94
Beauvezer F 180 Ao 92
Beauville F 171 Ah 92
Beauvilliers F 160 Ad 84
Beauvoir-sur-Mer F 164 Sq 87
Beauvoir-sur-Niort F 165 Su 88
Beba Veche RO 252 Ca 88
Bebertal D 110 Bc 76
Bebington GB 84 So 74
Bebra D 115 Aa 79
Bebrene LV 214 Cn 68
Bebrina HR 260 Bq 90
Bebrovo BG 274 Cn 95
Bebrupe LV 213 Cf 66
Bec RKS 270 Ca 96
Beccacivetta I 132 Bb 90
Beccles GB 95 Ad 76
Becedas E 192 Si 100
Beceite E 195 Aa 99
Bečej SRB 252 Ca 89
Beceni RO 256 Co 90
Becerreá E 183 Sf 95
Becerril E 193 So 98
Becerril de Campos E 184 Sl 96
Becerro, Cuevas del E 204 Sk 107
Bec-Hellouin, le F 160 Ab 82
Bechen D 114 Ag 79
Becheni RO 245 Ce 86
Bécherel F 158 Sr 84
Becherov SK 234 Cc 82
Bechhofen D 122 Bb 82
Bechlín CZ 231 Bi 80
Bechyně CZ 231 Bi 82
Becicherecu Mic RO 245 Cc 89
Bečiči MNE 269 Bs 96
Becilla de Valderaduey E 184 Sk 96
Beckdorf D 109 Au 74
Beckedorf D 109 At 76
Beckeln D 108 As 75
Beckenried CH 130 Ar 87
Beckfoot GB 81 So 71
Beckhampton GB 93 Sr 78
Beckingen D 119 Ao 82
Beckingham GB 85 St 74
Beckington GB 98 Sq 78
Beckov SK 239 Bq 83
Beck Side GB 81 So 72
Beckum D 115 Ar 77
Beckum NL 107 Ao 76
Beclean RO 246 Ci 86
Beclean RO 255 Ck 89
Bécon-les-Granits F 165 St 85
Becsehely H 242 Bo 88
Becske H 240 Bt 85
Bective IRL 87 Sg 73
Bedale GB 84 Sr 72
Bédarieux F 178 Ag 93
Bedburg D 114 Ao 79
Bedburg-Hau D 114 An 77
Beddau GB 97 So 77
Beddgelert GB 92 Sm 74
Beddingestrand S 73 Bg 70
Bédée F 158 Sr 84
Bedekovčina HR 242 Bm 88
Bédenac F 170 Su 90
Bedenik HR 250 Bp 89
Beder DK 100 Ba 68
Bedevlja UA 246 Ch 84
Bedford GB 94 Su 76
Będgoszcz PL 220 Bk 74
Bedihošť CZ 232 Bp 82
Bedizzole I 132 Ba 89
Będków PL 221 Bu 77
Bedlington GB 81 Sr 70
Bedno PL 227 Bu 76
Bedmar E 205 So 105
Bednja HR 250 Bm 88
Bédoin F 179 Al 92
Bedole I 132 Bb 88
Bedonia I 145 At 91
Bedoń Przykościelny PL 227 Bu 77
Bedous F 187 St 94
Bedretto CH 131 As 87
Bedruthan Steps GB 96 Sk 80
Bedsted DK 103 At 70
Bedstedt DK 100 Ar 67
Bedum NL 107 Ao 74
Bedwas GB 97 So 77
Bedworth GB 93 Ss 76
Będzin PL 233 Bt 80
Beedenbostel D 109 Ba 75
Beeford GB 85 Su 73
Beek NL 113 Am 79
Beekbergen NL 114 Am 76
Beek en Donk NL 113 Am 77
Beelen D 115 Ar 77
Beelitz D 110 Bd 76
Beenz D 220 Bg 74
Beer GB 97 So 79
Beerfelde D 111 Bi 76
Beerfelden D 120 As 81
Beerse B 113 Ak 78
Beerta NL 107 Ap 74
Beesel NL 113 An 78
Beeskow D 111 Bh 76
Beeson D 108 Ap 76
Beeston and Stapleford GB
  85 Ss 75
Beeswing GB 80 Sn 70
Beetsterzweach = Beetsterzwaag
  NL 107 An 74
Beetsterzwaag NL 107 An 74
Beetzendorf D 109 Bb 75
Begaljica SRB 262 Cb 91
Béganne F 164 Sq 85
Bégard F 158 So 83
Begas = Begues E 189 Ad 98
Begeč SRB 252 Bu 90
Begejci SRB 252 Cb 89

Begelly GB 92 Sl 77
Beğendik TR 275 Cn 97
Beğendik TR 280 Co 99
Begerel = Bécherel F 158 Sr 84
Beget E 178 Ae 96
Beggerow D 105 Bg 73
Beghiş RO 246 Cf 86
Beğiar E 199 Sn 105
Beğlež BG 273 Ci 94
Beg-Meil F 157 Sn 85
Begndal N 57 Au 59
Begnécourt F 162 An 84
Begnins CH 169 An 88
Begnište MK 271 Cd 98
Begonte E 183 Se 94
Bégude-de-Mazenac, le F
  173 Ak 91
Begues E 189 Ad 98
Begunci BG 274 Ck 95
Begunje SLO 134 Bi 89
Begunje na Gorenjskem SLO
  134 Bi 88
Begunovci BG 272 Cf 95
Begur E 189 Ag 97
Behamberg A 143 Bn 84
Behen-lès-Forbach F 120 Ao 82
Behen-Lübchin D 104 Bf 72
Behrensdorf (Ostsee) D 103 Bb 72
Behrensen D 115 At 76
Behringen D 116 Bb 78
Beia RO 255 Cl 88
Beian M 38 Au 53
Beica de Jos RO 255 Ck 87
Beichlingen D 116 Bc 78
Beidaud RO 267 Cs 91
Beidenfleth D 103 At 73
Beierfeld, Grünhain- D 123 Bf 79
Beijos P 191 Se 100
Beilen NL 107 Ao 75
Beilngries D 122 Bc 82
Beilstein D 119 Ap 80
Beilstein D 120 At 79
Beilstein D 121 At 82
Beine-Nauroy F 161 Ai 82
Beinette I 175 Aq 92
Beinheim F 124 Ar 83
Beinoraičiai LT 213 Ch 68
Beinwil am See CH 125 Ar 86
Beira P 190 Qd 103
Beira P 197 Sf 102
Beisfjord N 28 Bg 44
Beisland N 67 Ak 54
Beistad N 39 Bc 52
Beith GB 80 Sl 69
Beiuş RO 245 Ce 87
Beižionys LT 218 Cl 71
Beja P 203 Se 104
Béjar E 192 Sl 100
Bejarn N 33 Bk 46
Bejís E 195 St 101
Békés H 245 Cc 87
Békéscsaba H 245 Cc 87
Bekirli TR 281 Cr 98
Bekkarfjord N 24 Cp 39
Bekkelaget N 58 Bc 59
Bekkelegret N 48 Au 56
Bekken N 48 Bd 57
Bekkevoort B 156 Ak 79
Bekkjarvik N 56 Ai 60
Bekkos N 48 Bd 55
Bela BG 263 Cf 93
Belá SK 240 Bs 82
Bélábre F 166 Ac 87
Bela Crkva SRB 253 Cc 91
BelaCrkva SRB 262 Bt 92
Belaje = Bëllë RKS 270 Ca 95
Belalcázar E 198 Sk 103
Belanovac MK 271 Cd 96
Belanovica SRB 262 Ca 92
Bela Palanka SRB 263 Ce 94
Bélapátfalva H 240 Ca 84
Bála pod Bezdězem CZ 231 Bk 79
Bela Reka SRB 263 Ce 92
Belascoáin E 186 Si 91
Bělá u Pecky CZ 231 Bm 80
Bëla Woda = Weißwasser/
  Oberlausitz D 118 Bk 77
Bel'c' = Bălţi MD 248 Cq 85
Belcești RO 248 Cp 86
Bełchatów PL 227 Bt 78
Belchite E 195 St 98
Bełchów PL 227 Ca 76
Belčin BG 272 Cg 96
Belčišta MK 270 Cb 98
Belciugatele RO 266 Cn 92
Belclare IRL 86 Sc 74
Belcoo IRL 86 Se 72
Belcov BG 265 Cm 93
Bel'cy = Bălţi MD 248 Cq 85
Belebotn N 56 Ap 60
Belec HR 242 Bn 88
Belecke D 115 Ar 78
Beled H 242 Bo 86
Belegiš SRB 261 Ca 90
Belém P 196 Sb 103
Belén E 183 Sf 93
Belenci BG 273 Ci 94
Belene BG 265 Cl 93
Beleño (Ponga) E 184 Sk 94
Belesar E 183 Se 95
Belesh AL 270 Bu 99
Bélesta F 178 Ad 95
Beletinec HR 135 Bn 88
Belevehči BY 218 Cn 71
Belfast GB 88 Si 71
Belfir RO 245 Cc 88
Belford GB 81 Sr 69
Belfort F 169 Ao 85
Belforte del Chienti I 145 Bg 94
Belgern-Schildau D 117 Bg 78
Belgioioso I 137 At 90
Belgirate I 175 As 89
Belgodère F 142 At 95
Belgooly IRL 90 Sd 77
Belgun BG 267 Cr 93
Belhade F 170 Su 92
Beli HR 258 Bi 90
Beli MK 272 Ce 97
Belianes E 188 Ac 97
Belica BG 266 Co 93

Belica BG 272 Ch 95
Belica BG 272 Ch 93
Belica BG 274 Ck 97
Belica HR 135 Bn 88
Belica MK 270 Cb 98
Beliche do Cerro P 203 Se 106
Belica BG 264 Cf 93
Beli Iskâr BG 272 Ch 96
Beli Izvor BG 272 Cg 94
Belica BG 272 Ci 96
Beli Lom BG 266 Co 94
Beli Manastir HR 251 Bs 89
Belimel BG 264 Cf 94
Belin RO 255 Cm 89
Belin-Béliet F 170 St 92
Belinchón E 193 So 100
Beli Osâm BG 273 Ck 95
Beli Plast BG 272 Cl 97
Beli Potok SRB 263 Ce 93
Beliş RO 255 Cg 87
Belišče HR 251 Br 89
Beliu RO 245 Cd 88
Beljaevo RUS 215 Cr 66
Beljai BY 219 Cq 70
Belk PL 233 Bs 80
Bel'ki BY 219 Cp 70
Bella I 148 Bm 99
Bellac F 166 Ac 88
Bellaghy GB 82 Sg 71
Bellagio I 131 At 89
Bellanagare IRL 82 Sd 73
Bellanagh IRL 82 Sf 73
Bellanaleck GB 82 Se 72
Bellano I 175 At 88
Bellante I 145 Bh 95
Bellaria I 138 Bb 91
Bellaria I 139 Be 92
Bellavary IRL 86 Sb 73
Bellavista E 204 Si 106
Bellcaire de Urgel = Bellcaire
  d'Urgell E 188 Ab 97
Bellcaire d'Urgell E 188 Ab 97
Belle N 57 Ap 59
Bëllë RKS 270 Ca 95
Belleau F 161 Ag 82
Belle-Croix B 114 An 79
Belleek GB 87 Sh 72
Belleek IRL 87 Sd 72
Bellefontaine F 169 An 87
Bellegarde F 160 Ae 85
Bellegarde F 179 Ak 93
Bellegarde-en-Marche F 172 Ae 89
Bellegarde-sur-Valserine F
  168 Am 88
Belleherbe F 124 Ao 86
Belle-Isle-en-Terre F 157 So 83
Bellême F 160 Ab 84
Bellenaves F 167 Ag 88
Bellenberg D 125 Ba 84
Bellencombre F 154 Ac 81
Bellentre F 174 Ao 90
Beller-sur-Allier F 167 Ag 88
Bellevaux B 156 Al 81
Bellevaux F 169 Ao 88
Bellevesvre F 168 Al 87
Bellevigne-en-Layon F 165 St 86
Bellevigny F 165 Ss 87
Belleville F 168 Ak 88
Belleville-sur-Loire F 167 Af 85
Bellevue-la-Montagne F 172 Ah 90
Belley F 173 Am 89
Belleydoux F 168 Am 88
Bellheim D 120 Ar 82
Bellicourt F 155 Ag 81
Belligné F 165 Ss 86
Bellinge DK 103 Ba 70
Bellingen D 110 Bd 75
Bellingham GB 81 Sq 70
Bellingwedde NL 108 Ao 74
Bellingwolde NL 108 Ap 74
Bellinzago Novarese I 175 As 89
Bellinzona CH 131 At 88
Bell-lloc d'Urgell E 188 Ab 97
Bello E 194 Sr 99
Bellő S 70 Bl 65
Bellona I 146 Bi 98
Bellopolijë RKS 270 Cb 95
Bellorí I 132 Bb 90
Bellosguardo I 147 Bl 100
Bellot F 161 Ag 83
Bellpuig E 188 Ac 97
Bellreguart E 201 Su 103
Belluno I 133 Be 88
Belluno Veronese I 132 Bb 89
Bellver de Cerdanya E 178 Ad 96
Bellvik S 40 Bi 52
Bellvís E 188 Ab 97
Belm D 108 Ar 76
Belmesnil F 154 Ac 81
Belmez E 198 Sk 104
Bélmez de la Moraleda E
  205 So 105
Belmont GB 77 St 59
Belmont GB 84 Sq 73
Belmont-de-la-Loire F 168 Ai 88
Belmonte E 184 Sh 94
Belmonte E 200 Sp 101
Belmonte P 191 Sf 100
Belmonte nad Černou CZ 128 Bk 83
Belmonte de Campos E 184 Sl 97
Belmonte de Miranda = Belmonte E
  184 Sh 94
Belmontejo E 194 Sq 101
Belmonte I 171 Ac 92
Belmont-sur-Rance F 178 Af 93
Belmont-sur-Yonne F 165 St 88
Belo Blato SRB 252 Ca 90
Belo Brdo SRB 262 Cb 94
Beloci MD 249 Cs 85
Belo Polje = Bellopoljë RKS
  270 Cb 95
Belorado E 185 So 96

Belosavci SRB 262 Cb 92
Beloševac SRB 262 Cb 93
Beloškino RUS 211 Cu 65
Beloslav BG 275 Cq 94
Belotin CZ 264 Cf 93
Belovec BG 266 Cn 93
Belovo BG 272 Ci 96
Belovodica MK 271 Cd 98
Belozem BG 274 Cl 96
Belp CH 169 Aq 87
Belpasso I 153 Bk 105
Belpech F 177 Ad 94
Belper GB 93 Ss 74
Belprato I 132 Bc 87
Belsay GB 81 Sr 70
Belsen D 109 Au 75
Belsk Duży PL 228 Cb 77
Belsué E 187 Su 96
Beltinci SLO 250 Bn 87
Beltiug RO 246 Cf 85
Beltno PL 221 Bm 73
Beltoje AL 270 Bt 96
Belton GB 85 St 75
Bennacott GB 96 Sl 79
Beltra IRL 82 Sc 73
Beltra IRL 86 Sb 73
Belturbet IRL 86 Sf 72
Beluša SK 239 Br 82
Belušić SRB 263 Cc 93
Belvedere F 136 Ao 93
Belvédère-Campomoro F 181 As 97
Belvedere di Spinello I 151 Bq 102
Belvedere Marittimo I 151 Bm 101
Belver E 195 Aa 97
Belver P 197 Se 102
Belver de los Montes E 192 Sk 97
Belverne F 169 Ao 85
Belvès F 171 Ac 91
Belvik N 22 Bs 41
Belvis de la Jara E 198 Sk 101
Belvís de Monroy E 198 Sl 101
Belvoir GB 85 St 75
Belz F 164 So 85
Belz UA 235 Ci 80
Belžec PL 235 Cg 80
Belżyce PL 229 Če 78
Bełżyce PL 229 Ce 78
Beočin SRB 252 Bu 90
Beograd SRB 252 Ca 91
Bembridge GB 98 Sf 71
Bemel NL 114 Am 77
Bemowo Piskie PL 223 Ce 73
Bemposta P 191 Sg 98
Bemposta P 196 Sd 102
Benabarre I 188 Aa 96
Benacazón E 204 Sh 106
Benac'h = Belle-Isle-en-Terre F
  157 So 83
Benadresa E 195 Su 100
Benafim Grande P 202 Sd 106
Benaguasil E 201 St 101
Benahadux E 206 Sq 107
Benahavís E 204 Sk 108
Benajarafe E 205 Sm 107
Ben Alder Lodge GB 75 Sm 67
Benali E 201 St 102
Benalmádena E 205 Sl 107
Benalúa de Guadix E 206 So 106
Benalúa de las Villas E 205 Sn 106
Benalup de Sidonia E 204 Si 108
Benamargosa E 205 Sm 107
Benameji E 205 Sl 106
Benamocarra E 205 Sm 107
Benaoján E 204 Sk 107
Benasal E 195 Su 100
Benasau E 201 Su 103
Benasque E 188 At 96
Benassay F 165 Aa 87
Benátky nad Jizerou CZ 231 Bk 80
Benavente E 184 Si 97
Benavente P 196 Sc 103
Benavides de Órbigo E 184 Si 95
Benburb GB 87 Sg 72
Bencatel P 197 Sf 103
Bencecu de Sus RO 245 Cc 89
Bendeleben D 116 Bc 78
Bender MD 249 Ct 87
Benderloch GB 78 Sk 68
Bendorf D 114 Aq 80
Bëne LV 213 Cd 66
Beneden-Leeuwen NL 107 Am 77
Benediktbeuern D 126 Bd 86
Benedikt v Slovenskih goricah SLO
  250 Bn 87
Benedita P 196 Sc 102
Bénéjacq F 187 St 94
Benejúzar E 201 St 104
Benešov CZ 231 Bk 82
Benešov CZ 232 Bo 81
Benešovice CZ 123 Bf 81
Benešov nad Černou CZ 128 Bk 83
Benešov nad Ploučnicí CZ
  231 Bi 79
Bénesse-lès-Dax F 186 Ss 93
Benestad S 105 Bp 69
Bénestroff F 119 Ao 83
Benet F 165 St 88
Benetutti I 140 At 101
Beneuvre F 168 Ak 85
Bene Vagienna I 175 Aq 91
Bénévent-l'Abbaye F 166 Ad 88
Benevento I 147 Bk 98
Benfeld F 163 Aq 84
Benfleet, South GB 99 Ab 77
Bengești RO 254 Cn 90
Bengtsby FIN 63 Cn 60
Bengtsfors S 68 Be 62
Bengtsheden S 60 Bm 59
Bengtstorp S 59 Bi 61
Benia (Onís) E 184 Sl 94
Beniarrés E 201 Su 103
Benic RO 254 Ch 88
Benicàrló E 195 Aa 100
Benicanci HR 251 Br 89
Benicasim = Benicàssim E
  195 Aa 100

Benicàssim E 195 Aa 100
Benidorm E 201 Su 103
Beniel E 201 St 104
Benifaió E 201 St 102
Benifallet E 188 Ab 99
Benifallim E 201 Su 103
Benigànim E 201 Su 103
Beninar E 206 So 107
Benislava LV 215 Cp 67
Benissa E 201 Aa 103
Bénisson-Dieu, La F 167 Ai 88
Benitachell E 201 Aa 103
Benjakovo FR 218 Cl 72
Benken CH 169 Aq 85
Benken D 117 Be 76
Benkovac HR 259 Bm 92
Benkovski BG 266 Cq 93
Benkovski BG 273 Ck 96
Benkovski BG 279 Cl 98
Benlhevai P 191 Sf 98
Bennasim = Benicàssim E
  195 Aa 100
Benllech GB 92 Sm 74
Benlloch E 195 Aa 100
Ben More GB 78 Sl 68
Bennecourt GB 97 Sm 79
Bennekenstein (Harz) D 116 Bb 77
Bennerup Strand DK 101 Bb 67
Bennettsbridge IRL 90 Sf 75
Bennin D 110 Bb 74
Benninghausen D 115 Ar 77
Bensafrim P 202 Sc 106
Bensberg D 114 Ao 79
Bensbyn S 35 Ce 49
Bensdorf D 110 Bc 76
Benserslel D 108 Aq 73
Benshausen D 116 Bb 79
Bensheim D 120 As 81
Bensjö S 50 Bl 55
Bentler TR 281 Cs 99
Bentley GB 85 Ss 73
Beňuš SK 240 Bu 83
Benvende P 191 Sf 99
Benwick GB 94 Su 76
Benzú E 205 Sk 109
Beočin SRB 252 Bu 90
Berazinskae BY 219 Co 72
Berbegal E 187 Aa 97
Berbenno di Valtellina I 131 Au 88
Berberana E 185 So 95
Berbes E 184 Sk 94
Berbești RO 246 Cf 85
Berbești RO 264 Cn 90
Berbinzana E 186 Si 95
Berca RO 256 Co 90
Bercel D 137 Au 91
Berceto I 137 Au 91
Bercher CH 169 Ao 87
Berchères-sur-Vesgre F 160 Ad 83
Berchidda I 140 At 99
Berching D 122 Bc 82
Berchtesgaden D 128 Bg 85
Bérchules E 205 So 107
Bercianos de Aliste E 184 Sh 97
Bercianos del Páramo E 184 Si 96
Bercimuel E 193 Sn 98
Berck F 99 Ad 80
Bercu RO 241 Cf 85
Berdal N 38 At 54
Berdalen N 57 Ap 60
Berd'huis F 160 Ab 84
Berdía E 182 Sc 95
Berdoias E 182 Sb 94
Berducedo E 183 Sg 94
Berdún E 176 St 95
Berea RUS 211 Cu 63
Berechiu RO 245 Cd 87
Beregovoje RO 264 Ci 42
Beregowe = Sluzsszar S 70 Bm 64
Bereguardo I 175 At 90
Beregy = Velyki Berehy UA
  241 Cf 84
Berehomet UA 247 Cl 84
Berehommen N 57 Aq 62
Berehove UA 246 Cf 84
Berekfürdő H 245 Cb 86
Beremend H 251 Br 90
Berend RO 255 Cm 90
Bere Regis GB 98 Sq 79
Bereşti RO 256 Cq 88
Beretinec HR 242 Bn 88
Berettyóújfalu H 245 Cd 86
Berevoeşti RO 255 Ck 90
Bereza RUS 211 Cu 64
Bereżci UA 229 Cf 78
Berezeni RO 256 Cr 88
Berezici RUS 211 Cu 63
Berezivka UA 248 Cr 83
Berezka PL 235 Ce 82
Berezna UA 247 Cl 83
Berezno RUS 211 Cs 63
Berezivka UA 257 Ct 88
Berežnica UA 235 Cg 81
Berežnjany UA 235 Cj 81
Berfay F 160 Ab 85
Berg D 122 Ba 80
Berg D 125 At 85
Berkäk N 48 Au 55
Berkatal D 116 Au 78
Berkel en Rodenrijs NL 106 Ai 77
Berkeley GB 97 Sq 77
Berkenthin D 109 Bb 73
Berkhamsted GB 94 St 77
Berkhof D 109 Au 75
Berknes N 46 Am 56
Berkön S 35 Cd 50
Berkovica HR 260 Bq 90
Berkovici BIH 269 Br 94
Berlaar B 156 Ak 78
Berlanas, Las E 192 Sl 99
Berlanga E 198 Si 104

Berlanga de Duero E 193 Sp 98
Berlanga del Bierzo E 183 Sg 95
Berlangas de Roa E 193 Sn 97
Berle N 46 Ai 57
Berlevåg N 25 Ct 39
Berlicum NL 113 Al 77
Berlin D 103 Ba 72
Berlin D 111 Bg 75
Berliște RO 253 Cc 91
Berlstedt D 116 Bc 78
Berluvier F 161 Ah 84
Bermeo E 186 Sp 94
Bermillo de Sayago E 192 Sh 98
Bern CH 169 Aq 87
Bernacice PL 232 Bq 80
Bernadets F 187 Su 94
Bernardos E 193 Sm 98
Bernados E 193 Sm 98
Bernàrtice CZ 232 Bm 79
Bernăti LV 212 Cb 68
Bernatoniai LT 214 Ci 69
Bernau D 111 Bh 75
Bernau D 234 Ar 86
Bernau am Chiemsee D 236 Be 85
Bernay F 159 Su 84
Bernay F 160 Ab 82
Bernbeuren D 126 Bb 85
Bernburg (Saale) D 116 Bd 77
Berndorf A 238 Bn 85
Berne D 108 Ar 74
Bernedo E 186 Sp 95
Bernerie-en-Retz, La F 164 Sq 86
Bernes N 56 Al 60
Berneuil F 170 St 89
Berneuil F 171 Ac 88
Berneval-le-Grand F 99 Ac 81
Berngau D 122 Bc 82
Bernhardswald D 127 Be 82
Bernières-sur-Mer F 159 Su 82
Bernkastel-Kues D 119 Ap 81
Bernolákovo SK 238 Bp 84
Bernried D 126 Bc 85
Bernried D 230 Bf 82
Bernsbach, Lauter- D 123 Bf 79
Bernsdorf D 117 Bi 78
Bernsfelden D 121 At 81
Bernshammar S 60 Bm 61
Bernstadt auf dem Eigen D
  231 Bk 78
Bernstein A 129 Bn 86
Bernués E 176 St 96
Berolzheim D 121 Au 82
Berolzheim, Markt D 121 Bb 82
Beromünster CH 125 Ar 86
Beronovo BG 275 Co 95
Beroun CZ 123 Bi 81
Berovo MK 272 Cf 97
Berra I 138 Bd 91
Berre N 38 Bc 52
Berre-l'Étang F 179 Al 94
Berric F 164 Sp 85
Berriedale GB 75 So 64
Berrien F 157 Sn 84
Berriew GB 93 So 75
Berre E 200 Sq 103
Berrocal E 203 Sg 105
Berrocal de Salvatierra E 192 Si 99
Berrocalejo de Aragona E 192 Sl 99
Berry-au-Bac F 161 Ah 82
Bersäd UA 249 Cu 84
Bersbo S 70 Bi 64
Bersenbrück D 108 Aq 75
Berset N 46 Ap 57
Beršići SRB 262 Ca 92
Bersone I 132 Bb 89
Berstadt D 115 As 80
Bertamiráns (Ames) E 182 Sc 95
Bertea RO 255 Cm 90
Bertem B 113 Ak 79
Berteştii de Jos RO 266 Cq 91
Berthelming F 120 Ao 83
Berthoud = Burgdorf CH 130 Aq 86
Bertincourt F 155 Af 80
Bertinoro I 139 Be 92
Bertogne B 156 Am 80
Bertoldsheim D 121 Bc 83
Bertrix B 156 Al 81
Berumerfehn D 107 Ap 73
Berven F 157 Sm 83
Berveni RO 241 Ce 85
Berville-sur-Mer F 154 Aa 82
Berzasca RO 263 Cd 91
Berzasca RO 263 Cd 91
Bërzë-la-Ville F 168 Ak 88
Berzé-le-Châtel F 168 Ak 88
Berzence H 250 Bp 88
Berzgale LV 215 Cp 67
Bërzi LV 213 Ci 68
Berzigala, la I 138 Bc 92
Bërzkalne LV 215 Cp 66
Bërzkrogs LV 214 Cm 66
Bërzniki PL 223 Cf 72
Berzocana E 198 Sk 102
Bérzosa E 193 So 97
Berzovia RO 253 Cd 90
Bërzpils LV 215 Cp 67
Berzunti RO 256 Cp 88
Beša SK 239 Br 84
Bešalma MD 257 Cs 88
Bešançon F 169 An 86
Besande E 184 Sl 95
Besarabjaska = Basarabeasca MD
  257 Cs 88
Besate I 131 At 90
Bescanó E 189 Af 97
Bescaran E 177 Ad 96
Besednice CZ 128 Bk 83
Beselich D 115 Ar 80
Besenfeld D 25 Ar 83
Beseňov SK 239 Br 84
Besenovo SRB 261 Bu 90
Besenyőtelek H 244 Ca 85
Besenyszög H 244 Ca 86
Bésia PL 216 Cb 73
Besigheim D 121 At 82
Bešiky CZ 230 Bg 82
Besiste MK 277 Cd 98
Besitz D 116 Bd 77
Beška SRB 261 Ca 90
Bes, Le E 192 Sl 99
Beşalma H 257 Cs 88
Besalú E 189 Af 96
Besançon F 169 An 86
Besande E 184 Sl 95
Besarabiaska = Basarabeasca MD
  257 Cs 88
Beşkino 1 (Pervoe) RUS 211 Cq 63

Besnik MNE 262 Ca95
Besozzo I 175 As89
Bessaker N 38 Ba52
Bessan F 178 Ag94
Bessans F 130 Ap90
Bessarabka = Basarabeasca MD 257 Cs88
Bessat, Le F 173 Ak90
Bessay-sur-Allier F 167 Ag88
Bessbrook GB 87 Sh72
Besse D 115 At78
Besse-et-Saint-Anastaise F 172 Af89
Bessèges F 173 Ai92
Bessenbach D 121 At81
Bessé-sur-Braye F 160 Ab85
Besse-sur-Issole F 180 An94
Besset F 178 Ad94
Bessines-sur-Gartempe F 166 Ac88
Besstul N 57 Au62
Best NL 113 Al77
Bestemac MD 257 Cs87
Bestensee D 111 Bh76
Bestorp S 70 Bm64
Bêstvina CZ 231 Bm81
Bestwig D 115 Ar78
Bestwina PL 233 Bt81
Besullo E 183 Sg94
Besvica MK 271 Ce98
Beşyol TR 280 Cn100
Beszterec H 241 Cd84
Betancuria E 203 Rm124
Betanzos E 182 Sd94
Betåsen S 40 Bo53
Betchat F 177 Ac94
Betelu E 186 Sr94
Bétera E 201 Su101
Beteta E 194 Sq99
Bethausen RO 245 Cd89
Bétheniville F 161 Ai82
Bétheny F 161 Ai82
Bethersden GB 154 Ab78
Bethesda GB 92 Sm74
Béthines F 166 Ab87
Bethmale F 177 Ac95
Béthoncourt F 169 Ao85
Béthune F 155 Af79
Betliar SK 240 Cb83
Betna N 47 Ar54
Béton-Bazoches F 161 Ag83
Betschdorf F 120 Aq83
Bettegney-Saint-Brice F 124 An84
Bettelainville F 119 An82
Bettembourg L 162 An81
Bettna S 70 Bo63
Bettola I 137 Au91
Betton F 158 Sr84
Bettona I 144 Be94
Bettoncourt F 162 An84
Bettyhill GB 75 Sm63
Bettystown IRL 88 Sh73
Betws-y-Coed GB 92 Sn74
Betxí E 195 Su101
Betygala LT 217 Cg70
Betz F 161 Af82
Betzdorf D 114 Aq79
Betzendorf D 109 Ba74
Betzenstein D 122 Bc81
Betzigau D 126 Ba85
Betz-le-Château F 166 Ab87
Beuda E 189 Af96
Beudin RO 246 Ci86
Beuel D 114 Ap79
Beuerberg D 126 Bc85
Beuil F 180 Ao92
Beulah GB 92 Sn76
Beuningen NL 107 Am77
Beunza E 186 Sr95
Beure F 169 An86
Beuren D 116 Ba78
Beurlay F 170 St89
Beurville F 162 Ak84
Beutelsbach D 128 Bg83
Beuvron-en-Auge F 159 Su82
Beuzec-Cap-Sizun F 157 Sl84
Beuzeville F 159 Aa82
Bevagna I 144 Bf95
Bever CH 131 Au87
Beveren B 113 Ai78
Bevergern D 107 Aq76
Beverley GB 85 Su73
Bevern D 108 Ar75
Bevern D 115 At77
Beverstedt D 108 As74
Beverungen D 115 At77
Beverwijk NL 106 Ak76
Bevilacqua I 138 Bc90
Béville-le-Comte F 160 Ad84
Bevtoft DK 103 At70
Bevulēni LV 214 Cl67
Bewcastle GB 81 Sp70
Bewdley GB 93 Sq76
Bex CH 130 Ap88
Bexbach D 120 Ap82
Bexhill GB 99 Aa79
Bexley GB 95 Aa78
Bexo E 182 Sc95
Beyazköy TR 281 Cq98
Beyçayırı TR 280 Co100
Beychac-et-Caillau F 170 Su91
Beyciler TR 281 Cr98
Beyharting D 236 Bd85
Beynac-et-Cazenac F 171 Ac91
Beynat F 171 Ad90
Beynes F 160 Ad83
Beyoluk TR 281 Cp100
Bežanija SRB 252 Ca91
Bežanovo BG 267 Cr93
Bežanovo BG 273 Ci94
Bežany RUS 211 Cu63
Bezas E 194 Ss100
Bezdan SRB 244 Bs89
Bezdead RO 265 Cm90
Bezděčín CZ 231 Bk80
Bezděkov CZ 123 Bf81
Bezden BG 273 Ci97
Bezdenica BG 264 Cg93
Bezdonys LT 218 Cm71
Bezdružice CZ 123 Bf81
Bèze F 168 Al86
Bézenet F 167 Af88
Bezenye H 238 Bp85
Bezid RO 255 Ck88
Béziers F 178 Ag94
Bezimjanka UA 257 Da89
Bežište SRB 272 Ce94
Bezławki PL 223 Cc72
Bezledy PL 223 Cb72
Bezmer BG 266 Cp93
Bezmer BG 274 Cn96
Bezno CZ 231 Bk80
Bez'va RUS 211 Cr64
Bezvěrov CZ 230 Bg81
Bezvodne UA 249 Cr84
Bezvodno BG 273 Cl97
Biadaszki PL 227 Br78
Biadki PL 226 Bq77
Biała PL 229 Cf77
Biała PL 232 Bq80
Biała PL 233 Bt79
Biała, Bielsko- PL 233 Bt81
Białaczów PL 228 Ca78
Biała Góra PL 222 Bs73
Biała Nyska PL 232 Bp80
Biała Piska PL 223 Ce73
Biała Podlaska PL 229 Cg76
Biała Rawska PL 228 Ca77
Biała Rządowa PL 227 Br78
Białawy Wielkie PL 226 Bo78
Białe Błota PL 222 Bq74
Białka PL 233 Bu81
Białka Tatrzańska PL 234 Ca82
Białobrzegi PL 224 Cf73
Białobrzegi PL 228 Cb77
Białobrzegi PL 228 Cc76
Białogard PL 221 Bm72
Białośliwie PL 221 Bp74
Białowąs PL 221 Bn73
Białowieża PL 229 Ch75
Białowola PL 235 Cg79
Biały Bór PL 221 Bo73
Biały Dunajec PL 233 Ca82
Białystok PL 224 Cg74
Biancavilla I 153 Bk105
Bianco I 151 Bn104
Biandrate I 130 Ar90
Biar E 201 St103
Biarritz F 176 Sr94
Biarrotte F 186 Ss93
Bias F 176 Ss92
Biasca CH 131 As88
Bias do Sul P 203 Se106
Biatorbágy H 244 Bs86
Bibart, Markt D 122 Ba81
Bibbiena I 138 Bd93
Bibbona I 143 Bb94
Biberach an der Riß D 125 Au84
Biberbach D 126 Bb83
Biberbrugg CH 131 As86
Biberist CH 169 Aq86
Bibern CH 130 Ap86
Bibiana I 174 Ap91
Bibione I 133 Bg89
Biblis D 120 Ar81
Bibra D 116 Ba80
Bibury GB 93 Sr77
Bicaj AL 270 Ca97
Bicaz RO 246 Cg86
Bicaz RO 247 Cn87
Bicazu Ardelean RO 247 Cm87
Biccari I 147 Bl98
Bicester GB 94 Ss77
Bichelsee CH 125 As86
Bichigiu RO 246 Ci86
Bichiş RO 254 Ci88
Bichl D 126 Bc85
Biči RUS 215 Cr67
Bickendorf D 119 An80
Bickenriede D 116 Ba78
Bickington GB 97 Sn79
Bickleigh GB 97 Sn79
Bickley Moss GB 93 Sp74
Bicorp E 201 St102
Bicske H 243 Bs86
Bidache F 176 Ss94
Bidalite S 73 Bm68
Bidania = Bidegyan E 186 Sq94
Bidart F 176 Sr94
Biddinghuizen NL 107 Am76
Biddulph GB 93 Sq74
Bideford GB 97 Sm78
Bidegyan E 186 Sq94
Bidford-on-Avon GB 93 Sr76
Bidjovagge N 23 Cf42
Bidovce SK 241 Cc83
Bie S 70 Bn62
Bieber D 121 At80
Biebergemünd D 121 At80
Biebertal D 120 As79
Biebesheim am Rhein D 120 Ar81
Biecz PL 234 Cc81
Biedenkopf D 115 As79
Biederitz D 116 Bd76
Biedrusko PL 226 Bo75
Bief-des-Maisons F 169 An87
Bieganowo PL 226 Bq76
Biegen D 111 Bi76
Biejsce PL 234 Cb80
Biel CH 130 Ap86
Biel E 176 St96
Bielanka PL 225 Bm78
Bielany PL 233 Bt81
Bielany Wrocławskie PL 232 Bo78
Bielatal, Rosenthal- D 117 Bi79
Bielawa PL 232 Bo79
Bielawa Dolna PL 118 Bl78
Bielawy PL 226 Bm77
Bielawy PL 227 Br75
Bielawy PL 227 Bu76
Bielba E 185 Sm94
Bielcza PL 234 Cb80
Bielsdide GB 79 Sq66
Bielefeld D 115 As76
Bielice PL 111 Bk74
Bielice PL 222 Bt74
Bielinek PL 220 Bi75
Biella I 175 Ar89
Bielle F 176 Su94
Biellojaure S 33 Bm49
Bielovce SK 239 Bs85
Bielsa E 188 Aa95
Bielsk PL 228 Bu75
Bielsko PL 226 Bm75
Bielsko-Biała PL 233 Bt81
Bielsk Podlaski PL 229 Cg75
Biendorf D 104 Bd72
Bienenbüttel D 109 Ba74
Bienenmühle, Rechenberg- D 117 Bh79
Bieniów PL 118 Bl77
Bienne = Biel CH 130 Ap86
Bienservida E 200 Sp103
Bientina I 138 Bb93
Bienvenida E 198 Sh104
Bienvenida E 199 Sl103
Bierawa PL 233 Br80
Bierbaum an der Safen A 135 Bn86
Bierdzany PL 233 Br79
Bière CH 169 An87
Biere D 116 Bd77
Bierge E 188 Su96
Bieringen D 125 As84
Bierné F 165 St85
Biersted DK 100 Au66
Biert F 177 Ac95
Biertan RO 255 Ck88
Bieruń PL 233 Bt80
Bierutów PL 226 Bq78
Bierwart B 113 Al79
Bierzwnica PL 221 Bm73
Bierzwnik PL 221 Bm74
Biescas E 176 Su95
Biesenhard D 122 Bc83
Biesenthal D 111 Bh75
Biesles F 162 Al84
Biesowo PL 216 Cb73
Bietigheim D 120 Ar83
Bietigheim-Bissingen D 121 At83
Bièvre B 156 Al81
Biez B 156 Ak79
Bieździadka PL 234 Cc81
Bieżuń PL 222 Bu75
Biga TR 280 Cp100
Biganos F 170 St91
Bigăr RO 263 Ce91
Bigastro E 201 St104
Bigbury-on-Sea GB 97 Sn80
Biggar GB 80 Sn69
Biggin Hill GB 95 Aa78
Biggleswade GB 94 Su76
Bignasco CH 131 As88
Bigor MNE 269 Bt96
Bigorne P 191 Se98
Bigrenica SRB 263 Cc92
Big Sand GB 74 Si65
Bigüézal E 176 Ss95
Bihać BIH 250 Bm91
Biharia RO 245 Cd86
Biharkeresztes H 245 Cd86
Biharnagybajom H 245 Cc86
Bihosovo BY 215 Cq69
Bijela BIH 261 Bs91
Bijela MNE 269 Bs96
Bijela MNE 269 Bt95
Bijele Poljane MNE 269 Bs95
Bijeljani BIH 269 Br94
Bijeljina BIH 261 Bt91
Bijelo Brdo BIH 260 Bq90
Bijelo Brdo HR 252 Bs89
Bijelo Polje MNE 262 Bu94
Bijelo Polje MNE 269 Bt96
Bijotai LT 217 Cf70
Bikal H 243 Br88
Bikovo SRB 252 Bu88
Biksti LV 213 Cf67
Bil'aivka UA 257 Da88
Bilalovac BIH 260 Br92
Bílá Voda CZ 232 Bo80
Bilbao E 185 Sp94
Bilbo = Bilbao E 185 Sp94
Bilbor RO 247 Cl86
Bilca RO 247 Cm85
Bilciureşti RO 265 Cm91
Bilcza PL 234 Cb79
Bilcza PL 234 Cd79
Bildt, Het NL 107 Am74
Bildudalur IS 20 Qg25
Bil'dzjuhi BY 219 Cp70
Bileća BIH 269 Br95
Biled RO 245 Cb89
Bilen'ke UA 257 Da88
Biletići Polje BIH 268 Bq94
Biłgoraj PL 235 Cf79
Bilič UA 235 Cf82
Bilicenii Vechi MD 248 Cr85
Bilina CZ 123 Bh79
Bilišane HR 259 Bm92
Bilisht AL 276 Cb99
Bilitt N 58 Bb59
Biljača SRB 271 Cd96
Biljanovac SRB 262 Cb94
Biljany UA 248 Cr83
Bilje HR 251 Bs89
Biljeg SRB 263 Cd94
Biljevac SRB 261 Ca93
Bilka BG 275 Cp95
Bilkheim D 114 Aq80
Bilky UA 246 Cg84
Billaux, Les F 170 Su91
Billdal S 68 Bd65
Billerbeck D 107 Ap77
Billericay GB 99 Aa77
Billesdon GB 94 St75
Billesholm S 72 Bf68
Billiat F 174 Am88
Billiers F 164 Sq85
Billigheim D 121 At82
Billigheim-Ingenheim D 120 Ar82
Billingen N 47 Aq56
Billingham GB 85 Ss71
Billinghay GB 85 Su74
Billingsfors S 68 Be63
Billingshurst GB 99 Su78
Billingsley GB 93 Sq76
Billnäs FIN 63 Ch60
Billockby GB 95 Ad75
Billom F 172 Ag89
Billum DK 102 Ar69
Billund DK 100 At69
Billy F 167 Ag88
Bilo BG 267 Cr93
Bilolissja UA 257 Cu89
Bilousivka UA 248 Cp83
Bilovec CZ 233 Br81
Bílovice CZ 239 Bq82
Bílovice nad Svitavou CZ 238 Bo82
Bilska LV 214 Cm66
Bilstein D 115 Ar78
Bilt, De NL 113 Al76
Bilto N 23 Cd42
Biltris DK 101 Bd69
Bílý Kostel nad Nisou CZ 231 Bk79
Bílý Potok CZ 231 Bl79
Bilzen B 156 Am79
Bimeda E 183 Sg94
Bimenes = Martimporra E 184 Si94
Binaced E 187 Aa97
Binarowa PL 234 Cc81
Binas F 160 Ac85
Binasco I 175 At90
Binbrook GB 85 Su74
Binche B 113 Ai80
Bindalseidet N 39 Be50
Binde D 110 Bc75
Bindlach D 122 Bd81
Bindslev DK 100 Ba65
Binéfar E 187 Aa97
Binėnai LT 213 Ch68
Bingen D 125 At84
Bingen N 57 Au61
Bingen am Rhein D 120 Aq81
Binghan GB 85 St75
Bingley GB 84 Sr73
Bingsjö S 60 Bm58
Bingula SRB 261 Bt90
Binham GB 95 Ab75
Binibeguer Vell E 207 Ai101
Binic-Étables-sur-Mer F 158 Sp83
Biniés E 176 St95
Binimel·là E 207 Ai100
Binissalem E 206-207 Af101
Binkılıç TR 275 Cr98
Binkos BG 274 Cn95
Binn CH 130 Ar88
Binneberg S 69 Bh63
Binningen CH 169 Aq85
Binowo PL 220 Bk74
Binsfeld D 119 Ao81
Binz D 105 Bh72
Bioče MNE 270 Bt95
Biodola I 143 Ba95
Bioge F 169 Ao88
Biograd na moru HR 258 Bl93
Biol F 173 Al90
Biollet F 172 Af89
Bionaz I 174 Ap89
Biorine HR 268 Bo93
Biorra = Birr IRL 90 Se74
Biosca E 188 Ac97
Bioska SRB 261 Bu93
Biot F 181 Ap93
Biot, le F 169 Ao88
Biota E 186 Ss96
Bippen D 108 Aq75
Birac F 170 Su89
Birchington GB 95 Ac78
Birchiş RO 245 Ce89
Bircza PL 235 Ce81
Birdhill IRL 90 Sd75
Birgland D 122 Bd82
Biri N 58 Bb59
Bīriņi LV 214 Ck66
Birkeland N 67 Ar64
Birkenau D 120 As81
Birkendorf, Ühlingen- D 125 Ar85
Birkenes N 67 Ar64
Birkenfeld D 120 As83
Birkenfeld D 121 Au81
Birkenfeld D 163 Ap81
Birkenhead GB 84 So74
Birken-Honigsessen D 114 Aq79
Birkenwerder D 111 Bg75
Birkerød DK 72 Be69
Birkestrand N 25 Cr40
Birket DK 104 Bc71
Birkfeld A 129 Bm86
Birkirkara M 151 Bi109
Birkland D 126 Bb85
Birmensdorf CH 125 Ar86
Birmingham GB 93 Sr76
Birnbaum A 133 Bf87
Biron F 171 Ab91
Birori I 140 As100
Birr IRL 90 Se74
Birstein D 121 At80
Birštonas LT 224 Ci71
Biruintă MD 248 Cr85
Biržai LT 214 Ck68
Birżebbuġa M 151 Bk109
Birzgale LV 214 Ck67
Birži LV 212 Cd67
Birži LV 214 Cm68
Bisaccia I 148 Bl98
Bisacquino I 152 Bg105
Bisbal de Falset, la E 188 Ab98
Bisbal del Pandés = Bisbal del Penedès, la E 188 Ac98
Bisbal del Penedès, la E 188 Ac98
Bisbal d'Empordà, la E 189 Ag97
Bisberg S 60 Bm60
Biscarrosse F 170 Ss92
Biscarrosse-Plage F 170 Ss92
Bisceglie I 148 Bo98
Bischbrunn D 121 At81
Bischheim F 124 Aq83
Bischoffen D 115 Ar79
Bischofsgrün D 122 Bd80
Bischofsheim D 120 Ar81
Bischofsheim an der Rhön D 115 Ba80
Bischofshofen A 127 Bg86
Bischofswerda D 118 Bi78
Bischofswiesen D 128 Bf85
Bischofszell CH 125 At86
Bischwiller F 163 Aq83
Biscoitos P 182 Qf103
Bisegna I 145 Bh97
Bisenti I 145 Bh95
Biserci BG 266 Co93
Bisericani RO 247 Cn87
Biševo MNE 262 Ca95
Bishop Auckland GB 84 Sr71
Bishop's Castle GB 93 So76
Bishop's Caundle GB 97 Sq79
Bishop's Cleeve GB 94 Sq77
Bishops Lydeard GB 97 So78
Bishop's Stortford GB 95 Aa77
Bishop's Tachbrook GB 94 Sr76
Bishopston GB 97 Sm77
Bishop's Waltham GB 98 Ss79
Bisignano I 145 Bg95
Bisignano I 151 Bn101
Bisinao F 181 As97
Bisinau = Bisinao F 181 As97
Bisingen D 125 As84
Bisko HR 268 Bo93
Biskopsvrak S 70 Bm62
Biskupia Woda PL 227 Bu77
Biskupice PL 227 Br78
Biskupice PL 229 Cf78
Biskupice Oławskie PL 232 Bq79
Biskupice Radłowskie PL 234 Cb80
Biskupiec PL 222 Bt73
Biskupiec PL 223 Cb73
Biskupin PL 226 Bq75
Bislev DK 100 Au67
Bislich D 114 An77
Bismark (Altmark) D 110 Bd75
Bismo N 47 Ar57
Bisoca RO 256 Co89
Bisping F 119 Ao83
Bispingen D 109 Ba74
Bissendorf D 108 Ar76
Bissendorf D 109 Au75
Bisserup DK 104 Bc70
Bissingen D 126 Bb83
Bissingen, Bietigheim- D 121 At83
Bissingen ob Lontal D 125 Ba83
Bistagno I 175 Ar91
Bistar SRB 272 Ce96
Bistarac BIH 261 Bs91
Bistra BG 266 Co94
Bistra RO 246 Ci85
Bistra RO 254 Cg88
Bistrazhin RKS 270 Cb96
Bistražin = Bistrazhin RKS 270 Cb96
Bistrenci BG 265 Cm94
Bistreţ RO 264 Cg93
Bistrica BG 272 Cg95
Bistrica BG 272 Cg96
Bistrica BIH 259 Bp91
Bistrica BIH 260 Bq93
Bistrica BIH 261 Bs93
Bistrica MK 271 Cc99
Bistrica MNE 262 Bt95
Bistrica SRB 261 Bu94
Bistrica ob Sotli SLO 135 Bm88
Bistriţa RO 247 Ci86
Bistriţa, Bereşti- RO 256 Co87
Bistriţa Bârgăului RO 247 Ck86
Biszcza PL 235 Cf80
Bisztynek PL 216 Cb72
Bitburg D 119 Ao81
Bitche F 163 Ap82
Bitelić HR 259 Bo93
Bitetto I 149 Bo98
Bitola MK 277 Cc98
Bitonto I 148 Bo98
Bitritto I 149 Bo98
Bitschviller-lès-Thann F 124 Ap85
Bitterfeld-Wolfen D 117 Be77
Bitterstad N 27 Bk43
Bitti I 140 At100
Bitz D 125 At84
Bivigliano I 138 Bc93
Biville F 98 Sr81
Biville-sur-Mer F 99 Ac81
Bivio CH 131 Au88
Bivio Lupo I 152 Bg105
Bivolari RO 248 Cp85
Bivona I 152 Bg105
Bixad RO 246 Cg85
Bixad RO 255 Cm88
Bixter GB 77 Ss60
Biyıkali TR 280 Cp98
Bıyıklı TR 289 Cq105
Bize F 177 Aa94
Bizeljsko SLO 135 Bm88
Bizeneuille F 167 Af88
Bizovac HR 251 Br89
Bjåen N 57 Ap61
Bjærangen N 32 Bh47
Bjærum N 66 Ap64
Bjæverskov DK 104 Be70
Bjala BG 265 Cm94
Bjala BG 274 Cn95
Bjala BG 275 Cq95
Bjala Čerkva BG 274 Cl94
Bjala Reka BG 273 Cl94
Bjala Reka BG 273 Cl96
Bjala Slatina BG 264 Ch94
Bjala Voda BG 265 Cl93
Bjälbo S 69 Bl64
Bjal Izvor BG 273 Cm96
Bjal Izvor BG 274 Cl97
Bjalo Pole BG 273 Cm96
Bjärklunda S 69 Bg64
Bjarkøy N 27 Bo43
Bjärme S 50 Bk56
Bjärnum S 72 Bh68
Bjarozki BY 219 Cq71
Bjärred S 72 Bg69
Bjärten S 41 Bt53
Bjärtrå S 51 Bq55
Bjästa S 41 Bs54
Bjästa S 50 Bp57
Bjelland N 56 An61
Bjelland N 67 Aq64
Bjelopolje HR 259 Bm91
Bjelovar HR 242 Bo89
Bjerga N 56 An61
Bjergby DK 100 Ba65
Bjerka N 32 Bh48
Bjerkelia N 58 Bd60
Bjerkreim N 66 An63
Bjerkvik N 28 Bq43
Bjerreby DK 103 Bb71
Bjerregård DK 100 Ar69
Bjerregrav DK 100 At67
Bjerringbro DK 100 Au68
Bjllsta S 41 Bs54
Bjøberg N 57 Ar59
Bjöllånes N 33 Bk47
Bjølstad N 47 At57
Bjoneroa N 58 Ba59
Bjonevika N 58 Ba59
Bjønnes N 67 Au62
Bjøranes N 39 Be51
Bjørbo S 59 Bk60
Bjørboholm S 68 Be65
Bjordal N 46 Al58
Bjordal N 56 Am58
Bjordal N 66 Ao63
Bjørdalen N 57 As61
Bjorelvnes N 22 Br42
Bjørgan N 48 Ba55
Bjørgo N 57 Au59
Bjørk N 47 Aq57
Bjørka S 50 Bq54
Bjørka S 59 Bk59
Björka S 60 Bl61
Björkåbäck S 51 Br54
Björkås N 28 Bt43
Bjørkåsen N 27 Bo44
Bjørkåsen N 32 Bg50
Björkbacken S 33 Bm49
Björkberg S 35 Cb49
Björkberg S 41 Bq51
Björkberg S 49 Bl57
Björkboda FIN 62 Cf60
Björkbysätern S 59 Bg60
Bjørke N 46 Ao56
Björke S 60 Bp59
Bjørkebakken N 28 Bq42
Bjørkedal N 46 An56
Björkeflåta N 57 As60
Björkefors S 70 Bm64
Bjørkelangen N 58 Bd61
Björkenäs S 73 Bm68
Björketorp S 69 Bf66
Björkfors S 33 Bl49
Björkfors S 35 Cg49
Björkholmen S 34 Bt47
Björkhult S 29 Cb46
Björklångsberg S 59 Bg60
Björkli N 38 Bb54
Björkliden S 28 Bs44
Björkliden S 34 Bt50
Björkliden S 42 Bu50
Björklinge S 60 Bq60
Björklund N 48 Au56
Björklund S 34 Bs50
Björknäs S 41 Bt51
Björknäset S 50 Bp54
Björkö AX 62 Cb60
Björkö FIN 62 Cc60
Björkö FIN 62 Cd61
Björkö S 68 Bd65
Björkö S 73 Bk65
Björkö-Arholma S 61 Bt61
Björköby FIN 42 Cc54
Björksele S 41 Bp53
Björksele S 41 Bs53
Björksjön S 41 Bq54
Björksjön S 59 Bk61
Björksjönäset S 40 Bn52
Björkstugan S 28 Bs44
Björktorp S 60 Bo62
Björkudden S 28 Bs46
Björkvattnet S 39 Bh51
Björkvattnet S 40 Bn54
Björkvik S 70 Bo63
Björlanda S 68 Bd65
Bjørli N 47 As56
Bjørlia N 39 Be51
Bjørn N 32 Bf48
Björna S 41 Bs53
Björnänge S 39 Bg54
Björnås S 60 Bm58
Bjørnåsen N 47 At54
Björnbäck S 41 Bp53
Bjørndalen N 67 Aq63
Björneborg S 69 Bi62
Björneborg = Pori FIN 52 Cd58
Bjørneimsbygd N 66 An62
Bjørnelia N 57 At59
Bjørnerå N 27 Bn43
Bjørnestad N 66 Ao63
Bjørnevasshytta N 57 Aq62
Bjørnevatn N 25 Cu41
Bjørnfjell S 28 Br44
Björnhult S 73 Bn66
Björnlunda S 70 Bp62
Björnö S 59 Bf62
Björnrike S 49 Bh56
Bjørnset N 46 Al57
Björnsholm S 70 Bn65
Bjørnskar N 22 Bt41
Bjørnstad N 23 Cg41
Bjørnstad N 25 Db41
Bjørnstad N 39 Bg50
Bjørnstad N 58 Bc60
Bjørnstad N 58 Bc62
Bjørnstad N 67 At63
Björnvik FIN 64 Cn60
Björsarv S 50 Bn56
Björsäter S 69 Bh63
Björsäter S 70 Bn64
Björsjö S 49 Bl54
Björsjö S 50 Bm57
Björsjö S 60 Bl60
Björsund S 60 Bo62
Bjørsvik N 56 Al59
Bjuråhed S 35 Ce48
Bjuråker S 50 Bo57
Bjurbäck S 69 Bh65
Bjurbäcken S 59 Bi61
Bjurbekkdalen N 32 Bi48
Bjurberget S 59 Bf59
Bjurholm S 41 Bt53
Bjuröklubb S 42 Cd52
Bjurön S 42 Cd52
Bjurön S 61 Bs60
Bjursås S 60 Bl59
Bjursele S 41 Bt51
Bjurselet S 42 Cc51
Bjursjön S 50 Bn55
Bjursjön S 60 Bm61
Bjurträsk S 41 Bq51
Bjurträsk S 41 Bu51
Bjuv S 72 Bf68
Blåberg N 57 At61
Blace BIH 269 Br93
Blace HR 268 Bp94
Blace SRB 263 Cc94
Blace = Bllac RKS 270 Cb96
Blachownia PL 233 Bs79
Blackboys GB 99 Aa79
Blackbrook GB 84 Sq75
Blackburn GB 76 Sn69
Blackburn GB 76 Sq66
Blackburn GB 84 Sq73
Blacke S 42 Cc52
Blackford GB 81 Sp71
Blackhall GB 81 Ss71
Blacklion IRL 87 Se72
Blacklunans GB 76 So67
Blacknäs FIN 52 Cc55
Blackpool GB 84 So73
Blackpool IRL 90 Sc76
Blackrock IRL 83 Sh73
Blackshaw GB 81 So71
Blacksta S 70 Bo63
Blacksta S 70 Bp62
Blackstad S 70 Bn65
Blackthorn GB 94 Ss77
Blackwater GB 98 Ss79
Blackwater IRL 91 Sh76
Blackwaterfoot GB 83 Sk69
Blackwatertown GB 82 Sg72
Blackwellbua N 47 As57
Blackwood GB 97 So77
Bladåker S 61 Br60
Bladel en Netersel NL 113 Al78
Blådinge S 72 Bk67
Bladstrup DK 103 Ba69
Blaenau Ffestiniog GB 92 Sn75
Blaenavon GB 93 So77
Blaengwrach GB 92 Sn77
Blaengwynfi GB 97 Sn77
Blære DK 100 Au67
Blåflat N 57 Aq58
Blagaj BIH 268 Bq94
Blăgeşti RO 256 Co87
Blăgeşti RO 256 Cr88
Blagnac F 177 Ac93
Blagoevgrad BG 272 Cg96
Blagon F 170 St91
Blagovo BG 264 Cg94
Blåhäll S 71 Br65
Blåhammaren S 39 Be54
Blahodatne UA 257 Da89
Blåhøj DK 100 At69
Blahoviščens'ke UA 249 Da84
Blaibach D 123 Bf82
Blaichach D 126 Ba85
Blaikliden S 40 Bm50
Blain F 164 Sr86
Blainville-Crevon F 160 Ac81
Blainville-sur-l'Eau F 124 An83
Blainville-sur-Mer F 158 Sr82
Blairgowrie GB 76 So67
Blaiserives F 162 Ak84
Blaisy-Bas F 168 Ak86
Blaj RO 254 Ch88
Blăjani RO 256 Co90
Blăjel RO 254 Ci88
Blăjeni RO 254 Cf88
Blakeney GB 95 Ac75
Blakeney GB 97 Sq77
Blaker N 58 Bc60
Blaksæter N 46 Ao57
Blakstad N 38 Au54
Blakstad N 67 As64
Blåmont F 124 Ao83
Blanc, Le F 166 Ac87
Blanca E 201 Ss104
Blancafort F 167 Af85
Blancas E 194 Ss99
Blanchardstown = Baile Bhlainséir IRL 87 Sh74
Blanchland GB 81 Sq71
Blancos = Blancos, Os E 183 Se97
Blancos, Os E 183 Se97
Blancs-Coteaux F 161 Ai83
Blandas F 179 Ah93
Blandford Forum GB 98 Sq79
Blandiana RO 254 Cg89
Blanes E 189 Af97
Blangy-le-Château F 159 Aa82
Blangy-sur-Bresle F 154 Ad81
Blangy-sur-Ternoise F 112 Ae80
Blanice CZ 231 Bk82
Blankaholm S 70 Bo65
Blankenberge B 112 Ag78
Blankenburg (Harz) D 116 Bb77
Blankenese D 109 Au73
Blankenfelde-Mahlow D 118 Bg76
Blankenhagen D 104 Be72
Blankenhain D 116 Bc79
Blankenheim D 114 Ao80
Blankenrath D 120 Ap80
Blankensee D 111 Bg74
Blankensee D 111 Bg76
Blanquefort F 170 St91
Blansko CZ 232 Bo82
Blanzac-Porcheresse F 170 Aa90
Blanzay F 165 Aa88
Blarghour GB 78 Sk68
Blarnalearoch GB 75 Sk65
Blarney IRL 90 Sc77
Bläse S 71 Bs65
Blaskovo BG 275 Cp94
Blåsmark S 35 Cc50
Błaszki PL 227 Br77
Blatec BG 274 Co95
Blatec MK 271 Cf97
Blatná CZ 230 Bh82
Blatné Remety SK 241 Ce83
Blatnica BG 273 Ci96
Blatnica BIH 260 Bq92
Blatnica SK 240 Bs83
Blatnice CZ 238 Bp83
Blato HR 268 Bo95
Blato na Cetini HR 260 Bo94
Blatska BG 272 Ch97
Blatten (im Lötschental) CH 169 Aq88
Blatten bei Naters CH 130 Aq88
Blattnicksele S 33 Bq50
Blatzheim D 114 Ao79
Blaubeuren D 125 Au84
Blaufelden D 121 Au82
Blauhus = Blauwhuis NL 107 Am74
Blaustein D 126 Au84
Blauwe Hand NL 107 An75
Blauwhuis NL 107 Am74
Blåvik S 70 Bl64
Blåviksjön S 41 Br51
Blaxhall GB 95 Ac76
Blaxton GB 85 St74
Blaydon GB 81 Sr71
Blaye F 170 St90
Błażejowice PL 232 Bq80
Błażek PL 235 Ce79
Blaževo SRB 262 Cb94
Błażkowa PL 234 Cc81
Blāzma LV 213 Ce66
Błażowa PL 235 Ce81
Blázquez E 198 Sk104
Blažuj BIH 260 Br93
Bleckåsen S 39 Bh54
Bleckede D 109 Bb74
Blecket S 49 Bi58
Blecket S 60 Bl59
Bled SLO 134 Bi88
Błędów PL 228 Cb77
Bledzew PL 225 Bl75
Bleggio Superiore I 132 Bb88
Bleialf D 119 An80

Besnik – Bleialf 333

Bleiburg A 134 Bk87
Bleicherode D 116 Bb78
Bleik N 26 Bm42
Bleikeseter N 58 Ba58
Bleiknesmo N 33 Bl47
Bleiktvedt N 57 As59
Bleikvassli N 32 Bh49
Bleikvassligruver N 32 Bh49
Bleiswijk NL 113 Ak76
Blejești RO 265 Cl92
Blejoi RO 265 Cn91
Bleket S 68 Bd65
Blender D 109 At75
Bléneau F 167 Af85
Blennerville IRL 89 Sa76
Blénod-lès-Toul F 162 Am83
Blenstrup DK 100 Ba67
Blentarp S 73 Bh69
Blera I 144 Be96
Blérancourt F 161 Ag81
Bléré F 166 Ab86
Blesa E 195 St98
Bleskestad N 56 Ao61
Blesle F 172 Ag90
Blesme F 162 Ak83
Blessaglia I 133 Bf89
Blessano I 133 Bg88
Blessington IRL 88 Sg74
Blestua N 57 At61
Blet F 167 Af87
Bletchley GB 94 St77
Bletterans F 168 Al87
Blèves F 159 Aa84
Blévy F 160 Ac83
Bleymard, Le F 172 Ah92
Blickling GB 95 Ac75
Blidberget S 50 Bl58
Blīdene LV 213 Cf67
Blidö S 61 Bs61
Blidsberg S 69 Bg65
Blienschwiller F 124 Ap84
Blieskastel D 163 Ap82
Blievenstorf D 110 Bd74
Bligny-sur-Ouche F 168 Ak86
Blijnii Hutor MD 249 Cu87
Blikkberget N 58 Bd58
Blikshamn N 66 Al62
Blikstugan S 49 Bh58
Blindenmarkt A 237 Bk84
Blinisht AL 270 Bu97
Blinja HR 135 Bn90
Blinno PL 222 Bt75
Bliskowice PL 234 Cd79
Blismes F 167 Ah86
Bliszczyce PL 232 Bq80
Blízejov CZ 236 Bf81
Blížkovice CZ 237 Bm83
Bliznaci BG 266 Co94
Bliznak BG 275 Cp96
Blizne PL 234 Cd81
Blizno PL 222 Bu75
Bliżyn PL 228 Cb78
Bljanicy RUS 211 Ct65
Bllac RKS 270 Cb96
Bllacë AL 270 Ca97
Bloemendaal NL 106 Ak76
Błogocice PL 234 Ca80
Blois F 166 Ac85
Blokhus DK 100 Au66
Blokzijl NL 107 Am75
Blombacka S 59 Bh61
Blomberg D 115 At77
Blome LV 214 Cm66
Blomsholm S 68 Bc63
Blomskog S 68 Be62
Blomstermåla S 73 Bn67
Blomstøl N 57 Ap62
Blomvåg N 56 Ak59
Blond F 171 Ac88
Blönduós IS 20 Qk25
Błonie PL 226 Bo78
Błonie PL 228 Cb76
Blötberget S 59 Bl60
Błotnica Strzelecka PL 233 Br80
Błotno PL 111 Bl73
Blovice CZ 236 Bh81
Blowatz D 104 Bd73
Bloxham GB 93 Ss76
Blšany CZ 230 Bg80
Bludenz A 125 Au86
Bludov CZ 232 Bo81
Blue Anchor GB 97 So78
Blue Ball IRL 87 Se74
Blumberg D 125 As85
Blumenhagen D 220 Bh73
Blumenholz D 111 Bg74
Blumenow D 111 Bg74
Blumenstein CH 169 Aq87
Blumenthal D 103 Au72
Blumenthal D 108 Ar74
Blumenthal D 110 Be74
Bluń = Bluno D 118 Bi77
Bluno D 118 Bi77
Blyberg S 59 Bi58
Blynki RUS 211 Cr63
Blyth GB 81 Sr70
Blyth Bridge GB 79 So69
Blythburgh GB 95 Ad76
Blythe Bridge GB 84 Sq75
Blyton GB 85 St74
Bø N 27 Bl45
Bø N 46 Am56
Bø N 57 At62
Bø N 67 As62
Bo S 70 Bm63
Boadilla del Monte E 193 Sn100
Boadilla de Rioseco E 184 Sl96
Boal E 183 Sg94
Boalhosa P 190 Sd97
Boalsert = Bolsward NL 107 Am74
Boalt S 72 Bi68
Boan MNE 262 Bt95
Boaventura P 190 Rg115
Boa Vista P 196 Sc101
Bobadilla, La E 205 Sm105
Bobadilla del Campo E 192 Sk98
Bobadilla Estación E 205 Sl106
Bobâlna RO 246 Ch86
Bobbio I 137 At91
Bobbio Pellice I 136 Ap91
Bobda RO 253 Cb89
Bóbeda P 191 Se97
Bobenheim-Roxheim D 163 Ar81
Boberg S 40 Bm54
Boberka UA 241 Cf82
Bobicești RO 264 Ci92
Bobigny F 160 Ae83
Bobin PL 234 Ca80
Bobingen D 126 Bb84
Bobitz D 110 Bc73
Böblingen D 125 At83
Boboiești RO 247 Cn86
Bobolice PL 221 Bo73
Bobolice PL 232 Bo79
Bobolin PL 111 Bi74
Boboševo BG 272 Cg96
Boboszów PL 232 Bo80
Bobota RO 246 Cf86
Bobovdol BG 272 Cg96
Bobove UA 241 Cf84
Bobovište MNE 269 Bt96
Bobovyšče UA 246 Cf83
Bobowa PL 234 Cc80
Bobowicko PL 225 Bm76
Bobowo PL 222 Bs73
Böbrach D 236 Bg82
Bobrová CZ 232 Bn82
Bobrowice PL 118 Bl77
Bobrowice PL 221 Bo72
Bobrówko PL 220 Bl75
Bobrówko PL 223 Cd73
Bobrownik PL 227 Bs77
Bobrowniki PL 221 Bp71
Bobrowniki PL 224 Ch74
Bobrowniki PL 227 Ca76
Bobryk 1-j UA 248 Da85
Bočac BIH 259 Bp91
Bocairent E 201 St103
Bocale I 153 Bm104
Bočar SRB 252 Ca89
Bocca di Piazza I 151 Bn102
Boccea I 144 Be97
Bocchigliero I 151 Bo102
Boceguillas E 193 Sn98
Bocheniec PL 234 Ca79
Bochnia PL 234 Ca81
Bocholt B 156 Am78
Bocholt D 107 Ao77
Bochotnica PL 228 Cd78
Bochum D 114 Ap78
Bocigas E 192 Sl98
Bockara S 73 Bn66
Bockau D 123 Bf79
Bockel D 109 At74
Bockenau D 120 Aq81
Bockenem D 115 Ba76
Bockenheim an der Weinstraße D 163 Ar81
Bockfließ A 238 Bo84
Bockhorn D 108 Ar74
Bockhorst D 107 Aq74
Boćki PL 229 Cg75
Bočkivci UA 247 Cn84
Bocksjö S 69 Bk63
Böckstein A 133 Bg86
Bockswiese, Hahnenklee- D 116 Ba77
Bockträsk S 34 Br50
Bockum-Hövel D 114 Aq77
Bocognano F 142 At96
Bócsa H 251 Bt87
Bocşa RO 246 Cf86
Bocşa RO 253 Cd90
Bocsig RO 245 Cd88
Boczów PL 111 Bk76
Bod RO 255 Cm89
Boda S 50 Bo55
Boda S 59 Bf61
Boda S 59 Bg61
Boda S 60 Bl58
Boda S 61 Bs60
Böda S 73 Bp66
Bodacke S 50 Bo55
Bodaczów PL 235 Cg79
Bodafors S 69 Bk66
Boda glasbruk S 73 Bm67
Bodajk H 243 Br86
Bodal N 46 Ao57
Bodane S 69 Bf62
Bodange B 156 Am81
Bođani SRB 251 Bt90
Bodaño E 182 Sd95
Bodåsgruvan S 60 Bn60
Bodbacka FIN 52 Cc55
Bodbyn S 42 Ca52
Bodbyn S 42 Cb52
Boddam GB 76 Sr66
Boddin D 104 Bf73
Boddin D 109 Bc73
Boddum DK 100 Ar67
Bodegraven NL 113 Ak76
Bodelshausen D 125 As84
Boden A 126 Bb86
Boden S 35 Cd49
Bodenburg D 115 Ba76
Bodenfelde D 115 Au77
Bodenheim D 120 Ar81
Bodenkirchen D 236 Be84
Bodenmais D 236 Bg82
Bodensdorf A 134 Bh87
Bodenwerder D 115 Au77
Bodenwöhr D 236 Be82
Bodéo, La F 158 Sp84
Bodești RO 248 Cn86
Bodfari GB 84 So74
Bodga RO 245 Cd89
Bodiam GB 154 Ab78
Bodilis F 157 Sm83
Bodinggraben A 237 Bi85
Bodman-Ludwigshafen D 125 At85
Bodmin GB 96 Sl80
Bodø N 27 Bi46
Bodoc RO 255 Cm89
Bodom N 39 Bd53
Bodön S 35 Ce49
Bodonal de la Sierra E 197 Sg104
Bodorgan Station GB 92 Sm74
Bodrogul Nou RO 253 Cc88
Bodrost BG 272 Cg96
Bodrovo = Stambolovo BG 272 Ch96
Bodrum TR 292 Cp106
Bodsjöbyn S 50 Bk55
Bodsjöedet S 39 Bf54
Bodträskfors S 35 Cb48
Bodum S 40 Bn53
Bodyke IRL 86 Sc75
Bodza-Lúky SK 239 Bq85
Bodzanów PL 227 Ca75
Bodzanów PL 234 Ca81
Bodzanowice PL 233 Bs79
Bodzechów PL 234 Cc79
Bodzentyn PL 234 Cb79
Boecillo E 192 Sl97
Boëge F 169 An88
Boeil-Bezing F 187 Su94
Boek D 110 Bf74
Boekel NL 113 Am77
Böel D 103 Au71
Boën F 173 Ai89
Boer, Ten NL 107 Ao74
Boeslunde DK 104 Bc70
Boet S 69 Bk64
Boeza E 183 Sh95
Bofara S 60 Bo58
Boffzen D 115 At77
Bofin IRL 86 Ru73
Bofors S 59 Bk62
Bogacica PL 233 Br79
Bogács H 240 Cb85
Bogadnów PL 227 Bu78
Bogajo E 191 Sg99
Bøgard N 27 Bm42
Bogarra E 200 Sq103
Bogata RO 254 Ci88
Bogate PL 223 Cb75
Bogați RO 265 Cl91
Bogatić SRB 252 Bt91
Bogatovo RUS 216 Ca72
Bogatynia PL 118 Bk79
Bogavik N 56 Am60
Bogdan BG 273 Ck95
Bogdana RO 246 Cg86
Bogdana RO 256 Co88
Bogdana RO 256 Cq87
Bogdana RO 265 Cl93
Bogdanci BG 266 Co93
Bogdanci MK 277 Cf98
Bogdand RO 246 Cf86
Bogdănești RO 247 Cn86
Bogdănești RO 256 Co88
Bogdaniec PL 111 Bl75
Bogdănița RO 256 Cq88
Bogdanje SRB 263 Cc93
Bogdanovo BG 274 Cn96
Bogdanovo BG 275 Cp96
Bogdanovo BY 218 Cn72
Bogdan Vodă RO 246 Ci85
Bogdaše BIH 259 Bo92
Bogdevo MK 270 Cb97
Bogë AL 269 Bu96
Bogë RKS 270 Ca95
Boge = Bogë RKS 270 Ca95
Bogel D 120 Aq80
Bøgelunde DK 104 Bc70
Bogen D 123 Bf83
Bogen N 27 Bl45
Bogen N 27 Bo43
Bogen S 59 Bf60
Bogend GB 83 Sl69
Bogense DK 103 Ba69
Bogetći MNE 269 Bs95
Boggestranda N 47 Ar55
Boggsjö S 50 Bl54
Boghești RO 256 Cp88
Bogjovci BG 272 Cg95
Bogławice PL 228 Cb77
Bognæs DK 101 Bd69
Bognelv N 23 Ce40
Bognes N 27 Bn44
Bogniebrae GB 76 Sp66
Bogno CH 131 At88
Bognor Regis GB 98 St79
Bogny-sur-Meuse F 156 Ak81
Bogø By DK 104 Be71
Bogodol BIH 260 Bq94
Bogojevac SRB 263 Cd94
Bogojevce SRB 263 Cd94
Bogojevo SRB 251 Bt89
Bogojina SLO 250 Bn87
Bogomila MK 271 Cc97
Bogomilovo BG 273 Cm96
Bogomolje HR 268 Bp94
Bogoria PL 234 Cc79
Bogorodica MK 277 Cf98
Bogorovo BG 266 Cp92
Bogosavac SRB 252 Bu91
Bogoslav BG 271 Cf96
Bogovići BIH 261 Bs93
Bogovina SRB 263 Cd93
Bogstad N 46 An57
Boguchwała PL 234 Cd81
Bogucice PL 234 Ca80
Bogumiłowice PL 227 Bt78
Bogumiłowice PL 234 Cb80
Bogusław PL 225 Bk75
Boguszów-Gorce PL 232 Bn79
Boguszyce Duże PL 228 Ca77
Boguszyn PL 226 Bp76
Bogutc Selo BIH 252 Bs91
Bogutovac SRB 262 Cb93
Bogyiszló H 244 Bs88
Bogyoszló H 242 Bp85
Bogza RO 256 Cp89
Bohain-en-Vermandois F 155 Ag81
Boharboy IRL 83 Sh72
Bohas F 168 Al88
Bohdalov CZ 237 Bm82
Bohdan UA 246 Ci84
Bohdanivka UA 247 Cm83
Bohdašín CZ 232 Bn80
Boheden S 35 Cf48
Boheeshil IRL 89 Sa77
Böheimkirchen A 129 Bm84
Boheraphuca IRL 90 Se74
Boherboy IRL 90 Sb76
Bohinjska Bela SLO 134 Bi88
Bohinjska Bistrica SLO 134 Bh88
Bohino BY 219 Co70
Böhlen D 117 Be78
Böhlendorf D 104 Bf72
Böhlitz (Thallwitz) D 117 Bf78
Böhlitz-Ehrenberg D 117 Be78
Böhme D 109 At75
Böhmenkirch D 126 Au83
Bohmte D 108 Ar76
Bohola IRL 86 Sb73
Bohonal de Ibor E 198 Sk101
Böhönye H 242 Bp88
Bohot BG 265 Ck94
Böhringen D 125 Au84
Bohula MK 271 Ce98
Bohumín CZ 233 Br81
Bohuňovice CZ 238 Bp81
Bohuslavice CZ 231 Bn80
Bohutín CZ 230 Bh81
Boi E 188 Ab95
Boialvo P 190 Sd100
Boian RO 254 Ci88
Boiano I 146 Bi98
Boianu Mare RO 245 Cf86
Boiereni RO 246 Ch86
Boil BG 266 Co93
Boimorto = Gándara E 182 Sd95
Boiro E 182 Sc95
Boiro de Arriba (Boiro) = Boiro E 182 Sc95
Boiry-Saint-Martin F 155 Af80
Boiscommun F 160 Ae84
Bois-de-Céné F 164 Sr87
Bois-d'Oingt, Le F 173 Ak89
Bois-Plage-en-Ré, Le F 165 Ss88
Boisredon F 170 St90
Boisseron F 179 Ai93
Boisses, les F 130 Ao89
Boisset-les-Prévanches F 160 Ac83
Boissey F 159 Aa82
Boissière, la F 159 Aa82
Boissy-lès-Perche F 160 Ab83
Boissy-Saint-Léger F 161 Af83
Boisville-la-Saint-Père F 160 Ad84
Boița RO 254 Ci89
Boitzenburg D 220 Bh74
Boitzenhagen D 109 Bb75
Boiu RO 254 Ch87
Boiu Mare RO 246 Ch86
Bóixols E 188 Ac96
Boizenburg (Elbe) D 109 Bb74
Boizenburg Bahnhof D 109 Bb74
Böja S 69 Bh63
Bojadła PL 226 Bm77
Bojadžik BG 274 Cn96
Bojana BG 272 Cg95
Bojančište MK 271 Ce98
Bojane MK 271 Cc97
Bojanovo BG 265 Cm93
Bojanów PL 234 Cd80
Bojanowo PL 226 Bo77
Bojany UA 247 Cn84
Bojarsk BY 218 Cn72
Bojčinovci BG 264 Cg94
Bojden DK 103 Ba70
Bojišta MK 270 Cc98
Bojkovice CZ 239 Bq82
Bojná SK 239 Br83
Bojnica BG 263 Cf93
Bojnice-kúpele SK 239 Bs83
Bojnik SRB 263 Cd94
Bojszów PL 233 Br80
Bojtiken S 33 Bk50
Bok BIH 260 Bs91
Boka SRB 253 Cb90
Boke D 115 As77
Bokel D 108 As74
Bokelholm D 103 Au72
Bokenäs S 68 Bd64
Bokholm N 28 Bq44
Bokinka Pańska PL 229 Cg77
Böklund D 103 Au71
Bokn N 66 Al62
Bokod H 243 Br86
Bokove UA 248 Da85
Bokros H 244 Ca87
Böksholm S 73 Bl66
Boksjok N 25 Cq39
Bokštai LT 217 Ch70
Bol HR 268 Bo94
Bol' SK 241 Cd84
Bol Alaški BY 219 Cp70
Bölan S 50 Bo58
Bolaños de Calatrava E 199 Sn103
Bolaños de Campos E 184 Sk96
Böläsen S 49 Bi54
Bolătău RO 256 Cn87
Bolatice CZ 233 Br81
Bolayır TR 280 Co99
Bolbec F 160 Aa81
Bolboși RO 264 Cg91
Bolca I 132 Bc89
Bölcske H 244 Bs87
Bolderāja LV 213 Ci66
Bolderslev DK 103 At71
Boldești RO 266 Co91
Boldești-Scăeni RO 265 Cn90
Boldogkőváralja H 241 Cc84
Boldon GB 81 Ss71
Boldre GB 98 Sr79
Boldu RO 256 Cp90
Boldur RO 253 Cd89
Boldva H 240 Cb84
Bøle N 57 At60
Böle S 35 Cc50
Böle S 35 Ce49
Böle S 39 Bh54
Böle S 40 Bi54
Böle S 49 Bi56
Böle S 50 Bn58
Bolea E 187 St96
Boleboř CZ 123 Bg79
Bolechiv UA 235 Ch82
Bolęcin PL 233 Bt80
Bolehošťská Lhota CZ 231 Bn80
Boleiros P 196 Sc101
Boleradice CZ 238 Bo83
Boleráz SK 239 Bq84
Bolesław PL 233 Bt80
Bolesławiec PL 225 Bm78
Bolesławiec PL 227 Br78
Bolešov SK 239 Br83
Boleszkowice PL 225 Bk75
Boletice nad Labem CZ 118 Bi79
Bolewice PL 226 Bn76
Bolfiar P 190 Sd99
Bolfoss N 58 Bd61
Bolga N 32 Bg47
Bolhás H 250 Bp88
Bolhrad UA 257 Cs89
Boliden S 42 Ca51
Bolimów PL 227 Ca76
Bolintin-Deal RO 265 Cm92
Bolintin-Vale RO 265 Cm92
Boliqueime P 202 Sd106
Boljanić BIH 260 Br91
Boljaniči MNE 261 Bt94
Boljarci BG 274 Ck96
Boljarino BG 273 Cl96
Boljarovo BG 275 Co96
Boljarovo, Kvartal BG 274 Cl97
Boljarsko BG 274 Cn96
Boljesestra MNE 270 Bt95
Boljetin SRB 263 Ce91
Boljevac SRB 263 Cd93
Boljevci SRB 252 Ca91
Boljevići BIH 262 Bu92
Boljun HR 134 Bi90
Bolkesjø N 57 At61
Bölkow D 104 Bd72
Bölkow D 110 Be73
Bolków PL 231 Bn79
Bollano I 144 Bd94
Bollastanäs S 61 Bq62
Bollate I 175 At89
Bollebygd S 69 Bf65
Bollendorf D 119 An81
Bollène F 173 Ak92
Bollène-Vésubie, la F 181 Ap92
Bollengo I 130 Aq90
Bollerup S 73 Bi70
Bollestad N 66 Am63
Bollezeele F 155 Ae79
Bólliga E 194 Sq100
Bollnäs S 50 Bn58
Bollstabruk S 50 Bq55
Bollullos de la Mitación E 204 Sh106
Bollullos Par del Condado E 203 Sg106
Bollwiller F 163 Ap85
Bolman HR 251 Bs89
Bolmen S 72 Bh67
Bolmsö S 72 Bh67
Bolney GB 99 Su79
Bolnhurst GB 94 Su76
Bölnorp S 70 Bm63
Bologna I 138 Bc92
Bologne F 162 Al84
Bolognetta I 152 Bg105
Bolognola I 145 Bg95
Bolos E 182 Sd95
Bolotana I 140 As100
Bolotești RO 256 Cp89
Boloto Besjady BY 219 Cq72
Bols S 71 Br66
Bol'šaja Borovnja RUS 211 Cr62
Bol'šaja Goruška RUS 215 Cr65
Bol'šaja Ižora RUS 65 Cu61
Bol'šaja Myssa BY 218 Cn72
Bol'šakovo RUS 216 Cd71
Bolsena I 144 Bd95
Bol'šie Plejki BY 215 Cq69
Bol'šoe Kuzemkino RUS 211 Cr61
Bol'šoe Pole RUS 65 Cs59
Bol'šoe Selo RUS 217 Ce70
Bol'šoe Stremlenie RUS 65 Cs61
Bol'šoe Zagor'e RUS 211 Cs65
Bol'šoj Berežki RUS 216 Cc70
Bol'šoj Bor RUS 64 Cr59
Bolsover GB 85 Ss74
Bolstad S 68 Be63
Bolsward NL 107 Am74
Bolszewo PL 222 Br71
Boltaña E 177 Aa96
Boltenhagen D 103 Bc73
Boltigen CH 130 Ap87
Bolton GB 84 Sq73
Bolton Abbey GB 84 Sr73
Bolton-le-Sands GB 84 Sp72
Boltun MD 248 Cr86
Bölüceağac TR 292 Cu108
Bolungarvík IS 20 Qg24
Bolvașnița RO 253 Ce90
Bolventor GB 96 Sl79
Bóly H 243 Bs89
Bolzano I 132 Bc87
Bomal B 156 Am80
Bomba I 146 Bi96
Bombarral P 196 Sb102
Bömighausen D 115 As78
Bominaco I 145 Bh96
Bomlitz D 109 Au75
Bomporto I 138 Bc91
Bom Sucesso P 190 Sc100
Bomsund S 50 Bm54
Bona F 167 Ag86
Boná N 32 Bf49
Bona S 69 Bl63
Bönan S 60 Bp59
Bonanza E 204 Sh107
Boñar E 184 Sk95
Bonar Bridge GB 75 Sm65
Bonarcado I 141 As100
Bonares E 203 Sg106
Bonäs S 59 Bg61
Bonäs S 59 Bi58
Bonäset S 39 Bg54
Bonäset S 41 Bs54
Bonåsjøen N 27 Bm45
Bonassola I 137 Au92
Bonboillon F 168 Am86
Bończa PL 228 Cc77
Bondalseidet N 46 An56
Bondari RUS 215 Cr68
Bondarvet S 60 Bn60
Bondelum D 103 At71
Bondemon S 68 Bd63
Bondeno I 138 Bc91
Bondhyttan S 60 Bm60
Bondorf D 125 As83
Bondstorp S 69 Bh65
Bondy F 160 Ae83
Bonea I 147 Bk98
Bonefeld D 120 Ap79
Bonefro I 147 Bk97
Bonelli I 139 Be91
Bönen D 114 Aq77
Bonenburg D 115 At77
Bones N 28 Br43
Bo'ness GB 80 Sn68
Bonete E 201 Ss103
Bonfol CH 124 Ap86
Bönhamn S 51 Br55
Boniches E 194 Sr101
Bonifacio F 181 At98
Bönigen CH 130 Aq87
Bonilla de la Sierra E 192 Sk99
Bonillo, El E 200 Sp103
Bonin PL 221 Bn72
Bonjedward GB 79 Sp69
Bonlieu F 168 Am87
Bonn D 114 Ap79
Bonnanaro I 140 As99
Bonnat F 166 Ad88
Bonndorf im Schwarzwald D 125 Ar85
Bonne F 169 An88
Bonnefond F 171 Ad89
Bonnefont F 187 Aa94
Bonnemazon F 177 Aa94
Bonnes F 166 Ab87
Bonnétable F 159 Aa84
Bonneuil-Matours F 166 Ab87
Bonneval F 174 An89
Bonneval-sur-Arc F 130 Ap90
Bonneville F 174 An88
Bonneville-sur-Iton, la F 160 Ac83
Bonnières-sur-Seine F 160 Ad82
Bonnieux F 180 Al93
Bönnigheim D 121 At82
Bonny-sur-Loire F 167 Af85
Bono F 164 Sp85
Bono I 140 At100
Bonorva I 140 As100
Bonrepos-sur-Aussonnelle F 177 Ac93
Bons-en-Chablais F 169 An88
Bonsignore I 152 Bg106
Bønsvig DK 104 Be70
Bonțida RO 246 Ch87
Bonyhád H 251 Bs88
Boo S 71 Br62
Boock D 111 Bi74
Boofzheim F 124 Aq84
Bookholzberg D 108 As74
Boom B 156 Ai78
Boos D 126 Ba84
Boos F 160 Ac82
Boostedt D 103 Ba72
Boothby Graffoe GB 85 St74
Boothby Pagnell GB 85 St75
Bootle GB 84 So72
Bootle GB 84 So74
Bopfingen D 121 Ba83
Boppard D 119 Aq80
Boquiñeni E 186 Ss97
Bor CZ 123 Bf81
Bor RUS 211 Cu63
Bor RUS 211 Cu64
Bor S 60 Bl61
Bor S 72 Bi66
Bor SRB 263 Ce92
Borač SRB 262 Cb93
Boraja HR 259 Bn93
Borås S 69 Bf65
Borăscu RO 264 Cg91
Borawe PL 223 Cd75
Borba P 197 Sf103
Borbjerg DK 100 As68
Borbona I 145 Bg95
Borca RO 247 Cm86
Borča SRB 252 Ca91
Borca di Cadore I 133 Be88
Borćane RKS 262 Cb94
Borcea RO 266 Cq92
Borchen D 115 As77
Borci BIH 269 Br93
Borci SRB 262 Cb92
Borculo NL 114 Ao76
Bordalba E 194 Sq98
Bordalen N 57 Ap61
Børdalsvoll N 38 Bc54
Bordány H 244 Bu88
Bordas F 171 Ab90
Bordeaux F 170 St91
Bordeira P 202 Sc106
Bordei Verde RO 266 Cq90
Bordères-Louron F 187 Aa95
Bordes, Les F 167 Ae85
Bordesholm D 103 Ba72
Bordești RO 256 Cp89
Borðeyri IS 20 Qi25
Bordighera I 181 Aq93
Bording Stationsby DK 100 At68
Bords F 170 St89
Bordușani RO 266 Cq92
Bordvika N 58 Ba61
Bore I 137 Au91
Boreczno PL 222 Bu73
Borehamwood GB 99 Su77
Borek CZ 123 Bf81
Borek PL 234 Cb80
Borek Nowy PL 235 Ce81
Borek Stary PL 235 Ce81
Borek Strzeliński PL 232 Bp79
Borek Wielki PL 234 Cd80
Borek Wielkopolski PL 226 Bp77
Boreland GB 81 So70
Borello I 139 Be92
Boren D 103 Au71
Borensberg S 70 Bl63
Boréon, le F 181 Ap92
Börfink D 119 Ap81
Borg N 26 Bh44
Borgå = Porvoo FIN 63 Cm60
Borgafjäll S 40 Bl51
Borgan N 38 Bb51
Borgarnes IS 20 Qi26
Borgáta H 242 Bp86
Borgata Costiera I 152 Bf105
Borgata Danna I 174 Ap91
Borgby = Linnanpelto FIN 63 Cl60
Borge N 68 Bc62
Børgefjellskolen N 32 Bh50
Borgen N 58 Ba59
Borgen N 58 Bc60
Borgen N 67 Aq62
Borgentreich D 115 At77
Börger D 107 Aq75
Borger NL 107 Ao75
Börgermoor D 108 Ap74
Borges Blanques, les E 188 Ab97
Borges del Camp, les E 188 Ac98
Borggård S 70 Bm63
Borghamn S 69 Bk64
Borghetto d'Arroscia I 181 Aq92
Borghetto di Borbera I 137 As91
Borghetto di Vara I 137 Au92
Borghetto Lodigiano I 137 At90
Borghetto Santo Spirito I 181 Ar92
Borghi I 139 Be92
Borgholm S 73 Bo67
Borgholzhausen D 115 Ar76
Borghorst D 114 Ap76
Borgia I 151 Bo103
Borgloon B 113 Al79
Børglum DK 100 Au66
Borgo F 181 At95
Borgo a Buggiano I 138 Bb93
Borgo a Mozzano I 138 Bb93
Borgo Celano I 147 Bm97
Borgoforte I 138 Bb90
Borgofranco d'Ivrea I 175 Aq89
Borgo Grappa I 149 Br100
Borgomanero I 175 Ar89
Borgomaro I 181 Aq93
Borgo Montello I 146 Bf97
Borgone Susa I 136 Ap90
Borgonovo Ligure I 175 At92
Borgonovo Val Tidone I 137 At90
Borgo Pace I 139 Be93
Borgo Piave I 146 Bf98
Borgo Priolo I 175 At91
Borgo Regalmici I 152 Bh105
Borgorose I 145 Bg96
Borgo San Dalmazzo I 174 Ap92
Borgo San Lorenzo I 138 Bc93
Borgosesia I 175 Ar89
Borgo Ticino I 175 As89
Borgo Tossignano I 138 Bd92
Borgo Tufico I 145 Bg94
Borgo Val di Taro I 137 Au92
Borgo Valsugana I 132 Bc88
Borgo Vercelli I 130 Ar90
Borgsdorf D 111 Bg75
Borgsjö S 41 Bq52
Borgsjö S 50 Bm55
Borgstena S 69 Bg65
Borgu, U = Borgo F 181 At95
Borgund N 46 An56
Borgund N 57 Aq58
Borgunda S 69 Bh64
Borgvattnet S 40 Bm54
Borgvik S 59 Bf62
Borgworm = Waremme B 156 Al79
Borhaug = Vestbygd N 66 Ao64
Boria PL 234 Cd79
Boričje MNE 269 Bs94
Borik BIH 261 Bt93
Borilovec BG 263 Cf93
Borima BG 273 Ck95
Borinka BG 272 Ch96
Borinka SK 238 Bp84
Borino BG 273 Ci97
Borisenki RUS 215 Cr68
Borislav BG 274 Ck94
Borislavci BG 280 Cm97
Borisov = Barysaŭ BY 219 Cs72
Borisovo BG 265 Cn93
Borisovo BG 275 Co96
Borisovo RUS 65 Da59
Borisovo RUS 65 Da62
Borivci UA 247 Cm83
Borivka UA 248 Cr83
Borja E 186 Sr97
Borjas Blancas = Borges Blanques, les E 188 Ab97
Börjelsbyn S 35 Cf49
Börjelslandet S 35 Ce49
Bork D 114 Ap77
Börka S 59 Bi58
Borkan S 33 Bl50
Borkel NL 113 Al78
Borken D 107 Ao77
Borken D 117 Bg77
Borken (Hessen) D 115 At78
Borkenes N 27 Bn43
Bórkhamor = Burghammer D 118 Bi78
Borkhusseter N 47 Ba56
Borki BY 229 Ci75
Borki PL 229 Cf77
Borki PL 234 Cc80
Borki RUS 211 Da64
Borki-Kosy PL 229 Ce76
Borki Wielkie PL 233 Bs79
Børkjenes N 56 Am61
Børkop DK 103 Au69
Borkow D 110 Bd73
Borkowy = Burg (Spreewald) D 117 Bi77
Borkum D 107 Ao73
Borlänge S 60 Bl60
Borlaug N 57 Aq58
Borlești RO 248 Cn87
Børlia N 58 Bd61
Bormaņi LV 214 Cl67
Bormida I 136 Ar92
Bormio I 132 Ba88
Bormujos E 204 Sh106
Born D 110 Bc76
Born NL 156 Am78
Born S 59 Bl61
Borna D 117 Be78
Born am Darß D 104 Bf72
Bornåsjösätern S 49 Bg57
Borne F 172 Ah90
Borne NL 107 Ao76
Bornel F 160 Ae82
Bornes P 191 Sg98
Bornes de Aguiar P 191 Se97
Borness GB 80 Sm71
Borne Sulinowo PL 221 Bo73
Bornheim D 114 Ao79
Bornhofen, Kamp- D 119 Aq80
Bornhöved D 103 Ba72
Börnicke D 110 Bf75
Bornos E 204 Si107
Bornsdorf D 118 Bh77
Bornstedt D 116 Bc78
Boroaia RO 248 Cn86
Borobia E 194 Sr97
Borod RO 246 Cf87
Borodinskoe RUS 65 Ct58
Borodyno UA 257 Ct88
Boroganí MD 257 Cs88
Borohrádek CZ 231 Bn80
Boronjava UA 246 Cg84
Boronów PL 233 Bs79
Borore I 140 As100
Boroșneu Mare RO 255 Cn89
Boroszów PL 233 Br79
Borough Green GB 95 Aa78
Borová CZ 232 Bn81
Borova HR 250 Bp89
Borovan BG 264 Ch94
Borovany CZ 237 Bk83
Borovci BG 264 Cg94
Borovcy BY 219 Co71
Borove UA 229 Ch78
Borovec BG 272 Ch96
Borovica BG 263 Cf93
Borovici HR 268 Bq94
Borovik RUS 211 Cr64
Borovinka RUS 65 Ct59
Borovka BY 215 Cq69

334 Bleiburg – Borovka

Borovnica BIH 260 Br92
Borovnica SLO 134 Bi89
Borovnice CZ 232 Bn81
Borovo BG 265 Cm94
Borovo HR 252 Bs90
Borovy CZ 236 Bg81
Borów PL 234 Cd79
Borowa PL 226 Bp78
Borowa Góra PL 228 Cc76
Borowe PL 118 Bl78
Borowice PL 231 Bm79
Borowiec PL 226 Bm77
Borowina PL 225 Bm77
Borowniki PL 227 Bs75
Borowno PL 233 Bt79
Borox E 193 Sn100
Borrby S 73 Bi70
Borre N 58 Ba62
Borredà E 189 Ad96
Borrentin D 104 Bf73
Borres E 183 Sg94
Borrèze F 171 Ac91
Borriana E 195 Su101
Börringe S 105 Bg69
Borriol E 195 Su100
Borris DK 100 As69
Borris IRL 91 Sg75
Borris in Ossory IRL 87 Se75
Borrisokane IRL 87 Sd75
Borrisoleigh IRL 90 Se75
Börrum S 70 Bo64
Börry D 115 At76
Borş RO 245 Cd86
Børsa N 38 Ba54
Borşa RO 247 Ck85
Boršči UA 249 Ct85
Bors-de-Montmoreau F 170 Aa90
Borsec RO 247 Cm87
Børselv N 24 Cm40
Børselvnes N 24 Cl40
Borsfa H 250 Bo87
Borsh AL 276 Bu100
Boršice u Buchlovic CZ 238 Bp82
Borskoe RUS 223 Cb71
Borský Mikuláš SK 238 Bp83
Borský Sväty Jur SK 129 Bp83
Borsodivánka H 244 Cb85
Borsodnádasd H 240 Ca84
Borssele NL 112 Ah78
Börßum D 116 Bb76
Borstel D 108 As75
Borstel-Hohenraden D 109 Au73
Börstig S 69 Bg65
Börstil S 61 Br60
Borsuky UA 249 Ct84
Bortan S 59 Bf61
Borth D 114 Ao77
Borth GB 92 Sm76
Bortigali I 140 As100
Bortigiadas I 140 At99
Bort-les-Orgues F 172 Af90
Börtnan S 49 Bh55
Bortnen N 46 Al57
Børtnes N 57 At60
Borucino PL 222 Bq72
Boruja Kościelna PL 226 Bn76
Boruny BY 218 Cn72
Borup DK 104 Bd70
Borusowa PL 234 Cb80
Borve GB 74 Sf65
Børve N 56 Ao60
Borynja UA 241 Cf82
Boryslav UA 235 Cg82
Boržavs'ke UA 241 Cg84
Borzęciczki PL 226 Bp77
Borzęcin Duży PL 228 Cb76
Borzęcin Górny PL 234 Cb80
Borzonasca I 175 At92
Borzykowa PL 233 Bu79
Borzykowo PL 226 Bq76
Borzym PL 111 Bk74
Borzysław PL 221 Bo72
Borzytuchom PL 221 Bp72
Bosa I 140 Ar100
Bošáca SK 239 Bq83
Bosa Marina I 140 Ar100
Bosanci HR 135 Bl90
Bosanci RO 247 Cn85
Bosanska Dubica BIH 260 Bo90
Bosanska Kostajnica BIH 250 Bo90
Bosanska Krupa BIH 250 Bn91
Bosanski Brod = Brod BIH 260 Br90
Bosanski Kobaš BIH 260 Bq90
Bosanski Novi = Novi Grad BIH 259 Bn90
Bosanski Petrovac BIH 259 Bn91
Bosansko Grahovo BIH 259 Bn92
Bošany SK 239 Br83
Bősárkány H 242 Bp85
Bosarp S 72 Bg69
Bosau D 103 Ba72
Boscamnant F 170 Su90
Boscastle GB 96 Sl79
Bosc-Bordel F 160 Ac81
Boschi I 137 At91
Bosc-le-Hard F 160 Ac81
Bosco Chiesanuova I 132 Bc89
Bosco Gurin CH 130 Ar88
Bösdorf D 103 Ba72
Bosebo S 72 Bg66
Bösebo S 73 Bm66
Bösel D 108 Aq74
Bosentino I 132 Bc88
Bøseter N 48 Bb58
Bøsetrene N 47 As56
Bosherston GB 91 Sl77
Bosia RO 248 Cq86
Bosilegrad SRB 272 Ce96
Bosilevo MK 272 Cf98
Bosiljevo HR 135 Bl90
Bosilkovci BG 265 Cm94
Bösingen D 125 As84
Bösingfeld D 115 At76
Bosjanyja BY 219 Cq69
Bösjö S 49 Bi58
Bosjön S 59 Bh61
Boskoop NL 113 Ak76
Boskovice CZ 232 Bo82
Bosley GB 93 Sq74
Bosna BG 266 Co93
Bosnek BG 272 Cg96
Bøsnes N 58 Ba60
Bošnjace SRB 263 Cd95
Bošnjaci HR 261 Bs90
Bošnjane SRB 262 Cb92
Bošnjane SRB 263 Cc93
Bøsøre DK 104 Bb70
Boşorod RO 254 Cg89
Bosost = Bossòst E 187 Ab95
Bošov CZ 123 Bg80
Bosque, El E 204 Si107
Bössbo S 49 Bh58
Bossbøen N 57 Ar61
Boßdorf D 117 Bf77
Bosse, La F 159 Ab84
Bossea Fontane I 136 Aq92
Bosseborn D 115 At77
Bosserode D 116 Au79
Bosset F 170 Aa91
Bossolasco I 136 Ar91
Bossòst E 187 Ab95
Bossow D 110 Be73
Bossvik N 67 At63
Bostan BIH 260 Bp94
Bostancı TR 281 Cq100
Bostancı TR 281 Ct99
Bostandere TR 280 Cp100
Bostanlı TR 280 Co97
Bostelwiebeck D 109 Bb74
Bøstølen N 47 Ap56
Boston GB 85 Su75
Bostrak N 67 As62
Bøstrand N 27 Bo44
Bošulja BG 273 Ci96
Bosund FIN 43 Cf53
Bosut SRB 251 Bt91
Bőszénfa H 251 Bq88
Bot E 195 Aa98
Botajica BIH 251 Br91
Boteå S 50 Bq54
Boteni RO 265 Cl90
Bötersen D 109 At74
Botesdale GB 95 Ac76
Boteşti RO 248 Co86
Boteşti RO 256 Cq87
Botevgrad BG 272 Ch95
Botevo BG 264 Ch93
Botevo BG 266 Cq94
Botevo BG 274 Cn96
Botfei RO 245 Ce87
Bothel GB 81 So71
Boticas P 191 Se97
Botilsäter S 69 Bg62
Botiz RO 241 Cf85
Botiza RO 246 Ci85
Botjärn S 60 Bn59
Botley GB 94 Ss77
Botn N 22 Ca41
Botn N 56 Al58
Botn N 57 Ap61
Botngård N 38 Au53
Botnlia N 48 Bd55
Bótoa E 197 Sg102
Botoroaga RO 265 Cm92
Botorrita E 194 Ss97
Botoš SRB 252 Cb90
Botoşana RO 247 Cm85
Botoşani RO 248 Co85
Botricello I 151 Bo103
Botrovo BG 265 Cm93
Botsmark S 42 Ca52
Bottaccia, la I 144 Be97
Botten S 69 Bf62
Bottesford GB 85 St75
Böttingen D 125 Au84
Bottisham GB 95 Aa76
Bottnaryd S 69 Bh65
Bottrop D 114 Ao77
Böttstein CH 125 Ar85
Botun MK 270 Cb98
Botunec, Kvartal BG 272 Cg95
Botunja SRB 263 Cc94
Botunje SRB 263 Cc92
Boturić SRB 262 Cb94
Botvaldvik S 71 Bs65
Botvino RUS 215 Cq66
Botzarás GR 276 Cb101
Bötzingen D 124 Aq84
Bötzow D 111 Bg75
Bouaye F 164 Sr86
Bouça P 191 Sf97
Boucau F 186 Ss93
Boucé F 159 Su83
Bouchain F 155 Ag80
Bouchemaine F 165 St86
Bouchoux, les F 168 Am88
Boucoães P 191 Sf97
Boudry CH 130 Ao87
Bouessay F 159 Su85
Bouesse F 166 Ad87
Bouëx F 170 Aa89
Bouëxière, La F 159 Ss84
Bouges-le-Château F 166 Ad86
Bouglon F 170 Aa92
Bouguenais F 164 Sr86
Bouillac F 177 Ac93
Bouille, la F 160 Ab82
Bouillé-Ménard F 165 St85
Bouillie, La F 158 Sq83
Bouillon B 156 Al81
Bouilly F 161 Ah84
Bouin F 164 Sr87
Boujailles F 169 An87
Boúkka GR 282 Cc103
Boúkka GR 286 Cd106
Boulay, le F 165 Ss86
Boulay-Moselle F 119 An82
Boulazac-Isle-Manoire F 171 Ab90
Boule-d'Amont F 189 Af95
Bouleternère F 189 Af95
Bouligny F 162 Am82
Boullay-Mivoye, Le F 160 Ac83
Boulleret F 167 Af86
Bouloc F 178 Af92
Boulogne-Billancourt F 160 Ae83
Boulogne-sur-Gesse F 187 Ab94
Boulogne-sur-Mer F 99 Ad79
Bouloire F 160 Ab85
Boulvriag = Bourbriac F 158 So84
Bouniagues F 171 Ab91
Bouq F 162 Am83
Bouqueyran F 170 St90
Bøur FO 26 Sf56
Bouray-sur-Juine F 160 Ae83
Bourbon-Lancy F 167 Ah87
Bourbon-l'Archambault F 167 Ag87
Bourbonne-les-Bains F 162 Am85
Bourboule, La F 172 Af89
Bourbourg F 112 Ae79
Bourbriac F 158 So84
Bourcefranc-le-Chapus F 170 Ss89
Bourdeaux F 173 Al91
Bourdeilles F 171 Ab90
Bourdelins, les F 167 Af87
Bourdon F 155 Ae81
Bourdonnay F 124 Ao83
Bourdons-sur-Rognon F 162 Al84
Bouresse F 166 Ab88
Bourg F 170 St90
Bourg, Le F 171 Ad91
Bourg-Achard F 160 Ab82
Bourganeuf F 171 Ad89
Bourg-Archambault F 166 Ac88
Bourg-Argental F 173 Ak90
Bourg-Blanc F 157 Sl84
Bourg-de-Péage F 173 Al90
Bourg-de-Visa F 171 Ab92
Bourg-d'Oisans, Le F 174 An90
Bourg-d'Oueil F 177 Aa95
Bourg-du-Bost F 170 Aa90
Bourg-Dun F 99 Ab81
Bourg-en-Bresse F 168 Al88
Bourges F 167 Ae86
Bourg-et-Comin F 161 Ah82
Bourget-du-Lac, Le F 174 Am89
Bourg-Lastic F 172 Af89
Bourg-Madame F 178 Ad96
Bourgneuf-en-Retz F 164 Sr86
Bourgneuf-la-Forêt, Le F 159 St84
Bourgogne-Fresne F 161 Ai82
Bourgoin-Jallieu F 173 Al89
Bourg-Saint-Andéol F 173 Ak92
Bourg-Saint-Léonard, Le F 159 Aa83
Bourg-Saint-Maurice F 130 Ao89
Bourg-Saint-Pierre CH 174 Ap89
Bourgueil F 165 Aa86
Bourideys F 170 Su92
Bourmont F 162 Am84
Bournan F 166 Ab86
Bournand F 165 Aa86
Bourne GB 94 Su75
Bourne End GB 98 St77
Bournemouth GB 98 Sr79
Bourneville-Sainte-Croix F 160 Ab82
Bournezeau F 165 Ss87
Bournos F 176 Su94
Bourran F 170 Aa92
Bourret F 177 Ac93
Bourtange NL 107 Ap74
Bourth F 160 Ab83
Bourton-on-the-Water GB 93 Sr77
Bousquet-d'Orb, Le F 178 Ag93
Boussac F 166 Ae88
Boussac, La F 158 Sr83
Boussais F 165 Su87
Boussens F 177 Ab94
Boussès F 177 Aa92
Boussières F 168 Am86
Boussu B 112 Ah80
Bouvières F 173 Al91
Bouvron F 164 Sr86
Bouxwiller F 119 Ap83
Bouy F 161 Ai82
Bouza, La E 191 Sg99
Bouzas E 182 Sc96
Bouzigues F 179 Ah94
Bouzonville F 119 Ao82
Bouzov CZ 232 Bo81
Bov BG 272 Cg94
Bova I 151 Bm105
Bøvagen N 56 Ak59
Bovalino I 151 Bn104
Bovallstrand S 68 Bc64
Bova Marina I 151 Bm105
Bovan SRB 263 Cd93
Bovec SLO 133 Bh88
Bóveda E 183 Sf95
Bóveda E 185 So95
Bóveda (Santa Eulalia) E 183 Se95
Bóveda de Toro, La E 192 Sk98
Bovenau D 103 Au72
Bovenden D 116 Au77
Bøverbru N 58 Bb59
Bøverdal N 47 Ar57
Bøverfjord N 47 As54
Boves F 155 Ae81
Boves I 175 Aq92
Bovey Tracey GB 97 Sn79
Bovigny B 119 Am80
Bovik AX 61 Bu60
Boviken S 42 Cc51
Bovino I 147 Bl98
Bovlingbjerg DK 100 Ar68
Bovolenta I 132 Bd90
Bovolone I 138 Bc90
Bovrup DK 103 Au71
Bow GB 77 So63
Bow GB 97 Sn79
Bowes GB 84 Sr71
Bowmore GB 78 Sh69
Box FIN 63 Ch61
Box FIN 63 Cl60
Box GB 98 Sq78
Boxberg D 121 Au82
Boxberg/O.L. D 118 Bk78
Boxford GB 95 Ab76
Boxholm S 69 Bl64
Boxmeer NL 114 Am77
Boxtel NL 113 Al77
Boyardville F 170 Ss89
Boyle IRL 82 Sd73
Boynes F 160 Ae84
Boynton GB 85 Su72
Bøyumseter N 46 Ao58
Boz RO 254 Ch89
Božaj MNE 270 Bt96
Bozalan TR 292 Cq106
Božava HR 258 Bk92
Bozburun TR 292 Cr107
Bozduganovo BG 274 Cm96
Bože PL 228 Cc77
Bozeat GB 94 St76
Bože Dary PL 233 Bs80
Bożejewice PL 226 Bq75
Božejov CZ 231 Bl82
Bozel F 130 Ao90
Bözen CH 124 Ar86
Bozen = Bolzano I 132 Bc87
Boženci BG 273 Cl95
Boženica BG 272 Ch94
Bozeş RO 254 Cg89
Boževac SRB 263 Cc91
Bozhigrad AL 276 Cb99
Božica SRB 272 Ce95
Božice CZ 238 Bn83
Boží Dar CZ 117 Bf80
Bozieni MD 257 Cs87
Bozieni RO 248 Cp87
Bozioru RO 256 Cn90
Bożków PL 232 Bo79
Bozlar TR 280 Cp100
Bożniewice PL 221 Bn72
Bożnów PL 225 Bl77
Bozouls F 172 Af92
Bozova LV 215 Cq67
Bozovici RO 253 Cd91
Boztepe TR 280 Co99
Božurec BG 267 Cr94
Božurica BG 265 Ck93
Božurište BG 272 Cg95
Božurovo BG 266 Cn93
Božurovo BG 266 Cq93
Bozvelijsko BG 275 Cp94
Bozzolo I 138 Ba90
Bra B 156 Am80
Bra I 175 Aq91
Braaid GBM 80 Sl72
Braås S 73 Bl66
Brabaniq RKS 262 Cb95
Bråbo S 73 Bn66
Brabonič = Brabaniq RKS 262 Cb95
Brabourne Lees GB 154 Ab78
Brabova RO 264 Cg92
Bracadale GB 74 Sh66
Braçal P 190 Sd100
Bracciano I 144 Be96
Bracco I 137 Au92
Bracebridge Heath GB 85 St74
Bračevac SRB 263 Cf92
Brach F 170 St90
Brachstedt D 117 Be77
Bracht D 113 An78
Brachttal D 121 At80
Brachy F 154 Ab81
Bracieux F 166 Ad85
Bracigovo BG 273 Ci96
Bräckan S 68 Be63
Bräcke S 50 Bl55
Brackel D 109 Ba74
Brackenheim D 121 At82
Brackley GB 94 Ss76
Bracknell GB 94 St78
Brackwede D 115 As77
Braco GB 79 Sn68
Brad RO 254 Cf88
Bradaša = Bardhash RKS 263 Cc95
Brădeanu RO 266 Co91
Bradenham GB 98 St77
Brădeni RO 255 Ck88
Brădeşti RO 255 Cl88
Brădeşti RO 264 Ch92
Brădetu RO 255 Ck90
Bradfield GB 94 Ss78
Bradford GB 84 Sr73
Bradford on Avon GB 98 Sq78
Brádno SK 240 Ca83
Bradu RO 254 Ci89
Bradu RO 265 Ck91
Brădut RO 255 Cm88
Bradvari BG 266 Cp93
Bradwell-on-Sea GB 95 Ab77
Bradworthy GB 97 Sm79
Brady BY 229 Ci76
Bradzjacin BY 229 Ch77
Brae GB 77 Ss60
Brædstrup DK 100 Au69
Braemar GB 79 So66
Braemore GB 75 Sn64
Brændeskov DK 103 Bb70
Brae Roy Lodge GB 75 Sl67
Brăeşti RO 248 Cn85
Brăeşti RO 248 Cp86
Brăeşti RO 256 Co90
Braeswick GB 77 Sp62
Braga P 190 Sd97
Bragadiru RO 265 Cm92
Bragadiru RO 265 Cm93
Bragança P 183 Sg97
Bragayrac F 177 Ac94
Brăhăşeşti RO 256 Cp88
Brahestad = Raahe FIN 43 Ci51
Brahlstorf D 110 Bb74
Brahmenau D 230 Be79
Braies I 133 Be87
Brăila RO 256 Cq90
Brailes GB 94 Sr76
Brailovo MK 271 Cc98
Brailsford GB 84 Sr75
Braine F 161 Ah82
Braine-l'Alleud B 156 Ai79
Braine-le-Château B 113 Ai79
Braine-le-Comte B 155 Ai79
Brain-sur-Allonnes F 165 Aa86
Brain-sur-Vilaine F 164 Sr85
Braintree GB 95 Ab77
Bräist = Bredstedt D 102 As71
Braives B 113 Al79
Brajkovići BIH 260 Bq92
Brajkovići HR 258 Bh90
Brajkovići SRB 262 Bu92
Brake D 115 As76
Brake (Unterweser) D 108 Ar74
Brakel B 155 Ah79
Brakel D 115 At77
Brakel NL 106 Al77
Brakjovci BG 272 Cg94
Bräkne-Hoby S 73 Bl68
Brålanda S 68 Be63
Bralin PL 226 Bp78
Brallo di Pregola I 137 At91
Brálos GR 283 Ce103
Bralostiţa RO 264 Ch92
Bram F 178 Ae94
Bramans F 174 Ao90
Bramberg am Wildkogel A 127 Be86
Bramdrupdam DK 103 At69
Bramford GB 95 Ac76
Bramhope GB 84 Sr73
Bramhult S 69 Bg65
Bramley GB 98 St78
Bramming DK 102 As70
Brampton GB 81 Sp71
Brampton GB 94 Su76
Brampton GB 95 Ad76
Bramsche D 108 Aq76
Bran RO 255 Cl89
Brånaberg S 33 Bn49
Brånan S 49 Bi55
Brånäsen S 59 Bg60
Brañavieja E 185 Sm94
Branč SK 239 Br84
Branca I 144 Bf94
Brancaleone Marina I 151 Bn105
Brancaster GB 85 Ab75
Brănceni RO 265 Cl93
Brâncovenești RO 247 Ck87
Brâncoveni RO 264 Ci92
Brand A 131 Au86
Brändåsen S 49 Bf56
Brändbo S 50 Bn56
Brandbu/Jaren N 58 Bb60
Brande DK 100 At69
Brände S 42 Cb52
Brande-Hörnerkirchen D 103 Au73
Brandenberg A 127 Bd86
Brandenburg an der Havel D 110 Bf76
Brand-Erbisdorf D 118 Bg79
Brandeso E 182 Sd95
Brandeston GB 95 Ac76
Brandis D 117 Bf78
Brandis D 117 Bg77
Brandlin CZ 237 Bl82
Brandö AX 62 Cc60
Brandon GB 81 Sr71
Brandon GB 95 Ab76
Brandön S 35 Ce49
Brandoñas de Arriba E 182 Sc94
Brändövik FIN 42 Cc54
Brandsbol S 59 Bf61
Brandsby GB 85 Ss72
Brandshagen D 105 Bg72
Brandstad N 47 Ar55
Brandstad S 72 Bh69
Brandstorp S 69 Bi64
Brandval N 58 Be60
Brandýsek CZ 123 Bi80
Brandýs nad Labem-Stará Boleslav CZ 231 Bk80
Brandýs nad Orlicí CZ 232 Bn80
Branešći SRB 262 Bu93
Brănești MD 249 Cs86
Brănești RO 264 Cg91
Brănești RO 265 Cl90
Brănești RO 266 Cn92
Branice PL 232 Bq80
Braničevo SRB 253 Cd91
Braniewo PL 216 Bu72
Branik SLO 134 Bh89
Brănişca RO 254 Cf89
Branišovice CZ 238 Bn83
Braniště BG 266 Cq93
Branişte MD 248 Cp85
Branişţea RO 246 Ci86
Branişţea RO 256 Cq90
Branişţea RO 265 Cm91
Branitz D 118 Bi77
Brankovci SRB 272 Ce96
Brankovina SRB 261 Bu92
Branky CZ 232 Bq82
Branná CZ 232 Bp80
Bränna S 40 Bo51
Brännåker S 40 Bm51
Brannan N 39 Bc53
Brännäs S 42 Ca50
Branne F 170 Su91
Brannenburg D 127 Bd85
Brännland S 41 Bt53
Brännland S 42 Ca53
Brännö S 68 Bd65
Brañosera E 185 Sm95
Brańsk PL 229 Cf75
Brantevik S 105 Bi69
Brantôme-en-Périgord F 171 Ab90
Brañuelas E 184 Sh95
Bras F 180 Am94
Brasaljce = Bresalci RKS 271 Cc96
Bras-d'Asse F 180 An93
Braset N 32 Bh47
Brăşeu RO 253 Cf88
Braskereidfoss N 58 Bd59
Braslav BY 219 Cp69
Brăšljanica BG 265 Ck93
Braslovče SLO 135 Bl88
Braşov RO 255 Cm89
Brasparts F 157 Sn84
Brassac F 178 Af93
Brassbergsvallen S 50 Bm56
Brasschaat B 113 Ai78
Brassus, Le CH 169 An87
Brassy F 167 Ah86
Brastad S 68 Bc64
Brastavăţu RO 264 Ci93
Bråstøl N 56 Ao61
Břasy CZ 123 Bh81
Brąszewice PL 227 Br78
Braszowice PL 232 Bo79
Brataj AL 276 Bu100
Bratan BG 274 Cn95
Bratca RO 246 Cf87
Brateiu RO 254 Ci88
Brateş RO 247 Cn87
Brateş RO 255 Cn89
Bratian PL 222 Bu74
Bratislava SK 129 Bp84
Bratja Daskalovi BG 274 Cl96
Bratkowice PL 234 Cd80
Bråtnäs S 68 Bd62
Bratoszewice PL 227 Bu77
Bratovoeşti RO 264 Ch92
Bratsberg N 38 Ba54
Brattabø N 56 An60
Brattåker S 33 Bo50
Brattås S 50 Bn56
Brattåsen N 57 At59
Brattbäcken S 40 Bm52
Brattbakken N 39 Bd53
Bratten S 41 Br51
Brattfjord N 27 Bl45
Brattfors S 41 Bu53
Brattfors S 59 Bi61
Brattfors S 60 Bo59
Brattholmen N 56 Al60
Brattland N 32 Bg48
Brattli N 25 Da41
Brattmon S 59 Bf59
Brättö AX 62 Ca61
Brattset N 47 As54
Brattvær N 38 Aq54
Brattvåg N 46 An55
Brătuleni MD 248 Cq86
Bratunac BIH 262 Bt92
Bråtveit N 56 Ao61
Braubach D 120 Aq80
Braughing GB 95 Aa77
Braunau am Inn A 236 Bg84
Braunfels D 120 Ar79
Braunlage D 116 Bb77
Bräunlingen D 163 Ar85
Braunsbach D 121 Au82
Braunsbedra D 116 Bd78
Braunschweig D 109 Bb76
Bräunsdorf-Langhennersdorf D 230 Bg79
Braunston GB 94 Ss76
Braunton GB 97 Sm78
Braunwald CH 131 At87
Brauweiler D 114 Ao79
Braux F 162 Ai84
Bravães P 190 Sd97
Bravicea MD 249 Cr86
Bravnica BIH 260 Bp92
Bravuogn = Bergün CH 131 Au87
Bråxvik S 70 Bo63
Bray = Bré IRL 91 Sh74
Bray-Dunes F 155 Af78
Brayford GB 97 Sn78
Bray-sur-Seine F 161 Ag84
Bray-sur-Somme F 155 Af81
Brazatortas E 199 Sm103
Brazey-en-Plaine F 168 Al86
Brazii RO 245 Ce88
Brazii RO 266 Cn91
Brazii de Sus RO 265 Cn91
Bražuolė LT 218 Ck71
Brbinj HR 258 Bk92
Brčigovo BIH 261 Bt93
Brčko BIH 251 Bs91
Brdjani SRB 262 Ca93
Brdów PL 227 Bs76
Bré IRL 91 Sh74
Brea de Aragón E 194 Sr97
Breage GB 96 Sk80
Bréal-sous-Montfort F 158 Sr84
Bream GB 93 Sp77
Breanais = Brenish GB 74 Sf64
Breared S 72 Bg67
Breasclete GB 74 Sg64
Breasta RO 264 Ch92
Breaza RO 246 Ci86
Breaza RO 265 Cm90
Bréban F 161 Ai83
Brebeni RO 264 Ci92
Brebu RO 253 Cd90
Brebu Mânăstirei RO 255 Cm90
Brebu Nou RO 253 Ce90
Brécey F 159 Ss83
Brechen D 120 Ar80
Brechin GB 76 Sp67
Brecht B 113 Ak78
Breckerfeld D 114 Ap78
Břeclav CZ 238 Bo83
Brecon GB 93 So77
Brécy F 167 Af86
Bred S 60 Bo61
Breda E 189 Af97
Breda NL 113 Ak77
Bredal DK 100 Au69
Bredared S 69 Bf65
Bredaryd S 72 Bh66
Bredbyn S 40 Bi53
Bredbyn S 41 Br54
Breddenberg D 107 Aq75
Breddin D 110 Be75
Breddorf D 109 At74
Brede GB 99 Ab79
Brède, La F 170 St91
Bredebro DK 102 As70
Bredelar D 115 As78
Bredenbeck am Deister D 109 Au76
Bredenborn D 115 At77
Bredenbury GB 93 Sp76
Bredene B 112 Af78
Bredenfelde D 220 Bg74
Bredestad S 69 Bk65
Bredevad DK 103 At71
Bredkälen S 40 Bl53
Bredon GB 94 Sq76
Bredsand S 60 Bp61
Bredsäter S 69 Bh63
Bredsätra S 73 Bo67
Bredsel S 34 Ca49
Bredsjö S 59 Bk61
Bredsjön S 50 Bp55
Bredsjön S 59 Bf60
Bredstedt D 102 As71
Bredsten DK 100 At69
Bredträsk S 41 Bs53
Bredvik S 41 Bu53
Bree B 156 Am78
Breest D 220 Bg73
Bregaglia CH 131 Au88
Bregana HR 242 Bm89
Bregare BG 264 Ci93
Bregenz A 125 Au86
Breginj SLO 134 Bg88
Bregninge DK 101 Bc69
Bregovo BG 263 Cf92
Bréhal F 158 Sr83
Brehna D 117 Be77
Breiabu N 56 Ao60
Breiborg N 56 Ao61
Breidablik N 47 Ap56
Breiðavík IS 20 Qf25
Breiðdalsvík IS 21 Rg26
Breidenbach D 115 Ar79
Breidenbach F 163 Ap82
Breidsete N 56 An60
Breidvik N 67 Ar62
Breiholz D 103 Au72
Breil CH 131 At87
Breil-sur-Roya F 181 Aq93
Breim N 46 An57
Breimo N 32 Bf49
Breimoen N 66 Ao64
Breisach am Rhein D 163 Aq84
Breisetturisthytte N 57 At61
Breiskallen N 58 Bb59
Breistein N 56 Al60
Breistølen N 57 Ar58
Breitbrunn am Ammersee D 126 Bc84
Breitenau A 237 Bi85
Breitenau am Hochlantsch A 129 Bl86
Breitenbach CH 124 Aq86
Breitenbach am Herzberg D 115 Au79
Breitenberg D 128 Bh83
Breitenborn D 121 At80
Breitenbruch D 115 Ar78
Breitenbrunn D 122 Bd82
Breitenbrunn D 126 Ba84
Breitenbrunn (Erzgebirge) D 117 Bf80
Breitenfelde D 109 Bb73
Breitenfurth bei Wien A 238 Bn84
Breitengüßbach D 121 Bb81
Breitenhees D 109 Ba75
Breitenstein D 116 Bb77
Breitenworbis D 116 Ba78
Breitingen, Regis- D 117 Be78
Breitlahnhütte A 128 Bh86
Breitnau D 163 Ar85
Breitscheid D 115 Ar79
Breitungen D 116 Ba79
Breivatn N 57 Ap61
Breive N 57 Ap61
Breivik N 23 Ce39
Breivik N 26 Bn42
Breivik N 27 Bk43
Breivik N 27 Bl46
Breivik N 27 Bo43
Breivik N 57 As60
Breivikbotn N 23 Ce39
Breivikeidet N 22 Bu41
Brejning DK 100 As68
Brekkan N 38 Bb53
Brekke N 56 Al58
Brekke N 58 Bc62
Brekkebygd N 48 Bd55
Brekken N 32 Bg49
Brekken N 48 Bd55
Brekkhus N 56 An59
Brekksillan N 39 Bd53
Brekkvasselv N 39 Bg51
Brekovica BIH 250 Bm91
Brekstad N 38 Au53
Brélès F 157 Sl84
Breloh D 109 Ba74
Bremanger N 46 Ak57
Bremdal DK 100 As67
Bremelau D 125 Au84
Bremen D 108 As74
Bremen D 114 Aq77
Bremerhaven D 108 As73
Bremervörde D 109 At74
Bremgarten (AG) CH 125 Ar86
Bremke D 115 At76
Bremke D 115 Ba78
Bremm D 119 Ap80
Bremnes N 26 Bl43
Bremnes N 26 Bn43
Bremsnes N 47 Aq54
Brem-sur-Mer F 164 Sr87
Breña Alta E 202 Re123
Breña Baja E 202 Re123
Breñas, Las E 203 Rn123
Brenci LV 215 Cp66
Brenderup DK 103 Au70
Brendola I 132 Bc90
Brendryen N 48 Ba56
Brenes E 204 Si105
Brenesh AL 276 Ca98
Brenguli LV 214 Cm65
Brenica BG 264 Ci94
Brenica BG 266 Co93
Brenish GB 74 Sf64
Brenken D 115 As77
Brenna N 27 Bl44
Brenna PL 233 Bs81
Brennabu N 57 As58
Brennan N 39 Bd54
Brennbakken N 48 Bc55
Brennberg D 127 Be82
Brennbergbánya H 242 Bn85
Brenner = Brennero I 132 Bc87
Brennerbad = Terme di Brennero I 132 Bc87
Brennero I 132 Bc87
Brennes D 236 Bg82
Brennfjell N 22 Ca42
Brennsund N 27 Bk45
Breno I 132 Ba89
Brénod F 173 Am88
Brensbach D 120 As81
Brentonico I 132 Bb89
Brentwood GB 99 Aa77
Brenz D 110 Bd74
Brenzett GB 154 Ab78
Brenzone I 132 Bb89
Bres E 183 Sf94
Bresalci RKS 271 Cc96
Brescello I 138 Bb91
Brescia I 131 Ba89
Bresewitz D 104 Bf72
Bresimo I 132 Bb88
Breskens NL 112 Ah78
Bresles F 160 Ae82
Bresnica SRB 262 Cb93
Bressanone I 132 Bd87
Bresse, La F 163 Ao84
Bressingham GB 95 Ac76
Bresso I 175 At89
Bressols F 177 Ac93
Bressuire F 165 Su87
Brest BG 265 Ck93
Brèst BY 229 Ch76
Brest F 157 Sm84
Brest HR 134 Bi90
Brestanica SLO 135 Bl88
Breste BG 272 Ci94
Brestnica BG 273 Ci94
Brestova HR 258 Bi90
Brestovac HR 251 Bq90
Brestovac SRB 263 Cd94
Brestovac SRB 263 Ce92
Brestovac Daruvarski HR 250 Bp89
Brestovačka Banja SRB 263 Ce92
Brestovăţ RO 245 Cd89
Brestovec BG 265 Ck94
Brestovene BG 266 Co93
Brestovica BG 273 Ck96

Borovnica – Brestovica 335

Brestovik **SRB** 262 Cb91
Brestovo **BG** 274 Ck94
Brestrnica **SLO** 250 Bm87
Bretanha **P** 182 Qi105
Breţcu **RO** 255 Cn88
Bretea Română **RO** 254 Cg89
Bretenière **F** 168 Al86
Bretenoux **F** 171 Ad91
Breteuil **F** 160 Ab83
Breteuil **F** 160 Ae81
Brethon, le **F** 167 Af87
Brétignolles-sur-Mer **F** 164 Sr87
Brétigny-sur-Orge **F** 160 Ae83
Bretsteingraben **A** 128 Bi86
Brettabister **GB** 77 Ss60
Bretten **D** 120 As82
Brettenham **GB** 95 Ab76
Brettesnes **N** 27 Bk44
Bretteville-sur-Laize **F** 159 Su82
Brettheim **D** 121 Ba82
Breuberg **D** 121 At81
Breugel, Son en **NL** 113 Am77
Breuil, Le **F** 161 Ah83
Breuil, Le **F** 167 Ah88
Breuil, le **F** 171 Ac89
Breuil-Cervinia **I** 130 Aq89
Breuil-en-Auge, Le **F** 159 Aa82
Breuillet **F** 160 Ae83
Breuillet **F** 170 Ss89
Breuil-Magné **F** 170 St89
Breuilpont **F** 160 Ac83
Breukelen **NL** 113 Al76
Breum **DK** 100 At67
Breuna **D** 115 At78
Breungeshain **D** 121 At79
Brévands **F** 159 Ss82
Brevenbruk **S** 70 Bm62
Brevik **N** 67 Au62
Brevik **S** 69 Bf63
Brevik **S** 69 Bi64
Brevik **S** 71 Br62
Breviken **S** 68 Be62
Breviksnäs **S** 70 Bo64
Brevikstrand **N** 67 Au63
Breza **BIH** 260 Br92
Breza **MK** 271 Cd96
Brežani **BG** 272 Cg97
Břežany **CZ** 238 Bn83
Brežany **SK** 241 Cc83
Breždje **SRB** 261 Ca92
Breze **HR** 258 Bk90
Březí **CZ** 230 Bf81
Brezičani **BIH** 259 Bo90
Brežice **SLO** 242 Bm89
Brézins **F** 173 Al90
Brezje **SLO** 134 Bi88
Brezna **SRB** 262 Ca92
Brezna **SRB** 262 Cb93
Breznica **SRB** 271 Cd95
Březnice **CZ** 236 Bh81
Breznički Hum **HR** 250 Bn88
Breznik **BG** 272 Cf95
Brezniţa-Ocol **RO** 253 Cf91
Březno **CZ** 117 Bg80
Brezno **SK** 240 Bu83
Brezno **SLO** 135 Bl87
Brezoaele **RO** 265 Cm91
Brezoi **RO** 254 Ci90
Brezojevica **MNE** 270 Bu95
Brézolles **F** 160 Ac83
Březolupy **CZ** 239 Bq82
Brezons **F** 172 Af91
Březová **CZ** 232 Bq81
Brezova **SRB** 261 Ca93
Březová nad Svitavou **CZ** 232 Bo81
Brezová pod Bradlom **SK** 239 Bq83
Březové Hory **CZ** 123 Bh81
Brezovica **HR** 243 Bq89
Brezovica **SK** 233 Bu82
Brezovica **SLO** 134 Bi88
Brezovica = Brezovicë **RKS** 270 Cb96
Brezovicë **RKS** 270 Cb96
Brezovo **BG** 273 Cl96
Brezovo Polje **HR** 259 Bn90
Brezovo Polje-Selo **BIH** 252 Bs91
Brgule **SRB** 262 Ca91
Briançon **F** 174 Ao91
Briare **F** 167 Af85
Briatico **I** 151 Bn103
Briaucourt **F** 162 Al84
Bribir **HR** 258 Bk90
Bribir **HR** 259 Bm93
Bričany = Briceni **MD** 248 Cp84
Bričen' = Briceni **MD** 248 Cp84
Briceni **MD** 248 Cp84
Bricherasio **I** 174 Ap91
Bricia **E** 184 Sl94
Brickebacken **S** 70 Bl62
Brickeens **IRL** 86 Sc73
Bricket Wood **GB** 94 Su77
Bricquebec-en-Cotentin **F** 98 Sr82
Bricqueville **F** 159 St82
Bride **GBM** 88 Sm72
Bridel **L** 162 An81
Brides-les-Bains **F** 130 Ao90
Bridestowe **GB** 97 Sm79
Bridge End **IRL** 82 Sf70
Bridgend **GB** 78 Sh69
Bridgend **GB** 97 Sn77
Bridge of Allan **GB** 79 Sn68
Bridge of Don **GB** 76 Sq66
Bridge of Earn **GB** 79 So68
Bridge of Muchalls **GB** 79 Sq66
Bridge of Orchy **GB** 78 Sl67
Bridge of Tilt **GB** 79 Sn67
Bridge of Walls **GB** 77 Sr60
Bridge of Weir **GB** 78 Sl69
Bridges **GB** 93 Sp75
Bridgetown **IRL** 91 Sg76
Bridgham **GB** 95 Ab76
Bridgnorth **GB** 93 Sq75
Bridgwater **GB** 97 Sp78
Břidličná **CZ** 232 Bp81
Bridlington **GB** 85 Su72
Bridport **GB** 97 Sp79
Brie **F** 170 Aa89
Briec **F** 157 Sn84
Brie-Comte-Robert **F** 161 Af83
Brielle **NL** 106 Ai77
Brienne **F** 168 Al87
Brienne-le-Château **F** 161 Ak84
Brienon-sur-Armançon **F** 161 Ah85
Brienz (BE) **CH** 130 Ar87
Brienza **I** 147 Bm100
Brieselang **D** 111 Bg75
Briesen (Mark) **D** 111 Bi76
Brieske **D** 118 Bh78
Brieskow-Finkenheerd **D** 118 Bk76
Brie-sous-Matha **F** 170 Su89
Brieulles-sur-Bar **F** 156 Ak82
Brieva de Cameros **E** 185 Sp96
Brieves-Charensac **F** 172 Ah90
Brig **CH** 130 Aq88
Brigachtal **D** 125 Ar84
Brigels = Breil **CH** 131 At87
Brigg **GB** 85 Su73
Brighouse **GB** 84 Sr73
Brighthampton **GB** 93 Ss77
Brightlingsea **GB** 95 Ac77
Brighton **GB** 154 Su79
Briģi **LV** 215 Cr68
Brignac-la-Plaine **F** 171 Ac90
Brignoles **F** 180 An94
Brignoud **F** 174 Am90
Brigstock **GB** 94 St76
Brigue, La **F** 181 Aq92
Brigueuil **F** 171 Ab89
Brihuega **E** 193 Sp99
Briis-sous-Forges **F** 160 Ae83
Brijesnica **BIH** 260 Br91
Brijesta **HR** 268 Bq95
Briksdal **N** 46 Ao57
Brillac **F** 171 Ab88
Brillanne, La **F** 180 Am93
Brillon-en-Barrois **F** 162 Al83
Brilon **D** 115 As78
Brilon-Wald **D** 115 As78
Brimi Fjellstugu **N** 47 As57
Brimnes **N** 56 Ao60
Briñas **E** 185 Sp95
Brinches **P** 197 Se104
Brindisi **I** 149 Bq99
Bringetofta **S** 69 Bk66
Bringsinghaug **N** 46 Al56
Bringsli **N** 27 Bl46
Brinian **GB** 77 Sp62
Brinje **HR** 258 Bl90
Brinkley **GB** 95 Aa76
Brinkum **D** 107 Aq74
Brinkum **D** 108 As74
Brinon-sur-Beuvron **F** 167 Ag86
Brinon-sur-Sauldre **F** 167 Ae85
Brinzio **I** 131 As89
Brion **F** 166 Ad87
Brione (Verzasca) **CH** 131 As88
Briones **E** 185 Sp95
Brionne **F** 160 Ab82
Brioude **F** 172 Ag90
Brioux-sur-Boutonne **F** 165 Su88
Briouze **F** 159 Su83
Briscous **F** 176 Ss94
Brisighella **I** 138 Bd92
Brisley **GB** 95 Ab75
Brismene **S** 69 Bg64
Brissac-Loire-Aubance **F** 165 Su86
Brissago **CH** 131 As88
Brissund **S** 71 Br65
Bristol **GB** 93 Sp78
Briston **GB** 95 Ac75
Britelo **P** 182 Sd97
Britiande **P** 191 Se98
Brittas **IRL** 87 Sh74
Britten **D** 163 Ao81
Brittern **CH** 130 Ap86
Brittoli **I** 145 Bh96
Brive-la-Gaillarde **F** 171 Ad90
Brivezac **F** 171 Ad90
Briviesca **E** 185 So95
Brivio **I** 131 At89
Brix **F** 158 Sr81
Brixen = Bressanone **I** 132 Bd87
Brixen im Thale **A** 127 Be86
Brixham **GB** 97 Sn80
Brixlegg **A** 127 Bd86
Brixworth **GB** 94 St76
Brizambourg **F** 170 Su89
Brjagovica **BG** 274 Cm94
Brjagovo **BG** 274 Cl97
Brjagovo **BG** 274 Cm97
Brjast **BG** 273 Cm96
Brjastovec **BG** 275 Cp95
Brjuchovyči **UA** 235 Ch81
Brka **BIH** 251 Bs91
Brlog **HR** 258 Bl91
Brloh **CZ** 123 Bi83
Brložnik **BIH** 261 Bt92
Brna **HR** 268 Bo95
Brná nad Labem **CZ** 117 Bi79
Brnaze **HR** 268 Bo93
Brnjica **SRB** 261 Bs93
Brnjica **SRB** 262 Ca94
Brnjica **SRB** 263 Cd91
Brno **CZ** 238 Bo82
Bro **S** 60 Bm61
Bro **S** 60 Bq61
Bro **S** 68 Bc64
Bro **S** 71 Br65
Broa **S** 71 Bt65
Broadford **GB** 74 Si66
Broadford **IRL** 89 Sc76
Broadford **IRL** 90 Sc75
Broad Haven **GB** 91 Sk77
Broad Hinton **GB** 93 Sr78
Broadley **GB** 76 So65
Broadmeadows **GB** 81 Sp69
Broadstairs **GB** 95 Ac78
Broadway **GB** 93 Sr76
Broadwey **GB** 97 Sq79
Broadwindsor **GB** 97 Sp79
Broager **DK** 103 Au71
Broaryd **S** 72 Bg66
Broby **S** 72 Bi68
Broby = Siltakylä **FIN** 64 Co60
Brobyn **S** 35 Cd49
Brobyværk **DK** 103 Ba70
Broćanac **BIH** 260 Bp94
Bročanac **HR** 259 Bm90
Brocas **F** 176 St92
Brocēni **LV** 213 Cf67
Brochel **GB** 74 Sh66
Bročice **HR** 250 Bo90
Brockel **D** 109 Au74
Bröckel **D** 109 Ba75
Bröckelbeck **D** 109 At73
Brockenhurst **GB** 98 Sr79
Brockhagen **D** 115 Ar77
Brockley Green **GB** 95 Ab76
Brockum **D** 108 Ar76
Brod **BIH** 260 Br90
Brod **BIH** 261 Bs94
Brod **MK** 271 Cc97
Brod **MK** 271 Cd99
Brod = Brodi **RKS** 270 Cb97
Brodarevo **SRB** 269 Bu94
Brodce **CZ** 231 Bk80
Broddarp **S** 69 Bg65
Broddbo **S** 60 Bn61
Broddebo **S** 70 Bn64
Broddetorp **S** 69 Bh64
Brodec **MK** 270 Cb96
Brodek u Prostějova **CZ** 232 Bp82
Brodenbach **D** 119 Ap80
Broderstorf **D** 104 Be72
Broderup **DK** 103 At71
Brodfurth **D** 236 Be84
Brodi **RKS** 270 Cb97
Brodick **GB** 83 Sk69
Brodina **RO** 247 Cl85
Brodina de Jos **RO** 247 Cl85
Brodła **PL** 233 Bu80
Brødløs **N** 32 Be49
Brod Moravice **HR** 134 Bk90
Brod nad Tichou **CZ** 123 Bf81
Brod na Kupi **HR** 134 Bk90
Brodnica **PL** 222 Bt74
Brodnica Górna **PL** 222 Br72
Brodowe Łąki **PL** 223 Cc74
Brodowin **D** 220 Bh75
Brodské **SK** 129 Bp83
Brodski Stupnik **HR** 260 Bq90
Brod u Stříbra **CZ** 123 Bf81
Brody **PL** 118 Bk77
Brody Duże **PL** 227 Ca76
Brody-Parcele **PL** 228 Cb76
Broek in Waterland **NL** 106 Ak76
Broglie **F** 159 Ab82
Broglio **CH** 131 As88
Brohl-Lützing **D** 114 Ap80
Brohyttan **S** 69 Bk62
Brojce **PL** 220 Bl73
Brójce **PL** 225 Bm76
Brok **PL** 228 Cd75
Brokdorf **D** 103 At73
Brokind **S** 70 Bm64
Brokland **N** 67 At63
Brokstedt **D** 103 Au73
Brokvik **N** 27 Bo43
Brolo **I** 153 Bk104
Bromarv **FIN** 63 Cg61
Bromberg **A** 242 Bn85
Brome **D** 110 Bb75
Bromfield **GB** 93 Sp76
Bromley **GB** 94 Su78
Bromma **S** 61 Bq62
Brommösund **S** 69 Bh63
Bromnes **N** 22 Bs40
Bromölla **S** 72 Bi68
Brompton **GB** 85 St72
Brömsebro **S** 73 Bn68
Bromsgrove-Catshill **GB** 94 Sq76
Bromskirchen **D** 115 As78
Bromyard **GB** 93 Sp76
Bronchales **E** 194 Sr99
Brøndby **DK** 72 Be69
Brønderslev **DK** 100 Au66
Broni **I** 137 At90
Bronice **PL** 225 Bk77
Bronicja **UA** 235 Cg82
Broniewice **PL** 227 Br75
Bronikowo **PL** 226 Bn77
Bronisławka **PL** 229 Ce78
Broniszew **PL** 228 Cb77
Bronken **N** 58 Bd59
Bronkow **D** 118 Bh77
Bronn **D** 122 Bc81
Brönnestad **S** 72 Bh68
Brønnøysund **N** 32 Be50
Bronnycja **UA** 248 Cq84
Brøns **DK** 102 As70
Bronte **I** 153 Bk105
Bronzani Majdan **BIH** 260 Bo91
Brookeborough **GB** 87 Sf72
Brookhouse **GB** 84 Sp72
Broons **F** 158 Sq84
Broquiès **F** 178 Af92
Brora **GB** 75 Sn64
Brørup **DK** 103 At70
Brösarp **S** 72 Bi69
Broscăuţi **RO** 248 Cn85
Brøsjø **N** 67 At63
Brøske **N** 47 Ar55
Brossac **F** 170 Su90
Brøstadbotn **N** 28 Bq42
Broşteni **RO** 247 Cm86
Broşteni **RO** 256 Cp89
Broşteni **RO** 264 Cf91
Brøstet **N** 47 Ar56
Brøstrud **N** 57 As60
Broszków **PL** 229 Ce76
Brotas **P** 196 Sd103
Brotdorf **D** 119 Ao82
Brötjemark **S** 69 Bi65
Broto **E** 188 Su95
Brøtten **N** 38 Bb54
Brotterode-Trusetal **D** 116 Ba79
Bröttjärna **S** 59 Bl59
Brøttum **N** 58 Bb58
Brou **F** 160 Ac84
Brou **F** 168 Al88
Brouage, Hiers- **F** 170 Ss89
Broué **F** 160 Ad83
Brough **GB** 84 Sq71
Brough Lodge **GB** 77 St59
Broughshane **GB** 83 Sh71
Broughton **GB** 79 So69
Broughton **GB** 84 So71
Broughton **GB** 84 Sp73
Broughton **GB** 85 St73
Broughton **GB** 94 St76
Broughton Astley **GB** 94 Ss75
Broughton in Furness **GB** 81 So72
Brouilh-Monbert, Le **F** 187 Aa93
Brouilla **F** 189 Af95
Broumov **CZ** 230 Bf81
Broumov **CZ** 232 Bn79
Broumy **CZ** 230 Bh81
Brousse-le-Château **F** 178 Af93
Brousses-et-Villaret **F** 178 Ae94
Brouwershaven **NL** 112 Ah77
Brovallen **S** 60 Bn60
Brove **GB** 74 Sh66
Brovst **DK** 100 Au66
Brownhills **GB** 94 Sr75
Broxburn **GB** 76 So69
Broxted **GB** 95 Aa77
Broye-Aubigney-Montseugny **F** 168 Am86
Brozany **CZ** 118 Bi80
Brozas **E** 197 Sg101
Brożec **PL** 232 Bp79
Brozzo **I** 131 Ba89
Bršadin **HR** 252 Bs90
Brseč **HR** 258 Bi90
Bršno **MNE** 269 Bt95
Brštanovo **HR** 268 Bn93
Brstica **SRB** 262 Bt92
Brtnice **CZ** 231 Bm82
Brtonigla **HR** 133 Bh90
Bru **IS** 21 Re25
Bru **N** 67 Ar64
Brua **N** 48 Au55
Brua **N** 48 Bb56
Bruay-en-Artois = Bruay-la-Buissière **F** 112 Af80
Bruay-la-Buissière **F** 112 Af80
Bruay-sur-l'Escaut **F** 112 Ah80
Bruch **F** 177 Aa92
Bruchhausen-Vilsen **D** 109 At75
Bruchköbel **D** 120 As80
Bruchmühlbach-Miesau **D** 119 Ap82
Bruchsal **D** 120 As82
Bruchweiler **D** 120 Ap81
Brück **D** 117 Bf76
Bruck an der Großglocknerstraße **A** 127 Bf86
Bruck an der Leitha **A** 129 Bo84
Bruck an der Mur **A** 129 Bl86
Bruckbach **D** 127 Be82
Bruckberg **D** 122 Bb82
Bruckberg **D** 236 Bd83
Bruck in der Oberpfalz **D** 122 Be82
Brückl **A** 134 Bk87
Bruckmühl **D** 127 Bd85
Brucoli **I** 153 Bl106
Brucourt **F** 159 Su82
Brudevoll **N** 56 Ao58
Brudnów **PL** 227 Bt77
Brudnów **PL** 228 Cb78
Brudnowo **PL** 227 Bs75
Brudzew **PL** 227 Bs76
Brudzewek **PL** 226 Bq77
Brudzewo **PL** 225 Bm76
Brue-Auriac **F** 180 Am93
Brüel **D** 110 Bd73
Bruère-Allichamps **F** 167 Ae87
Brués **E** 182 Sd96
Bruestøl **N** 57 Aq61
Bruff **IRL** 90 Sc76
Bruflat **N** 57 Au59
Bruges = Brugge **B** 155 Ag78
Bruges-Capbis-Mifaget **F** 187 Su94
Brugg **CH** 125 Ar86
Brugge **B** 155 Ag78
Brügge **D** 114 Aq78
Brugge = Bruges **B** 155 Ag78
Brüggen **D** 113 An78
Brüggen **D** 115 Au76
Brugnens **F** 177 Ab93
Bruhagen **N** 47 Aq54
Brühl **D** 114 Ao79
Brühl **D** 163 As82
Bruinisse **NL** 113 Ai77
Bruino **I** 136 Ap90
Bruiu **RO** 255 Ck89
Bruk **N** 58 Bc61
Bruksvallarna **S** 48 Be55
Brulange **F** 119 Ao83
Brullés **E** 185 Sn95
Brûlon **F** 159 Su85
Brumath **F** 124 Aq83
Brumby **D** 116 Bd77
Brummen **NL** 113 An76
Brumov-Bylnice **CZ** 239 Br82
Brumunddal **N** 58 Bb59
Brumunddalen seter **N** 58 Bc58
Brunate **I** 175 At89
Brunau **D** 110 Bc75
Brundish **GB** 95 Ac76
Bruneck = Brunico **I** 132 Bd87
Brunehamel **F** 156 Ai81
Brunella **I** 140 Au99
Brünen **D** 114 Ao77
Brunete **E** 193 Sn100
Brunflo **S** 50 Bk54
Brunico **I** 132 Bd87
Bruniquel **F** 177 Ad92
Brunkeberg **N** 57 As62
Brunmyrheden **S** 34 Bt50
Brünn **D** 116 Bb80
Brunn **D** 220 Bg73
Brunnbach **A** 237 Bk85
Brunnberg **S** 59 Bh60
Brunnby **S** 101 Bf68
Brunne **S** 50 Bq55
Brunnental **A** 128 Bi85
Brunnes **N** 27 Bl45
Brunnsberg **S** 49 Bh58
Brunnshyttan **S** 59 Bk61
Brunoy **F** 160 Ae83
Brunsbüttel **D** 103 At73
Brunskog **S** 59 Bf61
Brunssum **NL** 114 Am79
Bruntál **CZ** 232 Bp81
Bruny **PL** 227 Br78
Bruravik **N** 56 Ao59
Bruree **IRL** 90 Sc76
Brus **SRB** 263 Cc94
Brusago **I** 132 Bc88
Brusali **N** 66 Am63
Brusand **N** 66 Am63
Brušane **HR** 258 Bl92
Brusarci **BG** 264 Cg93
Brusasco **I** 136 Ar90
Brusen **BG** 272 Ch94
Brushkull **AL** 270 Bu98
Brusiek **PL** 233 Bs79
Brusio **CH** 131 Ba88
Bruskowo Wielkie **PL** 221 Bo71
Brusna **BIH** 261 Bs94
Brusnica **SK** 241 Cd82
Brusnica Velika **BIH** 260 Br90
Brusnik **HR** 250 Bp90
Brusnik **SRB** 263 Ce92
Brusno **SK** 239 Bt83
Brušperk **CZ** 233 Br81
Brusque **F** 178 Af93
Brussa **I** 133 Bf89
Brussel = Bruxelles **B** 156 Ai79
Brusson **I** 130 Aq89
Brüssow **D** 220 Bi74
Brustad **N** 58 Bc60
Brusturet **RO** 255 Cl89
Brusturi **RO** 245 Ce86
Brusturi **RO** 248 Cn86
Brusturiv **UA** 247 Ck84
Brusturoasa **RO** 255 Cn87
Brusy **BY** 219 Co71
Brusy **PL** 221 Bq73
Brutelles **F** 99 Ad80
Bruton **GB** 97 Sq78
Brüttelen **CH** 130 Ap86
Bruvik **N** 56 Am60
Bruvno **HR** 259 Bm92
Bruvoll **N** 48 Au56
Bruvoll **N** 58 Bd60
Bruxelles **B** 156 Ai79
Bruxelles = Brussel **B** 156 Ai79
Bruyère, La **B** 113 Ak79
Bruyères **F** 124 Ao84
Bruyères-et-Montberault **F** 161 Ah81
Bruz **F** 158 Sr84
Bruzaholm **S** 70 Bl65
Bŕvany **SK** 117 Bh80
Brvenica **MK** 270 Cb97
Brwinów **PL** 228 Cb76
Bryggesåk **N** 66 Ap63
Bryggja **N** 46 Al57
Brynamman **GB** 92 Sn77
Bryncrug **GB** 92 Sm75
Bryne **N** 66 Am63
Bryngelhögen **S** 49 Bi56
Bryngwran **GB** 88 Sm74
Bryn-henlland **GB** 91 Sl76
Brynica **PL** 232 Bq79
Brynjegård **S** 40 Bl54
Brynmawr **GB** 93 So77
Bryrup **DK** 100 Au68
Brzączowice **PL** 233 Ca81
Brzan **SRB** 263 Cc92
Brza Palanka **SRB** 253 Ce92
BrzeBznica **PL** 228 Cd77
Brzeće **SRB** 262 Cb94
Brzeg **PL** 227 Bs77
Brzeg **PL** 232 Bp79
Brzeg Dolny **PL** 226 Bo78
Brzeg Głogowski **PL** 226 Bm77
Brzegi Górne **PL** 235 Cf82
Brzeście **PL** 234 Cb79
Brześć Kujawski **PL** 227 Bs75
Brzesko **PL** 234 Cb81
Brzeszcze **PL** 233 Bt81
Brzezica **PL** 232 Bp79
Brzezie **PL** 234 Ca81
Brzeziny **PL** 227 Bu77
Brzeziny **PL** 228 Cd77
Brzeziny **PL** 234 Cb79
Brzeźnica **PL** 233 Bt78
Brzeźnica **PL** 234 Cc80
Brzeźnio **PL** 227 Bs78
Brzeźno **PL** 111 Bl76
Brzeźno **PL** 221 Bm73
Brzeźno **PL** 227 Br76
Brzeźno **PL** 229 Ch78
Brzeźno Szlacheckie **PL** 221 Bp72
Brzohade **SRB** 263 Cc92
Brzostek **PL** 234 Cc81
Brzostowa Góra **PL** 234 Cd80
Brzostowiec **PL** 228 Cb77
Brzostówka **PL** 229 Cf78
Brzostowo **PL** 226 Bp78
Brzoza **PL** 222 Br74
Brzóza **PL** 228 Cc77
Brzóza Królewska **PL** 235 Ce80
Brzóza Stadnicka **PL** 235 Ce80
Brzózka **PL** 118 Bl77
Brzozów **PL** 235 Ce81
Brzozowe Błota **PL** 222 Br73
Brzozowica **PL** 229 Cf77
Brzozówka **PL** 234 Bu80
Brzozowo-Maje **PL** 223 Cb74
Brzuska **PL** 235 Ce81
Brzustów **PL** 228 Ca77
Brzyskorzystew **PL** 221 Bq75
Bschlabs **A** 126 Bb86
Bû **F** 160 Ad83
Bua **S** 68 Be66
Buais-Les-Monts **F** 159 St83
Buan **N** 47 Ba55
Buar **N** 56 An60
Buar **S** 68 Bc63
Buavåg **N** 56 Al61
Bubendorf **CH** 124 Aq86
Bubenreuth **D** 121 Bc81
Buberget **S** 42 Bu52
Bubiai **LT** 213 Cg69
Bubiai **LT** 217 Ch71
Bublava **CZ** 230 Be80
Bubnevo **RUS** 215 Cq66
Bubny **BY** 219 Cq71
Bubry **F** 158 So85
Bubwith **GB** 85 St73
Buccheri **I** 153 Bk106
Bucchianico **I** 145 Bi96
Buccinasco **I** 131 At90
Buccino **I** 147 Bl99
Bucecea **RO** 248 Cn85
Bucelas **P** 196 Sb103
Buceş **RO** 254 Cf88
Buch **D** 111 Bg75
Buch **D** 126 Ba84
Buchanty **GB** 79 Sn68
Buchbach **D** 236 Be84
Buchberg **A** 129 Bl85
Buchdorf **D** 126 Bb83
Bucheben **A** 127 Bf86
Büchel **D** 119 Ap80
Buchen **A** 126 Bc86
Buchen **CH** 169 Aq87
Büchen **D** 109 Bb74
Buchen (Odenwald) **D** 121 At81
Buchenberg **D** 126 Ba85
Büchenbeuren **D** 119 Ap81
Buchhausen **D** 122 Be83
Buchholz (Aller) **D** 109 Au75
Buchholz, Annaberg- **D** 123 Bg79
Buchholz (Westerwald) **D** 114 Ap79
Buchholz bei Treuenbrietzen **D** 117 Bf76
Buchholz in der Nordheide **D** 109 Au74
Buchhorst **D** 109 Bc76
Buchin **RO** 253 Ce90
Buchloe **D** 126 Bb84
Buchlovice **CZ** 238 Bp82
Buchlyvie **GB** 79 Sm68
Buchs (SG) **CH** 125 At86
Buchy **F** 119 An83
Buchy **F** 160 Ac81
Bučin **MK** 271 Cc98
Bucin **RO** 255 Cl87
Bučina **CZ** 123 Bh83
Bucine **I** 138 Bd94
Bucinişu **RO** 264 Ci93
Bučino **BG** 272 Cg96
Bučin Prohod **BG** 272 Cg95
Bucium **RO** 248 Cq86
Bucium **RO** 254 Cg88
Buciumeni **RO** 256 Cp88
Buciumeni **RO** 265 Cl90
Buciumi **RO** 246 Cg86
Bučje **HR** 250 Bp90
Bučje **SRB** 263 Ce93
Buckau **D** 110 Be76
Buckden **GB** 84 Sq72
Buckden **GB** 94 Su76
Bückeburg **D** 109 At76
Bücken **D** 109 At75
Buckfastleigh **GB** 97 Sn80
Buckhaven **GB** 79 So68
Buckie **GB** 76 Sp65
Buckingham **GB** 94 St76
Bucklesham **GB** 95 Ac76
Buckley **GB** 93 So74
Buckminster **GB** 94 St75
Buckow **D** 225 Bi75
Bucks Green **GB** 99 Su78
Bückwitz **D** 110 Be75
Bucoşniţa **RO** 253 Ce90
Bucov **RO** 265 Cn91
Bucovăţ **MD** 249 Cr86
Bucovăt **RO** 264 Ch92
Bučovice **CZ** 238 Bp82
Bucquoy **F** 155 Af80
Bucsa **H** 245 Cb86
Bucşani **RO** 265 Cm91
Bucşani **RO** 265 Cm92
Bucu **RO** 266 Cp91
Bucugnà = Bocognano **F** 142 At96
Bucureşci **RO** 254 Cf88
Bucureşti **RO** 265 Cn92
Bucy-le-Long **F** 161 Ag82
Bucy-lès-Pierrepont **F** 161 Ah81
Bucz **PL** 226 Bn76
Buczek **PL** 227 Bt77
Buczkowice **PL** 233 Bt81
Bud **N** 46 Ao55
Buda **RO** 256 Co90
Budachów **PL** 118 Bl76
Budacu de Jos **RO** 247 Ck86
Budacu de Sus **RO** 247 Ck86
Budăi **MD** 249 Cr86
Budăi **MD** 257 Cr89
Budajenő **H** 244 Bs85
Budakeszi **H** 243 Bt85
Budakovo **MK** 277 Cc98
Budal **N** 48 Ba55
Budalen **N** 58 Bc62
Buđanovci **SRB** 261 Bu91
Budaörs **H** 244 Bs86
Budapest **H** 243 Bt86
Búðardalur **IS** 20 Qi25
Budby **GB** 85 Ss74
Büddenstedt **D** 109 Bc76
Buddusò **I** 140 At99
Bude **GB** 96 Sl79
Budeč **CZ** 238 Bm82
Budeji **UA** 249 Ct84
Budel **NL** 156 Am78
Büdelsdorf **D** 103 Au72
Budenec' **UA** 247 Cm84
Budens **P** 202 Sc106
Büderich **D** 114 Ao77
Büdesheim **D** 119 Ao80
Budeşti **MD** 249 Ct86
Budeşti **RO** 266 Cn92
Budia **E** 193 Sp99
Budići **SRB** 262 Ca94
Budila **RO** 255 Cm89
Budily **BY** 219 Cp69
Budimci **HR** 251 Br90
Budimirci **MK** 277 Cd98
Budimlić Japra **BIH** 250 Bn91
Budiná **SK** 240 Bt84
Budinarci **MK** 272 Cf97
Büdingen **D** 121 At80
Buðir **IS** 20 Qg26
Budisalc **RKS** 270 Ca95
Budisava **SRB** 252 Bu90
Budisavci = Budisalc **RKS** 270 Ca95
Budislav **CZ** 232 Bn81
Budišov **CZ** 237 Bn82
Budišov nad Budišovkou **CZ** 232 Bq81
Budjevo **SRB** 262 Ca94
Budkovce **SK** 241 Cd83
Budkowice **PL** 233 Br79
Budle **GB** 81 Sr69
Budleigh Salterton **GB** 97 So79
Budmerice **SK** 238 Bp84
Budoi **RO** 245 Ce86
Budomierz **PL** 235 Cg80
Budoni **I** 140 Au99
Budor **N** 58 Bc59
Būdos **LT** 218 Ci71
Budowo **PL** 221 Bp72
Budoželja **SRB** 262 Ca93
Budrio **I** 138 Bd91
Budslav **BY** 219 Cp71
Budureasa **RO** 254 Cf87
Buduslău **RO** 245 Ce86
Budva **MNE** 269 Bs96
Budy **UA** 249 Ct84
Budyně nad Ohří **CZ** 117 Bi80
Budyšin = Bautzen **D** 118 Bi78
Budžak = Bugeac **MD** 257 Cs88
Budzisko **PL** 224 Cg72
Budziszewice **PL** 228 Bu77
Budziszów Wielki **PL** 226 Bn78
Budžjak = Bugeac **MD** 257 Cs88
Budzów **PL** 232 Bo79
Budzów **PL** 233 Bu81
Budzyń **PL** 221 Bo75
Budzynek **PL** 227 Bt77
Bue **N** 66 Am63
Bueil **F** 160 Ac83
Buenache de Alarcón **E** 200 Sq101
Buenache de la Sierra **E** 194 Sq100
Buenaventura **E** 192 Sl100
Buenavista del Norte **E** 202 Rg124
Buenavista de Valdavia **E** 184 Sl95
Buendía **E** 193 Sp100
Buer **D** 108 Ar76
Buer **N** 56 An61
Bueren = Buren **NL** 107 Am74
Bueu **E** 182 Sc96
Buffon **F** 168 Ai85
Buftea **RO** 265 Cm91
Bugac **H** 244 Bu87
Bugarra **E** 201 St101
Bugbrooke **GB** 94 Ss76
Buğdaylı **TR** 281 Cq100
Bugeac **MD** 257 Cs88
Bugeat **F** 171 Ad89
Buggenhout **B** 156 Ai78
Buggerru **I** 141 Ar102
Bughea de Jos **RO** 255 Cl90
Bughea de Sus **RO** 255 Cl90
Būginiai **LT** 214 Ck68
Bugios **P** 197 Se101
Bugk **D** 118 Bh76
Buglose **F** 176 St93
Bugnein **F** 176 St94
Bugojno **BIH** 260 Bp92
Bugøyfjord **N** 25 Ct41
Bugøynes **N** 25 Cu41
Bugue, Le **F** 171 Ab91
Bugyi **H** 244 Bt86
Bühl **D** 124 Ar83
Buhl **F** 163 Ap85
Bühlertal **D** 163 Ar83
Bühlertann **D** 121 Au82
Bühne **D** 115 At77
Buholovo **RUS** 215 Cq67
Buhovci **BG** 266 Co94
Buhovo **BG** 272 Ch95
Buhulien **F** 157 So83
Buhuşi **RO** 256 Co87
Buia **I** 133 Bg88
Buie = Buje **HR** 133 Bh90
Builth Wells **GB** 93 So76
Buinseter **N** 57 As60
Buirios Uí Chéin = Borrisokane **IRL** 87 Sd75
Buironfosse **F** 155 Ah81
Buis-les-Baronnies **F** 173 Al92
Buisse, La **F** 173 Am90
Buisson, Le **F** 162 Ak83
Buisson-de-Cadouin, Le **F** 171 Ab91
Buitenpost **NL** 107 An74
Buitrago del Lozoya **E** 193 Sn99
Buják **H** 240 Bu85
Bujaków **PL** 233 Bs80
Bujalance **E** 205 Sm105
Bujaleuf **F** 171 Ad89
Bujanovac **SRB** 271 Cd96
Bujaraloz **E** 195 Su97
Buje **HR** 133 Bh90
Bujkova **MK** 271 Cd96
Bujnovci **BG** 274 Cm95
Bujnovica **BG** 266 Co93
Bujnovo **BG** 266 Co94
Bujor **MD** 248 Cr87
Bujoreni **RO** 265 Cm92
Bujoru **RO** 265 Cm93
Buk **PL** 226 Bo76
Buk **PL** 235 Ce82
Bukatova **BY** 218 Cn72
Bukatynka **UA** 248 Cr84
Bukecy = Hochkirch **D** 118 Bk78
Bükfürdő **H** 129 Bo86
Bukinje **BIH** 261 Bs91
Bükkábrány **H** 240 Cb85
Bukkemoen **N** 22 Bq42
Bükkösd **H** 251 Bq88
Bükkszentlászló **H** 240 Cb84
Bukonys **LT** 218 Ci70
Bukorovac **SRB** 263 Cc93
Bukova Gora **BIH** 259 Bp93
Bukovec **BG** 264 Cf93
Bukovec **BG** 273 Cl97
Bukovec **BG** 274 Cm95
Bukovec **CZ** 236 Bg81
Bukovec **SK** 239 Bs81
Bukovec' **UA** 241 Cf83
Bukovèc = Bucovăţ **MD** 249 Cr86
Bukovi **SRB** 261 Bu92
Bukovica **BIH** 268 Bp93
Bukovica **SRB** 262 Cb93
Bukovica, Špišić- **HR** 242 Bp89
Bukovik **MNE** 269 Bt96
Bukovik **SRB** 269 Bt93
Bukovje **SLO** 134 Bi89
Bukovska **SRB** 263 Cd92
Bukowa **PL** 227 Bt78
Bukowice **PL** 226 Bp78
Bukowiec **PL** 222 Br74
Bukowiec **PL** 225 Bm76
Bukowina **PL** 235 Cf80
Bukowina Tatrzańska **PL** 234 Ca82
Bukownica **PL** 227 Br78
Bukowno **PL** 233 Bt80
Bukowsko **PL** 235 Ce82
Bukruva **TR** 280 Cp99
Buksnes **N** 26 Bm43
Buktav **N** 38 Ba53
Bulačani **MK** 271 Cd96
Bülach **CH** 125 As85
Bulair **BG** 275 Cp95
Bulan **F** 187 Aa94
Bulandet **N** 46 Ak58
Bulat-Pestivien **F** 157 So84
Bulbucata **RO** 265 Cm92
Bulbuente **E** 186 Sr97
Buldern **D** 107 Ap77
Buldoo **GB** 75 Sn63
Buleta **RO** 264 Ci90
Bulford **GB** 98 Sr78
Bulgnéville **F** 162 Am84
Buljane **SRB** 263 Cd93
Buljarica **MNE** 269 Bs96
Bülkau **D** 108 As73
Bulkeley **GB** 93 Sp74
Bulken **N** 56 An59
Bulkington **GB** 93 Ss76
Bulkowo **PL** 227 Ca75
Bullange = Büllingen **B** 114 An80
Bullas **E** 200 Sr104

336 Brestovik – Bullas

Bullay D 119 Ap80
Bulle CH 130 Ap87
Bullerup DK 103 Ba70
Bulles F 155 Ae82
Büllingen B 114 An80
Bullmark S 42 Ca52
Bully-les-Mines F 112 Af80
Bulmer Tye GB 95 Ab76
Bulnes E 184 Sl94
Bulovka CZ 118 Bl79
Bülow D 110 Bd73
Bülow D 110 Bf73
Bulqizë AL 270 Ca98
Bulshizë AL 270 Bu97
Bülstringen D 110 Bc76
Bultei I 140 At100
Bulwick GB 94 St75
Bulz RO 246 Cf87
Bulzeşti RO 264 Ch91
Bulzeştii de Sus RO 254 Cf88
Bumbeşti-Jui RO 264 Cg90
Bumbeşti-Piţic RO 264 Ch90
Buna BIH 268 Bq94
Bunacaimb GB 74 Si67
Bunar SRB 263 Cc93
Bunbrosna IRL 87 Sf73
Bunclody IRL 91 Sg75
Buncrana IRL 82 Sf70
Bun Cranncha = Buncrana IRL 82 Sf70
Bunde D 107 Ap74
Bünde D 115 As76
Bundoran IRL 87 Sd72
Bundorf D 121 Bb80
Bunessan GB 78 Sh68
Buneşti RO 247 Cn85
Buneşti RO 255 Cl88
Bungay GB 95 Ac76
Bunge S 71 Bt65
Bungenäs S 71 Bt65
Bunić HR 259 Bm91
Bunifaziu = Bonifacio F 181 At98
Bunila RO 253 Cf89
Buniv UA 235 Cg81
Bunjany BY 218 Cm72
Bunka LV 212 Cc68
Bunkeflostrand S 73 Bf69
Bunkris S 49 Bg58
Bunleix F 171 Ae89
Bunmahon IRL 90 Sf76
Bunn S 69 Bk65
Bunnanaddan IRL 82 Sc72
Bunnik NL 113 Al76
Buño E 182 Sc94
Buñol E 201 St102
Bunovo BG 272 Ch95
Bunschoten NL 106 Al76
Bunteşti RO 245 Ce87
Buntingford GB 94 Su77
Buntovna BG 273 Ci95
Buntowo PL 221 Bp74
Buñuel E 186 Ss97
Bunyola E 206-207 Af101
Buoððobohki = Patoniva FIN 24 Cp41
Buohttávrre = Puottaure S 34 Ca48
Buoldavárre = Puoltikasvaara S 29 Cc46
Buolžajávri = Pulsujärvi S 29 Cc44
Buonabitacolo I 148 Bm100
Buonalbergo I 148 Bk98
Buonconvento I 144 Bc94
Bur DK 100 Ar68
Buran N 39 Bd53
Burano I 133 Be90
Burbach D 115 Ar79
Burbage GB 94 Sr78
Burbáguena E 194 Ss98
Burbia E 183 Sg95
Burcei I 141 At102
Burcy F 161 Af84
Burdajny PL 216 Bu72
Bureå S 42 Cc51
Bureåborg S 41 Bq54
Burela E 183 Sf93
Bure-les-Templiers F 168 Ak85
Büren D 115 As77
Buren NL 106 Al77
Buren NL 107 Am74
Büren an der Aare CH 130 Ap86
Bures GB 95 Ab77
Buresjön S 34 Bq49
Búrfell IS 20 Ql26
Burfjord N 23 Ce41
Burford GB 94 Sr77
Burg A 242 Bn86
Burg D 110 Bd76
Burg, Den NL 106 Ak74
Burg (Dithmarschen) D 103 At73
Burg (Spreewald) D 117 Bi77
Burgajet AL 270 Ca97
Burgalben, Waldfischbach- D 163 Aq82
Burgas BG 275 Cp96
Burgau A 242 Bn86
Burgau D 126 Ba84
Burgau P 202 Sc106
Burgaud, Le F 177 Ac93
Burg auf Fehmarn D 103 Bc72
Burgazcık TR 275 Cp97
Burgbernheim D 121 Ba82
Burgdorf CH 130 Aq86
Burgdorf D 109 Ba76
Burgdorf D 116 Ba76
Burgebrach D 121 Bb81
Bürgel D 116 Bd79
Burgess Hill GB 154 Su79
Burggen D 126 Bb85
Burghammer D 118 Bi78
Burghaslach D 122 Bb81
Burghaun D 115 Au79
Burghausen D 128 Bf84
Burghead GB 75 So65
Burgheim D 121 Bc83
Burgh le Marsh GB 85 Aa74
Burgio I 152 Bg105
Burgk D 122 Bd79
Burgkirchen A 127 Bg84
Burgkirchen an der Alz D 236 Bf84
Burgkunstadt D 122 Bc80
Burglengenfeld D 122 Be82
Burgo P 190 Sd99
Burgo, El E 204 Sl107
Burgoberbach D 122 Bb82
Burgo de Ebro, El E 195 St97
Burgo de Osma, El E 193 So97
Burgohondo E 192 Sl100
Burgo Ranero, El E 184 Sk96
Burgos E 185 Sn96
Burgos I 140 As100
Burgpreppach D 121 Bb80
Burgsalach D 122 Bc82
Burgscheidungen D 116 Bd78
Burgschwalbach D 120 Ar80
Burgsinn D 121 Au80
Burgstädt D 117 Bf79
Bürgstadt D 121 At81
Burgstall D 110 Bd76
Burg Stargard D 220 Bg74
Burgsteinfurt D 114 Ap76
Burgsvik S 71 Br66
Burgthann D 122 Bc82
Burgueira E 182 Sc96
Burguete E 176 Ss95
Burgui E 176 Ss95
Burguillos E 204 Si105
Burguillos del Cerro E 197 Sg104
Burguillos de Toledo E 199 Sn101
Burgum NL 107 Am74
Burgwald D 115 As78
Burgwedel D 109 Au75
Burgwindheim D 122 Bb81
Burhafe D 107 Aq73
Burhave D 108 Ar73
Buri LV 212 Cd66
Buriasco I 136 Ap91
Burie F 170 Su89
Burila Mare RO 263 Cf92
Buriličevo MK 271 Ce97
Burja BG 273 Cl94
Burjassot E 201 Su101
Burjuc RO 245 Ce89
Burk D 122 Ba82
Burkardroth D 121 Ba80
Burkhardtsdorf D 230 Bf79
Burkut UA 247 Ck85
Burladingen D 125 At84
Burleydam GB 84 Sp75
Burley Gate GB 93 Sp76
Burley in Wharfedale GB 84 Sr73
Burlton GB 84 Sp75
Burnfoot GB 79 Sp70
Burnfoot IRL 82 Sf70
Burnham Norton GB 85 Ab75
Burnham-on-Crouch GB 99 Ab77
Burnham-on-Sea GB 97 Sp78
Burnhaupt-le-Bas F 169 Ap85
Burnhouse GB 78 Sl69
Burnley GB 84 Sq73
Burnmouth GB 76 Sq69
Burntisland GB 76 So68
Burntwood GB 94 Sr75
Buronzo I 130 Ar90
Buros F 176 Su94
Burow D 111 Bg73
Burøysundet N 22 Bu40
Burrafirth GB 77 St59
Burravoe GB 77 Ss59
Burrel AL 270 Bu97
Burrelton GB 76 So67
Burren IRL 90 Sb74
Burres E 182 Sd95
Burriana = Borriana E 195 Su101
Burricios E 182 Sd94
Burringham GB 85 St73
Burry Port GB 97 Sm77
Burs S 71 Bs66
Bursa TR 281 Ct100
Burscheid D 114 Ap78
Burscough GB 84 Sp73
Burseryd S 72 Bg66
Bursfelde D 115 Au77
Burstad N 24 Ci39
Burstad N 58 Bc61
Bürstadt D 163 Ar81
Burtenbach D 126 Ba84
Burton Agness GB 85 Su72
Burton Constable GB 85 Su73
Burton-in-Kendal GB 84 Sp72
Burton Latimer GB 94 St76
Burton Pidsea GB 85 Su73
Burton upon Stather GB 85 St73
Burton-upon-Trent GB 93 Sr75
Burträsk S 42 Cb51
Buru RO 254 Ch87
Burua N 48 Bc57
Burujón E 193 Sm101
Burunköy TR 289 Cp105
Burvik S 42 Cc51
Burwash GB 154 Aa78
Burwell GB 85 Aa74
Burwell GB 95 Aa76
Burwick GB 77 Sp63
Bury GB 84 Sq73
Bury Saint Edmunds GB 95 Ab76
Burzenin PL 227 Bs78
Burzet F 173 Ai91
Busachi I 141 As100
Busalla I 137 As91
Busana I 138 Ba92
Busca I 136 Ap91
Busche I 132 Bd88
Busdorf D 103 Au72
Buseck D 120 As79
Bušetina HR 242 Bp89
Buseto Palizzolo I 152 Bf104
Buševec HR 250 Bn89
Bushat AL 269 Bu97
Bushey GB 99 Su77
Bushmills GB 83 Sh70
Busici MK 271 Cd97
Busigny F 155 Ag80
Bušince SK 239 Bu84
Büsingen am Hochrhein D 125 As85
Busjön S 41 Bs51
Buskhyttan S 70 Bo63
Busko-Zdrój PL 234 Cb80
Busnesgrend N 57 At61
Busni BY 229 Ci76
Busot E 201 Su104
Busovača BIH 260 Bq92
Busówno PL 229 Cg78
Bussac-Forêt F 170 Su90
Bussana I 136 Aq93
Busserolles F 171 Ab89
Busset F 172 Ah88
Busseto I 137 Ba91
Bussière, La F 166 Ab87
Bussière, La F 167 Af85
Bussière-Galant F 171 Ac89
Bussière-Poitevine F 166 Ab88
Bussi sul Tirino I 145 Bh96
Bussoleno I 136 Ap90
Busson F 162 Al84
Bussum NL 106 Al76
Bussy-Chardonney CH 169 An87
Bussy-en-Othe F 161 Ah84
Bustares E 193 So98
Bustarviejo E 193 Sn99
Buste, El E 186 Sr97
Buşteni RO 255 Cm90
Bustidoño E 185 Sn95
Bustillo del Páramo E 184 Si96
Bustnes N 32 Bh48
Busto Arsizio I 131 As89
Busto de Bureba E 185 So95
Busto Garolfo I 131 As89
Buštranje SRB 271 Cd96
Bustuchin RO 264 Ch91
Bustvallen S 49 Bf57
Buštyno UA 246 Cg84
Büsum D 102 As72
Buszów PL 220 Bl75
Buta RO 254 Cf90
Butan BG 264 Ch93
Butea RO 248 Co86
Buteni RO 245 Ce88
Bütenpost = Buitenpost NL 107 An74
Butera I 153 Bi106
Buters S 71 Bs65
Bütgenbach B 114 An80
Buti I 138 Bb93
Butimanu RO 265 Cm91
Butkaičiai LT 217 Cf70
Butkiškė LT 217 Cg70
Butlers Bridge IRL 82 Sf72
Butlerstown IRL 90 Sc77
Butley GB 95 Ac76
Butoieşti RO 264 Cg91
Butorp S 59 Bg62
Butovo BG 265 Cl94
Butrimonys LT 218 Cl72
Butrimonys LT 224 Ci71
Butrón E 185 Sp94
Butryny PL 223 Cb73
Bütschwil-Ganterschwil CH 125 At86
Butsel B 156 Ak79
Buttapietra I 132 Bb90
Büttelborn D 120 As81
Buttelstedt D 116 Bc78
Buttermere GB 84 So71
Buttevant IRL 90 Sc76
Buttlar D 116 Au79
Buttle S 71 Bs66
Buttstädt D 116 Bc78
Buturugeni RO 265 Cm92
Butzbach D 115 As80
Bützfleth D 109 At73
Bützow D 104 Bd73
Buurse NL 114 Ao76
Buvåg N 27 Bl44
Buvasskoia N 57 Au60
Buvce SRB 263 Cd95
Buvik N 32 Bh48
Buvik N 47 Aq55
Buvika N 38 Ba54
Buvika N 48 Bd56
Buxheim D 122 Bc83
Buxières-les-Mines F 167 Af88
Buxtehude D 109 Au74
Buxton GB 84 Sr74
Buxy F 168 Ak87
Büyükada TR 281 Ct99
Büyükaltıağaç TR 280 Cn98
Büyük Anafarta TR 280 Cn100
Büyükçavuşlu TR 281 Cr98
Büyükçekmece TR 281 Cs98
Büyük Doğanca TR 280 Co99
Büyükhusun TR 285 Cn101
Büyük Karakrlı TR 280 Cp98
Büyük Karıstıran TR 281 Cq98
Büyük Yoncalı TR 281 Cq98
Buza RO 246 Ci87
Buzançais F 166 Ac87
Buzancy F 156 Ak82
Buzău RO 266 Co90
Buzău, Munteni- RO 266 Co91
Buzescu RO 265 Cl92
Buzet HR 134 Bh90
Buzet-sur-Baïse F 170 Aa92
Buziaş RO 253 Cd89
Bužica MNE 262 Bt95
Buzica SK 241 Cc83
Bužim BIH 259 Bn90
Buzlubža BG 274 Cl95
Buzmadhjë AL 270 Ca97
Buzovgrad BG 274 Cl95
Buzovycja UA 248 Co83
Buzsák H 251 Bq87
Buzy F 162 Am82
Buzy F 187 Su94
Buzzi, Albergo I 132 Bb88
Bwlch GB 93 So77
Bwlchgwyn GB 93 So74
Bwlch-y-sarnau GB 93 So76
By S 60 Bn60
By S 69 Bf62
Byarum S 72 Bi65
Byberget S 50 Bl55
Bybjerg DK 101 Bd69
Bybrua N 58 Bb59
Bychawa PL 235 Cf78
Byczki PL 227 Ca77
Byczyna PL 227 Br78
Bydalen S 49 Bh54
Bydgeträsk S 42 Cb52
Bydgoszcz PL 222 Br74
Byfield GB 94 Ss76
Bygdeå S 42 Cb52
Bygdin N 47 As58
Bygdisheim N 47 As58
Bygdsiljum S 42 Cb52
Bygland N 67 Aq63
Byglandsfjord N 67 Aq63
Bygstad N 46 Am58
Bykle N 57 Ap62
Bykovec = Bucovăţ MD 249 Cr86
Bylchau GB 84 Sn74
Bylnice, Brumov- CZ 239 Br82
Byneset N 38 Ba54
Byringe S 70 Bo62
Byrkjedal N 66 An63
Byrkjelo N 46 An57
Byrknes N 56 Ak59
Byrness GB 79 Sq70
Byrum DK 101 Bc66
Byrum S 73 Bo66
Bysala S 60 Bm61
Byšice-Liblice CZ 123 Bk80
Byske S 42 Cc51
Býškovice CZ 232 Bq82
Byslaw PL 222 Bq73
Byssträsk S 41 Bs52
Býšť CZ 232 Bm80
Bystad S 70 Bm62
Bysting N 38 At53
Bystøl N 56 An59
Bystra Śląska PL 233 Bt81
Bystré CZ 232 Bn81
Bystré SK 241 Cd82
Bystrec' UA 247 Ck84
Bystrica BY 218 Cm71
Bystričany SK 239 Bs83
Bystřice CZ 231 Bk81
Bystřice CZ 233 Bs81
Bystřice nad Pernštejnem CZ 238 Bn81
Bystřice pod Hostýnem CZ 232 Bq82
Bystřice pod Lopeníkem CZ 239 Bq83
Bystrowice PL 235 Cf81
Bystrycja UA 246 Ci84
Bystrzyca PL 232 Bp79
Bystrzyca PL 234 Cd81
Bystrzyca PL 235 Ce79
Bystrzyca Górna PL 232 Bn79
Bystrzyca Kłodzka PL 232 Bo80
Byszew PL 227 Bs76
Bytča SK 239 Bs82
Bytkiv UA 246 Ci83
Bytlaukis LT 217 Ce69
Bytnica PL 118 Bl76
Bytom PL 233 Bs80
Bytom Odrzański PL 226 Bm77
Bytów PL 221 Bp72
Bytyń PL 226 Bn76
Byvalla S 60 Bn60
Byvallen S 50 Bn57
Byxelkrok S 73 Bp66
Bzenec CZ 238 Bp83
Bzenica SK 239 Bs83
Bzince pod Javorinou SK 239 Bq83
Bzovík SK 240 Bt84
Bzówki PL 227 Bt76

C

Cabaços P 196 Sd101
Čabaj-Čápor SK 239 Br84
Čabalovce SK 241 Cd82
Cabanac-et-Villagrains F 170 St91
Cabañaquinta E 184 Si94
Cabana Rusu RO 254 Cg90
Cabañas de la Dornilla E 183 Sg95
Cabană Voievodul RO 254 Ch90
Cabanes E 195 Aa100
Cabañes de Esgueva E 185 Sn97
Cabaneta, Sa E 206-207 Af101
Cabanillas E 186 Sr96
Cabanillas de la Sierra E 193 Sn99
Cabannes, les F 177 Ad95
Čabar HR 134 Bk89
Cabdella E 177 Ab96
Cabeção P 196 Sd103
Cabeça Santa P 190 Sd98
Cabeceiras de Basto P 191 Se97
Cabeço de Vide P 197 Se102
Cabestany F 189 Af95
Căbeşti RO 245 Ce87
Cabezabellosa E 192 Si100
Cabeza del Buey E 198 Sk103
Cabeza la Vaca E 197 Sh104
Cabezamesada E 200 So101
Cabezarados E 199 Sm103
Cabezarrubias del Puerto E 199 Sm103
Cabezas del Villar E 192 Sk99
Cabezas de San Juan, Las E 204 Si107
Cabezas Rubias E 203 Sf105
Cabezón E 192 Sl97
Cabezón de la Sal E 185 Sm94
Cabezuela E 193 Sn98
Cabezuela del Valle E 192 Si100
Cabia E 185 Sn96
Caboalles de Abajo E 183 Sh95
Cabo Blanco E 202 Rg124
Caborana E 184 Si94
Cabourg F 159 Su82
Čabra E 205 Sm106
Čabra RKS 262 Cb95
Cabrach GB 76 So66
Cabrach del Santo Cristo E 205 So105
Cabra de Mora E 195 St100
Cabras I 141 As101
Cabredo E 186 Sq95
Cabrejas del Pinar E 185 Sp97
Cabrela P 196 Sd103
Cabrera, La E 193 Sn99
Cabrerets F 171 Ad91
Cabria E 185 Sm95
Cabriès F 180 Al94
Cabrillas E 192 Sh99
Cacabelos E 183 Sg95
Çacabezë AL 276 Bu98
Čačak SRB 262 Ca93
Căcărlău RO 246 Cg85
Caccamo I 152 Bh105
Cacela P 203 Sf106
Cacela Velha P 203 Se106
Cacém, Agualva- P 196 Sb103
Cáceres E 197 Sh102
Cachafeiro E 182 Sd95
Cachen F 176 Su92
Cachopo P 203 Se106
Čachrov CZ 123 Bg82
Čachtice SK 239 Bq83
Cacia P 190 Sc99
Cacin E 205 Sn106
Čačinci HR 251 Bq89
Caciulata RO 254 Ci90
Čačkava BY 219 Cp73
Cadafresnas E 183 Sg95
Cadagua E 185 So94
Cadalen F 178 Ad93
Cadalso E 191 Sg100
Cadalso de los Vidrios E 193 Sm100
Cadaqués E 189 Ag96
Cadaval P 196 Sb102
Čadavedo E 183 Sh93
Čadavica BIH 251 Bt91
Čadavica BIH 260 Bo92
Čadavica HR 251 Bq89
Cadbury GB 97 Sn79
Čadca SK 233 Bs82
Cadéac F 187 Aa95
Cadeby GB 93 Ss75
Cadelbosco di Sopra I 138 Bb91
Caden F 164 Sq85
Cadenabbia I 175 At89
Cadenazzo CH 131 As88
Cadenberge D 109 At73
Cadenet F 180 Al93
Cádiar E 205 So107
Cadillac F 170 Su91
Cadima P 190 Sc100
Cadinje SRB 261 Bu94
Cádiz E 204 Sh107
Cadnam GB 98 Sr79
Cadolzburg D 122 Bb82
Cadouin F 171 Ab91
Cadours F 177 Ac93
Cadreita E 186 Sr96
Cadzand NL 112 Ag78
Caen F 159 Su82
Caerano di San Marco I 133 Be89
Caerdydd = Cardiff GB 93 So78
Caerfyrddin = Carmarthen GB 92 Sm77
Caergybi = Holyhead GB 88 Sl74
Caerleon GB 97 Sp77
Caernarfon GB 92 Sm74
Caerphilly GB 97 So77
Caersws GB 93 So75
Caerwent GB 97 Sp77
Čafa MK 270 Cc97
Cagitán E 200 Sr104
Cagli I 139 Bf93
Cagliari I 141 At102
Čaglin HR 251 Bq90
Cagnano I 132 Bd90
Cagnano Varano I 147 Bm97
Cagnes-sur-Mer F 181 Ap93
Caherconell IRL 90 Sb74
Caherconlish IRL 90 Sd75
Cahersiveen IRL 89 Ru77
Cahir IRL 90 Se76
Cahors F 171 Ac92
Cahul MD 256 Cr89
Cahuzac-sur-Adour F 187 Su93
Cahuzac-sur-Vère F 178 Ad93
Căianu RO 254 Ch87
Căianu Mic RO 246 Ci86
Caiazzo I 146 Bi98
Cailhau F 178 Ae94
Caillère-Saint-Hilaire, La F 165 St87
Cain E 184 Sl94
Căinari MD 257 Ct87
Căineni RO 254 Ci90
Căineni-Băi RO 256 Cp90
Caino I 132 Ba89
Čaión E 182 Sc94
Čaira BG 272 Ch96
Cairnbulg-Inverallochy GB 76 Sr65
Cairncross GB 76 Sp67
Cairndow GB 78 Sl68
Cairnryan GB 80 Sk71
Cairo Montenotte I 175 Ar92
Caiseal = Cashel IRL 90 Se75
Caisleán an Bharraigh = Castlebar IRL 86 Sb73
Caister-on-Sea GB 95 Ad75
Caistor GB 85 Su74
Căiuţi RO 256 Co88
Caivano I 146 Bi99
Čajarc F 171 Ad92
Čajetina SRB 261 Bu93
Čajić BIH 260 Bo93
Čajigar E 187 Ab96
Čajka BG 275 Cp94
Čajkoviči UA 235 Ch81
Čajle MK 270 Cb97
Čajniče BIH 269 Bt93
Čajvana RO 247 Cm85
Čakajovce SK 239 Br84
Čakalarova BG 279 Cl98
Çakılköy TR 281 Cr100
Çakıllı TR 281 Cq97
Çakır TR 280 Cp101
Čaklov SK 241 Cd83
Čakovec HR 250 Bn88
Cala E 198 Sh105
Cala Antena E 207 Aq102
Cala Blanca E 207 Ah101
Cala Blava E 206-207 Af102
Calabor E 183 Sg97
Calabritto I 147 Bl99
Calaceite E 195 Aa98
Calacuccia F 181 At96
Cala d'Oliva I 140 Ar98
Cala d'Or E 207 Ag102
Cala En Porter E 207 Ai101
Calaf E 189 Ad97
Calafat RO 264 Cf93
Calafell E 189 Ad98
Cala Figuera E 207 Ag102
Calafindeşti RO 247 Cn85
Cala Gonone I 140 Au100
Calahonda E 205 So107
Calahorra E 186 Sr96
Calahorra, La E 206 So106
Calahorra de Boedo E 185 Sm95
Calais F 95 Ad79
Cala Liberotto I 140 Au100
Cala Llonga E 206 Ad103
Calalzo di Cadore I 133 Be88
Cala Mesquida E 207 Ai101
Cala Millor E 207 Ag101
Calamine, La = Kelmis B 113 An79
Calamocha E 194 Ss99
Calamonaci I 152 Bg105
Calamonte E 197 Sh103
Cala Morell E 207 Ah100
Călan RO 254 Cf89
Calañas E 203 Sg105
Calanda E 188 Su99
Calangianus I 140 At99
Calanhel F 157 So84
Calanna I 151 Bm104
Cala Nova E 206 Ad102
Cala Pi E 206-207 Af102
Calapica BG 273 Ck96
Cala Piccola I 143 Bc96
Cala Rajada E 207 Ag101
Călăraşi MD 249 Cr86
Călăraşi RO 248 Cp85
Călăraşi RO 264 Ci93
Călăraşi RO 266 Cp92
Călărşi RO 254 Ch88
Cala Santa Galdana E 207 Ah101
Cala Sant Vicenç E 207 Ag101
Calascibetta I 153 Bi105
Calascio I 145 Bh96
Calasetta I 141 Ar102
Calasparra E 200 Sr104
Calatafimi I 152 Bf105
Calatañazor E 193 Sp97
Calatayud E 194 Sr98
Călăţele RO 254 Cg87
Calatorao E 194 Ss97
Cala Turqueta E 207 Ah101
Calau D 118 Bh77
Cala Vadella E 206 Ac103
Calbe (Saale) D 116 Bd77
Calberlah D 109 Bb76
Calbor RO 255 Ck89
Calcara I 138 Bc91
Calcata I 144 Be96
Calcatoggio F 142 As96
Calcena E 194 Sr97
Calci I 138 Ba93
Calcinelli I 139 Bf93
Căldăraru RO 265 Ck92
Caldaro I 132 Bc88
Caldarola I 145 Bg94
Caldas da Cavaca P 191 Se99
Caldas da Rainha P 196 Sb102
Caldes de Malavella = Caldes de Malavella E 189 Af97
Caldas de Monchique P 202 Sc106
Caldas de Reis E 182 Sc95
Caldas de Vizela P 190 Sd98
Caldbeck GB 81 So71
Caldearenas E 176 Su96
Caldebarcos E 182 Sb95
Caldelas E 182 Sc96
Caldelas de Tui = Caldelas E 182 Sc96
Calden D 115 At78
Calder Mains GB 75 Sn63
Caldern D 115 As79
Calders E 189 Ad97
Caldes de Boí E 188 Ab95
Caldes de Malavella E 189 Af97
Caldes de Montbui E 189 Ae97
Caldes de Montbúy = Caldes de Montbui E 189 Ae97
Caldicot GB 97 Sp77
Caleao E 184 Sk94
Caledon GB 87 Sg72
Calella E 189 Af97
Calella de Palafrugell E 189 Ag97
Calenzana F 181 As95
Calenzano I 138 Bc93
Calera de León E 197 Sh104
Calera y Chozas E 198 Sl101
Caleri I 139 Be90
Caleruega E 185 So97
Cales de Mallorca E 207 Ag102
Calestano I 137 Ba91
Caletta, la I 140 Au99
Caletta, la I 141 Ar102
Calgary GB 78 Sh67
Calheta P 190 Qd103
Calheta P 190 Ri115
Calheta de Nesquim P 190 Qd104
Călig E 195 Aa100
Călimăneşti RO 254 Ci90
Calimera I 149 Br100
Calina RO 253 Cd90
Calineşti MD 248 Cp85
Călineşti RO 246 Ch85
Călineşti RO 265 Cl92
Călineşti-Oaş RO 246 Cg85
Calinzana = Calenzana F 181 As95
Calitri I 147 Bl99
Calizzano I 136 Ar92
Callac F 157 So84
Callain IRL 90 Sf75
Callaly GB 81 Sr70
Callan = Callain IRL 90 Sf75
Callander GB 79 Sm68
Callanish GB 74 Sg64
Callantsoog NL 106 Ak75
Callas F 180 Ao93
Callen F 170 Su92
Callenberg D 117 Bf79
Callezuela E 184 Si94
Callian F 187 Aa93
Calliano I 132 Bc89
Calliano I 136 Ar90
Callington GB 97 Sm79
Callosa d'En Sarrià E 201 Su103
Callosa de Segura E 201 St104
Callús E 189 Ad97
Călmăţuiu RO 265 Ck93
Călmăţuiu de Sus RO 265 Ck92
Calmazzo I 139 Bf93
Calmbach D 125 As83
Calmeilles F 189 Af95
Calmette, La F 179 Ai93
Calmont F 172 Af92
Calmont F 177 Ad94
Calmoutier F 169 An85
Calne GB 94 Sq78
Calnegre y Los Curas E 207 Ss105
Călnic RO 254 Ch89
Călnic RO 264 Cg91
Calonge E 189 Ag97
Calonge E 207 Ag102
Calonne-Ricouart F 112 Ae80
Calopăr RO 264 Ch92
Calp E 201 Aa103
Calpe = Calp E 201 Aa103
Caltabellotta I 152 Bg105
Caltagirone I 153 Bk106
Caltana I 133 Be90
Caltanissetta I 153 Bi106
Caltavuturo I 150 Bh105
Caltojar E 193 Sp98
Caltra IRL 87 Sd74
Călugăra, Luizi- RO 256 Co87
Călugăreni RO 255 Ck87
Călugăreni RO 265 Cm92
Căluşeri RO 255 Ck87
Caluso I 130 Aq90
Calvario (Rosal) E 182 Sc97
Calvarrasa de Abajo E 192 Si99
Calvarrasa de Arriba E 192 Si99
Calveley GB 93 Sp74
Calvello I 147 Bm100
Calver GB 84 Sr74
Calvera I 148 Bn100
Calverton GB 85 Ss74
Calvi F 181 As95
Calvià E 206-207 Af101
Calviac-en-Périgord F 171 Ac91
Calvi dell'Umbria I 144 Bf96
Calvinet F 172 Ae91
Calvini RO 255 Cn90
Calvi Risorta I 146 Bi98
Calvisson F 179 Ai93
Calvörde D 110 Bc76
Calvos E 183 Se97
Calvos (Calcos de Randín) = Calvos E 183 Se97
Calw D 125 As83
Calzada de Calatrava E 199 Sn103
Calzada de los Molinos E 184 Sl96
Calzada de Oropesa, La E 192 Sk101
Calzada de Valdunciel E 192 Si98
Calzadilla E 191 Sg100
Calzadilla de los Barros E 197 Sh104
Camacha P 190 Rg115
Camacha (Porto Santo) P 190 Rh114
Camaiore I 138 Ba93
Camaldoli I 138 Bd93
Camaleño E 184 Sl94
Camañas E 194 Ss99
Camăr RO 245 Cf86
Câmara de Lobos P 190 Rg115
Camarasa E 188 Ab97
Cămăraşu RO 254 Ci87
Camarção P 190 Sc100
Camarena E 193 Sm100
Camarena de la Sierra E 194 Ss100
Camarenilla E 193 Sm100
Camarès F 178 Af93
Camaret-sur-Aigues F 179 Ak92
Camaret-sur-Mer F 157 Sl84
Camargo = Muriedas E 185 Sn94
Camariñas E 182 Sb94
Camarles E 195 Ab99
Camarma de Esteruelas E 193 So99
Camarmeña E 184 Sl94
Camaross IRL 91 Sg76
Cămărzana RO 246 Cg85
Camarzana de Tera E 184 Sh97
Camas E 204 Sh106
Camastianavaig GB 74 Sh66
Camastra I 152 Bh106
Camba P 191 Se100
Cambados E 182 Sc95
Cambe, la F 159 St82
Cambeo E 183 Se96
Camber GB 99 Ab79
Camberley GB 94 St78
Cambiano I 175 Aq91
Cambil E 205 Sn105
Camblesforth GB 85 Ss73
Cambo GB 81 Sr70
Cambo-les-Bains F 186 Ss94
Camborne GB 96 Sk80
Cambra P 190 Sd99
Cambrai F 155 Ag80
Cambre E 182 Sd94
Cambremer F 159 Aa82
Cambres P 191 Se98
Cambrésis F 155 Ah80
Cambridge GB 95 Aa76
Cambridge GB 97 Sq77
Cambrils E 188 Ac98
Cambs D 110 Bd73
Camburg D 116 Bd78
Camelford GB 96 Sl79
Camelle E 182 Sb94
Camena RO 267 Cs91
Camenca MD 249 Cs84
Camerano I 139 Bh93
Cameri I 175 As89
Cameriano I 131 As90
Camerino I 145 Bg94
Camerota I 148 Bl100
Çamıçı TR 289 Cq106
Camiers F 99 Ad79
Camigliatello Silano I 151 Bn102
Camin D 110 Bb74
Caminha P 182 Sc97
Camino E 184 Sl94
Camino al Tagliamento I 133 Bf89
Caminomorisco E 191 Sh100
Camineal E 194 Ss99
Camisano Vicentino I 132 Bd89
Çamlıca TR 280 Co99
Camlough GB 87 Sh72
Cammachmore GB 79 Sq66
Cammarata I 152 Bh105
Cammin D 104 Be73
Camogli I 175 At92
Camolin IRL 91 Sh75
Camors F 158 So85
Camou-Cihigue F 176 St94
Camp IRL 89 Sa76
Campagna I 147 Bl99
Campagna Lupia I 133 Be90
Campagnano di Roma I 144 Be96
Campagnatico I 144 Bc95
Campagne F 171 Ab91
Campan F 187 Aa94
Campana I 151 Bo102
Campana, La E 204 Sk105
Campanario E 198 Si103
Campanas E 176 Sr95
Campanet E 206-207 Af101
Câmpani RO 245 Cf87
Campanillas E 205 Sl107
Campaspero E 193 Sm98
Campbeltown GB 78 Si70
Campbon F 164 Sr86
Campdevànol E 189 Ae96

Bullay – Campdevànol 337

Campeaux F 159 St83
Campeglio I 134 Bg88
Campello = Campello, el E 201 Su104
Campello, el E 201 Su104
Campello San Clitunno I 144 Bf95
Campelo P 190 Sd101
Campelos P 196 Sb102
Campénéac F 158 Sq85
Câmpeni RO 254 Cg88
Camperduin NL 106 Ak75
Campia P 190 Sd99
Câmpia Turzii RO 254 Ch87
Campi Bisenzio I 138 Bc93
Campiglia Marittima I 143 Bb94
Campigliola, la I 144 Bd95
Campigna I 138 Bd93
Campigny F 159 Ab82
Campill = Longiarü I 132 Bd87
Campillo E 192 Si97
Campillo, El E 203 Sg105
Campillo de Altobuey E 200 Sr101
Campillo de Arenas E 205 Sn105
Campillo de Deleitosa E 198 Si101
Campillo de Dueñas E 194 Sr99
Campillo de la Jara, El E 198 Sk101
Campillo de las Doblas E 200 Sr103
Campillo de Llerena E 198 Si103
Campillos E 204 Sl106
Câmpina RO 265 Cm90
Câmpineanca RO 256 Cp89
Campione del Garda I 132 Bb89
Campione d'Italia I 131 As89
Campisábalos E 193 So98
Campi Salentina I 149 Br100
Campitello Matese I 146 Bi98
Campli I 145 Bh95
Camplongo de Arbás E 184 Si95
Campo E 177 Aa96
Campo I 131 Au88
Campo P 190 Sd98
Campo P 197 Se104
Campo (Blenio) CH 131 As87
Campo, Cuevas del E 206 Sp105
Campo Arcis E 201 Ss102
Campobasso I 145 Bk97
Campobecerros E 183 Sf96
Campobello di Licata I 152 Bh106
Campobello di Mazara I 152 Bf105
Campo Catino I 145 Bg97
Campo da Feira E 183 Se94
Campodarbe E 177 Aa96
Campodarsego I 132 Bd90
Campo de Besteiros P 190 Sd99
Campo de Criptana E 200 So102
Campo de la Feria = Campo da Feira E 183 Se94
Campo dell'Osso I 145 Bg97
Campo de San Pedro E 193 Sn98
Campo di Giove I 146 Bi96
Campodipietra I 147 Bk97
Campodolcino I 131 At88
Campodonico I 144 Bf94
Campofelice di Roccella I 150 Bh105
Campofiorito I 152 Bg105
Campoformido I 133 Bg88
Campofranco I 152 Bh105
Campofrío E 203 Sg105
Campohermoso E 206 Sq107
Campolasta I 132 Bc87
Campolattaro I 147 Bk98
Campolieto I 147 Bk97
Campo Ligure I 175 As91
Campo Lugar E 198 Si102
Campo Maior P 197 Sf102
Campomanes E 184 Si94
Campomarino I 147 Bl97
Campomarino I 149 Bq100
Campomolino I 174 Ap92
Campomoro F 142 As97
Campon I 133 Be88
Campone I 133 Bf88
Campora San Giovanni I 151 Bn102
Campo Real E 193 So100
Camporeale I 152 Bg105
Camporeggiano I 144 Be94
Camporgiano I 138 Ba92
Camporrells E 187 Ab97
Camporrobles E 201 Ss101
Campos E 207 Ag102
Camposampiero I 132 Bd89
Camposanto I 138 Bc91
Campotéjar E 205 Sn106
Campotosto I 145 Bg95
Campo Tures I 132 Bd87
Camprodon E 178 Ae96
Campsas F 177 Ac93
Camps-en-Amiénois F 154 Ad81
Câmpu Cetății RO 255 Cl87
Câmpulung RO 255 Cl90
Câmpulung Moldovenesc RO 247 Cm85
Campu Moru, U = Campomoro F 142 As97
Câmpuri RO 256 Co88
Camucia I 144 Bd94
Camugnano I 138 Bc92
Camuñas E 199 So102
Çamyayla TR 280 Co100
Çan TR 280 Cp100
Čaňa SK 241 Cc83
Canabal E 183 Se96
Cañada E 201 St103
Cañada, La E 193 Sm99
Cañada de la Cruz E 200 Sq104
Cañada del Hoyo E 194 Sr101
Cañada del Rosal E 204 Sk105
Cañada de San Urbano, La E 206 Sq107
Cañadajuncosa E 200 Sq101
Cañada Vellida E 195 St99
Cañadillas E 205 Sm106
Çanakkale TR 280 Cn100
Canale I 175 Aq91
Canaleja E 184 Si95
Canalejas del Arroyo E 194 Sp100
Canals E 201 St103
Canal San Bovo I 132 Bd88
Cañamares E 194 Sq100
Cañamares E 200 Sp103
Cañamero E 198 Sk102
Canaples F 155 Ae80
Canara E 200 Sr104
Canarios, Los = Fuencaliente de la Palma E 202 Re124
Canaro I 138 Bd91
Canas de Senhorim P 191 Se99
Cañaveral E 197 Sh101
Cañaveral de León E 203 Sg104
Cañaveras E 194 Sq100
Canazei I 132 Bd88
Cancale F 158 Sr83
Cancárix E 200 Sr104
Cancellara I 147 Bm99
Cancello ed Arnone I 146 Bi98
Canchy F 154 Ad80
Cancienes E 184 Si93
Cancon F 171 Ab91
Candamil E 183 Se94
Candanchú E 187 St95
Candanedo de Fenar E 184 Si95
Candás (Carreño) E 184 Si93
Candasnos E 195 Aa97
Candé F 165 Ss85
Candedo P 191 Sf98
Candela I 148 Bm98
Candelara I 139 Bf93
Candelaria E 202 Rh124
Candelária P 190 Qc104
Candelária P 182 Qi105
Candelario E 192 Si100
Candeleda E 192 Sk100
Candelo I 130 Ar89
Candemil P 182 Sc97
Candemil P 191 Se98
Candes-Saint-Martin F 165 Aa86
Cândeşti RO 256 Co87
Cândeşti RO 256 Co90
Cândeşti-Vale RO 265 Cl90
Candia Lomellina I 137 As90
Candlesby GB 85 Aa74
Candón E 203 Sg106
Candosa P 191 Se100
Canedo E 183 Se94
Canejan E 177 Ab95
Canelli I 136 Ar91
Canena E 199 So104
Canencia E 193 Sn99
Canepina I 144 Be96
Canero E 183 Sh93
Cănești RO 256 Co90
Canet F 178 Ag93
Canet de Mar E 189 Af97
Cañete E 193 Sn101
Cañete E 194 Sr100
Cañete de las Torres E 205 Sm105
Cañete la Real E 204 Sk107
Canet lo Roig E 195 Aa99
Canet-Plage F 189 Ag95
Canfanaro = Kanfanar HR 258 Bh90
Canfranc E 187 St95
Canfranc-Estación E 187 St95
Cangas E 182 Sc96
Cangas E 183 Sf93
Cangas del Narcea E 183 Sg94
Cangas de Onís E 184 Sk94
Cangues d'Onís = Cangas de Onís E 184 Sk94
Canha P 196 Sc103
Canhestros P 196 Sd104
Canhıdır TR 280 Cp98
Caniçal P 190 Rg115
Canicatti I 152 Bh106
Canicattini Bagni I 153 Bl106
Caniço = Caniço de Bâixo P 190 Rg115
Caniço de Bâixo P 190 Rg115
Canicosa de la Sierra E 185 So97
Canido E 182 Sc96
Caniles E 206 Sp106
Canino I 144 Bd96
Canisy F 159 Ss82
Cañizal E 192 Sk98
Cañizares E 194 Sq99
Canjáyar E 206 Sp106
Canlia RO 266 Cq92
Canna I 148 Bo100
Cannai I 141 Ar102
Cannara I 144 Bf95
Cannero Riviera I 175 As88
Cannes F 136 Ap93
Cannet-des-Maures, le F 180 An94
Canneto I 150 Bk104
Canneto sull'Oglio I 138 Ba90
Cannich GB 75 Sl66
Cannigione I 140 At98
Canningstown IRL 82 Sf73
Cannington GB 97 So78
Cannobio I 175 As88
Cannock GB 94 Sq75
Cano P 197 Se103
Ca' Noghera I 133 Be89
Canon, Mézidon- F 159 Su82
Canonbie GB 81 Sp70
Canosa di Puglia I 147 Bn98
Canossa Sannita I 145 Bi96
Canosio I 174 Ap92
Canourgue, La F 172 Ag92
Ca'n Pastilla E 206-207 Af101
Can Picafort E 207 Ag101
Can Salvos E 206 Ac103
Cantagallo I 138 Bc92
Cantalapiedra E 192 Sk98
Cantalejo E 193 Sn98
Cantalice I 144 Bf96
Cantallops E 178 Af96
Cantalojas E 193 So98
Cantalpino E 192 Sk98
Cantalupo in Sabina I 144 Bf96
Cantalupo nel Sannio I 146 Bi97
Cantanhede P 190 Sc100
Cantavieja E 195 Su99
Čantavir SRB 244 Bu89
Canteiros E 182 Sd93
Canteleu F 154 Ac82
Cantemir MD 256 Cr88
Cantenac F 170 St90
Canteras E 207 Ss105
Canterbury GB 99 Ac78
Cantiano I 139 Bf94
Cantillana E 204 Si105
Cantimpalos E 193 Sm98
Cantinella I 151 Bn101
Cantoniera d'Umbra I 147 Bm97
Cantoral de la Peña E 184 Sl95
Cantoria E 206 Sq106
Cantù I 175 At89
Cañuelas E 207 Ss105
Canvey Island GB 99 Ab77
Cany-Barville F 154 Ab81
Canyelles E 189 Ad98
Canyet de Mar E 189 Af97
Canzo I 131 At89
Caol GB 75 Sk67
Caoles GB 78 Sg67
Caoria di dentro I 132 Bd88
Caorle I 133 Bf89
Caorso I 137 Au90
Capaccio I 147 Bl100
Capalbio I 144 Bc96
Căpâlna RO 254 Ch89
Căpâlnaş RO 245 Ce89
Căpâlniţa RO 255 Cm88
Capannoli I 143 Bb93
Capannori I 138 Bb93
Caparde BIH 261 Bs92
Capareiros P 190 Sc97
Capari MK 277 Cc98
Caparica P 196 Sb103
Caparrosa P 190 Sd99
Caparroso E 176 Sr96
Capartice CZ 230 Bf82
Capavenir Vosges F 124 An84
Capbreton F 186 Ss93
Cap-d'Agde, le F 179 Ah94
Capdellà, Es E 206 Ae101
Capdenac-Gare F 171 Ae91
Capdepera E 207 Ag101
Capel GB 99 Su78
Capelas P 182 Qi105
Capel Curig GB 92 Sn74
Capelins (Aldeia de Ferreira) P 197 Sf103
Capeľka RUS 211 Cs64
Capella E 188 Aa96
Capellades E 189 Ad97
Capelle, La F 156 Ah81
Capelle, Sprang- NL 113 Al77
Capelle aan de IJssel NL 106 Ak77
Capelle-lès-Boulogne, La F 154 Ad79
Capelo P 190 Qc103
Capel Saint Mary GB 95 Ac76
Capel-y-ffin GB 93 So77
Capendu F 178 Af94
Capestang F 178 Ag94
Capestrano I 145 Bh96
Cap-Ferret F 170 Ss91
Capidava RO 267 Cr91
Capileira E 205 So107
Capinha P 191 Sf100
Capistrello I 145 Bg97
Capitana I 141 At102
Capitello I 138 Bd90
Capitignano I 145 Bg95
Capizzi I 150 Bi105
Căplani MD 257 Cu88
Căpleni RO 245 Cf85
Čaplje BIH 259 Bo91
Čapljina BIH 268 Bq94
Capodacqua I 144 Bf94
Capodimonte I 144 Bd95
Capo di Ponte I 132 Ba88
Capodistria = Koper SLO 134 Bh89
Capo d'Orlando I 150 Bk104
Capoliveri I 143 Ba95
Capo Rizzuto I 151 Bp103
Caposile I 133 Bf89
Capostrada I 138 Bb93
Capoterra I 141 As102
Cappadocia I 145 Bg97
Cappagh White IRL 90 Sd75
Cappamore IRL 90 Sd75
Cappeen IRL 89 Sc77
Cappel D 115 Ar77
Cap-Pelat F 177 Aa93
Cappeln (Oldenburg) D 108 Ar75
Cappenberg D 114 Aq77
Cappoquin IRL 90 Se76
Capracotta I 145 Bi97
Capráia = Capraia Isola I 142 Au94
Capraia Isola I 142 Au94
Capranica I 144 Be96
Caprarola I 144 Be96
Căpreni RO 264 Ch91
Caprese Michelangelo I 138 Bd93
Capri I 146 Bi99
Čapriana MD 249 Cr86
Capriasca CH 175 As88
Capriati a Volturno I 146 Bi98
Capriccioli I 140 Au98
Caprile I 132 Bd88
Caprino Bergamasco I 131 At89
Caprino Veronese I 132 Bb89
Căprioru RO 253 Ce89
Căpruţa RO 253 Ce88
Captieux F 170 Su92
Capua I 146 Bi98
Capu Codrului RO 247 Cm85
Capu Corbului RO 247 Cm86
Capurso I 149 Bo98
Căpuşu Mare RO 246 Cg87
Caputh D 111 Bg76
Capvern-les-Bains F 177 Aa94
Čara HR 268 Bo95
Cara RO 254 Ch87
Carabaña E 193 So100
Carabias E 193 Sn98
Caracal RO 264 Ci92
Caracena E 193 So98
Caracenilla E 194 Sp100
Caraffa del Bianco I 151 Bn104
Caraffa di Catanzaro I 151 Bn103
Caragasani MD 257 Cu88
Caragele RO 266 Cp91
Caragh Lake IRL 89 Sa76
Caraglio I 174 Ap92
Caragna I 136 Ar92
Caraman F 178 Ad93
Caramanico Terme I 146 Bi96
Caramulo P 190 Sd99
Cărand RO 245 Ce88
Caranga E 184 Sh94
Caranguejeira P 196 Sc101
Caransebeş RO 253 Ce90
Carantec F 157 Sn83
Caraorman RO 267 Ct90
Carapacho P 190 Qe102
Carasco I 137 At92
Car Asen BG 265 Cn94
Caraşova RO 253 Cd90
Carastelec RO 246 Cf86
Čarasy BY 219 Cq69
Carate Brianza I 131 At89
Caraula RO 264 Cg92
Caravaca de la Cruz E 200 Sr104
Caravaggio I 131 Au89
Carbajales de Alba E 192 Si97
Carbajo E 197 Sf101
Carballal E 182 Sc96
Carballeda de Avia E 182 Sd96
Carballiño = Carballino, O E 182 Sd96
Carballino, O E 182 Sd96
Carballo E 182 Sc94
Carballo (Verea) E 183 Se96
Carbellino E 192 Sh98
Cârbeşti RO 264 Cg91
Carbis Bay GB 96 Sk80
Carbon-Blanc F 170 St91
Carbonera de Frentes E 194 Sp97
Carboneras E 206 Sr107
Carboneras de Guadazaón E 194 Sr101
Carbonero el Mayor E 193 Sm98
Carboneros E 199 Sn104
Carbonia I 141 As102
Carbonin I 133 Be87
Carbonne F 177 Ac94
Cărbunari RO 253 Cd91
Cărbuneşti RO 255 Cn90
Carbury IRL 87 Sg74
Carcaboso E 192 Sh100
Carcabuey E 205 Sm106
Carcaixent E 201 Su102
Carcaliu RO 256 Cr90
Cárcamo E 185 So95
Carcanières F 189 Ae95
Carcans F 170 Ss90
Carcans-Plage F 170 Ss90
Carção P 191 Sg97
Cárcar E 186 Sr96
Carcare I 175 Ar92
Carcassonne F 178 Ae94
Carcastillo E 176 Ss96
Cărcea RO 264 Ch92
Carcelén E 201 Ss102
Carcen-Ponson F 176 St93
Carchelejo E 205 Sn105
Čarčmyšcy BY 219 Co71
Carcoforo I 175 Ar89
Çardak TR 280 Co100
Čardaklija MK 271 Ce97
Cardaño de Abajo E 184 Sl95
Cardaño de Arriba E 184 Sl95
Cardedeu E 189 Ae97
Cardejón E 194 Sq97
Cardeña E 199 Sm104
Cardenete E 200 Sr101
Cardeñosa E 192 Sl99
Cardeston GB 93 Sp75
Cardeto I 151 Bm104
Cardiff GB 93 So78
Cardigan GB 92 Sl76
Cardigos P 196 Sd101
Cardinale I 151 Bn103
Cardó E 188 Ab99
Cardon RO 257 Cu90
Cardona E 189 Ad97
Cardross GB 78 Sl69
Carei RO 245 Ce85
Carennac F 171 Ad91
Carentan-les-Marais F 159 Ss82
Carentoir F 164 Sq85
Careri I 151 Bn104
Carevac SRB 263 Cc91
Careva Livada BG 274 Cl95
Carev Brod BG 266 Cp94
Carevci BG 275 Cq94
Carevdar HR 135 Bo88
Čarevdol BG 266 Co93
Čarev Dvor MK 276 Cc98
Carevec BG 265 Cl93
Carevo BG 275 Cq96
Carew GB 91 Sl77
Carezza al Lago I 132 Bd88
Carfizzi I 151 Bo102
Čargan BG 275 Co96
Cargèse F 181 As96
Carghjese = Cargèse F 181 As96
Cargiaca F 181 At97
Carhaix-Plouguer F 157 Sn84
Caria P 191 Sf100
Cariati I 151 Bo102
Caričino BG 267 Cr94
Carignan F 162 Al81
Carignano I 136 Aq91
Cariñena E 194 Ss98
Carini I 152 Bg104
Carinish (Cairinis) GB 74 Sf65
Cariño E 183 Se93
Carinola I 146 Bh98
Carisio I 130 Ar90
Cărjiţi RO 254 Cf89
Cark GB 84 Sp72
Car Kalojan BG 265 Cn93
Carla-Bayle F 177 Ac94
Carla-de-Roquefort F 178 Ad95
Carlanstown IRL 87 Sg73
Carlat F 172 Af91
Carlepont F 161 Ag81
Carlet E 201 St102
Cârlibaba RO 247 Cl85
Cârligele RO 256 Cp89
Carlingford IRL 83 Sh72
Carlisle GB 81 Sp71
Carloforte I 141 Ar102
Cârlogani RO 264 Ci91
Carlota, La E 204 Sl105
Carlow D 110 Bb73
Carlow IRL 91 Sg75
Carlow = Ceatharlach IRL 91 Sf75
Carloway GB 74 Sg64
Carlsfeld D 117 Bf80
Carlton GB 85 Ss75
Carlton in Lindrick GB 85 Ss74
Carluke GB 80 Sn69
Carmagnola I 136 Aq91
Carmanova MD 249 Cu86
Carmarthen GB 92 Sm77
Carmaux F 178 Ae92
Carmel GB 92 Sm74
Cármenes E 184 Si95
Carmignano I 138 Bc93
Carmona E 204 Si106
Carmonita E 197 Sh102
Carmzow-Wallmow D 111 Bi74
Carna IRL 86 Sa74
Carnac F 164 So85
Carnach GB 75 Sk66
Carnagh GB 82 Sg72
Carna Plumpa = Schwarze Pumpe D 118 Bi77
Carnaross IRL 87 Sg73
Čarnaŭčycy BY 229 Ch76
Carncastle GB 83 Si71
Carn Domhnach = Carndonagh IRL 82 Sf70
Carndonagh IRL 82 Sf70
Carnew IRL 91 Sh75
Carnforth GB 84 Sp72
Carnia Piani I 133 Bg88
Carnikava LV 214 Ci66
Čarnjany BY 229 Ci77
Carnlough GB 83 Sh71
Carnon-Plage F 179 Ah93
Carnota E 182 Sb95
Carnoules F 180 An94
Carnoustie GB 79 Sp68
Carnteel GB 82 Sg72
Carnwath GB 80 Sn69
Carolei I 151 Bn102
Caroli S 69 Bf65
Carolina, La E 199 Sn104
Carolinensiel D 108 Aq73
Carolles F 158 Sr83
Carona I 131 Au88
Caronia I 150 Bi104
Carosino I 149 Bp100
Carovigno I 149 Bq99
Carovilli I 146 Bi97
Carpano, Rifugio I 174 Ap89
Carpegna I 139 Be93
Carpen RO 264 Cg92
Carpenedolo I 132 Ba90
Carpentras F 179 Al92
Car Petrovo BG 263 Cf93
Carpi I 138 Bb91
Cărpieni MD 257 Cr87
Carpignano Salentino I 149 Br100
Carpignano Sesia I 175 Ar89
Carpin D 111 Bg74
Cărpinet RO 245 Ce88
Carpineti I 138 Bb92
Carpineto Romano I 146 Bg97
Carpinheira P 190 Sc100
Cărpiniş RO 253 Cb89
Carpino I 147 Bm97
Carpinone I 146 Bi97
Carpio E 192 Sk98
Carpio, El E 205 Sl105
Carpio de Azaba E 191 Sg99
Carpio de Tajo, El E 193 Sm101
Carquefou F 165 Ss86
Carradale GB 80 Sk69
Carragosa P 183 Sg97
Carragosela P 191 Se100
Carraig Airt IRL 82 Se70
Carraig an Chabhaltaigh = Carrigaholt IRL 89 Sa75
Carraig Mhachaire = Carrickmacross IRL 82 Sg73
Carraig na Siúire = Carrick on Suir IRL 90 Sf76
Carraig Uí Leighin = Carrigaline IRL 90 Sd77
Carral E 182 Sd94
Carralevë RKS 270 Cb96
Carrapateira P 202 Sc106
Carrara I 137 Ba92
Carrascal del Obispo E 192 Sh99
Carrascosa E 194 Sq99
Carrascosa de Haro E 200 Sp101
Carrascosa del Campo E 194 Sp100
Carratraca E 204 Sl107
Carrazeda de Ansiães P 191 Sf98
Carrazedo de Montenegro P 191 Sf97
Carrbridge GB 75 Sn66
Carregal do Sal P 190 Sd100
Carregosa P 190 Sd99
Carreira = Carreira (Miño) E 182 Sd94
Carreira (Miño) E 182 Sd94
Carreña (Cabrales) E 184 Sl94
Carresse-Cassaber F 176 St94
Carretera (Gutín de Pallares) = Guntín E 183 Se95
Carretera de Pallares (Guntín) = Guntín E 183 Se95
Carrick GB 78 Sl68
Carrick = An Charraig IRL 82 Sc71
Carrickart = Carraig Airt IRL 82 Se70
Carrickfergus GB 83 Si71
Carrick Ho GB 77 Sp62
Carrickmacross IRL 82 Sg73
Carrickmore GB 87 Sf71
Carrick-on-Shannon IRL 82 Sd73
Carrick on Suir IRL 90 Sf76
Carriço P 190 Sc101
Carrigaholt IRL 89 Sa75
Carrigaline IRL 90 Sd77
Carrigallen IRL 82 Se73
Carrigtohill IRL 90 Sd77
Carril E 182 Sc95
Carrio E 184 Si94
Carrión de Calatrava E 199 Sn102
Carrión de los Céspedes E 203 Sh106
Carrión de los Condes E 184 Sl96
Carrizo de la Ribera E 184 Si95
Carrizosa E 200 Sp103
Carro F 179 Al94
Carrodano I 137 Au92
Carronbridge GB 80 Sn70
Carrouge CH 169 Ao87
Carrouges F 159 Su83
Carrowdore GB 88 Si71
Carrowkeel IRL 82 Se70
Carrowkeel IRL 82 Sf70
Carrowmoreknock IRL 86 Sb74
Carrù I 175 Aq92
Carrutherstown GB 81 So70
Carryduff GB 88 Si71
Carry-le-Rouet F 179 Al94
Cars, Les F 171 Ac89
Carsac-Aillac F 171 Ac91
Carsaig GB 78 Si68
Car Samuil BG 266 Cn93
Carshovë AL 276 Cb100
Car Šišmanovo BG 263 Cf93
Carski Izvor BG 274 Cm94
Carsoli I 146 Bg96
Carsphairn GB 80 Sm70
Carstairs GB 79 Sn69
Cârţa RO 255 Ck89
Cârţa RO 255 Cm87
Cartagena E 207 St105
Cártama E 205 Sl107
Cartaojal E 205 Sl106
Čartavičy BY 218 Cn72
Cartaxo P 196 Sc102
Cartaya E 203 Sf106
Cartelle E 182 Sd96
Carteret F 98 Sr82
Carteret, Barneville- F 98 Sr82
Carterton GB 94 Sr77
Cartignac F 170 Ss90
Cartigny F 155 Ag81
Cârţişoara RO 255 Ck89
Cartmel GB 84 Sp72
Cartoceto I 139 Bf93
Cartuja de Aula Dei E 195 St97
Carucedo E 183 Sg96
Carvajal E 205 Sl107
Carvalhal P 191 Sf100
Carvalhal P 191 Sf99
Carvalhal P 196 Sb102
Carvalhal Benfeito P 196 Sb102
Carvalhelhos P 191 Se97
Carvalho P 190 Sd100
Carvalhosa P 191 Se99
Cărvarica BG 272 Cf96
Carviçais P 191 Sg98
Carvin F 112 Af80
Carvoeiro P 202 Sd106
Casabermeja E 205 Sm107
Casablanca E 201 Ss104
Casablanca E 204 Sk106
Casabona I 151 Bo102
Casa Branca P 196 Sd103
Casa Branca P 197 Se103
Casacalenda I 147 Bk97
Casacanditella I 145 Bi96
Casa Capitán E 200 Sq102
Casaccia CH 131 Au88
Casa del Capitán E 200 Sq102
Casa della Marina I 141 Au102
Casa di Garibaldi I 140 At98
Casa Ferrato I 141 Au102
Casaio E 183 Sg96
Casais de São Lourenço P 196 Sb102
Casa l'Abate I 149 Br100
Casalappi I 143 Bb94
Casalarreina E 185 Sp95
Casalbordino I 145 Bk96
Casalborgone I 136 Aq90
Casalbuono I 148 Bm100
Casalbuttano ed Uniti I 137 Au90
Casal di Principe I 146 Bi98
Casalecchio di Reno I 138 Bc92
Casaleggio Boiro I 175 As91
Casale Monferrato I 136 Ar90
Casaletto Ceredano I 131 Au90
Casalgrasso I 136 Aq91
Casalincontrada I 145 Bi96
Casalino I 131 As90
Casalmaggiore I 138 Ba91
Casalmorano I 131 Au90
Casalnuovo Monterotaro I 147 Bl97
Casaloldo I 138 Ba90
Casalonga E 182 Sc95
Casalpusterlengo I 137 Au90
Casalromano I 138 Ba90
Casalvecchio Siculo I 150 Bl105
Casal Velino I 148 Bl100
Casalvieri I 146 Bh97
Casamassima I 149 Bo99
Casamicciola Terme I 146 Bh99
Casamozza F 181 At95
Casanova I 175 Aq91
Casanova Lerrone I 181 Ar92
Casa Palacio E 206 Sr105
Casaprota I 144 Bf96
Casarabonela E 204 Sl107
Casarano I 149 Br100
Casar de Cáceres E 197 Sh101
Casar de Escalona, El E 192 Sl100
Casar de Talamanca, El E 193 So99
Casarejos E 185 So97
Casares E 204 Sk108
Casariche E 204 Sl106
Casarrubios del Monte E 193 Sm100
Casarsa de Delizia I 133 Bf89
Casas P 196 Sb103
Casas Bajas E 194 Ss100
Casas Bergés E 188 Su95
Casas de Benítez E 200 Sq102
Casas de Don Pedro E 198 Sk102
Casas de El Golfo E 203 Rn123
Casas de Fernando Alonso E 200 Sq102
Casas de Haro E 200 Sq102
Casas de Juan Núñez E 200 Sr102
Casas de la Peña E 200 Sq102
Casas de Lázaro E 200 Sq103
Casas del Monte E 192 Si100
Casas de los Pinos E 200 Sq102
Casas del Puerto de Tornavacas E 192 Si100
Casas del Río E 201 Ss102
Casas de Madrona E 201 Ss103
Casas de Majanicho E 203 Rn123
Casas de Matas Blancas E 203 Rm124
Casas de Millán E 197 Sh101
Casas de Panes E 206 Sr105
Casas de Tamadaba E 202 Ri124
Casas de Ves E 201 Ss102
Casas-Ibáñez E 201 Ss102
Casasimarro E 200 Sq102
Casas Los Molinos E 203 Rm123
Casasola de Arión E 192 Sk97
Casatejada E 192 Si101
Casavecchia I 145 Bg96
Casavieja E 192 Sl100
Casazza I 131 Au89
Cascais P 196 Sb103
Cascano I 146 Bh98
Cascante E 186 Sr97
Cascante del Río E 194 Ss100
Cascia I 145 Bg95
Casciana Terme I 143 Bb93
Cascina I 143 Bb93
Cascine Vecchie I 138 Ba93
Căscioarele RO 266 Cn92
Casebres P 196 Sd103
Cáseda E 186 Ss95
Casei Gerola I 137 As90
Căşeiu RO 246 Ch86
Casel D 117 Bi77
Casella I 132 Bd89
Casella I 175 At91
Caselle I 132 Bd89
Caselle in Pittari I 148 Bm100
Caselle Torinese I 136 Aq90
Casemurate I 139 Be92
Casenove I 144 Bf95
Casera di Fuori I 132 Bb87
Caserio Playa de Vallehermoso E 202 Rf124
Caserta I 146 Bi98
Caserta Vecchia I 146 Bi98
Casetas E 194 Ss97
Case Val Viola I 131 Ba88
Casével P 202 Sd105
Casez I 132 Bc88
Cashel IRL 90 Se75
Cashel Bay IRL 86 Sa74
Cashmoor GB 98 Sq79
Casicas, La E 200 Sq104
Casillas E 192 Sl100
Casimcea RO 267 Cr91
Caşin RO 256 Co88
Casina I 138 Bb91
Casinalbo I 138 Bb91
Casinos E 201 St101
Caşinu Nou RO 255 Cn88
Čaška HR 258 Bk91
Čaška MK 271 Cd97
Časkel N 24 Cl40
Casla IRL 86 Sa74
Čáslav CZ 231 Bl81
Čáslavice CZ 237 Bm82
Čáslavsko CZ 237 Bl81
Căşliţa RO 257 Ct90
Casnewydd = Newport GB 97 Sp77
Căsoaia RO 253 Cd88
Casola in Lunigiana I 137 Ba92
Casola Valsenio I 138 Bd92
Casole d'Elsa I 143 Bc94
Casoli I 146 Bi96
Casoria I 146 Bi99
Casorzo I 136 Ar90
Caspe E 188 Su98
Cassà de la Selva E 189 Af97
Cassagnabère-Tournas F 177 Ab94
Cassagnas F 172 Ah92
Cassagnes-Bégonhès F 178 Af92
Cassagnoles F 178 Af94
Cassano allo Jonio I 148 Bn101
Cassano d'Adda I 131 Au89
Cassano delle Murge I 149 Bo99
Cassano Spinola I 137 As91
Cassel F 155 Ae79
Casserres E 189 Ad96
Cassibile I 153 Bl107
Cassine I 175 As91
Cassino I 146 Bh98
Cassis F 180 Am94
Cassolnovo I 131 As90
Cassuéjouls F 172 Af91
Cast F 157 Sm84
Casta F 181 At95
Častá SK 238 Bp84
Castagnaro I 138 Bc90
Castagneto Carducci I 143 Bb94
Castagnito I 175 Ar91
Castagno I 138 Bd93
Castagno, il I 138 Bb94
Castagnole delle Lanze I 136 Ar91
Castagnole Piemonte I 136 Aq91
Castaignos-Souslens F 187 St93
Castala E 206 Sp107
Castalla E 201 St103
Castañar de Ibor E 198 Sk101
Castañares de Rioja E 185 Sp95
Castanea delle Furie I 153 Bm104
Castañeda E 183 Sg94
Castanet-Tolosan F 177 Ad93
Castanheira de Pêra P 190 Sd100
Castano Primo I 131 As89
Castaños y Trasierra E 198 Sh103
Casteggio I 137 At90
Casteição P 191 Sf99
Castejón E 186 Sr96
Castejón de Monegros E 195 Su97
Castejón de Sos E 188 Aa95
Castejón de Valdejasa E 187 St97
Castelbajac F 177 Aa94
Castel Baronia I 148 Bl98
Castelbelforte I 138 Bb90
Castelbello-Ciardes I 132 Bb87
Castelbiague F 177 Ab94
Castel Bolognese I 138 Bd92
Castelbuono I 150 Bi105
Castel Castagna I 145 Bh95
Castel d'Aiano I 138 Bc92
Castel d'Ario I 138 Bb90
Casteldarne I 132 Bd87
Castel de Cabra E 195 St99
Casteldelci I 139 Be93
Casteldelfino I 174 Ap91
Castel del Monte I 145 Bh96
Castel del Piano I 144 Bd95
Castel del Rio I 138 Bd92
Castel di Casio I 138 Bc92
Castel di Sangro I 145 Bi97
Castel di Tora I 144 Bf96
Castelejo P 191 Se100
Castelfidardo I 139 Bh94
Castelfiorentino I 143 Bb93
Castelflorite E 188 Su97
Castel Focognano I 138 Bd93
Castelforte I 146 Bh98
Castelfranc F 171 Ac91
Castelfranco di Sopra I 138 Bd93
Castelfranco Emilia I 138 Bc91
Castelfranco in Miscano I 147 Bl98
Castelfranco Veneto I 132 Bd89

338 Campeaux – Castelfranco Veneto

Castel Frentano **I** 145 Bi96
Castel Gandolfo **I** 144 Bf97
Castelginest **F** 177 Ac93
Castel Giorgio **I** 144 Bd95
Castelguelfo **I** 137 Ba91
Casteljaloux **F** 170 Aa92
Castell **D** 121 Ba81
Castella, le **I** 151 Bp103
Castellabate **I** 148 Bk100
Castellalto **I** 145 Bh95
Castellammare del Golfo **I** 152 Bf104
Castellammare di Stabia **I** 146 Bi99
Castellamonte **I** 130 Aq90
Castellana Grotte **I** 149 Bp99
Castellana Sicula **I** 153 Bi105
Castellane **F** 180 Ao93
Castellaneta **I** 149 Bo99
Castellaneta Marina **I** 149 Bo100
Castellarano **I** 138 Bb91
Castellar de la Frontera **E** 204 Sk108
Castellar de la Ribera **E** 188 Ac96
Castellar del Vallès **E** 189 Ae97
Castellar de N'Hug **E** 189 Ae96
Castellar de Santiago **E** 199 So103
Castellar de Santisteban **E** 200 So104
Castell'Arquato **I** 137 Au91
Castell'Azzara **I** 144 Bd95
Castellazzo Bormida **I** 175 As91
Castellbó **E** 177 Ac96
Castellciutat **E** 177 Ac96
Castelldans **E** 188 Ab98
Castell de Cabres **E** 195 Aa99
Castell de Castells **E** 201 Su103
Castelldefels **E** 189 Ad98
Castell de Ferro **E** 205 So107
Castelleone **I** 131 Au90
Castellfollit de la Roca **E** 189 Af96
Castellfollit de Riubregós **E** 188 Ac97
Castellfort **E** 195 Su99
Castelli **I** 145 Bh96
Castellier = Kaštelir **HR** 133 Bh90
Castellina in Chianti **I** 138 Bc94
Castellina Marittima **I** 138 Bb94
Castell-nedd = Neath **GB** 97 Sn77
Castellnovo **E** 195 Su101
Castelló de Farfanya **E** 188 Ab97
Castelló de la Plana **E** 195 Su101
Castelló d'Empúries **E** 189 Ag96
Castelló de Rugat **E** 201 Su103
Castello di Annone **I** 136 Ar91
Castello-Molina di Fiemme **I** 132 Bc88
Castellón de la Plana = Castelló de la Plana **E** 195 Su101
Castellón de Rugat = Castelló de Rugat **E** 201 Su103
Castellote **E** 195 Su99
Castello Tesino **I** 132 Bd88
Castellserà **E** 188 Ab97
Castellterçol **E** 189 Ae97
Castellucchio **I** 138 Bb90
Castelluccio dei Sauri **I** 147 Bl98
Castelluccio Inferiore **I** 148 Bm100
Castell'Umberto **I** 150 Bk104
Castelluzzo **I** 152 Bf104
Castel Madama **I** 144 Bf97
Castel Maggiore **I** 138 Bc91
Castelmauro **I** 147 Bk97
Castelmoron-sur-Lot **F** 170 Aa92
Castelnau-Barbarens **F** 187 Ab93
Castelnaudary **F** 178 Ad94
Castelnau-d'Auzan **F** 177 Aa93
Castelnaud-de-Gratecambe **F** 171 Ab92
Castelnau-de-Lévis **F** 178 Ae93
Castelnau-de-Mandailles **F** 172 Af91
Castelnau-de-Médoc **F** 170 St90
Castelnau-de-Montmiral **F** 178 Ad93
Castelnaud-la-Chapelle **F** 171 Ac91
Castelnau-Durban **F** 177 Ac94
Castelnau-Magnoac **F** 177 Aa94
Castelnau-Montratier-Sainte-Alauzie **F** 171 Ac92
Castelnau-Picampeau **F** 177 Ac94
Castelnau-sur-Gupie **F** 170 Aa91
Castelnou **E** 195 Su98
Castelnou **F** 189 Af95
Castelnou de Bassella **E** 188 Ac96
Castelnovo Bariano **I** 138 Bc90
Castelnovo di Sotto **I** 138 Bb91
Castelnovo ne' Monti **I** 138 Ba92
Castelnuovo Berardenga **I** 144 Bd94
Castelnuovo Bocca d'Adda **I** 137 Au90
Castelnuovo del Garda **I** 132 Bb90
Castelnuovo dell'Abate **I** 144 Bd95
Castelnuovo della Daunia **I** 147 Bl97
Castelnuovo di Garfagnana **I** 138 Ba92
Castelnuovo di Val di Cecina **I** 143 Bb94
Castelnuovo Scrivia **I** 137 As91
Castelo **P** 190 Sd98
Castelo **P** 190 Sd99
Castelo Branco **P** 191 Sg98
Castelo Branco **P** 197 Sf101
Castelo de Paiva **P** 190 Sd98
Castelo de Penalva **P** 191 Se99
Castelo de Vide **P** 197 Sf102
Castelo do Neiva **P** 190 Sc97
Castelões **P** 190 Sd98
Castelões **P** 190 Sd99
Castelo Mendo **P** 191 Sg99
Castelo Rodrigo **P** 191 Sg99
Castel Porziano **I** 144 Be97
Castelraimondo **I** 145 Bg94
Castel Rigone **I** 144 Be94
Castel Ritaldi **I** 144 Bf95
Castelrotto **I** 132 Bd87
Castel San Gimignano **I** 138 Bc94
Castel San Giorgio **I** 147 Bk99
Castel San Giovanni **I** 137 At90
Castel San Lorenzo **I** 147 Bl100
Castel San Niccolò **I** 138 Bd93
Castel San Pietro Terme **I** 138 Bd92
Castelsantangelo sul Nera **I** 145 Bg95
Castel Sant'Elia **I** 144 Be96
Castelsaraceno **I** 148 Bm100
Castelsardo **I** 140 As99
Castelsarrasin **F** 177 Ac92
Castelserás **E** 188 Su99
Casteltermini **I** 152 Bh105
Castelu **RO** 267 Cr92
Castelvecchio **I** 138 Bb92
Castelvecchio Subequo **I** 146 Bh96
Castelvetrano **I** 152 Bf105
Castelvetro di Modena **I** 138 Bb91
Castel Viscardo **I** 144 Be95
Castel Volturno **I** 146 Bh98
Castenedolo **I** 132 Ba90
Castéra-Verduzan **F** 177 Aa93
Castetpugon **F** 187 Su93
Castets **F** 176 Ss93
Castex **F** 187 Aa94
Castiadas **I** 141 At102
Castielfabib **E** 194 Ss100
Castiello de Jaca **E** 187 St95
Castigaleu **E** 187 Ab96
Castiglioncello **I** 138 Ba94
Castiglione **I** 145 Bg96
Castiglione d'Adda **I** 137 Au90
Castiglione dei Pepoli **I** 138 Bc92
Castiglione del Lago **I** 144 Be94
Castiglione della Pescaia **I** 143 Bb95
Castiglione della Valle **I** 144 Be94
Castiglione delle Stiviere **I** 132 Ba90
Castiglione di Garfagnana **I** 138 Ba92
Castiglione di Ravenna **I** 139 Be92
Castiglione d'Orcia **I** 144 Bd94
Castiglione in Teverina **I** 144 Be95
Castiglione Messer Marino **I** 145 Bi97
Castiglione Olona **I** 131 As89
Castiglion Fibocchi **I** 138 Bd93
Castiglion Fiorentino **I** 144 Bd94
Castilblanco **E** 198 Sk102
Castilblanco de los Arroyos **E** 204 Si105
Castil de Peones **E** 185 So96
Castilfrío de la Sierra **E** 186 Sq97
Castiliscar **E** 176 Ss96
Castilleja de la Cuesta **E** 204 Sh106
Castilléjar **E** 206 Sp105
Castillejo de Iniesta **E** 200 Sr101
Castillejo de Martín Viejo **E** 191 Sg99
Castillejo de Mesleón **E** 193 Sn98
Castillejo de Robledo **E** 193 So97
Castillo de Bayuela **E** 192 Sl100
Castillo de Castellar **E** 204 Sk108
Castillo de Garcimuñoz **E** 200 Sq101
Castillo de las Guardas, El **E** 204 Sh105
Castillo de Locubín **E** 205 Sn105
Castillo del Romeral **E** 202 Rk125
Castillo de Villalpando o Torres Secas **E** 187 St96
Castillon-en-Couserans **F** 177 Ac95
Castillon-la-Bataille **F** 170 Su91
Castillonnès **F** 171 Ab91
Castilruiz **E** 186 Sq97
Castino **I** 175 Ar91
Castione **CH** 131 At88
Castione della Presolana **I** 131 Ba89
Castions di Strada **I** 133 Bg89
Castirla **F** 181 At96
Častkov **SK** 238 Bp83
Castlebar = Caisleán an Bharraigh **IRL** 86 Sb73
Castlebay **GB** 74 Sf67
Castlebellingham **IRL** 87 Sh73
Castleblakeney **IRL** 87 Sd74
Castleblayney **IRL** 87 Sg72
Castlebridge **IRL** 91 Sh76
Castle Bytham **GB** 94 St75
Castle Caereinion **GB** 93 So75
Castle Cary **GB** 98 Sp78
Castlecaulfield **GB** 87 Sg71
Castle Combe **GB** 98 Sq77
Castlecomer **IRL** 90 Sf75
Castlecor **IRL** 90 Sc76
Castlederg **GB** 82 Se71
Castledermot **IRL** 87 Sg75
Castle Donington **GB** 85 Ss75
Castle Douglas **GB** 80 Sn71
Castlefinn **IRL** 82 Se71
Castleford **GB** 85 Ss73
Castle Frome **GB** 93 Sq76
Castlegregory **IRL** 89 Ru76
Castle Gresley **GB** 93 Sr75
Castle Hedingham **GB** 95 Ab77
Castleisland **IRL** 89 Sb76
Castlemaine **IRL** 89 Sa76
Castlemartyr **IRL** 90 Sd77
Castleplunket **IRL** 87 Sd73
Castlepollard **IRL** 87 Sf73
Castlerea **IRL** 87 Sd73
Castleton **GB** 84 Sr74
Castletown **GB** 75 So63
Castletown **GBM** 83 Sl72
Castletown **IRL** 87 Sf74
Castletown **IRL** 87 Sf75
Castletownbere **IRL** 89 Sa77
Castletownroche **IRL** 90 Sd76
Castletownshend **IRL** 89 Sb77
Castlewellan **GB** 83 Si72
Casto **I** 132 Ba89
Častolovice **CZ** 232 Bn80
Castranova **RO** 264 Ci92
Castrejón **E** 192 Sk98
Castrejón de la Peña **E** 184 Sl95
Castrelo de Miño = Barral **E** 182 Sd96
Castres **F** 178 Ae93
Castricum **NL** 106 Ak75
Castries **F** 179 Ah93
Castril **E** 206 Sp105
Castrillo de Don Juan **E** 185 Sm97
Castrillo de la Reina **E** 185 So97
Castrillo de la Vega **E** 193 Sn97
Castrillo de Murcia **E** 185 Sm96
Castrillo de Sepúlveda **E** 193 Sn98
Castrillo-Matajudíos **E** 185 Sm96
Castrillo-Tejeriego **E** 193 Sm97
Castriz **E** 182 Sc94
Castro **CH** 131 As88
Castro **E** 183 Sf94
Castro **I** 149 Br100
Castro (Carballedo) **E** 183 Se95
Castro (Pantón) **E** 183 Se95
Castrobarto **E** 185 So94
Castrocalbón **E** 184 Si96
Castro Caldelas **E** 183 Sf96
Castrocaro Terme **I** 138 Bd92
Castrocontrigo **E** 184 Sh96
Castro Daire **P** 191 Se99
Castro de Filabres **E** 206 Sq106
Castro de Fuentidueña **E** 193 Sn98
Castro dei Volsci **I** 146 Bg97
Castro del Río **E** 205 Sm105
Castro de Rei **E** 183 Se95
Castro de Rei **E** 183 Sf94
Castro de Rey = Castro de Rei **E** 183 Se95
Castrojeriz **E** 185 Sm96
Castro Laboreiro **P** 182 Sd96
Castro Marim **P** 203 Sf106
Castromocho **E** 184 Sl96
Castromonte **E** 184 Sk97
Castronuevo **E** 192 Si97
Castronuño **E** 192 Sk98
Castronuovo di Sicilia **I** 152 Bh105
Castropignano **I** 145 Bk97
Castropol **E** 183 Sf93
Castrop-Rauxel **D** 114 Ap77
Castroreale **I** 153 Bl104
Castroregio **I** 148 Bn101
Castros **E** 183 Se93
Castro Urdiales **E** 185 So94
Častrov **CZ** 231 Bl82
Castrovega del Valmadrigal **E** 184 Sk96
Castroverde **E** 183 Se96
Castroverde **E** 183 Sf94
Castro Verde **P** 202 Sd105
Castroverde de Campos **E** 184 Sk97
Castroverde de Cerrato **E** 193 Sm97
Castroviejo **E** 186 Sp96
Castrovillari **I** 148 Bn101
Castuera **E** 198 Si103
Çaţa **RO** 255 Cl88
Čata **SK** 239 Bs85
Cataeggio **I** 131 Au88
Çatalca **TR** 281 Cr98
Cătalina **RO** 255 Cn89
Cataloi **RO** 267 Cs90
Çataloluk **TR** 292 Cu108
Cătane **RO** 264 Cg93
Catania **I** 153 Bl105
Catanzaro **I** 151 Bo103
Catanzaro Marina **I** 151 Bo103
Catarroja **E** 201 Su102
Câţcău **RO** 246 Ch86
Cateau-Cambrésis, Le **F** 155 Ah80
Catenanuova **I** 153 Bk105
Caterham **GB** 154 Su78
Cateri **F** 181 As95
Cateri, I = Cateri **F** 181 As95
Caterinovca **MD** 249 Cs85
Caterragio **F** 181 Au96
Cathair na Mart = Westport **IRL** 86 Sa73
Catí **E** 195 Aa100
Cati = Catí **E** 195 Aa100
Cătiaşu **RO** 255 Cn90
Čatići **BIH** 260 Br92
Catignano **I** 145 Bh96
Cătina **RO** 246 Ci87
Cătina **RO** 255 Cn90
Catino, Campo **I** 145 Bg97
Cativelos **P** 191 Se99
Catoira **E** 182 Sc95
Catraia Cimeira **P** 197 Se101
Catral **E** 201 St104
Catrine **GB** 83 Sm69
Cattenom **F** 162 An82
Catterick Bridge **GB** 81 Sr72
Catterick Garrison **GB** 81 Sr72
Cattolica **I** 139 Bf93
Cattolica Eraclea **I** 152 Bg106
Catus **F** 171 Ac91
Căuaş **RO** 245 Cf85
Caudebec-en-Caux **F** 160 Ab81
Caudete **E** 201 St103
Caudete de las Fuentes **E** 201 Ss101
Caudiel **E** 195 St101
Caudrot **F** 170 Su91
Caudry **F** 155 Ag80
Caujac **F** 177 Ac94
Caulnes **F** 158 Sq84
Caulonia **I** 151 Bn104
Caumont **F** 177 Ab92
Caumont **F** 177 Ac94
Caumont-sur-Aure **F** 159 St82
Caumont-sur-Durance **F** 179 Ak93
Caunes-Minervois **F** 178 Af94
Cauro **F** 142 As97
Căuşeni **MD** 257 Ct87
Causeway **IRL** 89 Sa76
Çaush **AL** 276 Ca101
Caussade **F** 177 Ad92
Caussens **F** 177 Aa93
Caussou **F** 178 Ad95
Çauterets **F** 187 Su95
Čava **BIH** 259 Bn90
Cava d'Aliga **I** 153 Bk107
Cava de'Tirreni **I** 147 Bk99
Cavadineşti **RO** 256 Cr88
Cavaglià **I** 130 Ar90
Cavaillon **F** 179 Al93
Cavalaire-sur-Mer **F** 180 Ao94
Cavaleiro **P** 202 Sc105
Cavalerie, La **F** 178 Ag92
Cavalese **I** 132 Bc88
Cavalière **F** 180 An94
Cavallermaggiore **I** 136 Aq91
Cavallino **I** 133 Bf90
Cava Manara **I** 137 At90
Cavan **F** 157 So83
Cavan **IRL** 82 Sf73
Cavanella **I** 133 Bf89
Cavargna **I** 131 At88
Cavarzere **I** 139 Be90
Cavazzo Carnico **I** 133 Bg88
Cavccas = Tjautjas **S** 29 Cb46
Çavdır **TR** 292 Ct108
Čave **I** 146 Bf97
Cave del Predil **I** 133 Bh88
Caveira **P** 182 Ps102
Caveirac **F** 179 Ai93
Ca' Venier **I** 139 Be91
Cavernães **P** 191 Se99
Cavernago **I** 131 Au89
Caversham **GB** 94 St78
Cavezzo **I** 138 Bc91
Caviedes **E** 185 Sm94
Cavignac **F** 170 Su90
Çavillargues **F** 179 Ak92
Čavle **HR** 134 Bi90
Cavnic **RO** 246 Ch85
Cavo **I** 143 Ba95
Cavour **I** 136 Ap91
Cavriago **I** 138 Bb91
Cavriglia **I** 138 Bc93
Cavru = Cauro **F** 142 As97
Cavtat **HR** 269 Br95
Cawood **GB** 85 Ss73
Caxarias **P** 196 Sc101
Caxton **GB** 94 Su76
Çayağzı **TR** 281 Cq100
Çayeux-sur-Mer **F** 99 Ad80
Caylar, Le **F** 178 Ag93
Caylus **F** 171 Ad92
Cayres **F** 172 Ah91
Cazalegas **E** 192 Sl100
Cazalla de la Sierra **E** 204 Si105
Cazals **F** 177 Ad92
Căzăneşti **RO** 264 Cf91
Căzăneşti **RO** 266 Cp91
Cazanuecos **E** 184 Si96
Cazasu **RO** 256 Cq90
Cazaubon **F** 176 Su93
Cazaux **F** 170 Ss91
Cazenave **F** 177 Ad95
Cazères **F** 177 Ac94
Cazères-sur-l'Adour **F** 176 Su93
Cazes-Mondenard **F** 171 Ac92
Çazin **BIH** 250 Bm91
Čazma **HR** 135 Bo89
Cazorla **E** 206 So105
Cazouls-lès-Béziers **F** 178 Ag94
Ca' Zuliani **I** 139 Be91
Cea **E** 184 Sk96
Cea (San Cristóbal de Cea) = Cea (San Cristovo de Cea) **E** 183 Se96
Cea (San Cristovo de Cea) **E** 183 Se96
Ceadea **E** 191 Sh97
Ceadîr-Lunga **MD** 257 Cs88
Ceahlău **RO** 247 Cm86
Ceamurlia de Jos **RO** 267 Cs91
Ceamurlia de Sus **RO** 267 Cs91
Ceanánnas **IRL** 87 Sg73
Ceann Toirc = Kanturk **IRL** 89 Sc76
Ceann Trá **IRL** 89 Ru76
Ceanu Mare **RO** 254 Ch87
Ceapach Choinn = Cappoquin **IRL** 90 Se76
Ceatalchioi **RO** 257 Cs90
Ceatharlach **IRL** 91 Sg75
Ceaucé **F** 159 St84
Cebas **E** 206 Sp105
Cebolla **E** 192 Sl101
Cebolleros **E** 185 So95
Cebreros **E** 193 Sm100
Cebrones del Río **E** 184 Si96
Ceccano **I** 146 Bg97
Çece **H** 243 Bs87
Čečejovce **SK** 241 Cc83
Čečel'nyk **UA** 249 Ct84
Čechanivka **UA** 249 Ct86
Čechtice **CZ** 231 Bl81
Čechtín **CZ** 231 Bm82
Cecina **I** 143 Bb94
Čečina **SRB** 262 Ca94
Ceckley **GB** 84 Sr75
Ceclavín **E** 197 Sg101
Cecos **E** 183 Sg94
Cecuni **MNE** 270 Bu95
Çecylówka **PL** 228 Cc77
Čedasai **LT** 214 Cl68
Cedeira **E** 182 Sd93
Cedillo **E** 197 Sf101
Cedrillas **E** 195 St100
Cedro **P** 182 Ps102
Cedros **P** 190 Qc103
Cedynia **PL** 220 Bi75
Cée **E** 182 Sb95
Cefa **RO** 245 Cd87
Cefalù **I** 150 Bi104
Cefn-coed-y-cymmer **GB** 93 So77
Cefn-mawr **GB** 84 So75
Ceggia **I** 133 Bf89
Cegléd **H** 244 Bu86
Ceglie Messapica **I** 149 Bq99
Çegłów **PL** 228 Cd76
Čegoli **RUS** 211 Cu63
Čegrane **MK** 270 Cb97
Cehal **RO** 245 Cf86
Cehăluţ **RO** 245 Cf86
Çehegín **E** 200 Sr104
Čehlare **BG** 274 Cl96
Çehnice **CZ** 123 Bi82
Čehovo **RUS** 223 Cb71
Cehu Silvaniei **RO** 246 Cg86
Ceica **RO** 245 Ce87
Ceilhes-et-Rocozels **F** 178 Ag93
Ceillac **F** 136 Ao91
Ceinewydd = New Quay **GB** 92 Sm76
Ceinos de Campos **E** 184 Sk96
Ceintrey **F** 162 An83
Ceira **P** 190 Sd100
Çeivães **P** 182 Sd96
Čejč **CZ** 238 Bo83
Çejkov **SK** 241 Cd84
Çejkovice **CZ** 238 Bo83
Čekanje **MNE** 269 Bs96
Cekcyn **PL** 222 Br73
Çekirge **TR** 281 Cs100
Čekiškė **LT** 217 Ch70
Ceków **PL** 227 Br77
Ćela **BIH** 250 Bo91
Cela **P** 182 Sd96
Çeladas **E** 194 Ss100
Čeladná **CZ** 239 Br81
Čelákovice **CZ** 231 Bk80
Celaliye **TR** 280 Cp97
Celano **I** 146 Bh96
Çelanova **E** 183 Se96
Čelarevo **SRB** 252 Bu90
Celaru **RO** 264 Ci92
Celbridge **IRL** 88 Sg74
Çelebi **TR** 280 Cn99
Čelebić **BIH** 259 Bo93
Čelebići **BIH** 261 Bs94
Celerina **CH** 131 Au87
Çelestynów **PL** 228 Cc76
Čelić **BIH** 261 Bs91
Çelico **I** 151 Bn102
Čelikovo Polje **BIH** 261 Bs94
Čelina **CZ** 231 Bi81
Čelinac **BIH** 260 Bp91
Celiny **PL** 233 Bt80
Celiny **PL** 234 Cb79
Celje **SLO** 135 Bl88
Cella **E** 194 Ss100
Celldömölk **H** 242 Bp86
Celle **D** 109 Ba75
Celle di Bulgheria **I** 148 Bl100
Celle-en-Morvan, La **F** 167 Ai86
Celle-Guenand, La **F** 166 Ab87
Celle Ligure **I** 175 As92
Celleno **I** 144 Be95
Celles **B** 112 Ag79
Celles **B** 156 Al80
Celles **F** 170 Aa90
Celle-Saint-Avant, La **F** 166 Ab86
Celles-sur-Belle **F** 165 Su88
Celles-sur-Plaine **F** 163 Ao84
Cellino Attanasio **I** 145 Bh95
Cellino San Marco **I** 149 Bq100
Çelon **F** 166 Ac87
Čelopeč **BG** 272 Ci95
Čelopečene **BG** 267 Cr93
Čelopeci **MK** 270 Cc98
Čelopek **MK** 270 Cc97
Celorico da Beira **P** 191 Sf99
Celorico de Basto **P** 191 Se98
Celrà **E** 189 Af96
Çeltikköy **TR** 281 Cr98
Çembra **I** 132 Bc88
Čemerné **SK** 241 Cd83
Čemerno **BIH** 269 Bs94
Čeminac **HR** 251 Bs89
Cemmaes Road **GB** 92 Sn75
Cé na Cille Móire = Kilmore Quay **IRL** 91 Sg76
Cenad **RO** 252 Cb88
Cenade **RO** 254 Ci88
Cenajo **E** 200 Sr104
Ceñal **E** 184 Si94
Cencenighe Agordino **I** 132 Bd88
Cenei **RO** 253 Cb89
Çeneköy **TR** 280 Cp98
Čenes de la Vega **E** 205 Sn106
Ceneselli **I** 138 Bc90
Cénevières **F** 171 Ad92
Cengio **I** 175 Ar92
Cenicero **E** 186 Sp96
Cenicientos **E** 193 Sm100
Cenizate **E** 200 Sr102
Cenon **F** 170 St91
Cenovič **BG** 266 Cp92
Cenovo **BG** 265 Cm93
Çenserey **F** 168 Ai86
Čenta **SRB** 261 Ca90
Centallo **I** 136 Aq91
Centelles **E** 189 Ae97
Centenillo, El **E** 199 Sn104
Cento **I** 138 Bc91
Centola **I** 148 Bl100
Centovalli **CH** 131 As88
Centuripe **I** 153 Bk105
Çepagatti **I** 145 Bi96
Čepelare **BG** 273 Ck97
Čepigova **MK** 271 Cc98
Čepikuće **HR** 268 Bq95
Čepin **HR** 251 Bs89
Čepinci **BG** 274 Ck98
Ceplenița **RO** 248 Co86
Cepljuki **BY** 215 Cq68
Cepões **P** 191 Se99
Çepos **P** 191 Se100
Čepovan **SLO** 134 Bh88
Cepoy **F** 161 Af84
Ceppo Morelli **I** 130 Ar89
Ceprano **I** 146 Bh97
Çeptura de Jos **RO** 266 Cn90
Çepukai **LT** 219 Co69
Čepure **SRB** 263 Cc93
Cer **MK** 270 Cc98
Çeraino **I** 132 Bb89
Čeralije **HR** 251 Bq89
Cerami **I** 153 Bk105
Céran **F** 177 Ab93
Çerani **BIH** 251 Bq91
Čeranića Gora **MNE** 269 Bt95
Cerano **I** 131 As90
Ceranów **PL** 229 Ce75
Ceraşu **RO** 255 Cn90
Cerăt **RO** 264 Ch92
Cëravë **AL** 276 Cb99
Cerbaia **I** 143 Bc93
Cerbăl **RO** 254 Cf89
Cerbère **F** 178 Ag96
Cercadillo **E** 193 Sp98
Cercal **P** 196 Sc102
Cercal **P** 202 Sc105
Čerčany **CZ** 231 Bk81
Cerceda **E** 182 Sd94
Cerceda **E** 182 Sd95
Cerceda **E** 193 Sn99
Cercedilla **E** 193 Sm99
Cercemaggiore **I** 147 Bk98
Cerchezu **RO** 267 Cr93
Cerchiara di Calabria **I** 148 Bn101
Cercs **E** 189 Ad96
Cercy-la-Tour **F** 167 Ah87
Cerda **I** 150 Bh105
Cerdanyola del Vallès **E** 189 Ae98
Cerdedelo **E** 183 Sf96
Cerdedo **E** 182 Sd95
Cerdeira **P** 191 Sf99
Cerdon **F** 167 Ae85
Cēre **LV** 213 Cf66
Cerea **I** 138 Bc90
Cereceda **E** 185 So95
Cerecinos de Campos **E** 184 Sk97
Cered **H** 240 Bu84
Cereglio **I** 138 Bc92
Ceregnano **I** 138 Bd90
Cerekvice nad Loučnou **CZ** 232 Bn81
Cerekwia **PL** 232 Bq80
Céré-la-Ronde **F** 166 Ac86
Cérelles **F** 166 Ab85
Çeremykino **RUS** 65 Cu61
Čerenča **BG** 266 Co94
Çerenzia **I** 151 Bo102
Čerepovo **BG** 274 Cn96
Çeres **I** 130 Ap90
Čereša **BG** 275 Cp95
Ceresara **I** 132 Bb90
Çerese **I** 138 Bb90
Čereševo **BG** 266 Cn93
Çeresole Reale **I** 130 Ap90
Čerešovica **BG** 272 Cg94
Céreste **F** 180 Am93
Céret **F** 178 Af96
Çeretelevo **BG** 273 Ck96
Čerević **SRB** 252 Bu90
Čerevki **BY** 219 Co71
Cerezal **E** 192 Sh100
Cerezal de Peñahorcada **E** 191 Sg98
Cerezo de Abajo **E** 193 Sn98
Cerezo de Riotirón **E** 185 So96
Cerfontaine **B** 156 Ai80
Cergău Mare **RO** 254 Ch88
Ceriana **I** 181 Aq93
Cëricë **AL** 276 Ca99
Cerignola **I** 147 Bm98
Çérilly **F** 167 Af87
Čerin **BIH** 268 Bq94
Čerín **SK** 240 Bt83
Cerisiers **F** 161 Ag84
Cerisy-la-Forêt **F** 159 St82
Cerisy-la-Salle **F** 159 Ss82
Cerizay **F** 165 St87
Cérizols **F** 177 Ac94
Cerjë **AL** 276 Cb99
Çerje **SRB** 263 Cd94
Čerkaski **BG** 272 Cg94
Čerkasovo **RUS** 65 Cs59
Çerkezköy **TR** 281 Cq98
Çerkezmüsselim **TR** 280 Cp98
Čerklje **SLO** 135 Bm89
Cerknica **SLO** 134 Bi89
Cerkno **SLO** 134 Bh88
Çerkovica **BG** 265 Ck93
Čerkovna **BG** 275 Co94
Cerkovski **BG** 275 Co95
Cerkvenjak **SLO** 250 Bm87
Cerkwica **PL** 105 Bl72
Cerler **E** 187 Ab95
Cerlina **MD** 249 Cs84
Cermë e poshtëme **AL** 276 Bu98
Cermei **RO** 245 Cd87
Çermjan **RKS** 270 Ca96
Černa **BG** 266 Cq93
Cerna **HR** 261 Bs90
Cerna **I** 132 Bb89
Cerna **RO** 267 Cr90
Cernache do Bonjardim **P** 196 Sd101
Çernadoi **I** 132 Bd88
Černa Gora **BG** 273 Cl96
Černá Hora **CZ** 232 Bo82
Čërnaja Rečka **RUS** 65 Da60
Cernat **RO** 255 Cn89
Cernăteşti **RO** 264 Cg92
Çernavodă **RO** 267 Cr92
Černá v Pošumaví **CZ** 128 Bi83
Cernay **F** 124 Ap85
Cernay-en-Dormois **F** 162 Ak82
Çernay-la-Ville **F** 160 Ad83
Černčice **CZ** 230 Bg80
Cerne Abbas **GB** 97 Sq79
Çernégula **E** 185 Sn95
Černenko = Şoldăneşti **MD** 249 Cs85
Cerneşti **RO** 246 Ch85
Cerneux **F** 161 Ag83
Çerneve **UA** 235 Cg81
Çernevo **BG** 266 Cq94
Černevo **RUS** 211 Cr63
Černica **BG** 275 Co95
Cernica **RO** 266 Cn92
Černičevo **BG** 273 Ck96
Černičevo **BG** 280 Cm98
Černik **HR** 250 Bp90
Černík **SK** 239 Br84
Černi Osăm **BG** 273 Ck95
Černi Rid **BG** 280 Cm97
Černivci **UA** 247 Cm84
Černivci **UA** 248 Cr83
Černi Vit **BG** 273 Ci95
Černi Vrăh **BG** 264 Cg93
Černi Vrăh **BG** 275 Cp96
Černjahovsk **RUS** 223 Cd71
Černjatin **UA** 247 Cl83
Černjovo **BG** 272 Ch96
Çernobbio **I** 175 At89
Černoglavci **BG** 266 Co93
Černogor **BG** 266 Co93
Černogorovo **BG** 273 Ci96
Černograd **BG** 275 Cp95
Černokonjovo, Kvartal **BG** 273 Cl96
Černolik **BG** 266 Cp93
Černomorci **BG** 267 Cr93
Černomorec **BG** 275 Cq96
Cernon **F** 161 Ai83
Çernon **F** 168 Am88
Černoočene **BG** 273 Cl97
Černook **BG** 275 Cp94
Černookovo **BG** 267 Cr93
Černošice **CZ** 231 Bi81
Černošín **CZ** 123 Bf81
Černousy **CZ** 231 Bl78
Černovcy = Černivci **UA** 247 Cm84
Černovice **CZ** 231 Bk82
Černovskoe **RUS** 211 Cr62
Černuc **CZ** 123 Bi80
Cerny-en-Laonnois **F** 155 Ah82
Cerova **SRB** 263 Cf94
Cerovac **SRB** 262 Cb92
Cerova Korija **BG** 273 Cm94
Cerovica **SRB** 263 Ce93
Cerovlje **HR** 134 Bi90
Cerovo **BG** 272 Cg94
Cerovo **BG** 272 Ci96
Cerovo **SK** 239 Bt84
Cerqueto **I** 144 Be95
Cerralbo **E** 191 Sg99
Cerreto d'Esi **I** 144 Bf94
Cerreto Grue **I** 137 As91
Cerreto Guidi **I** 138 Bb93
Cerreto Sannita **I** 147 Bk98
Cerrigydrudion **GB** 84 Sn74
Cërrik **AL** 276 Bu98
Cerrina Monferrato **I** 136 Ar90
Cerro al Volturno **I** 146 Bi97
Cerro de Andévalo, El **E** 203 Sg105
Cerro Muriano **E** 204 Sl104
Çerro Veronese **I** 132 Bc89
Čersk **BY** 229 Ch77
Certaldo **I** 143 Bc93
Certeju de Sus **RO** 254 Cf89
Cerţeşti **RO** 256 Cq88
Certeze **RO** 246 Cg85
Çerteze, Huta- **RO** 246 Cg85
Čertižne **SK** 234 Cd82
Čertov **SK** 239 Br82
Cerva **P** 191 Se98
Cervantes = San Román **E** 183 Sf95
Cervara **I** 137 Au92
Cervarezza **I** 138 Ba92
Cervaro **I** 146 Bh98
Çervatos de la Cueza **E** 184 Sl96
Červen **BG** 265 Cn93
Červen **BG** 274 Ck97
Çervenakë **AL** 270 Cb99
Červenakovo **BG** 274 Cn95
Červena Mogila **BG** 272 Cg95
Červená Řečice **CZ** 237 Bl81
Červená Skala **SK** 240 Ca83
Červena Voda **BG** 265 Cn93
Červená Voda **CZ** 232 Bo80
Červen Brjag **BG** 272 Ci94
Červenci **BG** 266 Cp93
Červené Janovice **CZ** 231 Bl81
Çervenia **RO** 265 Cl93
Červený Kameň **SK** 239 Br82
Červený Kostelec **CZ** 231 Bn80
Cervera **E** 188 Ac97
Cervera de Buitrago **E** 193 Sn99
Cervera de la Cañada **E** 194 Sr98
Cervera del Llano **E** 200 Sq101
Cervera del Río Alhama **E** 186 Sr96
Cervera de Maeste = Cervera de Maestrat **E** 195 Aa100
Cervera de Maestrat **E** 195 Aa100
Cervera de Pisuerga **E** 184 Sl95
Cervere **I** 175 Aq91
Cervesina **I** 137 At90
Cerveteri **I** 144 Be97
Cervia **I** 139 Be92
Cerviá = Cervià de les Garrigues **E** 188 Ab98
Cervià de les Garrigues **E** 188 Ab98
Cervià de Ter **E** 189 Af96
Cervières **F** 174 Ao91
Cervignano del Friuli **I** 134 Bg89
Cervinara **I** 147 Bk98
Cervione **F** 181 At96
Cervioni = Cervione **F** 181 At96
Cervo **E** 183 Sf93
Çervo **I** 181 Ar93
Červona Hreblja = Popova Hreblja **UA** 249 Ct84
Červonoarmijs'ke = Kubej **UA** 257 Cs89
Cervonyj Jar **UA** 257 Ct89
Cerzeto **I** 151 Bn101
Cesana Torinese **I** 136 Ao91
Cesano **I** 139 Bg93
Cesano Boscone **I** 131 At90
Cesara **I** 175 Ar89
Cesarica **HR** 258 Bl91
Cesarò **I** 150 Bk105
Cesarzowice **PL** 226 Bo78
Cescau **F** 187 St94
Cesena **I** 139 Be92
Cesenatico **I** 139 Be92
Cešilava **BY** 219 Cp70
Cēsis **LV** 214 Cl66
Česká Bělá **CZ** 231 Bm81
Česká Kamenice **CZ** 231 Bi79
Česká Kubice **CZ** 230 Bf82
Česká Lípa **CZ** 231 Bk79
Česká Metuje **CZ** 232 Bn79
Česká Skalice **CZ** 231 Bn80
Česká Třebová **CZ** 232 Bn81
České Budějovice **CZ** 123 Bi83
České Libchavy **CZ** 232 Bn80
České Velenice **CZ** 237 Bk83
Český Brod **CZ** 231 Bk80
Český Dub **CZ** 231 Bk79
Český Krumlov **CZ** 123 Bi83
Český Těšín **CZ** 233 Bs81
Çeşme **TR** 285 Cn104
Çeşmeli **TR** 281 Cq98
Cesole **I** 138 Bb90
Cespedosa **E** 192 Si99
Cessalto **I** 133 Bf89
Cessenon-sur-Orb **F** 178 Ag94
Cessford **GB** 79 Sq69
Cessières **F** 161 Ah81
Cessieu **F** 173 Al89
Cesson **F** 158 Sp83
Cesson-Sévigné **F** 158 Sr84
Čestimensko **BG** 266 Cp93
Čestín **CZ** 231 Bl81
Cestobrodica **SRB** 261 Ca93
Cesvaine **LV** 214 Cn67
Cetariu **RO** 245 Cd86
Cetate **RO** 247 Ck86
Cetate **RO** 254 Cg89
Cetate **RO** 264 Cg92
Cetatea de Baltă **RO** 254 Ci88
Cetăţeni **RO** 255 Cl90
Cetibeli **TR** 292 Cr106
Cetina **E** 194 Sr98
Cetina **HR** 259 Bn93
Cetingrad **HR** 259 Bm90
Çetinje **MNE** 269 Bs96
Četirci **BG** 272 Cf96
Ceton **F** 160 Ab84
Cetona **I** 144 Bd95
Cetraro **I** 151 Bm101
Ceuaşu de Câmpie **RO** 255 Ck87
Ceuta **E** 205 Sk109
Ceutí **E** 201 Ss104
Çeva **I** 175 Ar92
Čevetjävri = Sevettijärvi **FIN** 25 Cs41

Castel Frentano – Čevetjävri 339

Cevico de la Torre **E** 185 Sm97
Cevico Navero **E** 185 Sm97
Cevins **F** 174 An89
Cevio **CH** 131 As88
Çevizköy **TR** 281 Cq97
Čevo **MNE** 269 Bs95
Cewica **PL** 221 Bq72
Cewków **PL** 235 Cf80
Ceylanköy **TR** 281 Cp97
Ceyrat **F** 172 Ag89
Ceyzériat **F** 168 Al88
Cézanne, Refuge **F** 174 An91
Cezieni **RO** 264 Ci92
Chaam **NL** 113 Ak77
Chabanais **F** 171 Ab89
Chabanière **F** 173 Ak89
Chabařovice **CZ** 230 Bh79
Chabeuil **F** 173 Al91
Chabielice **PL** 227 Bt78
Chablis **F** 167 Ah85
Chabreloche **F** 172 Ah89
Chabris **F** 166 Ad86
Chacim **P** 191 Sg98
Chadziloni **BY** 218 Ck73
Chaffois **F** 169 An87
Chagey **F** 169 Ao85
Chagford **GB** 97 Sn79
Chagny **F** 168 Ak87
Chaillac **F** 166 Ac88
Chailland **F** 159 St84
Chaillé-les-Marais **F** 165 Ss88
Chailles **F** 166 Ac85
Chailley **F** 161 Ah84
Chaillol **F** 174 An91
Chailly-en-Gâtinais **F** 161 Af85
Chailly-sur-Armançon **F** 168 Ai86
Chaintrix-Bierges **F** 161 Ai83
Chaise-Dieu, La **F** 172 Ah90
Chaize-Giraud, La **F** 164 Sr87
Chaize-le-Vicomte, La **F** 165 Ss87
Chajew **PL** 227 Br77
Chalabre **F** 178 Ae95
Chalais **F** 170 Aa90
Chalamera **E** 195 Aa97
Chalamont **F** 173 Al89
Chalancey **F** 168 Al85
Chale **GB** 98 Ss79
Chalet-du-Gioberney **F** 174 An91
Chalets-de-Laval **F** 174 Ao90
Châlette-sur-Loing **F** 161 Af85
Chalindrey **F** 168 Al85
Chalivoy-Milon **F** 167 Af87
Challacombe **GB** 97 Sn78
Challain-la-Potherie **F** 165 Ss85
Challans **F** 164 Sr87
Challes-les-Eaux **F** 174 Am89
Challock **GB** 99 Ab78
Challuy **F** 167 Ag87
Chalmazel-Jeansagnière **F** 172 Ah89
Chalmoux **F** 167 Ah87
Chalonnes-sur-Loire **F** 165 St86
Châlons-en-Champagne **F** 161 Ai83
Châlons-sur-Marne = Châlons-en-Champagne **F** 161 Ai83
Chalon-sur-Saône **F** 168 Ak87
Chalo-Saint-Mars **F** 160 Ae84
Chałupki **PL** 233 Br81
Chałupy **PL** 222 Bs71
Châlus **F** 171 Ab89
Cham **CH** 125 Ar86
Cham **D** 236 Bf82
Chamagnieu **F** 173 Al89
Chamberet **F** 171 Ad89
Chambéria **F** 168 Am88
Chambéry **F** 174 Am89
Chambilly **F** 167 Ai88
Chamblet **F** 167 Af88
Chambley-Bussières **F** 119 Am82
Chambly **F** 160 Ae82
Chambois **F** 159 Aa83
Chambolle-Musigny **F** 168 Ak86
Chambon-la-Forêt **F** 160 Ae84
Chambon-Sainte-Croix **F** 166 Ad88
Chambon-sur-Lignon, Le **F** 173 Ai90
Chambon-sur-Voueize **F** 167 Ae88
Chambord **F** 166 Ad85
Chamborêt **F** 171 Ac88
Chambost-Allières **F** 173 Ak88
Chambray **F** 160 Ac82
Chambre, la **F** 174 An90
Chamerau **D** 123 Bf82
Chammünster **D** 236 Bf82
Chamonix-Mont-Blanc **F** 130 Ao89
Chamoux-sur-Gelon **F** 174 An89
Chamoy **F** 161 Ah84
Champagnac-le-Vieux **F** 172 Ah90
Champagné **F** 159 Aa84
Champagne-en-Valromey **F** 173 Am90
Champagne-Mouton **F** 170 Aa89
Champagné-Saint-Hilaire **F** 166 Aa88
Champagne-sur-Seine **F** 161 Af84
Champagney **F** 169 Ao85
Champagnole **F** 168 Am87
Champagnolles **F** 170 St89
Champagny-en-Vanoise **F** 130 Ao90
Champaubert **F** 161 Ah83
Champcevrais **F** 167 Af85
Champdeniers-Saint-Denis **F** 165 Su88
Champdieu **F** 173 Ai89
Champ-d'Oiseau **F** 168 Ai85
Champdôtre **F** 168 Al86
Champdray **F** 163 Ao84
Champeaux **F** 159 Ss84
Champeaux **F** 161 Af83
Champeix **F** 172 Ag89
Champenoise, La **F** 166 Ad87
Champenoux **F** 124 An83
Champéry **CH** 130 Ao88
Champex **CH** 174 Ap88
Champier **F** 173 Al90
Champigné **F** 165 St85
Champignelles **F** 167 Ag85
Champignol-lez-Mondeville **F** 162 Ak84
Champigny **F** 161 Ag84
Champigny-sur-Veude **F** 166 Aa86
Champillet **F** 166 Ae87
Champlemy **F** 167 Ag86
Champlitte **F** 168 Am85
Champlive **F** 169 An86
Champniers-et-Reilhac **F** 171 Ab89
Champoléon **F** 174 An91
Champoluc **I** 130 Aq89
Champorcher **I** 130 Aq89
Champrond-en-Gâtine **F** 160 Ac84
Champ-Saint-Père, Le **F** 165 Ss87
Champs-de-Losque, Les **F** 159 Ss82
Champs-sur-Tarentaine-Marchal **F** 172 Af90
Champs-sur-Yonne **F** 167 Ah85
Champtoceaux **F** 165 Ss86
Champvans **F** 168 Am86
Chamrousse **F** 174 Am90
Chamusca **P** 191 Se100
Chamusca **P** 196 Sd102
Chan, A (Cotobade) **E** 182 Sd96
Chanac **F** 172 Ag92
Chana de Somoza **E** 183 Sh96
Chanas **F** 173 Ak90
Chancelade **F** 171 Ab90
Chancelaria **P** 196 Sc101
Chancelaria **P** 197 Se102
Chancia **F** 168 Am88
Chancy **CH** 168 Am88
Chandai **F** 160 Ab83
Chandolin **CH** 169 Aq88
Chandrexa (Chandrexa de Queixa) **E** 183 Sf96
Chañe **E** 193 Sm98
Change, Le **F** 171 Ab90
Changy **F** 167 Ah88
Chaniers **F** 170 St89
Chanonrock **IRL** 88 Sg73
Chantada **E** 183 Se95
Chantelle **F** 167 Ag88
Chanteloup **F** 165 St87
Chanteloure **F** 174 Am91
Chantemerle **F** 174 Ao91
Chantenay-Saint-Imbert **F** 167 Ag87
Chantilly **F** 160 Ae82
Chantonnay **F** 165 Ss87
Chantrans **F** 169 An86
Chants **CH** 131 Au87
Chao **E** 183 Se94
Chao de Pousadoiro (Ribeira de Piquín) **E** 183 Sf94
Chaon **F** 166 Ae85
Chaource **F** 161 Ai84
Chapareillan **F** 174 Am90
Chapeau **F** 167 Ah88
Chapeau-Rouge **F** 155 Ah80
Chapela **E** 182 Sc96
Chapelaude, La **F** 167 Af88
Chapel-en-le-Frith **GB** 84 Sr74
Chapelle, La **F** 156 Al81
Chapelle, La **F** 158 Sq85
Chapelle-au-Mans, La **F** 167 Ah87
Chapelle-au-Riboul, La **F** 159 Su84
Chapelle-aux-Bois, La **F** 124 An84
Chapelle-aux-Chasses, La **F** 167 Ah87
Chapelle-Bouëxic, La **F** 158 Sr85
Chapelle-d'Angillon, La **F** 167 Ae86
Chapelle-du-Noyer, La **F** 160 Ac84
Chapelle-en-Valgaudémar, la **F** 174 An91
Chapelle-en-Vercors, La **F** 173 Al91
Chapelle-Glain, La **F** 165 Ss85
Chapelle-la-Reine, La **F** 161 Af84
Chapelle-Laurent, La **F** 172 Ag90
Chapelle-Rainsouin, La **F** 159 St84
Chapelle-Rousselin, La **F** 165 St86
Chapelle-Royale **F** 160 Ac84
Chapelle-Saint-Laurent, La **F** 165 Su87
Chapelle-Saint-Luc, La **F** 161 Ai84
Chapelle-Saint-Martial, La **F** 171 Ad88
Chapelle-Saint-Quillain, La **F** 168 Am86
Chapelle-Saint-Sauveur, La **F** 165 St86
Chapelle-Saint-Sépulcre, La **F** 161 Af84
Chapelle-Saint-Ursin, La **F** 167 Ae86
Chapelle-sur-Erdre, La **F** 164 Sr86
Chapelle-Thémer, La **F** 165 St87
Chapelle-Vendômoise, La **F** 166 Ac85
Chapelotte, La **F** 167 Af86
Chapel St. Leonards **GB** 85 Aa74
Chapelton **GB** 97 Sm78
Chapeltown **GB** 85 Ss74
Chapieux, les **F** 174 Ao89
Chappel **GB** 95 Ab77
Chappes **F** 172 Ag89
Charbinowice **PL** 234 Cb80
Charbogne **F** 161 Ak81
Charbonnières-les-Bains **F** 173 Ak89
Charbowo **PL** 226 Bp75
Charches **E** 206 Sp106
Charco del Pino **E** 202 Rg124
Charco del Tamujo **E** 199 Sn102
Chard **GB** 97 Sp79
Chardogne **F** 162 Al83
Charenton-du-Cher **F** 167 Af87
Charité-sur-Loire, La **F** 167 Ag86
Charlbury **GB** 93 Ss77
Charleroi **B** 113 Ai80
Charlestown **IRL** 82 Sc73
Charlestown of Aberlour **GB** 75 So66
Charleval **F** 160 Ac82
Charleville = Ráth Luire **IRL** 90 Sc76
Charleville-Mézières **F** 156 Ak81
Charlieu **F** 167 Ai88
Charlottenberg **S** 58 Be61
Charlton on Trent **GB** 85 St74
Charly **F** 161 Ag83
Charmant **F** 170 Aa90
Charmé **F** 170 Aa89
Charmes **F** 124 An84
Charmey **CH** 169 Ap87
Charmoille **F** 169 An85
Charmont **F** 162 Ak83
Charmouth **GB** 97 Sp79
Charnequinha Silveiras **P** 202 Sc105
Charnizay **F** 166 Ab87
Charnoz **F** 173 Al89
Charny-Orée-de-Puisaye **F** 161 Ag85
Charny-sur-Meuse **F** 162 Al82
Charolles **F** 168 Ai88
Charošae **BY** 219 Cq71
Chârost **F** 166 Ae87
Charras **F** 170 Aa89
Charron **F** 165 Ss88
Charroux **F** 166 Aa88
Chars **F** 160 Ad82
Charsfield **GB** 95 Ac76
Charsonville **F** 160 Ad85
Charsznica **PL** 234 Bu80
Chartres **F** 160 Ad84
Chartre-sur-le-Loir, La **F** 166 Ab85
Charzykowy **PL** 221 Bq73
Chãs de Tavares **P** 191 Se99
Chassaing, le **F** 171 Ad90
Chassant **F** 160 Ac84
Chasseneuil-sur-Bonnieure **F** 170 Aa89
Chassepierre **B** 156 Al81
Chasseradès **F** 172 Ah91
Chassey-Beaupré **F** 162 Al84
Chassigny-Aisey **F** 168 Al85
Chassillé **F** 159 Su84
Chastanier **F** 172 Ah91
Chastellux-sur-Cure **F** 167 Ah86
Châtaigneraie, La **F** 165 St87
Chatain **F** 170 Aa88
Château-Arnoux **F** 180 An92
Châteaubourg **F** 159 Ss84
Châteaubriant **F** 165 Ss85
Château-Chervix **F** 171 Ac89
Château-Chinon **F** 167 Ah86
Château-des-Prés **F** 168 Am87
Château-d'Oex **CH** 169 Ap88
Château-d'Oléron, Le **F** 170 Ss89
Château-du-Loir **F** 166 Aa85
Châteaudun **F** 160 Ac84
Châteaufort **F** 160 Ae83
Château-Garnier **F** 166 Aa88
Châteaugiron **F** 158 Sr84
Château-Gontier **F** 159 St85
Château-Landon **F** 161 Af84
Château-Larcher **F** 166 Aa88
Château-la-Vallière **F** 166 Aa85
Château-l'Evêque **F** 171 Ab90
Châteaulin **F** 157 Sm84
Châteaumeillant **F** 166 Ae87
Châteauneuf **F** 168 Ai88
Châteauneuf-de-Galaure **F** 173 Ak90
Châteauneuf-de-Randon **F** 172 Ah91
Châteauneuf-d'Ille-et-Villaine **F** 158 Sr83
Châteauneuf-du-Faou **F** 157 Sn84
Châteauneuf-du-Pape **F** 179 Ak92
Châteauneuf-en-Thymerais **F** 160 Ac83
Châteauneuf-la-Forêt **F** 171 Ad89
Châteauneuf-le-Rouge **F** 180 Am94
Châteauneuf-les-Bains **F** 172 Af88
Châteauneuf-sur-Charente **F** 170 Su89
Châteauneuf-sur-Cher **F** 167 Ae87
Châteauneuf-sur-Loire **F** 160 Ae85
Châteauneuf-sur-Sarthe **F** 165 Su85
Châteauneuf-Val-de-Bargis **F** 167 Ag86
Châteauponsac **F** 166 Ac88
Château-Porcien **F** 161 Ai81
Château-Queyras **F** 136 Ao91
Châteauredon **F** 180 An92
Châteaurenard **F** 161 Af85
Châteaurenard **F** 179 Ak93
Château-Renault **F** 166 Ab85
Châteauroux **F** 166 Ad87
Châteauroux **F** 174 Ao91
Château-Salins **F** 119 Ao83
Château-Thierry **F** 161 Ag82
Châteauvert **F** 180 An94
Châteauvieux **F** 180 Ao93
Châteauvillain **F** 162 Ak84
Châtel **F** 130 Ao88
Châtelaillon-Plage **F** 165 Ss88
Châtelard, Le **F** 174 An89
Châtelaudren **F** 158 Sp83
Châtelblanc **F** 169 An87
Châtel-Censoir **F** 167 Ah85
Châtel-de-Neuvre **F** 167 Ag88
Châteldon **F** 172 Ah89
Châtelet **B** 113 Ak80
Châtelet, Le **F** 167 Ae87
Châtelet-en-Brie, Le **F** 161 Af83
Châtel-Gérard **F** 167 Ai85
Châtelguyon **F** 172 Ag89
Châtellerault **F** 166 Ab87
Châtel-Montagne **F** 167 Ah88
Châtel-Saint-Denis **CH** 130 Ao87
Châtel-sur-Moselle **F** 124 An84
Châtelus-le-Marcheix **F** 171 Ad89
Châtelus-Malvaleix **F** 166 Ae88
Châtenois **F** 124 Ap84
Châtenois **F** 162 Am84
Châtenois-les-Forges **F** 169 Ao85
Châtenoy **F** 160 Ae85
Châtenoy-le-Royal **F** 168 Ak87
Chatham **GB** 95 Ab78
Châtillon **F** 169 Ao88
Châtillon **I** 130 Aq89
Châtillon-Coligny **F** 167 Af85
Châtillon-de-Michaille **F** 168 Am88
Châtillon-en-Bazois **F** 167 Ah86
Châtillon-en-Diois **F** 173 Al91
Châtillon-en-Vendelais **F** 159 Ss84
Châtillon-la-Palud **F** 173 Al89
Châtillon-le-Roi **F** 160 Ae84
Châtillon-sur-Chalaronne **F** 168 Ak88
Châtillon-sur-Colmont **F** 159 St84
Châtillon-sur-Indre **F** 166 Ac87
Châtillon-sur-Loire **F** 167 Af85
Châtillon-sur-Marne **F** 161 Ah82
Châtillon-sur-Seine **F** 162 Ak85
Châtre, La **F** 166 Ad87
Châtres-sur-Cher **F** 166 Ad86
Chatteris **GB** 95 Aa76
Chatton **GB** 81 Sr69
Chauché **F** 165 Ss87
Chauchina **E** 205 Sn106
Chaudes-Aigues **F** 172 Ag91
Chaudeyrac **F** 172 Ah91
Chaudfontaine **B** 119 Am79
Chaudon-Norante **F** 180 An93
Chaudron-en-Mauges **F** 165 St86
Chauffailles **F** 168 Ai88
Chauffayer **F** 174 An91
Chauffour-lès-Bailly **F** 161 Ai84
Chaulnes **F** 155 Af81
Chaumard **F** 167 Ah86
Chaume, la **F** 164 Sr88
Chaume-les-Baigneux **F** 168 Ak85
Chaumergy **F** 168 Al87
Chaumes-en-Brie **F** 161 Af83
Chaumes-en-Retz **F** 164 Sr86
Chaumont **F** 162 Al84
Chaumont-en-Vexin **F** 160 Ad82
Chaumont-Gistoux **B** 156 Ak79
Chaumont-Porcien **F** 161 Ai81
Chaumont-sur-Loire **F** 166 Ac86
Chaumont-sur-Tharonne **F** 166 Ad85
Chaunay **F** 165 Aa88
Chauny **F** 161 Ag81
Chaus **E** 182 Sd97
Chaussée-Saint-Victor, La **F** 166 Ac85
Chaussée-sur-Marne, La **F** 161 Ak83
Chaussin **F** 168 Al87
Chauvé **F** 164 Sr86
Chauvigny **F** 166 Ab87
Chaux **F** 169 Ao85
Chaux-de-Fonds, La **CH** 130 Ao86
Chavagnac **F** 171 Ac90
Chavagnes-les-Redoux **F** 165 St87
Chavanat **F** 171 Ad89
Chavanay **F** 173 Ak90
Chavanges **F** 162 Ak83
Chavannes-sur-Suran **F** 168 Al88
Chave **E** 182 Sc95
Chaves **P** 191 Sf97
Chaves = Chave **E** 182 Sc95
Chaveyriat **F** 168 Al88
Chavornay **CH** 169 Ao87
Chawston **GB** 94 Su76
Chazelles-sur-Lyon **F** 173 Ai89
Chazé-sur-Argos **F** 165 St85
Chbany **CZ** 230 Bg80
Cheadle **GB** 84 Sq74
Cheadle **GB** 84 Sr75
Cheb **CZ** 230 Be80
Checa **E** 194 Sr99
Chechło **PL** 233 Bu80
Chęciny **PL** 234 Ca79
Chécy **F** 166 Ae85
Chedburgh **GB** 95 Ab76
Cheddar **GB** 97 Sp78
Chedworth **GB** 93 Sr77
Chef-Boutonne **F** 165 Su88
Cheglevict **RO** 252 Ca88
Chei, Bicaz- **RO** 247 Cm87
Cheia **RO** 255 Cm90
Cheia **RO** 267 Cr91
Cheles **E** 197 Sf103
Chelford **GB** 84 Sq74
Chelle-Debat **F** 187 Aa94
Chełm **PL** 229 Cg78
Chelmac **RO** 253 Cd88
Chełmek **PL** 233 Bt80
Chełmiec **PL** 240 Cb81
Chełmno **PL** 222 Br74
Chełmno **PL** 227 Bs76
Chelmondiston **GB** 95 Ac77
Chelmsford **GB** 95 Aa77
Chełmsko Śląskie **PL** 231 Bn79
Chełmża **PL** 222 Bs74
Cheltenham **GB** 94 Sq77
Chelva **E** 201 St101
Chemazé **F** 165 St85
Chemenot **F** 168 Am87
Chémeré-le-Roi **F** 159 Su85
Chémery **F** 166 Ac86
Chémery-Chéhéry **F** 162 Ak81
Chemillé-en-Anjou **F** 165 St86
Chemillé-sur-Dême **F** 166 Ab85
Chemilly **F** 167 Ag88
Chemin **F** 168 Al87
Cheminot **F** 119 An83
Chemiré-le-Gaudin **F** 159 Su85
Chemnitz **D** 117 Bf79
Chenac-Saint-Seurin-d'Uzet **F** 170 St89
Chenay **F** 165 Su88
Chêne-Bourg **CH** 169 An88
Chênehutte-Trèves-Cunault **F** 165 Su86
Chénelette **F** 168 Ak88
Chêne-Pignier **F** 171 Ab89
Chénérailles **F** 166 Ae88
Chenoise **F** 161 Ag83
Chenonceaux **F** 166 Ac86
Chenôve **F** 168 Al86
Chens-sur-Léman **F** 169 An88
Chenu **F** 166 Aa85
Cheny **F** 161 Ah85
Chepoix **F** 160 Ae81
Chepstow **GB** 97 Sp77
Chera **E** 201 St101
Cherain **B** 119 Am80
Cherasco **I** 175 Aq91
Cherbonnières **F** 170 Su89
Cherbourg-en-Cotentin **F** 158 Sr81
Cherbourg-Octeville = Cherbourg-en-Cotentin **F** 158 Sr81
Chereluş **RO** 245 Cd88
Chérences-le-Roussel **F** 159 Ss83
Cheresig **RO** 245 Cd86
Cherestur **RO** 252 Ca88
Cheriton **GB** 98 Ss78
Chéroy **F** 161 Af84
Cherrueix **F** 158 Sr83
Chert = Xert **E** 195 Aa99
Chertsey **GB** 94 Su78
Chervers-Châtelars **F** 171 Ab89
Cherves-Richemont **F** 170 Su89
Cherveux **F** 165 Su88
Chesham **GB** 94 St77
Cheshunt **GB** 94 Su77
Chesley **F** 161 Ai85
Chesne, Le **F** 162 Ak81
Chessy **F** 173 Ak89
Chessy-lès-Prés **F** 161 Ah84
Cheste **E** 201 St102
Chester **GB** 93 Sp74
Chesterfield **GB** 93 Ss74
Chester-le-Street **GB** 81 Sr71
Cheţani **RO** 254 Ci88
Chetrosu **MD** 248 Cq84
Chevagnes **F** 167 Ah87
Chevanceaux **F** 170 Su90
Chevannes **F** 167 Ag85
Chevereşu Mare **RO** 253 Cc89
Chevigny, Libramont- **B** 156 Al81
Chevillon **F** 162 Al83
Cheviré-le-Rouge **F** 165 Su85
Chèvrefosse **F** 163 Ao84
Chew Magna **GB** 98 Sp78
Chewnica **PL** 221 Bq72
Chewton Mendip **GB** 98 Sp78
Chey **F** 165 Su88
Cheylade **F** 172 Af90
Cheylard, Le **F** 173 Ai91
Chezal-Benoît **F** 166 Ae87
Chèze, La **F** 158 Sp84
Chezelles **F** 166 Ad87
Chézery-Forens **F** 168 Am88
Chialamberto **I** 130 Ap90
Chiampo **I** 132 Bc89
Chianale **I** 174 Ap91
Chianciano Terme **I** 144 Bd94
Chianni **I** 138 Bb94
Chiappera **I** 136 Ao91
Chiaramonte Gulfi **I** 153 Bk106
Chiaramonti **I** 140 As99
Chiaravalle **I** 139 Bg93
Chiaravalle Centrale **I** 151 Bn103
Chiareggio **I** 131 Au88
Chiari **I** 131 Au89
Chiaromonte **I** 148 Bn100
Chiassa **I** 138 Bd93
Chiasso **CH** 175 At89
Chiatona **I** 149 Bp99
Chiatra **F** 142 At96
Chiavari **I** 137 At92
Chiavenna **I** 131 At88
Chiché **F** 165 Su87
Chichester **GB** 98 St79
Chichiş **RO** 255 Cm89
Chicklade **GB** 94 Sq78
Chiclana de la Frontera **E** 204 Sh108
Chiclana de Segura **E** 200 So104
Chiddingfold **GB** 98 St78
Chiddingstone **GB** 154 Aa78
Chideock **GB** 97 Sp79
Chieming **D** 236 Bf85
Chienes **I** 132 Bd87
Chieri **I** 136 Aq90
Chiesa **I** 132 Bc89
Chiesa in Valmalenco **I** 131 Au88
Chiesazza **I** 138 Bd90
Chieşd **RO** 246 Cf86
Chies d'Alpago **I** 133 Be88
Chiesina Uzzanese **I** 138 Bb93
Chieti **I** 145 Bi96
Chieuti **I** 147 Bl97
Chieveley **GB** 93 Ss78
Chièvres **B** 155 Ah79
Chigné **F** 165 Aa85
Chignolo Po **I** 137 At90
Chigy **F** 161 Ag84
Chiheru de Jos **RO** 255 Ck87
Chilches = Xilxes **E** 201 Su101
Chilham **GB** 99 Ab78
Chilia Veche **RO** 257 Ct90
Chiliile **RO** 256 Co90
Chilivani **I** 140 As99
Chillarón de Cuenca **E** 194 Sq100
Chilleurs-aux-Bois **F** 160 Ae84
Chillingham **GB** 81 Sr69
Chillón **E** 198 Sl103
Chilluévar **E** 206 So104
Chiloeches **E** 193 So99
Chimay **B** 156 Ai80
Chimeneas **E** 205 Sn106
Chimparra **E** 182 Sd93
Chinchilla de Monte Aragón **E** 200 Sr103
Chinchón **E** 193 So100
Chinnor **GB** 94 St77
Chinon **F** 165 Aa86
Chinteni **RO** 246 Ch87
Chio **E** 202 Rg124
Chiochiş **RO** 246 Ci87
Chioggia **I** 139 Be90
Chiojdu **RO** 255 Cn90
Chiomonte **I** 136 Ao90
Chiopčiči **UA** 235 Cg81
Chioselia Rusa **MD** 257 Cs88
Chipiona **E** 203 Sh107
Chippenham **GB** 93 Sq78
Chippenham **GB** 95 Aa76
Chipping **GB** 84 Sp73
Chipping Campden **GB** 94 Sr76
Chipping Norton **GB** 93 Sr77
Chipping Ongar **GB** 95 Aa77
Chipping Warden **GB** 94 Ss76
Chiprana **E** 188 Su98
Chirac **F** 172 Ag91
Chiraleş **RO** 246 Ci86
Chirens **F** 173 Am90
Chiriet-Lunga **MD** 257 Cs88
Chirivel **E** 206 Sq105
Chirk **GB** 84 So75
Chirnogeni **RO** 267 Cr93
Chirnogi **RO** 266 Co92
Chirnside **GB** 81 Sq69
Chirpăr **RO** 255 Ck89
Chirsova **MD** 257 Cs88
Chisa **F** 142 At97
Chiscani **RO** 256 Cq90
Chiseldon **GB** 98 Sr77
Chiselet **RO** 266 Co92
Chişinău **MD** 249 Cs86
Chisindia **RO** 245 Ce88
Chişineu-Criş **RO** 245 Cd87
Chişlaz **RO** 245 Ce86
Chissey-en-Morvan **F** 168 Ai86
Chiştelniţa **MD** 249 Cs85
Chiţcani **MD** 257 Cu87
Chitignano **I** 138 Bd93
Chitila **RO** 265 Cm91
Chitray **F** 166 Ac87
Chittering **GB** 95 Aa76
Chiuieşti **RO** 246 Ch86
Chiusa **I** 132 Bd87
Chiusa, Rifugio **I** 132 Bd87
Chiusa di Pesio **I** 175 Aq92
Chiusaforte **I** 134 Bg88
Chiusa Sclafani **I** 152 Bg105
Chiusdino **I** 143 Bc94
Chiusi **I** 144 Bd94
Chiusi della Verna **I** 138 Bd93
Chiuza **RO** 246 Ci86
Chiva **E** 201 St102
Chivasso **I** 136 Aq90
Chizé **F** 165 Su88
Chjatra = Chiatra **F** 142 At96
Chľaba **SK** 239 Bs85
Chłaniów **PL** 235 Cf79
Chłapowo **PL** 226 Bp76
Chlebnice **SK** 239 Bt82
Chlebowo **PL** 118 Bk76
Chlewiska **PL** 228 Cb78
Chlivčany **UA** 235 Ch80
Chłopiatyn **PL** 235 Ch80
Chłopice **PL** 235 Cf81
Chłopków **PL** 235 Cf79
Chłopowo **PL** 221 Bn73
Chludowo **PL** 226 Bo75
Chlum **CZ** 238 Bo81
Chlumec **CZ** 118 Bh79
Chlumec nad Cidlinou **CZ** 231 Bl80
Chlum u Třeboně **CZ** 237 Bk83
Chmeľov **SK** 241 Cc82
Chmiel Drugi **PL** 229 Cf78
Chmielek **PL** 235 Cf80
Chmieleń **PL** 231 Bl79
Chmielewo **PL** 228 Cb75
Chmielnik **PL** 234 Cb79
Chmielnik **PL** 235 Ce81
Chmielno **PL** 222 Br72
Chmielno **PL** 225 Bm78
Chobienia **PL** 226 Bn77
Choceň **CZ** 232 Bn80
Choceń **PL** 227 Bt76
Chocerady **CZ** 231 Bk81
Chochołów **PL** 233 Bu82
Chocianów **PL** 226 Bm78
Chociw **PL** 228 Ca77
Chociwel **PL** 220 Bl74
Chocz **PL** 226 Bq77
Choczewo **PL** 222 Bq71
Chodaki **PL** 227 Bs77
Chodecz **PL** 227 Bt76
Chodel **PL** 229 Ce78
Chodov **CZ** 230 Bf80
Chodová Planá **CZ** 230 Bf81
Chodzież **PL** 221 Bo75
Chojna **PL** 220 Bi75
Chojnice **PL** 221 Bq73
Chojno **PL** 226 Bp77
Chojnów **PL** 226 Bm78
Cholderton **GB** 98 Sr78
Cholet **F** 165 St86
Chollonges **F** 168 Am88
Cholmok **UA** 241 Ce83
Cholms'ke **UA** 257 Ct89
Chomęciska Małe **PL** 235 Cg79
Chomentów **PL** 234 Cb79
Chomérac **F** 173 Ak91
Chomutov **CZ** 118 Bg80
Chon'kivci **UA** 248 Cq83
Choňkovce **SK** 241 Ce83
Chorges **F** 174 An91
Chorin **D** 220 Bh75
Chorley **GB** 84 Sp73
Chornice **CZ** 232 Bo81
Choroń **PL** 233 Bt79
Choroszcz **PL** 224 Cf74
Chorzele **PL** 223 Cb74
Chorzeszów **PL** 227 Bt77
Chorzów **PL** 233 Bs80
Chośebuz = Cottbus **D** 118 Bi77
Choszczewo **PL** 227 Bs77
Choszczno **PL** 220 Bl74
Chotcza **PL** 228 Cd78
Chotěboř **CZ** 231 Bm81
Chotel Czerwony **PL** 234 Cb80
Chotětov **CZ** 231 Bk80
Chotěvice **CZ** 231 Bm79
Chotilsko **CZ** 231 Bi81
Chotjačiv **UA** 235 Ci79
Chotomów **PL** 228 Cb76
Chotyn **UA** 248 Cn83
Choustník **CZ** 231 Bk82
Chouto **P** 196 Sd102
Chouzy-sur-Cisse **F** 166 Ac85
Chozas de Canales **E** 193 Sm100
Chraboły **PL** 229 Cg75
Chrást **CZ** 123 Bg81
Chrast **CZ** 232 Bm81
Chrastava **CZ** 231 Bk79
Chřibská **CZ** 231 Bi79
Chříč **CZ** 123 Bh81
Christchurch **GB** 98 Sr79
Christiansfeld **DK** 103 At70
Chrjebja-Nowa Wjes = Kreba-Neudorf **D** 118 Bk78
Chrlice **CZ** 238 Bo82
Chroberz **PL** 234 Cb80
Chromin **PL** 228 Cd77
Chropyně **CZ** 232 Bp82
Chróścicy = Crostwitz **D** 118 Bi78
Chróścina **PL** 226 Bo77
Chróstnik **PL** 226 Bn78
Chrostowa **PL** 234 Ca81
Chrudim **CZ** 231 Bm81
Chruścińskie **PL** 227 Bt78
Chruślin **PL** 227 Bu76
Chruślina **PL** 228 Cd78
Chryps'k **UA** 229 Ch77
Chrystova **BY** 219 Cp70
Chrzan **PL** 226 Bq76
Chrzanów **PL** 233 Bt80
Chrzanów **PL** 235 Cf79
Chrząstowice **PL** 233 Br79
Chrząstowo **PL** 226 Bp76
Chrzęsne **PL** 228 Cd76
Chtelnica **SK** 239 Bq83
Chucena **E** 203 Sh106
Chuchelná **CZ** 233 Br81
Chudleigh **GB** 97 Sn79
Chudoba **PL** 233 Br79
Chulmleigh **GB** 97 Sn79
Chur **CH** 131 Au87
Churáňov **CZ** 123 Bh82
Churchill **GB** 97 Sp78
Church Langton **GB** 94 St75
Church Stoke **GB** 93 So75
Church Stretton **GB** 93 Sp75
Churchtown **GBM** 88 Sm72
Churchtown **IRL** 91 Sg76
Churchtown **IRL** 91 Sh76
Churriana **E** 205 Sl107
Churwalden **CH** 131 Au87
Chust **UA** 246 Cg84
Chutcze **PL** 229 Cg78
Chvalatice **CZ** 238 Bm83
Chvaleč **CZ** 231 Bn79
Chwarszczany **PL** 225 Bk75
Chwaszczyno **PL** 222 Br72
Chybice **PL** 234 Cc79
Chybie **PL** 233 Bs81
Chylin **PL** 227 Br76
Chym, Perín- **SK** 241 Cc83
Chymčyn **UA** 247 Cl84
Chyňava **CZ** 123 Bi80
Chynorany **SK** 239 Br83
Chýnov **CZ** 231 Bk82
Chynów **PL** 228 Cc77
Chynowa **PL** 226 Bq77
Chyriv **UA** 241 Cf81
Chyše **CZ** 230 Bg80
Chyšky **CZ** 237 Bi81
Chyža **UA** 246 Cg84
Chyżne **PL** 233 Bu82
Ciacova **RO** 253 Cc89
Ciadîr-Lunga = Ceadîr-Lunga **MD** 257 Cs88
Ciampino **I** 144 Bf97
Cianciana **I** 152 Bg105
Ciaño **E** 184 Si94
Ciasna **PL** 233 Bs79
Ciavolo **I** 152 Bf105
Ciążeń **PL** 226 Bq76
Cibakháza **H** 244 Ca87
Cibla **LV** 215 Cq67
Ciboure **F** 176 Sr94
Cicagna **I** 175 At92
Çicciano **I** 147 Bk99
Čičenice **CZ** 123 Bi82
Çicerale **I** 147 Bl100
Ćićevac **SRB** 263 Cc93
Ciche **PL** 222 Bt74
Cichobórz **PL** 235 Ch79
Çicibór Mały **PL** 229 Cg76
Čičil **BG** 263 Cf93
Ciciliano **I** 146 Bf97
Çiclova Română **RO** 253 Cd90
Čičmany **SK** 239 Bs83
Cicogna **I** 175 Ar88
Cicognolo **I** 137 Ba90
Cidade Nova de Santo André **P** 196 Sc104
Cidones **E** 186 Sp97
Cidreag **RO** 241 Cf85
Ciechanów **PL** 228 Cb75
Ciechanowiec **PL** 229 Cf75
Ciechnowo **PL** 221 Bm73
Ciechocinek **PL** 227 Bs75
Ciechomin Włościański **PL** 228 Cd77
Ciecierzyn **PL** 229 Cf78
Cieklin **PL** 234 Cc81
Cielądz **PL** 228 Ca77
Cielce **PL** 227 Bs77
Cielętniki **PL** 233 Bu79
Ciempozuelos **E** 193 Sn100
Cienac **MD** 257 Cs88
Cieniawa **PL** 240 Cb81
Cienin Kościelny **PL** 227 Br76
Ciepielów **PL** 228 Cd78
Cieplice **PL** 234 Bu80
Ciepłowody **PL** 232 Bo79
Čierna **SK** 241 Ce84
Čierna Lehota **SK** 239 Br83
Čierny Balog **SK** 240 Bu83
Cierp-Gaud **F** 187 Ab95
Ciérvana = Ziérbena (Abanto y Ziérbena) **E** 185 So94
Cieśle **PL** 226 Bp78
Cieszanów **PL** 235 Cg80
Cieszków **PL** 226 Bp77
Cieszyn **PL** 226 Bq78
Cieszyn **PL** 233 Bs81
Cieux **F** 171 Ac89
Cieza **E** 201 Ss104
Ciężkowice **PL** 234 Cb81
Cifer **SK** 239 Bq84
Çiflik **AL** 276 Ca101
Çiftalan **TR** 281 Cs98
Çiftlik **TR** 292 Cr107
Çiftlikköy **TR** 281 Cp98
Çiftlikköy **TR** 281 Cr98
Çiftlikköy **TR** 285 Cn104
Çiftlikköy **TR** 292 Cr106
Cifuentes **E** 194 Sp99
Cig **RO** 245 Cf85
Cigales **E** 192 Sl97
Cigánd **H** 241 Cd84
Cigeľ **SK** 239 Bs83
Cigliano **I** 130 Ar90
Cigole **I** 131 Ba90
Ciguñuela **E** 192 Sl97
Çihavolja **BY** 229 Ch75
Čikat **HR** 258 Bi91
Çikatovë **RKS** 270 Cb95
Čikatovo = Çikatovë **RKS** 270 Cb95
Čikši **LV** 214 Cl66
Ciladas (S. Romão) **P** 197 Sf103
Cildi **LV** 212 Cd67
Ciliau-Aeron **GB** 92 Sm76
Cilibia **RO** 266 Cp90
Cilieni **RO** 265 Ck93
Çilinkoz **TR** 275 Cr98
Čilipi **HR** 269 Br95
Cill Airne **IRL** 89 Sb76
Cillamayor **E** 185 Sm95
Cillas **E** 194 Sr99
Cill Bheagáin = Kilbeggan **IRL** 87 Sf74
Cill Chainnigh **IRL** 90 Sf75
Cill Chaoi = Kilkee **IRL** 89 Sa75
Cill Charthaigh **IRL** 82 Sc71
Cill Chiaráin **IRL** 86 Sa74
Cill Choca = Kilcock **IRL** 87 Sg74
Cill Chormaic = Kilcormac **IRL** 90 Se74
Cill Chuilin = Kilcullen **IRL** 91 Sg74
Cill Dalua = Killaloe **IRL** 90 Sd75
Cill Dara = Kildare **IRL** 91 Sg74
Cill Dhéaglain = Ashbourne **IRL** 87 Sh73

340 **Cevico de la Torre – Cill Dhéaglain**

Cornetu RO 265 Cm92
Cornhill GB 81 Sq69
Corni RO 248 Co85
Corni RO 256 Cq89
Cornice I 137 Au92
Corniglio I 137 Ba92
Cornil F 171 Ad90
Cornimont F 163 Ao85
Corniolo I 138 Bd93
Čorni Oslavy UA 247 Ck84
Čornivka UA 247 Cn84
Čornoholova UA 241 Cf83
Cornollo E 183 Sg94
Čornomyn UA 249 Ct84
Čornotysiv UA 246 Cg84
Cornuda I 133 Be89
Cornudella de Montsant E 188 Ab98
Cornudilla E 185 So95
Cornu Luncii RO 247 Cn86
Cornus F 178 Ag93
Cornwood GB 97 Sn80
Corny-sur-Moselle F 119 An82
Coroana RO 267 Cr93
Corod RO 256 Cq89
Coroieni RO 246 Ch86
Coroisânmartin RO 255 Ck88
Coronada, La E 198 Si103
Coronada, La E 198 Sk104
Coronil, El E 204 Si106
Çorovodë AL 276 Ca99
Corpach GB 75 Sk67
Corpaci MD 248 Cp84
Corps F 174 Am91
Corps-Nuds F 158 Sr85
Corral de Almaguer E 200 So101
Corral de Calatrava E 199 Sm103
Corralejo E 203 Rn123
Corrales E 192 Si98
Corrales E 203 Sg106
Corrales, Los E 204 Sl106
Corrales, Los (Corralles de Buelna, Los) E 185 Sm94
Corral-Rubio E 201 Ss103
Corran GB 78 Sk67
Corrano F 181 At97
Corranu = Corrano F 181 At97
Corrchloch IRL 86 Ru72
Corre F 162 Am85
Correggio I 138 Bb91
Correpoco E 185 Sm94
Corrèze F 171 Ad90
Correzzola I 139 Be90
Corridonia I 145 Bh94
Corridore del Pero I 153 Bl106
Corrie GB 80 Sk69
Corrillo = Mimetiz E 185 So94
Corringham, Stanford-le-Hope/ GB 99 Aa77
Corris GB 92 Sn75
Corrofin IRL 86 Sb75
Corroy F 161 Ah83
Corsavy F 178 Af96
Corsham GB 93 Sq78
Corsico I 131 At90
Corsock GB 80 Sn70
Cortaccia sulla Strada del Vino I 132 Bc88
Cortale I 151 Bn103
Čortanovci SRB 261 Ca90
Cortanze I 136 Ar90
Corte F 181 At96
Corte Centrale I 139 Be91
Corteconcepción E 203 Sg105
Corte de Peleas E 197 Sg103
Cortegaça P 190 Sc99
Cortegada E 182 Sd96
Cortegada E 183 Se96
Cortegana E 203 Sg105
Cortemaggiore I 137 Au91
Cortemilia I 175 Ar91
Corten MD 257 Cs88
Corteolona I 137 At90
Corteraso I 132 Bb87
Cortes E 186 Ss97
Cortés E 201 Ss101
Cortes de Aragón E 195 St99
Cortes de Arenoso E 195 St100
Cortes de Baza E 206 Sp105
Cortes de la Frontera E 204 Sk107
Cortes de Pallás E 201 St102
Corte Sines P 203 Se105
Corţeşti RO 254 Cg88
Corti = Corte F 181 At96
Corticô da Serra P 191 Sf99
Cortiglione I 136 Ar91
Cortijada el Pilar E 206 Sq106
Cortijo de Arriba E 199 Sm102
Cortijo de Garci-Gómez E 199 Sm104
Cortijo de Tortas E 200 Sq103
Cortijos Nuevos E 200 Sp104
Cortijos Nuevos del Campo E 206 Sq105
Cortina E 183 Sh93
Cortina d'Ampezzo I 133 Be87
Cortino I 145 Bh95
Cortona I 144 Bd94
Coruche P 196 Sc103
Corullón E 183 Sg95
Coruña, A E 182 Sd94
Coruña del Conde E 185 So97
Corund RO 255 Cl88
Corval P 197 Sf104
Corvara in Badia I 132 Bd87
Corvées-les-Yys, Les F 160 Ac84
Corvera E 207 Ss105
Corvo, Vila do P 182 Ps101
Corvol-l'Orgueilleux F 167 Ag86
Corvoy IRL 82 Sg72
Corwen GB 84 So75
Coryton GB 99 Ab77
Corzu RO 264 Cg92
Cosâmbeşti RO 266 Cp91
Coşava RO 245 Ce89
Coşbuc RO 246 Ci86
Coscojuela de Sobrarbe E 177 Aa96
Coşeiu RO 246 Cf86
Cosel-Zeisholz D 118 Bh78
Cosenza I 151 Bn102
Coşereni RO 266 Co91
Coşeşti RO 265 Ck90
Ćosići BIH 260 Bp92
Coslada E 193 Sn100
Cosmeşti RO 256 Cp89
Cosmeşti RO 265 Cl92
Cosmina de Jos RO 265 Cm90
Cosnardière, la F 158 Sr82
Cosne-Cours-sur-Loire F 167 Af86
Cosne-d'Allier F 167 Af88
Cosoleto I 151 Bm104
Coşoveni RO 264 Ch92
Cossato I 130 Ar89
Cossaye F 167 Ag87
Cossebaude D 117 Bh78
Cossé-le-Vivien F 159 St85
Cossignano I 145 Bh95
Cossonay CH 169 Ao87
Costa P 196 Sc104
Costacciaro I 144 Bf94
Costache Negri RO 256 Cq89
Costa da Caparica P 196 Sb103
Costa de Canyamel E 207 Ag101
Costa del Silencio E 202 Rg124
Costa Molini I 132 Bd87
Costâna RO 247 Cn85
Coştangalia MD 257 Cr88
Costa Nova E 201 Aa103
Costa Nova P 190 Sc99
Costa Paradiso I 140 As98
Costaros F 172 Ah91
Coşteiu RO 253 Cd89
Costeşti MD 248 Cp85
Costeşti MD 249 Cs87
Costeşti RO 254 Cg89
Costeşti RO 265 Ck91
Costeşti RO 266 Co90
Costeştii din Vale RO 265 Cl91
Costigliole d'Asti I 136 Ar91
Costigliole d'Asti I 175 Ar91
Costigliole Saluzzo I 174 Ap91
Costineşti RO 267 Cs93
Costişa RO 256 Co87
Costuleni RO 248 Cq86
Coşula RO 248 Co85
Coswig D 117 Bh78
Coswig (Anhalt) D 117 Be77
Coţatcu RO 256 Cp90
Coteala UA 248 Co84
Coteana RO 264 Ci92
Coteau, Le F 173 Ai88
Cotebrook GB 93 Sp74
Côte-Saint-André, La F 173 Al90
Coteşti RO 256 Cp89
Cotgrave GB 85 Ss75
Cotherstone GB 84 Sr71
Coti-Chiavari F 142 As97
Cotignac F 180 An93
Cotignola I 138 Bd92
Cotillas E 200 Sp104
Cotillo, El E 203 Rm123
Cotinière, La F 170 Ss89
Cotiujeni UA 248 Co84
Cotiujenii Mari MD 249 Cs85
Cotiujenii Mici MD 249 Cr85
Cotmeana RO 265 Ck91
Cotnari RO 248 Co86
Coţofăneşti RO 256 Co88
Coţofenii din Dos RO 264 Ch92
Cotronei I 151 Bo102
Cottanello I 144 Bf96
Cottbus D 118 Bi77
Cottenham GB 95 Aa76
Cottens CH 169 An87
Cottered GB 94 Su77
Cottingham GB 85 Su73
Coţuşca RO 248 Co84
Cotu Văii RO 267 Cr93
Couarde-sur-Mer, La F 165 Ss88
Coubert F 161 Af83
Couches F 168 Ak87
Coucieiro E 182 Sb94
Couço P 196 Sd103
Coucouron F 172 Ah91
Coucy-le-Château-Auffrique F 161 Ag81
Coudekerque-Branche F 155 Ae78
Coudray F 165 St85
Coudray-Saint-Germer, Le F 160 Ad82
Coudres F 160 Ac83
Coudures F 176 St93
Couëron F 164 Sr86
Couffy-sur-Sarsonne F 172 Ae89
Couflens F 177 Ac95
Couhé F 165 Aa88
Couilly-Pont-aux-Dames F 161 Af83
Couiza F 178 Ae95
Coulanges-la-Vineuse F 167 Ah85
Coulanges-sur-Yonne F 167 Ah85
Coulans-sur-Gée F 159 Aa84
Coulaures F 171 Ab90
Couledoux F 177 Ab95
Couleuvre F 167 Af87
Coullons F 167 Ae85
Coulmier-le-Sec F 168 Ai85
Coulombiers F 165 Aa88
Coulombs-en-Valois F 161 Ag82
Coulomby F 112 Ae79
Coulommiers F 161 Ag83
Coulon F 165 St88
Coulonges-sur-l'Autize F 165 St88
Coulport GB 78 Sl68
Coupar Angus GB 79 So67
Coupru F 161 Ag82
Couptrain F 159 Su84
Courances F 160 Ae84
Courant F 170 St88
Courban F 162 Ak85
Courcelles B 113 Ai80
Courcelles-Chaussy F 162 An82
Courcemont F 159 Aa84
Courchaton F 169 Ao85
Courchevel F 130 Ao90
Cour-Cheverny F 166 Ac85
Courcôme F 170 Aa89
Courçon F 165 St88
Courcy-aux-Loges F 160 Ae84
Cour-et-Buis F 173 Al90
Courgains F 159 Aa84
Courgenard F 160 Ab84
Courgenay CH 124 Ap86
Courjeonnet F 161 Ah83
Courmayeur I 130 Ao89
Courmelles F 161 Ag82
Courmont F 161 Ah82
Courniou F 178 Af94
Cournon-d'Auvergne F 172 Ag89
Cournonterral F 179 Ah93
Couronne, La F 170 Aa89
Courpière F 172 Ah89
Courpignac F 170 Su90
Courrendlin CH 124 Ap86
Cours F 168 Ai88
Cours F 171 Ad91
Coursac F 171 Ab90
Coursan F 178 Ag94
Coursegoules F 136 Ap93
Courson-les-Carrières F 167 Ah85
Cours-sur-Loire, Cosne- F 167 Af86
Courtalain F 160 Ac84
Courtemaîche CH 124 Ap86
Courtenay F 161 Ag84
Courthézon F 179 Ak92
Courtils F 159 Ss83
Courtine, La F 172 Ae89
Courtmacsherry IRL 90 Sc77
Courtomer F 159 Aa83
Courtown IRL 91 Sh75
Courtrai = Kortrijk B 112 Ag79
Court-Saint-Étienne B 156 Ak79
Courville-sur-Eure F 160 Ac84
Cousance F 168 Al87
Cousolre F 156 Ai80
Coussac-Bonneval F 171 Ac89
Coussay F 165 Aa87
Coussay-les-Bois F 166 Ab87
Coussegrey F 161 Ai85
Coussey F 162 Am84
Coustellet F 179 Al93
Coustouges F 178 Af96
Coutainville, Agon- F 158 Sr82
Coutances F 159 Ss82
Couterne F 159 Su83
Couto E 182 Sc96
Coutras F 170 Su90
Couture-d'Argenson F 170 Su89
Coutures F 165 Su86
Couvertoirade, La F 178 Ag93
Couvet CH 169 Ao87
Couvin B 156 Ai80
Couvron-et-Aumencourt F 161 Ah81
Coux-et-Bigaroque-Mouzens F 171 Ab91
Couze-et-Saint-Front F 171 Ab91
Cova = Coba E 183 Sf96
Covadonga E 184 Sk94
Covaleda E 185 Sp97
Covanera E 185 Sn95
Covarrubias E 185 Sn96
Covas E 183 Se93
Covas P 182 Sc97
Covas P 190 Sd98
Covas do Barroso P 191 Se97
Covăsint RO 253 Cd88
Covasna RO 255 Cn89
Cove GB 74 Si65
Covelo P 190 Sd99
Çövenli TR 275 Cq98
Coventry GB 93 St76
Coverack GB 96 Sk80
Covet E 188 Ac96
Covide P 190 Sd97
Covilhã P 191 Se100
Covões P 190 Sc100
Čovrik = Tjåurek S 28 Bt45
Covurlui MD 257 Cr87
Cowbit GB 94 Su75
Cowbridge GB 93 So78
Cowdenbeath GB 79 So68
Cowes GB 98 Ss79
Cowfold GB 99 Su79
Cowie GB 79 Sn68
Cowley GB 94 Sq77
Cowshill GB 81 Sq71
Cox E 201 St104
Cox F 177 Ac93
Coxwold GB 85 Ss72
Coy E 200 Sr105
Coylton GB 78 Sl70
Cozaclia MD 257 Cs88
Cozăneşti RO 247 Cl86
Cozangic MD 257 Cr87
Cózar E 200 So103
Cozes F 170 St89
Cozieni RO 256 Co90
Cozma RO 247 Ck87
Cozmeşti RO 248 Cr87
Cozzano F 142 At97
Cozze I 149 Bp98
Crăcăoani RO 247 Cn86
Crăciunelu de Jos RO 254 Ch88
Craco I 148 Bn100
Craidorolţ RO 245 Cf85
Crăieşti RO 254 Ci87
Craigavon GB 87 Sh72
Craigellachie GB 75 So66
Craighouse GB 78 Si69
Craignure GB 78 Si68
Craig-y-nos GB 92 Sn77
Craik GB 79 So70
Crail GB 79 Sp68
Crailsheim D 121 Ba82
Crai Nou RO 253 Cb90
Craiova RO 264 Ch92
Craiva RO 245 Cd87
Crăklevci BG 272 Cg95
Cramlington GB 81 Sr70
Cranagh IRL 82 Sf71
Cranborne GB 98 Sr79
Cranbrook GB 154 Ab78
Cranfield GB 94 St76
Crângeni RO 265 Ck92
Crângu RO 265 Cl93
Cranleigh GB 99 Su78
Crans CH 169 Ap88
Cransac F 172 Ae91
Crans-Montana CH 169 Ap88
Crans-près-Céligny CH 169 An88
Craon F 159 St85
Craonne F 155 Ah82
Craponne-sur-Arzon F 172 Ah90
Crarae GB 78 Sk68
Crăsanii de Sus RO 266 Co91
Crask Inn GB 75 Sl64
Crasna RO 246 Cf86
Crasna RO 254 Ch90
Crasna RO 255 Cn89
Crasnoarmeiscoe MD 257 Cr87
Crasnoe MD 257 Cu87
Craster GB 81 Sr70
Crathes GB 79 Sq66
Crathie GB 79 So66
Crathorne GB 81 Ss72
Crato P 197 Se102
Crau, La F 180 An94
Cravagliana I 130 Ar89
Cravant-les-Côteaux F 166 Aa86
Craveggia I 130 Ar88
Craven Arms GB 93 Sp76
Crawford GB 79 Sn70
Crawinkel D 116 Bb79
Crawley GB 99 Su78
Creaca RO 246 Cg86
Creag Ghoraidh = Creagorry GB 74 Sf66
Creagorry GB 74 Sf66
Creaguaineach Lodge GB 78 Sl67
Crean's Cross Roads IRL 90 Sc77
Creaton GB 94 St76
Crecente E 182 Sd96
Crèche, La F 165 Su88
Crêches-sur-Saône F 168 Ak88
Crécy-en-Ponthieu F 154 Ad80
Crécy-sur-Serre F 155 Ah81
Credenhill GB 93 Sp76
Crediton GB 97 Sn79
Creegh IRL 89 Sb75
Creeslough IRL 82 Se70
Creetown GB 83 Sm71
Cregenzán E 188 Aa96
Creggan GB 87 Sf71
Cregganbaun IRL 86 Sa73
Creggs IRL 87 Sd73
Creglingen D 121 Ba82
Créhange F 119 Ao82
Creil F 160 Ae82
Crema I 131 Au90
Crémenes E 184 Sk95
Crémieu F 173 Al89
Cremlingen D 109 Bb76
Cremona I 137 Ba90
Cremyll GB 97 Sm80
Créon F 170 Su91
Créon-d'Armagnac F 176 Su93
Crepaja SRB 252 Cb90
Crépy F 161 Ah81
Crépy-en-Valois F 161 Af82
Cres HR 258 Bi91
Crès, Le F 179 Ah93
Crescentino I 136 Ar90
Cresciano CH 131 At88
Crespano del Grappa I 132 Bd89
Crespian F 179 Ai93
Crespi d'Adda I 131 Au89
Crespino I 138 Bd91
Crespino del Lamone I 138 Bd92
Crespos E 192 Sl99
Cressa I 175 As89
Cressage GB 93 Sp75
Cressanges F 167 Ag88
Cressensac F 171 Ad90
Cressia F 168 Al87
Cresswell GB 81 Sr70
Crest F 173 Al91
Cresta CH 131 Au88
Crestet, Le F 173 Ak90
Crestuma P 190 Sc98
Cretas E 188 Aa99
Créteil F 160 Ae83
Creţeni RO 264 Ci91
Creţeşti RO 256 Cq87
Creti I 144 Bd94
Cretshengan GB 80 Si69
Creully-sur-Seulles F 159 St82
Creusot, Le F 168 Ai87
Creußen D 122 Bd81
Creutzwald F 119 Ao82
Creuzburg D 116 Ba78
Crevacuore I 130 Ar89
Crevalcore I 138 Bc91
Crevant F 166 Ad88
Crevant-Laveine F 172 Ag89
Crèvecœur-le-Grand F 160 Ae81
Crevedia RO 265 Cm91
Crevedia Mare RO 265 Cm92
Crevenicu RO 265 Cm92
Crevillente E 201 St104
Crévin F 158 Sr85
Crevoladossola I 130 Ar88
Crévoux F 174 Ao91
Crewe GB 93 Sq74
Crewkerne GB 97 Sp79
Criales E 185 So95
Crianlarich GB 78 Sl68
Cricău RO 254 Ch88
Criccieth GB 92 Sm75
Criciova RO 253 Ce89
Crickhowell GB 93 So77
Cricklade GB 98 Sr77
Cricov, Gornet- RO 266 Cn90
Cricov, Valea Lungă- RO 265 Cm90
Cricova MD 249 Cs86
Crieff GB 79 Sn68
Criel-sur-Mer F 99 Ac80
Crikvenica HR 258 Bk90
Crillon F 160 Ad81
Crimmitschau D 117 Be79
Crinan GB 78 Si68
Crinitz D 117 Bh77
Criquetot-l'Esneval F 159 Aa81
Criş RO 255 Ck88
Criş, Chişineu- RO 245 Cd87
Crişan RO 267 Ct90
Crişcior RO 254 Cf88
Crişeni RO 246 Cg86
Crispiano I 149 Bp99
Crissier CH 169 Ao87
Crissolo I 174 Ap91
Cristeşti RO 248 Co85
Cristeşti RO 254 Ci87
Cristian RO 254 Ci89
Cristian RO 255 Cl89
Cristianos, Los E 202 Rg124
Cristineşti RO 248 Cn84
Criştioru de Jos RO 245 Cf88
Cristóbal E 192 Si100
Cristo del Espíritu Santo E 199 Sm102
Cristolţ RO 246 Cg86
Cristur, Recea- RO 246 Ch86
Cristuru Secuiesc RO 255 Cl88
Criţ RO 255 Cl88
Criuleni MD 249 Ct86
Crivina RO 263 Cf91
Crivitz D 110 Bd73
Crizbav RO 255 Cl89
Crkvice HR 268 Bp95
Crkvice MNE 269 Bs95
Crkvine MNE 270 Bt95
Crljenac SRB 253 Cc92
Crljivica BIH 259 Bn92
Crmjan = Cermjan RKS 270 Ca96
Crna Bara SRB 244 Ca89
Crna Bara SRB 251 Bt91
Crnac HR 251 Bq89
Crnac RKS 262 Cb94
Crna Gora MNE 269 Bt94
Črna na Koroškem SLO 134 Bk88
Crna Trava SRB 263 Ce95
Crnča SRB 262 Bt92
Crnci MNE 269 Bt95
Črni Kal SLO 134 Bh89
Crni Lug BIH 259 Bo92
Crni Lug HR 134 Bk90
Crnjelovo Gornje BIH 251 Bt91
Crnoča SRB 262 Ca94
Crnoljevo = Carralevë RKS 270 Cb96
Črnomelj SLO 135 Bl89
Črnuče SLO 134 Bk88
Crocetta del Montello I 133 Be89
Crockernwell GB 97 Sn79
Crocketford or Ninemile Bar GB 80 Sn70
Crocq F 172 Ae89
Crocy F 159 Su83
Crodo I 130 Ar88
Crognaleto I 145 Bg95
Croick GB 75 Sl65
Croisic, Le F 164 Sp86
Croisilles F 155 Af80
Croisille-sur-Briance, la F 171 Ad89
Croismare F 124 Ao83
Croissant-Marie-Jaffré F 157 Sn84
Croissy-sur-Selle F 155 Ae81
Croix-Blanche, la F 171 Ab92
Croix-Chapeau F 165 St88
Croix-de-Vie, Saint-Gilles- F 164 Sr87
Croixille, La F 159 Ss84
Croix-Valmer, La F 180 Ao94
Crolles F 174 Am90
Cromarty GB 75 Sm65
Cromer GB 95 Ac75
Cromford GB 93 Sr74
Cronat F 167 Ah87
Crook GB 81 Sr71
Crookedwood IRL 87 Sf73
Crookham GB 81 Sq69
Crookhaven IRL 89 Sa78
Crookstown IRL 89 Sc77
Crookstown IRL 91 Sg74
Croom IRL 90 Sc75
Cropalati I 151 Bo101
Cropani I 151 Bo103
Cropani Marina I 151 Bo103
Cropston GB 94 Ss75
Crosbost = Crossbost GB 74 Sh64
Crosby GB 84 So74
Crosby GBM 80 Sl72
Crosia I 151 Bo101
Crosmières F 165 Su85
Crossaig GB 78 Sk69
Crossakeel IRL 87 Sf73
Crossapol GB 78 Sg68
Cross Barry IRL 90 Sc77
Crossbost GB 74 Sh64
Crossdoney IRL 82 Sf73
Crossen an der Elster D 230 Bd79
Crossens GB 84 Sp73
Crosses F 167 Af86
Crossford GB 80 Sn69
Crossgar GB 80 Sl72
Crossgates GB 93 So76
Cross Hands GB 92 Sm77
Crosshaven IRL 90 Sd77
Cross Inn GB 92 Sm76
Cross Keys IRL 82 Sf73
Cross Keys IRL 87 Sf73
Cross Lanes GB 93 Sp74
Crosslee GB 79 So70
Crossmaglen GB 88 Sg72
Crossmolina IRL 86 Sb72
Croston GB 84 Sp73
Crostwitz D 118 Bi78
Crotenay F 168 Am87
Crotone I 151 Bp102
Crotoy, Le F 99 Ad80
Crots F 174 An91
Crottendorf D 123 Bf79
Crouy-sur-Ourcq F 161 Ag82
Crovie GB 76 Sq65
Crowborough GB 154 Aa78
Crowland GB 94 Su75
Crowle GB 85 St73
Crownhill GB 97 Sm80
Croxton Kerrial GB 85 St75
Croy GB 75 Sm65
Croyde GB 97 Sm78
Croydon GB 94 Su78
Crozant F 166 Ad88
Crozon F 157 Sm84
Crozon-sur-Vauvre F 166 Ad88
Cruas F 173 Ak91
Crucea RO 247 Cm86
Crucea RO 267 Cr91
Cruce de Arinaga E 202 Rk125
Cruceni RO 253 Cc88
Crucoli I 151 Bp102
Crucoli Torretta I 151 Bp102
Cruden Bay GB 76 Sr66
Crudgington GB 93 Sp75
Cruguel F 158 Sp85
Cruis F 180 Am92
Crulai F 160 Ab83
Crumlin GB 88 Sh71
Cruseilles F 174 An88
Crusheen IRL 86 Sc75
Cruz de Incio E 183 Sf95
Cruzy-le-Châtel F 161 Ai85
Crvena Luka HR 258 Bl93
Crvena Voda MK 271 Cc97
Crvenka SRB 252 Bt89
Csabrendek H 242 Bp86
Csaholc H 241 Cf85
Csákánydoroszló H 242 Bn87
Csákvár H 243 Br86
Csanádapáca H 245 Cb87
Csanádpalota H 244 Cb88
Csány H 244 Bu85
Csánytelek H 244 Ca87
Csapod H 242 Bo85
Császárszállás H 245 Cb87
Csaroda H 241 Ce84
Császár H 243 Br85
Császártöltés H 251 Bt88
Csávoly H 252 Bt88
Csempeszkopács H 242 Bo86
Csenger H 241 Cf85
Csépa H 244 Ca87
Csepreg H 129 Bo86
Cserebökeny H 244 Ca87
Cserkeszőlő H 244 Ca87
Csernely H 240 Ca84
Csesztreg H 135 Bo87
Csévharaszt H 243 Bt86
Csobád H 241 Cc84
Csobaj H 241 Cc84
Csökmő H 245 Cc86
Csököly H 243 Bq88
Csokonyavisonta H 250 Bp88
Csolnok H 243 Bs85
Csömend H 250 Bp87
Csömör H 244 Bt85
Csongrád H 244 Ca87
Csorna H 242 Bp85
Csörnyeföld H 135 Bo88
Csorvás H 245 Cb87
Csót H 243 Bq86
Csurgó H 242 Bp88
Cuacos de Yuste E 192 Si100
Cualedro E 183 Se97
Cuarte de Huerva E 195 St97
Cuba P 197 Se104
Cubel E 194 Sr98
Cubelles E 189 Ad98
Cubells E 188 Ab97
Cubières-sur-Cinoble F 178 Ae95
Cubilla E 193 Sp97
Cubillas de Arbás E 184 Si95
Cubillas de los Oteros E 184 Si96
Cubillas de Rueda E 184 Sk95
Cubillejo de la Sierra E 194 Sr99
Cubillejo del Sitio E 194 Sr99
Cubillo de Uceda, El E 193 So99
Cubjac-Auvézère-Val-d'Ans F 171 Ab90
Cubo de Benavente E 184 Sh96
Cubo de Bureba E 185 So95
Cubo de Don Sancho, El E 191 Sh99
Cubo de la Solana E 194 Sq97
Cubo de Tierra del Vino, El E 192 Si98
Cubolta MD 248 Cr85
Cuca RO 255 Cl90
Cuca RO 256 Cq89
Cuccurano I 139 Bf93
Čučer MK 271 Cc96
Cucerdea RO 254 Ci88
Čučerje HR 242 Bn89
Cuceu RO 246 Cg86
Cuci RO 254 Ci88
Cuckfield GB 154 Su78
Cucuron F 180 Al93
Cucuteni RO 248 Co86
Cudalbi RO 256 Cq89
Cuddington GB 84 Sp74
Cudhin AL 270 Bu97
Cudillero (Cuideiru) E 184 Sh93
Čudnite Skali BG 275 Cp95
Cudrefin CH 130 Ap87
Cudworth GB 85 Ss73
Cuéllar E 193 Sm98
Cuénabres E 184 Sl94
Cuenca E 194 Sq100
Cuenca de Campos E 184 Sk96
Cuers F 180 An94
Cuerva E 199 Sm101
Cuervo, El E 204 Sh107
Cuevas, Las E 201 Ss101
Cuevas Bajas E 205 Sm106
Cuevas de Almudén E 195 St99
Cuevas de Cañart E 195 Su99
Cuevas del Almanzora E 206 Sr106
Cuevas del Becerro E 204 Sk107
Cuevas del Campo E 206 Sp105
Cuevas de San Clemente E 185 Sn96
Cuevas de San Marcos E 205 Sm106
Cuevas de Velasco E 194 Sq100
Cuevas de Vinromà = Vinromà, Les Coves de E 195 Aa100
Cuevas Labradas E 194 Ss100
Cuffley GB 94 Su77
Cugand F 165 Ss86
Cuges-les-Pins F 180 Am94
Cuggiono I 131 As89
Cugir RO 254 Cg89
Cuglieri I 140 As100
Cugnasco-Gerra CH 131 As88
Cugnaux F 177 Ac93
Cuguen F 158 Sr84
Cuied RO 245 Ce88
Cuier GB 74 Sf66
Cuijk en Sint Agatha NL 114 Am77
Cúil an tSúdaire = Portarlington IRL 90 Sf74
Cuillé F 159 Ss85
Cuinzier F 168 Ai88
Cuiseaux F 168 Al88
Cuisery F 168 Al87
Cuizăuca MD 249 Cs85
Cujmir RO 264 Cf92
Čujpetlovo BG 272 Cg95
Čukojevac SRB 262 Cb93
Čukovec BG 266 Cp93
Çukurköy TR 275 Co98
Çukurpınar TR 281 Cp97
Čukva UA 235 Cg82
Culan F 167 Ae87
Culcheth GB 84 Sp74
Culciu RO 246 Cg85
Culdaff IRL 82 Sf70
Culemborg NL 106 Al77
Culine SRB 261 Bt92
Culjia SRB 262 Ca95
Culjkovic SRB 262 Bu91
Culkein GB 75 Sk64
Culla E 195 Su100
Cúllar-Baza E 206 Sp105
Cullaville IRL 82 Sg72
Culleens IRL 86 Sc72
Cullen GB 76 Sp65
Cullera E 201 Su102
Culleredo E 182 Sd94
Cullivoe GB 77 Ss59
Cullomane Cross Roads IRL 89 Sb77
Cullompton GB 97 So79
Cully CH 169 Ao88
Cullybackey GB 83 Sh71
Culmstock GB 97 So79
Culnacraig GB 75 Sk65
Culoz F 174 Am89
Culrain GB 75 Sm65
Culswick GB 77 Sr60
Čumalevo UA 246 Ch84
Cumbel CH 131 At87
Cumbernauld GB 79 Sn69
Cumbre, La E 198 Si102
Cumbres de en Medio E 197 Sg104
Cumbres de San Bartolomé E 197 Sg104
Cumbres Mayores E 197 Sg104
Cumiana I 174 Ap91
Čumić SRB 262 Cb92
Cuminestown GB 76 Sq65
Cumlosen D 110 Bd74
Cummertrees GB 81 So71
Cumnock GB 79 Sm70
Cumpăna RO 255 Ck90
Cumpăna RO 267 Cs92
Cuneo I 175 Aq92
Cunewalde D 118 Bk78
Cunfin F 162 Ak84
Cunicea MD 249 Cs85
Čuništa BIH 261 Bs92
Cunit E 189 Ad98
Čun'kiv UA 247 Cm83
Cunlhat F 172 Ah89
Cunnewitz D 118 Bi78
Čunski HR 258 Bi91
Cuntis E 182 Sc95
Čunusavvon = Junosuando S 29 Cf46
Cuon F 165 Su86
Cuonovuoppi N 29 Cf42
Cuorgnè I 130 Aq90
Cupar GB 76 So68
Cupcini MD 248 Cp84
Cupello I 147 Bk96
Cuperly F 162 Ai82
Cupra Marittima I 145 Bh94
Cupramontana I 139 Bg94
Čuprene BG 263 Cf93
Ćuprija SRB 263 Cc93
Cupşeni RO 246 Ch85
Cuq-Toulza F 178 Ad93
Curan F 172 Af92
Curăţele RO 245 Ce87
Curau D 103 Bb73
Curcani RO 266 Co92
Curçay-sur-Dive F 165 Su86
Curciu RO 254 Ci88
Čurek BG 272 Ch95
Čuren BG 273 Ck97
Curinga I 151 Bn103
Curmătura RO 255 Cn90
Curnier F 173 Al92
Curon Venosta I 131 Bb87
Curracloe IRL 91 Sh76
Curraghroe IRL 87 Sd73
Curraji Epërm AL 270 Bu96
Curral das Freiras P 190 Rg115
Currelos E 183 Se95
Currie GB 76 So69
Curry IRL 86 Sc72
Curtea RO 245 Ce89
Curtea de Argeş RO 265 Ck90
Curteşti RO 248 Co85
Curtici RO 245 Ce88
Curtil-sous-Buffières F 168 Ak88
Curtis = Teixeiro E 182 Sd94
Curtis-Estación E 182 Sd94
Curtişoara RO 264 Cg90
Curtişoara RO 264 Ci92
Curtuişeni RO 245 Ce85
Čurug SRB 252 Ca90
Cury Cross GB 96 Sk80
Cusano Mutri I 147 Bk98
Cusercoli I 139 Be92
Cushendall GB 83 Sh70
Cushendun GB 83 Sh70
Cushina IRL 90 Sf74
Cusinati I 132 Bd89
Cuşma RO 247 Ck86
Cuşmed RO 255 Cl88
Cussac F 170 St90
Cussac F 171 Ab89
Cusset F 167 Ag88
Cussy-les-Forges F 167 Ai86
Custines F 162 An83
Custonaci I 152 Bf104
Cusy F 174 An89
Cušyški BY 218 Ck72
Cutigliano I 138 Bb92
Cutro I 151 Bo102
Cutrofiano I 149 Br100
Cuvier F 169 An87
Cuxac-d'Aude F 178 Af94
Cuxhaven D 102 As73
Cuzap RO 245 Ce86
Cuzăplac RO 246 Cg87
Cuza Vodă RO 266 Cp92
Cuza Vodă RO 266 Cq91
Cuzcurrita-Río Tirón E 185 Sp95
Cuzdrioara RO 246 Ch86
Cuzmin MD 249 Cs84
Cuzorn F 171 Ac91
Cuzzà = Cozzano F 142 At97
Cuzzago I 175 Ar88
Cuzzola I 140 Au99
Cvelodubovo RUS 65 Cu60
Cvetnica BG 274 Cn94
Cvikov CZ 231 Bk79
Cvitović HR 259 Bm90
Cwm GB 93 So77
Cwmbran GB 97 So77
Cwrtnewydd GB 92 Sm76
Cybinka PL 118 Bk76
Cybulivka UA 249 Ct84
Cyców PL 229 Cg78
Cykarzew Północny PL 233 Bt79

342 Cornetu – Cykarzew Północny

Diarville F 162 An84
Diásello GR 277 Ce101
Diássella GR 286 Cd105
Diavatá GR 276 Cf99
Diavatós GR 277 Ce99
Diavolítsi GR 286 Cd106
Dibič BG 275 Cp94
Dibrivka UA 246 Cf84
Dibrova UA 246 Ch84
Dibrovka UA 247 Cm84
Dicastillo E 186 Sq95
Dichiseni RO 266 Cq92
Dičin BG 274 Cl94
Dicomano I 138 Bd93
Didam NL 107 An77
Didcot GB 98 Ss77
Didești RO 265 Ck92
Didići SRB 261 Ca94
Didieji Ibėnai LT 217 Ch70
Didim TR 289 Cp106
Didima GR 287 Cg106
Didimótiho GR 280 Co98
Didkieimis LT 217 Ce70
Didmarton GB 98 Sq77
Didžiasalis LT 217 Ch72
Didžiasalis LT 219 Co70
Didžioji Riešė LT 218 Cl71
Die F 173 Al91
Diebach D 121 Ba82
Diebling F 120 Ao82
Dieburg D 120 As81
Dieci RO 245 Ce88
Diecimo I 138 Bb93
Diedorf D 116 Ba78
Diedorf D 126 Bb84
Diego Álvaro E 192 Sk99
Diekholzen D 116 Au76
Diekirch L 119 An81
Diélette F 98 Sr81
Diellejåhkå = Tellejåkk S 34 Bu48
Dielsdorf CH 125 Ar86
Diemelsee D 115 As78
Diemelstadt D 115 At78
Diemen NL 106 Ak76
Diemeringen F 119 Ap83
Diemitz D 110 Bf74
Diémoz F 173 Al89
Diemtigen CH 169 Aq87
Dienne F 172 Af90
Diensdorf-Radlow D 117 Bi76
Dienstedt-Hettstedt D 116 Bc79
Dienten am Hochkönig A 127 Bg86
Dienville F 161 Ak84
Diepenau D 108 As76
Diepenbeek B 113 Al79
Diepenheim NL 107 Ao76
Diepenveen NL 107 An76
Diepholz D 108 Ar75
Dieppe F 99 Ac81
Dierberg D 110 Bf74
Dierdorf D 120 Aq79
Dieren NL 113 An76
Dierhagen D 104 Be72
Dierrey-Saint-Pierre F 161 Ah84
Diersbüttel D 109 Ba74
Diesbar-Seußlitz D 118 Bg78
Diesdorf D 110 Bb75
Dießen am Ammersee D 126 Bc85
Diessenhofen CH 125 As85
Diest B 156 Al79
Diestedde D 115 Ar77
Diestelow D 110 Be73
Dietelskirchen D 236 Be83
Dietenheim D 125 Ba84
Dietenhofen D 121 Bb82
Dietersdorf D 122 Bb80
Dietersdorf am Gnasbach A 242 Bm87
Dietfurt an der Altmühl D 122 Bd82
Dietges D 121 Au79
Dietharz, Tambach- D 116 Bb79
Dietikon CH 125 Ar86
Dietingen D 125 As84
Dietmannsried D 126 Ba85
Dietramszell D 126 Bd85
Dietzenbach D 120 As80
Dietzhölztal D 115 Ar79
Dieue-sur-Meuse F 162 Al82
Dieulefit F 173 Al91
Dieulouard F 119 An83
Dieuze F 119 Ao83
Dieveniškės LT 218 Cm72
Diever NL 107 An75
Diex A 134 Bk87
Diez D 120 Ar80
Diezma E 205 So106
Differdange L 162 Am81
Digerberget S 49 Bk55
Digerberget S 59 Bg60
Digermulen N 27 Bl44
Digernes N 46 Ao55
Dignac F 170 Aa89
Dignano I 133 Bf88
Dignano = Vodnjan HR 258 Bh91
Digne-les-Bains F 180 An92
Digny F 160 Ac83
Digoin F 167 Ah88
Dijon F 168 Al86
Dikanäs S 33 Bm50
Dikea GR 280 Cn97
Dikella GR 279 Cm99
Dikemark N 58 Ba61
Dikļi LV 214 Cl65
Diklo HR 258 Bl92
Dikmen TR 280 Cp100
Diksmuide B 155 Af78
Dilbeek B 156 Ai79
Dilesi GR 284 Ch104
Dilináta GR 282 Cb104
Dillenburg D 115 Ar79
Dillich D 115 At79
Dillingen (Saar) D 119 Ao82
Dillingen an der Donau D 126 Bb83
Dilofo GR 277 Ce102
Dilove UA 246 Ci85
Dilsen B 156 Am78
Dilwyn GB 93 Sp76
Dimaro I 132 Bb88
Dimbo S 69 Bh64
Dimena GR 287 Cg105
Dimitǎr Ganevo = Pobeda BG 266 Cq93
Dimitrie Cantemir RO 256 Cr87
Dimitrievo BG 273 Cm96
Dimitrítsi GR 278 Cg99
Dimitrovgrad BG 273 Cm96
Dimitrovgrad SRB 272 Cf94
Dimitsána GR 286 Ce105
Dimmelsvik N 56 An61
Dimna N 46 Am56
Dimovo BG 263 Cf93
Dinami I 151 Bn103
Dinan F 158 Sq84
Dinant B 156 Ak80
Dinard F 158 Sq83
Dinarzh = Dinard F 158 Sq83
Dinas Mawddwy GB 92 Sn75
Dinau D 122 Bd82
Dinbych = Denbigh GB 93 So74
Dinbych-y-pysgodm = Tenby GB 96 Sl77
Dinevo BG 273 Cm97
Dingden D 114 Ao77
Dingé F 158 Sr84
Dingelstädt D 116 Ba78
Dingelstedt am Huy D 116 Bb77
Dingharting, Straßlach- D 126 Bd84
Dingle IRL 89 Ru76
Dingle S 68 Bd63
Dingli M 151 Bi109
Dingolfing D 236 Be83
Dingtuna S 60 Bn61
Dingwall GB 75 Sm65
Dinjiška HR 258 Bl92
Dinkelsbühl D 121 Ba82
Dinkelscherben D 126 Bb84
Dinklage D 108 Ar75
Dinnet GB 79 Sp66
Dinnington GB 85 Ss74
Dinoše MNE 270 Bt96
Dinslaken D 114 Ao77
Dinteloord NL 113 Ai77
Dinteville F 162 Ak84
Dinwoodie Mains GB 81 So70
Dinxperlo NL 107 An77
Dio GR 278 Ce100
Diö S 72 Bi67
Diomídia GR 279 Ck98
Diónisos GR 287 Ch104
Diónissos GR 283 Cf103
Diosig RO 245 Ce86
Diósjenő H 240 Bt85
Dioști RO 264 Ci92
Diou F 167 Ah87
Dipótama GR 279 Ck98
Dipotamiá GR 276 Cb100
Dipótamos GR 279 Ck98
Dippach L 119 Am81
Dippen GB 80 Sk69
Dipperz D 121 Au79
Dippin GB 78 Sk70
Dippoldiswalde D 117 Bh79
Dipsa RO 246 Ci87
Dirdal N 66 An63
Dirhami EST 209 Ch62
Dirksland NL 113 Ai77
Dirleton GB 81 Sp68
Dirná CZ 237 Bk82
Dirráhi GR 286 Ce106
Dirvonėnai LT 213 Cf69
Dişbudak TR 280 Co99
Dischingen D 126 Ba83
Disentis CH 131 As87
Diseröd S 68 Be65
Dison B 119 Am79
Dispilió GR 277 Cc100
Diss GB 95 Ac76
Dissay-sous-Courcillon F 166 Aa85
Dissen am Teutoburger Wald D 115 Ar76
Dissen-Striesow D 118 Bi77
Distington GB 84 Sn71
Distomo GR 283 Cf104
Distrato GR 276 Cb100
Ditchingham GB 95 Ac76
Ditrău RO 247 Cl87
Dittelbrunn D 121 Ba80
Dittenheim D 121 Bb82
Dittersdorf D 122 Bd79
Ditton Priors GB 93 Sp75
Ditzingen D 121 At83
Ditzumerverlaat D 107 Ap74
Divača SLO 134 Bh89
Diveráta GR 282 Cb104
Diva Slatina BG 264 Cf94
Divci SRB 261 Ca92
Divci SRB 269 Bu94
Divčibare SRB 262 Bu92
Dives-sur-Mer F 159 Su82
Diviaky SK 239 Bs83
Dividalshytta N 28 Bu43
Divín SK 239 Bu84
Divina SK 239 Bs82
Divion F 112 Af80
Divišov CZ 231 Bk81
Divjakë AL 270 Bu99
Divlja BG 271 Cf95
Divljana SRB 272 Ce94
Divonne-les-Bains F 169 An88
Divoš SRB 261 Bu90
Divri GR 283 Ce103
Divuša HR 259 Bn90
Dixmont F 161 Ag84
Dižstende LV 213 Cf66
Dizy-le-Gros F 155 Ai81
Djäkneboda S 42 Cb52
Djäkneböle S 42 Ca53
Djakove UA 241 Cg84
Djankovo BG 266 Co93
Djatlicy RUS 65 Cu61
Djatlovo RUS 65 Cs60
Djaupdy S 71 Bs66
Djaupkrok S 71 Br66
Djevanje BIH 261 Bt92
Djinjdjuša SRB 263 Cd94
Djorče Petrov MK 271 Cc96
Djulevo BG 275 Cp96
Djulino BG 275 Cq95
Djuni BG 275 Cq96
Djup N 57 Ar59
Djúpavík IS 20 Qi25
Djupdal N 57 At61
Djupdal S 40 Bn51
Djupdalsåsen N 27 Bo44
Djupfjord N 27 Bl43
Djupfors S 33 Bn49
Djupfors S 58 Be61
Djúpivogur IS 21 Rf26
Djupnäs S 49 Bk58
Djupsjö S 41 Br54
Djupsjön S 39 Bg53
Djupslia N 48 Bb58
Djupvasshytta N 46 Ap56
Djupvik N 23 Cb41
Djupvik N 27 Bm46
Djupvik N 27 Bo44
Djupvik N 56 Ao58
Djura S 59 Bk59
Djurås S 59 Bl59
Djurdjev Dol = Gjurgjedell RKS 271 Cc96
Djurdjevina MNE 270 Bt95
Djurö kvarn S 70 Bn63
Djursdala S 70 Bm65
Djursvallen S 49 Bg56
Djursvik S 73 Bn68
Dlhá Ves SK 240 Ca84
Dlhé Pole SK 233 Bs82
Dlouhá Loučka CZ 232 Bp81
Długie PL 222 Bt74
Długołęka PL 224 Cf74
Długołęka PL 232 Bp78
Długosiodło PL 228 Cd75
Długoszyn PL 111 Bl76
Dłutów PL 227 Bt77
Dłutowo PL 222 Bu74
Dmitrievka RUS 224 Ce72
Dmitrovo RUS 215 Cs68
Dmosin PL 227 Bu77
Dmytražkivka UA 249 Cs84
Dmytrivka UA 257 Cs89
Dmytrivka UA 257 Ct89
Dmytrivka = Del'žyler UA 257 Ct89
Dnestrovsc MD 257 Cu87
Dnistrove UA 247 Cn83
Dno RUS 211 Cu65
Doagh GB 83 Sh71
Doba RO 246 Cf85
Dobanovci SRB 261 Ca91
Dobapuszta H 244 Ca86
Dobârca RO 254 Ch89
Dobârceni RO 248 Cp85
Dobârlău RO 255 Cm89
Dobarsko BG 272 Cg97
Dobbertin D 110 Be73
Dobbiaco I 133 Be87
Dobbin D 110 Be73
Dobčice CZ 123 Bi83
Dobczyce PL 233 Ca81
Dobele LV 213 Cg67
Döbeln D 117 Bg78
Doberdo del Lago I 133 Bh89
Doberlug-Kirchhain D 118 Bh77
Döbern D 118 Bk77
Dobersberg A 237 Bl83
Dobiegniew PL 221 Bm75
Dobiesławice PL 234 Cb80
Dobieszczyn PL 111 Bi73
Dobieszewo PL 221 Bp72
Dobieszów PL 232 Bq80
Dobieszowice PL 233 Bt80
Dobieszyn PL 228 Cc77
Dobieżyn PL 226 Bo76
Dobl-Zwaring A 135 Bl87
Doboj BIH 260 Br91
Dobošnica BIH 260 Br91
Dobova SLO 242 Bm89
Doboz H 245 Cd87
Dobrá CZ 233 Br81
Dobra PL 111 Bi74
Dobra PL 220 Bl73
Dobra PL 227 Bs77
Dobra PL 235 Cf80
Dobra RO 245 Cf89
Dobra RO 265 Cm91
Dobra SRB 263 Cd91
Dobrače SRB 261 Ca93
Dobra Gora MNE 269 Bs95
Dobraków PL 233 Bu79
Dobrá Niva SK 239 Bt84
Dobřany CZ 230 Bg81
Dobravićy BY 219 Cp71
Dobra Voda MNE 269 Bt96
Dobré CZ 232 Bn80
Dobre PL 227 Bs75
Dobre PL 228 Cd76
Dobre Miasto PL 216 Ca73
Dobreni RO 248 Cn86
Dobreni RO 265 Cn92
Dobřenice CZ 231 Bm80
Dobrești RO 245 Ce87
Dobrești RO 264 Ch93
Dobrevci BG 272 Ci94
Dobrevo BG 266 Cq93
Döbriach A 133 Bh87
Dobrič BG 266 Cq93
Dobrič BG 273 Cm96
Dobrica SRB 253 Cb90
Dobriceni RO 264 Ci91
Döbrichau D 117 Bg77
Dobříchovice CZ 123 Bk81
Dobri Do SRB 263 Cc95
Dobri Dol BG 264 Cg93
Dobrilovina MNE 262 Bt94
Dobrin BG 266 Cq93
Dobrinci SRB 261 Bu91
Dobrinište BG 272 Ch97
Dobříš CZ 123 Bi81
Dobritz D 117 Be76
Dobrla vas = Eberndorf A 134 Bk87
Dobrljin BIH 259 Bn90
Dobrna SLO 135 Bl88
Dobrnič SLO 134 Bk89
Dobrnja BIH 259 Bp91
Dobrnja BIH 261 Bs91
Dobrociechy PL 221 Bn73
Dobroden BG 273 Ck95
Dobrodzień PL 233 Br79
Dobroe RUS 216 Cb71
Döbrököz H 251 Br88
Dobromierz PL 228 Bu79
Dobromierz PL 232 Bn79
Dobromir RO 266 Cq92
Dobromir RO 275 Cp95
Dobromirka BG 273 Cl94
Dobromiru din Deal RO 266 Cq93
Dobromyl' UA 241 Cf81
Dobroń PL 227 Bt77
Dobron', Velika UA 241 Ce84
Dobrónak = Dobrovnik SLO 250 Bn87
Dobronhegy H 135 Bo87
Dobroplodno BG 266 Cp94
Dobro Polje BIH 269 Bs93
Dobro Polje SRB 263 Ce93
Dobrošane MK 271 Cd96
Dobroselec BG 274 Cn96
Dobroselica SRB 269 Bu93
Dobro Selo BIH 259 Bn90
Doboroselo HR 259 Bn92
Dobroslavci BG 272 Cg95
Dobrosloveni RO 264 Ci92
Dobroště MK 270 Cc96
Dobrosyn UA 235 Ch80
Dobroszów PL 232 Bp79
Dobroszyce PL 226 Bp78
Dobroszyny PL 227 Bs78
Dobrota MNE 269 Bs96
Dobroteasa RO 264 Ci91
Dobrotești RO 265 Ck92
Dobrotić SRB 263 Cd94
Dobrotica BG 274 Cn94
Dobrotino BG 272 Ch97
Dobrova SLO 134 Bi88
Dobrovăț RO 248 Cq87
Dobrovice CZ 231 Bk80
Dobrovnik SLO 250 Bn87
Dobrovo SLO 133 Bh88
Dobrovol'sk RUS 217 Cf71
Dobruči RUS 211 Cq63
Dobrudža BG 267 Cs93
Dobrudžanka BG 266 Cq93
Dobrun BIH 262 Bt93
Dobrun RO 264 Ci92
Dobruša BG 264 Cg94
Dobruša = Drenushë RKS 270 Ca95
Dobruševo MK 277 Cc98
Dobruška CZ 232 Bn80
Dobrynivci UA 247 Cn84
Dobrynka PL 229 Cg77
Dobryszyce PL 227 Bt78
Dobrzany PL 220 Bl74
Dobrzeń Wielki PL 232 Bq79
Dobrzyca PL 221 Bm72
Dobrzyca PL 226 Bq77
Dobrzyków PL 227 Bu76
Dobrzyniewo Duże PL 224 Cg74
Dobrzyń nad Wisłą PL 227 Bt75
Dobšiná SK 240 Ca83
Dobsza H 243 Bq88
Doburaki RUS 217 Cg71
Dobwalls GB 96 Sl80
Docelles F 124 Ao84
Dochia RO 248 Co87
Dock GB 96 Sk77
Dockasberg S 35 Ce48
Docking GB 85 Ab75
Dockmyr S 50 Bm55
Docksta S 51 Br54
Dockweiler D 119 Ao80
Doclin RO 253 Cd90
Doctoral, El E 202 Rk125
Doddington GB 81 Sr69
Doddington GB 85 St74
Doddington GB 95 Aa75
Dodenhausen D 115 At78
Döderhult S 73 Bn66
Dodóni GR 282 Cb101
Dödre S 49 Bk55
Doesburg NL 113 An76
Doetinchem NL 107 An77
Dofteana RO 256 Co88
Doganaj RKS 271 Cc96
Doğanbey TR 289 Cp105
Doganović = Doganaj RKS 271 Cc96
Dogliani I 175 Aq91
Dognecea RO 253 Cd90
Doğruca TR 281 Cr100
Dogueno P 203 Se106
Dog Village GB 97 So79
Dohna D 118 Bh79
Dohren D 107 Aq75
Doicești RO 265 Cl91
Doire lorrais IRL 86 Sa74
Doiri Beaga IRL 82 Sd70
Doische B 156 Ak80
Dois Portos P 196 Sb102
Dojč SK 238 Bp83
Dojevići SRB 262 Ca94
Dojkinci SRB 263 Cf94
Dojrenci BG 274 Ck94
Dokanj BIH 261 Bs91
Dokimi GR 282 Cc103
Dokjovci BG 271 Cf95
Dokka N 58 Ba59
Dokkas S 35 Cc46
Dokkedal DK 100 Ba67
Dokkum NL 107 An74
Dokós GR 278 Cm98
Doksany CZ 118 Bi80
Doksy CZ 118 Bk79
Dokšycy BY 219 Cq71
Doktorce PL 224 Cg75
Doktor Josifovo BG 264 Cg93
Dol = Dol-de-Bretagne F 158 Sr83
Dolancourt F 162 Ak84
Doľany SK 238 Bp84
Dolbenmaen GB 92 Sm75
Dolceacqua I 181 Aq93
Dol-de-Bretagne F 158 Sr83
Dole F 168 Am86
Dolemo N 67 Ar63
Dolenci MK 270 Cc98
Dolenja Trebuša SLO 134 Bh88
Dolenja vas SLO 134 Bk89
Dolenjske Toplice SLO 135 Bl89
Dolfor GB 93 So76
Dolgarrog GB 92 Sn74
Dolgelin D 225 Bi75
Dolgellau GB 92 Sn75
Dolgelley = Dolgellau GB 92 Sn75
Dolgorukovo RUS 216 Cb72
Dolhani TR 280 Cp97
Dolhasca RO 248 Co86
Dolhești RO 248 Cq87
Dolheștii Mari RO 248 Co86
Dołhobyczów PL 235 Ci79
Doli HR 268 Bq95
Dolianova I 141 At102
Dolice PL 220 Bl74
Dolihi GR 277 Ce100
Dolišnji Šepit UA 247 Cl84
Dolišnji Šepit UA 247 Cl85
Dolišnje UA 247 Cl84
Dolistovo BG 272 Cg96
Doljani BIH 268 Bq93
Doljani HR 259 Bn92
Doljani MNE 270 Bt96
Doljești RO 248 Co86
Doljevac SRB 263 Cd94
Dolla IRL 90 Sd75
Döllach A 129 Bl85
Döllach A 133 Bf87
Dollar GB 76 Sn68
Döllbach D 115 Au80
Dollbergen D 109 Ba76
Dolle D 110 Bd76
Dollerup D 103 Au71
Dollisetran N 48 Au56
Dollnstein D 121 Bc83
Döllstädt D 116 Bb78
Dolna Banja BG 272 Ch96
Dolna Banjica MK 270 Cb97
Dolna Bela Rečka BG 272 Cg94
Dolna-Bešovica BG 272 Ch94
Dolna Dikanja BG 272 Cg96
Dolna Gradešnica BG 272 Cg97
Dolná Krupá SK 239 Bq84
Dolna Malina BG 272 Ch95
Dolná Mariková SK 239 Br82
Dolna Mitropolia BG 265 Ck94
Dolna Orjahovica BG 273 Cm94
Dolná Poruba SK 239 Br83
Dolná Riksa BG 264 Cg93
Dolná Strehová SK 240 Bt84
Dolná Súča SK 239 Br83
Dolna Verenica BG 264 Cg94
Dolna Zlatica BG 274 Cn94
Dolné Breziny SK 240 Bt83
Dolneni MK 271 Cc98
Dolné Orešany SK 238 Bp84
Dolné Sľažany SK 239 Br84
Dolní Benešov CZ 233 Br81
Dolni Bogrov BG 272 Cg95
Dolní Bousov CZ 231 Bl80
Dolní Břežany CZ 231 Bi81
Dolní Bukovsko CZ 123 Bk82
Dolní Cerekev CZ 238 Bl82
Dolni Cibăr BG 264 Cg93
Dolni Čiflik BG 275 Cq95
Dolni Dăbnik BG 264 Ci94
Dolní Dobrouč CZ 232 Bn81
Dolní Dvořiště CZ 128 Bi83
Dolní Kounice CZ 238 Bn82
Dolní Kralovice CZ 231 Bl81
Dolní Krupá CZ 118 Bk79
Dolní Libina CZ 232 Bp81
Dolni Lom BG 264 Cf93
Dolní Loučky CZ 232 Bn82
Dolni Lukovit BG 264 Ci93
Dolní Lutyně CZ 233 Br81
Dolní Město CZ 231 Bl81
Dolní Němčí CZ 239 Bq83
Dolni Nivy CZ 230 Bf80
Dolní Řasnice CZ 118 Bl79
Dolní Újezd CZ 232 Bn81
Dolní Újezd CZ 239 Bq81
Dolni Vadin BG 264 Ci93
Dolní Věstonice CZ 238 Bo83
Dolní Žandov CZ 230 Bf80
Dolno Ablanovo BG 265 Cn93
Dolno Belotinci BG 264 Cg94
Dolno Cerovene BG 264 Cg93
Dolno Drjanovo BG 272 Ch97
Dolno Dupeni MK 271 Cc99
Dolno Kamarci BG 272 Ch95
Dolno Levski BG 273 Ci96
Dolno Linevo BG 264 Cg93
Dolno Ozirovo BG 272 Cg94
Dolno Rjahovo BG 266 Co92
Dolno Sahrane BG 273 Cl95
Dolno Ujno BG 271 Cf96
Dolný Hričov SK 239 Bs82
Dolný Kubín SK 240 Bt82
Dolný Lopašov SK 239 Bq83
Dolný Štál SK 239 Bq85
Dolný Turček SK 239 Bs83
Doló GR 276 Ca101
Dolo I 133 Be90
Dolores E 201 St104
Dolores, Los E 207 Ss105
Doloscy RUS 215 Cs68
Dolovi MNE 269 Bt95
Dolovo SRB 253 Cb91
Dołowatka PL 233 Ca79
Dölsach A 133 Bf87
Dolsk PL 226 Bp77
Dolsko SLO 134 Bk88
Dolus-d'Oléron F 170 Ss89
Dolwen GB 84 Sn74
Dolwyddelan GB 92 Sn74
Dolynivka UA 257 Da88
Dolžicy RUS 211 Ct63
Dölzig D 117 Be78
Dołżyca PL 241 Ce82
Domachowo PL 226 Bp77
Domaháza H 240 Ca84
Domaljevac BIH 261 Bs90
Domamil CZ 238 Bm82
Domănești RO 245 Cf85
Domanice PL 232 Bo79
Domanins I 133 Bf88
Domaniža SK 239 Bs82
Domanovići BIH 268 Bq94
Domaradz PL 234 Cd81
Domaradzka Kuźnia PL 232 Bq79
Domaševo BIH 269 Br95
Domašinec HR 135 Bo88
Domašiv UA 235 Ch80
Domaškovicy RUS 65 Ct62
Domasłów PL 226 Bq78
Domașnea RO 253 Ce90
Domašov CZ 232 Bp80
Domašov nad Bystřicí CZ 232 Bp81
Domaszewnica PL 229 Ce77
Domaszków PL 232 Bo80
Domaszowice PL 232 Bq78
Domatków PL 234 Cd80
Domats F 161 Ag84
Domažlice CZ 230 Bf82
Domba N 46 Ak57
Dombås N 47 At56
Dombasle-en-Argonne F 162 Al82
Dombasle-sur-Meurthe F 124 An83
Dombegyház H 245 Cc88
Dombergen B 155 Ah79
Dombóvár H 251 Br88
Dombrád H 241 Cd84
Dombresson CH 130 Ao86
Domburg NL 112 Ag77
Domegliara I 132 Bb89
Domeikava LT 217 Ch71
Domène F 174 Am90
Doméniko GR 277 Ce101
Domèvre-en-Haye F 119 Am83
Dömez E 192 Sh97
Domfront-en-Poiraie F 159 St83
Domiani GR 282 Cd102
Domiechowice PL 227 Bt78
Domingo Pérez E 192 Sl101
Domingo Pérez E 205 Sn106
Dominikowice PL 227 Bs77
Dómiros GR 278 Ch99
Dömitz D 110 Bc74
Domjulien F 162 Am84
Domljan BG 273 Ck96
Dommarsnes N 56 Am61
Dommartin-le-Franc F 162 Ak84
Dommartin-Varimont F 162 Ak83
Domme F 171 Ac91
Dommershausen D 120 Ap80
Dommitzsch D 117 Bf77
Domnești RO 255 Ck90
Domnești RO 265 Cm92
Domnítsa GR 283 Cd103
Domnovo RUS 223 Cb72
Domodossola I 130 Ar88
Domokós GR 283 Ce102
Domont F 160 Ae82
Domoroc RKS 271 Cd95
Domorovce = Domoroc RKS 271 Cd95
Dömös H 239 Bs85
Domoszló H 240 Ca85
Domousnice CZ 231 Bl80
Dompair F 162 An84
Dompierre F 159 St83
Dompierre-du-Chemin F 159 Ss84
Dompierre-les-Ormes F 173 Al88
Dompierre-sur-Besbre F 167 Ah87
Dompierre-sur-Mer F 165 Ss88
Dompierre-sur-Yon F 165 Ss87
Domps F 171 Ad89
Domrémy-la-Pucelle F 162 Am84
Domsjö S 41 Bs54
Dömsöd H 243 Bt86
Domsten S 101 Bf68
Domsühl D 110 Bd74
Domus de Maria I 141 As103
Domusnovas I 141 As102
Domžale SLO 134 Bk88
Donada I 139 Be90
Donadea IRL 87 Sg74
Donaghadee GB 80 Si71
Don Álvaro E 198 Sh103
Doña Mencía E 205 Sm105
Donaueschingen D 163 Ar85
Donaustauf D 127 Be82
Donauwörth D 126 Bb83
Donawitz A 129 Bl86
Don Benito E 198 Si103
Doncaster GB 85 Ss73
Donchery F 156 Ak81
Doncos E 183 Sf95
Dondjušany = Donduşeni MD 248 Cq84
Donduşeni MD 248 Cq84
Donegal = Dún na nGall IRL 87 Sd71
Doneraile IRL 90 Sc76
Dongen NL 113 Ak77
Dongeradeel NL 107 Am74
Dongeradiel = Dongeradeel NL 107 Am74
Donges F 164 Sq86
Dongio CH 131 As88
Dongo I 131 At88
Donington GB 85 Su75
Donja Badanja SRB 252 Bt92
Donja Bebrina HR 260 Br90
Donja Brela HR 260 Bo94
Donja Brerna MNE 269 Bs95
Donja Brvenica MNE 261 Bt94
Donja Bukovica MNE 269 Bt94
Donja Bukovica SRB 262 Bt92
Donja Drežnica BIH 268 Bq93
Donja Dubica = Dubnicë e Poshtmë RKS 263 Cc95
Donja Dubrava HR 250 Bo88
Donja Glogovnica HR 135 Bo88
Donja Konjšćina HR 250 Bn88
Donja Krčina BIH 261 Bt91
Donja Kupčina HR 250 Bm89
Donja Ledenice BIH 251 Br91
Donja Livadica SRB 263 Cc92
Donja Ljubata SRB 271 Ce95
Donja Mahala BIH 261 Bs90
Donja Meka Gruda BIH 269 Br94
Donja Motičina HR 251 Br90
Donja Mutnica SRB 263 Cd93
Donja Orahovac MNE 269 Bs96
Donja Orahovica BIH 260 Br91
Donja Polja MNE 262 Bu95
Donja Rečica SRB 263 Cd94
Donja Šabanta SRB 262 Cb93
Donja Šatornja SRB 262 Cb92
Donja Stubica HR 242 Bm89
Donja Stupanj SRB 263 Cc94
Donja Suvaja HR 259 Bn92
Donja Tijarica HR 268 Bo93
Donja Toponica SRB 263 Cc94
Donja Vakuf BIH 260 Bp92
Donja Vapa SRB 262 Ca94
Donja Vrela BIH 260 Br90
Donja Zelina HR 242 Bn89
Donja-Željina BIH 251 Br91
Donje Biljane HR 259 Bm92
Donje Crkvice MNE 269 Bs95
Donje Dubočke MNE 269 Bs95
Donje Dubrave HR 135 Bl90
Donje Gonje SRB 262 Bu94
Donje Grančarevo BIH 269 Br95
Donje Korito MNE 262 Bu94
Donje Lopiže SRB 262 Bu94
Donje Obrinje = Abri e Epërme RKS 270 Cb95
Donje Pazarište HR 258 Bl91
Donje Planjane HR 259 Bn93
Donje Sokolovo BIH 260 Bo91
Donjeux F 162 Al84
Donji Aglarci MK 277 Cc98
Donji Andrijevci HR 260 Br90
Donji Bijelo Bučje BIH 260 Bq92
Donji Borki HR 250 Bp89
Donji Čičevo MK 271 Cd97
Donji Crniljevo SRB 252 Bu92
Donji Daruvar HR 250 Bp89
Donji Desinac HR 135 Bm89
Donji Dušnik SRB 263 Ce94
Donji Kamengrad BIH 259 Bo91
Donji Karin HR 259 Bm92
Donji Kazanci BIH 259 Bo93
Donji Kosinj HR 258 Bl91
Donji Kraljevec HR 135 Bo88
Donji Krčin SRB 263 Cc93
Donji Lađevac HR 259 Bm90
Donji Lapac HR 259 Bm91
Donji Lipovo MNE 262 Bt95
Donji Liubiš SRB 262 Bu93
Donji Livoc = Livoç i Poshtëm RKS 271 Cc96
Donji Ljupče = Lupe i Poshtëm RKS 271 Cc95
Donji Lukavac BIH 251 Br91
Donji Mamići BIH 260 Bp94
Donji Miholjac HR 251 Br89
Donji Miklouš HR 135 Bo89
Donji Milanovac SRB 263 Ce92
Donji Morinj MNE 269 Bs96
Donji Mosti HR 242 Bo88
Donji Mujdžići BIH 259 Bp92
Donji Podgradci BIH 259 Bp90
Donji Proložac HR 259 Bp94
Donji Rujani BIH 259 Bo93
Donji Skugrić BIH 251 Br91
Donji Solnje MK 271 Cc97
Donji Stajevac SRB 271 Ce96
Donji Striževac SRB 272 Cf94
Donji Štrpci BIH 251 Bq91
Donji Svilaj BIH 260 Br90
Donji Trebešinje SRB 271 Cd96
Donji Vidovec HR 250 Bo88
Donji Vijačani BIH 260 Bq91
Donji Zapstro MNE 262 Bu95
Donji Zemunik HR 258 Bl92
Donjon, Le F 167 Ah88
Donkerbroek NL 107 An74
Donnalucata I 153 Bk107
Donnas I 175 Aq89
Donndorf D 116 Bc78
Donneloye CH 169 Ao87
Donnemarie-Dontilly F 161 Ag84
Donnersbachtal, Irdning- A 128 Bi86
Donnersbachwald A 128 Bi86
Donnerskirchen A 238 Bo85
Dønnes N 32 Bf48
Donnesfjord N 23 Cf39
Donneville-les-Bains F 158 Sr83
Donohill IRL 90 Sd75
Donostia / San Sebastián E 186 Sr94
Donoughmore IRL 90 Sc77
Donoússa GR 288 Cm106
Donovaly SK 239 Bt83
Donsö S 68 Bd65
Donzdorf D 125 Au83
Donzenac F 171 Ad90
Donzère F 173 Ak92
Donzy F 167 Ag86
Donzy-le-National F 168 Ak88
Doagh IRL 86 Ru73
Doogort IRL 86 Ru72
Doolin IRL 89 Sb74
Doon IRL 90 Sd75
Doonaha IRL 89 Sa75
Doonbeg IRL 89 Sa75
Doorn NL 113 Al76
Doornik = Tournai B 112 Ag79
Dopiewo PL 226 Bo76
Doralseter N 47 Au56
Dörarp S 72 Bi67
Dorat, Le F 166 Ac88
Dorchester GB 97 Sq79
Dorchester GB 98 Ss77
Dørdal N 67 At63
Dördiby S 59 Bk58
Dordives F 161 Af84
Dordolla I 133 Bg88
Dordrecht NL 106 Ak77
Dörenhagen D 115 As77
Dörentrup D 115 At76
Dores GB 75 Sm66
Dorf, Davos- CH 131 Au87
Dorf, Klosters- CH 131 Au87
Dorfchemnitz D 230 Bf79
Dorfen D 236 Be84
Dorfgastein A 128 Bg86
Dorfmark D 109 Au75
Dorf Mecklenburg D 104 Bc73
Dorf Tirol = Tirolo I 132 Bc87
Dorgali I 140 Au100
Dorgoș RO 253 Cd88
Doria I 148 Bn101
Dório GR 286 Cd106
Dorkádo GR 278 Cg99
Dorking GB 99 Su78
Dorkó H 241 Cd84
Dorkovo BG 272 Ci96
Dormagen D 114 Ao78
Dormánd H 244 Ca85
Dormans F 161 Ah82
Dor Mărunt RO 266 Co92
Dorna Candrenilor RO 247 Cl86
Dornauberg A 132 Bd86
Dornava SLO 242 Bm88
Dornbirn A 125 Au86
Dornburg D 116 Bd76
Dornburg D 120 Ar79
Dornburg (Saale) D 116 Bd78
Dorndorf D 115 Ba79
Dörndorf D 122 Bc83
Dornecy F 167 Ah86
Dornes F 167 Ag87
Dornești RO 247 Cn85
Dornhan D 125 As84
Dornie GB 74 Si66
Dornișoara RO 247 Cl86
Dorno I 137 As90
Dornoch GB 75 Sm65
Dornstadt D 126 Au84
Dornstetten D 125 Ar84
Dornum D 107 Ap73
Dornumersiel D 108 Ap73
Dorobanțu RO 266 Co92
Dorobanțu RO 267 Cr91
Dorobratovo UA 241 Cf84
Dorog H 239 Bs85

344 Diarville – Dorog

Dorohoi **RO** 248 Cn85
Dorohusk **PL** 229 Ch78
Dorolț **RO** 241 Cf85
Doroslovo **SRB** 251 Bt89
Dorotea **S** 40 Bn52
Dorrás **N** 39 Bc52
Dörrenbach **D** 119 Ap82
Dorres **F** 178 Ad96
Dorrington **GB** 93 Sp75
Dorsten **D** 114 Ao77
Dorstone **GB** 93 Sp76
Dortan **F** 168 Am88
Dortmund **D** 114 Ap77
Dörttepe **TR** 289 Cq106
Doruchów **PL** 227 Br78
Dorum **D** 108 As73
Dorupe **LV** 213 Ch67
Dörverden **D** 109 At75
Dory **BY** 219 Co72
Dörzbach **D** 121 Au82
Dos Aguas **E** 201 St102
Dosbarrios **E** 193 So101
Döşeme **TR** 289 Cq107
Dos Hermanas **E** 204 Si106
Dosimo **I** 137 Ba90
Dosnon **F** 161 Ai83
Dosolo **I** 138 Bb91
Dospat **BG** 273 Ci97
Dossenheim **D** 120 As82
Dosso **I** 132 Bc87
Dossobuono **I** 132 Bb90
Dossow **D** 110 Bf74
Dos Torres **E** 198 Sl104
Dötlingen **D** 108 Ar75
Dotnuva **LT** 217 Ch70
Dotsikó **GR** 277 Cc100
Dottignies **B** 155 Ag79
Döttikon **CH** 125 Ar86
Douadic **F** 166 Ac87
Douai **F** 155 Ag80
Douarnenez **F** 157 Sm84
Doubneva **BY** 229 Cg76
Doubrava **CZ** 230 Be80
Doubravník **CZ** 232 Bn82
Doubravy **CZ** 239 Bq82
Douchy-les-Mines **F** 155 Ag80
Douchy-Montcorbon **F** 161 Ag85
Doucier **F** 168 Am87
Doudeville **F** 154 Ab81
Doué-en-Anjou **F** 165 Su86
Douelle **F** 171 Ac92
Douglas **GB** 80 Sn69
Douglas **GBM** 80 Sl72
Douglas **IRL** 90 Sd77
Doulaincourt-Saucourt **F** 162 Al84
Doullens **F** 155 Ae80
Dounby **GB** 77 So62
Doune Doune **GB** 79 Sm68
Dounéika **GR** 286 Cc105
Dounoux **F** 124 An84
Dounreay **GB** 75 Sn63
Doupov **CZ** 230 Bg80
Dour **B** 112 Ah80
Dourbies **F** 178 Ag92
Dourdan **F** 160 Ae83
Dourgne **F** 178 Ae94
Douriez **F** 154 Ad80
Dourmillouse **F** 174 An91
Dournazac **F** 171 Ab89
Douvaine **F** 169 An88
Douvrend **F** 99 Ac81
Douzy **F** 162 Al81
Dovadola **I** 138 Bd92
Dover **GB** 154 Ac78
Dovera **I** 131 Au90
Dovhe **UA** 246 Cg84
Dovhopillja **UA** 247 Ck84
Dovik **N** 66 An62
Döviken **S** 49 Bl55
Dovilai **LT** 216 Cc69
Dovre **N** 47 At56
Dovregubbens hall **N** 47 At56
Dovžok **UA** 249 Cs84
Downham Market **GB** 95 Aa75
Downhill **GB** 82 Sg70
Downpatrick **GB** 80 Si72
Downton **GB** 97 Sm79
Dowra **IRL** 87 Sd72
Dowton **GB** 98 Sr79
Doxarás **GR** 277 Ce102
Doxáto **GR** 279 Ci98
Doyet **F** 167 Af88
Doze Ribeiras **P** 182 Qf103
Dozulé **F** 159 Su82
Drabišna **BG** 274 Cn98
Drača **SRB** 262 Cb92
Dračevo **BIH** 269 Br95
Dračevo **MK** 271 Cd97
Drachhausen **D** 118 Bi77
Drachselsried **D** 236 Bg82
Drachten **NL** 107 An74
Drag **N** 27 Bn44
Drag **N** 38 Bc51
Drag **S** 73 Bn67
Draga **SLO** 134 Bk89
Draga Baščanska **HR** 258 Bk91
Dragalina **RO** 266 Cp92
Dragalj **MNE** 269 Bs95
Dragalovci **BIH** 260 Bq91
Dragana **BG** 273 Ci94
Drăgănești **RO** 256 Cp89
Drăgănești **RO** 266 Cn91
Drăgănești de Vede **RO** 265 Cl92
Drăgănești-Olt **RO** 265 Ck92
Drăgănești-Vlașca **RO** 265 Cm92
Draganići **HR** 135 Bm89
Draganovo **BG** 266 Cq94
Draganovo **BG** 274 Cm94
Drăganu **RO** 265 Ck91
Dragaš = Dragash **RKS** 270 Cb96
Drăgășani **RO** 264 Ci91
Dragash **RKS** 270 Cb96
Dragaš Vojvoda **BG** 265 Ck93
Dragatuš **SLO** 135 Bl89
Drage **HR** 259 Bm93
Drageid **N** 33 Bl46
Drageid **N** 39 Be51
Drăgești **RO** 245 Ce87
Draginac **SRB** 262 Bt91
Draginje **SRB** 262 Bu91
Dragino **BG** 272 Ci96
Dragiževo **BG** 273 Cm94
Draglica **SRB** 269 Bu93
Dragnes **N** 26 Bm43
Dragnić **BIH** 259 Bp92
Dragobi **AL** 270 Bu96
Dragočaj **BIH** 250 Bp91
Dragočava **MNE** 261 Bs94
Dragocvet **SRB** 263 Cc93
Dragodan **BG** 272 Cg96
Dragodana **RO** 265 Cl91
Drăgoești **RO** 264 Ci91
Drăgoești **RO** 266 Co91
Dragoevo **BG** 275 Co94
Dragoevo **MK** 271 Ce97
Dragojčinci **BG** 272 Ce95
Dragojnovo **BG** 274 Cl97
Dragoman **BG** 272 Cf95
Dragomir **BG** 273 Ci96
Dragomirești **RO** 246 Ci85
Dragomirești **RO** 256 Cp87
Dragomirești **RO** 265 Cl91
Dragomirești-Vale **RO** 265 Cm92
Dragomirna **RO** 247 Cn85
Dragomirovo **BG** 265 Cl93
Dragoni **I** 146 Bi98
Dragør **DK** 104 Bf69
Dragoševac **SRB** 263 Cc93
Dragoslavele **RO** 255 Cl90
Dragosläveni **RO** 256 Cp89
Dragostunjë **AL** 276 Ca98
Dragoș Vodă **RO** 266 Cp92
Drăgotești **RO** 264 Cg91
Drăgotești **RO** 264 Ci92
Dragotina **HR** 250 Bn90
Dragotina **RUS** 211 Cq64
Dragot Sulovë **AL** 270 Ca99
Dragovac **SRB** 262 Cb91
Dragovac **SRB** 263 Cd94
Dragov Dol **MK** 271 Cc97
Dragove **HR** 258 Bk92
Dragović **HR** 250 Bp90
Dragovištica **BG** 271 Cf96
Dragsfjärd **FIN** 62 Cf60
Dragsjön **S** 59 Bh60
Dragsmarkt **S** 68 Bd64
Dragsvik **N** 56 Ao58
Dragu **RO** 246 Cg86
Draguć **HR** 134 Bi90
Draguignan **F** 180 An93
Drăgușeni **RO** 248 Cn86
Drăgușeni **RO** 248 Co84
Drăgușeni **RO** 256 Cq89
Drahany **CZ** 232 Bo82
Drahnsdorf **D** 117 Bh77
Drahonice **CZ** 123 Bi82
Drahovce **SK** 239 Bq83
Drahovo **UA** 246 Ch84
Drajna de Sus **RO** 255 Cn90
Drákia **GR** 283 Cg102
Drakótripa **GR** 277 Cd102
Drakseníć **BIH** 260 Bo90
Dralfa **BG** 266 Cn94
Dráma **GR** 278 Ci98
Drammen **N** 58 Ba61
Drămša **BG** 272 Cg95
Drange **N** 56 Al60
Drange **N** 66 Ao64
Drangedal **N** 67 At62
Drangovo **BG** 274 Cl96
Drangovo **BG** 279 Cl98
Drängsered **S** 72 Bf66
Drängsmark **S** 42 Cb51
Drangsnes **IS** 20 Qi25
Drangstedt **D** 108 As73
Dränic **RO** 264 Ch92
Dranse **D** 110 Bf74
Dransfeld **D** 115 Au77
Dranske **D** 220 Bg71
Draperstown **GB** 82 Sg71
Drarvik **N** 56 An61
Drasenhofen **A** 238 Bo83
Draßmarkt **A** 242 Bn85
Drąsutaičiai **LT** 213 Ch68
Dratów-Kolonia **PL** 229 Cf78
Drávafok **H** 243 Bq89
Dravagen **S** 49 Bh56
Drávaszentes **H** 250 Bp88
Dravegny **F** 161 Ah82
Dravjaniki **BY** 218 Cm71
Dravlaus **N** 46 Am56
Dravograd **SLO** 135 Bl87
Drawno **PL** 221 Bm74
Drawsko **PL** 226 Bn75
Drawsko Pomorskie **PL** 221 Bm73
Draycott in the Clay **GB** 84 Sr75
Draženov **CZ** 230 Bf82
Draževac **SRB** 262 Ca91
Draževići **SRB** 261 Bu94
Dražgoše **SLO** 134 Bi88
Dražič **CZ** 231 Bi82
Dražinci **BG** 264 Cf93
Drązna **PL** 226 Bq76
Drbetinci **SLO** 250 Bm87
Drebber **D** 108 Ar75
Drebkau **D** 118 Bi77
Dreetz **D** 110 Be75
Dreggers **D** 103 Ba73
Dreghorn **GB** 78 Sl69
Dreieich **D** 120 As80
Dreilingen **D** 109 Ba75
Dreilützow **D** 109 Bc73
Dreis **D** 119 Ao81
Dreis-Brück **D** 119 Ao80
Dreischor **NL** 112 Ah77
Dreisen **D** 163 Ar81
Drejø By **DK** 103 Ba71
Drelaj **RKS** 270 Ca95
Drelje = Drelaj **RKS** 270 Ca95
Drelsdorf **D** 103 At71
Drem **GB** 81 Sp68
Dren **RKS** 262 Cb94
Drenas **RKS** 270 Cb95
Drenchia **I** 133 Bh88
Drencova **RO** 263 Ce91
Drenje **HR** 258 Bi90
Drenje **MK** 272 Ce96
Drennec, Le **F** 157 Sm83
Drennhausen **D** 109 Ba74
Drenov **BG** 274 Ck94
Drenova **BIH** 260 Bq91
Drenovac **SRB** 252 Bu91
Drenovac **SRB** 263 Cc93
Drenovac **SRB** 271 Cd95
Drenovci **HR** 252 Bs91
Drenovë **AL** 276 Cb99
Drenovec **BG** 264 Cf93
Drenovo **MK** 271 Cd98
Drenovštica **MNE** 269 Bs95
Drensteinfurt **D** 114 Aq77
Drenta **BG** 274 Cm95
Drenushë **RKS** 270 Ca95
Drépano **GR** 287 Cf105
Dresden **D** 230 Bh78
Dretelj **BIH** 268 Bq94
Dretyń **PL** 221 Bo72
Dreumel **NL** 106 Al77
Dreux **F** 160 Ac83
Drevant **F** 167 Af87
Drevdagen **S** 48 Be57
Dreverna **LT** 216 Cc69
Dřevěš **CZ** 232 Bm81
Drevjemoen **N** 32 Bg48
Drevjesetra **N** 49 Bf58
Dřevohostice **CZ** 232 Bq82
Drevsjø **N** 48 Be57
Drevvatn **N** 32 Bg48
Drewitz **D** 117 Be76
Drezdenko **PL** 226 Bm75
Drežnica **HR** 258 Bl90
Drežnik **SRB** 262 Bu93
Drężno **PL** 221 Bo73
Dričāni **LV** 215 Cp67
Dridu **RO** 266 Cn91
Drieberg **D** 110 Bc73
Driebergen-Rijsenburg **NL** 113 Al76
Driebes **E** 193 So100
Driedorf **D** 120 Ar79
Drienov **SK** 241 Cc83
Drienovo **SK** 239 Bt84
Driesum **NL** 107 An74
Drietoma **SK** 239 Bq83
Driezum = Driesum **NL** 107 An74
Driffield **GB** 85 Su72
Drighiu **RO** 245 Cf86
Drihuči **BY** 219 Cq69
Driméa **GR** 283 Cf103
Drimi **GR** 278 Cm98
Drimnin **GB** 78 Si67
Drimoleague **IRL** 89 Sb77
Drimós **GR** 278 Cf99
Dring **IRL** 82 Se73
Dringenberg **D** 115 At77
Drinić **BIH** 259 Bn91
Drinjaa **BIH** 261 Bt92
Drinovci **BIH** 260 Bp94
Drinovo **BG** 266 Cn94
Drinsko **BIH** 262 Bt93
Drionville **F** 112 Ae79
Driopis **GR** 288 Ci106
Driós **GR** 288 Cl106
Driövouno **GR** 277 Cc100
Dripsey **IRL** 90 Sc77
Dříteč **CZ** 231 Bm80
Driva **N** 47 Au55
Drivstua **N** 47 Au56
Drizë **AL** 270 Ca99
Drizë **AL** 276 Bu99
Drjanovec **BG** 266 Cn93
Drjanovo **BG** 273 Ck97
Drjanovo **BG** 274 Cl95
Drjanovo **BG** 274 Cm96
Drjažno **RUS** 211 Cs63
Drmno **SRB** 253 Cc91
Drnava **SK** 240 Cb83
Drnholec **CZ** 238 Bn83
Drniš **HR** 259 Bn93
Drnje **HR** 242 Bo88
Drnovice **CZ** 238 Bo82
Dro **I** 132 Bb89
Drobak **N** 58 Bb61
Drobeta-Turnu Severin **RO** 263 Cf91
Drobin **PL** 228 Bu75
Drobnice **PL** 227 Bs78
Drochia **MD** 248 Cq84
Drochlin **PL** 233 Bu79
Drochtersen **D** 109 At73
Drogheda **IRL** 87 Sh73
Drogobyč = Drohobyč **UA** 235 Cg82
Drogomiłowice **PL** 232 Bn78
Drogomyśl **PL** 233 Bs81
Drogosze **PL** 223 Cc72
Drohiczyn **PL** 229 Cf76
Drohobyč **UA** 235 Cg82
Drohobyczka **PL** 235 Ce81
Droichead Átha = Drogheda **IRL** 87 Sh73
Droichead Lios an tSonnaigh **IRL** 89 Sa77
Droichead na Bandan = Bandon **IRL** 90 Sc77
Droichead Nua **IRL** 91 Sg74
Droim Seanbhó = Drumshanbo **IRL** 82 Sd72
Droitwich **GB** 94 Sq76
Drolshagen **D** 114 Aq78
Drołtowice **PL** 226 Bq78
Dromad **IRL** 82 Se73
Dromahair **IRL** 82 Sd72
Dromara **GB** 83 Sh72
Dromcolliher **IRL** 89 Sc76
Dromina **IRL** 90 Sc76
Drömme **S** 41 Br54
Dromod = Dromad **IRL** 82 Se73
Dromore **GB** 83 Sh72
Dromore **GB** 87 Sf71
Dromore West **IRL** 86 Sc72
Dronero **I** 174 Ap92
Dronfield **GB** 93 Ss74
Drongan **GB** 79 Sm70
Drönnewitz **D** 109 Bc73
Dronningslund **DK** 100 Ba66
Dronten **NL** 107 Am75
Dropla **BG** 267 Cr93
Drosbacken **S** 48 Be57
Drosendorf Stadt **A** 238 Bm83
Drösing **A** 129 Bo83
Drosnay **F** 162 Ak83
Drossáto **GR** 278 Cf98
Droßdorf **D** 230 Be78
Drosseró **GR** 277 Cd99
Drosseró **GR** 277 Ce99
Drossiá **GR** 284 Ch104
Drossopigí **GR** 277 Cc102
Drossopigí **GR** 277 Cc99
Droszków **PL** 225 Bm77
Drotninghaug **N** 46 Ao56
Droué **F** 160 Ac84
Droux **F** 166 Ac88
Droyes **F** 162 Ak83
Droyßig **D** 230 Be78
Drozdowo **PL** 221 Bo72
Drożeń **PL** 227 Br76
Drożki **PL** 226 Bq78
Drübeck **D** 116 Bb77
Druckūnai **LT** 218 Ci72
Drugavci **BIH** 260 Br92
Druges **I** 174 Ap89
Drugnia **PL** 234 Cb79
Drugovo **MK** 270 Cb98
Druid **GB** 84 So75
Druja **BY** 215 Cp69
Drujsk **BY** 219 Cp69
Drulingen **F** 120 Ap83
Drum **IRL** 82 Sf72
Drumbeg **GB** 75 Sk64
Drumbridge **GB** 97 Sn79
Drumcar **IRL** 87 Sh73
Drumcliffe **IRL** 82 Sc72
Drumclog **GB** 79 Sm69
Drumcondra **IRL** 82 Sg73
Drumdallagh **GB** 83 Sh70
Drumelzier **GB** 79 So69
Drumevo **BG** 275 Cp94
Drumfree **IRL** 82 Sf70
Drumgask **GB** 79 Sm66
Drumin **GB** 75 So66
Drumkeeran **IRL** 87 Sd72
Drumlamford House **GB** 80 Sl70
Drumlish **IRL** 82 Se73
Drummore **GB** 80 Sl71
Drumnadrochit **GB** 75 Sm66
Drumrunie **GB** 75 Sk64
Drumsallie **GB** 75 Sk67
Drumshanbo **IRL** 82 Sd72
Drumsna **IRL** 82 Se73
Drunen **NL** 113 Al77
Drusenheim **F** 124 Aq83
Druskininkai **LT** 217 Ch72
Drusti **LV** 214 Cm66
Druten **NL** 107 Am77
Druva **LV** 213 Ce67
Druviena **LV** 214 Cn66
Druyes-les-Belles-Fontaines **F** 167 Ag85
Družba **BG** 272 Ch96
Družba **RUS** 223 Cc72
Družnosel'e **RUS** 65 Cs59
Drvar **BIH** 259 Bn92
Drvenik **HR** 268 Bp94
Drwalew **PL** 228 Cc77
Drybrook **GB** 93 Sp77
Drygały **PL** 223 Ce73
Drylts = IJlst **NL** 107 Am74
Drymen **GB** 79 Sm68
Dryna **N** 46 Ao55
Drynoch **GB** 74 Sh66
Drysvjaty **BY** 219 Co69
Dryszczów **PL** 229 Ch78
Drzecin **PL** 111 Bk76
Drzewce **PL** 227 Bs76
Drzewiany **PL** 221 Bo73
Drżkova **CZ** 232 Bq82
Drzonowo **PL** 220 Bl72
Drzonowo **PL** 221 Bo73
Drzycim **PL** 222 Br73
D Štoji **MNE** 269 Bt97
Duagh **IRL** 89 Sb76
Dualchi **I** 140 As100
Duas Igrejas **P** 191 Sh98
Dub **BIH** 261 Bt93
Dub **SRB** 262 Bu93
Dubá **CZ** 123 Bk79
Dubăsari **MD** 249 Ct86
Dubăsaru Vechi **MD** 249 Ct86
Duba Stonska **HR** 268 Bq95
Dubatovka **BY** 219 Co71
Dubci **SRB** 261 Bu93
Dubeczno **PL** 229 Cg78
Duben **D** 117 Bh77
Dübendorf **CH** 125 As86
Dubeņi **LV** 212 Cc68
Dubėsar' = Dubăsari **MD** 249 Ct86
Dubești **RO** 245 Ce89
Dubí **CZ** 230 Bh79
Dubičiai **LT** 218 Ck72
Dubicze Cerkiewne **PL** 229 Cg75
Dubiecko **PL** 235 Ce81
Dubienka **PL** 229 Ch78
Dubin **PL** 226 Bp77
Dubina **BY** 219 Co72
Dubki **RUS** 65 Da60
Dubki **RUS** 215 Cr66
Dublin = Baile Átha Cliath **IRL** 88 Sh74
Dubljany **UA** 235 Cg82
Dubljany **UA** 235 Ci81
Dubna **LV** 215 Co68
Dub nad Moravou **CZ** 232 Bp82
Dubňany **CZ** 238 Bp83
Dubné **CZ** 123 Bi83
Dubnica **SRB** 263 Cc92
Dubnica **SRB** 271 Cd95
Dubnica nad Váhom **SK** 239 Br83
Dubnicë e Poshtmë **RKS** 263 Cc95
Dubo **RUS** 211 Cs62
Duboćica **BIH** 261 Bt93
Dubodiel **SK** 239 Br83
Dubok **BY** 229 Ch77
Duboka **SRB** 263 Cc92
Dubona **SRB** 262 Cb91
Dubonoviči **RUS** 211 Cs65
Dubossary = Dubăsari **MD** 249 Ct86
Duboštica **BIH** 260 Br92
Dubova **RO** 263 Ce91
Dubovac **SRB** 253 Cc91
Dubovac = Dubovc **RKS** 270 Cb95
Dubovc **RKS** 270 Cb95
Dubové **SK** 239 Bs83
Dubove **UA** 246 Ch84
Dubovik **MNE** 269 Bs96
Dubovik **MNE** 270 Ca95
Dubovljan **BY** 219 Cp72
Dubovo **SRB** 263 Cd94
Dubovsko **BIH** 259 Bn91
Dubów **PL** 229 Cg77
Dubranec **HR** 250 Bm89
Dubrava **BY** 219 Cp72
Dubrava **BY** 219 Cq72
Dubrava **HR** 135 Bo89
Dubrave **BIH** 260 Bo92
Dubravica **BIH** 260 Bq92
Dubravica **SRB** 253 Cc91
Dubravka **HR** 269 Br95
Dubrivka = Dibrivka **UA** 246 Cf84
Dubrovka **BY** 219 Cp71
Dubrovka **RUS** 65 Db61
Dubrovka **RUS** 211 Ct63
Dubrovka **RUS** 219 Co70
Dubrovnik **HR** 269 Br95
Dubrovycja **UA** 235 Ch81
Dubrynči **UA** 241 Ce83
Ducaj **AL** 269 Bu96
Ducato di Fabriago **I** 138 Bd92
Ducey-Les-Chéris **F** 159 Ss83
Duchally **GB** 75 Sl64
Duchcov **CZ** 123 Bh79
Ducherow **D** 220 Bh73
Dučina **SRB** 252 Cb92
Duclair **F** 154 Ab82
Duczki **PL** 228 Cc76
Dudar **H** 243 Bq86
Duddenhoe End **GB** 95 Aa76
Duddington **GB** 94 St75
Dudelange **L** 162 An82
Dudeldorf **D** 119 Ao81
Düdenbüttel **D** 109 At73
Dudenhofen **D** 120 Ar82
Duderstadt **D** 116 Ba77
Dudești **RO** 266 Cp91
Dudeștii Vechi **RO** 252 Ca88
Dudince **SK** 239 Bs84
Düdingen **CH** 169 Ap87
Dudley **GB** 94 Sq75
Dudovica **SRB** 262 Ca92
Dudy **BY** 218 Cm73
Dueñas **E** 184 Sl97
Duerne **F** 173 Ak89
Duesund **N** 56 Al59
Duffel **B** 156 Ak78
Duffield **GB** 93 Ss75
Duffort **F** 177 Aa94
Dufftown **GB** 75 So66
Dufton **GB** 84 Sq71
Duga **MNE** 270 Bt95
Duga Poljana **SRB** 262 Ca94
Duga Resa **HR** 135 Bm90
Dugi Rat **HR** 259 Bo94
Dúglas = Douglas **IRL** 90 Sd77
Dugo Polje **BIH** 251 Br91
Dugo Selo **HR** 135 Bn89
Duhavljany **BY** 224 Ci74
Duhël **RKS** 270 Cb96
Duhovec **BG** 266 Cp93
Duhovo **RUS** 215 Cr66
Duingen **D** 115 Au76
Duingt **F** 174 An89
Duino-Aurisina **I** 133 Bh89
Duirinish **GB** 74 Si66
Duisburg **D** 114 Ao78
Duiven **NL** 107 An77
Dukat **AL** 276 Bu100
Dukat **SRB** 271 Ce96
Dukinfield **GB** 84 Sq74
Dukla **PL** 241 Cd81
Dukovany **CZ** 238 Bn82
Dukovce **SK** 241 Cc82
Dūkštas **LT** 218 Cn69
Dūkštos **LT** 218 Ck71
Dulcele **RO** 245 Ce88
Dulcești **RO** 248 Co87
Duleek **IRL** 87 Sh73
Duleu **RO** 253 Cd89
Dulina **BY** 219 Cp70
Dulje = Duhël **RKS** 270 Cb96
Dülmen **D** 107 Ap77
Dulovo **BG** 266 Cp93
Dulpetorpet **N** 58 Be59
Dulverton **GB** 97 Sn78
Dumanovce **MK** 271 Cd96
Dumbarton **GB** 80 Sl69
Dumbrava **RO** 245 Ce89
Dumbrava **RO** 265 Cn91
Dumbrava de Jos **RO** 264 Cg91
Dumbrava Roșie **RO** 248 Cn87
Dumbrăveni **RO** 248 Cn85
Dumbrăveni **RO** 255 Ck88
Dumbrăveni **RO** 256 Cp89
Dumbrăveni **RO** 267 Cq93
Dumbraveny = Căinari **MD** 257 Ct87
Dumbrăvita **MD** 248 Cr86
Dumbrăvița **RO** 246 Ch85
Dumbrăvița **RO** 253 Ce88
Dumbrăvița **RO** 255 Cl89
Dumeni **RO** 248 Co84
Dumfries **GB** 80 Sn70
Dumitra **RO** 246 Ci86
Dumitrești **RO** 256 Co89
Dümmer **D** 109 Bc73
Dummerstorf **D** 104 Be72
Dümpelfeld **D** 120 Ao80
Dümrek **TR** 280 Cn101
Dun **F** 178 Ad94
Duna **N** 39 Bd51
Dunaalmás **H** 239 Br85
Dunafalva **H** 252 Bs88
Dunaföldvár **H** 244 Bs87
Dunaharaszti **H** 243 Bt86
Dunajská Streda **SK** 239 Bq85
Dunakeszi **H** 243 Bt85
Dunakömlőd **H** 244 Bs87
Dunapataj **H** 244 Bs87
Dunărea **RO** 267 Cr92
Dunăreni **RO** 264 Ch93
Dunăreni **RO** 266 Cq92
Dunaszeg **H** 239 Bq85
Dunaszekcső **H** 243 Bs88
Dunaszentbenedek **H** 251 Bs87
Dunaszentgyörgy **H** 251 Bs87
Dunasziget **H** 238 Bp85
Dunaújváros **H** 244 Bs87
Dunava **LV** 214 Cn68
Dunavățu de Jos **RO** 267 Ct91
Dunavci **BG** 264 Cf93
Dunavci **BG** 274 Cl95
Dunavecse **H** 244 Bs87
Dunbar **GB** 81 Sp68
Dunbeath **GB** 75 So64
Dunbeg **GB** 78 Sk68
Dunblane **GB** 79 Sm68
Dunboyne **IRL** 88 Sh74
Duncannon **IRL** 91 Sg76
Dun Chaoin **IRL** 89 Ru76
Duncormick **IRL** 91 Sg76
Dundaga **LV** 213 Ce65
Dundalk **IRL** 87 Sh72
Dún Dealgan = Dundalk **IRL** 87 Sh72
Dundee **GB** 79 Sp68
Dunderland **N** 33 Bk48
Dundonnell **GB** 75 Sk65
Dundonnell **IRL** 87 Sd74
Dundrennan **GB** 80 Sn71
Dundrum **GB** 88 Si72
Dundrum **IRL** 88 Sh74
Dundrum **IRL** 90 Sd75
Dunecht **GB** 76 Sq66
Dunfanaghy **IRL** 82 Se70
Dunfermline **GB** 79 So68
Dungannon **GB** 82 Sg72
Dún Gar = Frenchpark **IRL** 82 Sd73
Dún Garbháin = Dungarvan **IRL** 90 Se76
Dungarvan **IRL** 90 Se76
Dungarvan **IRL** 90 Sf75
Dungiven **GB** 82 Sg71
Dungloe = An Clochán Liath **IRL** 82 Sd71
Dungourney **IRL** 90 Sd77
Dunholme **GB** 85 Su74
Dunières **F** 173 Ai90
Dunilavičy **BY** 219 Cp70
Duninowo **PL** 221 Bo71
Đunis **SRB** 263 Cd93
Dunje **MK** 271 Cd98
Dunjica **MK** 271 Ce97
Dunkeld-Birnam **GB** 76 Sn67
Dunker **S** 70 Bo62
Dunkerque **F** 155 Ae78
Dunkerrin **IRL** 87 Se75
Dunkeswell **GB** 97 So79
Dunkineely **IRL** 87 Sd71
Dún Laoghaire **IRL** 88 Sh74
Dunlavin **IRL** 91 Sg74
Dunleer **IRL** 87 Sh73
Dun-le-Palestel **F** 166 Ad88
Dun-le-Poëlier **F** 166 Ad86
Dun-les-Places **F** 167 Ai86
Dunlop **GB** 78 Sl69
Dún Mánmhaí = Dunmanway **IRL** 90 Sb77
Dunmanway **IRL** 90 Sb77
Dunmore **IRL** 86 Sc73
Dunmore East **IRL** 91 Sg76
Dunnamanagh **GB** 82 Sf71
Dún na nGall **IRL** 87 Sd71
Dún na Séad = Baltimore **IRL** 89 Sb78
Dunnet **GB** 75 So63
Dunning **GB** 76 Sn68
Dunningen **D** 125 As84
Dunoon **GB** 78 Sl69
Dunowo **PL** 221 Bn72
Dun Pádrig = Downpatrick **GB** 80 Si72
Dunquin = Dun Chaoin **IRL** 89 Ru76
Dunragit **GB** 83 Sl71
Duns **GB** 79 Sq69
Dunscore **GB** 80 Sn70
Dún Seachlainn = Dunshaughlin **IRL** 88 Sg73
Dünsen **D** 108 As75
Dunshaughlin **IRL** 88 Sg73
Dunstable **GB** 94 St77
Dunster **GB** 97 So78
Dun-sur-Auron **F** 167 Af87
Dun-sur-Meuse **F** 162 Al82
Dunsyre **GB** 79 So69
Dunte **LV** 214 Ci66
Duntisbourne Leer **GB** 94 Sq77
Dunure **GB** 78 Sl70
Dunvegan **GB** 74 Sg66
Dünwald **D** 116 Ba78
Duoddar Sion **N** 23 Ci40
Duokiškis **LT** 218 Cm69
Duolluvárri = Tuolluvaara **S** 28 Ca45
Dupnica **BG** 272 Cg96
Durach **D** 126 Ba85
Đurakovac = Gjurakovc **RKS** 270 Ca95
Durance **F** 177 Aa92
Durango **E** 186 Sp94
Durankulak **BG** 267 Cs93
Duras **F** 170 Aa91
Durbach **D** 124 Ar84
Durban-Corbières **F** 178 Af95
Durbe **LV** 212 Cc67
Durbuy **B** 156 Al80
Dúrcal **E** 205 Sn107
Durdat-Larequille **F** 167 Af88
Đurđenovac **HR** 251 Br89
Đurđevac **HR** 250 Bp88
Đurđevića Tara **MNE** 269 Bt94
Đurđevik **BIH** 261 Bs92
Đurđevo **SRB** 252 Ca90
Đurđin **SRB** 244 Bu89
Dūre **LV** 214 Cl65
Düren **D** 114 An79
Durfort-Lacapelette **F** 177 Ac92
Durham **GB** 81 Sr71
Durlach **D** 120 Ar83
Durlas **IRL** 90 Se75
Durlešť = Durlești **MD** 249 Cs86
Durlești **MD** 249 Cs86
Durlešty = Durlești **MD** 249 Cs86
Đurmanec **HR** 242 Bm88
Dürmentingen **D** 125 Au84
Durmersheim **D** 120 Ar83
Dürnau **D** 125 Au84
Durness **GB** 75 Sl63
Durnești **RO** 248 Cp85
Durnholz = Valdurna **I** 132 Bc87
Dürnkrut **A** 238 Bo84
Dürnstein **A** 129 Bm84
Dürnstein in der Steiermark **A** 134 Bi87
Dürrenboden **CH** 131 As87
Durrës **AL** 270 Bt98
Durrow **IRL** 87 Sf75
Durrus **IRL** 89 Sa77
Dursley **GB** 97 Sq77
Durston **GB** 97 So78
Durtal **F** 165 Su85
Duruelo de la Sierra **E** 185 Sp97
Durup **DK** 100 As67
Durusu **TR** 281 Cs98
Durweston **GB** 98 Sq79
Dury **F** 155 Ae81
Dušanci **BG** 273 Ci95
Dušanovac **MK** 271 Cf98
Dušanovac **SRB** 263 Cf92
Dušanovo **BIH** 261 Bt92
Dusetos **LT** 218 Cm69
Düshorn **D** 109 Au75
Dusin **PL** 105 Bk73
Dusina **BIH** 260 Bq93
Duškava **BY** 219 Cp73
Duškovci **SRB** 261 Ca93
Dušníky **CZ** 123 Bi80
Dusnok **H** 244 Bs88
Düsseldorf **D** 114 Ao78
Dussen **NL** 113 Ak77
Dußlingen **D** 125 At84
Duszniki **PL** 226 Bn76
Duszniki-Zdrój **PL** 232 Bn80
Duthil **GB** 75 Sn66
Dutovlje **SLO** 134 Bh89
Duvberg **S** 49 Bi56
Duvebo **S** 69 Bk64
Duved **S** 39 Bf54
Duvno = Tomislavgrad **BIH** 260 Bp93
Duži **BIH** 268 Bq95
Duži **MNE** 269 Bt95
Düzorman **TR** 275 Cp97
Düzova **TR** 281 Cq97
Dvärsätt **S** 40 Bk54
Dve Mogili **BG** 265 Cm93
Dviete **LV** 214 Cn68
Dvirci **UA** 235 Ci80
Dvor **HR** 259 Bn90
Dvor **SLO** 134 Bi88
Dvor **SLO** 134 Bk89
Dvorčany **BY** 219 Co70
Dvorce **CZ** 232 Bq81
Dvorec **RUS** 211 Cs63
Dvorisce **RUS** 211 Cr62
Dvorišče **RUS** 215 Cr68
Dvorište **MK** 272 Cf97
Dvorjane **SLO** 242 Bm88
Dvorkino **RUS** 216 Cc72
Dvorovi **BIH** 261 Bt91
Dvorska **SRB** 262 Bt92
Dvory nad Žitavou **SK** 239 Br85
Dvůr Králové nad Labem **CZ** 231 Bm80
Dwernik **PL** 235 Cf82
Dwikozy **PL** 234 Cd79
Dwingeloo **NL** 107 An75
Dyblin **PL** 227 Bs75
Dybvad **DK** 100 Ba66
Dyce **GB** 76 Sq66
Dychtynec' **UA** 247 Cl84
Dydjatyči **UA** 235 Cg81
Dydnia **PL** 235 Ce81
Dyffryn Ardudwy **GB** 92 Sm75
Dygowo **PL** 221 Bm72
Dykehead **GB** 76 Sp67
Dykends **GB** 79 So67
Dylągówka **PL** 235 Ce81
Dylaki **PL** 233 Br79
Dylewo **PL** 223 Cc74
Dymchurch **GB** 154 Ac78
Dymniki **BY** 229 Ci76
Dymokury **CZ** 231 Bl80
Dymovo **RUS** 65 Ct58
Dynäs **S** 51 Bq55
Dyniska **PL** 235 Ch80
Dynivci **UA** 247 Cn84
Dynów **PL** 235 Ce81
Dyping **N** 27 Bl45
Dypvåg **N** 67 At63
Dyranut **N** 57 Aq60
Dyrkollbotn **N** 56 Am59
Dyrkorn **N** 46 Ao56
Dyrnes (Vestmøla) **N** 38 Aq54
Dyrøyhamn **N** 28 Bp42
Dysna **LT** 219 Co70
Dyverdalen **S** 49 Bi58
Dyvizija **UA** 257 Cu89
Dywity **PL** 223 Ca73
Džanići **BIH** 260 Bq93
Džanka **BG** 280 Cm97
Džatievo **RUS** 65 Cu59
Džebel **BG** 273 Cl98
Dzelzava **LV** 214 Cn66
Dzelzgale **LV** 212 Cd67
Dzeņi **LV** 214 Ci65
Džepčište **MK** 270 Cb96
Džepište **MK** 270 Cb98
Dżepnica **SRB** 263 Cc94
Dzeravno **BY** 219 Cq71
Dzērbene **LV** 214 Cm66
Džerman **BG** 272 Cg96
Dzeržinskoe **RUS** 216 Cd71
Dziadkowice **PL** 229 Cf75
Dziadowa Kłoda **PL** 226 Bq78
Działdowo **PL** 223 Ca74
Działoszyce **PL** 234 Ca80
Działoszyn **PL** 227 Bs78
Działoszyn **PL** 231 Bk79
Dzięcioły **PL** 227 Br77
Dzięgielów **PL** 233 Bs81
Dziekanów Leśny **PL** 228 Cb76
Dzielek **PL** 234 Cc81
Dziergowice **PL** 233 Br80
Dzierząźna **PL** 227 Bs77
Dzierząźnia **PL** 228 Ca75
Dzierzbin **PL** 227 Br76
Dzierzgoń **PL** 222 Bt73
Dzierzgów **PL** 234 Bu79
Dzierżkowice **PL** 232 Bq81
Dzierżkowice-Rynek **PL** 235 Ce79
Dzierżoniów **PL** 232 Bo79
Dzierżysław **PL** 232 Bq80
Dzietrznik **PL** 227 Bs78
Dziewiętlice **PL** 232 Bp80
Dziewin **PL** 234 Ca80
Dziewkowice **PL** 233 Br79
Džigolj **SRB** 263 Cd94
Dziurków **PL** 228 Cd78
Dziwiszów **PL** 231 Bm79
Dziwnów **PL** 105 Bk72
Dziwnówek **PL** 105 Bk72
Dzjamjačycy **BY** 229 Ch76
Dzmitravičy **BY** 229 Ch75
Džūkste **LV** 213 Cg67
Džuljunica **BG** 273 Cm94
Džurkovo **BG** 274 Ck97
Džurovo **BG** 272 Ci95
Dźwierzchno **PL** 227 Br75
Dźwierzuty **PL** 223 Cb73
Dźwirzyno **PL** 220 Bl72
Dzwonowice **PL** 233 Bu80
Dzyhivka **UA** 249 Cr84

Dorohoi – Dzyhivka 345

Emtinghausen D 108 As75
Emyvale IRL 87 Sg72
Ena E 176 St96
Enafors S 39 Be54
Enäjärvi FIN 64 Cp59
Enåker S 60 Bo60
Enånger S 50 Bp57
Enanlahti FIN 55 Ct57
Enanniemi FIN 55 Ct57
Enarsvedjan S 39 Bi53
Enåsa S 69 Bh63
Enberget N 58 Be58
Encamp AND 189 Ad95
Encarnação P 196 Sb102
Encausse-les-Thermes F 177 Ab94
Encinas E 193 Sn98
Encinas de Abajo E 192 Sk99
Encinas de Esgueva E 193 Sm97
Encinasola E 197 Sg104
Encinasola de los Comendadores E 191 Sg98
Encinas Reales E 205 Sm106
Encinilla, La E 204 Si107
Enciso E 186 Sq96
Encs H 241 Cc84
Endalsetra N 48 Ba55
Endelave By DK 100 Ba69
Enden N 47 As57
Enden N 48 Ba57
Endine Gaiano I 131 Au89
Endingen D 124 Aq84
Endre S 71 Br65
Endresplass N 32 Bh50
Endriejavas LT 216 Cd69
Endrinal E 192 Si99
Endrőd H 245 Cb87
Endrup DK 102 As69
Enebakk N 58 Bc61
Enebo S 60 Bm61
Enego I 132 Bd89
Enériz E 186 Sr95
Eneryda S 72 Bi67
Enese H 242 Bp85
Enez TR 280 Cn99
Enfesta (Pontecesures) E 182 Sc95
Enfield GB 99 Su77
Eng, Wirtshaus A 126 Bd86
Enga N 22 Bq42
Engan N 32 Be48
Engan N 47 Au55
Engarés GR 288 Cl106
Engavågen N 32 Bh47
Engdal N 47 As54
Engden D 108 Ap76
Enge N 47 As54
Enge N 67 As64
Engeland N 56 An59
Engelberg CH 130 Ar87
Engelhartstetten A 238 Bo84
Engelhartszell A 128 Bh83
Engelia N 58 Ba59
Engeln D 108 As75
Engelsberg D 122 Bd82
Engelschoff D 109 At73
Engelsdorf D 117 Be78
Engelskirchen D 114 Ap79
Engelsneset N 32 Bf49
Engelsviken N 68 Bb62
Engen D 125 As85
Enger D 115 As76
Engerdal N 48 Bd57
Engerdalssetra N 48 Bd57
Engerneset N 48 Be57
Engerrodden N 58 Ba60
Enge-Sande D 102 As71
Engesrang DK 100 At68
Enghien B 155 Ai79
Engi CH 131 At87
Engis B 156 Al79
Englefontaine F 155 Ah80
Engli N 57 At61
Engnes N 23 Cb41
Engstingen D 125 At84
Engter D 108 Ar76
Enguera E 201 St103
Enguidanos E 200 Sr101
Engure LV 213 Cg66
Engvik N 22 Bs40
Enica BG 264 Ci94
Enichioi MD 257 Cr88
Enina BG 274 Cl95
Enisala RO 267 Cs91
Enix E 206 Sp107
Enkenbach-Alsenborn D 163 Aq82
Enkhuizen NL 106 Al75
Enkirch D 120 Ap81
Enklinge AX 62 Cb60
Enknäsbo S 50 Bn58
Enköping S 60 Bp61
Enmo N 48 Ba55
Enmo Legeret N 48 Bb55
Enna I 153 Bi105
Ennabeuren D 125 Au84
Ennepetal D 114 Ap78
Ennezat F 172 Ag89
Enniger D 114 Aq77
Ennigerloh D 115 Ar77
Ennis = Inis IRL 89 Sc75
Enniscorthy IRL 91 Sg75
Enniskean IRL 89 Sc77
Enniskerry IRL 91 Sh74
Enniskillen GB 82 Se72
Ennistymon IRL 86 Sb75
Enns A 237 Bi84
Ennyinen FIN 62 Cd59
Eno FIN 55 Da55
Enochdu GB 76 Sn67
Enonkoski FIN 55 Cs56
Enonkylä FIN 44 Co52
Enonlahti FIN 54 Cr55
Enontekiö FIN 29 Ch44
Ens NL 107 Am75
Enschede NL 108 Ao76
Ensdorf D 230 Bd82
Ense D 114 Aq78
Ensigné F 165 Su88
Ensisheim F 163 Ap85
Enstabo S 50 Bn58
Enstone GB 93 Ss77
Enter NL 107 Ao76
Enterkinfoot GB 79 Sn70
Entlebuch CH 130 Ar87
Entracque I 136 Ap92
Entradas P 202 Sd105
Entrago E 184 Sh94
Entrains-sur-Nohain F 167 Ag86
Entrambasmestas E 185 Sn94
Entrammes F 159 St84
Entraunes F 136 Ao92
Entraven = Antrain F 159 Ss84
Entraygues-sur-Truyère F 172 Af91
Entrelacs F 174 Am89
Entrena E 186 Sp96
Entrevaux F 136 Ao93
Entrèves I 130 Ao89
Entrin Bajo E 197 Sg103
Entringen D 125 As83
Entroncamento P 196 Sd102
Envendos P 197 Se101
Envermeu F 99 Ac81
Envernalles E 183 Sg95
Envie I 174 Ap91
Enviken S 60 Bm59
Enxara do Bispo P 196 Sb103
Enying H 243 Br87
Enzenkirchen A 127 Bh84
Enzersdorf A 128 Bk86
Enzersdorf im Thale A 129 Bn83
Enzingerboden A 127 Bf86
Enzklösterle D 125 Ar83
Eochaill = Youghal IRL 90 Se77
Epagny F 168 Al86
Epaignes F 160 Aa82
Epannes F 165 St88
Epáno Arhánes GR 291 Cl110
Epáno Fellós GR 284 Ck105
Epanomi GR 276 Cf100
Epe D 114 Ap76
Epe NL 107 Am76
Épehy F 155 Ag80
Epenède F 171 Ab88
Epernay F 161 Ah82
Epernon F 160 Ad83
Epesses, Les F 165 St87
Epieds F 161 Ag82
Epierre F 174 An90
Epila E 194 Ss97
Épinal F 124 An84
Epiñaredo E 183 Se94
Epinay-le-Comte, L' F 159 St84
Epioux, Les B 156 Al81
Epiry F 167 Ah86
Episcopia I 148 Bn100
Episkopi GR 287 Cg106
Episkopi GR 290 Ci110
Epitálio GR 286 Cc105
Eplény H 243 Bq86
Epoisses F 167 Ai85
Epöl H 243 Bs85
Epône F 160 Ad83
Epoo FIN 64 Cm60
Epouville F 159 Aa81
Epoye F 161 Ai82
Eppan an der Weinstraße = Appiano sulla Strada del Vino I 132 Bc88
Eppelborn D 120 Ao82
Eppelheim D 120 As82
Eppenbrunn D 119 Aq82
Eppendorf D 230 Bg79
Eppenschlag D 123 Bg83
Eppe-Sauvage F 156 Ai80
Epping GB 95 Aa77
Eppingen D 120 As82
Eppstein D 120 Ar80
Epsom GB 94 Su78
Eptahóri GR 276 Cb100
Eptálofos GR 283 Ce103
Epuisay F 160 Ab85
Epureni RO 256 Cq88
Epureni RO 256 Cr87
Epworth GB 85 St73
Equeurdreville-Hainneville F 158 Sr81
Equihen-Plage F 99 Ad79
Eraclea I 133 Bf89
Eraclea Mare I 133 Bf89
Eräjärvi FIN 53 Ck57
Eräjärvi FIN 55 Cs58
Eranova I 151 Bm104
Erasbach D 122 Bc82
Eraso E 186 Sr95
Eratini GR 283 Ce104
Eratinó GR 279 Ck99
Erátira GR 277 Cd100
Erba I 175 At89
Erbach D 120 As81
Erbach D 126 Au84
Erbajolo F 181 At96
Erbalonga = Erbalunga F 181 At95
Erbalunga F 181 At95
Erbedeiro E 183 Se95
Erbendorf D 122 Be81
Erberge LV 214 Cl68
Erbiceni RO 248 Cp86
Ercé F 177 Ac95
Ercheu F 155 Af81
Erchie I 149 Bq100
Ercolano I 146 Bi99
Ercsi H 244 Bs86
Érd H 244 Bs86
Erdal N 56 Al60
Erdek TR 281 Cq100
Erden BG 264 Cg94
Erdeven F 164 So85
Erdevik SRB 261 Bt90
Erding D 127 Bd84
Erdőbénye H 241 Cc84
Erdre-en-Anjou F 165 St85
Erdut HR 251 Bt89
Erdweg D 126 Bc84
Erdželija MK 271 Ce97
Eréac F 158 Sq84
Eremitu RO 255 Ck87
Eresfjord N 47 Ar55
Eressós GR 285 Cm102
Erétria GR 277 Cf102
Erétria GR 284 Ch104
Erezée B 156 Am80
Erfde D 103 At72
Erftstadt D 114 Ao79
Erfurt D 116 Bc79
Ergeme LV 210 Cm65
Ergersheim D 121 Ba81
Ergili TR 281 Cr100
Ergli LV 214 Cm67
Ergolding D 127 Be83
Ergoldsbach D 127 Be83
Erguè-Gabéric F 157 Sm85
Erhi BY 219 Cp71
Eriboll GB 75 Sl64
Erice I 152 Bf104
Ericeira P 196 Sb103
Erikli TR 280 Cn99
Eriklice TR 280 Cp99
Erikoússa GR 276 Bu101
Eriksberg S 40 Bm50
Eriksberg S 69 Bg64
Erikslund S 50 Bm55
Eriksmåla S 73 Bl67
Erikstad S 68 Be63
Ering D 128 Bg84
Eringsboda S 73 Bl68
Eriskirch D 125 Au85
Eriswell GB 95 Ab76
Erith GB 95 Aa78
Erithrés GR 284 Cg104
Erize-la-Petite F 162 Al83
Erkelenz D 114 An78
Erkenschwick, Oer- D 114 Ap77
Erkner D 111 Bh76
Erkrath D 114 Ao78
Erla E 187 St96
Erla-Hütte A 127 Bd86
Erlangen D 121 Bc81
Erlau D 230 Bf78
Erlbach, Markt D 122 Bb82
Erle D 114 Ao77
Erlenbach am Main D 121 At81
Erlensee D 120 As80
Erlingshofen D 126 Bb83
Erlinsbach (SO) CH 169 Ar86
Erlsbach A 133 Be87
Erlstätt D 236 Bf85
Erm NL 108 Ao75
Ermakiá GR 277 Cd100
Ermatingen CH 125 At85
Ermelo NL 107 Am76
Ermelo P 191 Se98
Ermenonville F 161 Af82
Ermenrod D 121 At79
Ermesinde P 190 Sc98
Ermida P 190 Sc100
Ermida P 191 Se99
Ermidas-Sado P 196 Sd105
Ermilovo RUS 65 Cs60
Ermióni GR 287 Cg106
Ermita, La E 206 Sq106
Ermita del Ramonete E 207 Ss105
Ermoclia MD 257 Cu87
Ermoúpoli GR 288 Ck106
Ermua E 186 Sp94
Erndtebrück D 115 Ar79
Ernée F 159 St84
Ernei RO 255 Ck87
Ernen CH 130 Ar88
Ernestinovo HR 251 Bs90
Ernsgaden D 126 Bd83
Ernstbrunn A 129 Bn83
Ernsthausen D 115 As79
Ernstthal, Hohenstein- D 117 Bf79
Erolzheim D 125 Ba84
Erôme F 173 Ak90
Erp NL 113 Am77
Erpe-Mere B 156 Ah79
Erquelinnes B 155 Ai80
Erquy F 158 Sq83
Erra P 196 Sd103
Errenteria E 186 Sr94
Errindlev DK 104 Bc71
Erritso DK 103 Au69
Erro E 186 Ss95
Erroitegi = Roitegui E 186 Sq95
Errol GB 76 So68
Erschwil CH 124 Aq86
Érsekcsanád H 244 Bs88
Érsekė AL 276 Cb100
Érsekvadkert H 240 Bt85
Ersfjordbotn N 22 Bs41
Erskine GB 80 Sm69
Ersmark S 42 Ca53
Ersmark S 42 Cb51
Ersnäs S 35 Cd49
Eršovo RUS 211 Cr65
Eršovo RUS 223 Cc71
Ersrode D 115 Au79
Erstan = Airisto FIN 62 Ce60
Erstein F 163 Aq84
Erstfeld CH 131 As87
Ertingen D 125 At84
Ertvåg N 38 As54
Ertvelde B 155 Ah78
Erul BG 272 Cf95
Ervalla S 60 Bl62
Ervasti FIN 37 Cp50
Ervauville F 161 Af84
Erve N 56 Al61
Ervedal P 191 Se100
Ervedal P 197 Se102
Ervedosa do Douro P 191 Sf98
Ervenik HR 259 Bm92
Ervidel P 196 Sd105
Ervik N 38 As54
Ervik N 46 Al56
Ervik N 46 Am58
Ervy-le-Châtel F 161 Ah84
Erwitte D 115 Ar77
Erxleben D 110 Bc76
Erxleben D 110 Bd75
Erzgrube D 125 Ar83
Eržvilkas LT 217 Cf70
Esanatoglia I 144 Bf94
Esanos E 184 Sl94
Esbjerg DK 102 Ar70
Esbo = Espoo FIN 63 Ck60
Esboviken = Espoonlahti FIN 63 Ck60
Escacena del Campo E 203 Sh106
Escairón (O Saviñao) E 183 Se95
Escala, l'E 189 Ag96
Escalada E 185 Sn95
Escalaplano I 141 At101
Escalhão P 191 Sg99
Escaló E 188 Ac95
Escalona E 177 Aa96
Escalona E 193 Sm100
Escalona del Prado E 193 Sm98
Escalonilla E 193 Sm101
Escalos de Baixo P 197 Sf101
Escalos do Meio P 190 Sd101
Escamplero E 184 Si94
Escañuela E 205 Sm105
Es Capdella E 206 Ae101
Escarabote E 182 Sc95
Escarène, Le F 136 Ap93
Escariche E 193 So100
Escarigo P 191 Sg99
Escaropim P 196 Sc102
Escároz E 186 Ss95
Escarrilla E 176 Su95
Es Castell E 207 Ai101
Escatrón E 195 Su98
Escazeaux F 177 Ac93
Esch D 120 Ar80
Eschach D 121 Au83
Eschau F 124 Aq84
Eschborn D 120 As80
Eschbronn D 125 Ar84
Esche D 108 Ao75
Escheburg D 109 Ba74
Eschede D 109 Ba75
Eschen D 122 Bc81
Eschen FL 125 Au86
Eschenbach CH 130 Ar86
Eschenbach (SG) CH 125 As86
Eschenbach in der Oberpfalz D 122 Bd81
Eschenburg D 115 Ar79
Eschershausen D 115 Au77
Eschlkam D 230 Bf82
Esch-sur-Alzette L 162 Am81
Esch-sur-Sûre L 119 Am81
Eschwege D 115 Ba78
Eschweiler D 114 An79
Esclottes F 170 Aa91
Escobonal, El E 202 Rh124
Escombreras E 207 St105
Escondeaux F 177 Aa94
Escorial, El E 193 Sm99
Escorihuela E 195 St99
Escosse F 177 Ad94
Escot F 187 St94
Escoubès F 187 Su94
Escoublac, La Baule- = Baule, La F 164 Sq86
Escource F 176 Ss92
Escoussans F 170 Su91
Escovedu I 141 As101
Escragnolles F 136 Ao93
Escreins F 174 Ao91
Es Cubells E 206 Ac103
Escucha E 195 St99
Escuderos E 185 Sn96
Escuredo E 184 Si95
Escurial E 198 Si102
Escurolles F 167 Ag88
Escusa P 197 Se102
Esechioi RO 266 Cp92
Eşelniţa RO 263 Ce91
Esen BG 275 Co95
Esens D 107 Aq73
Esenyurt TR 281 Cs98
Esgos E 183 Se96
Es Grau E 207 Ai101
Esgueira P 190 Sc99
Esguevillas de Esgueva E 193 Sm97
Esher GB 94 Su78
Esh Winning GB 81 Sr71
Esino Lario I 131 At89
Eskdale Green GB 81 So72
Eskdalemuir GB 81 So70
Eskifjörður IS 21 Rf25
Eski Kadın TR 280 Cn97
Eskilsäter S 69 Bg63
Eskilsryd S 73 Bm67
Eskilstrup DK 104 Bd71
Eskilstuna S 60 Bo62
Eski Manyas TR 281 Cr100
Eskola FIN 43 Ci53
Eskolanmäki FIN 64 Cm58
Eslarn D 236 Bf81
Esley F 162 An84
Esleys F 170 Ss92
Eslida E 195 Su101
Es Llombards E 207 Ag102
Eslohe (Sauerland) D 115 Ar78
Eslöv S 72 Bg69
Es'manavcy BY 219 Co72
Es Mercadal E 207 Ai100
Es Migjorn Gran = Migjorn Gran San Cristóbal, Es E 207 Ai101
Es Migjorn Gran San Cristóbal E 207 Ai101
Esnandes F 165 Ss88
Esnes-en-Argonne F 162 Al82
Esneux B 156 Am79
Esóvalta GR 277 Ce99
Espa N 58 Bc59
Espadañedo E 183 Sh96
Espalion F 172 Af91
Espariz P 190 Sd100
Esparragal E 206 Sr105
Esparragalejo E 197 Sh103
Esparragosa de la Serena E 198 Si103
Esparreguera E 189 Ad97
Esparron F 180 Am93
Esparza E 176 Sr95
Espe N 56 Ao60
Espedal N 47 Au58
Espeja E 191 Sg99
Espejo E 185 So95
Espejo E 205 Sl105
Espejos de la Reina, Los E 184 Sl95
Espel NL 107 Am75
Espeland N 56 Al60
Espeland N 67 As63
Espelette F 176 Ss94
Espeli N 67 Aq63
Espelkamp D 108 As76
Espenes N 28 Bq42
Espenhain D 117 Be78
Espera E 204 Si107
Esperança P 197 Sf102
Esperanza, La E 202 Rh124
Espéraza F 178 Ae95
Esperia I 146 Bh98
Espérou, l' F 178 Ag92
Esperstoft D 103 At71
Espestøl N 67 Ar63
Espevær N 56 Al62
Espeyrac F 172 Af91
Espiadet F 187 Aa95
Espiche P 202 Sc106
Espiel E 198 Sk104
Espina, La E 183 Sh94
Espina, La E 184 Sl95
Espinama E 184 Sl94
Espinar, El E 193 Sm99
Espiñeira E 183 Sf93
Espinhal P 190 Sd100
Espinho P 190 Sc98
Espinilla E 185 Sm94
Espinosa de Cerrato E 185 Sn97
Espinosa de Cervera E 185 So97
Espinosa de Henares E 193 So99
Espinosa de los Monteros E 185 Sn94
Espinoso del Rey E 198 Sl101
Espirito Santo P 203 Se105
Esplantas-Vazeilles F 172 Ah91
Espluga de Francolí, l'E 188 Ac98
Esplús E 188 Aa97
Espoey F 187 Su94
Espoo FIN 63 Ck60
Espoonlahti FIN 63 Ck60
Esporles E 206-207 Af101
Es Port E 206 Ad102
Es Port E 206-207 Af102
Esposende P 190 Sc97
Espot E 188 Ac95
Esprels F 124 An85
Es Pujols E 206 Ac103
Esquedas E 187 St96
Esquivias E 193 Sn100
Esrange S 29 Cc45
Essards, Les F 165 Aa86
Essay F 159 Aa83
Esse = Ähtävä FIN 43 Cg53
Esseg = Osijek HR 251 Bs89
Essen B 113 Ai78
Essen D 114 Ap78
Essen (Oldenburg) D 108 Aq75
Essenbach D 236 Be83
Essern D 108 As76
Essertaux F 155 Ae81
Essertenne-et-Cecey F 168 Al86
Essimi GR 280 Cm98
Essing D 122 Bd83
Essingen D 125 Ba83
Eßleben D 121 Ba81
Esslingen am Neckar D 125 At83
Essômes-sur-Marne F 161 Ag82
Essoyes F 161 Ak84
Essuiles F 155 Ae82
Essunga S 69 Bf64
Essvik S 50 Bp56
Estação Torre das Vargens P 197 Se102
Estacas E 182 Sd96
Estación de Cártama E 205 Sl107
Estación de Salinas E 205 Sm106
Estadilla E 187 Aa96
Estagel F 178 Af95
Estaing F 172 Af91
Estaires F 112 Af79
Estang F 176 Su93
Estarreja P 190 Sc99
Estarvielle F 177 Aa95
Estavayer-le-Lac CH 130 Ao87
Este I 138 Bd90
Estela P 190 Sc98
Estella E 186 Sq95
Estellencs E 206 Ae101
Estenfeld D 121 Ba81
Estensvoll N 48 Ba56
Estepa E 204 Sl106
Estépar E 185 Sn96
Estepona E 204 Sk108
Estercuel E 195 St99
Estérençuby F 186 Ss94
Esternay F 161 Ah83
Esterri d'Àneu E 188 Ac95
Esterri de Aneu = Esterri d'Àneu E 188 Ac95
Esterwegen D 107 Aq75
Esterzili I 141 At101
Estiche de Cinca E 187 Aa97
Estissac F 161 Ah84
Estivella E 201 Su101
Estói P 203 Se106
Estômbar P 202 Sd106
Eston and South Bank GB 85 Ss71
Estorf D 109 At73
Estorf D 109 At75
Estoril P 196 Sb103
Estorninhos P 203 Se106
Estrada P 203 Se106
Estrada, A E 182 Sd95
Estréchure, L' F 179 Ah92
Estrées-Saint-Denis F 161 Af82
Estrée-Wamin F 155 Ae80
Estreito P 191 Se101
Estreito da Calheta P 190 Rf115
Estreito de Câmara de Lobos P 190 Rg115
Estrella, La E 198 Sk101
Estremoz P 197 Se103
Estry F 159 St83
Estuna S 61 Bs61
Esztergom H 239 Bs85
Étables-sur-Mer F 158 Sp83
Étagnac F 171 Ab89
Étain F 162 Am82
Étais-la-Sauvin F 167 Ag85
Étalle B 156 Am81
Étampes F 160 Ae84
Étang-sur-Arroux F 168 Ai87
Étaples F 99 Ad79
Etăra BG 274 Cl95
Étaules F 170 Ss89
Etcharry F 176 St94
Étel F 164 So85
Eteläinen FIN 63 Ck58
Eteläkylä FIN 43 Cl54
Etelä-Niskamäki FIN 54 Cp56
Etelä-Paippinen FIN 63 Cl60
Etelä-Varisaala FIN 62 Cc59
Etelhem S 71 Br66
Eterna E 185 So96
Etevaux F 168 Al86
Ethe B 162 Am81
Etherley GB 84 Sr71
Etili TR 280 Co101
Etivey F 167 Ai85
Etmißl A 129 Bl85
Etna, Cantoniera d' I 153 Bl105
Etne N 56 Am61
Etnelia N 57 At58
Etnestølen N 57 At58
Étoges F 161 Ah83
Etolikó GR 282 Cc104
Eton GB 94 St78
Étréaupont F 156 Ah81
Étréchy F 160 Ae84
Étrépagny F 160 Ad82
Étretat F 154 Aa81
Étreux F 155 Ah81
Étropole BG 272 Ch95
Étroussat F 167 Ag88
Etsaut F 187 St95
Etsdorf D 230 Be82
Ettal D 126 Bc85
Ettelbruck L 119 An81
Ettenheim D 124 Aq84
Etten-Leur NL 113 Ak77
Ettersburg D 116 Bc78
Etterwinden D 116 Ba79
Etterzhausen D 127 Bd82
Ettingbo S 60 Bp60
Ettingen CH 124 Aq86
Ettington GB 93 Sr76
Ettiswil CH 124 Ar86
Ettlingen D 120 Ar83
Ettringen D 126 Bb84
Etulia MD 257 Cr89
Etuz F 168 Am86
Etwall GB 84 Sr75
Etyek H 243 Bs86
Etzenricht D 122 Be81
Eu F 154 Ac80
Euba E 186 Sp94
Euerbach D 121 Ba80
Euerdorf D 121 Ba80
Eugénie-les-Bains F 176 Su93
Eugmo FIN 43 Cf53
Eugui E 176 Sr95
Eula D 117 Bf78
Eupen B 113 An79
Eura FIN 62 Ce58
Eurajoki FIN 62 Cd58
Eurasburg D 126 Bc84
Euratsfeld A 237 Bk84
Eursinge NL 107 An75
Eurville-Bienville F 162 Al83
Euseigne CH 130 Ap88
Euskirchen D 114 Ao79
Eußenheim D 121 Au81
Euston GB 95 Ab76
Eutin D 103 Bb72
Eutingen im Gäu D 125 As84
Eutzsch D 117 Bf77
Evåjärvi FIN 53 Ck57
Evangelistria GR 278 Cg99
Evangelistria GR 283 Cg104
Evanger N 56 An59
Evaux-les-Bains F 167 Ae88
Evciler TR 275 Cq97
Évdilos GR 289 Cn105
Evedrup DK 104 Bd70
Évele LV 214 Cm65
Évellys F 158 Sp85
Evendorf D 109 Ba74
Evenes N 27 Bo44
Evenskjær N 27 Bo43
Evercreech GB 98 Sp78
Evergem B 155 Ah78
Everöd S 72 Bi69
Eversley GB 94 St78
Everswinkel D 114 Aq77
Evertsberg S 59 Bh58
Evesham GB 94 Sr76
Évian-les-Bains F 169 Ao88
Evijärvi FIN 43 Ch54
Evinohóri GR 282 Cd104
Evionnaz CH 130 Ap88
Evisa F 181 As96
Evitskog FIN 63 Ci60
Evje N 67 Aq63
Evolène CH 169 Aq88
Évora P 197 Se103
Évora de Alcobaça P 196 Sc101
Évora Monte (Santa Maria) P 197 Se103
Évosmo GR 276 Cf99
Evpáli GR 283 Cd104
Evran F 158 Sr84
Evrecy F 159 Su82
Evrenbey TR 280 Cp99
Evrencik TR 281 Cq97
Evrenliköy TR 281 Cq97
Evrensekiz TR 281 Cp98
Evreşe TR 280 Co99
Évreux F 160 Ac82
Évriguet F 158 Sq84
Evron F 159 Su84
Evropós GR 271 Cf99
Evrostina GR 286 Ce104
Évry F 160 Ae83
Evxinoúpolis GR 283 Cf102
Evzoni GR 277 Cf98
Ewloe GB 93 So74
Ewyas Harold GB 93 Sp77
Éxarhos GR 283 Cf103
Exbourne GB 97 Sn79
Excideuil F 171 Ac90
Exeter GB 97 Sn79
Exford GB 97 Sn78
Exilles I 136 Ao90
Exing D 127 Bf83
Exloo NL 108 Ao75
Exmes F 159 Aa83
Exminster GB 97 So79
Exmouth GB 97 So79
Exohí GR 276 Cb100
Exohí GR 279 Ck98
Éxo Moulianá GR 291 Cm110
Exoplátanos GR 271 Ce99
Exter D 115 As76
Extertal D 115 At76
Extremo P 182 Sd97
Eyam GB 84 Sr74
Eybach D 126 Au83
Eydelstedt D 108 As75
Eye GB 94 Su75
Eye GB 95 Ac76
Eyemouth GB 76 Sq69
Eyeries IRL 89 Sa77
Eyguians F 174 Am92
Eyguières F 179 Al93
Eygurande F 172 Ae89
Eygurande-Gardedeuil F 170 Aa90
Eymet F 170 Aa91
Eymoutiers F 171 Ad89
Eynatten B 113 An79
Eynsford GB 95 Aa78
Eynsham GB 93 Ss77
Eyrecourt IRL 90 Sd74
Eysines F 170 St91
Eysteinkyrkja N 47 Au56
Eystrup D 109 At75
Eythorne GB 154 Ac78
Ezaro E 182 Sb95
Ezcaray E 185 So96
Ezcurra E 186 Sr94
Eze F 136 Ap93
Ezerče BG 266 Cn93
Ezere LV 213 Ce68
Ezerec BG 267 Cs93
Ežerėlis LT 217 Ch71
Ezeri LV 213 Ce66
Ezeriş RO 253 Cd90
Ezernieki LV 215 Cq68
Ezerovo BG 274 Cl96
Ezerovo BG 275 Cq94

F

Faaborg DK 103 Ba70
Faak am See A 134 Bh87
Fabäcken S 70 Bo63
Fabara E 188 Aa98
Fabas F 177 Ac94
Fåberg N 47 Ap57
Fåbergstølen N 47 Ap57
Fabero E 183 Sg95
Fábiánsebestyén H 244 Ca87
Fåbodliden S 41 Bq51
Fåborg = Faaborg DK 103 Ba70
Fabrègues F 179 Ah93
Fabrezan F 178 Af94
Fabriano I 144 Bf94
Fábricas de San Juan de Alcaraz E 200 Sq104
Fabrizia I 151 Bn104
Făcăeni RO 266 Cq91
Făcăi RO 264 Ch92
Fachwerk A 128 Bk85
Facinas E 205 Si108
Fačkov SK 239 Bs82
Fadalto I 133 Be88
Fadd H 244 Bs88
Fadón E 192 Sh98
Faedis I 134 Bg88
Faenza I 138 Bd92
Færden N 58 Ba60
Færøy N 36 Ak58
Fafe P 190 Sd98
Făgăraş RO 255 Ck89
Făgăraşu Nou RO 267 Cr91
Fågelåsen S 69 Bi62
Fågelberget S 40 Bk52
Fågelfors S 73 Bm66
Fågelmara S 73 Bm68
Fågelsjö S 49 Bk57
Fågelsta S 69 Bl64
Fågelsta by S 40 Bn52
Fågeltofta S 73 Bi69
Fågelvik S 70 Bo64
Fågelvik Östra S 59 Bh62
Fagerås S 59 Bg61
Fageråsen S 50 Bk55
Fageråssjön S 59 Bf59
Fagered S 72 Bf66
Fagerfjell N 57 At61
Fagerhaug N 48 Au55
Fagerheim Fjellstue N 57 Aq60
Fagerhøy N 48 Au58
Fagerhult S 68 Be64
Fagerhult S 69 Bi64
Fagerhult S 73 Bl67
Fagerhult S 73 Bm66
Fagerland S 40 Bl54
Fagerli N 47 Au57
Fagerlund N 58 Ba58
Fagernäs S 50 Bo56
Fagernes N 22 Bt41
Fagernes N 57 At58
Fagersanna S 69 Bi64
Fagersta S 60 Bm60
Fagerstølen N 56 Ao62
Fagerstrand N 58 Bb61
Fagertun N 28 Bq43
Fagervik FIN 63 Ch60
Fagervik S 50 Bp55
Fagervika N 32 Bf48
Făget RO 245 Ce89
Făget RO 255 Cn87
Făgeţelu RO 265 Ck91
Fåggeby S 60 Bm60
Fåglavik S 69 Bg64
Fåglum S 69 Bf64
Fagnano Castello I 151 Bn101
Fägre S 69 Bi63
Fagurhólsmýri IS 21 Rd27
Fahamore IRL 89 Ru76
Fahan IRL 82 Sf70
Fahrbinde D 110 Bc74
Fährdorf D 104 Bc73
Fahrenbach D 121 At82
Fahrenhorst D 108 As75
Fahrenzhausen D 126 Bd84
Fahrland D 111 Bg76
Fahy CH 124 Ao86
Faial P 190 Rg115
Faial da Terra P 182 Qk105
Faido CH 131 As88
Fain-lès-Montbard F 168 Ai85
Fairford GB 94 Sr77
Fairlie GB 80 Sl69
Fairlight GB 99 Ab79
Fairy Cross GB 97 Sm79
Faiti I 146 Bf98
Fajã da Ovelha P 190 Rf115
Fajã Grande P 182 Ps102
Fajãzinha P 182 Ps102
Fajolles F 177 Ac93
Fajsławice PL 229 Cf78
Fajsz H 244 Bs88
Fakenham GB 95 Ab75
Fåker S 49 Bk54
Fakija BG 275 Cp96
Fakoviči BIH 262 Bu92
Fala SLO 135 Bl87
Falaise F 159 Su83
Fálanna GR 278 Ce101
Fålasjö S 51 Bq54
Falatádos GR 288 Cl105
Falcade I 132 Bd88

Emtinghausen – Falcade 347

Falcarragh = An Fál Carrach IRL 82 Sd70
Falces E 176 Sr96
Fălciu RO 256 Cr88
Falck F 119 Ao82
Fălcoiu RO 264 Ci92
Falconara I 153 Bi106
Falconara Marittima I 139 Bg93
Falcone I 150 Bl104
Faldsled DK 103 Ba70
Fale N 47 As55
Falęcice PL 228 Cb77
Falerna I 151 Bn103
Falerna Marina I 151 Bn103
Falerum S 70 Bn64
Fălești MD 248 Cq85
Falgoux, Le F 172 Af90
Faliráki GR 292 Cr108
Falkenberg D 108 As74
Falkenberg D 122 Be81
Falkenberg D 236 Bf84
Falkenberg S 72 Be67
Falkenberg (Elster) D 117 Bg77
Falkenberg (Mark) D 225 Bh75
Falkenfels D 236 Bf82
Falkenhain D 117 Bf78
Falkensee D 111 Bg75
Falkenstein A 129 Bo83
Falkenstein D 236 Be82
Falkenstein/Harz D 116 Bc77
Falkenstein (Vogtland) D 117 Be80
Falkenthal D 220 Bg75
Falkerslev DK 104 Be71
Falkhytta N 46 Ao55
Falkirk GB 76 Sn69
Fal'kiv UA 247 Cl85
Falkland GB 79 So68
Falköping S 69 Bh64
Fałków PL 227 Ca78
Falla S 69 Bi62
Fallersleben D 109 Bb76
Fallet N 48 Au56
Fallet N 58 Bc60
Fallet N 58 Bd61
Fallet S 49 Bh55
Fallford GB 81 So70
Fällfors S 35 Cb50
Fällfors S 42 Cb52
Fällforsån S 42 Ca53
Fallon F 124 An85
Fällsvikhamnen S 51 Br55
Falltorp S 59 Bf59
Falmirowice PL 233 Br79
Falmouth GB 96 Sk80
Falset E 188 Ab98
Falsterbo S 73 Bf70
Falstone GB 81 Sq70
Fălticeni RO 247 Cn86
Faltjägarstugan S 48 Be55
Falträsk S 41 Bs51
Faludden S 71 Br67
Falun S 60 Bm59
Famalicão P 196 Sb101
Fameck F 119 An82
Fámjin FO 26 Sg57
Fanahammaren N 56 Al60
Fanano I 138 Bb92
Fanári GR 277 Cd102
Fanári GR 279 Cl99
Fanbyn S 50 Bo56
Fančykovo UA 241 Cf84
Fanjeaux F 178 Ae94
Fanlillo E 176 Su96
Fanlo E 188 Su95
Fänneslunda S 69 Bg65
Fannrem N 38 Au54
Fano I 139 Bg93
Fanö S 60 Bp61
Fanós GR 278 Ce98
Fântânele RO 248 Co85
Fântânele RO 253 Cc88
Fântânele RO 255 Ck88
Fântânele RO 266 Cn90
Fântânița Haiducului RO 254 Ci89
Fanthyttan S 59 Bl61
Fanzolo I 132 Bd89
Faou, Le F 157 Sm84
Faouët, Le F 157 So84
Farád H 242 Bp85
Fărăgău RO 255 Ck87
Fara in Sabina I 144 Bf96
Faramontanos de Tábara E 184 Si97
Fara Novarese I 175 Ar89
Faraoani RO 256 Co88
Faraonivka UA 257 Cu88
Farasdués E 186 Ss96
Fărău RO 254 Ci88
Färbo S 73 Bo66
Farbrot N 66 Ao64
Fărcașa RO 246 Cg85
Fărcașa RO 247 Cm86
Fărcașele RO 264 Ci92
Farcet Fen GB 94 Su75
Farchant D 126 Bc85
Farciennes B 113 Ak80
Fardal N 67 Ar62
Fârdea RO 253 Ce89
Fardella I 148 Bn100
Farébersviller F 163 Ao82
Fåred S 69 Bi63
Fareham GB 98 Ss79
Fare-les-Oliviers, La F 179 Al93
Fårentuna S 60 Bq62
Farestad N 67 Aq65
Fårevejle DK 101 Bc69
Färgaryd S 72 Bg67
Färgelanda S 68 Be63
Fargues-sur-Ourbise F 170 Aa92
Farhult S 101 Bf68
Farila S 50 Bm57
Faringdon GB 98 Sr77
Faringe S 61 Br61
Farini I 137 Au91
Farini d'Olmo = Farini I 137 Au91
Fariza E 191 Sh98
Färjestaden S 73 Bn67
Farkadóna GR 277 Ce101
Farkasfa H 135 Bn87
Farkasgyepü H 243 Bq86
Farlède, La F 180 An94
Farlete E 195 Su97
Fărliug RO 253 Cd90
Fårlöv S 72 Bi68
Farmtown GB 76 Sp65
Färna S 60 Bm61
Farná SK 239 Bs84
Farnaght IRL 82 Se73
Färnäs S 59 Bk58
Farnborough GB 94 St78
Farndon GB 93 Sp74
Farnese I 144 Bd95
Farnham GB 98 St78
Farnroda, Wutha- D 116 Ba79
Farnworth GB 84 Sq73
Faro P 203 Se106
Fårö S 71 Bt65
Faro do Alentejo P 197 Se104
Fårösund S 71 Bt65
Farra d'Alpago I 133 Be88
Farra di Soligo I 133 Be89
Farranfore IRL 89 Sa76
Farre DK 100 At69
Farris DK 103 At70
Fársala GR 283 Ce102
Färsån S 40 Bn54
Farsø DK 100 At67
Farstad N 46 Ap55
Farstorp S 72 Bh68
Farstrup DK 100 At67
Farsund N 66 Ao64
Fărtănești RO 256 Cq89
Fårträsk S 34 Bs50
Farum DK 72 Be69
Fårup DK 100 Au67
Fårvang DK 100 Au68
Farven D 109 At74
Fasano I 149 Bp99
Fåset N 48 Bb56
Fasgar E 184 Sh95
Fáskrúðsfjörður IS 21 Rg26
Fasnia E 202 Rh124
Faßberg D 109 Ba75
Fåssjödal S 49 Bl56
Fasterholt DK 100 At68
Fasterna S 61 Br61
Fastias E 183 Sh94
Fataca P 202 Sc105
Fataga E 202 Ri125
Fatarella, la E 195 Aa98
Fatela P 191 Sf100
Fatela, La E 191 Sg100
Fátima P 196 Sc101
Fatmomakke S 40 Bl50
Fatnica BIH 269 Br94
Fåttjaur S 33 Bl50
Faucogney-et-la-Mer F 163 Ao85
Faugères F 178 Ag93
Fauglia I 143 Bb93
Fauguerolles F 170 Aa92
Fauldhouse GB 76 Sn69
Faulenrost D 110 Bf73
Faulquemont F 119 Ao82
Fauquembergues F 112 Ae79
Faura E 201 Su101
Făurei RO 248 Co87
Făurei RO 266 Cp90
Făurești RO 264 Ci91
Fauskan N 38 Au53
Fauske N 27 Bl46
Fauville-en-Caux F 159 Ab81
Faux F 171 Ab91
Faux-Vésigneul F 161 Ai83
Favale di Malvaro I 175 At92
Fåvang N 48 Ba58
Favara E 201 Su102
Favara I 152 Bh106
Faverges-Seythenex F 174 An89
Faverghera I 133 Be88
Faverney F 169 An85
Faverolles F 160 Ad83
Faverolles F 172 Ag91
Faverolles-et-Coëmy F 161 Ah82
Faversham GB 95 Ab78
Favignana I 152 Be105
Favões P 190 Sd98
Favone F 181 At97
Fawley GB 98 Ss79
Faxe DK 104 Be70
Faxe Ladeplads DK 104 Be70
Faxstad S 59 Bh62
Fay-aux-Loges F 160 Ae85
Fay-de-Bretagne F 164 Sr86
Fayence F 180 Ao93
Fayet F 178 Af93
Fayet, Le F 174 Ao89
Fayl-la-Forêt F 168 Am85
Fayón E 195 Aa98
Fay-sur-Lignon F 173 Ai91
Fažana HR 258 Bh91
Fazanovo BG 275 Cq96
Feakle IRL 86 Sc75
Fearn Lodge GB 75 Sm65
Fearnmore GB 74 Si65
Fearn Station GB 75 Sn65
Fécamp F 154 Aa81
Fechenbach D 121 At81
Feda N 66 Ao64
Fedamore IRL 90 Sc75
Fedje N 56 Ak59
Fedosijivka UA 249 Ct85
Fedosino RUS 215 Cr66
Fedropol PL 235 Cf81
Feeny GB 82 Sf71
Fefor N 47 Au57
Fegen S 72 Bg66
Fégréac F 164 Sq85
Fegyvernek H 244 Cb86
Fehérgyarmat H 241 Cf85
Fehmarn D 103 Bc72
Fehraltdorf CH 125 As86
Fehrbellin D 110 Bf75
Fehring A 242 Bn87
Feichten A 132 Bb86
Feignies F 156 Ah80
Feira do Monte (Cospeito) E 183 Se94
Feistritz am Kammersberg A 128 Bi86
Feistritz am Wechsel A 242 Bn85
Feistritz an der Drau A 133 Bh87
Feistritz bei Anger A 242 Bm86
Feistritz im Rosental A 134 Bi87
Feiurdeni RO 246 Ch87
Fejrup DK 101 Bb68
Feketić SRB 252 Bu89
Felanitx E 207 Ag102
Feldafing D 126 Bc85
Feldatal D 115 At79
Feldbach A 242 Bm87
Feldbach F 169 Ap85
Feldballe DK 101 Bb68
Feldberg D 220 Bg74
Feldfebel Djankovo BG 266 Cq93
Feldioara RO 255 Cm89
Feldkirch A 125 Au86
Feldkirchen D 126 Bd84
Feldkirchen in Kärnten A 134 Bi87
Feldkirchen-Westerham D 127 Bd85
Feldru RO 247 Ck86
Feleacu RO 254 Ch87
Felechosa E 184 Sk94
Felger = Fougères F 159 Ss84
Felgerierg-Veur = Grand-Fougeray F 164 Sr85
Felgosas E 183 Se93
Felgueiras P 190 Sd98
Feliceni RO 255 Cl88
Felina I 138 Ba92
Felindre GB 93 So76
Félix E 206 Sp107
Felix, Băile RO 245 Cd87
Felixdorf A 238 Bn85
Felixstowe GB 95 Ac77
Felizzano I 175 Ar91
Felle N 67 As63
Fellen D 121 Au80
Fellering F 163 Ao85
Felletin F 171 Ae89
Felli GR 277 Cd100
Fellingsbro S 60 Bm62
Felmer RO 255 Cl89
Felmín E 184 Si95
Felnac RO 253 Cc88
Felnémet H 240 Ca85
Fels am Wagram A 237 Bm84
Felsberg D 115 At78
Felsőmező H 251 Bs88
Felsőnyárád H 240 Cb84
Felsőrajk H 242 Bo87
Felsősima H 241 Cd85
Felsőszölnök H 135 Bn87
Felsőtárkány H 240 Ca85
Felsővadász H 240 Cb84
Felsőzsolca H 240 Cb84
Felsted DK 103 At71
Felton GB 81 Sr70
Feltre I 132 Bd88
Feltwell GB 95 Ab76
Femés E 203 Rn123
Femminamorta I 138 Bb93
Femsjö S 72 Bg67
Femundsenden N 48 Bd57
Femundssundet N 48 Bd57
Fenagh IRL 87 Se72
Fenais da Luz P 182 Qi105
Fendeille F 178 Ad94
Fene = Foxas E 182 Sd94
Fenerköy TR 281 Cr98
Fenes N 27 Bo43
Fenestrelle I 136 Ap90
Fénétrange F 120 Ap83
Fengersfors S 68 Be63
Fenioux F 165 Su87
Fenit IRL 89 Sa76
Fennor IRL 90 Sf76
Fensbol S 59 Bg60
Fensmark DK 104 Bd70
Fenwick GB 79 Sm69
Fenwick GB 81 Sr69
Feochaig GB 80 Si70
Feolin Ferry GB 78 Sh69
Feragen N 48 Bd55
Ferapontevca MD 257 Cs88
Ferbane IRL 87 Se74
Ferchland D 110 Be76
Ferdinandea I 151 Bn103
Ferdinandovac HR 250 Bp88
Ferdinandshof D 111 Bh73
Fère, La F 161 Ag81
Fère-Champenoise F 161 Ah83
Fère-en-Tardenois F 161 Ah82
Ferendia RO 253 Cc90
Ferentillo I 144 Bf95
Ferentino I 146 Bg97
Féres GR 280 Cn99
Férez E 200 Sq104
Feria E 197 Sg103
Feria do Monte (Cospeito) = Feira do Monte (Cospeito) E 183 Se94
Feričanci HR 251 Bq89
Ferizaj RKS 271 Cc96
Ferkingstad N 66 Al62
Ferlach A 134 Bi87
Ferleiten A 127 Bf86
Fermanville F 159 Ss81
Fermignano I 139 Bf93
Fermo I 145 Bh94
Fermoselle E 191 Sh98
Fermoy IRL 90 Sd76
Fernancaballero E 199 Sn102
Fernán-Núñez E 205 Sl105
Ferndown GB 98 Sr79
Fernelmont B 156 Ak79
Ferness GB 76 Sn66
Ferney-Voltaire F 169 An88
Fernhurst GB 98 St78
Ferns IRL 91 Sg75
Fernwald D 120 As79
Feroleto Antico I 151 Bn103
Ferpècle CH 175 Aq88
Ferragudo P 202 Sc106
Ferraj AL 270 Bu98
Ferrandina I 148 Bn100
Ferrara I 138 Bd91
Ferraria P 202 Sc105
Ferrazzano I 145 Bk97
Ferreira E 183 Se94
Ferreira E 183 Se95
Ferreira (O Valadouro) E 183 Sf93
Ferreira (Valadouro) = Ferreira (O Valadouro) E 183 Sf93
Ferreira do Alentejo P 196 Sd104
Ferreira do Zêzere P 196 Sd101
Ferreiras P 202 Sd106
Ferreras de Abajo E 184 Sh97
Ferreras de Arriba E 184 Sh97
Ferreries E 207 Ai100
Ferreruela de Huerva E 194 Ss98
Ferret CH 130 Ap89
Ferrette F 124 Ap86
Ferriere I 137 At91
Ferrière, La F 165 Ss87
Ferrière, La F 166 Ab85
Ferrière-aux-Etangs, La F 159 St83
Ferrière-en-Parthenay, La F 165 Su87
Ferrières F 161 Af84
Ferrières-Saint-Mary F 172 Ag90
Ferrières-sur-Sichon F 172 Ah88
Ferrière-sur-Risle, la F 160 Ab83
Ferring DK 100 Ar67
Ferritslev DK 103 Bb70
Ferrol E 182 Sd94
Ferryhill GB 81 Sr71
Fersig RO 246 Cg85
Ferté-Alais, La F 160 Ae84
Ferté-Beauharnais, La F 166 Ad85
Ferté-Bernard, La F 160 Ab84
Ferté-Gaucher, La F 161 Ag83
Ferté-Imbault, La F 166 Ad86
Ferté-Loupière, La F 161 Ag85
Ferté-Macé, La F 159 Su83
Ferté-Milon, La F 161 Ag82
Ferté-Saint-Aubin, La F 166 Ad85
Ferté-Saint-Cyr, La F 166 Ad85
Ferté-sous-Jouarre, La F 161 Ag83
Ferté-Vidame, La F 160 Ab83
Ferté-Villeneuil, La F 160 Ac85
Fertilia I 140 Ar99
Fertőd H 242 Bo85
Fertőhomok H 242 Bo85
Fertőrákos H 129 Bo85
Fertőszentmiklós H 242 Bo85
Fervaques F 159 Aa82
Ferwerd = Ferwert NL 107 Am74
Ferwert NL 107 Am74
Fesches-le-Châtel F 169 Ao85
Feset N 67 Au63
Fessenheim D 122 Bb83
Fessenheim F 163 Aq85
Festalemps F 170 Aa90
Festinière, la F 174 Am91
Festøya N 46 An56
Festvåg N 27 Bi44
Festvåg N 27 Bk46
Fet N 58 Bc61
Feteira P 190 Qc103
Feteiras (Santa Maria) P 182 Qk106
Feteiras (São Miguel) P 182 Qi105
Feten N 57 Ar59
Fetești RO 266 Cq92
Fethard IRL 90 Se76
Fethard IRL 91 Sg76
Fetsund N 58 Bc61
Fettercairn GB 76 Sp67
Feucht D 121 Bc82
Feuchtwangen D 121 Ba82
Feudingen D 115 Ar79
Feugarolles F 177 Aa92
Feuillie, La F 154 Ad82
Feuquières F 160 Ad81
Feuquières-en-Vimeu F 99 Ad80
Feurs F 173 Ai89
Fevåg N 38 Au53
Fevik N 67 As64
Ffestiniog GB 92 Sn75
Ffostrasol GB 92 Sm76
Fiad RO 246 Ci86
Fiamignano I 145 Bg96
Fianberg S 40 Bo51
Fiano I 175 Aq90
Fiano Romano I 144 Bf96
Fiastra I 145 Bg94
Fiastra, Abbazia di I 145 Bg94
Fibiș RO 245 Cc89
Fichtelberg D 122 Bd80
Fichtenwalde D 110 Bf76
Ficulle I 144 Be95
Fiddown IRL 90 Sf76
Fidenäs S 71 Br66
Fidenza I 137 Ba91
Fideris CH 131 Au87
Fidje N 66 Ap64
Fiè allo Sciliar I 132 Bc87
Fieberbrunn A 127 Bf86
Fieni RO 265 Cl90
Fienvillers F 155 Ae80
Fier AL 276 Bu99
Fiera di Primiero I 132 Bd88
Fierbinți-Târg RO 266 Cn91
Fierzë AL 270 Ca96
Fiesch CH 130 Ar88
Fiesole I 138 Bc93
Fiesso Umbertiano I 138 Bd91
Fieu, Le F 170 Su90
Figaredo E 184 Si94
Figarella F 181 At95
Figari F 181 At98
Figeac F 171 Ae91
Figeholm S 73 Bo66
Figgjo, Ålgård- N 66 Am63
Figline Valdarno I 138 Bc93
Figueira da Foz P 190 Sc100
Figueira de Castelo Rodrigo P 191 Sg99
Figueiredo de Alva P 191 Se99
Figueiró P 191 Se99
Figueiró dos Vinhos P 190 Sd101
Figueras E 183 Sf93
Figueres E 189 Af96
Figueroles E 195 Su100
Fihti GR 286 Cf105
Fijnaart NL 113 Ai77
Fiki GR 282 Cd101
Fiksdal N 46 Ao55
Filadélfi GR 278 Cg99
Filadelfia I 151 Bn103
Filaga I 152 Bg105
Filáki GR 283 Cf102
Filákio GR 280 Cn97
Fiľakovo SK 240 Bu84
Filakti GR 282 Cd102
Filderstadt D 125 At83
Fildu de Jos RO 246 Cg87
Fildu de Sus RO 246 Cf87
Filettino I 145 Bg97
Filey GB 85 Su72
Filí GR 287 Ch104
Filia GR 283 Ce105
Filia GR 286 Cd106
Filia RO 255 Cm88
Filiași RO 264 Ch91
Filiatės GR 276 Ca101
Filiatrá GR 286 Cd106
Filicudi Porto I 153 Bk103
Filipeni RO 256 Cp87
Filipești RO 256 Co87
Filipeștii de Pădure RO 265 Cm90
Filipeștii de Târg RO 265 Cm91
Filipiáda GR 282 Cb102
Filipovci BG 272 Cf95
Filipów PL 224 Cf72
Filippi GR 279 Ci98
Filipshyttan S 70 Bk62
Filipstad S 59 Bi61
Filiriá GR 278 Ce99
Filisur CH 131 Au87
Filitosa F 142 As97
Filkins GB 94 Sr77
Fillan N 38 As53
Fillières F 119 Am82
Fillièvres F 155 Ae80
Filling N 47 As56
Fillingerum S 70 Bn64
Fillingsnes N 38 Ar53
Fillo GR 277 Ce102
Fillsarby S 60 Bq60
Film S 61 Bq60
Filótas GR 277 Cd99
Filóti GR 288 Cm106
Filottrano I 139 Bg94
Filsbäck S 69 Bg64
Filskov DK 100 At69
Filsum D 107 Aq74
Filtvet N 58 Bb61
Filzmoos A 127 Bh86
Finale I 150 Bi104
Finale Emilia I 138 Bc91
Finale Ligure I 136 Ar92
Fiñana E 206 Sp106
Finavon GB 76 Sp67
Finbo AX 61 Bu60
Finby AX 61 Ca60
Finby = Särkisalo FIN 62 Cf60
Fincharn GB 78 Sk68
Finchingfield GB 95 Aa77
Finchley GB 99 Su77
Finckwiller F 124 Ap84
Finderup DK 100 At68
Findhorn GB 76 Sn65
Fındıklı TR 280 Co100
Fındıklı TR 281 Cq101
Findochty GB 76 Sp65
Finedon GB 94 St76
Fines N 38 Bb53
Finestrat E 201 Su103
Finhan F 177 Ac93
Finhaut CH 174 Ao88
Finikas GR 288 Ck106
Finikounda GR 286 Cd107
Finiq AL 276 Ca101
Finiș RO 245 Ce87
Finja S 72 Bh68
Finkarby S 70 Bp62
Finkenheerd, Brieskow- D 118 Bk76
Finmere GB 94 Ss77
Finnåker S 60 Bm61
Finnäs S 41 Bp51
Finnasand N 66 Am62
Finnbacka S 60 Bm58
Finnbo S 60 Bm59
Finnbodarna S 59 Bi59
Finnböle S 60 Bp60
Finne D 116 Bc78
Finnea IRL 87 Sf73
Finnebäck S 59 Bf61
Finneby S 50 Bl56
Finneidfjord N 32 Bh48
Finneland D 116 Bd78
Finnentrop D 114 Aq78
Finnerödja S 69 Bi63
Finnes N 46 Ao56
Finnfara S 50 Bn58
Finnfjordeidet N 22 Br42
Finnforsfallet S 42 Ca51
Finngruvan S 59 Bi59
Finnholt N 58 Bd60
Finningham GB 95 Ac76
Finnkroken N 22 Bt41
Finnlia N 57 At61
Finnliden S 34 Cb50
Finnøy N 27 Bl44
Finnøy N 46 An55
Finnsæter N 22 Bp42
Finnsäter S 39 Bh53
Finnset N 32 Bh47
Finnset N 47 Ar56
Finnsnes N 22 Bq42
Finnsta S 50 Bn56
Finnstuga S 50 Bm58
Finntorp S 58 Be62
Finnträsk S 42 Cc50
Finnvik N 23 Cg39
Finnvollan N 39 Bg51
Finocchio I 144 Bf97
Fino Mornasco I 175 At89
Finow D 111 Bh75
Finowfurt D 111 Bh75
Fins F 155 Ag80
Finsand N 58 Ba60
Finse N 57 Ap59
Finsjö S 73 Bn66
Finsland N 67 Aq64
Finspång S 70 Bm63
Finstad N 48 Bc56
Finstad N 58 Bd59
Finsterau D 123 Bh83
Finsterwalde D 117 Bh77
Finstown GB 77 So62
Finström AX 61 Bu60
Finta Mare RO 265 Cm91
Fintel D 109 Au74
Fintona GB 87 Sf72
Fintry GB 79 Sm68
Finuge IRL 89 Sa76
Fionnay CH 174 Ap88
Fionnphort GB 78 Sh68
Fiorenzuola d'Arda I 137 Au91
Fiorenzuola di Focara I 139 Bf93
Firenze I 138 Bc93
Firenzuola I 138 Bc92
Firgas E 202 Ri124
Firiteaz RO 253 Cc88
Firiza RO 246 Ch85
Firlej PL 229 Cf77
Firminy F 173 Ai90
Firmo I 148 Bn101
Firrel D 107 Aq74
Fiscal E 176 Su96
Fischach D 126 Bb84
Fischamend Markt A 238 Bo84
Fischbach A 129 Bm86
Fischbach D 120 Ap81
Fischbachau D 127 Bd85
Fischbach bei Dahn D 120 Aq82
Fischbeck D 115 At76
Fischbek D 109 Au74
Fischen am Ammersee D 126 Bc85
Fischen im Allgäu D 126 Ba86
Fischingen (TG) CH 125 As86
Fisebäckskil S 68 Bc64
Fishbourne GB 98 Ss79
Fishburn GB 81 Ss71
Fishguard GB 91 Sl77
Fishnish GB 78 Si67
Fiskå N 46 Am56
Fiskå N 56 Al62
Fiskárdo GR 282 Cb104
Fiskari = Fiskars FIN 63 Ch60
Fiskars FIN 63 Ch60
Fiskavaig GB 74 Sh66
Fiskeboda S 70 Bm62
Fiskebøl N 27 Bk44
Fiskefjord N 27 Bn43
Fiskesjö S 73 Bm67
Fiskevollen N 48 Bd57
Fiskhøl N 57 As62
Fiskö AX 62 Cb60
Fiskøy N 27 Bn43
Fisksjölandet S 50 Bl54
Fiskvik S 50 Bp56
Fismes F 161 Ah82
Fisterra E 182 Sb95
Fitá GR 285 Cm104
Fitero E 186 Sr96
Fitiés GR 282 Cc103
Fitionești RO 256 Cp89
Fitjar N 56 Al61
Fitou F 178 Af95
Fittja S 60 Bp61
Fiuggi I 145 Bg97
Fiume = Rijeka HR 134 Bi90
Fiumedinisi I 153 Bl104
Fiumefreddo Bruzio I 151 Bn102
Fiumefreddo di Sicilia I 153 Bl105
Fiumicino I 144 Be97
Five N 39 Bd52
Five Lanes GB 96 Sl79
Fivelsdal N 56 Al59
Fivemiletown GB 82 Sf72
Fivizzano I 137 Ba92
Fivlered S 69 Bh65
Fix-Saint-Geneys F 172 Ah90
Fizeșu Gherlii RO 246 Ch86
Fjællebroen DK 103 Ba70
Fjæra N 56 An61
Fjære N 27 Bk46
Fjærland N 46 Ao58
Fjågesund N 67 As62
Fjäl S 40 Bk54
Fjälbyn S 42 Cc52
Fjäll S 58 Be61
Fjäll S 61 Bs60
Fjällåkern S 41 Br54
Fjällåsen S 28 Ca45
Fjällbacka S 68 Bc63
Fjällbonäs S 34 Bt49
Fjällbosjö S 33 Bo50
Fjällnäs S 34 Bq49
Fjällnes S 48 Be55
Fjällsjönäs S 33 Bo49
Fjälltuna S 40 Bn52
Fjälltuna S 41 Br52
Fjaltring DK 100 Ar68
Fjärås kyrkby S 68 Be66
Fjärdhundra S 60 Bo61
Fjätbodarna S 49 Bf56
Fjätervålen S 49 Bf57
Fjätvallen S 49 Bf56
Fjelberg N 56 Am61
Fjelde DK 104 Bd71
Fjelkvil N 57 As59
Fjell N 38 Bc52
Fjell N 56 Al60
Fjell N 58 Bd60
Fjellbu N 28 Bq44
Fjelldal N 27 Bo43
Fjellerup DK 101 Bb67
Fjellfoten N 58 Bc60
Fjellheimen N 48 Bd57
Fjellheim kafe N 47 At56
Fjellhvill N 57 Au60
Fjellkjøse N 38 Au54
Fjellseter N 46 Ao56
Fjellsliseter N 47 Aq57
Fjellsrud N 58 Bc61
Fjellstad N 57 Ap61
Fjellstølen N 57 At59
Fjellstova N 46 Ao55
Fjellstove N 56 An59
Fjellstrand N 58 Bb61
Fjelsø DK 100 At67
Fjelstrup DK 103 Au70
Fjerritslev DK 100 At66
Fjølburøsten N 48 Bd55
Fjølvika N 39 Bd50
Fjonesundet N 67 Ar62
Fjordgård N 22 Bq41
Fjørstad N 46 Ao56
Fjørtoft N 46 An55
Fjugesta S 69 Bk62
Flå N 57 At60
Flaach CH 125 As85
Flaçà E 189 Af96
Flachau A 127 Bg86
Fläckebo S 60 Bn61
Flädie S 72 Bg69
Fladnitz an der Teichalm A 129 Bl86
Fladungen D 121 Ba79
Flæe N 57 Ar59
Flagmount IRL 86 Sc75
Flagy F 169 An85
Flaine F 174 Ao88
Flaka AX 61 Ca60
Flakaträsk S 33 Bo50
Flakaträsk S 41 Bs52
Flakë AL 270 Bt96
Flakeberg S 69 Bf64
Flakk N 38 Ba54
Flakkstadvåg N 22 Bq42
Flaksjøliseter N 48 Ba57
Flakstad N 26 Bg44
Flåm N 56 Ap59
Flamanville F 98 Sr81
Flămânzi RO 248 Co85
Flamarens F 177 Ab92
Flamborough GB 85 Su72
Flámboura GR 283 Cd104
Flambouréssia GR 277 Cd101
Flámbouro GR 277 Cd99
Flámbouro GR 278 Ch99
Flamengos P 190 Qc103
Flammersfeld D 120 Aq79
Flamouriá GR 277 Ce99
Flärke S 41 Bt53
Flarken S 42 Cb52
Flaseter N 47 Au55
Flaskerud N 58 Ba60
Flassans-sur-Issole F 180 An94
Flästa S 50 Bn58
Flata N 57 Au61
Flatabo N 56 An60
Flatbyn S 59 Bi60
Flåte N 56 An61
Flatebyn N 58 Bc61
Flatebyn S 69 Bf62
Flatekvål N 56 Am59
Flateland N 67 Aq62
Flåten N 23 Cb41
Flåtestøa N 58 Bc58
Flateyri IS 20 Qg24
Flatmark N 47 Aq56
Flatøydegard N 57 Au58
Flatråker N 56 Am61
Flatraket N 46 Al57
Flåtsbo S 60 Bm58
Flått N 39 Be51
Flattach A 133 Bg87
Flatval N 38 As53
Flatvarp S 70 Bo65
Flavières F 162 Am84
Flavigny-sur-Moselle F 162 An83
Flavigny-sur-Ozerain F 168 Ak85
Flavy-le-Martel F 155 Ag81
Flawil CH 125 At86
Flawith GB 85 Ss72
Flaxpool GB 97 So78
Flayat F 172 Ae89
Flayosc F 180 An93
Flèche, La F 165 Su85
Flechtdorf D 115 As78
Flechtingen D 110 Bc76
Fleckeby D 103 Au72
Flecken Weferlingen D 109 Bc76
Flecken Zechlin D 110 Bf74
Fleet GB 94 St78
Fleetmark D 110 Bc75
Fleetwood GB 84 So73
Flein D 121 At82
Fleix, le F 170 Aa91
Flejsborg DK 100 At67
Flekkas N 27 Bl45
Flekke N 46 Al58
Flekkefjord N 66 Ao64
Flekstad N 39 Bd52
Flem N 46 An55
Flemma N 47 Ar55
Flemsdorf D 220 Bi74
Flen S 59 Bk60
Flen S 70 Bo62
Flendalssetrene N 48 Bc57
Flenøyen N 48 Bc57
Flensborg = Flensburg D 103 At71
Flensburg D 103 At71
Flensungen D 121 At79
Flep Shegan AL 276 Bu99
Fleres I 132 Bc87
Fleringe S 71 Bs65
Flermoen N 59 Bf58
Flero I 131 Ba90
Flerohopp S 73 Bm67
Fléron B 156 Am79
Flers F 159 St83
Flesa N 26 Bh44
Flesberg N 57 At61
Flesje N 56 Ao58
Flesland N 56 Al60
Flesnes N 27 Bm43
Flessau D 110 Bd75
Flet AL 270 Ca96
Fleurance F 177 Ab93
Fleuré F 166 Ab88
Fleurier CH 169 Ao87
Fleurus B 113 Ak80
Fleurville F 168 Ak88
Fleury F 178 Ag94
Fleury-en-Bière F 160 Ad85
Fleury-sur-Andelle F 160 Ac82
Fléville F 162 Am83
Flez-Cuzy F 167 Ah86
Flieden D 115 Au80
Fließ A 132 Bb86
Flikka N 66 Ao64
Flims CH 131 At87
Flims-Waldhaus CH 131 At87
Flines-lez-Raches F 112 Ag80
Flinsberg D 116 Ba78
Flint GB 84 So74
Flintbek D 103 Ba72
Flirey F 119 Am83
Flirsch A 132 Ba86
Flisa N 58 Be59
Flisby S 69 Bk65
Fliseryd S 73 Bn66
Flisnes N 46 An56
Flistad S 70 Bl64
Flitwick GB 94 Su76
Flix E 195 Ab98
Flixecourt F 155 Ae80
Flize F 156 Ak81
Flo N 46 Am56
Flo N 46 Ap57
Flo S 69 Bf64
Floåsen S 48 Be56
Flobecq B 112 Ah79
Floby S 69 Bg64
Floda S 60 Bl60
Floda S 68 Be65
Floda S 70 Bn62
Flögasen S 49 Bh58
Flögeln D 108 As73
Flogitá GR 278 Cg100
Flogned S 58 Be61
Flogny-la-Chapelle F 161 Ah85
Flöha D 117 Bg79
Floh-Seligenthal D 116 Ba79
Floirac F 170 St91
Floirac F 171 Ad91

348 Falcarragh – Floirac

Fløjterup DK 104 Be70
Flokeneset N 46 Al58
Flomborn D 120 Ar81
Flomyran S 50 Bl56
Flon S 48 Be55
Flor S 49 Bl56
Florac-Trois-Rivières F 172 Ah92
Florange F 119 An82
Flor da Rosa P 197 Se102
Floreffe B 113 Ak80
Florennes B 156 Ak80
Florensac F 178 Ag94
Florenville B 156 Al81
Flores de Ávila E 192 Sk99
Floressas F 171 Ac92
Floresta I 150 Bk105
Floreşti MD 249 Cr85
Floreşti RO 254 Cg87
Floreşti RO 265 Cm90
Floreşty = Floreşti MD 249 Cr85
Flória GR 290 Ch110
Floriáda GR 282 Cc102
Florida, La E 183 Sh94
Floridia I 153 Bl106
Flórina GR 277 Cc99
Florinas I 140 As99
Flornes N 39 Bc54
Florø N 46 Ak57
Floroaica RO 266 Cp92
Flörsbachtal D 121 At80
Flörsheim am Main D 120 Ar80
Florstadt D 120 As80
Florvag N 56 Al60
Floß D 122 Be81
Flossenbürg D 230 Be81
Flosta N 67 As63
Fløstrand N 32 Bg48
Flötemarken S 68 Bd63
Flöthe D 116 Ba76
Flötningen S 48 Be57
Fløttumsetra N 48 Ba55
Flovallen S 49 Bg57
Fløyrla N 66 An62
Fluberg N 58 Ba59
Flüeli CH 130 Ar87
Flühli CH 130 Ar87
Flumet F 174 Ao89
Fluminimaggiore I 141 As102
Flums CH 131 At86
Fluorn-Winzeln D 125 Ar84
Fluren S 50 Bn57
Flurkmark S 42 Ca53
Fly DK 100 At68
Flyggsjö S 41 Bs53
Flygsfors S 73 Bm67
Flyiseter N 57 As59
Flykälen S 40 Bl53
Flymen S 73 Bm68
Flyn S 40 Bn53
Flystveit N 67 Aq63
Flytsåsen S 60 Bm58
Fobello I 175 Ar89
Foča BIH 261 Bs94
Focene I 144 Be97
Fochabers GB 76 So65
Fockbek D 103 Au72
Focşani RO 256 Cp89
Focuri RO 248 Cp86
Fódele GR 291 Ck110
Fodnes N 57 Ap58
Foeni RO 253 Cb90
Fogdhyttan S 59 Bk61
Fogdö S 60 Bo62
Foggia I 147 Bm98
Fogliano I 138 Bb91
Foglizzo I 175 Aq90
Föglö AX 62 Ca60
Fogueteiro P 196 Sb103
Fohnsdorf A 128 Bk86
Föhrden, Lohe- D 103 Au72
Föhren D 119 Ao81
Foia, la E 201 St104
Foiano della Chiana I 144 Bd94
Foiano di Val Fortore I 148 Bk98
Foieni RO 245 Ce85
Föios P 191 Sg100
Foissac F 179 Ai92
Foix F 177 Ad95
Fojnica BIH 260 Bq93
Fojnica BIH 269 Br94
Fojtovice CZ 118 Bh79
Fokovci SLO 135 Bn87
Fokstua N 47 At56
Folbern D 118 Bh78
Földeák H 244 Ca88
Foldereid N 39 Be51
Földes H 245 Cc86
Foldfjord N 38 Ar54
Foldingbro DK 103 At70
Foldsæ N 57 Ar62
Foldvik N 28 Bp43
Fole S 71 Bs65
Folégandros GR 291 Ck107
Folelli F 181 Au96
Folgaria I 132 Bc89
Folgensbourg F 169 Ap85
Folgoët, Le F 157 Sm83
Folgosinho P 191 Se99
Folgoso E 183 Sf95
Folgoso de la Ribera E 183 Sh95
Folgoso do Courel = Folgoso E 183 Sf95
Folgueiro E 183 Se93
Foliá GR 279 Ci99
Folie, la F 168 Am85
Folignano I 145 Bh95
Foligno I 144 Bf95
Folkärna S 60 Bn60
Folkesgården S 59 Bg61
Folkestad N 46 Am56
Folkestone GB 154 Ac78
Folladalen N 38 Bc52
Follafoss N 38 Bc53
Follandsvangen N 48 Ba56
Folldal N 48 Au56
Follebu N 58 Ba58
Follheim N 48 Bb56
Follina I 133 Be89
Föllingbo S 71 Br65
Föllinge S 40 Bk53
Follonica I 143 Bb95
Folmava CZ 230 Bf82
Folschviller F 119 Ao82
Folteşti RO 256 Cr89
Folvåg N 46 Al58
Fombio I 137 Au90
Fompedraza E 193 Sm97
Foncebadón E 183 Sh96
Foncine-le-Bas F 169 An87
Foncquevillers F 155 Af80
Fondachelli Fantina I 150 Bl105
Fondet F 170 Su91
Fondevila (Lobios) E 182 Sd97
Fondi I 132 Bc89
Fondi I 146 Bg98
Fondo I 132 Bc88
Fondón E 206 Sp107
Föne S 50 Bm57
Fönebo S 50 Bo57
Fonelas E 206 So106
Fonfría E 184 Si94
Fonfría E 192 Sh97
Fongalop F 171 Ab91
Fonnastøl N 56 Ao60
Fonnebost N 56 Al59
Fonnes N 56 Ak59
Fonni I 141 At100
Fonollosa E 189 Ad97
Fonsagrada, A E 183 Sf94
Fonsagrada = Fonsagrada, A E 183 Sf94
Fonsorbes F 177 Ac93
Fontaine F 169 Ao85
Fontainebleau F 161 Af84
Fontaine-Chalendray F 170 Su89
Fontaine-de-Vaucluse F 179 Al93
Fontaine-Française F 168 Al85
Fontaine-Henry F 159 Su82
Fontaine-la-Soret F 160 Ab82
Fontaine-le-Bourg F 160 Ac81
Fontaine-le-Dun F 154 Ab81
Fontaine-Luyères F 161 Ai84
Fontainemore I 175 Aq89
Fontaine-Saint-Martin, La F 165 Aa85
Fontainhas P 190 Sc98
Fontan F 181 Aq92
Fontanafredda I 133 Bf89
Fontanar E 193 So99
Fontanar E 206 Sp105
Fontanarejo E 199 Sl102
Fontanars dels Alforins E 201 St103
Fontanelice I 138 Bd92
Fontanella I 143 Bb93
Fontanellato I 137 Ba91
Fontanelle I 133 Be89
Fontanes-du-Causse F 171 Ad91
Fontangy F 168 Ai86
Fontanosas E 199 Sl103
Font de la Figuera, la E 201 St103
Font d'En Carròs, la E 201 Su103
Fonte I 132 Bd89
Fonte alla Roccia I 133 Be86
Fontebianda I 143 Bc95
Fontebona E 184 Sh94
Fontecchio I 145 Bh96
Fonte-Díaz (Touro) E 182 Sd95
Fontelas P 191 Se98
Fontenay F 124 Ao84
Fontenay-le-Comte F 165 St88
Fontenay-Saint-Père F 160 Ad82
Fontenay-Trésigny F 161 Af83
Fontenelle, La F 160 Ac84
Fontenoy F 167 Ag85
Fontenoy-le-Château F 162 An85
Fonte Nuova I 144 Bf97
Fontes P 191 Se98
Fontette F 162 Ak84
Fontevraud-l'Abbaye F 165 Aa86
Fontgillarde F 136 Ao91
Fontgombault F 166 Ac87
Fonti I 130 Ar88
Fontibre E 185 Sm94
Fontinhas P 182 Qf103
Fontiveros E 192 Sl99
Fontoy F 119 Am82
Fontpédrouse F 189 Ae95
Font-Romeu F 189 Ae95
Fontstown IRL 91 Sg74
Fonyód H 243 Bq87
Fonz E 187 Aa96
Fonzaso I 132 Bd88
Foppolo I 131 Au88
For N 39 Bd52
Föra S 73 Bo66
Foradada del Toscar E 177 Aa96
Forăşti RO 248 Cn86
Forbach D 125 Ar83
Forbach F 163 Ao82
Förby FIN 62 Cf60
Forcall E 195 Su99
Forcalqueiret F 180 An94
Forcalquier F 180 Am93
Forcarei E 182 Sd95
Forchheim D 121 Bc81
Forchtenberg D 121 Au82
Ford GB 78 Sk68
Ford IRL 91 Sh75
Førde N 46 Am57
Førde N 46 Am58
Førde N 46 An57
Førde N 56 Al61
Førde N 56 Am58
Ford End GB 95 Aa77
Förderstedt D 116 Bd77
Fordham GB 95 Aa76
Fordingbridge GB 98 Sr79
Fordongianus I 141 As101
Fordoun GB 79 Sq67
Fordstown IRL 87 Sg73
Fordyce GB 76 Sp65
Fore IRL 87 Sf73
Føre N 27 Bi43
Føre N 32 Bh47
Forenza I 147 Bm99
Forest GBG 98 Sp82
Foresta di Burgos I 140 As100
Forest-Montiers F 154 Ad80
Forest Row GB 154 Aa78
Forest-Saint-Julien F 174 An91
Forêt-sur-Sèvre, La F 165 St87
Forfar GB 76 Sp67
Forges, Les F 124 An84
Forges, les F 168 Ai85
Forges-les-Eaux F 160 Ad81
Forio I 146 Bh99
Förkärla S 73 Bl68
Forkill GB 87 Sh72
Førland N 56 Am61
Førland N 66 Ap64
Förlanda S 68 Be66
Forlì I 139 Be92
Forlì del Sannio I 146 Bi97
Forlimpopoli I 139 Be92
Forlitz-Blaukirchen D 108 Ap74
Förlösa S 73 Bn67
Formaris E 182 Sc95
Formazza I 130 Ar88
Formby GB 84 So73
Formentor E 207 Ag101
Formerie F 160 Ad81
Formia I 146 Bh98
Formigine I 138 Bb91
Formigliana I 130 Ar90
Formignana I 138 Bd91
Formigny F 159 St82
Formiguères F 189 Ae95
Formofoss N 39 Be52
Fornalhas P 202 Sd105
Fornåsa S 70 Bl64
Fornebu N 58 Bb61
Fornelli I 140 Ar99
Fornells E 207 Ai100
Fornes N 28 Bp43
Forni Avoltri I 133 Bf87
Forni di Sopra I 133 Bf88
Forni di Sotto I 133 Bf88
Forno I 130 Ar89
Forno I 136 Ap90
Forno Allione I 132 Ba88
Forno Alpi Graie I 130 Ap90
Forno di Zoldo I 133 Be88
Fornos de Algodres P 191 Se99
Fornovo di Taro I 137 Ba91
Förolach A 134 Bg87
Foronda E 186 Sp95
Forosna UA 248 Cn84
Forotic RO 253 Cd90
Forráskút H 244 Bu88
Forres GB 76 Sn65
Forró H 241 Cc84
Fors S 41 Bs54
Fors S 50 Bo54
Fors S 60 Bn60
Fors S 60 Bo60
Forså N 27 Bo44
Forsa S 50 Bo57
Forsand N 66 An63
Forsåsen S 40 Bk53
Forsbacka S 42 Ca51
Forsbacka S 50 Bp58
Forsbacka S 60 Bo59
Forsbodarna S 59 Bk59
Forsbro S 50 Bn58
Forsby FIN 43 Cf53
Forsby S 69 Bh64
Forsby = Koskenkylä FIN 64 Cm59
Forsen N 32 Bi48
Forseng N 32 Bh48
Forserum S 69 Bi65
Forset N 58 Ba58
Forsetsetra N 58 Ba58
Forshaga S 59 Bg61
Forshälla S 68 Bd64
Forshällan S 34 Bu47
Forsheda S 72 Bh66
Forshem S 69 Bg63
Forsinard GB 75 Sn64
Förslöv S 72 Bf68
Forsmark S 33 Bm50
Forsmark S 61 Br60
Forsmo N 32 Bg49
Forsmo S 41 Bp54
Forsnäs S 34 Bs48
Forsnäs S 35 Cb48
Forsnäs S 40 Bo52
Forsnäs S 59 Bf61
Forsnes N 38 Ar54
Forsøl N 23 Ch39
Forssa FIN 63 Ch59
Forssa S 70 Bo63
Forssjö S 70 Bn63
Forst (Lausitz) D 118 Bk77
Forstinning D 127 Bd84
Forsträskhed S 35 Ce48
Forsvik S 69 Bi63
Fortanete E 195 St99
Fort Augustus GB 78 Sl66
Fort-Bloqué, le F 157 So85
Fortétsa GR 291 Cl110
Fortezza I 132 Bd87
Fort George GB 75 Sm65
Forth D 122 Bc81
Forth GB 80 Sn69
Fortim P 203 Se106
Fortingall GB 79 Sm67
Fortios P 197 Sf102
Fort-Mahon-Plage F 99 Ad80
Fortrose GB 75 Sm65
Fortun N 47 Aq57
Fortuna E 201 Ss104
Fortuneswell GB 97 Sq79
Fort William GB 78 Sk67
Forus N 66 Am63
Forvik N 32 Be49
Forxa, A (A Porqueira) E 183 Se96
Forza d'Agrò I 150 Bl105
Fos F 177 Ab95
Fosdinovo I 137 Ba92
Foskros S 49 Bf56
Fosnavåg N 46 Am56
Fosnes N 46 Ap57
Fosnesvågen N 39 Bc51
Foss N 39 Bd51
Foss N 48 Ba54
Fossa I 145 Bg96
Fossacesia I 145 Bi96
Fossacesia Marina I 145 Bk96
Fossan N 28 Bq43
Fossan N 58 Ba62
Fossano I 136 Aq91
Fossat, Le F 177 Ac94
Fossato di Vico I 144 Bf94
Fossbakken N 28 Bq43
Fossbakken N 48 Bb56
Fossby N 68 Bd62
Fossen N 66 An63
Fosses F 161 Af82
Fosses-la-Ville B 113 Ak80
Fossestua N 27 Bn43
Fossheim N 23 Cb41
Fossheim N 57 At58
Fossholt N 57 Au59
Fossli N 56 Ap60
Fossmo N 28 Br42
Fossmork N 66 An63
Fossò I 133 Be90
Fossombrone I 139 Bf93
Fossum N 48 Bb57
Fossum S 68 Bc63
Fos-sur-Mer F 179 Ak94
Foston GB 85 St75
Fót H 243 Bt85
Fotelaie, la F 159 Ss82
Fotheringhay GB 94 Su75
Fotinovo BG 279 Cl98
Fotolívos GR 278 Ci98
Foucarmont F 99 Ad81
Fouchères F 161 Ai84
Fouenant = Fouesnant F 157 Sm85
Fouesnant F 157 Sm85
Fougères F 159 Ss84
Fougères-sur-Bièvres F 166 Ac86
Fougereuse, La F 165 Su86
Fougerolles F 162 An85
Fouillade, La F 171 Ae92
Fouilloy F 154 Ad81
Fouligny F 119 Ao82
Fouras F 170 Ss89
Fourcès F 177 Aa93
Fourchambault F 167 Ag86
Fourfouras GR 291 Ck110
Foúrkas, Skála GR 278 Cg100
Fourmies F 155 Ai80
Four Mile House IRL 87 Sd73
Fourná GR 283 Cd102
Fourneaux F 173 Ai89
Fourneaux-le-Val F 159 Su83
Fournels F 172 Ag91
Fourni GR 289 Cn105
Fournols F 172 Ah89
Fourques F 189 Af95
Fourques-sur-Garonne F 170 Aa92
Fourquevaux F 177 Ad93
Fours F 167 Ah87
Foussais-Payré F 165 St87
Fousseret, Le F 177 Ac94
Foústani GR 277 Ce98
Foux-d'Allos, la F 174 Ao92
Fovant GB 98 Sr78
Fowey GB 96 Sl80
Fowlis Wester GB 79 Sn68
Fowlmere GB 95 Aa76
Foxas E 182 Sd94
Foxford IRL 86 Sb73
Foxo E 182 Sd95
Foxup GB 84 Sq72
Foyedo E 183 Sh93
Foyers GB 75 Sm66
Foynes IRL 90 Sb75
Foz E 183 Sf93
Foza I 132 Bd89
Foz de Odeleite P 203 Sf106
Foz do Arelho P 196 Sb102
Frabosa Soprana I 175 Aq92
Fraccano I 139 Be93
Fraddon GB 96 Sl80
Frades de la Sierra E 192 Si99
Frafjord N 66 An63
Fraforeano I 133 Bf89
Fraga E 195 Aa97
Fragagnano I 149 Bp100
Fragg S 60 Bm60
Fragiista GR 282 Cc103
Frägnvallen S 49 Bi57
Frago, El E 187 St96
Fráguas P 196 Sc102
Fraguas,Las E 185 Sm94
Frailes E 205 Sn106
Fraisse-sur-Agout F 178 Af93
Fraize F 163 Ao84
Fråkenvik S 33 Bl49
Fram SLO 135 Bm88
Framfjord N 56 An58
Framlev DK 100 Ba68
Framlingham GB 95 Ac76
Främlingshem S 60 Bo59
Frammersbach D 121 At80
Frammestad S 69 Bf64
Framnäs S 34 Bu47
Frampol PL 235 Cf79
Frampton Cotterell GB 97 Sq77
Framrusta N 47 Aq57
França P 183 Sg97
Franca, La E 184 Sl94
Francaltroff F 119 Ao83
Francardo F 142 At96
Francardu = Francardo F 142 At96
Francavilla al Mare I 145 Bi96
Francavilla d'Ete I 145 Bh94
Francavilla di Sicilia I 150 Bl105
Francavilla Fontana I 149 Bq99
Francavilla in Sinni I 148 Bn100
Francenigo I 133 Bf89
Francescas F 177 Aa92
Franceses E 202 Re123
Frânceşti RO 264 Ci91
Franchesse F 167 Ag87
Francofonte I 153 Bk106
Francorchamps B 114 Am80
Francos E 193 So98
Francova Lhota CZ 239 Br82
Francueil F 166 Ac86
Frändefors S 68 Be64
Franeker NL 107 Am74
Franekeradeel NL 107 Am74
Frangádes GR 276 Cb101
Frangy F 174 Am88
Frankenau D 115 As78
Frankenberg D 117 Bg79
Frankenberg (Eder) D 115 As78
Frankenburg am Hausruck A 128 Bg84
Frankenfelde D 117 Bg76
Frankenhardt D 121 Au82
Frankenheim D 121 Ba79
Frankenmarkt A 236 Bg85
Frankenstein D 120 Aq82
Frankenthal (Pfalz) D 163 Ar81
Frankfurt (Oder) D 111 Bk76
Frankfurt am Main D 120 As80
Frankrike S 39 Bh53
Frånninge S 72 Bh69
Frånsta S 50 Bn55
Frant GB 154 Aa78
Františkovy Lázně CZ 230 Be80
Franzburg D 104 Bf72
Franzensfeste = Fortezza I 132 Bd87
Frascati I 144 Bf97
Frascineto I 148 Bn101
Frasdorf D 236 Be85
Fraserburgh GB 76 Sq65
Fra'shër AL 276 Ca100
Frasin RO 247 Cm85
Frăsinet RO 266 Co92
Frasne F 169 An87
Frasnes-lez-Buissenal B 112 Ah79
Frasno, El E 194 Ss98
Frassinoro I 138 Bb92
Frasso Telesino I 147 Bk98
Frata RO 254 Ci87
Frătăuţii Noi RO 247 Cm85
Frătăuţii Vechi RO 247 Cm85
Fratel P 197 Se101
Frăteşti RO 265 Cm93
Frattamaggiore I 146 Bi99
Fratta Polesine I 138 Bd90
Fratta Todina I 144 Be95
Fratte Rosa I 139 Bf93
Frauenau D 123 Bg83
Frauenberg D 163 Ap81
Frauenburg, Unzmarkt- A 128 Bi86
Frauenfeld CH 125 As85
Frauenkirch CH 131 Au87
Frauenkirchen A 238 Bo85
Frauenstein A 237 Bi85
Frauenstein D 118 Bh79
Frauental an der Laßnitz A 135 Bl87
Fraunberg D 236 Bd84
Fraurombach D 115 Au79
Frayssinet-le-Gélat F 171 Ac91
Frazé F 160 Ac84
Frazzanò I 153 Bk104
Frdoš BG 272 Cf96
Frecăţei RO 267 Cs90
Frechas P 191 Sf98
Frechen D 114 Ao79
Frechilla E 184 Sl96
Freckenhorst D 114 Aq77
Freckleton GB 84 Sp73
Fredagsberget S 60 Bn58
Fredelsloh D 115 Au77
Freden (Leine) D 116 Au77
Fredensborg-Humlebæk DK 72 Be69
Fredericia DK 103 Au69
Frederiks DK 100 At68
Frederiksberg DK 104 Bd70
Frederikshåb DK 100 At69
Frederikshavn DK 68 Bb66
Frederikssund DK 101 Be69
Frederiksværk DK 101 Be69
Fredersdorf-Vogelsdorf D 111 Bh75
Fredrika S 41 Br52
Fredriksberg S 59 Bi60
Fredriksdal S 69 Bk65
Fredrikshamn = Hamina FIN 64 Cp59
Fredrikstad-Sarpsborg N 68 Bb62
Fredsberg S 69 Bi63
Freemount IRL 89 Sc76
Fregenal de la Sierra E 197 Sg104
Fregene I 144 Be97
Fregeneda, La E 191 Sg99
Fréhel F 158 Sq83
Frehne D 110 Be74
Frei N 47 Aq54
Freiahorn D 122 Bc81
Freiamt D 124 Aq84
Freiberg D 118 Bg79
Freiburg (Elbe) D 103 At73
Freiburg = Fribourg CH 169 Ap87
Freiburg im Breisgau D 163 Aq84
Freienhagen D 115 At78
Freienhufen D 118 Bh77
Freienried D 126 Bc84
Freienseen D 121 At79
Freiensteinau D 115 At80
Freigericht D 121 At80
Freihung D 230 Bd81
Freila E 206 Sp105
Freiland A 237 Bm85
Freiland bei Deutschlandsberg A 135 Bl87
Freilassing D 128 Bf85
Freilingen D 120 Aq79
Freinhausen D 126 Bc83
Freisen D 163 Ap81
Freising D 126 Bd84
Freissinières F 174 Ao91
Freistadt A 128 Bi83
Freital D 230 Bh79
Freixeda do Torrão P 191 Sf99
Freixedas P 191 Sf99
Freixeiro E 182 Sd95
Freixianda P 196 Sd101
Freixido E 183 Sf96
Freixo P 190 Sc97
Freixo de Espada à Cinta P 191 Sg98
Frejlev DK 100 Au66
Fréjus F 136 Ao94
Frekhaug N 56 Al59
Fremdingen D 122 Ba83
Frenchpark IRL 82 Sd73
Frencq F 154 Ad79
Frenelle-la-Grande F 162 An84
Freney-d'Oisans, Le F 174 An90
Frensdorf D 121 Bb81
Frenštát pod Radhoštěm CZ 239 Br81
Frentsjer = Franeker NL 107 Am74
Freren D 107 Aq76
Freshford IRL 90 Sf75
Freshwater GB 98 Sr79
Fresnay-en-Retz F 164 Sr86
Fresnaye-sur-Chédouet, La F 159 Aa84
Fresnay-l'Evêque F 160 Ad84
Fresnay-sur-Sarthe F 159 Aa84
Fresneda, La E 188 Aa99
Fresneda de la Sierra Tirón E 185 So96
Fresnedillas E 193 Sm100
Fresnedoso de Ibor E 198 Si101
Fresne-Léguillon F 160 Ad82
Fresne-le-Plan F 160 Ac82
Fresne-Saint-Mamès F 168 Am85
Fresnes-en-Woëvre F 162 Am82
Fresnes-sur-Apance F 162 Am85
Fresnes-sur-Escaut F 112 Ah80
Fresno-Alhándiga E 192 Si99
Fresno de Cantespino E 193 So98
Fresno de Caracena E 193 So98
Fresno de la Ribera E 192 Si97
Fresno de la Vega E 184 Si96
Fresno de Losa E 185 So95
Fresno de Sayago E 192 Si98
Fresno el Viejo E 192 Sk98
Fresnoy-Folny F 99 Ac81
Fresnoy-le-Grand F 155 Ag81
Fressingfield GB 95 Ac76
Fresta P 196 Sd104
Fresvik N 56 Ao58
Freswick GB 75 So63
Fréteval F 160 Ac85
Fretheim N 56 Ap59
Fretigney-et-Velloreille F 168 Am86
Frette, La F 173 Al90
Fretter D 115 Ar78
Freudenberg D 114 Aq79
Freudenberg D 121 At81
Freudenberg D 230 Bd82
Freudenstadt D 125 Ar84
Freundorf D 128 Bg83
Frévent F 155 Ae80
Fréville F 160 Ab81
Freyburg (Unstrut) D 116 Bd78
Freyenstein D 110 Be74
Freyming-Merlebach F 163 Ao82
Freystadt D 122 Bc82
Freyung D 127 Bh83
Frí GR 292 Co110
Frías E 185 So95
Frías de Albarracín E 194 Sr100
Fribourg CH 169 Ap87
Frick CH 169 Ar85
Frickhofen D 120 Ar79
Frickingen D 125 At85
Fridafors S 72 Bk68
Fridaythorpe GB 85 St72
Fride S 71 Br66
Fridene S 69 Bi64
Fridheim N 26 Bh44
Fridingen an der Donau D 125 As84
Fridlevstad S 73 Bm68
Fridolfing D 128 Bf84
Friedberg A 129 Bn86
Friedberg D 126 Bb84
Friedberg (Hessen) D 120 As80
Friedeburg D 116 Bd77
Friedenfels D 230 Be81
Friedersdorf D 111 Bh76
Friedewald D 114 Aq79
Friedewald D 116 Au79
Friedewalde D 108 As76
Friedland D 111 Bh73
Friedland D 116 Au78
Friedland D 118 Bi76
Friedlos D 115 Au79
Friedrichroda D 116 Bb79
Friedrichsbrunn D 116 Bc77
Friedrichsdorf D 120 As80
Friedrichshafen D 125 At85
Friedrichskoog D 102 As72
Friedrichsmoor D 110 Bd74
Friedrichsruhe D 110 Bd73
Friedrichstadt D 103 At72
Friedrichswalde D 220 Bh74
Friedrichswerth D 116 Bb79
Friel S 69 Bf64
Frielendorf D 115 At79
Friera E 183 Sg95
Friesach A 129 Bl86
Friesach A 134 Bi87
Friesack D 110 Bf75
Friesenheim D 163 Aq84
Friesenhofen D 125 Ba85
Friesenried D 126 Bb85
Friesheim D 114 Ao79
Friesoythe D 108 Aq74
Frieswil CH 130 Ap86
Frifelt DK 102 As70
Frigento I 148 Bl98
Friggesund S 50 Bo57
Frigiliana E 205 Sn107
Frihetsli N 28 Bu43
Friisbua N 48 Ba57
Friitala FIN 52 Cd58
Frikés GR 282 Cb104
Friland N 48 Bb57
Frillesås S 68 Be66
Frilset N 58 Bc60
Frinkstad N 67 Aq63
Frinnaryd S 69 Bk65
Frinton-on-Sea GB 95 Ac77
Friockheim GB 76 Sp67
Friões P 191 Sf97
Friol E 183 Se94
Frisange L 162 An81
Frisbo S 50 Bo57
Fristad S 69 Bg65
Frithville GB 85 Su74
Fritsla S 69 Bf65
Fritzlar D 115 At78
Fritzoehus N 67 Ba62
Frixheim-Anstel D 114 Ao78
Frjentsjerteradiel = Franekeradeel NL 107 Am74
Froðba FO 26 Sg57
Fröderyd S 73 Bk66
Frödinge S 70 Bn65
Frodsham GB 84 Sp74
Froghall GB 93 Sr74
Frogn N 58 Bb61
Frogner N 58 Bc60
Frohburg D 230 Bf78
Frohen-le-Grand F 155 Ae80
Frohnleiten A 129 Bl86
Froidchapelle B 156 Ai80
Froissy F 160 Ae81
Frojach A 134 Bi86
Fröjel S 71 Br66
Fröjered S 69 Bi64
Froland N 57 Aq62
Froland N 67 As63
Frombork PL 222 Bu72
Frome GB 98 Sq78
Fromentel F 159 Su83
Fromentine F 164 Sq87
Frómista E 185 Sm96
Fron GB 93 So76
Froncysyllte GB 84 So75
Fröndenberg/Ruhr D 114 Aq78
Fronhausen D 115 As79
Fronsac F 170 Su91
Front I 175 Aq90
Frontale I 145 Bg94
Fronteira P 197 Se102
Frontenard F 168 Al87
Frontenhausen D 127 Bf83
Frontera E 202 Re125
Frontera, La E 194 Sq100
Frontignan F 179 Ah94
Frontignano I 145 Bg95
Frontino I 139 Be93
Fronton F 177 Ac93
Frontone I 139 Bf93
Frösaråsen S 59 Bi60
Fröschen, Thaleischweiler- D 119 Aq82
Frose D 116 Bc77
Fröseke S 73 Bm67
Frosinone I 146 Bg97
Frösö S 40 Bk54
Frosolone I 146 Bi97
Frossay F 164 Sr86
Frössen D 116 Bd80
Frosta N 38 Bb53
Frostberget S 41 Bp51
Frostensmála S 73 Bl68
Frösthult S 60 Bo61
Frostkåge S 42 Cc51
Frostrup DK 100 As66
Frostviken S 39 Bh51
Frostviksbränna S 39 Bh51
Frösunda S 61 Br61
Frösve S 69 Bh63
Frotey-lès-Vesoul F 169 An85
Frotheim D 108 As76
Frötuna S 61 Bs61
Frouard F 162 An83
Froussioúna GR 286 Ce105
Frövi S 60 Bl62
Frøyrak N 67 Aq63
Frøysadal N 46 Ap56
Frøyset N 56 Al59
Frøysnes N 67 Aq63
Frøystul N 57 Ar61
Frugården S 69 Bf64
Frugarolo I 175 As91
Fruges F 112 Ae79
Frula E 187 Su97
Frumoasa RO 255 Cm88
Frumoasa RO 265 Cl93
Frumosu RO 247 Cm85
Frumuşani RO 266 Cn92
Frumuşeni RO 253 Cc88
Frumuşica RO 248 Co85
Frumuşiţa RO 256 Cr89
Frunză MD 249 Cu87
Frunzenskoe RUS 216 Cd72
Frunzivka = Zacharivka UA 249 Cu86
Frutigen CH 169 Aq87
Frutt CH 130 Ar87
Fruvik S 71 Br62
Frýdek-Místek CZ 233 Br81
Frýdlant CZ 118 Bl79
Frýdlant nad Ostravicí CZ 239 Br81
Fryele S 72 Bi66
Frygnowo PL 223 Ca73
Frykerud S 59 Bg61
Fryksås S 59 Bk58
Frymburk CZ 128 Bi83
Fryšava CZ 231 Bn81
Fryšták CZ 232 Bq82
Frysztak PL 234 Cd81
Frysvollän N 48 Au57
Fteliá GR 279 Ci98
Fterë AL 276 Bu100
Fuans F 130 Ao86
Fubine I 175 Ar91
Fucecchio I 138 Bb93
Fuchsmühl D 122 Be81
Fuchsstadt D 121 Au80
Füchtorf D 115 Ar76
Fuencaliente E 199 Sm104
Fuencaliente de la Palma E 202 Re124
Fuendejalón E 194 Ss97
Fuendetodos E 195 St98
Fuengirola E 205 Sl107
Fuenlabrada E 193 Sn100
Fuenlabrada de los Montes E 198 Sl102
Fuenmayor E 186 Sp96
Fuensalida E 193 Sm100
Fuensanta E 200 Sq102
Fuensanta E 206 Sr105
Fuensanta de Martos E 205 Sn105
Fuente-Álamo E 201 Ss103
Fuente-Álamo E 207 Ss105
Fuentealbilla E 200 Sr102
Fuenteamegil E 193 So97
Fuente-Blanca E 201 Ss104
Fuente Carreteros E 204 Sk105
Fuentecén E 193 Sn97
Fuente Dé E 184 Sl94
Fuente de Cantos E 198 Sh104
Fuente del Arco E 198 Si104
Fuente del Maestre E 197 Sh103
Fuente del Oro E 203 Sg105
Fuente del Pino E 201 Ss103
Fuente de Pedro Naharro E 193 So101
Fuente de Piedra E 205 Sl106
Fuente de San Esteban, La E 191 Sh99
Fuente el Fresno E 199 Sn102
Fuente el Olmo de Íscar E 193 Sm98
Fuente el Saz de Jarama E 193 Sn99
Fuente el Sol E 192 Sl98
Fuente Encalada E 184 Si96
Fuenteguinaldo E 191 Sg100
Fuenteheridos E 203 Sg105
Fuentelapeña E 192 Sk98
Fuente la Reina E 195 St100
Fuentelcésped E 193 Sn97
Fuentelespino de Haro E 200 Sp101
Fuentelespino de Moya E 194 Ss101
Fuentelmonge E 194 Sq98
Fuentelsaz E 194 Sr98
Fuentemilanos E 193 Sm99

Fløjterup – Fuentemilanos 349

Fuentenovilla E 193 So100
Fuente Obejuna E 198 Sk104
Fuente Palmera E 204 Sk105
Fuentepelayo E 193 Sm98
Fuentepinilla E 193 Sp97
Fuenterrabía = Hondarribia E 186 Sr94
Fuenterrebollo E 193 Sn98
Fuenterrobles E 201 Ss101
Fuentes E 194 Sq101
Fuentesaúco E 192 Sk98
Fuentesaúco de Fuentidueña E 193 Sm98
Fuentes Claras E 194 Ss99
Fuentes de Andalucía E 204 Sk106
Fuentes de Béjar E 192 Si99
Fuentes de Carbajal E 184 Sk96
Fuentes de Cesna E 205 Sm106
Fuentes de Ebro E 195 St97
Fuentes de León E 197 Sg104
Fuentes de Nava E 184 Sl96
Fuentes de Oñoro E 191 Sg99
Fuentes de Ropel E 184 Si96
Fuentes de Valdepero E 184 Sl96
Fuentespalda E 195 Aa99
Fuentespina E 193 Sn97
Fuente-Tójar E 205 Sm105
Fuentidueña E 193 Sn98
Fuentidueña E 205 Sm105
Fuentidueña de Tajo E 193 So100
Fuerte del Rey E 205 Sn105
Fugelsta S 50 Bm54
Fügen A 127 Bd86
Fugeret, Le F 180 Ao92
Fuglafjørður FO 26 Sg56
Fuglebjerg DK 104 Bd70
Fuglevik N 58 Bb62
Fuglsbo N 56 Am58
Fuglseter N 47 As57
Fuglstad N 32 Bh48
Fuglstad N 39 Bf50
Fuglvåg N 38 Ar54
Fuhlendorf D 104 Bf72
Fuhlsbüttel D 109 Au73
Fuhrberg D 109 Au75
Fuhrn D 230 Be82
Fuiola, la E 188 Ac97
Fulbourn GB 95 Aa76
Fulda D 121 Au79
Fuldabrück D 115 At78
Fuldatal D 115 Au78
Fuldera CH 132 Ba87
Fülesd H 246 Cf84
Fulga de Jos RO 266 Cn91
Fulgatore I 152 Bf105
Fullestad S 69 Bf64
Fullösa S 69 Bg63
Fulnek CZ 232 Bq81
Fulnetby GB 85 Su74
Fülöpjakab H 244 Bu87
Fülöpszállás H 243 Bt87
Fulpmes A 132 Bc86
Fultot F 154 Ab81
Fulunäs S 49 Bg58
Fumaces E 183 Sf97
Fumay F 156 Ak81
Fumel F 171 Ab92
Funäs S 49 Bi55
Funäsdalen S 49 Bf55
Funbo S 61 Bq61
Funchal P 190 Rg115
Fundão P 191 Sf100
Fundata RO 255 Cl90
Fundeni RO 256 Cq89
Fundeni RO 266 Cn92
Fundingsland N 66 An62
Fundres I 132 Bd87
Fundulea RO 266 Cn92
Fundu Moldovei RO 247 Cl85
Funes E 186 Sr96
Funes I 132 Bd87
Fünfeichen D 118 Bk76
Fünfstetten D 121 Bb83
Funningur FO 26 Sg56
Funzie GB 77 St59
Fur S 73 Bm68
Furadouro P 190 Sc99
Furci I 147 Bk96
Furculeşti RO 265 Cl93
Fure N 46 Al58
Furen BG 264 Ch93
Fürged H 243 Br87
Furingstad S 70 Bn63
Furlo I 139 Bf93
Furmanovka RUS 224 Ce71
Furnari I 150 Bl104
Furnas P 182 Qk105
Furneset N 46 Ap55
Furset N 47 Aq55
Fürstenau D 107 Aq75
Fürstenau D 115 At77
Fürstenberg D 115 As77
Fürstenberg/Havel D 111 Bg74
Fürstenfeld A 135 Bn86
Fürstenfeldbruck D 126 Bc84
Fürstensee D 111 Bg74
Fürstenstein D 128 Bg83
Fürstenwalde (Spree) D 111 Bi76
Fürstenwerder D 220 Bh74
Fürstenzell D 128 Bg83
Furta H 245 Cc86
Furtei I 141 As101
Fürth D 120 As81
Fürth D 122 Bb82
Furth D 236 Be83
Furth bei Göttweig A 237 Bm84
Furth im Wald D 230 Bf82
Furthof A 237 Bm85
Furtwangen im Schwarzwald D 163 Ar84
Furuberg S 50 Bo56
Furudal N 22 Bs42
Furudal S 59 Bl58
Furuflaten N 22 Ca42
Furugrenda N 47 As55
Furuhaugli N 47 At56
Furuholmen N 58 Bc62
Furulund N 23 Cc41
Furulund S 72 Bg69
Furunäs S 42 Ca52
Furuögrund S 42 Cc51
Furusjö S 69 Bh65
Furustrand N 68 Ba62
Furusund S 61 Bs61
Furuvik S 60 Bp59
Fusa N 56 Am60
Fuscaldo I 151 Bn102
Fusch an der Großglocknerstraße A 127 Bf86
Fuschl am See A 236 Bg85
Fushë-Arrëz AL 270 Ca96
Fush'e Bullit AL 276 Ca98
Fush'e Bulqizës AL 270 Ca97
Fushë-Kosovë RKS 270 Cc95
Fushë-Krujë AL 270 Bu98
Fushë Muhurr AL 270 Ca97
Fusignano I 138 Bd92
Fusina I 133 Be90
Fusine in Valromana I 133 Bh88
Fusino I 132 Ba88
Fusio CH 131 As88
Füssen D 126 Bb85
Fussy F 167 Ae86
Fustiñana E 186 Ss96
Futani I 148 Bl100
Futog SRB 252 Bu90
Futrikelv N 22 Bt41
Füzesabony H 240 Ca85
Füzesgyarmat H 245 Cc86
Fužine HR 134 Bk90
Fyfield GB 95 Aa77
Fynshav DK 103 Au71
Fyrås S 40 Bl53
Fyresdal N 67 Ar62
Fyrudden S 70 Bo64
Fyrunga S 69 Bg64
Fyvie GB 76 Sq66

G

Gaal A 128 Bk86
Gaanderen NL 107 An77
Gaasterland-Sloten = Gaasterlân-Sleat NL 107 Am75
Gaasterlân-Sleat NL 107 Am75
Gabaldón E 200 Sr101
Gabare BG 264 Ch94
Gabarevo BG 273 Cl95
Gabarret F 177 Aa93
Gabas F 176 Su95
Gabbro I 138 Ba94
Gabčíkovo SK 239 Bq85
Gabellino I 143 Bc94
Gåbense DK 104 Bd71
Gaber BG 272 Cf95
Gabian F 178 Ag93
Gabiano I 136 Ar90
Gabicce Mare I 139 Bf93
Gąbin PL 227 Bu76
Gąbino PL 221 Bp71
Gabøl DK 103 At70
Gabra BG 272 Ch95
Gabrene BG 278 Cf98
Gabreševci BG 271 Cf95
Gabrje SLO 135 Bl89
Gabrnik SLO 242 Bm88
Gabrovica BG 272 Ch96
Gabrovnica BG 264 Cg93
Gabrovo BG 274 Cl95
Gabrovo MK 272 Cf97
Gabšiai LT 217 Cg70
Gaby I 175 Aq89
Gać PL 224 Ce74
Gać PL 235 Ce80
Gacé F 159 Aa83
Gaceo E 186 Sq95
Gacilly, La F 164 Sq85
Gacko BIH 269 Bs94
Gåda S 50 Bm56
Gadbjerg DK 100 At69
Gäddede S 39 Bi51
Gäddeholm S 60 Bo61
Gäddsjöberget S 59 Bi60
Gäddtjärnberget S 59 Bi59
Gäddträsk S 41 Bs52
Gadebusch D 109 Bc73
Gădinti RO 248 Cp87
Gadiš = Gadish RKS 271 Cc96
Gadish RKS 271 Cc96
Gadka PL 228 Cc78
Gadmen CH 130 Ar87
Gádor E 206 Sp107
Gádoros H 244 Cb87
Gadow D 110 Bf74
Gadstrup DK 104 Be69
Gadžin Han SRB 263 Ce94
Gædgenjargga N 24 Cp41
Gædstrup DK 100 Au69
Gaël F 158 Sq84
Gærum DK 68 Ba66
Găeşti RO 265 Cl91
Gaeta I 146 Bh98
Gafanha da Boa Hora P 190 Sc99
Gäfete P 197 Se102
Gaflenz A 237 Bk85
Gağ = Hat' UA 246 Cf84
Gägelow D 104 Bc73
Gager D 105 Bh72
Găgeşti RO 256 Cq88
Gaggenau D 125 Ar83
Gaggi I 150 Bl105
Gaggio I 133 Be89
Gaggio Montano I 138 Bb92
Gagince SRB 271 Cd95
Gagliano Castelferrato I 153 Bk105
Gagliano del Capo I 149 Br101
Gaglovo SRB 263 Cc93
Gagnef S 59 Bl59
Gagnet S 40 Bo54
Gagovo BG 265 Cn94
Gagsmark S 42 Cc50
Gåhpånis = Kåpponis S 34 Ca48
Gaiarine I 133 Be89
Gaibana I 138 Bd91
Găiceana RO 256 Cp88
Gaick Lodge GB 75 Sm67
Gaienhofen D 125 As85
Gaigalava LV 215 Cp67
Gaiķi LV 213 Cf67
Gaildorf D 121 Au83
Gailey GB 94 Sq75
Gaillac F 178 Ad93
Gaillac-Toulza F 177 Ac94
Gaillefontaine F 160 Ad81
Gaillimh IRL 90 Sb74
Gaillon F 160 Ac82
Gailmuiža LV 215 Co68
Gaimersheim D 122 Bc83
Găineşti RO 247 Cm86
Gainfarn A 238 Bn85
Gainsborough GB 85 St74
Gaiola I 174 Ap92
Gaiole in Chianti I 138 Bc94
Gairloch GB 74 Si65
Gairlochy GB 75 Sl67
Gairnshiel Lodge GB 79 So66
Gairo I 141 Au101
Gais CH 125 At86
Gaisbeuren D 125 Au85
Găiseanca, Surdila- RO 266 Cp90
Găiseni RO 265 Cm91
Gaitsgill GB 81 Sp71
Gaižaičiai LT 213 Cg68
Gaj SRB 253 Cc91
Gajary SK 238 Bo84
Gajdobra SRB 252 Bt90
Gajeva LV 215 Cq68
Gaj Oławski PL 232 Bp79
Gajów PL 234 Cb79
Gajowniki PL 224 Cf74
Gajtanevo BG 264 Cf93
Gakovo SRB 243 Bt89
Gålå N 47 Au57
Gălăbinci BG 274 Cn96
Gălăbnik BG 272 Cg96
Galåbodarna S 49 Bh55
Gălăbovci BG 272 Cf95
Gălăbovo BG 273 Ck96
Gălăbovo BG 274 Cm96
Galafura P 191 Se98
Galambok H 250 Bp87
Galan F 177 Aa94
Gălăneşti RO 247 Cm85
Galáni GR 279 Ck98
Galanito N 29 Cf43
Galanta SK 239 Bq84
Galapagar E 193 Sm99
Galaroza E 203 Sg105
Gåla seter N 48 Bb57
Galashiels GB 79 Sp69
Gálásjávri = Kaalasjärvi S 28 Ca45
Galata BG 273 Ci94
Galatádes GR 277 Ce99
Galatás GR 286 Cf105
Galatás GR 287 Cg106
Gălăteni RO 265 Cl92
Galati I 151 Bn105
Galaţi RO 256 Cr90
Galati Marina I 153 Bm104
Galatin BG 264 Ch94
Galatina I 149 Br100
Galatini GR 277 Cd100
Galátista GR 278 Cg100
Galatone I 149 Br100
Gălăuţaş RO 247 Cl87
Galaxídi GR 283 Ce104
Galbally IRL 90 Sd76
Galbeja BY 219 Cp70
Galbenu RO 256 Cp90
Gålberget S 41 Br53
Gălbinaşi RO 266 Co90
Gălbiori RO 267 Cr92
Galdácano = Galdakao E 185 Sp94
Galda de Jos RO 254 Ch88
Galdakao E 185 Sp94
Gáldar E 202 Ri124
Găldău RO 266 Cq92
Galdesand N 47 Ar57
Galeata I 138 Bd93
Galēni LV 215 Co68
Galera E 206 Sp105
Galera, la E 195 Aa99
Galéria F 142 As96
Galeş RO 254 Ch89
Găleşti RO 255 Ck87
Galew PL 227 Bs76
Galewice PL 227 Br78
Galgamácsa H 243 Bt85
Galgate GB 84 Sp73
Gălgău RO 246 Ch86
Galgiai LT 218 Cl71
Galiče BG 264 Ch93
Galicea RO 264 Ci91
Galicea Mare RO 264 Cg92
Galičnik MK 270 Cb97
Galinduste E 192 Si99
Galiny PL 216 Cb72
Galipsós GR 278 Ch99
Galisancho E 192 Si99
Galisteo E 191 Sh101
Galiţa RO 266 Cp92
Galižana HR 258 Bh91
Galizano E 185 Sn94
Galizes P 191 Se100
Gałków PL 227 Bu77
Gałkowice-Ocin PL 234 Cd79
Gallarate I 131 As89
Gallardon F 160 Ad83
Gallardos, Los E 206 Sr106
Gällared S 72 Bf66
Gallareto I 136 Ar90
Gallartú E 185 Sp94
Gällaryd S 72 Bi66
Gallega, La E 185 So97
Gallegos de Argañán E 191 Sg99
Gallegos de Solmirón E 192 Sk99
Galleno I 138 Bb93
Gälleråsen S 59 Bi62
Gallesano = Galižana HR 258 Bh91
Gallese I 144 Be96
Galliate I 131 As90
Gallicano I 138 Ba92
Gallicano nel Lazio I 144 Bf97
Gallicchio I 147 Bn100
Galliera Veneta I 132 Bd89
Gallin D 110 Bb74
Gallin D 110 Be73
Gällinge S 68 Be66
Gallio I 132 Bd89
Gallipoli I 149 Bq100
Gällivare S 29 Cb46
Gallizien A 134 Bk87
Gallneukirchen A 237 Bi84
Gällnö S 61 Bs62
Gallo I 139 Bf93
Gällö S 49 Bl55
Gallspach A 128 Bh84
Gällstad S 69 Bg65
Gallur E 186 Ss97
Galluzzo I 138 Bc93
Galovo BG 264 Ci93
Gålsjö bruk S 41 Bq54
Galston-Newmilns GB 80 Sm69
Galtby FIN 62 Cd60
Galtelli I 140 Au100
Galten DK 100 Au68
Galten N 48 Bd57
Galteviken S 68 Be62
Gåltjärn S 50 Bq55
Galtseter N 48 Bd57
Galtür A 132 Ba87
Galu RO 247 Cm86
Galve E 195 St99
Galve de Sorbe E 193 So98
Galveias P 197 Se102
Galven S 50 Bn58
Gálvez E 199 Sm101
Galway = Gaillimh IRL 86 Sb74
Gamaches F 99 Ad81
Gámas = Kaamanen FIN 31 Cp42
Gámasmohkki = Kaamasmukka FIN 24 Cn42
Gambais F 160 Ad83
Gambara I 138 Ba90
Gambarie I 151 Bm104
Gambassi Terme I 143 Bb93
Gambatesa I 147 Bk97
Gambettola I 139 Be92
Gambolò I 175 As90
Gambsheim F 124 Aq83
Gaming A 237 Bl85
Gamla Falmark S 42 Cc51
Gamla Uppsala S 60 Bq61
Gamleby S 70 Bn65
Gamlestølen N 57 Au58
Gamlingay GB 94 Su76
Gamlitz A 135 Bm87
Gammalbodarna S 49 Bk55
Gammalbodarna S 50 Bn55
Gammalkil S 70 Bl64
Gammalkroppa S 59 Bi61
Gammalsälen S 59 Bg59
Gammelbo S 60 Bl61
Gammelbodarna S 50 Bk55
Gammelby DK 100 At69
Gammelby S 60 Bn61
Gammelby = Vanhakylä FIN 64 Cm60
Gammelfäb S 60 Bn59
Gammelin D 110 Bc73
Gammel Rye DK 100 Au68
Gammelsågen S 60 Bp58
Gammel Skagen = Højen DK 68 Bb65
Gammelstaden S 35 Ce49
Gammendorf D 103 Bc72
Gammersvik N 56 Am59
Gammertingen D 125 At84
Gammsätter S 50 Bp56
Gamnes N 22 Bt41
Gamnes N 28 Bq44
Gamonal E 192 Sl101
Gams CH 125 At86
Gams bei Hieflau A 128 Bk85
Gamskogel-Hütte A 127 Be86
Gamvik N 23 Ce40
Gamvik N 23 Cg39
Gamvik N 25 Cr38
Gamzigrad SRB 263 Ce93
Gămzovo BG 264 Cf92
Gan F 187 Su94
Ganacker D 127 Bf83
Ganade E 183 Se96
Gånålven S 39 Bf53
Gand N 66 Am63
Gand = Gent B 155 Ah78
Gándara E 182 Sb95
Gándara E 182 Sd93
Gándara E 182 Sd95
Gándara = Gándara E 182 Sb95
Gándara dos Olivais P 196 Sc101
Gandarela E 182 Sd96
Gandarela P 190 Sd98
Ganddal N 66 Am63
Gandelu F 161 Ag82
Ganderkesee D 108 As74
Gandesa E 188 Aa98
Gandía E 201 Su103
Gandino I 131 Au89
Gandria CH 175 At88
Gandrup DK 100 Ba66
Gandvik N 25 Ct40
Găneasa RO 264 Ci92
Găneasa RO 266 Cn92
Găneşti RO 254 Ci88
Gangelt D 113 An79
Ganges F 179 Ah93
Gånghester S 69 Bg65
Gångholmen S 60 Bo61
Gangi I 153 Bi105
Gângiova RO 264 Ch93
Gangkofen D 127 Bf84
Gangstad N 39 Bc53
Gan'kovo RUS 215 Cr67
Ganløse DK 101 Be69
Ganna I 131 As89
Gannat F 167 Ag88
Ganóhora GR 278 Ce100
Gansbach A 238 Bl84
Gänsen S 59 Bk60
Gänserndorf A 238 Bo84
Gånsvik S 51 Br55
Gänt H 243 Br86
Ganthem S 71 Bs65
Ganthorpe GB 85 St72
Ganties F 177 Ab94
Gañuelas E 207 Ss105
Ganuza E 186 Sq95
Ganzlin D 110 Be74
Gaoth Dobhair IRL 82 Sd70
Gaoth Sáile IRL 86 Sa72
Gap F 174 An91
Gaperhult S 69 Bg63
Gappohytta N 28 Ca42
Gara H 252 Bt88
Gară, Lehliu- RO 266 Co92
Garaballa E 201 Ss101
Garachico E 202 Rg124
Garadzilavičy BY 215 Cr68
Garafia E 202 Re123
Garaguso I 148 Bn99
Gara Hitrino BG 266 Co94
Gara Lakatnik BG 272 Cg94
Gárasavvon = Kaaresuvanto FIN 29 Cf44
Gárásj = Karats S 34 Bs47
Garbagna I 137 As91
Garbatka-Letnisko PL 228 Cd78
Garbatówka PL 229 Cg78
Gărbău RO 246 Cg87
Garbayuela E 198 Sl102
Garbce PL 226 Bo77
Garberg N 38 Bc54
Garboldisham GB 95 Ab76
Garbolovo RUS 65 Da60
Gârbou RO 246 Cg86
Gârbova RO 254 Ch89
Gârbovi RO 266 Co91
Garbsen D 109 Au76
Gârceni RO 256 Cp87
Garching an der Alz D 127 Bf84
Garching bei München D 126 Bd84
Garciaz E 198 Si102
Garciems LV 213 Ci66
Garcigalindo E 192 Si99
Garcihernández E 192 Sk99
Garčin HR 260 Br90
Gârcina RO 248 Cn87
Garcinarro E 193 Sp100
Gărčinovo BG 265 Cn93
Gârcov RO 265 Ck93
Garda I 132 Bb89
Gârda de Sus RO 254 Cf88
Gardanne F 180 Al94
Gardar N 57 Ar61
Gärdås S 59 Bh59
Gärdåssälen S 59 Bg59
Gardby S 73 Bo67
Gårde DK 100 As69
Garde E 176 St95
Gärde S 39 Bh53
Garde S 71 Bs66
Gårdeby S 70 Bn64
Garde-Freinet, La F 180 An94
Gardeja Pierwsza PL 222 Bs73
Gardelegen D 110 Bc75
Gardemoen N 58 Bc60
Gardenstown GB 76 Sq65
Garderen NL 107 Am76
Gärdhem S 68 Be64
Gardiki GR 282 Cc101
Gardiki GR 283 Cd103
Garding D 102 As72
Gardinovci SRB 261 Ca90
Gärdnäs S 40 Bl52
Gardno PL 220 Bk74
Gardnos N 57 At59
Gârdoaia RO 264 Cf91
Gardone Riviera I 132 Bb89
Gardone Val Trompia I 131 Ba89
Gardonne F 170 Aa91
Gárdony H 243 Bs86
Gårdsby S 73 Bk67
Gårdserum S 70 Bn64
Gårdsjö S 59 Bg61
Gårdsjö S 69 Bi63
Gardsjönäs S 33 Bn50
Gårdsjönäs S 41 Bq52
Gårdskär S 60 Bq59
Gårdskärs fiskehamn S 60 Bq59
Gärds Köpinge S 72 Bi69
Gårdslösa S 73 Bo67
Gårdsmarka N 32 Bi49
Gärdsnäs S 70 Bn64
Gårdstånga S 72 Bg69
Gardvik N 58 Bd60
Gårdvik S 60 Bm59
Gåre N 48 Bc55
Gáregasnjárga = Karigasniemi FIN 24 Cm42
Garein F 176 St92
Garelochhead GB 78 Sl68
Garenin (Gearrannan) GB 74 Sg64
Garešnica HR 250 Bo89
Garessio I 136 Ar92
Garfin E 184 Sk95
Garforth GB 85 Ss73
Gargaliáni GR 286 Cd106
Gargallo E 195 St99
Garganta, La E 192 Si100
Gargantiel E 199 Sl103
Gargazon = Gargazzone I 132 Bc87
Gargazzone I 132 Bc87
Gargiafjellstue N 23 Ch41
Gargilesse-Dampierre F 166 Ad87
Gargjaur S 34 Bq49
Gargnano I 132 Bb89
Gargnäs S 34 Bo50
Gárgoles de Abajo E 194 Sp99
Gargrave GB 84 Sq73
Gargždai LT 216 Cc69
Gari MK 270 Cb97
Garino RUS 215 Cs67
Garkalne LV 214 Ci66
Garkleppvollen N 48 Bd54
Garlasco I 137 As90
Gârleni RO 256 Co87
Garliava LT 217 Ch71
Gârliciu RO 267 Cr91
Garlieston GB 83 Sm71
Garlin F 187 Su93
Garlitos E 198 Sk103
Garlitz D 109 Bc74
Garljano BG 271 Cf96
Garlstedt D 108 As74
Garlstorf D 109 Ba74
Garmisch-Partenkirchen D 126 Bc86
Garmo N 47 As57
Garnache, La F 164 Sr87
Garnek PL 233 Bt79
Garnes N 46 Am56
Garnes N 56 Al60
Gârnic RO 253 Cd91
Garoata RO 256 Cp89
Garodz'ki BY 218 Cn72
Garoza LV 213 Ch67
Garpenberg S 60 Bn60
Garpenbergsgård S 60 Bn60
Garphyttan S 70 Bk62
Garraf E 189 Ad98
Garrafe de Torío E 184 Si95
Garragie Lodge GB 79 Sm66
Garrapinillos E 194 Ss97
Garray E 186 Sq97
Garreg GB 92 Sm75
Garrel D 108 Ar75
Garrida E 182 Sc96
Garriga, la E 189 Ae97
Garrigill GB 81 Sq71
Garrison GB 82 Sd72
Garristown IRL 87 Sh73
Garrobillo E 206 Sr106
Garrovilla, La E 197 Sh103
Garrovillas E 197 Sg101
Garrucha E 206 Sr106
Garryvoe IRL 90 Sd77
Gars am Inn D 127 Be84
Gars am Kamp A 129 Bm83
Garsdale Head GB 81 Sq72
Gärsene LV 214 Cm68
Gärsnäs S 73 Bi69
Garstang GB 84 Sp73
Garstedt D 109 Ba74
Garten N 38 Au53
Garth GB 92 Sn76
Garthmyl GB 93 So75
Garthus N 57 Au59
Gartland N 39 Be51
Gartow D 110 Bc74
Gärtringen D 125 As83
Gartz (Oder) D 111 Bi74
Gârva N 24 Cl42
Garvagh GB 82 Sg71
Garvagh IRL 82 Se73
Garvald GB 76 Sp69
Garvan BG 266 Co92
Garvän RO 256 Cr90
Garvão P 202 Sd105
Garve GB 75 Sl65
Garwolin PL 228 Cd77
Garynahine GB 74 Sg64
Garz / Rügen D 220 Bg72
Garzyn PL 226 Bo77
Gåsadalur FO 26 Sf56
Gąsawa PL 226 Bq75
Gåsbo S 60 Bo59
Gåsborn S 59 Bi61
Gåsbu N 47 As56
Gåsbu N 58 Bc59
Gaschurn A 131 Ba87
Gascilavičy BY 219 Cq72
Gasčiūnai LT 213 Ch68
Gascueña E 194 Sp100
Gåsenstugorna S 49 Bf54
Gåskeluokte S 33 Bo50
Gåsnes N 23 Ci38
Gasny F 160 Ad82
Gąsocin PL 228 Cb75
Gąsów PL 228 Cd77
Gasperina I 151 Bo103
Gaspoltshofen A 128 Bh84
Gasselte NL 107 Ao75
Gasselternijveen NL 107 Ao75
Gassino Torinese I 136 Aq90
Gåssjö S 40 Bo54
Gåssjö S 50 Bl56
Gassum DK 100 Au67
Gasteiz, Vitoria- E 186 Sp95
Gastellovo RUS 216 Cd70
Gastes F 170 Ss92
Gastiáin E 186 Sq95
Gastins F 161 Ag83
Gastor, El E 204 Sk107
Gastoúni GR 282 Cc105
Gastoúri GR 276 Bu101
Gastsjö S 50 Bm55
Gata E 191 Sg100
Gata HR 259 Bo94
Gata de Gorgos E 201 Aa103
Gătaia RO 253 Cc90
Gataţii Bistriţei RO 246 Ci87
Gataučiai LT 213 Ch68
Gatčina RUS 211 Da61
Gatehouse GB 81 Sq70
Gatehouse of Fleet GB 80 Sm71
Gatér H 244 Bu87
Gatersleben D 116 Bc77
Gateshead GB 81 Sr71
Gathemo F 159 St83
Gátova E 201 St101
Gattendorf A 238 Bo84
Gatteo a Mare I 139 Be92
Gátterjohka = Katterjåkk S 28 Br44
Gattersdorf A 134 Bk87
Gattinara I 130 Ar89
Gattorna I 175 At92
Gau-Algesheim D 120 Ar81
Gauaschach D 121 Au80
Gaubretière, La F 165 Ss87
Gaucín E 204 Sk107
Gauja LV 214 Ck66
Găujani RO 265 Cm93
Gaujiena LV 214 Cn65
Gaukerud N 58 Ba59
Gauksheim N 56 Al61
Gaulstad N 39 Be53
Gaundalen N 39 Bf52
Gau-Odernheim D 120 Ar81
Gaupne N 47 Ap58
Gaurain-Ramecroix B 112 Ag79
Gausdal N 48 Ba58
Gaußig D 118 Bi78
Gaustablikk N 57 As61
Gausvik N 27 Bn43
Gautåseter N 47 Au56
Gautefall N 67 As62
Gautestad N 67 Aq63
Gauting D 126 Bc84
Gavà E 189 Ae98
Gavaloú GR 282 Cd103
Gavardo I 132 Ba89
Gavarnie-Gèdre F 187 Aa95
Gavaudun F 171 Ab91
Gávavencsellő H 241 Cd84
Gavi I 137 As91
Gavião P 197 Se102
Gavilanes E 192 Sl100
Gavirate I 175 As89
Gävle S 60 Bp59
Gavoi I 141 At100
Gavojdia RO 253 Ce89
Gavorrano I 143 Bb95
Gavray F 159 Ss83
Gavrilovo RUS 65 Ct59
Gavrio GR 284 Ck105
Gavrolimni GR 282 Cd104
Gávros GR 277 Cc99
Gavry RUS 215 Cq67
Gavry RUS 215 Cr67
Gavsele S 41 Bp52
Gävunda S 59 Bi59
Gavuragılı TR 292 Ct108
Gaweinstal A 129 Bo84
Gawłuszowice PL 234 Cc80
Gawroniec PL 221 Bn73
Gawrony Duże PL 226 Bn77
Gawthrop GB 81 Sq72
Gawthwaite GB 81 So72
Gåxsjö S 40 Bl53
Gaybrook IRL 87 Sf74
Gaydon GB 93 Ss76
Gayton GB 85 Ab75
Gázi GR 291 Cl110
Gazilieg = Gacilly, La F 164 Sq85
Gazinet F 170 St91
Gazoldo degli Ippoliti I 138 Bb90
Gázoros GR 278 Ch98
Gazzada I 131 As89
Gazzaniga I 131 Au89
Gazzuolo I 138 Bb90
Gbelce SK 239 Bs85
Gbely SK 238 Bp83
Gdańsk PL 222 Bs72
Gdinj HR 268 Bo94
Gdov RUS 211 Cq63
Gdów PL 234 Ca81
Gdynia PL 222 Bs71
Geaca RO 246 Ci87
Gea de Albarracín E 194 Ss100
Geaune F 187 Su93
Geay F 165 Su87
Gebenbach D 122 Bd81
Gebesee D 116 Bb78
Gebhardshain D 114 Aq79
Gębice PL 227 Br75
Gebrazhofen D 126 Au85
Gebsattel D 121 Ba82
Gedern D 115 At80
Gedesby DK 104 Bd71
Gedinne B 156 Ak81
Gedney Drove End GB 85 Aa75
Gèdre F 187 Aa95
Gedser DK 104 Bd71
Gedsted DK 100 At67
Geel B 156 Ak78
Geertruidenberg NL 113 Ak77
Geeste D 107 Ap75
Geesthacht D 109 Ba74
Geestland D 108 As73
Gefell D 116 Bd80
Geffen NL 113 Al77
Géfira GR 277 Cf99
Gefiria GR 283 Ce102
Gefrees D 122 Bd80
Gega BG 271 Cg98
Geguže LT 218 Ck70
Gehau D 115 Au78
Gehlenberg D 108 Aq75
Gehlsbach D 110 Be74
Gehrde D 108 Ar75
Gehrden D 109 Au76
Gehren D 122 Bc79
Geijersholm S 59 Bh60
Geilenkirchen D 113 An79
Geilo N 57 Ar59
Geinsheim D 120 Ar82
Geiranger N 46 Ap56
Geirastadir N 67 Ba62
Geisa D 116 Au79
Geiselhöring D 122 Be83
Geiselwind D 122 Ba81
Geisenfeld D 126 Bd83
Geisenhausen D 127 Be84
Geisenheim D 120 Aq81
Geising D 118 Bh79
Geisingen D 125 As85
Geislingen D 125 As84
Geislingen an der Steige D 126 Au83
Geismar D 115 Ba78
Geisnes N 39 Bd51
Geispolsheim F 124 Aq83
Geistthal-Södingberg A 129 Bl86
Geistthal-Södingberg A 135 Bl86
Geiswasser F 163 Aq85
Geitastrand N 38 Au54
Geiteryghytta N 57 Aq59
Geithain D 230 Bf78
Geithus, Åmot- N 58 Au61
Geithus, Åmot/ N 58 Au61
Geitvågen N 27 Bk46
Geiu RO 253 Cc88
Gela BG 273 Ck97
Gela I 153 Bi106
Gelbensande D 104 Be72
Geldermalsen NL 106 Al77
Geldern D 114 An77
Geldrop NL 113 Am78
Geleen NL 114 Am79
Gelej H 240 Cb85
Gelemenovo BG 273 Ci96
Gelenau (Erzgebirge) D 230 Bf79
Gelénes H 241 Ce84
Geležiai LT 214 Ck69
Gelgaudiškis LT 217 Cf70
Gelibolu TR 280 Co100
Gelibolu TR 292 Cr107
Gelida E 189 Ad98
Gellénháza H 242 Bo87
Gellershausen D 115 At78
Gelles F 172 Af89
Gelligaer GB 97 So77
Gelnhaar D 121 At80
Gelnhausen D 121 At80
Gelnica SK 240 Cb83
Gelsa E 195 Su98
Gelsenkirchen D 114 Ap77
Gelso I 150 Bk104
Gelsted DK 103 Au70
Gelterkinden CH 124 Aq86
Gelting D 103 Au71
Gelucourt F 163 Ao83
Gelvonai LT 218 Ck70
Gembloux B 156 Ak79
Gemenele RO 256 Cq90
Gemer SK 240 Ca84
Gemerská Panica SK 240 Ca84
Gemerská Poloma SK 240 Ca83
Gemert NL 113 Am77
Gémínos F 180 Am94
Gemla S 72 Bk67
Gemlik TR 281 Ct100
Gemmingen D 120 As82
Gemona del Friuli I 133 Bg88
Gémozac F 170 St89
Gempfing D 126 Bb83
Gemträsk S 35 Ce49
Gemünd D 119 Ao79

350 Fuentenovilla – Gemünd

Gemünden **D** 119 Ap81
Gemünden (Felda) **D** 115 At79
Gemünden (Wohra) **D** 115 As79
Gemünden am Main **D** 121 Au80
Gemzse **H** 241 Ce84
Genappe **B** 113 Ai79
Genarp **S** 105 Bg69
Génave **E** 200 Sp104
Genazzano **I** 146 Bf97
Gençay **F** 166 Aa88
Genderkingen **D** 126 Bb83
Gendrey **F** 168 Am86
Gendringen **NL** 107 An77
Gendt **NL** 114 Am77
Genemuiden **NL** 107 An75
Générac **F** 179 Ai93
General Geševo **BG** 274 Cl98
General Inzovo **BG** 274 Cn96
General Kiselovo **BG** 266 Cq94
General Kolevo **BG** 266 Cp93
General Kolevo **BG** 267 Cq93
General Marinovo **BG** 263 Cf93
Generalski Stol **HR** 135 Bl90
General Toševo **BG** 267 Cr93
Geneston **F** 164 Sr86
Genêts **F** 159 Ss83
Genève **CH** 169 An88
Genevrières **F** 168 Am85
Geney **F** 124 Ao86
Genf = Genève **CH** 169 An88
Gengenbach **D** 124 Ar84
Genicera **E** 184 Sk95
Genillé **F** 166 Ac86
Génis **F** 171 Ac90
Genisséa **GR** 279 Ck98
Genivolta **I** 131 Au90
Genk **B** 156 Am79
Genlis **F** 168 Al86
Gennádi **GR** 292 Cq108
Gennep **NL** 114 Am77
Gennes-sur-Glaize **F** 159 St85
Gennes-Val-de-Loire **F** 165 Su86
Genola **I** 136 Aq91
Génolhac **F** 172 Ah92
Genouillac **F** 166 Ad88
Genouillé **F** 166 Aa88
Genouilly **F** 166 Ad86
Genova **I** 175 As92
Gensingen **D** 120 Aq81
Gensungen **D** 115 At78
Gent **B** 155 Ah78
Genthin **D** 110 Be76
Genthod **CH** 169 An88
Gentieg = Janzé **F** 159 Ss85
Gentioux-Pigerolles **F** 171 Ad89
Gentofte **DK** 101 Bf69
Genzano di Lucania **I** 147 Bn99
Genzano di Roma **I** 144 Bf97
Geoagiu **RO** 254 Cg89
Geoagiu-Băi **RO** 254 Cg89
Geoagiu de Sus **RO** 254 Ch88
Georgenberg **D** 122 Be81
Georgensgmünd **D** 121 Bc82
Georgenthal **D** 116 Bb79
Georgi Damjanovo **BG** 264 Cg94
Georgioúpoli **GR** 290 Ci110
Georgi Trajkov = Dolni Čiflik **BG** 275 Cq95
Georgítsi **GR** 286 Ce106
Georgsdorf **D** 107 Ap75
Georgsmarienhütte **D** 115 Ar76
Georth **GB** 77 So62
Géos **GR** 282 Ca102
Gepatschhaus **A** 132 Bb87
Ger **E** 178 Ad96
Ger **F** 159 St83
Ger **F** 176 Su94
Gera **D** 230 Be79
Geraardsbergen **B** 155 Ah79
Gerabronn **D** 121 Au82
Gerace **I** 151 Bn104
Gerakaroú **GR** 278 Cg99
Gérakas **GR** 287 Cg107
Geráki **GR** 286 Cf107
Gerakiní **GR** 278 Cg100
Gera Lario **I** 131 At88
Geraneny **BY** 218 Cm72
Gérardmer **F** 163 Ao84
Geras **A** 238 Bm83
Geras **E** 184 Si95
Gerasdorf bei Wien **A** 129 Bn84
Géraudot **F** 161 Ai84
Gerăuşa **RO** 246 Cf85
Gerbéviller **F** 124 Ao84
Gerbini **I** 153 Bk106
Gerbstedt **D** 116 Bd77
Gërçinë **RKS** 270 Ca96
Gerdašiai **LT** 217 Ch73
Gerdau **D** 109 Ba75
Geremeas **I** 141 At102
Gerena **E** 204 Sh105
Gereñu = Guereñu **E** 186 Sq95
Geretsried **D** 126 Bc85
Gérgal **E** 206 Sp106
Gergelyiugornya **H** 241 Ce84
Gergy **F** 168 Ak87
Gerián **E** 202 Rf124
Geringswalde **D** 230 Bf78
Gerjen **H** 244 Bs88
Gerlafingen **CH** 169 Aq86
Gerlev **DK** 101 Be69
Gerlingen **D** 125 At83
Gerlos **A** 127 Be86
Germagny **F** 168 Ak87
Germaines **F** 168 Al85
German **MD** 248 Cq86
German **MK** 271 Ce96
Germaniškis **LT** 214 Ck68
Germano **I** 151 Bo102
Germaringen **D** 126 Bb85
Gérmas **GR** 277 Cc100
Germay **F** 162 Al84
Germencik **TR** 289 Cq105
Germering **D** 126 Bc84
Germerode **D** 116 Au78
Germersheim **D** 120 Ar82
Germigny-des-Prés **F** 160 Ae85
Germont **F** 156 Ak82
Gernec **AL** 276 Bu100
Gernica y Luno = Gernika-Lumo **E** 186 Sp94
Gernika-Lumo **E** 186 Sp94
Gernrode **D** 116 Bc77
Gernsbach **D** 125 Ar83
Gernsheim **D** 120 Ar81
Geroda **D** 121 Au80
Gerola Alta **I** 131 Au88
Geroldsgrün **D** 122 Bd80
Geroldstein **D** 120 Aq80
Geroliménas **GR** 286 Ce108
Gerolsbach **D** 126 Bc84
Gerolstein **D** 119 Ao80
Gerolzhofen **D** 121 Ba81
Gerona = Girona **E** 189 Af97
Geroplátanos **GR** 276 Cb101
Gerovo **HR** 134 Bk89
Gerpinnes **B** 156 Ak80
Gerrards Cross **GB** 98 St77
Gerri de la Sal **E** 177 Ac96
Gersau **CH** 131 As87
Gersfeld (Rhön) **D** 116 Au80
Gersheim **D** 119 Ap82
Gersten **D** 107 Ap75
Gerstetten **D** 125 Ba83
Gersthofen **D** 126 Bb84
Gerstungen **D** 115 Ba79
Gerterode **D** 115 Au79
Gervjaty **BY** 218 Cn71
Gerwisch **D** 116 Bd76
Gesäter **S** 68 Bd63
Geschendorf **D** 103 Ba73
Gescher **D** 107 Ap77
Geseke **D** 115 As77
Geslau **D** 121 Ba82
Gespunsart **F** 156 Ak81
Gessertshausen **D** 126 Bb84
Gestad **S** 68 Be63
Gestalgar **E** 201 St101
Gesté **F** 165 Ss86
Gesten **DK** 103 At69
Gestorf **D** 109 Au76
Gesunda **S** 59 Bk59
Gesves **B** 113 Al80
Gesztely **H** 240 Cb84
Geszteréd **H** 241 Cd85
Geta **AX** 61 Bu60
Getafe **E** 193 Sn100
Getaria **E** 186 Sq94
Getelo **D** 108 Ao76
Getinge **S** 101 Bf67
Getkölen **S** 50 Bl56
Gets, les **F** 169 Ao88
Getterö **S** 70 Bo64
Gettjärn **S** 59 Bf61
Gettorf **D** 103 Au72
Gettrup **DK** 100 Ar67
Getxo **E** 185 So94
Getxo = Getxo **E** 185 So94
Géüs-d'Oloron **F** 187 St94
Geusfeld **D** 121 Bb81
Gevelsberg **D** 114 Ap78
Geversdorf **D** 109 At73
Gévezé **F** 158 Sr84
Gevgelija **MK** 277 Cf98
Gévora del Caudillo **E** 197 Sg103
Gevrey-Chambertin **F** 168 Ak86
Gex **F** 169 An88
Geyer **D** 123 Bf79
Gföhl **A** 238 Bl83
Ghajn Tuffieha **M** 151 Bi109
Ghaorthaidh **IRL** 89 Sb77
Għarb **M** 151 Bi108
Ghedi **I** 132 Ba90
Ghelari **RO** 254 Cf89
Ghelinţa **RO** 255 Cn89
Ghemme **I** 175 Ar89
Ghenci **RO** 245 Cf85
Gheorghe Doja **RO** 255 Ck88
Gheorghe Doja **RO** 266 Cp91
Gheorgheni **RO** 255 Cm87
Gherăeşti **RO** 248 Co86
Gherăseni **RO** 266 Co90
Ghergheasa **RO** 256 Cp90
Gherghești **RO** 256 Cq88
Gherghiţa **RO** 266 Cn91
Gherghiţeşti **RO** 265 Cl91
Gherla **RO** 246 Ch86
Gherman **RO** 253 Cc90
Gherta Mică **RO** 246 Cg85
Ghertele **I** 132 Bc89
Ghiare **I** 137 Au91
Ghibullo **I** 139 Be92
Ghidfalău **RO** 255 Cm89
Ghidigeni **RO** 256 Cp88
Ghigo **I** 136 Ap91
Ghilad **RO** 253 Cc90
Ghilarza **I** 141 As100
Ghimbav **RO** 255 Cm89
Ghimpaţi **RO** 265 Cm92
Ghindăreşti **RO** 267 Cr91
Ghindari **RO** 255 Ck87
Ghioroc **RO** 253 Cd88
Ghioroiu **RO** 264 Ch91
Ghirdoveni **RO** 265 Cm91
Ghirla **I** 131 As89
Ghiroda **RO** 253 Cc89
Ghislarengo **I** 175 Ar89
Ghislenghien **B** 155 Ah79
Ghisonaccia **F** 181 At96
Ghisoni **F** 181 At96
Ghisunaccia = Ghisonaccia **F** 181 At96
Ghizela **RO** 245 Cd89
Giálova **GR** 286 Cd107
Giáltra **GR** 283 Cf103
Giandola, la **F** 181 Aq93
Giannádes **GR** 276 Bu101
Giannitsá **GR** 278 Ce99
Giannítsi **GR** 287 Ci104
Giannotá **GR** 277 Ce101
Giannoúli **GR** 277 Ce101
Giannoúli **GR** 280 Cn98
Giannuccio **F** 142 At97
Giano dell' Umbria **I** 144 Bf95
Giardinetto Vecchio **I** 147 Bl98
Giardini-Naxos **I** 150 Bl105
Giarmata **RO** 245 Cc89
Giarratana **I** 153 Bk106
Giarre **I** 153 Bl105
Giat **F** 172 Ae89
Giaveno **I** 136 Ap90
Giazza **I** 132 Bc89
Giba **I** 141 As102
Gibalbín **E** 204 Si107
Gibellina **I** 152 Bf105
Gibostad **N** 22 Br42
Gibraleón **E** 203 Sg106
Gibraltar **GB** 85 Aa74
Gibraltar **GBZ** 205 Sk108
Ģibuļi **LV** 213 Ce66
Giby **PL** 224 Cg72
Ģibzde **LV** 213 Ce66
Gic **H** 243 Bq86
Gideå **S** 41 Bs54
Gideåberg **S** 40 Bo54
Gideå bruk **S** 41 Bt54
Gidle **PL** 233 Bt79
Giebelstadt **D** 121 Au81
Gieboldehausen **D** 116 Ba77
Giedajty **PL** 223 Ca73
Giedlarowa **PL** 235 Ce80
Giedraičiai **LT** 218 Cl70
Giekau **D** 103 Bb72
Giela **P** 182 Sd97
Gielas **S** 33 Bl50
Giełczew **PL** 235 Cf79
Gielniów **PL** 228 Ca78
Gielow **D** 110 Bf73
Gien **F** 167 Af85
Giengen an der Brenz **D** 126 Ba83
Giens **F** 180 An94
Giera **RO** 253 Cb90
Gierałtowice **PL** 233 Bt81
Gières **F** 174 Am90
Gierkiny **PL** 223 Cc72
Gierów **PL** 232 Bp79
Giershagen **D** 115 As78
Gierzwałd **PL** 223 Ca73
Giesel **D** 121 Au79
Giesen **D** 116 Au76
Gießen **D** 120 As79
Gießübel **D** 122 Bb79
Gietelo **NL** 113 An76
Gieten **NL** 107 Ao74
Giethoorn **NL** 107 An75
Giétroz **CH** 174 Ao88
Gietrzwałd **PL** 223 Ca73
Gievdnjegoikka **N** 23 Ch42
Giewartów **PL** 226 Bq76
Giffaumont-Champaubert **F** 162 Ak83
Giffoni Valle Piana **I** 147 Bk99
Gifford **GB** 76 Sp69
Gifhorn **D** 109 Bb76
Gigantes, Los **E** 202 Rg124
Gige **H** 251 Bq88
Gigean **F** 179 Ah93
Gigen **BG** 264 Ci93
Gighera **RO** 264 Ch93
Giginci **BG** 271 Cf95
Giglio Castello **I** 143 Bb96
Giglio Porto **I** 143 Bb96
Gignac **F** 179 Ah93
Gijón **E** 184 Si93
Gilău **RO** 254 Cg87
Gilbbesjavri = Kilpisjärvi **FIN** 29 Cb42
Gilberdyke **GB** 85 St73
Gilching **D** 126 Bc84
Gilcrux **GB** 81 So71
Gildehaus **D** 108 Ap76
Gildeskål **N** 32 Bi46
Gildone **I** 147 Bk97
Gilena **E** 204 Sl106
Gilette **F** 181 Ap93
Gilfach Goch **GB** 97 So77
Gilja **N** 66 An63
Gillam = Killinge **S** 28 Ca45
Gillberga **S** 60 Bp61
Gillberga **S** 69 Bf62
Gillberga **S** 70 Bl62
Gillberga **S** 70 Bn62
Gilleleje **DK** 101 Be68
Gillenfeld **D** 120 Ao80
Gillerberg **S** 60 Bm59
Gilley **F** 124 An86
Gillhov **S** 49 Bk55
Gillingham **GB** 95 Ab78
Gillingham **GB** 95 Ad76
Gillingham **GB** 98 Sq78
Gilocourt **F** 161 Af82
Gilów **PL** 232 Bo79
Gilów **PL** 235 Cf79
Gilowice **PL** 233 Bt81
Gilserberg **D** 115 At79
Gilten **D** 109 Au75
Gilūtos **LT** 219 Co70
Gilvrazino **P** 202 Sd106
Gilvvo = Kilvo **S** 35 Cc47
Gilze **NL** 113 Ak77
Gim **S** 50 Bn56
Gimat **F** 177 Ab93
Gimborn **D** 114 Ap78
Gimdalen **S** 50 Bm55
Gimel **CH** 169 An87
Gimel-les-Cascades **F** 171 Ad90
Gimenells **E** 195 Aa97
Gimigliano **I** 151 Bo103
Gimileo **E** 185 Sp95
Gimino = Žminj **HR** 258 Bh90
Gimlinge **DK** 104 Bc70
Gimnó **GR** 286 Cf105
Gimo **S** 61 Br60
Gimont **F** 177 Ab93
Gimsøy **N** 27 Bi44
Ginasservis **F** 180 Am93
Ginci **BG** 272 Cg94
Ginestas **F** 178 Af94
Gineta, La **E** 200 Sq102
Ginetes **P** 182 Qi105
Gingelom **B** 156 Al79
Gingins **CH** 169 An88
Gingst **D** 105 Bg72
Giniginamar **E** 203 Rm124
Ginkūnai **LT** 213 Cg69
Ginosa **I** 149 Bo99
Ginsheim-Gustavsburg **D** 120 Ar81
Gío **E** 183 Sg94
Gioia dei Marsi **I** 145 Bh97
Gioia del Colle **I** 149 Bo99
Gioia Sannitica **I** 146 Bi98
Gioia Tauro **I** 151 Bm104
Gioiosa Ionica **I** 151 Bn104
Gioiosa Marea **I** 150 Bk104
Giornico **CH** 131 As88
Giovinazzo **I** 148 Bo98
Ģipka **LV** 213 Cf65
Giraltovce **SK** 241 Cd82
Girancourt **F** 124 An84
Girdžiai **LT** 217 Cf70
Girecourt-sur-Durbion **F** 124 Ao84
Girifalco **I** 151 Bn103
Girkalnis **LT** 217 Cg70
Girkantai **LT** 224 Cg72
Girkhausen **D** 115 Ar78
Giroc **RO** 253 Cc89
Giromagny **F** 124 Ao85
Giron = Kiruna **S** 28 Ca45
Girona **E** 189 Af97
Gironcourt-sur-Vraine **F** 162 Am84
Gironda, La **E** 204 Si106
Gironella **E** 189 Ad96
Gironville-sous-les-Côtes **F** 162 Am83
Girov **RO** 248 Co87
Giruliai **LT** 212 Cc69
Girvan **GB** 83 Sl70
Gisburn **GB** 84 Sq73
Giscos **F** 170 Su92
Gisholt **N** 67 At62
Gišino **RUS** 215 Cr66
Gislaved **S** 72 Bh66
Gislev **DK** 103 Bb70
Gislinge **DK** 101 Bd69
Gisløy **N** 27 Bl43
Gismarvik **N** 66 Al62
Gisors **F** 160 Ad82
Gisselås **S** 40 Bl53
Gisselbo **S** 60 Bo60
Gissi **I** 147 Bk96
Gisslarbo **S** 60 Bm61
Gissträsk **S** 41 Bt51
Gistad **S** 70 Bm64
Gistel **B** 155 Af78
Gistoux, Chaumont- **B** 156 Ak79
Gistrup **DK** 100 Au67
Giswil **CH** 130 Ar87
Gita **BG** 274 Cl96
Githio **GR** 286 Cf107
Gittelde **D** 116 Ba77
Gittun **S** 34 Bs48
Gitvolaseter **N** 58 Bc58
Giubega **RO** 264 Cg92
Giubiasco **CH** 131 At88
Giugliano in Campania **I** 146 Bi99
Giuleşti **RO** 246 Ch85
Giulianova **I** 145 Bh95
Giulvăz **RO** 253 Cb89
Giurgeni **RO** 266 Cq91
Giurgeşti, Ciceu- **RO** 246 Ci86
Giurgiţa **RO** 264 Ch92
Giurgiu **RO** 265 Cm93
Giustiniana, la **I** 144 Be97
Giuvărăşti **RO** 265 Ck93
Give **DK** 100 At69
Giver **DK** 100 Au67
Giverny **F** 160 Ad82
Givet **F** 156 Ak80
Givors **F** 173 Ak89
Givry **B** 155 Ai80
Givry **F** 168 Ak87
Givry-en-Argonne **F** 162 Ak83
Givskud **DK** 100 At69
Gizałki **PL** 226 Bq76
Gizdavac **HR** 268 Bn93
Gizeux **F** 165 Aa86
Giżyce **PL** 229 Ce77
Giżycko **PL** 216 Cd72
Gizzeria **I** 151 Bn103
Gjegjan **AL** 270 Bu97
Gjellerud **N** 57 At61
Gjellerup **DK** 100 At68
Gjelsvik **N** 46 Al58
Gjemestad **N** 46 An57
Gjemgam **N** 27 Bm46
Gjemlestad **N** 66 Ap64
Gjemnes **N** 47 Aq55
Gjendesheim **N** 47 As57
Gjengedal **N** 46 Am57
Gjengstøa **N** 38 At54
Gjerde **N** 47 Ap57
Gjerdrum **N** 58 Bc60
Gjerdvik **N** 46 Ak58
Gjermestad **N** 66 Am63
Gjermundnes **N** 46 Ap55
Gjermundshamn **N** 56 Am60
Gjern **DK** 100 Au68
Gjerrild **DK** 101 Bb67
Gjerstad **N** 67 At63
Gjersvik **N** 39 Bg51
Gjervollstad **N** 66 Ao64
Gjesås **N** 58 Be59
Gjesdal **N** 66 Am63
Gjesse **DK** 100 At68
Gjesvær **N** 24 Cl38
Gjetsjø **N** 58 Bb61
Gjevaldshaugen **N** 58 Bd58
Gjevilvasshytta **N** 47 At55
Gjilan **RKS** 271 Cc96
Gjinar **AL** 276 Ca98
Gjinikas **AL** 276 Ca99
Gjirokastër **AL** 276 Ca100
Gjógv **FO** 26 Sg56
Gjøl **DK** 100 Au66
Gjølme **N** 38 Au54
Gjølstad **N** 58 Bc62
Gjonpepaj **AL** 270 Bu96
Gjøra **N** 47 At55
Gjormë **AL** 276 Bu100
Gjota **N** 48 Bd56
Gjøv = Gjógv **FO** 26 Sg56
Gjøvåg **N** 56 Al60
Gjøvik **N** 22 Bp42
Gjøvik **N** 58 Bb59
Gjurakovc **RKS** 270 Ca95
Gjurgič **BG** 264 Cf93
Gjurgjedell **RKS** 271 Cc96
Gjuvik **N** 57 Ar61
Glabbeek **B** 113 Ak79
Gladau **D** 110 Be76
Gladbach **D** 114 Ao79
Gladbeck **D** 114 Ao77
Gladenbach **D** 115 As79
Gladhammar **S** 70 Bn65
Gladstad **N** 32 Bd49
Gładyczyn Rządowy **PL** 228 Cc75
Gladyszów **PL** 241 Cc81
Glafirá **GR** 283 Cf102
Glainans **F** 124 Ao86
Glaisin **D** 110 Bc74
Glăjarie **RO** 247 Ck87
Glamis **GB** 76 So67
Glamoć **BIH** 260 Bo92
Glåmos **N** 48 Bc55
Glamsbjerg **DK** 103 Ba70
Glanaman **GB** 92 Sn77
Glandon **F** 171 Ac90
Glandore **IRL** 90 Sb77
Glandorf **D** 115 Ar76
Glanegg **A** 134 Bi87
Glanerbrug **NL** 108 Ao76
Glanet **F** 164 Sr86
Glanmule **GB** 93 So75
Glan-Münchweiler **D** 119 Ap82
Glanshammar **S** 70 Bl62
Glanworth **IRL** 90 Sd76
Glan-y-don **GB** 84 So74
Glan-yr-afon **GB** 84 So75
Glarus **CH** 131 At86
Glarus Nord **CH** 131 At86
Glarus Süd **CH** 131 At87
Glasau **D** 103 Bb72
Glasbury **GB** 93 So76
Glascwm **GB** 93 So76
Glasgow **GB** 80 Sm69
Glashütte **D** 111 Bi73
Glashütte **D** 118 Bh79
Glashütten **A** 135 Bl87
Glashütten **D** 120 Ar80
Glashütten **D** 122 Bc81
Glassan **IRL** 87 Se74
Glastonbury **GB** 97 Sp78
Glattfelden **CH** 125 Ar85
Glaty **BY** 215 Cs69
Glaubitz **D** 118 Bg78
Glauburg **D** 121 At80
Glauchau **D** 117 Bf79
Glaumbær **IS** 20 Ql25
Glava **BG** 264 Ci94
Glava **S** 59 Bf61
Glavan **BG** 280 Cm97
Glăvăneşti **RO** 256 Cp88
Glavani **HR** 258 Bi90
Glavatičci **MNE** 269 Bs96
Glavatićevo **BIH** 269 Br93
Glavičiče **BIH** 262 Bt91
Glavinci **SRB** 263 Cc93
Glavinica **BG** 266 Co93
Glavinica **BG** 273 Ci96
Glavnik = Gllamnik **RKS** 263 Cc95
Gleann Beithe = Glenbeigh **IRL** 89 Sa76
Gleann Cholm Cille **IRL** 82 Sc71
Gleann na Muaidhe **IRL** 86 Sa72
Głębokie **PL** 229 Cg78
Gledačevo **BG** 274 Cn96
Gledić **SRB** 262 Cb93
Gledjica **SRB** 261 Ca94
Gledka **BG** 273 Cm97
Glehn **D** 114 Ao78
Gleichen **D** 116 Au78
Glein **A** 128 Bk86
Glein **N** 32 Bf48
Gleina **D** 116 Bd78
Gleinstätten **A** 135 Bl87
Gleisdorf **A** 135 Bm86
Gleißenberg **D** 230 Bf82
Glembočino **RUS** 215 Cr68
Glemmingebro **S** 73 Bi70
Glemsford **GB** 95 Ab76
Glen **IRL** 82 Se70
Glen **S** 49 Bh55
Glenancross **GB** 74 Si67
Glenariff **GB** 83 Sh70
Glenarm **GB** 83 Si71
Glenavy **GB** 88 Sh71
Glenbarr **GB** 83 Si69
Glenbeigh **IRL** 89 Sa76
Glenborrodale **GB** 78 Si67
Glenbrittle House **GB** 74 Sh66
Glencoe **GB** 78 Sk67
Glencolumbkille = Gleann Cholm Cille **IRL** 82 Sc71
Glendevon **GB** 76 Sn68
Glen-dorrogha **IRL** 82 Sc71
Glenealy **IRL** 88 Sh75
Gleneely **IRL** 82 Sf70
Glenegedale **GB** 78 Sh69
Glenelg **GB** 74 Si66
Glenfeshie Lodge **GB** 79 Sn66
Glenfinnan **GB** 75 Sk67
Glengarriff = An Glean Garbh **IRL** 89 Sa77
Glénic **F** 166 Ad88
Glenkindie **GB** 76 Sp66
Glenluce **GB** 83 Sl71
Glenmaye **GBM** 88 Sl72
Glenmore **IRL** 90 Sf76
Glenmore Lodge **GB** 76 Sn66
Glenna **N** 57 Au58
Glennamaddy **IRL** 86 Sc73
Glenne **N** 58 Bc62
Glenn Trool Lodge **GB** 83 Sm70
Glenridding **GB** 84 Sp71
Glenrothes **GB** 79 So68
Glenstrup **DK** 100 Au67
Glentane **IRL** 86 Sc74
Glenties **IRL** 82 Sd71
Glenville **IRL** 90 Sd76
Glesborg **DK** 101 Bb68
Gletsch **CH** 130 Ar87
Glewe, Neustadt- **D** 110 Bd74
Glewitz **D** 104 Bf72
Glibodol **HR** 258 Bl91
Glibovac **SRB** 262 Cb92
Glienicke, Gühlen- **D** 110 Bf74
Glífa **GR** 283 Cf103
Glifáda **GR** 284 Ch105
Glikí **GR** 276 Cb102
Glikolar **AL** 276 Cb100
Glimåkra **S** 72 Bi68
Glimboca **RO** 253 Ce90
Glimsta **S** 50 Bo57
Glin **IRL** 89 Sb75
Glina **HR** 135 Bn90
Glinde **D** 109 Ba73
Glindow **D** 110 Bf76
Glindran **S** 70 Bn63
Glinianka **PL** 228 Cc76
Glinice **PL** 233 Bt80
Glinik Polski **PL** 234 Cd81
Glinka **PL** 233 Bt82
Glinki **RUS** 65 Cs61
Glinojeck **PL** 228 Ca75
Glinsce **IRL** 86 Sa74
Glinton **GB** 94 Su75
Glion = Ilanz **CH** 131 At87
Glisno **PL** 225 Bl76
Glissjöberg **S** 49 Bi56
Glitterheim **N** 47 As57
Gliwice **PL** 233 Bs80
Gllaboçicë **RKS** 270 Cb96
Gllamnik **RKS** 263 Cc95
Gllarevë **RKS** 270 Cb95
Gllavë **AL** 276 Bu100
Gllogovc = Drenas **RKS** 270 Cb95
Globasnica = Globasnitz **A** 134 Bk87
Globasnitz **A** 134 Bk87
Globicy **RUS** 65 Ct61
Globočica = Gllaboçicë **RKS** 270 Cb96
Globočica = Globoçicë **RKS** 271 Cc96
Globoçicë **RKS** 271 Cc96
Globoder **SRB** 263 Cc93
Globu **RO** 253 Ce91
Glodeanu Sărat **RO** 266 Co91
Glodeanu-Siliştea **RO** 266 Co91
Glodeni **MD** 248 Cq85
Glodeni **RO** 255 Ck87
Glodeni **RO** 265 Cl90
Glodi **BIH** 261 Bt92
Glödnitz **A** 134 Bi87
Głodowa **PL** 221 Bo73
Glodževo **BG** 266 Cn93
Gloggnitz **A** 242 Bm85
Gloginka **BG** 266 Cn94
Glogonj **SRB** 252 Cb91
Glogova **RO** 264 Cf91
Glogovac **HR** 242 Bo88
Glogovac **SRB** 263 Cc92
Glogovac = Drenas **RKS** 270 Cb95
Głogów **PL** 226 Bn77
Głogówek **PL** 232 Bq80
Głogów Małopolski **PL** 234 Cd80
Glomel **F** 157 So84
Glomfjord **N** 32 Bi47
Glommersträsk **S** 34 Bu50
Glömminge **S** 73 Bo67
Glonn **D** 127 Bd85
Glorenza **I** 131 Bb87
Glória do Ribatejo **P** 196 Sc102
Glösa **S** 39 Bi54
Glos-la-Ferrière **F** 160 Ab83
Glóssa **GR** 284 Ch102
Glössbo **S** 50 Bo58
Glossop **GB** 84 Sr74
Gløstad **N** 38 As53
Glostrup **DK** 104 Be69
Gløs-vågen **N** 47 Aq54
Glöte **S** 49 Bh56
Gløtlægret **N** 48 Ba56
Głotowo **PL** 216 Ca73
Gloucester **GB** 93 Sq77
Głowaczów **PL** 228 Cc77
Główczyce **PL** 221 Bp71
Główczyce **PL** 233 Bs79
Glowe **D** 220 Bg71
Glöwen **D** 110 Be75
Głowina **PL** 227 Bt75
Głowno **PL** 227 Bu77
Gložan **SRB** 252 Bu90
Gložane **SRB** 263 Cc92
Gložene **BG** 264 Ch93
Głubczyce **PL** 232 Bq80
Głuche **PL** 222 Br73
Głuchołazy **PL** 232 Bp80
Głuchów **PL** 227 Bs77
Głuchów **PL** 227 Ca77
Głuchów **PL** 235 Ce80
Głuchowo **PL** 226 Bo76
Glücksburg (Ostsee) **D** 103 Au71
Glückstadt **D** 109 At73
Glud **DK** 100 Ba69
Gludsted **DK** 100 At68
Gluha Bukovica **BIH** 260 Bq92
Glumicy **RUS** 65 Cu62
Glumina **BIH** 261 Bt92
Glumslöv **S** 72 Bf69
Glumsø **DK** 104 Bd70
Glurns = Glorenza **I** 131 Bb87
Gluš' **RUS** 211 Cr64
Glusburn **GB** 84 Sr73
Glušci **SRB** 252 Bu91
Glušnevo **BY** 224 Ci73
Głuszyca **PL** 232 Bn79
Glutt Lodge **GB** 75 Sn64
Glyn Ceiriog **GB** 84 So75
Glynde **GB** 99 Aa79
Glyngøre **DK** 100 As67
Glynn **GB** 83 Si71
Glyn Neath **GB** 92 Sn77
Glyxnäs **S** 61 Bs61
Gmünd **A** 127 Be86
Gmünd **A** 133 Bh87
Gmünd **A** 237 Bk83
Gmund am Tegernsee **D** 126 Bd85
Gmunden **A** 236 Bh85
Gmyrino **RUS** 211 Ct64
Gnarp **S** 50 Bp56
Gnarrenburg **D** 109 At74
Gnas **A** 242 Bm87
Gneisenaustadt Schildau = Schildau **D** 117 Bf78
Gnemern **D** 104 Bd73
Gneotina **MK** 271 Cc99
Gnesta **S** 70 Bp62
Gniazdowo **PL** 223 Cd75
Gniebing **A** 242 Bm87
Gniechowice **PL** 232 Bo79
Gniew **PL** 222 Bs73
Gniewino **PL** 222 Br71
Gniewkowo **PL** 222 Br75
Gniewoszów **PL** 228 Cd78
Gnieżdżewo **PL** 222 Br71
Gnieździska **PL** 234 Ca79
Gniezno **PL** 226 Bq75
Gnissau **D** 103 Ba73
Gnisvärd **S** 71 Br66
Gnjilane = Gjilan **RKS** 271 Cc96
Gnjili Potok **MNE** 269 Bu95
Gnoien **D** 104 Bf73
Gnojnica **BIH** 260 Br91
Gnojnik **PL** 234 Cb81
Gnojno **PL** 229 Cg76
Gnosall **GB** 93 Sq75
Gnosjö **S** 72 Bh66
Gnotzheim **D** 122 Bb82
Gnutz **D** 103 Au72
Goabddalis = Kåbdalis **S** 34 Bu48
Goathland **GB** 85 St72
Gob an Choire **IRL** 86 Sa73
Göbel **TR** 281 Cr100
Gobesh **AL** 276 Ca99
Gobmevuohppi = Kummavuopio **S** 29 Cb43
Gobowen **GB** 84 So75
Goč **SRB** 262 Cb93
Goce Delčev **BG** 272 Ch97
Goch **D** 113 An77
Gochsheim **D** 120 As82
Gochsheim **D** 121 Ba80
Gocław **PL** 228 Cd76
Göd **H** 243 Bt85
Göda **D** 118 Bi78
Godaćica **SRB** 262 Cb93
Godalming **GB** 98 St78
Godby **AX** 61 Ca60
Goðdali **IS** 20 Ql25
Goddelau **D** 120 Ar81
Goddelsheim **D** 115 As78
Godeč **BG** 272 Cg94
Godega di Sant'Urbano **I** 133 Be89
Godegård **S** 70 Bl63
Godejord **N** 39 Bf52
Godelheim **D** 115 At77
Godelleta **E** 201 St102
Godeni **RO** 255 Ck90
Gödens **D** 108 Aq74
Godensholt **D** 108 Aq74
Goderville **F** 159 Aa81
Godeševo **BG** 272 Ci98
Gödestad **S** 72 Be66
Gödestorf **D** 108 As75
Godętowo **PL** 222 Bq71
Godheim **N** 58 Bc61
Godia **I** 133 Bg88
Godiasco **I** 175 At91
Godineşti **RO** 264 Cf90
Godkärra **S** 60 Bm61
Godmanchester **GB** 94 Su76
Godo **I** 139 Be92
Gödöllő **H** 244 Bt85
Godovič **SLO** 134 Bi89
Godowa **PL** 234 Cd81
Godøynes **N** 27 Bk46
Godøysund **N** 56 Am60
Gödre **H** 243 Bq88
Godshill **GB** 98 Ss79
Godsted **DK** 104 Bd71
Godstone **GB** 154 Su78
Godziesze Wielkie **PL** 227 Br77
Godzikowice **PL** 232 Bp79
Godziszewo **PL** 222 Bs72
Godziszów **PL** 235 Ce79
Goes **NL** 112 Ah77
Goglio **I** 130 Ar88
Gogolewo **PL** 111 Bl74
Gogolin **PL** 233 Br80
Gogołowa **PL** 233 Bs81
Gogoşari **RO** 265 Cm93
Gogoşu **RO** 263 Cf92
Göhlsdorf **D** 110 Bf76
Gohor **RO** 256 Cp88
Göhrde **D** 110 Bb74
Göhren **D** 220 Bh72
Goián **E** 182 Sc97
Goicea **RO** 264 Ch93
Goieşti **RO** 264 Ch92
Goirle **NL** 113 Al77
Góis **P** 190 Sd100
Goito **I** 132 Bb90
Goizueta **E** 186 Sr94
Gojna Gora **SRB** 261 Ca93
Gojsalići **BIH** 261 Bs92
Gojść **PL** 233 Bt78
Gökçalı **TR** 280 Cn101
Gokčanica **SRB** 262 Cb94
Gökçeada **TR** 280 Cm100
Gökçealan **TR** 289 Cp105
Gökçedere **TR** 281 Ct99
Gokels **D** 103 At72
Gökhem **S** 69 Bg64
Gökhult **S** 69 Bi62
Gol **N** 57 As59
Gola **HR** 250 Bp88
Gola **PL** 226 Bn77
Gołąb **PL** 228 Cd78
Gołąbki **PL** 229 Ce77
Gołaczewy **PL** 233 Bu80
Golada **E** 182 Sd95
Golăieşti **RO** 248 Cq86
Gołańcz **PL** 221 Bp75
Golasowice **PL** 233 Bs81
Golbey **F** 124 An84
Golborne **GB** 84 Sp74
Golce **PL** 221 Bn74
Golce **PL** 235 Ce79
Gölcük **TR** 280 Cp99
Golčův Jeníkov **CZ** 231 Bl81
Golczewo **PL** 105 Bk73
Gołdap **PL** 224 Ce72
Goldau **CH** 131 As86
Goldbach **D** 121 At80
Goldbeck **D** 110 Bd75
Goldberg **D** 110 Be73
Goldegg **A** 127 Bg86
Goldelund **D** 103 At71
Golden **IRL** 90 Se75
Goldenstedt **D** 108 Ar75
Goldkronach **D** 122 Bd80
Goldsborough **GB** 85 St71
Gołębie **PL** 235 Ci79
Golec **BG** 273 Ck94
Gölecik **TR** 281 Cr100
Golędzin **PL** 228 Cb78
Goleen **IRL** 89 Sa78
Golegã **P** 196 Sd102
Golem **AL** 270 Bu98
Golemanovo **BG** 263 Ce93
Golema Rakovica **BG** 263 Ce93
Goleme **AL** 270 Bu97
Golemo Malovo **BG** 272 Cg95
Golemo Selo **SRB** 271 Cd95
Golenice **PL** 220 Bk75
Goleniów **PL** 111 Bk73
Goleš **BG** 266 Cq93
Golešovo **BG** 272 Ch98
Goleşti **RO** 256 Cp89
Goleşti **RO** 265 Ck91
Golesze **PL** 228 Bu78
Goleszów **PL** 233 Bs81
Golfo Aranci **I** 140 Au99
Golińsk **PL** 232 Bn79
Goliševa **LV** 215 Cq67
Goliszew **PL** 227 Br77
Göljahult **S** 73 Bl68
Goljama Željazna **BG** 273 Ci95
Goljam Izvor **BG** 266 Co93
Goljam Izvor **BG** 273 Cm97
Goljam Manastir **BG** 274 Cn96
Goljamo Belovo **BG** 272 Ch96
Goljamo Bučino **BG** 265 Cq90
Goljamo Gradište **BG** 265 Cn94

Gemünden – Goljamo Gradište 351

Greatham GB 98 St78
Great Harwood GB 84 Sq73
Great Hockham GB 95 Ab75
Great Langton GB 81 Sr72
Great Leighs GB 95 Ab77
Great Malvern GB 93 Sq76
Great Massingham GB 95 Ab75
Great Missenden GB 94 St77
Great Oakley GB 95 Ac77
Great Ponton GB 85 St75
Great Shelford GB 95 Aa76
Great Smeaton GB 81 Ss72
Greatstone-on-Sea GB 99 Ab79
Great Torrington GB 97 Sm79
Great Totham GB 95 Ab77
Great Wakering GB 99 Ab77
Great Waltham GB 95 Aa77
Great Witley GB 93 Sq76
Great Yarmouth GB 95 Ad75
Grebbestad S 68 Bc63
Greben RKS 271 Cc96
Grebenac SRB 253 Cc91
Grebenau D 115 At79
Grebendorf D 115 Ba78
Grebenhain D 115 At80
Grębenice PL 228 Ca78
Grebenişu de Câmpie RO 254 Ci87
Grebenstein D 115 At78
Grebice MNE 269 Bs95
Grębków PL 228 Cd76
Grebnice BIH 261 Bs90
Grebno = Greben RKS 271 Cc96
Grebo S 70 Bm64
Grębocin PL 222 Bs74
Grębów PL 234 Cd79
Grebs-Niendorf D 110 Bc74
Greceşti RO 264 Cg92
Greci I 147 Bl98
Greci RO 264 Cg91
Greci RO 265 Ck92
Greci RO 267 Cr90
Greci, Surdila- RO 266 Cp90
Grecksåsar S 59 Bk61
Greda HR 135 Bn89
Greding D 122 Bc82
Gredstedbro DK 102 As70
Grędzina PL 226 Bp78
Green GB 81 So71
Greencastle IRL 82 Sg70
Greene D 116 Au77
Green Hammerton GB 85 Ss72
Greenhead GB 81 Sp71
Greenlaw GB 79 Sq69
Greenloaning GB 79 Sn68
Greenock GB 78 Sl69
Greenodd GB 81 So72
Green Ore GB 98 Sp78
Greenwich GB 95 Aa78
Greetland GB 84 Sr73
Greetsiel D 108 Ap74
Grefrath D 114 An78
Gregam = Grand-Champ F 164 Sp85
Greifenburg A 133 Bg87
Greifendorf D 230 Bg78
Greifenstein D 120 Ar79
Greiffenberg D 111 Bh74
Greifswald D 220 Bg72
Grein A 237 Bk84
Greipstad N 22 Br41
Greiz D 122 Be79
Grekohóri GR 276 Ca102
Grelas E 182 Sc94
Grellingen CH 124 Aq86
Gremersdorf D 104 Bb72
Gremersdorf D 104 Bf72
Gremjač'e RUS 223 Cd71
Gremsh AL 276 Ca99
Grenå = Grenaa DK 101 Bb68
Grenaa DK 101 Bb68
Grenade F 177 Ac93
Grenade-sur-l'Adour F 176 Su93
Grenagh IRL 90 Sc76
Grenant F 168 Am85
Grenås S 40 Bl53
Grenchen CH 169 Ap86
Grenči LV 213 Cf67
Grendelbruch F 124 Ap84
Grendze LV 214 Cn69
Grenivík IS 21 Rb25
Grenoble F 173 Am90
Grense Jakobselv N 25 Db41
Grenzhausen, Höhr- D 114 Aq80
Greoesffordd GB 88 Sl75
Gréolières F 136 Ao93
Gréolières-les-Neiges F 136 Ao93
Greoni RO 253 Cd90
Gréoux-les-Bains F 180 Am93
Gres E 182 Sd95
Gresenhorst D 104 Be72
Gresford GB 93 Sp74
Gressåmoen N 39 Bg52
Gresse D 109 Bb74
Gresslivollen N 48 Bc54
Gressoney-la-Trinité I 175 Aq89
Gressoney-Saint-Jean I 175 Aq89
Gressow D 104 Bc73
Gresten A 237 Bl85
Gresy F 173 Am89
Grésy-sur-Isère F 174 An89
Gretna GB 81 So70
Gretna GB 81 So71
Grettstadt D 121 Ba81
Greußen D 116 Bb78
Grevbäck S 69 Bi64
Greve DK 104 Be69
Greve in Chianti I 143 Bc93
Greven D 114 Aq76
Grevená GR 277 Cc100
Grevenbroich D 114 Ao78
Grevenbrück D 115 Ar78
Greveníti GR 276 Cb101
Grevenmacher L 162 An81
Grevesmühlen D 103 Bc73
Greve Strand DK 104 Be69
Grevie S 72 Bf68
Grevnäs = Kreivilä FIN 64 Cn59
Greyabbey GB 88 Si71
Greystoke GB 81 Sp71
Greystone IRL 87 Sg72
Greystones IRL 91 Sh74
Grézels F 171 Ac92
Grez-en-Bouère F 159 St85
Grèzes F 171 Ad91
Grézolles F 172 Ah89
Grezzana I 132 Bc89
Grgar SLO 133 Bh88
Grgurevci SRB 261 Bu90
Grgurnica MK 270 Cc97
Gribbylund S 61 Br62
Gribuli RUS 215 Cr66
Gridino RUS 211 Cr64
Grieben D 110 Bd76
Grieben D 111 Bg75
Griebenow D 105 Bg72
Griesalp CH 130 Aq87
Gries am Brenner A 132 Bc86
Griesen D 126 Bb86
Griesener Alm A 127 Be85
Griesheim D 120 As81
Gries im Sellrain A 126 Bc86
Grieskirchen A 128 Bh84
Grießem D 115 At76
Griesstätt D 236 Be85
Griffen A 134 Bk87
Grigiškės LT 218 Cl71
Grignan F 173 Ak92
Grignasco I 130 Ar89
Grigno I 132 Bd88
Grignols F 170 Su92
Grignols F 171 Ab90
Grijó P 190 Sc98
Grijó de Vale Benfeito P 191 Sg98
Grijota E 184 Sl96
Grijpskerk NL 107 An74
Grilë AL 270 Bt96
Grillby S 60 Bp61
Grillstad S 69 Bf64
Grimaldi I 151 Bn102
Grimaud F 180 Ao94
Grimbergen B 156 Ai79
Grimeli N 57 Au60
Grimentz CH 169 Aq88
Grimeton S 72 Be66
Grimma D 117 Bf78
Grimmared S 72 Be66
Grimmen D 105 Bg72
Grimmenstein A 242 Bn85
Grimmenthal, Obermaßfeld- D 122 Ba79
Grimsåker S 59 Bh59
Grimsås S 69 Bh66
Grimsby GB 85 Su73
Grimslöv S 72 Bk67
Grimsö S 60 Bl61
Grímsstaðir IS 21 Rd25
Grimstad N 47 Ar54
Grimstad N 67 As64
Grimsthorpe GB 94 Su75
Grimstorp S 69 Bk65
Grimstrup DK 102 As69
Grimstunga IS 20 Qk25
Grindaflethytta N 56 Ao59
Grindal N 47 Au55
Grindalheim N 57 As58
Grindavík IS 20 Qh27
Grinde N 56 Al62
Grindelwald CH 130 Ar87
Grinder N 58 Be60
Grindheim N 56 An61
Grindjord N 28 Bp44
Grindsted DK 100 As69
Grindu RO 266 Co91
Gringley on the Hill GB 85 St74
Griniai LT 217 Cf69
Grinkiškis LT 217 Ch69
Grinnemo S 59 Bf60
Grinneröd S 68 Bd64
Griñón E 193 Sn100
Grinstad S 69 Bf63
Grintieş RO 247 Cm86
Grinton GB 81 Sr72
Grip N 38 Aq54
Gripenberg S 69 Bk65
Gripport F 162 An84
Grisignana = Grožnjan HR 133 Bh90
Grisignano di Zocco I 132 Bd90
Grišino RUS 215 Cs67
Griškabūdis LT 217 Cg71
Griškino RUS 65 Db62
Grislingås N 58 Bd62
Grisolia I 148 Bm101
Grisolles F 177 Ac93
Grisslan S 41 Bs54
Grisslehamn S 61 Bs60
Gristede D 108 Ar74
Grisvåg N 38 Ar54
Gritley GB 77 Sp63
Griva GR 271 Ce99
Grivac SRB 262 Cb92
Grivica BG 265 Ck94
Grivița RO 266 Cp91
Grivy RUS 215 Cr66
Grivy RUS 215 Cs67
Grizanó GR 277 Ce101
Grizebeck GB 81 So72
Grizzana Morandi I 138 Bc92
Grkinja SRB 263 Ce94
Grlište SRB 263 Ce93
Grljan SRB 263 Ce93
Grnčar SRB 272 Ce94
Grøa N 47 As55
Grobbendonk B 156 Ak78
Gröbenzell D 126 Bc84
Gröbers D 117 Be78
Grobiņa LV 212 Cc67
Groble PL 235 Ce80
Groblice PL 232 Bp78
Gröbming A 128 Bh86
Grobniki PL 232 Bq80
Gröbzig D 116 Bd77
Grochowice PL 226 Bn77
Grocka SRB 262 Cb91
Grodås N 46 Ao57
Grödby S 71 Bq62
Gröde D 102 As71
Gródek PL 224 Ch74
Gródek PL 229 Ce77
Grødern N 66 Am62
Grödig A 127 Bg85
Grödinge S 71 Bq62
Gröditz D 118 Bg78
Grodk = Spremberg D 118 Bi77
Grodków PL 232 Bp79
Grodno = Hrodna BY 224 Ch73
Grodzanowice PL 225 Bm78
Grodziec PL 227 Br76
Grodziec PL 233 Br79
Grodzisk PL 229 Cf75
Grodzisk Mazowiecki PL 228 Cb76
Grodzisko PL 233 Br79
Grodzisko Dolne PL 235 Ce80
Grodzisk Wielkopolski PL 226 Bn76
Groeningen NL 113 An77
Groenlo NL 114 Ao76
Groesbeek NL 114 Am77
Grohnde D 115 At76
Grohote HR 259 Bn94
Grohotno BG 273 Ci97
Groisbach A 129 Bn84
Groises F 167 Af86
Groitzsch D 117 Be78
Groix F 157 So85
Grojdibodu RO 264 Ci93
Grójec PL 228 Cb77
Grojec PL 233 Bu80
Grolanda S 69 Bg64
Grolley CH 130 Ap87
Gromford GB 95 Ac76
Gromiljak BIH 260 Br93
Grömitz D 104 Bb72
Gromnik PL 234 Cb81
Gromo I 131 Au89
Gromovo RUS 65 Da59
Gromovo RUS 216 Cc71
Gromšin BG 264 Cg93
Grönahög S 69 Bh65
Grönås S 50 Bn57
Gronau D 107 Ap76
Gronau (Leine) D 115 Au76
Grønbæk DK 100 Au68
Grönbo S 34 Cb50
Grönbo S 60 Bl61
Grønbua N 47 As57
Grønbygil N 57 As61
Grøndal N 46 Am57
Grondola I 137 Au92
Grønfjelldal N 33 Bk48
Grong N 39 Be52
Gronggruver N 39 Bh51
Grönhögen S 73 Bn68
Grønhøj DK 100 At68
Grøning N 46 An58
Gröningen D 116 Bc77
Groningen NL 107 Ao74
Grönklitt S 59 Bk58
Gronków PL 233 Ca82
Grønlia N 32 Bi48
Grønlia N 38 Bb53
Grönliden S 42 Ca51
Grönmyrkojan S 50 Bn55
Grønnes N 47 Ap55
Grønning N 27 Bk43
Grono CH 131 At88
Grönö S 61 Bq59
Gronowo PL 216 Bu72
Gronowo Elbląskie PL 222 Bt72
Gronowo Górne PL 222 Bt72
Grönsåsen S 49 Bf57
Grønsetrene N 47 At56
Grönsinka S 60 Bo60
Grönskåra S 73 Bm66
Grønvik N 66 An62
Grönviken S 50 Bl55
Grootegast NL 107 An74
Groothusen D 107 Ap74
Gropello Cairoli I 137 As90
Gropeni RO 266 Cq90
Gropnița RO 248 Cp86
Gropparello I 137 Au91
Grösäter S 68 Be63
Grosbliederstroff F 119 Ap82
Grosbous L 119 Am81
Grosbreuil F 164 Sr87
Groşi RO 246 Ch85
Grosio I 131 Ba88
Groslée-Saint-Benoît F 173 Am89
Grosmagny F 169 Ao85
Grosmont GB 93 Sp77
Grošnica SRB 262 Cb93
Großaitingen D 126 Bb84
Großalmerode D 115 Au78
Großalsleben D 116 Bc77
Groß Ammensleben D 110 Bd76
Großarl A 128 Bg86
Groß Aspe D 109 At74
Großbarkau D 103 Ba72
Großbeeren D 111 Bg76
Groß Behnitz D 110 Bf75
Groß Berkel D 115 At76
Groß-Bieberau D 120 As81
Großbodungen D 116 Ba78
Großbothen D 117 Bf78
Großbottwar D 121 At82
Groß Breese D 110 Bd74
Großbreitenbach D 121 Bc79
Groß Buchholz D 110 Bd74
Großburgwedel D 109 Au76
Großburlo D 107 Ao77
Groß Dölln D 220 Bh75
Großdorf A 133 Bf86
Groß Düngen D 115 Ba76
Großebersdorf D 230 Bd79
Großefehn D 107 Aq74
Großenaspe D 103 Au73
Großenbrode D 103 Bc72
Großenehrich D 116 Bb78
Großengottern D 116 Bb78
Großenhain D 108 As73
Großenhain D 118 Bh78
Großenhof D 104 Bc73
Großenkneten D 108 Ar75
Großenlüder D 121 Au79
Großenmarpe D 115 At77
Großenmeer D 108 Ar74
Großensee D 109 Ba73
Großentaft D 116 Au79
Großenwiehe D 103 At71
Großenwörden D 109 At73
Groß-Enzersdorf A 129 Bo84
Grosseto I 143 Bc95
Grosseto-Prugna F 181 As97
Großfurra D 116 Bb78
Groß Garz D 110 Bd75
Groß-Gerau D 120 Ar81
Groß Gerungs A 128 Bk83
Groß Gievitz D 110 Bf74
Groß Glienicke D 111 Bg76
Großglobnitz A 129 Bl83
Groß Görnow D 110 Bd73
Großgörschen D 117 Be78
Großgundertshausen D 127 Bd83
Großhabersdorf D 121 Bb82
Großhansdorf D 109 Ba73
Großharrie D 103 Ba72
Großharthau D 117 Bi78
Großhartmannsdorf D 118 Bg79
Großhartpenning D 126 Bd85
Groß Heide D 109 Bc74
Großhelfendorf D 126 Bd85
Großheringen D 116 Bd78
Groß Hesepe D 108 Ap75
Großheubach D 121 At81
Großhöbing D 122 Bc82
Grosshöchstetten CH 169 Aq87
Großholzleute D 125 Ba85
Groß Ippener D 108 As75
Groß Jehser D 118 Bh77
Großkirchheim A 133 Bf87
Großkmehlen D 117 Bh78
Großkochberg D 116 Bc79
Großköllnbach D 127 Bf83
Großkonreuth D 230 Be81
Großkorbetha D 117 Be78
Groß Kordshagen D 104 Bf72
Groß Köris D 117 Bh76
Großkoschen D 117 Bi78
Groß Krams D 110 Bc74
Groß Kreutz D 110 Bf76
Großkrut A 129 Bo83
Groß Laasch D 110 Bd74
Groß Labenz D 110 Bd73
Groß Lafferde D 109 Ba76
Groß Leine D 117 Bi76
Großleinungen D 116 Bc78
Großlittgen D 119 Ao80
Großlohra D 116 Bb78
Großmehring D 126 Bd83
Groß Mohrdorf D 104 Bf72
Groß Muckrow D 118 Bi76
Großmugl A 238 Bn84
Groß Naundorf D 117 Bg77
Großnaundorf D 118 Bh78
Groß Nemerow D 111 Bg74
Groß Neuendorf D 225 Bi75
Groß Oesingen D 109 Ba75
Groß Oßnig D 118 Bi77
Großostheim D 121 At81
Groß Pankow D 110 Be74
Großpetersdorf A 242 Bn86
Groß Plasten D 110 Bf73
Großräschen D 117 Bi77
Großreifling A 128 Bk85
Groß Rheide D 103 At72
Großrinderfeld D 121 Au81
Groß-Rohrheim D 120 Ar81
Großröhrsdorf D 117 Bi78
Großropperhausen D 115 At79
Groß Rosenburg D 116 Bd77
Großrosseln D 163 Ao82
Großrußbach A 129 Bn84
Groß Sarau D 109 Bb73
Groß Särchen D 118 Bi78
Groß Schenkenberg D 109 Bb73
Großschirma D 230 Bg79
Großschönau D 118 Bk79
Groß Schönebeck D 220 Bh75
Groß Schwechten D 110 Bd75
Groß-Schweinbarth A 129 Bo84
Groß-Siegharts A 237 Bl83
Großsolt D 103 Au71
Groß Strömkendorf D 104 Bc73
Großtreben-Zwethau D 117 Bg77
Groß Twülpstedt D 110 Bb76
Groß-Umstadt D 120 As81
Großwallstadt D 121 At81
Großwarasdorf A 242 Bo85
Groß Warnow D 110 Bd74
Großweikersdorf A 129 Bm84
Großweißenbach A 129 Bl83
Großweitzschen D 117 Bg78
Groß Welle D 110 Be74
Großwenkheim D 121 Ba80
Großwilfersdorf A 135 Bn86
Groß-Wittensee D 103 Au72
Groß Wokern D 110 Be73
Großwudicke D 110 Be75
Groß-Ziethen D 220 Bh75
Groß-Zimmern D 120 As81
Großzöbern D 117 Be80
Gros-Theil, Le F 160 Ab82
Grosuplje SLO 134 Bk89
Grøtavær N 26 Bn43
Grötholen S 49 Bf57
Grötingen S 50 Bl55
Grotle N 46 Ak57
Grotli N 47 Aq56
Grötlingbo S 71 Br66
Grotnes N 56 An60
Grotniki PL 227 Bt77
Grottaferrata I 144 Bf97
Grottaglie I 149 Bp99
Grottaminarda I 148 Bl98
Grottammare I 145 Bh95
Grottazzolina I 145 Bh94
Grotte I 152 Bh106
Grotte di Castro I 144 Bd95
Grotteria I 151 Bn104
Grotte Santo Stefano I 144 Be95
Grotteseter N 57 Ar60
Grottole I 148 Bn99
Grotvågen N 38 At54
Grou NL 107 Am74
Grouw = Grou NL 107 Am74
Grov N 46 Ap57
Grov = Grovfjord N 27 Bp43
Grova N 67 As62
Grøvdal N 47 Aq55
Grove, O E 182 Sc96
Grovelas P 190 Sd97
Gröveldalsvallen S 49 Bf57
Grövelsjön S 48 Be56
Grovfjord N 27 Bp43
Grovstølan N 57 As58
Grozdjovo BG 275 Cq94
Grozeşti RO 248 Cr87
Grua N 58 Bb60
Grubben N 32 Bi49
Grubbenvorst NL 113 An78
Grube D 103 Bc72
Grubišno Polje HR 250 Bp89
Gruczno PL 222 Br74
Gruda HR 269 Br95
Grude BIH 260 Bp94
Grude S 69 Bg65
Grudna Dolna PL 234 Cc81
Grudovo = Bozduganovo BG 274 Cm96
Grudovo = Sredec BG 275 Cp96
Grudusk PL 223 Cb74
Grudziądz PL 222 Bs74
Gruemire AL 269 Bu96
Grues F 165 Ss88
Gruetta I 130 Ap89
Grugliasco I 136 Aq90
Gruia RO 263 Cf92
Gruissan F 178 Ag94
Gruissan-Plage F 178 Ag94
Gruiu RO 265 Cn91
Grullos E 184 Sh94
Grumăzeşti RO 248 Cn86
Grumello del Monte I 131 Au89
Grumento Nova I 148 Bm100
Grumo Appula I 148 Bo98
Grums S 59 Bg62
Grüna D 230 Bf79
Grünau im Almtal A 236 Bh85
Grünbach am Schneeberg A 237 Bm85
Grünberg D 120 As79
Grünburg A 237 Bi85
Grundagssätern S 49 Bf56
Grundarfjörður IS 20 Qg26
Gründau D 121 At80
Grundbro S 70 Bp62
Grundfors S 33 Bl50
Grundfors S 41 Bq51
Grundforsen S 49 Bf58
Grundisburgh GB 95 Ac76
Grundsjö S 40 Bo52
Grundsjö S 50 Bm56
Grundsund S 68 Bc64
Grundsunda AX 62 Ca60
Grundsunda S 41 Bt54
Grundtjärn S 41 Bp53
Grundträsk S 34 Bt50
Grundträsk S 34 Ca50
Grundträsk S 35 Cd48
Grundträskliden S 34 Bs49
Grundvattnet S 34 Ca49
Grundzāle LV 214 Cn66
Grünendeich D 109 Au73
Grünenplan D 115 Au77
Grunewald D 113 An77
Grunewald D 118 Bh78
Grungebru N 57 Aq61
Grungedal N 57 Aq61
Grünhain-Beierfeld D 123 Bf79
Grünheide (Mark) D 111 Bh76
Grunnfarnesbotn N 22 Bo42
Grunnfjord N 22 Bu40
Grunnfjordbotn N 27 Bn45
Grunow-Dammendorf D 118 Bi76
Grünsfeld D 121 Au81
Grünstadt D 163 Ar81
Grüntal D 111 Bh75
Grünthal D 236 Be84
Grünwald D 126 Bd84
Grunwald PL 223 Ca74
Grupčin MK 271 Cc97
Grupenhagen D 115 At76
Grury F 167 Ah87
Grüsch CH 131 Au87
Grūšlaukė LT 212 Cc68
Grußendorf D 109 Bb75
Grussetu Prugna = Grosseto-Prugna F 181 As97
Gruszczyce PL 227 Br77
Gruta PL 222 Bs74
Grutle N 56 Al61
Grutness GB 77 Ss61
Grutseter N 48 Au54
Gruva N 48 Bc55
Gruvberget S 60 Bn58
Gruvsamhälle S 42 Ca51
Gruvsamhydda S 33 Bp48
Gruyères CH 169 Ap87
Gruža SRB 262 Cb93
Gruzdžiai LT 213 Cg68
Grybėnai LT 218 Cn70
Grybly BY 219 Cp70
Grybów PL 240 Cb81
Grycksbo S 60 Bl59
Grydz'ki BY 219 Co70
Gryfice PL 105 Bl73
Gryfino PL 111 Bi74
Gryfów Śląski PL 231 Bl78
Grykë AL 276 Bt99
Gryllefjord N 22 Bp42
Grymyr N 58 Ba60
Grynberget S 40 Bo52
Gryon CH 169 Ap88
Gryt S 70 Bo64
Gryt S 70 Bp62
Grytå N 32 Bf49
Gryta N 38 As53
Grytdalen N 48 Au55
Gryte N 38 Bc53
Gryteryd S 72 Bg66
Grytestøl N 57 As58
Grytgöl S 70 Bm63
Grythyttan S 59 Bk61
Gryting N 67 At62
Grytnäs S 35 Cg49
Grytnäs S 60 Bn60
Grytsjö S 40 Bm50
Grytsjön S 69 Bi62
Grytstorp S 70 Bm63
Grytting N 27 Bl43
Gryżyna PL 226 Bo76
Grza SRB 263 Cd93
Grzechotki PL 223 Ca72
Grzegorzew PL 227 Bs76
Grzęska PL 235 Ce80
Grzmiąca PL 221 Bn73
Grzmiąca PL 228 Cb77
Grzymalin PL 226 Bn78
Grzymałków PL 234 Ca78
Grzymiszew PL 227 Br76
Grzywna PL 222 Bs74
Gschnitz A 132 Bc86
Gschwandt A 236 Bh85
Gschwend D 121 Au83
Gstaad CH 169 Ap88
Gstadt am Chiemsee D 236 Be85
Gsteig CH 169 Ap88
Gua, Le F 170 St89
Guadahortuna E 205 So105
Guadalajara E 193 So99
Guadalaviar E 194 Sr100
Guadalcanal E 198 Si104
Guadalcázar E 204 Sl105
Guadalix de la Sierra E 193 Sn99
Guadalmedina E 205 Sm107
Guadalupe E 198 Sk102
Guadalupe E 206 Sq105
Guadalupe P 190 Qd102
Guadamur E 199 Sm101
Guadarrama E 193 Sm99
Guadassuar E 201 Su102
Guadiana del Caudillo E 197 Sg103
Guadisa E 198 Sk102
Guadix E 206 So106
Guadramil P 183 Sg97
Guagno F 142 As96
Guájar-Faragüit E 205 Sn107
Gualachulain GB 78 Sk67
Gualdálmez E 198 Sl103
Gualdo Cattaneo I 144 Bf95
Gualdo Tadino I 144 Bf94
Gualöv S 72 Bi68
Guancha, La E 202 Rg124
Guarazoca E 202 Re125
Guarcino I 145 Bg97
Guarda CH 131 Ba87
Guarda P 191 Sf99
Guarda, A E 182 Sc97
Guardamar del Segura E 201 St104
Guarda Veneta I 138 Bd91
Guardia, La E 199 So101
Guardia, La = Guarda, A E 182 Sc97
Guardia de Jaén, La E 205 Sn105
Guàrdia de Noguera = Guàrdia de Tremp E 188 Ab96
Guàrdia de Tremp E 188 Ab96
Guardiagrele I 145 Bi96
Guardia Perticara I 147 Bn100
Guardia Piemontese I 151 Bn102
Guardia Sanframondi I 147 Bk98
Guardias Viejas E 206 Sp107
Guardiola de Berguedà E 189 Ad96
Guardiola de Font-rubí E 189 Ad98
Guardistallo I 143 Bb94
Guardo E 184 Sl95
Guareña E 198 Sh103
Guaro E 204 Sl107
Guarromán E 199 Sn104
Guasila I 141 At101
Guastalla I 138 Bb91
Guatiza E 203 Ro122
Guaza de Campos E 184 Sl96
Gubanicy RUS 65 Cu62
Gubbio I 144 Bf94
Gubböle S 42 Bu53
Gubbträsk S 33 Bq50
Guben D 118 Bk77
Guberevac SRB 262 Cb93
Gubeš BG 263 Cg94
Gubin PL 118 Bk77
Gubin = Guben D 118 Bk77
Guča SRB 262 Ca93
Guča Gora BIH 260 Bq92
Gudagaj BY 218 Cm71
Gúdar E 195 St100
Gudbjerg DK 103 Bb70
Gudbrandsgard N 57 Aq59
Gudbrandslia N 47 Au57
Guddal N 46 Am58
Gudeliai LT 224 Ch71
Gudenieki LV 212 Cd67
Gudensberg D 115 At78
Guderup DK 103 Au71
Gudhjem, Allinge- DK 105 Bk70
Gudiña, A E 183 Sf96
Gudmundra S 51 Bq55
Gudmuntorp S 72 Bg69
Gudogaj BY 218 Cm71
Gudovac HR 242 Bo89
Gudow D 109 Bb73
Gudvangen N 56 Ao59
Gudžiūnai LT 217 Ch69
Gueberschwihr F 163 Ap84
Guebwiller F 163 Ap85
Guécélard F 159 Aa85
Güéjar-Sierra E 205 So106
Guella, Rifugio I 132 Bb89
Guémené-Penfao F 164 Sr85
Guémené-sur-Scorff F 158 So84
Guénange F 119 An82
Güeñes E 185 So94
Guenes = Güeñes E 185 So94
Guengat F 157 Sm84
Guer F 158 Sq85
Guérande F 164 Sq86
Guerche-de-Bretagne, La F 159 Ss85
Guerche-sur-l'Aubois, la F 167 Af87
Guereñu E 186 Sq95
Guéret F 166 Ad88
Guérigny F 167 Ag86
Guerinière, La F 164 Sq87
Guern F 158 So84
Güesa E 176 Ss95
Guéthary F 176 Sr94
Gueugnon F 167 Ai87
Gueux F 161 Ah82
Güevéjar E 205 Sn106
Guewenheim F 124 Ap85
Gugeşti RO 256 Cp89
Güglingen D 120 As82
Guglionesi I 147 Bk97
Gugny PL 224 Cf74
Gühlen-Glienicke D 110 Bf74
Guhttás = Kuttanen FIN 29 Cf44
Guhtur = Kuttura FIN 30 Cn44
Guía E 202 Ri124
Guia P 190 Sc101
Guia P 202 Sd106
Guía de Isora E 202 Rg124
Guiche, La F 168 Ai87
Guichen F 158 Sr85
Guidel-Plages F 157 So85
Guidizzolo I 132 Bb90
Guidonia-Montecelio I 146 Bf96
Guiglia I 138 Bb92
Guignes F 161 Af83
Guignicourt F 156 Ah82
Guijo E 198 Sl104
Guijo de Coria E 191 Sh100
Guijosa E 194 Sp98
Guijuelo E 192 Si99
Guilden Morden GB 94 Su76
Guildford GB 98 St78
Guilhofrei P 190 Sd97
Guillar E 183 Se95
Guillaumes F 180 Ao92
Guillena E 204 Sh105
Guillestre F 174 Ao91
Guilliers F 158 Sq84
Guillon F 167 Ai85
Guillonville F 160 Ad84
Guillos F 170 Su91
Guilsfield GB 93 So75
Guilvinec, Le F 157 Sm85
Güímar E 202 Rh124
Guimara E 185 Sn97
Guimarães P 190 Sd98
Güime E 203 Rn123
Guimiliau F 157 Sn84
Guînes F 112 Ad79
Guingamp F 158 So83
Guipavas F 157 Sm84
Guipry-Messac F 164 Sr85
Guipy F 167 Ah86
Guisando E 192 Sk100
Guisborough GB 85 Ss71
Guiscard F 161 Ag81
Guiscriff F 157 Sn84
Guise F 155 Ah81
Guiseley-Yeadon GB 84 Sr73
Guissona E 188 Ac97
Guist GB 95 Ab75
Guitiriz E 183 Se94
Guîtres F 170 Su90
Gujan-Mestras F 170 Ss91
Gulbene LV 215 Co66
Guldsmedshyttan S 59 Bl61
Güleç TR 280 Cp100
Gulen N 56 Al59
Gulia RO 265 Cm91
Gulianca RO 256 Cq90
Guljanci BG 265 Ck93
Gullabo S 73 Bm68
Gullane GB 81 Sp68
Gullänget S 41 Bs54
Gullaskruv S 73 Bm67
Gullbergsbo S 50 Bm58
Gullbrå N 56 An59
Gullbrandstorp S 72 Bf67
Gulleråsen S 59 Bl58
Gullered S 69 Bh65
Gullesfjordbotn N 27 Bm43
Gullhaug N 58 Ba61
Gullholmen N 27 Bm43
Gullholmen S 68 Bc64
Gullön S 34 Br49
Gullringen S 70 Bm65
Gullspång S 69 Bi63
Gulltjärn S 42 Ca52
Gullträsk S 35 Cc48
Güllübahçe TR 289 Cp105
Güllüce TR 281 Cr100
Güllük TR 289 Cq106
Gullvalla S 60 Bn61
Gullvik N 32 Bi48
Gülpe D 110 Be75
Gulpen NL 114 Am79
Gülpınar TR 285 Cn101
Gulsele S 41 Bp53
Gulsrud N 58 Ba60
Gulsvik N 57 Au60
Gültz D 111 Bg73
Gülze D 110 Bb74
Gumboda S 42 Cc52
Gumbodahamn S 42 Cc52
Gumhöjden S 59 Bh60
Gumiel de Hizán E 185 Sn97
Gumiel de Mercado E 193 Sn97
Gumlösa S 72 Bh68
Gummark S 42 Cb51
Gummersbach D 114 Aq78
Gummervallen S 50 Bn57
Gumniska PL 234 Cc81
Gumtow D 110 Be75
Gümüşçay TR 280 Cp100
Gümüşköy TR 289 Cp105
Gümüşlük TR 292 Cp106
Gümüşpınar TR 281 Cr98
Gümüşyaka TR 281 Cr98
Gunaroš SRB 252 Bu89
Günaydın TR 281 Cr101
Gundelfingen D 163 Aq84
Gundelfingen an der Donau D 126 Ba83
Gundelsdorf D 126 Bc83
Gundelsheim D 121 At82
Gundersdorf A 135 Bl87
Gundersted DK 100 At67
Gundertshausen A 128 Bf84
Gunderup DK 100 Ba67
Gundhelm D 121 Au80
Gundinci HR 260 Br90
Gundlfing D 122 Bd83
Gündoğan TR 281 Cq100
Gündoğdu TR 280 Cp100
Gundremmingen D 126 Ba83
Güngörmez TR 281 Cr100
Gunhildrud N 58 Au61
Gunja HR 251 Bs91
Gunjaci SRB 262 Bu92
Gunnarn S 41 Bq50
Gunnarnes N 23 Ci38
Gunnarp S 72 Bf66
Gunnarsbo S 50 Bn57
Gunnarsbyn S 35 Cd48
Gunnarsjö S 101 Bf66
Gunnarskog S 59 Bf61
Gunnarskulla FIN 63 Ci60
Gunnarsnäs S 68 Be63
Gunnarvattnet S 39 Bi52
Gunnebo S 70 Bo65
Gunnesdal N 27 Bm43
Gunnilbo S 60 Bm61
Gunnilvallen S 39 Bg54
Gunnislake GB 97 Sm79
Günselsdorf A 238 Bn85
Gunskirchen A 128 Bh84
Gunsta S 61 Bq61
Gunstadseter N 48 Ba57
Guntauninkai LT 219 Co70
Günterode D 115 Ba78
Güntersberge D 116 Bb77
Guntersblum D 120 Ar81
Guntersdorf A 237 Bn83
Guntín E 183 Se95

Greatham – Guntín 353

Hărlec BG 264 Ch93
Harlech GB 92 Sm75
Harleston GB 95 Ac76
Harlestone GB 94 St76
Hårlev DK 104 Be70
Harlingen = Harns NL 106 Al74
Harlösa S 72 Bh69
Harlu RUS 55 Db57
Harmaalanranta FIN 44 Cm54
Harmaasalo FIN 55 Ct55
Hărman RO 255 Cm89
Harmanec SK 240 Bt83
Harmånger S 50 Bp57
Härmäniemi FIN 54 Cr56
Härmänkylä FIN 45 Ct52
Harmanli BG 274 Cm97
Harmanlı TR 281 Cr100
Härmänmäki FIN 44 Cr52
Harmer GB 84 Sp75
Harmoinen FIN 53 Cl58
Harmsdorf D 109 Bb73
Härna S 69 Bg65
Harnäs S 68 Be62
Harnes F 112 Af80
Härnevi S 60 Bp61
Hărniceşti RO 246 Ch85
Härnösand S 51 Bq55
Harns NL 106 Al74
Harnstrup DK 100 As68
Haro E 185 Sp95
Harokópio GR 286 Cd107
Harola FIN 62 Ce58
Haroldswick GB 77 St59
Háromfa H 250 Bp88
Haroué F 162 An84
Härpe = Härkäpää FIN 64 Cm60
Harpefoss N 48 Au57
Harpenden GB 94 Su77
Harplinge S 101 Bf67
Harpstedt D 108 As75
Harpswell GB 85 St74
Harrachov CZ 231 Bl79
Harrachstal A 128 Bk83
Harrakamäki FIN 54 Cr55
Harran N 39 Bf51
Harre DK 100 As67
Harreslev = Harrislee D 103 At71
Harréville-lès-Chanteurs F 162 Am84
Harridslev DK 100 Ba67
Harrington GB 85 Aa74
Harrislee D 103 At71
Harrkjosen N 25 Cr40
Harrogate GB 84 Sr73
Harrow GB 95 Aa77
Harrsjö S 40 Bm51
Harrsjön S 40 Bl52
Harrström FIN 52 Cc55
Harrvik S 33 Bn50
Härryda S 68 Be65
Härsängen S 68 Be63
Harsány H 240 Cb85
Harsault F 162 An84
Harsefeld D 109 Au74
Hărseni RO 255 Ck89
Hărseşti RO 265 Ck91
Harsewinkel D 115 Ar77
Harsjøen N 48 Bd55
Harskamp NL 113 Am76
Harsleben D 116 Bc77
Hârşova RO 266 Cq91
Hărsovo BG 266 Co93
Hărsovo BG 266 Cp93
Hărsovo BG 272 Cg98
Harsprånget S 34 Bu47
Harstad N 27 Bn43
Hårstad N 38 Bb52
Harston GB 95 Aa76
Harsum D 116 Au76
Harsvik N 38 Ba52
Harta H 243 Bt87
Hartberg A 129 Bm86
Hartburn GB 81 Sr70
Härte S 50 Bp57
Hartenholm D 103 Ba73
Hartennes-et-Taux F 161 Ag82
Hartenstein D 123 Bf79
Hartevassbu N 57 Ap61
Hartfield GB 154 Aa78
Hartha D 117 Bf78
Hartheim am Rhein D 163 Aq85
Hârtieşti RO 265 Cl90
Hartikansalo FIN 54 Cq55
Hartington GB 93 Sr74
Hartland GB 97 Sm79
Hartlepool GB 81 Ss71
Hartley Wintney GB 94 St78
Hartmanice CZ 123 Bg82
Hartmannsdorf D 117 Bf79
Hartmannsdorf, Markt A 135 Bm86
Hartmannshain D 115 At80
Hartmannshof D 122 Bd82
Hartola FIN 53 Cn57
Hartola FIN 64 Co58
Hartosenpää FIN 54 Co57
Hartum D 108 As76
Harvaluoto FIN 62 Ce60
Harvassdal N 32 Bi50
Harviala FIN 63 Ck59
Harville F 162 Am82
Harvio FIN 55 Db55
Harwich GB 95 Ac77
Harworth GB 85 Ss74
Harzgerode D 116 Bc77
Hasanbey TR 281 Cq100
Hasanpınar TR 280 Co98
Hasbergen D 108 Aq76
Hasborn D 120 Ao80
Hasbuğa TR 281 Cq97
Haselbach D 236 Bf82
Haseldorf D 109 Au73
Häselgehr A 126 Ba86
Haselund D 103 At71
Haselünne D 108 Ap75
Hasenmoor D 103 Au73
Hasfjord N 23 Ce39
Häsjö S 50 Bn54
Hasjöbyn S 50 Bn54
Haskovo BG 273 Cm97
Haslach an der Mühl A 128 Bi83
Haslach im Kinzigtal D 124 Ar84
Hasle CH 130 Aq86
Hasle DK 105 Bk70
Haslemere GB 98 St78
Haslemoen N 58 Bd59
Haslev DK 104 Bd70
Haslingden GB 84 Sq73
Hasloch D 121 At81
Hasloh D 109 Au73
Haslund DK 100 Ba68
Hasmark DK 103 Ba69
Hăşmaş RO 245 Ce87
Haso FIN 55 Da56
Hasparren F 176 Ss94
Haßbergen D 109 At75
Hasseki TR 285 Cn103
Hassel S 50 Bo56
Hassel (Weser) D 109 At75
Hassela S 50 Bo56
Hassela kyrkby S 50 Bo56
Hasselberg D 103 Au71
Hasselfelde D 116 Bb77
Hasselfors S 69 Bk62
Hasselt NL 107 An75
Hasselt, 't B 113 Al79
Hasselvika N 38 Au53
Haßfurt D 121 Bb80
Hassi FIN 53 Cl57
Hassing DK 100 Ar67
Hässjö S 50 Bq55
Haßlau, Wilkau- D 230 Bf79
Hässle S 69 Bh63
Haßleben D 111 Bh74
Hässleholm S 72 Bh68
Hasslö S 73 Bl68
Haßloch D 163 Ar82
Haßmersheim D 121 At82
Hästbacka = Kolam FIN 43 Cg53
Hästberg S 59 Bl60
Hästberg S 60 Bl60
Hästbo S 60 Bp59
Haste D 109 At76
Hästebäck S 73 Bl67
Hästholmen FIN 64 Cn60
Hästholmen S 69 Bk64
Hastings GB 99 Ab79
Hästnäs S 70 Bm62
Hästveda S 72 Bh68
Håsum DK 100 As67
Hasvåg N 38 Bb52
Hasvik N 23 Ce40
Hat' UA 246 Cf84
Hatavičy BY 219 Co71
Hatě CZ 237 Bn83
Haţeg RO 254 Cf89
Hatežino BY 219 Cp73
Hatfield GB 94 Su77
Hatfield GB 95 Aa77
Hatfield-Stainforth GB 85 Ss73
Hatherleigh GB 97 Sm79
Hathern GB 94 Ss75
Hathersage GB 84 Sr74
Hatlingsæter N 39 Bd52
Hatsola FIN 54 Cq57
Hattarvík FO 26 Sh56
Hattem NL 107 An76
Hatten D 108 Ar74
Hatten F 120 Aq83
Hattenhofen D 126 Bc84
Hattersheim am Main D 120 Ar80
Hattevik N 38 As54
Hattfjelldal N 32 Bi49
Hatting DK 100 Au69
Hattingen D 114 Ap78
Hatton GB 84 Sr75
Hatton GB 93 Sr76
Hattorf D 109 Bb76
Hattorf am Harz D 116 Ba77
Hattstedt D 103 At71
Hattula FIN 63 Cl58
Hattusaari FIN 45 Cu54
Hattuselkonen FIN 45 Da53
Hattuvaara FIN 45 Cs50
Hattuvaara FIN 55 Dc55
Hattvik N 56 Am60
Hatu EST 209 Ch62
Hatulanmäki FIN 44 Cp53
Hătuna S 60 Bq61
Hatunkylä FIN 45 Db54
Hatvan H 244 Bu85
Hatvanpuszta H 243 Bs87
Hatzbach D 115 At79
Hatzfeld (Eder) D 115 As79
Hatzis GR 286 Cd106
Hau, Bedburg- D 114 An77
Haubourdin F 155 Af79
Haudivillers F 155 Ae82
Hauenstein D 120 Aq82
Haugan N 38 Bb53
Haugastøl N 57 Aq59
Hauge N 66 An64
Hauge N 68 Bb62
Haugen N 28 Br43
Haugen N 46 Am57
Haugen N 47 At55
Haugen N 67 Au62
Haugesund N 56 Al62
Haugetveit N 67 Aq63
Haugfoss N 58 Au61
Hauggrend N 57 Ar62
Haugh of Urr GB 80 Sn71
Haughom N 66 Ao63
Haughton GB 93 Sq75
Haugland N 32 Bg48
Haugnes N 23 Cb40
Haugsdorf A 129 Bn83
Haugseter N 47 At58
Haugseter N 58 Au59
Haugsetvollen N 48 Bd56
Haugsjåsund N 67 As63
Haugstøl N 57 As61
Hauho FIN 63 Ck58
Hauhuu FIN 53 Ch56
Haŭja BY 218 Cm73
Haukå N 46 Al57
Haukadalur IS 20 Qk26
Haukanmaa FIN 53 Cm56
Haukela FIN 45 Cu52
Haukeligrend N 57 Aq61
Haukelisæter N 56 Ap61
Haukeliseter N 56 Ap61
Haukijärvi FIN 52 Cg57
Haukipudas FIN 36 Cl50
Haukivaara FIN 55 Db55
Haukivuori FIN 54 Cp56
Hauklappi FIN 54 Cr58
Haukom N 67 Ar63
Hauneck D 115 Au79
Haunersdorf D 127 Bf83
Haunetal D 115 Au79
Haunia FIN 52 Ce57
Haunstetten D 126 Bb84
Haurida S 69 Bk65
Haus N 56 Al60
Hausach D 163 Ar84
Hausen D 122 Bd82
Hausen D 122 Be83
Hausham D 127 Bd85
Hausjärvi FIN 63 Ck59
Hausmannstätten A 135 Bm87
Hausstette D 108 Ar75
Haustreisa N 32 Bg49
Hausvik N 66 Ap64
Hauswurz D 115 At80
Hautajärvi FIN 37 Ct47
Hautakylä FIN 37 Cq50
Hautakylä FIN 53 Ci55
Haut-Asco F 142 As96
Hautefort F 171 Ac90
Hauteluce F 174 Ao89
Haute-Nendaz CH 130 Ap88
Hauterives F 173 Al90
Hautes-Rivière, Les F 156 Ak81
Hauteville-Lompnes F 173 Am89
Hautjärvi FIN 63 Cl59
Hautmont F 156 Ah80
Hautomäki FIN 54 Co55
Hauts-de-Bienne F 169 An87
Hauville F 160 Ab82
Hauzenberg D 127 Bh83
Havaj SK 241 Cd82
Havant GB 98 St79
Havári GR 286 Cc105
Havårna RO 248 Co84
Håvberget S 59 Bk60
Havbro DK 100 At67
Havdáta GR 282 Ca104
Havdhem S 71 Br66
Havelange B 113 Al80
Havelberg D 110 Be75
Havelsee D 110 Be76
Havelte NL 107 An75
Håven S 49 Bl57
Havenbuurt NL 106 Al76
Haverdal S 101 Bf67
Haverdalssetra N 47 Au56
Haverfordwest GB 91 Sl77
Haverhill GB 95 Aa76
Haverö S 49 Bl56
Håverö S 61 Bs60
Håverödal S 61 Bs60
Haversin B 156 Al80
Haverslev DK 100 At66
Håverud S 68 Be63
Havetoftloit D 103 Au71
Havířov CZ 233 Br81
Havixbeck D 107 Ap77
Hävla S 70 Bm63
Havlíčkova Borová CZ 231 Bm81
Havlíčkův Brod CZ 237 Bm81
Havnäs N 58 Bc61
Havnbjerg DK 103 Au70
Havndal DK 100 Ba67
Havneby DK 102 As70
Havnebyen DK 101 Bc69
Havnemark DK 101 Bb69
Havnsø DK 101 Bc69
Havola FIN 64 Cq58
Havøysund N 24 Ck38
Håvra S 50 Bm57
Havraň CZ 118 Bh80
Havre, Le F 159 Aa81
Havre-Antifer, Port pétrolier du F 159 Aa81
Havrvig DK 100 Ar69
Havsa TR 280 Co97
Havsjön S 59 Bk61
Havsnäs S 40 Bm52
Havstenssund S 68 Bc63
Havtorsbygget S 49 Bg57
Havumäki FIN 54 Cn57
Hawarden GB 93 So74
Hawes GB 81 Sq72
Hawick GB 79 Sp70
Hawkhurst GB 154 Ab78
Hawkshead GB 81 Sp72
Haworth GB 84 Sr73
Hawsker GB 85 St72
Haxby GB 85 Ss72
Haxey GB 85 St74
Hayange F 162 An82
Haydarıye TR 281 Ct99
Haydarlı TR 289 Cq105
Haydon Bridge GB 81 Sq71
Haye-du-Theil, la F 160 Ab82
Haye-Malherbe, la F 160 Ac82
Haye-Pesnel, la F 159 Ss83
Häyhttiönmaa FIN 52 Ce58
Hayingen D 125 At84
Hayle GB 96 Sk80
Hay-on-Wye GB 93 So76
Hayrabolu TR 280 Cp98
Hayriye TR 281 Cs99
Haywards Heath GB 154 Su78
Haza del Lino E 205 So107
Hazebrouck F 155 Af79
Hazel Grove GB 84 Sq74
Hazhoú = Hédé F 158 Sr84
Hażlach PL 233 Bs81
Hažlín SK 234 Cc82
Hazlov CZ 122 Be80
Hažova BY 219 Co72
Heacham GB 85 Aa75
Headcorn GB 154 Ab78
Headford IRL 86 Sb74
Heanor GB 93 Ss74
Heath GB 95 Aa77
Heathfield GB 154 Aa79
Hebden Bridge GB 84 Sq73
Hebel D 115 At78
Heber D 109 Au74
Heberg S 68 Be66
Heberg S 101 Bf67
Hebnes N 56 Am62
Heby S 60 Bo61
Hèches F 177 Aa94
Hechingen D 125 As84
Hecho (Echo) E 176 St95
Hechtel-Eksel B 156 Al78
Hechthausen D 109 At73
Heckelberg-Brunow D 225 Bh75
Heckington GB 85 Su75
Hecklingen D 116 Bd77
Heda S 69 Bk64
Hedal N 57 Au59
Hedalen S 68 Be62
Hedared S 69 Bf65
Hedås S 59 Bh61
Hedberg S 34 Bs50
Hedby S 59 Bk59
Hedbyn S 60 Bl61
Heddal N 57 At61
Hedderen N 66 Ap63
Hédé F 158 Sr84
Hede S 49 Bg56
Hede S 60 Bo60
Hede S 68 Bd63
Hedehusene DK 104 Be69
Hedekas S 68 Bd63
Hedemora S 60 Bm60
Hedemünden D 115 Au78
Heden DK 103 Ba70
Heden S 49 Bf57
Heden S 59 Bh62
Heden S 59 Bi58
Heden S 59 Bk59
Heden S 68 Be62
Hedenäset S 35 Ch48
Hedensted DK 100 Au69
Hedersleben D 116 Bc77
Hedesunda S 60 Bp60
Hedeviken S 49 Bh56
Hedfors S 35 Cb50
Hedlunda S 41 Bs51
Hednedalsheber N 57 Ap59
Hedon GB 85 Su73
Hedrum N 67 Ba62
Hedsjö S 50 Bm56
Hedsta S 50 Bm57
Hedtorp S 60 Bp61
Hedwiżyn PL 235 Cf79
Hee DK 100 Ar68
Heede D 107 Ap75
Heek D 114 Ap76
Heel NL 114 Am78
Heemsen D 109 At75
Heemskerk NL 106 Ak75
Heemstede NL 106 Ak76
Heer N 58 Bb61
Heerde NL 107 An76
Heerenberg, 's- NL 107 An77
Heerenveen = It Hearrenfean NL 107 Am75
Heerhugowaard NL 106 Ak75
Heerlen NL 114 Am79
Heers B 113 Al79
Heerstedt D 108 As74
Heesch NL 113 Am77
Heeslingen D 109 At74
Heeswijk-Dinther NL 113 Al77
Heeten NL 107 An76
Heeze NL 113 Am78
Hegg N 57 Aq58
Hegge N 57 At58
Heggedal N 58 Ba61
Heggem N 47 Aq55
Heggem N 47 Ar54
Heggenes N 57 At58
Heggeriset N 48 Be57
Heggja bygda N 46 An57
Heggland N 39 Be52
Heggland N 67 At62
Heggvoll N 48 Ba55
Hegglesvolle N 39 Bd53
Hegra N 38 Bc54
Hegset N 48 Bc54
Hegsetvoll N 48 Bc55
Hegyeshalom H 129 Bp85
Hegyközség H 242 Bo86
Hehlen D 115 At77
Hehlingen D 110 Bb76
Heia N 28 Bt42
Heia N 39 Be52
Heidal N 47 At57
Heide D 103 At72
Heideck D 122 Bc82
Heidelberg D 120 As82
Heidelberger Hütte CH 132 Ba87
Heiden CH 125 Au86
Heiden D 107 Ao77
Heiden D 115 As77
Heidenau D 109 Au74
Heidenau D 118 Bh79
Heidenheim D 121 Bb82
Heidenheim an der Brenz D 125 Ba83
Heidenreichstein A 237 Bl83
Heidenrod D 120 Aq80
Heiderscheid L 119 Am81
Heidesheim am Rhein D 120 Ar81
Heidmühlen D 103 Ba73
Heidolsheim F 163 Aq84
Heigenbrücken D 121 At80
Heikendorf D 103 Ba72
Heikkilä FIN 37 Cr49
Heikkilä FIN 37 Cu49
Heikkilä FIN 62 Ce58
Heikkisenvaara FIN 45 Ct51
Heikkurila FIN 54 Cr57
Heikola FIN 62 Cd59
Heilbad Heiligenstadt D 115 Ba78
Heilbronn D 121 At82
Heiligenblut am Großglockner A 133 Bf86
Heiligendamm D 104 Bd72
Heiligenfelde D 108 As75
Heiligenfelde D 110 Bc75
Heiligengrabe D 110 Be74
Heiligenhafen D 104 Bb72
Heiligenhaus D 114 Ao78
Heiligenkreuz A 129 Bn84
Heiligenkreuz am Waasen A 135 Bm87
Heiligenkreuz im Lafnitztal A 135 Bn87
Heiligenstadt in Oberfranken D 122 Bc81
Heiligkreuzsteinach D 120 As82
Heiloo NL 106 Ak75
Heilsbronn D 122 Bb82
Heiltz-le-Maurupt F 162 Ak83
Heimbach D 119 An79
Heimboldshausen D 116 Au79
Heimburg D 116 Bb77
Heimenkirch D 126 Au85
Heimertingen D 125 Ba84
Heimsheim D 120 As83
Heim-sjøen N 38 At54
Heimsnes N 39 Be51
Heimste Lundadalsetra N 47 Ar57
Heimtali EST 209 Cm64
Heinade D 115 Au77
Heinäjoki FIN 63 Ck59
Heinäkulma FIN 53 Ck57
Heinämaa FIN 64 Cm59
Heinämaankulma FIN 63 Ch59
Heinäperä FIN 44 Co53
Heinässuo FIN 63 Cg59
Heinästö FIN 52 Cd57
Heinävaara FIN 55 Cu55
Heinävaara FIN 55 Da55
Heinävesi FIN 54 Cs56
Heinebach D 115 Au78
Heinersbrück D 118 Bk77
Heinersdorf D 111 Bi76
Heinersreuth D 122 Bd81
Heinfels A 133 Be87
Heinijoki FIN 62 Ce59
Heining D 128 Bg83
Heiningen D 116 Bb76
Heinisuo FIN 36 Cn49
Heinlahti FIN 64 Co60
Heinlax = Heinlahti FIN 64 Co60
Heino NL 107 An76
Heinola FIN 64 Cn58
Heinolan maalaiskunnat FIN 54 Cn58
Heinoniemi FIN 55 Cu56
Heinoo FIN 52 Cf58
Heinsberg D 114 An78
Heinsberg D 115 Ar78
Heintaival FIN 54 Co55
Heiskalankylä FIN 55 Cu55
Heist, Knokke- B 112 Ag78
Heistad N 67 Au62
Heiste EST 208 Cf63
Heist-op-den-Berg B 156 Ak78
Heitersheim D 163 Aq85
Heiterwang A 126 Bb86
Heituinlahti FIN 64 Cq58
Hejde S 71 Br66
Hejdeby S 71 Br65
Hejlsminde DK 103 Au70
Hejnice CZ 118 Bl79
Hejnsvig DK 100 As69
Hejnum S 71 Bs65
Hejöbába H 240 Cb85
Hejsager DK 103 Au70
Hekal AL 276 Bu99
Hel PL 222 Bs71
Helagsstugorna S 49 Bf55
Helbra D 116 Bc77
Helden D 114 Aq78
Helden NL 113 An78
Heldenstein D 127 Be84
Helder, Den NL 106 Ak75
Heldrungen D 116 Bc78
Helechal E 198 Sk103
Helechosa E 198 Sl102
Helegiu RO 256 Co88
Helen's Bay GB 80 Si71
Helensburgh GB 80 Sl68
Heleşteni RO 248 Co86
Hélette F 176 Ss94
Helfenberg A 128 Bi83
Helfendorf = Großhelfendorf D 126 Bd85
Helgådalen N 39 Bd53
Helgatun N 56 An59
Helgenäs S 70 Bo65
Helgenes N 27 Bl43
Helgeroa-Nevlunghavn N 68 Au63
Helgeset N 57 Ar59
Helgesta S 70 Bo62
Helgja N 67 At62
Helgoland D 102 Aq72
Helgøy N 22 Bt40
Helgum S 40 Bo54
Helgum S 50 Bo54
Helidónio GR 282 Cd105
Heligfjäll S 40 Bn51
Heljelund S 68 Be62
Heljulja RUS 55 Db57
Hell N 38 Bb54
Hella IS 20 Qk27
Hella N 56 Ao58
Hellamaa EST 208 Cf63
Hellamaa EST 209 Cg63
Helland N 27 Bn44
Helland N 38 As54
Helland N 46 Al56
Helland N 56 Am62
Hellanmaa FIN 52 Cf54
Helldalsmo N 67 As63
Helle N 27 Bk44
Helle N 66 An63
Helle N 67 Aq62
Hellebæk DK 101 Bf68
Hellebekksetrene N 57 At59
Helleberg N 48 Au58
Helleberg N 57 At61
Hellefeld D 115 Ar78
Hellefjord N 23 Cg39
Helleland N 66 An63
Hellemobotn N 27 Bo45
Hellendoorn NL 107 An76
Hellendorf D 118 Bh79
Hellenthal D 114 An80
Helleren N 27 Bp43
Hellesøy N 56 Ak59
Hellestedt DK 104 Be70
Hellesvik N 38 As53
Hellesylt N 46 Ao56
Hellevad DK 103 At70
Hellevik N 46 Al58
Helleville F 158 Sr81
Hellevoetsluis NL 106 Ai77
Helligskogen N 23 Cb42
Helligvær N 26 Bh46
Hellimer F 119 Ao83
Hellín E 200 Sr103
Hellisandur IS 20 Qg26
Hellmonsödt A 237 Bi84
Hellnessund N 27 Bk45
Hellsö AX 62 Cb61
Hellum DK 100 Ba66
Hellur FO 26 Sg56
Hellvi S 71 Bs65
Hellvik N 66 Am64
Hellwege D 109 At74
Helmbrechts D 122 Bd80
Helmdange L 119 An81
Helmers D 116 Ba79
Helmershausen D 121 Ba79
Helmond NL 113 Am78
Helmsdale GB 75 Sn64
Helmsley GB 85 Ss72
Helmstedt D 110 Bb76
Helnæs By DK 103 Ba70
Heľpa SK 240 Bu83
Helpfau-Uttendorf A 128 Bg84
Helppi FIN 30 Ck46
Helpup D 115 As77
Helsa D 115 Au78
Helsby GB 84 Sp74
Helshan AL 270 Ca96
Helsingborg S 72 Bf68
Helsingby FIN 52 Cd54
Helsinge DK 101 Be68
Helsingfors = Helsinki FIN 63 Ck60
Helsingør DK 101 Bf68
Helsinki FIN 62 Cc59
Helsinki FIN 63 Ck60
Helstadløkka N 39 Bf50
Helston GB 96 Sk80
Heltborg DK 100 Ar67
Heltermaa EST 209 Cg63
Helvesiek D 109 At74
Helvik N 38 Bb52
Helvoirt NL 113 Al77
Hem DK 100 As67
Hemau D 122 Bd82
Hemberg CH 125 At86
Hemden D 107 Ao77
Hemdingen D 109 Au73
Hemeiuş RO 256 Co87
Hemel Hempstead GB 94 Su77
Hemer D 114 Aq78
Hemfjällstangen S 59 Bg58
Hemiksem B 156 Ai78
Heming F 124 Ao83
Hemingbrough GB 85 St73
Hemit TR 280 Co99
Hemling S 41 Bs53
Hemlinge S 60 Bn61
Hemmelte D 108 Aq75
Hemmern D 115 Ar77
Hemmet DK 100 Ar69
Hemmingen D 109 Au76
Hemmingen S 41 Bu51
Hemmingsjord N 22 Br42
Hemmingsmark S 35 Cc50
Hemmingstedt D 103 At72
Hemmonranta FIN 54 Cr55
Hemmoor D 109 At73
Hemne N 38 At54
Hemnes N 58 Bc61
Hemnesberget N 32 Bh48
Hempstead GB 95 Aa76
Hemsbach D 120 As81
Hemsby GB 95 Ad75
Hemse S 71 Br66
Hemsedal N 57 As59
Hemsjö S 50 Bm55
Hemsjö S 68 Be65
Hemsjö S 72 Bk68
Hemslingen D 109 Au74
Hemsö S 51 Br55
Hemstedt D 110 Bc75
Hemsworth GB 85 Ss73
Hemyock GB 97 So79
Hen N 47 Aq55
Hen N 58 Ba60
Henån S 68 Bd64
Henarejos E 194 Ss101
Henbont = Hennebont F 164 So85
Hencida H 245 Cd86
Henclová SK 240 Cb83
Henda N 47 Ap54
Hendaye F 186 Sr94
Hendungen D 116 Ba80
Henfield GB 99 Su79
Heng, Postbauer- D 122 Bc82
Hengelo NL 107 Ao76
Hengelo NL 114 An76
Hengersberg D 236 Bg83
Hengevelde NL 107 Ao76
Henley GB 93 Sp76
Henley-in-Arden GB 93 Sr76
Henley-on-Thames GB 98 St77
Henlow GB 94 Su76
Hennan S 50 Bm56
Henndorf am Wallersee A 236 Bg85
Henne DK 100 Ar69
Henneberg D 116 Ba80
Hennebont F 164 So85
Hennebygda N 46 An57
Hennef (Sieg) D 114 Ap79
Hennen D 114 Aq78
Henne Strand DK 100 Ar69
Hennezel F 162 An84
Hennickendorf D 117 Bg76
Hennickendorf D 225 Bh75
Hennigsdorf D 111 Bg75
Henning N 39 Bd53
Henningen D 110 Bb75
Henningskälen S 40 Bl53
Hennøystranda N 46 Al57
Hennseid N 67 At62
Hennstedt D 103 At72
Hennstedt D 103 Au72
Hénonville F 160 Ae82
Henrichemont F 167 Af86
Henriksdal FIN 52 Cc56
Henriksfjäll S 33 Bm50
Henryków PL 232 Bp79
Henrysin PL 229 Cg78
Henstedt-Ulzburg D 109 Au73
Hentula FIN 54 Cr58
Henvålen S 49 Bg55
Heogan GB 77 Ss60
Hepberg D 122 Bc83
Hepoharju FIN 64 Cp58
Hepojoki FIN 62 Cf60
Heppendorf D 114 Ao79
Heppenheim (Bergstraße) D 120 As81
Heradsbygd N 58 Bd59
Herajoki FIN 55 Cu54
Herajoki FIN 63 Ck59
Herakulma FIN 53 Cl57
Herand N 56 An60
Heraniemi FIN 55 Cu54
Heras de la Peña,Las E 184 Sl95
Herăşti RO 266 Cn92
Herbault F 166 Ac85
Herbergement,L' F 165 Ss87
Herbern D 114 Aq77
Herbertingen D 125 At84
Herbertstown IRL 90 Sd75
Herbes E 182 Sd94
Herbeumont B 156 Al81
Herbignac F 164 Sq86
Herbitzheim F 163 Ap82
Herbolzheim D 121 Ba81
Herbolzheim D 124 Aq84
Herborn D 115 Ar79
Herbrandston GB 91 Sk77
Herbrechtingen D 125 Ba83
Herbsleben D 116 Bb78
Herbstein D 121 At79
Herbsthausen D 121 Au82
Herby PL 233 Bs79
Herca UA 247 Cn84
Herceg Novi MNE 269 Bs96
Hercegovac HR 250 Bp89
Hercegszántó H 244 Bs89
Herculian RO 255 Cm88
Herdalseter N 47 Ap56
Herdecke D 114 Ap78
Herderen B 156 Am79
Herdorf D 114 Aq79
Herdwangen-Schönach D 125 At85
Heréchou F 187 Ab93
Hereford GB 93 Sp76
Herefoss N 67 Ar63
Herencia E 199 So102
Herencsény H 240 Bt85
Herend H 243 Bq86
Herent B 113 Ak79
Herentals B 156 Ak78
Herenthout B 156 Ak78
Hérépian F 178 Ag93
Herfølge DK 104 Be70
Herford D 115 As76
Herguijuela, La E 192 Sk100
Héric F 164 Sr86
Héricourt F 169 Ao85
Héricourt-en-Caux F 154 Ab81
Hérie-La-Viéville, La F 155 Ah81
Hérimoncourt F 124 Ao86
Heringen D 116 Bb78
Heringen (Werra) D 115 Ba79
Heringhausen D 115 As78
Heringsdorf D 103 Bc72
Heringsdorf D 105 Bi73
Herisau CH 125 At86
Hérisson F 167 Af87
Herjangen N 28 Bp43
Herk-de-Stad B 113 Al79
Herl'any SK 241 Cc83
Herlev DK 101 Bf69
Herlière, La F 155 Af80
Herlies F 155 Af79
Herlufmagle DK 104 Bd70
Herm, L' F 176 Ss93
Hermagor A 134 Bg87
Hermance CH 169 An88
Hermannsburg D 109 Ba75
Heřmanov CZ 232 Bn82
Heřmanova Huť CZ 230 Bg81
Heřmanovice CZ 232 Bp80
Hermanovičy BY 219 Cq70
Hermanstolen N 57 At59
Hermanstorp S 73 Bm67
Hermansverk N 56 Ao58
Heřmanův Městec CZ 231 Bm81
Hermé F 161 Ag84
Hermedes de Cerrato E 185 Sm97
Hermenault,L' F 165 St87
Herment F 172 Af89
Hermeskeil D 120 Ao81
Hermida, La E 184 Sl94
Hermisende E 183 Sg97
Hermitage GB 81 Sp70
Hermitage, L' F 158 Sr84
Hermites, Les F 166 Ab85
Hermsdorf in Thüringen D 230 Bd79
Hermunen FIN 64 Cp58
Hernádkércs H 241 Cc84
Hernádnémeti H 240 Cb84
Hernani E 186 Sr94
Hernansancho E 192 Sl99
Herne D 114 Ap77
Herne Bay GB 95 Ac78
Herning DK 100 As68
Heroldsbach D 121 Bc81
Heroldsberg D 122 Bc81
Heroldstatt D 125 Au84
Herongen D 113 An78
Herónia GR 283 Cf104
Hérouville-Saint-Clair F 159 Su82
Hérouvillette F 159 Su82
Herøya N 67 Au62
Herpf D 121 Ba79
Herradura, La E 205 Sn107
Herråkra S 73 Bl67
Herrala FIN 63 Cl59
Herralanvaara FIN 45 Cu54
Herräng S 61 Bs60
Herraskylä FIN 53 Ch56
Herre N 67 Au62
Herrenberg D 125 As83
Herrera E 204 Sl106
Herrera de Alcántara E 197 Sf101
Herrera del Duque E 198 Sk102
Herrera de los Navarros E 194 Ss98
Herrera de Pisuerga E 185 Sm95
Herrère F 187 St94
Herrerías, Las E 203 Sf105
Herreros de Suso E 192 Sk99
Herreruela E 197 Sg102
Herreruela de Castillería E 185 Sm95
Herrestad S 68 Bd64
Herrested DK 103 Bb70
Herriard GB 98 Ss78
Herrieden D 122 Ba82
Herringbotn N 32 Bh49
Herrischried D 169 Ar85
Herrlisheim F 124 Aq83
Herrljunga S 69 Bg64
Herrnhut D 231 Bk78
Herrnsdorf D 121 Bb81
Herrö S 49 Bi56
Herrsching am Ammersee D 126 Bc85
Herrup DK 100 As68
Herrvik S 71 Bs66
Herry F 167 Af86
Hersbruck D 122 Bc81
Herschbach D 120 Aq79

Hărlec – Herschbach 355

Herscheid D 114 Aq78
Herselt B 156 Ak78
Herset N 32 Bg48
Hersin-Coupigny F 112 Af80
Hersjøseter N 58 Bc59
Hérso GR 277 Cf98
Heršony BY 229 Ch76
Herstad N 46 Am57
Herstad N 58 Ba61
Herstadberg S 70 Bn63
Herstal B 156 Am79
Herstmonceux GB 99 Aa79
Hersvik N 56 Ak58
Hersztupowo PL 226 Bo77
Herte S 50 Bn58
Herten D 114 Ap77
Hertford GB 94 Su77
Herticë RKS 263 Cc95
Hertogenbosch, 's- NL 113 Al77
Hertsånger S 42 Cc52
Hertsjö S 50 Bn58
Herväs E 192 Si100
Hervassbu N 47 Aq57
Herve B 119 Am79
Hervés = Herbes E 182 Sd94
Hervik N 66 Am62
Herxheim bei Landau/Pfalz D 120 Ar82
Herzberg (Elster) D 117 Bg77
Herzberg (Mark) D 110 Bf75
Herzberg am Harz D 116 Ba77
Herzebrock-Clarholz D 115 Ar77
Herzfeld D 115 Ar77
Herzfelde D 111 Bh76
Herzhorn D 109 At73
Herzlake D 107 Aq75
Herzogenaurach D 121 Bb81
Herzogenbuchsee CH 169 Aq86
Herzogenburg A 237 Bm84
Herzogenrath D 113 An79
Herzsprung D 110 Be74
Hesdin F 155 Ae80
Hesedorf D 109 At74
Hesel D 107 Aq74
Hesepe D 108 Aq76
Hésingue F 169 Aq85
Hesjeberg N 28 Bp43
Heskem D 115 As79
Hesnæs DK 104 Be71
Hesperange L 162 An81
Heßdorf D 122 Bb81
Hesselbjerg DK 100 As67
Hessen D 116 Bb76
Hesseng N 25 Cu41
Hessfjord N 22 Bt41
Hessisch Lichtenau D 115 Au78
Hessisch Oldendorf D 115 At76
Heßlingen D 115 At76
Hesstun N 32 Be49
Hessvik N 56 An60
Hest N 56 Am58
Hestad N 46 Am58
Hestenesøyri N 46 Am57
Hesteyri IS 20 Qh24
Hestra S 69 Bh66
Hestra S 70 Bl65
Hestur FO 26 Sg57
Hestvik N 46 Al58
Hestvika N 38 At53
Heswall GB 84 So74
Het Bildt NL 107 Am74
Hetekylä FIN 36 Co50
Hetényegyháza H 244 Bu87
Hetes H 251 Bq88
Hetin SRB 253 Cb89
Hetlenes N 56 Ao59
Hetlevik N 56 Al60
Hettange-Grande F 162 An82
Hettenleidelheim D 163 Ar81
Hetton-le-Hole GB 81 Ss71
Hettstedt D 116 Bd77
Hetzbach D 120 As81
Hetzerath D 119 Ao81
Hetzwege D 109 At74
Heubach D 115 Au80
Heubach D 126 Au83
Heuchelheim D 120 As79
Heuchin F 112 Ae80
Heudeber D 116 Bb77
Heugh GB 81 Sr70
Heugueville-sur-Sienne F 158 Sr82
Heumen NL 114 Am77
Heuqueville F 160 Ac82
Heusden-Zolder B 156 Al78
Heusenstamm D 120 As80
Heustreu D 121 Ba80
Heusweiler D 120 Ao82
Heveningham GB 95 Ac76
Heves H 244 Ca85
Hévíz H 242 Bp87
Hevlín CZ 238 Bn83
Hevonlahti FIN 54 Cs56
Hevosoja FIN 63 Ci59
Hexenagger D 122 Bd83
Hexham GB 81 Sq71
Heybeli TR 281 Ct99
Heyrieux F 173 Al89
Heysham GB 84 Sp72
Heytesbury GB 94 Sq78
Heywood GB 84 Sq73
Hibuličy BY 224 Ch73
Hida RO 246 Cg86
Hidas H 243 Br88
Hidasnémeti H 241 Cc83
Hiddenhausen D 115 As76
Hiddensee, Insel D 105 Bg71
Hidişelu de Sus RO 245 Ce87
Hidry BY 229 Ci75
Hidsnes N 46 Am56
Hieflau A 128 Bk85
Hiekkala FIN 53 Cm55
Hiendelaencina E 193 So98
Hierden NL 107 Am76
Hiersac F 170 Aa89
Hietajoki FIN 31 Cp46
Hietakylä FIN 54 Cp56
Hietama FIN 53 Cm55
Hietana FIN 64 Cn59
Hietanen FIN 29 Ch46
Hietanen FIN 54 Cp57
Hietaniemi FIN 54 Co58
Hietapera FIN 45 Ct52
Hietoinen FIN 63 Cl59
Highampton GB 97 Sm79
High Bentham GB 84 Sp72
Highbridge GB 97 Sp78
Highclere GB 94 Ss78
High Ercall GB 93 Sp75
Highgreen Manor GB 81 Sq70
High Hesket GB 81 Sp71
High Lane GB 93 Sq76
Highley GB 93 Sq76
Hightae GB 81 So70
Highworth GB 98 Sr77
High Wycombe GB 98 St77
Higuera de Arjona E 199 Sn105
Higuera de Calatrava E 205 Sm105
Higuera de las Dueñas E 192 Sl100
Higuera de la Serena E 198 Si103
Higuera de la Sierra E 203 Sh105
Higuera de Llerena E 198 Si104
Higuera de Vargas E 197 Sg104
Higuera la Real E 197 Sg104
Higueruela E 201 Ss103
Higueruelas E 201 St101
Hihnavaara FIN 31 Cr46
Hiidenkylä FIN 44 Cm53
Hiidenlahti FIN 54 Cr55
Hiirikylä FIN 45 Cs53
Hiirola FIN 54 Cp57
Hiisijärvi FIN 45 Cs52
Hiismäki FIN 54 Cr57
Hiitelä FIN 64 Cm59
Hiittinen = Hitis FIN 62 Cf61
Híjar E 195 Su98
Hijče UA 235 Ch80
Híjdieni MD 248 Cp85
Hijosa de Boedo E 185 Sm96
Hijtola RUS 65 Cu58
Hikiä FIN 63 Ck59
Hikolaevo BG 274 Cn95
Hila FIN 63 Ci60
Hilborough GB 95 Ab75
Hilchenbach D 115 Ar79
Hildal N 56 Ao60
Hildburghausen D 116 Bb80
Hilden D 114 Ao78
Hilders D 115 Ba79
Hildesheim D 116 Au76
Hildisrieden CH 130 Ar86
Hilgermissen D 109 At75
Hilgertshausen-Tandern D 126 Bc84
Hiliódendro GR 277 Cc100
Hiliomódi GR 287 Cf105
Hilişeu-Horia RO 247 Cn85
Hillared S 69 Bg65
Hille D 108 As76
Hille S 60 Bp59
Hillegom NL 106 Ak76
Hillerød DK 101 Be69
Hillersboda S 60 Bm59
Hillerse D 109 Ba76
Hillerslev DK 100 As66
Hillerstorp S 72 Bh66
Hilleshamn N 28 Bp43
Hillesheim D 119 Ao80
Hilleshög S 60 Bq62
Hillesley GB 97 Sq77
Hillesøy N 22 Br41
Hillestad N 46 Ap58
Hillestad N 58 Ba61
Hillested DK 104 Bc71
Hillilä FIN 43 Ch52
Hillingdon GB 99 Su77
Hillington GB 85 Ab75
Hillion F 158 Sp83
Hillmersdorf D 118 Bg77
Hillo FIN 64 Cp59
Hillosensalmi FIN 64 Co58
Hillsand S 40 Bl52
Hillsborough GB 83 Sh72
Hillside GB 77 Ss60
Hillswick GB 77 Ss60
Hilltown GB 83 Sh72
Hilpertsau D 125 Ar83
Hilpoltstein D 122 Bc82
Hiltenfingen D 126 Bb84
Hilter am Teutoburger Wald D 115 Ar76
Hilton GB 93 Sq75
Hiltonen FIN 37 Cu49
Hiltpoltstein D 122 Bc81
Hiltrup D 107 Aq77
Hiltula FIN 54 Cr57
Hiltulanlahti FIN 54 Cq55
Hilvarenbeek NL 113 Al78
Hilversum NL 106 Al76
Hilzingen D 125 As85
Himalanpohja FIN 54 Cp58
Himalansaari FIN 54 Cq58
Himanka FIN 43 Ch52
Himankakylä FIN 43 Ch52
Himarë AL 276 Bu100
Himberg A 238 Bn84
Himbergen D 109 Bb74
Himesháza H 243 Bs88
Himmelberg A 134 Bi87
Himmelkron D 122 Bd80
Himmelpforten D 109 At73
Himmeta S 60 Bm62
Himód H 242 Bp85
Hincăuţi MD 248 Cp84
Hînceşti MD 249 Cs87
Hinckley GB 93 Ss75
Hindås S 68 Be65
Hindeloopen NL 106 Al75
Hindenburg D 110 Bd75
Hindevad DK 103 Ba70
Hindhår = Hinthaara FIN 63 Cl60
Hindhead GB 98 St78
Hindnes N 56 Al59
Hindrem N 38 Ba53
Hindseter N 47 As57
Hinevcy BY 218 Cn72
Hinevičy BY 219 Cp72
Hinganmaa FIN 30 Cm46
Hinge DK 100 Au68
Hingham GB 95 Ab75
Hinglé, Le F 158 Sq84
Hinka GR 276 Cb101
Hinnerjoki FIN 62 Cd59
Hinnerup DK 100 Ba68
Hinneryd S 72 Bh67
Hinojal E 197 Sh101
Hinojales E 203 Sg104
Hinojar E 206 Sr105
Hinojares E 206 So105
Hinojos E 203 Sh106
Hinojosa de Duero E 191 Sg99
Hinojosa de la Sierra E 186 Sp97
Hinojosa del Duque E 198 Sk104
Hinojosa del Valle E 198 Sh104
Hinojosas de Calatrava E 199 Sm103
Hinojosos, Los E 200 Sp101
Hinova RO 263 Cf91
Hinrichshagen D 104 Be72
Hinsala FIN 53 Ch58
Hinstock GB 84 Sq75
Hinte D 108 Ap74
Hinterberg CH 131 Au87
Hinterbichl A 133 Be86
Hinterglemm, Saalbach- A 127 Bf86
Hinterhermsdorf D 231 Bi79
Hinterhornbach A 126 Ba86
Hinterriß A 126 Bc86
Hinterschmiding D 127 Bh83
Hintersee A 128 Bg85
Hintersee D 111 Bi73
Hinterstoder A 128 Bi85
Hintertux A 132 Bd86
Hinterweidenthal D 120 Aq82
Hinterweißenbach A 128 Bi83
Hinthaara FIN 63 Cl60
Hinton GB 98 Sr79
Hinwil CH 125 As86
Hinx F 176 St93
Hióna GR 286 Cd104
Hios GR 285 Cn104
Hippach A 127 Bd86
Hippolytushoef NL 106 Ak75
Hipstedt D 108 As74
Hirbovăţ MD 249 Ct87
Hîrceşti MD 248 Cr86
Hird H 251 Br88
Hirmula FIN 36 Ck49
Hirne UA 235 Ch82
Hirovići BY 218 Cm72
Hirschaid D 121 Bb81
Hirschau D 236 Bd81
Hirschbach D 121 Bb79
Hirschbach D 128 Bg84
Hirschberg D 115 Ar78
Hirschberg D 116 Bd80
Hirschberg an der Bergstraße D 120 As81
Hirschbichl A 127 Bf85
Hirschegg A 134 Bk86
Hirschfeld D 118 Bh78
Hirschfelde D 231 Bk79
Hirschhorn (Neckar) D 120 As82
Hirschwang an der Rax A 129 Bm85
Hirsijärvi FIN 44 Cn51
Hirsilä FIN 53 Ci57
Hirsingue F 169 Ap85
Hirsjärvi FIN 63 Ch59
Hirs'ke UA 235 Ch82
Hirson F 155 Ai81
Hirtolahti FIN 53 Ck57
Hirtshals DK 67 Au65
Hirtzfelden F 163 Ap85
Hirvaanmäki FIN 53 Cm55
Hirvas FIN 36 Cl48
Hirvaskylä FIN 53 Cm56
Hirvasvaara FIN 37 Cs47
Hirvelä FIN 45 Cu52
Hirvelä FIN 63 Ch59
Hirvelä FIN 64 Cp59
Hirvenlahti FIN 54 Cn57
Hirvensalmi FIN 54 Co57
Hirvihaara FIN 63 Cl59
Hirvijärvi FIN 44 Cp53
Hirvijärvi FIN 52 Cd57
Hirvijärvi FIN 53 Ck57
Hirvijärvi FIN 54 Co55
Hirvijärvi S 35 Cg48
Hirvijoki FIN 53 Cg55
Hirvikangas FIN 53 Cl55
Hirvikoski FIN 62 Cf59
Hirvikylä FIN 53 Ck55
Hirvilahti FIN 54 Cp54
Hirvimäki FIN 53 Cl56
Hirviperä FIN 53 Cg56
Hirvisalo FIN 54 Cn58
Hirvivaara FIN 45 Da54
Hirvlax FIN 42 Ce54
Hirvoskoski FIN 37 Cp50
Hirwaun GB 92 Sn77
Hiry BY 218 Cn71
Hirzenhain D 115 At80
Hisålen S 59 Bh59
Hisarja BG 273 Ck95
Hisarönü TR 292 Cr107
Hishult S 72 Bg68
Hissjön S 42 Ca53
Histon GB 95 Aa76
Hita E 193 So99
Hitcham GB 95 Ab76
Hitchin GB 94 Su77
Hitiaş RO 253 Cd89
Hitis FIN 62 Cf61
Hitovo BG 266 Cq93
Hitra N 38 As53
Hittarp S 101 Bf68
Hitzacker (Elbe) D 109 Bc74
Hitzendorf A 135 Bl86
Hitzkirch CH 125 Ar86
Hiukkajoki FIN 55 Cu57
Hjåggsjö S 41 Bu53
Hjallerup DK 100 Ba66
Hjällstad S 59 Bg59
Hjälmarsnäs S 69 Bi62
Hjälmaryd S 72 Bk66
Hjälmseryd S 72 Bk66
Hjälstad S 69 Bi63
Hjältanstorp S 50 Bn56
Hjältevad S 70 Bl65
Hjärnarp S 72 Bf68
Hjärnø By DK 100 Ba69
Hjärsås S 72 Bi68
Hjartås N 56 Ak59
Hjartdal N 57 At61
Hjärtum S 68 Be64
Hjärup S 72 Bg69
Hjelle N 46 An57
Hjelle N 46 Ap57
Hjelle N 47 Aq58
Hjellestad N 56 Al60
Hjelmelandsvågen N 66 An62
Hjelset N 47 Ap55
Hjemmeluft N 23 Cg41
Hjerkinn N 47 Au56
Hjerkinnsetra N 47 Au56
Hjerm DK 100 As68
Hjertebjerg DK 104 Be71
Hjerting DK 102 Ar69
Hjo S 69 Bi64
Hjøllund DK 100 At68
Hjordkær DK 103 At70
Hjørring DK 68 Au66
Hjortdal DK 100 At66
Hjorted S 70 Bn65
Hjorthammaren S 69 Bh63
Hjortkvarn S 70 Bl63
Hjortnäs S 59 Bk59
Hjortsberga S 72 Bi67
Hjørundfjord N 46 An56
Hjørungavåg N 46 An56
Hjukse N 57 At61
Hjulsjö S 59 Bk61
Hjuvik S 68 Bd65
Hlavani UA 257 Ct89
Hlebarovo = Car Kalojan BG 265 Cn93
Hlebavščyna BY 219 Cq71
Hlebine HR 250 Bo88
Hlina UA 248 Co84
Hliník nad Hronom SK 239 Bs83
Hlinsko CZ 232 Bm81
Hlipiceni RO 248 Cp85
Hljabovo BG 274 Cn96
Hlohovec SK 239 Bq84
Hlubočec CZ 232 Bq81
Hlubočky CZ 238 Bp81
Hluboká nad Vltavou CZ 237 Bi82
Hluboké Mašůvky CZ 237 Bn83
Hlučín CZ 233 Br81
Hludno PL 235 Ce81
Hluk CZ 239 Bq83
Hlybačany BY 219 Cq72
Hlyboka UA 247 Cm84
Hlybokae BY 219 Cq70
Hlyboke UA 257 Cu89
Hlybokyj Potik UA 246 Ch84
Hlynicja UA 247 Cm84
Hnačov CZ 230 Bg82
Hnatkiv UA 249 Cr84
Hnilec SK 240 Cb83
Hnjazdilava BY 219 Cq71
Hnojník CZ 233 Bs81
Hnúšťa SK 240 Bu83
Ho DK 102 Ar69
Hoar Cross GB 93 Sr75
Hobiţa RO 264 Cg90
Hobkirk GB 79 Sp70
Hobol H 251 Bq88
Hobøl N 58 Bb61
Hobro DK 100 Au67
Hoçë e Qytetit RKS 270 Cb96
Hoceni RO 256 Cr87
Höchberg D 121 Au81
Hochburg A 128 Bf84
Hochdonn D 103 At72
Hochdorf CH 125 Ar86
Hochdorf D 123 Bg83
Höchenschwand D 125 Ar85
Hochfelden F 119 Aq83
Hochfilzen A 127 Bf86
Hochfügen A 126 Bd86
Hochheim am Main D 120 Ar80
Hochkirch D 118 Bk78
Hochosterwitz A 134 Bi87
Hochoza = Drachhausen D 118 Bi77
Hochscheid D 119 Ap81
Hochspeyer D 120 Aq82
Höchst D 120 As80
Hochstadt (Pfalz) D 120 Ar82
Höchstadt an der Aisch D 121 Bb81
Höchstädt an der Donau D 126 Bb83
Höchstätten D 120 Aq81
Höchstenbach D 120 Aq79
Hochstetten, Linkenheim- D 163 Ar82
Hochstetten-Dhaun D 119 Aq81
Höchst im Odenwald D 120 As81
Hoçisht AL 276 Cb99
Hockenheim D 163 As82
Hockley Heath GB 94 Sr76
Hockliffe GB 94 St77
Hocksjö S 40 Bn52
Hoczew PL 235 Ce82
Hodal N 48 Bc56
Hodász H 241 Ce85
Hodde DK 100 As69
Hoddesdon GB 94 Su77
Hoddevika N 46 Al56
Hodejov SK 240 Bu84
Hodel N 48 Bd56
Hodenhagen D 109 Au75
Hodice CZ 238 Bl82
Hodkovice nad Mohelkou CZ 118 Bl79
Hódmezővásárhely H 244 Ca88
Hodnaberg N 56 An59
Hodnanes N 56 Am61
Hodnet GB 84 Sp75
Hodod RO 246 Cg86
Hodonín CZ 238 Bn81
Hodonín CZ 238 Bp83
Hodoš SLO 135 Bn87
Hodós = Hodoš SLO 135 Bn87
Hodoşa RO 255 Ck87
Hodošan HR 135 Bo88
Hodruša-Hámre SK 239 Bs84
Hodsager DK 100 As68
Hodslavice CZ 239 Br81
Hodul TR 281 Cp100
Hodžij = Göda D 118 Bi78
Hœdic F 164 Sp86
Hoegaarden B 156 Ak79
Hoei = Huy B 156 Al79
Hoeilaart B 113 Ai79
Hoek NL 112 Ah78
Hoek van Holland NL 106 Ai77
Hoem N 47 Ar55
Hoenderloo NL 114 Am76
Hœrdt F 124 Aq83
Hoeselt B 113 Al79
Hoetmar D 114 Aq77
Hoevelaken NL 113 Al76
Hof D 230 Bd80
Hof N 58 Ba61
Hof am Leithagebirge A 238 Bo85
Hof bei Salzburg A 236 Bg85
Hofbieber D 121 Au79
Höfðakaupstaður = Skagaströnd IS 20 Qk25
Höfen D 122 Bc82
Hoff N 46 An55
Hofgeismar D 115 At78
Hofheim am Taunus D 120 Ar80
Hofheim in Unterfranken D 121 Bb80
Hofkirchen D 236 Be83
Hofkirchen im Mühlkreis A 128 Bh84
Hofles N 39 Bd51
Höfn IS 21 Re26
Hofors S 60 Bn59
Hofsós IS 20 Ql25
Hofsøy N 27 Bp42
Hofstad N 38 Ba52
Hofstetten A 237 Bm84
Hofstetten D 122 Bc83
Hof van Twente NL 107 Ao76
Hög S 50 Bp57
Höganäs S 101 Bf68
Högarna S 40 Bl54
Högås S 68 Bd64
Högåsen S 59 Bf59
Høgåsenseter N 48 Bd57
Högbacken S 34 Ca50
Högberg S 51 Bq55
Högberget S 40 Bn52
Högberget S 60 Bm60
Högbobruk S 60 Bo59
Högbränna S 34 Br50
Högbränna S 34 Bu50
Högby S 73 Bp66
Högbynäs S 40 Bm52
Högdal S 68 Bc62
Högeberg S 69 Bi62
Høgebru N 46 Ao57
Högel D 103 At71
Högerud S 59 Bf61
Högfjälls Hotellet S 59 Bg58
Högfors S 59 Bl61
Högfors S 60 Bm61
Hoggais FIN 62 Ce60
Hoggsetvollen N 48 Bd56
Höghed S 49 Bk58
Högheden S 35 Cc49
Hoghilag RO 255 Ck88
Hoghiz RO 255 Cl89
Höghult S 69 Bk64
Högland S 40 Bm51
Högland S 41 Bt53
Högland S 50 Bp57
Høglekardalen S 49 Bh54
Høgli N 46 Ap56
Höglunda S 51 Bm54
Hogne B 156 Al80
Hognerud S 68 Be62
Hognes N 39 Be51
Högsåra FIN 62 Ce61
Högsäter S 58 Bd61
Högsäter S 68 Be63
Högsäter S 69 Bf62
Högsätern S 59 Bg58
Högsätter S 70 Bl62
Högsbro DK 102 As70
Högsby S 73 Bn66
Högsdorf D 103 Bb72
Høgset N 47 Aq55
Høgset N 67 At62
Högshult S 69 Bi63
Högsjö S 51 Bq55
Högsjö S 70 Bm62
Høgskarhus N 28 Bu43
Högsrum S 73 Bo67
Hogstad N 66 Am63
Högstad S 69 Bl64
Høgstadgård N 28 Bu43
Högstorp S 68 Bd64
Högträsk S 34 Cb47
Högvaålen S 49 Bf56
Hőgyész H 243 Br88
Höhbeck D 110 Bc74
Hohburg D 117 Bf78
Hohe Börde D 116 Bc76
Hohenaltheim D 126 Bb83
Hohenaspe D 103 Au73
Hohenau D 123 Bg83
Hohenau an der March A 129 Bo83
Hohenaverbergen D 109 At75
Hohenberg an der Eger D 122 Be80
Hohenbrunn D 126 Bd84
Hohenbucko D 118 Bg77
Hohenburg D 122 Bd82
Hohen Demzin D 110 Bf73
Hohendorf D 105 Bh72
Hoheneggelsen D 115 Ba76
Hohenems A 125 Au86
Hohenfelde D 103 Ba72
Hohenfels D 122 Bd82
Hohenhameln D 115 Ba76
Hohenhaslach D 121 At83
Hohenhausen D 115 As76
Hohenkammer D 126 Bd84
Hohenkirchen D 108 Aq73
Höhenkirchen-Siegertsbrunn D 126 Bd84
Hohenleipisch D 117 Bh78
Hohenleuben D 230 Be79
Hohenlimburg D 114 Aq78
Hohenlinden D 236 Bd84
Hohenlockstedt D 103 Au73
Hohenmölsen D 117 Be78
Hohennauen D 110 Be75
Hohen Neuendorf D 111 Bg75
Hohen Pritz D 110 Bd73
Hohenraden, Borstel- D 109 Au73
Hohenroda D 116 Au79
Hohensaaten D 220 Bi75
Hohenschambach D 122 Bd82
Hohenseeden D 110 Be76
Hohenstaufen D 125 Au83
Hohenstein-Ernstthal D 117 Bf79
Hohentauern A 128 Bi86
Hohentengen D 125 At84
Hohenthann D 236 Bd85
Hohenthann D 236 Be83
Hohenthurm D 117 Be77
Hohen Wangelin D 110 Be73
Hohenwart D 126 Bc83
Hohenwarth D 123 Bf82
Hohenwarth-Mühlbach am Manhartsberg A 129 Bm83
Hohenwepel D 115 At77
Hohenwestedt D 103 Au72
Hohenwutzen D 111 Bi75
Hohenzethen D 110 Bb74
Hohenzieritz D 111 Bg74
Hohn D 103 At72
Höhn D 120 Aq79
Hohne D 109 Ba75
Höhnstedt D 116 Bd77
Hohnstein D 117 Bi79
Hoho FIN 54 Cn56
Höhr-Grenzhausen D 114 Aq80
Hohwacht (Ostsee) D 103 Bb72
Hohwald, le F 163 Ap84
Höhwirt (Gasthaus) A 129 Bn86
Hoikanvaara FIN 44 Cq51
Hoikka FIN 45 Cs51
Hoilola FIN 55 Db56
Hoisko FIN 53 Ch54
Højby DK 101 Bd69
Højby DK 103 Ba70
Hojem N 38 Bc53
Højen DK 68 Bb65
Højer DK 102 As71
Højerup DK 104 Be70
Højslev Stby DK 100 At67
Hok S 72 Bi65
Hökärr S 70 Bn62
Hökåsen S 60 Bo61
Hökerum S 69 Bg65
Hökesäter S 68 Bd63
Hökhult S 68 Be62
Hökhult S 69 Bg62
Hökhult S 73 Bl66
Hökhuvud S 61 Br60
Hokka FIN 54 Co57
Hokkåsen N 58 Be60
Hokkaskylä FIN 53 Cl55
Hokkaskylä FIN 53 Ci56
Hokkerup DK 103 At71
Hokksund N 58 Au61
Hokland N 27 Bn43
Hökmark S 42 Cc52
Hökön S 72 Bi68
Hol N 57 Ar59
Hol N 67 As63
Hol S 69 Bf65
Holand N 27 Bl44
Holand N 27 Bm43
Holand N 32 Bg49
Holand N 39 Bh52
Holand N 58 Bc61
Hólar IS 20 Ql25
Holašovice CZ 123 Bi83
Holbæk DK 100 Ba67
Holbæk DK 101 Bd69
Holbeach GB 85 Aa75
Holbeach Drove GB 94 Su75
Holbeach Saint Marks GB 85 Aa75
Holboca RO 248 Cq86
Holbrook GB 95 Ac77
Holbua N 47 Ar55
Holden N 39 Bf52
Holdhus N 56 Am60
Holdorf D 108 Ar75
Holdorf D 109 Bc73
Holdre EST 210 Cm65
Hole N 46 Ao56
Holeby DK 104 Bc71
Holedeč CZ 230 Bh80
Holem N 39 Be52
Hølen N 58 Bb61
Holešov CZ 232 Bq82
Holfjärden S 35 Cd50
Holguera E 191 Sh101
Holíč SK 238 Bp83
Holice CZ 232 Bm80
Holick S 50 Bp57
Holja FIN 53 Ck58
Höljäkkä FIN 45 Ct54
Höljes S 59 Bf59
Holkham GB 85 Ab75
Holkonkylä FIN 53 Ch55
Holkstad N 27 Bk45
Holla N 38 At54
Hollabrunn A 129 Bn83
Hollange B 156 Am81
Holle D 115 Ba76
Høllen N 66 Ap64
Høllen N 67 Aq64
Hollenbek D 110 Bb73
Hollenfels L 119 An81
Hollenstedt D 109 Au74
Hollenstedt D 116 Au77
Hollenstein an der Ybbs A 237 Bk85
Hollerath D 114 An80
Hollern-Twielenfleth D 109 Au73
Hollersbach im Pinzgau A 127 Be86
Hollfeld D 122 Bc81
Hollingbourne GB 95 Ab78
Hollingsholm N 46 Ao55
Hollingstedt D 103 At72
Hollóháza H 241 Cc83
Hollókő H 240 Bu85
Hollola FIN 63 Cm59
Hollolan kirkonkylä FIN 63 Cl58
Hollum NL 107 Am74
Höllviken S 73 Bf70
Hollymount IRL 86 Sb73
Hollywood IRL 91 Sg74
Holm D 109 Au73
Holm FIN 42 Cf53
Holm N 32 Be50
Holm N 68 Bc62
Holm S 41 Bq54
Holm S 50 Bo55
Holm S 60 Bp60
Holm S 60 Bq61
Holm S 68 Be63
Holmajärvi S 28 Bu45
Holmastø N 66 Am62
Hólmavík IS 20 Qi25
Holmbo S 70 Bn64
Holmbukt N 22 Bu41
Holme N 56 Al59
Holmedal N 46 Al58
Holmen N 58 Ba59
Holmen N 67 Ba62
Holme next the Sea GB 85 Ab75
Holmenkollen N 58 Bb60
Holme-Olstrup DK 104 Bd70
Holme-on-Spalding-Moor GB 85 St73
Holmes Chapel GB 93 Sq74
Holmestad S 69 Bh63
Holmestrand N 24 Ck42
Holmestrand N 58 Ba61
Holmfirth-Honley GB 84 Sr73
Holmfors S 34 Br50
Holmön S 42 Cb53
Holmsbo S 60 Bn58
Holmsbu N 58 Ba61
Holmsjö S 34 Br50
Holmsjö S 41 Bp53
Holmsjö S 73 Bm68
Holmsjöstugan S 39 Be54
Holmsnes N 27 Bk43
Holmstad N 27 Bl43
Holmsund S 42 Ca53
Holmsveden S 60 Bo58
Holmträsk S 35 Cc49
Holmträsk S 41 Bq53
Holmträsk S 41 Bt51
Holnis D 103 Au71
Holnstein D 122 Bd82
Hölö S 71 Bq62
Holoa N 58 Bb60
Holod RO 245 Ce87
Holønda N 47 Ba54
Holoşniţa MD 248 Cr84
Hološyna UA 247 Ck85
Holoubkov CZ 123 Bh81
Holovne UA 229 Ci78
Holøydal N 48 Bc56
Holsbybrunn S 70 Bl66
Holsen N 46 An58
Holsengsætra N 39 Be52
Holseter N 58 Au58
Holsljunga S 69 Bf66
Holstadseter N 58 Bd59
Holstadt N 27 Bl46
Holstebro DK 100 As68
Holsted DK 102 As69
Holsted Stationsby DK 102 As70
Hölstein CH 124 Aq86
Holstre EST 210 Cm64
Holsworthy GB 97 Sm79
Holsworthy Beacon GB 97 Sm79
Holt GB 93 Sp74
Holt GB 95 Ac75
Holt GB 98 Sq78
Holtan N 27 Bm46
Holtan N 48 Ba55
Holtdalsvollen N 48 Bc55
Holte N 57 At62
Holten NL 107 An76
Holten, Rijssen- NL 107 Ao76
Holtet N 58 Be59
Holtet N 68 Bd63
Holt Heath GB 93 Sq76
Holtkamp D 115 Ar76
Holtsee D 103 Au72
Holtsjolivoll N 48 Bb54
Holtug DK 104 Be70
Holtwick D 114 Ap76
Holubyne UA 246 Cf83
Holum N 67 Aq64
Holungen D 116 Ba78
Holungsøyi N 47 At57
Holvik N 39 Bc51
Holwerd NL 107 Am74
Holwert = Holwerd NL 107 Am74
Holybush GB 78 Sl70
Holycross IRL 90 Se75
Holyhead GB 88 Sl74
Holyšov CZ 236 Bg81
Holywell GB 84 So74
Holywell GB 98 Sp79
Holywood GB 88 Si71
Holzgau A 126 Ba86
Holzgerlingen D 125 At83
Holzhausen D 108 As76
Holzhausen D 115 Au78
Holzhausen D 117 Be78
Holzhausen an der Haide D 120 Aq80
Holzhausen-Externsteine D 115 As77
Holzheim D 126 Bb83
Holzkirchen D 126 Bd85
Holzmaden D 125 Au83
Holzminden D 115 At77
Holzweiler D 114 An78
Holzwickede D 114 Aq77
Homberg (Efze) D 115 At78
Homberg (Ohm) D 115 At79
Homborsund N 67 As64
Hombourg-Haut F 163 Ao82
Hombreiro = Ombreiro E 183 Se94
Homburg D 120 Ap82
Homécourt F 119 Am82
Homersfield GB 95 Ac76
Homleid N 67 As62
Hommanbodarna S 59 Bl58
Homme N 67 Aq64
Hommelstø N 32 Bf50
Hommelvik N 38 Bb54
Hommersåk N 66 Am63
Hommerts NL 107 Am75
Hommes F 165 Aa86
Homna S 50 Bm58
Homocea RO 256 Cp88
Homokszentgyörgy H 251 Bq88
Homoraode RO 246 Cg85
Homorod RO 255 Cl88
Homorog RO 245 Cd87
Homps F 178 Af94
Homrogd H 240 Cb84
Homstad N 39 Bd52
Hømvejle DK 102 As70
Hondarribia E 186 Sr94
Hondelange B 162 Am81
Hondón de las Nieves E 201 St104
Hondón de los Frailes E 201 St104
Hondouville F 160 Ac82
Hondschoote F 112 Af79
Hönebach D 116 Au79
Hønefoss N 58 Ba60
Honeybourne GB 93 Sr76
Honfleur F 159 Aa82
Høng DK 104 Bc69
Honganvik N 56 An61
Hongset N 32 Be50
Honigsessen, Birken- D 114 Aq79
Hónikas GR 283 Cf105
Honingham GB 95 Ac75

356 Herscheid – Honingham

Honiton GB 97 So 79
Honkajärvi FIN 52 Cd 57
Honkajoki FIN 52 Ce 57
Honkakoski FIN 44 Cg 53
Honkakoski FIN 52 Ce 57
Honkaperä FIN 44 Cm 52
Honkaranta FIN 44 Co 53
Honkilahti FIN 52 Ce 59
Honkola FIN 53 Cm 55
Honkola FIN 63 Cg 58
Hønning DK 102 As 70
Honningsvåg N 24 Cm 39
Hönninperä FIN 45 Ct 53
Honnstad N 47 As 55
Hönö S 68 Bd 65
Honorivka UA 249 Ct 84
Honrubia E 200 Sq 101
Honseby N 23 Cg 39
Hont H 244 Bu 85
Hontalbilla E 193 Sm 98
Hontanaya E 200 Sp 101
Hontangas E 193 Sm 97
Hontianske Nemce SK 240 Bs 84
Höntönvaara FIN 55 Da 54
Hontoria del Pinar E 185 So 97
Hoofddorp NL 106 Ak 76
Hoofdplaat NL 112 Ah 78
Hooge D 102 As 71
Hoogerheide NL 113 Ai 78
Hoogersmilde NL 107 An 75
Hoogeveen NL 107 An 75
Hoogezand-Sappemeer NL 107 Ao 74
Hooge Zwaluwe NL 113 Ak 77
Hooghalen NL 107 Ao 75
Hoogkarspel NL 106 Al 75
Hoogkerk NL 107 Ao 74
Hoogstede D 108 Ao 75
Hoogstraten B 113 Ak 78
Hook GB 94 St 78
Hook Norton GB 93 Ss 77
Hooksiel D 108 Ar 73
Höör S 72 Bh 69
Hoorn NL 106 Al 75
Hoort D 110 Bc 74
Hoo Saint Werburgh GB 95 Ab 78
Hopârta RO 254 Ch 88
Hope GB 93 So 74
Hopeman GB 75 So 65
Hopen (Nord-mola) N 38 Ar 54
Hope under Dinmore GB 93 Sp 76
Hopferau D 126 Bb 85
Hopfgarten im Brixental A 127 Be 86
Hopfgarten in Defereggen A 133 Bf 87
Hopfriesen A 127 Bh 86
Hôpital, L' F 119 Ao 82
Hôpital-d'Orion, L' F 176 St 94
Hôpital-du-Grosbois, l' F 169 An 86
Hôpital-Saint-Blaise, L' F 176 St 94
Hôpitaux-Neufs, les F 169 An 87
Hoplandsjøen N 56 Ak 59
Hoppegarten D 111 Bh 75
Hoppegarten bei Müncheberg D 111 Bi 76
Hoppenrade D 110 Be 73
Hopperstad N 56 Ao 58
Hoppeshuse DK 103 At 70
Hoppestad N 67 Au 62
Hopseidet N 25 Cg 39
Hopsten D 107 Aq 76
Hopsu FIN 53 Cl 57
Hopton on Sea GB 95 Ad 75
Hoptrup DK 103 At 70
Höra GB 286 Cd 106
Höra GB 289 Co 105
Hora Svatého Šebestiána CZ 123 Bg 79
Hora Svaté Kateřiny CZ 118 Bg 79
Horaźďovice CZ 230 Bh 82
Horbach D 121 At 80
Horb am Neckar D 125 As 84
Horbelev DK 104 Be 71
Horbury GB 84 Sr 73
Hørby DK 100 Au 67
Hørby DK 100 Ba 66
Hörby S 72 Bh 69
Horcajada, La E 192 Sk 100
Horcajo de las Torres E 192 Sk 98
Horcajo de los Montes E 199 Sl 102
Horcajo de Santiago E 200 So 101
Horcajo Medianero E 192 Sk 99
Horche E 193 So 99
Horda N 56 Ao 61
Horda S 72 Bi 66
Hörda S 72 Bi 67
Hordalia N 56 Ao 61
Hörde D 114 Aq 78
Hordorf D 109 Bb 76
Horea RO 254 Cd 87
Horea, Poiana- RO 254 Cd 87
Horeb GB 92 Sm 76
Horeckovščina BY 218 Cn 72
Höreda S 70 Bl 65
Horefto GR 283 Cg 102
Hořepník CZ 237 Bi 81
Horezu RO 264 Ch 90
Horgen CH 126 As 86
Horgenzell D 125 Au 85
Horgeşti RO 256 Cp 88
Horgheim N 47 Aq 56
Horgoš SRB 252 Bu 88
Horia RO 248 Cd 87
Horia RO 267 Cr 90
Hořice CZ 231 Bm 80
Horidenjaty BY 218 Cn 71
Horigio GR 277 Cf 98
Horinčovo UA 246 Cg 84
Horió GR 292 Co 107
Horisti GR 279 Cg 98
Hörja S 72 Bh 68
Horjul SLO 134 Bi 88
Horka II 118 Bk 78
Horka nad Moravou CZ 238 Bp 81
Horka u St. Paky CZ 231 Bm 79
Hörken S 59 Bk 60
Hörle S 72 Bi 66
Horlešti RO 248 Cp 86
Horley GB 154 Su 78
Hormakumpu FIN 30 Cl 45
Hörmannsdorf D 122 Bd 82
Hormigos E 193 Sm 100
Horn A 129 Bm 83

Horn D 109 Ba 73
Horn N 32 Be 49
Horn N 32 Bf 48
Horn N 58 Ba 59
Horn S 70 Bm 65
Horna BY 219 Cq 71
Horna E 200 Sr 103
Hornachos E 198 Sh 103
Hornachuelos E 204 Sk 105
Hornåseng N 58 Bd 61
Horná Štubňa SK 239 Bs 83
Horná Súča SK 239 Bq 83
Horná Ves SK 239 Br 83
Hornbach D 119 Ap 82
Horn-Bad Meinberg D 115 As 77
Hornbæk DK 72 Be 68
Hornbek D 109 Bb 73
Hornberg D 163 Ar 84
Hornberga S 59 Bk 58
Hornborg DK 100 Au 69
Hornburg D 116 Bb 76
Horncastle GB 85 Su 74
Horncliffe GB 81 Sq 69
Horndal S 60 Bn 60
Horndalen N 48 Bc 57
Horndean GB 98 Ss 79
Hörne D 103 At 73
Horne DK 100 As 69
Horneburg D 109 Au 73
Hörnefors S 42 Bu 53
Horné Hámre SK 239 Bs 84
Hörnerkirchen, Brande- D 103 Au 73
Hornes E 185 Sn 94
Horné Saliby SK 239 Bq 84
Horné Srnie SK 239 Br 83
Hornesund N 67 Aq 64
Horní Bečva CZ 233 Br 82
Horní Benešov CZ 232 Bq 81
Horní Blatná CZ 231 Bm 81
Horní Bradlo CZ 231 Bl 81
Horní Čerekev CZ 231 Bl 82
Horní Bříza CZ 230 Bg 81
Horní Čermná CZ 232 Bo 81
Horní Dobrouč CZ 232 Bo 81
Horní Dunajovice CZ 238 Bn 83
Horní Hbity CZ 123 Bi 81
Horní Holčovice CZ 232 Bp 80
Horní Jiřetín CZ 123 Bh 79
Hörníkecy = Knappenrode D 118 Bi 78
Horní Lideč CZ 239 Br 82
Horní Lipová CZ 232 Bp 80
Horníllayuso E 185 Sn 94
Hornillos de Cerrato E 185 Sm 97
Horní Lomná CZ 239 Bs 81
Horní Mísečky CZ 231 Bm 79
Horní Moštěnice CZ 232 Bp 82
Hornindal N 46 Ao 57
Hornio FIN 52 Cf 58
Horní Planá CZ 237 Bi 83
Horní Slavkov CZ 123 Bf 80
Horní Stropnice CZ 237 Bk 83
Horní Sucha CZ 233 Br 81
Horní Těrlicko CZ 233 Br 81
Horní Tošanovice CZ 233 Br 81
Horní Veněřovice CZ 231 Bn 79
Horní Vltavice CZ 231 Bh 83
Horní Vysoké CZ 123 Bi 79
Horní Wujęźd = Uhyst am Taucher D 118 Bi 78
Hornmoen N 58 Bd 59
Hornmyr S 41 Br 52
Hornnes N 67 Aq 63
Hornow-Wadelsdorf D 118 Bk 77
Hornoy-le-Bourg F 154 Ad 81
Hornsea GB 85 Su 73
Hornshytta N 57 Ap 59
Hornsjø N 58 Bd 58
Hörnsjö S 41 Bu 53
Hornsjøseter N 48 Au 58
Hornslet DK 100 Ba 68
Hornstein A 238 Bn 85
Hornstrup Mølleby DK 100 Au 69
Hornstua N 58 Ba 61
Hornsyld DK 100 Au 69
Hornum DK 100 At 67
Hörnum (Sylt) D 102 Ar 71
Horný Bar SK 238 Bp 85
Horný Tisovník SK 240 Bt 84
Horoatu Crasnei RO 246 Cf 86
Horodişte UA 235 Cg 82
Horodişte MD 248 Cq 84
Horodişte MD 248 Cr 86
Horodkivka UA 249 Cs 84
Horodlo PL 235 Ci 79
Horodne UA 257 Cs 89
Horodnic de Jos RO 247 Cm 85
Horodniceni RO 247 Co 85
Horodok UA 235 Ch 81
Horonda UA 246 Cf 84
Horonkylä FIN 52 Cd 55
Horonkylä FIN 54 Cn 55
Horošova UA 247 Cn 83
Hořovice CZ 230 Bh 81
Hořovičky CZ 230 Bh 80
Horra, La E 199 Sm 97
Horred S 72 Be 66
Horrem D 114 Ao 79
Hörröd S 72 Bi 69
Horsbyg DK 103 At 70
Horse IRL 90 Se 75
Horseheath GB 95 Aa 76
Horseleap IRL 86 Sc 74
Horselap IRL 87 Se 74
Horsens DK 100 Au 69
Horsgard N 47 Aq 55
Horsham GB 99 Su 78
Hørsholm DK 72 Be 69
Hörslingen D 109 Bc 76
Horslunde DK 103 Bc 71
Horsmanaho FIN 55 Ct 55
Horšovský Týn CZ 230 Be 82
Horsskog S 60 Bp 60
Horst NL 113 Ah 78
Horst (Holstein) D 103 Au 73
Horstad N 46 Am 57
Horstead GB 95 Ac 75
Hörstel D 107 Aq 76
Horstmar D 114 Ap 77
Hörstorf A 128 Bk 84
Hort H 244 Bu 85
Horta P 190 Qc 103
Horta de Sant Joan E 188 Aa 99

Hortas E 182 Sd 95
Hortemo N 67 Aq 64
Horten N 58 Ba 62
Horterö GR 278 Cg 98
Hortes F 162 Am 85
Hortezuela E 193 Sp 98
Hortigüela E 185 So 96
Hörtlax S 35 Cc 50
Hortobágy H 245 Cc 85
Horton GB 94 St 76
Horton GB 97 Sp 79
Horton GB 98 Sr 79
Horumersiel D 108 Ar 73
Hørup DK 103 Au 71
Høruphav DK 103 Au 71
Horvátzsidány H 129 Bo 86
Hörve DK 101 Bc 69
Horw CH 130 At 86
Horwich GB 84 Sq 73
Horyniec-Zdrój PL 235 Cg 80
Horyškivka UA 249 Cs 83
Horyszów PL 235 Ch 79
Hösbach D 121 At 80
Hösbjør N 58 Bc 59
Höscheid L 119 An 81
Hosen N 38 Au 52
Hosena D 117 Bi 78
Hosenfeld D 121 At 79
Hoset N 27 Bk 46
Hoset N 47 Aq 54
Hosingen L 119 An 80
Hosionniemi FIN 36 Cm 49
Hosjö S 49 Bl 64
Hosjöbottnarna S 49 Bh 54
Hosjön S 60 Bn 59
Hoslemo N 57 Ap 62
Hoslovice CZ 236 Bh 82
Hosman RO 254 Ci 89
Hospental CH 131 As 87
Hospice I 130 Ao 89
Hospital E 183 Sf 95
Hospital E 188 Aa 95
Hospital IRL 90 Sd 76
Hospital de Órbigo E 184 Si 96
Hospitalet de Llobregat, l' E 189 Ae 98
Hospitalet-du-Larzac, L' F 178 Aj 93
Hospitalet-près-l'Andorre, l' F 189 Ad 95
Hossa FIN 37 Cu 50
Hossegor, Soorts- F 186 Ss 93
Hossjö S 42 Bu 53
Hossjön S 40 Bm 53
Hossmo S 73 Bn 67
Hössna S 69 Bh 65
Hosszúpályi H 245 Cd 86
Hosszúpereszteg H 242 Bp 86
Hostal de Ipiés E 176 Su 96
Hošťálková CZ 232 Bq 82
Hostalric E 189 Af 97
Hostalrich = Hostalric E 189 Af 97
Höstbodarna S 60 Bo 59
Hostens F 170 St 92
Hošťeradice CZ 238 Bn 83
Hostikka FIN 64 Cq 59
Hostinné CZ 231 Bm 79
Hostivice CZ 231 Bi 80
Hošťka CZ 118 Bi 80
Höstnäs FIN 63 Ch 61
Hostomice CZ 123 Bi 81
Hoston N 38 Au 54
Hostouň CZ 236 Bf 81
Hostovice SK 241 Cd 83
Höstsätern S 49 Bf 57
Hösvík FO 26 Sg 56
Hotagen S 40 Bj 53
Hotanj Hutovski BIH 268 Bq 95
Hotarele RO 266 Cp 92
Hötensleben D 109 Bc 76
Hotiliicy RUS 217 Cg 70
Hoting S 40 Bn 52
Hotnica BG 273 Cm 94
Hotolisht AL 276 Ca 98
Hotton B 116 Al 80
Hotynicy RUS 65 Ct 62
Hou DK 100 Ba 66
Houat F 164 Sp 86
Houbie GB 77 St 59
Houches, Les F 130 Ao 89
Houdain F 112 Af 80
Houdan F 160 Rb 25
Houdelaincourt F 162 Al 83
Houécourt F 162 Am 84
Houeillès F 177 Aa 92
Houffalize B 119 Am 80
Houga, Le F 176 Su 93
Houghton-le-Spring GB 81 Ss 71
Houhajärvi FIN 52 Cg 58
Houkkala FIN 55 Ct 58
Houlbjerg DK 100 Au 68
Houliarades GR 276 Cc 101
Houmnikó GR 278 Ch 99
Houndslow GB 81 Sp 69
Hoúni GR 282 Cd 103
Hourdel, le F 99 Ad 80
Hourtin F 170 Ss 90
Hourtin-Plage F 170 Ss 90
Houston GB 80 Sl 69
Houten NL 113 Al 76
Houthalen-Helchteren B 156 Al 78
Houton GB 77 So 63
Houtsala FIN 62 Cc 60
Houtskär FIN 62 Cc 60
Houtskari = Houtskär FIN 62 Cc 60
Houvet B 156 Al 80
Hov DK 100 Ba 69
Hov N 32 Be 48
Hov N 32 Bf 48
Hov N 48 Ba 55
Hov S 70 Bk 64
Hov S 101 Bf 68
Hova S 69 Bi 63
Høvåg N 67 Ar 64
Hovborg DK 102 As 69
Hovda N 57 At 59
Hovda N 66 An 62
Hovde N 67 As 63
Hovden N 27 Bk 43
Hovden N 57 Ap 61
Hovdevåg N 46 Ak 57
Hove GB 99 Su 79

Hovegård DK 100 Au 69
Hövelhof D 115 As 77
Hoven DK 100 As 69
Hövenäset S 68 Bc 64
Hover DK 100 Ar 68
Hoverberg S 49 Bi 55
Hoverla UA 246 Cii 84
Hovet N 57 Ar 59
Hoveton GB 95 Ac 75
Hovézí CZ 233 Br 82
Hovid S 50 Bp 56
Høvik N 58 Bb 61
Hovmantorp S 73 Bl 67
Hovorany CZ 238 Bo 83
Høvringen N 47 Au 57
Hovsäter S 68 Bd 63
Hovseter N 58 Bb 61
Hovslund Stationsby DK 103 At 70
Hovsta S 60 Bl 62
Hovsund N 27 Bi 44
Hovsund N 27 Bi 44
Howden GB 85 St 73
Howgate GB 81 So 69
Howmore GB 74 Sf 66
Howth IRL 88 Sh 74
Hoxne GB 95 Ac 76
Höxter D 115 At 77
Hoya D 109 At 75
Hoya-Gonzalo E 200 Sr 103
Høyanger N 56 An 58
Høydalen N 67 At 63
Høye N 56 Al 62
Hoyerswerda D 118 Bi 78
Høyholmen N 25 Cr 39
Høykkylä FIN 53 Ch 54
Höylä FIN 45 Cs 54
Hoylake-West Kirkby GB 84 So 74
Høyland GB 85 Ss 73
Høylandet N 39 Be 51
Høym D 116 Bc 77
Høymyr N 57 At 61
Hoyocasero E 192 Sl 100
Hoyo de Manzanares E 193 Sn 99
Hoyo de Pinares, El E 193 Sm 99
Hoyos E 191 Sg 100
Hoystøyl N 67 Aq 62
Höytiä FIN 53 Cl 56
Hoža BY 224 Ch 73
Hozabejas E 185 Sn 95
Hoz de Jaca F 176 Su 95
Hrabačov CZ 231 Bm 79
Hrabårsko BG 272 Cg 95
Hrabišín CZ 232 Bp 81
Hrabkov SK 241 Cc 83
Hrabove UA 249 Ct 84
Hrabrino BG 273 Ck 96
Hrabrovo BG 267 Cr 94
Hrabryně CZ 233 Br 81
Hradčany IS 20 Qk 25
Hradec Králové CZ 231 Bm 80
Hradec nad Moravicí CZ 232 Bq 81
Hradec nad Svitavou CZ 232 Bn 81
Hrádek CZ 238 Bn 83
Hrádek nad Nisou CZ 118 Bk 79
Hrádek na Vlárské dráze CZ 239 Bq 82
Hradešice CZ 236 Bg 82
Hradiště SK 239 Br 83
Hradivka SK 239 Br 83
Hradzicy BY 224 Ch 73
Hrafnabjörg IS 20 Qk 25
Hraholusk IS 21 Rc 24
Hradyňa IS 20 Qk 26
Hrana CZ 122 Bd 79
Hranice CZ 122 Bd 79
Hranice na Moravě CZ 232 Bq 81
Hraničná pri Hornáde SK 241 Cc 83
Hraničné SK 234 Cb 82
Hranovnica SK 240 Ca 83
Hrasnica BIH 260 Bt 93
Hrastelnica HR 250 Bn 89
Hrastnik SLO 135 Bj 88
Hrastovica HR 135 Bh 89
Hrauň IS 20 Qk 24
Hraužíški BY 218 Cm 72
Hrebenne PL 235 Ch 80
Hredino RUS 211 Ct 64
Hřensko CZ 231 Bi 79
Hrhov SK 240 Cb 83
Hrib-Loški Potok SLO 134 Bk 89
Hriňová SK 239 Bu 83
Hrip RO 246 Cf 85
Hrisafa GR 286 Cf 106
Hrisey IS 20 Rb 25
Hrisi GR 291 Cm 111
Hrisohórafa GR 278 Cg 98
Hrisópetra GR 278 Cf 99
Hrissó GR 283 Ce 104
Hrissochóri GR 279 Cx 99
Hrissomiléa GR 282 Cd 101
Hrissoúpoli GR 279 Ck 99
Hrissovitsi GR 286 Ce 105
Hristianó GR 286 Cd 106
Hristijanovo BG 273 Cm 96
Hristós GR 289 Cn 105
Hřivice CZ 230 Bh 80
Hrjadua UA 235 Ci 81
Hrnčiarovce SK 239 Bq 84
Hrochoť SK 240 Bt 83
Hrochův Týnec CZ 232 Bm 81
Hrodna BY 224 Ch 73
Hromio GR 277 Cd 100
Hronov CZ 232 Bn 80
Hronsek SK 239 Bt 83
Hronská Dúbrava SK 239 Bt 83
Hronský Beňadik SK 239 Bs 84
Hrotovice CZ 238 Bn 82
Hrozňetín CZ 123 Bf 80
Hrtkovci SRB 261 Bu 91
Hrubá Voda CZ 238 Bp 81
Hrubieszów PL 235 Ch 79
Hrubšici UA 248 Cq 84
Hruška UA 248 Cq 84
Hrušovany nad Jevišovkou CZ 238 Bn 83
Hruštín SK 233 Bt 82
Hruzdova BY 219 Cq 70
Hrvaćani BIH 260 Bq 91
Hrvace HR 259 Bo 93
Hrvatska Dubica HR 239 Bt 83
Hrvatska Kostajnica HR 250 Bh 89
Hrvatski Leskovac HR 250 Bm 89
Hryčkovo RUS 211 Cu 65
Hrynki BY 224 Cl 75
Hrženica HR 135 Bo 88

Huarte E 176 Sr 95
Huarte-Araquil E 186 Sr 95
Huben A 132 Bb 86
Huben A 133 Bf 87
Hubenice PL 234 Cb 80
Hückelhoven D 114 An 78
Hückeswagen D 114 Ap 78
Hucknall GB 85 Ss 74
Hucksjöåsen S 50 Bm 55
Hucqueliers F 112 Ad 79
Huddersfield GB 84 Sr 73
Huddinge S 71 Bq 62
Huddunge S 60 Bo 60
Hude (Oldenburg) D 108 Ar 74
Hudene S 69 Bg 64
Hüdenisht AL 270 Cb 99
Hudeşti RO 248 Cp 84
Hudiksvall S 50 Bp 57
Huedin RO 246 Cg 87
Huélago E 205 So 106
Huélamo E 194 Sr 100
Huelgoat F 157 Sn 84
Huelma E 205 So 105
Huelva E 203 Sg 106
Huénéja E 206 Sp 106
Huércal-Overa E 206 Sr 106
Huércanos E 186 Sp 96
Huérmeces E 185 Sn 95
Huerta de Arriba E 185 So 96
Huerta de la Obispalía E 194 Sq 101
Huerta del Rey E 185 So 97
Huerta de Valdecarábanos E 193 Sn 101
Huertahernando E 194 Sq 99
Huérteles E 186 Sq 96
Huerto E 187 Su 97
Huesa E 206 So 105
Huesa del Común E 195 St 98
Huesca E 187 Su 96
Huéscar E 206 Sp 105
Huete E 194 Sp 100
Huétor-Santillán E 205 Sn 106
Huétor-Tájar E 205 Sn 106
Huévar E 204 Sh 106
Hüffenhardt D 120 As 82
Hüfingen D 125 Ar 85
Hufthamar N 56 Al 60
Hugali N 57 As 58
Huggenäs S 69 Bf 62
Huggnora S 60 Bm 60
Hughley GB 93 Sp 75
Hugh Town GB 96 Sh 81
Huglfing D 126 Bc 85
Hugulia N 58 Ba 58
Huhdasjärvi FIN 64 Cq 58
Huhla BG 280 Cn 97
Huhmarkoski FIN 52 Cg 54
Huhtamo FIN 62 Cf 58
Huhti FIN 63 Cl 58
Huhtia FIN 53 Cl 56
Huhtijärvi FIN 53 Cl 56
Huhtimäki FIN 54 Cq 56
Huhttán = Kvikkjokk S 34 Bg 47
Huhus FIN 55 Db 55
Huikola FIN 44 Cn 51
Huiron F 161 Ak 83
Huisinis GB 74 Sf 65
Huismes F 165 Aa 86
Huisseau-sur-Mauves F 160 Ad 85
Huissen NL 114 Am 77
Huissinkylä FIN 52 Ce 55
Huittinen FIN 62 Cf 58
Huizen NL 106 Al 76
Hujakkala FIN 64 Cr 59
Hukanmaa S 29 Cf 45
Hukarovo BG 274 Cn 96
Hukkajärvi FIN 45 Da 52
Hukkala FIN 55 Ct 55
Hukvaldy CZ 233 Br 81
Hulcze PL 235 Ci 80
Huldenberg B 156 Ak 79
Hulín CZ 232 Bp 82
Hulja EST 64 Cn 62
Huljajka FIN 63 Cl 58
Huljen S 50 Bo 56
Hulken FIN 54 Cp 55
Hull = Kingston upon Hull GB 85 Su 73
Hullaryd S 69 Bk 65
Hüllhorst D 108 As 76
Hullo EST 209 Cg 63
Hul/sjön S 50 Bp 57
Hulpe, La B 156 Ai 79
Hüls D 109 At 76
Hülsebeck D 110 Bd 74
Hülsede D 109 At 76
Hulsig DK 68 Ba 65
Hulst NL 155 Ai 78
Hult S 69 Bf 63
Hult S 70 Bl 65
Hulta AX 61 Ca 60
Hultafors S 69 Bf 65
Hultanäs S 73 Bl 66
Hulterstad S 73 Bo 68
Hultsfred S 70 Bm 66
Hultsjö S 72 Bk 66
Hulubeşti RO 265 Cl 91
Hulver Street GB 95 Ad 76
Husi RO 256 Cr 87
Husinec CZ 236 Bh 82
Huska = Gauβig D 118 Bi 78
Huskvarna S 69 Bi 65
Husnes N 56 Aj 61
Hussneborg D 108 Bd 74
Husum D 103 At 73
Husum S 41 Bt 54
Husupää FIN 55 Ct 58
Husuvik N 114 An 76
Husvegg N 66 An 63
Husvika N 32 Bf 49
Husø N 22 Bq 41
Husøy N 47 Ap 57
Husøy N 68 Ba 62
Husum S 41 Bt 54

[continuing last column...]
Huta PL 239 Bt 81
Huta UA 229 Ci 77
Huta UA 246 Ci 83
Huta-Certeze RO 246 Cg 85
Huta-Dabrowa PL 229 Ce 77
Huta Dzierążeńska PL 235 Cg 79
Huta Gogołowska PL 234 Cd 81
Huta Krzeszowska PL 235 Ce 79
Huta Turobińska PL 235 Cf 79
Hüti EST 208 Ce 63
Hutovo BIH 268 Bq 95
Hüttau A 127 Bg 86
Hutte, la F 159 Aa 84
Hüttenberg A 134 Bk 87
Hüttenberg D 120 As 79
Hüttlingen D 121 Ba 83
Hutton Cranswick GB 85 Su 73
Hutton Sessay GB 85 Ss 72
Hüttschlag A 128 Bg 86
Huttula FIN 54 Cp 55
Huttula FIN 64 Cg 58
Huttwil CH 130 Aq 86
Hüttwilen CH 125 As 85
Hutzfeld D 103 Ba 72
Huuhkala FIN 54 Cr 58
Huuki S 29 Cf 46
Huutijärvi FIN 53 Ci 58
Huutokoski FIN 54 Cq 56
Huutokoski FIN 55 Ct 55
Huutoniemi FIN 24 Co 42
Huutunvaara FIN 55 Da 55
Huuvari FIN 64 Cn 59
Huy B 156 Al 79
Huy D 116 Bb 76
Huyton GB 84 Sq 74
Huzová CZ 232 Bp 81
Hvalba FO 26 Sg 56
Hvaler N 68 Bc 62
Hvalpsund DK 100 At 67
Hvalvík FO 26 Sf 56
Hvammstangi IS 20 Qk 25
Hvam Stationsby DK 100 Au 67
Hvannasund FO 26 Sg 56
Hvar HR 268 Bn 94
Hveragerði IS 20 Qi 26
Hveravellir IS 20 Qi 26
Hvidbjerg DK 100 As 66
Hvide Sande DK 100 Ar 68
Hvidovre DK 72 Be 69
Hvitanes FO 26 Sg 56
Hvitsten N 58 Bb 61
Hvittingfoss N 58 Ba 61
Hvizdec' UA 247 Cl 83
Hvojna BG 273 Ck 97
Hvolsvöllur IS 20 Qi 26
Hvorslev DK 100 Au 68
Hvozdavka Perša UA 248 Da 85
Hvoznica BY 229 Ch 77
Hwlfordd = Haverfordwest GB 91 Sl 77
Hybe SK 240 Bu 82
Hybo S 50 Bn 57
Hycklinge S 70 Bm 65
Hyde GB 84 Sq 74
Hyen N 46 Am 57
Hyères F 180 An 94
Hyères-Plage F 180 An 94
Hyggen N 58 Ba 61
Hylen S 50 Bl 57
Hylestad N 56 Al 58
Hylestad N 67 Aq 62
Hylke DK 100 Au 69
Hylkje N 56 Al 59
Hylla N 39 Bc 53
Hylland N 57 Ap 61
Hylletofta S 72 Bk 66
Hyllinge S 72 Bf 68
Hylpen = Hindeloopen NL 106 Al 75
Hyltebruk S 72 Bg 67
Hymont F 162 Am 84
Hynboholm S 59 Bg 62
Hynčešť = Hinceşti MD 249 Cs 87
Hynnekleiv N 67 Ar 63
Hyönölä FIN 63 Ch 60
Hyötyy FIN 54 Cr 57
Hypönniemi FIN 55 Ct 56
Hyrkkälä FIN 64 Cq 58
Hyry FIN 36 Cm 49
Hyrylä FIN 63 Cl 60
Hyrynsalmi FIN 44 Cr 51
Hysgjokaj AL 270 Bu 99
Hyssna S 69 Bf 65
Hythe GB 98 Ss 79
Hythe GB 154 Sz 78
Hytölä FIN 54 Cr 55
Hyttbakken N 38 Bc 54
Hyttegrend N 28 Bt 43
Hyttfossen N 38 Ba 54
Hyväneula FIN 63 Cl 59
Hyväniemi FIN 37 Ct 49
Hyvikkälä FIN 63 Ci 59
Hyvinkää FIN 63 Cl 59
Hyvölänranta FIN 44 Cn 52
Hyynilä FIN 52 Cf 57
Hyypiö FIN 37 Co 47
Hyyppä FIN 52 Ce 56
Hyyrylä FIN 53 Ci 57
Hyytiälä FIN 53 Ci 57

Iablaniţa RO 253 Ce 91
Iacobeni RO 247 Cl 86
Iacobeni RO 255 Ck 88
Ialisós GR 292 Cr 108
Ialoveni MD 249 Cs 87
Iam RO 253 Cc 90
Iana RO 256 Cq 88
Ianca RO 264 Ch 92
Iancu Jianu RO 264 Cg 91
Ianoşda RO 245 Cd 87
Iara RO 254 Cg 88
Iargara MD 257 Cr 88
Iaşi RO 248 Cq 86
Iasmos GR 279 Ck 98
Iazu RO 266 Cp 91
Ibahernando E 198 Si 102
Ibakibka = Janoši UA 246 Cf 84
Iballë AL 270 Bu 96
Ibănești RO 248 Cn 84

Ibăneşti RO 255 Ck87
Ibarac MNE 262 Ca95
Ibarguren E 186 Sq95
Ibarra E 186 Sp94
Ibarra E 186 Sq94
Ibbenbüren D 108 Aq76
Ibdes E 194 Sr98
Ibeas de Juarros E 185 Sn96
Ibestad N 27 Bp43
Ibi E 201 St103
Ibiza = Eivissa E 206 Ac103
Ibos F 187 Su94
Ibramowice PL 232 Bo79
Ibrány H 241 Cd84
İbriktepe TR 280 Co98
Ibros E 199 Sn104
Ibstock GB 93 Ss75
Icera BG 274 Cn95
Ichenhausen D 126 Ba84
Ichenheim D 124 Aq84
Ichtershausen D 116 Bb79
Iciar = Itziar E 186 Sq94
Icker D 108 Ar76
Iclănzel RO 254 Ci87
Iclod RO 246 Ch87
İçmeler TR 292 Cr107
Icoana RO 265 Ck92
Icod de los Vinos E 202 Rg124
Icuşeşti RO 248 Co87
Idala S 72 Be66
Idalin PL 234 Cd78
Idanha-a-Nova P 191 Sf101
Idanha-a-Velha P 191 Sf101
Idar-Oberstein D 119 Ap81
Idbacka S 41 Bp52
Idd N 68 Bc62
Ideciu de Jos RO 247 Ck87
Iden D 110 Bd75
Idenor S 50 Bp57
Idiciu RO 254 Ci88
Idivuoma S 29 Ce44
Idkerberget S 60 Bl60
Idom DK 100 Ar68
Idoš SRB 244 Ca89
Ídra GR 287 Cg106
Idre S 49 Bf57
Idrefjäll S 49 Bf57
Idrica RUS 215 Cs68
Idrija SLO 134 Bi88
Idroússa GR 289 Co105
Idsingen D 109 At75
Idstein D 120 Ar80
Idvattnet S 41 Bp52
Idvor SRB 252 Cb90
Iecava LV 213 Ci67
Iecea Mică RO 253 Cb89
Iedera de Jos RO 265 Cm90
Ieper B 155 Af79
Iepureni RO 248 Cp86
Iepureşti RO 265 Cm92
Ierápetra GR 291 Cm110
Ieriķi LV 214 Cl66
Ierissós GR 278 Ch100
Iernut RO 254 Ci88
Ieromnimi GR 276 Cb101
Ieropigí GR 276 Cc99
Iesle RO 247 Cm86
Iesmere GB 84 Sp75
Ieud RO 246 Ci85
Ifac E 201 Aa103
Ifach = Ifac E 201 Aa103
Iffendic F 158 Sq84
Iffezheim D 124 Ar83
Ifjord N 24 Cp40
Ig SLO 134 Bk89
Igal H 251 Bq87
Igalo MNE 269 Bs96
Igé F 159 Ab84
Igé F 168 Ak88
Igea E 186 Sq96
Igea Marina I 139 Be92
Igel D 119 Ao81
Igeleta = Eguileta E 186 Sp95
Igelfors S 70 Bm63
Igerøy N 32 Be49
Igersheim D 121 Au82
Iggensbach D 127 Bg83
Iggesund S 50 Bp57
Iggön S 60 Bp59
Ighişu Nou RO 254 Ci88
Ighiu RO 254 Ch88
Igis CH 131 Au87
Iglarevo = Gllarevë RKS 270 Cb95
Iglebu N 66 Ap62
Iglerød N 68 Bd62
Iglesia = Igrexa (Fornelos de Montes) E 182 Sd96
Iglesia, La (Trucios) E 185 So94
Iglesiarrubia E 185 Sn97
Iglesias E 185 Sn96
Iglesias I 141 As102
Iglesuela, La E 192 Sl100
Iglesuela del Cid, La E 195 Su100
Igliauka LT 224 Ch71
Iglika BG 266 Co94
Iglika BG 271 Cf96
Igliškėliai LT 224 Ch71
Igls A 126 Bc86
Ignaberga S 72 Bh68
Ignalina LT 218 Cn70
Ignăţei MD 249 Cs85
İğneada TR 275 Cq97
Igneşti RO 245 Ce88
Igny-Comblizy F 161 Ah82
Igołomnia PL 234 Ca80
Igomel' RUS 211 Ct63
Igornay F 168 Ai86
Igorre E 185 Sp94
Igoumenitsa GR 282 Ca101
Igralište BG 272 Cg97
Igrane HR 268 Bp94
Igrejinha P 197 Se103
Igrexa (Fornelos de Montes) E 182 Sd96
Igualada E 189 Ad97
Igualeja E 204 Sk107
Igüeña E 183 Sh95
Iguerande F 167 Ai88
Igueste de Candelaria E 202 Rh124
Igueste de San Andrés E 202 Rh123
Ihala RUS 55 Cu58
Ihamäki FIN 63 Ch59
Ihamaniemi FIN 55 Cs56
Iharosberény H 250 Bp88
Ihastjärvi FIN 54 Cp57
Ihl'any SK 240 Cb82
Ihlienworth D 108 As73
Ihlow D 108 Ap74
Ihmert D 114 Aq78
Ihode FIN 62 Cd59
Ihojarvenkjulja RUS 55 Da58
Iholdy F 186 Ss94
Ihrhove D 108 Ap74
Ihringen D 163 Aq84
Ihrlerstein D 122 Bd83
Ihtiman BG 272 Ch96
Ii FIN 36 Cl50
Iinattijärvi FIN 37 Cp50
Iisaku EST 210 Cp62
Iisalmi FIN 44 Cp53
Iisvesi FIN 54 Cp55
Iitin kirkonkylä FIN 64 Cn59
Iitti FIN 64 Cn59
Iitto FIN 29 Cc43
Iivantiira FIN 45 Ct52
IJlst NL 107 Am74
IJmuiden NL 106 Ak76
IJsselmuiden NL 107 Am75
IJsselstein NL 113 Al76
IJzendijke NL 112 Ah78
Ikaalinen FIN 52 Cg57
Ikast DK 100 At68
Ikazn' BY 219 Cp69
Ikervár H 242 Bo86
İkizköy TR 292 Cq106
Ikkala FIN 53 Ch56
Ikkala FIN 63 Ci60
Ikkeläjärvi FIN 52 Cf56
Ikoinniemi FIN 55 Ct57
Ikornnes N 46 Ao56
Ikosenniemi FIN 36 Co49
Ikšķile LV 214 Ck67
Ilača HR 251 Bt90
Ilam GB 93 Sr74
Ilandža SRB 253 Cb90
Ilanz = Glion CH 131 At87
Ilarratza = Ilarraza E 186 Sp95
Ilarraza E 186 Sp95
Ilava SK 239 Br83
Iława PL 222 Bu73
Ilba RO 246 Cg85
Ilbro DK 68 Ba66
il Castagno I 138 Bb94
Ilche E 187 Aa97
Ilchester GB 97 Sp78
Ildır TR 285 Cn104
Île LV 213 Cf67
Ileana RO 266 Co91
Ileanda RO 246 Ch86
Île-Bouchard, L' F 166 Aa86
Île-d'Aix F 170 Ss88
Île-d'Olonne, l' F 164 Sr87
Île-Rousse, L' F 181 As95
Ilfeld D 116 Bb77
Ilford GB 99 Aa77
Ilfracombe GB 97 Sm78
Ilhanköy TR 281 Cq99
Ílhavo P 190 Sc99
Ilia RO 245 Cf89
Ilıca TR 285 Cn104
Ilıcak TR 281 Cq100
Il'ičevo RUS 65 Cu60
Il'ičevo RUS 216 Cc71
Ilidža BIH 260 Br93
Ilieni RO 255 Cm89
Ilija Blăskovo BG 275 Cp94
Ilijaš BIH 260 Br93
Ilijno BG 274 Cn94
Ilinden MK 271 Cd97
Ilini LV 213 Ce66
Il'inskoe RUS 224 Cf71
Ilio GR 287 Ch104
Iliókastro GR 287 Cg106
Ilioúpoli GR 284 Ch105
Ilirska Bistrica SLO 134 Bi89
Ilişeşti RO 247 Cn85
Il'ja BY 219 Cp72
Iljušino RUS 224 Cf71
Ilkeston GB 85 Ss75
Ilkley GB 84 Sr73
Ilkowice PL 234 Ca80
Illana E 193 Sp100
Illar E 206 Sp107
Illby = Ilola FIN 64 Cm60
Illertissen D 125 Ba84
Illescas E 193 Sn100
Ille-sur-Têt F 189 Af95
Illfurth F 169 Ap85
Illhaeusern F 163 Ap84
Illiers-Combray F 160 Ac84
Illifaut F 158 Sq84
Illinci UA 247 Cl84
Illingen D 120 Ap82
Illingen D 120 As83
Illjašivka UA 249 Cs83
Illkirch-Graffenstaden F 124 Aq83
Illmanns A 237 Bl83
Illmensee D 125 At85
Illmitz A 129 Bo85
Illo FIN 52 Cg58
Illo FIN 62 Cf60
Illois F 154 Ad81
Íllora E 205 Sn106
Illot, S' E 207 Ag101
Illueca E 194 Sr97
Illuka EST 211 Cq62
Illvålsetra N 48 Bd57
Illzach F 124 Ap85
Ilmajoki FIN 52 Cf55
il Marziano I 147 Bn98
Ilmenau D 116 Bb79
Ilmington GB 93 Sr76
Ilminster GB 97 Sp79
Ilmmünster D 126 Bd84
Ilmoila FIN 63 Ci58
Ilmolahti FIN 54 Cm55
Ilmopohja FIN 53 Cm56
Il'hycja UA 246 Cg84
Ilok HR 252 Bt90
Ilola FIN 64 Cm60
Ilomantsi FIN 55 Db55
Ilosjoki FIN 43 Cm54
Ilovăț RO 264 Cf91
Ilovik HR 258 Bk92
Ilovița RO 253 Ce91
Iłów PL 227 Ca76
Iłowa PL 118 Bl78
Iłowo PL 221 Bp74
Iłowo-Osada PL 223 Ca74
Ilsbo S 50 Bp57
Ilsede D 109 Ba76
Ilsenburg (Harz) D 116 Bb77
Ilseng N 58 Bc59
Ilsfeld D 121 At82
Ilshofen D 121 Au82
Ilskov DK 100 At68
Iltula FIN 62 Cf60
Ilūkste LV 214 Cn69
Ilumetsa EST 210 Cp65
Ilva Mare RO 247 Ck86
Ilva Mică RO 247 Ck86
Ilvesjoki FIN 52 Cf56
Ilz A 135 Bm86
Iłża PL 228 Cc78
Ilze LV 214 Cn68
Ilzeskalns LV 215 Cp67
Il'žo RUS 211 Cu63
Imatra FIN 65 Cs58
Imatu EST 211 Cq62
Imavere EST 210 Cm63
Imbradas LT 214 Cn69
Imende E 182 Sc94
Imer I 132 Bd88
Imfors S 40 Bo53
Imielin PL 233 Bt80
Imielno PL 234 Ca79
Iminofj Fjellstue N 57 As60
Imirizaldu E 176 Ss95
Imjärvi FIN 54 Cn58
Immala FIN 55 Cs58
Immelborn, Barchfeld- D 116 Ba79
Immeln S 72 Bi68
Immendingen D 125 As85
Immenhausen D 115 At78
Immenrode D 116 Ba77
Immensen D 109 Ba76
Immenstaad am Bodensee D 125 At85
Immenstadt im Allgäu D 126 Ba85
Immenstedt D 103 At71
Immilä FIN 64 Cn58
Immingham GB 85 Su73
Imola I 138 Bd92
Imón E 194 Sp98
Imotski HR 260 Bp94
Imperia I 181 Ar93
Imphy F 167 Ag87
Impilahti RUS 55 Dc57
Impiö FIN 37 Cp49
Imposte I 145 Bh95
Impruneta I 143 Bc93
Imrenčevo BG 275 Co94
İmroz = Gökçeada TR 280 Cm100
Ims N 66 Am63
Imsdalen N 48 Bb57
Imsenden N 48 Bb57
Imsland N 56 Am62
Imst A 126 Bb86
Imstičovo UA 246 Cg84
Imsweiler D 163 Aq81
Imundbo S 61 Bq60
Ina FIN 43 Ch54
Inagh IRL 86 Sb75
Inand RO 245 Cd87
Inari FIN 31 Cp43
Inari FIN 45 Db54
Inca E 206-207 Af101
İncesırt TR 275 Cq97
Inch IRL 89 Sa76
Inch IRL 91 Sh75
Inchigeelagh IRL 90 Sb77
Inchnadamph GB 75 Sl64
Inchture GB 79 So68
Inčiems LV 214 Ck66
Incinillas E 185 Sn95
Incisa in Val d'Arno I 138 Bc93
Incisa Scapaccino I 136 Ar91
Incourt B 156 Ak79
Inčukalns LV 214 Ck66
Indal S 50 Bp55
Inden D 114 An79
Independenţa RO 256 Cq90
Independenţa RO 266 Cp92
Independenţa RO 267 Cr93
Indersdorf, Markt D 126 Bc84
Indevillers F 124 Ao86
Indija SRB 261 Ca90
Indioteria, s' E 206-207 Af101
Indra LV 215 Cq69
Indreabhán IRL 86 Sb74
Indre Arna N 56 Al60
Indre Billefjord N 24 Cl40
Indre Brenna N 24 Cm39
Indreeide N 46 Ap56
Indre Håvik N 56 Al61
Indre Hjartholm N 56 Al58
Indrejord N 56 Ao61
Indre Leirpollen N 24 Cm40
Indura BY 224 Ch74
Industrial Estate GB 76 Sr65
İnece TR 280 Cp97
İnecik TR 280 Cp99
Ineši LV 214 Cm66
Ineu RO 245 Cd88
Ineu RO 245 Ce86
Infantas, Las E 205 Sn105
Infiesto E 184 Sk94
Ingå FIN 63 Ci60
Ingårdningsbodarna S 59 Bk58
Ingared S 68 Be65
Ingarö S 71 Br62
Ingatorp S 70 Bl65
Ingdalen N 38 Au54
Ingeby S 60 Bp61
Ingelfingen D 121 Au82
Ingelheim am Rhein D 120 Ar81
Ingelmunster B 155 Ag79
Ingelsby S 70 Bk63
Ingelstad S 73 Bk67
Ingelsträde S 101 Bf68
Ingenes N 56 Am60
Ingenheim, Billigheim- D 120 Ar82
Ingenio E 202 Rk125
Ingering II A 128 Bk86
Ingersbyn S 59 Bf61
Ingersheim F 163 Ap84
Ingevallsobo S 60 Bl60
Ingham GB 95 Ab76
Ingierseter N 48 Bc56
Ingjelsvatn N 39 Bg51
Inglés, Playa del E 202 Ri125
Ingleton GB 84 Sq72
Ingliste EST 210 Ck62
Ingoldmells GB 85 Aa74
Ingolsbenning S 60 Bm60
Ingolstadt D 126 Bc83
Ingøy N 23 Ci38
Ingram GB 81 Sr70
Ingrandes F 166 Ab87
Ingrandes-de-Touraine F 165 Aa86
Ingrandes-Le-Fresne-sur-Loire F 165 St86
Ingré F 160 Ad85
Ingrirud S 69 Bg62
Ingstrup DK 100 Au66
Inguiniel F 158 So85
Ingurtosu I 141 As101
Ingvallsbenning S 60 Bm60
Ingwiller F 119 Ap83
Inha FIN 53 Ci55
Inhan tehtaat FIN 53 Ci55
Iniesta E 200 Sr102
Ininkeen IRL 88 Sg73
Iniö FIN 62 Cc60
Inis IRL 89 Sc75
Inis Ceithleann = Enniskillen GB 82 Se72
Inis Córthaidh = Enniscorthy IRL 91 Sg75
Inis Díomáin = Ennistymon IRL 86 Sb75
Inishannon IRL 90 Sc77
Inishcrone IRL 86 Sb72
Inistioge IRL 90 Sf76
Inkberrow GB 94 Sr76
Inkee FIN 37 Cs49
Inkere FIN 63 Cg60
Inkerilä FIN 64 Cp58
Inkeroinen FIN 64 Co59
Inkilä FIN 64 Cp58
Inkoo = Ingå FIN 63 Ci60
Inlăceni RO 255 Cl88
Innala FIN 53 Ci56
Innamo FIN 62 Cd60
Innansjön S 42 Cb52
Innbygda = Trysil N 48 Be58
Inndyr N 32 Bi46
Innellan GB 80 Sl69
Inneråträsk S 42 Ca52
Innerbraz A 126 Au86
Innerdalshytta N 47 As55
Innere Einöde A 134 Bh87
Innerferrera CH 131 At87
Innerfragant A 133 Bg87
Innerkrems A 133 Bh87
Innerleithen GB 81 So69
Innermessan GB 83 Sl71
Innernzell D 123 Bg83
Innertällmo S 41 Bq53
Innertavle S 42 Ca53
Innerthal CH 131 As86
Innertkirchen CH 130 Ar87
Innervillgraten A 133 Be87
Innerwick GB 79 Sm67
Innfield IRL 87 Sg74
Innfjorden N 47 Aq56
Innhavet N 27 Bm45
Innichen = San Candido I 133 Be87
Innifällan S 41 Bs52
Inning am Ammersee D 126 Bc84
Innsbruck A 126 Bc86
Innset N 28 Bs43
Inntorget N 32 Be50
Innvik N 46 Ao57
İnofita GR 284 Ch104
Inói GR 284 Cg104
Inor F 162 Al81
Inota H 243 Br86
Inoússes GR 285 Cn104
Inovo BG 264 Cf92
Inowrocław PL 227 Br75
Ins CH 130 Ap86
Insch GB 76 Sp66
Insel Hiddensee D 105 Bg71
Insel Poel D 104 Bc72
Insjön S 41 Bp52
Insjön S 59 Bl59
Insko PL 221 Bm74
Instow GB 97 Sm78
Instøy N 32 Be48
Însurăţei RO 266 Cq91
İntepe TR 280 Cn100
Interlaken CH 130 Aq87
Întorsura Buzăului RO 255 Cn89
Intragna CH 131 As88
Întregalde RO 254 Cg88
Introbio I 131 At89
Intsilä FIN 55 Cu57
Inturkė LT 218 Cm70
Inveran IRL 75 Sm65
Inveraray GB 78 Sk68
Inverbervie GB 79 Sq67
Invercassley GB 75 Sl65
Inverdruie GB 75 Sn66
Inverey GB 75 So67
Invergarry GB 78 Sl66
Invergordon GB 75 Sm65
Inverigo I 175 At89
Inverkeithing GB 81 So68
Inverkip GB 80 Sl69
Inverlochlarig GB 78 Sl68
Invermoriston GB 75 Sl66
Inverneil Ho GB 80 Sk69
Inverness GB 75 Sm66
Inverso-Monteleone I 137 At90
Inveroran Hotel GB 78 Sl67
Inveruglas GB 78 Sl68
Inveruno I 131 As89
Inverurie GB 76 Sq66
Inviken S 40 Bl51
Inzell D 127 Bf85
Inzersdorf A 237 Bi85
Inzinzac-Lochrist F 158 So85
Ioánnina GR 276 Cb101
Iohanisfeld RO 253 Cb89
Ion Corvin RO 266 Cq92
Ion Creangă RO 248 Co87
Ion Roată RO 266 Co91
Iordăcheanu RO 266 Cn90
Íos GR 288 Cl107
Ip RO 245 Cf86
Ipáti GR 283 Ce103
Iphofen D 121 Ba81
Ipiltis Senoji LT 212 Cc68
Ipolytarnóc H 240 Bu84
Ipoteşti RO 247 Cn85
Ipoteşti RO 248 Co85
Ippesheim D 121 Ba81
İpsala TR 280 Cn99
Ipsheim D 122 Ba81
Ipsilí Ráhi GR 279 Ci98
Ipsos GR 276 Bu101
Ipswich GB 95 Ac76
Iráklia GR 278 Cg98
Iráklia GR 283 Ce103
Iráklia GR 288 Cl107
Iráklio GR 291 Cl110
Iratoşu RO 245 Cc88
Irby upon Humber GB 85 Su73
Irdning-Donnersbachtal A 128 Bi85
Irdning-Donnersbachtal A 128 Bi86
Ire S 71 Bs65
Ireček BG 267 Cr93
Irečekovo BG 275 Co96
Iregszemcse H 243 Br87
Iréo GR 287 Cf104
Iréo GR 289 Co105
Irig SRB 261 Bu90
Irissarry F 186 Ss94
Irixoa E 182 Sd94
Irixo de Arriba E 182 Sd95
Irjanne FIN 62 Cd58
Irlava LV 213 Cf67
Irlbach D 123 Bf83
Irmath AL 270 Bu98
Irmelshausen D 122 Ba80
Irni FIN 37 Ct49
Irninniemi FIN 37 Ct49
Irodouër F 158 Sr84
Ironranta FIN 53 Ci55
Irrel D 119 An81
Irşadiye TR 281 Cr101
Iršava UA 241 Cg84
Irschenberg D 127 Bd85
Irši LV 214 Cm67
Irsina I 148 Bn99
Irthlingborough GB 94 St76
Iruecha E 194 Sq98
Irujo E 186 Sr95
Irun E 186 Sr94
Irún = Irun E 186 Sr94
Iruñea = Pamplona E 176 Sr95
Irurita E 176 Sr94
Irurzun E 186 Sr95
Irvine GB 80 Sl69
Irvinestown GB 87 Se72
Irządze PL 233 Bu79
Isaba E 176 St95
Isaccea RO 257 Cr90
Ísafjörður IS 20 Qg24
Isaklı TR 280 Cp99
Isaksö AX 61 Bu60
Isalniţa RO 264 Ch92
Isane N 46 Am57
Isaszeg H 244 Bt85
Isbergues F 155 Ae79
İscar E 192 Sl98
Ischgl A 132 Ba86
Ischia I 146 Bh99
Isdes F 167 Ae85
Ise N 68 Bc62
Isebakke N 68 Bc62
Iselle I 130 Ar88
Iseltwald CH 130 Aq87
Iselvmo N 28 Bs43
Isen D 127 Be84
Isenburg D 114 Aq80
Isenbüttel D 109 Bb76
Isenvad DK 100 At68
Iseo I 131 Ba89
Isérables CH 130 Ap88
Iserlohn D 114 Aq78
Isernhagen D 109 Au76
Isernia I 146 Bi97
Isfjorden N 47 Aq55
Ishm AL 270 Bu97
Isigny-le-Buat F 159 Ss83
Isigny-sur-Mer F 159 Ss82
Isili I 141 At101
Iskaṅ PL 235 Ce81
Iskăr BG 264 Ci93
Iskăr BG 266 Cp94
Iskender TR 280 Co97
Iskleiva N 58 Bc61
Iskola FIN 62 Cd60
Iskra BG 266 Co93
Iskra BG 274 Cl97
Iskrec BG 272 Cg95
Iskrzynia PL 234 Cd81
İškuras N 24 Cm42
Isla E 185 Sn94
Isla Cristina E 203 Sf106
Isla del Moral E 203 Sf106
Islallana E 186 Sp96
İslâmbeyli TR 281 Cq97
Isla Menor E 204 Sh106
Islamlar TR 292 Ct108
Islares E 185 So94
Išlaužas LT 217 Ch71
Islaz RO 265 Ck93
Isle-Adam, L' F 160 Ae82
Isle-Bouzon, L' F 177 Ab93
Isle-d'Abeau, L' F 173 Al89
Isle-de-Noé, L' F 187 Aa93
Isle-en-Dodon, L' F 177 Ab94
Isleham GB 95 Aa76
Isle-Jourdain, L' F 166 Ab88
Isle-Jourdain, L' F 177 Ac93
Isle of Whithorn GB 83 Sm71
Isleornsay or Eilean Iarmain GB 78 Si66
Isles-sur-Suippe F 161 Ai82
Isle-sur-la-Sorgue, L' F 179 Al93
Isle-sur-le-Doubs, l' F 124 Ao86
Isle-sur-Serein, L' F 167 Ai85
Islettes, Les F 162 Al82
Islip GB 94 St76
Ismaning D 126 Bd84
Isna P 197 Se101
Isnäs FIN 64 Cm60
Isnello I 150 Bi105
Isnestoften N 23 Cf40
Isny im Allgäu D 125 Ba85
Iso-Äiniö FIN 63 Cl58
Isoba E 184 Sk94
Iso-Evo FIN 63 Cl58
Isohalme FIN 37 Cq47
Iso-Hiisi FIN 63 Cg60
Isojoki FIN 52 Cd56
Isokangas FIN 43 Ci53
Isokylä FIN 37 Cq47
Isokyla FIN 43 Ch54
Isokylä FIN 54 Cp56
Isokylä S 29 Cf46
Isokyrö FIN 52 Ce54
Isola F 136 Ap92
Isola I 131 At88
Isola 2000 F 136 Ap92
Isola = Izola SLO 133 Bh89
Isolaccia I 132 Ba88
Isola d'Asti I 175 Ar91
Isola del Cantone I 137 As91
Isola del Gran Sasso d'Italia I 145 Bh95
Isola della Scala I 132 Bc90
Isola delle Femmine I 152 Bg104
Isola del Liri I 146 Bh97
Isola di Capo Rizzuto I 151 Bp103
Isola Fossara I 139 Bf94
Isola Rossa I 140 As98
Iso Linkkavaara S 35 Ce47
Isona E 188 Ac96
Isone CH 131 As88
Isoperä FIN 62 Cf59
Isora E 202 Re125
Isorella I 132 Ba90
Iso-Vimma FIN 62 Ce58
Ispas UA 247 Cl84
Isperih BG 266 Co93
Isperihovo BG 273 Ci96
Ispica I 153 Bk107
Ispina PL 234 Ca80
Ispra I 175 As89
Ispringen D 120 As83
Issa RUS 215 Cs67
Issaka FIN 44 Cr53
Issakka FIN 55 Db55
Issambres, les F 180 Ao94
Issaris GR 286 Ce106
Issé F 165 Ss85
Isselburg D 107 An77
Issersheilingen D 116 Bb78
Isserstedt D 116 Bd79
Issigeac F 171 Ab91
Issime I 175 Aq89
Isso E 200 Sr104
Issogne I 130 Aq89
Issoire F 172 Ag89
Íssoma Karió GR 286 Ce106
Issoudun F 166 Ad87
Issum D 114 An77
Is-sur-Tille F 168 Al85
Issy-l'Evêque F 167 Ah87
Ist HR 258 Bk92
Istán E 204 Sl107
İstanbul TR 281 Cs98
Istarske Toplice HR 134 Bh90
Iste S 50 Bn57
Istebna PL 240 Bs81
Isterberg D 108 Ap76
Istérnia GR 288 Cl105
Istha D 115 At78
Isthmia GR 283 Cg105
Istia d'Ombrone I 143 Bc95
Istibanja MK 271 Cf97
Istiéa GR 283 Cg103
Istog RKS 270 Ca95
Istok = Istog RKS 270 Ca95
Istorp S 101 Bf66
Istrana I 133 Be89
Istres F 179 Ak93
Istria RO 267 Cs91
Istrios GR 292 Cq108
Istunmäki FIN 54 Cn55
Isufmuçaj AL 270 Bu98
Isukumpu FIN 37 Cr49
Isula, L' = L'Île-Rousse F 181 As95
Isverna RO 253 Cf91
Isztimér H 243 Br86
Itä-Ähtäri FIN 53 Ci55
Itä-Aure FIN 53 Cg56
Itä-Karttula FIN 54 Cp55
Itäkoski FIN 36 Ck49
Itäkoski FIN 44 Cq53
Itäkylä FIN 43 Ch54
Itala I 153 Bl104
Itämeri FIN 53 Ci56
Itäpää FIN 36 Ci48
Itäranta FIN 37 Cp48
Itäsalmi FIN 63 Cl60
Itéa GR 271 Cd99
Itéa GR 277 Ce102
Itéa GR 280 Cn99
Itéa GR 283 Ce104
Itero de la Vega E 185 Sm96
Itháki GR 282 Cb104
It Hearrenfean = Heerenveen NL 107 Am75
İtilo GR 286 Ce107
Itrabo E 205 Sn107
Itri I 146 Bh98
Itteråträsk S 42 Ca52
Itterbeck D 108 Ao75
Ittersbach D 125 As83
Ittireddu I 140 As99
Ittiri I 140 As99
Ituero de Azaba E 191 Sg100
Iturmendi E 186 Sq95
Itzehoe D 103 Au73
Itzgrund D 121 Bb80
Itziar E 186 Sq94
Iŭe = Iŭje BY 218 Cm73
Iŭje BY 218 Cm73
Ivaja = Ivajë RKS 271 Cc96
Ivajë RKS 271 Cc96
Ivajlovgrad BG 280 Cn97
Ivalo FIN 31 Cq43
Ivalon Matti FIN 30 Cm44
Iván H 129 Bo86
Ivana Franka UA 235 Cg82
Ivanaj AL 270 Bt96
Ivanča BG 265 Cm94
Ivančice CZ 238 Bn82
Ivančići BIH 260 Br92
Ivanec HR 250 Bn88
Ivane-Puste UA 247 Cn83
Ivăneşti RO 256 Cp87
Ivăneţu RO 256 Cn90
Ivangorod RUS 64 Cr62
Ivangrad = Berane MNE 262 Bu95
Ivanić Grad HR 135 Bn89
Ivanivci UA 248 Cp84
Ivanje SRB 263 Cd95
Ivanjevci MK 271 Cd97
Ivanjica SRB 262 Ca93
Ivanjska BIH 250 Bp91
Ivanka SK 239 Br84
Ivankovo HR 251 Bs90
Ivano-Frankove UA 235 Ch81
Ivanovice na Hané CZ 232 Bp82
Ivanovo BG 274 Cm97
Ivanovo BG 275 Co94
Ivanovo Boloto RUS 211 Cq65
Ivanovskoe RUS 211 Cs62
Ivanska HR 250 Bo89
Ivanski BG 275 Cp94
Ivantjärn S 60 Bo59
Ivarrud N 32 Bh50
Ivarsbjörke S 59 Bg61
Ivarsbyn S 58 Bd61
Ivars de Noguera E 187 Ab97
Ivars d'Urgell E 188 Ab97
Iveland N 67 Aq64
Ivenack D 110 Bf73
Iveni MK 277 Cd98
Iverny F 161 Af83
Iveşti RO 256 Cq88
Iveşti RO 256 Cq89
Ivinghoe GB 94 St77
Ivira GR 278 Ch99
Ivjaniec BY 219 Co73
Ivoy-le-Pré F 167 Ae86
Ivrea I 130 Aq90
Ivry-en-Montagne F 168 Ak86
Ivry-la-Bataille F 160 Ac83
Ivybridge GB 97 Sn80
Iwaniska PL 234 Cc79
Iwierzyce PL 234 Cd80
Iwiny PL 225 Bm78
Iwla PL 241 Cd81
Iwonicz PL 241 Cd81
Iwonicz-Zdrój PL 241 Cd81
Iwuy F 155 Ag80
Ixworth GB 95 Ab76
Iža BY 219 Co71
Iza UA 246 Cg84
Izabelin PL 228 Cb76
Izačić BIH 250 Bm91
Izarra (Urkabustaiz) E 185 Sp95
Izatovci SRB 272 Cf94
Izbica PL 235 Cg79
Izbica Kujawska PL 227 Bs76
Izbiceni RO 265 Ck93
Izbišča BY 219 Cq71
Izbište SRB 253 Cc90
Izborsk RUS 215 Cq65
Izby PL 234 Cd82
Izdebnik PL 233 Bu81
Izdebno PL 229 Cf79
Izeda P 191 Sg97
Izegem B 155 Ag79
Izernore F 168 Am88
Izgrev BG 273 Ck97
Izgrev BG 275 Cq96
Izlake SLO 134 Bk88
Izluč'e RUS 211 Cr63
Izmail = Izmajil UA 257 Cs90
Izmajil UA 257 Cs90
Iznájar E 205 Sm106
Iznalloz E 205 Sn106
Izola SLO 133 Bh89
Izsák H 244 Bt87
Izsákfa H 242 Bp86
Izsófalva H 240 Cb84
Iztalsna LV 215 Cq68
Izvalta LV 215 Cp69
Izvara RUS 65 Cu62
Izvoare MD 248 Cr85
Izvoare MD 249 Cs85
Izvoarele RO 254 Ch88
Izvoarele RO 255 Cn90
Izvoarele RO 265 Cm92
Izvoarele RO 267 Cs90
Izvoarele Sucevei RO 247 Cl85
Izvor BG 264 Cf93
Izvor BG 273 Cm97
Izvor MK 270 Cb98
Izvor SRB 263 Cd93
Izvor SRB 263 Ce94
Izvor SRB 271 Cd97
Izvor SRB 272 Ce96
Izvori MNE 269 Bs95
Izvor Mahala BG 263 Ce93
Izvornik BG 266 Cp94
Izvorovo BG 266 Cq93
Izvorovo BG 274 Cn97
Izvoru RO 265 Cl92
Izvoru Berheciului RO 256 Cp87
Izvoru Crişului RO 246 Cg87

J

Jäähdyspohja FIN 53 Ch56
Jaakonvaara FIN 55 Da54
Jaala FIN 64 Cn58
Jaalanka FIN 37 Cp50
Jaalanka FIN 44 Cp51
Jääli FIN 43 Cm50
Jaama EST 211 Cq62
Jaama FIN 55 Cu56
Jäärja EST 210 Cl65
Jääskö FIN 36 Cl46
Jaatila FIN 36 Cl48
Jabălčevo BG 275 Cp95
Jabălkovo BG 274 Cl96
Jabalquinto E 205 Sn104
Jabapuszta H 243 Br87
Jabbeke B 155 Ag78
Jabel D 110 Bf73
Jablanac HR 258 Bk91
Jablan Do BIH 269 Br95
Jablanica BG 272 Ch95
Jablanica BG 272 Ci94
Jablanica BIH 268 Bq93
Jablanica MK 270 Cb98
Jablanica SRB 262 Ca93
Jablanka SRB 253 Cc90
Jablanovo BG 274 Co95
Jabłoń PL 229 Cg77
Jablonec RUS 211 Cs64
Jablonec nad Jizerou CZ 231 Bl79
Jablonec nad Nisou CZ 118 Bl79
Jablonevka RUS 223 Ca71
Jablonica SK 238 Bp83
Jabłonka PL 233 Bu82
Jabłonka Kościelna PL 224 Ce75
Jabłoń Kościelna PL 224 Cf75
Jabłonna PL 226 Bn76
Jabłonna Lacka PL 229 Ce76
Jabłonna-Majątek PL 229 Cf78

358 Ibăneşti – Jabłonna-Majątek

Jablonné v Podještědí CZ 118 Bk79
Jabloňovce SK 239 Bs84
Jablonovka RUS 65 Da59
Jablonov nad Turňou SK 240 Cb83
Jabłonowo Pomorskie PL 222 Bt74
Jabłowo PL 222 Bs73
Jabluniv UA 247 Ck84
Jablůnka CZ 232 Bq82
Jablun'ka UA 241 Cf82
Jablunkov CZ 239 Bs81
Jablunycja UA 246 Ci84
Jablunycja UA 247 Ck84
Jabučje SRB 261 Ca92
Jabugo E 203 Sg105
Jabuka BIH 261 Bs93
Jabuka HR 268 Bo93
Jabuka MNE 269 Bu94
Jabuka MNE 269 Bu95
Jabuka SRB 252 Cb91
Jabukovac HR 135 Bn90
Jabukovac SRB 263 Ce92
Jabukovik SRB 263 Ce95
Jaca E 187 St95
Jacentów PL 234 Cc79
Jachenau D 126 Bc85
Jachimovščina BY 218 Cn72
Jachranka PL 228 Cb76
Jáchymov CZ 123 Bf80
Jackarby FIN 64 Cm60
Jackavičy BY 219 Cp71
Jackerath D 114 An78
Jackovičy BY 229 Cg76
Jaćmierz PL 241 Ce81
Jacobidrebber D 108 Ar75
Jacobsdorf D 111 Bi76
Jaczowice PL 232 Bq79
Jadachy PL 234 Cd80
Jade D 108 Ar74
Jaderberg D 108 Ar74
Jäderfors S 60 Bo59
Jadów PL 228 Cd76
Jädraås S 60 Bn59
Jadranska Lešnica SRB 262 Bt91
Jadraque E 193 Sp99
Jadrtovac HR 259 Bm93
Jægerspris DK 101 Bd69
Jægervatn N 22 Bu41
Jaén E 205 Sn105
Jævsjøen N 39 Bg52
Jägala EST 63 Cl62
Jagare BIH 259 Bp91
Jagel D 103 Au72
Jagenbach A 129 Bl83
Jäggeluokta = Jäkkvik S 33 Bo48
Jagnilo BG 266 Cp94
Jagnjilo SRB 262 Cb92
Jagnjilo SRB 271 Ce95
Jagoda BG 273 Cm95
Jagodina BG 273 Ci97
Jagodina SRB 263 Cc93
Jagodne PL 228 Cd77
Jagodnjak HR 251 Bs89
Jagoštica SRB 262 Bt93
Jagow D 111 Bh74
Jagsthausen D 121 At82
Jagstzell D 121 Ba82
Jahkola FIN 63 Cl58
Jahnsfelde D 225 Bi75
Jahodyn UA 229 Ch78
Jajce BIH 260 Bp92
Ják H 242 Bo86
Jakabszállás H 244 Bu87
Jakai LT 216 Cc69
Jäkälävaara FIN 37 Cq49
Jakari = Jackarby FIN 64 Cm60
Jakeš BIH 251 Br91
Jakimovo BG 264 Cg93
Jakimowice PL 228 Ca78
Jakkukylä FIN 36 Cm50
Jakkula FIN 52 Ce55
Jäkkvik S 33 Bo48
Jaklovce SK 241 Cc83
Jakobsbakken N 33 Bn46
Jakobsberg S 61 Bq62
Jakobsbyn S 69 Bf62
Jakobsbyn S 69 Bf63
Jakobsdorf D 104 Bf72
Jakobsfors S 35 Cb50
Jakobshagen D 220 Bh74
Jakobsnes N 25 Da41
Jakobsrud S 68 Bd63
Jakobstad FIN 42 Cf53
Jakokoski FIN 55 Cu55
Jakoruda BG 272 Ch96
Jakovlevo RUS 65 Ct60
Jakovlevo RUS 211 Cs64
Jakovo BG 272 Cg97
Jakovo SRB 252 Ca91
Jakšić HR 251 Bq90
Jaksice PL 227 Br75
Jaktorów PL 228 Cb76
Jakubany SK 240 Cb82
Jakubčovice CZ 232 Bq81
Jakubov SK 129 Bo84
Jakubowice PL 234 Cd79
Jakuszyce PL 231 Bl79
Jakutiškiai LT 218 Ck70
Jalades, les F 173 Ai91
Jalance E 201 Ss102
Jalanec' UA 249 Ct84
Jalase EST 209 Ck63
Jalasjärvi FIN 52 Cf56
Jalhay B 119 Am79
Jaligny-sur-Besbre F 167 Ah88
Jallais F 165 St86
Jällby S 69 Bg64
Jälluntofta S 72 Bh66
Jalón E 201 Su103
Jalón de Cameros E 186 Sq96
Jalonoja FIN 52 Cf58
Jâlons F 161 Ai82
Jalová SK 241 Ce82
Jalovik SRB 262 Bu91
Jalovik Izvor SRB 263 Ce94
Jałówka PL 224 Ch74
Jämaja EST 208 Ce65
Jamali FIN 45 Cu54
Jämäs FIN 45 Ct52
Jambol BG 274 Cn96
Jameln D 109 Bc74
Jameston GB 96 Sl77
Jametz F 156 Al82
Jamica BY 229 Ch77
Jämijärven asema FIN 52 Cf57
Jämijärvi FIN 52 Cf57
Jamilena E 205 Sn105
Jäminkipohja FIN 53 Ci57
Jämjö S 73 Bm68
Jamm RUS 211 Cr64
Jammerdal N 58 Be60
Jamna BG 272 Ci95
Jamoigne B 156 Al81
Jampil' UA 248 Cr84
Jämsä FIN 53 Cl57
Jämsänkoski FIN 53 Cl57
Jämshög S 72 Bk68
Jämtön S 35 Cf49
Jamu Mare RO 253 Cc90
Jamy Wielkie PL 234 Cc80
Jana BG 272 Ch95
Jana, La E 195 Aa99
Janakkala FIN 63 Ck59
Jančulovci SK 233 Bt82
Jandelsbrunn D 127 Bh83
Jäneda EST 210 Cm62
Jänhiälä FIN 65 Cs58
Jänickendorf D 117 Bg76
Janiewice PL 221 Bo72
Janik PL 234 Cc79
Janík SK 240 Cb83
Janików PL 234 Cd79
Janikowo PL 227 Br75
Jäniskylä FIN 54 Co58
Janja BIH 262 Bt91
Janjevë RKS 271 Cc95
Janjevo = Janjevë RKS 271 Cc95
Janjići BIH 262 Bt93
Janjina HR 268 Bp95
Jankai LT 217 Cg71
Jänkälä FIN 31 Cq46
Jankavičy BY 215 Cs69
Janki PL 227 Bt78
Janki PL 235 Ch79
Jänkisjärvi S 35 Cg47
Jánkmajtis H 241 Cf85
Jankov CZ 231 Bk81
Jankovo BG 275 Cp94
Janków PL 226 Bq77
Jankowice PL 228 Cc78
Jankowice Rybnickie PL 233 Bs80
Jānmuiža LV 214 Ci66
Jännersdorf D 110 Be74
Jännevirta FIN 54 Cq55
Jannowitz D 118 Bh78
Janolin PL 228 Ca77
Janopole LV 215 Cp68
Jánoshalma H 244 Bt88
Jánosháza H 242 Bp86
Janoši UA 246 Cf84
Jánossomorja H 129 Bp85
Janovice nad Úhlavou CZ 230 Bg82
Janów PL 224 Cg74
Janów PL 233 Bt79
Janowa PL 232 Bp79
Janowice PL 227 Bt77
Janowice PL 234 Cc79
Janowice PL 228 Cd78
Janowiec Wielkopolski PL 226 Bp75
Janówka PL 217 Cf73
Janów Lubelski PL 235 Ce79
Janowo PL 223 Cb74
Janowo PL 226 Bq76
Janowo PL 228 Cb76
Janów Podlaski PL 229 Cg76
Jänschwalde D 118 Bi77
Jansjö S 40 Bn53
Jansjö S 41 Bp54
Janské Lázně CZ 231 Bm79
Jänsmässholmen S 39 Bh53
Janšojce = Jänschwalde D 118 Bi77
Jantar PL 222 Bt72
Jantarnyj RUS 216 Bu71
Jantra BG 274 Cl95
Jāņuciems LV 219 Co69
Janušy BY 229 Ch75
Januszewice PL 228 Ca78
Janville F 160 Ad84
Janzé F 159 Ss85
Jäppilä FIN 54 Cp56
Jaraba E 194 Sr98
Jaraczewo PL 226 Bp77
Jarafuel E 201 Ss102
Jaraicejo E 198 Si101
Jaraiz de la Vera E 192 Si100
Jarak SRB 252 Bu91
Järämä S 29 Cc44
Jarandilla de la Vera E 192 Si100
Järbo S 60 Bo59
Järbo S 68 Be63
Jardim do Mar P 190 Rf115
Jard-sur-Mer F 164 Sr88
Jardžilovci BG 271 Cf95
Jarebica BG 266 Cp93
Jaremča UA 247 Ck84
Jaren/Brandbu N 58 Bb60
Jargeau F 166 Ae85
Jarhois S 36 Ch47
Jarise EST 208 Ce63
Jariştea RO 256 Cp89
Jarivka UA 248 Co84
Järkastaka S 29 Cc44
Jarkovac SRB 253 Cb90
Järkvissle S 50 Bo55
Järläsa S 60 Bp61
Järlepa EST 210 Ck62
Jarlovica BG 264 Cf93
Jarlovo BG 272 Cg96
Jarmelo P 191 Sf98
Jarmen D 105 Bg73
Jarmina HR 251 Bs90
Jarmoličy BY 219 Cp72
Järn S 69 Bf63
Järna S 71 Bq62
Järna, Dala- S 59 Bi59
Jarnac F 170 Su89
Jarnages F 166 Ae88
Järnäs S 41 Bu54
Järnäsklubb S 41 Bu54
Järnbergsås S 59 Bg60
Järnboås S 59 Bk61
Jarne, La F 165 Ss88
Järnforsen S 70 Bm66
Jarny F 119 Am82
Jarocin PL 226 Bq77
Jarocin PL 235 Ce79
Jaroměř CZ 232 Bm80
Jaroměřice CZ 232 Bo81
Jaroměřice nad Rokytnou CZ 238 Bn82
Jaronowice PL 234 Bu79
Jaroslav CZ 231 Bn80
Jaroslavice CZ 238 Bn83
Jarosław PL 226 Bo78
Jarosław PL 235 Cf80
Jarosławiec PL 221 Bo71
Jarosławiec PL 235 Cg79
Jarošov nad Nežárkou CZ 237 Bl82
Jaroszów PL 232 Bn79
Jaroszówka PL 226 Bm78
Jarove UA 257 Ct88
Jarovnice SK 241 Cc82
Järpås S 69 Bf64
Järpen S 39 Bg54
Järpliden S 58 Be59
Jarplund-Weding D 103 At71
Jarrow GB 81 Ss71
Jars F 167 Af86
Jarševiči BY 219 Co72
Järsnäs S 69 Bk65
Järsö AX 61 Ca60
Jaruha UA 248 Cr84
Järva-Jaani EST 210 Cm62
Järvakandi EST 209 Ck63
Järva-Madise EST 210 Cm62
Järverget S 41 Bq53
Järve, Kohtla- EST 64 Cp62
Järvelä FIN 25 Cq42
Järvelä = Kärköla FIN 63 Cl59
Järvelänranta FIN 45 Ct51
Järvenpää FIN 44 Cp53
Järvenpää FIN 44 Cr54
Järvenpää FIN 52 Cd55
Järvenpää FIN 53 Ck57
Järvenpää FIN 54 Cq57
Järvenpää FIN 55 Da55
Järvenpää FIN 63 Cl60
Järvenperä FIN 62 Cd59
Järventaus FIN 44 Cp51
Järventausta FIN 52 Ce57
Järvikylä FIN 43 Ck53
Järvikylä FIN 44 Co51
Järvikylä FIN 55 Ct54
Jarville-la-Malgrange F 162 An83
Jarvinen FIN 64 Cn58
Järvirova FIN 30 Ci46
Järvsjö S 41 Bp51
Järvsö S 50 Bn57
Järvtjärn S 42 Cb51
Järvträsk S 34 Bt50
Jaryšiv UA 248 Cq83
Jaryszów PL 233 Br80
Jarzé-Villages F 165 Su85
Jaša Tomić SRB 253 Cb90
Jasen BG 264 Cf92
Jasen BIH 261 Bs92
Jasen BIH 269 Br95
Jasenak HR 258 Bl90
Jasenaš HR 250 Bp89
Jasenci RUS 215 Cq65
Jasenica BIH 259 Bn91
Jasenica SRB 263 Ce92
Jasenica Lug BIH 269 Br95
Jasenice HR 259 Bm92
Jasenie SK 239 Bt83
Jaseniv-Pil'nyj UA 247 Cm83
Jasenjani BIH 268 Bq93
Jasenkovo BG 266 Co93
Jasenov SK 241 Cd83
Jasenovac HR 250 Bo90
Jasenovec BG 266 Co93
Jasenovo SRB 253 Cc91
Jasenovo SRB 262 Bu93
Jasenovo Polje MNE 269 Bs95
Jasenycja UA 235 Cg82
Jasień PL 118 Bl77
Jasień PL 221 Bq72
Jasienica PL 225 Bk77
Jasienica PL 228 Cc76
Jasienica PL 232 Bp80
Jasienica PL 233 Bs81
Jasienica Dolna PL 232 Bq79
Jasienie PL 233 Br79
Jasieniec PL 228 Cb77
Jasika SRB 263 Cc93
Jasikovo SRB 263 Cd92
Jasinja UA 246 Ci84
Jašino RUS 65 Cs59
Jasionka PL 235 Ce80
Jašiūnai LT 218 Cl72
Jaskrów PL 233 Bt79
Jas'ky UA 257 Da87
Jaśliska PL 234 Cd82
Jasło PL 234 Cc81
Jaslovské Bohunice SK 239 Bq84
Jasná SK 240 Bu83
Jasnaja Poljanka RUS 224 Ce71
Jasna Poljana BG 275 Cq96
Jasney F 162 An85
Jasnoe RUS 216 Cd70
Jasov SK 240 Cb83
Jašovići MNE 270 Bu95
Jassans-Riottier F 173 Ak89
Jassbach CH 169 Aq87
Jasseron F 168 Al88
Jastarnia PL 222 Bs71
Jastorf D 109 Bb74
Jastrabá SK 240 Bs83
Jastrebarsko HR 135 Bm89
Jastrebino RUS 65 Cs62
Jastrebovo BG 273 Cm96
Jastrowie PL 221 Bo74
Jastrząb PL 228 Cb78
Jastrząbka Stara PL 234 Cc80
Jastrzębia PL 228 Cc78
Jastrzębia PL 234 Cb81
Jastrzębia Góra PL 222 Br71
Jastrzębie PL 240 Ca81
Jastrzębie-Zdrój PL 233 Bs81
Jastrzębska Wola PL 234 Cc79
Jastrzygłowice PL 233 Br79
Jászalsószentgyörgy H 244 Bu85
Jászapáti H 244 Ca85
Jászberény H 244 Bu85
Jászczew PL 234 Cd81
Jaszczów PL 229 Cf78
Jászkarajenő H 244 Ca86
Jászkisér H 244 Ca86
Jászladány H 244 Ca86
Jaszów PL 232 Bp79
Jászszentandrás H 244 Ca85
Jászszentlászló H 244 Bu87
Jät S 73 Bk67
Jatar E 205 Sn107
Jatov SK 239 Br84
Jättansjö S 50 Bm56
Jättendal S 50 Bp57
Jattölä FIN 63 Ch60
Jatuni FIN 29 Cf44
Jatznick D 111 Bh73
Jauche, Orp- B 156 Ak79
Jauge F 170 St91
Jauja E 205 Sl106
Jaujac F 173 Ai91
Jaulgonne F 161 Ah82
Jaulín E 195 St98
Jaulnay F 166 Aa87
Jaun CH 169 Ap87
Jaunāmuiža LV 213 Ce67
Jaunanna LV 215 Cp66
Jaunay-Clan F 166 Aa87
Jaunbērze LV 213 Cg67
Jaunciems LV 213 Ci66
Jauneikiai LT 213 Ch68
Jaungulbene LV 215 Co66
Jauniūnai LT 213 Cg68
Jauniūnai LT 218 Cl71
Jaunjelgava LV 214 Cl67
Jaunkalsnava LV 214 Cm67
Jaunklidzis LV 214 Cm65
Jaunlutriņi LV 213 Ce67
Jaunmārupe LV 213 Ch67
Jaunokra LV 215 Cp68
Jaunpagasts LV 213 Cf66
Jaunpiebalga LV 214 Cn66
Jaunpils LV 213 Cg67
Jaunsarás E 186 Sr94
Jaurakkajärvi FIN 37 Cq50
Jausa EST 208 Cf63
Jausiers F 174 Ao92
Jautor E 204 Si108
Javall N 58 Bd61
Javarus FIN 37 Co47
Jávea = Xàbia E 201 Aa103
Jävenitz D 110 Bd75
Javerdat F 171 Ab89
Javerlhac-et-la-Chapelle-Saint-Robert F 171 Ab89
Javgur MD 257 Cs87
Javier E 176 Ss95
Javierre E 176 Su96
Javierregay E 187 St95
Javorani BIH 260 Bp91
Javorec BG 273 Cl95
Javori UA 241 Cg82
Javoriv UA 235 Cg81
Javoriv UA 241 Cf82
Javoriv UA 247 Ck84
Javorivka UA 249 Cs84
Javorná CZ 123 Bf80
Javorník CZ 232 Bp80
Javorov BG 272 Cg97
Javorovaľka BG 274 Ck95
Jävre S 35 Cc50
Javron-les-Chapelles F 159 Su84
Jävsta S 60 Bp59
Jawidz PL 229 Cf78
Jawor PL 232 Bn78
Jawornik PL 234 Bu81
Jawornik Polski PL 235 Ce81
Jawornik Ruski PL 235 Ce81
Jaworowo PL 226 Bq76
Jawor Solęcki PL 228 Cc78
Jaworze PL 233 Bs81
Jaworznia PL 234 Ca79
Jaworzno PL 233 Bs78
Jaworzno PL 233 Bt80
Jaworzyna Śląska PL 232 Bn79
Jaworzynka PL 239 Bs81
Jayena E 205 Sn107
Jaz MNE 269 Bs96
Jazni BY 219 Cp71
Jazowa PL 222 Bt72
Jazowsko PL 240 Cb81
Jaźwina PL 232 Bo79
Jaźwiny PL 226 Bp78
Jeanménil F 124 Ao84
Jebel RO 253 Cc89
Jeberg DK 100 At67
Jebsheim F 163 Ap84
Ječi LV 212 Cc68
Ječmište SRB 262 Ca93
Jedburgh GB 79 Sp70
Jeddingen D 109 Au75
Jedle PL 234 Ca79
Jedlicze PL 234 Cd81
Jedlina-Zdrój PL 232 Bn79
Jedlińsk PL 228 Cc77
Jedlnia Kościelna PL 228 Cc78
Jedlnia-Letnisko PL 228 Cc78
Jednorożec PL 223 Cc74
Jedovnice CZ 232 Bo82
Jędrzejów PL 228 Cd76
Jędrzejów PL 234 Ca79
Jédula E 204 Si107
Jedwabne PL 224 Ce74
Jedwabno PL 223 Cb73
Jeesiäjärvi FIN 30 Cl45
Jeesiö FIN 30 Cn46
Jegălia RO 266 Cq92
Jeggau D 110 Bc75
Jegind DK 100 As67
Jegłowa PL 232 Bp79
Jegłownik PL 222 Bt72
Jegunovce MK 271 Cc96
Jejsing DK 102 As71
Jēkabpils LV 214 Cm68
Jektevik N 56 Am61
Jekthamn N 23 Cb41
Jektvik N 32 Bg47
Jelah BIH 260 Bq91
Jelašca BIH 261 Bs94
Jelcz-Laskowice PL 232 Bp78
Jelenec SK 239 Br84
Jelenia Góra PL 231 Bm79
Jeleniewo PL 217 Cf72
Jelenin PL 225 Bl77
Jeleniów PL 225 Bl78
Jeleśnia PL 233 Bt81
Jelgava LV 213 Ch67
Jelisavac HR 251 Br89
Jelka SK 239 Bq84
Jelling DK 100 At69
Jelovica SRB 272 Cf94
Jełowa PL 233 Br79
Jels DK 103 At70
Jelsa HR 268 Bo94
Jelsa N 56 An62
Jelšane HR 134 Bi89
Jelšava SK 240 Ca83
Jelsi I 147 Bk97
Jemelle B 156 Al80
Jemena SRB 251 Bt91
Jemenuño E 193 Sm99
Jemeppe-sur-Sambre B 113 Ak80
Jemgum D 107 Ap74
Jemielnica PL 233 Br79
Jemielno PL 226 Bo77
Jemnice CZ 237 Bm82
Jena D 116 Bd79
Jenbach A 126 Bd86
Jeneč CZ 123 Bi80
Jenesien = San Genesio Atesino I 132 Bc87
Jenikowo PL 111 Bl73
Jenlain F 155 Ah80
Jennersdorf A 242 Bn87
Jenny S 70 Bo65
Jensåsvoll N 48 Bd55
Jensnes et N 32 Bg50
Jenzat F 167 Ag88
Jeper = Ieper B 155 Af79
Jeppedalen N 58 Bb60
Jeppo FIN 42 Cf54
Jepua = Jeppo FIN 42 Cf54
Jerchel D 110 Bc76
Jerez de la Frontera E 204 Sh107
Jerez del Marquesado E 206 So106
Jerez de los Caballeros E 197 Sg104
Jerggul N 24 Ck42
Jérica E 195 St101
Jerichow D 110 Be75
Jerka PL 226 Bo77
Jerli Perlez = Prelez i Muhaxhereve RKS 271 Cc96
Jersika LV 214 Cn68
Jeršinci SLO 242 Bm88
Jerslev DK 100 Ba66
Jerstedt D 116 Ba77
Jerte E 192 Si100
Jerup DK 100 Ba65
Jerusalimovo BG 274 Cn97
Jeruzal PL 228 Cd76
Jeruzalem SLO 135 Bn88
Jervis, Rifugio I 136 Ap91
Jerxheim D 116 Bb76
Jerzens A 132 Bb86
Jerzmanowice PL 233 Bu80
Jerzmanowowa PL 226 Bn77
Jerzów PL 228 Bu77
Jerzu I 141 Au101
Jerzwałd PL 222 Bu73
Jesberg D 115 At79
Jesenice CZ 123 Bk81
Jesenice SLO 134 Bi88
Jeseník CZ 232 Bp80
Jeseník nad Odrou CZ 232 Bq81
Jesenwang D 126 Bc84
Jeserig D 110 Bf76
Jesi I 139 Bg93
Jesionna PL 227 Ca76
Jesolo I 133 Bf89
Jessen (Elster) D 117 Bf77
Jessenitz D 110 Bc74
Jessheim N 58 Bc60
Ježnitz D 117 Be77
Jesteburg D 109 Au74
Jestetten D 125 As85
Jestřebí CZ 123 Bk79
Jettingen D 125 As83
Jettingen-Scheppach D 126 Ba84
Jetzendorf D 126 Bc84
Jeugny F 161 Ai84
Jeu-les-Bois F 166 Ad87
Jeu-Maloches F 166 Ac86
Jeumont F 155 Ai80
Jevany CZ 231 Bk81
Jevenstedt D 103 Au72
Jever D 108 Aq73
Jevíčko CZ 232 Bo81
Jevišovice CZ 238 Bm83
Jevnaker N 58 Ba60
Jezera BIH 260 Bq92
Jezerane HR 258 Bl90
Jezercë RKS 270 Cc96
Jezerce = Jezercë RKS 270 Cc96
Jezero BIH 259 Bp92
Jezero HR 258 Bl90
Jezerski BIH 250 Bn91
Ježević HR 259 Bn93
Jeżewice PL 228 Cb77
Jeziersko PL 227 Bs77
Jezierzyce PL 221 Bp71
Jeziorany PL 216 Cb73
Jeziorzany PL 229 Ce77
Jeżopole PL 227 Br78
Jeżów PL 227 Bu78
Jeżowe PL 235 Ce80
Jiana RO 263 Cf92
Jibert RO 255 Cl88
Jibou RO 246 Cg86
Jichişu de Jos RO 246 Ch86
Jičín CZ 231 Bl80
Jičíněves CZ 231 Bl80
Jidvei RO 254 Ci88
Jieprenjåkkstugan S 28 Bs44
Jieznas LT 224 Ci71
Jihlava CZ 231 Bm82
Jijila RO 256 Cr90
Jijona = Xixona E 201 St103
Jilava RO 265 Cn92
Jilavele RO 266 Co91
Jilemnice CZ 231 Bm79
Jillesnäle S 33 Bo49
Jílové CZ 117 Bi79
Jílové u Prahy CZ 231 Bi81
Jiloviště CZ 231 Bi81
Jiltjer S 33 Bo49
Jimbolia RO 252 Cb89
Jimbor RO 255 Cl88
Jimena E 205 So105
Jimena de la Frontera E 204 Sk108
Jiménez de Jamuz E 184 Si96
Jimramov CZ 232 Bn81
Jince CZ 123 Bh81
Jindřichovice CZ 230 Bf80
Jindřichovice p. Smrkem CZ 231 Bl79
Jindřichův Hradec CZ 237 Bl82
Jinošov CZ 238 Bn82
Jiřetín pod Jedlovou CZ 118 Bk79
Jiřice u Miroslavi CZ 238 Bn83
Jiříkov CZ 118 Bk79
Jirkov CZ 123 Bg79
Jirlău RO 266 Cp90
Jistebnice CZ 123 Bk82
Jitia RO 256 Co89
Joachimsthal D 220 Bh75
Joakim Gruevo BG 273 Ck96
Joane P 190 Sd98
Joänget S 59 Bf58
Joarilla de las Matas E 184 Sk96
Job F 172 Ah89
Jobbágyi H 240 Bu85
Jochberg A 127 Be86
Jochenstein D 128 Bh83
Jocketa D 122 Be79
Jockfall S 35 Cf47
Jockgrim D 120 Ar82
Jódar E 205 So105
Jodłowa PL 234 Cc81
Jodoigne B 113 Ak79
Jõelähtme EST 63 Cl62
Joensuu FIN 55 Cu55
Joesjö S 33 Bk49
Joeström S 33 Bk49
Jõgeva EST 210 Cn63
Jõgeveste EST 210 Cn65
Joglav BG 274 Ck94
Johampolis LT 217 Cg69
Johanfors S 73 Bm67
Johankölen S 49 Bi56
Johannesberg D 121 At80
Johanngeorgenstadt D 117 Bf80
Johannisfors S 61 Br60
Johannisholm S 59 Bi59
Johannishus S 73 Bl68
Johanniskreuz D 163 Aq82
Johannislund FIN 63 Ch60
Jöhlingen D 163 As82
John o'Groats GB 75 So63
Johnshaven GB 79 Sq67
Johnston GB 91 Sk77
Johnstone GB 80 Sm69
Johnstown IRL 90 Se75
Johovac BIH 251 Br91
Jöhstadt D 123 Bg79
Jõhvi EST 64 Cp62
Joigny F 161 Ag85
Joinville F 162 Al84
Joiţa RO 265 Cm92
Jokela FIN 36 Cn48
Jokela FIN 44 Co53
Jokela FIN 63 Ck59
Jokela FIN 64 Co59
Jokelfjord N 23 Ce40
Jokijärvi FIN 37 Cs49
Jokijärvi FIN 54 Co54
Joki-Kokko FIN 44 Cn50
Jokikunta FIN 63 Ci60
Jokikylä FIN 43 Ck53
Jokikylä FIN 44 Cm53
Jokikylä FIN 44 Cr51
Jokikylä FIN 45 Cs53
Jokikylä FIN 52 Ce55
Jokikylä FIN 52 Cg56
Jokilampi FIN 37 Cs49
Jokimaa FIN 63 Ck59
Jokioinen FIN 63 Cg59
Jokipii FIN 52 Cf55
Jokisivu FIN 55 Cs56
Jokivarsi FIN 53 Ch55
Jokkmokk S 34 Bu47
Joksjaur S 33 Bm49
Jokūbavas LT 212 Cc69
Jola E 197 Sf102
Jolanda di Savoia I 138 Bd91
Jolanki FIN 36 Ck47
Joleikko FIN 44 Cr51
Jolia N 38 At54
Jöllenbeck D 115 As76
Joloskylä FIN 36 Cn50
Jomala AX 61 Bu60
Jomalvik FIN 63 Cg61
Jømna N 58 Bd59
Jona CH 125 As86
Jonasvollen N 48 Bd56
Jonava LT 218 Ci70
Jonchères F 173 Al91
Jonchère-Saint-Maurice, La F 171 Ac89
Jonchery-sur-Vesle F 161 Ah82
Jondal N 56 An60
Jondalen N 57 Au61
Joniškėlis LT 213 Ci68
Joniškis LT 213 Ch68
Joniškis LT 218 Cm70
Jonkeri FIN 45 Cu53
Jönköping S 69 Bi65
Jonkova BG 266 Co93
Jonku FIN 37 Cp50
Jonquera, La E 178 Af96
Jonsásreset N 57 At62
Jonsberg S 70 Bo63
Jonsdorf D 118 Bk79
Jönshyttan S 59 Bk61
Jonslund S 69 Bf64
Jønsrud N 58 Bb61
Jonsstølen N 56 Ao59
Jonstorp S 101 Bf68
Jonzac F 170 Su90
Jonzier-Epagny F 174 Am88
Joppolo I 151 Bm103
Jora de Jos MD 249 Ct86
Jorăşti RO 256 Cq89
Jordanovo BG 266 Cp93
Jordanów PL 233 Bu81
Jordanów Śląski PL 232 Bo79
Jordbru N 27 Bl46
Jordbrua N 33 Bk48
Jördenstorf D 104 Bf73
Jordet N 48 Be58
Jordrup DK 103 At69
Jorgastak N 24 Cm42
Jorgástak = Järkastaka S 29 Cc44
Jorgucat AL 276 Ca101
Jorjais P 191 Se98
Jork D 109 Au73
Jörl D 103 At71
Jormasjokisuu FIN 44 Cr52
Jormlien S 40 Bh51
Jormvattnet S 39 Bi51
Jörn S 41 Ca50
Joroinen FIN 54 Cq56
Jørpeland N 66 An62
Jorquera E 200 Sr102
Jørstad N 39 Be52
Jørstadmoen-Fåberg N 58 Ba58
Jort F 159 Su83
Jošanica SRB 263 Cd93
Jošanička Banja SRB 262 Cb94
Jošavka BIH 260 Bp91
Josefov CZ 232 Bm80
Josefův Důl CZ 231 Bl79
Jøsen N 66 Al62
Joseni RO 255 Cm87
Josenii Bârgăului RO 247 Ck86
Joševa SRB 262 Bt91
Josifovo MK 278 Ce98
Josipdol HR 258 Bl90
Josipovac HR 251 Bs89
Josnes F 166 Ad85
Jossa D 121 Au80
Jossang N 66 An62
Jössefors S 58 Be61
Josselin F 158 Sp85
Jossgrund D 121 At80
Jøssund N 38 Bb52
Jösvafő H 240 Cb84
Josvainiai LT 217 Ch70
Jota N 48 Bd58
Jotkajavrre fjellstue N 24 Ch41
Jotunheimen N 47 Ar57
Jou P 191 Sf98
Jouac F 166 Ac88
Joué-du-Bois F 159 Su83
Joué-lès-Tours F 166 Ab86
Joué-sur-Erdre F 165 Ss86
Jouet-sur-l'Aubois F 167 Af86
Jouhet F 166 Ab88
Jouhiniemi FIN 44 Cq54
Jouillat F 166 Ad88
Joukio FIN 55 Ct58
Joukokylä FIN 44 Cr50
Jouques F 180 Am93
Joure NL 107 Am75
Jõusen FIN 43 Cg53
Joussé F 166 Aa88
Joutsa FIN 54 Cn57
Joutsenlampi FIN 54 Cn57
Joutsenniemi FIN 44 Co54
Joutseno FIN 65 Cs58
Joutsijärvi FIN 37 Cq47
Joutsjärvi FIN 54 Cn57
Joux-la-Ville F 167 Ah85
Jouy F 160 Ad83
Jouy F 161 Af84
Jouy-le-Châtel F 161 Ag83
Jouy-le-Potier F 166 Ad85
Jovac SRB 263 Cc93
Jovan S 41 Bp51
Jovanovac SRB 262 Cb92
Jøvik N 22 Bu41
Jovkovo BG 267 Cr93
Jovsa SK 241 Ce83
Joyeuse F 173 Ai92
Józefów PL 228 Cc76
Józsa H 245 Cd85
Juånäset S 50 Bl56
Juankoski FIN 54 Cr54
Juan-les-Pins F 136 Ap93
Jübar D 110 Bb75
Jübek D 103 At71
Jublains F 159 Su84
Jubrique E 204 Sk107
Jüchen D 114 Ao78
Juchnovka BY 219 Cq71
Jüchsen D 116 Bb80
Jucklabergsvallen S 49 Bh57
Jucu de Sus RO 246 Ch87
Judaberg N 66 Am62
Judenau A 237 Bn84
Judenburg A 128 Bk86
Judino RUS 215 Cr66
Judinsalo FIN 53 Cm57
Judrėnai LT 216 Cd69
Juelsminde DK 100 Ba69
Juf CH 131 Au88
Jugantovo RUS 65 Cr61
Jugenheim, Seeheim- D 120 As81
Juggijaur S 34 Ca47
Juggijávrre = Juggijaur S 34 Ca47
Jugla LV 214 Ck67
Jugon-les-Lacs F 158 Sq84
Jugorje pri Metliki SLO 135 Bl89
Jugueiros P 190 Sd98
Jühnde D 115 Au78
Juhtas = Jutis S 33 Bp48
Juhtimäki FIN 53 Cg57
Jui, Bumbeşti- RO 264 Cg90
Juignac F 170 Aa90
Juigné-des-Moutiers F 165 Ss85
Juillac F 171 Ac90
Juillan F 177 Aa94
Juilly F 161 Af82
Juist D 108 Ap73
Jukkasjärvi S 29 Cb45
Jukki RUS 65 Da60
Juknaičiai LT 216 Cd70
Juktån S 41 Bq50
Juktfors S 33 Bq50
Juktnäs S 33 Bp50
Jukua FIN 37 Cq49
Jülchendorf D 110 Bd73
Jule N 39 Bh52
Julianadorp NL 106 Ak75
Julianka PL 233 Bt79
Julianstown IRL 88 Sh73
Jülich D 114 An79
Juliénas F 168 Ak88
Julita S 70 Bn62
Julussmoen N 58 Bd58
Jumeaux F 172 Ag90
Jumelles, Longué- F 165 Su86
Jumesniemi FIN 53 Cg57
Jumièges F 154 Ab82
Jumilhac-le-Grand F 171 Ac90
Jumilla E 201 Ss104
Juminda EST 63 Cm61
Juminen FIN 44 Cq54
Jumisko FIN 37 Cr48
Jumkil S 60 Bp61
Jumo FIN 62 Cc60
Jumprava LV 214 Ck67
Juncosa E 188 Ab98
Jundola BG 272 Ch96
Juneda E 188 Ab97
Jung S 69 Bg64

Jablonné v Podještědí – Jung 359

Junganperä FIN 43 Cl53
Jungėnai LT 217 Cg72
Jungholz A 126 Ba85
Jungingen D 125 At84
Junglinster L 119 An81
Jungsund FIN 42 Cd54
Junies, Les F 171 Ac91
Junik RKS 270 Ca96
Juniskär S 50 Bp56
Juniville F 161 Ai82
Junnikkala FIN 54 Cr58
Junosuando S 29 Cf46
Junqueira P 190 Sd99
Junqueira P 191 Sf98
Junquera de Tera E 184 Sh97
Junsele S 40 Bo53
Juntinvaara FIN 45 Da52
Juntusranta FIN 37 Ct50
Juodaičiai LT 217 Cg70
Juodeikiai LT 217 Cf69
Juodkrantė LT 216 Cc69
Juodšiliai LT 218 Cl71
Juodupė LT 214 Cm68
Juoksengi S 36 Ch47
Juoksenki FIN 36 Ch47
Juokslahti FIN 53 Cl57
Juokuanvaara FIN 36 Ck49
Juonto FIN 45 Ct52
Juorkuna FIN 44 Co51
Juornaankylä FIN 64 Cm59
Juostaviečiai LT 214 Ck68
Juotasniemi FIN 37 Co48
Jupânești RO 264 Ch91
Juper BG 266 Cn93
Jupilles F 166 Aa85
Jupiter RO 267 Cs93
Juprelle B 156 Am79
Jura MD 249 Ct85
Jurançon F 176 Su94
Jurata PL 222 Bs71
Juratiški BY 218 Cm72
Jurbarkas LT 217 Cf70
Jurdaičiai LT 213 Cg68
Jüre LT 217 Ch71
Jureczkowa PL 241 Cf81
Jurgelionys LT 218 Cm72
Jürgenstorf D 110 Bf73
Jüri EST 210 Ck62
Jurilovca RO 267 Cs91
Jurkaičiai LT 216 Cd69
Jūrkalne LV 212 Cc66
Jurkivci UA 247 Cm83
Jurkovo RUS 211 Cu65
Jurków PL 234 Ca81
Jurków PL 234 Cb81
Jūrmala LV 213 Ch67
Jūrmalciems LV 212 Cb68
Jurmo AX 62 Cc59
Jurmo FIN 62 Cd61
Jurmu FIN 37 Cq49
Juromenha P 197 Sf103
Jurovski Brod HR 135 Bl89
Jurques F 159 St82
Jurski Vrh SLO 250 Bm87
Jursta S 70 Bn63
Jurukovo BG 272 Ch97
Jurva FIN 52 Cd55
Jurvala FIN 64 Cq59
Jurvansalo FIN 53 Cm54
Juscorps F 165 Su88
Juseu E 187 Aa96
Juškavičy BY 219 Co71
Juškino RUS 211 Cq63
Juškovo RUS 215 Cq65
Jussac F 172 Ae91
Jussey F 168 Am85
Juszczyna PL 233 Bt81
Juszkowy-Gród PL 224 Ch75
Juta H 251 Bq88
Jüterbog D 117 Bg76
Jutis S 33 Bp48
Jutrosin PL 226 Bp77
Juttila FIN 63 Ck58
Juuansaari FIN 55 Db55
Juujärvi FIN 37 Cp48
Juuka FIN 45 Ct54
Juuma FIN 37 Ct48
Juupajoki FIN 53 Ci57
Juupakylä FIN 53 Cg56
Juurikka FIN 44 Cq54
Juurikka FIN 55 Da57
Juurikkalahti FIN 44 Cr52
Juurikkamäki FIN 54 Cr55
Juurikorpi FIN 64 Co59
Juuru EST 210 Ck62
Juustovaara FIN 30 Ck46
Juutinen FIN 44 Co52
Juva FIN 54 Cq57
Juva FIN 62 Cd59
Juvasshytta N 47 Ar57
Juvasstøl N 67 Aq63
Juvasstøvl N 66 Ap62
Juvigné F 159 Ss84
Juvigny-les-Vallées F 159 Ss83
Juvigny-sur-Seulles F 159 St82
Juvisy-sur-Orge F 160 Ae83
Juvola FIN 54 Cs56
Juvre DK 102 As70
Juzafova BY 215 Cr69
Juzennecourt F 162 Ak84
Jūžintai LT 214 Cm69
Jyderup DK 101 Bc69
Jylängönperä FIN 44 Cn53
Jylhä FIN 43 Ch53
Jylhä FIN 44 Co54
Jyllinge DK 101 Be69
Jyllinkoski FIN 52 Ce56
Jyrkänkylä FIN 45 Cu52
Jyrkkä FIN 44 Cq53
Jyväskylä FIN 53 Cm56
Jyväskylän maalaiskunnat FIN 53 Cm56

K

Kaakamo FIN 36 Ci49
Kaalasjärvi S 28 Ca45
Kaalima FIN 30 Cm44
Kaamanen FIN 31 Cp42
Kaamasmukka FIN 24 Cn42
Kaanaa FIN 52 Cd57
Kaanaa FIN 53 Ch57
Kaanaa FIN 62 Ce60
Kaanaa FIN 63 Cl59
Kaansoo EST 209 Cl63
Kääntöjärvi S 29 Cd46
Kääpälä FIN 64 Co58
Kaarepere EST 210 Co63
Kaaresuvanto FIN 29 Cf44
Kääriku EST 210 Cn65
Kaarina FIN 62 Ce60
Käärmelahti FIN 54 Cp54
Käärmelehto FIN 36 Cm46
Kaarnevaara S 29 Ch45
Kaaro FIN 62 Cd58
Kaarßen D 109 Bc74
Kaarst D 114 Ao78
Kaartilankoski FIN 54 Cr57
Kaasmarkku FIN 52 Ce58
Käävankylä FIN 64 Cp58
Kaavi FIN 54 Cs55
Kaba H 245 Cc86
Kabakca TR 281 Cr98
Kabal HR 242 Bo89
Kabala EST 210 Cm63
Kabatepe TR 280 Cn100
Kabbenseter N 47 Aq56
Kabböle FIN 64 Cn60
Kåbdalis S 34 Bu48
Kabeliai 1 LT 218 Ci73
Kabelvåg N 27 Bi44
Kaberneeme EST 209 Cl61
Kabile LV 213 Ce67
Kableškovo BG 275 Cq95
Kabli EST 209 Ci65
Kać SRB 252 Bu90
Kacabać SRB 263 Cd94
Kaçanik RKS 271 Cc96
Kačanik = Kaçanik RKS 271 Cc96
Kačanovo RUS 215 Cq66
Kačarevo SRB 252 Cb91
Kaçekol RKS 271 Cc95
Kacelovo BG 265 Cn93
Kaceřov CZ 230 Bf80
Kaceřov CZ 230 Bh81
Kačevo SRB 261 Bu94
Kachanavičy BY 215 Cr69
Kącik PL 227 Bt78
Kačikol = Kaçekol RKS 271 Cc95
Kaçinar AL 270 Bu97
Kačkivka UA 249 Cr84
Kącłowa PL 240 Cb81
Kacni AL 270 Ca97
Kácov CZ 231 Bl81
Kacperków PL 228 Cb77
Kács H 240 Cb85
Kačul = Cahul MD 256 Cr89
Kačulice SRB 262 Ca93
Kaczórki PL 235 Cg79
Kaczorów PL 232 Bm79
Kaczory PL 221 Bo74
Kadaga LV 214 Ci66
Kadaň CZ 230 Bg80
Kadarkút H 251 Bq88
Kadıdondurma TR 280 Cn98
Kadıköy TR 275 Cq98
Kadıköy TR 280 Cm100
Kadıköy TR 280 Co99
Kadıköy TR 281 Cr98
Kadıköy TR 281 Ct99
Kadina Luka SRB 261 Ca92
Kádio GR 284 Ci103
Kadıovacık TR 285 Co104
Kadırga TR 285 Cn102
Kadirleryakası TR 292 Cu108
Kadłub PL 233 Br79
Kadłub Turawski PL 233 Br79
Kadov CZ 230 Bh82
Kadrifakovo MK 271 Ce97
Kadrina EST 64 Cn62
Kadymka RUS 223 Ce72
Kadzidło PL 223 Cc74
Kaemnica nad Hronom SK 239 Bs85
Käenkoski FIN 55 Db55
Kærby DK 100 Ba67
Kærup DK 102 Ar69
Käesla EST 208 Ce64
Kafaca TR 292 Cr106
Kåfjord N 23 Cg41
Kåfjord N 24 Cm39
Kåfjordbergan N 22 Ca41
Kåfjordbotn N 23 Cb42
Kåfjorddalen N 23 Cb42
Kaga S 70 Bm64
Kaganshäkki FIN 53 Cm55
Kågbo S 60 Bp60
Kåge S 42 Cb51
Kågeröd S 72 Bg69
Kağıthane TR 281 Cs98
Kaharlyk UA 257 Da87
Kahla D 116 Bd79
Kahl am Main D 121 At80
Kahrstedt D 110 Bc75
Kähtävä FIN 43 Ci52
Kahul = Cahul MD 256 Cr89
Kaïáfas GR 286 Cd105
Kaibing A 242 Bm86
Kaidankylä FIN 53 Ch57
Kaifenheim D 119 Ap80
Kaigutsi EST 208 Cf63
Kaihlamäki FIN 54 Cn57
Kaihtula FIN 64 Cq58
Kailbach D 121 At81
Kailuka EST 208 Cf64
Kaiméni Hóra GR 287 Cg105
Käina EST 208 Cf63
Kainach bei Voitsberg A 129 Bl86
Kainasto FIN 52 Ce56
Kaindorf A 242 Bm86
Kainulasjärvi S 35 Ce46
Kainuunkylä FIN 36 Ch48
Kainuunmäki FIN 44 Cp53
Kaipiainen FIN 64 Cp59
Kaipola FIN 53 Cl57
Kairala FIN 31 Cp46
Kairiai LT 213 Cg69
Kairila FIN 52 Ce57
Kaisepakte S 28 Bt44
Kaiserpfalz D 116 Bc78
Kaisersbach D 121 Au83
Kaisersesch D 119 Ap80
Kaiserslautern D 163 Aq82
Kaisersteinbruch A 238 Bo85
Kaiserstuhl CH 125 Ar85
Kaiserswerth D 114 Ao78
Kaisheim D 126 Bb83
Kaišiadorys LT 218 Ci71
Kaislastenlahti FIN 54 Cp55
Kaisma EST 209 Ck63
Kaitai FIN 64 Cq59
Kaitainen FIN 54 Cq56
Kaitainsalmi FIN 44 Cr52
Kaitjärvi FIN 64 Cp59
Kaitsor FIN 42 Ce54
Kaitum S 28 Ca45
Kaiu EST 209 Cl62
Kaivanto FIN 44 Cp52
Kaivola FIN 62 Cd59
Kaivomäki FIN 54 Cp57
Kajaani FIN 44 Cq52
Kajala FIN 62 Cd59
Kajama FIN 53 Cm55
Kajan AL 270 Bu99
Kajánújfalu H 244 Ca87
Kajárpéc H 243 Bq86
Kajászó H 243 Bs86
Kajava FIN 37 Cu49
Kajdacs H 251 Bs87
Kajnardža BG 266 Cp93
Kajoo FIN 55 Ct54
Kakanj BIH 260 Br92
Kakarriq AL 269 Bu97
Kakavi AL 276 Ca101
Käkelä FIN 45 Cs50
Kakenieki LV 213 Cg67
Kakerbeck D 110 Bc75
Kaki GR 284 Cg105
Käkilahti FIN 44 Co52
Kakmuži MNE 269 Bt94
Kaknäsen S 40 Bk53
Kakolewnica Wschodina PL 229 Cf77
Kąkolewo PL 226 Bo77
Kakóvatos GR 286 Cd106
Kakriala FIN 54 Co57
Käkrina BG 274 Ck94
Kakskerta FIN 62 Ce60
Kakslauttanen FIN 31 Cp44
Kaktini LV 212 Cc66
Kál H 244 Ca85
Käl S 41 Bp53
Kälä FIN 54 Cn57
Kålaboda S 42 Cb52
Kalaće MNE 262 Ca95
Kalafáti GR 288 Cl106
Kalaja FIN 43 Cl53
Kalajärvi FIN 63 Ck60
Kalajoki FIN 43 Ch52
Kalak N 24 Cp39
Kalakoski FIN 52 Cg56
Kalaksue FIN 64 Cn58
Kalamáki GR 282 Cb105
Kalamáki GR 283 Cf101
Kalamáki Beach GR 287 Cf105
Kalamariá GR 276 Cf99
Kalamáta GR 286 Ce106
Kalambábi GR 279 Ci98
Kalambáka GR 277 Cd101
Kalamitsi GR 278 Ch101
Kalamónas GR 279 Ci98
Kálamos GR 282 Cb103
Kálamos GR 283 Cg102
Kálamos GR 284 Ch104
Kalamotó GR 278 Cg99
Kalana EST 208 Ce63
Kalana EST 210 Cn63
Kalančak UA 257 Cs89
Kalándra GR 278 Cg101
Kalandseidet N 56 Al60
Kalá Nerá GR 283 Cg102
Kalanti FIN 62 Cd59
Kalapódi GR 283 Cf103
Kalaraš = Călărași MD 249 Cr86
Kälarna S 50 Bn55
Kálathos GR 292 Cr108
Kalavåg N 56 Al61
Kalavárda GR 292 Cq108
Kalávrita GR 286 Ce104
Kalawa = Calau D 118 Bh77
Kalax FIN 52 Cc56
Kalbach D 115 Au80
Kalbe (Milde) D 110 Bc75
Kalbrenna N 58 Bd58
Kålbro S 70 Bo62
Kalce SLO 134 Bi89
Kalčeva UA 257 Cs89
Kalčevo BG 275 Co96
Kaldbak FO 26 Sg56
Kaldenkirchen D 113 An78
Kaldfarnes N 22 Bo42
Kaldhusseter N 47 Ap56
Kaldred DK 101 Bc69
Kaldvåg N 27 Bm44
Kałęczyn PL 223 Cc73
Kalefeld D 115 Ba77
Kalej PL 233 Bs79
Kalek CZ 123 Bg79
Kalekovec BG 274 Ck96
Kalela FIN 62 Ce59
Kålen S 50 Bk55
Kålen S 50 Bn56
Kalenik BG 263 Cf92
Kalenik BG 273 Ck94
Kaléntzi GR 282 Cb101
Kaléntzi GR 282 Cd105
Kalérgo GR 284 Ck104
Kalesméno GR 282 Cd103
Kalesninkai LT 218 Ck72
Kalēti LV 212 Cc68
Kalety BY 217 Ch73
Kalety PL 233 Bs79
Kaleva FIN 62 Cf60
Kålfafell IS 21 Rc27
Kålfafellsstaður IS 21 Re26
Kalho FIN 54 Cm58
Kalhovd N 57 Ar60
Kali GR 277 Ce99
Kali HR 258 Bl92
Kaliáni GR 283 Ce105
Kaliçan RKS 270 Ca95
Kaličane = Kaliçan RKS 270 Ca95
Kalidona GR 286 Cd106
Kalifitos GR 279 Ci98
Kali Liménes GR 291 Ck111
Kalimanci BG 266 Cq94
Kalimanci BG 272 Cg98
Kalimanci MK 272 Cf97
Kalimash AL 270 Ca96
Kálimnos GR 292 Co107
Kalina-Rędziny PL 233 Ca80
Kalinčiakovo SK 239 Bs84
Kalini UA 246 Ch84
Kaliningrad RUS 223 Ca71
Kalinino RUS 224 Cf72
Kalinovik BIH 260 Br94
Kalinovka RUS 216 Cd71
Kalinovo SK 240 Bu84
Kalinowa PL 227 Br77
Kalinówka PL 235 Cg79
Kalinowo PL 217 Cf73
Kalipetrovo BG 266 Cp92
Kaliska PL 222 Br73
Kališta MK 276 Cb98
Kalisz PL 221 Bq72
Kalisz PL 227 Br77
Kalisz Pomorski PL 221 Bm74
Kalithía GR 278 Ch98
Kalithiés GR 292 Cr108
Kalitino RUS 65 Cu62
Kality BY 219 Cp70
Kalivac AL 269 Bu97
Kalivári GR 284 Ck105
Kalíves GR 290 Ci110
Kalívia GR 282 Cc103
Kalívia GR 283 Ce105
Kalívia GR 284 Ch105
Kalix S 35 Cg49
Kalixfors S 28 Ca45
Kaljord N 27 Bl43
Kaljuha BY 219 Cq72
Kaljunen FIN 55 Ct58
Kalkan TR 292 Ct108
Kalkar D 114 An77
Kalkbrottsvillorna S 70 Bm62
Kalkhorst D 103 Bc73
Kałki PL 223 Cc72
Kalkiainen FIN 37 Cq47
Kalķis LV 213 Ch67
Kalkkinen FIN 53 Cm58
Kałków PL 232 Bp80
Kalkstein A 133 Be87
Kalkstrand FIN 63 Cl60
Kall D 119 Ao79
Kall S 39 Bg54
Källa S 73 Bo66
Kallag = Callac F 157 So84
Kallak N 58 Bd61
Källands-Åsaka S 69 Bg64
Källarbo S 60 Bm60
Kallaste EST 210 Cp63
Källbäcken S 59 Bk60
Källbergsbo S 50 Bn57
Källbomark S 42 Cc50
Källby FIN 43 Cf53
Källby S 69 Bg63
Kallemäe EST 208 Cf64
Kallenhardt D 115 Ar78
Källered S 68 Be65
Källerstad S 72 Bh66
Kalletal D 115 As76
Källfallet S 60 Bm61
Kalli EST 209 Ci63
Kallifónio GR 283 Cd102
Kallimassiá GR 285 Cn104
Kallinge S 73 Bl68
Kallio FIN 53 Ch57
Kallioaho FIN 54 Cn56
Kalliojoki FIN 45 Da52
Kalliokylä FIN 44 Cn53
Kallioniemi FIN 55 Dc55
Kalliosalmi FIN 36 Co47
Kalliovaara FIN 55 Db55
Kallipéfki GR 278 Ce101
Kallirâhi GR 279 Ck99
Kallirâhis, Skála GR 279 Ck99
Kalliróí GR 277 Cc101
Kallislahti FIN 54 Cs57
Kallithéa GR 277 Ce101
Kallithéa GR 278 Cg100
Kallithéa GR 284 Cg104
Kallithéa GR 284 Ch105
Kallithéa GR 285 Co105
Kallithéa GR 286 Cd105
Kallithéa GR 286 Cd107
Kallithéa GR 286 Cf106
Kallithiro GR 283 Cd102
Kallivere RUS 64 Cr62
Källsjö S 50 Bo57
Kallmet AL 269 Bu97
Kallmora S 59 Bk58
Kallmünz D 236 Bd82
Kallo FIN 30 Ci46
Källö H 239 Bt85
Kallön S 34 Br49
Kalloní GR 276 Cc102
Kalloní GR 285 Cn102
Kalloní GR 287 Cg105
Kalloní GR 288 Cl105
Kállósemjén H 241 Cd85
Kallsedet S 39 Bf53
Källsjö S 101 Bf66
Källsjön S 60 Bn59
Kalltjärn S 60 Bo59
Kallträsk FIN 52 Cd56
Källunga S 69 Bg64
Kallunki FIN 37 Cs47
Källvik S 70 Bo65
Kallvik S 71 Bq63
Kallviken S 42 Cc52
Kalmankaltio FIN 30 Ck44
Kalmar S 60 Bq61
Kalmar S 73 Bn67
Kalmari FIN 53 Cl55
Kalmavirta FIN 53 Cl56
Kalmonmäki FIN 44 Cr53
Kalmthout B 113 Ai78
Kalna SRB 263 Ce94
Kalná nad Hronom SK 239 Bs84
Kalni LV 213 Ce68
Kalnica PL 241 Ce82
Kalniena LV 215 Co66
Kalnieši LV 215 Cp69
Kálnovo BG 275 Cp94
Kálócfa H 135 Bo87
Kalocsa H 251 Bs87
Kalodzišćy BY 219 Cq73
Kalofer BG 274 Ck95
Kalógiri GR 277 Cd102
Kalógria GR 286 Cc104
Kalóhio GR 277 Cd100
Kalóhori GR 277 Cc100
Kalóhori GR 278 Cf99
Kalohorio GR 291 Cm110
Kalojan BG 266 Cq94
Kalojanovec BG 273 Cm96
Kalojanovo BG 273 Ck96
Kalojanovo BG 274 Cn95
Kalókastro GR 278 Cg98
Kalonéri GR 277 Cc100
Kaló Neró GR 286 Cd106
Kalotina BG 272 Cf94
Kaloúsi GR 286 Cd104
Kálóz H 243 Br87
Kalpáki GR 276 Cb101
Kalpio FIN 44 Cq51
Kals am Großglockner A 133 Bf86
Kalsdorf bei Graz A 135 Bl87
Kälsjärv S 35 Cg49
Kalsvik N 46 Al57
Kaltanėnai LT 218 Cm70
Kaltbrunn CH 125 At86
Kaltenbrunn D 230 Bd81
Kaltene LV 213 Cf66
Kaltenkirchen D 103 Au73
Kaltennordheim D 121 Ba79
Kalterherberg D 119 An79
Kaltern = Caldaro I 132 Bc88
Kaltinėnai LT 217 Ce69
Kaltsila FIN 52 Cg58
Kaluđerica SRB 252 Cb91
Kaluđerovo SRB 253 Cd91
Kaludjerske Bare SRB 261 Bu93
Kaludra MNE 270 Bu95
Kalugerovo BG 273 Ci96
Kalugerovo BG 274 Cm96
Kalundborg DK 101 Bc69
Kalupe LV 215 Co68
Kałuszyn PL 228 Cd76
Kalužskoe RUS 216 Cd71
Kalv S 72 Bg66
Kalvåg N 46 Ak57
Kalvarija LT 224 Cg72
Kalvatn N 46 An56
Kalvbäcken S 41 Bq53
Kalvehave DK 104 Be71
Kalveliai LT 218 Cm71
Kalven N 23 Ci39
Kalvene LV 212 Cd67
Kälviä FIN 43 Cg53
Kalvik N 39 Bh52
Kalvitsa FIN 54 Cp57
Kalvola FIN 63 Ci58
Kalvslund DK 102 As70
Kalvsvik S 72 Bk67
Kalvträsk S 42 Bu51
Kalwang A 128 Bk86
Kalwaria Zebrzydowska PL 233 Bu81
Kám H 135 Bo86
Kamai BY 219 Co70
Kamajai LT 214 Cm69
Kamajks BY 219 Cq71
Kamára GR 289 Cp105
Kamārce LV 212 Cd66
Kamáres GR 283 Cd104
Kamáres GR 288 Ck107
Kamáres GR 291 Ck110
Kamari EST 210 Cn63
Kamári GR 283 Cf101
Kamári GR 286 Cf104
Kamári GR 291 Cl108
Kamári GR 292 Co107
Kamariótissa GR 279 Cl100
Kamaritsa GR 284 Ch103
Kamaroŭka BY 229 Ch77
Kambánis GR 278 Cf99
Kambiá GR 285 Cm103
Kambja EST 210 Co64
Kambo N 58 Bb62
Kámbos GR 283 Cd104
Kámbos GR 286 Ce107
Kámbos GR 289 Co106
Kámbos GR 290 Ch110
Kamčija BG 275 Cq94
Kameled = Camaret-sur-Mer F 157 Sl84
Kamen BG 265 Cm94
Kamen BG 274 Cn95
Kamen D 114 Aq77
Kamena BY 219 Cp71
Kamena Gora SRB 269 Bu94
Kamenar BG 275 Cq94
Kaména Voúrla GR 283 Cf103
Kamen Brjag BG 267 Cs94
Kamenci BG 266 Cp93
Kamenec BG 274 Ck94
Kamenec BG 275 Co96
Kamenec RUS 211 Cs63
Kamenica BIH 259 Bn92
Kamenica BIH 260 Br92
Kamenica BIH 261 Bt93
Kamenica SRB 252 Bu92
Kamenica, Gornja SRB 263 Ce94
Kamenica (Kraljevo) SRB 262 Cb93
Kamenica, Valjevka SRB 262 Bu92
Kamenica nad Cirochou SK 241 Ce83
Kamenicë AL 276 Cb99
Kamenice CZ 231 Bm82
Kamenicë RKS 271 Cc96
Kamenice nad Lipou CZ 231 Bl82
Kamenička Skakavica BG 271 Cf96
Kamenický Šenov CZ 231 Bi79
Kameničná SK 239 Br85
Kamenin SK 239 Bs85
Kamenjak BG 266 Co94
Kamenjane MK 270 Cb97
Kamenka BY 218 Cm72
Kamenka RUS 65 Ct60
Kamenka RUS 211 Cq65
Kamenka RUS 211 Cr63
Kamenna Riksa BG 264 Cg94
Kamenné Žehrovice CZ 123 Bi80
Kamennogorsk RUS 65 Ct59
Kamennyj Konec RUS 211 Cq63
Kamenný Přívoz CZ 123 Bk81
Kameno BG 275 Cp95
Kameno Pole BG 272 Ch94
Kamenovo BG 266 Cn93
Kamenovo SRB 263 Cc92
Kamensko HR 250 Bp90
Kamensko HR 260 Bo93
Kamenskoe RUS 223 Cd71
Kamenz D 117 Bi78
Kamern D 110 Be75
Kamesznica PL 239 Bt81
Kaměž AL 270 Bu98
Kamičani BIH 250 Bo91
Kamień PL 227 Br77
Kamień PL 227 Bt78
Kamień PL 235 Ce80
Kamieńczyk PL 229 Ce75
Kamienica PL 232 Bo80
Kamienica PL 240 Ca81
Kamienica Śląska PL 233 Bs79
Kamieniec PL 222 Bt73
Kamieniec PL 233 Bs80
Kamieniec Wrocławski PL 232 Bp78
Kamieniec Ząbkowicki PL 232 Bo79
Kamienka SK 234 Cb82
Kamień Kołowy PL 227 Bt75
Kamień Krajeński PL 221 Bq73
Kamienna, Skarżysko- PL 228 Cb78
Kamienna Góra PL 229 Cg78
Kamienna Góra PL 231 Bn79
Kamienna Wola PL 228 Ca78
Kamiennik PL 232 Bp79
Kamiennik Wielki PL 222 Bu72
Kamień Pomorski PL 105 Bk73
Kamieńsk PL 227 Bt78
Kamilski Dol BG 280 Cn97
Kamin D 104 Bd73
Kaminiá GR 276 Cb101
Kamion PL 228 Ca76
Kamion PL 228 Ca77
Kamionek Wielki PL 222 Bt72
Kamionka PL 228 Cd78
Kamionka PL 229 Ce78
Kamionka PL 226 Bm75
Kam'jana UA 247 Cm84
Kamjančane BY 218 Cm72
Kamjaniec BY 229 Ch76
Kamjanjunki BY 229 Ch75
Kam'janka UA 247 Cm84
Kam'janobrid UA 235 Ch81
Kam'jans'ke UA 241 Cf84
Kam'jans'ke UA 257 Ct89
Kamjenc = Kamenz D 117 Bi78
Kamlunge S 35 Cf48
Kämmäkka FIN 62 Cf58
Kammela FIN 62 Cc59
Kämmenniemi FIN 53 Ch57
Kammerberg D 126 Bd84
Kamnica SLO 250 Bm87
Kamnik AL 276 Cb100
Kamnik SLO 134 Bk88
Kamniška Bistrica SLO 134 Bk88
Kamøyvær N 24 Cm38
Kampâ N 58 Bc60
Kamp-Bornhofen D 119 Aq80
Kampe D 108 Aq74
Kampen NL 107 Am75
Kampen (Sylt) D 102 Ar71
Kampeseter N 47 At57
Kampevoll N 22 Bq42
Kampinkylä FIN 52 Ce55
Kampinos PL 228 Ca76
Kampiški LV 215 Cp68
Kamp-Lintfort D 114 Ao77
Kámpos GR 289 Co105
Kamsjö S 42 Bu52
Kamula FIN 44 Cn52
Kamyk PL 233 Bt79
Kamýk nad Vltavou CZ 231 Bi81
Kanajärvi FIN 63 Ci59
Kanal SLO 133 Bh88
Kanala FIN 43 Ci54
Kanála GR 288 Ci106
Kanália GR 283 Cf102
Kanalláki GR 282 Cb102
Kanan S 33 Bm50
Kanaš RUS 216 Cd71
Kanatlarci MK 271 Cc98
Kánava GR 288 Cl107
Kānčevo BG 273 Cl95
Kańczuga PL 235 Ce81
Kandal N 46 An57
Kandamış TR 280 Cp98
Kándanos GR 290 Ch110
Kandava LV 213 Cf66
Kandel D 120 Ar82
Kandern D 169 Aq85
Kandersteg CH 169 Aq88
Kandestederne DK 68 Ba65
Kándia GR 287 Cf105
Kandíla GR 282 Cb103
Kandíla GR 286 Ce105
Kandilka BG 273 Cm98
Kandla S 59 Bk61
Kandrše SLO 134 Bk88
Kandyty PL 216 Ca72
Kanepi EST 210 Co65
Kanestraum N 47 Ar54
Kanfanar HR 258 Bh90
Kangádio GR 286 Cc104
Kangas FIN 43 Ck52
Kangas FIN 52 Cf54
Kangasaho FIN 53 Ck55
Kangasala FIN 53 Ci58
Kangasalan asema FIN 53 Ci58
Kangaskylä FIN 43 Ck53
Kangaskylä FIN 43 Ck54
Kangaskylä FIN 44 Cn52
Kangaskylä FIN 44 Co52
Kangaskylä FIN 44 Cr51
Kangaslahti FIN 44 Cr54
Kangaslampi FIN 54 Cr56
Kangasniemi FIN 54 Co57
Kangos S 29 Cf46
Kangosjärvi FIN 29 Ch45
Kanin PL 221 Bo72
Kaniów PL 225 Bk77
Kaniów PL 233 Bt81
Kaniwola PL 229 Cg78
Kanjiža SRB 252 Ca88
Kanjuchi BY 218 Cl72
Kankaanpää FIN 52 Ce57
Kankaanpää FIN 62 Ce58
Kankaanranta S 36 Ch48
Kankainen FIN 54 Cn56
Kankari FIN 44 Cp51
Kankböle = Kankkila FIN 64 Cm59
Kankkila FIN 64 Cm59
Känna S 72 Bh67
Kannas FIN 55 Cu57
Känne S 49 Bl56
Kanneljärvi RUS 65 Ct60
Kannonjärvi FIN 53 Cl55
Kannonkoski FIN 53 Cl55
Kannonsaha FIN 53 Cl55
Kannus FIN 43 Ch53
Kannusjärvi FIN 64 Cp59
Kannusjärvi S 35 Cg47
Kannuskoski FIN 64 Cp59
Kanstad N 27 Bm44
Kantala FIN 54 Cp56
Kanteenmaa FIN 62 Cf58
Kantele FIN 63 Cm59
Kantii FIN 52 Cf56
Kantküla EST 210 Co63
Kantojoki FIN 37 Ct48
Kantokylä FIN 43 Ck52
Kantola FIN 44 Cq51
Kantomaanpää FIN 36 Ci48
Kántorjánosi H 241 Ce85
Kantornes N 22 Bt42
Kantsjö S 41 Bs53
Kantstanicinava BY 219 Cp71
Kanturk IRL 89 Sc76
Kantvik FIN 63 Ci60
Kanunovščina RUS 211 Cq63
Kanveliški BY 218 Cl72
Kánya H 243 Br87
Kaolinovo BG 266 Cp93
Kaon = Caulnes F 158 Sq84
Kaona SRB 262 Ca93
Kaonik BIH 260 Bq92
Kaonik SRB 263 Cd93
Kąp PL 216 Cd72
Kapaklı TR 281 Cq98
Kapandriti GR 287 Ch104
Kaparéli GR 283 Cg104
Kaparélli GR 286 Cf105
Kapcėūka BY 224 Ch73
Kapčiamiestis LT 217 Ch72
Kapee FIN 53 Ch57
Kapela HR 242 Bo89
Kapellen A 242 Bm85
Kapellen B 113 Ai78
Kapellen D 114 An77
Kapellen (Erft) D 114 Ao78
Kapellendorf D 116 Bc79
Kapelln an der Perschling A 129 Bm84
Kapellskär S 61 Bt61
Kapfenberg A 129 Bl86
Kapfenstein A 242 Bm87
Kápi GR 285 Cn102
Kapıkırı TR 289 Cq105
Kapıkule TR 274 Cn97
Kapini LV 215 Cp68
Kapiniškiai LT 218 Ci72
Kāpinovo BG 267 Cq93
Kāpinovo BG 273 Cm94
Kapitan Andreevo BG 280 Cn97
Kapitan Dimitrovo BG 266 Cq93
Kapitan Petko BG 266 Co94
Kaplava LV 215 Cp69
Kaplice CZ 128 Bi83
Kaplivka UA 248 Co84
Kapljuh BIH 259 Bn91
Kapnófito GR 278 Ch98
Kapolcs H 243 Bq87
Kápolna H 240 Ca85
Kápolnásnyék H 243 Bs86
Kapolypuszta H 243 Bq87
Kaposfüred H 243 Bq88
Kaposmérő H 243 Bq88
Kaposszekcső H 243 Br88
Kaposvár H 243 Bq88
Kapp N 58 Bb59
Kappel D 119 Ap80
Kappel DK 103 Bc71
Kappel = Kappeln D 103 Au71
Kappeln D 103 Au71
Kappelrodeck D 124 Ar83
Kappelshamn S 71 Bs65
Kappl A 132 Ba86
Kåpponis S 34 Ca48
Kaprije HR 259 Bm93
Kaprijke B 112 Ah78
Kaprun A 127 Bf86
Kapsáli GR 290 Cf108
Kapsás GR 286 Ce105
Kapshticë AL 276 Cb99
Káptalanfa H 242 Bp86
Káptalantóti H 243 Bq87
Kaptol HR 251 Bq90
Kapūne LV 215 Cp67
Kapušany SK 241 Cc82
Kapustjany UA 249 Ct83
Kapuvár H 242 Bp85
Käpylä FIN 43 Cl52
Käpylä FIN 45 Cs50
Käpylänmaa FIN 52 Ce56
Kapyl'ščyna BY 219 Cq70
Karaağaç TR 281 Cs98
Karabiga TR 280 Cp100
Karabunar BG 273 Ci96
Karabürçek TR 280 Co98
Karaburun TR 281 Cs98
Karaburun TR 285 Co103
Karaby S 69 Bf64
Karacabey TR 281 Cr100
Karacahisar TR 292 Cq106
Karacakılavuz TR 280 Cp98
Karacaköy TR 281 Cr98
Karacaoğlan TR 280 Cp97
Karácsond H 244 Ca85
Karád H 243 Bq87
Karadağ TR 280 Co100
Karadere TR 275 Cp97
Karadere TR 292 Ct108
Karadžalovo BG 274 Cl96
Karaez-Plougêr = Carhaix-Plouguer F 157 Sn84
Karageorgievo BG 275 Cp95
Karahalil TR 280 Cp97
Karahamza TR 280 Cp97
Karahisar TR 280 Co99
Karaincirli TR 280 Cn99
Karainebeyli TR 280 Cn100
Karaisen BG 265 Cl94
Karakaj BIH 261 Bt92
Karakasım TR 280 Co97
Karakaya TR 289 Cq105
Karakaya TR 292 Cp106
Karaklijka BG 273 Cl96
Karaköy TR 285 Cn104
Karaköy TR 292 Cq107
Karakurt UA 257 Cs89
Karala EST 208 Cd64
Karalaks N 24 Ck41
Karalgiris LT 217 Ch70
Karali RUS 65 Cu58
Karalino BY 224 Ch73

360 Junganperä – Karalino

Karamanci BG 273 Cl97
Karamanite BG 266 Cp94
Karamanovo BG 265 Cm93
Karamehmet TR 281 Cq98
Karamurat TR 280 Cp99
Karamyševo RUS 217 Ce72
Karan SRB 262 Bu93
Karancslapujtő H 240 Bu84
Karancsság H 240 Bu84
Karandita BG 274 Cn95
Karankamäki FIN 44 Cp53
Karanovo BG 274 Cm95
Karanovo BG 275 Cp95
Karan Vărbovka BG 265 Cm94
Karaorman TR 281 Cr101
Karapčiv UA 247 Cl84
Karapéa GR 290 Ci111
Karapelit BG 266 Cq93
Karapürçek TR 281 Cr101
Karaš BG 272 Ch94
Karasavvon = Kaaresuvanto FIN 29 Cf44
Karasjok N 24 Cm42
Karász H 243 Br88
Karatmanovo MK 271 Cd97
Karatoprak = Turgutreis TR 292 Cp106
Karats S 34 Bs47
Karavangélis GR 279 Ci99
Karavás GR 290 Cf108
Karavelovo BG 273 Ck95
Käravete EST 210 Cm62
Karavómilos GR 283 Cf103
Karavostássis GR 291 Ck107
Karavukovo SRB 251 Bt89
Karayusuflu TR 280 Cn98
Karbäcken S 40 Bm52
Karben D 120 As80
Karbinci MK 271 Ce97
Kårböle S 50 Bl56
Kårböleskog S 49 Bl57
Karbow-Vietlübbe D 110 Be74
Karby DK 100 As67
Karcag H 245 Cb86
Karcsa H 241 Cd84
Karczew PL 228 Cc76
Karczmiska PL 228 Cd78
Karczmiska PL 229 Ce77
Karczmy PL 227 Bt77
Karczyn PL 232 Bo79
Kärda S 72 Bh66
Kardakáta GR 282 Ca104
Kardam BG 267 Cr93
Kardámena GR 292 Cp107
Kardámila GR 285 Cn103
Kardamíli GR 286 Ce107
Kardámos GR 278 Cm98
Kardašova Řečice CZ 237 Bk82
Kardeljevo = Ploče HR 268 Bp94
Karden, Treis- D 119 Ap80
Karditsa GR 283 Cd102
Kärdla EST 208 Cf63
Kardos H 244 Cb87
Kărdžali BG 273 Cl97
Kärebol S 59 Bg60
Kareby S 68 Bd65
Kårehamn S 73 Bo67
Käremo S 73 Bn67
Karepa EST 210 Cn61
Karersee = Carezza al Lago I 132 Bd88
Karés GR 290 Ci110
Kårestad S 73 Bl67
Karesuando S 29 Ce44
Kařez CZ 230 Bh81
Karfás GR 285 Cn104
Kargowa PL 226 Bm76
Kårhamn N 23 Cg39
Karhe FIN 53 Cg57
Karhi FIN 43 Cg53
Karhila FIN 53 Ck55
Karhujarvi FIN 37 Cr48
Karhukangas FIN 43 Cl52
Karhula FIN 62 Cf59
Karhula FIN 64 Co59
Karhunoja FIN 62 Cf59
Karhusjärvi FIN 65 Cr58
Kari FIN 44 Cr54
Kariá GR 277 Ce101
Kariá GR 282 Cb103
Kariá GR 286 Cf105
Karidiá GR 277 Cd99
Karidiá GR 279 Cl98
Kariés GR 277 Ce99
Kariés GR 279 Ci100
Kariés GR 283 Ce102
Kariés GR 286 Ce106
Karigasniemi FIN 24 Cm42
Karihaug N 27 Bo44
Karijoki FIN 52 Cd56
Karilanmaa FIN 53 Cm58
Karilatsi EST 210 Co64
Karinainen FIN 62 Cf59
Karine TR 289 Cp105
Käringsjövallen S 49 Bf56
Karinkanta FIN 43 Ck51
Karino RUS 211 Cs62
Karinusbua N 48 Bd58
Karis FIN 63 Ch60
Karise DK 104 Be70
Karisjärvi FIN 63 Ci59
Káristos GR 287 Ci104
Karistova N 46 Ao57
Karitena GR 286 Ce106
Karitsa GR 282 Cd104
Karja EST 208 Cf63
Karjaa = Karis FIN 63 Ch60
Karjalaisenniemi FIN 37 Cr48
Karjalankylä FIN 62 Ce59
Karjalanvaara FIN 37 Cp48
Karjalohja FIN 63 Ch60
Kärjenkoski FIN 52 Cd56
Kärjenniemi FIN 53 Ch58
Karjula FIN 53 Ch57
Karjulanmäki FIN 54 Cr57
Karkaloú GR 286 Ce105
Karken D 113 An78
Kärkinen FIN 43 Ci52
Kärkkäälä FIN 54 Cn55
Karkkila FIN 63 Ci59
Karkku FIN 52 Cg58
Karkkula FIN 63 Cm59
Karklampi FIN 53 Cl57
Karklėnai LT 217 Cf69
Kärkölä FIN 63 Ch59
Kärkölä FIN 63 Cl59
Kärkölän kirkonkylä FIN 63 Cl59
Karksi EST 210 Cm64
Karksi-Nuia EST 209 Cm64
Kärla EST 208 Ce64
Karlanda S 58 Be61
Karlby AX 62 Cb61
Karlebo DK 72 Be69
Karlebotn N 25 Cs40
Karleby S 69 Bh64
Karleby = Kokkola FIN 43 Cg53
Karlgård AX 61 Bu60
Karl Gustav S 36 Ch48
Karl Gustav S 101 Bf66
Karlholmsbruk S 60 Bq59
Kärli LV 214 Cl66
Karlı TR 281 Cq98
Kärlich, Mülheim- D 114 Ap80
Karlino PL 221 Bm72
Karl-Marx-Stadt = Chemnitz D 117 Bf79
Karlö = Hailuoto FIN 43 Ck50
Karlobag HR 258 Bl91
Karlov CZ 230 Bh81
Karlovac HR 135 Bm90
Karlova Huť CZ 236 Bf81
Karlovássi GR 289 Co105
Karlova Studánka CZ 232 Bp80
Karlovčić SRB 261 Ca91
Karlovice CZ 232 Bp80
Karlovo BG 273 Ck95
Karlovy Vary CZ 123 Bf80
Karłów PL 232 Bn80
Karłowice PL 232 Bq79
Karłowice Wielkie PL 232 Bp79
Karlsbäck S 41 Bs53
Karlsbad D 125 As83
Karlsberg S 50 Bl57
Karlsborg S 35 Cg49
Karlsborg S 69 Bk63
Karlsburg D 105 Bh73
Karlsby S 70 Bl63
Karlsby fäb S 60 Bm59
Karlsdal S 59 Bk62
Karlsfeld D 126 Bc84
Karlshagen D 220 Bh72
Karlshamn S 73 Bk68
Karlshöfen D 109 At74
Karlshuld D 126 Bc83
Karlshus N 58 Bb62
Karlskoga S 59 Bk62
Karlskron D 126 Bc83
Karlskrona S 73 Bm68
Karlslunda S 73 Bm67
Karlslunde DK 104 Be69
Karlslunde Strand DK 104 Be69
Karlsøy N 22 Bu40
Karlsruhe D 163 Ar82
Karlstad N 22 Br42
Karlstad S 59 Bg62
Karlstadt D 121 Au81
Karlštejn CZ 123 Bi81
Karlsten S 33 Bp49
Karlstetten A 237 Bm84
Karlstift A 128 Bk83
Karlstorp S 73 Bm65
Karlsudd S 61 Br62
Karlsvik S 35 Ce49
Karlsvika N 47 Ar54
Karlukovo BG 272 Ci94
Karmaljukivka UA 249 Ct85
Karmanowice PL 229 Ce78
Karmansbo S 60 Bm61
Karmėlava LT 217 Ci71
Karmin PL 226 Bo77
Kärnä FIN 43 Ch54
Kärnä FIN 44 Cm54
Karnalijivka UA 257 Da88
Kärnare BG 273 Ck95
Karnezéika GR 287 Cg106
Karniewek PL 228 Cc75
Karniewo PL 228 Cb75
Karnin D 104 Bf72
Karniszyn PL 222 Bu75
Karnjarga FIN 24 Cp41
Karnobat BG 275 Co95
Karojba HR 134 Bh90
Karolinka CZ 233 Br82
Karoussádes GR 276 Bu101
Karow D 110 Be73
Karow D 110 Be76
Karow D 220 Bg72
Kåröyen N 47 At54
Kărpačevo BG 273 Cl94
Karpacz PL 231 Bm79
Kärpänkylä FIN 37 Cu49
Kárpathos GR 297 Cp110
Karpavičy BY 219 Cp70
Karpavičy BY 219 Cp72
Karpenissi GR 282 Cd103
Karperí GR 278 Cg98
Karperó GR 277 Cd101
Karpicko PL 226 Bn76
Karpniki PL 232 Bm79
Kärppälä FIN 52 Cg58
Kärra FIN 62 Ce60
Kärra S 68 Bd65
Kärråkra S 69 Bg65
Kärrbackstrand S 59 Bf59
Kärrbo S 60 Bo61
Karrebæksminde DK 104 Bd70
Kärrfallet S 60 Bn60
Kärrgruvan S 60 Bm60
Kärrholmen S 69 Bf62
Karsakiškis LT 214 Ck69
Kärsämä FIN 44 Cm51
Kärsämäki FIN 44 Cm53
Karsanlahti FIN 44 Cq54
Kārsava LV 215 Cq67
Karsbach D 121 Au80
Karsbo S 73 Bm68
Karsdorf D 116 Bd78
Karsikas FIN 43 Cl53
Karsikkovaara FIN 44 Cq52
Karsin PL 222 Bq73
Karşıyaka TR 281 Cq100
Karsko PL 220 Bl75
Kärsta S 50 Bp55
Kärsta S 61 Br61
Karstädt D 110 Bc74
Karstädt D 110 Bd74
Kärstna EST 210 Cm64
Karstø N 66 Am62
Karstu FIN 63 Ch60
Karstula FIN 53 Ck55
Karsvall S 49 Bl57
Kartal TR 281 Ct99
Kartena LT 212 Cc69
Kartéri GR 276 Ca102
Kartitsch A 133 Bf87
Karttiperä FIN 53 Cg56
Karttula FIN 54 Co55
Kartuzy PL 222 Br72
Käru EST 209 Cl63
Karulõpe EST 64 Cn62
Karuna FIN 62 Cf60
Karungi S 35 Ch48
Karunki FIN 36 Ci48
Karup DK 100 At68
Karuse EST 209 Ch63
Karvala FIN 53 Ch54
Kärväskylä FIN 44 Cm54
Kårvatn N 47 As55
Karvia FIN 52 Cf56
Karvik N 23 Cd41
Karvila FIN 55 Cs56
Karviná CZ 233 Bs81
Karviná-Ráj PL 233 Bs81
Kärvingeborn S 59 Bk61
Karvonen FIN 31 Cr46
Karvoskylä FIN 43 Cl53
Karvounári GR 276 Ca102
Karvuna BG 267 Cr94
Karwendelhaus A 126 Bc86
Karwia PL 222 Br71
Karze D 109 Bb74
Kaş TR 292 Cu108
Kåsa N 48 Bc56
Kasaba TR 292 Cu108
Kasabacka S 41 Bt54
Kasaböle = Kasala FIN 52 Cc57
Kasaby FIN 63 Ch60
Kasala FIN 52 Cc57
Kašalj SRB 262 Cb94
Kašava CZ 232 Bq82
Kåsböle S 42 Cc51
Kascjanevičy BY 219 Cp71
Kåseberga S 73 Bi70
Kasejovice CZ 230 Bh82
Kaşıkçı TR 280 Cp98
Kašina HR 242 Bn89
Kasina Mała PL 233 Ca81
Kasina Wielka PL 234 Ca81
Kasiniemi FIN 53 Ck58
Kašino RUS 215 Cp65
Kaskei FIN 64 Cq58
Kasker S 34 Br49
Kaskii FIN 54 Cr57
Kaskinen FIN 52 Cc56
Kaskisto FIN 63 Ch59
Kaskö = Kaskinen FIN 52 Cc56
Käsma FIN 37 Cs49
Käsmu EST 210 Cm61
Kasnäs FIN 62 Ce61
Kåspakas GR 279 Cl101
Kašperské Hory CZ 236 Bh82
Kaspičan BG 266 Cp94
Kassa S 35 Ch46
Kassándria GR 278 Cg100
Kassari EST 208 Cf63
Kassel D 115 At78
Kassel D 121 At80
Kassiópi GR 276 Bu101
Kastanádika GR 283 Cg103
Kastanéa GR 277 Cc101
Kastanéa GR 277 Ce100
Kastanéa GR 283 Ce105
Kastanéa GR 289 Co105
Kastanées GR 277 Cf98
Kastaneri GR 271 Ce99
Kastaniá GR 276 Cb100
Kastaniá GR 278 Ce100
Kastaniá GR 282 Cd102
Kastaniá GR 286 Ce107
Kastaniés GR 280 Cn97
Kastaniótissa GR 283 Cg103
Kastanitsa GR 286 Cf106
Kastanófito GR 277 Cc100
Kastav HR 134 Bi90
Kastbjerg DK 100 Ba67
Kastbjerg DK 101 Bb68
Kaštela HR 268 Bn93
Kastelbell-Tschars = Castelbello-Ciardes I 132 Bb87
Kaštelir HR 134 Bh90
Kastélla GR 284 Ch103
Kastellaun D 119 Ap80
Kastell-Bourc'h = Châteaubourg F 159 Ss84
Kastell-Geron = Châteaugiron F 158 Sr84
Kastélli GR 283 Ce103
Kastélli GR 291 Cl110
Kastélli = Kissamos GR 290 Ch110
Kastellin = Châteaulin F 157 Sm84
Kastellórizo = Megisti GR 292 Cu108
Kastell-Paol = Saint-Pol-de-Léon F 157 Sn83
Kastelruth = Castelrotto I 132 Bd87
Kaštel Žegarski HR 259 Bm92
Kasterlee B 113 Ak78
Kastl D 122 Bd82
Kastlösa S 73 Bn68
Kastneshamn N 28 Bp43
Kastorf D 109 Bb73
Kastoriá GR 277 Cc99
Kastório GR 286 Ce106
Kastráki GR 286 Cf105
Kastráki GR 288 Cl106
Kastrat SRB 263 Cc94
Kastrí GR 277 Cf101
Kastrí GR 282 Ca101
Kastrí GR 283 Ce103
Kastrí GR 286 Cf106
Kastrí GR 290 Ci111
Kastriot AL 270 Ca97
Kastritsa GR 276 Cb101
Kastritsi GR 283 Cd104
Kástro GR 283 Cg104
Kástro GR 288 Ck107
Kastyki BY 219 Cp71
Kasukkala FIN 65 Cr59
Kaszaper H 245 Cb88
Kaszczor PL 226 Bn77
Kaszyce Wielkie PL 226 Bp78
Katafigi GR 277 Ce100
Katajamäki FIN 44 Cp54
Katajamäki FIN 44 Cr54
Katajamäki FIN 54 Cq56
Katakáli GR 277 Cd101
Katákolo GR 286 Cc105
Kataliden S 34 Br50
Kataloinen FIN 63 Ck58
Katalónia GR 283 Ce104
Katamáhi GR 282 Cb101
Katápola GR 288 Cm107
Katarráktis GR 286 Cd104
Katastári GR 282 Cb105
Katašyn UA 249 Ct84
Katauskiai LT 217 Cg70
Katerbow D 110 Bf75
Katerés GR 278 Cg99
Katerica BG 274 Ck94
Katerini GR 277 Cf100
Katerma FIN 45 Ct52
Katesbridge IRL 83 Sh72
Katheni GR 284 Ch103
Kathlow D 118 Bi77
Katići SRB 261 Ca93
Katina BG 272 Cg95
Katinhänta FIN 62 Cd59
Kätkäsuvanto FIN 29 Cg44
Kätkävaara FIN 36 Ck48
Kätkesuando S 29 Cg44
Katla N 56 Al61
Katlanovo MK 271 Cd97
Katlanovska Banja MK 271 Cd97
Katlenburg-Lindau D 115 Ba77
Káto Ahaïa GR 282 Cd104
Káto Alepohóri GR 287 Cg104
Káto Almirí GR 287 Cf105
Káto Asséa GR 286 Ce106
Káto Ássites GR 291 Cl110
Káto Dolianá GR 286 Cf106
Káto Fanó GR 285 Cm104
Káto Figália GR 286 Cd106
Kátohi GR 282 Cc104
Katohóri GR 282 Cb103
Káto Horió GR 291 Cm110
Káto Kamila GR 278 Cg98
Káto Kastaniá GR 290 Cg107
Káto Klinés GR 271 Cc99
Káto Lápsista GR 276 Cb101
Káto Lehónia GR 283 Cg102
Káto Lousí GR 283 Ce105
Káto Makrinoú GR 282 Cd103
Káto Mazaráki GR 286 Cd104
Káto Mousounitsa GR 283 Ce103
Káto Nevrokópi GR 278 Ch98
Kåtorp N 58 Bd61
Káto Salmenikós GR 283 Cd104
Káto Soúnio GR 287 Ci105
Káto Spátharis GR 283 Cd105
Katosranta FIN 37 Ct49
Káto Theodoráki GR 278 Cg98
Káto Tithoréa GR 283 Cf103
Káto Trítos GR 285 Cn102
Katoúna GR 282 Cc103
Káto Vassiliká GR 277 Cf102
Káto Vérmio GR 277 Ce99
Katovice CZ 123 Bh82
Káto Vlassiá GR 286 Cd104
Káto Vrondoú GR 278 Ch98
Katowice PL 233 Bt80
Káto Zákros GR 291 Cn110
Katranca TR 280 Cp98
Katrineberg S 60 Bn58
Katrineholm S 70 Bn63
Katsch, Teufenbach- A 134 Bi86
Katsikás GR 276 Cb101
Kattarp S 72 Bf68
Kattavia GR 292 Cq109
Kåttbo S 59 Bi59
Kattelus FIN 53 Ch56
Kattenvenne D 114 Aq76
Katterås N 67 As63
Katterjåkk S 28 Br44
Katthammarsvik S 71 Bs66
Kattila-aho FIN 55 Db56
Kattilainen FIN 64 Cp59
Kattilanmäki FIN 55 Ct56
Kattilasaari S 36 Ch49
Kättilsmåla S 73 Bm68
Kättilstad S 70 Bm64
Kattisavan S 41 Br51
Kattisberg S 41 Bt51
Kattisträsk S 42 Bu51
Kattlunds S 71 Br66
Kattnäs S 70 Bp62
Kattvik S 101 Bf68
Katund AL 270 Bu97
Katund i Ri AL 270 Bt98
Katuni HR 260 Bo94
Katunica BG 274 Ck96
Katun Maglić MNE 269 Bu95
Katusice CZ 118 Bk80
Katwijk NL 113 Ai76
Katyčiai LT 216 Cd70
Katymár H 252 Bt88
Kąty Wrocławskie PL 232 Bo78
Katzenelnbogen D 120 Aq80
Katzhütte D 121 Bc79
Katzow D 105 Bh72
Katzwang D 122 Bb82
Kaub D 120 Aq80
Kaufbeuren D 126 Bb85
Kaufungen D 115 Au78
Kaugonys LT 218 Ck71
Kauhajärvi FIN 52 Ce56
Kauhajärvi FIN 53 Cg54
Kauhajoki FIN 52 Ce56
Kauhanoja FIN 63 Cg59
Kauhava FIN 52 Cg54
Kaukalampi FIN 63 Cl59
Kaukas FIN 63 Cl59
Kauklahti FIN 63 Ck60
Kauklainen FIN 62 Cd58
Kaukola FIN 63 Cg60
Kaukonen FIN 30 Ck46
Kauksi EST 210 Cp63
Kaukuri FIN 63 Cg60
Kaulbach, Kreimbach- D 163 Aq81
Kaulinranta FIN 35 Ch48
Kaulsdorf D 122 Bc79
Kaumberg A 238 Bm84
Kaunas LT 217 Ch71
Kaunata LV 215 Cq68
Kauniainen FIN 63 Ci60
Kaunisjoensuu S 29 Ch46
Kaunisvaara S 29 Cg46
Kaunitz D 115 As77
Kauns A 132 Bb86
Kaupanger N 56 Ap58
Kauppila FIN 54 Co56
Kauppilanmäki FIN 44 Cp53
Kaurajärvi FIN 42 Cf54
Kauria FIN 54 Cp58
Kaurissalo FIN 62 Cc59
Kauronkylä FIN 45 Da52
Kausala FIN 64 Cn59
Kaušany = Căușeni MD 257 Ct87
Kaustajärvi FIN 55 Db56
Kaustinen FIN 43 Ch53
Kautokeino N 29 Cg42
Kauttua FIN 62 Ce58
Kautzen A 237 Bl83
Kauvatsa FIN 52 Cf58
Kåva H 244 Bu86
Kavacık TR 280 Co98
Kavadådes GR 276 Bu101
Kavadar SRB 263 Cc93
Kavadarci MK 271 Ce98
Kavajë AL 276 Bu98
Kavakdere TR 280 Cp97
Kavaklı TR 280 Co99
Kavala FIN 53 Ck57
Kavála GR 279 Ci99
Kavali BY 219 Cq70
Kavallar A 134 Bg87
Kavarna BG 267 Cr94
Kavarskas LT 218 Ck70
Kavastu EST 210 Cp64
Kavelmora S 60 Bl59
Kavelstorf D 104 Be72
Kavgolovo RUS 65 Da60
Kävlinge S 72 Bg69
Kávos GR 276 Ca102
Kavoússi GR 291 Cm110
Kavrakirovo BG 272 Cg98
Kavran HR 258 Bi91
Kavs'ke UA 235 Ch82
Kawcze PL 221 Bo72
Kawice PL 226 Bn78
Kaxås S 39 Bh54
Kaxholmen S 69 Bi65
Kaxskäla FIN 62 Ce61
Kayabaşı TR 281 Cr101
Kayalı TR 280 Cp97
Kayı TR 281 Cq98
Käylä FIN 37 Ct48
Käymäjärvi S 29 Cf46
Kayna D 230 Be79
Kaynarca TR 281 Cp97
Käyrämö FIN 36 Cn47
Kaysersberg Vignoble F 163 Ap84
Kazanağzı TR 280 Co99
Kazanci BIH 269 Bs94
Kažani MK 277 Cc98
Kazanka BG 274 Cl96
Kazanlăk BG 274 Cl95
Kazanovo BG 274 Ck96
Kazanów PL 228 Cc78
Kazanów PL 232 Bp79
Kazárma GR 286 Cd107
Kazbėjai LT 218 Cl71
Kazdanga LV 212 Cd67
Kazekava BY 219 Cp72
Kazičene BG 272 Cg95
Kazıklı TR 289 Cp106
Kazimierz PL 232 Bq80
Kazimierza Wielka PL 234 Ca80
Kazimierz Biskupi PL 227 Br76
Kazimierz Dolny PL 228 Cd78
Kazimierzewo PL 227 Bs75
Kazimir BG 266 Cp93
Kazincbarcika H 240 Cb84
Kazitiškis LT 218 Cn70
Kazjany BY 219 Co70
Kazlų Rūda LT 217 Cg71
Kazly BY 219 Cp72
Kaźmierz PL 226 Bo75
Kaznějov CZ 230 Bg81
Kaznovice SRB 262 Cb94
Kaznów PL 229 Cf78
Kazuń Polski PL 228 Cb76
Kazyry BY 219 Cq72
Kbelnice CZ 230 Bh82
Kçiq i Madh RKS 262 Cb95
Kcynia PL 221 Bp75
Kdyně CZ 230 Bg82
Kéa GR 288 Ci105
Keadew IRL 87 Sd72
Keady GB 87 Sg72
Keal GB 85 Aa74
Kealkill IRL 89 Sb77
Keb' RUS 211 Cs65
Kebiljane BG 274 Cl97
Kębłowo PL 226 Bo76
Kebnekaise fjällstation S 28 Bs45
Kecel H 251 Bt87
Kecerovce SK 241 Cc83
Këcirë AL 270 Bu96
Kecskemét H 244 Bu87
Kėdainiai LT 217 Ch70
Kédange-sur-Canner F 162 An82
Kédra GR 282 Cc102
Kédros GR 283 Ce102
Kędzierzyn-Koźle PL 233 Br80
Keeken D 113 An77
Keel IRL 86 Ru73
Keelby GB 85 Su73
Keenagh IRL 87 Se73
Keeni-1 EST 210 Cn65
Keerbergen B 156 Ak78
Kefalári GR 283 Ce105
Kéfalos GR 292 Co107
Kefalóvrisso GR 277 Ce101
Kefalóvrisso GR 282 Cd101
Kefalóvrisso GR 286 Cd106
Kefalóvrisso GR 286 Ce105
Kefenrod D 121 At80
Kefermarkt A 128 Bk84
Keflavík IS 20 Qh26
Kegums LV 214 Ck67
Kegworth GB 85 Ss75
Kehl D 124 Aq83
Kehnert D 110 Bd76
Kehra EST 63 Cl62
Kehrigk D 118 Bh76
Kehro FIN 63 Ch58
Kehrókambos GR 279 Ck98
Kéhros GR 280 Cm98
Kehtna EST 210 Ck63
Keianes N 22 Bs42
Keibu EST 209 Ch62
Keighley GB 84 Sr73
Keihärinkoski FIN 53 Cm54
Keihäskoski FIN 62 Cf59
Keikyä FIN 52 Cf58
Keila EST 209 Ci62
Keila-Joa EST 63 Ci62
Keillmore GB 80 Si69
Keinäsperä FIN 37 Co50
Keipene LV 214 Cl67
Keisanmäki FIN 64 Co58
Keiss GB 75 So64
Keistiö FIN 62 Cc60
Keitele FIN 44 Cn54
Keith GB 76 Sp65
Keitum D 102 Ar71
Keižonys LT 218 Ck70
Kekäleniemi FIN 55 Ct58
Kekava LV 213 Ci67
Kéked H 241 Cc83
Kekkilä FIN 53 Cl55
Kekkonen FIN 53 Ci57
Kelankylä FIN 37 Cp49
Kelberg D 120 Ao80
Kelbra (Kyffhäuser) D 116 Bc78
Kelč CZ 232 Bq82
Kelchsau A 127 Be86
Këlcyrë AL 276 Ca100
Keld GB 81 Sq72
Keldbylille DK 104 Be71
Keldernæs DK 104 Bc71
Kelebija SRB 252 Bu88
Kelečyn UA 246 Cg83
Keléd H 242 Bp86
Kelemér H 240 Ca84
Kèlèraš' = Călărași MD 249 Cr86
Kelheim D 122 Bd83
Keljonkangas FIN 53 Cm56
Kelkheim (Taunus) D 120 Ar80
Kélla GR 277 Cd99
Kell am See D 163 Ao81
Kellenhusen (Ostsee) D 103 Bc72
Kellerberg A 133 Bh87
Kellinghusen D 103 Au73
Kello FIN 36 Cl50
Kellokoski FIN 63 Cl59
Kellosalmi FIN 53 Cl58
Kelloselkä FIN 37 Cs47
Kells GB 83 Sh71
Kells IRL 87 Sg73
Kells IRL 90 Sf75
Kelly Bray GB 97 Sm79
Kellys Grove IRL 87 Sd74
Kelmarsh GB 94 St76
Kelmė LT 217 Cf69
Kel'menci UA 248 Co84
Kelmis B 113 An79
Kelontekemä FIN 30 Cm45
Kelottijärvi FIN 29 Ce43
Kelsall GB 93 Sp74
Kelso GB 79 Sq69
Kelsterbach D 120 As80
Kelstrup Strand DK 103 Au70
Keltakangas FIN 64 Co59
Keltern D 125 As83
Keltiäinen FIN 63 Ch59
Keltti FIN 64 Co59
Kelty GB 76 So68
Kelujärvi FIN 31 Cp46
Kelvå FIN 55 Da54
Kelvedon GB 95 Ab77
Kemalyeri TR 280 Cn100
Kematen an der Krems A 128 Bi84
Kematen an der Ybbs A 237 Bk84
Kemberg D 117 Bf77
Kemble GB 94 Sq77
Kembs F 169 Aq85
Kemecse H 241 Cd84
Kemeliški BY 218 Cm71
Kemence H 239 Bs84
Kemeneshőgyesz H 242 Bp86
Kemenesszentpéter H 242 Bp86
Kemer TR 280 Cn101
Kemer TR 280 Cp100
Kemerburgaz TR 281 Cs98
Kemeri LV 213 Cg67
Kemerköy TR 292 Cu108
Kémes H 243 Br89
Kemeten A 242 Bn86
Kemi FIN 36 Ck49
Kemihaara FIN 31 Cs45
Kemijärvi FIN 37 Cp47
Kemilä FIN 37 Cu49
Keminmaa FIN 36 Ck49
Keminperä FIN 37 Cs50
Kemiö = Kimito FIN 62 Cf60
Kemmel B 112 Af79
Kemmeriboden CH 130 Aq87
Kemnath D 230 Bd81
Kemnay GB 76 Sq66
Kemnitz D 105 Bh72
Kemnitz D 110 Be74
Kemnitz D 117 Bf76
Kemnitz D 231 Bk78
Kempele FIN 43 Cm51
Kempen D 114 An78
Kempenich D 114 Ap80
Kemper = Quimper F 157 Sm85
Kemperle = Quimperlé F 157 Sn85
Kempfenbrunn D 121 At80
Kempston GB 94 Su76
Kempten (Allgäu) D 126 Ba85
Kendal GB 81 Sp72
Kenderes H 244 Cb86
Kendice SK 241 Cc83
Kengis S 29 Ch46
Kengyel H 244 Ca86
Kenilworth GB 94 Sr76
Kenmare IRL 89 Sa77
Kenmore GB 79 Sn67
Kenna FIN 55 Cs56
Kennää FIN 53 Cl54
Kennacraig GB 80 Sk69
Kennerleigh GB 97 Sn79
Kenninghall GB 95 Ac76
Kennoway GB 76 So68
Kenoúrgi GR 282 Cc103
Kenraalinkylä FIN 55 Db56
Kentford GB 95 Ab76
Kentmere GB 81 Sp72
Kentrikó GR 278 Cf98
Kéntro GR 277 Cd100
Kéntro GR 286 Cc105
Kenttan N 24 Cl42
Kenyeri H 242 Bp86
Kenzingen D 124 Aq84
Kępa Gostecka PL 228 Cd78
Kępa-Kolonia PL 229 Ce78
Kepez TR 280 Cn100
Kępice PL 221 Bo72
Kępki PL 222 Bt72
Kępno PL 226 Bq78
Këpuz RKS 270 Cb95
Keramidi GR 283 Cf101
Keramítsa GR 276 Ca101
Keramotí GR 279 Ck99
Keräntöjärvi S 29 Cf45
Kerasées GR 277 Cd99
Kerasóna GR 282 Cb102
Kerassítsa GR 286 Ce106
Kerássovo GR 276 Ca101
Keratéa GR 287 Ch105
Keratókambos GR 291 Cl111
Keratsíni GR 284 Ch105
Kerauzern F 157 So83
Kerava FIN 63 Cl60
Kerdéniel F 157 Sm84
Kerec'ky UA 246 Cg84
Kerecsend H 240 Ca85
Kerekegyháza H 244 Bt87
Kerepes H 244 Bt85
Kerfot F 158 So83
Kergo F 164 So85
Keri GR 282 Cb105
Kerien F 158 So84
Kerimäki FIN 55 Ct57
Kerisalo FIN 54 Cq56
Kérity F 157 Sm85
Kerity F 158 So83
Kerkafalva H 242 Bn87
Kerkdriel NL 113 Al77
Kerken D 114 An78
Kerkini GR 278 Cg98
Kérkira GR 276 Bu101
Kerkkoo FIN 63 Cm60
Kerko = Kerkkoo FIN 63 Cm60
Kerkonkoski FIN 54 Co55
Kerkrade NL 113 An79
Kerlouan F 157 Sm83
Kermaria-Sulard F 157 So83
Kermen BG 274 Cn95
Kernascléden F 157 So84
Kernavė LT 218 Ck71
Kernhof A 238 Bm85
Kernu EST 209 Ck62
Kéros GR 288 Cm107
Kerpen D 114 Ao79
Kerpen (Eifel) D 119 Ao80
Kerpini GR 286 Ce104
Kerpini GR 286 Ce105
Kerrysdale GB 74 Si65
Kersilö FIN 30 Co45
Kerstinbo S 60 Bo60
Kerstlingerode D 115 Ba78
Kerstovo RUS 65 Cs62
Kerta H 242 Bp86
Kerteminde DK 103 Bb70
Kertészsziget H 245 Cc86
Kértezi GR 283 Cd105
Kërthpulë AL 269 Bu97
Kerttuankylä FIN 43 Cg54
Kerzers CH 130 Ap87
Kesälahti FIN 55 Cu57
Keşan TR 280 Co99
Kesarevo BG 274 Cm94
Keselyűs H 244 Bs88
Kesh GB 87 Se71
Kesiö FIN 54 Cn58
Keskijärvi FIN 55 Da55
Keskijärvi = Leipojärvi S 35 Cc46
Keskikylä FIN 43 Ck51
Keskikylä FIN 43 Ck52
Keskikylä FIN 43 Cl53
Keskikylä FIN 52 Ce55
Keskikylä FIN 52 Cf56
Keskikylä FIN 53 Ch55
Keskinen FIN 45 Ct51
Keski-Palokka FIN 53 Cm56
Keskipiiri FIN 43 Cl51
Keskisaari FIN 54 Cr56
Keski-Vahanka FIN 53 Ck55
Keski-Vuokko FIN 45 Ct54
Keskusvankila FIN 44 Cp53
Kessel NL 113 An78
Kesselinkylä FIN 45 Da53
Kessingland GB 95 Ad76
Kessmansbo S 60 Bp59
Kesswil CH 125 At85
Kestad S 69 Bg63
Kestanelik TR 281 Cr98
Kesteren NL 107 Am77
Kestilä FIN 44 Cn52
Kestrich D 121 At79
Kesusmaa FIN 55 Cu57
Keswick GB 84 So71
Keswick GB 95 Ac75
Keszeg H 240 Bt85
Keszthely H 242 Bp87
Kétegyháza H 245 Cc87
Ketelhaven NL 107 Am75
Kéthely H 250 Bp87
Ketola FIN 37 Cp47
Ketomella FIN 30 Ci44
Kétpó H 244 Ca86
Ketravaara FIN 37 Ct50
Ketrovaara RUS 55 Cu58
Kętrzyn PL 223 Cc72
Kettenbach D 120 Ar80
Kettering GB 94 St76
Kettilsbyn S 69 Bf62
Kettletoft GB 77 Sp62
Kettlewell GB 84 Sq72
Kettula FIN 63 Ch60
Kettwig D 114 Ao78
Kétújfalu H 243 Bq89
Ketunperä FIN 43 Ck51
Keturvalakiai LT 224 Cg71
Kęty PL 233 Bt81
Ketzin/Havel D 110 Bf76
Keula D 116 Bb78
Keuruu FIN 53 Ck56
Kevätlahti FIN 53 Cm55
Kevelaer D 114 An77
Kevele LV 213 Cf68
Kevermes H 245 Cc88
Kevo FIN 24 Cp41
Kexby GB 85 St74
Keynsham GB 98 Sp78
Keyritty FIN 44 Cr54
Keyworth GB 85 Ss75
Kez = Chèze, La F 158 Sp84
Kežmarok SK 240 Ca82
Kiaby S 72 Bi68
Kiáni GR 280 Cn98
Kiannanniemi FIN 37 Ct50
Kiáto GR 286 Cf104

Karamanci – Kiáto 361

Kiaunoriai LT 217 Cg69
Kibæk DK 100 As68
Kiberen = Quiberon F 164 So86
Kiberg N 22 Bs41
Kiberg N 25 Db40
Kibworth Harcourt GB 94 St75
Kičenica BG 266 Co93
Kicerely UA 246 Ch84
Kičevo BG 267 Cq94
Kičevo MK 270 Cb97
Kicman' UA 247 Cm84
Kidderminster GB 93 Sq76
Kidlington GB 94 Ss77
Kidričevo SLO 242 Bm88
Kidsgrove GB 93 Sq74
Kiduliai LT 217 Cf70
Kidwelly GB 92 Sm77
Kiedrich D 120 Ar80
Kiedrzyn PL 228 Cc78
Kiefersfelden D 127 Be85
Kiekinkoski FIN 45 Da52
Kiekrz PL 226 Bo76
Kieksiäisvaara S 29 Ch46
Kiel D 103 Ba72
Kielajoki FIN 24 Co42
Kielce PL 234 Cb79
Kielcza PL 233 Bs79
Kiełczewo PL 226 Bo76
Kiełczów PL 232 Bp78
Kiełczygłów PL 227 Bs78
Kiełczyn PL 232 Bo79
Kielder GB 81 Sp70
Kieleczka PL 233 Bs79
Kiemėnai LT 214 Ci68
Kienberg CH 124 Aq86
Kienitz D 225 Bi75
Kiens = Chienes I 132 Bd87
Kiental CH 130 Aq87
Kientzheim F 163 Ap84
Kierinki FIN 30 Cm46
Kierspe D 114 Aq78
Kiesen CH 169 Aq87
Kiesilä FIN 54 Cp58
Kiesimä FIN 54 Co55
Kietävälä FIN 54 Cr58
Kietäyälä FIN 54 Cr57
Kietrz PL 233 Br80
Kietz, Küstrin- D 225 Bk75
Kiezmark PL 222 Bs72
Kifino Selo BIH 269 Br94
Kifissiá GR 287 Ch104
Kifjord N 24 Cp39
Kihelkonna EST 208 Ce64
Kihlanki FIN 29 Ch45
Kihlanki S 29 Cg45
Kihlepa EST 209 Ci64
Kihnahmo FIN 55 Cu55
Kihniö FIN 52 Cg56
Kihniön asema FIN 53 Cg56
Kiideva EST 209 Ch63
Kiihtelysvaara FIN 55 Da56
Kiikala FIN 63 Ch60
Kiikka FIN 52 Cf58
Kiikla EST 210 Cp62
Kiikoinen FIN 52 Cf58
Kiila = Kila FIN 62 Cf60
Kiilholma FIN 52 Cd57
Kiili EST 209 Ck62
Kiimajärvi FIN 52 Cf58
Kiimavaara FIN 45 Cu51
Kiiminki FIN 36 Cm50
Kiisa EST 209 Ck62
Kiiskilä FIN 43 Ck53
Kiiskilä FIN 54 Cr57
Kiistala FIN 30 Cl45
Kiiu EST 63 Cl62
Kijavec BY 219 Co73
Kije PL 234 Cb79
Kijevë RKS 270 Cb95
Kijevo HR 259 Bn93
Kijevo = Kijevë RKS 270 Cb95
Kijów PL 232 Bp80
Kikerino RUS 65 Cu62
Kiki PL 227 Bt77
Kikinda SRB 244 Ca89
Kikół PL 222 Bt75
Kikuri LV 212 Cd67
Kikut fjellstue N 57 Ar59
Kikutstua N 58 Bb60
Kil N 59 Bg61
Kil N 67 As63
Kil S 59 Bl62
Kil S 67 At63
Kila FIN 62 Cf60
Kila S 60 Bo61
Kila S 69 Bf62
Kila S 70 Bo63
Kilafors S 60 Bo58
Kilan N 38 Bb52
Kilanda S 68 Be65
Kilás GR 277 Cd100
Kilás GR 283 Ce101
Kilás GR 287 Cg106
Kilb A 237 Bl84
Kilbaha IRL 89 Sa75
Kilbeggan IRL 87 Sf74
Kilberg S 35 Cb50
Kilberry IRL 87 Sg73
Kilbirnie GB 80 Sl69
Kilboghamn N 32 Bg48
Kilbotn N 27 Bo43
Kilbride IRL 87 Sh74
Kilbride (Cille Bhrighde) GB 74 Sf66
Kilbrittain IRL 90 Sc77
Kilby S 61 Br60
Kilchenzie GB 78 Si70
Kilchoan GB 78 Sh67
Kilchoman GB 78 Sh69
Kilchreest IRL 90 Sc74
Kilchrenan GB 78 Sk68
Kilcock IRL 87 Sg74
Kilcolgan IRL 89 Sc74
Kilconnell IRL 87 Sd74
Kilcoole IRL 91 Sh74
Kilcormac IRL 90 Se74
Kilcreggan GB 78 Sl69
Kilcrohane IRL 89 Sa77
Kilcullen IRL 91 Sg74
Kildare IRL 91 Sg74
Kildermorie Lodge GB 75 Sm65
Kildonan GB 78 Sk70
Kildonan Lodge GB 75 Sn64
Kildorrery IRL 90 Sd76
Kile S 68 Bc63
Kilelegret N 57 Aq60
Kilelér GR 283 Cf101
Kilen N 56 Am60
Kilen N 57 As62
Kilen N 67 Ar62
Kilen S 40 Bl54
Kilen S 50 Bn56
Kilfenora IRL 86 Sb75
Kilfinnane IRL 90 Sd76
Kilgarvan IRL 89 Sb77
Kilglass IRL 86 Sb72
Kilham GB 81 Sq69
Kilham GB 85 Su72
Kilifarevo BG 273 Cm95
Kilija UA 257 Ct90
Kilimán H 250 Bo87
Kilingi-Nõmme EST 210 Ck64
Kilitbahir TR 280 Cn100
Kilkee IRL 89 Sa75
Kilkeel GB 83 Si72
Kilkelly IRL 86 Sc73
Kilkenny IRL 90 Sf75
Kilkenny = Cill Chainnigh IRL 90 Sf75
Kilkerrin IRL 86 Sc73
Kilkhampton GB 97 Sm79
Kilkinkylä FIN 54 Co57
Kilkinlea IRL 89 Sb76
Kilkís GR 278 Cf98
Kilkishen IRL 90 Sc75
Kill IRL 87 Sg74
Kill IRL 90 Sf76
Killadoon IRL 86 Sa73
Killadysert IRL 90 Sb75
Killala IRL 86 Sb72
Killaloe IRL 90 Sd75
Killard GB 80 Si72
Killarney IRL 89 Sa76
Killarney = Cill Airne IRL 89 Sb76
Killashandra IRL 87 Se72
Killashee IRL 87 Se73
Killavally IRL 86 Sb73
Killavullen IRL 90 Sc76
Killeagh IRL 90 Se77
Killearn GB 79 Sm68
Killeberg S 72 Bi68
Killeigh IRL 90 Sf74
Killen GB 87 Se71
Killenaule IRL 90 Se75
Killichonan GB 79 Sm67
Killiecrankie GB 79 Sn67
Killimer IRL 89 Sb75
Killimor IRL 90 Sd74
Killin GB 79 Sm68
Killinaboy IRL 86 Sb75
Killiney = Cill Inion Léinín IRL 88 Sh74
Killingdalskirken N 48 Bc55
Killinge S 28 Ca45
Killingerud S 59 Bg60
Killíni GR 282 Cc105
Killinick IRL 91 Sh76
Killinkoski FIN 53 Ch56
Killorglin IRL 89 Sa76
Killough GB 80 Si72
Killucan IRL 87 Sf73
Killybegs IRL 87 Sd71
Killyleagh GB 80 Si72
Killyon IRL 90 Se74
Kilmacrenan IRL 82 Se70
Kilmacthomas IRL 90 Sf76
Kilmaganny IRL 90 Sf76
Kilmaine IRL 86 Sb73
Kilmallock IRL 90 Sc76
Kilmaluag GB 74 Sh65
Kilmanagh IRL 90 Sf75
Kilmarnock GB 80 Sm69
Kilmartin GB 78 Sk68
Kilmaurs GB 80 Sl69
Kilmeedy IRL 89 Sc76
Kilmelfort GB 78 Sk68
Kilmichael IRL 90 Sb77
Kilmihil IRL 89 Sb75
Kilmorack GB 75 Sl66
Kilmore Quay IRL 91 Sg76
Kilmory GB 78 Sk70
Kilninver GB 78 Si68
Kilnsea GB 85 Aa73
Kilpelänvaara FIN 45 Cs52
Kilpilahti FIN 63 Cm60
Kilpisjärvi FIN 29 Cb42
Kilpola FIN 54 Cq57
Kilpua FIN 43 Ck52
Kilrea GB 82 Sg71
Kilronan = Cill Rónáin IRL 89 Sa74
Kilrush IRL 89 Sb75
Kilsheelan IRL 90 Se76
Kilsmo S 70 Bm62
Kilsyth GB 79 Sm69
Kiltamagh IRL 86 Sc73
Kiltealy IRL 91 Sg75
Kilteel IRL 88 Sg74
Kiltegan IRL 87 Sg75
Kiltoom IRL 87 Sd74
Kiltormer IRL 87 Sd74
Kiltsi EST 210 Cn62
Kiltullagh IRL 86 Sc74
Kiltyclogher IRL 82 Sd72
Kilvakkala FIN 52 Cg57
Kilve GB 97 So78
Kilvenaapa FIN 36 Cn48
Kilvik N 32 Bh47
Kilvo S 35 Cc47
Kilwaughter GB 83 Si71
Kilwinning GB 78 Sl69
Kilworth IRL 90 Sd76
Kimberley GB 93 Ss74
Kimberley GB 95 Ac75
Kimbolton GB 94 Su76
Kiméria GR 279 Ck98
Kimi GR 284 Ci103
Kiminki FIN 53 Ck55
Kimissis GR 278 Cg98
Kimito FIN 62 Cf60
Kim Kirkeby DK 100 Ar68
Kimle H 238 Bp85
Kimo FIN 42 Ce54
Kimola FIN 64 Cn58
Kimonkylä FIN 64 Cn59
Kimpton GB 94 Su77
Kimratshofen D 125 Ba85
Kimstad S 70 Bm63
Kinbrace GB 75 Sn64
Kincardine GB 79 Sn68
Kincraig GB 79 Sn66
Kindberg A 129 Bl85
Kindelbrück D 116 Bc78
Kinderåsen S 49 Bi55
Kinderbeuern D 120 Ap80
Kinderdijk NL 106 Ak77
Kinding D 122 Bc82
Kindsjön S 59 Bf59
Kines N 27 Bm46
Kinéta GR 283 Cg105
Kineton GB 93 Sr76
Kineton GB 94 Sr77
Kingarth GB 80 Sk69
Kingersheim F 124 Ap85
Kinghorn GB 76 So68
Kingisepp RUS 65 Cs62
Kingisepskij RUS 65 Cs62
Kingsbridge GB 97 Sn80
King's Bromley GB 93 Sr75
Kingsclere GB 94 Ss78
Kingscourt IRL 82 Sg73
Kingsdown GB 154 Ac78
Kingsley GB 93 Sr74
Kingsley GB 98 St78
King's Lynn GB 95 Aa75
Kingsteignton GB 97 Sn79
Kingsthorne GB 93 Sp77
Kingston Bagpuize GB 93 Ss77
Kingston upon Hull GB 85 Su73
Kingston upon Thames GB 94 Su78
Kingstown = Dún Laoghaire IRL 88 Sh74
Kingswear GB 97 Sn80
Kingswood GB 98 Sp78
Kingussie GB 79 Sm66
Kini GR 288 Ck106
Kınık TR 292 Ct108
Kinkell Bridge GB 79 Sn68
Kinkhyttan S 69 Bk62
Kinkiai LT 213 Cf68
Kinloch GB 75 Sl64
Kinlochard GB 79 Sm68
Kinlochbervie GB 75 Sk64
Kinloch Castle GB 78 Sh66
Kinlochewe GB 75 Sk65
Kinloch Hourn GB 78 Sk66
Kinlochleven GB 78 Sl67
Kinloch Rannoch GB 79 Sm67
Kinloss GB 76 Sn65
Kinlough Forest IRL 87 Sd72
Kinmel Bay GB 84 Sn74
Kinn N 26 Bm43
Kinn N 58 Ba59
Kinna S 101 Bf65
Kinnakyrkia N 46 Ak57
Kinnared S 72 Bg66
Kinnarp S 69 Bh64
Kinnarumma S 69 Bf65
Kinnbäck S 42 Cc50
Kinnegad IRL 87 Sf74
Kinne-Vedum S 69 Bh63
Kinni FIN 54 Co58
Kinnitty IRL 90 Se74
Kinnula FIN 43 Ck54
Kinnulanlahti FIN 54 Cp54
Kinnvallsjösätern S 59 Bg58
Kinoulton GB 85 St75
Kinrooi B 156 Am78
Kinross GB 79 So68
Kinsale IRL 90 Sc77
Kinsalebeg IRL 90 Se77
Kinsarvik N 56 Ao60
Kinsedal N 47 Ap58
Kinsekvelv N 56 Ao60
Kinspork = Königsbrück D 118 Bh78
Kintai LT 216 Cc70
Kintarvie GB 74 Sg64
Kintaus FIN 53 Cl56
Kintin = Quintin F 158 Sp84
Kintore GB 76 Sq66
Kintra GB 78 Sh69
Kintus FIN 52 Cg57
Kinvarra IRL 89 Sc74
Kióni GR 282 Cb104
Kiónia GR 288 Cl105
Kiosen N 22 Ca41
Kiparissi GR 287 Cf107
Kiparissía GR 286 Cd106
Kiparissós GR 277 Ce102
Kiparluoto FIN 62 Cc59
Kipen' RUS 65 Ct61
Kipfenberg D 122 Bc83
Kipi GR 276 Cb101
Kipiá GR 279 Ci99
Kipilovo BG 274 Cn95
Kipinä FIN 36 Co50
Kipouriou GR 277 Cc101
Kippel CH 169 Aq88
Kippen GB 79 Sm68
Kippenheim D 124 Aq84
Kippford of Scaur GB 80 Sn71
Kiprinos GR 280 Cn97
Kipsdorf D 118 Bh79
Kipséli GR 276 Cc100
Kipséli GR 277 Ce102
Kir AL 269 Bu96
Kiran N 38 Ba52
Kiratsi EST 208 Cf64
Kirazlı TR 280 Co100
Kirberg D 120 Ar80
Kirbiži LV 214 Ci65
Kirbla EST 209 Ch63
Kirburg D 114 Aq79
Kirby Hill GB 81 Ss72
Kirby Misperton GB 85 St72
Kırcasalih TR 280 Co98
Kirčevo BG 273 Ci95
Kirchaich D 122 Bb81
Kirchardt D 120 As82
Kirchbach A 133 Bg87
Kirchbach-Zerlach A 135 Bm87
Kirchberg CH 125 At86
Kirchberg D 123 Bf79
Kirchberg D 123 Bg83
Kirchberg (BE) CH 130 Aq86
Kirchberg (Hunsrück) D 120 Ap81
Kirchberg am Wagram A 237 Bm84
Kirchberg am Walde A 129 Bl83
Kirchberg am Wechsel A 242 Bm85
Kirchberg an der Jagst D 121 Au82
Kirchberg an der Pielach A 129 Bl84
Kirchberg an der Raab A 242 Bm87
Kirchberg in Tirol A 127 Be86
Kirchbichl A 127 Be85
Kirchboitzen D 109 At75
Kirchborchen D 115 As77
Kirchdorf D 104 Bc73
Kirchdorf D 108 As75
Kirchdorf an der Krems A 237 Bi85
Kirchdorf im Wald D 123 Bg83
Kirchehrenbach D 122 Bc81
Kircheib D 114 Ap79
Kirchen, Efringen- D 169 Aq85
Kirchen (Sieg) D 114 Aq79
Kirchendemenreuth D 230 Be81
Kirchenlamitz D 230 Bd80
Kirchentellinsfurt D 125 At83
Kirchenthumbach D 122 Bd81
Kirchgellersen D 109 Ba74
Kirchhain D 115 As79
Kirchhain, Doberlug- D 118 Bh77
Kirchham D 128 Bg84
Kirchhasel, Uhlstädt- D 116 Bc79
Kirchhatten D 108 Ar74
Kirchheide D 115 As76
Kirchheilingen D 116 Bb78
Kirchheim D 115 Au79
Kirchheim D 121 Au81
Kirchheim D 128 Bf84
Kirchheim am Neckar D 121 At82
Kirchheim am Ries D 121 Ba83
Kirchheimbolanden D 163 Ar81
Kirchheim im Innkreis A 128 Bg84
Kirchheim unter Teck D 125 At83
Kirchhellen D 114 Ao77
Kirchhof D 108 Ap76
Kirchhorst D 109 Au76
Kirchhundem D 115 Ar78
Kirch Jesar D 110 Bc74
Kirchlauter D 122 Bb80
Kirchlengern D 115 As76
Kirchlinteln D 109 At75
Kirchmöser Dorf D 110 Be76
Kirchnüchel D 103 Bb72
Kirchohsen D 115 At76
Kirchroth D 123 Bf83
Kirchsahr D 120 Ao79
Kirchschlag in der Buckligen Welt A 242 Bn85
Kirchseeon D 127 Bd84
Kirchtimke D 109 At74
Kirchwalsede D 109 At74
Kirchwarft D 102 As71
Kirchweidach D 127 Bf84
Kirchwerder D 109 Ba74
Kirchwistedt D 108 As74
Kirchzarten D 163 Aq85
Kirchzell D 121 At81
Kircubbin GB 80 Si71
Kirdeikiai LT 218 Cm70
Kireevo BG 263 Ce93
Kiremitlik TR 280 Co99
Kirf D 162 An81
Kiriakí GR 280 Cn98
Kiriáki GR 283 Cf104
Kırık TR 275 Cp98
Kirillovskoe RUS 65 Ct60
Kirilovo BG 273 Cm96
Kirjais FIN 62 Cd60
Kirjakkala FIN 62 Cf60
Kirjavala FIN 55 Cu57
Kirk GB 75 So63
Kirkabister GB 77 Ss60
Kirkbean GB 80 Sn71
Kirkbride GB 81 So71
Kirkbuddo GB 76 Sp67
Kirkby GB 84 Sp74
Kirkby in Ashfield GB 93 Ss74
Kirkby Lonsdale GB 84 Sp72
Kirkbymoorside GB 85 St72
Kirkby Stephen GB 81 Sq72
Kirkcaldy GB 76 So68
Kirkcambeck GB 81 Sp70
Kirkcolm GB 83 Sk71
Kirkconnell GB 79 Sn70
Kirkcowan GB 80 Sl71
Kirkcudbright GB 80 Sm71
Kirke Esbønderup DK 72 Be68
Kirkehamn N 66 Ao64
Kirkehavn DK 103 Bc70
Kirke Hvalsø DK 104 Bd69
Kirke Hyllinge DK 101 Bd69
Kirkel D 119 Ap82
Kirkenær N 58 Be60
Kirkenes N 25 Da41
Kirkham GB 84 Sp73
Kirkholm DK 100 Ba69
Kirkintilloch-Lenzie GB 79 Sm69
Kirkja FO 26 Sh56
Kirkjestølane N 57 Ar58
Kirkjubæjarklaustur IS 20 Rb27
Kirkjubøur FO 26 Sg57
Kırkkavak TR 280 Co98
Kirkkepenekli TR 281 Cq98
Kirkkolahti RUS 55 Db57
Kirkkonummi FIN 63 Ci60
Kırklareli TR 275 Cp97
Kirklington GB 84 Sr72
Kirklington GB 85 St74
Kirkmichael GB 79 So67
Kirk Micheal GBM 88 Sl72
Kirkonkylä FIN 44 Cm53
Kirkonkylä FIN 53 Ch55
Kirkonkylä FIN 54 Cp57
Kirkonkylä FIN 62 Cf59
Kirkonmaa FIN 64 Cp60
Kirkoswald GB 78 Sl70
Kirkoswald GB 81 Sp71
Kirkøy N 32 Bd49
Kirkpatrick-Fleming GB 81 So70
Kirkton of Culsalmond GB 76 Sp66
Kirkton of Kingoldrum GB 79 So67
Kirkton of Largo GB 79 Sp68
Kirkton of Maryculter GB 79 Sq66
Kirktown of Deskford GB 76 Sp65
Kirkvollen N 48 Bd54
Kirkwall GB 77 Sp63
Kirmsi EST 210 Cp64
Kirn D 119 Ap81
Kirna EST 210 Cl63
Kirnujärvi S 35 Cg46
Kirnumäki FIN 54 Cr55
Kirova RUS 65 Ct61
Kirovo BG 275 Cp96
Kirovo RUS 215 Cr65
Kirovskoe RUS 65 Cu60
Kirra GR 283 Ce104
Kirriemuir GB 76 So67
Kirschkau D 122 Bd79
Kiršino RUS 211 Cq64
Kirtik S 35 Cb48
Kirton GB 85 Su75
Kirton End GB 85 Su75
Kirton in Lindsey GB 85 St74
Kirtorf D 115 At79
Kiruna S 28 Ca45
Kiry PL 240 Bu82
Kisa S 70 Bm65
Kisač SRB 252 Bu90
Kisar H 246 Cf84
Kisbárapáti H 251 Bq87
Kisbér H 243 Br86
Kisdorf D 103 Ba73
Kiseljak BIH 252 Bt91
Kiseljak BIH 260 Br93
Kiselovo BG 264 Cf93
Kishaj AL 270 Cb96
Kishajmás H 251 Br88
Kishartyán H 240 Bu84
Kishtë AL 276 Ca99
Kisielice PL 222 Bt73
Kisielnica PL 223 Ce74
Kišinev = Chişinău MD 249 Cs86
Kısırmandıra TR 281 Cs98
Kisizsák H 244 Bt87
Kisko FIN 63 Cg60
Kisköre H 244 Ca85
Kiskőrös H 251 Bt87
Kiskunfélegyháza H 244 Bu87
Kiskunhalas H 244 Bt88
Kiskunlacháza H 244 Bt86
Kiskunmajsa H 244 Bu88
Kislang H 243 Br87
Kisovec SLO 134 Bk88
Kissakoski FIN 54 Co57
Kíssamos GR 290 Ch110
Kissanlahti FIN 45 Ct54
Kisselbach D 119 Aq80
Kissenbrück D 116 Bb76
Kisserup DK 101 Bd69
Kissing D 126 Bb84
Kißlegg D 126 Au85
Kist D 121 Au81
Kistanje HR 259 Bm93
Kistelek H 244 Bu88
Kisterenye H 240 Bu84
Kistrand N 24 Cl40
Kisújszállás H 245 Cb86
Kisvárda H 241 Ce84
Kisvejke H 251 Br88
Kiszkowo PL 226 Bp75
Kiszombor H 252 Ca88
Kita GR 286 Ce107
Kitančevo BG 266 Co93
Kitee FIN 55 Da56
Kiteenlahti FIN 55 Da56
Kiten BG 275 Cq96
Kithás GR 278 Cg100
Kithira GR 290 Cf108
Kíthnos GR 288 Ci106
Kitino BG 274 Cn94
Kitino RUS 211 Cr64
Kitinoja FIN 52 Cf55
Kitka FIN 37 Cs48
Kitkiöjärvi S 29 Cg45
Kitkiöjoki S 29 Cg45
Kitriés GR 286 Ce107
Kitros GR 277 Cf100
Kitte S 50 Bo57
Kittelfjäll S 33 Bm50
Kittilä FIN 30 Ck45
Kittilsbu N 58 Au58
Kittlitz D 118 Bk78
Kittsee A 129 Bp84
Kittuis FIN 62 Cc60
Kitula FIN 63 Ch60
Kitula FIN 64 Cp59
Kituperä FIN 44 Co52
Kitzbühel A 127 Be86
Kitzingen D 121 Ba81
Kitzscher D 117 Bf78
Kiukainen FIN 62 Ce58
Kiuruvesi FIN 44 Co53
Kivarinjärvi FIN 44 Cq51
Kivéri GR 286 Cf105
Kivesjärvi FIN 44 Cp52
Kiviapaja FIN 55 Cs57
Kivijärvi FIN 53 Cl54
Kivik S 72 Bi69
Kivilahti FIN 55 Da55
Kivilompolo FIN 29 Cg43
Kivilõppe EST 210 Cm64
Kivimurto FIN 37 Ct49
Kiviniemenkulma FIN 52 Cf57
Kiviniemi FIN 64 Co60
Kivioja FIN 36 Cl48
Kiviõli EST 64 Co62
Kivisuo FIN 37 Cp49
Kivisuo FIN 54 Cm57
Kivitaipale FIN 36 Cm48
Kivivaara FIN 45 Da53
Kivivaara FIN 55 Cu56
Kivi-Vigala EST 209 Ci63
Kivotós GR 277 Cc100
Kıyıkışlacık TR 289 Cq106
Kıyıköy TR 275 Cr97
Kızılağaç TR 281 Cq97
Kızılağaç TR 289 Cq106
Kızılcıkdere TR 275 Cp97
Kızlan TR 292 Cq107
Kjeåsen N 56 Ap59
Kjeiken N 48 Bb58
Kjeiprød N 28 Bq43
Kjeldebotn N 27 Bo44
Kjelkenes N 46 Al57
Kjellerup DK 100 At68
Kjengsnes N 27 Bn43
Kjenndal N 46 Ao57
Kjenstad N 39 Be52
Kjerknesvågen N 38 Bc53
Kjernmoen N 58 Be58
Kjerringvoll N 48 Bc55
Kjerret S 58 Be60
Kjerringholmen N 23 Ch39
Kjerringøy N 27 Bk45
Kjerringvik N 38 Bc53
Kjerringvåg N 38 As53
Kjerringvik N 27 Bo44
Kjerringvik N 68 Ba62
Kjervika N 27 Bn44
Kjerstad N 46 An55
Kjølabu N 47 At58
Kjøllefjord N 24 Cp39
Kjønsvik N 38 At54
Kjøpmannskær N 68 Ba62
Kjøpstad N 32 Bi46
Kjøpsvik N 27 Bn44
Kjøra N 38 Au54
Kjøs N 46 An57
Kjøsen N 67 At62
Kjøsnes N 46 An57
Kjulaås S 60 Bo62
Kjulevča BG 275 Cp94
Kjustendil BG 271 Cf96
Klaaswaal NL 113 Ai77
Klabböle S 42 Ca53
Klabiniai LT 218 Cl70
Klacka Lerberg S 59 Bk61
Kläckeberga S 73 Bn67
Kľačno SK 239 Bs83
Kladanj BIH 261 Bs92
Kläden D 110 Bd75
Kladernica = Kodërnik RKS 270 Cb95
Klädesholmen S 68 Bd65
Kladnica BG 253 Cf91
Kladnica SRB 261 Ca94
Kladnijce HR 268 Bn93
Kladniv UA 229 Ch78
Kladno CZ 123 Bi80
Kladorub BG 263 Cf93
Kladovo SRB 263 Cf91
Klæbu N 38 Ba54
Klagenfurt am Wörthersee A 134 Bi87
Klågerup S 73 Bg69
Klaipėda LT 216 Cc69
Klaïssi GR 282 Cd103
Klaj PL 234 Ca81
Klajić SRB 263 Cd95
Kľak SK 239 Bs83
Klakegg N 46 Ao57
Klakk N 27 Bn44
Klaksvík FO 26 Sg56
Klamila FIN 64 Cp59
Klana HR 134 Bi90
Klanac HR 258 Bl91
Klanjec HR 135 Bm88
Klanxbüll D 102 As71
Klapkalnciems LV 213 Cg66
Kläppe S 40 Bk54
Kläppe S 49 Bi54
Kläppsjö S 41 Bp53
Kläppvik S 50 Bp56
Klárafalva H 252 Ca88
Klarup DK 100 Ba66
Klašnice BIH 250 Bp91
Klässbol S 59 Bf61
Klášterec nad Ohří CZ 123 Bg80
Kláštor pod Znievom SK 239 Bs83
Klatovy CZ 230 Bg82
Klaukkala FIN 63 Ck60
Klausdorf D 103 Ba72
Klausdorf D 105 Bg72
Klausen D 120 Ao81
Klausen = Chiusa I 132 Bd87
Klausener Hütte = Rifugio Chiusa I 132 Bd87
Klausučiai LT 217 Cg70
Klausučiai LT 224 Cf71
Klauvnes N 23 Cb41
Klaxås Nybodarna S 49 Bi56
Klazienaveen NL 108 Ao75
Klčov SK 240 Cb82
Kłębanowice PL 226 Bm77
Klečevce MK 271 Cd96
Klecko PL 226 Bp75
Kleczanów PL 234 Cd79
Kleczew PL 227 Br76
Kleczkowo PL 223 Cd74
Klefstadlykkja N 47 Au57
Klegereg = Cléguérec F 158 So84
Kleinandelfingen CH 125 As85
Kleinberghofen D 126 Bc84
Klein Berßen D 107 Ap75
Kleinblittersdorf D 163 Ap82
Kleinenberg D 115 As77
Kleines Wiesental D 124 Aq85
Klein-Fredenbeck D 109 At73
Kleinglödnitz A 134 Bi87
Kleinheubach D 121 At81
Kleinjörl D 103 At71
Klein Lengden D 115 Ba77
Kleinlobming A 128 Bk86
Kleinlützel CH 124 Ap86
Kleinmachnow D 111 Bg76
Klein Marzehns D 117 Bf76
Kleinostheim D 121 At80
Kleinow D 110 Bd74
Kleinpaschleben D 116 Bd77
Klein-Pöchlarn A 237 Bl84
Klein Priebus D 118 Bk78
Klein Rodensleben D 116 Bc76
Klein Rogahn D 110 Bc73
Klein Sankt Paul A 134 Bk87
Kleinsaubernitz D 118 Bk78
Klein Sien D 104 Bd73
Kleinsölk A 128 Bh86
Kleinwelka D 118 Bi78
Kleinzell A 237 Bm85
Kleive N 47 Aq55
Kleivi N 57 Ar59
Klejniki PL 229 Cg75
Klejtrup DK 100 Au67
Kleķeri LV 214 Cm66
Klembivka UA 249 Cr84
Klemensker DK 105 Bk70
Klemensnäs S 42 Cc51
Klemetstad N 24 Ck41
Klenčí pod Čerchovem CZ 230 Bf82
Klenica PL 225 Bm77
Klenike SRB 271 Cd96
Klenjë AL 270 Ca98
Klenje SRB 261 Bt91
Klenová CZ 129 Bl82
Klenovec SK 240 Bu83
Klenovnik HR 135 Bn88
Klenovnik SRB 253 Cc91
Klepočiai LT 218 Ck72
Kleppe N 67 As62
Kleppen N 39 Be53
Kleppenes N 46 Am57
Kleppe-Verdalen N 66 Am63
Kleppstad N 27 Bi44
Kleßen D 110 Bf75
Kleszczele PL 229 Cg75
Kleszczów PL 227 Bt78
Kleszczowa PL 233 Bu80
Klesztów PL 229 Ch78
Kletina PL 227 Bt78
Klětno = Klitten D 118 Bk78
Klettbach D 116 Bc79
Klettgau D 125 Ar85
Kletzke D 110 Be75
Klevar N 57 At62
Kleve D 113 An77
Kleve N 48 Ba58
Klevica BY 218 Cm72
Klevik N 27 Bi46
Klevmarken S 68 Bd63
Klevshult S 72 Bi66
Klew PL 227 Ca78
Klewki PL 223 Cb73
Kličevac SRB 253 Cc91
Kličevo MNE 269 Bs95
Kliczków PL 225 Bl78
Klidi GR 277 Cf99
Klidio GR 277 Cd99
Klieken D 117 Be77
Kliening A 134 Bk87
Klietz D 110 Be75
Klikuszowa PL 240 Bu81
Klim DK 100 At66
Klimatáki GR 277 Cc100
Klimatiá GR 276 Cb101
Kliment BG 266 Cp93
Klimentovo BG 266 Cq94
Klímina GR 277 Cf99
Klimkovice CZ 233 Br81
Klimkówka PL 234 Cb81
Klimontów PL 234 Ca80
Klimontów PL 234 Cc79
Klimovo RUS 65 Ct59
Klimpfjäll S 40 Bk50
Klim Strand DK 100 At66
Klina = Klinë RKS 270 Cb95
Klinča Sela HR 135 Bm89
Klinë RKS 270 Cb95
Klinë e Epërme RKS 270 Cb95
Klinga N 39 Bc52
Klingbo S 60 Bn60
Klingen D 126 Bc84
Klingenberg D 230 Bh79
Klingenberg N 27 Bm44
Klingenberg am Main D 121 At81
Klingenmünster D 163 Ar82
Klingenthal (Sachsen) D 122 Be80
Klingersel S 35 Cd48
Klingnau CH 125 Ar85
Klingsmoos D 126 Bc83
Klink D 110 Bf74
Klinkby DK 100 Ar67
Klinkenberg N 58 Ba60
Klinó GR 277 Cc101
Klint DK 101 Bd69
Klintebjerg DK 103 Ba70
Klintehamn S 71 Br66
Klintemåla S 73 Bo65
Klintholm Havn DK 104 Be71
Kliplev DK 103 At71
Klippan S 72 Bg68
Klippen S 33 Bl49
Klippen S 33 Bp49
Klipphausen D 230 Bh78
Klippinge DK 104 Be70
Klis HR 268 Bo93
Klisa HR 252 Bs90
Klisino PL 232 Bq80
Kliškivci UA 247 Cn84
Klissoúra GR 276 Cb102
Klissoúra GR 277 Cc99
Klisura BG 272 Cg95
Klisura BG 272 Cg96
Klisura BG 273 Ci95
Klisura SRB 272 Ce95
Klisurica BG 264 Cg93
Klitmøller DK 100 As66
Klitoriá GR 283 Ce105
Klitten D 118 Bk78
Klitten S 49 Bi58
Klixbüll D 102 As71
Kljajićevo SRB 252 Bt89
Kljasino RUS 65 Cu61
Ključ BIH 259 Bo91
Ključevoe RUS 65 Cs60
Ključki RUS 215 Cr67
Kljuščany BY 218 Cn71
Klobouky CZ 238 Bo83
Kłobuck PL 233 Bs79
Kłobuczyn PL 226 Bm77
Klobuk BIH 268 Bp94
Klobuky CZ 123 Bh80
Klöch A 242 Bm87
Kločiūnai LT 218 Cm71
Klockarberg S 59 Bk59
Klockenhagen D 104 Be72
Klockestrand S 51 Bq55
Klockovo BY 219 Co72
Klockrike S 70 Bl64
Kloczew PL 228 Cd77
Kłoda Duża PL 226 Bo77
Kłodawa PL 225 Bl75
Kłodawa PL 227 Bs76
Kłoda Wielka PL 226 Bo77
Kłodne PL 234 Ca82
Kłodzino PL 221 Bm73
Kłodzko PL 232 Bo80
Kløfta N 58 Bc60
Kløfta N 58 Be59
Kløftefoss N 58 Au60
Kløftvangen N 48 Bb56
Klokkarstua N 58 Ba61
Klokkarvik N 56 Al60
Klokkarvollen N 22 Bu41
Klokkerholm DK 100 Ba66
Klokočevac SRB 263 Ce92
Klokotnica BG 274 Cl97
Klokotnica BIH 260 Br91
Klokotós GR 283 Ce101
Kłomnice PL 233 Bt79
Klonowa PL 227 Br78
Klony PL 226 Bp76
Klooga EST 209 Ci62
Kloosterhaar NL 107 Ao75
Kloosterzande NL 113 Ai78
Klopot PL 118 Bk76
Klos AL 270 Ca97
Kloschwitz D 117 Bd77
Kloštar HR 242 Bp89

362 Kiaunoriai – Kloštar

Kloštar Ivanić **HR** 135 Bn89
Kloster **D** 105 Bg71
Kloster **DK** 100 Ar68
Kloster **S** 60 Bn60
Klosterfelde **D** 111 Bg75
Klosterlangheim **D** 122 Bc80
Klösterle **A** 125 Ba86
Klosterlechfeld **D** 126 Bb84
Kloster Lehnin **D** 110 Bf76
Klostermansfeld **D** 116 Bc77
Klosterneuburg **A** 129 Bn84
Klosters-Dorf **CH** 131 Au87
Klosters-Platz **CH** 131 Au87
Kloster Zinna **D** 117 Bg76
Kloten **CH** 125 As86
Kloten **S** 60 Bl61
Klotsboda **S** 60 Bl61
Klotten **D** 119 Ap80
Klötze **D** 109 Bc75
Klotzsche **D** 118 Bh78
Klovainiai **LT** 213 Ch69
Klövedal **S** 68 Bd64
Klöverfors **S** 42 Cb50
Klöversträsk **S** 35 Cc49
Kløvfjell **N** 67 As63
Kløvfors **N** 32 Bh50
Klövsjö **S** 49 Bi55
Klubbäcken **S** 60 Bo58
Klubbfors **S** 35 Cb50
Klubbukt **N** 23 Ci39
Kľúčovec **SK** 239 Bq85
Kluczbork **PL** 233 Br79
Klucze **PL** 233 Bu80
Kluczewo **PL** 221 Bn73
Kluczowa **PL** 232 Bo79
Kluis **D** 220 Bg72
Kluk **CZ** 231 Bl80
Kluki **PL** 221 Bp71
Kluki **PL** 227 Bt78
Kluknava **SK** 240 Cb83
Klukowa Huta **PL** 222 Bq72
Klukowicze **PL** 229 Cg76
Klukowo-Wieś **PL** 229 Cf75
Klumpen **S** 40 Bk53
Klundert **NL** 113 Ak77
Klupe **BIH** 260 Bq91
Kluse **D** 108 Ap75
Klüsserath **D** 119 Ao81
Klusy **PL** 223 Ce73
Kluszkowce **PL** 234 Ca82
Klutmark **S** 42 Cb51
Klütz **D** 103 Bc73
Klwów **PL** 228 Cb77
Klympuši **UA** 246 Ci84
Klysna **S** 60 Bl62
Kmiecin **PL** 222 Bt72
Knaben **N** 66 Ap63
Knåda **S** 50 Bm58
Knaften **S** 41 Bs52
Knappenrode **D** 118 Bi78
Knapper **N** 58 Bd60
Knapton **GB** 85 St72
Knäred **S** 72 Bg67
Knaresborough **GB** 85 Ss72
Knarrevik **N** 56 An60
Knarrevik-Straume **N** 56 Al60
Knarvik **N** 56 Al59
Knäsjö **S** 41 Br53
Knätte **S** 69 Bh65
Knätten **S** 49 Bi56
Knebel **DK** 100 Ba68
Knebworth **GB** 94 Su77
Kneesall **GB** 85 St74
Kneese **D** 110 Bb73
Knesebeck **D** 109 Bb75
Knesselare **B** 155 Ag78
Kneža **BG** 264 Ci94
Kneža **SLO** 134 Bh88
Knežak **SLO** 134 Bi89
Kněževes **CZ** 230 Bh80
Kneževi Vinogradi **HR** 251 Bs89
Kneževo **BIH** 260 Bp92
Kneževo **HR** 243 Bs89
Knežica **BIH** 259 Bo90
Knězice **CZ** 231 Bl80
Knežina **BIH** 261 Bs92
Kněžmost **CZ** 118 Bl80
Knić **SRB** 262 Cb93
Knićanin **SRB** 252 Ca90
Knídi **GR** 277 Cd100
Kniebis **D** 125 Ar84
Knighton **GB** 93 So76
Knights Town **IRL** 89 Ru77
Knightwick **GB** 93 Sq76
Knin **HR** 259 Bn92
Knipan **S** 68 Bd63
Knippelsdorf **D** 118 Bg77
Knislinge **S** 72 Bi68
Knittelfeld **A** 128 Bk86
Knittlingen **D** 120 As82
Kniva **S** 60 Bm59
Knive **N** 58 Au61
Kniveton **GB** 93 Sr74
Knivsta **S** 61 Bq61
Knivsund **FIN** 43 Cf53
Knižovnik **BG** 273 Cm97
Knjahinin **BY** 219 Cp71
Knjaža Krynycja **UA** 249 Cs84
Knjaževac **SRB** 263 Ce93
Knjaževo **BG** 274 Co96
Knjaževo **RUS** 65 Ct62
Knjažicy **RUS** 211 Cs64
Knoände **S** 59 Bh60
Knobelsdorf **D** 117 Bg78
Knock **GB** 86 Sc73
Knock **IRL** 89 Sb75
Knockaderry **IRL** 89 Sc76
Knockanevin **IRL** 90 Sd76
Knockdolian Castle **GB** 80 Sl70
Knocklong **IRL** 90 Sd76
Knocktopher **IRL** 90 Sf76
Knokke-Heist **B** 112 Ag78
Knopkägra **FIN** 63 Cg60
Knoppe **S** 50 Bp56
Knott End-on-Sea **GB** 84 Sp73
Knottingley **GB** 85 Ss73
Knowehead **GB** 80 Sm70
Knowesgate **GB** 81 Sq70
Knowle **GB** 94 Sr76
Knucklas **GB** 93 So76
Knud **DK** 100 At67
Knulen **S** 59 Bh59
Knüllwald **D** 115 Au78
Knurów **PL** 233 Bs80
Knutby **S** 61 Br61
Knutnäset **S** 50 Bn55
Knutsbol **S** 69 Bk62
Knutsford **GB** 84 Sq74
Knutsvik **N** 66 An62
Knyszyn **PL** 224 Cf74
Köarskär **S** 59 Bg58
Kobaky **UA** 247 Cl84
Kobarid **SLO** 133 Bh88
Kobberhaughytta **N** 58 Bb60
Kobbfoss **N** 25 Cu42
Købelev **DK** 103 Bc71
København **DK** 104 Bf69
Kobeřice **CZ** 233 Br81
Kobern-Gondorf **D** 119 Ap80
Kobiele Wielkie **PL** 233 Bu78
Kobiernice **PL** 233 Bt81
Kobierzyce **PL** 232 Bo79
Kobilje **SLO** 135 Bn87
Kobišnica **SRB** 263 Cf92
Koblenz **D** 119 Aq80
Köblitz, Wernberg- **D** 236 Be81
Kobolčyn **UA** 248 Cp84
Kobrinskoe **RUS** 65 Da62
Kobyla Góra **PL** 226 Bq78
Kobylanka **PL** 111 Bk74
Kobylany **PL** 233 Bu80
Kobylec'ka Poljana **UA** 246 Ci84
Kobylí **CZ** 238 Bo83
Kobylin **PL** 226 Bp77
Kobyłka **PL** 228 Cc76
Kobylnica **PL** 221 Bp72
Kobylnica **PL** 226 Bp76
Kobylniki **PL** 228 Ca76
Kocaçeşme **TR** 280 Co99
Kocagöl **TR** 281 Cq100
Kocahıdır **TR** 280 Cn99
Kocalar **TR** 280 Co100
Kočan **BG** 272 Ci97
Kočane **SRB** 263 Cd94
Kočani **MK** 272 Ce97
Kocapınar **TR** 281 Cq101
Kocatarla **TR** 275 Cp97
Kocayayla **TR** 280 Co100
Kocbeře **CZ** 232 Bm80
Koceljevo **SRB** 261 Bu92
Kocēni **LV** 214 Cl65
Kočerin **BIH** 260 Bp94
Kočerinovo **BG** 272 Cg96
Kočevje **SLO** 134 Bk89
Kočevskaja Reka **SLO** 134 Bk89
Kochanivka **UA** 248 Da85
Kochanów **PL** 231 Bn79
Kochanowice **PL** 233 Bs79
Kochel am See **D** 126 Bc85
Kochersteinsfeld **D** 121 At82
Kochivka **UA** 248 Da85
Kochów **PL** 234 Cc79
Kočilar **MK** 271 Cd97
Kock **PL** 229 Ce77
Kočmar **BG** 266 Cp93
Kočovo **BG** 275 Co94
Kocs **H** 243 Br85
Kocsér **H** 244 Bu86
Kocsola **H** 251 Br87
Kocsord **H** 241 Ce85
Kócsújfalu **H** 245 Cb85
Kocury **PL** 233 Br79
Koczała **PL** 221 Bp73
Kode **S** 68 Bd65
Kodeń **PL** 229 Ch77
Kodeniec **PL** 229 Cg77
Kodërnik **RKS** 270 Cb95
Kodersdorf **D** 118 Bk78
Kodër Shëngjergj **AL** 270 Bu96
Kodër Spaç **AL** 270 Ca97
Kodesjärvi **FIN** 52 Ce56
Kodiksami **FIN** 62 Cd58
Kodisjoki **FIN** 62 Cd58
Köditz **D** 122 Bd80
Kodjala **FIN** 62 Cd59
Kodrąb **PL** 105 Bk73
Kodrąb **PL** 227 Bu78
Kodyma **UA** 249 Ct84
Kodžadžik **MK** 270 Cb98
Kœnigsmacker **F** 119 An82
Koerich **L** 119 Am81
Koersel **B** 156 Al78
Koeru **EST** 210 Cn63
Koetschette **L** 119 Am81
Kofçaz **TR** 275 Cp97
Köfering **D** 122 Be83
Köflach **A** 135 Bl86
Køge **DK** 104 Be70
Kogel **D** 110 Be74
Koguva **EST** 209 Cg63
Kohila **EST** 209 Ck62
Kohiseva **FIN** 54 Cq57
Kohlberg **D** 236 Be81
Köhlen **D** 108 As73
Kohlern = Colle **I** 132 Bc88
Kohmu **FIN** 53 Cm55
Kohren-Sahlis **D** 230 Bf78
Kohtla-Järve **EST** 64 Cp62
Kohtla-Nõmme **EST** 64 Cp62
Koigi **EST** 210 Cm63
Koijärvi **FIN** 63 Ch59
Koikkala **FIN** 54 Cq57
Koikküla **EST** 214 Cn65
Koikla **EST** 208 Cf64
Koilovci **BG** 265 Ck94
Koimla **EST** 208 Ce64
Köinge **S** 72 Bf66
Koirakivi **FIN** 54 Co58
Koirakosk **FIN** 44 Cq53
Koiravaara **FIN** 45 Ct53
Köisi **EST** 210 Cm63
Koitila **FIN** 37 Cr49
Koitsanlahti **FIN** 55 Ct58
Koivistonkylä **FIN** 53 Cm55
Koivu **FIN** 36 Cl48
Koivujärvi **FIN** 44 Cn53
Koivukylä **FIN** 53 Ck56
Koivulahti **FIN** 54 Co54
Koivulahti = Kvevlax **FIN** 52 Cd54
Koivumäki **FIN** 44 Cq54
Koivumäki **FIN** 53 Ci54
Koivumäki **FIN** 54 Cs56
Köja **S** 51 Bq55
Köjan **S** 39 Bg54
Kojanlahti **FIN** 54 Cs55
Kojetín **CZ** 232 Bp82
Kojnare **BG** 264 Ci94
Kojola **FIN** 52 Cg55
Kojonperä **FIN** 63 Cg59
Kóka **H** 244 Bu86
Kokaj **AL** 269 Bu96
Kökar **AX** 62 Cb61
Kokašice **CZ** 123 Bf81
Kokava nad Rimavicou **SK** 240 Bu83
Kokelv **N** 24 Ck39
Kokemäki **FIN** 52 Ce58
Kokin Brod **SRB** 269 Bu93
Kokinombléa **GR** 283 Cg103
Kokinopilós **GR** 277 Ce100
Kokinvaara **FIN** 55 Db56
Kokkakylä **FIN** 36 Co49
Kokkala **FIN** 53 Ci57
Kokkála **GR** 286 Ce107
Kokkári **GR** 289 Co105
Kokkila **FIN** 62 Cf60
Kokkila **FIN** 63 Ck58
Kokkiniá **GR** 276 Ca101
Kokkiniá **GR** 278 Cg98
Kókkino Neró **GR** 278 Cf101
Kokkola **FIN** 43 Cg53
Kokkolahti **FIN** 55 Ct56
Kokkomäki **FIN** 44 Cq52
Kokkóni **GR** 283 Cf105
Kokkoniemi **FIN** 37 Ct50
Kókkoras **GR** 286 Cd105
Kokkosenlahti **FIN** 54 Cq57
Kokkotí **GR** 283 Cf102
Kokkovaara **FIN** 30 Ck46
Koklë **AL** 276 Ca99
Köklot **FIN** 42 Cd54
Kokmuiža **LV** 213 Cf68
Koknese **LV** 214 Cl67
Kokocko **PL** 222 Br74
Kokonkylä **FIN** 54 Co56
Kokonvaara **FIN** 55 Ct55
Kokora **EST** 210 Cp63
Kokořín **CZ** 123 Bk80
Kokory **CZ** 232 Bp82
Kokošinje **MK** 271 Cd96
Kokošovce **SK** 241 Cc83
Kokotek **PL** 233 Bs79
Kokotów **PL** 233 Ca80
Kokra **SLO** 134 Bk88
Kokrica **SLO** 134 Bi88
Koksijde-Bad **B** 155 Af78
Kokšino **RUS** 215 Cr67
Kokträsk **S** 34 Bs50
Kola **BIH** 259 Bp91
Kola **FIN** 43 Ch53
Köla **S** 58 Be61
Kołacin **PL** 227 Bu77
Kołaczków **PL** 228 Cb75
Kołaczyce **PL** 234 Cc81
Koláka **GR** 283 Cg103
Kolam **FIN** 43 Cg53
Kolan **HR** 258 Bk92
Koland **N** 67 Aq63
Kölaråsen **S** 59 Bi60
Kolarbotn **N** 56 Ap58
Kolarci **BG** 266 Cq93
Kolari **FIN** 30 Ch46
Kolari **SRB** 262 Cb91
Kolarinsaari **FIN** 30 Ch46
Kolárovice **SK** 239 Bs82
Kolarovo **BG** 266 Co92
Kolarovo **BG** 271 Cg98
Kolarovo **BG** 274 Cn97
Kolárovo **SK** 239 Bq85
Kolås **N** 46 An56
Kolåsen **S** 39 Bf53
Kolašin **MNE** 269 Bu95
Kolbäck **S** 60 Bn61
Kołbacz **PL** 220 Bk74
Kołbaskowo **PL** 111 Bi74
Kolbeinsstaðir **IS** 20 Qh26
Kolbeinsvik **N** 56 Al60
Kolbermoor **D** 236 Be85
Kołbiel **PL** 228 Cc76
Kolbu **N** 58 Bb59
Kolbuszowa **PL** 234 Cd80
Kolby **DK** 100 Ar68
Kolby Kås **DK** 101 Bb69
Kol'čyno **UA** 241 Cf84
Kołczewo **PL** 105 Bk73
Kołczyn **PL** 111 Bl75
Koldby **DK** 100 As67
Koldet **AL** 270 Ca96
Kolding **DK** 103 At70
Koleczkowo **PL** 222 Br72
Koler **S** 34 Cb49
Kolerträsk **S** 34 Ca49
Kölesd **H** 251 Bs87
Kolešino **MK** 278 Cf98
Koleško **BIH** 269 Br94
Kolešovice **CZ** 123 Bh80
Kolga-Jaani **EST** 210 Cm63
Kolgrov **N** 56 Ak58
Kolhíki **GR** 277 Cc99
Kolhikó **GR** 278 Cg99
Kolho **FIN** 53 Ck56
Koli **FIN** 55 Cu54
Kolibári **GR** 290 Ch109
Kolímbia **GR** 292 Cr108
Kolín **CZ** 231 Bl80
Kolind **DK** 101 Bb68
Kolinec **CZ** 230 Bg82
Kölingared **S** 69 Bh65
Kolinkivci **UA** 247 Cn84
Kõljala **EST** 208 Cf64
Koljane **HR** 259 Bo93
Koljola **FIN** 54 Cp57
Koljola **FIN** 62 Ce59
Kolju Gančevo, Kvartal **BG** 273 Cm96
Kolka **LV** 213 Cf65
Kølkær **DK** 100 At68
Kolkanlahti **FIN** 53 Cl55
Kolkanranta **FIN** 54 Cq57
Kolkilamp **S** 60 Bn59
Kolkja **EST** 210 Cp63
Kolkku **FIN** 44 Cn54
Kolko **FIN** 62 Cc60
Kolkonjärvi **FIN** 37 Cq48
Kolkonranta **FIN** 54 Cr57
Kolkontaipale **FIN** 54 Cr56
Kółko Żabieckie **PL** 234 Cc80
Kolksele **S** 41 Bu53
Kolkwitz **D** 118 Bi77
Kollafjørður **FO** 26 Sg56
Kollaja **FIN** 36 Co50
Kollbeinstveit **N** 56 Ao61
Kölleda **D** 116 Bc78
Kolle Farnadal **N** 56 An59
Kolleid **N** 56 Am60
Kollerschlag **A** 128 Bh83
Kollínes **GR** 286 Ce106
Kolloleç **RKS** 271 Cd95
Kollow **D** 109 Ba74
Kollum **NL** 107 An74
Kollumulí **IS** 21 Rf25
Kolma **FIN** 54 Cq56
Kolmikanta **FIN** 44 Cm51
Kolmikanta **FIN** 55 Cu57
Kolmisoppi **FIN** 54 Cq54
Köln **D** 114 Ao79
Kolno **PL** 223 Cd74
Kolo **BIH** 260 Bp93
Koło **PL** 227 Bs76
Koło **PL** 227 Bu78
Kołobrzeg **PL** 221 Bm72
Koločava **UA** 246 Ch84
Kolochau **D** 118 Bg77
Kolodruby **UA** 235 Ch81
Kolokol'cevo **RUS** 65 Cu59
Kololeč = Kolloleç **RKS** 271 Cd95
Kolomoen **N** 58 Bc59
Kolomyja **UA** 247 Cl83
Kolonia **AL** 276 Bu100
Kolonia Ostrowicka **PL** 222 Bs73
Kolonia Pasztowa Wola **PL** 228 Cc78
Kolonia Polska **PL** 235 Cf80
Kolonowskie **PL** 233 Br79
Koloskovo **RUS** 65 Da59
Kolověč **CZ** 230 Bg82
Koløyholmen **N** 56 Al61
Kolpino **RUS** 65 Db61
Kolppi = Kållby **FIN** 43 Cf53
Kolrep **D** 110 Be74
Kolsätter **S** 49 Bk56
Kolsebro **S** 70 Bn64
Kolsjön **S** 50 Bn56
Kolsrud **N** 57 Au60
Kolstad **N** 47 Ap57
Kolsva **S** 60 Bm61
Kölsvallen **S** 49 Bh57
Kölsvallen **S** 49 Bi57
Kolt **DK** 100 Ba68
Kolta **SK** 239 Br84
Koluszki **PL** 227 Bu77
Kolut **SRB** 244 Bs89
Koluvere **EST** 209 Ci63
Kölvallen **S** 49 Bg56
Kolvasozero **RUS** 45 Db53
Kolven **N** 39 Bf52
Kolvereid **N** 39 Bd51
Kolvik **S** 68 Bd64
Kølvrå **DK** 100 At68
Komádi **H** 245 Cc86
Komagfjord **N** 23 Cg40
Komagvær **N** 25 Db40
Komagvik **N** 22 Bs41
Koman **AL** 270 Bu96
Komańcza **PL** 235 Ce82
Kómanos **GR** 277 Cd100
Komar **BIH** 260 Bq92
Kómara **GR** 280 Cn97
Komaran **RKS** 270 Cb95
Komarani **SRB** 261 Bu94
Komarevo **BG** 265 Ck93
Komarevo **HR** 135 Bn90
Komarica **BIH** 251 Bq91
Komariv **UA** 248 Co83
Komarniki **UA** 241 Cg83
Komarno **MNE** 269 Bt96
Komárno **SK** 239 Br85
Komarno **UA** 235 Ch81
Komárom **H** 239 Br85
Komárov **CZ** 123 Bh81
Komarovka **RUS** 65 Cr62
Komarovo **RUS** 65 Cu60
Komarówka Podlaska **PL** 229 Cf77
Komarów-Osada **PL** 235 Cg79
Komatevo, Kvartal **BG** 273 Ck96
Kombotádes **GR** 283 Ce103
Kombóti **GR** 282 Cc102
Kombsija **AL** 270 Bu97
Kombuļi **LV** 215 Cp69
Komen **SLO** 134 Bh89
Komi **FIN** 53 Cg57
Kómi **GR** 285 Cn104
Komin **HR** 242 Bn88
Komin **HR** 268 Bq94
Kómita **GR** 284 Ck104
Komiža **HR** 268 Bn94
Komjatice **SK** 239 Br84
Komletinci **HR** 252 Bs90
Komló **H** 243 Br88
Kömlő **H** 244 Ca85
Kommelhaug **N** 27 Bn43
Komméno **GR** 282 Cc102
Kommerniemi **FIN** 54 Cs57
Kommunar **RUS** 65 Da61
Kommunary **RUS** 65 Da59
Komňa **CZ** 239 Bq83
Komniná **GR** 277 Cd99
Komniná **GR** 279 Ck98
Komninádes **GR** 276 Cb99
Komoča **SK** 239 Br85
Komorane = Komaran **RKS** 270 Cb95
Komořany **CZ** 123 Bh79
Komorić **SRB** 262 Bu92
Komorniki **PL** 226 Bo76
Komorovo **BY** 218 Cn71
Komorowice Krakowskie **PL** 233 Bt81
Komorowo **PL** 226 Bp75
Komorow p Klukša = Commerau bei Klix **D** 118 Bk78
Komossa **FIN** 42 Cf54
Komoštica **BG** 264 Cg93
Komotiní **GR** 279 Cl98
Kompakka **FIN** 55 Cu56
Kompelusvaara **S** 35 Ce46
Kompina **PL** 227 Ca76
Komprachcice **PL** 232 Bq79
Komrat = Comrat **MD** 257 Cs88
Kõmsi **EST** 209 Ch63
Komsomols'k = Nimec'ka Mokra **UA** 246 Ch84
Komsomol'skoe **RUS** 65 Cs59
Komu **FIN** 44 Cn53
Komula **FIN** 44 Cr53
Komunari **BG** 275 Cp94
Komuniga **BG** 274 Cl97
Kömürköy **TR** 281 Cq97
Kömürlimanı **TR** 279 Cm100
Komyšivka **UA** 257 Ct89
Konak **BG** 274 Cn94
Konak **SRB** 253 Cb90
Konare **BG** 267 Cr93
Konare **BG** 274 Cm95
Konarevo **SRB** 262 Cb93
Konarzewo **PL** 226 Bo76
Konarzynki **PL** 221 Bp73
Končanica **HR** 250 Bp89
Konče **MK** 272 Ce98
Kończyce Małe **PL** 233 Bs81
Kondiás **GR** 279 Cl101
Kondofrej **BG** 272 Cg96
Kondokáli **GR** 276 Bu101
Kondolovo **BG** 275 Cq96
Kondópoli **GR** 279 Cl101
Kondorfa **H** 242 Bn87
Kondoros **H** 245 Cb87
Kondovázena **GR** 283 Cd105
Kondovo **MK** 271 Cc96
Kondrat'evo **RUS** 64 Cr59
Kondratovo **RUS** 211 Ct63
Kondratovo **RUS** 215 Cs65
Kondrić **HR** 251 Br90
Konevec **BG** 275 Co96
Konevo **BG** 266 Co93
Konezer'e **RUS** 211 Da64
Konga **S** 73 Bl68
Köngäs **FIN** 30 Ck45
Kongasmäki **FIN** 44 Cp51
Kongegrav **N** 56 Al59
Kongens **N** 38 At53
Kongensgruve **N** 57 Au61
Kongens Lyngby **DK** 101 Bf69
Kongens Tisted **DK** 100 Au67
Kongerslev **DK** 100 Ba67
Konginkangas **FIN** 53 Cm55
Kongsberg **N** 57 Au61
Kongsbergseter **N** 57 As60
Kongselva **N** 27 Bl44
Kongsfjord **N** 25 Ct39
Kongshavn **N** 67 As64
Kongslia **N** 32 Bh49
Kongsmoen **N** 39 Be51
Kongsnes **N** 56 An58
Kongsvik **N** 27 Bn43
Kongsvinger **N** 58 Be60
Kongsvoll **N** 47 Au56
Konguta **EST** 210 Cn64
Koniaków **PL** 240 Bs81
Konice **CZ** 238 Bo81
Konie **PL** 228 Cb77
Koniecpol **PL** 233 Bu79
Konieczkowa **PL** 234 Cd81
Konieczna **PL** 234 Cc82
Konieczno **PL** 233 Ca79
Königerode **D** 116 Bc77
Königreich **D** 109 Au73
Königsbach-Stein **D** 120 As83
Königsberg **D** 120 As79
Königsberg in Bayern **D** 121 Bb80
Königsborn **D** 116 Bd76
Königsbronn **D** 125 Ba83
Königsbrück **D** 118 Bh78
Königsbrunn **D** 126 Bb84
Königsdorf **D** 126 Bc85
Königsee-Rottenbach **D** 116 Bc79
Königsfeld **D** 119 Ap79
Königsfeld **D** 122 Bc81
Königsfeld im Schwarzwald **D** 125 Ar84
Königshain-Wiederau **D** 117 Bf79
Königshofen **D** 121 Au81
Königshofen **D** 230 Bd78
Königshofen, Lauda- **D** 121 Au81
Königshorst **D** 110 Bf75
Königshütte (Harz) **D** 116 Bb77
Königslutter am Elm **D** 109 Bb76
Königssee **D** 128 Bf85
Königstein **D** 122 Bd81
Königstein (Sächsische Schweiz) **D** 117 Bi79
Königstein im Taunus **D** 120 Ar80
Königswartha **D** 118 Bi78
Königswiesen **A** 237 Bk84
Königswinter **D** 114 Ap79
Königs Wusterhausen **D** 111 Bh76
Konin **PL** 227 Br76
Koniskós **GR** 277 Cd101
Konispol **AL** 276 Ca101
Kónitsa **GR** 276 Cb100
Köniz **CH** 169 Ap87
Konjavo **BG** 272 Cf96
Konjević **SRB** 262 Ca93
Konjic **BIH** 268 Bq93
Konjovo **BG** 274 Cn95
Konjsko **BIH** 269 Br95
Konjsko **SRB** 262 Cb94
Konken **D** 163 Ap81
Konk-Kerne = Concarneau **F** 157 Sn85
Konnekoski **FIN** 54 Co55
Könnern **D** 116 Bd77
Konnersreuth **D** 230 Be80
Konnerud **N** 58 Ba61
Konnevesi **FIN** 54 Cn55
Konnstali **N** 66 Ao64
Konnunsuo **FIN** 65 Cs58
Konnunvaara **FIN** 55 Da55
Konnuslahti **FIN** 54 Cq55
Könölä **FIN** 36 Ci49
Konolfingen **CH** 169 Aq87
Konopáč **CZ** 231 Bm81
Konopiska **PL** 233 Bt79
Konopiště **CZ** 231 Bk81
Konopište **MK** 271 Ce98
Konopki **PL** 223 Ca75
Konorzatka **PL** 229 Ce77
Konotop **PL** 226 Bm77
Konradsreuth **D** 122 Bd80
Końskie **PL** 228 Ca78
Konsko **MK** 277 Ce98
Końskowola **PL** 229 Ce78
Konsmo **N** 66 Ap64
Konstancin-Jeziorna **PL** 228 Cc76
Konstantin **BG** 274 Cn95
Konstantinovo **BY** 218 Cn71
Konstantinovy Lázně **CZ** 123 Bf81
Konstantynów **PL** 229 Cg76
Konstantynów Łódzki **PL** 227 Bt77
Konstanz **D** 125 At85
Konstanzer Hütte **A** 131 Ba86
Kontiainen **FIN** 53 Cg55
Kontich **B** 156 Ai78
Kontinjoki **FIN** 44 Cq52
Kontiolahti **FIN** 55 Cu55
Kontiolahti **RUS** 55 Db57
Kontiomäki **FIN** 44 Cr52
Kontiomäki **FIN** 54 Cp56
Kontioranta **FIN** 55 Cu55
Kontiovaara **FIN** 45 Db54
Kontiovaara **FIN** 55 Db55
Kontkala **FIN** 55 Ct55
Kóntsika **GR** 276 Cb101
Konttajärvi **FIN** 36 Ci47
Konttila **FIN** 36 Co49
Konttimäki **FIN** 44 Cq54
Konttimäki **FIN** 53 Cl55
Kontu **FIN** 65 Cs59
Konungsund **S** 70 Bn63
Konuš **BG** 273 Cm97
Konuš **BG** 274 Cl96
Kóny **H** 242 Bp85
Konz **D** 119 Ao81
Konzell **D** 236 Bf82
Kõo **EST** 210 Cm63
Koogi **EST** 210 Cn63
Köörtilä **FIN** 52 Cd57
Koosa **EST** 210 Cp63
Kootwijk **NL** 113 Am76
Kopači **BIH** 269 Bt93
Kopáni **GR** 276 Cb102
Kopanica **PL** 226 Bm76
Koparnes **N** 46 Am56
Kópasker **IS** 21 Rd24
Kópavogur **IS** 20 Qi26
Kopčany **SK** 238 Bp83
Kopcie **PL** 234 Cd80
Köpenick **D** 111 Bg76
Koper **SLO** 134 Bh89
Kopervik **N** 66 Al62
Kopice **PL** 232 Bp79
Kopidlno **CZ** 231 Bl80
Kopilovci **BG** 264 Cf94
Köping **S** 60 Bm62
Köpingebro **S** 73 Bh70
Köpingsvik **S** 73 Bo67
Kopisk **PL** 224 Cg74
Kopisto **FIN** 43 Ci52
Kopki **PL** 235 Ce80
Koplik **AL** 270 Bt96
Köpmanholm **S** 61 Bs61
Köpmanholmen **S** 51 Bs54
Kopor'e **RUS** 65 Ct61
Koporice **RKS** 262 Cb94
Koposenperä **FIN** 44 Cm53
Kopösperä **FIN** 43 Cl53
Koppang **N** 48 Bc57
Koppangen **N** 22 Ca41
Kopparberg **S** 59 Bl61
Koppelo **FIN** 31 Cq43
Kopperå **N** 39 Bd54
Koppingen **CH** 130 Aq86
Koppom **S** 58 Be61
Kopravaara **FIN** 55 Cu54
Koprivec **BG** 265 Cm94
Koprivinca **SK** 241 Cc82
Koprivinica **SRB** 263 Ce92
Koprivlen **BG** 272 Ch97
Koprivna **BIH** 251 Br91
Koprivna **SLO** 134 Bk88
Koprivnica **HR** 242 Bo88
Kopřivnice **CZ** 233 Br81
Koprivštica **BG** 273 Ci95
Koprzywnica **PL** 234 Cd79
Kopsa **FIN** 43 Ck51
Kõpu **EST** 208 Ce63
Kõpu **EST** 210 Cl64
Kopyłów **PL** 235 Ch79
Koraće **BIH** 260 Bq90
Koraćica **SRB** 262 Cb92
Koraj **BIH** 252 Bs91
Korakovoúni **GR** 286 Cf106
Koramoniemi **FIN** 37 Cs48
Koran' **BY** 219 Cq72
Korbach **D** 115 As78
Körbecke **D** 115 Ar77
Korbielów **PL** 240 Bt81
Korbovo **SRB** 263 Cf91
Korčanica **BIH** 259 Bn91
Korçë **AL** 276 Cb99
Körchow **D** 109 Bc74
Korčivci **UA** 247 Cm84
Korčula **HR** 268 Bp95
Korczew **PL** 229 Cf76
Korczyna **PL** 234 Cd81
Kordel **D** 119 Ao81
Kordíky **SK** 240 Bt83
Koren **BG** 273 Cm97
Korenica **HR** 259 Bm91
Korenica = Korenicë **RKS** 270 Ca96
Korenicë **RKS** 270 Ca96
Korenita **SRB** 252 Bt92
Korentovaara **FIN** 55 Dc55
Koretin **RKS** 271 Cd95
Korfantów **PL** 232 Bq80
Kórfos **GR** 283 Cg105
Korgen **N** 32 Bh48
Kõrgessaare **EST** 208 Ce63
Korholanmäki **FIN** 54 Cp55
Korhosenniemi **FIN** 37 Cs49
Korhoskyla **FIN** 43 Ci53
Korhynie **PL** 235 Ch80
Koria **FIN** 64 Co59
Koridallós **GR** 277 Cc101
Korifássi **GR** 286 Cd106
Korifés **GR** 279 Ci98
Korifí **GR** 277 Cc100
Korinós **GR** 277 Cf100
Korinth **DK** 103 Ba70
Kórinthos **GR** 287 Cf105
Koriša = Korishë **RKS** 270 Cb96
Koriseva **FIN** 45 Cu54
Korishë **RKS** 270 Cb96
Korissía **GR** 288 Ci105
Korissós **GR** 277 Cc99
Korita **BIH** 259 Bn92
Korita **BIH** 269 Br94
Korita **HR** 268 Bq95
Korita **MNE** 269 Bu96
Koriten **BG** 266 Cq93
Koríthi **GR** 282 Cb105
Koritnik **SRB** 262 Ca94
Korkatti **FIN** 44 Cl52
Korkea **FIN** 45 Da52
Korkeakangas **FIN** 55 Da56
Korkeakoski **FIN** 53 Ci57
Korkeaoja **FIN** 52 Ce58
Korkee **FIN** 53 Ck58
Korkina **BG** 272 Cf96
Kõrkvere **EST** 209 Cg64
Körle **D** 115 Au78
Korly **RUS** 211 Cr65
Körmend **H** 135 Bo86
Kormu **FIN** 63 Ck59
Kormunkylä **FIN** 44 Cn51
Kornberg **A** 242 Bm87
Kornelimünster **D** 114 An79
Körner **D** 116 Bb78
Kornešty = Corneşti **MD** 248 Cq86
Korneuburg **A** 129 Bn84
Kornevo **RUS** 216 Ca72
Kornica **BG** 272 Ch97
Kornica **PL** 232 Bq80
Kórnik **PL** 226 Bp76
Kornofoliá **GR** 280 Cn98
Kornós **GR** 279 Cl101
Kornsjø **N** 68 Bd63
Kornwestheim **D** 121 At83
Környe **H** 243 Br85
Koro **FIN** 53 Ch56
Korobicino **RUS** 65 Cu59
Korolevo **UA** 246 Cg84
Korolevščina **LV** 215 Co68
Korolówka **PL** 229 Ch77
Koromačno **HR** 258 Bi91
Koróni **GR** 286 Cd107
Korónia **GR** 283 Cf104
Koronissia **GR** 282 Cb102
Kóronos **GR** 288 Cm106
Koronoúda **GR** 278 Cf99
Koronowo **PL** 222 Bq74
Koropí **GR** 284 Ch105
Körösladány **H** 245 Cc87
Korospohja **FIN** 53 Cm57
Körösszegapáti **H** 245 Cd86
Köröstarcsa **H** 245 Cc87
Köröstetétlen **H** 244 Ca86
Korovija **UA** 247 Cm84
Korpela **FIN** 30 Cl44
Korpi **FIN** 62 Cd59
Korpi **FIN** 63 Cg59
Korpijärvi **FIN** 54 Co57
Korpijoki **FIN** 44 Cn53
Korpikå **S** 35 Cg49
Korpikoski **FIN** 54 Cp57
Korpikylä **FIN** 36 Ch48
Korpikylä **FIN** 45 Cs51
Korpikylä **S** 36 Ch48
Korpilahti **FIN** 44 Cn54
Korpilahti **FIN** 53 Cm56
Korpilombolo **S** 35 Cg47
Korpimäki **FIN** 44 Cr54
Korpinen **FIN** 37 Cq50
Korpinen **FIN** 44 Cq54
Korpivaara **FIN** 55 Ct55
Korpo **FIN** 62 Cd60
Korpoström **FIN** 62 Cd60
Korppinnen **FIN** 44 Cm54
Korppoo = Korpo **FIN** 62 Cd60
Korså **S** 60 Bn59
Korsåsen **S** 50 Bl58
Korsbäck **FIN** 52 Cc55
Korsberga **S** 69 Bi64
Korsberga **S** 73 Bl66
Korschenbroich **D** 114 Ao78
Korsen **N** 38 Bc52
Korshavn **DK** 103 Ba70
Korshavn **N** 68 Bb62
Korsheden **S** 60 Bm60
Korsholm **FIN** 52 Cd54
Koršiv **UA** 247 Cl83
Korskrogen **S** 50 Bm57
Korsmo **N** 58 Bd60
Korsnäs **FIN** 52 Cc55
Korsnes **N** 27 Bn44
Korsö **AX** 62 Cb60
Korso **FIN** 63 Cl60
Korsør **DK** 103 Bc70
Korssjøen **N** 48 Bd56
Korssjön **S** 42 Cb52
Korssund **N** 46 Ak58
Korsträsk **S** 35 Cb49
Korsvegen **N** 38 Ba54
Korsvoll **N** 38 Ar54
Korsze **PL** 223 Cc72
Korte **FIN** 53 Cg56
Korte = Trögern **A** 134 Bi88
Kortejärvi **FIN** 53 Ci55
Kortela **RUS** 55 Da57
Kortemark **B** 155 Ag78
Korten **BG** 274 Cm95
Kortenaken **B** 113 Al79
Kortenberg **B** 156 Ak79
Korteperä **FIN** 53 Ci55
Kortesalmi **FIN** 37 Cu49
Kortesalmi **FIN** 54 Cn57
Kortesjärvi **FIN** 43 Cg54
Kortessem **B** 156 Al79
Kortgene **NL** 112 Ah77
Kórthio **GR** 285 Ck105
Körtinge **S** 60 Bm61
Kortmark **N** 57 Ap60
Kortrijk **B** 112 Ag79
Kortteenpera **FIN** 37 Co48
Kortteinen **FIN** 54 Cs54
Korttia **FIN** 63 Cm59
Korubaşı **TR** 285 Cn101
Korucu **TR** 275 Co97
Koruköy **TR** 275 Cp97
Koruköy **TR** 280 Co99
Korup **DK** 103 Ba70
Korvakärvenkylä **FIN** 52 Cf56
Korvaluoma **FIN** 52 Cf57
Kõrveküla **EST** 210 Co64
Korvenalus **FIN** 55 Dc55
Korvenkylä **FIN** 43 Ci52
Korvenkylä **FIN** 43 Cl52
Korvenkylä **FIN** 43 Cm50
Korvensuu **FIN** 62 Cd59
Koryčany **CZ** 238 Bp82
Korycin **PL** 224 Cg74
Koryta **PL** 226 Bq77
Korytków Duży **PL** 235 Cf79
Korytnica **PL** 228 Cd77
Korytnica-Kúpele **SK** 240 Bt83
Korytno **RUS** 211 Cr64
Korytnycja **UA** 235 Ci79
Korzeniste **PL** 223 Ce74
Korzenna **PL** 234 Cb81
Korzunovo **RUS** 25 Dc42
Korzybie **PL** 221 Bo72
Kós **GR** 289 Cp107
Koš **SK** 239 Bs83
Kosa **RUS** 222 Bu71

Kloštar Ivanić – Kosa 363

Kosančić **SRB** 263 Cd 94
Kosanica **MNE** 262 Bt 94
Kosara **BG** 266 Co 93
Košarevo **BG** 271 Cf 95
Kosarzyn **PL** 118 Bk 76
Košava **BG** 264 Cg 92
Koschach **A** 134 Bg 87
Kösching **D** 126 Bd 83
Kościan **PL** 226 Bo 76
Kościelec **PL** 226 Bo 76
Kościelna Wieś **PL** 227 Bt 77
Kościerzyna **PL** 222 Bg 72
Kose **EST** 210 Cl 62
Košeca **SK** 239 Br 82
Kőşedere **TR** 285 Co 103
Köseilyas **TR** 281 Cg 98
Kosel **D** 103 Au 71
Kosel **MNE** 271 Cf 95
Köselitz **D** 117 Be 77
Koserow **D** 105 Bh 72
Kose-Uuemõisa **EST** 210 Cl 62
Košiai-Pirmas **LT** 217 Cf 69
Košice **SK** 241 Cc 83
Košická Belá **SK** 241 Cc 83
Košické Oľšany **SK** 241 Cc 83
Kosihovce **SK** 239 Bf 84
Košiłan **PL** 229 Cg 78
Kosina **PL** 235 Ce 80
Kosinë **AL** 276 Ca 100
Kosiv **UA** 247 Cf 84
Kosivs'ka Poljana **UA** 246 Ci 84
Kosjerić **SRB** 261 Bu 93
Koška **HR** 251 Br 89
Koskama **FIN** 30 Cm 45
Koskeby **FIN** 52 Ce 54
Koskenjoki **FIN** 44 Co 53
Koskenkorva **FIN** 52 Ce 55
Koskenkylä **FIN** 30 Cn 45
Koskenkylä **FIN** 37 Cu 49
Koskenkylä **FIN** 54 Cp 55
Koskenkylä **FIN** 62 Ce 59
Koskenkylä **FIN** 64 Cm 59
Koskenkylä = Koskeby **FIN** 52 Ce 54
Koskenmäki **FIN** 45 Ct 52
Koškino **RUS** 65 Cr 62
Koskinoú **GR** 292 Cr 108
Koskioinen **FIN** 63 Cg 58
Koskisto **FIN** 64 Cn 59
Koškovce **SK** 241 Cd 82
Koskowice **PL** 226 Bn 78
Koskue **FIN** 52 Cf 56
Koskullskulle **S** 29 Cb 46
Koskunen **FIN** 64 Cm 59
Košljun **NR** 258 Bf 92
Kosmač **UA** 247 Ck 84
Kosmadéi **GR** 289 Co 105
Kosmás **GR** 286 Cf 106
Kósmi **GR** 279 Cl 98
Kosmíra **GR** 286 Cd 105
Kosmołów **PL** 233 Bu 80
Kosmonosy **CZ** 231 Bk 80
Kosmos **BG** 267 Cs 93
Košničari **BG** 266 Cn 94
Kosola **FIN** 52 Cf 54
Koson' **UA** 241 Ce 84
Kosorowice **PL** 233 Br 79
Kosovo **HR** 259 Bn 93
Kosovo Polje = Fushë-Kosovë **RKS** 270 Cf 95
Kosovska Kamenica = Kamenicë **RKS** 271 Cf 95
Kosovska Mitrovica = Mitrovicë **RKS** 262 Cf 95
Kosów Lacki **PL** 229 Ce 75
Koßdorf **D** 117 Bg 78
Kössen **A** 127 Be 85
Kossenblatt **D** 117 Bi 76
Kößlarn **D** 127 Bg 84
Kösta **GR** 287 Cg 106
Kösta **S** 39 Bh 54
Kosta **S** 73 Bl 67
Kostajnica **BIH** 260 Br 91
Košťa'lov **CZ** 231 Bj 79
Kostamo **FIN** 37 Cp 47
Kostandenec **BG** 265 Cn 93
Kostandovo **BG** 272 Ck 96
Kostanje **HR** 260 Bo 94
Kostanjevac na Krki **HR** 135 Bl 89
Kostanjevica na Krasu **SLO** 133 Bh 89
Kosta Perčevo **BG** 263 Cf 93
Kostelec nad Černy'mi Lesy **CZ** 231 Bk 81
Kostelec nad Labem **CZ** 123 Bk 80
Kostelec nad Orlicí **CZ** 232 Bn 80
Kostelec nad Vltavou **CZ** 231 Bi 82
Kostelec na Hané **CZ** 238 Bp 81
Kostelní Bříza **CZ** 230 Bf 80
Kosten **BG** 275 Co 95
Kostena Reka **BG** 275 Cp 94
Koster **DK** 104 Be 71
Kosti **BG** 275 Cq 96
Koštice **CZ** 117 Bh 80
Kostice **CZ** 238 Bo 83
Kostići **BIH** 260 Bp 91
Kostievo **BG** 273 Ck 96
Kostila **FIN** 63 Cl 58
Kostilkovo **BG** 274 Cn 98
Kostinbrod **BG** 272 Cg 95
Kostivere **EST** 210 Cl 62
Kostkowo **PL** 222 Bq 71
Kostojevici **SRB** 262 Bt 92
Kostomłoty pod Milešovkou **CZ** 123 Bh 79
Kostomłoty Drugie **PL** 226 Cd 79
Kostomłoty **PL** 232 Bo 78
Kostomuksša **RUS** 45 Db 51
Kostów **PL** 227 Br 78
Kostovo **RUS** 215 Cr 68
Kostry **PL** 229 Cf 77

Kostryživka **UA** 247 Cm 83
Kostrzuca **PL** 231 Bm 79
Kostrzyn **PL** 226 Bp 76
Kostrzynek **PL** 117 Bm 76
Kostrzyn nad Odrą **PL** 225 Bk 75
Kostula **FIN** 52 Cg 57
Kosturino **MK** 271 Cf 98
Kostveit **N** 57 Aq 61
Kostylivka **UA** 246 Ci 85
Kostynci **UA** 247 Cm 84
Kosula **FIN** 37 Cd 48
Kosundet **S** 59 Bi 61
Kosyny **UA** 241 Ce 84
Koszalin **PL** 221 Bn 72
Koszarawa **PL** 233 Bt 81
Koszary **PL** 227 Bs 76
Koszęcin **PL** 233 Bs 79
Kőszeg **H** 129 Bo 86
Koszewo **PL** 111 Bk 74
Koszyce **PL** 234 Cb 80
Koszyce Wielkie **PL** 234 Cd 81
Kótaj **H** 241 Cd 84
Kotajärvi **FIN** 36 Cm 50
Kotajärvi **FIN** 45 Da 52
Kotala **FIN** 37 Ct 46
Kotala **FIN** 53 Cl 56
Kotaperä **FIN** 53 Cl 56
Kotel **BG** 274 Cn 95
Kötelek **H** 244 Ca 86
Koteleve **UA** 246 Ci 85
Kotenovci **BG** 264 Cg 94
Kotezicken **A** 242 Bm 86
Köthel (Kreis Herzogtum Lauenburg) **D** 109 Bb 73
Köthen (Anhalt) **D** 116 Bd 77
Kotikylä **FIN** 44 Cp 54
Kotila **FIN** 44 Cq 51
Kotili **GR** 276 Cc 100
Kotka **FIN** 64 Co 60
Kotkajärvi **FIN** 63 Ci 58
Kotkana **FIN** 45 Da 52
Kotki **PL** 234 Cb 79
Kotla **PL** 226 Bn 77
Kotlarnia **PL** 233 Br 80
Kotlenice **HR** 268 Bo 93
Kotlice **PL** 235 Ch 79
Kotlin **PL** 226 Bq 77
Kotlovina **UA** 257 Cs 89
Kotly **RUS** 211 Cs 61
Kotomierz **PL** 222 Br 74
Kotor **MNE** 269 Bs 96
Kotoriba **HR** 242 Bo 88
Kotorsko **BIH** 251 Br 91
Kotor Varoš **BIH** 260 Bq 91
Kotoši **RUS** 211 Cs 63
Kotovs'k = Hînceşti **MD** 249 Cs 87
Kotovs'k = Podil's'k **UA** 249 Cu 85
Kotowice **PL** 232 Bp 78
Kotowice **PL** 233 Bt 79
Kotraža **SRB** 262 Ca 93
Kötronas **GR** 286 Ce 107
Kotronia **GR** 280 Cm 99
Kötschach-Mauthen **A** 133 Bg 87
Köttkulla **S** 69 Bh 65
Kottmar **D** 231 Bk 78
Köttsjön **S** 40 Bm 54
Koturń **PL** 229 Ce 76
Koty **UA** 235 Cg 80
Kotzyürük **TR** 280 Co 98
Kou-Kêpuz **RKS** 270 Cb 95
Kovačov **CZ** 237 Bj 81
Kovářská **CZ** 117 Bg 80
Kovaši **RUS** 65 Ct 61
Kovborg **DK** 100 At 69
Kovelahti **FIN** 52 Cf 57
Koveland **N** 67 Ar 64
Kovero **FIN** 55 Db 55
Kőveskál **H** 243 Bq 87
Kovil **BG** 264 Cj 94
Kovilj **SRB** 261 Ca 90
Kovjoki **FIN** 42 Cl 53
Kovland **S** 50 Bp 56
Kovre **MNE** 269 Bt 96
Kovvarce **SK** 239 Ca 84
Kovárov **CZ** 237 Bi 81

La Gaubretière F 165 Ss87
Lagdai I 137 Ba92
Lage D 108 Ao76
Lage D 115 As77
Lagedi EST 210 Ck62
Lage Mierde NL 113 Al78
Lageon F 165 Su87
Lägerdorf D 103 Au73
Laget N 67 At63
Lagg GB 78 Si69
Lagga S 61 Bg61
Låghellerhyttene N 57 Ap59
Laghy IRL 87 Sd71
Łagiewniki PL 227 Bu78
Laginá GR 278 Cg99
Laginá GR 280 Cn98
La Gineta E 200 Sq102
La Gironda E 204 Si106
Lagje AL 270 Ca98
Laglio I 175 At89
Lagmansered S 68 Be64
Lagnieu F 173 Al89
Lagnö S 70 Bd64
Lagny F 161 Af81
Lagny-le-Sec F 161 Af82
Lagny-sur-Marne F 161 Af83
Lago I 151 Bn102
Lagoa P 202 Sd106
Lagoa P 182 Qi105
Lagoa, A (Campo Lameiro) E 182 Sc95
Łagoda PL 118 Bl77
Lagonegro I 148 Bm100
Lagonissi GR 287 Ch105
Lagor F 187 St94
Lagord F 165 Ss88
Lágos GR 279 Cl98
Lagos P 202 Sc106
Lagosanto I 139 Be91
Lagoševci BG 264 Cf93
Lagovoúni GR 283 Ce105
Łagów PL 225 Bl76
Łagów PL 228 Cd78
Łagów PL 234 Cc79
Lågøy N 56 Ak58
Lagrán E 186 Sp95
Lagran = Laran E 186 Sp95
La Granada de Rio-Tinto E 203 Sh105
la Granadella E 195 Ab98
La Granja d'Escarp E 195 Aa98
La Granjuela E 198 Sk104
Lagrasse F 178 Af94
Lagraulière F 171 Ad90
la Grolle F 164 Sr87
La Guancha E 202 Rg124
Laguardia E 186 Sp95
La Guardia E 199 So101
La Guardia de Jaén E 205 Sn105
Laguépie F 178 Ad92
Lagueruela E 194 Ss98
La Guijarrosa E 204 Sl105
Laguiole F 172 Af91
Laguna Dalga E 184 Si96
Laguna de Contreras E 193 Sn98
Laguna de Duero E 192 Sl97
Laguna del Marquesado E 194 Sr100
Laguna de Negrillos E 184 Si96
Laguna Rodrigo E 193 Sm99
Lagunas de Somoza E 184 Sh96
Lagunilla E 192 Si100
Lagunillas, Las E 205 Sm106
La Hague E 98 Sr81
Lahanaköy TR 280 Cp98
Lahanás GR 278 Cg99
Lahaniá GR 292 Cq109
Laharanne F 176 Ss94
Laharie F 176 Ss92
Lahas F 177 Ab93
La Haye F 158 St82
Lahde D 108 At76
Lähdejänkkä FIN 36 Ci48
Lähden D 107 Aq75
Lahdenkylä FIN 53 Ck57
Lahdenkylä FIN 54 Cr56
Lahdenperä FIN 53 Ck54
Lahdenpoh'ja RUS 55 Da57
Lahenpää S 35 Cg47
La Herradura E 205 Sn107
La Herrera E 200 Sq103
La Herreria E 204 Sk105
Laheycourt F 162 Al83
La Higuera E 201 Ss103
Lahinch IRL 86 Sb75
La Hinojosa E 200 Sq102
Lahitte-Toupière F 187 Su94
Lahnajärvi FIN 63 Ch60
Lahnajärvi S 35 Ce47
Lahnakoski FIN 43 Cg53
Lahnanen FIN 44 Cn53
Lahnasjärvi FIN 44 Cq53
Lahnstein D 119 Aq80
Lahntal D 115 As79
Lahojsk BY 219 Cg72
Laholm S 72 Bg67
Laholuoma FIN 52 Cf57
Lahovaara FIN 45 Cs54
La Hoya E 206 Sr105
Lahr/Schwarzwald D 163 Aq84
Lahstedt D 115 Ba76
Lähteenkylä FIN 62 Ce58
Lahti D 62 Cd59
Lahti FIN 63 Cm59
Lahtis = Lahti FIN 63 Cm59
Lahtolahti FIN 55 Ct55
Lai = Lenzerheide CH 131 Au87
Laibgaliai LT 214 Cm69
Laibstadt D 122 Bz82
Laichingen D 125 Au84
Laidi LV 212 Cd67
Laidze LV 213 Cf66
La Iglesia = Iglesia, La (Trucios) E 185 So94
La Iglesia (Trucios) E 185 So94
La Iglesuela E 192 Sl100
La Iglesuela del Cid E 195 Su100
Laigne, La F 165 St88
Laignes F 161 Ai85
Laigueglia I 181 Ar93
Laihia FIN 52 Ce55
Laikko FIN 55 Ct58
Lailly-en-Val F 166 Ba85
Laimbach am Ostrong A 237 Bl84

Laslades F 187 Aa94
Las Lagunillas E 205 Sm106
Laslea RO 255 Ck88
Laslovo HR 251 Bs90
Las Machorras E 185 Sn94
Las Majadas E 194 Sq100
Las Médulas E 183 Sg96
Las Mellizas E 205 Sl107
Las Mercedes E 202 Rh123
Las Mesas E 200 Sp102
Las Minas E 200 Sr104
Las Navas E 205 Sm106
Las Navas de la Concepción E 204 Sk105
La Solana E 199 So103
La Solana E 200 Sq103
Lasovo SRB 263 Ce93
Las Palmas de Gran Canaria E 202 Rk124
Laspaúles E 177 Ab96
Las Pedrosas E 187 St96
La Spezia I 137 Au92
Las Playas E 203 Rn124
Las Rozas de Madrid E 193 Sn100
Las Rubias E 183 Sh94
Låssa S 60 Bq61
Lassahn D 110 Bb73
Las Salas E 184 Sk95
Lassan D 105 Bh73
Lassay-les-Châteaux F 159 Su84
Lassee A 238 Bo84
Lassemoen N 39 Bf51
Lassere F 177 Ac94
Lässerud S 58 Be61
Lasseube F 187 Su94
Lassigny F 161 Af81
Lassila FIN 52 Ce57
Laßnitz bei Murau A 134 Bi86
Laßnitzhöhe A 135 Bm86
Lassur F 177 Ad95
Laståd S 69 Bh63
Lastein N 66 Am62
Lastic F 172 Af89
Lastours F 178 Ae94
Lastovo HR 268 Bo95
Lastra a Signa I 138 Bc93
La Strada I 137 Ba91
Lastras de Cuéllar E 193 Sm98
Lastres E 184 Sk93
Lästringe S 70 Bp63
Lastrup D 108 Aq75
Lastukoski FIN 44 Cr54
Lastustenkulma FIN 53 Ch58
Lastva BIH 269 Br95
Lastva MNE 269 Bs96
Las Uces E 191 Sh98
Lašva BIH 260 Bq92
Lasva EST 210 Cp65
Las Ventanas E 201 Ss104
Las Viñas E 206 So106
Łaszczów PL 235 Ch79
Laszki PL 235 Cf80
La Talaudière F 173 Ai90
La Tercia E 200 Sr104
Laterina I 138 Bd93
Laterza I 149 Bo99
La Teste-de-Buch F 170 Ss91
Latette, la F 169 An87
Lathen D 108 Ap75
Latheron GB 75 So64
La Thuile I 130 Ao89
Lathus-Saint-Rémy F 166 Ab88
Latiano I 149 Bq99
Latikberg S 41 Bp51
Latillé F 165 Aa87
Latina I 146 Bf98
Latinu RO 256 Cq90
Latisana I 133 Bg89
Látky SK 240 Bu83
Latomaa FIN 53 Cg58
Latorpsbruk S 70 Bk62
La Torre E 194 Ss101
la Torre de Fontaubella E 188 Ab98
la Torre del Cap E 201 Su102
La Torresaviñán E 194 Sp99
La Torres de Cotillas E 201 Ss104
Latoszyn PL 234 Cc80
La Tour-Blanche-Cercles F 170 Aa90
Latour-de-France F 178 Af95
Latovainio FIN 63 Cg59
Látrány H 243 Bq87
Latrape F 177 Ac94
Látrar IS 20 Qh24
Latrecey-Ormoy F 162 Ak85
Latronico I 148 Bn100
Latronquière F 171 Ae91
Latsch = Laces I 132 Bb87
Latteluokta S 28 Bu44
Látteluokta = Latteluokta S 28 Bu44
Latterbach CH 169 Aq87
Lattes F 179 Ah93
Láttevárri = Lannavaara S 29 Cd44
Lattomeri FIN 52 Cd58
Lattrop NL 108 Ao76
Lattuna FIN 31 Cs45
Latva FIN 37 Cp49
Latva FIN 43 Cm52
Latva FIN 44 Cq51
Latvajärvenperä FIN 37 Cr50
Latvalampi FIN 55 Ct56
Latygal' BY 219 Cp72
Latzói GR 282 Cd105
Laubach D 120 As79
Laubere LV 214 Cl67
Laubrières F 159 Ss85
Laubusch D 117 Bi78
Laucesa LV 215 Co69
Laucha an der Unstrut D 116 Bd78
Lauchdorf D 126 Bb85
Lauchhammer D 118 Bh78
Lauchhammer-West D 118 Bh78
Lauchheim D 121 Ba83
Lauciene LV 213 Cf66
Lauda-Königshofen D 121 Au81
Laudal N 67 Aq64
Lauder GB 79 Sp69
Lauderi LV 215 Cq68
Laudio = Llodio E 185 Sp94
Laudona LV 214 Cn67
Lauenau D 109 At76
Lauenburg D 115 Au77
Lauenburg (Elbe) D 109 Bb74
Lauenen CH 169 Ap88
Lauenstein D 117 Bh79
Laufach D 121 At80
Lauf an der Pegnitz D 122 Bc81
Läufelfingen CH 124 Aq86
Laufen CH 124 Ap86
Laufen D 128 Bf85
Laufen, Sulzbach- D 121 Au83
Laufenburg CH 124 Ar85
Laufenburg (Baden) D 124 Ar85
Lauffen am Neckar D 121 At82
Laugarvatn IS 20 Qk26
Laugharne GB 92 Sm77
Lauingen (Donau) D 126 Ba83
Laujar de Andarax E 206 Sp107
Laukaa FIN 54 Cm56
Laukansalo FIN 54 Cs55
Lauker S 34 Bu49
Laukhamar N 56 Am61
Laukka FIN 44 Cm51
Laukka-aho FIN 54 Cr55
Laukkala FIN 44 Co54
Laukkavirta FIN 53 Cn56
Laukkoski FIN 63 Cl60
Lauksargiai LT 217 Ce70
Lauksletta N 23 Cb40
Lauksodis LT 213 Ci68
Laukuluspa S 28 Bu45
Laukuva LT 217 Ce69
Laukvik N 22 Bq41
Laukvik N 22 Bt40
Laukvik N 24 Cp39
Laukvik N 25 Ct39
Laukvik N 25 Dc40
Laukvik N 27 Bk45
La Uña E 184 Sk94
Launac F 177 Ac93
Launceston GB 97 Sm79
Laundos P 190 Sc98
La Unión E 207 St105
La Unión de Campos E 184 Sk96
Launois-sur-Vence F 161 Ak81
Launonen FIN 63 Ck59
Laupa EST 209 Cl63
Laupen CH 130 Ap87
Laupheim D 126 Au84
Laupunen FIN 62 Cc60
Laura I 147 Bk100
Lauragh IRL 89 Sa77
Laurbjerg DK 100 Au68
Laureana di Borrello I 151 Bn104
Laurenburg D 120 Aq80
Laurencekirk GB 79 Sq67
Laurencetown IRL 87 Sd74
Laurens F 178 Ag93
Laurenzana I 147 Bm100
Lauria I 148 Bm100
Laurière F 171 Ac88
Laurieston GB 80 Sm71
Laurila FIN 36 Ck49
Laurino I 147 Bl100
Lauris F 180 Al93
Laurito I 148 Bl100
Lauro I 147 Bk99
Lauros F 170 Ss91
Lauša = Llaushë RKS 270 Cb95
Lausanne CH 169 Ao87
Lauscha D 116 Bc80
Laussa A 237 Bi85
Laußig D 117 Bf77
Laussou F 171 Ab91
Lauta D 117 Bi78
Lautakoski S 29 Ce46
Lautaporras FIN 63 Ch59
Lautela FIN 63 Ch59
Lautenbach F 163 Ap85
Lautenthal D 116 Ba77
Lauter S 71 Bt65
Lauterach A 125 Au86
Lauterbach D 125 Ar84
Lauterbach D 220 Bg72
Lauterbach (Hessen) D 121 At79
Lauter-Bernsbach D 123 Bf79
Lauterbourg F 120 Ar83
Lauterbrunnen CH 130 Aq87
Lauterburg D 126 Au83
Lautere LV 214 Cn67
Lauterecken D 119 Aq81
Lauterhofen D 122 Bd82
Lautertal D 121 Bb80
Lautertal (Vogelsberg) D 121 At79
Lautiosaari FIN 36 Ck49
Lautkankare FIN 62 Cf60
Lautrec F 178 Ae93
Lauttakulma FIN 53 Ci57
Lauttavaara FIN 44 Cp51
Lauttijärvi FIN 52 Cd57
Lauvåsen N 47 Ba54
Lauvdalenseter N 57 Ar59
Lauveid N 56 Al59
Lauve-Viksfjord N 68 Ba62
Lauvhaugen N 59 Bf60
Lauvøy N 38 Au53
Lauvøyvågen N 39 Bc51
Lauvr N 67 Ar63
Lauvsjølia N 39 Bh52
Lauvsnes N 38 Bb52
Lauvstad N 46 Am56
Lauvuskylä FIN 45 Cu53
Lauvvik N 66 An63
Lauwersoog NL 107 An74
Lauzerte F 171 Ac92
Lauzès F 171 Ad91
Lauzet-Ubaye, le F 174 An92
Lauzun F 170 Aa91
Láva GR 277 Ce100
Lavad S 69 Bf64
Lavagna I 137 At92
Lavajärvi FIN 53 Cg57
Laval F 159 St84
Lavala FIN 37 Cu50
Laval-Atger F 172 Ah91
Lavaldens F 174 Am90
La Vall d'Alba E 195 Su100
La Vall d'Uixó E 201 Su101
La Valle Agordina I 133 Be88
Lavallée F 162 Al83
Laval-Roquecezière F 178 Af93
Laval-Saint-Roman F 173 Ak92
Lavamünd A 134 Bk87
Lavandou, Le F 180 An94
Lavangen N 28 Bq43
Lavangseidet N 27 Bo43
Lavangsnes N 28 Bp43
Lavans-lès-Saint-Claude F 168 Am88
Lavant A 133 Bf87
Lavapuro FIN 44 Cn53
Lávara GR 280 Cn98
Lavardac F 177 Aa92
Lavardens F 177 Ab93
Lavaré F 160 Ab84
Lavariškės LT 218 Cm71
Lavassaare EST 209 Ci63
Lavau F 167 Af85
Lavaur F 178 Ad93
Lavau-sur-Loire F 164 Sr86
Lavaux, Hastière- B 156 Ak80
Lavaveix-les-Mines F 171 Ae88
Lávdas GR 277 Cc100
La Vega E 184 Si94
Lavelanet F 178 Ad95
La Vellés E 192 Si98
Lavello I 148 Bm98
Lavelsloh D 108 As76
Lavenham GB 95 Ab76
Laveno I 132 Ba89
Laveno Mombello I 175 As89
la Venta del Poio E 201 St102
Laventie F 112 Af79
La Ventosa E 194 Sq100
Lavercantière F 171 Ac91
Lavernose-Lacasse F 177 Ac94
La Verrie F 165 St87
Lavertezzo CH 131 As88
Lavesum D 114 Ap77
Lavezzola I 138 Bd91
Lavia FIN 52 Cf57
Laviano I 148 Bl99
La Victoria E 204 Sl105
La Vid E 193 So97
Lavid de Ojeda E 185 Sm95
Lavijarvi RUS 55 Da57
Lavik N 56 Al58
La Vila Joiosa E 201 Su103
La Vilavella E 195 Su101
La Villa I 132 Bd87
La Ville-aux-Clercs F 160 Ac85
La Ville-Dieu-du-Temple F 177 Ac92
Lavilletertre F 160 Ad82
Lavin CH 131 Ba87
Lavinio-Lido di Enea I 146 Bf98
Lavino di Mezzo I 138 Bc91
Laviron F 169 Ao86
Lavis I 132 Bc88
La Visaille I 130 Ao89
Lavit F 177 Ab93
Lavizzara CH 131 As88
Låvnnjik = Lainio S 29 Ce45
Lávong = Levang N 32 Bg48
Lavos P 190 Sc100
Lavours F 174 Am89
Lavoûte-Chilhac F 172 Ag90
Lavoûte-sur-Loire F 172 Ah90
Lavra P 190 Sc98
Lavre P 196 Sd103
Lávrio GR 287 Ci105
Lavriv UA 235 Cf82
Lavry RUS 215 Cp65
Lavsjö S 40 Bo52
Lawalde D 231 Bk78
Laxå S 69 Bk63
Laxarby S 68 Be62
Laxbäcken S 40 Bn51
Laxdale GB 74 Sh64
Laxe E 182 Sb94
Laxede S 35 Cb48
Laxey GBM 88 Sm72
Laxford Bridge GB 75 Sk64
Laxnäs S 33 Bl49
Laxne S 70 Bp62
Laxo GB 77 Ss60
Laxobigging GB 77 Ss60
Laxou F 162 An83
Laxsjö S 40 Bk53
Laxtjärn S 59 Bi60
Laxviken S 40 Bk53
Layer de le Haye GB 95 Ab77
La Yesa E 195 St101
Läyliäinen FIN 63 Ci59
Layna E 194 Sq98
Layrac F 177 Ab92
Laytown IRL 88 Sh73
Łaz = Lohsa D 118 Bi78
Laza E 183 Sf96
Łaza PL 235 Cg82
Laza RO 256 Cq87
Lazagurría E 186 Sq96
Lažani MK 271 Cc98
Lăzarea RO 255 Cm87
Lăzăreni RO 245 Ce87
Lazarevac SRB 262 Ca92
Lazarev Krst MNE 269 Bt95
Lazarevo SRB 252 Cb90
Lazaropole MK 270 Cb97
Lazdijai LT 224 Ch72
Lazdona LV 214 Cn67
Lazduny BY 218 Cm73
Lažec MK 271 Cc99
Łążek Ordynacki PL 235 Ce79
Lazeščyna UA 246 Ci84
Lazise I 132 Bb89
Łaziska Górne PL 233 Bs80
Lazkao E 186 Sq94
Lázně Bělohrad CZ 231 Bm80
Lázně Bohdaneč CZ 231 Bm80
Lázně Kynžvart CZ 230 Bf80
Laznica SRB 263 Cd92
Lazo MD 248 Cr85
Lazovsk = Sîngerei MD 248 Cr85
Laz Stubički HR 242 Bn89
Lazuri RO 241 Cf85
Lazuri de Beiuș RO 245 Ce87
Łazy PL 221 Bn72
Łazy PL 233 Bt80
Łazy PL 234 Cb81
Lazy pod Makytou SK 239 Br82
Lazzaro I 151 Bm105
Leadenham GB 85 St74
Leaden Roding GB 95 Aa77
Leaibejávri = Leppäjärvi FIN 29 Cg43
Leake GB 85 Aa74
Leamhcán = Lucan IRL 87 Sh74
Leamington GB 93 Sr76
Leányfalu H 243 Bt85
Leap IRL 90 Sb77
Leasingham GB 85 Su74
Leatherhead GB 94 Su78
Léaupartie F 159 Aa82
Łeba PL 221 Bq71
Lebach D 120 Ao82
Lebane SRB 263 Cd95
Lebanje = Labanë RKS 271 Cc95
le Barcarès F 189 Ag95
Lebbeke B 155 Ai78
Łebcz PL 222 Br71
Le Beausset F 180 Am94
Lebedivka UA 257 Da89
Lebedzeva BY 219 Co72
Lebeña E 184 Sl94
Lebenstedt D 116 Ba76
Lébény H 238 Bp85
Lebesby N 24 Cp39
Lebiedziew PL 229 Ch76
Łebień PL 221 Bq71
Lebiez F 112 Ad80
Lebjaž'e RUS 65 Ct61
Łebno PL 222 Br72
Le Bonhomme F 124 Ap84
Leboreiro E 183 Se95
Lębork PL 221 Bq71
le Bosc F 177 Ac95
Le Boulou F 189 Af95
Lebrade D 103 Ba72
Le Brassus CH 169 An87
Lebrija E 204 Sh107
Le Buisson-de-Cadouin F 171 Ab91
Lebus D 111 Bk76
Lebusa D 118 Bg77
Leça do Bailio P 190 Sc98
le Cannet-des-Maures F 180 An94
Lecce I 149 Br100
Lecco I 131 At89
Lece SRB 263 Cd95
Lécera E 195 St98
Lech A 125 Ba86
Le Châble CH 174 Ap88
Le Chambon-sur-Lignon F 173 Ai90
Lechbruck D 126 Bb85
Lèches, Les F 170 Aa91
Lechința RO 246 Ci86
Lechlade GB 93 Sr77
Lechovice CZ 238 Bn83
Lechów PL 234 Cc79
Lēči LV 212 Cd66
Lecina E 187 Aa96
Leciñena E 187 St97
Leck D 102 As71
Lecka PL 235 Ce81
Lectoure F 177 Ab93
Lecumberri E 186 Sr94
Lecumberry F 186 Ss94
Lécussan F 187 Ab94
Łęczeszyce PL 228 Cb77
Łęczna PL 229 Cf78
Łęczyca PL 227 Bt76
Łeczyce PL 222 Bq71
Ledal N 38 As54
Ledaña E 200 Sr102
Ledberg S 70 Bl64
Ledbury GB 93 Sq76
Ledce CZ 230 Bg81
Lede B 156 Ah79
Ledeč nad Sázavou CZ 231 Bl81
Ledenice CZ 237 Bk83
Ledenice HR 258 Bk90
Lédergues F 178 Ae92
Ledesma E 192 Si98
Lédignan F 179 Ai93
Leding S 41 Bs53
Ledja S 73 Bm68
Lēdmane LV 214 Cl67
Ledmore Junction GB 75 Sl64
Lednica SK 239 Br82
Lednicata BG 273 Ck97
Lednice CZ 238 Bo83
Lednické Rovné SK 239 Br82
Ledoira E 182 Sd94
Ledrada E 192 Si100
Ledsjö S 69 Bg64
Lēdurga LV 214 Ck66
Ledyczek PL 221 Bo73
Łędzin PL 105 Bl72
Łędziny PL 233 Bt80
Leebury GB 81 Sr70
Leeds GB 84 Sr73
Leeds GB 99 Ab78
Leedstown GB 96 Sk80
Leegebruch D 111 Bg75
Leek GB 93 Sq74
Leek NL 107 An74
Leenane IRL 86 Sa73
Leende NL 113 Am78
Lee-on-the-Solent GB 98 Ss79
Leer (Ostfriesland) D 108 Ap74
Leerbeek B 155 Ai79
Leerdam NL 106 Al77
Leersum NL 113 Al76
Le Escarène F 136 Ap93
Leese D 109 At75
Leeste D 108 As75
Leeuwarden = Ljouwert NL 107 Am74
Leeuwen, Beneden- NL 107 Am77
Leevaku EST 210 Cp64
Leevi EST 210 Cp65
Leezen D 103 Ba73
Leezen D 110 Bc73
Lefeci TR 280 Cp97
Lefkáda GR 282 Cb103
Léfkara GR 277 Cd100
Léfkes GR 288 Cl106
Lefkímmi GR 276 Ca102
Lefkímmi GR 280 Cn98
Lefkó GR 277 Cc99
Lefkónas GR 278 Cg98
Lefkopigí GR 277 Cd100
Léfktra GR 283 Cg104
Leganés E 193 Sn100
Leganiel E 193 Sp100
Legau D 125 Ba85
Legazpi E 186 Sq94
Legazpia = Legazpi E 186 Sq94
Legde/Quitzöbel D 110 Bd75
Legden D 114 Ap76
Legé F 164 Sr87
Lège-Cap-Ferret F 170 Ss91
Leghin RO 247 Cn86
Legionowo PL 228 Cb76
Léglise B 156 Am81
Legnago I 138 Bc90
Legnano I 131 As89
Legnaro I 132 Bd90
Legnica PL 226 Bn78
Legnickie Pole PL 226 Bn78
Legoli I 143 Bb93
Łęgonice PL 228 Cb77
Légorreta E 186 Sq94
Łęgowo PL 222 Bs72
Legrad HR 250 Bo88
Łęg Ręczyński PL 228 Bu78
Łęg Tarnowski PL 234 Cb80
Leguevin F 177 Ac93
Léguillac-de-Cercles F 171 Ab90
Legutiano E 186 Sp95
Legutio = Legutiano E 186 Sp95
Léh H 240 Cb84
Le Havre F 159 Aa81
Lehčevo BG 264 Ch93
Lehe D 107 Ap74
Lehena GR 282 Cc105
Léheo GR 283 Cf105
Lehesten D 116 Bc80
Lehliu RO 266 Co92
Lehliu-Gară RO 266 Co92
Lehmäjoki FIN 52 Ce54
Lehmden D 108 Ar74
Lehmikumpu FIN 36 Cl48
Lehmisuo FIN 37 Cp49
Lehmo FIN 55 Cu55
Lehmrade D 109 Bb73
Lehnice SK 238 Bp84
Lehnin, Kloster D 110 Bf76
Le Hom F 159 Su83
Lehoúri GR 283 Cd105
Lehrberg D 121 Bb82
Lehre D 109 Bb76
Lehrte D 109 Au76
Lehsen D 109 Bc74
Lehtimäki FIN 53 Ch55
Lehtiniemi FIN 37 Cq48
Lehtma EST 208 Cf62
Lehto FIN 37 Cr48
Lehtoi FIN 55 Da55
Lehtola FIN 53 Cl55
Lehtomäki FIN 44 Cr53
Lehtopää FIN 43 Ck52
Lehtovaara FIN 37 Cq49
Lehtovaara FIN 37 Cu50
Lehtovaara FIN 44 Cq52
Lehtovaara FIN 45 Cs54
Lehtovaara FIN 55 Ct55
Lehtovaara FIN 55 Dc55
Lehtse EST 210 Cm62
Leibertingen D 125 At84
Leiblfing D 127 Bf83
Leibnitz A 135 Bm87
Leibstadt CH 125 Ar85
Leicester GB 94 Ss75
Leichlingen (Rheinland) D 114 Ap78
Leiden NL 113 Ai76
Leiderdorp NL 113 Ak76
Leidersbach D 121 At81
Leiferde D 109 Ba76
Leifers = Laives I 132 Bc88
Leigh GB 84 Sp74
Leighlinbridge IRL 91 Sg75
Leighton Buzzard GB 94 St77
Leignes-sur-Fontaine F 166 Ab87
Leignon B 156 Al80
Leikanger N 46 Al56
Leikanger N 56 Ao58
Leikong N 46 Am56
Léim an Bhradáin = Leixlip IRL 87 Sh74
Leimaņi LV 214 Cm68
Leimen D 120 As82
Leimolia N 57 Au61
Leine N 57 As58
Leinefelde D 116 Ba78
Leineperi FIN 52 Ce58
Leinesodden N 32 Bf48
Leinestrand N 46 Am56
Leinfelden-Echterdingen D 125 At83
Leingarten D 121 At82
Leini I 136 Aq90
Leino FIN 37 Cs50
Leinola FIN 53 Cn56
Leinolanlahti FIN 54 Cp54
Leinovaara FIN 55 Cu56
Leinstrand N 38 Ba54
Leintwardine GB 93 Sp76
Leipalingis LT 224 Ch72
Leipämäki FIN 54 Cr57
Leipämäki FIN 55 Cs56
Leipheim D 126 Ba84
Leipivaara FIN 44 Cq51
Leipnitz D 117 Bf78
Leipojärvi S 35 Cc46
Leippe D 117 Bi78
Leipzig D 117 Be78
Leira N 38 Ar54
Leira N 38 Ba53
Leira N 57 At59
Leirado E 182 Sd96
Leirámoen N 33 Bk47
Leiranger N 27 Bk45
Leiranger N 56 Am62
Leirbakk N 39 Bh51
Leirbotn N 23 Cg40
Leiregrov N 57 As61
Leirflaten N 47 At57
Leirgulen N 46 Al57
Leiria P 196 Sc101
Leiro Grande E 182 Sd96
Leirosa P 190 Sc100
Leirpollskogen N 25 Cs40
Leirsetra N 48 Bd57
Leirvåg N 46 Ao55
Leirvåg N 56 Ak59
Leirvassbu N 47 Ar57
Leirvik FO 26 Sg56
Leirvik N 28 Bq44
Leirvik N 56 Al58
Leirvik N 56 Am61
Leirvika N 32 Bh48
Leirviklandet N 47 As54
Leisi EST 208 Cf63
Leisnig D 117 Bf78
Leissigen CH 130 Aq87
Leiston GB 95 Ad76
Leite N 46 Ak57
Leith GB 76 So69
Leitheim D 126 Bb83
Leithghlinn an Droichid = Leighlinbridge IRL 91 Sg75
Leitholm GB 79 Sq69
Leitir Ceanainn = Letterkenny IRL 82 Se71
Leitir Mealláin IRL 86 Sa74
Leitrim IRL 82 Sd73
Leitzersdorf A 129 Bn84
Leitzkau D 116 Bd76
Leiva E 185 So96
Leivonmäki FIN 54 Cn57
Leivonmäki FIN 55 Ct56
Leivset N 27 Bl46
Leixlip = Léim an Bhradáin IRL 87 Sh74
Leiza E 186 Sr94
Leizen D 110 Be74
Lejasciems LV 215 Co66
Lejaskrogs LV 212 Cd67
Lejcan AL 270 Ca98
Lejden S 59 Bh59
Lejkowo PL 221 Bo72
Lejpjasuo RUS 65 Ct59
Lejre DK 104 Bd69
Leka N 39 Bd50
Lekanger N 32 Bi46
Lekangsund N 27 Bp42
Lekáni GR 279 Ck98
Lekárovce SK 241 Ce83
Lekaryd S 72 Bk67
Lekåsa S 69 Bf64
Łęka Wielka PL 226 Bo77
Leke B 155 Af78
Lekėčiai LT 217 Cg71
Lekeitio E 186 Sp94
Lekenik HR 135 Bn89
Lekeryd S 69 Bi65
Lekhyttan S 69 Bk62
Łęki PL 227 Bt78
Łęki Górne PL 234 Cc81
Lekkerkerk NL 106 Ak77
Leknes N 26 Bh44
Lekneset N 46 Ao56
Łęknica PL 225 Bk77
Łękno PL 226 Bp75
Lekomin PL 234 Cb79
Leksa N 38 At53
Leksand S 59 Bk59
Leksvik N 38 Bb53
Lekum N 58 Bc61
Lekvattnet S 59 Bf60
Leland N 32 Bf48
Le Landeron CH 130 Ap86
Leleasca RO 264 Ci91
Leles SK 241 Ce84
Lelese RO 254 Cf89
Lelești RO 264 Cg90
Lélex F 168 Am88
l'Eliana E 201 St101
Le Lion-d'Angers F 165 St85
Leliūnai LT 218 Cl70
Lelkendorf D 104 Bf73
Lelkowo PL 223 Ca72
Lellainen FIN 62 Ce59
Lelle EST 210 Ck63
Le Locle CH 130 Ao86
Le Lonzac F 171 Ad90
Le Louroux-Béconnais F 165 St85
Lelów PL 233 Bu79
Lelu EST 208 Cf63
Lelystad NL 106 Al75
Lem DK 100 Ar68
Lem DK 100 As67
Le Malesherbois F 160 Ae84
Le Mans F 159 Aa84
Lembach F 120 Aq83
Lembach im Mühlkreis A 236 Bh84
Lembeck D 114 Ap77
Lemberg D 120 Aq82
Lemberg F 120 Ap82
Lembeye F 176 Su94
Lembras F 171 Ab91
Lembruch D 108 Ar75
Lemele NL 107 An76
Lemelerveld NL 107 An76
Le Mené F 159 Su85
Le Ménil F 162 An84
Lemešany SK 241 Cc83
Lemesjö S 41 Bt53
Lemetinvaara FIN 44 Cr52
Lemförde D 108 Ar76
Lemgo D 115 As76
Lemgow D 110 Bc75
Lemi FIN 64 Cq58
Lemie I 174 Ap90
Lemierzyce PL 225 Bk75
Lemkenhafen D 103 Bc72
Lemlahti FIN 52 Cd58
Lemland AX 61 Ca60
Lemmenjoki FIN 30 Cn43
Lemmer NL 107 Am75
Lemming DK 100 Au68
Lemnhult S 73 Bl66
Lemnia RO 255 Cn88
Le Mont-Saint-Michel F 158 Sr83
Lémos GR 271 Cc99
Le Mouret CH 130 Ap87
Lemovža RUS 211 Ct62
Lempää FIN 53 Cm57
Lempäälä FIN 53 Ch58
Lempdes F 172 Ag89
Lempdes F 172 Ag90
Lemprato I 132 Ba89
Lempyy FIN 54 Cp55
Lemreway GB 74 Sh64
Lemsi EST 209 Ci64
Lemsterland NL 107 Am75
Lemu FIN 62 Cd59
Lemuy F 168 Am87
Lemvig DK 100 Ar67
Lemwerder D 108 As74
Lemybrien IRL 90 Se76
Lena N 58 Bb59
Lena S 60 Bq60
Lena S 69 Bf64
Lenangsøra N 22 Bu41
Lenart v Slovenskih goricah SLO 250 Bm87
Lėnas LT 218 Ck70
Lenauheim RO 245 Cb89
Lences E 185 So95
Lencloître F 166 Aa87
Lencouacq F 176 Su92
Lend A 128 Bg86
Lendak SK 240 Ca82
Lendalfoot GB 83 Sl70
Léndas GR 291 Ck111
Lendava SLO 250 Bn87
Lendemark DK 103 At71
Lendinara I 138 Bd90
Lendinez E 205 Sm105
Lendrick GB 79 Sm68
Lendringsen D 114 Aq78
Lendum DK 68 Ba66
Lendva = Lendava SLO 250 Bn87
Lene N 66 Ap64
Lenes N 67 At63
Lengau A 127 Bf86
Lengau A 236 Bg84
Lengede D 116 Ba76
Lengefeld D 230 Bg79
Lengefeld, Pockau- D 117 Bg79
Lengenes N 28 Bp44
Lengenfeld D 122 Be79
Lengenwang D 126 Bb85
Lengerich D 107 Aq75
Lengerich D 114 Aq76
Lenggries D 126 Bd85
Lenglern D 116 Au77
Lengnau CH 125 Ar85
Lengronne F 159 Ss83
Lengyeltóti H 251 Bq87
Lenham GB 99 Ab78
Lenhovda S 73 Bl67
Leni I 153 Bk103
Leninschi MD 249 Cr85
Leninskoe RUS 65 Cu60
Lenk CH 169 Ap88
Lenkimai LT 212 Cc68
Lenkivci UA 248 Co83
Lennartsfors S 68 Bd62
Lennestadt D 115 Ar78
Lenningen D 125 At83
Lenningen N 57 Au58
Lennoxtown GB 80 Sm69
Leno I 131 Ba90
Lenola I 146 Bh98
Lenora CZ 123 Bh83
Lenovac SRB 263 Ce93
Lenovo BG 274 Cl97
le Noyer F 174 An89
Lens B 155 Ah79
Lens F 112 Af80
Lensahn D 104 Bb72
Lens-Lestang F 173 Al90
Lensvik N 38 Au53
Lent F 168 Al88
Lenta I 175 Ar89
Lentellais E 183 Sf96
Lentföhrden D 103 Au73
Lenti H 250 Bo87
Lentiira FIN 45 Cu52
Lentini I 153 Bl106
Lentuankoski FIN 45 Cu52
Lentvaris LT 218 Cl71
Lenungen S 58 Be62
Lenzburg CH 125 Ar86
Lenzen D 110 Bc74
Lenzerheide CH 131 Au87
Lenzkirch D 163 Ar85
Leoben A 129 Bl86
Leobendorf A 238 Bn84
Leogang A 127 Bf86
Léognan F 170 St91
Leominster GB 93 Sp76
León E 184 Si95
Léon F 176 Ss93
Leonberg D 125 At83
Léoncel F 173 Al91
Leondári GR 286 Ce106
Leonding A 128 Bi84
Leonessa I 144 Bf95
Leonforte I 153 Bi105
Leonídio GR 287 Cf106
Leontári GR 282 Cd102
Leontári GR 283 Ce102
Leont'evo RUS 215 Cq65
Leóntio GR 283 Cd104
Leopoldov SK 239 Bq84
Leopoldsburg B 156 Al78
Leopoldsdorf im Marchfeld A 129 Bo84
Leopoldshafen, Eggenstein- D 163 Ar82
Leopoldshagen D 220 Bh73
Leopoldshöhe D 115 As76
Leorda RO 248 Cn85
Leordeni RO 265 Cl91
Leordeni, Popești- RO 265 Cn92
Leordina RO 246 Ci85
Leova MD 257 Cr88
Leovo = Leova MD 257 Cr88
Leoz E 176 Sr95
Lepaa FIN 63 Ci58
Lepäinen FIN 62 Cc59
Lépange F 163 Ao85
Lepassaare EST 210 Cp65
Lepe E 203 Sf106
Lepenac MNE 269 Bu94
Lepenac SRB 263 Cc94
Lepenoú GR 282 Cc103
Lepeški BY 218 Cm72
Lėpicas LV 212 Cd66
Łepin PL 228 Cb77
l'Épine F 162 Ai83
Lepistönmaki FIN 43 Cg54
Leplëüka BY 229 Ch77
Lepna EST 64 Cr62
Lepno PL 222 Bu73
Lepoglava HR 242 Bn88
Le Pont CH 169 An87
Leporano I 149 Bp100
Leposavić RKS 262 Cb94
Lépoura GR 284 Ci104
Leppähammas FIN 53 Ck57
Leppäjärvi FIN 29 Cg43
Leppäkorpi FIN 63 Ch60
Leppäkoski FIN 53 Cm57
Leppäkoski FIN 62 Cf58
Leppäkoski FIN 63 Ck59
Leppälä FIN 24 Cp41
Leppälä FIN 37 Cr50
Leppälä FIN 65 Cs58
Leppälahti FIN 44 Cp54
Leppälahti FIN 54 Cm56
Leppälahti FIN 55 Ct56
Leppälänkylä FIN 53 Ch55
Leppänmäki FIN 54 Cr55
Leppärinne FIN 55 Dc55
Leppäselkä FIN 54 Cn54

Laslades – Leppäselkä 367

Leppävesi FIN 53 Cm56
Leppävirta FIN 54 Cq56
Leppiaho FIN 36 Cm49
Leppijärvi FIN 52 Cd57
Leppikoski FIN 36 Co50
Leppiniemi FIN 44 Cn51
Leppjasjur'ja RUS 55 Dc57
Le Pradet F 180 An94
Lépreo GR 286 Cd106
Le Prese CH 131 Ba88
Lepşa RO 256 Co89
Lepsala FIN 54 Cn58
Lepsény H 243 Br87
Leptokariá GR 277 Cf100
Leptokariá GR 280 Cm98
Lepushë AL 270 Bu95
Le Puy-en-Velay F 172 Ah90
Le Quesnel F 155 Af81
Lequile I 149 Br100
Ler N 38 Ba54
Lera MK 277 Cc98
Lerbäck S 69 Bl63
Lercara Friddi I 152 Bh105
Lerdal S 68 Bd63
Lerdala S 69 Bh64
Léré F 167 Af86
Lereşti RO 255 Cl90
Lerga E 176 Sr95
Lerici I 137 Au92
Lérida = Lleida E 195 Ab97
Lerín E 186 Sr96
Lerino I 132 Bd89
Lerkehaug N 39 Bd53
Lerma E 185 Sn96
Lerm-et-Musset F 170 Su92
Lermon S 39 Bi51
Lermoos A 126 Bb86
Le Rœulx B 155 Ai79
Le Rouget-Pers F 171 Ae91
Le Rousset-Marizy F 168 Ai87
Lérouville F 162 Am83
Lerrain F 162 An84
Lersjön S 58 Be61
Lerum S 68 Be65
Lervig = Leirvík FO 26 Sg56
Lervik N 68 Bb62
Lerwick GB 77 Ss60
Les E 177 Ab95
Leş RO 245 Cd87
Lesa I 175 As89
Les Abrets-en-Dauphiné F 173 Am89
Lesaca E 176 Sr94
Lešak RKS 262 Cb94
Les Andelys F 160 Ac82
Lešani MK 270 Cb98
Le Sap F 159 Aa83
Le Sauze F 174 An92
Le Sauze F 174 Ao92
Les Baux-de-Breteuil F 160 Ab83
Les Baux-de-Provence F 179 Ak93
Les Bois CH 169 Ao86
Les-Bons-Villers B 156 Ai79
les Borges del Camp E 188 Ac98
L'Escaillère B 156 Ai81
l'Escala E 189 Ag96
Les Cammazes F 178 Ae94
les Camposines E 195 Ab98
Lescar F 176 Su94
Lesce SLO 134 Bi88
Lêšće-Zakrjejc = Hornow-Wadelsdorf D 118 Bk77
Leschaux F 174 An89
Lescheraines F 174 An89
les Chevreaux F 161 Ah84
Les Choux F 167 Af85
Lescoff F 157 Sl84
Lesconil F 157 Sm85
Les Coves de Vinromà E 195 Aa100
Lescun F 187 St95
Lescure F 177 Ac94
Les Diablerets CH 169 Ap88
Lesegno I 175 Aq92
Les Epesses F 165 St87
Les Essarts-en-Bocage F 165 Ss87
Les Essarts-le-Vicomte F 161 Ah83
Les Estables F 173 Ai91
Les Eyzies-de-Tayac-Sireuil F 171 Ac91
Leshan RKS 270 Ca95
Les Haudères CH 175 Aq88
Les Hauts-d'Anjou F 165 St85
Les Herbiers F 165 Ss87
Lesičeri BG 274 Cl94
Lesičovo BG 272 Ci96
Lesidren BG 273 Ci95
Lesignano de Bagni I 138 Ba91
Lesina I 147 Bl97
Lesja N 47 As56
Lesjaskog N 47 Ar56
Lesjaverk N 47 As56
Lesjöfors S 59 Bi61
Leskava LT 217 Ch71
Leskelä FIN 44 Cm52
Lesko PL 235 Ce82
Leskolovo RUS 65 Da60
Leskovac SRB 263 Cd95
Leskovec BG 264 Cg94
Leskovec SLO 135 Bl89
Leskovec nad Moravicí CZ 232 Bq81
Leskovica MK 271 Ce97
Leskovik AL 276 Cb100
Leskovik SRB 263 Cd94
Leskovo BG 266 Cq93
Leskovoe UA 241 Cf84
les Llosses E 189 Ae96
les Lussettes F 173 Am91
Lesmahagow GB 80 Sn69
Les Mayons F 180 An94
Lesmont F 161 Ai84
Les Moulins CH 169 Ap88
Les Moulins F 158 Sp84
Leśna PL 231 Bl78
Leśna Podlaska PL 229 Cg76
Lesneven F 157 Sm83
Lešnica MK 270 Cb97
Leśnica PL 233 Br80
Lešnica SRB 262 Bt91
Leśniewo Dolne PL 223 Cb75
Leśniów Wielki PL 225 Bl77
Lesnoe RUS 216 Ca71
Lesnoe RUS 223 Cd71
Lesnoj RUS 216 Cb70
Lesnovo BG 272 Ch95
Lesnovo MK 271 Ce96
Lesobirža RUS 211 Cs62
Lesogorskij RUS 65 Cs58
Lesovo BG 275 Co97
les Palmeres E 201 Su102
Lesparre-Médoc F 170 St90
Lesperon F 176 Ss93
l'Espérou F 178 Ag92
Lespezi RO 248 Co86
Lespignan F 178 Ag94
les Planches en Montagne F 169 An87
les Planes d'Hostoles E 189 Af96
Les Ponts-de-Martel CH 130 Ao86
Lespugue F 187 Ab94
Les Quatre-Routes-du-Lot F 171 Ad91
les Rotes E 201 Aa103
les Rousses F 169 An88
Les Sables-d'Olonne F 164 Sr87
Lessach A 128 Bh86
Lessay F 158 Sr82
Lessebo S 73 Bl67
Lessien, Ehra- D 109 Bb75
Lessines B 155 Ah79
Lessolo I 130 Aq90
Lestage F 176 St92
l'Estany E 189 Ae97
Lestards F 171 Ad89
l'Estartit E 189 Ag96
Lestelle-Bétharram F 176 Su94
Lesterps F 171 Ab88
Lestijärvi FIN 43 Ck53
Leština CZ 232 Bo81
Leština u Světlé CZ 231 Bl81
Lestkov CZ 123 Bf81
Lestkov CZ 231 Bl79
Leşu RO 247 Ck86
Les Ulis F 160 Ae83
Lesura BG 264 Ch94
les Useres E 195 Su100
Les Verrières CH 169 An87
Leswalt GB 80 Sk71
Leszczanka PL 229 Cg77
Leszczynki PL 222 Bq72
Leszkowice PL 226 Bn77
Leszkowice PL 229 Cf77
Leszno PL 226 Bo77
Leszno PL 228 Cb76
Leszno Górne PL 225 Bm78
Letaj AL 270 Ca96
Létavértes H 245 Cd86
Letca RO 246 Cg86
Leţcani RO 248 Cp86
Letca Nouă RO 265 Cm92
Letca Veche RO 265 Cm92
Letchworth Garden City GB 94 Su77
Letea RO 257 Cu90
Le Tech F 178 Af96
Leteensuo FIN 63 Ci58
Letenye H 135 Bo88
Letham GB 76 Sp67
Letheringsett GB 95 Ac75
Letinac HR 258 Bl91
Letino I 146 Bi98
Letipea EST 210 Co61
Letkés H 239 Bs85
Letkov CZ 123 Bg81
Letku FIN 63 Ch59
Letnica BG 265 Cl94
Letohrad CZ 232 Bo80
Letojanni I 150 Bl105
Letošicy RUS 65 Ct62
Letovanić HR 250 Bn89
Letovice CZ 238 Bo81
Łętownia PL 235 Ce80
Le Travet F 178 Ae93
Letsbo S 50 Bm57
Letschin D 225 Bi75
Lette D 107 Ap77
Letterfrack IRL 86 Sa73
Letterkenny IRL 82 Se71
Lettewitz, Neutz- D 116 Bd77
Letur E 200 Sq104
Letux E 195 St98
Lëtzebuerg L 162 An81
Letzlingen D 110 Bc76
Leu RO 264 Ci92
Leubingen D 116 Bc78
Leuc F 178 Ae94
Leuca, Marina di I 149 Br101
Leucate-Plage F 178 Ag95
Leuchars GB 79 Sp68
Leuchtenberg D 236 Be81
Leuglay F 168 Ak85
Leugny F 167 Ag85
Leuk CH 169 Aq88
Leukerbad CH 169 Aq88
Leumrabagh = Lemreway GB 74 Sh64
Leun D 120 Ar79
Leuna D 117 Be78
Leunovo MK 270 Cb97
Leupoldstein D 122 Bc81
Leur, Etten- NL 113 Ak77
Leurbost GB 74 Sh64
Leuşeni MD 248 Cr87
Leussow D 110 Bc74
Leutasch A 126 Bc86
Leutenberg D 122 Bc79
Leutershausen D 122 Ba82
Leutkirch im Allgäu D 125 Ba85
Leutschach an der Weinstraße A 135 Bl87
Leuven B 156 Ak79
Leuy, Le F 176 St93
Leuze B 113 Ak79
Leuze, Somme- B 156 Al80
Leuze-en-Hainaut B 112 Ah79
Leuzendorf D 121 Ba82
Levä FIN 54 Cp55
Levada I 133 Be89
Levälahti FIN 54 Cr55
Le Val-d'Hazey F 160 Ac82
Levan AL 276 Bt99
Levänen FIN 64 Cq58
Levang N 32 Bg48
Levang N 67 At63
Levanger N 39 Bc53
Levanjska Varoš HR 251 Br90
Levanpello FIN 52 Ce58
Levanto FIN 63 Cl59
Levanzo I 152 Be105
Levar S 41 Bu53
Leväranta FIN 37 Cp47
Leväsjoki FIN 52 Cd57
Levašovo RUS 65 Da60
Levdun N 24 Ch40
Leveld N 57 Ar59
Leven GB 76 Sp68
Leven GB 85 Su73
Levens F 181 Ap93
Levens GB 81 Sp72
Levenwick GB 77 Ss61
Leverano I 149 Br100
Leverkusen D 114 Ao78
Levern D 108 Ar76
Le Vernet F 174 An92
Leversund N 56 Al59
Lever Tara MNE 269 Bt94
Lèves F 160 Ac84
Levet F 167 Ae87
Levice SK 239 Bs84
Levico Terme I 132 Bc88
Levide S 71 Br66
Levidi GR 286 Ce105
Levie F 142 At97
Levier F 169 An87
Lévignac F 177 Ac93
Lévignac-de-Guyenne F 170 Aa91
Lévignacq F 176 Ss92
Lévignen F 161 Af82
Levijoki FIN 53 Ch55
Levinovac HR 251 Bq89
Levka BG 274 Cn97
Levkaditi GR 283 Ce103
Levkás GR 283 Cd103
Levoča SK 240 Cb82
Levroux F 166 Ad87
Levski BG 265 Cl94
Levski BG 266 Cq94
Lewes GB 154 Aa79
Lewice PL 226 Bm76
Lewiczyn PL 228 Cb77
Lewin Brzeski PL 232 Bq79
Leyburn GB 81 Sr72
Leyden = Leiden NL 113 Ai76
Leyland GB 84 Sp73
Leyr F 162 An83
Leysdown-on-Sea GB 95 Ab78
Leysin CH 169 Ap88
Leysters GB 93 Sp76
Leyton GB 99 Su77
Leytron CH 130 Ap88
Leżajsk PL 235 Ce80
Łężany PL 216 Cc73
Lézardrieux F 158 So83
Lézat-sur-Lèze F 177 Ac94
Lezay F 165 Su88
Lezhë AL 270 Bu97
Lézignan-Corbières F 178 Af94
Ležimir SRB 261 Bu90
Lézinnes F 167 Ai85
Ležnevičy BY 218 Cn73
Leżno PL 222 Br72
Lezoux F 172 Ag89
Lezuza E 200 Sq103
Łężyce PL 232 Bn80
Lgota PL 233 Bt79
Lgota Nadwarcie PL 233 Bt79
Lgota Wielka PL 227 Bt78
Lhanbryde GB 76 So65
Lhenice CZ 123 Bi83
l'Hermitage-Lorge F 158 Sp84
Lhommaizé F 166 Ab88
L'Hôpital F 174 Am88
L'Hôpital-sous-Rochefort F 172 Ah89
Lhospitalet F 171 Ac92
Lhuis F 173 Am89
Li N 56 Al60
Liá GR 276 Ca101
Lia N 22 Bu42
Lia N 27 Bl43
Lia N 57 At61
Liabø N 47 At55
Liabygd N 46 Ao56
Liafossen N 39 Bd51
Lian N 58 Bb61
Liancourt F 160 Ae82
Lianokládi GR 283 Ce103
Liared S 69 Bh65
Liart F 156 Ai81
Liarvåg N 66 Am62
Liatorp S 72 Bi67
Libá CZ 122 Be80
Ľibagi LV 213 Cf66
Libáň CZ 231 Bl80
Liban RO 255 Cl87
Libberton GB 79 Sn69
Libčeves CZ 117 Bh80
Libčice nad Vltavou CZ 231 Bi80
Liběchov CZ 231 Bi80
Liber E 183 Sf95
Liberec CZ 118 Bl79
Liběšice CZ 123 Bh79
Liběšice CZ 123 Bh80
Libeznice CZ 231 Bi80
Libiąż PL 233 Bt80
Libin B 156 Al81
Libina CZ 232 Bp81
Libingen CH 125 At86
Libiszów PL 228 Ca78
Liblar D 114 Ao79
Libochora UA 241 Cf83
Libochovany CZ 117 Bi79
Libochovice CZ 117 Bi80
Libofshë AL 276 Bu99
Libohovë AL 276 Ca100
Libourne F 170 Su91
Libramont-Chevigny B 156 Al81
Librari I 149 Bp100
Librazhd AL 276 Ca98
Libřice CZ 232 Bm80
Librilla E 207 Ss105
Libros E 194 Ss100
Lič HR 134 Bk90
Licata I 152 Bh106
Licciana Nardi I 137 Ba92
Licenza I 146 Bf96
Liceras E 193 So98
Lich D 120 As79
Lichenroth D 115 At80
Lichères-près-Aigremont F 167 Ah85
Lichfield GB 94 Sr75
Lichnov CZ 232 Bq80
Lichnowy PL 221 Bq73
Lichtaart B 113 Ak78
Lichte D 122 Bc79
Lichtenau D 115 As77
Lichtenau D 124 Ar83
Lichtenau D 126 Bc83
Lichtenau im Waldviertel A 129 Bl84
Lichtenberg D 122 Bd80
Lichtenborn D 119 An80
Lichtenfels D 115 As78
Lichtenfels D 121 Bc80
Lichtenhorst D 109 At75
Lichtensteig CH 125 At86
Lichtenstein/Sachsen D 230 Bf79
Lichtenvoorde NL 107 Ao77
Lichtervelde B 155 Ag78
Lichwin PL 234 Cb81
Licince SK 240 Ca83
Lička Jesenica HR 258 Bl91
Lička Kaldrma HR 259 Bn92
Lickershamn S 71 Br65
Lički Osik HR 258 Bl91
Lički-Ribnik HR 258 Bl92
Ličko Lešće HR 258 Bl91
Lično CZ 232 Bn80
Licodia Eubea I 153 Bk106
Licq-Athérey F 176 St94
Licques F 112 Ad79
Licurici RO 264 Ch91
Lid S 59 Bh61
Lid S 70 Bp63
Lida BY 218 Cl73
Lidar N 57 As58
Liddes CH 174 Ap89
Lidéa GR 283 Ce103
Liden S 40 Bo50
Liden S 50 Bo55
Liden S 70 Bl65
Lidgate GB 95 Ab76
Lidhult S 72 Bg67
Lidice CZ 123 Bi80
Lidingö S 61 Br62
Lidköping S 69 Bg63
Lidmaň CZ 231 Bl82
Lido Bruno I 149 Bp100
Lido dei Gigli I 146 Bf97
Lido dei Pini I 144 Bf97
Lido delle Nazioni I 139 Be91
Lido di Camaiore I 137 Ba93
Lido di Castel Fusano I 144 Be97
Lido di Classe I 139 Be92
Lido di Dante I 139 Be92
Lido di Fermo I 145 Bh94
Lido di Jesolo I 133 Bf89
Lido di Latina I 146 Bf98
Lido di Metaponto I 149 Bo100
Lido di Noto I 153 Bl107
Lido di Ostia I 144 Be97
Lido di Palmi I 151 Bm104
Lido di Plaia I 153 Bl106
Lido di Policoro I 148 Bo100
Lido di Pomposa I 139 Be91
Lido di Rivoli I 147 Bm98
Lido di Scanzano I 148 Bo100
Lido di Siponto I 147 Bm97
Lido di Spina I 139 Be91
Lido di Squillace I 151 Bo103
Lido di Torre Mileto = Torre Mileto I 147 Bm97
Lido di Venezia I 133 Be90
Lido di Volano I 139 Be91
Lidón E 194 Ss99
Lidoriki GR 283 Ce103
Lido Sant'Angelo I 151 Bo101
Lido Signorino I 152 Be105
Lido Specchiolla I 149 Bq99
Lidsjöberg S 40 Bl52
Līdumnieki LV 215 Cq67
Lidva-2 RUS 215 Cq65
Lidzbark PL 222 Bu74
Lidzbark Warmiński PL 216 Cb72
Liebenau A 128 Bk83
Liebenau D 109 At75
Liebenau D 115 At78
Liebenburg D 116 Ba76
Liebenstein D 122 Be81
Liebenwalde D 220 Bg75
Lieberose D 118 Bi77
Liebertwolkwitz D 117 Be78
Liebling RO 253 Cc89
Lieblos D 121 At80
Liebstadt D 118 Bh79
Liedakkala FIN 36 Ck49
Liedekerke B 155 Ai79
Liédena E 176 Ss95
Liedenpohja FIN 53 Ch56
Liège B 156 Am79
Liège, Le F 166 Ac86
Liekinvaara FIN 45 Cu51
Liekokylä FIN 36 Cn49
Lieksa FIN 45 Da54
Lielahti = Lielax FIN 62 Ce60
Lielā Pīkova LV 215 Cr68
Lielauce LV 213 Cf67
Lielax FIN 62 Ce60
Lielīrbe LV 213 Ce65
Lielsatiķi LV 213 Cf67
Lielstraupe LV 214 Ck66
Lielvārde LV 214 Ck67
Liemehna D 117 Bf78
Liempde NL 113 Al77
Lien S 39 Bh53
Lien S 58 Be61
Liencres E 185 Sn94
Lienen D 114 Aq76
Lienz A 133 Bf87
Liepa LV 214 Cl66
Liepāja LV 212 Cc67
Liepe D 225 Bh75
Liepen D 220 Bg73
Liepene LV 212 Cd66
Liepgiriai LT 212 Cd69
Liepiel BY 219 Cs71
Liepkalne LV 214 Cm67
Lieplaukė LT 213 Ce69
Liepna LV 215 Cp66
Liepupe LV 214 Ci66
Liepvre F 163 Ap84
Lier B 156 Ak78
Lierbyen N 58 Ba61
Lierna I 131 At89
Liernais F 168 Ai86
Lierneux B 119 Am80
Liernolles F 167 Ah88
Lierre = Lier B 156 Ak78
Lierskogen N 58 Ba61
Lierville F 160 Ad82
Lieshout NL 113 Am77
Liesjärvi FIN 53 Ck56
Liesjärvi FIN 63 Ch59
Lieskau D 117 Bh77
Lieso FIN 63 Ck58
Liesse-Notre-Dame F 161 Ah81
Liessies F 155 Ai80
Liestal CH 124 Aq86
Lieşti RO 256 Cq89
Lietarova FIN 29 Ch46
Lietava SK 239 Bs82
Lietekkåbba S 28 Bt45
Lietekylä FIN 44 Cr51
Lieteniemi FIN 54 Co55
Lieto FIN 62 Ce59
Liétor E 200 Sr103
Lietsa FIN 63 Ci59
Lietzen D 111 Bi76
Lietzow D 105 Bh72
Lieurey F 159 Ab82
Lievestuore FIN 54 Cn56
Lievikoski FIN 52 Ce58
Liévin F 112 Af80
Lieviö FIN 63 Ci60
Lieviskä FIN 54 Cs57
Lievoperä FIN 44 Cn52
Liezen A 128 Bi85
Liffol-le-Grand F 162 Am84
Lifford IRL 82 Sf71
Liffré F 159 Ss84
Lifjell N 57 At62
Lifton GB 97 Sm79
Ligardes F 177 Aa92
Ligares P 191 Sg98
Ligariá GR 282 Cd101
Līgatne LV 214 Cl66
Ligerì GR 277 Cd100
Ligga S 34 Bu47
Liggå = Ligga S 34 Bu47
Liginiac F 172 Ae90
Ligist A 135 Bl87
Lignac F 166 Ac88
Lignan I 130 Ap89
Lignano Riviera I 133 Bg89
Lignano Sabbiadoro I 133 Bg89
Lignières F 166 Ae87
Lignières-Sonneville F 170 Su89
Lignol-le-Château F 162 Ak84
Ligny-en-Barrois F 162 Al83
Ligny-en-Brionnais F 168 Ai88
Ligny-le-Châtel F 161 Ah85
Ligny-le-Ribault F 166 Ad85
Ligo LV 215 Co66
Ligonchio I 138 Ba92
Ligopsá GR 276 Cb101
Ligota Wielka PL 226 Bp78
Ligota Wielka PL 232 Bp80
Ligoúrio GR 287 Cg105
Ligowo PL 227 Bt75
Ligueil F 166 Ab86
Ligugé F 166 Aa87
Lihás GR 283 Cf103
Lihme DK 100 As67
Lihula EST 209 Ch63
Liiansaari FIN 54 Cq58
Liiapeksi EST 63 Cm62
Liikkala FIN 64 Co59
Liimattala FIN 53 Cm55
Liimattala FIN 54 Co55
Liinamaa FIN 52 Cf54
Liitonjoki FIN 44 Cm54
Liitsola FIN 63 Cg58
Lijeśani BIH 261 Bt92
Lijeśće BIH 260 Br90
Lijleva Rijeka MNE 270 Bt95
Lik BG 272 Ch94
Likenäs S 59 Bg59
Liknes N 66 Ao64
Likodra SRB 262 Bt92
Likófos GR 280 Cn98
Likolampi FIN 37 Cu49
Likoporiá GR 286 Ce104
Likóssoura GR 286 Cd106
Likóstomo GR 279 Ci98
Likoúdi GR 277 Ce101
Likoúria GR 286 Cd105
Likovskoe RUS 211 Cs62
Likšna LV 214 Cn68
Liland N 27 Bk44
Liland N 27 Bl45
Liland N 27 Bm43
Liland N 27 Bo44
Liland N 56 An59
Liland N 66 Ao63
Lilaste LV 214 Ci66
Lild Strand DK 100 As66
L'Île-Rousse F 181 As95
Lilhac F 177 Ab94
Lilienfeld A 129 Bm84
Lilienthal D 108 As74
Liljak BG 274 Cn94
Liljanovo BG 272 Cg97
Liljendal FIN 64 Cn59
Liljendal S 59 Bi60
Lilkovo BG 273 Ck97
Lillå S 35 Cb48
Lilla Edet S 68 Be64
Lillafüred H 240 Cb84
Lillån S 70 Bl62
Lillånäs S 40 Bl51
Lillarmsjö S 41 Bt53
Lillbo S 50 Bn57
Lillbodarna S 50 Bp56
Lillby FIN 43 Cg54
Lille B 113 Ak78
Lille F 155 Ag79
Lillebo N 48 Be57
Lillebonne F 159 Ab81
Lillegarden N 67 Au62
Lillehammer N 58 Bb58
Lille Lerrisfjord N 23 Ch40
Lilleråsen N 48 Be57
Lillerød DK 72 Be69
Lillers F 155 Ae79
Lillesand N 67 Ar64
Lille Skensved DK 104 Be69
Lillestrøm N 58 Bc61
Lille Vrøi DK 101 Bc69
Lillhaga S 49 Bl57
Lillhaga S 50 Bn57
Lillhärad S 60 Bn61
Lillhärdal S 49 Bi57
Lillholmsjö S 40 Bi53
Lillholmträsk S 41 Bt50
Lilli EST 209 Cm65
Lilliesleaf GB 79 Sp69
Lillkågeträsk S 42 Cb51
Lillkyrka S 70 Bl62
Lillkyrka S 70 Bm64
Lillmälö FIN 62 Ce60
Lillo E 199 So101
Lillögda S 41 Bq52
Lillpite S 35 Cc50
Lillsaivis S 35 Cd48
Lillsele S 35 Cf47
Lillsele S 41 Bp53
Lillsele S 41 Bt52
Lillsjöhögen S 40 Bl54
Lillträsk S 34 Bu50
Lillträsk S 35 Cb49
Lillvallen S 50 Bo57
Lillviken S 33 Bn47
Lima S 59 Bg59
Limáni Litohórou GR 277 Cf100
Limankakylä FIN 43 Ck52
Limanköy TR 275 Cr97
Limannvika N 39 Bh52
Limanowa PL 234 Ca81
Limanu RO 267 Cs93
Limavady GB 82 Sg70
Limbach D 121 At82
Limbach-Oberfrohna D 230 Bf79
Limbaži LV 214 Ck65
Limbenii Vechi MD 248 Cq85
Limbourg B 114 Am79
Limburg an der Lahn D 120 Ar80
Limedsforsen S 59 Bg59
Limena I 132 Bd90
Limenária GR 279 Ck99
Liménas Géraka GR 287 Cg107
Limerick IRL 90 Sc75
Limerick = Luimneach IRL 90 Sc75
Limes B 162 Al81
Limes I 132 Bb89
Limésy F 160 Ab81
Limeyrat F 171 Ac90
Limhamn S 73 Bf69
Limingen N 39 Bh51
Limingojärvi S 35 Cf47
Liminka FIN 43 Cl51
Limiñón E 183 Se95
Liminpuro FIN 44 Cp51
Limljani MNE 269 Bt96
Limmared S 72 Bg65
Limmesand N 56 An58
Limmingen S 59 Bk61
Limna UA 241 Cf82
Limnes GR 287 Cf105
Limni GR 284 Cg103
Limni GR 286 Ce105
Limniá GR 279 Ci98
Limnohóri GR 277 Cd99
Limnohóri GR 278 Cg98
Limoges F 171 Ac89
Limogne-en-Quercy F 171 Ad92
Limoise F 167 Ag87
Limone Piemonte I 136 Aq92
Limones E 205 Sn106
Limone sul Garda I 132 Bb89
Limons F 172 Ag89
Limours F 160 Ae83
Limoux F 178 Ae94
Limpeziş RO 266 Co91
Limpias E 185 So94
Limstrand N 26 Bh44
Lin AL 276 Cb98
Linå DK 100 Au68
Linakülä EST 209 Ch64
Linañås S 61 Bs62
Linarejos E 183 Sh97
Linares E 199 Sn104
Linares de Mora E 195 St100
Linares de Riofrío E 192 Si99
Linariá GR 284 Ck103
Lincoln GB 85 St74
Lind DK 100 As68
Lindale GB 84 Sp72
Lindärva S 69 Bg64
Lindås N 56 Al59
Lindau D 103 Au71
Lindau D 117 Be76
Lindau (Bodensee) D 125 Au85
Lindau, Katlenburg- D 115 Ba77
Lindberg D 236 Bg82
Lindberg S 72 Be66
Lindberget N 58 Bd58
Lindby S 60 Bq62
Linddalen S 69 Bk62
Linde DK 100 Ar68
Linde S 71 Br66
Lindeballe DK 100 At69
Lindeberg N 58 Bc60
Lindefjell N 66 Ao63
Lindelse DK 103 Bb71
Linden A 237 Bk84
Linden BG 272 Ch98
Linden D 120 As79
Linden D 121 Bb82
Lindenäs S 69 Bh62
Lindenberg D 111 Bg73
Lindenberg D 117 Bi76
Lindenberg im Allgäu D 126 Au85
Lindenfels D 120 As81
Lindenhayn D 117 Be77
Linderås S 69 Bk65
Lindern (Oldenburg) D 108 Aq75
Linderöd S 72 Bh69
Linderud N 58 Bc59
Lindesberg S 60 Bl61
Lindesnäs S 59 Bk60
Lindewitt D 103 At71
Lindfors S 59 Bh61
Lindholm, Risum- D 102 As71
Lindholmen S 61 Br61
Lindhorst D 109 At76
Lindinuso I 149 Br99
Lindkirchen D 126 Bd83
Lindknud DK 103 At69
Lindkoski FIN 64 Cn59
Lindlar D 114 Ap78
Lindö FIN 63 Cg60
Lindö S 70 Bn63
Lindome S 68 Be65
Lindos GR 292 Cr108
Lindoso P 182 Sd97
Lindow (Mark) D 110 Bf75
Lindsås N 67 Ar63
Lindsdal S 73 Bn67
Lindshammar S 73 Bl66
Lindstedt D 110 Bd75
Lindwedel D 109 Au75
Linë CZ 230 Bg81
Línea de la Concepción, La E 205 Sk108
Linerud N 33 Bk49
Lingbo S 60 Bo58
Linge N 46 Ap56
Lingelbach D 115 At79
Lingen GB 93 Sp76
Lingen (Ems) D 108 Ap75
Lingenfeld D 163 Ar82
Lingfield GB 154 Su78
Linghed S 60 Bm59
Linghem S 70 Bm64
Lingolsheim F 124 Aq83
Lingua I 153 Bk103
Linguaglossa I 150 Bl105
Linhares P 191 Sf99
Linia PL 222 Bq72
Liniewo PL 222 Br72
Linkaičiai LT 213 Ch68
Linkenheim-Hochstetten D 163 Ar82
Linkka S 35 Ch48
Linköping S 70 Bm64
Linksness GB 77 So63
Linkuva LT 213 Ch68
Linlithgow GB 76 Sn69
Linna N 58 Be59
Linnamäe EST 209 Ch63
Linnamäe EST 210 Co65
Linnan FIN 53 Cl55
Linnankylä FIN 52 Cg56
Linnankylä FIN 53 Ck56
Linnanpelto FIN 63 Cl60
Linnebäck S 69 Bi62
Linnenbeeke D 115 As76
Linneryd S 73 Bl67
Linnes N 48 Be57
Linnich D 114 An79
Linnunpää FIN 62 Cf60
Linosa I 152 Bf109
Linovo RUS 215 Cq66
Linow D 110 Bf74
Linsburg D 109 At75
Linsell S 49 Bh56
Linsengericht D 121 At80
Linter B 156 Al79
Lintfort, Kamp- D 114 Ao77
Linthal CH 131 At87
Linthe D 117 Bf76
Lintig D 108 As73
Linton GB 84 Sr72
Linton GB 95 Aa76
Lintupirtti FIN 36 Cm48
Lintzel D 109 Ba75
Linxe F 176 Ss93
Linyola E 188 Ab97
Linz A 237 Bi84
Linz D 120 Ap79
Lioliai LT 217 Cf69
Liomseter N 47 Au58
Lion-d'Angers, Le F 165 St85
Lion-en-Sullias F 167 Ae85
Lioni I 148 Bl99
Lion-sur-Mer F 159 Su82
Liópraso GR 277 Cd101
Liorac-sur-Louyre F 171 Ab91
Lios Duin Bhearn = Lisdoonvarna IRL 89 Sb74
Lios Mór = Lismore IRL 90 Se76
Lios Tuathail = Listowel IRL 89 Sb76
Lipa BIH 268 Bp93
Lipa PL 228 Ca78
Lipa PL 231 Bn79
Lipany SK 240 Cb82
Lipar SRB 252 Bu89
Lipari I 153 Bk104
Lipasvaara FIN 55 Ct54
Lipcani MD 248 Co84
Lipce Reymontowskie PL 228 Bu77
Lipe SRB 263 Cc91
Lipen BG 264 Cg94
Liperi FIN 55 Ct55
Liperinsalo FIN 55 Ct56
Liphook GB 98 St78
Lipiany PL 220 Bk74
Lipica SLO 134 Bh89
Lipice HR 258 Bl90
Lipie PL 233 Bs78
Lipik HR 250 Bp90
Lipiniški LV 215 Co69
Lipinki PL 229 Cg77
Lipinki Łużyckie PL 118 Bl77
Lipinlahti FIN 45 Ct53
Lipiny PL 226 Bm77
Lipiny PL 227 Bu77
Lipiny PL 234 Cc80
Lipiny Dolne PL 235 Ce80
Lipjan RKS 271 Cc95
Lipka PL 221 Bp73
Lipkany = Lipcani MD 248 Co84
Lipki Wielkie PL 225 Bm75
Lipkovo MK 271 Cd96
Lipkovsko Ezero MK 271 Cc96
Lipljan = Lipjan RKS 271 Cc95
Lipniaki PL 229 Cf77
Lipnica BG 272 Ch94
Lipnica PL 221 Bp72
Lipnica PL 222 Bt74
Lipnica PL 234 Cd80
Lipnica Murowana PL 234 Cb81
Lipnica Wielka PL 233 Bu82
Lipnicki Šor SRB 262 Bt91
Lipnik PL 234 Cc79
Lipniki PL 223 Cd74
Lipniki PL 234 Cc81
Lipník nad Bečvou CZ 239 Bq81
Lipniški BY 218 Cm72
Lipniţa RO 266 Cq92
Lipno PL 226 Bo77
Lipno PL 227 Bt75
Lipno RUS 211 Cq64
Lipno nad Vltavou CZ 128 Bi83
Lipolist SRB 261 Bu91
Liposthey F 170 St92
Lipótfa H 251 Bq88
Lipová CZ 231 Bi78
Lipova RO 253 Cd88

368 Leppävesi – Lipova

Los Cristianos E 202 Rg124
Los Dolores E 207 Ss105
Lösen S 73 Bm68
Losenstein A 237 Bi85
Los Escoriales E 199 Sn104
Los Estrechos E 206 Sr106
Losevo RUS 65 Ct58
Losevo RUS 65 Cu59
Los Gigantes E 202 Rg124
Los Guadalperales E 198 Si102
Los Guiraos E 206 Sq105
Loshamn N 66 Ao64
Losheim D 119 An80
Losheim am See D 163 Ao81
Łosice PL 229 Cf76
Losicy RUS 211 Cs63
Łosie PL 241 Cc81
Losilla E 194 Ss101
Łosino PL 221 Bp72
Łosiów PL 232 Bq79
Los Isidros E 201 Ss102
Los Jinetes E 204 Si106
Losk BY 218 Cn72
Los Lobos E 206 Sr106
Los Maldonados E 207 Ss105
Los Millares E 206 Sp107
Los Molares E 204 Si106
Los Morones E 205 So107
Los Navalucillos E 199 Sl101
Los Naveros E 204 Si108
Los Nietos E 207 St105
Løsning DK 100 Au69
Los Ojuelos E 204 Sk106
Losomäki FIN 54 Cs54
Łososina Dolna PL 234 Cb81
Łosośnica PL 220 Bl73
Losovaara FIN 44 Cr51
Los Piedros E 205 Sl106
Los Rábanos E 194 Sq97
Los Rosales E 204 Si105
Los Ruices E 201 Ss102
Lossa D 116 Bc78
Lossatal D 117 Bf78
Loßburg D 125 Ar84
Losse F 176 Su92
Losser NL 108 Ap76
Lossiemouth GB 75 So65
Lößnitz D 123 Bf79
Los Tablones E 205 So107
Lostallo CH 131 At88
Loštice CZ 232 Bo81
Lostojancy BY 218 Cn72
Los Tonosas E 206 Sq105
Lostwithiel GB 96 Sl80
Los Villares E 205 Sm106
Los Villares E 205 Sn105
Los Yesos E 206 Sq106
Löt S 73 Bo67
Lote N 46 An57
Løten N 58 Bc59
Lothiers F 166 Ad87
Lothmore GB 75 Sn64
Lotlax FIN 52 Ce54
Løtoft N 66 An64
Lotorp S 70 Bm63
Lotovicy RUS 215 Cs67
Lotte D 108 Aq76
Lottefors S 50 Bn58
Löttorp S 73 Bo66
Lottum NL 113 An78
Lotyń PL 221 Bo73
Lotzorai I 141 Au101
Louailles F 165 Su85
Louan-Villegruis-Fontaine F 161 Ag83
Louargat F 157 So83
Loubajac F 176 Su94
Loubaresse F 173 Ai91
Loubens F 177 Ad94
Loubieng F 187 St94
Loubillé F 170 Su88
Louchats F 170 St91
Loučim CZ 230 Bg82
Loučka CZ 239 Bq82
Loučná CZ 117 Bf80
Loučná nad Desnou CZ 232 Bp80
Loudéac F 158 Sp84
Loudenvielle F 177 Aa95
Loudes F 172 Ah90
Loudieg = Loudéac F 158 Sp84
Loudrefing F 119 Ao83
Loudun F 165 Aa86
Loué F 159 Su85
Loue FIN 36 Ck48
Louejärvi FIN 36 Cl48
Louens F 170 St91
Louerre F 165 Su86
Loughanavally IRL 87 Se74
Loughborough GB 94 Ss75
Loughbrickland GB 87 Sh72
Loughglinn IRL 82 Sc73
Loughrea IRL 90 Sc74
Loughton GB 99 Aa77
Lougratte F 171 Ab91
Loúha GR 282 Cb105
Louhala FIN 37 Cu48
Louhans F 168 Al87
Louhioja FIN 55 Da55
Louhos FIN 53 Ch57
Louhossoa F 186 Ss94
Louisburgh IRL 86 Sa73
Loukás GR 286 Ce105
Loukee FIN 54 Cp57
Loukinainen FIN 62 Ce60
Loukíssia GR 284 Cg104
Loukolampi FIN 54 Cp56
Loukonosy CZ 231 Bl80
Loukunvaara FIN 55 Da56
Loukusa FIN 37 Cq49
Louky CZ 233 Bs81
Loulans-Verchamp F 169 An86
Loulay F 170 St88
Loulé P 202 Sd106
Lõunaküla EST 209 Ck61
Louňovice pod Blaníkem CZ 231 Bk81
Louny CZ 230 Bh80
Louonmäki FIN 52 Cf55
Loupe, La F 160 Ac84
Loupiac F 171 Ae91
Louppy-sur-Loisin F 156 Al82
Lourdes F 187 Su94
Lourdios-Ichere F 187 St94
Lourdoueix-Saint-Michel F 166 Ad88
Lourenzá (San Tomé) E 183 Sf94
Loures P 196 Sb103
Louriçal P 190 Sc100
Lourinhã P 196 Sb102
Louro E 182 Sb95
Loúros GR 282 Cb102
Lourosa P 190 Sc99
Louroux-Béconnais, Le F 165 St85
Loury F 160 Ae84
Lousa P 191 Sf101
Lousa P 196 Sb103
Lousã P 190 Sd100
Lousada P 190 Sd98
Lousiká GR 282 Cd104
Louth GB 85 Su74
Louth IRL 88 Sg73
Loutrá GR 278 Ch101
Loutrá GR 282 Cc103
Loutrá GR 285 Co102
Loutrá GR 286 Cd105
Loutrá GR 288 Ci106
Loutrá Edipsoú GR 283 Cg103
Loutrá Eleftherón GR 278 Ci99
Loutráki GR 271 Cd99
Loutráki GR 282 Cc103
Loutráki GR 284 Ch102
Loutráki GR 287 Cf105
Loutrá Killínis GR 282 Cc105
Loutrá Smokóvou GR 283 Cd102
Loutrá Thérmis GR 278 Cg99
Loutró GR 290 Ci110
Loutrós GR 278 Ce99
Loutrós GR 280 Cn99
Loútsa = Ártemis GR 284 Ci105
Louvain = Leuven B 156 Ak79
Louvain-la-Neuve, Ottignies- B 156 Ak79
Louvie-Juzon F 187 Su94
Louvière, La B 113 Ai80
Louviers F 160 Ac82
Louvigné-de-Bais F 159 Ss84
Louvigné-du-Désert F 159 Ss84
Louvigneg-an-Dezerzh = Louvigné-du-Désert F 159 Ss84
Louvois F 161 Ai82
Louvroil F 156 Ah80
Lövånger S 42 Cc52
Lovas HR 251 Bt90
Lovås N 58 Au62
Lovasberény H 243 Bs86
Lövåsen S 40 Bn54
Lövåsen S 48 Be56
Lövåsen S 59 Bg61
Lövåsen S 60 Bl61
Lövåsen S 60 Bm60
Lovászi H 250 Bo87
Lovászpatona H 243 Bq86
Lövberg S 40 Bk50
Lövberga S 40 Bm53
Lövberget S 59 Bk60
Lovčanci BG 266 Cq93
Lovcavičy BY 219 Cp72
Løve DK 104 Bc70
Loveč BG 273 Ck94
Lovec BG 273 Cm96
Lovec BG 275 Co94
Løvel DK 100 At67
Lovelhe P 182 Sc97
Lövenich D 114 Ao79
Lovere I 131 Ba89
Lövestad S 105 Bh69
Loviisa = Lovisa FIN 64 Cn60
Lovik N 26 Bm43
Lovikka S 29 Cf46
Lovinac HR 259 Bm92
Lövingen S 50 Bm56
Lovinobaňa SK 240 Bu84
Lovisa FIN 64 Cn60
Loviště HR 268 Bp94
Lovlia N 58 Ba60
Lövliden S 40 Bo54
Løvlund N 48 Au58
Lovna chyža BG 273 Ck97
Lövnäs S 34 Bq48
Lövnäs S 40 Bm51
Lövnäs S 49 Bg58
Lövnäset S 41 Bp53
Lövnäsvallen S 49 Bh57
Lovni Dol BG 274 Cl95
Lovö AX 62 Ca60
Lovö H 242 Bo85
Lovosice CZ 123 Bi79
Lovraeid N 56 An62
Lovran HR 134 Bi90
Lovreć HR 258 Bh90
Lovreć HR 260 Bo94
Lovrenc na Pohorju SLO 135 Bl87
Lovrin RO 245 Cb89
Løvring DK 100 At68
Lovrup DK 102 As70
Lövsjö S 40 Bl51
Lövsjön S 40 Bk53
Lövsjön S 59 Bk60
Lövstabruk S 61 Bq60
Lövstalöt S 60 Bq61
Lövtjärn S 60 Bn58
Lovund N 32 Be48
Lövvik S 40 Bm52
Lövvik S 51 Br55
Low Brunton GB 81 Sq70
Łowce PL 235 Cf81
Łowcza PL 229 Cg78
Lowdham GB 85 Ss74
Löwenberg D 111 Bg75
Löwenberger Land D 111 Bg75
Löwenstedt D 103 At71
Löwenstein D 121 At82
Lower Diabaig GB 74 Si65
Lower Killeyan GB 78 Sh69
Lowestoft GB 95 Ad76
Lowgill GB 84 Sp72
Lowick GB 81 Sr69
Łowicz PL 228 Bu76
Łowicz Wałecki PL 221 Bn74
Löwitz D 111 Bh73
Łowyń PL 226 Bm75
Loxstedt D 108 As74
Loyat F 158 Sq85
Loyettes F 173 Al89
Løyning N 57 Ap62
Løyning N 66 Am64
Löytänä FIN 43 Cm54
Löytö FIN 54 Cp57
Löytökylä FIN 36 Cn50
Löytövaara FIN 37 Cr49
Löytty FIN 64 Co59
Löytynmäki FIN 44 Co54
Lož SLO 134 Bi89
Loza CZ 230 Bg81
Lozarevo BG 275 Co95
Lozen B 156 Am78
Lozen BG 272 Cg95
Lozen BG 274 Cn97
Lozenec BG 266 Cq93
Lozenec BG 275 Co95
Lozenec BG 275 Cq96
Lozhan AL 276 Cb99
Ložicy BY 219 Cq70
Ložín SK 241 Cd83
Lozna RO 246 Cg86
Lozna SRB 262 Cb93
Loznica BG 265 Cl93
Loznica BG 266 Co94
Loznica BG 266 Cq93
Loznica SRB 262 Bt91
Loznica SRB 262 Ca93
Lozorno SK 129 Bp84
Lozova MD 249 Cr86
Lozovac HR 259 Bm93
Lozovik SRB 263 Cc92
Lozovik SRB 263 Cc93
Lozoya E 193 Sn99
Lozoyuela E 193 Sn99
Lozzo di Cadore I 133 Be88
Luanco E 184 Si93
Luant F 166 Ad87
Luaras AL 276 Cb100
Luarca E 183 Sg93
Luart, Le F 160 Ab84
Lubaczów PL 235 Cg80
Lubań PL 225 Bl78
Lubāna LV 215 Co67
Lubanów PL 227 Bu78
Lubanowo PL 220 Bk74
Lübars D 117 Be76
Lubartów PL 229 Cf78
Lubasz PL 226 Bo75
Lubawa PL 222 Bu73
Lubawka PL 231 Bn79
Lübbecke D 108 As76
Lubbeek B 113 Ak79
Lübben (Spreewald) D 118 Bh77
Lübbenau (Spreewald) D 118 Bh77
Lübberstedt D 108 As74
Lubbon F 176 Su92
Lübbow D 109 Bc75
Lubbträsk S 40 Bo50
Lubcza PL 234 Ca80
Lubczyna PL 111 Bk73
Lübeck D 103 Bb73
Ľubeľa SK 239 Bt82
Lubenec CZ 230 Bg80
Lubenice HR 258 Bi91
Lubersac F 171 Ac90
Lubiai LT 212 Cd69
Lubián E 183 Sg96
Łubiana PL 222 Bq72
Łubianka PL 220 Bl75
Łubianka PL 222 Br74
Lubiatowo PL 222 Bq71
Lubiąż PL 226 Bn78
Lubichowo PL 222 Br73
Lubicz PL 222 Bs74
Lubiec PL 228 Cb76
Lubięcin PL 226 Bm77
Lubień PL 111 Bk76
Lubień PL 227 Bu78
Lubień PL 229 Cg77
Lubień PL 234 Bu81
Lubieniów PL 221 Bm74
Lubień Kujawski PL 227 Bt76
Lubieszyn PL 111 Bi74
Lubiewo PL 222 Br74
Lubij = Löbau D 118 Bk78
Lubin PL 226 Bn78
Lubin = Lübben (Spreewald) D 118 Bh77
Lubina SK 239 Bq83
Lubine F 124 Ap84
Łubin Kościelny PL 229 Cg75
Lubiszyn PL 111 Bk75
Lubla PL 234 Cd81
Lublewo Gdańskie PL 222 Br72
Lublin PL 229 Cf78
Lubliniec PL 235 Cg80
Lubliniec PL 233 Bs79
Lubmin D 105 Bh72
Lubnica MNE 262 Bu95
Lubnica SRB 263 Ce93
Łubnice PL 227 Br78
Łubnice PL 234 Cc80
Lubniewice PL 225 Bl75
Lubnjow = Lübbenau (Spreewald) D 118 Bh77
Łubno PL 221 Bp72
Łubno PL 229 Cg77
Ľubochňa SK 240 Bt82
Lubochnia PL 227 Ca77
Lubojna PL 233 Bt79
Lubomierz PL 231 Bm78
Lubomierz PL 240 Ca81
Lubomino PL 216 Ca72
Luboń PL 226 Bo76
Luboradz PL 232 Bn78
Luborcza PL 233 Bu79
Ľuboreč SK 239 Bu84
Luborzyce PL 233 Ca80
Luboszyce PL 232 Bq79
Ľubotín SK 240 Cb82
Lubotyń PL 227 Bs76
Lübow D 104 Bd73
Lubowidz PL 222 Bq71
Lubowidz PL 222 Bu74
Łubowo PL 221 Bn73
Łubowo PL 226 Bp75
Lubraniec PL 227 Bs75
Lubrín E 206 Sq106
Lubrza PL 225 Bl76
Lubrza PL 232 Bq80
Lubsko PL 118 Bk77
Lubstów PL 227 Br76
Lubsza PL 232 Bq79
Lübtheen D 109 Bc74
Lubuczewo PL 221 Bp71
Luby CZ 230 Be80
Lubycza Królewska PL 235 Ch80
Lübz D 110 Be74
Lubzina PL 234 Cd80
Luc F 172 Ah91
Luc, Le F 180 An94
Lucainena de las Torres E 206 Sq106
Lucan IRL 87 Sh74
Lučane SRB 271 Cd96
Lučani SRB 261 Ca93
Lúcar E 206 Sq106
Lucareț RO 245 Cd89
Luçay-le-Mâle F 166 Ac86
Lucca I 138 Bb93
Lucé F 160 Ac84
Luče SLO 134 Bk88
Lucelle CH 124 Ap86
Lucena E 205 Sm106
Lucena del Cid = Llucena E 195 Su100
Lucena del Puerto E 203 Sg106
Lucenay-lès-Aix F 167 Ag87
Lucenay-l'Évêque F 168 Ai86
Luc-en-Diois F 173 Al91
Lučenec SK 240 Bu84
Luceni E 186 Ss97
Lucens CH 130 Ao87
Lucera I 147 Bl97
Lucéram F 136 Ap93
Lucerne = Luzern CH 130 Ar86
Lucey F 174 Am89
Luchapt F 166 Ab88
Luché-Pringé F 165 Aa85
Lucheux F 155 Ae80
Lüchow (Wendland) D 109 Bc75
Luchsingen CH 131 At87
Luchy F 160 Ae81
Lucia RO 266 Co92
Luciana E 199 Sm103
Lučica SRB 263 Cc91
Lučice CZ 230 Bg82
Lucień PL 227 Bt76
Lucieni RO 265 Cl91
Lucignano I 144 Bd94
Lucignano d'Arbia I 144 Bc94
Lucillos E 192 Sl101
Lucimia PL 228 Cd78
Lučine SLO 134 Bi88
Luciu RO 266 Cp91
Lucka D 117 Be78
Luckau D 118 Bh77
Luckenwalde D 117 Bg76
Lucklum D 116 Bb76
Luck-Mosarski BY 219 Cp70
Lückstedt D 110 Bd75
Lúčky SK 239 Bt82
Lucmau F 170 Su92
Luco dei Marsi I 145 Bg97
Luçon F 165 Ss88
Lucq-de-Béarn F 187 St94
Lucs-sur-Boulogne, Les F 165 Ss87
Ludanice SK 239 Br84
Ludborough GB 85 Su74
Ludbreg HR 135 Bo88
Ludden S 70 Bn63
Lude, Le F 165 Aa85
Lüdenhausen D 115 At76
Lüdenscheid D 114 Aq78
Lüderenalp CH 130 Aq86
Lüderitz D 110 Bd75
Lüderode, Weißenborn- D 116 Ba77
Lüdersdorf D 104 Bb73
Ludești RO 265 Cl91
Ludford GB 85 Su74
Ludgershall GB 98 Sr78
Ludgierzowice PL 226 Bp78
Ludgo S 70 Bp63
Ludiente E 195 Su100
Lüdinghausen D 114 Ap77
Lüdingworth D 108 As73
Ludkovice CZ 239 Bq82
Ludlow GB 93 Sp76
Ludogorci BG 266 Co93
Ludomy PL 226 Bo75
Ludon-Médoc F 170 St91
Ludorf D 110 Bf74
Ludos RO 254 Ch89
Ludres F 162 An83
Luduș RO 254 Ci88
Ludvigsborg S 72 Bh69
Ludvika S 59 Bl60
Ludvíkovice CZ 231 Bi79
Ludwag D 121 Bc81
Ludwigsau D 115 Au79
Ludwigsburg D 121 At83
Ludwigsfelde D 111 Bg76
Ludwigshafen, Bodman- D 125 At85
Ludwigshafen am Rhein D 163 Ar82
Ludwigslust D 110 Bd74
Ludwigsstadt D 116 Bc80
Ludwinów PL 229 Cg78
Ludyn UA 235 Ci79
Ludza LV 215 Cq67
Ludźmierz PL 234 Bu82
Lüe F 170 St92
Luesen = Luson I 132 Bd87
Luesia E 176 Ss96
Luesma E 194 Ss98
Lueta RO 255 Cl88
Lug HR 251 Bs89
Lug SRB 261 Bu90
Luga RUS 211 Cu63
Lugadžija = Llugaxhi RKS 271 Cc96
Lugagnan F 176 Su94
Lugagnano Val d'Arda I 137 Au91
Lugán E 184 Sk95
Lugano CH 175 As88
Lugasu de Jos RO 245 Ce86
Lugat AL 270 Ca96
Lugau/Erzgebirge D 117 Bf79
Lugaži LV 210 Cm65
Lügde D 115 At77
Lüge D 110 Bd75
Luge MNE 270 Bu95
Luglon F 176 St92
Lugnano in Teverina I 144 Be95
Lugnås S 69 Bh63
Lugnvik S 51 Bq55
Lugny F 168 Ak88
Lugo E 183 Se94
Lugo I 138 Bb92
Lugo I 138 Bd92
Lugo de Llanera E 184 Si94
Lugo di Vicenza I 132 Bd89
Lugoj RO 253 Cd89
Lugones E 184 Si94
Lugos F 170 St92
Lugros E 205 So106
Lugton GB 78 Sl69
Lugugnana I 133 Bf89
Luhačovice CZ 239 Bq82
Luhalahti FIN 53 Cg57
Luhanka FIN 53 Cm57
Luhe-Wildenau D 236 Be81
Luhier, Le F 169 Ao86
Luhtapohja FIN 55 Db55
Luhtikylä FIN 63 Cl59
Luhy UA 249 Ct84
Luib GB 74 Sh66
Luidja EST 208 Ce63
Luige EST 209 Ck62
Luik = Liège B 156 Am79
Luikonlahti FIN 54 Cs55
Luimneach IRL 90 Sc75
Luiña E 184 Sh93
Luino I 131 As89
Luintra (Nogueira de Ramuín) E 183 Se96
Luiro FIN 31 Cq46
Luisant F 160 Ac84
Luisiana, La E 204 Sk105
Luiso FIN 31 Cr45
Lújar E 205 So107
Luka BIH 260 Br94
Luka BIH 261 Bt93
Luka CZ 230 Bg80
Luka HR 258 Bl93
Luka SRB 263 Ce92
Luka nad Jihlavou CZ 231 Bm82
Lukanj SRB 263 Cf94
Lukanpuro FIN 45 Ct53
Łukaszów PL 226 Bm78
Lukavac BIH 261 Bs91
Lukavac BIH 269 Br94
Lukavec CZ 237 Bk81
Lukavec HR 250 Bm89
Lukavica BIH 261 Bs91
Łukawiec PL 235 Cg80
Luke BIH 269 Bt93
Luke SRB 262 Ca93
Lukićevo SRB 252 Cb90
Lukinić-Brdo HR 250 Bm89
Luk'janavičy BY 219 Cp71
Łukom PL 226 Bq76
Łukomie PL 222 Bu75
Lukomo RUS 211 Da65
Lukovica SRB 263 Cc92
Lukovica pri Domžalah SLO 134 Bk88
Lukovit BG 273 Ci94
Lukovo BG 272 Cg95
Lukovo HR 258 Bk91
Lukovo MK 270 Cb98
Lukovo MNE 269 Bt95
Lukovo SRB 263 Cc94
Lukovo SRB 263 Cd93
Lukovo Šugarje HR 258 Bl92
Lukovycja UA 247 Cn84
Łuków PL 229 Ce77
Łukowa PL 235 Cf80
Luksefjell N 57 Au62
Lukšiai LT 217 Cg71
Lukštai LT 214 Cm68
Łukta PL 223 Ca73
Lula I 140 At100
Luleå S 35 Ce49
Lüleburgaz TR 280 Cp98
Lüllemäe EST 210 Cn65
Lullington GB 94 Sr75
Lümanda EST 208 Ce64
Lumardhë AL 270 Bu96
Lumasi AL 276 Ca99
Lumbarda HR 268 Bp95
Lumbier E 176 Ss95
Lumbrales E 191 Sg99
Lumbres F 112 Ae79
Lumeau F 160 Ad84
Lumes F 156 Ak81
Lumijoki FIN 43 Cl51
Lumimetsä FIN 43 Cl52
Lumio F 181 As95
Lumivaara RUS 55 Da58
Lummelunda S 71 Br65
Lummen B 113 Al79
Lumnäs S 50 Bo57
Lumparland AX 61 Ca60
Lumpėnai LT 217 Ce70
Lumpiaque E 194 Ss97
Lumsheden S 60 Bn59
Lun HR 258 Bk91
Luna E 187 St96
Luna RO 254 Ch87
Lunamatrona I 141 As101
Lunan GB 76 Sp67
Lunano I 139 Be93
Lunas F 170 Aa91
Lunas F 178 Ag93
Lunay F 166 Ab85
Lunca RO 245 Ce87
Lunca RO 247 Ck87
Lunca RO 248 Cp85
Lunca RO 265 Ck93
Lunca Banului RO 256 Cr87
Lunca Bradului RO 247 Cl87
Lunca Cernii de Jos RO 253 Cf89
Lunca Corbului RO 265 Ck91
Lunca de Jos RO 255 Cm87
Lunca de Sus RO 255 Cm87
Lunca Ilvei RO 247 Ck86
Luncani RO 254 Cg89
Luncanii de Jos RO 253 Ce89
Lunca Vișagului RO 246 Cf87
Luncavița RO 253 Ce90
Luncavița RO 257 Cr90
Luncoiu de Jos RO 254 Cf88
Lund DK 100 Au69
Lund DK 104 Be70
Lund N 39 Bd51
Lund N 39 Bd53
Lund S 68 Be62
Lund S 72 Bg69
Lunda S 61 Br61
Lunda S 70 Bo63
Lundamo N 48 Ba54
Lundbäck S 42 Cc51
Lundbacken S 42 Ca50
Lundbjörken S 59 Bk59
Lundby DK 100 At67
Lundby DK 104 Bd70
Lundby N 58 Bc60
Lunde DK 100 Ar69
Lunde N 28 Bs43
Lunde N 46 Ao57
Lunde N 56 Am60
Lunde N 66 Ao63
Lunde N 67 At62
Lundeborg DK 103 Bb70
Lundebyvollen N 58 Be59
Lunden D 103 At72
Lunden S 58 Be61
Lundenes N 27 Bo43
Lunder N 58 Bb62
Lunderseter N 58 Be60
Lunderskov DK 103 At70
Lundkälen S 40 Bk54
Lundsberg S 59 Bi62
Lundsbrunn S 69 Bg64
Lunds by S 70 Bn65
Lundseter N 56 Al61
Lundseter N 57 Au58
Lundsjön S 40 Bk53
Lundtoft DK 103 At71
Lundum DK 100 Au69
Lüneburg D 109 Ba74
Lunel F 179 Ai93
Lünen D 114 Aq77
Luneng N 22 Bt42
Luneray F 99 Ab81
Lunery F 167 Ae87
Lunestedt D 108 As74
Lunéville F 124 An83
Lungani RO 248 Cp86
Lunger S 70 Bm62
Lungern CH 130 Ar87
Lungești RO 264 Ci91
Lungre S 40 Bk54
Lungro I 148 Bn101
Lungsjön S 40 Bn54
Lungsund S 59 Bi61
Lunguletu RO 265 Cm91
Luni BY 219 Cp69
Lunino RUS 217 Ce71
Lunkkaus FIN 31 Cq46
Lunna BY 224 Ci74
Lunnäset S 49 Bg55
Lunndörrsstugorna S 49 Bg54
Lünne D 108 Ap76
Lunneborg N 22 Bs42
Lunner/Roa N 58 Bb60
Lunschania CH 131 At87
Lunteren NL 113 Am76
Lüntorf D 115 At77
Lunz am See A 237 Bl85
Lünzen D 109 Au74
Lunzenau D 230 Bf79
Luode FIN 53 Ch57
Luoftjok N 25 Cr40
Luogosanto I 140 At98
Luohua FIN 43 Cl51
Luokė LT 212 Cd69
Luokkala FIN 44 Cr50
Luoma-aho FIN 53 Ch54
Luomankylä FIN 52 Ce56
Luonaala FIN 52 Cd55
Luopa FIN 52 Cf55
Luopajärvi FIN 52 Cf55
Luopioinen FIN 53 Ck58
Luostanlinna FIN 45 Cs54
Luosto FIN 30 Co46
Luoto = Larsmo FIN 43 Cf53
Luotojärvi FIN 55 Ct56
Luotola FIN 64 Cq59
Luotolahti FIN 54 Cq58
Luovankylä FIN 52 Cd56
Lupac RO 253 Cd90
Lupara I 147 Bm98
Lupe i Poshtëm RKS 271 Cc95
Lupeni RO 254 Cg90
Lupeni RO 255 Cl88
Lupeşti RO 253 Ce88
Lupiac F 177 Aa93
Lupiana E 193 So99
Łupice PL 226 Bn77
Lupiñén E 187 St96
Lupishtë RKS 271 Cc96
Luplanté F 160 Ac84
Lupoglav HR 134 Bi90
Lupoglav HR 135 Bn89
Luppa D 117 Bf78
Luppoperä FIN 44 Cp50
Lupșa RO 254 Cg88
Lupșanu RO 266 Co92
Luque E 205 Sm105
Luquín E 186 Sq95
Luquin = Luquín E 186 Sq95
Lur S 68 Bc63
Luras I 140 At99
Lurcy-Lévis F 167 Af87
Lure F 124 An85
Lurës AL 270 Ca97
Lureuil F 166 Ac87
Lurgan GB 87 Sh72
Luri F 181 At95
Lurøy N 32 Bf48
Lusčiki BY 218 Cn71
Lušci Palanka BIH 259 Bn91
Lüsens A 132 Bc86
Luserna San Giovanni I 136 Ap91
Lushnjë AL 270 Bu99
Lusi FIN 54 Cn58
Lusignan F 165 Aa88
Lusigny-sur-Barse F 161 Ai84
Lusina PL 232 Bn78
Lusk IRL 88 Sh73
Lusminki FIN 37 Cu49
Lusnić BIH 260 Bo93
Luso P 190 Sd100
Luson I 132 Bd87
Lusówko PL 226 Bo76
Luspa FIN 29 Ce44
Luspebryggan S 34 Bu46
Luss GB 78 Sl68
Lussac F 170 Su91
Lussac-les-Châteaux F 166 Ab88
Lussac-les-Eglises F 166 Ac88
Lussan F 179 Ai92
Lussan-Adeilhac F 177 Ab94
Lussant F 170 St88
Lüssow D 104 Be73
Lüssow D 220 Bg73
Lusta GB 74 Sg65
Lustad N 39 Be52
Lustenau A 125 Au86
Luštěnice CZ 231 Bk80
Luster N 47 Ap58
Luszczów Pierwsay PL 229 Cf78
Luszkowo PL 233 Bt80
Luszowice PL 234 Cc80
Lutago I 132 Bd87
Lütau D 109 Bb74
Lutcza PL 234 Cd81
Lütetsburg D 107 Ap73
Luthenay-Uxeloup F 167 Ag87
Luthern CH 130 Aq86
Lutherstadt Eisleben D 116 Bd77
Lutherstadt Wittenberg D 117 Bf77
Lutín CZ 238 Bp81
Lutiše SK 240 Bs82
Lütjenburg D 103 Bb72
Lutol Suchy PL 225 Bm76
Lutomia Dolna PL 232 Bo79
Lutomiersk PL 227 Bt77
Luton GB 94 Su77
Lutová CZ 237 Bk83
Lütow D 105 Bh72
Lutowiska PL 235 Cf82
Lutriņi LV 213 Ce67
Lutry CH 169 Ao87
Lutry PL 216 Cb72
Lutta FIN 62 Cd58
Luttach = Lutago I 132 Bd87
Lütte D 117 Bf76
Lutter am Barenberge D 116 Ba77
Lutterbach F 124 Ap85
Lutterberg D 115 Au78
Lutterworth GB 94 Ss76
Lüttich = Liège B 156 Am79
Luttra S 69 Bh64
Lututów PL 227 Br78
Luty = Lauta D 117 Bi78
Lützel D 115 Ar79
Lützelbach D 121 At81
Lutzelbourg F 124 Ap83
Lützen D 117 Be78
Lutzerath D 119 Ap80
Lutzingen D 126 Bb83
Lützkampen D 119 An80
Lützow D 109 Bc73
Luuea Mureșului RO 254 Ch88
Luukkola FIN 54 Cr58
Luukkonen FIN 54 Cr57
Luumäen kirkonkylä FIN 64 Cq59
Luumäki FIN 64 Cq59
Luupojoki FIN 44 Co53
Luupuvesi FIN 44 Co53
Luusika EST 210 Co63
Luusniemi FIN 54 Co57
Luusua FIN 37 Cp48
Luutalahti FIN 55 Db56
Lüva EST 209 Cg63
Luvia FIN 52 Cd58
Luvos S 34 Bs47
Lux F 168 Al86
Luxaondo = Luyando E 185 Sp94
Luxé F 170 Aa89
Luxembourg = Lëtzebuerg L 162 An81
Luxemburg = Lëtzebuerg L 162 An81
Luxeuil-les-Bains F 124 An85
Luxey F 170 St92
Luyando E 185 Sp94
Luynes F 166 Ab86
Luz P 197 Sf104
Luz P 202 Sc106
Luz P 190 Qe102
Luz = Luz de Tavira P 203 Se106
Luzaga E 194 Sq99
Lužajka RUS 65 Cr59
Lužani HR 260 Bq90
Lužanka UA 257 Ct88
Lužany UA 247 Cm84
Luzarches F 160 Ae82
Luz de Tavira P 203 Se106
Luže CZ 231 Bn81
Luzech F 171 Ac92
Lužec nad Vltavou CZ 231 Bi80
Luzenac F 177 Ac95
Luzeret F 166 Ac87
Luzern CH 130 Ar86
Luzianes P 202 Sd105
Lužica RUS 211 Cs63
Luzillé F 166 Ac86
Luz i Madh AL 276 Bu98
Luzino PL 222 Br71
Lužki BY 219 Cq70
Lužki RUS 65 Ct60
Lužki RUS 216 Cc72
Lūžņa LV 212 Cd65
Łużna PL 234 Cc81
Luz-Saint-Sauveur F 187 Su95
Luzy F 167 Ah87
Luzzara I 138 Bb91
Luzzi I 151 Bn102
L'viv UA 235 Ci81
L'vov = L'viv UA 235 Ci81
Lwówek PL 226 Bn76
Lwówek Śląski PL 225 Bm78
Lybeck S 60 Bo61
Lyberget S 59 Bh59
Lybster GB 75 So64
Lycevičí BY 219 Co71
Lychen D 220 Bg74
Lycke S 68 Bd65
Lycksele S 41 Bs51
Lydd GB 99 Ab79
Lydford GB 97 Sm79
Lydham GB 93 Sp75
Lydney GB 93 Sp77
Lydum DK 100 Ar69
Lye S 71 Bs66
Lyefjell N 66 Am63
Lygna N 58 Bb60
Lygre N 56 Am60
Lygumai LT 213 Ch68
Lykintö FIN 45 Cs52
Lykkja N 47 As58
Lykkja N 57 As59
Lykkjebø N 46 Am57
Lyksborg = Glücksburg (Ostsee) D 103 Au71
Lylojti BY 218 Cn71
Lyly FIN 53 Cl57
Lylykylä FIN 44 Cr51
Lyman UA 257 Cu89
Lymans'ke UA 257 Cr90
Lymans'ke UA 257 Cu87
Lyme Regis GB 97 Sp79
Lymington GB 98 Sr79
Lymm GB 84 Sq74

370 Los Cristianos – Lymm

Lyndby **DK** 101 Bd69
Lyndhurst **GB** 98 Sr79
Lyne **DK** 100 Ar69
Lyneham **GB** 98 Sr77
Lyness **GB** 77 So63
Lynevščina **RUS** 211 Cq63
Lyngby **DK** 100 Ar67
Lyngdal **N** 57 Au61
Lyngdal **N** 66 Ap64
Lynge **DK** 101 Be69
Lynge Eskilstrup **DK** 104 Bd70
Lyngerup **DK** 101 Bd69
Lyngmo **N** 46 Ap58
Lyngs **DK** 100 Ar67
Lyngså **DK** 101 Bb66
Lyngseidet **N** 22 Ca41
Lyngsnes **N** 38 Bc51
Lyngvoll **N** 46 Ao56
Łyniew **PL** 229 Cg77
Lynmouth **GB** 97 Sn78
Lynton **GB** 97 Sn78
Lyntupy **BY** 218 Cn70
Lyø By **DK** 103 Ba70
Lyökki **FIN** 62 Cc59
Lyon **F** 173 Ak89
Lyonshall **GB** 93 Sp76
Lyons-la-Forêt **F** 160 Ac82
Lypča **UA** 246 Cg84
Lypnyky **UA** 235 Ci81
Lypovany **UA** 247 Cl84
Lyrestad **S** 69 Bi63
Łysa Góra **PL** 234 Cb81
Lysaker **N** 58 Bb61
Łysaków **PL** 234 Ca79
Lysá nad Dunajcom **CZ** 234 Ca82
Lysá nad Labem **CZ** 231 Bk80
Łysa Polana **PL** 234 Ca82
Lyščycy **BY** 229 Ch76
Łyse **PL** 223 Cd74
Lyse **S** 68 Bc64
Lysebotn **N** 66 Ao62
Lysekil **S** 68 Bc64
Lysestølene **N** 66 Ao62
Lysgård **DK** 100 At68
Lys-Haut-Layon **F** 165 Su86
Lysice **CZ** 232 Bo82
Łysiny **PL** 226 Bn77
Lysí pod Makytou **SK** 239 Br82
Lysjatyči **UA** 235 Ch82
Lyski **PL** 233 Br80
Lyski **UA** 257 Cu90
Lysnes **N** 22 Bq42
Łysomice **PL** 222 Bs74
Lysøysund **N** 38 Au53
Lyss **CH** 130 Ap86
Lyssås **S** 58 Be61
Lysthaugen **N** 39 Bd53
Lystrup **DK** 100 Ba68
Lysvik **S** 59 Bg60
Lysyčovo **UA** 246 Cg84
Łyszkowice **PL** 228 Bu77
Lytham **GB** 84 Sp73
Lytham Saint Anne's **GB** 84 So73
Lyttylä **FIN** 52 Cd57
Lyxaberg **S** 41 Br50

M

Maakeski **FIN** 53 Cl58
Maakylä **FIN** 63 Ck59
Maalahti = Malax **FIN** 52 Cd55
Maalisma **FIN** 36 Cm50
Maam Cross = An Teach Dóite **IRL** 86 Sa74
Maaninka **FIN** 54 Cp54
Maaninkavaara **FIN** 37 Cr48
Maanselkä **FIN** 44 Cr53
Maarala **FIN** 54 Cq57
Maaralanperä **FIN** 44 Cn53
Maardu **EST** 63 Cl62
Maarheeze **NL** 113 Am78
Maaria **FIN** 62 Ce59
Maarianhamina = Mariehamn **AX** 61 Bu60
Maarianvaara **FIN** 55 Cs55
Maaritsa **EST** 210 Co64
Maarja **EST** 210 Co63
Maarn **NL** 113 Al76
Maarssen **NL** 113 Al76
Maas **IRL** 82 Sd71
Maasbracht **NL** 114 Am78
Maasbree **NL** 113 An78
Maasbüll **D** 103 Au71
Maaseik **B** 156 Am78
Maaselkä **FIN** 45 Cu52
Maaselkä **FIN** 54 Cp56
Maasmechelen **B** 156 Am79
Maassluis **NL** 106 Ai77
Maastricht **NL** 156 Am79
Määttälä **FIN** 43 Ci53
Määttälänvaara **FIN** 37 Cu48
Maavehmaa **FIN** 63 Cl59
Maavesi **FIN** 54 Cq56
Maavuskylä **FIN** 54 Cp56
Måbjerg **DK** 100 As68
Mablethorpe and Sutton **GB** 85 Aa74
Mably **F** 167 Ai88
Macael **E** 206 Sq106
Maçanet de Cabrenys **E** 178 Af96
Maçanet de la Selva **E** 189 Af97
Mação **P** 197 Se101
Măcăreşti **MD** 248 Cq86
Maçãs de Dona Maria **P** 196 Sd101
Măcău **RO** 246 Cg87
Maccagno **I** 175 As88
Maccarese **I** 144 Be97
Macchiagodena **I** 146 Bi97
Macclesfield **GB** 84 Sq74
Macduff **GB** 76 Sq65
Mače **HR** 242 Bn88
Maceda **E** 183 Se96
Macedo de Cavaleiros **P** 191 Sg97
Maceira **P** 196 Sc101
Macerata **I** 145 Bg94
Macerata Feltria **I** 139 Be93
Măceşu de Jos **RO** 264 Ch93
Măceşu de Sus **RO** 264 Ch93
Macharce **PL** 217 Cg73
Machault **F** 161 Ak82
Machecoul-Saint-Même **F** 164 Sr87
Mächer **E** 203 Rn123
Machern **D** 117 Bf78
Machico **P** 190 Rg115
Machine, La **F** 167 Ag87
Machnów Nowy **PL** 235 Ch80
Mąchocice Kapitulne **PL** 234 Cb79
Machov **CZ** 232 Bn80
Machrihanish **GB** 78 Si70
Machynlleth **GB** 92 Sn75
Maciejów **PL** 233 Br78
Maciejowice **PL** 228 Cd77
Macikai **LT** 216 Cd70
Măcin **RO** 256 Cr90
Macinaggio **F** 142 At95
Macinaghju = Macinaggio **F** 142 At95
Macisvenda **E** 201 Ss104
Mačkat **SRB** 262 Bu93
Mačkatica **SRB** 271 Ce95
Mackenrode **D** 116 Bb77
Macki **BY** 219 Cq72
Mackmyra **S** 60 Bp59
Mačkovci **SLO** 242 Bn87
Maclas **F** 173 Ak90
Maclodio **I** 131 Ba90
Macomer **I** 140 As100
Mâcon **F** 168 Ak88
Macosquin **GB** 82 Sg70
Macotera **E** 192 Sk99
Macovişte **RO** 253 Cd91
Macroom **IRL** 89 Sc77
Macugnaga **I** 175 Aq89
Mačulišča **BY** 229 Cg76
Macure **HR** 259 Bm92
Macuty **BY** 219 Co70
Mád **H** 241 Cc84
Mad **SK** 239 Bq85
Madalena **P** 190 Qc103
Madan **BG** 264 Cg93
Madan **BG** 274 Ck98
Madängsholm **S** 69 Bh64
Madara **BG** 266 Cp94
Madaras **H** 252 Bt88
Mădăraş **RO** 245 Cd87
Mădăraş **RO** 254 Ci87
Madariaga **E** 186 Sq94
Mădârjac **RO** 248 Cp86
Maddalena Spiaggia **I** 141 At102
Maddaloni **I** 146 Bi98
Made **NL** 113 Ak77
Madeira **P** 190 Sd101
Madekoski **FIN** 43 Cm51
Madeleine-Bouvet, La **F** 160 Ab84
Maderal, El **E** 192 Si98
Maderuelo **E** 193 Sn98
Madesimo **I** 131 At88
Madesjö **S** 73 Bm67
Madfeld **D** 115 As78
Madières **F** 179 Ah93
Madingley **GB** 95 Aa76
Madiran **F** 187 Su93
Madiswil **CH** 169 Aq86
Madla **N** 66 Am63
Madland **N** 66 An63
Madliena **LV** 214 Cl67
Madocsa **H** 244 Bs87
Madona **LV** 214 Cn67
Madonna del Bosco **I** 139 Be91
Madonna della Nevi, Rifugio **I** 131 Au88
Madonna di Baiano **I** 144 Bf95
Madonna di Campiglio **I** 132 Bb88
Madranges **F** 171 Ad90
Mădrevo **BG** 266 Co93
Madrid **E** 193 Sn100
Madridejos **E** 199 Sn102
Madrigal de las Altas Torres **E** 192 Sk98
Madrigal de la Vera **E** 192 Sk100
Madrigalejo **E** 198 Si102
Madrigalejo del Monte **E** 185 Sn96
Madrigeşti **RO** 253 Ce88
Madrigueras **E** 200 Sr102
Madrona **E** 193 Sm99
Madroñera **E** 198 Si102
Mădulari **RO** 264 Ci91
Madžarovo **BG** 280 Cm97
Madžerito **BG** 273 Cm96
Maël-Carhaix **F** 157 So84
Mælen **N** 39 Bd52
Maella **E** 195 Aa98
Maello **E** 192 Sl99
Maël-Pestivien **F** 158 So84
Maenclochog **GB** 92 Sl77
Maen-Roch **F** 159 Ss84
Mäentaka **FIN** 62 Cf59
Mäentalo **FIN** 54 Cn58
Maentwrog **GB** 92 Sn75
Maenza **I** 146 Bg97
Maerdy **GB** 97 So77
Mære **N** 39 Bc53
Mæringsdalen **N** 47 At57
Măerişte **RO** 246 Cf86
Maesteg **GB** 97 Sn77
Maestu (Arraia Maeztu) **E** 186 Sq95
Maestu = Maestu (Arraia Maeztu) **E** 186 Sq95
Mäetaguse **EST** 210 Cp62
Maëvka **RUS** 223 Cd71
Maffe **B** 156 Al80
Mafra **P** 196 Sb103
Magacela **E** 198 Si103
Magales **F** 178 Ag94
Magallón **E** 186 Ss97
Magalluf **E** 206-207 Af101
Magaña **E** 186 Sq97
Magariños **E** 182 Sc95
Magaz **E** 185 Sm97
Magdala **D** 116 Bc79
Magdalena, La **E** 184 Si95
Magdeburg **D** 116 Bd76
Mage **N** 56 Ao60
Magelsen **D** 109 At75
Magenta **I** 131 As90
Magerholm **N** 46 An56
Mages, Les **F** 173 Ai92
Magescq **F** 176 Ss93
Măgeşti **RO** 245 Ce86
Maggia **CH** 131 As88
Maghera **GB** 82 Sg71
Magherafelt **GB** 82 Sg71
Măgherani **RO** 255 Ck87
Măgherăuş, Tăuţii- **RO** 246 Cg85
Măgheruş, Şieu- **RO** 246 Ci86
Maghull-Lydiate **GB** 84 Sp73
Magione **I** 144 Be94
Măgireşti **RO** 256 Co87
Maglaj **BIH** 260 Br91
Magland **F** 174 Ao88
Maglavit **RO** 264 Cg92
Maglebrænde **DK** 104 Be71
Magleby **DK** 104 Be71
Maglehem **S** 72 Bi69
Maglehøj Strand **DK** 103 Bc71
Mäglen **BG** 275 Cp95
Maglern **A** 133 Bh87
Magliano de'Marsi **I** 146 Bg96
Magliano in Toscana **I** 144 Bc95
Magliano Sabina **I** 144 Be96
Magliano Vetere **I** 147 Bl100
Maglić **SRB** 252 Bu90
Maglić **SRB** 262 Cb93
Maglie **I** 149 Br100
Măgliž **BG** 273 Cm95
Maglód **H** 243 Bt86
Magnac-Bourg **F** 171 Ac89
Magnac-Laval **F** 166 Ac88
Magnières **F** 124 Ao84
Magnillseter **N** 48 Bb55
Magnor **N** 58 Be61
Magnuszew **PL** 228 Cc77
Magny-Cours **F** 167 Ag87
Magny-en-Vexin **F** 160 Ad82
Mágocs **H** 251 Br88
Magoito **P** 196 Sb103
Magolsheim **D** 125 Au84
Magonfia **I** 138 Ba92
Magoúliana **GR** 286 Ce105
Magra **S** 69 Bf64
Magrè sulla Strada del Vino **I** 132 Bc88
Magreta **I** 138 Bb91
Magstadt **D** 125 As83
Maguilla **E** 198 Si104
Maguiresbridge **GB** 87 Sf72
Magūnai **LT** 218 Cm71
Măgura **RO** 256 Co87
Măgura **RO** 256 Co90
Măgura **RO** 265 Cl92
Magura = Magurë **RKS** 270 Cc95
Măgura Ilvei **RO** 247 Ck86
Magurë **RKS** 270 Cc95
Măgurele **MD** 248 Cq86
Măgurele **RO** 265 Cn92
Măgurele **RO** 267 Cr91
Măgurele, Vălenii de **RO** 265 Cn90
Măgureni **RO** 265 Cm90
Măgureni **RO** 266 Cq91
Măguri-Răcătău **RO** 254 Cg87
Magyarbóly **H** 243 Br89
Magyarkeszi **H** 243 Br87
Magyarmecske **H** 243 Bq89
Magyarszentmiklós **H** 250 Bo87
Magystori **MNE** 269 Bs96
Mahala **UA** 247 Cn84
Maheráda **GR** 282 Cb105
Maheriv **UA** 235 Ch80
Mahično **HR** 135 Bm89
Mahide **E** 183 Sh97
Mahlow **D** 111 Bg76
Mahlsdorf **D** 110 Bc75
Mahlu **FIN** 53 Cl55
Mahmić-Selo **BIH** 250 Bn91
Mahmudia **RO** 267 Ct90
Mahmutbey **TR** 281 Cs98
Mahmutköy **TR** 280 Co99
Mahmut Şevket Pasa **TR** 281 Ct98
Mahnala **FIN** 53 Cg57
Maholič **BG** 275 Co95
Mahón = Maó **E** 207 Ai101
Mahoonagh **IRL** 90 Sb76
Mahora **E** 200 Sr102
Mähring **D** 230 Bf81
Mahu **EST** 210 Co61
Maia **P** 182 Qk105
Maia **P** 182 Qk107
Maia **RO** 266 Cn91
Maials **E** 195 Ab98
Măicăneşti **RO** 256 Cp89
Maîche **F** 169 Ao86
Maida **I** 151 Bn103
Maiden Bradley **GB** 98 Sq78
Maidenhead **GB** 98 St77
Maiden Newton **GB** 98 Sp79
Maidford **GB** 94 Ss76
Maidla **EST** 64 Cp62
Maidstone **GB** 95 Ab78
Maienfeld **CH** 131 Au86
Maierato **I** 151 Bn103
Maieru **RO** 247 Ck86
Măieruş **RO** 255 Cm89
Maigh Chromtha = Macroom **IRL** 89 Sc77
Maigh Cuilinn **IRL** 86 Sb74
Maighean Rátha = Mountrath **IRL** 90 Sf74
Maigh Nuad = Maynooth **IRL** 91 Sg74
Maignelay-Montigny **F** 161 Af81
Maijanen **FIN** 36 Cl46
Maikammer **D** 120 Ar82
Maikku **FIN** 37 Da49
Maila **FIN** 63 Ch60
Mailat **RO** 253 Cc88
Mailberg **A** 129 Bn83
Mailhac-sur-Benaize **F** 166 Ac88
Maillas **F** 170 Su92
Maillé **F** 165 St88
Mailleraye-sur-Seine, La **F** 154 Ab82
Mailleroncourt-Charette **F** 169 An85
Maillezais **F** 165 St88
Mailly-le-Camp **F** 161 Ai83
Mailly-le-Château **F** 167 Ah85
Mailly-Maillet **F** 155 Af80
Maima **EST** 209 Ci63
Mainar **E** 194 Ss98
Mainbernheim **D** 121 Ba81
Mainbressy **F** 156 Ai81
Mainburg **D** 126 Bd83
Maineivos **LT** 214 Cl68
Mainhardt **D** 121 Au82
Mainiemi **FIN** 54 Co57
Mainistir an Corann = Midleton **IRL** 90 Sd77
Mainistir Eimhín = Monasterevin **IRL** 90 Sf74
Mainistir Fhear Maí = Fermoy **IRL** 90 Sd76
Mainistir na Búille = Boyle **IRL** 82 Sd73
Mainleus **D** 122 Bc80
Mainsat **F** 172 Ae88
Maintal **D** 120 As80
Maintenay **F** 154 Ad80
Maintenon **F** 160 Ad83
Mainua **FIN** 44 Cp52
Mainvillers **F** 160 Ac84
Mainz **D** 120 Ar80
Maiorca **P** 190 Sc100
Maiorga **P** 196 Sc101
Maiori **I** 147 Bk99
Mairena del Alcor **E** 204 Si106
Maironiai **LT** 217 Cg69
Maisach **D** 126 Bc84
Maishofen **A** 127 Bf86
Maišiagala **LT** 218 Cl71
Maisonnais **F** 166 Ae87
Maisonnay **F** 165 Su88
Maison-Rouge **F** 161 Ag83
Maisons **F** 178 Af95
Maisons-Laffitte **F** 160 Ae83
Maissau **A** 129 Bm83
Maisse **F** 160 Ae84
Maissin **B** 156 Al81
Maivala **FIN** 54 Cq57
Maizières **F** 159 Su82
Maizières-lès-Metz **F** 162 An82
Maizières-lès-Vic **F** 124 Ao83
Majac **MD** 249 Ct86
Majadahonda **E** 193 Sn100
Majadas **E** 192 Si101
Majaelrayo **E** 193 So98
Majaka **EST** 209 Ci65
Majakovskoe **RUS** 223 Ce71
Majaneque **E** 204 Sl105
Majavatn **N** 32 Bg50
Majbølle **DK** 104 Bd71
Majcichov **SK** 239 Bq84
Majdan **MK** 277 Cd98
Majdan **PL** 235 Ch79
Majdan **PL** 241 Ce82
Majdan **UA** 235 Cg82
Majdan **UA** 246 Cg83
Majdan Górny **PL** 235 Cg80
Majdan Kasztelański **PL** 235 Cg79
Majdan Królewski **PL** 234 Cd80
Majdan Leśniowski **PL** 229 Ch79
Majdanpek **SRB** 263 Cd92
Majdan Sieniawski **PL** 235 Cf80
Majdan Sitaniecki **PL** 235 Cg79
Majdan Wielki **PL** 235 Cg79
Majere **SK** 239 Br82
Majoo **FIN** 44 Cn53
Majovakylä **FIN** 37 Co49
Majs **H** 243 Bs89
Majskoe **RUS** 217 Ce71
Majstori **MNE** 269 Bs96
Majur **SRB** 261 Bu91
Makaj **RKS** 271 Cc95
Makaraŭcy **BY** 224 Ch74
Makariopolsko **BG** 266 Co94
Makar'ovo **UA** 241 Cf84
Makarska **HR** 268 Bp94
Makce **SRB** 263 Cc91
Mäkelä **FIN** 37 Ct48
Mäkelä **FIN** 64 Co58
Mäkelänranta **FIN** 45 Ct51
Mäkiaho **FIN** 45 Cs52
Mäkiaho **FIN** 54 Cr56
Mäkiänen **FIN** 62 Cf59
Mäki-Kokko **FIN** 30 Ci45
Mäkikylä **FIN** 44 Cq54
Mäkikylä **FIN** 53 Ck56
Mäkikylä **FIN** 53 Cl56
Mäkikylä asema **FIN** 53 Ck56
Makkarkoski **FIN** 62 Cf59
Makkola **FIN** 54 Cn56
Makkola **FIN** 55 Cs57
Makkum **NL** 106 Al74
Maklár **H** 240 Ca85
Makniūnai **LT** 224 Ci72
Makó **H** 252 Ca88
Makole **SLO** 135 Bm88
Makolice **PL** 227 Bu76
Makoszyce **PL** 226 Bq78
Makov **SK** 233 Br82
Makovac = Makaj **RKS** 271 Cc95
Makovište **SRB** 261 Bu92
Makovo **BG** 266 Cn94
Makovo **MK** 277 Cd98
Maków **PL** 227 Ca77
Makowarsko **PL** 222 Bq74
Makowiska **PL** 227 Bt78
Makowlany **PL** 224 Cg73
Maków Mazowiecki **PL** 228 Cc75
Maków Podhalański **PL** 233 Bu81
Makrádes **GR** 276 Bu101
Makrakómi **GR** 283 Ce103
Makreš Donji = Makresh i Epërm **RKS** 271 Cc95
Makresh i Epërm **RKS** 271 Cc95
Makrígialos **GR** 277 Cf100
Makrígialos **GR** 291 Cm110
Makrihóri **GR** 277 Cd102
Makrihóri **GR** 278 Ce101
Makrihóri **GR** 279 Ck98
Makrinitsa **GR** 283 Cf102
Makriplágio **GR** 279 Ci98
Makrirráhi **GR** 283 Cg102
Makrirráhi **GR** 283 Ce102
Makríssia **GR** 286 Cd105
Makryca **BY** 219 Co71
Maksamaa = Maxmo **FIN** 42 Ce54
Maksniemi **FIN** 36 Ck49
Maksutlu **TR** 281 Cq98
Maksymec' **UA** 246 Ci84
Maksymilianowo **PL** 222 Br74
Makušino **RUS** 215 Cr67
Malá **E** 205 Sn106
Mala **E** 203 Ro122
Mala **IRL** 90 Sc76
Malå **S** 34 Bs50
Mala Bosna **SRB** 252 Bu88
Malacky **SK** 129 Bp84
Maladers **CH** 131 Au87
Malá Domaša **SK** 241 Cd83
Maladzečna **BY** 219 Co72
Malaf'evka **RUS** 211 Cr63
Málaga **E** 205 Sm107
Málaga del Fresno **E** 193 So99
Malagón **E** 199 Sn102
Mala Gora **SLO** 134 Bk89
Malaguilla **E** 193 So99
Malahide = Mullach Íde **IRL** 88 Sh74
Malahora de Sus **MD** 248 Cp84
Malahvianvaara **FIN** 45 Cu51
Malaia **RO** 254 Ci90
Mălăieşti **MD** 249 Cu87
Mălăieşti **RO** 254 Cf90
Málainn Bhig **IRL** 86 Sc71
Malaja Berastavica **BY** 224 Ch74
Malajivci **UA** 249 Ct86
Malakása **GR** 284 Ch104
Malakássi **GR** 277 Cc101
Malăk Čardak **BG** 273 Ck96
Mala Kladuša **BIH** 259 Bm90
Malăk Porovec **BG** 266 Co93
Malăk Preslavec **BG** 266 Co92
Mala Krsna **SRB** 263 Cc91
Malalbergo **I** 138 Bd91
Malá Lehota **SK** 239 Bs83
Malamocco **I** 133 Be90
Malá Morávka **CZ** 232 Bp80
Mălâncrav **RO** 255 Ck88
Malandrénio **GR** 286 Cf105
Malandrinó **GR** 283 Ce104
Målång **S** 49 Bk54
Malangen **N** 22 Bs42
Malangseidet **N** 22 Bs42
Målångsta **S** 50 Bm58
Malanów **PL** 227 Br77
Mala Plana **SRB** 263 Cc94
Mälarbaden **S** 60 Bn62
Malarby **FIN** 63 Cg60
Mälarhusen **S** 73 Bi70
Malaryta **BY** 229 Ci77
Maläskä **FIN** 44 Cn52
Målaskog **S** 72 Bi67
Malastred = Malestroit **F** 164 Sq85
Mala Subotica **HR** 135 Bo88
Malataverne **F** 173 Ak92
Malaucène **F** 179 Al92
Malaunay **F** 160 Ac81
Mala' U'pa **CZ** 231 Bm79
Malävaara **FIN** 37 Cr47
Malå-Vännäs **S** 34 Br50
Mała Wola **PL** 228 Ca77
Malax **FIN** 52 Cd55
Malborghetto-Valbruna **I** 134 Bg87
Malbork **PL** 222 Bt72
Malborn **D** 120 Ao81
Malborough **GB** 97 Sn80
Malbouzon **F** 172 Ag91
Malbuisson **F** 169 An87
Malbun **FL** 131 Au86
Malcesine **I** 132 Bb89
Malchin **D** 110 Bf73
Malching **D** 127 Bg84
Malchow **D** 110 Be74
Malčice **SK** 241 Cd83
Malčika **BG** 265 Cl94
Malcocinado **E** 198 Si104
Malcontenta **I** 133 Be90
Malczyce **PL** 226 Bo78
Măldăeni **RO** 265 Ck92
Măldărăşti **RO** 264 Ci90
Maldegem **B** 155 Ag78
Maldon **GB** 95 Ab77
Małdyty **PL** 216 Bu73
Maldžiūnai **LT** 218 Cm70
Mâle **DK** 103 Bb70
Malé **I** 132 Bb88
Malé Březno **CZ** 117 Bi79
Małec **PL** 234 Cc80
Malechiv **UA** 235 Ci81
Malé Kosihy **SK** 239 Bs85
Maleme **GR** 290 Ch109
Malène, La **F** 172 Ag92
Malenovo **BG** 273 Cm97
Malente **D** 103 Bb72
Male Pijace **SRB** 252 Bu88
Malerås **S** 73 Bm67
Malerzowice **PL** 232 Bp79
Máles **GR** 291 Cm110
Malesco **I** 131 As88
Malešecy = Malschwitz **D** 118 Bk78
Malesherbes **F** 160 Ae84
Malešići **BIH** 260 Br91
Malesína **GR** 283 Cg103
Malešov **CZ** 231 Bl81
Malestroit **F** 164 Sq85
Małe Walichnowy **PL** 222 Bs73
Malexander **S** 70 Bl64
Malfa **I** 153 Bk103
Malgersdorf **D** 127 Bf83
Malghera **I** 131 Ba88
Malgonäs, Övre **S** 40 Bn51
Malgovik **S** 40 Bn51
Malgrat de Mar **E** 189 Af97
Malhada Sorda **P** 191 Sg99
Malham **GB** 84 Sq72
Mali **BY** 218 Cm71
Mália **GR** 291 Cl110
Maliaño **E** 185 Sn94
Malibardhë **AL** 270 Bt97
Malicorne-sur-Sarthe **F** 165 Su85
Mali Drenovec **BG** 264 Cf93
Maligny **F** 161 Ah85
Mali Hejivci **UA** 241 Ce83
Mali Iđoš **SRB** 252 Bu89
Malijai **F** 180 An92
Mali Konjari **MK** 271 Cc98
Malilla **S** 73 Bm66
Mali Lošinj **HR** 258 Bi91
Mali Lug **HR** 134 Bk89
Malín **CZ** 231 Bl81
Malin **IRL** 82 Sf70
Malina **BG** 267 Cr93
Malina **BG** 275 Co96
Malina **PL** 232 Bq79
Málinec **SK** 240 Bu84
Malines = Mechelen **B** 156 Ai78
Malingsbo **S** 60 Bl61
Mălini **RO** 247 Cn86
Malinniki **PL** 229 Cg75
Malinovka **RUS** 223 Cb71
Malinska **HR** 258 Bk90
Mali Požareva **SRB** 262 Cb91
Maliq **AL** 276 Cb99
Mališevo = Malishevë **RKS** 270 Cb96
Malishevë **RKS** 270 Cb96
Maliskylä **FIN** 43 Cl53
Maliuc **RO** 257 Ct90
Mali Zvornik **SRB** 261 Bt92
Maljasalmi **FIN** 55 Cs55
Maljkovo **HR** 259 Bo93
Maljovica **BG** 272 Cg96
Malkara **TR** 280 Co99
Malka Željazna **BG** 273 Ci94
Małkinia Górna **PL** 229 Ce75
Malki Văršec **BG** 274 Ck94
Malkkila **FIN** 54 Cs56
Małkocin **PL** 111 Bl74
Malko Čočoveni **BG** 274 Cn95
Malko Kadievo **BG** 280 Cm97
Malkomes **D** 115 Au79
Malko Šarkovo **BG** 275 Co96
Malko Tărnovo **BG** 275 Cq97
Malko Vranovo **BG** 266 Cn93
Mallaig **GB** 78 Si66
Mälläinen **FIN** 62 Cf59
Mållång **S** 50 Bn57
Mållångstuga **S** 60 Bm58
Mallare **I** 175 Ar92
Mällby **S** 50 Bq56
Mallemoisson **F** 180 An92
Mallemort **F** 179 Al93
Mallén **E** 186 Ss97
Mallentin **D** 103 Bc73
Malleray **CH** 169 Ap86
Mallersdorf-Pfaffenberg **D** 236 Be83
Malles Venosta **I** 131 Bb87
Mallıdere **TR** 280 Cp100
Malling **DK** 100 Ba68
Mallinkainen **FIN** 63 Ck59
Mallıß **D** 110 Bc74
Mallnitz **A** 134 Bg87
Mallow **IRL** 90 Sc76
Mallow = Mala **IRL** 90 Sc76
Mallusjoki **FIN** 63 Cm59
Mallwyd **GB** 92 Sn75
Malm **N** 38 Bc52
Malmbäck **S** 69 Bi65
Malmberget **S** 29 Cb46
Malmédy **B** 113 An80
Malmein **N** 66 An63
Malmen **S** 60 Bo61
Malmesbury **GB** 98 Sq77
Malmivaara = Malmberget **S** 29 Cb46
Malmköping **S** 70 Bo62
Malmö **S** 73 Bf69
Malmön **S** 68 Bc64
Malmslätt **S** 70 Bm64
Malnaş **RO** 255 Cm88
Malnas Băi **RO** 255 Cm88
Malnate **I** 131 As89
Malnes **N** 27 Bk43
Malnes **N** 38 At54
Malnia **PL** 232 Bq79
Mal'niv **UA** 235 Cg81
Malo **I** 132 Bc89
Malo Bučino **BG** 272 Cg95
Maloe Lugovoe **RUS** 223 Cb71
Maloe Zaborod'e **RUS** 65 Cu61
Małogoszcz **PL** 234 Ca79
Maloja **CH** 131 Au88
Malojaroslavec' Peršyj **UA** 257 Ct88
Malomir **BG** 274 Co96
Malomirovo **BG** 275 Co96
Malomožajskoe **RUS** 217 Ce71
Malónas **GR** 292 Cr108
Malonno **I** 132 Ba88
Malo Peštene **BG** 264 Ch94
Malorad **BG** 264 Ch94
Malošište **SRB** 263 Cd94
Malo Tičevo **BIH** 259 Bn92
Målöv **DK** 101 Be69
Malovan **HR** 259 Bm92
Malovăt **RO** 264 Cf91
Måløy **N** 46 Al57
Malpartida de Cáceres **E** 197 Sg102
Malpartida de la Serena **E** 198 Si103
Malpartida de Plasencia **E** 192 Sh101
Malpas **GB** 93 Sp74
Malpica **E** 182 Sc94
Malpica (Malpica de Bergantiños) = Malpica **E** 182 Sc94
Malpica de Arba **E** 186 Ss96
Malpica de Bergantiños = Malpica **E** 182 Sc94
Malpica de Tajo **E** 192 Sl101
Malpica do Tejo **P** 197 Sf101
Målpils **LV** 214 Ck66
Malsättra **S** 61 Br60
Malsburg-Marzell **D** 124 Aq85
Malsch **D** 120 Ar83
Malschwitz **D** 118 Bk78
Målselv **N** 22 Bs42
Målset **N** 56 An58
Malsfeld **D** 115 Au78
Malšice **CZ** 123 Bk82
Mals im Vinschgau = Malles Venosta **I** 131 Bb87
Malsjöbodarna **S** 50 Bl56
Målsnes **N** 22 Bs42
Målsta **S** 49 Bk54
Målsta **S** 61 Bs61
Malstedt **D** 109 At74
Malta **A** 133 Bh87
Malta **LV** 215 Cp68
Malta **P** 191 Sf99
Maltat **F** 167 Ah87
Maltby **GB** 85 Aa74
Maltby **GB** 85 Ss74
Maltepe **TR** 280 Cp100
Malters **CH** 130 Ar86
Malton **GB** 85 St72
Malu cu Fori **RO** 265 Cl90
Maluenda **E** 194 Sr98
Malu Maru **RO** 264 Ch92
Mālu muiža **LV** 214 Cn66
Malung **S** 59 Bh59
Malungen **N** 58 Bd59
Malungen **S** 50 Bo56
Malungsfors **S** 59 Bh59
Malungsråberget **S** 59 Bh59
Mālupe **LV** 215 Cp66
Mălureni **RO** 265 Ck90
Malu Spart **RO** 265 Cm92
Măluşteni **RO** 256 Cq88
Maluszyn **PL** 233 Bu79
Malva **E** 192 Sk97
Malvaglia **CH** 131 As88
Malvaste **EST** 208 Cf62
Malveira **P** 196 Sb103
Malveira da Serra **P** 196 Sb103
Malvik **N** 38 Bb54
Malville **F** 164 Sr86
Malvito **I** 151 Bn101
Malye Njastanavičy **BY** 219 Cq72
Malyj Bereznyj **UA** 241 Ce83
Malyj Ključiv **UA** 247 Ck84
Malyj Kučuriv **UA** 247 Cm84
Malý Lipník **SK** 234 Cb82
Małyń **PL** 227 Bt77
Mały Płock **PL** 223 Ce74
Malyševo **RUS** 65 Cs60
Mały Wjelkow = Kleinwelka **D** 118 Bi78
Malženice **SK** 239 Bq84
Malzieu-Ville, Le **F** 172 Ag91
Mamaia **RO** 267 Cs92
Mamalyha **UA** 248 Co84
Mamarrosa **P** 190 Sc100
Mamavys **LT** 218 Cl72
Mambrilla de Castrejón **E** 193 Sn97
Mambrillas de Lara **E** 185 So96
Mamer **L** 162 An81
Mamers **F** 159 Aa84
Mamiano **I** 138 Ba91
Maminas **AL** 270 Bu98
Mammendorf **D** 126 Bc84
Mämmenkylä **FIN** 53 Cm55
Mammola **I** 151 Bn104
Mamoiada **I** 140 At100
Mamone **I** 140 At99
Mamonovo **RUS** 216 Bu72
Mamontovka **RUS** 65 Ct60
Mám Trasna **IRL** 86 Sa73
Mamurras **AL** 270 Bu97
Manacor **E** 207 Ag101
Manacore del Gargano **I** 147 Bn97
Manadas **P** 190 Qd103
Managarai **E** 185 So94
Manamansalo **FIN** 44 Cp52
Manārade **RO** 254 Ch88
Mañaria **E** 186 Sp94
Manaris **GR** 286 Ce106
Manarola **I** 137 Au92
Manastir **BG** 273 Cm97
Manastir **BG** 275 Cq94
Mănăstire **RO** 253 Cc90
Mănăstirea **RO** 246 Ch86
Mănăstirea **RO** 266 Co92
Mănăstirea Caşin **RO** 256 Co88
Mănăstirea Humorului **RO** 247 Cm85
Mănăstirea Neamţ **RO** 247 Cn86
Mănăstireni **RO** 254 Cg87
Manastirica **SRB** 263 Cc91
Manastirište **BG** 264 Ch93
Manastirište **BG** 274 Ck97
Mănăştiur **RO** 245 Ce89
Mănăştur **RO** 253 Cc88
Mănăştur, Copalnic- **RO** 246 Ch85
Mancera de Arriba **E** 192 Sk99
Mancha Blanca **E** 203 Rn122
Mancha Real **E** 205 Sn105
Manchas, Las **E** 202 Re123
Manchecourt **F** 160 Ae84
Manchester **GB** 84 Sq74
Manching **D** 126 Bd83
Manchita **E** 198 Sh103
Manciano **I** 144 Bd95
Manciet **F** 177 Aa93
Mańczyce **PL** 232 Bo79
Mandagas **LV** 213 Ck66
Mandal **N** 66 Ap64
Måndalen **N** 47 Ap55
Mándalo **GR** 277 Ce99
Mandamádos **GR** 285 Cn102
Mandanici **I** 150 Bl105
Mandas **I** 141 At101
Mandatoriccio **I** 151 Bo102
Mandayona **E** 193 Sp99
Mandelieu-la-Napoule **F** 136 Ao93
Mandello del Lario **I** 131 At89
Mandelsloh **D** 109 Au75
Mander **NL** 108 Ao76
Manderfeld **B** 119 An80
Manderscheid **D** 119 Ao80
Mandeure **F** 124 Ao86
Mandići **MNE** 269 Bt95
Mandıra **TR** 280 Cp98
Mandling **A** 127 Bh86
Mando By **DK** 102 As70
Mándok **H** 241 Ce84
Mándra **GR** 279 Ck99
Mándra **GR** 280 Cn98
Mándra **GR** 284 Cg104
Mândra **RO** 255 Cl89
Mandráki **GR** 289 Cp107
Mandrica **BG** 280 Cn98
Mandrikó **GR** 292 Cq108
Manduel **F** 179 Ai93
Manduria **I** 149 Bq100
Manea **GB** 95 Aa76
Măneciu-Ungureni **RO** 255 Cm90
Manent-Montané **F** 187 Ab94
Manerba del Garda **I** 132 Bb89
Manerbio **I** 131 Ba90
Măneset **N** 39 Bc51
Măneşti **RO** 265 Cl91
Măneşti **RO** 265 Cm91
Manětín **CZ** 123 Bg81
Manfredonia **I** 147 Bm97
Mangalia **RO** 267 Cs93
Mángana **GR** 279 Ck99
Manganári **GR** 288 Cl107
Manganeses de la Lampreana **E** 192 Si97
Manganeses de la Polvorosa **E** 184 Si96
Mångbyn **S** 42 Cc52
Mangen **N** 58 Bd60
Mången **S** 59 Bk61
Manger **N** 56 Al59
Mangiennes **F** 162 Am82
Manglieu **F** 172 Ag89
Mango **I** 175 Ar91
Mangotsfield **GB** 93 Sp78
Mångsbodarna **S** 59 Bh58
Mangskog **S** 59 Bf61
Mangualde **P** 191 Se99
Manhay **B** 156 Am80
Manheulles **F** 162 Am82
Máni **GR** 280 Cn98

Lyndby – Máni 371

Mettingen D 108 Aq76
Mettlach D 119 Ao82
Mettlen CH 125 At85
Mettmann D 114 Ao78
Mettmenstetten CH 125 Ar86
Metveit N 67 Ar64
Metz F 119 An82
Metzeral F 124 Ap84
Metzervisse F 119 An82
Metzingen D 110 Bb74
Metzingen D 125 At83
Meucon F 164 Sp85
Meudon F 160 Ae83
Meulan F 160 Ad82
Meulebeke B 155 Ag79
Meulles F 159 Aa83
Meunet-Planches F 166 Ad87
Meung-sur-Loire F 166 Ad85
Meursac F 170 St89
Meursault F 168 Ak87
Meurville F 162 Ak84
Meuse F 162 Am85
Meuselwitz D 230 Be78
Meussia F 168 Am87
Meux B 156 Ak79
Meux, Le F 161 Af82
Meuzac F 171 Ac89
Mevagissey GB 96 Sl80
Mevik N 32 Bh47
Mexilhoeira Grande P 202 Sc106
Meximieux F 173 Al89
Mey GB 75 So63
Meyenburg D 110 Be74
Meymac F 171 Ae89
Meyrargues F 180 Am93
Meyrin CH 169 An88
Meyronnes F 174 Ao92
Meyrueis F 178 Ag92
Meyssac F 171 Ad90
Meysse F 173 Ak91
Meyze, La F 171 Ac89
Meyzieu F 173 Al89
Mežava BY 215 Cs69
Mežda BG 274 Cn96
Mezdra BG 272 Ch94
Meždureč'e RUS 217 Ce71
Mèze F 179 Ah94
Mezek BG 274 Cn97
Mężenin PL 224 Ce74
Mezgraja SRB 263 Cd94
Mežica SLO 134 Bk87
Mézidon-Canon F 159 Su82
Mézidon-Vallée-d'Auge F 159 Su82
Mézières, Charleville- F 156 Ak81
Mézières-en-Brenne F 166 Ac87
Mézières-sur-Issoire F 166 Ab88
Mézilhac F 173 Ai91
Mézilles F 167 Ag85
Mezimĕstí CZ 232 Bn79
Mézin F 177 Aa92
Mežionys LT 218 Cn70
Meziříčí CZ 231 Bn80
Mezőberény H 245 Cc87
Mezőcsát H 240 Cb85
Mezőfalva H 243 Bs87
Mezőhegyes H 245 Cb88
Mezőhék H 244 Ca87
Mezőkeresztes H 240 Cb85
Mezőkomárom H 243 Br87
Mezőkovácsháza H 245 Cb88
Mezőkövesd H 240 Cb85
Mezőladány H 241 Ce84
Mezőörs H 243 Bq85
Mézos F 176 Ss92
Mezőszilas H 243 Br87
Mežotne LV 213 Ci68
Mezőtúr H 244 Cb86
Mezquita, A E 183 Sf96
Mežyriččja UA 247 Cm84
Mezzane di Sotto I 132 Bc90
Mezzano I 139 Be92
Mezzaselva I 132 Bd87
Mezzocorona I 132 Bc88
Mezzogoro I 139 Be91
Mezzojuso I 152 Bg105
Mezzolara I 138 Bd91
Mezzoldo I 131 Au88
Mezzolombardo I 132 Bc88
Mġarr M 151 Bi108
Mheer NL 113 Am79
Mia N 46 Ao55
Miączyń PL 235 Ch79
Miączyn Mały PL 223 Ca74
Miajadas E 198 Si102
Mialet F 171 Ab89
Miały PL 226 Bn75
Mianos E 176 St95
Mianowice PL 221 Bp72
Miąskowo PL 226 Bp76
Miasteczko Krajeńskie PL 221 Bp74
Miastko PL 221 Bo72
Miastków Kościelny PL 228 Cd77
Miastkowo PL 223 Cd74
Miavaig (Miabhig) GB 74 Sg64
Miazzina I 175 As89
Mica RO 246 Ch86
Mica RO 254 Ci88
Micăsasa RO 254 Ci88
Micereces de Tera E 184 Si97
Miceşti RO 265 Ck91
Miceştii de Câmpie RO 246 Ci87
Micfalău RO 255 Cm88
Michajlovščina BY 218 Cn72
Michaľany SK 241 Cd83
Michalkavičy BY 219 Cq72
Michalok SK 241 Cd83
Michalová SK 240 Bu83
Michalovce SK 241 Cd83
Michałów PL 235 Cg79
Michałówek PL 232 Bq79
Michałowice PL 228 Cb77
Michałowice PL 234 Bu80
Michałowo PL 224 Ch74
Michałów-Reginów PL 228 Cb76
Michelau in Oberfranken D 121 Bc80
Michelbach D 120 Ar80
Michelbach Markt A 129 Bm84
Micheldever GB 98 Ss78
Michelfeld D 121 Au82
Michelfeld D 122 Bd81
Michelsneukirchen D 236 Bf82
Michelstadt D 121 At81
Michendorf D 111 Bg76
Michorzewo PL 226 Bn76
Michów PL 229 Ce77
Michrów PL 228 Cb77
Mickelspiltom FIN 64 Cn59
Mickelsträsk S 42 Ca52
Mickeviči BY 219 Co72
Mickfield GB 95 Ac76
Mickhausen D 126 Bb84
Mickleton GB 84 Sq71
Mickleton GB 93 Sr76
Mickūnai LT 218 Cm71
Miclău Şeni RO 248 Co86
Micleşti RO 248 Cq87
Micula RO 241 Cf85
Mičurin = Carevo BG 275 Cq96
Mičurinskoe RUS 65 Cu59
Mid Ardlaw GB 76 Sq65
Midbea GB 77 Sp62
Middagsbukt N 22 Bt42
Middelbeers NL 113 Al78
Middelburg NL 112 Ah77
Middelfart DK 103 Au70
Middelharnis NL 113 Ai77
Middelkerke B 155 Af78
Middelstum NL 107 Ao74
Middenbeemster NL 106 Ak75
Middenmeer NL 106 Ak75
Middle Barton GB 93 Ss77
Middle Claydon GB 94 St77
Middleham GB 81 Sr72
Middlemarsh GB 97 Sq79
Middle Rasen GB 85 Su74
Middlesbrough GB 85 Ss71
Middleton GB 81 So69
Middleton Cheney GB 94 Ss76
Middleton-in-Teesdale GB 84 Sq71
Middleton-on-the-Wolds GB 85 St73
Middleton Stoney GB 94 Ss77
Middletown GB 87 Sg72
Middletown GB 93 So75
Middle Tysoe GB 94 Sr76
Middle Wallop GB 98 Sr78
Middlewich GB 93 Sq74
Middleyard GB 83 Sm69
Mide MNE 269 Bt96
Midfield GB 75 Sm63
Midhurst GB 98 St79
Midingsbråte S 73 Bk68
Midleton IRL 90 Sd77
Midlum D 108 As73
Midões P 191 Se100
Miðsandur IS 20 Qi26
Midskog S 40 Bl54
Midsomer Norton GB 97 Sq78
Midsund N 46 Ao55
Midtistua N 33 Bl47
Midtown GB 74 Si65
Midtskogberget N 58 Be58
Midtskogen N 58 Bc59
Miðvágur FO 26 Sf56
Mid Yell GB 77 Ss59
Miechów PL 233 Ca80
Miechucino PL 222 Br72
Miedes E 194 Ss98
Miedes de Atienza E 193 Sp98
Miedniewice PL 228 Ca76
Mieduniszki Wielkie PL 223 Cd72
Miedziana Góra PL 234 Cb79
Miedzianka PL 232 Bm79
Miedzna PL 229 Ce76
Miedźna PL 233 Bt81
Miedzna Drewniana PL 228 Ca78
Miedźno PL 233 Bs79
Międzybórz PL 226 Bq78
Międzybrodzie Bialskie PL 233 Bt81
Międzychód PL 226 Bm75
Międzygórze PL 232 Bo80
Międzyleś PL 228 Cc76
Międzylesie PL 216 Ca73
Międzylesie PL 232 Bo80
Międzyrzec Podlaski PL 229 Cf77
Międzyrzecz PL 225 Bm76
Międzywodzie PL 105 Bk72
Międzyzdroje PL 105 Bi73
Miehikkälä FIN 64 Cq59
Miejsce Piastowe PL 241 Cd81
Miejscowniki PL 229 Ch78
Miejska Górka PL 226 Bo77
Miękinia PL 226 Bo78
Miękisz Nowy PL 235 Cf80
Miekojärvi S 35 Cg48
Mielagėnai LT 218 Cn70
Mielan F 187 Aa94
Mielec PL 234 Cc80
Mieliūnai LT 214 Ck68
Mielnik PL 229 Cg76
Mielno PL 221 Bn72
Mielno Pyrzyckie PL 111 Bk74
Mieluskylä FIN 43 Cl52
Mielżyn PL 226 Bq76
Miengo E 185 Sn94
Mienia PL 228 Cd76
Mieraslompola FIN 24 Cp41
Mierašluoppal = Mieraslompola FIN 24 Cp41
Miercurea-Ciuc RO 255 Cm88
Miercurea Nirajului RO 255 Ck87
Miercurea Sibiului RO 254 Ch89
Mierzyce PL 226 Bn78
Mieres E 184 Si94
Mieres E 189 Af96
Mierlo NL 113 Am78
Mieron N 29 Cg42
Mieroszów PL 232 Bn79
Miersig RO 245 Cd87
Mierța RO 246 Cg87
Mierzawa PL 234 Ca79
Mierzęcice PL 233 Bt80
Mierzeszyn PL 222 Br72
Mierzewo PL 226 Bq76
Mierzwin PL 234 Ca79
Mierzyce PL 227 Bs78
Mierzyn PL 220 Bi74
Mierzyn PL 221 Bm72
Miesau, Bruchmühlbach- D 119 Ap82
Miesbach D 127 Bd85
Mieścisko PL 226 Bp75
Miesenbach, Ramstein- D 119 Aq82
Miesenbach bei Birkfeld A 129 Bm86
Mieslahti FIN 44 Cr52
Miessávrre = Messaure S 34 Ca47
Mieste D 110 Bc76
Miesterhorst D 109 Bc76
Mieszałki PL 221 Bn73
Mieszewo PL 220 Bl73
Mieszków PL 226 Bp76
Mieszkowice PL 111 Bi75
Mietaa FIN 52 Ce55
Mietingen D 126 Au84
Mietinkylä FIN 54 Cs58
Mietków PL 232 Bo79
Mietne PL 228 Cd77
Mietoinen FIN 62 Cd59
Mietraching D 123 Bg83
Miettilä FIN 55 Ct58
Miętustwo PL 233 Bu82
Mieza E 191 Sg98
Mieziškiai LT 218 Ck69
Mifol AL 276 Bt99
Migennes F 161 Ah85
Migjorn Gran San Cristóbal, Es E 207 Ai101
Migliarino I 138 Ba93
Migliarino I 138 Bd91
Migliaro I 138 Bd91
Miglionico I 148 Bo99
Mignano Monte Lungo I 146 Bh98
Migné F 166 Ac87
Mignères F 161 Af84
Miguel Esteban E 200 So101
Miguelturra E 199 Sn103
Migvrå S 59 Bh58
Mihăeşti RO 265 Cl90
Mihai Bravu RO 265 Cn92
Mihăieşti RO 246 Cg87
Mihăileni RO 247 Cn85
Mihăileni RO 254 Ci89
Mihăileni RO 255 Cm88
Mihăileşti RO 265 Cm92
Mihăileşti RO 266 Co91
Mihail Kogălniceanu RO 266 Cq91
Mihail Kogălniceanu RO 267 Cr92
Mihail Kogălniceanu RO 267 Cs90
Mihailovca MD 257 Cs87
Mihai Viteazu RO 254 Ch87
Mihai Viteazu RO 267 Cs91
Mihajlenki RUS 218 Cn71
Mihajlovac SRB 253 Cb91
Mihajlovac SRB 263 Ce92
Mihajlovgrad = Montana BG 264 Cg94
Mihajlovka RUS 223 Ce71
Mihajlovo BG 264 Ch93
Mihajlovo BG 273 Cm96
Mihajlovo SRB 252 Ca90
Mihălăşeni RO 248 Cp85
Mihåld H 250 Bp88
Mihalevo RUS 215 Cq65
Mihalitsi GR 282 Cb102
Mihalkovo BG 273 Ci97
Mihalţ RO 254 Ch88
Mihályi H 242 Bp85
Mihesu de Câmpie RO 254 Ci87
Mihla D 116 Ba78
Miiluranta FIN 44 Cn53
Mijanès F 178 Ae95
Mijares E 192 Sl100
Mijas E 205 Sl107
Mijatovac SRB 263 Cc93
Mijdrecht NL 106 Ak76
Mijnala RUS 55 Da57
Mijoux F 169 An88
Mike H 243 Bq88
Mikeltornis LV 213 Ce65
Miki GR 279 Ck98
Mikitamäe EST 211 Cq65
Mikkanen FIN 54 Co57
Mikkeli FIN 54 Cp57
Mikkelvik N 22 Bt40
Mikkola FIN 44 Co51
Mikladalur FO 26 Sg56
Miklavž na Dravskem Polju SLO 250 Bm87
Mikleuš HR 251 Bq89
Miklósfa H 242 Bo88
Mikłusy PL 229 Cf76
Mikolajivka UA 248 Da85
Mikołajki PL 223 Cd73
Mikołajki Pomorskie PL 222 Bt73
Mikořcy BY 219 Co71
Mikołów PL 233 Bs80
Mikonos GR 288 Cl106
Mikorzyn PL 227 Br78
Mikoszewo PL 222 Bs72
Mikow = Mücka D 118 Bk78
Mikowice PL 232 Bq78
Mikre BG 273 Ck94
Mikrevo BG 272 Cg97
Mikró Dásos GR 277 Cf98
Mikrókambos GR 278 Cf99
Mikroklissoúra GR 278 Ci98
Mikrolimni GR 270 Cc99
Mikrolivado GR 277 Cc101
Mikromiliá GR 273 Ci98
Mikrón Dérion GR 280 Cn98
Mikró Perivoláki GR 277 Cf102
Mikrópoli GR 278 Ch98
Mikrothíves GR 283 Cf102
Mikstat PL 226 Bq77
Mikszówka PL 217 Cg73
Mikulášovice CZ 231 Bi79
Mikulicze PL 229 Cg75
Mikulina BY 219 Cp71
Mikulov CZ 238 Bo83
Mikulovice CZ 232 Bp80
Mikuszewo PL 226 Bq76
Mikytai LT 217 Ch70
Mila 23 RO 257 Ct90
Miladinovci BG 274 Cn96
Miladinovci MK 271 Cd97
Miladinovo BG 273 Cm97
Milagro E 186 Sr96
Miłakowo PL 216 Ca72
Miland N 57 As61
Milano E 191 Sg98
Milano I 131 At90
Milano Marittima I 139 Be92
Milanovo BG 272 Cg94
Milanovo BG 275 Co94
Milanovo SRB 263 Cd94
Milanów PL 229 Cf77
Milanówek PL 228 Cb76
Milaş RO 246 Ci87
Milaški BY 219 Cp70
Milatkoviće SRB 262 Cb94
Milatos GR 291 Cm110
Milavidy BY 215 Cr69
Milazzo I 153 Bl104
Milborne Saint Andrew GB 98 Sq79
Mil'ča BY 219 Cq71
Milcoiu RO 264 Ci90
Milcovățu RO 265 Cm92
Milcovul RO 256 Cp89
Milcy RUS 211 Cq65
Mildenau D 123 Bg79
Mildenhall GB 95 Ab76
Miléa GR 277 Cc101
Miléa GR 277 Ce100
Mileanca RO 248 Co84
Milejczyce PL 229 Cg75
Milejewo PL 222 Bu72
Milena I 152 Bh106
Milėry BY 219 Co71
Mileševo SRB 261 Bu94
Milešov CZ 237 Bi81
Mileşti MD 248 Cr86
Milestone IRL 90 Sd75
Miletin CZ 231 Bm80
Miletkovo MK 278 Ce98
Mileto I 151 Bn103
Milevi Skali BG 272 Ci96
Milevo BG 273 Cl96
Milfield GB 81 Sq69
Milford GB 81 Sr70
Milford GB 98 St78
Milford IRL 89 Sc76
Milford Haven GB 91 Sk77
Milhac-de-Nontron F 171 Ab90
Milhăeşti RO 265 Ck92
Milhão P 191 Sg97
Milharado P 196 Sb103
Milhars F 178 Ad92
Mili GR 286 Cf105
Milianni I 150 Bi104
Milićevo Selo SRB 261 Ca93
Milići BIH 261 Bt92
Miličín CZ 237 Bk81
Miličinica SRB 261 Bu92
Milicz PL 226 Bp77
Miliés GR 283 Cg102
Milín CZ 123 Bi81
Milina GR 283 Cg102
Milino MK 271 Cd97
Milis I 141 As100
Militello in Val di Catania I 153 Bk106
Miljanovci BIH 260 Bq91
Miljeno BIH 269 Bt93
Miljević SRB 263 Cd91
Miljkovac MNE 269 Bs94
Milkel D 118 Bi78
Milkova BG 265 Ck93
Miłków PL 231 Bm79
Millac F 166 Ab88
Millançay F 166 Ad86
Millares E 201 St102
Millas F 189 Af95
Millau F 178 Ag92
Mill en Sint Hubert NL 113 Am77
Millesimo I 175 Ar92
Millesvik S 69 Bg63
Millevaches F 171 Ae89
Millford IRL 82 Se70
Millhouse GB 80 Sk69
Millienhagen D 104 Bf72
Millingen aan de Rijn NL 113 An77
Millisle GB 88 Si71
Millmeece GB 84 Sq75
Millom GB 84 So72
Millomgard N 22 Br41
Millport GB 80 Sl69
Millstatt am See A 133 Bh87
Millstreet IRL 90 Sb76
Milltown IRL 86 Sc73
Milltown IRL 89 Sa76
Milltown IRL 91 Sg74
Milltown Malbay IRL 86 Sb75
Milly-la-Forêt F 160 Ae84
Milmarcos E 194 Sr98
Milmersdorf D 111 Bh74
Milna HR 268 Bn94
Milnathort GB 76 So68
Milnthorpe GB 84 Sp72
Milo I 153 Bl105
Miločaj SRB 262 Cb93
Miločer MNE 269 Bs96
Miłochowice PL 226 Bp78
Miłocice PL 221 Bo73
Milohnići HR 258 Bi90
Miłomłyn PL 222 Bu73
Milopótamos GR 290 Cf108
Miłoradz PL 222 Bs72
Milos GR 288 Ci107
Milosești RO 266 Cp91
Miloševa Kula SRB 263 Ce92
Miloševo Do SRB 262 Bu94
Miloševo SRB 252 Bu89
Miłosław PL 226 Bp76
Miłosna PL 226 Bn78
Milot AL 270 Bu97
Milovaig GB 74 Sg66
Milovice CZ 231 Bk80
Milovice CZ 238 Bo83
Milow D 110 Be75
Miłówka PL 233 Bt81
Mils bei Imst A 126 Bb86
Milsko PL 225 Bm77
Miltach D 123 Bf82
Miltenberg D 121 At81
Milton GB 75 Sl65
Milton GB 75 Sm65
Milton GB 75 Sm66
Milton GB 79 Sn67
Milton Abbas GB 98 Sq79
Milton Abbot GB 97 Sm79
Milton Ernest GB 94 St76
Milton Keynes GB 94 St77
Milton Morenish GB 79 Sm68
Milutinovac SRB 263 Cf91
Milutovac SRB 263 Cc93
Milverton GB 97 So78
Milzkalne LV 213 Cg67
Mimetiz E 185 So94
Mimizan F 176 Ss92
Mimizan-Plage F 176 Ss92
Mimoň CZ 118 Bk79
Mina GR 286 Ce107
Mina de São Domingos P 203 Sf105
Miñagón E 183 Sg94
Minakał = Milkel D 118 Bi78
Min an Lábain IRL 82 Se71
Minard Castle GB 78 Sk68
Minas de Riotinto E 203 Sg105
Minaya E 200 Sq102
Minde N 28 Bp43
Minde P 196 Sc101
Mindelheim D 126 Ba84
Minden D 108 As76
Mindja BG 273 Cm94
Mindnes N 32 Be49
Mindresunde N 46 Ao57
Mindszent H 244 Ca87
Mindūnai LT 218 Cm70
Minehead GB 97 So78
Mineralni Bani BG 274 Cl97
Minerbio I 138 Bc91
Mineri RO 267 Cs90
Minerve F 178 Af94
Minervino Murge I 147 Bn98
Minety GB 98 Sr77
Minfeld D 163 Ar82
Mingir MD 257 Cr87
Minglanilla E 200 Sr101
Mingorría E 192 Sl99
Minićevo SRB 263 Ce93
Minkiön asema FIN 63 Cg59
Minkowce PL 224 Ch74
Minkowice PL 232 Bp78
Min Lárach IRL 82 Sd70
Minnesund N 58 Bc60
Minnetler TR 275 Cp98
Miño de Medinaceli E 194 Sp98
Miño de San Esteban E 193 So97
Minsen D 108 Aq73
Minsk BY 219 Cq73
Minskip GB 81 Ss72
Mińsk Mazowiecki PL 228 Cd76
Minstedt D 109 At74
Minster GB 95 Ab78
Minster GB 95 Ac78
Minsteracres GB 81 Sr71
Minsterley GB 93 Sp75
Mintia RO 254 Cf89
Mintiu Gherlii RO 246 Ch86
Mintlaw GB 76 Sq65
Mintraching D 122 Be83
Minturno I 146 Bh98
Miočinovići HR 250 Bn90
Miodnica PL 225 Bl77
Miodusy PL 227 Bt75
Miokovci SRB 262 Ca93
Miokovićevo HR 250 Bp89
Miomo F 181 At95
Miomu = Miomo F 181 At95
Mionica BIH 251 Br91
Mionica SRB 261 Ca92
Miory BY 219 Cq69
Mios F 170 St91
Mioska MNE 262 Bt95
Miotek PL 233 Bs79
Mir HR 258 Bl93
Mira E 201 Ss101
Mira I 133 Be90
Mira P 190 Sc100
Mirabeau F 180 Am93
Mirabel E 192 Sh101
Mirabel-aux-Baronnies F 173 Al92
Mirabella Eclano I 148 Bk98
Mirabella Imbaccari I 153 Bi106
Mirachowo PL 222 Br72
Mira d'Aire P 196 Sc101
Miradoux F 177 Ab93
Miraflores E 203 Sh107
Miraflores de la Sierra E 193 Sn99
Miralrio E 193 Sp99
Miramar F 136 Ao94
Miramare I 139 Bf92
Miramas F 179 Ak93
Mirambeau F 170 St90
Mirambel E 195 Su99
Miramont-de-Comminges F 177 Ab94
Miramont-de-Guyenne F 170 Aa91
Miramont-Sensacq F 187 Su93
Miranda de Arga E 186 Sr96
Miranda de Ebro E 185 Sp95
Miranda del Castañar E 192 Sh100
Miranda do Corvo P 190 Sd100
Miranda do Douro P 191 Sh98
Mirande F 187 Aa93
Mirandela P 191 Sf98
Mirandilla E 198 Sh103
Mirandola I 138 Bc91
Mirandol-Bourgnounac F 178 Ae92
Miranje HR 259 Bm93
Mirano I 133 Be90
Miraš = Mirash RKS 271 Cc96
Mirash RKS 271 Cc96
Mirăslău RO 254 Ch88
Miratovac SRB 271 Cd96
Miraumont F 155 Af80
Miravalle I 138 Bd91
Miravalles = Ugao-Miraballes E 185 Sp94
Miravci MK 278 Ce98
Miravet E 195 Ab98
Miravete E 195 St99
Mirca HR 259 Bo94
Mircea Vodă RO 266 Cp90
Mircea Vodă RO 267 Cr92
Mircești RO 248 Co86
Mircze PL 235 Ch79
Miré F 165 Su85
Mirebeau F 165 Aa87
Mirebeau F 168 Al86
Mirecourt F 162 An84
Miremont F 177 Ac94
Miren SLO 133 Bh89
Mirepoix F 178 Ad94
Mirepoix-sur-Tarn F 177 Ad93
Mires GR 291 Ck110
Mireşu Mare RO 246 Cg85
Miribel F 173 Ak89
Mirina GR 279 Cl101
Mirinkéfala GR 290 Ci110
Miřkov CZ 236 Bf81
Mirkovci HR 252 Bs90
Mirkovo BG 272 Ch95
Mirlović Zagora HR 259 Bn93
Mirna SLO 135 Bl89
Mirna Peč SLO 135 Bl89
Mirocin PL 235 Cf80
Mirocin Dolny PL 225 Bm77
Mirófillo GR 277 Cc102
Mironeasa RO 248 Cp87
Miroševce SRB 263 Cd95
Miroşi RO 265 Ck92
Miroslav CZ 238 Bn83
Miroslava RO 248 Cq86
Miroslavas LT 217 Ch72
Mirosławice PL 232 Bo79
Mirosławiec PL 221 Bn74
Miroslovești RO 248 Co86
Mirošov CZ 123 Bh81
Mirostowice Dolne PL 118 Bl77
Mirotice CZ 231 Bi82
Mirovci BG 266 Cp94
Mirovec BG 266 Co94
Mirovice CZ 237 Bi81
Mirovo BG 274 Cn94
Mirovo SRB 263 Cd93
Miróvrissi GR 283 Cd104
Mirow D 110 Bf74
Mirşid RO 246 Cg86
Mirsina GR 277 Cc100
Mirsini GR 282 Cb102
Mirsini GR 286 Ce107
Mirsk PL 231 Bl79
Mirtiá GR 286 Cf107
Mirtiés GR 292 Co107
Mirtiski GR 280 Cm98
Mirto Crosia I 151 Bo101
Mirtos GR 291 Cm110
Mirzec PL 228 Cc78
Misa LV 214 Ci67
Misano Adriatico I 139 Bf93
Mişca RO 245 Cd87
Mischii RO 264 Ch92
Misi FIN 36 Co47
Misici MNE 269 Bt96
Misilmeri I 152 Bg104
Mišinci BIH 251 Bq91
Misinli TR 281 Cq98
Miske H 243 Bt88
Miskolc H 240 Cb84
Miskolctapolca H 240 Cb84
Mislata E 201 Su102
Mislina HR 268 Bq95
Mislinja SLO 135 Bl88
Mišnjak HR 258 Bk91
Missanello I 147 Bn100
Missenträsk S 34 Bu50
Missillac F 164 Sq86
Missingmyr N 58 Bb62
Misso EST 215 Cp65
Mistegná GR 285 Cn102
Mistelås S 72 Bi67
Mistelbach D 122 Bd81
Mistelbach an der Zaya A 129 Bo83
Misten N 27 Bk46
Misterbianco I 153 Bl105
Misterdalseter N 48 Bc57
Misterhult S 70 Bo66
Mistorf D 104 Be73
Mistretta I 150 Bi105
Mistros GR 284 Ch103
Misurina I 133 Be87
Misvær N 33 Bl46
Miszkowice PL 232 Bm79
Mitáto GR 291 Cn110
Mitcheldean GB 93 Sq77
Mitchell GB 96 Sk80
Mitchelstown IRL 90 Sd76
Mithimna GR 285 Cn102
Mitikas GR 282 Cb103
Mitilini GR 285 Co102
Mitilinii GR 289 Co105
Mitkovicy RUS 211 Cq65
Mitlo HR 259 Bn93
Mitoc RO 248 Cp84
Mitocu Bălan RO 247 Cn86
Mitocu Dragomirnei RO 247 Cn85
Mitreni RO 266 Co92
Mitrópolis GR 277 Cd102
Mitroúsi GR 278 Cg98
Mitrovac SRB 262 Bt93
Mitroviće RKS 262 Cb95
Mitrovići BIH 260 Br92
Mitry-Mory F 161 Af83
Mitselwier = Metslawier NL 107 An74
Mittådalen S 49 Bf55
Mittainvilliers-Vérigny F 160 Ac83
Mittegroßefehn D 107 Aq74
Mittelberg A 125 Ba86
Mitteldorf D 109 At74
Mittelkalbach D 115 Au80
Mittelneufnach D 126 Bb84
Mittelort D 108 Ar74
Mittelsaida D 230 Bg79
Mittelstenahe D 109 At73
Mittelstrimmig D 119 Ap80
Mittelzell D 125 At85
Mittenwald D 126 Bc86
Mittenwalde D 111 Bh76
Mittenwalde D 220 Bh74
Mitterdorf an der Raab A 242 Bm86
Mitterfels D 123 Bf83
Mitterharthausen D 123 Bf83
Mitterkleinarl A 127 Bg86
Mitterndorf A 237 Bm84
Mittersill A 127 Be86
Mitterskirchen D 236 Bf84
Mitterteich D 230 Be81
Mittet N 47 Aq55
Mittewald = Mezzaselva I 132 Bd87
Mittewald an der Drau A 133 Bf87
Mittlere Bauernschaft D 109 At75
Mittweida D 230 Bf79
Mitwitz D 122 Bc80
Miženec' UA 235 Cf81
Mizerów PL 233 Bs81
Mižhir'ja UA 246 Ch83
Mizija BG 264 Ch93
Mizil RO 266 Cn90
Mižuikai LT 212 Cd69
Mjadzel BY 219 Co71
Mjakiševo RUS 215 Cs67
Mjåland N 67 Ar63
Mjåldrunga S 69 Bg64
Mjällby S 72 Bk68
Mjällom S 51 Br55
Mjättsund S 35 Cd49
Mjåvatn N 67 As63
Mjažany BY 219 Co69
Mjell N 46 An58
Mjöback S 72 Bf66
Mjödvattnet S 42 Cb51
Mjøensetra N 48 Au55
Mjöhult S 101 Bf68
Mjölbosta FIN 63 Ch60
Mjölby S 70 Bl64
Mjølfjell N 56 Ao59
Mjølkarlia N 32 Bh49
Mjölkberg S 33 Bq49
Mjölkeröd S 68 Bc63
Mjølvik N 22 Bs40
Mjømna N 56 Ak59
Mjönäs S 59 Bh61
Mjøndalen N 58 Ba61
Mjønes N 38 At54
Mjörlund N 58 Bb59
Mjösjö S 50 Bn55
Mjösjöby S 41 Bs53
Mjösund FIN 62 Ce60
Mjötråsk S 35 Cf48
Mjövattnet S 50 Bq55
Mladá Boleslav CZ 231 Bk80
Mlada Gvardija BG 266 Cp94
Mladá Vožice CZ 237 Bk81
Mladé Buky CZ 232 Bm79
Mladějovice CZ 232 Bp81
Mladenovac SRB 262 Cb92
Mladenovo SRB 252 Bt90
Mladikovine BIH 260 Bq92
Mladinovo BG 274 Cn97
Mladkov CZ 232 Bo80
Mlado MK 271 Cd96
Mladý Smolivec CZ 230 Bh82
Mládzovo SK 240 Bu84
Mlâjet RO 256 Cn90
Mlakva HR 258 Bl91
Mlamolovo BG 272 Cg96
Mława PL 223 Ca74
Mlečevo BG 274 Ck95
Mlečino BG 273 Cl97
Mleczno PL 226 Bn78
Mlekarovo BG 274 Cn96
Mlik AL 276 Bu98
Mlini HR 269 Br95
Mliniště BIH 260 Bo92
Młodocin Mniejszy PL 228 Cc78
Młodzawy Duże PL 234 Ca80
Młoty PL 232 Bo80
Młynary PL 222 Bu72
Młynarze PL 223 Cc75
Mlynky SK 240 Ca83
Młynne PL 234 Ca81
Młyny PL 235 Cg80
Mner i eperm AL 270 Bu98
Mnich CZ 231 Bk82
Mnichov CZ 117 Bi79
Mnichov CZ 123 Bf80
Mnichovice CZ 231 Bk81
Mnichovo Hradiště CZ 231 Bk79
Mnichów PL 234 Ca79
Mnin PL 228 Ca79
Mníšček CZ 118 Bl79
Mníšek CZ 123 Bh79
Mníšek nad Hnilcom SK 240 Cb83
Mníšek nad Popradom SK 234 Cb82
Mníšek pod Brdy CZ 231 Bi81
Mniszek PL 222 Bs74
Mniszek PL 234 Ca79
Mniszków PL 227 Ca78
Mo N 41 Br54
Mo N 46 Ap56
Mo N 47 As54
Mo N 56 Am59
Mo N 57 Aq61
Mo N 58 Bd60
Mo N 67 Au62
Mo S 50 Bo58
Mo S 68 Bd63
Mo S 69 Bf62
Moa N 58 Ba62
Moacşa RO 255 Cm89
Moan N 48 Ba56
Moara Vlăsiei RO 265 Cn91
Moardăş RO 254 Ci89
Moarna S 50 Bo55
Moate IRL 87 Se74
Møborg DK 100 Ar68
Moča SK 239 Br85
Moçan AL 276 Cb99
Mocanal E 202 Re125
Mocejón E 193 Sn101
Močenok SK 239 Bq84
Mochau D 117 Bg78
Mochenwangen D 125 Au85
Mochowo PL 227 Bu75
Mochrum GB 83 Sl71
Mochtin CZ 230 Bg82
Mochy PL 226 Bn76
Mociños E 182 Sd96
Moćioci SRB 262 Bu93
Mociu RO 254 Ci87
Mockai LT 224 Cg72
Möckern D 116 Bd76
Mockfjärd S 59 Bk59
Möcklehult S 72 Bi66
Möckmühl D 121 At82
Mockrehna D 117 Bf77
Mockträsk S 35 Cd49
Moclín E 205 Sn106
Moclinejo E 205 Sm107
Mocsa H 243 Br85
Mócsény H 251 Bs88
Moczydlnica Dworska PL 226 Bo78
Modane F 174 Ao90
Modave B 113 Al80
Modbury GB 97 Sn80
Moddiesburn GB 80 Sm69
Modelu RO 266 Cp92
Modena I 138 Bb91
Módi GR 278 Ch99
Módi GR 283 Cf103
Modica I 153 Bk107
Modigliana I 138 Bd92
Mödingen D 126 Ba83
Modivas P 190 Sc98
Modliborzyce PL 235 Ce79
Mödling A 238 Bn84
Modliszewice PL 228 Ca78
Modliszów PL 232 Bn79

374 Mettingen – Modliszów

Modra SK 238 Bp84
Modran BIH 251 Bq91
Modrany SK 239 Br85
Modrava CZ 123 Bh82
Modriach A 135 Bl87
Modriča BIH 251 Br91
Modrica SRB 263 Cc93
Modrovka SK 239 Bq83
Modruš HR 258 Bl90
Modrý Kameň SK 240 Bt84
Modrze PL 226 Bo76
Modrzewie PL 111 Bk73
Modugno I 149 Bo98
Modum N 58 Au61
Moe EST 210 Cn62
Moeche E 183 Se93
Moëlan-sur-Mer F 157 Sn85
Moelfre GB 92 Sm74
Moelv N 58 Bb59
Moen N 28 Bs42
Moen N 39 Bc53
Moen N 57 Ap62
Moen N 57 Ar62
Moena I 132 Bd88
Moergestel NL 113 Al77
Moers D 114 Ao78
Moeskroen = Mouscron B 112 Ag79
Moëze F 170 Ss89
Mofalla S 69 Bi64
Moffans-et-Vacheresse F 169 Ao85
Moffat GB 79 So70
Mofjell N 67 Ar63
Mofreita P 183 Sg97
Moftinu Mare RO 245 Cf85
Moftinu Mic RO 245 Cf85
Mogadouro P 191 Sg98
Mogán E 202 Ri125
Mogata S 70 Bn64
Mogen N 57 Ar61
Mogenpört = Munapirtti FIN 64 Co60
Mogenstrup DK 104 Bd70
Moggio Udinese I 133 Bg88
Mogielnica PL 228 Cb77
Mogila BG 266 Cp94
Mogila MK 277 Cc98
Mogilany PL 234 Bu81
Mogilica BG 273 Ck98
Mogilište BG 267 Cr94
Mogilno PL 226 Bq75
Mogilovo BG 273 Cl96
Moglia I 138 Bb91
Mogliano I 145 Bg94
Mogliano Veneto I 133 Be89
Mogón E 200 So104
Mogor E 182 Sc96
Mogorella I 141 As101
Mogorić HR 259 Bm92
Mogoro I 141 As101
Mogoş RO 254 Cg88
Mogoşeşti RO 248 Cq86
Moguer E 203 Sg106
Mogutovo RUS 211 Cs64
Mohács H 243 Bs89
Moharras E 200 Sq102
Moheda S 72 Bk67
Mohedas E 192 Sh100
Mohedas de la Jara E 198 Sk101
Mohelnice CZ 232 Bo81
Mohelno CZ 238 Bn82
Mohill IRL 82 Se73
Möhkö FIN 55 Dc55
Möhlau D 117 Be77
Möhlin CH 169 Aq85
Möhlos GR 291 Cm110
Mohlsdorf-Teichwolframsdorf D 117 Be79
Möhnesee D 115 Ar77
Möhnsen D 109 Ba73
Moholm S 69 Bi63
Mohon F 158 Sp84
Mohora H 240 Bt85
Mohorn D 230 Bg78
Mohós GR 291 Cl110
Möhra D 116 Ba79
Mohus N 27 Bl46
Mohyliv-Podil's'kyj UA 248 Cq84
Moi N 66 Ao64
Moià E 189 Ae97
Moie I 139 Bg93
Moieciu de Jos RO 255 Cl90
Moigrad RO 246 Cg86
Moikipää = Molpe FIN 52 Cc55
Moilala FIN 54 Cp57
Moimenta da Beira P 191 Se99
Moineşti RO 256 Cn88
Moinsalmi FIN 55 Ct57
Mointeach Milic = Mountmellick IRL 90 Sf74
Moio Alcantara I 150 Bl105
Moira GB 83 Sh72
Mo i Rana N 32 Bi48
Moirans F 173 Am90
Moirans-en-Montagne F 168 Am88
Moircy B 156 Al81
Mõisaküla EST 209 Cl64
Moisburg D 109 Au74
Moisdon-la-Rivière F 165 Ss85
Moisei RO 247 Ck85
Moisiovaara FIN 45 Ct51
Moissac F 177 Ac92
Moissat F 172 Ag89
Moita P 196 Sc103
Moita da Serra P 190 Sd100
Moivre F 162 Ak83
Moixent E 201 St103
Möja S 61 Bs62
Mojácar E 206 Sr106
Mojados E 192 Sl98
Mojęcice PL 226 Bo78
Mojkovac MNE 262 Bu95
Mojmírovce SK 239 Br84
Mojonera, La E 206 Sp107
Mojstrana SLO 134 Bh88
Mojtín SK 239 Br83
Mökkiperä FIN 44 Co52
Møklevika N 39 Bg51
Möklinta S 60 Bo60
Mokliště MK 271 Ce98
Mokločno RUS 211 Cr63
Mokobody PL 229 Ce76
Mokotów PL 228 Cb76
Mokra Druga PL 233 Bs79
Mokra Gora SRB 269 Bu93
Mokranje SRB 263 Cf92
Mokren BG 275 Co95
Mokreni MK 271 Cc97
Mokreš BG 264 Cg93
Mokrin SRB 244 Ca89
Mokrino MK 278 Cf98
Mokro BIH 261 Bs93
Mokro MNE 269 Bt95
Mokronog SLO 135 Bl89
Mokronoge BIH 259 Bn92
Mokronoge BIH 260 Bp93
Mokronos PL 226 Bp77
Mokro Polje HR 259 Bn92
Mokrotyn UA 235 Ch80
Mokrsko Dolne PL 234 Ca79
Mokrzesz PL 233 Bt79
Mokrzeszów PL 232 Bn79
Mokrzyska PL 234 Cb80
Moksi FIN 53 Cl56
Moksi FIN 63 Ci60
Möksy FIN 53 Ci54
Mol B 156 Al78
Mol SRB 252 Ca89
Mola di Bari I 149 Bp98
Mólai GR 287 Cf107
Moland N 57 As61
Moland N 67 Ar62
Molar, El E 193 Sn99
Molar, El E 200 So105
Molare CH 131 As88
Molare I 175 As91
Molares, Los E 204 Si106
Molas F 177 Ab94
Molat HR 258 Bk92
Molay-Littry, Le F 159 St82
Molbergen D 108 Aq75
Mold GB 93 So74
Moldava CZ 230 Bh79
Moldava nad Bodvou SK 241 Cc83
Molde N 46 Ap55
Moldøra N 38 Bb53
Moldova Nouă RO 253 Cd91
Moldova Veche RO 253 Cd91
Moldoveneşti RO 254 Ch88
Moldoveni RO 248 Co87
Moldovo UA 257 Cu88
Moldreim N 46 An57
Moldrup DK 100 At67
Moledo P 191 Se99
Moleşti MD 257 Cs87
Molėtai LT 218 Cl70
Molezuelas de la Carballeda E 184 Sh96
Molfetta I 148 Bo98
Molfsee D 103 Ba72
Moliden S 41 Br54
Molières F 177 Ac92
Moliets-et-Maa F 176 Ss93
Moliets-Plage F 176 Ss93
Molina Aterno I 146 Bh96
Molina de Aragón E 194 Sr99
Molina de Segura E 201 Ss104
Molina di Ledro I 132 Bb89
Molinella I 138 Bd91
Molineuf F 166 Ac85
Molinicos E 200 Sq104
Molini di Tures I 132 Bd87
Molino del Piano I 138 Bc93
Molinons F 161 Ah84
Molinos E 195 Su99
Molinos, Los E 193 Sm99
Molinos = Muiños E 182 Sb94
Molinos de Duero E 185 Sp97
Molins de Rei E 189 Ae98
Molins de Rey = Molins de Rei E 189 Ae98
Moliterno I 148 Bm100
Molitg-les-Bains F 189 Ae95
Möljeryd S 73 Bl68
Molkojärvi FIN 30 Cl46
Molkom S 59 Bh61
Moll AL 270 Bu99
Molla S 69 Bg65
Mollagjesh AL 270 Ca98
Mollatveit N 56 An61
Mölle S 101 Bf68
Möllenbeck D 115 At76
Möllenbeck D 220 Bg74
Möllenhagen D 110 Bf73
Möllensen D 116 Au76
Mollerup DK 100 As67
Mollerusa = Mollerussa E 188 Ab97
Mollerussa E 188 Ab97
Molles F 167 Ah88
Mollet del Vallès E 189 Ae97
Mollia I 130 Ar89
Molliens-Dreuil F 155 Ae81
Mollina E 205 Sl106
Mollišjok-fjellstue N 24 Ci41
Mölln A 237 Bi85
Mölln D 175 Bb73
Mölln D 111 Bg73
Mölló E 178 Ae96
Möllösund S 68 Bc64
Mölltorp S 69 Bi64
Mølna N 39 Bc53
Mølnarodden N 26 Bg44
Mölnbo S 70 Bp62
Mølnbukt N 38 Au53
Mölndal S 68 Be65
Mölnlycke S 68 Be65
Mølno N 56 Al60
Mölntorp S 60 Bn61
Molnycja UA 247 Cn84
Mołoczki PL 229 Cg75
Molodečno = Maladzečna BY 219 Co72
Molodežnoe RUS 65 Cu60
Molodi RUS 211 Cr64
Molodi RUS 211 Cs64
Mołodiatycze PL 235 Ch79
Molodovo UA 248 Cp83
Moloha UA 257 Da88
Molompize F 172 Ag90
Mólos GR 283 Cf103
Moloskovicy RUS 65 Ct62
Molovata MD 249 Ct86
Moloy F 168 Ak85
Moložane RUS 211 Cs64
Moložva RUS 211 Cq65
Molpe FIN 52 Cc55
Molremmen N 32 Bg49
Molschleben D 116 Bb78
Molsdorf D 116 Bb79
Molsheim F 124 Ap83
Mołtajny PL 223 Cc72
Moltzow D 110 Bf73
Molunat HR 269 Br96
Molve HR 250 Bp88
Molveno I 132 Bb88
Molvik N 24 Ck39
Molvízar E 205 Sn107
Molzegg A 242 Bm85
Mombaroccio I 139 Bf93
Mombaruzzo I 175 Ar91
Mombeltrán E 192 Sk100
Mömbris D 121 At80
Mombuey E 183 Sh96
Momčilgrad BG 274 Cl97
Momčilovci BG 273 Ck97
Momčilovo BG 266 Cp94
Momiano = Momjan HR 133 Bh90
Momignies B 156 Ai80
Momina Cărkva BG 275 Cp96
Momino BG 266 Cn94
Momino Selo BG 274 Ck96
Momin Šor BG 273 Cl94
Momjan HR 133 Bh90
Momkovo BG 274 Cn97
Mommark DK 103 Ba71
Mommila FIN 63 Cl59
Momo I 175 As89
Momoty Górne PL 235 Ce79
Momrak N 67 Ar62
Momyckelberget S 59 Bh59
Momyr N 38 Bb52
Mon S 33 Bl49
Moná FIN 42 Ce54
Monachil E 205 Sn106
Monacilioni I 147 Bk97
Monaco MC 181 Ap93
Monaghan IRL 87 Sg72
Monaghan = Muineachán IRL 82 Sg72
Monahiti GR 277 Cc101
Monamolin IRL 91 Sh75
Monäs FIN 42 Ce54
Monaši UA 257 Da88
Monasterace I 151 Bo104
Monasterace Marina I 151 Bo104
Monasterboice IRL 87 Sh73
Monasterevin IRL 90 Sf74
Monasterio de la Sierra E 185 So96
Monasterio del Coto E 183 Sg94
Monasterio de Rodilla E 185 So96
Monasterolo di Savigliano I 136 Aq91
Monastier-sur-Gazeille, Le F 173 Ai91
Monastir I 141 At102
Monastiráki GR 282 Cb103
Monastiráki GR 283 Cd105
Monastyrëk RUS 211 Cr62
Monbahus F 171 Ab91
Monbardon F 187 Ab94
Monbrun F 177 Ac93
Moncada E 201 Su101
Moncalieri I 136 Aq90
Moncalvillo E 185 So97
Moncalvo I 136 Ar90
Monção P 182 Sd96
Moncarapacho P 203 Se106
Moncaut F 177 Ab92
Moncayolle-Larrory-Mendibieu F 176 St94
Moncé-en-Belin F 159 Aa85
Moncel-sur-Seille F 124 An83
Moncey F 169 An86
Mönchberg D 121 At81
Mönchengladbach D 114 An78
Mönchhof A 238 Bo85
Monchique P 202 Sc106
Monchy-Humières F 155 Af82
Monclar F 171 Ab92
Monclar-de-Quercy F 177 Ad93
Monclar-sur-Losse F 187 Aa93
Moncófa E 201 Su101
Moncófar = Moncófa E 201 Su101
Moncontour F 158 Sp84
Moncontour F 165 Su87
Moncoutant F 165 St87
Moncrabeau F 177 Aa92
Monda E 204 Sl107
Mondariz E 182 Sd96
Mondavere EST 64 Cm62
Mondavezan F 177 Ac94
Mondavio I 139 Bf93
Mondéjar E 193 So100
Mondello I 152 Bg104
Mondilhan F 187 Ab94
Mondim de Basto P 191 Se98
Mondolfo I 139 Bg93
Mondoñedo E 183 Sf94
Mondorf-les-Bains L 162 An81
Mondoubleau F 160 Ab85
Mondovì I 175 Aq92
Mondragone I 146 Bh98
Mondreville F 161 Af84
Mondriz E 183 Sf94
Mondsee A 236 Bg85
Möne S 69 Bg65
Moneasa RO 245 Ce88
Moneglia I 137 At92
Monegrillo E 195 Su97
Monein F 187 St94
Monemvassía GR 290 Cg107
Monesi I 181 Aq92
Monesiglio I 175 Ar92
Monesterio E 198 Sh104
Monestier-de-Clermont F 173 Am91
Monestiés F 178 Ae92
Monestirolo I 138 Bd91
Monestrol F 177 Ad94
Monétay-sur-Loire F 167 Ah88
Monéteau F 161 Ah85
Monêtier-Allemont F 174 Am92
Monêtier-les-Bains, Le F 174 Ao91
Moneva E 195 St98
Moneygall IRL 87 Se75
Moneymore GB 82 Sg71
Moneymore IRL 87 Sf71
Monfalcone I 133 Bh89
Monfarracinos E 192 Si97
Monflanquin F 171 Ab91
Monflorite E 187 Su96
Monfort F 177 Ab93
Monforte P 197 Sf102
Monforte da Beira P 197 Sf101
Monforte d'Alba I 175 Aq91
Monforte del Cid E 201 St104
Monforte de Lemos E 183 Se95
Monforte San Giorgio I 150 Bl104
Monfortinho P 191 Sg101
Monghidoro I 138 Bc92
Mongiana I 151 Bn103
Mongiardino Ligure I 175 At91
Mongie, la F 187 Aa95
Mongrando I 130 Ar89
Mongstad N 56 Al59
Monguelfo-Tesido I 133 Be87
Monheim D 114 Ao78
Monheim D 121 Bb83
Moniaive GB 80 Sn70
Mönichkirchen A 242 Bn85
Mon-Idée F 156 Ai81
Monieux F 180 Al92
Monifieth GB 79 Sp68
Mõniste EST 215 Co65
Monistrol-d'Allier F 172 Ah91
Monistrol de Montserrat E 189 Ad97
Monistrol-sur-Loire F 173 Ai90
Monivea IRL 86 Sc74
Mönkäre FIN 55 Ct58
Mönkeberg D 103 Ba72
Mönkebude D 220 Bh73
Monk Fryston GB 85 Ss73
Mońki PL 224 Cf74
Monkland GB 93 Sp76
Monkleigh GB 97 Sm79
Monkontour = Moncontour F 158 Sp84
Monks Eleigh GB 95 Ab76
Monléon-Magnoac F 187 Ab94
Monleras E 192 Sh98
Monlezun-d'Armagnac F 176 Su93
Monlong F 187 Aa94
Monmouth GB 93 Sp77
Monnai F 159 Aa83
Monnaie F 166 Ab85
Monneren F 119 An82
Mönni FIN 55 Da55
Monni FIN 63 Ck59
Monnickendam NL 106 Al76
Monninkylä FIN 63 Cm60
Monoinen FIN 62 Cd59
Monodéndri GR 276 Cb101
Monok H 241 Cc84
Monokklisiá GR 278 Cg98
Monola FIN 64 Cq58
Monólithos GR 292 Cq108
Monopoli I 149 Bp99
Monor H 244 Bt86
Monor RO 247 Ck87
Monoskylä FIN 53 Ci56
Monóspita GR 277 Ce99
Monóvar E 201 St104
Monpazier F 171 Ab91
Monreal D 119 Ap80
Monreal E 176 Sr95
Monreal de Ariza E 194 Sq98
Monreal del Campo E 194 Ss99
Monreale I 152 Bg104
Monroy E 198 Sh101
Monroyo E 195 Su99
Mons B 112 Ah80
Mons F 180 Ao93
Monsampolo del Tronto I 145 Bh95
Monsanto P 191 Sf100
Monsaraz = Monsarraz P 197 Sf104
Monsarraz P 197 Sf104
Monschau D 119 Am79
Monségur F 170 Aa91
Monselice I 138 Bd90
Mönsheim D 120 As83
Monsheim D 163 Ar81
Monsols F 168 Ak88
Mønsted DK 100 At68
Monster NL 113 Ai76
Mönsterås S 73 Bn66
Monsummano Terme I 138 Bb93
Montà I 175 Aq91
Montabaur D 114 Aq80
Montafia I 136 Ar91
Montagnac F 178 Ag94
Montagnana I 138 Bc90
Montagnano I 144 Bd94
Montagne, La F 164 Sr86
Montagnola, Rifugio I 153 Bk105
Montagnone I 132 Ba89
Montaignac F 171 Ad90
Montaigu F 165 Ss87
Montaigu-de-Quercy F 171 Ac92
Montaiguët-en-Forez F 167 Ah88
Montaigut F 167 Af88
Montaigut-le-Blanc F 166 Ad88
Montaigut-sur-Save F 177 Ac93
Montaione I 143 Bb93
Montala FIN 54 Cp56
Montalba-le-Château F 189 Af95
Montalbán E 195 St99
Montalbán de Córdoba E 205 Sl105
Montalbanejo E 200 Sq101
Montalbano Elicona I 153 Bl104
Montalbano Ionico I 148 Bo100
Montalbo E 194 Sp101
Montalcino I 144 Bc94
Montaldo di Cosola I 175 At91
Montale I 138 Bc93
Montalegre P 183 Se97
Montalieu-Vercieu F 173 Al89
Montalivet-les-Bains F 170 Ss90
Montallegro I 152 Bg106
Montalto delle Marche I 145 Bh95
Montalto di Castro I 144 Bd96
Montalto Marina I 144 Bd96
Montalto Uffugo I 151 Bn102
Montalvão P 197 Se101
Montalvos E 200 Sq102
Montamarta E 192 Si97
Montamisé F 166 Aa87
Montán E 195 St100
Montana BG 264 Cg94
Montañana E 195 St97
Montanara I 138 Bb90
Montanaro I 175 Aq90
Montánchez E 198 Sh102
Montanejos E 195 St100
Montaner F 187 Su94
Montanges F 168 Am88
Montano Antilia I 148 Bl100
Montardone I 138 Bb92
Montargil P 196 Sd102
Montargis F 161 Af85
Montargull E 188 Ac97
Montari FIN 64 Cm59
Montastruc-la-Conseillère F 177 Ad93
Montataire F 160 Ae82
Montauban F 177 Ac92
Montauban F 187 Ab95
Montauban-de-Bretagne F 158 Sq84
Montbard F 168 Ai85
Montbazens F 171 Ae92
Montbazon F 166 Ab86
Montbéliard F 169 Ao85
Montbenidorm E 201 Su103
Montbenoît F 169 An87
Montbeugny F 167 Ag87
Montbizot F 159 Aa84
Montblanc E 188 Ac98
Montblanch = Montblanc E 188 Ac98
Montboyer F 170 Aa90
Montbozon F 124 An86
Montbras F 162 Am83
Montbrió del Camp E 188 Ac98
Montbrison F 173 Ai89
Montbron F 171 Ab89
Montbrun-Bocage F 177 Ac94
Montbrun-les-Bains F 173 Al92
Montcabrier F 171 Ac91
Montcaret F 170 Aa91
Montceau-les-Mines F 168 Ai87
Montceaux-lès-Provins F 161 Ag83
Montcenis F 168 Ai87
Montchamp F 172 Ag90
Montchanin F 168 Ai87
Montchevrier F 166 Ad88
Montcornet F 155 Ai81
Montcoy F 168 Al87
Montcresson F 161 Af85
Montcuq-en-Quercy-Blanc F 171 Ac92
Montdardier F 179 Ah93
Mont-Dauphin F 174 Ao91
Mont-de-Marsan F 176 Su93
Montdidier F 161 Af81
Mont-Dore F 172 Af89
Monte E 182 Sd93
Monte E 184 Sk94
Monteagudo E 186 Sr97
Monteagudo de las Salinas E 200 Sr101
Monteagudo de las Vicarías E 194 Sq98
Montealegre E 184 Sl97
Montealegre del Castillo E 201 Ss103
Montebello I 144 Bd96
Montebello di Bertona I 145 Bh96
Montebello Ionico I 151 Bm105
Montebello Vicentino I 132 Bc90
Montebelluna I 133 Be89
Montebibico I 144 Bf95
Montebourg F 159 Ss82
Montebruno I 137 At91
Montecalvo in Foglia I 139 Bf93
Montecalvo Irpino I 148 Bl98
Montecarelli I 138 Bc92
Monte-Carlo MC 181 Ap93
Montecarotto I 139 Bg93
Montecassiano I 145 Bg94
Montecastrilli I 144 Be95
Montecatini Terme I 138 Bb93
Montecatini Val di Cecina I 138 Bb94
Montecchia di Crosara I 132 Bc90
Montecchio I 139 Bf93
Montecchio I 144 Be95
Montecchio Emilia I 138 Ba91
Montecchio Maggiore I 132 Bc89
Montecelio, Guidonia- I 146 Bf96
Monte Cerignone I 139 Be93
Montech F 177 Ac93
Montecilfone I 147 Bk97
Monte Claro P 197 Se101
Montecompatri I 144 Bf97
Montecorto E 204 Sk107
Montecorvino Rovella I 148 Bk99
Montecos P 202 Sc105
Montecosaro I 145 Bh94
Montecreto I 138 Bb92
Monte da Légua P 203 Se105
Monte da Pedra P 197 Se102
Monte de Goula P 197 Se101
Montederramo E 183 Sf96
Montedor P 190 Sc97
Montedoro I 152 Bh106
Monte do Trigo P 197 Se104
Monte Estremo F 142 As96
Montefalco I 144 Bf95
Montefalcone di Val Fortore I 147 Bl98
Montefalcone nel Sannio I 145 Bk97
Montefano I 139 Bg94
Montefelcino I 139 Bf93
Montefiascone I 144 Be95
Monte Fidalgo P 197 Se101
Montefiore Conca I 139 Bf93
Montefiore dell'Aso I 145 Bh94
Montefiorino I 138 Bb92
Monteforte Irpino I 147 Bk99
Montefortino I 145 Bg95
Montefrío E 205 Sm106
Montegabbione I 144 Be95
Montegalda I 132 Bd90
Montegil E 204 Si106
Montegiordano I 148 Bo100
Montegiordano Marina I 148 Bo100
Montegiorgio I 145 Bh94
Montéglin, Laragne- F 174 Am92
Monte Gordo P 203 Sf106
Montegranaro I 145 Bh94
Montegrosso Pian Latte I 181 Aq92
Montegrotto Terme I 132 Bd90
Montehermoso E 191 Sh100
Monteils F 171 Ad92
Montejaque E 204 Sk107
Montejícar E 205 Sn105
Montejo de Bricia E 185 Sn95
Montejo de la Sierra E 193 Sn98
Montejo de la Vega de la Serrezuela E 193 Sn97
Montejos del Camino E 184 Si95
Montelanico I 146 Bg97
Montelavar P 196 Sb103
Montel-de-Gelat F 172 Af89
Monteleone di Puglia I 148 Bl98
Monteleone di Spoleto I 144 Bf95
Monteleone d'Orvieto I 144 Be95
Monteleone Rocca Doria I 140 As100
Montelepre I 152 Bg104
Montelibretti I 146 Bf96
Montélimar F 173 Ak91
Montella I 148 Bl99
Montellano E 204 Si107
Montelupo Fiorentino I 138 Bc93
Montemaggiore Belsito I 152 Bh105
Montemagno I 136 Ar91
Montemarano I 148 Bk99
Montemarciano I 139 Bg93
Montemassi I 143 Bc95
Montemayor E 193 Sm97
Montemayor E 205 Sl105
Montemayor del Río E 192 Si100
Montemerano I 144 Bc95
Montemesola I 149 Bp99
Montemignaio I 138 Bd93
Montemolín E 198 Sh104
Montemonaco I 145 Bg95
Montemor-o-Novo P 196 Sd103
Montemor-o-Velho P 190 Sc100
Montemurlo I 138 Bc93
Montemurro I 148 Bm100
Montendre F 170 Su90
Montenegro de Cameros E 185 Sp96
Montenero I 138 Ba94
Montenero di Bisaccia I 147 Bk97
Montenero Sabino I 144 Bf96
Monteneuf F 158 Sq85
Monteoru, Sărata- RO 266 Co90
Montepastore I 138 Bc92
Montepescali I 143 Bc95
Monte Petrosu I 140 Au99
Montepiano I 138 Bc92
Monte Porzio I 139 Bg93
Montepulciano I 144 Bd94
Monterchi I 139 Be94
Monterde de Albarracín E 194 Ss99
Monte Real P 196 Sc101
Montereale I 145 Bg95
Montereau F 161 Af85
Montereau-Fault-Yonne F 161 Af84
Monte Redondo P 190 Sc101
Montereggio I 137 Au92
Monterenzio I 138 Bc92
Monteriggioni I 143 Bc94
Monte Rinaldo I 145 Bh94
Monte Romano I 144 Bd96
Monteroni d'Arbia I 144 Bc94
Monteros, Los E 204 Sl107
Monterosi I 144 Be96
Monterosso al Mare I 137 Au92
Monterosso Almo I 153 Bk106
Monterotondo I 144 Bf96
Monterotondo Marittimo I 143 Bb94
Monterroso E 183 Se95
Monterrubio de la Serena E 198 Sk103
Monterrubio de la Sierra E 192 Si99
Monterubbiano I 145 Bh94
Montesa E 201 St103
Monte Salgueiro E 182 Sd94
Montesalgueiro = Monte Salgueiro E 182 Sd94
Monte San Giovanni I 138 Bc92
Monte San Giovanni in Sabina I 144 Bf96
Monte San Giusto I 145 Bh94
Montesano Salentino I 149 Br101
Montesano sulla Marcellana I 148 Bm100
Monte San Savino I 144 Bd94
Monte Santa Maria Tiberina I 139 Be94
Monte Sant'Angelo I 147 Bm97
Montesarchio I 147 Bk98
Montescaglioso I 148 Bo99
Montesclaros E 192 Sl100
Montescudo I 139 Bf93
Montese I 138 Bb92
Montesilvano Marina I 145 Bi95
Montespertoli I 143 Bc93
Montespluga I 131 At88
Montesquieu F 177 Ac92
Montesquieu-Avantès F 177 Ac94
Montesquieu-Volvestre F 177 Ac94
Montesquiou F 187 Aa93
Montestruc-sur-Gers F 177 Ab93
Montet, Le F 167 Ag88
Monte Urano I 145 Bh94
Monteu Roero I 175 Aq91
Monteux F 179 Ak92
Montevago I 152 Bf105
Montevarchi I 138 Bd93
Montevecchio I 141 As101
Monteverde I 147 Bm99
Monteverdi Marittimo I 143 Bb94
Monte Virgem P 197 Se103
Montfalcó Murallat E 188 Ac97
Montfaucon CH 124 Ap86
Montfaucon F 162 Al82
Montfaucon F 165 Ss86
Montfaucon F 171 Ad91
Montfaucon-en-Velay F 173 Ai90
Montferrand-du-Périgord F 171 Ab91
Montferrat F 173 Am90
Montferrat F 180 An93
Montfoort NL 113 Ak76
Montfort F 176 St94
Montfort NL 114 Am78
Montfort-en-Chalosse F 176 St93
Montfort-l'Amaury F 160 Ad83
Montfort-le-Gesnois F 159 Aa84
Montfort-sur-Boulzane F 178 Ae95
Montfort-sur-Meu F 158 Sr84
Montfort-sur-Risle F 160 Ab82
Montfranc F 178 Af93
Montgaillard F 177 Ad93
Montgaillard F 187 Aa94
Mont-Gauthier B 156 Al80
Montgenèvre F 174 Ao91
Montgibaud F 171 Ac89
Montgiscard F 177 Ad94
Montgomery GB 93 So75
Montguyon F 170 Su90
Mönthal CH 124 Ar85
Montheries F 162 Ak84
Montherme F 156 Ak81
Monthey CH 130 Ao88
Monthoiron F 166 Ab87
Monthois F 162 Ak82
Monthou-sur-Cher F 166 Ac86
Monthureux-sur-Saône F 162 Am84
Monti I 140 At99
Montiano E 185 So94
Montiano I 139 Be92
Montiano I 143 Bc95
Monticelli d'Ongina I 137 Au90
Monticelli Ripa d'Oglio I 138 Ba90
Montichiari I 132 Ba90
Monticiano I 143 Bc94
Montiel E 200 Sp103
Montier-en-Der F 162 Ak84
Montieri I 143 Bc94
Montiers-sur-Saulx F 162 Al83
Montiglio Monferrato I 136 Ar90
Montignac F 171 Ac90
Montignac-Charente F 170 Aa89
Montignac-de-Lauzun F 170 Aa91
Montigny F 124 Ao83
Montigny-le-Gannelon F 160 Ac84
Montigny-Lencoup F 161 Ag84
Montigny-lès-Metz F 162 An82
Montigny-le-Tilleul B 156 Ai80
Montigny-sur-Aube F 162 Ak85
Montijo E 197 Sg103
Montijo P 196 Sc103
Montilla E 205 Sl105
Montils, Les F 166 Ac86
Montinho P 196 Sc103
Montivilliers F 159 Aa81
Montjay F 173 Am92
Montjean F 170 Aa88
Montjean-sur-Loire F 165 St86
Montlandon F 160 Ac84
Montlaur F 178 Af93
Montlaur F 178 Af94
Montlieu-la-Garde F 170 Su90
Mont-Louis F 189 Ae95
Montlouis-sur-Loire F 166 Ab86
Montluçon F 167 Af88
Montluel F 173 Al89
Montmarault F 167 Af88
Montmartin-sur-Mer F 158 Sr83
Montmaurin F 187 Ab94
Montmédy F 162 Al81
Montmélian F 174 An89
Montmerle-sur-Saône F 173 Ak88
Montmesa E 187 St96
Montmeyan F 180 An93
Montmeyran F 173 Ak91
Montmirail F 160 Ab84
Montmirail F 161 Ah83
Montmirey-le-Château F 168 Am86
Montmoreau-Saint-Cybard F 170 Aa90
Montmorency F 160 Ae83
Montmorillon F 166 Ab88
Montmorin F 173 Am92
Montmorot F 168 Am87
Montmort-Lucy F 161 Ah83
Montoggio I 175 At91
Montoille F 169 An85
Montoir-de-Bretagne F 164 Sq86
Montoire-sur-le-Loir F 166 Ab85
Montoito P 197 Se103
Montolieu F 178 Ae94
Montón E 194 Sr98
Montone I 144 Be94
Montopoli in Val d'Arno I 143 Bb93
Montorio al Vomano I 145 Bh95
Montoro E 205 Sm104
Montpaon F 178 Ag93
Montpelhièr = Montpellier F 179 Ah93
Montpellier F 179 Ah93
Montpezat F 171 Ab92
Montpezat-de-Quercy F 171 Ac92
Montpezat-sous-Bauzon F 173 Ai91
Montpon-Ménestérol F 170 Aa90
Montpont-en-Bresse F 168 Al87
Montpreveyres CH 169 Ao87
Mont-ral E 188 Ac98
Montréal F 167 Ai85
Montréal F 177 Aa93
Montréal F 178 Ae94
Montreal = Mont-ral E 188 Ac98
Montredon-Labessonnié F 178 Ae93
Montregard F 173 Ai90
Montréjeau F 187 Ab94
Montrésor F 166 Ac86
Montresta I 140 As100
Montret F 168 Al87
Montreuil F 154 Ad80
Montreuil-Bellay F 165 Su86
Montreuil-Bonnin F 165 Aa87
Montreuil-Juigné F 165 St85
Montreuil-l'Argillé F 160 Aa83
Montreuil-sur-Ille F 158 Sr84
Montreux CH 130 Ao88
Montreux-Château F 169 Ap85
Montrevault-sur-Èvre F 165 Ss86
Montrevel-en-Bresse F 168 Al88
Montrichard-Val-de-Cher F 166 Ac86
Montricoux F 177 Ad92
Mont-roig del Camp E 188 Ab98
Montrond-les-Bains F 173 Ai89
Montrose GB 79 Sq67
Montroulez = Morlaix F 157 Sn83
Montroy E 201 St102
Montrozier F 172 Af92
Mont-Saint-Aignan F 154 Ac82
Mont-Saint-Jean F 168 Ai86
Mont-Saint-Vincent F 168 Ai87
Montsalvy F 172 Af91
Montsauche-les-Settons F 167 Ai86
Montségur F 178 Ad95
Montségur-sur-Lauzon F 173 Ak92
Montseny E 189 Ae97
Montséret F 178 Af94

Modra – Montséret 375

Montsoreau **F** 165 Aa86
Monts-sur-Guesnes **F** 165 Aa87
Montsûrs-Saint-Céneré **F** 159 St84
Montsurvent **F** 159 Ss82
Montuenga **E** 192 Sl98
Montuenga de Soria **E** 194 Sq98
Montuïri **E** 206-207 Af101
Monturque **E** 205 Sl106
Montville **F** 160 Ac81
Monza **I** 131 At89
Monze **F** 178 Ae94
Monzón **E** 187 Aa97
Monzón de Campos **E** 185 Sm96
Monzone **I** 137 Ba92
Monzuno **I** 138 Bc92
Moordorf **D** 107 Ap74
Moorenweis **D** 126 Bc84
Moorfields **GB** 83 Sh71
Moormerland **D** 108 Ap74
Moorsele **B** 112 Ag79
Moorslede **B** 112 Ag79
Moortown **GB** 85 Su74
Moorweg **D** 107 Aq73
Moos **A** 128 Bk85
Moos **D** 128 Bf83
Moosbach **D** 236 Be81
Moosburg **A** 134 Bi87
Moosburg an der Isar **D** 236 Bd84
Moosch **F** 163 Ap85
Moosdorf **A** 128 Bf84
Moos in Passeier = Moso in Passiria **I** 132 Bc87
Mooskirchen **A** 135 Bl87
Mooste **EST** 210 Cp64
Moosthenning **D** 127 Bf83
Mór **H** 243 Br86
Mora **E** 199 Sn101
Mora **P** 196 Sd103
Mora **S** 59 Bk58
Mora **S** 60 Bm60
Moracz **PL** 220 Bk73
Móra d'Ebre **E** 195 Ab98
Mora de Rubielos **E** 195 St100
Moradillo de Roa **E** 193 Sn97
Moraduccio **I** 138 Bc92
Morąg **PL** 216 Bu73
Mórahalom **H** 252 Bu88
Moraice **MNE** 269 Bt94
Moraira **E** 201 Aa103
Morais **P** 191 Sg98
Moraïtika **GR** 276 Bu102
Morakovo **MNE** 269 Bt95
Moral, El **E** 200 Sq105
Móra la Nova **E** 195 Ab98
Moral de Calatrava **E** 199 Sn103
Moraleda de Zafayona **E** 205 Sn106
Moraleja **E** 191 Sg100
Moraleja del Vino **E** 192 Si98
Moraleja de Sayago **E** 192 Sh98
Morales de Arcediano **E** 184 Sh96
Morales de Campos **E** 184 Sk97
Morales del Vino **E** 192 Si98
Morales de Rey **E** 184 Si96
Morales de Toro **E** 192 Sk97
Morales de Valverde **E** 184 Si97
Moralina **E** 192 Sh98
Moralzarzal **E** 193 Sn99
Morancelle **E** 182 Sb95
Morăneni **RO** 247 Ck87
Moräng **S** 34 Bu50
Morannes-sur-Sarthe-Daumeray **F** 165 Su85
Morano Calabro **I** 148 Bn101
Morano sul Po **I** 136 Ar90
Morărești **RO** 265 Ck90
Mörarp **S** 72 Bf68
Morás **E** 183 Sf93
Morasverdes **E** 191 Sh99
Morata de Jalón **E** 194 Ss98
Morata de Jiloca **E** 194 Sr98
Morata de Tajuña **E** 193 So100
Moratalla **E** 200 Sr104
Moratalla **E** 204 Sk105
Morava **BG** 265 Cl94
Morava **SLO** 134 Bk89
Moravče **SLO** 134 Bk88
Moravec **CZ** 232 Bn82
Moravica **BG** 274 Cn94
Moravice **HR** 135 Bl90
Moravița **RO** 253 Cc90
Moravka **BG** 274 Cn94
Morávka **CZ** 233 Br81
Moravská Třebová **CZ** 232 Bo81
Moravské Bránice **CZ** 238 Bn82
Moravské Budějovice **CZ** 237 Bm82
Moravské Lieskové **SK** 239 Bq83
Moravský Beroun **CZ** 232 Bp81
Moravský Krumlov **CZ** 238 Bn82
Moravský Písek **CZ** 238 Bp83
Morawica **PL** 234 Cb79
Morawin **PL** 227 Br77
Morbach **D** 120 Ap81
Morbegno **I** 131 Au88
Mörbisch am See **A** 129 Bo85
Mörby **S** 71 Br65
Morbygget **S** 60 Bl59
Mörbylånga **S** 73 Bn67
Morcenx **F** 176 St92
Morciano di Romagna **I** 139 Bf93
Morcillo **E** 191 Sh100
Morcone **I** 147 Bk98
Morcote **CH** 131 As89
Morcott **GB** 94 St75
Morcuera **E** 193 So98
Mordalsvågen **N** 46 Ao55
Mordano **I** 138 Bd92
Mordelles **F** 158 Sr84
Mordoğan **TR** 285 Co103
Mordy **PL** 229 Cf76
Moreanes **P** 203 Se105
Morebattle **GB** 79 Sq69
Morecambe **GB** 84 Sp72
Moreda **E** 184 Si94
Moreda **E** 205 So106
Morée **F** 160 Ac85
Moreira **P** 182 Sd96
Moreira **P** 190 Sc98
Moreira de Geraz do Lima **P** 190 Sc97
Moreira do Rei **P** 190 Sd98
Moreiras **E** 183 Se96
Moreleigh **GB** 97 Sn80
Mörel-Filet **CH** 130 Ar88
Morell, el **E** 188 Ac98
Morella **E** 195 Su99
Moreni **RO** 265 Cm91
Moreras, Las **E** 201 St104
Mores **I** 140 As99
Morestel **F** 173 Al89
Moret-Loing-et-Orvanne **F** 161 Af84
Moreton **GB** 98 Sq79
Moretonhampstead **GB** 97 Sn79
Moreton-in-Marsh **GB** 94 Sr77
Moretta **I** 136 Aq91
Moreuil **F** 155 Ae81
Morez **F** 169 An87
Morfasso **I** 137 Au91
Mörfelden-Walldorf **D** 120 As81
Mórfi **GR** 282 Ca102
Morfjord **N** 27 Bk44
Morgårdshammar **S** 60 Bl60
Morgat **F** 157 Sl84
Morgedal **N** 57 Ar61
Morges **CH** 169 An87
Morgex **I** 174 Ap89
Morgie, le **I** 145 Bk96
Morgins, Pas de **F** 130 Ao88
Morgny **F** 160 Ad82
Morgongåva **S** 60 Bo61
Morgunovo **RUS** 216 Cb71
Morhange **F** 119 Ao83
Morhet **B** 156 Am81
Mori **I** 132 Bb89
Morialmé **B** 156 Ak80
Moriani-Plage **F** 181 Au96
Møriaunet **N** 38 Ba53
Mórichida **H** 242 Bp85
Moricone **I** 146 Bf96
Morienval **F** 161 Af82
Moriles **E** 205 Sl106
Morillas **E** 185 Sp95
Morillo de Liena **E** 177 Aa96
Mořina **CZ** 123 Bi81
Morina = Morinë **RKS** 270 Ca96
Morinë **AL** 270 Cb96
Morinë **RKS** 270 Ca96
Moringen **D** 116 Au77
Morinj, Donji **MNE** 269 Bs96
Moritzburg **D** 118 Bh78
Morjärv **S** 35 Cf48
Mørk **N** 58 Bc61
Morka **PL** 226 Bo76
Morkarla **S** 61 Bq60
Mørke **DK** 100 Ba68
Mørkedal **N** 47 Ar54
Mørken **N** 57 As58
Mörkö **S** 71 Bq62
Mořkov **CZ** 239 Br81
Mørkøv **DK** 101 Bd69
Morkovice-Slížany **CZ** 238 Bp82
Mörkret **S** 49 Bf57
Mørkri **N** 47 Aq57
Morl **D** 116 Bd77
Morlaàs **F** 176 Su94
Morlac **F** 167 Ae87
Morla de la Valdería **E** 183 Sh96
Morlaix **F** 157 Sn83
Morlanda **S** 68 Bd64
Morlanne **F** 187 St93
Mörlenbach **D** 120 As81
Morles **D** 121 Au79
Morlet **F** 168 Ak87
Morley **F** 162 Al83
Morley **GB** 84 Sr73
Mörlunda **S** 73 Bm66
Mormanno **I** 148 Bm101
Mormant **F** 161 Af83
Mormoiron **F** 179 Al92
Mormont **B** 156 Am80
Mornant **F** 173 Ak89
Mornas **F** 173 Ak92
Mornay-Berry **F** 167 Af86
Mornay-sur-Allier **F** 167 Ag87
Mornico al Serio **I** 131 Au89
Mörnsheim **D** 121 Bc83
Moroe **IRL** 90 Sd75
Moroeni **RO** 255 Cl90
Möron **S** 35 Cd50
Morón de Almazán **E** 194 Sq98
Morón de la Frontera **E** 204 Sk106
Moros **E** 194 Sr98
Morosaglia **F** 142 At96
Morović **SRB** 261 Bt90
Morozovo **RUS** 215 Cr66
Morozzo **I** 175 Aq92
Morpeth **GB** 81 Sr70
Morra, La **I** 175 Aq91
Morre **F** 169 An86
Morro d'Alba **I** 139 Bg93
Morro Jable **E** 203 Rm124
Morro Reatino **I** 144 Bf95
Morrovalle **I** 145 Bh94
Mörrum **S** 72 Bk68
Morșa **RO** 248 Cp86
Morsains **F** 161 Ah83
Morsbach **D** 114 Aq79
Morschen **D** 115 Au78
Mörse **D** 109 Bb76
Mørset **N** 38 Bc53
Mörsil **S** 39 Bh54
Morska Zvezda **BG** 267 Cr94
Morskoga krog **S** 60 Bl61
Mörskom = Myrskylä **FIN** 64 Cm59
Morsleben **D** 109 Bc76
Morsum **D** 102 Ar71
Mørsvikbotn **N** 27 Bm45
Moršyn **UA** 235 Ch82
Mortagne-au-Perche **F** 159 Ab83
Mortagne-sur-Gironde **F** 170 St90
Mortagne-sur-Sèvre **F** 165 St87
Mortagonovo **BG** 266 Co93
Mortágua **P** 190 Sd100
Mortain-Bocage **F** 159 St83
Mortara **I** 175 As90
Mortavika **N** 66 Am62
Mörtberg **S** 35 Cc48
Morteau **F** 130 Ao86
Mörtebo **S** 60 Bo59
Mortegliano **I** 133 Bg89
Mortehoe **GB** 97 Sm78
Mortemart **F** 171 Ab88
Morteni **RO** 265 Cl91
Mortensnes **N** 23 Cg40
Mortensnes **N** 25 Ct40
Mortimer's Cross **GB** 93 Sp76
Mörtjärn **S** 34 Bt50
Mörtnäs **S** 58 Be61
Mortnäs **S** 71 Br62
Mortop **S** 70 Bo62
Mortorp **S** 73 Bn67
Mortrée **F** 159 Aa83
Mortsel **B** 156 Ai78
Mörtsjön **S** 40 Bk53
Morud **DK** 103 Ba70
Morunglav **RO** 264 Ci92
Morup **S** 72 Be67
Morvah **GB** 96 Si80
Morvich **GB** 75 Sk66
Morville **GB** 93 Sq75
Morwenstow **GB** 96 Sl79
Moryń **PL** 111 Bi75
Morzeszczyn **PL** 222 Bs73
Morzhell = Mordelles **F** 158 Sr84
Morzine **F** 169 Ao88
Mos **E** 182 Sc96
Mos **S** 71 Bs65
Moșana **MD** 248 Cq84
Mošanec' **UA** 248 Co84
Mosar **BY** 219 Cp70
Mosarski, Luck- **BY** 219 Cp70
Mosätt **S** 49 Bi56
Mosbach **D** 121 At82
Mosbjerg **DK** 68 Ba66
Mosby **N** 67 Aq64
Mošćenica **HR** 135 Bn90
Mošćenička Draga **HR** 134 Bi90
Mosciano Sant'Angelo **I** 145 Bh95
Mościska **PL** 234 Cc80
Mościsko **PL** 232 Bo79
Moscovei **MD** 257 Cr89
Mosėdis **LT** 212 Cd68
Mösel **A** 134 Bk87
Mosel **D** 117 Be79
Möser **D** 110 Bd76
Moshófito **GR** 277 Cc102
Moshokariá **GR** 283 Ce103
Moshopótamos **GR** 277 Ce100
Moshult **S** 72 Bg67
Mosigkau **D** 117 Be77
Mosina **PL** 226 Bo76
Mosiny **PL** 221 Bp73
Mosjö **S** 41 Bq54
Mosjö **S** 69 Bl62
Mosjøen **N** 32 Bg49
Mosjön **S** 60 Bn58
Moskenes **N** 26 Bg45
Mosko **BIH** 269 Br95
Moskodalen **N** 23 Cc41
Moskog **N** 46 Am58
Moskorzew **PL** 234 Bu79
Moskosel **S** 34 Bt49
Moskuvaara **FIN** 30 Co45
Moslavina Podravska **HR** 243 Bq89
Moșna **RO** 248 Cq87
Moșna **RO** 254 Ci88
Mošnino **RUS** 211 Cs64
Moșnița Nouă **RO** 253 Cc89
Moșoaia **RO** 265 Ck91
Moso in Passiria **I** 132 Bc87
Mosonmagyaróvár **H** 238 Bp85
Mosonszentmiklós **H** 238 Bp85
Mosonszolnok **H** 238 Bp85
Mošorin **SRB** 252 Ca90
Mošovce **SK** 239 Bs83
Mosqueirão **P** 196 Sc104
Mosqueruela **E** 195 Su100
Moss **N** 58 Bb62
Mossa **I** 133 Bh89
Mossala **FIN** 62 Cc60
Mossat **GB** 76 Sp66
Mossaträsk **S** 41 Bp53
Mossblown **GB** 78 Sl70
Mossbo **S** 50 Bn58
Mossebo **S** 69 Bg66
Mosset **F** 189 Ae95
Mosshult **S** 70 Bn64
Mossiberg **S** 49 Bh57
Mössingen **D** 125 At84
Mosstodloch **GB** 76 So65
Mosstorp **S** 69 Bi63
Most **BG** 273 Cm97
Most **CZ** 118 Bh80
Møst **N** 47 Aq54
Most = Heinersbrück **D** 118 Bk77
Moštanica **SRB** 271 Cd95
Mostar **BIH** 260 Bq94
Moste **SLO** 134 Bi88
Moste **SLO** 134 Bk88
Mosteiro **P** 182 Ps102
Mosteiro (Meis) **E** 182 Sc95
Mosteiros **P** 182 Qi105
Mostek **CZ** 231 Bm80
Moșteni **RO** 265 Cm92
Moster- **N** 56 Al61
Mosterhamn **N** 56 Al61
Mostišče **RUS** 215 Cs68
Mostiště **CZ** 231 Bn82
Mostki **PL** 234 Cc79
Mostkowo **PL** 223 Ca73
Most na Soči **SLO** 134 Bh88
Móstoles **E** 193 Sn100
Mostovo **BG** 274 Ck97
Mostów **PL** 229 Cf76
Mostowice **PL** 232 Bn80
Mostowo **PL** 221 Bn72
Most pri Bratislave **SK** 238 Bp84
Mosty **PL** 111 Bk73
Mosty **PL** 229 Cg77
Mostys'ka **UA** 235 Cg81
Mosty u Jablunkova **CZ** 239 Bs81
Mosvik **N** 38 Bc53
Mosyr **UA** 229 Ci78
Moszczanka **PL** 228 Cd77
Mota del Cuervo **E** 200 Sp102
Mota del Marqués **E** 192 Sk97
Moțăineni **RO** 265 Cl90
Motala **S** 69 Bl63
Moțăței **RO** 264 Cg92
Moțca **RO** 248 Co86
Mothe-Achard, La **F** 164 Sr87
Motherwell **GB** 79 Sn69
Mothe-Saint-Héray, La **F** 165 Su88
Motike **BIH** 259 Bo92
Motilla del Palancar **E** 200 Sr101
Motilleja **E** 200 Sr102
Motiș **RO** 254 Ci88
Motjärnshyttan **S** 59 Bh61
Motkowice **PL** 234 Ca79
Motnik **SLO** 134 Bk88
Motornoe **RUS** 65 Da59
Motoseni **RO** 256 Cp88
Motovun **HR** 134 Bh90
Motril **E** 205 Sn107
Motru **RO** 264 Cf91
Motru, Breznița **RO** 264 Cg91
Motta d'Affermo **I** 150 Bi105
Motta di Livenza **I** 132 Bc89
Motta Montecorvino **I** 147 Bl97
Motta San Giovanni **I** 151 Bm104
Motte-Chalancon, La **F** 173 Al92
Motten **D** 115 Au80
Mottgers **D** 121 Au80
Mottola **I** 149 Bp99
Möttölanniemi **FIN** 44 Cr52
Möttönen **FIN** 53 Ck54
Mötzing **D** 122 Be83
Mötzingen **D** 125 As83
Mou **DK** 100 Ba67
Mouchamps **F** 165 Ss87
Mouchan **F** 177 Aa93
Mouchard **F** 168 Am87
Moudon **CH** 130 Ao87
Moúdros **GR** 279 Cl101
Mougins **F** 136 Ao93
Mougon-Thorigné **F** 165 Su88
Mouguerre **F** 176 Ss94
Mouhijärvi **FIN** 52 Cg57
Mouhu **FIN** 54 Co58
Mouilleron-Saint-Germain **F** 165 St87
Moulay **F** 159 St84
Mouliherne **F** 165 Aa86
Moulinet **F** 181 Ap93
Moulin-Mage **F** 178 Af93
Moulin-Neuf **F** 178 Ad94
Moulins **F** 167 Ag87
Moulins, les **F** 172 Ah89
Moulins-Engilbert **F** 167 Ah87
Moulins-la-Marche **F** 160 Aa83
Moulismes **F** 166 Ab88
Moulle **F** 112 Ae79
Moulton **GB** 94 St76
Mountain Ash **GB** 97 So77
Mountain Cross **GB** 79 So69
Mount Bellew **IRL** 87 Sd74
Mountbenger **GB** 81 So69
Mountcharles **IRL** 87 Sd71
Mountfield **GB** 87 Sf71
Mountmellick **IRL** 90 Sf74
Mountrath **IRL** 90 Sf74
Mountshannon **IRL** 87 Sd75
Moura **P** 197 Sf104
Mourão **P** 197 Sf104
Mourens **F** 170 Su91
Mourentán **E** 182 Sd96
Mourenx **F** 187 St94
Mouriès **F** 179 Ak93
Mouriés **GR** 278 Cf98
Mouríki **GR** 284 Cg104
Mouriscas **P** 196 Sd101
Mourmelon-le-Grand **F** 161 Ai82
Mourmelon-le-Petit **F** 161 Ai82
Mourniés **GR** 290 Ch110
Mouromorto **E** 183 Se95
Mourujärvi **FIN** 37 Cr48
Mouscron **B** 112 Ag79
Mousehole **GB** 96 Si80
Moussac **F** 179 Ai93
Moussey **F** 124 Ao83
Moustéru **F** 158 So83
Moustey **F** 170 St92
Moustiers-Sainte-Marie **F** 180 An93
Moutchic, le **F** 170 Ss90
Moutfort **L** 162 An81
Mouthe **F** 169 An87
Mouthoumet **F** 178 Af95
Moutier **CH** 124 Ap86
Moûtiers **F** 174 Ao90
Moutiers-les-Mauxfaits **F** 165 Ss88
Moutiers-sous-Argenton **F** 165 Su87
Moutiers-sur-le-Lay **F** 165 Ss87
Moutnice **CZ** 238 Bo82
Moutsoúna **GR** 288 Cm106
Moux **F** 178 Af94
Moux-en-Morvan **F** 167 Ai86
Mouy **F** 160 Ae82
Mouzáki **GR** 277 Cd102
Mouzáki **GR** 286 Cd106
Mouzieys-Teulet **F** 178 Ae93
Mouzon **F** 162 Al81
Movatn **N** 58 Bb60
Movattnet **S** 41 Bs53
Movelier **CH** 124 Ap86
Møvik **N** 56 Ak60
Movila **RO** 266 Cq91
Movila Banului **RO** 266 Co91
Movila Miresii **RO** 256 Cq90
Movileni **RO** 248 Cp86
Movileni **RO** 256 Cp89
Movileni **RO** 265 Ck92
Movilița **RO** 256 Cp89
Movilița **RO** 266 Cn91
Moville **IRL** 82 Sf70
Movollen **N** 48 Bd55
Moy **GB** 82 Sg72
Moya **E** 202 Ri124
Moyaux **F** 159 Aa82
Moy-de-l'Aisne **F** 155 Ag81
Moyenmoutier **F** 163 Ao84
Moyenvic **F** 163 Ao83
Moyeuvre-Grande **F** 119 An82
Möykky **FIN** 52 Cd56
Möykkylä **FIN** 43 Ck51
Möykkylänperä **FIN** 44 Co52
Moy Lodge **GB** 75 Sl67
Moylough **IRL** 86 Sc74
Moynalty **IRL** 82 Sg73
Moyne **IRL** 82 Se73
Moyrazès **F** 172 Ae92
Moyuela **E** 195 St98
Moyvore **IRL** 87 Se73
Mozac **F** 172 Ag89
Mozăceni **RO** 265 Cl91
Mózar **E** 184 Si97
Mozárbez **E** 192 Si99
Mozelj **SLO** 134 Bk89
Mozgovo **SRB** 263 Cd93
Mozirje **SLO** 134 Bk88
Mozoncillo **E** 193 Sm98
Mozuli **RUS** 215 Cr67
Mozyr' **RUS** 216 Cc72
Mozzanica **I** 131 Au90
Mozzecane **I** 132 Bb90
Mraclin **HR** 250 Bn89
Mrągowo **PL** 223 Cc73
Mrákotín **CZ** 237 Bl82
Mramor **BG** 272 Cf95
Mramor **BG** 274 Cn96
Mramor **RKS** 271 Cc95
Mramorak **SRB** 253 Cb91
Mramoren **BG** 264 Ch94
Mratín **CZ** 123 Bk80
Mrázov **CZ** 123 Bf81
Mrčajevci **SRB** 262 Cb93
Mrežičko **MK** 271 Cd98
Mrežihko **BG** 275 Cp95
Mrkalji **BIH** 261 Bs92
Mrkonjić Grad **BIH** 259 Bp92
Mrkonjići **BIH** 269 Br95
Mrkopalj **HR** 134 Bk90
Mrmoš **SRB** 263 Cc93
Mrocza **PL** 221 Bq74
Mroczeń **PL** 226 Bq78
Mroczno **PL** 222 Bu74
Mrowino **PL** 226 Bo75
Mrzen **MK** 271 Cd98
Mrzezino **PL** 222 Br71
Mrzeżyno **PL** 220 Bl72
Mrzygłód **PL** 241 Ce81
Mšanec' **UA** 235 Cf82
Mścice **PL** 221 Bn72
Mscioava **BY** 224 Ci74
Mšec **CZ** 123 Bh80
Mšené-Lázně **CZ** 123 Bi80
Mšeno **CZ** 123 Bk80
Mstów **PL** 233 Bt79
Mszana Dolna **PL** 233 Ca81
Mszczonów **PL** 228 Cb77
Mtež **RUS** 211 Cq64
Muccia **I** 145 Bg94
Much **D** 114 Ap79
Muchamiel = Mutxamel **E** 201 Su104
Mucharz **PL** 233 Bu81
Muchavec **BY** 229 Ch76
Mücheln (Geiseltal) **D** 116 Bd78
Much Marcle **GB** 93 Sq77
Muchówka **PL** 234 Ca81
Much Wenlock **GB** 93 Sp75
Muči **LV** 212 Cd66
Mučibaba = Muçibabë **RKS** 271 Cd96
Muçibabë **RKS** 271 Cd96
Mucientes **E** 192 Sl97
Mücka **D** 118 Bk78
Mücke **D** 121 At79
Muda **P** 202 Sc105
Muda, La **I** 133 Be88
Mudanya **TR** 281 Cs100
Mudarra, La **E** 184 Sl97
Mudau **D** 121 At81
Müden (Aller) **D** 109 Ba75
Müden (Mosel) **D** 120 Ap80
Müden (Örtze) **D** 109 Ba75
Mudersbach **D** 114 Aq79
Muel **E** 194 Ss98
Muela, La **E** 194 Ss97
Muelas de los Caballeros **E** 183 Sh96
Muelas del Pan **E** 192 Si97
Muereasca **RO** 254 Ci90
Muff **IRL** 82 Sf70
Muga de Sayago **E** 192 Sh98
Mugardos **E** 182 Sd94
Muge **P** 196 Sc102
Mügeln **D** 117 Bg77
Mügeln **D** 117 Bg78
Mugeni **RO** 255 Cl88
Muggendorf **D** 122 Bc81
Muggensturm **D** 120 Ar83
Muggia **I** 134 Bh89
Mugla **BG** 273 Ci97
Mugnano **I** 144 Be94
Mugron **F** 176 St93
Muhi **H** 240 Cb85
Mühlacker **D** 120 As83
Mühlanger **D** 117 Bf77
Mühlbach **D** 122 Bd82
Mühlbach am Hochkönig **A** 127 Bg86
Mühlbach am Manhartsberg, Hohenwarth- **A** 129 Bm83
Mühlberg **D** 116 Bb79
Mühlberg (Elbe) **D** 117 Bg78
Mühldorf **A** 129 Bl84
Mühldorf am Inn **D** 236 Bf84
Mühleck = Costa Molini **I** 132 Bd87
Mühlen **A** 134 Bk86
Mühlen = Molini di Tures **I** 132 Bd87
Mühlen-Eichsen **D** 110 Bc73
Mühlhausen **D** 121 Bb81
Mühlhausen **D** 122 Bc82
Mühlhausen **D** 122 Bd83
Mühlhausen **D** 236 Be83
Mühlhausen (Thüringen) **D** 116 Ba78
Mühlheim am Main **D** 120 As80
Mühlheim an der Donau **D** 125 As84
Mühlingen **D** 125 At85
Mühlstetten **D** 121 Bc82
Mühltal **A** 126 Bc86
Mühltroff **D** 122 Bd79
Mühltroff, Pausa- **D** 230 Bd79
Mühlwald = Selva dei Molini **I** 132 Bd87
Muhola **FIN** 43 Cl54
Muhola **FIN** 55 Cs56
Muhos **FIN** 44 Cm51
Muhovicy **RUS** 65 Ct61
Muhovo **BG** 272 Ch96
Muhr **A** 127 Bh86
Mühring **A** 127 Bh84
Muides-sur-Loire **F** 166 Ad85
Muids **F** 160 Ac82
Muimenta **E** 182 Sd95
Muineachán **IRL** 82 Sg72
Muineachán = Monaghan **IRL** 87 Sg72
Muine Bheag **IRL** 91 Sg75
Muiños **E** 182 Sb94
Muirhead **GB** 76 So68
Muirkirk **GB** 80 Sm69
Muir of Ord **GB** 75 Sm65
Mujejärvi **FIN** 45 Ct53
Mukačeve **UA** 246 Cf84
Mukačevo = Mukačeve **UA** 246 Cf84
Mukařov **CZ** 231 Bk81
Mukkajärvi **S** 35 Cg47
Mula **E** 201 Ss104
Mula **N** 32 Bh48
Mulda (Sachsen) **D** 118 Bg79
Muldenberg **D** 117 Be80
Muldenhammer **D** 117 Be80
Muldenstein **D** 117 Be77
Muldestausee **D** 117 Be77
Mulegns **CH** 131 Au87
Mules **I** 132 Bd87
Mulestad **S** 70 Bn65
Mulfingen **D** 121 Au82
Mülhausen = Mulhouse **F** 124 Ap85
Mülheim an der Mosel **D** 120 Ap81
Mülheim an der Ruhr **D** 114 Ao78
Mülheim-Kärlich **D** 114 Ap80
Mulhouse **F** 124 Ap85
Múli **FO** 26 Sg56
Muljala **FIN** 55 Cu56
Mulknitz **D** 118 Bk77
Mulkoila **FIN** 53 Ck57
Mullach Íde = Malahide **IRL** 88 Sh74
Mullagh **IRL** 82 Sg73
Mullaghmore **IRL** 82 Sd72
Mullany's Cross **IRL** 86 Sc72
Müllendorf **A** 238 Bn85
Müllheim **D** 124 Aq85
Mullhyttan **S** 69 Bk62
Mullinahone **IRL** 90 Sf75
Mullinavat **IRL** 90 Sf76
Mullingar **IRL** 87 Sf73
Mullinkylä **FIN** 64 Cp60
Mullion **GB** 96 Sk80
Müllrose **D** 118 Bi76
Mullsjö **S** 41 Bu53
Mullsjö **S** 69 Bh65
Mulrany **IRL** 86 Sa73
Mulsanne **F** 159 Aa85
Mülsen **D** 117 Bf79
Mülsen Sankt Jacob **D** 117 Bf79
Mulseryd **S** 69 Bh65
Mulsum **D** 109 At73
Multia **FIN** 53 Ck56
Multyfarnham **IRL** 87 Sf73
Mülverstedt **D** 116 Bb78
Mumbles Head **GB** 97 Sm77
Mumby **GB** 85 Aa74
Mumcular **TR** 292 Cq106
Mümliswil **CH** 124 Aq86
Munakka **FIN** 52 Cf55
Munalaid **EST** 209 Ci64
Muñana **E** 192 Sk99
Munapirtti **FIN** 64 Co60
Muncelu Mare **RO** 245 Cf89
Münchberg **D** 122 Bd80
Müncheberg **D** 225 Bi75
Münchehof **D** 116 Ba77
Münchehofe **D** 117 Bh76
München **D** 126 Bd84
Münchenbernsdorf **D** 230 Bd79
Münchenbuchsee **CH** 130 Ap86
Münchhausen **D** 115 As79
Münchnerau **D** 127 Be83
Münchsmünster **D** 126 Bd83
Münchsteinach **D** 122 Bb81
Münchweiler, Glan- **D** 119 Ap82
Münchweiler an der Alsenz **D** 163 Aq81
Münchwilen **CH** 125 As86
Mundaka **E** 186 Sp94
Mundal **N** 46 Ao58
Münden = Hann. Münden **D** 115 Au78
Munderfing **A** 236 Bg84
Munderkingen **D** 125 Au84
Mundesley **GB** 95 Ac75
Mundford **GB** 95 Ab75
Mundheim **N** 56 Am60
Mundolsheim **F** 124 Aq83
Mundraching **D** 126 Bb85
Munébrega **E** 194 Sr98
Munera **E** 200 Sq102
Munga **S** 60 Bp60
Mungía **E** 185 Sp94
Mūņi **LV** 213 Ce65
Muniaczkowice **PL** 234 Ca80
Muñico **E** 192 Sk99
Muniesa **E** 195 St98
Munka-Ljungby **S** 72 Bf68
Munkarp **S** 72 Bg69
Munkbyn **S** 50 Bn56
Munke Bjergby **DK** 104 Bd69
Munkebo **DK** 103 Bb70
Munkeby **N** 39 Bc53
Munkedal **S** 68 Bd64
Munkelva **N** 25 Ct41
Munken **N** 38 At53
Munkflohögen **S** 40 Bk53
Munkfors **S** 59 Bh61
Munkinvaara **FIN** 45 Da54
Munknes **N** 25 Cu41
Munksund **S** 35 Cd50
Munktorp **S** 60 Bn61
Münnerstadt **D** 121 Ba80
Muñogalindo **E** 192 Sl99
Muñopedro **E** 193 Sm99
Muñorrodero **E** 185 Sm94
Munsala **FIN** 42 Ce54
Münsing **D** 126 Bc85
Münsingen **CH** 169 Aq87
Münsingen **D** 125 At84
Munslow **GB** 93 Sp76
Munsö **S** 60 Bq62
Münster **D** 107 Aq77
Munster **D** 109 Ba75
Münster **D** 120 As81
Münster **D** 126 Bb83
Munster **F** 124 Ap84
Münster = Müstair **CH** 132 Ba87
Münsterbrock **D** 115 At77
Münster-Geschinen **CH** 130 Ar88
Münsterlingen **CH** 125 At85
Münstermaifeld **D** 119 Ap80
Münstertal/Schwarzwald **D** 163 Aq85
Munsvattnet **S** 40 Bi52
Muntele Cacovei **RO** 254 Cg87
Munteni **RO** 256 Cp89
Munteni-Buzău **RO** 266 Co91
Muntenii de Jos **RO** 256 Cq87
Munți, Rușii- **RO** 247 Ck87
Münzenberg **D** 115 As80
Münzkirchen **A** 127 Bh84
Muodoslompolo **S** 29 Cg45
Muonio **FIN** 29 Ch45
Muonionalusta **S** 29 Ch45
Muorjevaara **S** 29 Cc46
Muotathal **CH** 131 As87
Muotkajärvi **FIN** 29 Cg44
Muotkavaara **FIN** 30 Ci45
Mur **SRB** 262 Ca94
Murakeresztúr **H** 250 Bo88
Murakka **FIN** 54 Cn57
Muráň **SK** 240 Ca83
Murane **N** 47 Aq58
Murano **I** 133 Be90
Murat **F** 172 Af90
Muratlar **TR** 280 Co101
Muratlı **TR** 281 Cq98
Murato **F** 181 At95
Muratovac = Bosanski Petrovac **BIH** 259 Bn91
Murat-sur-Vèbre **F** 178 Af93
Muratu = Murato **F** 181 At95
Murau **A** 134 Bi86
Murava **BY** 229 Ci75
Muravana-Ašmjanka **BY** 218 Cm72
Muravera **I** 141 Au102
Muravlivka **UA** 257 Ct89
Murazzano **I** 175 Ar92
Murazzo **I** 175 Aq92
Murça **P** 191 Sf98
Murchin **D** 105 Bh73
Murci **I** 144 Bc95
Murcia **E** 201 Ss105
Murczyn **PL** 226 Bq75
Mur-de-Barrez **F** 172 Af91
Mûr-de-Bretagne **F** 158 Sp84
Mur-de-Sologne **F** 166 Ad86
Mure, La **F** 174 Am91
Mureaux, Les **F** 160 Ad83
Mureck **A** 242 Bm87
Mürefte **TR** 280 Cp99
Mureno **BG** 271 Cf95
Mures **E** 205 Sn106
Muret **F** 177 Ac94
Muret, le **F** 170 St92
Muret-le-Château **F** 172 Af92
Murgeni **RO** 256 Cr88
Murgenthal **CH** 124 Aq86
Murgești **RO** 256 Co90
Murgía **E** 185 Sp95
Murguía = Murgía **E** 185 Sp95
Murgula = Murqullë **RKS** 263 Cc94
Muri **CH** 169 Ap87
Muri (AG) **CH** 125 Ar86
Murialdo **I** 175 Ar92
Murias de Paredes **E** 184 Sh95
Muriedas **E** 185 Sn94
Murighiol **RO** 267 Ct90
Murillo de Gállego **E** 176 St96
Murillo de Río Leza **E** 186 Sq96
Murillo el Fruto **E** 176 Ss96
Murino **MNE** 270 Bu95
Muriqan **AL** 270 Bt96
Murjek **S** 35 Cb48
Murlaggan **GB** 75 Sk67
Mürlenbach **D** 119 Ao80
Murlo **I** 144 Bc94
Murnau am Staffelsee **D** 126 Bc85
Muro **E** 207 Ag101
Muro **F** 181 As95
Muro **P** 190 Sc98
Muro de Aguas **E** 186 Sq96
Muro del Alcoy **E** 201 Su103
Murol **F** 172 Af89
Murole **FIN** 53 Ch57
Muro Leccese **I** 149 Br100
Muro Lucano **I** 148 Bl99
Muron **F** 170 St88
Murony **H** 245 Cc87
Muros **E** 182 Sb95
Muros **E** 184 Sh93
Muros de Nalón = Muros **E** 184 Sh93
Mūro Strėvininkai **LT** 218 Ck71
Murovane **UA** 235 Ci80
Murovano-Ošmjanka **BY** 218 Cm72
Murowana Goślina **PL** 226 Bp75
Murqullë **RKS** 263 Cc94
Murrë **AL** 270 Ca97
Mürren **CH** 130 Aq87
Murrhardt **D** 121 Au83
Murrisk **IRL** 86 Sa73
Murrizë **AL** 270 Ca98
Murroogh **IRL** 89 Sb74
Murs **F** 179 Al93
Mursallı **TR** 289 Cq105
Murska Sobota **SLO** 250 Bn87
Mursko Središće **HR** 250 Bn87
Murstetten **A** 129 Bm84
Murtamo **FIN** 62 Cd58
Murtas **E** 206 So107
Murten **CH** 130 Ap87
Murter **HR** 259 Bm93
Murtino **MK** 272 Cf98
Murto **FIN** 43 Cm51
Murtoi **FIN** 55 Da56
Murtoinen **FIN** 54 Co56
Murtolahti **FIN** 54 Cq54
Murtomäki **FIN** 44 Cq52
Murton **GB** 81 Ss71
Murtosa **P** 190 Sc99
Murtovaara **FIN** 37 Ct49
Murtovaara **FIN** 45 Cu54
Murum **S** 69 Bg65
Muruvik **N** 38 Bb54
Murvica **HR** 258 Bl92
Murvica **HR** 268 Bo94
Murviel-lès-Béziers **F** 178 Ag94
Murvoll **N** 38 Ba53
Mürzsteg **A** 242 Bl85
Murzynowo **PL** 227 Bu75
Mürzzuschlag **A** 242 Bm85
Müsch **D** 114 Ao80
Muschwitz **D** 117 Be78
Musculdy **F** 176 St94
Musel-Arnao **E** 184 Si93
Muselinovo **BG** 265 Ck93
Mușenița **RO** 247 Cm85
Mușetești **RO** 264 Cg90
Musetrene **N** 47 At57
Musina **BG** 274 Cl94
Musken **N** 27 Bn45
Muskö **S** 71 Br62

376 Montsoreau – Muskö

Muškovića Rijeka **MNE** 269 Bu95
Musland **N** 56 Am61
Musninkai **LT** 218 Ck71
Musqetë **AL** 270 Bu98
Mussalo **FIN** 64 Co60
Musselburgh **GB** 76 So69
Musselkanaal **NL** 107 Ap75
Mussey **F** 162 Al83
Mussey-sur-Marne **F** 162 Al84
Mussidan **F** 170 Aa90
Musso **I** 131 At88
Mussomeli **I** 152 Bh105
Mussy-sur-Seine **F** 162 Ai85
Mustadfors **S** 68 Be63
Mustafakemalpaşa **TR** 281 Cr100
Müstair **CH** 132 Ba87
Mustajärvi **FIN** 52 Cf56
Mustajärvi **FIN** 53 Ci56
Mustajoki **FIN** 52 Ce57
Mustalammi **FIN** 52 Cf56
Mustamaa **FIN** 44 Co52
Mustamaa **FIN** 52 Cg54
Mustapić **SRB** 263 Cd91
Mustasaari = Korsholm **FIN** 52 Cd54
Mustavaara **FIN** 37 Cs50
Mustavaara **FIN** 45 Cs52
Müstecep **TR** 280 Cp99
Musteika **LT** 218 Ci73
Mustér = Disentis **CH** 131 As87
Mustila **FIN** 63 Ck58
Mustin **D** 110 Bb73
Mustinlahti **FIN** 54 Cr55
Mustinsalo **FIN** 54 Cr56
Mustio = Svartå **FIN** 63 Ch60
Mustjala **EST** 208 Ce64
Mustjärvi **FIN** 64 Cm58
Mustjõe **EST** 209 Cl62
Mustla **EST** 210 Cm64
Mustolanmäki **FIN** 44 Cr53
Mustolanmäki **FIN** 54 Cp55
Mustolanmutka **FIN** 44 Cr52
Mustvee **EST** 210 Co63
Mušutište = Meshutishtë **RKS** 270 Cb96
Mušyčy **BY** 219 Cq72
Muszaki **PL** 223 Cb74
Muszyna **PL** 234 Cb82
Muszynka **PL** 234 Cc82
Muta **SLO** 135 Bl87
Mutala **FIN** 53 Ch57
Mutalahti **FIN** 55 Dc56
Mutanj **SRB** 262 Ca92
Mutějovice **CZ** 230 Bh80
Mutenica **BG** 273 Ck95
Mutěnice **CZ** 129 Bp83
Muthill **GB** 79 Sn68
Mutka **FIN** 55 Ct54
Mútne **SK** 233 Bt82
Mutriku **E** 186 Sq94
Muttenz **CH** 169 Aq85
Mutters **A** 126 Bc86
Muttersholtz **F** 163 Aq84
Mutterstadt **D** 163 Ar82
Mutxamel **E** 201 Su104
Mutzig **F** 124 Ap83
Mutzschen **D** 117 Bf78
Muuga **EST** 210 Co62
Muukko **FIN** 65 Cr58
Muuksi **EST** 209 Cm61
Muurame **FIN** 53 Cm56
Muuras **FIN** 43 Cl53
Muurasjärvi **FIN** 43 Cl53
Muurikkala **FIN** 64 Cq59
Muurla **FIN** 63 Cg60
Muurola **FIN** 36 Cl48
Muurola **FIN** 64 Cq59
Muuruvesi **FIN** 54 Cr54
Muxía **E** 182 Sb94
Muy, Le **F** 180 Ao94
Mužakow = Bad Muskau **D** 118 Bk77
Muzga **BG** 273 Cl95
Muzilheg = Muzillac **F** 164 Sq85
Muzillac **F** 164 Sq85
Muzinë **AL** 276 Ca101
Mužla **SK** 239 Bs85
Mužlja **SRB** 252 Ca90
Mybster **GB** 75 So64
Mychajlivka **UA** 257 Cu89
Myckelberget Vastra **S** 59 Bh59
Myckelgensjö **S** 41 Bq53
Myckleby **S** 68 Bd64
Myckling **S** 50 Bq56
Mydland **N** 66 An64
Mydroilyn **GB** 92 Sm76
Myggenäs **S** 68 Bd64
Myggsjö **S** 49 Bk57
Myhinpää **FIN** 54 Co56
Myhove **UA** 247 Cl84
Myjava **SK** 239 Bq83
Mykanów **PL** 233 Bt79
Mykines **FO** 26 Se56
Myking **N** 56 Al59
Mykland **N** 46 An57
Mykland **N** 67 Ar63
Myklebost **N** 46 An55
Myklebostad **N** 27 Bl45
Myklebostad **N** 47 Aq55
Myklebust **N** 46 Ao57
Mykolaivka-Novorosijs'ke **UA** 257 Cu88
Mykolajiv **UA** 235 Ch81
Mykulyčyn **UA** 247 Ck84
Mylly-Karttu **FIN** 52 Cf57
Myllykoski **FIN** 52 Cf54
Myllykoski **FIN** 64 Co59
Myllykylä **FIN** 30 Co46
Myllykylä **FIN** 52 Ce55
Myllykylä **FIN** 53 Ci56
Myllykylä **FIN** 63 Ch59
Myllykylä **FIN** 63 Ch60
Myllykylä **FIN** 63 Ci60
Myllykylä **FIN** 64 Cm58
Myllykylä **FIN** 64 Cp59
Myllylä **FIN** 55 Cs54
Myllylahti **FIN** 45 Ct50
Myllymaa **FIN** 52 Cf58
Myllymäki **FIN** 53 Ci55
Myllyperä **FIN** 53 Ck56
Mymås **S** 50 Bp56
Mynämäki **FIN** 62 Cd59
Mynterlä **FIN** 63 Ci60
Mynttilä **FIN** 54 Co58
Myon **F** 168 Am86
Myöntäjä **FIN** 52 Ce57
Myra **N** 67 At63
Myran **N** 38 Bb53
Myrane **N** 66 Am63
Myrås **S** 34 Bq49
Myrdal **N** 56 Ap59
Myre **N** 27 Bl43
Myre **N** 27 Bm42
Myre **S** 41 Br54
Myren **S** 59 Bg60
Myreng **N** 47 At57
Myresjö **S** 73 Bk66
Myrgrubben **S** 59 Bf60
Myrhaug **N** 22 Bt42
Myrhaug **N** 48 Bc55
Myrheden **S** 34 Ca49
Myrheden **S** 34 Ca50
Mýri **IS** 21 Rc25
Myrkky **FIN** 52 Cd56
Myrland **N** 26 Bg44
Myrland **N** 27 Bm43
Myrlandshaug **N** 28 Bp43
Myrmoen **N** 48 Bd55
Myrnes **N** 23 Ce40
Myrnopil'a **UA** 257 Ct88
Myrset **N** 26 Bn42
Myrskylä **FIN** 64 Cm59
Myrvik **N** 39 Bc51
Myrviken **S** 49 Bi54
Myšćana **UA** 235 Ch81
Mysen **N** 58 Bc61
Myshall **IRL** 91 Sg75
Mysingsborg **S** 50 Bl57
Mysłaków **PL** 227 Ca76
Myślakowice **PL** 228 Ca77
Myślakowice **PL** 231 Bm79
Myślenice **PL** 234 Bu81
Mysletín **CZ** 231 Bl82
Myslibořice **CZ** 237 Bm82
Myślibórz **PL** 220 Bk75
Myślina **PL** 233 Br79
Mysłowice **PL** 233 Bt80
Mysovka **RUS** 216 Cc70
Mysubyttseter **N** 47 Aq57
Mysuseter **N** 47 Au57
Myšyn **UA** 247 Ck84
Myszewo **PL** 222 Bt72
Myszków **PL** 233 Bt79
Myszyniec **PL** 223 Cc74
Mýtna **SK** 239 Bu84
Mýtne Ludany **SK** 239 Bs84
Mýto **CZ** 123 Bh81
Mýto **SK** 240 Bu83
Myttäälä **FIN** 53 Ci58
Myza **RUS** 215 Cr67

N

Näälävaara **FIN** 45 Ct51
Naaldwijk **NL** 106 Ai77
Naamijoki **FIN** 36 Ch47
Naantali **FIN** 62 Ce60
Naapila **FIN** 53 Ci57
Naapurinvaara **FIN** 44 Cr52
Naarajärvi **FIN** 54 Cp56
Naarajoki **FIN** 52 Ce55
Naarden **NL** 106 Al76
Näärinki **FIN** 54 Cq57
Naarminkylä **FIN** 52 Cg56
Naartijärvi **S** 35 Ch49
Naarva **FIN** 55 Dc54
Naas **IRL** 91 Sg74
Näätämö **FIN** 25 Ct41
Näätänmaa **FIN** 54 Cr56
Nabben **S** 73 Bm68
Nabburg **D** 230 Be82
Naburn **GB** 85 Ss73
Nača **BY** 218 Ck72
Naçak **TR** 280 Cp97
Na Cealla Beaga = Killybegs **IRL** 87 Sd71
Načeradec **CZ** 237 Bk81
Náchod **CZ** 232 Bn80
Nachrodt-Wiblingwerde **D** 114 Aq78
Nacimiento **E** 206 Sp106
Nacka **S** 71 Br62
Näckådalen **S** 49 Bi58
Nackel **D** 110 Bf75
Nackenheim **D** 120 Ar81
Nacław **PL** 221 Bo72
Na Clocha Liatha = Greystones **IRL** 91 Sh74
Nadaillac **F** 171 Ac90
Nadalj **SRB** 252 Bu89
Nadarevo **BG** 275 Co94
Nadarzyn **PL** 228 Cb76
Nadāş **RO** 245 Cd88
Nadaş **RO** 245 Cd89
Nádasd **H** 135 Bo87
Nádasdladány **H** 243 Br86
Naddnistrjans'ke **UA** 248 Cp83
Naddvik **N** 57 Aq58
Nadela **E** 183 Sf95
Nådendal = Naantali **FIN** 62 Ce60
Nadeş **RO** 255 Ck88
Nadići **BIH** 269 Br94
Nădlac **RO** 253 Cb88
Nadma **PL** 228 Cc76
Nădrag **RO** 253 Ce89
Nadrične **UA** 257 Ct88
Nádudvar **H** 245 Cc86
Nadvirna **UA** 247 Ck83
Nadzież **PL** 227 Br77
Näeni **RO** 256 Cn90
Naensen **D** 116 Au77
Nærbø **N** 66 Am63
Nærøysteine **N** 39 Bc51
Nærsnes **N** 58 Bb61
Næs **DK** 104 Be71
Næsby **DK** 101 Bd69
Næstved **DK** 104 Bd70
Näfels **CH** 131 At86
Náfpaktos **GR** 283 Cd104
Náfplio **GR** 287 Cf105
Nafría la Llana **E** 193 Sp97
Nagel **D** 230 Bd81
Nagele **NL** 107 Am75
Nages **F** 178 Af93
Naggen **S** 50 Bm56
Na Gleannta = Glenties **IRL** 82 Sd71
Nagłowice **PL** 233 Ca79
Nagnajów **PL** 234 Cd79
Nagodzice **PL** 232 Bo80
Nagold **D** 125 As83
Nago-Torbole **I** 132 Bb89
Nagu **FIN** 62 Cd60
Nagyacsád **H** 242 Bp86
Nagyalásony **H** 242 Bp86
Nagyatád **H** 242 Bp88
Nagybajom **H** 243 Bq88
Nagybaracska **H** 252 Bs88
Nagyberki **H** 251 Br88
Nagybörzsöny **H** 239 Bs85
Nagycenk **H** 242 Bo85
Nagydobos **H** 241 Ce84
Nagydorog **H** 251 Bs87
Nagyecsed **H** 241 Ce85
Nagyesztergár **H** 243 Bq86
Nagyfüged **H** 244 Ca85
Nagyhalász **H** 241 Cd84
Nagyharsány **H** 243 Br89
Nagyigmánd **H** 243 Br85
Nagyiván **H** 245 Cb86
Nagykálló **H** 241 Cd85
Nagykamarás **H** 245 Cc88
Nagykanizsa **H** 250 Bo88
Nagykapornak **H** 242 Bo87
Nagykáta **H** 244 Bu86
Nagykereki **H** 245 Cd86
Nagykőlked **H** 135 Bo86
Nagykónyi **H** 251 Br87
Nagykőrös **H** 244 Bu86
Nagylak **H** 252 Cb88
Nagylóc **H** 240 Bu84
Nagymágocs **H** 244 Ca87
Nagymaros **H** 239 Bs85
Nagyoroszi **H** 239 Bt84
Nagypeterd **H** 243 Bq88
Nagyrábé **H** 245 Cc86
Nagyszékely **H** 251 Bs87
Nagyszénás **H** 244 Cb87
Nagyvázsony **H** 243 Bq87
Nahačiv **UA** 235 Cg80
Nahavki **BY** 219 Cp71
Nahe **D** 109 Ba73
Nahirne **UA** 257 Cr90
Nahrendorf **D** 110 Bb74
Nahtavárri = Nattavaara **S** 35 Cb47
Nahwinden **D** 116 Bc79
Naidăs **RO** 253 Cd91
Naila **D** 122 Bd80
Naillat **F** 166 Ad88
Nailloux **F** 177 Ad94
Nailly **F** 161 Ag84
Nailsea **GB** 93 Sp78
Nailsworth **GB** 93 Sq77
Nain **S** 59 Bh60
Naintré **F** 166 Aa87
Naipköy **TR** 281 Cp99
Naipu **RO** 265 Cm92
Nairn **GB** 76 Sn65
Naisey-les-Granges **F** 169 An86
Naisiai **LT** 213 Ch68
Naisjärv **S** 35 Ce47
Naitschau **D** 122 Be79
Naizin **F** 158 Sp85
Najac **F** 171 Ad92
Najdenovo **BG** 273 Cl96
Nájera **E** 186 Sp96
Näkkälä **FIN** 29 Ch43
Nakkeslett **N** 22 Bu40
Nakkila **FIN** 52 Ce58
Nakksjø **N** 67 At62
Nakło **PL** 233 Br79
Nakło **PL** 233 Bu79
Nakło nad Notecią **PL** 221 Bq74
Nakolec **MK** 270 Cc99
Nakomiady **PL** 223 Cc72
Nakovo **SRB** 244 Cb89
Nakskov **DK** 103 Bc71
Nalbach **D** 163 Ao82
Nalbant **RO** 267 Cs90
Nalda **E** 186 Sq96
Nälden **S** 40 Bi54
Nałęczów **PL** 229 Ce78
Nálepkovo **SK** 240 Cb83
Näljänkä **FIN** 37 Cr50
Nalles **I** 132 Bc87
Nalliers **F** 165 Ss88
Nalovardo **S** 33 Bq49
Nals = Nalles **I** 132 Bc87
Nalzen **F** 178 Ad95
Nalžovské Hory **CZ** 230 Bh82
Nămăeşti **RO** 255 Cl90
Námata **GR** 277 Cf101
Namborn **D** 163 Ap81
Nambroca **E** 199 Sn101
Namdalseid **N** 38 Bc52
Nämdö **S** 71 Bs62
Namèche **B** 113 Al80
Namen = Namur **B** 113 Ak80
Náměšť nad Oslavou **CZ** 238 Bn82
Náměšť na Hané **CZ** 238 Bp81
Námestovo **SK** 233 Bt82
Namlos **A** 126 Bb86
Namnå **N** 58 Be59
Nămoloasa **RO** 256 Cq89
Nämpnes **FIN** 52 Cc55
Nampont-Saint-Martin **F** 154 Ad80
Nampteuil-sous-Muret **F** 161 Ag82
Namsos **N** 39 Bc52
Namsskogan **N** 39 Bg51
Namsvassgardan **N** 39 Bh51
Namur **B** 113 Ak80
Namysłin **PL** 225 Bk75
Namysłów **PL** 232 Bq78
Nana **RO** 266 Co92
Nançay **F** 166 Ae86
Nanclares de la Oca **E** 185 Sp95
Nancras **F** 170 St89
Nancray **F** 169 An86
Nancy **F** 162 An83
Nandlstadt **D** 126 Bd83
Năneşti **RO** 256 Cq89
Nangis **F** 161 Ag83
Nannberga **S** 70 Bm62
Nannerch **GB** 93 So74
Nanov **RO** 265 Cl92
Nanovica **BG** 273 Cm97
Nans-les-Pins **F** 180 Am94
Nans-sous-Sainte-Anne **F** 169 An87
Nant **F** 178 Ag92
Nanterre **F** 160 Ae83
Nantes **F** 164 Sr86
Nantes-en-Ratier **F** 174 Am91
Nanteuil-le-Haudouin **F** 161 Af82
Nantiat **F** 171 Ac88
Nantmel **GB** 93 So76
Nantua **F** 168 Am88
Nantwich **GB** 93 Sp74
Nant-y-moel **GB** 97 Sn77
Naours **F** 155 Ae80
Náousa **GR** 288 Cl106
Náoussa **GR** 277 Ce99
Năpădeni **MD** 248 Cr86
Nåpågard **N** 57 As61
Napajedla **CZ** 239 Bq82
Napierki **PL** 223 Ca74
Napiwoda **PL** 223 Ca74
Napkor **H** 241 Cd85
Napoca, Cluj- **RO** 254 Ch87
Napodova **MD** 249 Cs84
Napola **I** 152 Bf105
Napoli **I** 146 Bi99
Napp **N** 26 Bg44
Năpradea **RO** 246 Cg86
Napton on the Hill **GB** 93 Ss76
Náquera **E** 201 Su101
När **S** 71 Bs65
När **S** 71 Bs66
Nåra **N** 56 Ak58
Nara **TR** 280 Cn100
Narač **BY** 219 Co71
Naramice **PL** 227 Br78
Naran **IRL** 82 Sd71
Narberth **GB** 92 Sl77
Narbonne **F** 178 Af94
Narbonne-Plage **F** 178 Ag94
Narborough **GB** 95 Ab75
Narbuvoll **N** 48 Bc56
Narcao **I** 141 As102
Narcy **F** 167 Ag86
Nardo **I** 149 Br100
Narew **PL** 224 Ch75
Narewka **PL** 229 Ch75
Närhilä **FIN** 54 Cn55
Narila **FIN** 54 Cq56
Narjoki **FIN** 62 Cd58
Narkaus **FIN** 36 Cn48
Narken **S** 35 Cf47
Närlinge **S** 60 Bq60
Narni **I** 144 Bf95
Naro **I** 152 Bh106
Narol **PL** 235 Cg80
Naronovo **RUS** 211 Cr65
Närpes **FIN** 52 Cc56
Närpiö = Närpes **FIN** 52 Cc56
Narranco **E** 184 Si94
Narros del Castillo **E** 192 Sk99
Närsäkkälä **FIN** 55 Da57
Närsen **S** 59 Bi60
Narta **AL** 276 Bt100
Narta **HR** 242 Bo89
Narteikiai **LT** 213 Ci68
Närtesalo **FIN** 54 Cs57
Nartháki **GR** 283 Ce102
Närtuna **S** 61 Br61
Năruja **RO** 256 Co89
Närunga **S** 69 Bf65
Naruska **FIN** 31 Ct46
Naruszewo **PL** 228 Ca75
Narva **EST** 64 Cr62
Narva **FIN** 53 Cg58
Närvä **FIN** 53 Cl57
Närvä = Mertajärvi **S** 29 Ce44
Narva-Jõesuu **EST** 64 Cr62
Närvijoki **FIN** 52 Cd55
Narvik **N** 28 Bp44
Narvydžiai **LT** 212 Cd68
Narzole **I** 175 Aq91
Näs **AX** 61 Ca60
Näs **N** 67 At62
Näs **S** 40 Bo54
Näs **S** 59 Bk60
Näs **S** 60 Bm60
Näs **S** 71 Br66
Nasafjället **S** 33 Bl48
Nasåker **S** 40 Bo54
Năsăud **RO** 246 Ci86
Nasavrky **CZ** 231 Bm81
Näsberg **S** 35 Cb48
Näsberg **S** 50 Bm57
Näsberget Östra **S** 59 Bh60
Nasbinals **F** 172 Ag91
Näs bruk **S** 60 Bn60
Näsby **S** 60 Bl62
Näsby **S** 60 Bm61
Näsby **S** 69 Bl66
Na Sceirí = Skerries **IRL** 88 Sh73
Nascio **I** 137 At92
Näset **S** 40 Bl51
Näset **S** 41 Bt51
Näset **S** 50 Bn54
Näset **S** 58 Bd61
Näset **S** 59 Bl58
Näset **S** 60 Bm60
Näsfjällsåsen **S** 49 Bf58
Nashec **RKS** 270 Cb96
Näshult **S** 73 Bl66
Näshulta **S** 70 Bn62
Našice **HR** 251 Br90
Nasiedle **PL** 232 Bq80
Nasielsk **PL** 228 Cb75
Näsinge **S** 68 Bc62
Näske **S** 51 Bs54
Näskott **S** 40 Bi54
Näsland **S** 41 Bt52
Näsmark **S** 41 Bt53
Naso **I** 150 Bk104
Nassakka **FIN** 37 Cq48
Nassau **D** 120 Aq80
Nassenfels **D** 126 Bc83
Nassenheide **D** 111 Bg75
Nassereith **A** 126 Bb86
Nässja **S** 60 Bo60
Nässja **S** 69 Bk64
Nässjö **S** 40 Bn53
Nässjö **S** 69 Bk65
Naßwald **A** 129 Bm85
Nastadsæter **N** 39 Bd52
Nastansjö **S** 40 Bo51
Nastätten **D** 120 Aq80
Nastazin **PL** 111 Bl73
Nästebacka **S** 58 Be62
Nästeln **S** 49 Bi55
Nästi **FIN** 62 Cd59
Nastola **FIN** 64 Cm59
Năsturelu **RO** 265 Cl93
Näsum **S** 72 Bk68
Nasutów **PL** 229 Cf78
Nasva **EST** 208 Ce64
Näsviken **S** 40 Bm53
Näsviken **S** 50 Bo57
Natalinci **SRB** 262 Cb92
Natendorf **D** 109 Ba74
Naters **CH** 130 Aq88
Natkiškiai **LT** 216 Cd70
Natland **N** 56 An62
Natolin **PL** 228 Cc77
Natoye **B** 156 Al80
Nätsby **AX** 61 Bu60
Nattavaara **S** 35 Cb47
Nattavaara by **S** 35 Cc47
Natternberg **D** 123 Bf83
Nattheim **D** 126 Ba83
Nättraby **S** 73 Bm68
Nattvatn **N** 24 Cl41
Naturno **I** 132 Bc87
Naturns = Naturno **I** 132 Bc87
Natzungen **D** 115 At77
Natzwiller **F** 124 Ap84
Naucelle **F** 172 Ae92
Nauders **A** 131 Bb87
Naudvaris **LT** 217 Cg69
Nauen **D** 110 Bf75
Nauen **N** 68 Ba62
Naŭgarody **BY** 219 Cq69
Nauheim **D** 120 Ar81
Naujamiestis **LT** 217 Ci69
Naujasis Daugėliškis **LT** 218 Cn70
Naujas Obelynas **LT** 217 Ce70
Naujoji Akmenė **LT** 213 Cf68
Naujoji Ūta **LT** 224 Ch71
Naukšėni **LV** 209 Cl65
Naul **IRL** 88 Sh73
Naulaperä **FIN** 44 Cq51
Naulavaara **FIN** 44 Cr53
Naum **S** 69 Bf64
Naumburg **D** 115 At78
Naumburg (Saale) **D** 116 Bd78
Naumovščina **RUS** 211 Cr64
Naundorf **D** 118 Bg79
Naunhof **D** 117 Bf78
Naurisniemi **S** 35 Cf47
Naurisvaara **FIN** 55 Dc55
Naurod **D** 120 Ar80
Naurstad **N** 27 Bk46
Naussac **F** 171 Ae91
Nausta **S** 34 Bt48
Naustan **N** 38 Ba53
Naustbukt **N** 22 Bs41
Naustdal **N** 46 Am57
Nauste **N** 47 Ar55
Naustermoen **N** 48 Ba56
Naustvika **N** 47 As56
Nautijaur **S** 34 Bt47
Nautsund **N** 46 Al58
Nauvo = Nagu **FIN** 62 Cd60
Nava **E** 184 Sk94
Navacepeda de Tormes **E** 192 Sk100
Navacepedilla de Corneja **E** 192 Sk100
Navacerrada **E** 193 Sm99
Navacerrada **E** 199 Sm103
Navaconcejo **E** 192 Si100
Nava de Abajo **E** 200 Sr103
Nava de Arévalo **E** 192 Sl99
Nava de Campana **E** 200 Sr104
Nava de la Asunción **E** 193 Sm98
Nava del Rey **E** 192 Sk98
Nava de Ordunte **E** 185 So94
Nava de Ricomalillo, La **E** 198 Sl101
Nava de Roa **E** 193 Sn97
Nava de Santiago, La **E** 197 Sg102
Navadruck **BY** 219 Cp70
Navahermosa **E** 199 Sm101
Navailles-Angos **F** 176 Su94
Naval **E** 187 Aa96
Navalacruz **E** 192 Sl100
Navalagamella **E** 193 Sm100
Navalcaballo **E** 194 Sp97
Navalcán **E** 192 Sk100
Navalcarnero **E** 193 Sm100
Navalcuervo **E** 198 Sk104
Navaleno **E** 185 So97
Navalguijo **E** 192 Si100
Navalilla **E** 193 Sn98
Navalmanzano **E** 193 Sm98
Navalmoral **E** 192 Sl100
Navalmoral de la Mata **E** 192 Si101
Navalmorales, Los **E** 199 Sl101
Navalón de Arriba **E** 201 St103
Navalonguilla **E** 192 Sk100
Navalperal de Pinares **E** 193 Sm99
Navalpotro **E** 194 Sp99
Navalucillos, Los **E** 199 Sl101
Navaluenga **E** 192 Sl100
Navalvillar de Pela **E** 198 Sk102
Navamorcuende **E** 192 Sl100
Navan **IRL** 87 Sg73
Navapolack **BY** 219 Cs69
Navarcles **E** 189 Ad97
Navardún **E** 176 Ss95
Navarnäs **S** 49 Bh58
Navarrenx **F** 187 St94
Navarrés **E** 201 St102
Navarrete **E** 186 Sp96
Navarrete del Río **E** 194 Ss99
Navarrevisca **E** 192 Sl100
Navars = Navàs **E** 189 Ad97
Navàs **E** 189 Ad97
Navasa **E** 187 Su95
Navascués **E** 176 Ss95
Navas de Estena **E** 199 Sl102
Navas de Jorquera **E** 200 Sr102
Navas de la Concepción, Las **E** 204 Sk105
Navas del Madroño **E** 197 Sg101
Navas del Marqués, Las **E** 193 Sm99
Navas del Rey **E** 193 Sm100
Navas de Oro **E** 193 Sm98
Navas de San Antonio **E** 193 Sm99
Navas de San Juan **E** 199 So104
Navasfrías **E** 191 Sg100
Navata **E** 189 Af96
Navatalgordo **E** 192 Sl100
Navatrasierra **E** 198 Sk101
Nave **P** 191 Sg100
Nave de Haver **P** 191 Sg99
Nävekvarn **S** 70 Bo63
Navelgas **E** 183 Sg94
Navelli **I** 145 Bh96
Navelsaker **N** 46 An57
Nävelsjö **S** 69 Bk66
Nåverdal **N** 47 Ba55
Näverede **S** 40 Bl54
Näverkärret **S** 60 Bm61
Naveros de Pisuerga **E** 185 Sm96
Näversjön **S** 40 Bi54
Naverstad **S** 68 Bd63
Navès **E** 189 Ad97
Navia **E** 183 Sg93
Navicello **I** 138 Bc91
Navilly **F** 168 Al87
Navis **A** 126 Bd86
Navit **N** 23 Cd41
Năvodari **RO** 265 Cl93
Năvodari **RO** 267 Cs92
Nävragöl **S** 73 Bm68
Navruz **TR** 280 Cp101
Nawcz **PL** 222 Bq71
Nawiady **PL** 223 Cc73
Nawojowa **PL** 240 Cb81
Nawra **PL** 222 Bs74
Nawsie **PL** 234 Cd81
Na Xemena **E** 206 Ac102
Náxos **GR** 288 Cl106
Nay-Bourdettes **F** 176 Su94
Nayland **GB** 95 Ab77
Nayrac, Le **F** 172 Af91
Nazarcea **RO** 267 Cr92
Nazaré **P** 196 Sb101
Nazarje **SLO** 134 Bk88
Nazelles-Négron **F** 166 Ab86
Nazimovo **RUS** 215 Cs65
Nazza **D** 116 Ba78
Ndërmenas **AL** 276 Bt99
Ndroq **AL** 270 Bu98
Néa Aghíalos **GR** 283 Cf102
Néa Apollonía **GR** 278 Cg99
Néa Artáki **GR** 284 Ch103
Néa Éfesos **GR** 278 Ce100
Néa Epídavros **GR** 287 Cg105
Néa Figalía **GR** 286 Cd106
Néa Filadélfia **GR** 278 Cf99
Néa Fókea **GR** 278 Cg100
Neagra Şarului **RO** 247 Cl86
Neahčil = Näkkälä **FIN** 29 Ch43
Néa Hílí **GR** 280 Cm99
Néa Ionía **GR** 283 Cf102
Néa Kalikrátia **GR** 278 Cg100
Néa Kariés **GR** 283 Ce101
Néa Karváli **GR** 279 Ck99
Néa Kerdília **GR** 278 Ch99
Néa Kíos **GR** 286 Cf105
Néa Koróni **GR** 286 Cd107
Neale **IRL** 86 Sb73
Néa Léfki **GR** 283 Ce101
Néa Máditos **GR** 278 Ch99
Néa Mákri **GR** 287 Ch104
Néa Mesimvría **GR** 278 Cf99
Néa Messángala **GR** 278 Cf101
Néa Mihanióna **GR** 276 Cf100
Néa Moudaniá **GR** 278 Cg100
Neamţ, Piatra- **RO** 248 Cn87
Neamţ, Vânători- **RO** 247 Cn86
Néa Nikomídia **GR** 277 Ce99
Néa Nikópoli **GR** 277 Cd100
Néant-sur-Yve **F** 158 Sq84
Neap **GB** 77 Ss60
Néa Pélla **GR** 277 Cf99
Néa Péramos **GR** 279 Ci99
Néa Péramos **GR** 284 Cg105
Néa Pétra **GR** 278 Ch99
Neápoli **GR** 277 Cc100
Neápoli **GR** 287 Cg108
Neápoli **GR** 291 Cm110
Néa Potidéa **GR** 278 Cg100
Néa Róda **GR** 278 Ch100
Néa Sánda **GR** 278 Cm98
Néa Silata **GR** 278 Cg100
Néa Stíra **GR** 287 Ci104
Néa Ténedos **GR** 278 Cg100
Neath **GB** 97 Sn77
Néa Trapezoúnda **GR** 277 Cf100
Néa Triglía **GR** 278 Cg100
Neaua **RO** 255 Ck88
Neauphle-le-Vieux **F** 160 Ad83
Néa Víssa **GR** 274 Co97
Néa Zíhni **GR** 278 Ch98
Néa Zoí **GR** 277 Ce99
Nebel **D** 102 Ar71
Nebljusi **HR** 259 Bm91
Nebojani **MK** 272 Ce96
Nebory **CZ** 233 Bs81
Nebra (Unstrut) **D** 116 Bd78
Nebreda **E** 185 Sn97
Nebrowo Wielkie **PL** 222 Bs73
Nechanice **CZ** 231 Bm80
Nechvalice **CZ** 237 Bi81
Nečín **CZ** 123 Bi81
Necipköy **TR** 281 Cq100
Neckargemünd **D** 120 As82
Neckargerach **D** 121 At82
Neckarsteinach **D** 120 As82
Neckarsulm **D** 121 At82
Neckartenzlingen **D** 125 At83
Neckenmarkt **A** 242 Bo85
Necpaly **SK** 240 Bs83
Necşeşti **RO** 265 Cl92
Nečtiny **CZ** 123 Bg81
Necton **GB** 95 Ab75
Nečujam **HR** 259 Bn94
Neda **E** 182 Sd94
Nedalshytta **N** 48 Be55
Nedan **BG** 265 Cl94
Nedansjö **S** 50 Bo56
Nedavić **BIH** 260 Br94
Nedde **F** 171 Ad89
Neddemin **D** 111 Bg73
Neded **SK** 239 Bq84
Nedelino **BG** 274 Cl98
Nedelišće **HR** 242 Bn88
Nederby **DK** 100 At67
Nederhögen **S** 49 Bi56
Nederkalix **S** 35 Cg49
Nedervetil **FIN** 43 Cg53
Nederweert **NL** 113 Am78
Nedging Tye **GB** 95 Ab76
Nedjalsko **BG** 275 Co96
Neditz **D** 116 Bd76
Neditz **D** 117 Be76
Nedoblicy **RUS** 65 Cs62
Nedožery **SK** 239 Bs83
Nedre Bäck **S** 42 Cc51
Nedreberg **N** 58 Bd58
Nedre Flåsjön **S** 35 Cd49
Nedre Gärdsjö **S** 60 Bl59
Nedre Heimdalen **N** 47 At58
Nedre Jervan **N** 38 Bb54
Nedre Rikeby **FIN** 64 Cm59
Nedre Saxnäs **S** 33 Bq50
Nedre Soppero **S** 29 Cd44
Nedre Tollådal **N** 33 Bk47
Nedre Tväråselet **S** 35 Cb49
Nedre Ullerud **S** 59 Bg61
Nedre Vojakkala **S** 36 Ch49
Nedstrand **N** 56 Am62
Nedvědice **CZ** 232 Bn82
Nędza **PL** 233 Br80
Neede **NL** 114 Ao76
Needham Market **GB** 95 Ac76
Neëlovo **RUS** 211 Cr65
Neeme **EST** 209 Cl61
Neemisküla **EST** 210 Cn64
Neerijnen **NL** 106 Al77
Neerlage **D** 108 Ap76
Neermoor **D** 108 Ap74
Neeroeteren **B** 156 Am78
Neerpelt **B** 113 Al78
Neerstedt **D** 108 Ar75
Nees **DK** 100 Ar68
Neetze **D** 109 Bb74
Neftenbach **CH** 125 As85
Nefyn **GB** 88 Sl75
Negádes **GR** 276 Cb101
Negbina **SRB** 269 Bu93
Negenborn **D** 109 Au75
Negorci **MK** 278 Ce98
Negoslavci **HR** 251 Bt90
Negotin **SRB** 263 Cf92
Negotino **MK** 270 Cb97
Negotino **MK** 271 Ce98
Negovanci **BG** 272 Cf96
Negras, Las **E** 206 Sq107
Negraşi **RO** 265 Cl91
Negreira **E** 182 Sc95
Nègrepelisse **F** 177 Ad92
Negreşti **RO** 248 Cn86
Negreşti **RO** 248 Cp87
Negreşti-Oaş **RO** 246 Cg85
Negri **RO** 256 Co87
Négrondes **F** 171 Ab90
Negru Vodă **RO** 267 Cr93
Negureni **RO** 266 Cq92
Neheim-Hüsten **D** 114 Aq78
Nehoiu **RO** 255 Cn90
Nehringen **D** 104 Bf73
Nehvonniemi **FIN** 55 Dc55
Neiden **N** 25 Ct41
Neila **E** 185 Sp96
Neilston **GB** 79 Sm69
Neindorf **D** 110 Bb76
Neistenkangas **S** 36 Ch47
Neitisuanto **S** 29 Cb46
Neittävä **FIN** 44 Co51
Nejdek **CZ** 230 Bf80
Nejkovo **BG** 274 Cn95
Nekla **PL** 226 Bp76
Nekrasovo **RUS** 216 Cb71
Nekrašuny **BY** 218 Cm71
Neksø = Nexø **DK** 105 Bl70
Nelas **P** 191 Se99
Nelaug **N** 67 As63
Nellim **FIN** 31 Cr43
Nellingen **D** 125 Au83
Nelson **GB** 84 Sq73
Nelypivci **UA** 248 Co84
Nemakščiai **LT** 217 Cf70
Neman **RUS** 217 Ce70
Nemanice **CZ** 230 Bf82
Nemanskoe **RUS** 217 Ce70
Nembro **I** 131 Au89
Nemčice **SK** 239 Br83
Němčice nad Hanou **CZ** 232 Bp82
Nemčiňany **SK** 239 Br84
Neméa **GR** 286 Cf105
Nemenčinė **LT** 218 Cl71
Nemenikuće **SRB** 252 Cb92
Nemeño **E** 182 Sc94
Nemesnádudvar **H** 251 Bt88
Németkér **H** 243 Bs87
Nemėžis **LT** 218 Cl71
Nemours **F** 161 Af84
Nemška Loka **SLO** 135 Bl89
Nemšová **SK** 239 Br83
Nemţeni **MD** 248 Cr87
Nemti **H** 240 Bu84
Nemunaitis **LT** 224 Ci72
Nemunėlio Radviliškis **LT** 214 Ck68
Nemyriv **UA** 235 Cg80
Nenagh **IRL** 87 Se75
Nenince **SK** 239 Bt84
Nénita **GR** 285 Cn104
Nennhausen **D** 110 Bf75
Nenonpelto **FIN** 54 Cp56
Nenovo **BG** 275 Cp94
Nenset **N** 67 Au62
Nensjö **S** 51 Bq55
Nentershausen **D** 114 Aq80
Nentershausen **D** 116 Au78
Nenthead **GB** 81 Sq71
Nenthorn **GB** 81 Sp69
Nenzing **A** 125 Au86
Néo Erásmio **GR** 279 Ck99
Neofit Rilski **BG** 266 Cq94
Néo Ginekókastro **GR** 271 Cf99
Neohoráki **GR** 284 Cg104
Neohóri **GR** 277 Cd101
Neohóri **GR** 278 Ch98
Neohóri **GR** 280 Cn97
Neohóri **GR** 282 Ca101
Neohóri **GR** 282 Cc102
Neohóri **GR** 282 Cc104
Neohóri **GR** 282 Cd102
Neohóri **GR** 283 Cg102
Neohóri **GR** 284 Ci104
Néo Horió **GR** 290 Ci110
Néo Monastíri **GR** 283 Ce102
Neoneli **I** 141 As100
Néo Petrítsi **GR** 277 Cf102
Néo Petrítsi **GR** 278 Cg98
Neorić **HR** 268 Bo93
Néo Sidirohóri **GR** 279 Cl98
Néos Kafkassos **GR** 271 Cc99
Néos Marmarás **GR** 278 Ch100
Néo Soúli **GR** 278 Ch98
Néos Pagóntas **GR** 284 Ch103
Néos Skopós **GR** 278 Ch98
Neotriviá **GR** 284 Ch103

Muškovića Rijeka – Neotriviá 377

Nepi I 144 Be96
Nepolokivci UA 247 Cm84
Nepomuk CZ 230 Bh82
Neptun RO 267 Cs93
Nérac F 177 Aa92
Neraïda GR 282 Cd102
Neratovice CZ 123 Bk80
Nerău RO 244 Cb89
Nerchau D 117 Bf78
Nerdal N 27 Bo44
Nerdal N 47 As55
Nerdvika N 38 Ar54
Néré F 170 Su89
Nereju RO 256 Co89
Nerenstetten D 125 Ba83
Neresheim D 126 Ba83
Neresnica SRB 263 Cd92
Nereta LV 214 Cl68
Nereto I 145 Bh95
Nerezine HR 258 Bi91
Nerežišća HR 268 Bo94
Nergård N 48 Ba56
Neringa LT 216 Cc70
Néris-les-Bains F 167 Af88
Nerja E 205 Sn107
Nerkoo FIN 44 Cp54
Nerodime e Epërme RKS 270 Cc96
Nerofráktis GR 278 Ci98
Nerokoúros GR 290 Ci110
Nerola I 146 Bf96
Néronde F 173 Ai89
Nérondes F 167 Af87
Nerpio E 200 Sq104
Nersac F 170 Aa89
Nerskogen N 47 Au55
Nerušaj UA 257 Cu89
Nerva E 203 Sg105
Nervei N 25 Cq39
Nervesa della Battaglia I 133 Be89
Nervi I 175 As92
Nervieux F 173 Ai89
Nes FO 26 Sg56
Nes N 27 Bl44
Nes N 27 Bm44
Nes N 38 Au53
Nes N 38 Bb53
Nes N 46 Am57
Nes N 46 An57
Nes N 46 Ap58
Nes N 47 Ap58
Nes N 57 As62
Nes N 57 At62
Nes N 58 Au59
Nes N 66 An62
Nes N 67 Ba62
Nes NL 107 Am74
Nesaseter N 39 Bf51
Nesbøsjøen N 56 Al59
Nesbru N 58 Ba61
Nesbryggen N 68 Ba62
Nesbyen N 57 At59
Neschwitz D 118 Bi78
Nese N 56 Al59
Nesebăr BG 275 Cq95
Nešec = Nashec RKS 270 Cb96
Neset N 23 Cc40
Neset N 48 Ba57
Neset N 56 Al59
Neset N 57 Ar61
Nesflaten N 56 Ao61
Nesgremda N 67 As63
Neshamn N 56 Al61
Nesheim N 56 An59
Nesheim N 66 Am62
Nesholmen N 46 Am57
Nesje N 46 Ak57
Neskaupstaður IS 21 Rg25
Nesland N 26 Bg44
Nesland N 67 As62
Neslandsvatn N 67 At63
Nesle F 155 Af81
Neslovice CZ 238 Bn82
Nesluša SK 233 Bs82
Nesna N 32 Bg48
Nesodden N 58 Bb61
Nesoddtangen N 58 Bb61
Nesovice CZ 238 Bp82
Nespereira P 191 Se99
Nesscliffe GB 93 Sp75
Nesseby N 25 Cs40
Nesselwang D 126 Ba85
Nesset N 38 As53
Nesslau CH 125 At86
Neßmersiel D 108 Ap73
Nesso I 175 At89
Nestáni GR 286 Ce105
Nestaniški BY 218 Cn71
Nestavoll N 47 Au56
Nesterov RUS 224 Cf71
Nestinarka BG 275 Cq96
Nestojita UA 249 Ct85
Neston GB 84 So74
Nestório GR 276 Cc100
Nesttun N 56 Al60
Nesvady SK 239 Br85
Nesvatnstemmen N 67 Ar63
Nesvik N 66 An62
Nesvollberget N 49 Bf58
Nesvrta SRB 271 Ce95
Nether Broughton GB 85 St75
Nether Langwith GB 85 Ss74
Netherton GB 79 So67
Netherton GB 81 Sq70
Netín CZ 232 Bm82
Netolice CZ 123 Bi82
Netphen D 115 Ar79
Netra D 115 Ba78
Netretić HR 135 Bl89
Netro I 175 Aq89
Nettelsee D 103 Ba72
Nettersheim D 114 Ao80
Nettetal D 114 An78
Nettlebed GB 98 St77
Nettleton GB 85 Su74
Nettuno I 146 Bf98
Netvořice CZ 123 Bk81
Netzschkau D 122 Be79
Neualbenreuth D 122 Be81
Neu-Anspach D 120 As80
Neubeckum D 115 Ar77
Neuberg an der Mürz A 242 Bm85
Neubörger D 107 Ap75
Neubourg, Le F 160 Ab82
Neubrandenburg D 111 Bg73
Neubruchhausen D 108 As75
Neubruck A 237 Bl85
Neubrück (Spree) D 111 Bi76
Neubrunn D 121 Au81
Neubukow D 104 Bd72
Neubulach D 125 As83
Neuburg am Inn D 128 Bg83
Neuburg an der Donau D 126 Bc83
Neuburg an der Kammel D 126 Ba84
Neuburg-Steinhausen D 104 Bd73
Neuburxdorf D 117 Bg78
Neuchâtel CH 130 Ao87
Neu Darchau D 110 Bb74
Neudenau D 121 At82
Neudietendorf D 116 Bb79
Neudorf D 117 Bf80
Neudorf RO 253 Cd88
Neudorf, Graben- D 163 Ar82
Neudorf bei Staatz A 129 Bn83
Neudorf im Sausal A 135 Bl87
Neudörfl A 238 Bn85
Neudrossenfeld D 122 Bd80
Neu-Eichenberg D 116 Au78
Neuenburg D 108 Aq74
Neuenbürg D 120 As83
Neuenburg = Neuchâtel CH 130 Ao87
Neuenburg am Rhein D 124 Aq85
Neuendeich D 109 Au73
Neuendettelsau D 121 Bb82
Neuendorf D 105 Bg71
Neuendorf am Damm D 110 Bc75
Neuendorf bei Elmshorn D 109 Au73
Neuendorf-Sachsenbande D 103 At73
Neuenfelde D 109 Au73
Neuengamme D 109 Ba74
Neuenhagen bei Berlin D 111 Bh75
Neuenhaus D 108 Ao76
Neuenheerse D 115 As77
Neuenkirch CH 130 Ar86
Neuenkirchen D 107 Ap76
Neuenkirchen D 108 Aq76
Neuenkirchen D 108 As73
Neuenkirchen D 108 As74
Neuenkirchen D 109 Au74
Neuenkirchen D 115 Ar76
Neuenkirchen D 220 Bg71
Neuenkirchen-Vörden D 108 Ar75
Neuenmarkt D 122 Bd80
Neuenrade D 114 Aq78
Neuensalz D 122 Be79
Neuenstein D 121 Au82
Neuental D 115 At78
Neuenwalde D 108 As73
Neuenweg D 124 Aq85
Neuerburg D 119 An80
Neufahrn bei Freising D 126 Bd84
Neufahrn in Niederbayern D 236 Be83
Neuf-Brisach F 124 Aq84
Neufchâteau B 156 Al81
Neufchâteau F 162 Am84
Neufchâtel-en-Bray F 154 Ac81
Neufchâtel-en-Saosnois F 159 Aa84
Neufchâtel-Hardelot F 99 Ad79
Neufchâtel-sur-Aisne F 155 Ai82
Neufeld D 103 At73
Neufelden A 128 Bi84
Neuffen D 125 At83
Neuf-Marché F 160 Ad82
Neufra D 125 At84
Neugattersleben D 116 Bd77
Neugersdorf, Ebersbach- D 118 Bk79
Neugersdorf, Ebersbach- D 231 Bk78
Neuglobsow D 111 Bg74
Neuhardenberg D 225 Bi75
Neuharlingersiel D 108 Aq73
Neuhaus D 110 Bb74
Neuhaus D 115 Au77
Neuhaus (Oste) D 109 At73
Neuhaus am Rennweg D 121 Bc79
Neuhaus an der Pegnitz D 122 Bd81
Neuhäusel D 114 Aq80
Neuhausen/Erzgebirge D 118 Bg79
Neuhausen am Rheinfall CH 125 As85
Neuhausen bei Landshut D 236 Bd83
Neuhausen ob Eck D 125 As85
Neu Heinde D 104 Be73
Neuhof A 129 Bl86
Neuhof D 115 Au80
Neuhof D 120 Ar80
Neuhof an der Zenn D 122 Bb82
Neuhofen an der Krems A 128 Bi84
Neuillay-les-Bois F 166 Ac87
Neuillé-Pont-Pierre F 166 Ab85
Neuilly-en-Donjon F 167 Ah88
Neuilly-le-Réal F 167 Ag88
Neuilly-l'Évêque F 162 Al85
Neuilly-Saint-Front F 161 Ag82
Neu-Isenburg D 120 As80
Neukalen D 104 Bf73
Neu Kaliß D 110 Bc74
Neukamperfehn D 107 Aq74
Neukieritzsch D 117 Be78
Neukirch D 125 Au85
Neukirch/Lausitz D 118 Bi78
Neukirchen A 236 Bh85
Neukirchen D 102 As71
Neukirchen D 103 Au71
Neukirchen D 115 At79
Neukirchen D 115 Au79
Neukirchen D 116 Ba78
Neukirchen D 122 Bd82
Neukirchen D 230 Be82
Neukirchen (Altmark) D 110 Bd75
Neukirchen (Erzgebirge) D 117 Bf79
Neukirchen am Großvenediger A 127 Be86
Neukirchen am Walde A 128 Bh84
Neukirchen an der Enknach A 127 Bg84
Neukirchen beim Heiligen Blut D 123 Bf82
Neukirchen bei Sulzbach-Rosenberg D 122 Bd81
Neukirchen-Vluyn D 114 Ao78
Neukirchen vorm Wald D 128 Bg83
Neukloster D 104 Bd73
Neukloster D 109 Au74
Neulengbach A 238 Bm84
Neulewin D 225 Bi75
Neulikko FIN 44 Cq51
Neulise F 173 Ai89
Neu Lübbenau D 117 Bh76
Neum BIH 268 Bq95
Neumagen-Dhron D 120 Ao81
Neumark D 116 Bc78
Neumark D 122 Be79
Neumarkt am Wallersee A 236 Bg85
Neumarkt im Hausruckkreis A 236 Bh84
Neumarkt im Tauchental A 129 Bn86
Neumarkt in der Oberpfalz D 122 Bc82
Neumarkt in Steiermark A 134 Bi86
Neumarkt-Sankt Veit D 236 Bf84
Neu Mukran D 105 Bh72
Neumünster D 103 Au72
Neunburg vorm Wald D 230 Be82
Neung-sur-Beuvron F 166 Ad85
Neunkirch CH 125 Ar85
Neunkirchen A 129 Bn85
Neunkirchen D 115 Ar79
Neunkirchen D 119 Ap82
Neunkirchen D 121 At81
Neunkirchen am Brand D 122 Bc81
Neunkirchen-Seelscheid D 114 Ap79
Neuötting D 127 Bf84
Neupölla A 238 Bl83
Neupré B 156 Al79
Neuried D 163 Aq84
Neuruppin D 110 Bf75
Neusäß D 126 Bb84
Neuses am Sand D 121 Ba81
Neusiedl am See A 238 Bo85
Neusiedl an der Zaya A 129 Bo83
Neusorg D 230 Bd81
Neuss D 114 Ao78
Neussargues-en-Pinatelle F 172 Af90
Neustadt D 116 Bb77
Neustadt D 116 Bd77
Neustadt D 118 Bi78
Neustadt (Dosse) D 110 Be75
Neustadt (Hessen) D 115 At79
Neustadt, Titisee- D 163 Ar85
Neustadt (Wied) D 120 Ap79
Neustadt am Kulm D 122 Bd81
Neustadt am Main D 121 Au81
Neustadt am Rennsteig D 122 Bb79
Neustadt am Rübenberge D 109 At75
Neustadt an der Aisch D 121 Bb81
Neustadt an der Donau D 122 Bd83
Neustadt an der Orla D 116 Bd79
Neustadt an der Waldnaab D 230 Be81
Neustadt an der Weinstraße D 163 Ar82
Neustadt bei Coburg D 121 Bc80
Neustadt-Glewe D 110 Bd74
Neustadt in Holstein D 104 Bb72
Neustadt in Sachsen D 231 Bi78
Neustadt I und II D 108 Ar74
Neustift an der Lafnitz A 129 Bn86
Neustift im Stubaital A 132 Bc86
Neustift-Innermanzing A 238 Bm84
Neustrelitz D 111 Bg74
Neutal A 242 Bn85
Neutraubling D 122 Be83
Neutz-Lettewitz D 116 Bd77
Neu-Ulm D 125 Ba84
Neuvéglise-Oradour-sur-Truyère F 172 Af91
Neuve-Lyre, la F 160 Ab83
Neuves-Maisons F 162 An83
Neuvic F 170 Aa90
Neuvic F 172 Ae90
Neuville-aux-Bois F 160 Ae84
Neuville-de-Poitou F 165 Aa87
Neuville-les-Dames F 168 Al88
Neuville-lès-Decize F 167 Ag87
Neuville-sur-Saône F 173 Ak89
Neuvilly-en-Argonne F 162 Al82
Neuvoton FIN 64 Cp59
Neuvy-Bouin F 165 Su87
Neuvy-le-Roi F 166 Ab85
Neuvy-Pailloux F 166 Ad87
Neuvy-Saint-Sépulchre F 166 Ad87
Neuvy-Sautour F 161 Ah84
Neuvy-sur-Barangeon F 167 Ae86
Neuvy-sur-Loire F 167 Af85
Neuwarft D 102 As71
Neuwegersleben D 116 Bc76
Neuwied D 114 Ap80
Neuwilen CH 125 At85
Neuwiller-lès-Saverne F 119 Ap83
Neuwirthshaus D 121 Au80
Neu Wulmstorf D 109 Au74
Neuzelle D 118 Bk76
Neuzina SRB 252 Cb90
Neu Zittau D 111 Bh76
Neva S 59 Bi60
Névache F 136 Ao90
Nevade SRB 262 Cb92
Nevarėnai LT 213 Ce68
Neveklov CZ 123 Bk81
Nevele B 155 Ah78
Neverdal N 32 Bh47
Neverfjord N 23 Ch40
Nevern GB 92 Sl76
Nevernes N 32 Bf50
Nevers F 167 Ag87
Neves, As E 182 Sd96
Nevesinje BIH 269 Br94
Nevest HR 259 Bn93
Nevestino BG 272 Cf96
Névez F 157 Sn85
Neviano degli Arduini I 138 Ba91
Neviges D 114 Ap78
Néville F 99 Ab81
Nevša BG 275 Cp94
Nevskoe RUS 224 Cf71
New Abbey GB 80 Sn71
New Addington GB 95 Aa78
New Alresford GB 98 Ss78
Newark on Trent GB 85 St74
Newbald GB 85 St73
Newbiggin GB 84 Sq71
Newbiggin-by-the-Sea GB 81 Sr70
Newbliss IRL 87 Sf72
Newborough GB 92 Sm74
Newbridge IRL 87 Sd73
Newbridge = Droichead Nua IRL 91 Sg74
Newbridge-on-Wye GB 93 So76
New Buckenham GB 95 Ac76
New Buildings GB 82 Sf71
Newburgh GB 76 Sq66
Newburgh GB 79 So68
Newburn GB 81 Sr71
Newbury GB 94 Ss78
Newby Bridge GB 84 Sp72
Newcastle GB 83 Si72
Newcastle GB 93 So76
Newcastle IRL 90 Se76
Newcastle IRL 91 Sh74
Newcastle Emlyn GB 92 Sm76
Newcastleton GB 81 Sp70
Newcastle-under-Lyme GB 93 Sq74
Newcastle upon Tyne GB 81 Sr71
Newcastle West IRL 90 Sb76
Newchurch GB 93 So76
New Cross GB 92 Sm76
New Cumnock GB 79 Sm70
New Deer GB 76 Sq65
Newent GB 93 Sq77
Newgale GB 92 Sk77
New Galloway GB 80 Sm70
Newhaven GB 99 Aa79
New Holland GB 85 Su73
New Houghton GB 85 Ab75
New Inn IRL 82 Sf73
New Inn IRL 87 Sd74
Newinn IRL 90 Se76
New Kildimo IRL 89 Sc75
New Luce GB 80 Sl71
Newmachar GB 76 Sq66
Newmains GB 80 Sn69
Newmarket GB 95 Aa76
Newmarket IRL 89 Sc76
Newmarket on Fergus IRL 89 Sc75
New Mills GB 84 Sr74
New Mills GB 93 So75
New Milton GB 98 Sr79
Newnham GB 93 Sq77
Newnham Bridge GB 93 Sp76
New Pitsligo GB 76 Sq65
Newport GB 91 Sl76
Newport GB 93 Sq75
Newport GB 95 Aa77
Newport GB 97 Sp77
Newport GB 98 Ss79
Newport IRL 86 Sa73
Newport IRL 90 Sd75
Newport-on-Tay GB 79 Sp68
Newport Pagnell GB 94 St76
Newport Trench IRL 88 Sg71
New Quay GB 92 Sm76
Newquay GB 96 Sk80
New Radnor GB 93 So76
New Romney GB 99 Ab79
New Ross IRL 91 Sg76
New Rossington GB 85 Ss74
Newry GB 87 Sh72
New Scone GB 79 So68
Newton GB 75 Sk64
Newton GB 78 Sk68
Newton GB 94 Ss78
Newton GB 95 Aa75
Newton GB 95 Ab75
Newton IRL 87 Sf75
Newton Abbot GB 97 Sn79
Newton Aycliffe GB 84 Sr71
Newton Ferrers GB 97 Sm80
Newtonferry GB 74 Sf65
Newtongrange GB 76 So69
Newtonhill GB 79 Sq66
Newton-le-Willows GB 84 Sp74
Newton Mearns GB 79 Sm69
Newtonmore GB 79 Sm66
Newton-on-Trent GB 85 St74
Newton Poppleford GB 97 So79
Newton Sandes IRL 89 Sb75
Newton Stewart GB 83 Sm71
Newtown GB 93 So75
Newtown GB 93 Sp76
Newtownabbey GB 88 Si71
Newtownards GB 88 Si71
Newtownbutler GB 87 Sf72
Newtown-Crommelin GB 83 Sh71
Newtown Cunningham IRL 82 Se71
Newtown Forbes IRL 87 Se73
Newtown Gore IRL 87 Se72
Newtownhamilton GB 88 Sg72
Newtown Mount Kennedy IRL 91 Sh74
Newtown Saint Boswells GB 79 Sp69
Newtownsteward GB 82 Sf71
New Tredegar GB 93 So77
Nexø DK 105 Bl70
Nexon F 171 Ac89
Neyland GB 91 Sl77
Nežadovo RUS 211 Ct63
Nezavertailova MD 257 Cu87
Nežilovo MK 271 Cc97
Nežnovo RUS 65 Cs61
Nianfors S 50 Bo57
Nibbiano I 137 At91
Nibe DK 100 Au67
Nibles F 174 An92
Nica LV 212 Cc68
Nicaj AL 270 Bu96
Nice F 136 Ap93
Nīcgale LV 214 Cn68
Nickelsdorf A 129 Bp85
Nicknoret S 41 Bt50
Nicolae Bălcescu RO 256 Co88
Nicolae Bălcescu RO 266 Cp92
Nicolae Bălcescu RO 267 Cs90
Nicolae Titulescu RO 265 Ck92
Nicolinț RO 253 Cd91
Nicolosi I 153 Bl105
Nicoreni MD 248 Cq85
Nicoreşti RO 256 Cp89
Nicosia I 153 Bi105
Nicotera I 151 Bm103
Nicotera Marina I 151 Bm103
Nicşeni RO 248 Co85
Niculeşti RO 265 Cm91
Niculițel RO 257 Cr90
Nida LT 216 Cb70
Nidau CH 130 Ap86
Nidda D 115 At80
Nidderau D 120 As80
Nide S 42 Cb50
Nideggen D 114 An79
Nídri GR 282 Cb103
Nidzica PL 223 Ca74
Niebieszczany PL 241 Ce81
Niebla E 203 Sg106
Nieblum D 102 Ar71
Nieborów PL 227 Ca76
Niebrzegów PL 228 Cd77
Niebüll D 102 As71
Nieby D 103 Au71
Niebylec PL 234 Cd81
Niechanowo PL 226 Bq76
Niechmirów PL 227 Bs78
Niechobrz PL 234 Cd81
Niechorze PL 105 Bl72
Niedalino PL 221 Bn72
Niedaltdorf D 119 Ao82
Niedenstein D 115 At78
Niederaudorf D 127 Be85
Niederaula D 115 Au79
Niederaußem D 114 Ao79
Niederbeisheim D 115 Au78
Niederbergheim D 115 Ar78
Niederbipp CH 124 Aq86
Niederbreitbach D 120 Ap79
Niederbronn-les-Bains F 120 Aq83
Niederdorf = Villabassa I 133 Be87
Niedere Börde D 110 Bd76
Niedereisenhausen D 115 Ar79
Niederems D 120 Ar80
Niedereschach D 125 As84
Niederfinow D 225 Bh75
Niederfischbach D 114 Aq79
Niedergörsdorf D 117 Bf77
Niedergründau D 121 At80
Niederhain, Langenleuba- D 117 Bf79
Niederhaverbeck D 109 Au74
Niederheimbach D 120 Aq80
Niederhone D 115 Ba78
Niederhörne D 108 Ar74
Niederkassel D 114 Ap79
Niederkreuzstetten A 238 Bn84
Niederkrüchten D 114 An78
Niederndodeleben D 116 Bd76
Niederndorf A 127 Be85
Niedernhausen D 120 Ar80
Niedernsill A 127 Bf86
Nieder-Olm D 120 Ar81
Niederorschel D 116 Ba78
Niederrœdern F 124 Ar83
Niederroßla D 116 Bc78
Niederschlettenbach D 163 Aq82
Nieder Seifersdorf D 118 Bk78
Niedersfeld D 115 As78
Niederstetten D 121 Au82
Niederstotzingen D 126 Ba83
Niedersulz A 238 Bo84
Niederurnen CH 131 At86
Niederviehbach D 236 Be83
Niederwerrn D 121 Ba80
Niederwiesa D 117 Bg79
Niederwinkling D 123 Bf83
Niederwölz A 128 Bi86
Niederwörresbach D 120 Ap81
Niederzier D 114 An79
Niedoradz PL 225 Bm77
Niedorp NL 106 Ak75
Niedrzwica Duża PL 229 Ce78
Niedrzwica Kościelna PL 229 Ce78
Niedzbórz PL 223 Ca75
Niedzica PL 234 Ca82
Niedzichow = Bernsdorf D 117 Bi78
Niedźwiada PL 229 Cf77
Niedźwiedź PL 225 Bl76
Niedźwież PL 222 Bt74
Niefern-Öschelbronn D 120 As83
Niegosławice PL 225 Bm77
Niegosławice PL 234 Ca79
Niegów PL 228 Cc75
Niegowa PL 233 Bt79
Niegowić PL 234 Ca81
Niegowonice PL 233 Bt80
Niegripp D 110 Bd76
Nieheim D 115 At77
Niekłań Mały PL 228 Cb78
Niel B 156 Ai78
Nieledew PL 235 Ch79
Nielisz PL 235 Cg79
Niemce PL 229 Cf78
Niemcza PL 232 Bo79
Niemegk D 117 Bf76
Niemelä FIN 25 Cq40
Niemelä FIN 30 Ck46
Niemelä FIN 37 Ct47
Niemelänkylä FIN 43 Ck52
Niemenkylä FIN 52 Cd55
Niemenkylä FIN 52 Cd58
Niemenkylä FIN 52 Cf57
Niemenkylä FIN 64 Cm59
Niemenmäki FIN 45 Cs53
Niemica PL 221 Bn72
Niemijärvi FIN 55 Dc55
Niemikylä FIN 64 Cq58
Nieminen FIN 55 Cu56
Niemirów PL 229 Cg76
Niemisel S 35 Ce48
Niemisjärvi FIN 54 Cn56
Niemisjärvi FIN 54 Cp55
Niemiskylä FIN 45 Cu52
Niemistenkylä FIN 54 Cn57
Niemitalo FIN 37 Cu48
Niemodlin PL 232 Bq79
Niemojki PL 229 Cf76
Niemysłów PL 227 Bs77
Nienadówka PL 235 Ce80
Nienaszów PL 241 Cd81
Nienborstel D 103 Au72
Nienburg (Saale) D 116 Bd77
Nienburg (Weser) D 109 At75
Niendorf (Schönberger Land) D 104 Bb73
Nienhagen D 104 Bd72
Nienstädt D 109 At76
Nienstedt am Harz D 115 Ba77
Niepars D 104 Bf72
Niepart PL 226 Bo77
Niepołomice PL 234 Ca80
Nieporęt PL 228 Cc76
Nierodzim PL 233 Bs81
Nierośno PL 224 Cg73
Nierstein D 120 Ar81
Niesi FIN 36 Cm46
Niesky D 118 Bk78
Nieste D 115 Au78
Niestetal D 115 Au78
Niestronno PL 226 Bq75
Niesułków-Kolonia PL 227 Bu77
Nieświń PL 228 Ca78
Nieszawa PL 227 Bs75
Nietków PL 118 Bl76
Nieuil-l'Espoir F 166 Aa88
Nieul F 171 Ac89
Nieul-le-Dolent F 164 Sr87
Nieul-lès-Saintes F 170 St89
Nieul-le-Virouil F 170 St90
Nieul-sur-Mer F 165 Ss88
Nieuw-Amsterdam NL 108 Ao75
Nieuwegein NL 113 Al76
Nieuwendijk NL 113 Ak77
Nieuwe Pekela NL 108 Ao74
Nieuwerkerk aan den IJssel NL 106 Ak77
Nieuwerkerken B 113 Al79
Nieuweschans NL 107 Ap74
Nieuwe-Tonge NL 113 Ai77
Nieuwkerke B 155 Af79
Nieuwkoop NL 113 Ak76
Nieuwleusen NL 107 An75
Nieuw Milligen NL 107 Am76
Nieuwolda NL 108 Ao74
Nieuwpoort B 155 Af78
Nieuw-Vennep NL 106 Ak76
Nieuw-Vossemeer NL 113 Ai77
Niewęgłosz PL 229 Cf77
Niewiesze PL 233 Br80
Niewisch D 118 Bi76
Niezdów PL 228 Cd78
Nieznajowa PL 234 Cc82
Nieznamierowice PL 228 Cb78
Nieżyn PL 221 Bm72
Nigrán E 182 Sc96
Nīgrande LV 213 Ce68
Nigrita GR 278 Ch99
Niharra E 192 Sl99
Nihattula FIN 63 Ci58
Nihatu EST 208 Cf63
Nihkkáluokta = Nikkaluokta S 28 Bt45
Niinikoski FIN 64 Cm59
Niinikumpu FIN 55 Da56
Niinilahti FIN 53 Cm55
Niinimaa FIN 53 Cg55
Niinimäki FIN 44 Cn53
Niinimäki FIN 44 Cq53
Niinimäki FIN 54 Cr56
Niinimäki FIN 64 Cp58
Niinisaari FIN 54 Cr58
Niinisalo FIN 52 Ce57
Niinivaara FIN 55 Cs54
Niinivesi FIN 54 Cn55
Niirala FIN 55 Db56
Niirokumpu FIN 37 Cr48
Niitsiku EST 210 Cp65
Niittumaa FIN 52 Cd58
Niittylahti FIN 55 Cs57
Niittylahti FIN 55 Cu55
Nijar E 206 Sq107
Nij Beets NL 107 An74
Nijefurd NL 106 Al75
Nijemci HR 251 Bt90
Nijkerk NL 106 Al76
Nijlen B 156 Ak78
Nijmegen NL 114 Am77
Nijvel = Nivelles B 113 Ai79
Nijverdal NL 107 An76
Nikaranperä FIN 53 Cl55
Nikea GR 278 Ce101
Nikea GR 284 Ch105
Nīkeľ RUS 25 Da42
Niki GR 271 Cc99
Nikiá GR 289 Cp107
Nikinci SRB 261 Bu91
Nikisiani GR 279 Ci99
Nikitas GR 278 Ch100
Nikitsch A 242 Bo85
Nikjup BG 274 Cm94
Nikkala S 36 Ch49
Nikkaluokta S 28 Bt45
Nikkaroinen FIN 53 Cm58
Nikkeby N 23 Cb40
Nikodim MK 271 Cd98
Nikóklia GR 278 Cg99
Nikolaevka BG 266 Cq94
Nikolaevo BG 265 Cm94
Nikolaevo BG 273 Ck94
Nikolaevo BG 274 Cm95
Nikolaevskoe RUS 211 Ct63
Nikola Kozlevo BG 266 Cp93
Nikoličevo SRB 263 Ce93
Nikolići HR 258 Bl90
Nikolinac SRB 263 Cd93
Nikolinci SRB 253 Cc90
Nikolitsi GR 276 Cb102
Nikolovo BG 265 Cn93
Nikolovo BG 274 Cl97
Nikoľskoe RUS 65 Db61
Nikopol BG 265 Ck93
Nikópoli GR 278 Cg99
Nikovići MNE 269 Bs94
Nikšić MNE 269 Bs95
Nikudin BG 271 Cg97
Nilivaara FIN 30 Cl45
Nilivaara S 29 Cd46
Nilovo RUS 223 Cd72
Nilsby S 59 Bg61
Nilsiä FIN 44 Cr54
Nilslarsberg S 60 Bn59
Nim DK 100 Au69
Nimec'ka Mokra UA 246 Ch84
Nimereuca MD 249 Cs84
Nîmes F 179 Ai93
Nimfea GR 279 Cl98
Nimféo GR 277 Cc99
Nimfóletra GR 278 Cg99
Nimigea de Jos RO 246 Ci86
Nimis I 134 Bg88
Nimisenkangas FIN 45 Cs53
Nimisjärvi FIN 44 Co51
Nimtofte DK 101 Bb68
Nin HR 258 Bl92
Ninemilehouse IRL 90 Sf76
Ninfield GB 154 Aa79
Niño, El E 200 Sr104
Ninove B 155 Ai79
Niort F 165 Su88
Nipen N 27 Bo43
Nipsa GR 280 Cn99
Nirza LV 215 Cq68
Niš SRB 263 Cd94
Nisa P 197 Se101
Niscemi I 153 Bi106
Nischwitz D 117 Bf78
Niševac SRB 263 Ce94
Nisipitu RO 247 Cl85
Niska = Niesky D 118 Bk78
Niška Banja SRB 263 Ce94
Niskankorpi FIN 43 Ck53
Nisko PL 235 Ce79
Niskos FIN 53 Cg56
Nisovo BG 265 Cn93
Nispen NL 113 Ai78
Nisporen' = Nisporeni MD 248 Cr86
Nisporeni MD 248 Cr86
Nisporeny = Nisporeni MD 248 Cr86
Nissafors S 72 Bh66
Nissáki GR 276 Bu101
Nissedal N 67 As62
Nissí GR 277 Cd99
Nissilä FIN 44 Co53
Nissinvaara FIN 37 Ct48
Nissio GR 278 Ce99
Nissoria I 153 Bi105
Nissumby DK 100 Ar67
Nistelrode NL 113 Am77
Nistoreşti RO 256 Co89
Nisula FIN 53 Cm56
Nisula FIN 54 Cm55
Nītaure LV 214 Cl66
Niṭchidorf RO 253 Cd89
Niton GB 98 Ss79
Nitra SK 239 Br84
Nitrianske Pravno SK 239 Bs83
Nitrianske Rudno SK 239 Br83
Nitry F 167 Ah85
Nittel D 162 An81
Nittenau D 122 Be82
Nittorp S 69 Bh65
Niūronys LT 218 Cl69
Niva FIN 31 Cs45
Niva FIN 37 Co50
Niva FIN 45 Cu52
Niva RUS 25 Da57
Nivala FIN 43 Ck53
Nivankylä FIN 36 Cm47
Nivelles B 113 Ai79
Nivenskoe RUS 223 Cb71
Nivjanin BG 264 Ch94
Nivki BY 219 Cp71
Nivki BY 219 Cq72
Nivnice CZ 239 Bq83
Niwica PL 118 Bk77
Niwiska PL 225 Bl77
Niwiska PL 234 Cd80
Niwiski PL 229 Ce76
Niwnice PL 225 Bl78
Nížbor CZ 123 Bi80
Nizino RUS 65 Cu61
Niziny PL 234 Cc79
Nižná Boca SK 240 Bu83
Nižná Jablonka SK 241 Ce82
Nižná Polianka SK 234 Cc82
Nižná Sitnica SK 241 Cd82
Nižná Slaná SK 240 Ca83
Nižný Hrabovec SK 241 Cd83
Nižný Hrušov SK 241 Cd83
Nižný Mirošov SK 234 Cc82
Nižný Slavkov SK 240 Cb82
Nižný Žipov SK 241 Cd83
Nizov'e RUS 223 Cb71
Nizovicy RUS 211 Cq64
Nizovskaja RUS 211 Cu62
Nizy-le-Comte F 155 Ai81
Nizza = Nice F 136 Ap93
Nizza Monferrato I 136 Ar91
Njallablieke S 33 Bl49
Njallavárri = Nilivaara S 29 Cd46
Njarðvík IS 20 Qh27
Njávdán = Näätämö FIN 25 Ct41
Njavve S 34 Br47
Njegovuđa MNE 269 Bt94
Njellim = Nellim FIN 31 Cr43
Njeswačidło = Neschwitz D 118 Bi78
Njetsavare S 34 Ca47
Njetsavárre = Njetsavare S 34 Ca47
Njivice HR 258 Bk90
Njunnás = Nunnanen FIN 30 Ci44
Njuorggán = Nuorgam FIN 25 Cq40
Njurunda S 50 Bp56
Njurundabommen S 50 Bp56
Njutånger S 50 Bp57
Noailles F 160 Ae82
Noáin E 176 Sr95
Noale I 133 Be89
Noalejo E 205 Sn105
Noarootsi EST 209 Ch62
Noasca I 130 Ap90
Nöbbele S 73 Bl67
Nobber IRL 82 Sg73
Nobitz D 117 Be79
Noblejas E 193 So101
Nočaj SRB 261 Bu91
Noceda E 183 Sh95
Nocedo de Curueño E 184 Sk95
Nocedo de Gordón E 184 Si95
Nocelleto I 146 Bi98
Nocera Inferiore I 147 Bk99
Nocera Terinese I 151 Bn102
Nocera Umbra I 144 Bf94
Noceto I 133 Ba91
Nočevo RUS 215 Cr67
Nochten D 118 Bk78
Noci I 149 Bp99
Nociglia I 149 Br100
Nocina E 185 So94

378 Nepi – Nocina

Olula del Río E 206 Sq106
Olustvere EST 209 Cm63
Olvan E 189 Ad96
Olvega E 186 Sr97
Olveiroa E 182 Sb95
Olvera E 204 Sk107
Olzai I 140 At100
Olzheim D 119 An80
Omagh GB 87 Sf71
Omali GR 277 Cc100
Omaló GR 271 Ce99
Omalós GR 290 Ch110
Oman BG 275 Co96
Omarčevo BG 274 Cn96
Omarska BIH 250 Bo91
Omassa H 240 Cb84
Ömböly H 245 Ce85
Ombrée-d'Anjou F 165 Ss85
Ombreiro E 183 Se94
Omeath IRL 88 Sh72
Omedu EST 210 Cp63
Omegna I 130 Ar89
Omeñaca E 186 Sq97
Omenamäki FIN 45 Cs53
Omerobaköy TR 275 Co97
Omessa F 181 At96
Omholtseter N 57 Au61
Omiš HR 259 Bo94
Omišalj HR 258 Bk90
Ommedal N 46 Am57
Ommen NL 107 An75
Omnäs S 41 Bp54
Omne S 51 Br55
Omnes N 67 As62
Omólio GR 277 Cf101
Omoljica SRB 252 Cb91
Omont F 162 Ak81
Omonville-la-Rogue F 98 Sr81
Omorani MK 271 Cd97
Omšenie SK 239 Br83
Omsjö S 41 Bp53
Omsland N 68 Au62
Omurtag BG 274 Cn94
Omvriakí GR 283 Ce102
Ön S 40 Bl53
Oña E 185 So95
Ona N 46 Ao55
Onano I 144 Bd95
Onara I 132 Bd89
Onarheim N 56 Am61
Oñati E 186 Sq94
Oncești RO 256 Cp88
Onda E 195 Su101
Öndal S 70 Bo64
Ondara E 201 Aa103
Ondarroa E 186 Sq94
Ondić HR 259 Bm92
Ondres F 186 Ss93
Ondres-Plage F 186 Ss93
Oneaga RO 248 Co85
Önerler TR 281 Cq98
Onesse-et-Laharie F 176 Ss92
Onești RO 256 Co88
Onex CH 169 An88
Oniceni RO 248 Cp87
Onich GB 78 Sk67
Onil E 201 St103
Onkamaa FIN 64 Cp59
Onkamo FIN 37 Ct47
Onkamo FIN 55 Da56
Onkijoki FIN 63 Cg59
Onkiniemi FIN 53 Cn58
Onnaing F 155 Ah80
Önnebo S 70 Bl64
Önnestad S 72 Bi68
Önningby AX 61 Ca60
Onnivaara FIN 55 Cs55
Onno I 131 At89
Onsaker N 58 Ba60
Onsala S 68 Be66
Onsares E 200 Sp104
Onsevig DK 103 Bc71
Onstmettingen D 125 At84
Onstwedde NL 108 Ap74
Ontaneda E 185 Sn94
Ontigola E 193 Sn100
Ontika EST 64 Cp62
Ontinar del Salz E 187 St97
Ontiñena E 195 Aa97
Ontinyent E 201 St103
Ontojoki FIN 45 Cs52
Ontón E 185 So94
Onttola FIN 55 Cu55
Ontur E 200 Sr103
Önum S 69 Bg64
Önusberg S 35 Cb50
Onuškis LT 214 Cm68
Onzain F 166 Ac86
Onzonilla E 184 Si95
Ooltgensplaat NL 113 Ai77
Oonga EST 209 Ch63
Oos D 163 Ar83
Oostakker B 155 Ah78
Oostburg NL 112 Ag78
Oost-Cappel F 112 Af79
Oostduinkerke-Bad B 155 Af78
Oostende B 112 Af78
Oosterend NL 106 Ak74
Oosterend NL 106 Al74
Oosterhesselen NL 107 Ao75
Oosterhout NL 113 Ak77
Oosterwolde NL 107 An75
Oosterzee NL 107 Am75
Oosterzele B 155 Ah79
Oosthuizen NL 106 Al75
Oostkamp B 155 Ag78
Oostkapelle NL 112 Ah77
Oostmalle B 113 Ak78
Oost-Souburg NL 112 Ah78
Ooststellingwerf NL 107 An75
Oostvleteren B 112 Af79
Oost-Vlieland = East Flylân NL 106 Al74
Oostvoorne NL 106 Ai77
Ootmarsum NL 108 Ao76
Opaka BG 265 Cn94
Opălčenec BG 274 Cl96
Opalenica PL 226 Bn76
Opaljenik SRB 261 Ca93
Opan BG 273 Cm96
Opanec BG 265 Ck94
Opařany CZ 231 Bi82
Oparić SRB 263 Cc93
Opatija HR 134 Bi90
Opatje selo SLO 133 Bh89
Opatov CZ 237 Bm82
Opatovec CZ 232 Bn81
Opatovice nad Labem CZ 231 Bm80
Opatów PL 227 Br78
Opatów PL 233 Bs79
Opatów PL 234 Cc79
Opatówek PL 227 Br77
Opatowiec PL 234 Cb80
Opava CZ 232 Bq81
Ope S 49 Bk54
Opera I 131 At90
Opglabbeek B 156 Am78
Ophasselt B 155 Ah79
Ophemert NL 106 Al77
Opi I 145 Bh97
Opinogóra PL 228 Cb75
Opitter B 156 Am78
Oplenac SRB 262 Cb92
Oplotnica SLO 135 Bl88
Opočka RUS 215 Cs67
Opočno CZ 231 Bn80
Opoczno PL 228 Ca78
Opole PL 232 Bq79
Opol'e RUS 65 Cs62
Opole Lubelskie PL 228 Cd78
Opolno-Zdrój PL 118 Bk79
Oporelu RO 264 Ci91
Oporów PL 227 Bu76
Opoul-Périllos F 178 Af95
Opovo SRB 252 Ca90
Oppach D 231 Bi78
Oppåkermoen N 58 Bd60
Oppala S 60 Bp59
Oppboga S 60 Bm62
Oppdal N 47 Au55
Oppdøl N 47 As55
Oppeano I 132 Bc90
Oppeby S 70 Bm64
Oppedal N 46 Al57
Oppède-le-Vieux F 179 Al93
Oppegård N 58 Bb61
Oppegård N 58 Bd59
Oppenau D 124 Ar84
Oppenberg A 128 Bi86
Oppendorf D 108 As76
Oppenheim D 120 Ar81
Opphaug N 38 Au53
Oppheim N 56 Ao59
Opphus N 48 Bc58
Oppido Lucano I 147 Bn99
Oppido Mamertina I 151 Bm104
Oppmanna S 72 Bi68
Opponitz A 237 Bk85
Oppsal N 58 Bb61
Oppset N 58 Be60
Oppsjö S 41 Bq54
Oppstad N 46 Ao55
Oppurg D 116 Bd79
Oprisavci HR 260 Br90
Oprișești RO 256 Cp88
Oprișor RO 264 Cg92
Oprtalj = Portole d'Istria HR 134 Bh90
Opsa BY 219 Co69
Opsaheden S 59 Bh60
Opsterlân = Opsterland NL 107 An74
Opsterland NL 107 An74
Optași RO 265 Ck91
Opuļi LV 215 Cr68
Opusztaszer H 244 Ca88
Opuzen HR 268 Bq94
Oquillas E 185 Sn97
Ör H 241 Ce85
Ør N 68 Bd62
Ör S 68 Be63
Ör S 72 Bk67
Øra N 23 Cd40
Ora S 69 Bg65
Ora = Auer I 132 Bc88
Oraàs F 176 St94
Oraczew Mały PL 227 Bs77
Orada P 197 Sf103
Oradea RO 245 Cd86
Oradour-sur-Glane F 171 Ac89
Oradour-sur-Vayres F 171 Ab89
Orago I 131 As89
Orah BIH 269 Br95
Orah HR 268 Bp94
Orahova BIH 259 Bp90
Orahovac = Rahovec RKS 270 Cb96
Orahov Do BIH 268 Bq95
Orahovica HR 251 Bq89
Orahovičko Polje BIH 260 Bq92
Oraison F 180 Am93
Orajärvi FIN 36 Ci47
Orakylä FIN 30 Co46
Orange F 179 Ak92
Orani I 140 At100
Oranienbaum-Wörlitz D 117 Be77
Oranienburg D 111 Bg75
Oranmore IRL 89 Sc74
Oraovica MK 271 Cf97
Oraovica SRB 263 Ce95
Orašac BIH 259 Bn91
Orašac HR 269 Br95
Orašac MK 271 Cd96
Orašac SRB 262 Cb92
Orašac SRB 263 Ce94
Orašani MNE 269 Bs96
Orasi MNE 269 Bt96
Orašje BIH 261 Bs90
Orasjöbodarna S 49 Bl55
Orasso I 131 As88
Orăști RO 266 Cn92
Orăștie RO 254 Cg89
Orăștioara de Sus RO 254 Cg89
Orașu Nou RO 246 Cg85
Oratjärn S 50 Bm57
Orava EST 210 Cp65
Orava FIN 53 Cg54
Oravainen = Oravais FIN 42 Ce54
Oravais FIN 42 Ce54
Oravala FIN 64 Co59
Oravan S 41 Br51
Oravankylä FIN 44 Cm53
Oravasaari FIN 54 Cm56
Oravattnet S 40 Bm54
Oravi FIN 54 Cs56
Oravice SK 233 Bu82
Oravik FO 26 Sg57
Oravikarlið FO 26 Sg57
Oravikoski FIN 54 Cq55
Oravisalo FIN 55 Cu56
Oravița RO 253 Cd90
Oravivaara FIN 44 Cr51
Oravská Lesná SK 233 Bt82
Oravská Polhora SK 240 Bt81
Oravské Veselé SK 233 Bt82
Oravský Podzámok SK 240 Bt82
Orba E 201 Su103
Orbacém P 182 Sc97
Orbada, La E 192 Sk98
Ørbæk DK 103 Bb70
Orbaiceta E 176 Ss95
Orbais F 161 Ah83
Orbassano I 136 Aq90
Orbe CH 169 Ao87
Orbeasca de Jos RO 265 Cl92
Orbec F 159 Aa82
Orbeni RO 256 Cp88
Örberga S 69 Bk64
Orbessan F 187 Ab93
Orbetello I 143 Bc96
Orbey F 124 Ap84
Orbigny F 166 Ac86
Örbottyán H 243 Bt85
Örby S 69 Bf66
Ørby Hage DK 103 Au70
Örbyhus S 60 Bq60
Orca P 191 Sf100
Orcau E 188 Ab96
Orce E 206 Sq105
Orcera E 200 Sp104
Orches F 166 Aa87
Orchies F 112 Ag80
Orchivka UA 257 Cs89
Orchowo PL 227 Br75
Orciano Pisano I 138 Bb94
Orcières F 174 An91
Orcival F 172 Af89
Ordejón de Arriba o San Juan E 185 Sm95
Ordes E 182 Sd94
Ordesa, Refugio Nacional de E 187 Su95
Ordizia E 186 Sq94
Ordona I 147 Bm98
Ordovaga E 183 Sg94
Ordovés E 176 Su96
Ordrup DK 101 Bc69
Orduña E 185 So95
Öre S 41 Bu53
Orea E 194 Sr99
Orebić HR 268 Bp95
Örebro S 70 Bl62
Orée-d'Anjou F 165 Ss86
Öregcsertő H 251 Bt87
Öregrund S 61 Br60
Orehovec MK 271 Cd98
Orehovica BG 264 Ci93
Orehovica HR 135 Bo88
Orehovno RUS 211 Cs63
Orehovo BG 273 Ck97
Orehovo RUS 65 Da60
Orei GR 283 Cg103
Orel MK 271 Cd97
Orellana de la Sierra u Orellanita E 198 Sk102
Orellana la Vieja E 198 Si103
Ören TR 292 Cq106
Orense = Ourense E 183 Se96
Oreókastro GR 276 Cf99
Öreryd S 69 Bh66
Oreš BG 265 Cl93
Orešak BG 266 Cq94
Orešak BG 273 Ck95
Orešane MK 271 Cd97
Orešari BG 280 Cm97
Oreše BG 272 Ch97
Orešec BG 263 Cf93
Orešino BG 274 Cn98
Oreškovica SRB 263 Cc92
Orestiáda GR 274 Co98
Oreström S 41 Bt52
Øresvik N 32 Bg48
Öretjärndalen S 50 Bm55
Oreye B 113 Al79
Orezu RO 266 Co91
Orfaná GR 277 Ce102
Orfáni GR 278 Ch99
Orford GB 95 Ad76
Orfű H 243 Br88
Orgáni GR 278 Cm98
Organyà E 188 Ac96
Orgaz E 199 Sn101
Orgeev = Orhei MD 249 Cs86
Orgelet F 168 Am87
Ørgenvika N 57 Au60
Orgères-en-Beauce F 160 Ad84
Orgerus F 160 Ad83
Orgiano I 132 Bc90
Orgibet F 177 Ab95
Orgiva E 205 So107
Orglandes F 159 Ss82
Orgnac-l'Aven F 173 Ai92
Orgosolo I 140 At100
Orgovány H 244 Bt87
Orguz BIH 260 Bo93
Orhaniye TR 280 Cn99
Orhei MD 249 Cs86
Orhej = Orhei MD 249 Cs86
Orhomenós GR 283 Cf104
Oria E 206 Sq106
Oria I 149 Bq100
Oria I 175 At88
Orignac F 187 Aa94
Origne F 170 Su92
Origny-Sainte-Benoîte F 155 Ag81
Orihuela E 201 St104
Orihuela del Tremedal E 194 Sr99
Orijärvi FIN 63 Ch60
Orikum AL 276 Bt100
Orillena E 187 Su97
Orimattila FIN 64 Cm59
Orincles F 177 Aa94
Oriniemi FIN 55 Cu55
Oriniemi FIN 63 Cg58
Oriñón E 185 So94
Orio E 186 Sq94
Oriola P 197 Se104
Oriola = Orihuela E 201 St104
Oriolo I 148 Bn100
Oriolo Romano I 144 Be96
Oriovac HR 260 Bq90
Oripää FIN 62 Cf59
Orisberg FIN 52 Ce55
Orismala FIN 52 Ce55
Orísoain E 176 Sr95
Orissaare EST 209 Cg63
Oristano I 141 As101
Orisuo FIN 63 Cg58
Őriszentpéter H 242 Bn87
Oriveden asema FIN 53 Ci57
Orivesi FIN 53 Ci57
Orizare BG 275 Cq95
Orizari MK 272 Ce97
Orizovo BG 274 Cl96
Orjahovec BG 273 Cl97
Orjahovo BG 264 Ch93
Orjahovo BG 274 Cn97
Orja Luka MNE 269 Bt95
Ørjavik N 47 Ap55
Ørje N 58 Bd62
Orkanger N 38 Au54
Orkdal N 38 Au54
Örkelljunga S 72 Bg68
Orkelsjøhytta N 48 Au55
Örkény H 243 Bt86
Orkesta S 61 Br61
Orla PL 229 Cg75
Orlamünde D 116 Bd79
Orlane = Orllan RKS 263 Cc95
Orľanka BY 229 Ch77
Orlăt RO 254 Ch89
Orlate = Arllat RKS 270 Cb95
Orlea RO 264 Ci93
Orléans F 160 Ad85
Orlec HR 258 Bi91
Orleix F 187 Aa94
Orlești RO 264 Ci91
Orlické Záhoří CZ 232 Bn80
Orlina MNE 269 Bs95
Orlivka UA 257 Cr90
Orljak BG 266 Cp93
Orljane BG 273 Ck94
Orljevo SRB 263 Cc92
Orllan RKS 263 Cc95
Orlová CZ 233 Br81
Orlova Mogila BG 266 Cq93
Orlovat SRB 252 Cb90
Orlov Dol BG 274 Cn96
Orlovec BG 265 Cm94
Orłów Drewniany PL 235 Cg79
Orłów-Parcel PL 227 Bu76
Orly F 160 Ae83
Orly RUS 65 Cr62
Orma GR 271 Cd99
Ormaiztegi E 186 Sq94
Orman MK 271 Cc96
Orman RO 246 Ch86
Ormanlı TR 281 Cr98
Ormaryd S 69 Bk65
Ormea I 181 Aq92
Ormeholt N 67 Aq63
Ormemyr N 57 At61
Orméni GR 280 Cn97
Ormeniș RO 255 Cm88
Örményküt H 244 Cb87
Ormesberga S 72 Bk66
Ormes-sur-Voulzie, Les F 161 Ag84
Ormília GR 278 Ch100
Ormont D 119 An80
Ormós GR 276 Cf100
Ormós GR 285 Ck105
Ormós Panórmou GR 288 Cl105
Ormós Prínou GR 279 Ck99
Ormož SLO 135 Bn88
Ormskirk GB 84 Sp73
Örnahusen S 73 Bi70
Ornaisons F 178 Af94
Ornans F 169 An86
Örnäs S 33 Bp49
Örnäs S 60 Bm59
Ornatowice PL 235 Ch79
Ornavasso I 175 Ar89
Ornbau D 122 Bb82
Ørneberget N 56 Ao59
Ørnes N 32 Bh47
Ørneset N 32 Bi50
Orneta PL 216 Ca72
Ørnhøj DK 100 As68
Örnö S 71 Br62
Örnsköldsvik S 41 Bs54
Ørnvika N 32 Bf48
Orny CH 169 Ao87
Orodel RO 264 Cg92
Orolik HR 252 Bs90
Orológi GR 284 Ci103
Orom SRB 244 Bu89
Oron-la-Ville CH 130 Ao87
Oronoz E 176 Sr94
Orońsko PL 228 Cb78
Oropa I 175 Aq89
Oropesa E 192 Sk101
Oropós GR 284 Ch104
Oropoú, Skála GR 284 Ch104
Ororbia E 186 Sr95
Oros H 241 Cd85
Orosei I 140 Au100
Orosháza H 244 Cb87
Oroslavje HR 242 Bm89
Oroszlány H 243 Br86
Oroszló H 251 Br88
Orotava, La E 202 Rg124
Orotelli I 140 At100
Oroz-Betelu E 186 Ss95
Ørpen N 57 Au60
Orpesa E 195 Aa100
Orphin F 160 Ad83
Orphir GB 77 So63
Orpierre F 173 Am92
Orpington GB 95 Aa78
Orp-Jauche B 156 Ak79
Ørre DK 100 As68
Orrefors S 73 Bm67
Orresanden N 66 Am63
Orrestad N 66 An64
Orria I 148 Bl100
Orriols E 189 Af96
Orrmo S 49 Bi57
Orrnäs S 40 Bn53
Orroli I 141 At101
Orrsättra S 70 Bp62
Orrviken S 49 Bi54
Orsa S 59 Bk58
Orsala S 59 Bi60
Orsan F 179 Ak92
Orsans F 124 An86
Orsara di Puglia I 147 Bl98
Örsås S 69 Bg66
Orsay F 160 Ae83
Örsbäck S 41 Bu53
Orscholz D 163 Ao81
Orsenhausen D 126 Au84
Orsennes F 166 Ad88
Örserum S 69 Bk64
Orsières CH 174 Ap88
Oršivci UA 247 Cm84
Orsjö S 73 Bm67
Örsjön S 59 Bf58
Ørslev DK 104 Bc70
Örslösa S 69 Bg63
Orsmaal-Gussenhoven B 156 Al79
Ørsnes N 46 Ao55
Ørsneset N 46 Ao56
Orsogna I 145 Bi96
Orsoja BG 264 Cg93
Orsomarso I 148 Bm101
Orșova RO 253 Ce91
Orsoy D 114 Ao77
Ørsta N 46 An56
Orsta S 60 Bm61
Ørsted DK 100 Ba68
Ørsted DK 103 Ba70
Ørsundsbro S 60 Bp61
Ortaca TR 280 Co100
Ortakçı TR 275 Co97
Ortakent TR 292 Cp106
Ortaköy TR 281 Cr98
Ortaköy TR 281 Ct98
Orta Nova I 147 Bm98
Ortaoba TR 281 Cp100
Orta San Giulio I 130 Ar89
Orte I 144 Be96
Orteł Królewski Pierwszy PL 229 Cg77
Ortenberg D 121 At80
Ortenburg D 128 Bg83
Ortevatn N 66 Ao63
Orth D 103 Bc72
Orth an der Donau A 238 Bo84
Orthez F 187 St94
Orthovoúni GR 277 Cc101
Ortiga P 196 Sd102
Ortigosa E 186 Sp96
Ortigosa de Rioalmar E 192 Sk99
Ortigueira E 183 Se93
Ortiguera E 183 Sg93
Ørting DK 100 Ba69
Ortisei I 132 Bd87
Orțișoara RO 245 Cc89
Ortnevik N 56 An58
Orto F 142 As96
Ortomta S 70 Bm64
Orton GB 81 Sp72
Orton GB 94 Su75
Ortona I 145 Bi96
Ortovero I 181 Ar92
Ortrand D 118 Bh78
Orträsk S 41 Bs52
Örträsk S 41 Bu50
Ortsjö S 50 Bp56
Ortu = Orto F 142 As96
Ortucchio I 145 Bh97
Ortueri I 141 As100
Örtülüce TR 280 Cp100
Oru EST 64 Cq62
Orubica HR 260 Bp90
Orucbeyli TR 280 Cp99
Ørum DK 100 Au68
Ørum DK 101 Bb68
Oruña E 185 Sn94
Orune I 140 At100
Orusco de Tajuña E 193 So100
Orvalho P 191 Se100
Ørvella N 57 At61
Orvelte NL 107 Ao75
Orvieto I 144 Be95
Örviken S 42 Cc51
Orvinio I 146 Bf96
Orwell GB 94 Su76
Orxa, l' = Lorcha E 201 Su103
Orzechowo PL 222 Bs74
Orzechowo PL 226 Bp76
Orzesze PL 233 Bs80
Orzinuovi I 131 Au90
Orzola E 203 Ro122
Orzyny PL 223 Cc73
Orzysz PL 223 Cd73
Os N 27 Bk45
Os N 48 Bc55
Os S 72 Bi66
Osa N 56 Ap59
Osada PL 228 Bu77
Osada, Czyżew- PL 229 Ce75
Osada, Kuczbork- PL 223 Ca74
Osa de la Vega E 200 Sp101
Osan N 27 Bk46
Ošane BG 263 Cf93
Osanica BIH 269 Bs93
Osaonica SRB 262 Ca94
Ösarhyttan S 60 Bl61
Osbakk N 33 Bk47
Osbaldeston GB 84 Sp73
Osby S 72 Bi68
Oščadnica SK 233 Bs82
Oscarshaug N 47 Aq57
Osch A 129 Bl85
Oschatz D 117 Bg78
Oschersleben (Bode) D 116 Bc76
Oschiri I 140 At99
Osebol S 59 Bg60
Osečina SRB 262 Bu92
Osečná CZ 118 Bk79
Oseja de Sajambre E 184 Sk94
Osek CZ 123 Bh79
Osek nad Bečvou CZ 239 Bq81
Osekovo HR 135 Bo89
Ošelín CZ 123 Bf81
Oselja UA 235 Cg81
Osel'ki RUS 65 Da60
Osen BG 264 Ch94
Osen N 38 Bb52
Osen N 46 Al57
Osen N 46 Am58
Osen N 47 At55
Osenec BG 266 Cn93
Ošenieki LV 213 Ce67
Osenovo BG 272 Ch97
Osensjøen N 58 Bd58
Oșești RO 256 Cp87
Oset E 201 St101
Oset N 57 At58
Oset N 58 Bb59
Osetenovo BG 274 Cl95
Osiče MK 271 Ce96
Osidda I 140 At99
Osie PL 222 Br73
Osięciny PL 227 Bs75
Osieck PL 228 Cc77
Osieczna PL 226 Bo77
Osiecznica PL 118 Bl76
Osiek PL 221 Bp74
Osiek PL 222 Bt74
Osiek PL 233 Bt81
Osiek PL 234 Cc79
Osielsko PL 222 Br74
Osijek HR 251 Bs89
Osikovica BG 272 Ci95
Osikovo BG 265 Cm94
Osilnica SLO 134 Bk89
Osilo I 140 As99
Osimo I 139 Bg94
Osina PL 111 Bl73
Osinja BIH 251 Bq91
Osinoviči RUS 215 Cs65
Osinovka RUS 216 Cb71
Osinów Dolny PL 111 Bi75
Osiny PL 229 Ce77
Osiny PL 229 Ce78
Osipaonica SRB 263 Cc91
Osipoviči BY 219 Co72
Osivica BIH 260 Bq91
Osjaków PL 227 Bs78
Osječani BIH 251 Br91
Osječenica MNE 269 Bs95
Oskar S 73 Bm67
Oskar-Fredriksborg S 61 Br62
Oskarshamn S 73 Bn66
Oskarström S 72 Bf67
Oslavany CZ 238 Bn82
Oslavička CZ 232 Bm82
Osli H 242 Bp85
Ošljane SRB 263 Ce93
Ošlje HR 268 Bq95
Oslo N 58 Bb61
Oslomej MK 270 Cc97
Øsløs DK 100 At66
Osma E 193 So97
Osma FIN 36 Cm46
Osmancık TR 280 Cp97
Osmanki FIN 44 Cn53
Osmanlı TR 281 Cq98
Osmar BG 275 Co94
Ošmjany BY 218 Cm72
Ösmo S 71 Bq63
Osmolice PL 229 Cf78
Osmolin PL 228 Bu76
Osmoloda UA 246 Ci83
Osmotherley GB 81 Ss72
Osnabrück D 108 Ar76
Osnäs = Vuosnainen FIN 62 Cc59
Osnić SRB 263 Ce93
Ośno Lubuskie PL 111 Bk76
Osny F 160 Ae82
Osoblaha CZ 232 Bq80
Osogovo BG 271 Cf96
Osoi RO 248 Cq86
Osor E 189 Af97
Osor HR 258 Bi91
Osorhei RO 245 Ce86
Osorhel RO 246 Ch86
Osorno E 185 Sm96
Osová Bítýška CZ 232 Bn82
Osovo BY 219 Cp71
Osowa PL 224 Cf72
Osowa PL 229 Ch78
Osøyro N 56 Al60
Ospedale, L' F 140 At97
Ospedaletti I 181 Aq93
Ospedaletto I 132 Bd89
Ospedaletto I 133 Bg88
Ospedaletto I 144 Be95
Ospedaletto Lodigiano I 137 Au90
Ospitaletto I 138 Bb92
Oss NL 113 Am77
Ossa GR 278 Cg99
Ossa PL 228 Ca77
Ossa de Montiel E 200 Sp103
Ossauskoski FIN 36 Cl48
Osse PL 224 Cf75
Osséby-Garn S 61 Br61
Osséja F 178 Ad96
Ossendorf D 115 At77
Ossendrecht NL 113 Ai78
Ossès F 186 Ss94
Ossett GB 84 Sr73
Ossi I 140 As99
Össjö S 72 Bg68
Ossjøen N 57 Ar60
Oßling D 117 Bi78
Oßmannstedt D 116 Bc78
Osso E 195 Aa97
Ossów PL 228 Cc76
Ossówka PL 229 Cg76
Osstøl N 57 Ar61
Ossun F 176 Su94
Östa S 60 Bo60
Östad S 68 Be65
Östaná S 72 Bi68
Östanån S 40 Bk53
Östanån S 60 Bp59
Östanbäck S 41 Bq53
Östanbäck S 42 Cc51
Östanbäck S 50 Bo55
Östansjö S 33 Bq48
Östansjö S 34 Bs49
Östansjö S 49 Bi57
Östansjö S 50 Bo57
Östansjö S 60 Bm59
Östansjö S 70 Bk62
Östanskär S 50 Bp55
Oštarije HR 258 Bl90
Ostaszewo PL 222 Bs72
Oštava BG 272 Cg97
Östavall S 50 Bl56
Östavik S 60 Bl58
Ostbevern D 114 Aq76
Østbirk DK 100 Au69
Östbjörka S 59 Bl59
Østborg N 40 Bh52
Østby N 48 Bd54
Østby N 49 Bf58
Östby S 41 Bq53
Östbyn S 50 Bl54
Osted DK 104 Bd69
Ostende = Oostende B 112 Af78
Ostenfeld (Husum) D 103 At72
Österåker S 61 Br61
Österåker S 70 Bm62
Öster-Äliden S 42 Ca50
Øster Alling DK 100 Ba68
Österås S 41 Bp54
Øster Assels DK 100 As67
Øster Bjerregrav DK 100 Au68
Østerbø N 57 Ap59
Østerbo N 68 Bc62
Österbo S 60 Bo60
Østerbølle DK 100 At67
Österbor S 60 Bo60
Osterbrock D 108 Ap75
Osterburg (Altmark), Hansestadt D 110 Bd75
Osterburken D 121 At82
Østerby DK 100 Au66
Østerby DK 101 Bc66
Østerby DK 104 Bc71
Österbybruk S 61 Bq60
Østerby Havn DK 101 Bc66
Österbymo S 70 Bl65
Ostercappeln D 108 Ar76
Ostereistedt D 109 At74
Österfärnebo S 60 Bo60
Österfeld D 116 Bd78
Österforse S 50 Bp54
Öster Galåbodarna S 49 Bh55
Östergraninge S 50 Bp55
Österhammar S 60 Bm62
Österhaninge S 71 Br62
Österhankmo FIN 42 Cd54
Osterheide D 109 Au75
Osterhever D 102 As72
Osterhofen D 128 Bg83
Osterholz-Scharmbeck D 108 As74
Øster Hornum DK 100 Au67
Øster Hurup DK 100 Ba67
Øster Hvidbjerg DK 100 As67
Osteria Grande I 138 Bd92
Osteria Nuova I 144 Be96
Øster Jølby DK 100 As67
Österjörn S 42 Ca50
Østerlid DK 100 As66
Österlo S 50 Bo56
Österlövsta S 61 Bq60
Østermarie DK 105 Bl70
Östermark FIN 62 Cf60
Ostermiething A 128 Bf84
Ostermundigen CH 169 Ap87
Osternienburg D 117 Be77
Östernoret S 41 Bp52
Österö FIN 42 Ce54
Osterode am Harz D 116 Ba77
Osterrade D 103 At72
Österrunda S 60 Bo62
Östersele S 41 Bu52
Österskär S 61 Br62
Östersode D 108 As74
Øster Stillinge DK 104 Bc70
Österstrand S 41 Bq52
Östersund S 40 Bk54
Östersundom = Itäsalmi FIN 63 Cl60
Øster Svenstrup DK 100 At66
Øster Ulslev DK 104 Bd71
Östervåla S 60 Bp60
Østervik N 27 Bp43
Östervik S 59 Bi60
Östervik S 59 Bi62
Øster Vrå DK 100 Ba66
Osterwick D 114 Ap76
Osterwieck D 116 Bb77
Osterzell D 126 Bb85
Ostffyasszonyfa H 242 Bp86
Ostfildern D 125 At83
Östfora S 60 Bp61
Ostgroßefehn D 107 Aq74
Östhammar S 61 Br60
Ostheim F 124 Ap84
Ostheim vor der Rhön D 116 Ba80
Osthofen D 120 Ar81
Østhusvik N 66 Am62
Ostiano I 138 Ba90
Ostiglia I 138 Bc90
Ostiz E 176 Sr95
Østli N 28 Bu42
Östloning S 50 Bp55
Östmark S 59 Bf60
Östmarkum S 51 Br54
Östnäs S 42 Cb53
Østnes N 39 Bh51
Östnor S 59 Bi58
Østofte DK 104 Bc71
Ostojićevo SRB 244 Ca89
Ostrá CZ 231 Bk80
Ostra I 139 Bg93
Ostra RO 247 Cm86
Östra Åmtervik S 59 Bg61
Östra Bispgården S 50 Bo55
Östra Boda S 58 Be62
Östra Bodane S 69 Bf63
Östraby S 72 Bh69
Ostrach D 125 At85
Östra Ed S 70 Bo64
Östra Flakaträsk S 35 Cg48
Östra Frölunda S 72 Bg66
Östra Grevie S 73 Bg70
Östra Harg S 70 Bm64
Östra Husby S 70 Bo63
Östra Karup S 72 Bf68
Östra Lagnö S 61 Bs61
Östra Ljungby S 72 Bg68
Östra Löa S 59 Bl61
Östra Luka BIH 261 Bs90
Östra Multtjärn S 59 Bf60
Östra Ny S 70 Bo64
Östra Ormsjö S 40 Bn52
Östra Öskevik S 59 Bl61
Östra Ryd S 70 Bn64
Östra Sjulsmark S 42 Cb52
Östra Skrukeby S 70 Bm64
Östra Sönnarslöv S 72 Bi69
Östra Stenby S 70 Bn63
Östra Tollstad S 70 Bl64
Östra Tommarp S 105 Bi69
Östra Tunhem S 69 Bh64
Ostrau D 117 Be77
Ostrau D 117 Bg78
Ostrav BY 219 Cq71
Ostrava CZ 233 Br81
Östra Vålådalen S 49 Bg54
Östra Vemmerlöv S 73 Bi69
Ostravice CZ 239 Br81
Östra Vingåker S 70 Bn63
Ostrec BG 275 Co94
Ostředek CZ 231 Bk81

Olula del Río – Ostředek 381

Panciu **RO** 256 Cp89
Pancole **I** 144 Bc95
Pâncota **RO** 245 Cd88
Pancrudo **E** 194 Ss99
Pandanássa **GR** 290 Cf107
Pandelejmon **AL** 276 Ca101
Pandėlys **LT** 214 Cl68
Pandino **I** 131 Au90
Pándrosso **GR** 289 Co105
Pandrup **DK** 100 Au66
Pandy **GB** 93 Sp77
Panelia **FIN** 62 Cd58
Panemunė **LT** 216 Cd70
Panemunėlis **LT** 214 Cl69
Panemuninkai **LT** 224 Ci71
Panemunis **LT** 214 Cl68
Panes (Peñamellera Baja) **E** 184 Sl94
Pănet **RO** 254 Ci87
Panetólio **GR** 282 Cc103
Paneveggio **I** 132 Bd88
Panevėžiukas **LT** 217 Ch70
Panevėžys **LT** 218 Ci69
Panfilovo **RUS** 216 Cc72
Pang **D** 236 Be85
Panga **EST** 208 Ce63
Pângăraţi **RO** 247 Cn87
Pangbourne **GB** 94 Ss78
Pange **F** 162 An82
Pangodi **EST** 210 Co64
Panicale **I** 144 Be94
Paničerevo **BG** 274 Cm95
Panicovo **BG** 275 Cq95
Panikoviči **RUS** 215 Cq65
Paniówki **PL** 233 Bs80
Panissières **F** 173 Ai89
Paniza **E** 194 Ss98
Panjaciĉy **BY** 219 Cp72
Panjevac **SRB** 263 Cd92
Panka **FIN** 44 Co54
Pankajärvi **FIN** 45 Da54
Pankakoski **FIN** 45 Da54
Panketal **D** 111 Bh75
Panki **PL** 233 Bs79
Pankow **D** 111 Bg75
Panne, De **B** 155 Af78
Pannerden **NL** 113 An77
Panni **I** 148 Bl98
Pannonhalma **H** 243 Bq85
Panočiai **LT** 218 Ck72
Panóias **P** 202 Sd105
Panópoulos **GR** 282 Cd105
Panórama **GR** 278 Cg99
Panórama **GR** 278 Ch98
Pánormos **GR** 288 Cl105
Pánormos **GR** 291 Ck110
Pánormos **GR** 292 Co107
Pansartorp **S** 59 Bk61
Panschwitz-Kuckau **D** 118 Bi78
Pansdorf **D** 103 Bb73
Panské Dubenky **CZ** 237 Bl82
Pański **PL** 227 Br77
Pant **GB** 93 So75
Pantalowice **PL** 235 Ce81
Päntäne **FIN** 52 Ce56
Pantano **I** 144 Be94
Pantano del Chorro **E** 204 Sl107
Pantano del Guadalén **E** 199 So104
Pantano de Puentes **E** 206 Sr105
Panteleímonas **GR** 277 Cf101
Pantelej **MK** 271 Ce97
Pantelimon **RO** 265 Cn92
Pantelimon **RO** 267 Cr91
Pantelleria **I** 152 Bd107
Panticeu **RO** 246 Ch86
Panticosa **E** 187 Su95
Pantina = Pantinë **RKS** 262 Cb95
Pantinë **RKS** 262 Cb95
Pantoja **E** 193 Sn100
Panttila **FIN** 52 Ce55
Panuma **FIN** 36 Cn50
Pany **CH** 131 Au87
Panyola **H** 241 Ce84
Paola **I** 151 Bn102
Paola **M** 151 Bk109
Pápa **H** 242 Bp86
Papadiánika **GR** 287 Cf107
Paparčiai **LT** 218 Ck71
Papariano **I** 134 Bg89
Páparis **GR** 286 Ce106
Papasidero **I** 148 Bm101
Pápateszér **H** 243 Bq86
Papatrigo **E** 192 Sl99
Pape **LV** 212 Cc68
Papenburg **D** 107 Ap74
Papendorf **D** 104 Be72
Papenhagen **D** 104 Bf72
Papernja **BY** 219 Cq72
Pápigo **GR** 276 Cb101
Papilė **LT** 213 Cf68
Papilys **LT** 214 Cl68
Pápin **SK** 241 Ce82
Papinniemi **FIN** 55 Cu56
Papiškės **LT** 218 Cl72
Papiu Ilarian **RO** 254 Ci87
Papjalëva **BY** 229 Ci75
Papki **BY** 219 Cq70
Paplin **PL** 228 Cd76
Pappádes **GR** 284 Cg103
Pappenheim **D** 121 Bb83
Papperhavn **N** 68 Bb62
Pappinen **FIN** 54 Cm57
Pappinen **FIN** 62 Cf59
Papraća **BIH** 261 Bs92
Páprád **H** 243 Br89
Papradnik **MK** 270 Cb98
Papradno **SK** 239 Br82
Paprotnia **PL** 228 Ca76
Par **GB** 96 Sl80
Parabiago **I** 131 As89
Parabita **I** 149 Br100
Paraćin **SRB** 263 Cc93
Paracuellos **E** 200 Sr101
Paracuellos de Jiloca **E** 194 Sr98
Parád **H** 240 Ca85
Parada **P** 183 Se97
Parada **P** 191 Sg98
Parada (Parada do Sil) **E** 183 Se96
Parada de Ester **P** 190 Sd99
Parada de Ventosa **E** 182 Sd97
Paradas **E** 204 Sk106
Paradavella **E** 183 Sf94
Paradela **E** 183 Se95
Paradela **P** 191 Se97
Paradilla, La **E** 193 Sm99
Paradinas de San Juan **E** 192 Sk99
Paradisgård **S** 59 Bh61
Paradisi **GR** 292 Cr108
Paradiso **I** 153 Bl104
Paradissia **GR** 286 Ce106
Parador de las Hortichuelas, El **E** 206 Sp107
Paradyż **PL** 227 Ca78
Paraf'janava **BY** 219 Cq71
Parage **SRB** 252 Bt90
Parainen **FIN** 62 Ce60
Parakálamos **GR** 276 Cb101
Parákila **GR** 285 Cn102
Parakka **S** 29 Cd45
Paralía **GR** 277 Cf100
Paralía **GR** 286 Cd104
Paralía **GR** 287 Cf104
Paralía Hiliadoú **GR** 284 Ch103
Paralía Iríon **GR** 287 Cf106
Paralía Kímis **GR** 284 Ci103
Paralía Platánou **GR** 286 Ce104
Paralía Tiroú **GR** 287 Cf106
Paralía Velíkas **GR** 286 Cd106
Paralímni **GR** 278 Ch99
Parálio Ástros **GR** 286 Cf106
Paramé **F** 158 Sr83
Paramithía **GR** 276 Ca102
Páramo **E** 184 Sh94
Páramo del Sil **E** 183 Sh95
Paranésti **GR** 279 Ck98
Paranhos **P** 191 Se100
Parantala **FIN** 53 Cm55
Parapótamos **GR** 282 Ca101
Paraspuar **AL** 276 Bu99
Parasznya **H** 240 Cb84
Părău **RO** 255 Cl89
Parava **RO** 256 Co88
Paravóla **GR** 282 Cd103
Paray-le-Monial **F** 167 Ai88
Parbayón **E** 185 Sn94
Parcani **MD** 248 Cr84
Parceiros da Igreja **P** 196 Sc102
Parcel, Orłów- **PL** 227 Bu76
Parcele, Brody- **PL** 228 Cb76
Parcele-Przewodowo **PL** 228 Cb75
Parcé-sur-Sarthe **F** 159 Su85
Parchanie **PL** 227 Br75
Parchim **D** 110 Bd74
Parchów **PL** 226 Bm78
Parchowo **PL** 221 Bq72
Parciaki **PL** 223 Cc74
Parcice **PL** 227 Br78
Parcines **I** 132 Bc87
Parcoul-Chenaud **F** 170 Aa90
Parcq, le **F** 155 Ae80
Parczew **PL** 226 Bq77
Parczew **PL** 229 Cf77
Pardesivil **E** 184 Sk95
Pardilhó **P** 190 Sc99
Pardilla **E** 193 Sn97
Pardina **RO** 257 Cs90
Pardines **E** 178 Ae96
Pardo, El **E** 193 Sn99
Pardoşi **RO** 256 Co90
Pardubice **CZ** 231 Bm80
Paréčča **BY** 217 Ci73
Paredes **P** 190 Sd98
Paredes de Buitrago **E** 193 Sn98
Paredes de Coura **P** 182 Sc97
Paredes de Nava **E** 184 Sl96
Paredes de Sigüenza **E** 194 Sp98
Pareja **E** 194 Sp99
Parella **I** 130 Aq90
Parennes **F** 159 Su84
Parentis-en-Born **F** 170 Ss92
Parenzo = Poreč **HR** 139 Bh90
Pareto **I** 136 Ar91
Parets del Vallès **E** 189 Ae97
Parey **D** 110 Bd76
Párga **GR** 282 Ca102
Pârgăreşti **RO** 256 Co88
Pargas **FIN** 63 Cg61
Pargas = Parainen **FIN** 62 Ce60
Pargolovo **RUS** 65 Da60
Pargues **F** 161 Ai84
Parhalahti **FIN** 43 Ci52
Parhimaŭcy **BY** 224 Ci74
Pári **H** 251 Br87
Parigné-l'Évêque **F** 159 Aa85
Parikkala **FIN** 55 Cu57
Paril **BG** 272 Ch98
Parincea **RO** 256 Cp88
Paring **D** 122 Be83
Paris **F** 160 Ae83
Parisot **F** 171 Ad92
Parisot **F** 178 Ad93
Pärjänsuo **FIN** 37 Cp49
Părjol **RO** 256 Co87
Park **GB** 82 Sf71
Parkajoki **S** 29 Cg45
Parkalompolo **S** 29 Cf45
Parkano **FIN** 52 Cg56
Parkgate **GB** 80 Sn70
Parkkila **FIN** 43 Cl53
Parkkila **FIN** 44 Cr50
Parkkila **FIN** 54 Cp57
Parkkima **FIN** 44 Cm53
Parkkuu **FIN** 53 Ch57
Parknasilla **IRL** 89 Sa77
Parkoszów **PL** 225 Bm78
Parkowo **PL** 226 Bo75
Parksepa **EST** 210 Co65
Parkstein **D** 122 Be81
Parkstetten **D** 123 Bf83
Parkua **FIN** 44 Cq52
Parkumäki **FIN** 54 Cr57
Parla **E** 193 Sn100
Parlavà **E** 189 Ag96
Părličevo **BG** 274 Cl97
Parma **I** 138 Ba91
Pärnämäki **FIN** 54 Cn57
Pärnämäki **FIN** 54 Co58
Parndorf **A** 238 Bo85
Parnica **SK** 240 Bt82
Pärnjõe **EST** 210 Ck63
Pärnu **EST** 209 Ci64
Pärnu-Jaagupi **EST** 209 Ci63
Parois **F** 162 Al82
Parola **FIN** 63 Ci58
Páros **GR** 288 Cl106
Paroveja **LT** 214 Ck68
Parowa **PL** 225 Bl78
Parpan **CH** 131 Au87
Parracombe **GB** 97 Sn78
Parra de las Vegas, La **E** 194 Sq101
Parrillas **E** 192 Sk100
Parsac-Rimondeix **F** 166 Ae88
Parsau **D** 110 Bb75
Parsberg **D** 122 Bd82
Pârscov **RO** 256 Co90
Pârşcoveni **RO** 264 Ci92
Parsiainen **FIN** 55 Da55
Parsów **PL** 220 Bk74
Parstein **D** 220 Bi75
Parszów **PL** 228 Cb78
Parszowice **PL** 226 Bn78
Partaharju **FIN** 54 Cp56
Partakko **FIN** 25 Cq42
Partakoski **FIN** 54 Cq58
Partala **FIN** 44 Cp53
Partala **FIN** 53 Cl57
Partala **RUS** 55 Db56
Partanna **I** 152 Bf105
Partenen **A** 131 Ba87
Partenkirchen, Garmisch- **D** 126 Bc86
Partenstein **D** 121 Au80
Parteš = Partesh **RKS** 271 Cc96
Partesh **RKS** 271 Cc96
Pârteştii de Jos **RO** 247 Cm85
Pârteştii de Sus **RO** 247 Cm85
Pártestugorna **S** 34 Bq46
Parthenay **F** 165 Su87
Parthéni **GR** 286 Ce106
Parthéni **GR** 292 Co106
Parthenónas **GR** 278 Ch100
Partille **S** 68 Be65
Partinello **F** 181 As96
Partinico **I** 152 Bg104
Partizani **BG** 275 Cp94
Partizani **RO** 257 Cs90
Partizani **SRB** 262 Ca92
Partizanin **BG** 274 Cl96
Partizanskaja **RUS** 211 Cr64
Partizánske **SK** 239 Br83
Partney **GB** 85 Aa74
Parton **GB** 80 Sm70
Partry **IRL** 86 Sb73
Partschins = Parcines **I** 132 Bc87
Partyzanski **BY** 219 Cp72
Paruchów **PL** 226 Bq76
Parum **D** 109 Bc73
Pårup **DK** 100 At68
Parva **RO** 247 Ck86
Parvavaara **FIN** 45 Cu51
Pārvenec **BG** 273 Ck96
Pārvenec **BG** 275 Co96
Pārvomaj **BG** 272 Cg98
Pārvomaj **BG** 273 Cl96
Påryd **S** 73 Bm67
Parýŝĉe **UA** 247 Ck83
Parysów **PL** 228 Cd77
Parzán **E** 188 Aa95
Parzęczew **PL** 227 Bt77
Parznice **PL** 228 Cc78
Parzno **PL** 227 Bt78
Parzymiechy **PL** 233 Bs78
Pas, le **F** 172 Ae92
Paşaçiftlik **TR** 281 Cq100
Pasadilla **E** 202 Rk125
Pasaia **E** 186 Sr94
Pasai Donibane **E** 186 Sr94
Pasajes = Pasaia **E** 186 Sr94
Paşaköy **TR** 280 Cn99
Paşaköy **TR** 285 Cn101
Pasala **FIN** 44 Cm54
Pasalankylä **FIN** 54 Cr54
Paşalar **TR** 281 Cr101
Paşalimanı **TR** 281 Cq100
Pašaltuonys **LT** 217 Cf70
Pasarel **BG** 272 Ch95
Păsăreni **RO** 255 Ck88
Pasarón de la Vera **E** 192 Si100
Paşayiğit **TR** 280 Co99
Paşcani **MD** 249 Cr87
Paşcani **RO** 248 Co86
Paseka **CZ** 232 Bp81
Pas-en-Artois **F** 155 Ae80
Pasewalk **D** 111 Bh73
Pashalıá **GR** 279 Ck98
Pasi **FIN** 64 Cp59
Pašiaušė **LT** 217 Cg69
Pasičana **UA** 246 Ci83
Pasiecznik **PL** 231 Bm79
Pasiene **LV** 215 Cr68
Pašilė **LT** 212 Cd68
Pašilė **LT** 218 Ck70
Pašina Voda **MNE** 269 Bt94
Pasjan **RKS** 271 Cd96
Pasjane = Pasjan **RKS** 271 Cd96
Paskalevec **BG** 274 Cl94
Paskalevo **BG** 266 Cq93
Påskallavik **S** 73 Bn66
Paskov **CZ** 233 Br81
Paskrzyn **PL** 228 Bu78
Paskudy **PL** 229 Cf77
Pasłęk **PL** 222 Bu72
Pasmajärvi **FIN** 36 Ci46
Pašman **HR** 258 Bl93
Paso, El **E** 202 Re123
Paspardo **I** 132 Ba88
Pasques **F** 168 Ak86
Passage East **IRL** 91 Sg76
Passage West **IRL** 90 Sd77
Passail **A** 129 Bm86
Passais-Villages **F** 159 St83
Passá Limáni **GR** 285 Cm104
Passau **D** 128 Bg83
Passavant-la-Rochère **F** 162 An85
Passekårsa **S** 28 Bu45
Passignano sul Trasimeno **I** 144 Be94
Passô **P** 191 Se98
Passo Corese **I** 144 Bf96
Passo d'Orta **I** 147 Bm98
Passopisciaro **I** 150 Bl105
Passow **D** 110 Be73
Passow **D** 111 Bi74
Passy-Grigny **F** 161 Ah82
Pastavy **BY** 219 Co70
Pastena **I** 146 Bi97
Pastende **LV** 213 Cf66
Pastetten **D** 127 Bd84
Pastor **E** 182 Sd94
Pastorello **I** 137 Ba91
Pastoriza **E** 182 Sd94
Pastrana **E** 193 Sp100
Păstrăveni **RO** 248 Co86
Păstren **BG** 274 Cm96
Pastrėvys **LT** 218 Ck71
Păstrogor **BG** 274 Cn97
Păstrovo **BG** 273 Cl96
Pastuchów **PL** 233 Bn79
Pastwiska **PL** 228 Cc78
Pasvalys **LT** 214 Ci68
Pašvitinys **LT** 213 Ch68
Pasym **PL** 223 Cb73
Paszowice **PL** 231 Bn78
Pásztó **H** 240 Bu85
Pata **SK** 239 Bq84
Pataholm **S** 73 Bn67
Pataias **P** 196 Sc101
Patajoki **FIN** 53 Cl57
Patalenica **BG** 273 Ci96
Patana **FIN** 43 Ch54
Pătârş **RO** 245 Cd89
Patay **F** 160 Ad84
Påtbo **S** 60 Bo59
Patchole **GB** 97 Sn78
Pateley Bridge **GB** 84 Sr72
Paterek **PL** 221 Bq74
Paterna del Campo **E** 203 Sh106
Paterna del Madera **E** 200 Sq103
Paterna del Río **E** 206 Sp106
Paterna de Rivera **E** 204 Si107
Paternion **A** 133 Bh87
Paternò **I** 153 Bk105
Paternopoli **I** 147 Bl99
Patersdorf **D** 123 Bf82
Paterswolde **NL** 107 Ao74
Påterud **S** 58 Be61
Patilčiai **LT** 224 Cg72
Patin **AL** 270 Ca97
Patiópoulo **GR** 282 Cc102
Patiška **MK** 271 Cc97
Patitíri **GR** 284 Ch102
Pătlăgeanca **RO** 257 Cs90
Pátmos **GR** 289 Co106
Patna **GB** 78 Sl70
Pato **FIN** 62 Cd59
Patok **AL** 270 Bu97
Patokoski **FIN** 36 Cl47
Patolahti **FIN** 64 Cq59
Patones **E** 193 So99
Patoniemi **FIN** 37 Cs48
Patoniva **FIN** 24 Cp41
Patopirrti **FIN** 31 Ct46
Patos **AL** 276 Bu99
Pátra **GR** 286 Cd104
Pătrăuţi **RO** 247 Cn85
Patreksfjörður **IS** 20 Qg25
Patriarh Evtimovo **BG** 274 Cl96
Patrickswell **IRL** 90 Sc75
Patrikka **FIN** 55 Dc55
Patrington **GB** 85 Su73
Pattada **I** 140 At99
Pattensen **D** 109 Au76
Pattensen **D** 109 Ba74
Patti **I** 153 Bk104
Pattijoki **FIN** 43 Ck51
Pătulele **RO** 264 Cf92
Patumšai **LT** 213 Cf69
Páty **H** 244 Bs85
Pau **F** 176 Su94
Paučina **MNE** 262 Ca95
Paudy **F** 166 Ad86
Pauillac **F** 170 St90
Paukarlahti **FIN** 54 Cq55
Paukkaja **FIN** 55 Da55
Paul **P** 191 Se100
Paularo **I** 133 Bg87
Paul do Mar **P** 190 Rf115
Păuleşti **RO** 265 Cm90
Paulhac **F** 172 Af90
Paulhac-en-Margeride **F** 172 Ag91
Paulhaguet **F** 172 Ah90
Paulhan **F** 178 Ag93
Pauļi **LV** 213 Ce67
Paulilatino **I** 141 As100
Paulinenaue **D** 110 Bf75
Paulinzella **D** 116 Bc79
Păuliş **RO** 253 Cd88
Paulistrom **S** 70 Bm66
Paullo **I** 131 At90
Paulnay **F** 166 Ac87
Paüls **E** 188 Aa99
Paüls dels Ports = Paüls **E** 188 Aa99
Paulstown **IRL** 90 Sf75
Paulton **GB** 97 Sq78
Paulushofen **D** 122 Bd82
Paunakūla **EST** 210 Cl62
Păuneşti **RO** 256 Cp88
Pauošniai **LT** 212 Cd69
Paupys **LT** 217 Cf70
Pausa-Mühltroff **D** 230 Bd79
Păuşeşti **RO** 264 Ci90
Păuşeşti-Măglaşi **RO** 264 Ci90
Pausin **D** 111 Bg75
Paussac-et-Saint-Vivien **F** 171 Ab90
Pautrāsk **S** 41 Bq51
Pauvres **F** 161 Ak82
Pavandenė **LT** 213 Ce69
Pavel **BG** 265 Cm94
Pavel Banja **BG** 273 Cl95
Pavia **I** 175 At90
Pavia **P** 196 Sd103
Pavia di Udine **I** 134 Bg89
Pavías **E** 195 Su101
Pavie **F** 187 Ab93
Pavillon-Sainte-Julie, Le **F** 161 Ah84
Pavilly **F** 160 Ab81
Pāvilosta **LV** 212 Cc67
Pavištytis **LT** 217 Cf72
Pávliani **GR** 283 Ce103
Pavlica **SRB** 262 Cb94
Pavlice **CZ** 238 Bm83
Pavlikeni **BG** 274 Cl94
Pavliš **SRB** 253 Cc90
Pavlivka **UA** 257 Ct89
Pávlos **GR** 283 Cg103
Pavlovac **HR** 250 Bp89
Pavlova Huť **CZ** 230 Be81
Pavlovce **SK** 240 Ca84
Pavlovce nad Uhom **SK** 241 Ce83
Pavlovo-Bliny **RUS** 215 Cq66
Pavlovsk **RUS** 65 Da61
Pavullo nel Frignano **I** 138 Bb92
Pavy **RUS** 211 Cu64
Pawłosiów **PL** 235 Cf81
Pawłów **PL** 229 Cg78
Pawłów **PL** 234 Cc79
Pawłówek **PL** 227 Bt77
Pawłowice **PL** 233 Bs81
Pawłowiczki **PL** 232 Bq80
Pawłowo Zońskie **PL** 221 Bp75
Pawonków **PL** 233 Bs79
Payerne **CH** 130 Ao87
Paymogo **E** 203 Sf105
Payns **F** 161 Ah84
Payo, El **E** 191 Sg100
Payrac **F** 171 Ac91
Payzac **F** 171 Ac90
Paz **HR** 134 Bi90
Pazardžik **BG** 273 Ci96
Pazarić **BIH** 260 Br93
Pažemiškis **LT** 218 Cn69
Pažėvo Konare **BG** 274 Ck96
Pazin **HR** 258 Bh90
Pazo de Irixoa = Irixoa **E** 182 Sd94
Pazos **E** 182 Sd95
Pazuengos **E** 185 Sp96
Pazurek **PL** 233 Bu80
Pčela **BG** 274 Cn96
Pčelarovo **BG** 266 Cq93
Pčelić **HR** 251 Bq89
Pčelino **BG** 266 Cq93
Pčelinovo **BG** 273 Cm95
Pčelnik **BG** 275 Cq94
Pcim **PL** 234 Bu81
Pčinja **MK** 271 Cd96
Peacehaven **GB** 154 Su79
Péage-de-Roussillon, Le **F** 173 Ak90
Peal de Becerro **E** 206 So105
Peanía **GR** 284 Ch105
Peasedown Saint John **GB** 97 Sq78
Peasmarsh **GB** 99 Ab79
Péaule **F** 164 Sq85
Peć = Pejë **RKS** 270 Ca95
Peçanc **RKS** 271 Cd95
Pečance = Peçanc **RKS** 271 Cd95
Pećane **HR** 259 Bm91
Peccioli **I** 143 Bb93
Pécel **H** 244 Bt86
Peceneaga **RO** 267 Cr90
Pečeniżyn **UA** 247 Ck83
Pečenjevce **SRB** 263 Cd94
Pechbrunn **D** 122 Be81
Pechea **RO** 256 Cq89
Pechina **E** 206 Sq107
Peći **BIH** 259 Bn92
Pecica **RO** 253 Cc88
Pećigrad **BIH** 259 Bm90
Pěčín **CZ** 232 Bn80
Pećinci **SRB** 261 Bu91
Peciu Nou **RO** 253 Cc89
Pecka **SRB** 262 Bu92
Peckelsheim **D** 115 At77
Pečki **RUS** 211 Cq65
Pęckowo **PL** 226 Bn75
Peckuny **BY** 218 Cm72
Pečky **CZ** 231 Bl80
Pęcław **PL** 226 Bn77
Pęcławice **PL** 227 Bt76
Pęcna **PL** 226 Bo76
Pecorara **I** 137 At91
Pečory **RUS** 211 Cq65
Pec pod Sněžkou **CZ** 231 Bm79
Pécs **H** 243 Br88
Peĉša **MNE** 262 Bu95
Pécsely **H** 243 Bq87
Pécsvárad **H** 251 Br88
Pęczniew **PL** 227 Bs77
Pedace **I** 151 Bn102
Pedalino **I** 153 Bk106
Pedaso **I** 145 Bh94
Peddenberg **D** 114 Ao77
Pededze **LV** 215 Cp66
Pedernoso, El **E** 200 Sp102
Pederobba **I** 132 Bd89
Pedersá **FIN** 62 Cf60
Pedersöre **FIN** 43 Cf53
Pedersöre kunta = Pedersöre **FIN** 43 Cf53
Pédi **GR** 292 Cq107
Pedini **GR** 276 Cb101
Pedorido **P** 190 Sd98
Pedrafita do Cebreiro **E** 183 Sf95
Pedrajas de San Esteban **E** 192 Sl98
Pedralba **E** 201 St101
Pedraza de la Sierra **E** 193 Sn98
Pedregal, El **E** 194 Sr99
Pedreguer **E** 201 Aa103
Pedreira **E** 182 Sd93
Pedreña **E** 185 Sn94
Pedrera **E** 204 Sl106
Pedro Abad **E** 199 Sm105
Pedro Barba **E** 203 Ro122
Pedro Bernardo **E** 192 Sl100
Pedroche **E** 198 Sl104
Pedrógão **P** 190 Sc101
Pedrógão **P** 191 Sf100
Pedrógão **P** 196 Sc101
Pedrógão **P** 197 Se104
Pedrógão Grande **P** 190 Sd101
Pedrógão Pequeno **P** 190 Sd101
Pedrola **E** 186 Ss97
Pedro-Martínez **E** 205 So106
Pedro Muñoz **E** 200 Sp102
Pedroñeras, Las **E** 200 Sp102
Pedrones, Los **E** 201 Ss102
Pedrosa de Duero **E** 193 Sn97
Pedrosa del Príncipe **E** 185 Sm96
Pedroso, El **E** 204 Si105
Peebles **GB** 81 So69
Peel **GBM** 83 Sl72
Peenemünde **D** 220 Bh72
Peer **B** 156 Al78
Peera **FIN** 29 Cc43
Peetri **EST** 210 Cm63
Peffingen **D** 119 An81
Péfka **GR** 278 Cf99
Péfki **GR** 292 Cr108
Pefkohóri **GR** 278 Ch101
Péfkos **GR** 276 Cb100
Péfkos **GR** 291 Cl110
Pegalajar **E** 205 Sn105
Pegau **D** 117 Be78
Peggau **A** 129 Bl86
Pegli **I** 175 As92
Peglio **I** 139 Be93
Pegnitz **D** 122 Bd81
Pego **E** 201 Su103
Pego **P** 196 Sd102
Pegognaga **I** 138 Bb91
Pegolotte **I** 139 Be90
Pégomas **F** 136 Ao93
Pęgów **PL** 226 Bo78
Pèguera **E** 206 Ae101
Peguerinos **E** 193 Sm99
Pehčevo **MK** 272 Cf97
Peheim **D** 108 Aq75
Pehkonlahti **FIN** 44 Cp52
Pehlivanköy **TR** 280 Co98
Peillac **F** 164 Sq85
Peilstein im Mühlviertel **A** 128 Bh83
Peinchorran **GB** 74 Sh66
Peine **D** 109 Ba76
Peipohja **FIN** 62 Ce58
Peippu **FIN** 52 Cd57
Peïra-Cava **F** 136 Ap93
Peisey-Nancroix **F** 174 Ao89
Peißenberg **D** 126 Bc85
Peites **E** 183 Sf96
Peiting **D** 126 Bb85
Peitz **D** 118 Bi77
Peize **NL** 107 An74
Pejë **RKS** 270 Ca95
Pejkovac **SRB** 263 Cd94
Pejo **I** 132 Bb88
Pekanpää **FIN** 36 Ch48
Pekisht **AL** 276 Bu98
Pekkala **FIN** 37 Co48
Pekkula **FIN** 55 Db56
Peklenica **HR** 242 Bn88
Pekola **FIN** 63 Ci58
Pélacoy **F** 171 Ac91
Pelagićevo **BIH** 251 Bs91
Pelahustán **E** 192 Sl100
Pelariga **P** 190 Sc101
Pelarne **S** 70 Bm65
Pelasgía **GR** 283 Cf103
Pelatikovo **BG** 272 Cf96
Pełczyce **PL** 220 Bl74
Pełczyn **PL** 226 Bo78
Peleagonzalo **E** 192 Sk98
Pelejaneta **E** 195 Su100
Pélekas **GR** 276 Bu101
Peleši **RUS** 211 Cr62
Peletá **GR** 287 Cf106
Pelhřimov **CZ** 231 Bl82
Pelinci **MK** 271 Cd96
Pelinei **MD** 257 Cr89
Pelinia **MD** 248 Cq85
Pelišća **BY** 229 Ch76
Pélissanne **F** 179 Al93
Pełkinie **PL** 235 Cf80
Pelkkikangas **FIN** 53 Cg54
Pelkoperä **FIN** 43 Cm52
Pelkosenniemi **FIN** 37 Cp46
Pelkum **D** 114 Aq77
Pellaro **I** 153 Bm104
Pellebodarna **S** 39 Bi53
Pellegrino Parmense **I** 137 Au91
Pellegrue **F** 170 Aa91
Pellérd **H** 243 Br88
Pellerin, Le **F** 164 Sr86
Pellerine, La **F** 159 Ss84
Pellesmäki **FIN** 54 Cq55
Pellestrina **I** 133 Be90
Pellevoisin **F** 166 Ac87
Pellinge = Pellinki **FIN** 64 Cm60
Pellingen **D** 163 Ao81
Pellinki **FIN** 64 Cm60
Pellio Intelvi **I** 175 At89
Pello **FIN** 36 Ci47
Pello **S** 36 Ch47
Pellosniemi **FIN** 54 Cp58
Pellossalo **FIN** 55 Ct57
Pellouailles-les-Vignes **F** 165 Su85
Pellworm **D** 102 As71
Pelnik **PL** 223 Ca73
Pelonniemi **FIN** 54 Cq55
Pelovo **BG** 264 Ci94
Pelplin **PL** 222 Bs73
Pelsin **D** 105 Bh73
Pelso **FIN** 44 Cn51
Peltokangas **FIN** 43 Ci54
Pelton **GB** 81 Sr71
Peltosalmi **FIN** 44 Cp53
Peltovuoma **FIN** 30 Ci44
Pélussin **F** 173 Ak90
Pély **H** 244 Ca86
Pelynt **GB** 96 Sl80
Pembridge **GB** 93 Sp76
Pembroke **GB** 91 Sl77
Pembroke Dock **GB** 91 Sl77
Pembury **GB** 154 Aa78
Pempelijärvi **S** 35 Ce47
Pempoull = Paimpol **F** 158 Sp83
Peñacerrada = Urizaharra **E** 186 Sp95
Penacova **P** 190 Sd100
Peña del Águila **E** 203 Sh107
Peñafiel **E** 193 Sm97
Penafiel **P** 190 Sd98
Peñaflor **E** 195 St97
Peñaflor **E** 204 Sk105
Peñalba **E** 195 Su97
Peñalba de Santiago **E** 183 Sg96
Peñalén **E** 194 Sq99
Peñalsordo **E** 198 Sk103
Penalva do Castelo (Ínsua) **P** 191 Se99
Peñalver **E** 193 Sp99
Penamacor **P** 191 Sf100
Peñaparda **E** 191 Sg100
Peñaranda de Bracamonte **E** 192 Sk99
Peñaranda de Duero **E** 193 So97
Peñarroya de Tastavins **E** 195 Aa99
Peñarroya-Pueblonueva **E** 198 Sk104
Penarth **GB** 93 So78
Peñascosa **E** 200 Sq103
Peñas de San Pedro **E** 200 Sq103
Peñausende **E** 192 Si98
Pena Verde **P** 191 Sf99
Penc **H** 239 Bt85
Pencaitland **GB** 76 Sp69
Pencran **F** 157 Sm84
Pendálofos **GR** 280 Cn97
Pendéli **GR** 287 Ch104
Pénde Vrisses **GR** 278 Cg99
Pendilla **E** 184 Si94
Pendine **GB** 92 Sl77
Pendock **GB** 93 Sq77
Pendueles **E** 184 Sl94
Penedono **P** 191 Sf99
Penela **P** 190 Sd100
Pénerf **F** 164 Sp85
Penestin **F** 164 Sq86
Penészlek **H** 245 Ce85
Penfro = Pembroke **GB** 91 Sl77
Pengerjoki **FIN** 53 Cl56
Pengsjö **S** 41 Bu53
Penha Garcia **P** 191 Sf100
Penhascoso **P** 196 Sd101
Penhas da Saúde **P** 191 Se100
Penhors **F** 157 Sm85
Peniche **P** 196 Sb102
Penicuik **GB** 81 So69
Penig **D** 230 Bf79
Penijõe **EST** 209 Ch63
Penikkajärvi **FIN** 37 Cu49
Penilla,La **E** 185 Sn94
Peninky **FIN** 44 Cm54
Penino **RUS** 211 Cs62
Penisa'r Waun **GB** 92 Sm74
Peñíscola **E** 195 Aa100
Penkefitz **D** 109 Bc74
Penkridge **GB** 94 Sq75
Penkun **D** 111 Bi74
Penmachno **GB** 92 Sn74
Penmaenmawr **GB** 92 Sn74
Penmarc'h **F** 157 Sm85
Pennabilli **I** 139 Be93
Pennainen **FIN** 62 Cf59
Pennal **GB** 92 Sn75
Pennala **FIN** 63 Cm59
Pennan **GB** 76 Sq65
Penna Sant'Andrea **I** 145 Bh95
Penne **F** 177 Ad92
Penne **I** 145 Bh96
Penne **N** 66 Ao64
Penne-d'Agenais **F** 171 Ab92
Pennedepie **F** 154 Aa82
Pennes **I** 132 Bc87
Penne-sur-Huvenne, La **F** 180 Am94
Pennigsehl **D** 109 At75
Penol **F** 173 Al90
Penon, le **F** 176 Ss93
Penrhyn Bay **GB** 92 Sn74
Penrhyndeudraeth **GB** 92 Sm75
Penrith **GB** 84 Sp71
Penruddock **GB** 84 Sp71
Penryn **GB** 96 Sk80
Pens = Pennes **I** 132 Bc87
Pensala **FIN** 42 Cf54
Pensford **GB** 98 Sp78
Pentágii **GR** 283 Ce103
Pentálofo **GR** 282 Cc104
Pentálofos **GR** 277 Cc100
Pentápolis **GR** 278 Ch98
Pentávrissos **GR** 277 Cc100
Penteória **GR** 283 Ce104
Pentes **E** 183 Sf97
Penthaz **CH** 169 Ao87
Pentidattilo **I** 151 Bm105
Pentinkylä **FIN** 64 Cr59
Pentone **I** 151 Bo103
Pentraeth **GB** 92 Sm74
Pentre Berw **GB** 92 Sm74
Penttilänlahti **FIN** 44 Co54
Penttilänvaara **FIN** 37 Ct49
Penude **P** 191 Se98
Penuja **EST** 210 Cl64
Penvins **F** 164 Sp85
Penybontfawr **GB** 84 So75
Penycae **GB** 93 So74
Penygroes **GB** 92 Sm74
Penysarn **GB** 92 Sm74
Penzance **GB** 96 Si80
Penzberg **D** 126 Bc85
Pénzesgyőr **H** 243 Bq86
Penzin **D** 104 Bd73
Penzing **D** 126 Bb84
Penzlin **D** 111 Bg73
Péone **F** 180 Ao92
Pepelijevac **SRB** 263 Cc93
Pepellash **AL** 276 Cb100
Pepelow **D** 104 Bd72
Pepeni **MD** 249 Cr85
Pepinster **B** 119 Am79
Péplos **GR** 280 Cn99
Peponiá **GR** 278 Ch99
Pępowo **PL** 226 Bp77
Peqin **AL** 276 Bu98
Peque **E** 183 Sh96
Pér **H** 243 Bq85
Pera **I** 138 Bd92
Perabroddze **BY** 219 Cp69
Perahóra **GR** 287 Cf104
Perä-Hyyppä **FIN** 52 Ce56
Peraia **GR** 277 Cd99
Peräkylä **FIN** 54 Cr58
Perälä **FIN** 37 Cq48
Perälä **FIN** 52 Cd56
Peralada **E** 189 Ag96
Peraleda de la Mata **E** 192 Sk101
Peraleda de Zaucejo **E** 198 Si104
Peralejos de las Truchas **E** 194 Sr99
Perales de Alfambra = Perales del Alfambra **E** 195 St99
Perales del Alfambra **E** 195 St99
Perales del Puerto **E** 191 Sg100
Perales de Tajuña **E** 193 So100
Peralta **E** 186 Sr96
Peralta **E** 200 Sq104
Peralta de Alcofea **E** 187 Su97
Peralta de la Sal **E** 187 Aa97
Peraltilla **E** 188 Su96
Peralveche **E** 194 Sq99
Pérama **GR** 284 Ch105
Pérama **GR** 285 Cn102
Pérama **GR** 291 Ck110
Perä-Musko **FIN** 55 Db56
Peranka **FIN** 37 Ct50
Peränne **FIN** 53 Ch56
Peranzanes **E** 183 Sg95
Perä-Posio **FIN** 37 Cq48
Perarolo di Cadore **I** 133 Be88
Perarrúa **E** 188 Aa96
Peräseinäjoki **FIN** 52 Cg55
Perasleha **BY** 219 Cp70
Pérasma **GR** 277 Cc99
Perast **MNE** 269 Bs96

Panciu – Perast 383

Perat **AL** 276 Cb100
Perbál **H** 243 Bs85
Perchtoldsdorf **A** 238 Bn84
Percy-en-Normandie **F** 159 Ss83
Perdasdefogu **I** 141 At101
Perdaxius **I** 141 As102
Perdifumo **I** 148 Bl100
Perdigão **P** 197 Se101
Perdigón, El **E** 192 Si98
Perdiguera **E** 195 St97
Pérdika **GR** 276 Ca102
Pérdika **GR** 276 Cb102
Pérdika **GR** 284 Cg105
Perdikáki **GR** 282 Cc102
Perdíkas **GR** 277 Cd99
Perdíki **GR** 289 Cn105
Perduhovo Selo **BIH** 260 Bo92
Peréa **GR** 276 Cf99
Perebykivci **UA** 247 Cn83
Perečicy **RUS** 211 Da63
Perečyn **UA** 241 Ce83
Pereda de Ancares **E** 183 Sg95
Peredkino **RUS** 211 Cs63
Peregu Mare **RO** 245 Cb88
Pereira **E** 183 Se96
Pereira **E** 183 Sf96
Pereiro **E** 183 Sf96
Pereiro **P** 196 Sd101
Pereiro **P** 203 Se106
Pereiro = Moeche **E** 183 Se93
Pereles'e **RUS** 211 Cs61
Perelló, el **E** 195 Ab99
Pereña **E** 191 Sg98
Pererita **MD** 248 Co84
Pereruela **E** 192 Si98
Peresecina **MD** 249 Cs86
Pereslavskoe **RUS** 216 Ca71
Peressaare **EST** 210 Co62
Perestrelovo **RUS** 215 Cr66
Pereto **I** 146 Bg96
Peretu **RO** 265 Cl92
Perfugas **I** 140 As99
Perg **A** 128 Bk84
Pergine Valdarno **I** 138 Bd94
Pergine Valsugana **I** 132 Bc88
Pergola **I** 139 Bf93
Perheniemi **FIN** 64 Cn59
Perho **FIN** 43 Ci54
Perho **FIN** 63 Ch58
Peri **I** 132 Bb89
Periam **RO** 253 Cb88
Periana **E** 205 Sm107
Pericei **RO** 246 Cf86
Perieni **RO** 256 Cq88
Périers **F** 159 Ss82
Perieți **RO** 265 Ck92
Perieți **RO** 266 Cp91
Pérignac **F** 170 Su89
Périgné **F** 165 Su88
Périgueux **F** 171 Ab90
Períklia **GR** 277 Ce98
Perín-Chym **SK** 241 Cc83
Perino **I** 137 Au91
Periönranta **FIN** 45 Cs51
Periprava **RO** 257 Cu90
Periš **SRB** 263 Ce94
Perișani **RO** 254 Ci90
Perișor **RO** 264 Cg92
Perișoru **RO** 266 Cq92
Períssa **GR** 291 Cl108
Périssac **F** 170 Su90
Perístasi **GR** 277 Cf100
Peristerá **GR** 278 Cg99
Peristéria **GR** 279 Ci98
Peristério **GR** 286 Cc105
Peristério **GR** 287 Ch104
Perithório **GR** 278 Ch98
Perivóli **GR** 276 Ca102
Perivóli **GR** 283 Ce103
Perjasica **HR** 135 Bl90
Perkam **D** 122 Be83
Perkáta **H** 243 Bs86
Perkivci **UA** 248 Co84
Pērkoni **LV** 214 Cl66
Perković **HR** 259 Bn93
Perl **D** 119 An82
Perlé **L** 119 Am81
Perleberg **D** 110 Bd74
Perlejewo **PL** 229 Cf75
Perlez **SRB** 252 Ca90
Perlica **RUS** 215 Cr67
Perlo **I** 175 Ar92
Perloja **LT** 218 Ci72
Permani **HR** 134 Bi90
Përmet **AL** 276 Ca100
Pernå = Pernaja **FIN** 64 Cn60
Pernaja **FIN** 64 Cn60
Pernarava **LT** 217 Ch70
Pernarec **CZ** 230 Bg81
Pernay **F** 165 Ab86
Pernek **SK** 238 Bp84
Pernes **P** 196 Sc102
Pernes-les-Fontaines **F** 179 Al93
Pernik **BG** 272 Cg95
Pernink **CZ** 123 Bf80
Perniö **FIN** 63 Cg60
Perniön asema **FIN** 63 Cg60
Pernitz **A** 237 Bm85
Pernoo **FIN** 64 Co59
Pernu **FIN** 37 Cq48
Peroguarda **P** 196 Sd104
Pérols-sur-Vézère **F** 171 Ad89
Péronne **F** 155 Af81
Perorrubio **E** 193 Sn98
Perosa Argentina **I** 174 Ap91
Perosinho **P** 190 Sc98
Pêro Soares **P** 191 Sf99
Pérouges **F** 173 Al89
Përpellas **RKS** 263 Cc95
Perperek **BG** 273 Cm97
Perpezac-le-Noir **F** 171 Ad90
Perpignan **F** 189 Af95
Perpinyà = Perpignan **F** 189 Af95
Perranporth **GB** 96 Sk80
Perray-en-Yvelines, Le **F** 160 Ad83
Perrecy-les-Forges **F** 168 Ai87
Perrero **I** 136 Ap91
Perrier, Le **F** 164 Sr87
Perrignier **F** 169 An88
Perros-Guirec **F** 157 So83
Perroz-Gireg = Perros-Guirec **F** 157 So83
Persac **F** 166 Ab88
Persal **A** 132 Bd86
Peršamajski **BY** 218 Cl73
Persan **F** 160 Ae82
Persberg **S** 59 Bi61
Persbo **S** 60 Bl60
Persenk **BG** 273 Ck97
Perserud **S** 59 Bf61
Pershagen **S** 71 Bq62
Pershore **GB** 94 Sq76
Persiana **I** 133 Bf89
Perskogen **N** 29 Cb42
Persnäs **S** 73 Bo66
Persön **S** 35 Ce49
Peršotravneve **UA** 257 Ct89
Perštejn **CZ** 123 Bg80
Perstorp **S** 72 Bg68
Perth **GB** 76 So68
Perthes **F** 161 Af84
Perthus, Le **F** 178 Af96
Pertisau **A** 126 Bd86
Pertoča **SLO** 135 Bn87
Pertoúli **GR** 282 Cc101
Pertre, Le **F** 159 Ss84
Perttaus **FIN** 36 Cm46
Pertteli **FIN** 63 Cg60
Perttula **FIN** 63 Ck60
Pertuis **F** 180 Am93
Pertunmaa **FIN** 54 Cn57
Pertusa **E** 188 Su96
Peruc **CZ** 230 Bh80
Perućac **SRB** 262 Bt93
Perugia **I** 144 Be94
Perunkajärvi **FIN** 36 Cm47
Perušić **HR** 258 Bl91
Peruspohja **FIN** 55 Ct57
Peruštica **BG** 273 Ck96
Péruwelz **B** 112 Ah79
Pervalka **LT** 216 Cc70
Pervenchères **F** 159 Aa84
Pervijze **B** 155 Af78
Pervoe Maja **RUS** 65 Cr62
Pervomaisc **MD** 257 Cs87
Pervomajskoe **RUS** 65 Cu60
Pervomajskoe **UA** 257 Cu87
Perwez **B** 113 Ak79
Péry **CH** 169 Ap86
Pesadas de Burgos **E** 185 Sn95
Pesaguero-Laparte **E** 184 Sl94
Pesaro **I** 139 Bf93
Pescaglia **I** 138 Ba93
Pescantina **I** 132 Bb90
Pescara **I** 145 Bi96
Pescarolo ed Uniti **I** 137 Ba90
Pescasseroli **I** 145 Bh97
Pesceana **RO** 264 Ci91
Peschici **I** 147 Bn97
Peschiera Borromeo **I** 131 At90
Peschiera del Garda **I** 132 Bb90
Pescia **I** 138 Bb93
Pescia Romana **I** 144 Bc96
Pescina **I** 146 Bh96
Pescocostanzo **I** 145 Bi97
Pescolanciano **I** 146 Bi97
Pescopagano **I** 148 Bl99
Pescorocchiano **I** 145 Bg96
Pesco Sannita **I** 147 Bk98
Pescueza **E** 191 Sg101
Peseux **CH** 130 Ao87
Peshkëpi **AL** 276 Bu100
Peshkopi **AL** 270 Ca97
Pesinki **FIN** 55 Ct57
Pesiökylä **FIN** 45 Cs51
Peski **RUS** 65 Ct60
Peski **RUS** 65 Da60
Pesmes **F** 168 Am86
Pesnopoj **BG** 274 Ck96
Pesočani **MK** 270 Cb98
Pesočnoe **RUS** 65 Ct60
Pesočnyj **RUS** 65 Da60
Peso da Régua **P** 191 Se98
Pesolanmäki **FIN** 55 Ct56
Pesoz (Pezós) **E** 183 Sg94
Pesqueira **E** 182 Sc95
Pesquera de Duero **E** 193 Sm97
Pessac **F** 170 St91
Pessáda **GR** 282 Cb104
Pessanes **GR** 280 Cn98
Pessegueiro do Vouga **P** 190 Sd99
Pessin **D** 110 Bf75
Peštani **MK** 276 Cb98
Pestenacker **D** 126 Bb84
Peštera **BG** 273 Ci96
Peștera **RO** 267 Cr92
Pesthidegkút **H** 244 Bs85
Peștișani **RO** 264 Cg90
Pestovë **RKS** 270 Cc95
Pestovo = Pestovë **RKS** 270 Cc95
Pestszentimre **H** 244 Bt86
Pešurići **BIH** 261 Bt93
Petäjärvi **FIN** 53 Ck57
Petacciato Marina **I** 147 Bk96
Petäisenpää **FIN** 54 Cp55
Petäiskylä **FIN** 45 Ct53
Petäjäjärvi **FIN** 37 Co49
Petäjäkangas **FIN** 36 Co50
Petäjäkylä **FIN** 44 Cn54
Petäjälahti **FIN** 44 Cp52
Petäjälampi **FIN** 45 Cu53
Petäjämäki **FIN** 54 Cq55
Petäjäskoski **FIN** 36 Cl48
Petäjäskoski **FIN** 43 Ck52
Petäjävaara **FIN** 45 Cs52
Petäjävesi **FIN** 53 Cl56
Petalax **FIN** 52 Cc55
Petalidi **GR** 286 Cd107
Pétange **L** 162 Am81
Pétas **GR** 282 Cc102
Petäys **FIN** 44 Cq53
Petelea **RO** 255 Ck87
Petelovo **BG** 273 Cl97
Peterborough **GB** 94 Su75
Peterculter-Milltimber **GB** 79 Sq66
Peterhead **GB** 76 Sr65
Peterlee **GB** 81 Ss71
Pēternieki **LV** 213 Ch67
Petersberg **D** 116 Bd77
Petersberg **D** 121 Au79
Petersdorf **D** 103 Bc72
Petersdorf **D** 126 Bc83
Petersdorf II **A** 242 Bm87
Petersfeld **D** 108 Aq75
Petersfield **GB** 98 St78
Petershagen **D** 108 As76
Petershagen **D** 111 Bi76
Petershagen/Eggersdorf **D** 111 Bh75
Petershausen **D** 126 Bc84
Peterskirchen **D** 236 Be84
Pétervására **H** 240 Ca84
Petes **S** 71 Br66
Pétfürdő **H** 243 Br86
Pethelinos **GR** 278 Ch99
Petid **RO** 245 Ce87
Petiknäs **S** 41 Ca51
Petikträsk **S** 41 Bu50
Petilia Policastro **I** 151 Bo102
Petilla de Aragón **E** 176 Ss96
Petín **E** 183 Sf96
Petina **I** 148 Bl99
Pétipsy **CZ** 230 Bg80
Petisträsk **S** 41 Bu51
Petit-Caux **F** 99 Ac81
Petite-Pierre, La **F** 119 Ap83
Petites-Tailles **B** 156 Am80
Petko Karavelovo **BG** 265 Cm94
Petko Slavejkov **BG** 274 Ck94
Petkovci **BIH** 252 Bt92
Petkula **FIN** 30 Co45
Petkum **D** 108 Ap74
Petkus **D** 118 Bg77
Petlovac **HR** 251 Bs89
Petlovača **SRB** 262 Bt91
Pet Mogili **BG** 274 Cn96
Pętna **PL** 241 Cc81
Petokladenci **BG** 265 Cl93
Petolahti = Petalax **FIN** 52 Cc55
Petőmihályfa **H** 135 Bo87
Petoúsio **GR** 282 Cb101
Petra **E** 207 Ag101
Pétra **GR** 277 Ce100
Pétra **GR** 283 Cg104
Pétra **GR** 285 Cn102
Petrádes **GR** 280 Co98
Petralba = Pietralba **F** 181 At95
Petralia Sottana **I** 153 Bi105
Petralona **GR** 278 Cg100
Petran **AL** 276 Ca100
Petraná **GR** 277 Cd100
Petra Nera = Pietranera **F** 181 At95
Petrašivka **UA** 247 Cn84
Petrčane **HR** 258 Bl92
Petrelë **AL** 270 Bu98
Petrelik **BG** 272 Ch98
Petrella Salto **I** 145 Bg96
Petrella Tifernina **I** 145 Bk97
Petreni **MD** 248 Cq85
Petrer **E** 201 St104
Pétres **GR** 277 Cd99
Petrești **RO** 245 Ce85
Petrești **RO** 254 Ch89
Petrești **RO** 256 Cp88
Petrești **RO** 265 Cl91
Petreștii de Jos **RO** 254 Ch87
Petreto-Bicchisano **F** 142 As97
Petrevene **BG** 272 Ci94
Petrič **BG** 272 Ci95
Petrič **BG** 278 Cg98
Petriča **BG** 275 Cq94
Petricani **RO** 248 Cn86
Petrijanec **HR** 135 Bn88
Petrijevci **HR** 251 Bs89
Petrila **RO** 254 Cg90
Pétrina **GR** 286 Ce107
Petrindu **RO** 246 Cg87
Petrinja **HR** 135 Bn90
Petriș **RO** 253 Ce88
Petritoli **I** 145 Bh94
Petrivs'k **UA** 257 Cs88
Petrizia, la **I** 151 Bo103
Petrizzi **I** 151 Bn103
Petrodvorec **RUS** 65 Cu61
Petrohan **BG** 272 Cg94
Petrohóri **GR** 282 Cd103
Petrokérasa **GR** 278 Cg99
Pétrola **E** 200 Sr103
Petromäki **FIN** 54 Cq55
Petronà **I** 151 Bo102
Petronell-Carnuntum **A** 238 Bo84
Petropavlivka **UA** 257 Cu88
Petroșani **RO** 254 Cg90
Petrotá **GR** 280 Cn97
Petroússa **GR** 278 Ci98
Petrova **RO** 246 Ci85
Petrovaara **FIN** 55 Ct54
Petrovac **SRB** 263 Cc92
Petrovac na moru **MNE** 269 Bs96
Petrovaradin **SRB** 252 Bu90
Petrova Ves **SK** 238 Bp83
Petrovce **SK** 240 Ca84
Petrovce **SK** 241 Ce83
Petrovci **HR** 252 Bs90
Petrovec **MK** 271 Cd97
Petrovice **CZ** 236 Bg82
Petrovice **CZ** 237 Bi81
Petrovice u Karviné **CZ** 233 Bs81
Petrovići **BIH** 261 Bs92
Petrovići **MNE** 269 Bs95
Petrovo **BG** 272 Ch98
Petrovo **RUS** 216 Ca71
Petrovo Selo **SRB** 263 Ce91
Petrovskoe **RUS** 65 Cu61
Petrovskoe **RUS** 65 Da59
Petruma **FIN** 55 Cs56
Petřvald **CZ** 233 Br81
Petrykozy **PL** 228 Ca78
Petryški **BY** 219 Cp72
Petsáki **GR** 286 Ce104
Petsmo **FIN** 42 Cd54
Pettäikkö **FIN** 44 Cn51
Pettbol **S** 61 Br60
Pettenbach **A** 237 Bi85
Pettigoe **IRL** 87 Se71
Pettilä **FIN** 54 Cq58
Pettinengo **I** 175 Ar89
Petting **D** 236 Bf85
Pettneu am Arlberg **A** 132 Ba86
Pettorano sul Gizio **I** 145 Bh97
Petworth **GB** 98 St79
Peuerbach **A** 128 Bh84
Peura **FIN** 36 Cl48
Peurasuvanto **FIN** 30 Co45
Peuravaara **FIN** 44 Cr51
Pevec **BG** 275 Co94
Pevensey Bay **GB** 99 Aa79
Peveragno **I** 175 Aq92
Pewel Mała **PL** 233 Bt81
Pewsey **GB** 94 Sr78
Pewsum **D** 107 Ap74
Peymeinade **F** 136 Ao93
Peyrat-le-Château **F** 171 Ad89
Peyratte, La **F** 165 Su87
Peyrebrune **F** 171 Ad91
Peyrefitte-sur-l'Hers **F** 178 Ad94
Peyrehorade **F** 186 Ss93
Peyrelevade **F** 171 Ae89
Peyresq **F** 180 Ao92
Peyrieu **F** 173 Am89
Peyrilhac **F** 171 Ac89
Peyrins **F** 173 Al90
Peyrissac **F** 171 Ad90
Peyruis **F** 180 Am92
Peyrusse-Grande **F** 187 Aa93
Peza, La **E** 205 So106
Pézarches **F** 161 Af83
Pezë e Madhe **AL** 270 Bu98
Pézenas **F** 178 Ag94
Pezens **F** 178 Ae94
Pézilla-la-Rivière **F** 189 Af95
Pęzino **PL** 111 Bl74
Pezinok **SK** 238 Bp84
Pezobre = Pezobres **E** 182 Sd95
Pezobres **E** 182 Sd95
Pezovo **MK** 271 Cd96
Pezuela de las Torres **E** 193 So100
Pezuls **F** 171 Ab91
Pfaffenberg, Mallersdorf- **D** 236 Be83
Pfaffendorf **D** 111 Bi76
Pfaffendorf **D** 121 Bb80
Pfaffenhausen **D** 126 Ba84
Pfaffenhofen **D** 126 Bc86
Pfaffenhofen an der Ilm **D** 126 Bd83
Pfaffenhofen an der Roth **D** 125 Ba84
Pfaffenhoffen **F** 120 Aq83
Pfaffenschlag **A** 237 Bl83
Pfäffikon **CH** 125 As86
Pfaffing **D** 236 Be84
Pfäfflingen **D** 122 Bb83
Pfaffnau **CH** 169 Aq86
Pfahlheim **D** 121 Ba83
Pfalzel, Ehrang- **D** 119 Ao81
Pfalzgrafenweiler **D** 125 As83
Pfarre, Zell- **A** 134 Bi88
Pfarrkirchen **D** 128 Bf84
Pfarrweisach **D** 122 Bb80
Pfastatt **F** 124 Ap85
Pfatter **D** 122 Be83
Pfeffenhausen **D** 236 Bd83
Pfelders = Plan **I** 132 Bc87
Pfinztal **D** 120 As83
Pflersch = Fleres **I** 132 Bc87
Pförring **D** 126 Bd83
Pforzen **D** 126 Bb85
Pforzheim **D** 120 As83
Pfreimd **D** 230 Be82
Pfronstetten **D** 125 At84
Pfronten **D** 126 Bb85
Pfullendorf **D** 125 At85
Pfullingen **D** 125 At84
Pfunders = Fundres **I** 132 Bd87
Pfunds **A** 131 Bb87
Pfungstadt **D** 120 As81
Pfünz **D** 122 Bc83
Pfyn **CH** 125 As85
Phalsbourg **F** 163 Ap83
Philippeville **B** 156 Ak80
Philippsbourg **F** 119 Aq83
Philippsburg **D** 163 Ar82
Philippsreut **D** 123 Bh83
Philippsthal (Werra) **D** 116 Au79
Pia **F** 178 Af95
Piacenza **I** 137 Au90
Piacenza d'Adige **I** 138 Bd90
Piadena **I** 138 Ba90
Piagge **I** 139 Bf93
Pialatte, la **F** 174 An91
Piália **GR** 282 Cd101
Piana **F** 142 As96
Pianaccio **I** 138 Bb92
Piana Crixia **I** 175 Ar92
Piana degli Albanesi **I** 152 Bg105
Pianazzo **I** 131 At88
Piancastagnaio **I** 144 Bd95
Piancavallo **I** 133 Bf88
Piancogno **I** 131 Ba89
Pian d'Alma **I** 143 Bb95
Piandelagotti **I** 138 Bb92
Piandimeleto **I** 139 Be93
Pianella **I** 144 Bc94
Pianella **I** 145 Bi96
Pianello **I** 144 Bf94
Pianello Val Tidone **I** 137 At91
Pianezza **I** 136 Aq90
Pianoconte **I** 150 Bk104
Pianoro **I** 138 Bc92
Pianosa **I** 143 Ba95
Pianottoli-Caldarello **F** 181 At98
Pianottuli-Caldareddu = Pianottoli-Caldarello **F** 181 At98
Pians **A** 132 Bb86
Piansano **I** 144 Bd95
Piantón **E** 183 Sf94
Pianu de Sus **RO** 254 Cg89
Pias **E** 183 Sg96
Pias **P** 196 Sd101
Pias **P** 203 Se104
Piasecznik **PL** 220 Bl74
Piaseczno **PL** 228 Cc76
Piasek **PL** 220 Bi75
Piasek **PL** 233 Bs80
Piasek Wielki **PL** 234 Cb80
Piaski **PL** 222 Bu72
Piaski **PL** 226 Bp77
Piaski **PL** 229 Cf78
Piastów **PL** 228 Cb76
Piątek **PL** 227 Bt76
Piątnica Poduchowa **PL** 223 Ce74
Piatra **RO** 265 Cl93
Piatra **RO** 267 Cs92
Piatra-Neamț **RO** 248 Cn87
Piatra-Olt **RO** 264 Ci92
Piatra Șoimului **RO** 248 Cn87
Piazza al Serchio **I** 138 Ba92
Piazza Armerina **I** 153 Bi106
Piazza Brembana **I** 131 Au89
Piazzola sul Brenta **I** 132 Bd89
Picamoixons **E** 188 Ac98
Pićan **HR** 258 Bi90
Picassent **E** 201 Su102
Picazo, El **E** 200 Sq102
Piccione **I** 144 Bf94
Piccovaggia **F** 140 At97
Picerno **I** 148 Bm99
Picherande **F** 172 Af90
Pichl bei Wels **A** 236 Bh84
Pichlern **A** 133 Bh86
Pickala = Pikkala **FIN** 63 Ci60
Pickering **GB** 85 St72
Picnjo = Peitz **D** 118 Bi77
Pico **I** 146 Bh98
Picón **E** 199 Sm102
Picquigny **F** 155 Ae81
Pidbuž **UA** 235 Cg82
Piddletrenthide **GB** 97 Sq79
Pidhajčyky **UA** 247 Cl83
Pidhirne **UA** 257 Da88
Pidhorodci **UA** 235 Cg82
Pidleski **UA** 235 Cg81
Pidlisne **UA** 247 Cm84
Pidpleša **UA** 246 Ch84
Pidula **EST** 208 Ce64
Pidzvirynec' **UA** 235 Ch81
Piechowice **PL** 231 Bm79
Piechrznica **PL** 234 Cb79
Piecki **PL** 223 Cc73
Pięczkowo **PL** 226 Bp76
Piedade **P** 190 Qd104
Piè del Sasso **I** 145 Bg95
Piedicavallo **I** 175 Aq89
Piedicorte-di-Gaggio **F** 142 At96
Piedicroce **F** 181 At96
Piediluco **I** 144 Bf95
Piedimonte Matese **I** 146 Bi98
Piedimulera **I** 175 Ar88
Piedra, La **E** 185 Sn95
Piedrabuena **E** 199 Sm102
Piedrafita **E** 184 Si94
Piedrafita de Babia **E** 184 Sh95
Piedrahita **E** 192 Sk100
Piedrahita de Castro **E** 192 Si97
Piedralaves **E** 192 Sl100
Piedras Albas **E** 197 Sg101
Piedras Blancas (Castrillón) **E** 184 Si93
Piedrasluengas **E** 185 Sm94
Piedratajada **E** 187 St96
Piedruja **LV** 215 Cp69
Piégut-Pluviers **F** 171 Ab89
Piehinki **FIN** 43 Ci51
Pieiro **E** 182 Sd94
Piekary Śląskie **PL** 233 Bs80
Piekielnik **PL** 233 Bu82
Piekoszów **PL** 234 Ca79
Pieksämäki **FIN** 54 Cp56
Pieksanlahti **FIN** 54 Cr57
Pielachleiten **A** 237 Bl85
Pielavesi **FIN** 44 Cn54
Pielenhofen **D** 236 Bd82
Pielești **RO** 264 Ch92
Pielgrzymka **PL** 225 Bm78
Pienava **LV** 213 Cg67
Piene **F** 181 Aq93
Pieniążkowice **PL** 240 Bu81
Pienięzno **PL** 216 Ca72
Pieńsk **PL** 118 Bl78
Pienza **I** 144 Bd94
Pieptani **RO** 264 Cg91
Piera **E** 189 Ad97
Pieranie **PL** 227 Br75
Piercebridge **GB** 84 Sr71
Piercetown **IRL** 91 Sh76
Pierlas **F** 181 Ap92
Piérnigas **E** 185 So95
Pierowall **GB** 77 Sp62
Pierre-Buffière **F** 171 Ac89
Pierreclos **F** 168 Ak88
Pierrecourt **F** 168 Am85
Pierre-de-Bresse **F** 168 Al87
Pierrefeu-du-Var **F** 180 An94
Pierrefitte **F** 159 Su83
Pierrefitte-en-Cinglais **F** 159 Su83
Pierrefitte-lès-Bois **F** 167 Af85
Pierrefitte-Nestalas **F** 176 Su95
Pierrefitte-sur-Aire **F** 162 Al83
Pierrefitte-sur-Sauldre **F** 166 Ae85
Pierrefonds **F** 161 Af82
Pierrefontaine-les-Varans **F** 169 Ao86
Pierrefort **F** 172 Af91
Pierrelatte **F** 173 Ak92
Pierre-Levée **F** 161 Ag83
Pierremont **F** 112 Ae80
Pierre-Perthuis **F** 167 Ah86
Pierrepont **F** 156 Am82
Pierrepont **F** 161 Ah81
Pierrepont-sur-Avre **F** 155 Af81
Pierroton **F** 170 St91
Piershil **NL** 113 Ai77
Pierținjaure **S** 34 Bt47
Piesalankylä **FIN** 53 Cl56
Piesjoki **FIN** 24 Cm41
Pieskehaurestugan **S** 33 Bo46
Pieski **PL** 225 Bl76
Pieskow **D** 117 Bi76
Pieskow **D** 118 Bi76
Pieskowa Skała **PL** 233 Bu80
Piesport **D** 120 Ao81
Piešťany **SK** 239 Bq83
Pieszyce **PL** 232 Bo79
Pietarsaari = Jakobstad **FIN** 42 Cf53
Pieterlen **CH** 169 Ap86
Pietrabbondante **I** 145 Bi97
Pietracamela **I** 145 Bh95
Pietracupa **I** 145 Bk97
Pietragalla **I** 147 Bm99
Pietralba **F** 181 At95
Pietra Ligure **I** 181 Ar92
Pietralunga **I** 139 Be94
Pietramala **I** 138 Bc92
Pietramelara **I** 146 Bi98
Pietramontecorvino **I** 147 Bl97
Pietranera **F** 181 At95
Pietrapertosa **I** 147 Bn99
Pietraperzia **I** 153 Bi106
Pietraporzio **I** 174 Ap92
Pietrasanta **I** 137 Ba93
Pietraszyn **PL** 233 Br80
Pietravairano **I** 146 Bi98
Pietrelcina **I** 147 Bk98
Pietrele **RO** 254 Cf90
Pietreni **RO** 267 Cr92
Pietroasele **RO** 266 Co90
Pietroșani **RO** 265 Ck90
Pietroșeni **RO** 265 Cm93
Pietroșița **RO** 255 Cl90
Pietrowice Głubczyckie **PL** 232 Bq80
Pieux, Les **F** 98 Sr81
Pievebovigliana **I** 145 Bg94
Pieve del Cairo **I** 137 As90
Pieve di Cadore **I** 133 Be88
Pieve di Cento **I** 138 Bc91
Pieve di Ledro **I** 132 Bb89
Pieve di Soligo **I** 133 Be89
Pieve di Teco **I** 181 Aq92
Pieve Fosciana **I** 138 Ba92
Pievepelago **I** 138 Bb92
Pieve Porto Morone **I** 137 At90
Pieve Santo Stefano **I** 139 Be93
Pievescola **I** 143 Bc94
Pieve Torina **I** 145 Bg94
Pigádi **GR** 283 Cf102
Pigádi **GR** 287 Cf106
Pigádia **GR** 279 Ck98
Pigés **GR** 277 Cc102
Piglio **I** 145 Bg97
Pigna **I** 181 Aq93
Pignan **F** 179 Ah93
Pignataro Interamna **I** 146 Bh98
Pignataro Maggiore **I** 146 Bi98
Pignola **I** 147 Bm99
Pihkainmäki **FIN** 54 Cp55
Pihla **EST** 208 Cf63
Pihlaisto **FIN** 53 Ck57
Pihlajakoski **FIN** 53 Cl57
Pihlajalahti **FIN** 53 Ch57
Pihlajalahti **FIN** 54 Cr57
Pihlajamäki **FIN** 44 Cn54
Pihlajaniemi **FIN** 55 Cu56
Pihlajavaara **FIN** 44 Cr54
Pihlajavaara **FIN** 55 Dc54
Pihlajaveden asema **FIN** 53 Ci56
Pihlajavesi **FIN** 53 Ci56
Pihlava **FIN** 62 Cf59
Pihtipudas **FIN** 43 Cm54
Pihtusulku **FIN** 53 Ci55
Piikiö **FIN** 62 Cf60
Piikkilänkylä **FIN** 52 Cd56
Piili **FIN** 53 Ci56
Piilijärvi **S** 29 Cc45
Piilo **FIN** 55 Db54
Piippola **FIN** 44 Cm52
Piiri **EST** 209 Cg63
Piiri **EST** 211 Cq64
Piittisjärvi **FIN** 37 Co48
Pijanów **PL** 233 Ca78
Pijavec **BG** 273 Cl98
Pijnacker **NL** 113 Ai76
Pikeliai **LT** 213 Ce68
Pikkala **FIN** 63 Ci60
Pikkalanranta **FIN** 44 Cn52
Pikkarainen **FIN** 37 Cu49
Pikkarala **FIN** 44 Cm51
Pikkujako **S** 35 Cc47
Piktuižiai **LT** 213 Cg68
Píla **CZ** 123 Bf80
Pila **I** 139 Be91
Piła **PL** 221 Bo74
Pila-Canale **F** 181 As97
Pilas **E** 204 Sh106
Pilastri **I** 138 Bc91
Piława **PL** 228 Cd77
Piława Górna **PL** 232 Bo79
Pilczyca **PL** 234 Bu79
Piléa **GR** 280 Cn99
Pilés **GR** 292 Cp109
Pilgersdorf **A** 129 Bn86
Pilgrimstad **S** 49 Bl55
Pili **GR** 284 Cg104
Pili **GR** 289 Cp107
Pilica **PL** 233 Bu80
Pilica **SRB** 262 Bu93
Pilio **GR** 284 Ch103
Piliscsaba **H** 244 Bs85
Pilisszentkereszt **H** 244 Bs85
Pilisvörösvár **H** 244 Bs85
Piliuona **LT** 217 Ci71
Piłka **PL** 226 Bn75
Pill **A** 126 Bd86
Pilles, Les **F** 173 Al92
Pillovo **RUS** 211 Cs61
Pilníkov **CZ** 231 Bm79
Pilos **GR** 286 Cd107
Pilpala **FIN** 63 Ci59
Pilskalns **LV** 215 Co66
Pilštanj **SLO** 135 Bm88
Pilsting **D** 127 Bf83
Pilszcz **PL** 232 Bq81
Piltene **LV** 212 Cd66
Piltown **IRL** 90 Sf76
Pilträsk **S** 34 Bu49
Piltsätern **S** 59 Bg58
Pilu **RO** 245 Cc87
Pilviškiai **LT** 217 Cg71
Pilzno **PL** 234 Cc81
Pimelles **F** 161 Ai85
Pin, Le **F** 167 Ah88
Piña de Campos **E** 185 Sm96
Pina de Ebro **E** 195 St98
Piñar **E** 205 So106
Pınarca **TR** 281 Cr98
Pınarcık **TR** 289 Cp106
Pinarejo **E** 200 Sq101
Pinarejos **E** 193 Sm98
Pinarella **I** 139 Be92
Pinarellu **F** 140 At97
Pinar Hermoso **E** 200 Sr105
Pınarhisar **TR** 281 Cq97
Pinarköy **TR** 292 Cq106
Pinas **F** 177 Aa94
Pincehely **H** 243 Br87
Pińczów **PL** 234 Cb79
Pindères **F** 170 Aa92
Pindo, O **E** 182 Sb95
Pineda de Gigüela **E** 194 Sp100
Pineda de la Sierra **E** 185 So96
Pineda de Mar **E** 189 Af97
Pinedo **E** 201 Su102
Pinell de Bray **E** 195 Ab98
Pinell de Bray = Pinell de Brai, el **E** 195 Ab98
Piñero, El **E** 192 Si98
Pinerolo **I** 174 Ap91
Pineto **I** 145 Bi95
Piney **F** 161 Ai84
Pinhal Novo **P** 196 Sc103
Pinhão **P** 191 Se98
Pinheiro **P** 190 Sd98
Pinheiro **P** 196 Sc104
Pinheiro da Bemposta **P** 190 Sd99
Pinheiro Grande **P** 196 Sd102
Pinhel **P** 191 Sf99
Pinilla **E** 200 Sp103
Pinilla **E** 200 Sr103
Pinilla, La **E** 207 Ss105
Pinilla de Toro **E** 192 Sk97
Pinilla-Trasmonte **E** 185 Sn97
Pinipaju **FIN** 62 Cd59
Pinjainen = Billnäs **FIN** 63 Ch60
Pinkafeld **A** 129 Bn86
Piņķi **LV** 213 Ch67
Pinneberg **D** 109 Au73
Pinnow **D** 110 Bd73
Pinnow **D** 118 Bk77
Pino **F** 142 At95
Pino del Río **E** 184 Sl95
Pino de Val **E** 182 Sc95
Piño do Val = Pino de Val **E** 182 Sc95
Pinofranqueado **E** 191 Sh100
Pinols **F** 172 Ag90
Pinosava **SRB** 262 Ca91
Pinoso **E** 201 Ss104
Pinos-Puente **E** 205 Sn106
Pinsaguel **F** 177 Ac93
Pin-sec, le **F** 170 Ss90
Pinseque **E** 194 Ss97
Pinsiö **FIN** 53 Cg57
Pinsoro **E** 186 Ss96
Pinsot **F** 174 An90
Pintamo **FIN** 37 Cq50
Pinto **E** 193 Sn100
Pinu, U = Pino **F** 142 At95
Pinwherry **GB** 83 Sl70
Pinzano al Tagliamento **I** 133 Bf88
Pinzio **P** 191 Sf99
Pinzolo **I** 132 Bb88
Pinzón **E** 204 Sh106
Piobbico **I** 139 Bf93
Piobesi Torinese **I** 136 Aq91
Piódão **P** 191 Se100
Piode **I** 130 Ar89
Piojärvi **FIN** 55 Cs57
Piolenc **F** 179 Ak92
Piólithos **GR** 283 Ce105
Piombino **I** 143 Bb95
Pione **I** 137 Au91
Pionerskij **RUS** 216 Ca71
Pionki **PL** 228 Cc78
Pionsat **F** 167 Af88
Pioppo **I** 152 Bg104
Pioraco **I** 144 Bf94
Piornal **E** 192 Si100
Piorunowice **PL** 232 Bq80
Piossasco **I** 174 Ap91
Piotrków Kujawski **PL** 227 Bs75
Piotrków Pierwszy **PL** 229 Cf78
Piotrków Trybunalski **PL** 227 Bu78
Piotrów **PL** 226 Bq77
Piotrów **PL** 227 Bt76
Piotrowice **PL** 226 Bn78
Piotrowice **PL** 228 Cc76
Piotrowice **PL** 229 Ce78
Piotrowice **PL** 233 Bt81
Piotrowice **PL** 234 Cb80
Piotrowice Wielkie **PL** 233 Br80
Piotrowiec **PL** 223 Ca72
Piotrówka **PL** 226 Bq78
Piotrowo **PL** 226 Bn75
Piotta **CH** 131 As87
Piove di Sacco **I** 133 Be90
Piovene-Rocchette **I** 132 Bc89
Piovera **I** 175 As91
Pipaón **E** 186 Sp95
Piper's Inn **GB** 97 Sp78
Piperskärr **S** 70 Bo65
Piperspool **GB** 97 Sm79
Pipirig **RO** 247 Cn86
Pipriac **F** 164 Sr85
Piqeras **AL** 276 Bu100
Pir **RO** 245 Ce86
Piran **SLO** 133 Bh89
Piranë **RKS** 270 Cb96
Pirane = Piranë **RKS** 270 Cb96
Pirano = Piran **SLO** 133 Bh89
Piras **I** 140 At99
Pirčiupiai **LT** 218 Ck72
Pirdop **BG** 273 Ci95
Pireás **GR** 284 Ch105
Piré-sur-Seiche **F** 159 Ss84
Pirgadíkia **GR** 278 Ch100
Pirgetós **GR** 277 Cf101
Pirgi **GR** 277 Cd99
Pirgi **GR** 285 Cm104
Pirgi **GR** 286 Cc105
Pirgi Thérmis **GR** 285 Cn102
Pirgos **GR** 276 Cb100
Pirgos **GR** 283 Ce103
Pirgos **GR** 283 Cg103
Pirgos **GR** 286 Cc105
Pirgos **GR** 289 Co105
Pirgos **GR** 291 Cl110
Pirgos Dírou **GR** 286 Ce107
Pirgovo **BG** 265 Cm93
Piriac-sur-Mer **F** 164 Sp86
Piricse **H** 241 Ce85
Pirin **BG** 272 Cg97
Pirin **BG** 272 Cg98
Pirk **D** 117 Be80
Pirkensee **D** 122 Be82
Pirkkala **FIN** 53 Ch58
Pirkkiö **FIN** 36 Ci49
Pîrlița **MD** 248 Cq86
Pirmas Barklainiai **LT** 218 Ci69
Pirmasens **D** 163 Aq82
Pirna **D** 117 Bh79
Pırnar **TR** 280 Co99
Pirnmill **GB** 80 Sk69
Pirok **MK** 270 Cb97
Pirot **SRB** 263 Cf94
Pirou **F** 158 Sr82
Pirovac **HR** 259 Bm93
Pirri **I** 141 At102
Pirsógianni **GR** 276 Cb100
Pirtnuora **FIN** 64 Co60
Pirtó **H** 251 Bt87
Pirttijärvi **FIN** 52 Cd57
Pirttijärvi **FIN** 55 Db55
Pirttikoski **FIN** 37 Cp48
Pirttikoski **FIN** 43 Ci52
Pirttikoski **FIN** 63 Ch58
Pirttikylä **FIN** 53 Ch56
Pirttikylä **FIN** 54 Cn54
Pirttikylä = Pörtom **FIN** 52 Cd55
Pirttilehto **FIN** 44 Cp53
Pirttimäki **FIN** 44 Co53
Pirttimäki **FIN** 44 Cr53
Pirttimäki **FIN** 54 Co55

384 **Perat – Pirttimäki**

Pirttiniemi **FIN** 43 Ch53
Pirttivaara **FIN** 45 Cu50
Pirttivaara **FIN** 55 Da55
Pirttivuopio **S** 28 Bt45
Pisa **FIN** 36 Cl48
Pisa **I** 138 Ba93
Pisamaniemi **FIN** 54 Cr56
Pisanec **BG** 265 Cn93
Pisankoski **FIN** 44 Cr54
Pisany **F** 170 St89
Pisarevo **BG** 266 Cp94
Pisarovina **HR** 250 Bm89
Pisarovo **BG** 264 Ci94
Pisarovo **BG** 267 Cr93
Pisary **PL** 233 Bu80
Pisarzowa **PL** 234 Cb81
Pišča **UA** 229 Ch77
Piščanka **UA** 249 Cs84
Pischeldorf **A** 134 Bi87
Pischelsdorf in der Steiermark **A** 242 Bm86
Pişchia **RO** 245 Cc89
Pisciotta **I** 148 Bl100
Pişcolt **RO** 245 Ce85
Piscu **RO** 256 Cq89
Piscu Vechi **RO** 264 Cg93
Písečná **CZ** 232 Bp80
Písek **CZ** 231 Bi82
Piseux **F** 160 Ab83
Piskokéfalo **GR** 291 Cn110
Piškorevci **HR** 251 Br90
Piskoviči **RUS** 211 Cr65
Piskupat **AL** 276 Cb98
Pismenovo **BG** 275 Cq96
Pisões **P** 191 Se97
Pisogne **I** 131 Ba89
Pisseloup **F** 168 Am85
Píssia **GR** 287 Cf104
Pissiniemi **S** 29 Ch45
Pissodéri **GR** 277 Cc99
Písso Livádi **GR** 288 Cl106
Pissónas **GR** 284 Ch103
Pissos **F** 170 St92
Pissot, le **F** 164 Sr87
Píšť **CZ** 233 Br81
Pistala **FIN** 55 Ct56
Pištankiv **UA** 249 Cs84
Pistianá **GR** 282 Cb102
Pisticci **I** 148 Bo100
Pisto **FIN** 37 Ct50
Pistoia **I** 138 Bb93
Pistula **MNE** 269 Bt97
Pistull **AL** 269 Bu97
Pistyn' **UA** 247 Cl84
Pišurka **BG** 264 Cg93
Pisweg **A** 134 Bi87
Pisz **PL** 223 Cd73
Piszczac **PL** 229 Cg77
Pitäjänmäki **FIN** 43 Cm53
Pitchcombe **GB** 93 Sq77
Pitcox **GB** 76 Sp69
Piteå **S** 35 Cc50
Pite Altervattnet **S** 35 Cc49
Piteccio **I** 138 Bb92
Piteglio **I** 138 Bb92
Piteşti **RO** 265 Ck91
Pithagório **GR** 289 Co105
Píthio **GR** 277 Ce100
Píthio **GR** 280 Co98
Pithiviers **F** 160 Ae84
Piţic, Bumbeşti- **RO** 264 Ch90
Pitigliano **I** 144 Bd95
Pitillas **E** 176 Sr96
Pitioús **GR** 285 Cn104
Pitkäaho **FIN** 54 Cp57
Pitkäjärvi **FIN** 53 Ck57
Pitkäjärvi **FIN** 63 Cg59
Pitkakoski **FIN** 64 Cq59
Pitkälä **FIN** 55 Ct57
Pitkälahti **FIN** 54 Cq55
Pitkälahti **FIN** 54 Cq57
Pitkäluoto **FIN** 62 Cc59
Pitkäsenkylä **FIN** 43 Ci52
Pitkjaranta **RUS** 55 Dc57
Pitlochry **GB** 79 Sn67
Pitmedden **GB** 76 Sq66
Pitomača **HR** 242 Bp89
Pitres **E** 205 So107
Pitretu Bicchisgià = Petreto-Bicchisano **F** 142 As97
Pitscottie **GB** 76 Sp68
Pitsinéika **GR** 282 Cd104
Pitten **A** 129 Bn85
Pittentrail **GB** 75 Sm65
Pittenweem **GB** 79 Sp68
Pittulongu **I** 140 Au99
Pitvaros **H** 244 Cb88
Piusa **EST** 210 Cp65
Pivašiūnai **LT** 218 Ci72
Pivdenne **UA** 257 Da88
Pivka **SLO** 134 Bi89
Pivnice **SRB** 252 Bt90
Piwniczna-Zdrój **PL** 234 Cb82
Pixariá **GR** 284 Ch103
Pizarra **E** 205 Sl107
Pizzano **I** 132 Bb88
Pizzighettone **I** 137 Au90
Pizzo **I** 151 Bn103
Pizzo Alto, Rifugio **I** 175 At88
Pizzoferrato **I** 145 Bi97
Pizzolato **I** 152 Be105
Pizzone **I** 146 Bi97
Pjarčžyry **BY** 219 Co73
Pjaršai **BY** 219 Co72
Pjäsörn **S** 41 Bu51
Pjatčino **RUS** 65 Cs61
Pjatidorožnoe **RUS** 223 Ca71
Pjätteryd **S** 72 Bi67
Pjelax **FIN** 52 Cc56
Pjenovac **BIH** 261 Bs92
Pješčanica **HR** 135 Bm90
Pjesker **S** 34 Bu49
Pjezgë **AL** 270 Bu98
Plaaz **D** 104 Be73
Plabennec **F** 157 Sm83
Plabenneg = Plabennec **F** 157 Sm83
Placencia de las Armas **E** 186 Sq94
Płąchoty **PL** 222 Bt74
Plachtiivka **UA** 257 Cu88
Plācis **LV** 214 Cl66
Plačkovci **BG** 274 Cl95
Płaczków **PL** 228 Cb78
Plaffeien **CH** 169 Ap87
Plagiá **GR** 282 Cb103
Plagiá **GR** 289 Cn105
Plagiári **GR** 278 Cf100
Plagne, La **F** 174 Ao89
Plaidt **D** 114 Ap80
Plăieşii de Jos **RO** 255 Cn88
Plaigne **F** 178 Ad94
Plaimpied-Givaudins **F** 167 Ae87
Plaine, La **F** 165 St86
Plaintel **F** 158 Sp84
Plaisance **F** 178 Af93
Plaisance **F** 187 Aa93
Plaisance-du-Touch **F** 177 Ac93
Plaiul Foii **RO** 255 Cl89
Pláka **GR** 279 Cl100
Pláka **GR** 287 Cf106
Pláka **GR** 291 Cm110
Plake **MK** 270 Cb98
Plakiás **GR** 290 Ci110
Plakotí **GR** 282 Ca101
Plakovo **BG** 273 Cm95
Plampinet **F** 174 Ao91
Plan **E** 188 Aa95
Plan **I** 132 Bc87
Plana **BG** 272 Cg96
Plana **BIH** 269 Br95
Planá **CZ** 123 Bf81
Plana **SRB** 263 Cc93
Planá nad Lužnicí **CZ** 231 Bk82
Plánány **CZ** 231 Bl80
Planas, Las **E** 195 Su99
Planay **F** 130 Ao90
Plancher-les-Mines **F** 124 Ao85
Planchez **F** 167 Ai86
Plancoët **F** 158 Sq83
Plancy-l'Abbaye **F** 161 Ah83
Plan-de-Cuques **F** 180 Al94
Plandište **SRB** 253 Cc90
Plan-d'Orgon **F** 179 Ak93
Plan-du-Lac **F** 174 Ao88
Planfili = Pleine-Fougères **F** 158 Sr83
Planfoy **F** 173 Ai90
Plangeroß **A** 132 Bb87
Plangoed = Plancoët **F** 158 Sq83
Planguenoual **F** 158 Sp83
Plánice **CZ** 230 Bg82
Planina **SLO** 134 Bi89
Planina **SRB** 261 Bt92
Planina pri Sevnici **SLO** 135 Bl88
Plàninica **SRB** 261 Ca92
Planinica **SRB** 262 Cb93
Planiteró **GR** 283 Ce105
Plankenfels **D** 122 Bc81
Plankenstein **A** 237 Bl84
Planoles **E** 178 Ae96
Plános **GR** 282 Cb105
Plañvour = Plœmeur **F** 157 So85
Plasencia **E** 192 Sh100
Plasenzuela **E** 198 Sh102
Plaški **HR** 258 Bl90
Plas Llysyn **GB** 92 Sn75
Plašnica **MK** 271 Cc98
Plassen **N** 59 Bf58
Plăstina **BG** 275 Co94
Plášťovce **SK** 240 Bs84
Plasy **CZ** 123 Bg81
Plat **HR** 269 Br95
Plataci **I** 148 Bn101
Platamona Lido **I** 140 Ar99
Platamónas **GR** 277 Cf101
Platamónas **GR** 279 Ck98
Platanákia **GR** 278 Cf98
Platánia **GR** 279 Ci98
Plataniá **GR** 283 Cg102
Platania **I** 151 Bn102
Plataniás **GR** 290 Ch109
Platanistós **GR** 284 Ck104
Plátanos **GR** 277 Cd101
Plátanos **GR** 277 Cf99
Plátanos **GR** 282 Cd103
Plátanos **GR** 282 Cd105
Plátanos **GR** 283 Cf102
Plátanos **GR** 289 Co105
Plátanos **GR** 290 Ch110
Platánou, Paralía **GR** 286 Ce104
Platanoússa **GR** 276 Cc102
Plătăreşti **RO** 266 Cn92
Plataria **GR** 276 Ca102
Plate **D** 110 Bc73
Plateés **GR** 287 Cg104
Plateliai **LT** 212 Cd68
Platerówka **PL** 231 Bl78
Plath **D** 220 Bg74
Platí **GR** 277 Cc99
Platí **GR** 277 Cf99
Platì **I** 151 Bn104
Platiá **GR** 286 Cd106
Platiána **GR** 286 Cd105
Platičevo **SRB** 252 Bu91
Plati Gialó **GR** 288 Cl106
Platíkambos **GR** 277 Cf101
Platischis **I** 134 Bg88
Platís Gialós **GR** 288 Ck107
Platišino **RUS** 215 Cr67
Platístomo **GR** 283 Ce103
Platja, La **E** 201 Su101
Platja d'Aro **E** 189 Ag97
Platja de Nules **E** 195 Su101
Platja Es Pirat **E** 206 Ac103
Platkow, Gusow- **D** 225 Bi75
Platone **LV** 213 Ch67
Plátsa **GR** 286 Ce107
Plattenburg **D** 110 Be75
Plattling **D** 236 Bf83
Platz, Davos- **CH** 131 Au87
Platz, Klosters- **CH** 131 Au87
Plau am See **D** 110 Be74
Plaue **D** 110 Be76
Plaue **D** 116 Bb79
Plauen **D** 122 Be79
Plauru **RO** 257 Cs90
Plav **MNE** 270 Bu95
Plava = Plavë **RKS** 270 Cb96
Plavë **RKS** 270 Cb96
Plave **SLO** 133 Bh88
Plaveč **SK** 240 Cb82
Plavecký Mikuláš **SK** 238 Bp83
Plavecký Štvrtok **SK** 238 Bo84
Pļaviņas **LV** 214 Cm67
Pļavmuiža **LV** 213 Cf66
Plavna **SRB** 251 Bt90
Plavna **SRB** 263 Ce92
Plavni **UA** 257 Cs90
Plavnica **SK** 234 Cb82
Plavno **HR** 259 Bn92
Plavy **CZ** 231 Bl79
Pławanice **PL** 229 Ch78
Pławna **PL** 231 Bm78
Pławno **PL** 233 Bt79
Playa Blanca **E** 203 Rn123
Playa Calera, La **E** 202 Rf124
Playa de Aro = Platja d'Aro **E** 189 Ag97
Playa de las Américas **E** 202 Rg124
Playa del Inglés **E** 202 Ri125
Playa de Mogán, La **E** 202 Ri125
Playa de Veneguera, La **E** 202 Ri125
Playa Quemada **E** 203 Rn123
Playa Serena **E** 206 Sp107
Plažane **SRB** 263 Cc92
Płazów **PL** 235 Cg80
Pleaux **F** 171 Ae90
Plech **D** 122 Bc81
Pléchâtel **F** 158 Sr85
Plechy **CZ** 232 Bp81
Plecka Dąbrowa **PL** 227 Bu76
Plédéliac **F** 158 Sq84
Pleine-Fougères **F** 158 Sr83
Pleinfeld **D** 121 Bb82
Pleinting **D** 128 Bg83
Pleiskirchen **D** 236 Bf84
Plélan-le-Grand **F** 158 Sq84
Plélan-le-Petit **F** 158 Sq84
Plelann-Veur = Plélan-le-Grand **F** 158 Sq84
Plelann-Vihan = Plélan-le-Petit **F** 158 Sq84
Plémet **F** 158 Sp84
Plenée-Jugon **F** 158 Sq84
Pleneg-Nanatraezh = Pléneuf-Val-André **F** 158 Sp83
Pléneuf-Val-André **F** 158 Sp83
Plenimir **BG** 266 Cq93
Pleniţa **RO** 264 Cg92
Plenmeller **GB** 81 Sq71
Plentzia **E** 185 Sp94
Plérin **F** 158 Sp83
Plerin = Plérin **F** 158 Sp83
Pleš **SK** 240 Bu84
Pleš **SRB** 262 Cb94
Pleščanicy **BY** 219 Cq72
Pleşcţa **RO** 245 Ce88
Pleşeni **MD** 257 Cr88
Pleshey **GB** 95 Aa77
Plešin **SRB** 262 Ca94
Plešivec **BG** 264 Cf93
Plešivec **SK** 240 Ca83
Pleškovec **HR** 250 Bn88
Pleslin-Trigavou **F** 158 Sq83
Plesná **CZ** 122 Be80
Pleśna **PL** 234 Cb81
Pleşoiu **RO** 264 Ci92
Plessa **D** 117 Bh78
Plessala **F** 158 Sp84
Plessé **F** 164 Sr85
Pléssio **GR** 276 Ca101
Plestin-les-Grèves **F** 157 Sn83
Pleszew **PL** 226 Bq77
Pletana **BG** 272 Ch97
Pleternica **HR** 251 Bq90
Plettenberg **D** 114 Aq78
Pleubian **F** 158 So83
Pleucadeuc **F** 164 Sq85
Pleugueneuc **F** 158 Sr84
Pleumartin **F** 166 Ab87
Pleurs **F** 161 Ah83
Pleurtuit **F** 158 Sq83
Pleuville **F** 166 Aa88
Pleven **BG** 265 Ck94
Pléven **F** 158 Sq84
Plevna **RO** 266 Co92
Plevun **BG** 274 Cn98
Plewiska **PL** 226 Bo76
Plewno **PL** 222 Br74
Pleyben **F** 157 Sn84
Pleyber-Christ **F** 157 Sn83
Pleystein **D** 122 Be81
Pliberk = Bleiburg **A** 134 Bk87
Pliego **E** 201 Ss105
Plieņciems **LV** 213 Cg66
Pliening **D** 126 Bd84
Plieščanicy = Pleščanicy **BY** 219 Cq72
Pliezhausen **D** 125 At83
Plikáti **GR** 276 Cb100
Plinkšės **LT** 213 Ce68
Pliska **BG** 266 Cp94
Plispajärvi **FIN** 37 Ct50
Plistin = Plestin-les-Grèves **F** 157 Sn83
Plítra **GR** 287 Cf107
Plitvica **HR** 250 Bm91
Plitvički Ljeskovac **HR** 259 Bm91
Pljevlja **MNE** 261 Bt94
Pljusy **BY** 215 Cp69
Pllanë **AL** 270 Bu97
Ploaghe **I** 140 As99
Ploçë **AL** 276 Bu100
Ploče **HR** 268 Bp94
Plochingen **D** 125 At83
Pločica **SRB** 253 Cb91
Płociczno **PL** 217 Cf72
Płock **PL** 227 Bu75
Plockton **GB** 74 Si66
Pločnik **SRB** 263 Cc94
Plodovitovo **BG** 273 Cl96
Plodovoe **RUS** 65 Da59
Ploemel **F** 164 So85
Plœmeur **F** 157 So85
Ploërdut **F** 158 So84
Ploermael = Ploërmel **F** 158 Sq85
Ploërmel **F** 158 Sq85
Plœuc-l'Hermitage **F** 158 Sp84
Plœuc-sur-Lié **F** 158 Sp84
Ploéven **F** 157 Sm84
Plogastel-Saint-Germain **F** 157 Sm85
Plogoff **F** 157 Sl84
Plogonnec **F** 157 Sm84
Ploheg = Plœuc-sur-Lié **F** 158 Sp84
Ploieşti **RO** 265 Cn91
Płoki **PL** 233 Bu80
Plokščiai **LT** 217 Cg70
Plomári **GR** 285 Cn103
Plombières **B** 114 Am79
Plombières-les-Bains **F** 162 An85
Plomeur **F** 157 Sm85
Plomin **HR** 258 Bi90
Plomion **F** 155 Ai81
Plomodiern **F** 157 Sm84
Plön **D** 103 Ba72
Plonéour-Lanvern **F** 157 Sm85
Plonévez-Porzay **F** 157 Sm84
Płońsk **PL** 228 Ca75
Płońsko **PL** 111 Bl74
Plopana **RO** 256 Cp87
Plopeni **RO** 265 Cm90
Plopeni **RO** 267 Cr93
Plopi **RO** 264 Cg91
Plopii-Slăviteşti **RO** 265 Ck93
Plopiş **RO** 245 Cf86
Plopşor **RO** 264 Cg92
Plopşoru **RO** 264 Cg91
Plop-Ştiubei **MD** 257 Cu87
Plopu **RO** 265 Cn90
Ploscoş **RO** 254 Ch87
Ploshtan **AL** 270 Ca97
Ploska **UA** 247 Cl85
Ploski **BG** 272 Cg97
Płoskie **PL** 235 Cg79
Ploskovo **RUS** 211 Da64
Płośnica **PL** 223 Ca74
Plößberg **D** 122 Be81
Plostagals **LV** 212 Cc68
Plosti **LV** 213 Cf66
Ploştina **RO** 264 Cf91
Płoty **PL** 220 Bl73
Plötzkau **D** 116 Bd77
Plouared = Plouaret **F** 157 So83
Plouaret **F** 157 So83
Plouarzel **F** 157 Sl84
Plouay **F** 158 So85
Ploubalay **F** 158 Sq83
Ploudalmézeau **F** 157 Sl83
Ploudiry **F** 157 Sm84
Ploue = Plouay **F** 158 So85
Plouégat-Moysan **F** 157 Sn83
Plouénan **F** 157 Sn83
Plouescat **F** 157 Sm83
Ploueskad = Plouescat **F** 157 Sm83
Plouézec **F** 158 Sp83
Plougasnou **F** 157 Sn83
Plougastel-Daoulas **F** 157 Sm84
Plougonvelin **F** 157 Sl84
Plougonven **F** 157 Sn83
Plougonver **F** 157 So84
Plougonwaz = Plouguenast **F** 158 Sp84
Plougrescant **F** 158 So83
Plouguenast **F** 158 Sp84
Plouguer, Carhaix- **F** 157 Sn84
Plouguerneau **F** 157 Sl83
Plouha **F** 158 Sp83
Plouharnel **F** 164 So85
Plouigneau **F** 157 Sn83
Plouigno = Plouigneau **F** 157 Sn83
Plounéour-Brignogan-Plages **F** 157 Sm83
Plounéour-Menez **F** 157 Sn84
Plounéventer **F** 157 Sm83
Plounévez-du-Faou **F** 157 Sn84
Plounévez-Quintin **F** 158 So84
Plourac'h **F** 158 Sn84
Plouray **F** 157 So84
Plouvien **F** 157 Sm83
Plouvorn **F** 157 Sm83
Plouzané **F** 157 Sl84
Plouzévédé **F** 157 Sm83
Plouziri = Ploudiry **F** 157 Sm84
Plovdiv **BG** 273 Ck96
Plozévet **F** 157 Sm85
Plüderhausen **D** 125 Au83
Pludry **PL** 233 Br79
Pluduno **F** 158 Sq83
Plugari **RO** 248 Cp86
Plugova **RO** 253 Ce91
Pluguffan **F** 157 Sm85
Pluhův Žďár **CZ** 237 Bk82
Plumbridge **GB** 82 Sf71
Plumelec **F** 158 Sp85
Pluméliau **F** 158 Sp85
Plumlov **CZ** 232 Bp82
Plumpton **GB** 81 Sp71
Plungė **LT** 212 Cd69
Plüschow **D** 104 Bc73
Pluszkiejmy **PL** 224 Ce72
Plutiškės **LT** 224 Ch71
Pluvigner **F** 164 So85
Plužine **BIH** 269 Br94
Plužine **MNE** 269 Bs94
Plymouth **GB** 97 Sm80
Plympton **GB** 97 Sm80
Plzeň **CZ** 230 Bg81
Pnev **UA** 247 Ck83
Pnevo **RUS** 211 Cq64
Pniewo-Czeruchy **PL** 223 Cb75
Pniewy **PL** 226 Bn75
Pnikut **UA** 235 Cg81
Přovany **CZ** 123 Bg81
Přovice **CZ** 232 Bp81
Poarta Albă **RO** 267 Cr92
Pobadura **E** 183 Se95
Pobeda **BG** 265 Ck93
Pobeda **BG** 266 Cq93
Pobeda **RUS** 65 Ct60
Pobedino **RUS** 217 Cf71
Pobenhausen **D** 126 Bc83
Pobes **E** 185 Sp95
Poběžovice **CZ** 236 Bf81
Pobiedna **PL** 231 Bl79
Pobiednik Wielki **PL** 234 Ca80
Pobiedziska **PL** 226 Bp76
Pobierowo **PL** 105 Bk72
Pobirka **UA** 249 Ct83
Pobit Kamăk **BG** 266 Co93
Pobla, Sa **E** 207 Ag101
Población de Cerrato **E** 185 Sm97
Pobla de Benifassà, la **E** 195 Aa99
Pobla de Lillet, la **E** 178 Ad96
Pobla de Masaluca = Pobla de Massaluca, la **E** 188 Aa98
Pobla de Massaluca, la **E** 188 Aa98
Pobla de Segur, la **E** 188 Ab96
Pobla de Vallbona, la **E** 201 St101
Pobladura del Valle **E** 184 Si96
Pobladura de Pelayo García **E** 184 Si96
Pobla Llarga, la **E** 201 Su102
Poblenou del Delta, El **E** 195 Ab99
Poblete **E** 199 Sn103
Pobłocie **PL** 221 Bq71
Pobłocie Wielkie **PL** 221 Bm72
Pobo de Dueñas, El **E** 194 Sr99
Poboleda **E** 188 Ab98
Poboru **RO** 264 Ck91
Pobra (Navia de Suarna) **E** 183 Sf95
Pobra de San Xián **E** 183 Sf95
Pobra de Trives **E** 183 Sf96
Pobra do Brollón **E** 183 Sf95
Pobra do Caramiñal **E** 182 Sc95
Počátky **CZ** 237 Bl82
Pocelonys **LT** 218 Ci72
Pöchlarn **A** 129 Bl84
Počinok **RUS** 65 Da59
Počitelj **BIH** 268 Bq94
Pociūnėliai **LT** 217 Ch69
Pockar = Pukaro **FIN** 64 Cn59
Pockau-Lengefeld **D** 117 Bg79
Pocking **D** 128 Bg84
Pocklington **GB** 85 St73
Pocol **I** 133 Be87
Pocola **RO** 245 Ce87
Pocrovca **MD** 248 Cq84
Pocsaj **H** 245 Cd86
Poćuta **SRB** 261 Bu92
Počúvadlo **SK** 239 Bs84
Poczesna **PL** 233 Bt79
Podajva **BG** 266 Co93
Podareš **MK** 271 Cf97
Podari **RO** 264 Ch92
Podbanské **SK** 240 Bu82
Podbiel **SK** 233 Bt82
Podbořanský Rohozec **CZ** 123 Bg80
Podbořany **CZ** 123 Bg80
Podborov'e **RUS** 211 Cq64
Podborov'e **RUS** 211 Cs65
Podbrdo **SLO** 134 Bh88
Podbrezová **SK** 239 Bu83
Podčetrtek **SLO** 135 Bm88
Poddębice **PL** 227 Bs77
Poddub'e **RUS** 215 Cq65
Podduby **RUS** 223 Ce71
Poděbrady **CZ** 231 Bl80
Podedwórze **PL** 229 Cg77
Podelzig **D** 111 Bk76
Podem **BG** 265 Ck93
Podence **P** 191 Sg97
Podeni **RO** 253 Cf91
Podeni **RO** 254 Ch88
Podenii Noi **RO** 265 Cn90
Podensac **F** 170 Su91
Podersdorf am See **A** 238 Bo85
Podgaj **MNE** 261 Bs94
Podgajci Posavski **HR** 251 Bs91
Podgarić **HR** 250 Bo89
Podgora **HR** 268 Bp94
Podgóra **PL** 228 Cc78
Podgorač **HR** 251 Br90
Podgorac **SRB** 263 Ce93
Podgore **BG** 263 Cd93
Podgori **AL** 276 Cb99
Podgoria **RO** 256 Cp90
Podgorica **MNE** 270 Bt96
Podgorje **SLO** 134 Bh89
Podgórska Wola **PL** 234 Cc80
Podgrad **SLO** 134 Bi89
Podgrađe **BIH** 260 Bq93
Podhorod' **SK** 241 Ce83
Podhum **BIH** 259 Bp93
Podhum **BIH** 260 Bq93
Podhum **MNE** 270 Bt96
Podil's'k **UA** 249 Cu85
Podivín **CZ** 238 Bo83
Podjavorník **SK** 233 Br82
Podklin'e **RUS** 211 Cr64
Podkomorzyce **PL** 221 Bq72
Podkoren **SLO** 133 Bh88
Podkova **BG** 273 Cl98
Podkowa Leśna **PL** 228 Cb76
Podkum **SLO** 135 Bl88
Podlapača **HR** 259 Bm91
Podles **BG** 266 Co93
Podłęże **PL** 234 Ca80
Podlipovo **RUS** 216 Cd72
Podljubelj **SLO** 134 Bi88
Podlož'e **RUS** 211 Ct64
Podmol **MK** 271 Cd98
Podmolje **MK** 276 Cb98
Podmotsa **EST** 211 Cq65
Podnanos **SLO** 134 Bh89
Podnovlje **BIH** 251 Br91
Podogorá **GR** 282 Cc103
Podohóri **GR** 278 Ci99
Podoklin'e **RUS** 211 Ct65
Podoľcy **BY** 218 Cn71
Podole **PL** 234 Cb81
Podole **PL** 234 Cc80
Podoleni **RO** 248 Co87
Podoleš'e **RUS** 211 Cq63
Podoleš'e **RUS** 211 Cq64
Podolie **SK** 239 Bq83
Podolí I **CZ** 231 Bi82
Podolínec **SK** 240 Cb82
Podorožne **UA** 235 Ci82
Podospa **RUS** 211 Cr63
Podozierany **PL** 224 Ch74
Podpeč **SLO** 134 Bi89
Podplat **SLO** 135 Bm88
Podrašnica **BIH** 260 Bo92
Podravno **BIH** 261 Bt92
Podravske Sesvete **HR** 242 Bp88
Podromanija **BIH** 261 Bs93
Podrosche **D** 118 Bk78
Podsreda **SLO** 135 Bm88
Podstražje **HR** 268 Bn94
Podsused **HR** 250 Bm89
Podturen **HR** 135 Bo88
Podu Iloaiei **RO** 248 Cp86
Podujevë **RKS** 263 Cc95
Podujevo = Podujevë **RKS** 263 Cc95
Podunavci **SRB** 262 Cb93
Poduri **RO** 256 Co88
Podu Turcului **RO** 256 Cp88
Podvelež **BIH** 268 Bq94
Podvinje **HR** 260 Br90
Podvirne **UA** 248 Co84
Podvis **BG** 275 Co95
Podvrška **SRB** 253 Cf91
Podwiesk **PL** 222 Bs74
Podwilk **PL** 240 Bu81
Poel, Insel **D** 104 Bc72
Poelkapelle, Langemark- **B** 155 Af79
Poeni **RO** 265 Cl92
Poeniţa **MD** 248 Cq84
Poët, Le **F** 174 Am92
Poetto **I** 141 At102
Poey-d'Oloron **F** 187 St94
Pogăceaua **RO** 254 Ci87
Pogana **RO** 256 Cq88
Poganovci **HR** 251 Br90
Pogar **BIH** 260 Br92
Poggendorf **D** 105 Bg72
Poggersdorf **A** 134 Bi87
Poggiardo **I** 149 Br100
Poggibonsi **I** 138 Bc94
Poggio a Caiano **I** 138 Bc93
Poggio Bustone **I** 144 Bf95
Poggiodomo **I** 144 Bf95
Poggio Imperiale **I** 147 Bl97
Poggio Mirteto **I** 144 Bf96
Poggio Moiano **I** 144 Bf96
Poggio Picenze **I** 145 Bh96
Poggioreale **I** 152 Bg105
Poggio Renatico **I** 138 Bc91
Poggiorsini **I** 148 Bn99
Poggio Rusco **I** 138 Bc91
Pogno **I** 130 Ar89
Pogny **F** 162 Ai83
Pogoanele **RO** 266 Co91
Pogogianí **GR** 276 Ca100
Pogorzałe **PL** 228 Cb78
Pogórze **PL** 232 Bq80
Pogórze **PL** 233 Bs81
Pogorzela **PL** 226 Bp77
Pogorzelice **PL** 221 Bq71
Pogradec **AL** 270 Cb99
Pograničnoe **RUS** 223 Ca72
Pogrodzie **PL** 222 Bu72
Pogrzebień **PL** 233 Br80
Pogum **D** 108 Ap74
Pohirci **UA** 235 Ch81
Pohja **FIN** 44 Cn54
Pohja **FIN** 53 Ck58
Pohja = Pojo **FIN** 63 Ch60
Põhjaküla **EST** 209 Ck61
Pohjalahti **FIN** 53 Ci58
Pohja-Lankila **FIN** 55 Ct58
Pohjankylä **FIN** 63 Cg60
Pohjansaha **FIN** 52 Cd57
Pohjasenvaara **FIN** 30 Ch46
Pohjaslahti **FIN** 37 Co48
Pohjaslahti **FIN** 53 Ci56
Pohjavaara **FIN** 44 Cr52
Pohjois li **FIN** 36 Cl50
Pohjoisjärvi **FIN** 53 Ck56
Pohjoiskylä **FIN** 52 Ce55
Pohjoiskylä **FIN** 54 Cr56
Pohjoislahti **FIN** 53 Cg56
Pohjoisranta **FIN** 36 Cl49
Pohla **EST** 209 Ci62
Pohlheim **D** 115 As80
Pohorelá **SK** 240 Ca83
Pohořelice **CZ** 238 Bo83
Pohorská Ves **CZ** 128 Bk83
Pohtimolampi **FIN** 36 Cl47
Poian **RO** 255 Cn88
Poiana **RO** 247 Cn86
Poiana **RO** 265 Cm91
Poiana **RO** 266 Cp91
Poiana Blenchii **RO** 246 Ch86
Poiana Braşov **RO** 255 Cm89
Poiana Câmpina **RO** 265 Cm90
Poiana Cristei **RO** 256 Co89
Poiana Lacului **RO** 265 Ck91
Poiana Mare **RO** 264 Cg93
Poiana Mărului **RO** 253 Cf90
Poiana Mărului **RO** 255 Cl89
Poiana Neamţului **RO** 254 Ci89
Poiana Sibiului **RO** 254 Ch89
Poiana Stampei **RO** 247 Cl86
Poiana Teiului **RO** 247 Cm86
Poibrene **BG** 272 Ch95
Pöide **EST** 209 Cg63
Poienari **RO** 248 Cp87
Poienari **RO** 265 Ck90
Poienarii Burchii **RO** 265 Cn91
Poienarii de Muscel **RO** 255 Cl90
Poieneşti **RO** 256 Cq87
Poieni **RO** 246 Cf87
Poienile de Sub Munte **RO** 246 Ci85
Poign **D** 122 Be83
Poijula **FIN** 37 Cp50
Poikajärvi **FIN** 36 Cm47
Poikelus **FIN** 53 Ch57
Poikko **FIN** 62 Cd60
Poikmetsä **FIN** 63 Cl59
Poing **D** 126 Bd84
Poiré-sur-Vie, Le **F** 164 Sr87
Poirino **I** 175 Aq91
Poisson **F** 167 Ai88
Poissons **F** 162 Al84
Poissy **F** 160 Ae83
Poitiers **F** 166 Aa87
Poitti **FIN** 54 Co58
Poix-de-Picardie **F** 154 Ad81
Poix-Terron **F** 162 Ak81
Pojałowice **PL** 233 Ca80
Pojan **AL** 276 Bt99
Pojan **AL** 276 Cb99
Pojanluoma **FIN** 52 Cf55
Pojatno **HR** 242 Bm89
Pojejena **RO** 253 Cd91
Pojo **FIN** 63 Ch60
Pojorâta **RO** 247 Cl85
Pókaszepetk **H** 242 Bo87
Pokka **FIN** 30 Cm44
Poklečani **BIH** 268 Bp93
Pokój **PL** 232 Bq79
Pokrajna **BG** 264 Cf92
Pokrovan **BG** 280 Cn97
Pokrovka **UA** 257 Da87
Pokrovskoe **RUS** 215 Cr67
Pokrzywianka **PL** 234 Cc79
Pokupsko **HR** 135 Bm90
Pol **E** 183 Sf94
Polače **HR** 268 Bp95
Polaci i Vjetër **RKS** 270 Cb95
Polack **BY** 219 Cs70
Pola de Allande **E** 183 Sg94
Pola de Gordón, La **E** 184 Si95
Pola de Laviana **E** 184 Si94
Pola de Lena **E** 184 Si94
Pola de Siero **E** 184 Si94
Pola de Somiedo (La Pola) **E** 183 Sh94
Polaincourt-et-Clairefontaine **F** 162 An85
Połajewo **PL** 226 Bo75
Poláky **CZ** 230 Bg80
Polán **E** 199 Sm101
Polana **PL** 235 Cf82
Polańczyk **PL** 235 Ce82
Polanica-Zdrój **PL** 232 Bo80
Połaniec **PL** 234 Cc80
Polanów **PL** 221 Bo72
Polany **PL** 234 Cd82
Polapi **UA** 229 Ch78
Polbathic **GB** 97 Sm80
Polch **D** 119 Ap80
Polcirkeln **S** 35 Cc47
Półczno **PL** 221 Bq72
Połczyn Zdrój **PL** 221 Bn73
Polegate **GB** 99 Aa79
Polekėlė **LT** 217 Cg69
Polenň **CZ** 230 Bg82
Poleny **RUS** 215 Cr65
Polesella **I** 138 Bd91
Polesie **PL** 228 Ca75
Polešovice **CZ** 238 Bp82
Polessk **RUS** 216 Cc71
Polgár **H** 241 Cc85
Polgárdi-Tekeres **H** 243 Br86
Polia **I** 151 Bn103
Polianí **GR** 286 Ce106
Políantho **GR** 279 Cl98
Poliçan **AL** 276 Ca100
Poliçan **AL** 276 Ca99
Policastro Bussentino **I** 148 Bm100
Police **PL** 111 Bk73
Police nad Metují **CZ** 232 Bn79
Polichna **PL** 235 Ce79
Polichno **PL** 233 Bu79
Polička **CZ** 232 Bn81
Poličnik **HR** 258 Bl92
Polično **RUS** 211 Cq63
Policoro **I** 148 Bo100
Policzna **PL** 228 Cd78
Polídendro **GR** 277 Ce100
Polídrossos **GR** 283 Cf103
Polientes **E** 185 Sn95
Polígiros **GR** 278 Cg100
Polígiros **GR** 282 Cb101
Polignano a Mare **I** 149 Bp99
Poligny **F** 168 Am87
Políhnitos **GR** 285 Cn102
Políhrono **GR** 278 Ch100
Polikárpi **GR** 271 Ce99
Polikástano **GR** 277 Cc100
Políkastro **GR** 277 Cf98
Polikraište **BG** 273 Cm94
Polímilos **GR** 277 Ce100
Polinago **I** 138 Bb92
Polinéri **GR** 277 Cc100
Polipótamo **GR** 277 Cc99
Polis **AL** 276 Ca98
Políssito **GR** 279 Cl98
Polistena **I** 151 Bn104
Polístilo **GR** 279 Ci99
Polistvere **EST** 210 Cm63
Politiká **GR** 284 Ch103
Pölitz **D** 109 Ba73
Polizzi Generosa **I** 150 Bh105
Pöljä **FIN** 54 Cq54
Poljaci **SRB** 263 Cc94
Poljacite **BG** 275 Cp95
Poljana **BG** 266 Co92
Poljana **BG** 273 Ck98
Poljana **BG** 275 Co96
Poljana **SRB** 263 Cc91
Poljana **UA** 241 Cf83
Poljana **UA** 247 Cn84
Poljanak **HR** 250 Bm91
Poljana Pakračka **HR** 250 Bo90
Poljane **SLO** 134 Bi88
Poljani **BIH** 260 Br92
Poljanice **SRB** 262 Ca92
Poljanovo **BG** 274 Cm97
Poljany **RUS** 65 Ct60
Poljčane **SLO** 135 Bm88
Polje **BIH** 251 Bq91
Polje **MNE** 269 Bs94
Polje Biševko **HR** 268 Bn95
Poljice **BIH** 260 Br92
Poljice Popovo **BIH** 269 Br95
Poljska Ržana **SRB** 272 Cf94
Pölkki **FIN** 53 Ck54
Polkovnik Čolakovo **BG** 266 Cq93
Polkovnik Djakovo **BG** 266 Cq93
Polkovnik Lambrinovo **BG** 266 Cp92
Polkovnik Serafimovo **BG** 273 Ck97
Polkowice **PL** 226 Bn77
Polla **I** 148 Bl99
Pölläkkä **FIN** 54 Co56
Pölläkkä **FIN** 55 Cs56
Pollanten **D** 122 Bc82
Pollara **I** 153 Bk103
Pollastra **I** 137 As91
Pollatë **RKS** 263 Cc94
Poll a' tSómais **IRL** 86 Sa72
Pöllau **A** 129 Bm86
Polle **D** 115 At77
Polleben **D** 116 Bd77
Pollença **E** 207 Ag101
Pollenfeld **D** 122 Bc83
Pollenza **I** 145 Bg94
Pollestad **N** 66 Am63
Pollhagen **D** 109 At76
Polliat **F** 168 Al88
Pollica **I** 148 Bl100
Põlliku **EST** 210 Cl63
Pollina **I** 150 Bi105
Pölling **D** 122 Bc82
Polling **D** 126 Bc85
Pollos **E** 192 Sk98
Polmak **N** 25 Cq40
Polmont **GB** 76 Sn69
Polná **CZ** 231 Bm82
Polna **RUS** 211 Cr64
Polne **PL** 221 Bn73
Polnica **PL** 221 Bp73
Poľný Kesov **SK** 239 Br84
Poločany **BY** 219 Co72
Polock = Polack **BY** 219 Cs70
Polojärvi **FIN** 37 Cp47
Polom **BIH** 261 Bt92
Połomin **PL** 224 Cg73

Pirttiniemi – Połomin 385

Polomka **SK** 240 Bu83
Polope **E** 200 Sr103
Polopos **E** 206 Sq106
Poloski **RUS** 211 Cs64
Pološko **MK** 271 Cd98
Polovragi **RO** 264 Ch90
Połowce **PL** 229 Cg75
Položeve **UA** 229 Ch78
Polperro **GB** 96 Sl80
Polsingen **D** 122 Bb83
Polska Cerkiew **PL** 233 Br80
Polski Gradec **BG** 274 Cn96
Polski Trămbeš **BG** 265 Cm94
Polsko Pădarevo **BG** 274 Cn96
Polso **FIN** 43 Ci54
Poltár **SK** 240 Bu84
Põltsamaa **EST** 210 Cm63
Polttila **FIN** 62 Cd59
Polujakovo **RUS** 211 Cs63
Polumir **SRB** 262 Cb93
Połupin **PL** 118 Bl76
Põlva **EST** 210 Cp64
Polvela **FIN** 55 Ct54
Polverigi **I** 139 Bg93
Polvijärvi **FIN** 55 Ct55
Polwarth **GB** 79 Sq69
Polz **D** 110 Bc74
Polzeath **GB** 96 Sl79
Polzela **SLO** 135 Bl88
Pölzig **D** 230 Be79
Pomarance **I** 143 Bb94
Pomar de Cinca **E** 187 Aa97
Pomar de Valdivia **E** 185 Sm95
Pomarez **F** 187 St93
Pomarico **I** 148 Bo99
Pomarkku **FIN** 52 Ce57
Pomârla **RO** 248 Cn84
Pomaro Monferrato **I** 137 As90
Pomas **F** 178 Ae94
Pomáz **H** 243 Bt85
Pombal **P** 190 Sc101
Pómbia **GR** 291 Ck110
Pombriego **E** 183 Sg96
Pomen **BG** 265 Cm94
Pomeroy **GB** 87 Sg71
Pomezí **CZ** 122 Be80
Pomezí **CZ** 232 Bn81
Pomezia **I** 144 Be97
Pomi **RO** 246 Cg85
Pomianowo **PL** 221 Bn72
Pomiany **PL** 227 Br78
Pomigliano d'Arco **I** 146 Bi99
Pömiö **FIN** 36 Cl49
Pommard **F** 168 Ak86
Pommelsbrunn **D** 122 Bd81
Pommeréval **F** 154 Ac81
Pommersfelden **D** 121 Bb81
Pomocne **PL** 231 Bn78
Pomonte **I** 143 Ba95
Pomorie **BG** 275 Cq95
Pomorsko **PL** 225 Bl76
Pomorzowiczki **PL** 232 Bq80
Pomoštica **BG** 266 Cn94
Pomoštnik **BG** 274 Cn96
Pomoy **F** 124 An85
Pompa **MD** 248 Cq85
Pompey **F** 162 An83
Pompignan **F** 179 Ah93
Pompogne **F** 170 Aa92
Pomposa **I** 139 Be91
Pomßen **D** 117 Bf78
Pomysk Mały **PL** 221 Bq72
Ponashec **RKS** 270 Ca96
Poncé-sur-le-Loir **F** 166 Ab85
Poncin **F** 168 Al88
Pondersbridge **GB** 94 Su75
Pondivi = Pontivy **F** 158 Sp84
Pondorf **D** 122 Bd83
Ponferrada **E** 183 Sg95
Poniatów **PL** 232 Bo80
Poniatowa **PL** 229 Ce78
Poniatowo **PL** 222 Bu74
Ponice **PL** 234 Bu81
Poniec **PL** 226 Bo77
Ponikva **MK** 272 Ce96
Ponjos **E** 184 Sh95
Ponoarele **RO** 245 Ce88
Ponoarele **RO** 264 Cf91
Ponor **RO** 254 Cg88
Ponor **SRB** 263 Ce93
Ponor **SRB** 272 Ce94
Ponoševac = Ponashec **RKS** 270 Ca96
Pons **F** 170 St89
Ponsa **FIN** 53 Ci57
Ponsacco **I** 143 Bb93
Ponta **P** 190 Rh114
Pont-à-Bucy **F** 155 Ag81
Pont-à-Celles **B** 156 Ai79
Pontacq **F** 187 Su94
Ponta Delgada (Flores) **P** 182 Ps101
Ponta Delgada (São Miguel) **P** 182 Qi105
Ponta do Pargo **P** 190 Rf115
Ponta do Sol **P** 190 Rf115
Ponta Garça **P** 182 Qk105
Pontailler-sur-Saône **F** 168 Al86
Pont-à-Marcq **F** 155 Ag79
Pont-à-Mousson **F** 119 An83
Pontardawe **GB** 92 Sn77
Pontardulais **GB** 92 Sm77
Pontarion **F** 171 Ad89
Pontarlier **F** 169 An87
Pontassieve **I** 138 Bc93
Pont-Audemer **F** 159 Ab82
Pontaumur **F** 172 Af89
Pont-Authou **F** 160 Ab82
Pont-Aven **F** 157 Sn85
Pontavert **F** 161 Ah82
Pont-Béranger, Le **F** 164 Sr86
Pont-Canavese **I** 174 Ap89
Pont-Carral **F** 171 Ac91
Pontcarré **F** 161 Af83
Pontcharra **F** 174 An90
Pontchâteau **F** 164 Sq86
Pont-Croix **F** 157 Sm84
Pont-d'Agris, le **F** 170 Aa89
Pont-d'Ain **F** 173 Al88
Pont de Armentera = Pont d'Armentera, el **E** 188 Ac98
Pont-de-Beauvoisin, Le **F** 173 Am89
Pont-de-Buis-lès-Quimerch **F** 157 Sm84
Pont-de-Chéruy **F** 173 Al89
Pont-de-Claix, Le **F** 173 Am90
Pont-de-Dore **F** 172 Ag89
Pont-de-Labeaume **F** 173 Ai91
Pont-de-l'Arche **F** 160 Ac82
Pont-de-l'Isère **F** 173 Ak90
Pont de Molins **E** 178 Af96
Pont-de-Montvert, Le **F** 172 Ah92
Pont-de-Poitte **F** 168 Am87
Pont-de-Rhodes **F** 171 Ac91
Pont-de-Roide **F** 124 Ao86
Pont-de-Salars **F** 172 Af92
Pont de Suert, el **E** 177 Ab96
Pont-de-Vaux **F** 168 Ak88
Pont de Vilomara, el **E** 189 Ad97
Pont-d'Héry **F** 168 Am87
Pont-d'Ouche **F** 168 Ak86
Pont-d'Ouilly **F** 159 Su83
Pont-du-Casse **F** 171 Ab92
Pont-du-Château **F** 172 Ag89
Pont-du-Fossé **F** 174 An91
Pont-du-Navoy **F** 168 Am87
Ponte **I** 147 Bk98
Ponte à a Leccia, U = Ponte Leccia **F** 142 At96
Ponte a Moriano **I** 138 Bb93
Ponte-Aranga **E** 182 Sd94
Ponte Arche **I** 132 Bb88
Ponteareas **E** 182 Sc96
Ponte Barxas **E** 182 Sd96
Pontebba **I** 133 Bg87
Pontecagnano-Faiano **I** 147 Bk99
Ponte-Caldelas **E** 182 Sc96
Ponteceso **E** 182 Sc94
Pontechianale **I** 136 Ap91
Pontecorvo **I** 146 Bh98
Ponte da Barca **P** 182 Sd97
Pontedassio **I** 181 Ar93
Pontedecimo **I** 137 As91
Ponte Delgada **P** 190 Rg115
Ponte de Lima **P** 190 Sc97
Ponte della Venturina **I** 138 Bb92
Ponte dell'Olio **I** 137 Au91
Ponte de Mera = Mera **E** 183 Se93
Pontedera **I** 143 Bb93
Ponte de Sor **P** 196 Sd102
Pontedeume **E** 182 Sd94
Ponte di Legno **I** 132 Bb88
Ponte di Nava **I** 181 Aq92
Ponte di Piave **I** 133 Be89
Ponte do Porto **E** 182 Sb94
Pontefract **GB** 85 Ss73
Ponteginori **I** 143 Bb94
Ponte in Valtellina **I** 131 Au88
Pontekroaz = Pont-Croix **F** 157 Sm84
Pontelagoscuro **I** 138 Bd91
Ponteland **GB** 81 Sr70
Pontelandolfo **I** 147 Bk98
Ponte Leccia **F** 142 At96
Pontelongo **I** 139 Be90
Ponte nelle Alpi **I** 133 Be88
Ponte Nizza **I** 175 At91
Ponte Nossa **I** 131 Au89
Pontenova, A **E** 183 Sf94
Ponte Novu **F** 181 At96
Pont-en-Royans **F** 173 Al90
Pontenure **I** 137 Au90
Pontenx-les-Forges **F** 170 Ss92
Ponte Pattoli **I** 144 Be94
Pontepedra (Tordoia) **E** 182 Sc94
Pontepetri **I** 138 Bb92
Ponte Priula **I** 133 Be89
Ponte Ronca **I** 138 Bc92
Pontrewyd **GB** 92 Sn76
Ponte Sampaio **E** 182 Sc96
Ponte San Marco **I** 132 Ba90
Ponte San Nicolò **I** 132 Bd90
Ponte San Pietro **I** 131 Au89
Pontes de García Rodríguez, As **E** 183 Se94
Pontestura **I** 136 Ar90
Pontet, le **F** 170 St90
Ponte Tresa **CH** 131 As89
Pontevedra **E** 182 Sc96
Pontével **P** 196 Sc102
Pont-Évêque **F** 173 Ak89
Pont-Farcy **F** 159 Ss83
Pontfaverger-Moronvilliers **F** 161 Ai82
Pontgibaud **F** 172 Af89
Pontgouin **F** 160 Ac84
Pont-Hébert **F** 159 St82
Ponti **I** 175 Ar91
Pontida **I** 131 At89
Pontigny **F** 161 Ah85
Pontinia **I** 146 Bg98
Pontinvrea **I** 175 Ar92
Pontivy **F** 158 Sp84
Pont-l'Abbé **F** 157 Sm85
Pont-l'Abbé **F** 159 Ss82
Pont-l'Abbé-d'Arnoult **F** 170 St89
Pont-la-Ville **F** 162 Ak84
Pont-l'Évêque **F** 159 Aa82
Pontlevoy **F** 166 Ac86
Pontoise **F** 160 Ae82
Pontokerasiá **GR** 278 Cg98
Pontokómi **GR** 277 Cd100
Pontones **E** 200 Sp104
Pontonnyj **RUS** 65 Db61
Pontonx-sur-l'Adour **F** 176 St93
Pontoon **IRL** 86 Sb73
Pontorson **F** 158 Sr83
Pontremoli **I** 137 Au92
Pont-Rémy **F** 154 Ad80
Pontresina **CH** 131 Au87
Pontrev = Pontrieux **F** 158 So83
Pontrhydfendigaid **GB** 92 Sn76
Pontrieux **F** 158 So83
Pontrilas **GB** 93 Sp77
Ponts **E** 188 Ac97
Pont-Sainte-Marie **F** 161 Ai84
Pont-Sainte-Maxence **F** 161 Af82
Pont-Saint-Esprit **F** 173 Ak92
Pont-Saint-Mamet **F** 171 Ab91
Pont-Saint-Martin **F** 164 Sr86
Pont-Saint-Martin **I** 175 Aq89
Pont-Saint-Pierre **F** 160 Ac82
Pont-Scorff **F** 157 So85
Ponts-de-Cé, Les **F** 165 St86
Pöntsö **FIN** 30 Ck45
Pont-sur-Seine **F** 161 Ah83
Pont-sur-Yonne **F** 161 Ag84
Pontvallain **F** 165 Aa85
Pontyberem **GB** 92 Sm77
Pontycymer **GB** 97 Sn77
Pontypool **GB** 93 So77
Pontypridd **GB** 97 So77
Pontypwl = Pontypool **GB** 93 So77
Ponza **I** 146 Bf99
Ponzone **I** 136 Ar91
Poola **FIN** 52 Cd55
Poole **GB** 98 Sr79
Poolewe **GB** 74 Si65
Pooley Bridge **GB** 84 Sp71
Popadić **SRB** 261 Ca92
Pope **LV** 212 Cd66
Popel'nyky **UA** 247 Cl84
Poperinge **B** 155 Af79
Popești **RO** 245 Ce86
Popești **RO** 248 Cp86
Popești-Leordeni **RO** 265 Cn92
Popica **BG** 264 Ch94
Popielawy **PL** 228 Bu77
Popielno **PL** 223 Cd73
Popielów **PL** 232 Bq79
Popina **BG** 266 Co92
Popina **SRB** 262 Cb93
Popinci **BG** 273 Ci96
Popkova Gora **RUS** 211 Cr62
Popkralevo **BG** 266 Cp93
Poplaca **RO** 254 Ci89
Popoli **I** 145 Bh96
Popovac **HR** 243 Bs89
Popovača **HR** 135 Bo89
Popova Hreblja **UA** 249 Ct84
Popov Do **MNE** 261 Bt94
Popović **BG** 275 Cq95
Popovica **BG** 273 Cm97
Popovica **BG** 274 Cl96
Popović-Brdo **HR** 135 Bm90
Popovo **BG** 265 Cn94
Popovo **BG** 275 Co96
Popovyči **UA** 235 Cf81
Popowo **PL** 221 Bm72
Popowo Kościelne **PL** 226 Bp75
Poppel **B** 113 Al78
Poppendorf **D** 104 Be72
Poppenhausen **D** 121 Ba80
Poppenhausen (Wasserkuppe) **D** 116 Au80
Poppi **I** 138 Bd93
Poprad **SK** 240 Ca82
Popricani **RO** 248 Cq86
Poproč **SK** 240 Cb83
Popsko **BG** 280 Cm97
Popučke **SRB** 261 Bu92
Pópulo **P** 191 Sf98
Populonia **I** 143 Ba95
Poraj **PL** 233 Bt79
Poranen **FIN** 53 Ci54
Porasa **FIN** 53 Ck58
Poraż **PL** 235 Ce82
Porcari **I** 138 Bb93
Porcelette **F** 119 Ao82
Porcsalma **H** 241 Cf85
Porcuna **E** 205 Sm105
Porczyny **PL** 227 Bs77
Pordenewo **PL** 222 Bs72
Pordenone **I** 133 Bf89
Pordic **F** 158 Sp83
Pordim **BG** 265 Ck94
Poręba **PL** 233 Bt80
Poręba Wielka **PL** 233 Ca81
Poreč **HR** 139 Bh90
Poreč'e **RUS** 211 Cs62
Porečje **LV** 215 Cq68
Porge, Le **F** 170 Ss91
Porge-Océan, le **F** 170 Ss91
Porhov **RUS** 211 Cu65
Pori **EST** 210 Cm64
Pori **FIN** 52 Cd57
Pořičany **CZ** 231 Bk80
Poriče **BIH** 260 Bp92
Poříčí **CZ** 232 Bm79
Poříčí nad Sázavou **CZ** 231 Bk81
Poris de Abona **E** 202 Rh124
Porjus **S** 34 Bu47
Porkala = Porkkala **FIN** 63 Ci61
Porkeri **FO** 26 Sg58
Porkkala **FIN** 44 Cm52
Porkkala **FIN** 63 Ci61
Porkuni **EST** 210 Cn62
Porlabrunn **S** 69 Bk62
Porlakshöfn **IS** 20 Qi27
Porlammi **FIN** 64 Cn59
Porlezza **I** 175 At88
Porlock **GB** 97 Sn78
Porlom = Porlammi **FIN** 64 Cn59
Pornainen **FIN** 63 Cl60
Pornassio **I** 181 Aq92
Pörnbach **D** 126 Bc83
Pornic **F** 164 Sq86
Pornichet **F** 164 Sq86
Pornóapáti **H** 242 Bn86
Poroçan i poshtëm **AL** 270 Ca99
Porodin **SRB** 263 Cc92
Poroina Mare **RO** 264 Cf92
Porojna **BG** 274 Cl96
Pöröläinmäki **FIN** 54 Cp55
Poromiv **UA** 235 Ci79
Poronin **PL** 233 Ca82
Póros **GR** 282 Cb104
Póros **GR** 287 Cg106
Porosalmi **FIN** 54 Cr56
Poroschia **RO** 265 Cl93
Poroškovo **UA** 241 Cf83
Porost **PL** 221 Bo73
Poroszló **H** 244 Cb85
Porotto **I** 138 Bd91
Porozina **HR** 258 Bi90
Porpetto **I** 133 Bg89
Pórpi **GR** 279 Cl98
Porplišča **BY** 219 Cq71
Porquerolles **F** 180 An95
Porrakoski **FIN** 63 Ck58
Porras **FIN** 63 Ch59
Porrau **A** 129 Bn83
Porrentruy **CH** 124 Ap86
Porreres **E** 207 Ag101
Porretta Terme **I** 138 Bb92
Porriño, O **E** 182 Sc96
Porrosillo **E** 199 So104
Porsa **N** 23 Ch40
Porsangermoen **N** 24 Cl41
Pörsänmäki **FIN** 44 Cp54
Porsgrunn-Skien **N** 67 Au62
Porsi **S** 34 Cb48
Porspoder **F** 157 Sl83
Port **N** 24 Cn41
Port, Le **F** 164 Sr88
Porta, La **F** 142 At96
Port a' Chlóidh **IRL** 86 Sa72
Portacomaro **I** 175 Ar91
Portadown **GB** 87 Sh72
Portaferry **GB** 80 Si72
Portaje **E** 191 Sg101
Portal, El **E** 204 Sh107
Portaleen **IRL** 82 Sf70
Portalegre **P** 197 Sf102
Portalrubio **E** 194 Ss99
Portals Vells **E** 206-207 Af102
Port Appin **GB** 78 Sk67
Portariá **GR** 278 Cg100
Portariá **GR** 283 Cg102
Portarlington **IRL** 90 Sf74
Port Askaig **GB** 78 Sh69
Portavadie **GB** 80 Sk69
Porta Westfalica **D** 108 As76
Portbail **F** 98 Sr82
Portballintrae **GB** 82 Sg70
Port-Barcarès **F** 189 Ag95
Port-Blanc **F** 157 So83
Portbou **E** 178 Ag96
Port Carlisle **GB** 81 So71
Port Charlotte **GB** 78 Sh69
Port d'Addaia **E** 207 Ai100
Port d'Alcúdia **E** 207 Ag101
Port d'Andratx **E** 206 Ae101
Port-d'Atelier-Amance **F** 169 An85
Port-de-Bouc **F** 179 Ak94
Port-de-By **F** 170 St90
Port de la Selva, el **E** 178 Ag96
Port de Pollença **E** 207 Ag101
Port de Sagunt, el **E** 201 Su101
Port-des-Barques **F** 170 Ss89
Port-des-Callonges **F** 170 St90
Port de Sóller **E** 206-207 Af101
Port d'es Torrent **E** 206 Ac103
Port de Valldemossa **E** 206-207 Af101
Port Durlainne **IRL** 86 Sa72
Portegrandi **I** 133 Be89
Portel **P** 197 Se104
Portel, le **F** 99 Ad79
Portela **P** 191 Se98
Portela **P** 202 Sd106
Portela **P** 203 Se106
Portel-des-Corbières **F** 178 Af94
Portellada, La **E** 195 Aa99
Portell de Morella **E** 195 Su99
Port Ellen **GB** 78 Sh69
Port-en-Bessin-Huppain **F** 159 St82
Portencross **GB** 80 Sl69
Porté-Puymorens **F** 189 Ad95
Port'Ercole = Porto Ercole **I** 143 Bc96
Port Erin **GBM** 83 Sl72
Portes **GR** 282 Cd105
Portes-en-Ré, Les **F** 165 Ss88
Portes-lès-Valence **F** 173 Ak91
Port-Eynon **GB** 97 Sm77
Portezuelo **E** 197 Sh101
Port Glasgow **GB** 78 Sl69
Portglenore **GB** 83 Sh71
Port-Grimaud **F** 180 Ao94
Porthcawl **GB** 92 Sn78
Porthkerry **GB** 93 So78
Porthleven **GB** 96 Sk80
Porthmadog **GB** 92 Sm75
Porthyrhyd **GB** 92 Sm77
Porticcio **F** 142 As97
Portichuelo **E** 201 Ss103
Portici **I** 146 Bi99
Portico di Romagna **I** 138 Bd92
Portilla de la Reina **E** 184 Sl94
Portillo **E** 192 Sl98
Portimão **P** 202 Sc106
Portimo **FIN** 36 Cn48
Portimojärvi **FIN** 36 Ch48
Portinatx **E** 206 Ad102
Portinho da Arrábida **P** 196 Sc104
Port Isaac **GB** 96 Sl79
Portishead **GB** 93 Sp78
Portivecchju = Porto-Vecchio **F** 140 At97
Port-Jérôme-sur-Seine **F** 159 Ab81
Port-Joinville **F** 164 Sq87
Portknockie **GB** 76 Sp65
Port Láirge = Waterford **IRL** 90 Sf76
Port-la-Nouvelle **F** 178 Ag94
Port Laoise **IRL** 90 Sf74
Portlaw **IRL** 90 Sf76
Portlethen **GB** 79 Sq66
Port-Leucate **F** 178 Ag95
Portloe **GB** 96 Sl80
Port-Louis **F** 157 So85
Portmagee **IRL** 89 Ru77
Portmahomack **GB** 75 Sn65
Portman **E** 207 St105
Port-Manec'h **F** 157 Sn85
Portmarnock **IRL** 88 Sh74
Port-Maubert **F** 170 St90
Port-Mort **F** 160 Ac82
Portnacroish **GB** 78 Sk67
Portnaguran = Port Nan Giuran **GB** 74 Sh64
Portnahaven **GB** 78 Sh69
Port-Navalo **F** 164 Sp85
Port Nis **GB** 74 Sh64
Pörtnor = Pirtnuora **FIN** 64 Co60
Porto **E** 183 Sg96
Porto **F** 142 As96
Porto **P** 190 Sc98
Porto Alabe **I** 140 Ar100
Porto Azzurro **I** 143 Ba95
Portobello di Gallura **I** 140 At98
Porto Botte **I** 141 As102
Portobuffolè **I** 133 Bf89
Portocannone **I** 147 Bl97
Porto Ceresio **I** 131 As89
Porto Cervo **I** 140 Au98
Porto Cesareo **I** 149 Bq100
Portocolom **E** 207 Ag102
Porto-Corrubedo **E** 182 Sb95
Porto Covo da Bandeira **P** 202 Sc105
Portocristo **E** 207 Ag101
Porto da Cruz **P** 190 Rg115
Porto d'Ascoli **I** 145 Bh95
Porto de Bares **E** 183 Se93
Porto de Barquiero (Mogor) = Porto do Barqueiro **E** 183 Se93
Porto de Espasante **E** 183 Se93
Porto de Lagos **P** 202 Sc106
Porto de Mós **P** 196 Sc101
Porto do Barqueiro **E** 183 Se93
Porto do Son **E** 182 Sc95
Porto Empedocle **I** 152 Bh106
Porto Ercole **I** 143 Bc96
Portoferraio **I** 143 Ba95
Portofino **I** 175 At92
Port of Menteith **GB** 79 Sm68
Port of Ness **GB** 74 Sh64
Porto Formosa **P** 182 Qk105
Porto Garibaldi **I** 139 Be91
Portogruaro **I** 133 Bf89
Portohéli **GR** 287 Cg106
Pórto Kágio **GR** 286 Ce108
Pórto Karrás **GR** 278 Ch100
Pórto Koufós **GR** 278 Ch101
Portole d'Istria = Oprtalj **HR** 134 Bh90
Porto Levante **I** 139 Be90
Porto Levante **I** 150 Bk104
Pörtom **FIN** 52 Cd55
Portomaggiore **I** 138 Bd91
Porto Mantovano **I** 138 Bb90
Portomarín **E** 183 Se95
Port Omna = Portumna **IRL** 90 Sd74
Porto Moniz **P** 190 Rf115
Portomouro **E** 182 Sc95
Portonovo **E** 182 Sc96
Porto Palma **I** 141 Ar101
Porto Palo **I** 152 Bf105
Portopalo di Capo Passero **I** 153 Bl107
Portopetro **E** 207 Ag102
Porto Pollo **F** 142 As97
Porto Potenza Picena **I** 258 Bh94
Porto Pozzo **I** 140 At98
Pórto Ráfti **GR** 284 Ci105
Porto Recanati **I** 139 Bh94
Portorose = Portorož **SLO** 133 Bh89
Porto Rotondo **I** 140 Au98
Portorož **SLO** 133 Bh89
Porto San Giorgio **I** 145 Bh94
Porto San Paolo **I** 140 Au99
Porto Sant'Elpidio **I** 145 Bh94
Porto Santo **P** 190 Rh114
Porto Santo Stefano **I** 143 Bc96
Portoscuso **I** 141 Ar102
Porto Tolle **I** 139 Be91
Porto Torres **I** 140 Ar99
Porto Valtravaglia **I** 175 As89
Porto-Vecchio **F** 140 At97
Portovenere **I** 137 Au92
Porto Viro **I** 139 Be90
Portovoe **RUS** 65 Da59
Portpatrick **GB** 80 Sk71
Portraine **IRL** 88 Sh74
Portreath **GB** 96 Sk80
Portree **GB** 74 Sh66
Portroe **IRL** 87 Sd75
Portrush **GB** 82 Sg70
Port-Sainte-Marie **F** 170 Aa92
Port-Saint-Louis-du-Rhône **F** 179 Ak94
Port-Saint-Père **F** 164 Sr86
Portsall **F** 157 Sl83
Portsalon **IRL** 82 Se70
Portskerra **GB** 75 Sn63
Portsmouth **GB** 98 Ss79
Portsoy **GB** 76 Sp65
Port Stíobhaird = Portstewart **GB** 82 Sg70
Port-sur-Saône **F** 169 An85
Port Talbot **GB** 97 Sn77
Port Tywyn = Burry Port **GB** 97 Sm77
Portugalete **E** 185 So94
Portumna **IRL** 90 Sd74
Porto Polu = Porto Pollo **F** 142 As97
Portuzelo **P** 190 Sc97
Port-Vendres **F** 189 Ag95
Port William **GB** 83 Sl71
Poručik Kărdžievo **BG** 266 Cq93
Porumbacu de Jos **RO** 254 Ci89
Porun' **UA** 246 Ch83
Porvoo **FIN** 63 Cm60
Porz **D** 114 Ap79
Porzuna **E** 199 Sm102
Posabina **BG** 265 Cn94
Posada **E** 184 Si94
Posada **I** 140 Au99
Posada de Valdeón **E** 184 Sl94
Posadas **E** 185 So96
Posadas **E** 204 Sk105
Posadowice **PL** 232 Bp78
Posadza **PL** 234 Ca80
Poșaga **RO** 254 Cg88
Posanges **F** 168 Ak86
Poschiavo **CH** 131 Ba88
Posedarje **HR** 258 Bl92
Poseritz **D** 105 Bg72
Poseștii-Pământeni **RO** 255 Cn90
Poshnje **AL** 276 Bu99
Posidonía **GR** 288 Ck106
Posina **I** 132 Bc89
Pösing **D** 236 Bf82
Posio **FIN** 37 Cr48
Positano **I** 146 Bi99
Posoka **PL** 227 Bs76
Possagno **I** 132 Bd89
Posseck **D** 230 Be80
Possendorf **D** 118 Bh79
Pößneck **D** 116 Bd79
Posta **I** 145 Bg95
Poșta Călnău **RO** 256 Co90
Posta di Gaudiano **I** 148 Bm98
Postau **D** 127 Be83
Postbauer-Heng **D** 122 Bc82
Postbridge **GB** 97 Sn79
Postel **B** 113 Al78
Posterholt **NL** 113 An78
Postiglione **I** 148 Bl99
Postioma **I** 133 Be89
Postira **HR** 259 Bo94
Postojna **SLO** 134 Bi89
Postoliska **PL** 228 Cc76
Postoloprty **CZ** 230 Bh80
Postomino **PL** 221 Bo72
Poštorná **CZ** 238 Bo83
Postřelmov **CZ** 232 Bo81
Postřižín **CZ** 231 Bi80
Postupice **CZ** 231 Bk81
Posušje **BIH** 260 Bp94
Poświętne **PL** 224 Cf75
Poświętne **PL** 228 Cc76
Potamí **GR** 278 Ci98
Potámi **GR** 284 Ck104
Potamiá **GR** 279 Ck99
Potamós **GR** 289 Cm107
Potamós **GR** 290 Cg109
Potamoúla **GR** 282 Cc103
Potarzyca **PL** 226 Bp77
Potcoava **RO** 265 Ck92
Poteau, le **F** 164 Sp85
Potęgowo **PL** 221 Bp72
Potěhy **CZ** 231 Bl81
Potelyč **UA** 235 Ch80
Pötenitz **D** 104 Bb73
Potenza **I** 148 Bm99
Potenza Picena **I** 145 Bh94
Potes **E** 184 Sl94
Potidaniá **GR** 283 Ce104
Potirna **HR** 268 Bo95
Potkom **HR** 259 Bn92
Potkrajci **MNE** 262 Bu94
Potku **FIN** 44 Co51
Potlogi **RO** 265 Cm91
Potočac **SRB** 263 Cc93
Potočani **BIH** 251 Bq91
Potočani **BIH** 260 Br90
Potočari **BIH** 251 Bs91
Potoci **BIH** 259 Bo92
Potoci **BIH** 260 Bq94
Potočnica **BG** 280 Cm97
Potoczek **PL** 235 Ce79
Potok **HR** 135 Bo89
Pôtor **SK** 239 Bt84
Potós **GR** 279 Ck99
Potoskavaara **FIN** 55 Da56
Potrehnovo **RUS** 211 Cq63
Potsdam **D** 111 Bg76
Pötsönlahti **FIN** 55 Cu56
Pötsönvaara **FIN** 55 Dc54
Potštát **CZ** 232 Bq81
Potštejn **CZ** 232 Bn80
Pottenbrunn **A** 238 Bm84
Pottendorf **A** 238 Bn85
Pottenstein **D** 122 Bc81
Potter Heigham **GB** 95 Ad75
Potters Bar **GB** 94 Su77
Pöttmes **D** 126 Bc83
Potton **GB** 94 Su76
Pöttsching **A** 238 Bn85
Potůčky **CZ** 117 Bf80
Potulice **PL** 221 Bq74
Potworów **PL** 228 Cb77
Pötzen **D** 115 At76
Pouancé **F** 165 Ss85
Pouan-les-Vallées **F** 161 Ai83
Pouch **D** 117 Be77
Pougues-les-Eaux **F** 167 Ag86
Pouillé **F** 165 St87
Pouillenay **F** 168 Ai85
Pouillon **F** 187 St93
Pouilly-en-Auxois **F** 168 Ak86
Pouilly-sous-Charlieu **F** 167 Ai88
Pouilly-sur-Loire **F** 167 Af86
Pouldavid **F** 157 Sm84
Pouldergat **F** 157 Sm84
Pouldreuzic **F** 157 Sm85
Pouldu, le **F** 157 Sn85
Poulgorm Bridge **IRL** 89 Sb77
Pouliguen, Le **F** 164 Sq86
Poúlithra **GR** 287 Cf106
Poullaouen **F** 157 Sn84
Poulton-le-Fylde **GB** 84 Sp73
Poúnda **GR** 288 Cl106
Pound Bank **GB** 93 Sq76
Pourcy **F** 161 Ah82
Pouri **GR** 283 Cg102
Pourlans **F** 168 Al87
Pourrain **F** 167 Ag85
Pourunperä **FIN** 53 Ch56
Pousos **P** 196 Sc101
Pousso **FIN** 37 Ct49
Pouticayres **F** 187 Aa94
Pouxeux **F** 124 Ao84
Pouyastruc **F** 187 Aa94
Pouy-de-Touges **F** 177 Ac94
Pouzauges **F** 165 St87
Pouzay **F** 166 Ab86
Pouzilhac **F** 179 Ak92
Pouzin, Le **F** 173 Ak91
Pouzol **F** 167 Af88
Považská Bystrica **SK** 239 Br82
Povedilla **E** 200 Sp103
Povelić **BIH** 260 Bq90
Poviglio **I** 138 Bb91
Povino Polje **MNE** 269 Bu94
Povitno **UA** 235 Ch81
Povjaťe **BY** 219 Cq69
Povlja **HR** 260 Bo94
Povljana **HR** 258 Bl92
Póvoa **P** 197 Sf104
Povoação **P** 182 Qk105
Póvoa de Lanhoso **P** 190 Sd97
Póvoa de Santa Iria **P** 196 Sb103
Póvoa de Varzim **P** 190 Sc98
Póvoa e Meadas (Nossa Senhora da Graça) **P** 197 Se101
Powalice **PL** 221 Bm73
Powburn **GB** 81 Sr70
Powick **GB** 93 Sq76
Powidz **PL** 226 Bq76
Powodów **PL** 227 Bt77
Powodowo **PL** 226 Bn76
Powroźnik **PL** 234 Cb82
Poyales del Hoyo **E** 192 Sk100
Poyatos **E** 194 Sq100
Pöylä **FIN** 62 Cf60
Poynton **GB** 84 Sq74
Poyntz Pass **GB** 87 Sh72
Poyralı **TR** 281 Cq97
Poyrazlı **TR** 281 Cq100
Pöyry **FIN** 54 Co57
Poysdorf **A** 129 Bo83
Pöytyä **FIN** 62 Ce59
Poza de la Sal **E** 185 Sn95
Pozal de Gallinas **E** 192 Sl98
Pozáldez **E** 192 Sl98
Požaranja = Pozharan **RKS** 271 Cc96
Požarevac **SRB** 263 Cc91
Požarevo **BG** 266 Co92
Požarki **BY** 224 Ci74
Pozdeň **CZ** 123 Bh80
Požega **HR** 251 Bq90
Požega **SRB** 261 Ca93
Pozharan **RKS** 271 Cc96
Poznań **PL** 226 Bo76
Pozo Alcón **E** 206 Sp105
Pozoantiguo **E** 192 Sk97
Pozoblanco **E** 198 Sl104
Pozo-Cañada **E** 200 Sr103
Pozo de Guadalajara **E** 193 So100
Pozo de la Serna **E** 199 So103
Pozo de los Frailes, El **E** 206 Sq107
Pozohondo **E** 200 Sr103
Pozo-Lorente **E** 201 Ss102
Pozón **E** 183 Sg94
Pozondón **E** 194 Ss99
Pozo Negro **E** 203 Rn124
Pozořice **CZ** 238 Bo82
Pozorrubio **E** 200 Sp101
Pożrzadło **PL** 225 Bl76
Pożrzadło Wielkie **PL** 221 Bm74
Pozuelo **E** 200 Sq103
Pozuelo de Alarcón **E** 193 Sn100
Pozuelo de Aragón **E** 186 Ss97
Pozuelo de Calatrava **E** 199 Sn103
Pozuelos de Calatrava, Los **E** 199 Sm103
Pozza di Fassa **I** 132 Bd88
Pozzallo **I** 153 Bk107
Pozzillo **I** 152 Bf105
Pozzillo **I** 153 Bl105
Pozzo **I** 133 Bf89
Pozzo **I** 144 Bd94
Pozzolengo **I** 132 Bb90
Pozzomaggiore **I** 140 As100
Pozzuoli **I** 146 Bi99
Pozzuolo **I** 144 Bd94
Prabuty **PL** 222 Bt73
Prača **BIH** 261 Bs93
Prachatice **CZ** 123 Bi82
Prachovice **CZ** 231 Bm81
Pračno **HR** 135 Bn90
Prada **E** 183 Sf96
Prad am Stilfserjoch = Prato allo Stelvio **I** 131 Bb87
Prádanos de Ojeda **E** 185 Sm95
Pradejón **E** 186 Sq96
Pradelles **F** 172 Ah91
Prádena **E** 193 Sn98
Prades **E** 188 Ab98
Prades **F** 178 Ad95
Prades **F** 189 Ae95
Prades-d'Aubrac **F** 172 Af91
Pradet, Le **F** 180 An94
Pradielis **I** 133 Bg88
Pradiers **F** 172 Af90
Pradła **PL** 233 Bu79
Pradleves **I** 174 Ap92
Prado **E** 182 Sd95
Prado **E** 184 Sk94
Prado **E** 184 Sk97
Prado **P** 190 Sd97
Pradocabalos **E** 183 Sf96
Prado del Rey **E** 204 Si107
Pradoluengo **E** 185 So96
Prads-Haute-Bléone **F** 174 An92
Præstbro **DK** 100 Ba66
Præstø **DK** 104 Be70
Praga **MNE** 269 Bt95
Praga Północ **PL** 228 Cc76
Praga Południe **PL** 228 Cc76
Pragelato **I** 136 Ao90
Pragersko **SLO** 135 Bm88
Prägraten am Großvenediger **A** 133 Be86
Prags = Braies **I** 133 Be87
Praha **CZ** 231 Bi80
Prahecq **F** 165 Su88
Prahovo **SRB** 263 Cf92
Praia **P** 196 Sc101
Praia **P** 190 Qe102
Praia (Moaña) **E** 182 Sc96
Praia a Mare **I** 148 Bm101
Praia da Vitória, Vila da **P** 182 Qf103
Praia de Mira **P** 190 Sc100
Praia de São Bernardino **P** 196 Sb102
Praia do Almoxarife **P** 190 Qc103
Praia do Norte **P** 190 Qc103
Praia Formosa **P** 182 Qk107
Praiano **I** 147 Bk99
Praid **RO** 255 Cl87
Prainha de Baixo **P** 190 Qd104
Prăjeni **RO** 248 Cp85
Prăjescu, Stolniceni- **RO** 248 Co86
Prakovce **SK** 240 Cb83
Pralboino **I** 131 Ba90
Pralognan-la-Vanoise **F** 130 Ao90
Pralong **CH** 130 Ap88
Pralormo **I** 175 Aq91
Pra-Loup **F** 174 Ao92
Prámanda **GR** 282 Cc101
Prambachkirchen **A** 236 Bh84
Prameny **CZ** 230 Bf80
Pramhus **N** 58 Be60
Pramort **D** 104 Bf72
Pramouton **F** 174 Ao92
Pranččjkova **BY** 219 Co72
Pranjani **SRB** 261 Ca92
Pranzac **F** 170 Aa89
Prapatnica **HR** 268 Bn93
Prapratna **HR** 268 Bq95
Prašice **SK** 239 Br83
Prassés **GR** 290 Ch110
Prássino **GR** 283 Ce105
Prästholm **S** 35 Ce49
Prästkulla **FIN** 63 Cg61
Prästö **AX** 61 Ca60
Prästvallen **S** 50 Bn57
Praszka **PL** 233 Br78
Prat **F** 158 So83
Prata Camportaccio **I** 131 At88
Prata d'Ansidonia **I** 145 Bh96
Prata di Pordenone **I** 133 Bf89
Prat-Bonrepaux **F** 177 Ac94
Prat-Communal **F** 177 Ac95
Prat de Comte **E** 188 Aa99
Prat-de-Crest **F** 178 Af94
Pratella **I** 146 Bi98
Prati di Tivo **I** 145 Bh96
Prato **I** 138 Bc93
Prato (Leventina) **CH** 131 As88
Prato alla Drava **I** 133 Be87
Prato allo Stelvio **I** 131 Bb87

386 Polomka – Prato allo Stelvio

Puyvalador F 189 Ae95
Puzdrowo PL 222 Bq72
Puznjakivci UA 246 Cf83
Puzyry BY 219 Cp71
Pwllheli GB 88 Sm75
Pyburg A 128 Bk84
Pyhäjärvi FIN 37 Cp46
Pyhäjärvi FIN 44 Cm53
Pyhäjärvi FIN 54 Co56
Pyhäjoki FIN 43 Ci52
Pyhäjoki FIN 62 Ce58
Pyhäkylä FIN 37 Cs50
Pyhälahti FIN 53 Cn55
Pyhämaa FIN 62 Cc59
Pyhäniemi FIN 64 Cl58
Pyhänkoski FIN 43 Ci52
Pyhäntä FIN 44 Cn52
Pyhänta FIN 44 Cr52
Pyhäntaka FIN 64 Cm58
Pyhäranta FIN 62 Cc59
Pyhäselkä FIN 55 Cu56
Pyhe FIN 62 Cd59
Pyhöltö FIN 64 Cp59
Pyhra A 129 Bm84
Pyhrabruck A 237 Bk83
Pyhtää FIN 64 Co60
Pyla-Plage F 170 Ss91
Pyla-sur-Mer F 170 Ss91
Pyle GB 97 Sn77
Pylkönmäki FIN 53 Ck55
Pylvänälä FIN 54 Co57
Pymore GB 95 Aa76
Pynnöskylä FIN 53 Ck57
Pyntäinen FIN 52 Cd57
Pyöli FIN 63 Cg59
Pyötsia FIN 64 Cp59
Pyrožna UA 249 Ct84
Pyrrönperä FIN 44 Cm52
Pyrzyce PL 220 Bk74
Pysarivka UA 249 Cr84
Pyšely CZ 231 Bk81
Pyskowice PL 233 Bs80
Pyssykangas FIN 52 Cd58
Pyssyperä FIN 44 Cq50
Pysznica PL 235 Ce79
Pytalovo RUS 215 Cq66
Pytowice PL 227 Bt78
Pytten N 66 Ap63
Pyttis = Pyhtää FIN 64 Co60
Pyydyskylä FIN 54 Cn55
Pyykkölänvaara FIN 45 Cs51
Pyykköskyla FIN 37 Ct50
Pyyli FIN 54 Cs56
Pyyrinlahti FIN 53 Cm55
Pyzdry PL 226 Bq76

Q

Qafmoiië AL 270 Bu98
Qafzez AL 276 Cb100
Qarrishtë AL 270 Ca98
Qelzë AL 270 Bu96
Qerem AL 270 Bu96
Qinam AL 270 Bu98
Qormi M 151 Bi109
Qorraj AL 270 Ca96
Quakenbrück D 108 Aq75
Quarff GB 77 Ss60
Quargnento I 136 Ar91
Quarna Sotto I 130 Ar89
Quarona I 175 Ar89
Quarrata I 138 Bb93
Quarré-les-Tombes F 167 Ai86
Quarteira P 202 Sd106
Quarten CH 131 At86
Quartes B 112 Ah79
Quartesana I 138 Bd91
Quarto d'Altino I 133 Be89
Quartu Sant'Elena I 141 At102
Quassel D 109 Bc74
Quatre-Chemins, Les B 156 Al81
Quatremare F 160 Ac82
Quattropani I 153 Bk103
Queaux F 166 Ab88
Quecedo E 185 Sn95
Quedlinburg D 116 Bc77
Queen Head GB 84 Sp75
Queensbury GB 84 Sr73
Queidersbach D 163 Aq82
Queimada P 190 Qd103
Queis D 117 Be78
Quel E 186 Sq96
Quelaines-Saint-Gault F 159 St85
Quellendorf D 117 Be77
Queluz P 196 Sb103
Quemada E 193 Sn97
Quéménéven F 157 Sm84
Quemigny-Poisot F 168 Ak86
Quend F 99 Ad80
Quendon GB 95 Aa77
Quenoche F 169 An86
Queralbs E 178 Ae96
Quercianella I 138 Ba94
Querença P 203 Se106
Querenhorst D 110 Bb76
Querfurt D 116 Bd78
Quérigut F 189 Ae95
Quero E 199 So101
Querol E 188 Ac98
Querqueville F 158 Sr81
Querrien F 158 Sn85
Quers F 124 An85
Quesada E 206 So105
Quesnoy, le F 155 Ah80
Quessoy F 158 Sp84
Questembert F 164 Sq85
Quettehou F 159 Ss81
Quevauvillers F 155 Ae81
Quévy-le-Grand B 156 Ah80
Queyrac F 170 St90
Quézac F 172 Ah92
Quiaios P 190 Sc100
Quiberon F 164 So86
Quiberville F 99 Ab81
Quickborn D 109 Au73
Quiddelbach D 120 Ao80
Quierschied D 163 Ap82
Quiévrain B 112 Ah80
Quillan F 178 Ae95
Quillebeuf-sur-Seine F 159 Ab82
Quillio, Le F 158 Sp84
Quilly F 164 Sr86
Quilty IRL 86 Sb75
Quimper F 157 Sm85
Quimperlé F 157 Sn85
Quincampoix F 160 Ac81
Quincoces de Yuso E 185 So95
Quincy F 166 Ae86
Quindons = Quindóus E 183 Sg95
Quindóus E 183 Sg95
Quinéville F 159 Ss81
Quingentole I 138 Bc90
Quingey F 168 Am86
Quinn IRL 89 Sc75
Quiñonería, La E 194 Sq97
Quinson F 180 An93
Quinta do Anjo P 196 Sc103
Quinta do Lago P 202 Sd106
Quinta dos Ricos P 190 Sc99
Quintana E 183 Sh94
Quintana de Fon E 184 Sh95
Quintana de la Serena E 198 Si103
Quintana del Castillo E 184 Sh95
Quintana del Marco E 184 Si96
Quintana del Puente E 185 Sm96
Quintana-Martín-Galíndez E 185 So95
Quintanapalla E 185 Sn96
Quintanar de la Orden E 200 So101
Quintanar de la Sierra E 185 So97
Quintanar del Rey E 200 Sr102
Quintana Redonda E 194 Sp97
Quintanilla-Colina E 185 Sn95
Quintanilla da Losada E 183 Sg96
Quintanilla de Arriba E 193 Sm97
Quintanilla de Flórez E 184 Sh96
Quintanilla del Agua E 185 Sn96
Quintanilla de la Mata E 185 Sn97
Quintanilla del Coco E 185 Sn97
Quintanilla del Molar E 184 Sk97
Quintanilla del Rebollar E 185 Sn94
Quintanilla de Onésimo E 193 Sm97
Quintanilla de Trigueros E 184 Sl97
Quintanilla-Montecabezas E 185 So95
Quintanilla-Pedro Abarca E 185 Sn95
Quintanillas, Las E 185 Sn96
Quintanilla-San García E 185 So95
Quintanilla-Sobresierra E 185 Sn95
Quintãs P 190 Sc99
Quinten CH 131 At86
Quintenas F 173 Ak90
Quintin F 158 Sp84
Quinto CH 131 As87
Quinto E 195 Su98
Quinto di Treviso I 133 Be89
Quintos P 197 Se105
Quinzano d'Oglio I 131 Ba90
Quiroga E 183 Sf96
Quirra I 141 Au101
Quismondo E 193 Sm100
Quissac F 179 Ai93
Quistello I 138 Bb90
Quistinic F 158 So85
Quittebeuf F 160 Ac82
Quitzdorf am See D 118 Bk78
Quitzow D 110 Bd74
Qukës AL 276 Ca98
Quorn GB 94 Ss75
Qyteti Stalin = Kuçovë AL 276 Bu99

R

Raa S 72 Bf68
Raab A 127 Bh84
Raabs an der Thaya A 238 Bl83
Raahe FIN 43 Ci51
Rääkkylä FIN 55 Cu56
Raalte NL 107 An76
Raaminmäki FIN 54 Cs56
Raanujärvi FIN 36 Ck47
Raappanamäki FIN 44 Cq51
Raasiku EST 63 Cl62
Raasinkorpi FIN 62 Ce59
Raatala FIN 63 Cg59
Raate FIN 45 Cu51
Raattama FIN 30 Ci44
Raatti FIN 44 Cr54
Rab HR 258 Bk91
Rabac HR 258 Bi90
Råbäcken S 35 Cd49
Rábade E 183 Se94
Rábafüzes H 135 Bn87
Răbăgani RO 245 Ce87
Rabal (Chandrexa de Queixa) E 183 Sf96
Rabalen N 57 At58
Rabanal del Camino E 183 Sh96
Rábano E 193 Sm97
Rábano de Sanabria E 183 Sg96
Rábanos, Los E 194 Sq97
Rabastens F 177 Ad93
Rabastens-de-Bigorre F 187 Aa94
Rabat M 151 Bi109
Rabat = Victoria M 151 Bi108
Rábaújfalu H 242 Bp85
Rabbalshede S 68 Bc63
Rabben N 56 Al60
Rabbi I 132 Bb88
Rabča SK 233 Bt82
Rąbczyn PL 226 Bp75
Rabe SRB 252 Ca88
Rabeki BY 219 Cp70
Raben D 117 Bf76
Rabenau D 115 As79
Raben Steinfeld D 110 Bc73
Råberg S 41 Bq51
Råbergsvallen S 50 Bo57
Rabí CZ 123 Bh82
Rąbino PL 221 Bm73
Rabiša BG 263 Cf93
Rábita, La E 205 So107
Rabka-Zdrój PL 234 Bu81
Räbke D 110 Bb76
Răbnița = Rîbnița MD 249 Ct85
Rabo S 50 Bn58
Rabo de Peixe P 182 Qi105
Rabouillet F 178 Ae95
Rabrovo BG 263 Cf92
Rabrovo SRB 265 Cd91
Rabun' BY 219 Cp71
Råby DK 100 Ba67
Råby Rekarne S 60 Bn62
Råby-Rönö S 70 Bo63
Rača SK 129 Bp84
Rača SRB 262 Bu93
Rača SRB 262 Cb92
Rača SRB 263 Cc94
Răcăciuni RO 256 Co88
Racale I 149 Br101
Racalmuto I 152 Bh106
Răcari RO 265 Cm91
Răcășdia RO 253 Cd91
Răcătău, Măguri- RO 254 Cg87
Raccolana I 134 Bg88
Racconigi I 136 Aq91
Raccuja I 150 Bk104
Rače SLO 135 Bm88
Rachanie PL 235 Ch79
Rachau A 128 Bk86
Răchițele RO 254 Cf87
Răchitoasa RO 256 Cp88
Răchitova RO 254 Cf89
Rachiv UA 246 Ci84
Rachtig, Zeltingen- D 120 Ap81
Raciąż PL 227 Ca75
Raciążek PL 227 Bs75
Raciborowice Górne PL 225 Bm78
Raciborsko PL 233 Ca81
Racibórz PL 233 Br80
Raciechowice PL 234 Ca81
Račišće HR 268 Bp95
Račja Vas SLO 134 Bi90
Rackenford GB 97 Sn79
Ráckeve H 244 Bs86
Rački BY 229 Ch76
Racksund S 33 Bq48
Rackwitz D 117 Be78
Racławice PL 233 Bu80
Racławice PL 234 Ca80
Racławice PL 235 Ce79
Racławice Śląskie PL 232 Bq80
Răcoasa RO 256 Co89
Racoș RO 255 Cl88
Racoșul de Sus RO 255 Cm88
Racot PL 226 Bo76
Racova RO 246 Cf86
Racova RO 256 Co87
Racovița RO 254 Ci89
Racovița RO 256 Cp90
Racovițeni RO 256 Co90
Racu RO 255 Cm88
Racula PL 225 Bm77
Raczki PL 217 Cf73
Rączyna PL 235 Ce81
Råda S 59 Bh61
Råda S 69 Bg64
Radalj SRB 261 Bt92
Rådane S 69 Bf62
Radanje MK 271 Ce97
Radanovo BG 265 Cm94
Rădășeni RO 247 Cn86
Radaškovičy BY 219 Cp72
Rădăuți RO 247 Cm85
Radava SK 239 Br84
Radavac RKS 270 Ca95
Radawa PL 235 Cf80
Radawie PL 233 Br79
Radawnica PL 221 Bo74
Radbruch D 109 Ba74
Radcliffe GB 84 Sq73
Radcliffe on Trent GB 85 Ss75
Raddà in Chianti I 138 Bc94
Raddestorf D 108 As76
Raddon-et-Chapendu F 124 An85
Raddusa I 153 Bk106
Rade D 109 Au74
Råde N 58 Bb62
Radeberg D 118 Bh78
Radebeul D 118 Bh78
Radeburg D 118 Bh78
Radeče SLO 135 Bl88
Radecki BG 274 Cn96
Radefeld D 117 Be78
Radegast D 104 Bd73
Radegast D 117 Be77
Rådelsbråten S 58 Be58
Radenci SLO 250 Bn87
Rădenii Vechi MD 248 Cq86
Radenka SRB 263 Cd91
Radensdorf D 118 Bh77
Radenthein A 133 Bh87
Rades, La E 193 Sn98
Rădești RO 254 Ch88
Radevce SRB 263 Cd94
Radevë RKS 270 Cc95
Radevo BG 274 Cn96
Radevo = Radevë RKS 270 Cc95
Radevormwald D 114 Ap78
Radewege D 110 Bf76
Radhimë AL 276 Bt100
Radičevo MK 271 Cf97
Radicofani I 144 Bd95
Radicondoli I 143 Bc94
Radievo BG 273 Cm96
Radijevići SRB 261 Bu94
Radijovce MK 270 Cb97
Radilovo BG 273 Ci96
Radiměř CZ 232 Bn81
Radinac SRB 253 Cb91
Radis D 117 Bf77
Radiškė LT 224 Cg72
Radjsns'ke = Knjaža Krynycja UA 249 Cs84
Radków PL 232 Bn80
Radlett GB 94 Su77
Radlin PL 233 Br80
Radlin PL 234 Cb79
Radlje ob Dravi SLO 135 Bl87
Radłów PL 233 Bs79
Radłów PL 234 Cb80
Rådmansö S 61 Bs61
Radmirje SLO 134 Bk88
Radna RO 253 Cd88
Rådnåvrre = Randijaure S 34 Bt47
Radnejaur S 34 Br49
Radnevo BG 274 Cm96
Radnice CZ 230 Bh81
Radniki BY 219 Co73
Rădoaia MD 248 Cr85
Radobudja SRB 261 Ca93
Radocza PL 233 Bt81
Radogoszcz PL 234 Cc80
Radohova BIH 260 Bq92
Rădoiești-Vale RO 265 Cl92
Radojevo SRB 253 Cb89
Radolfzell am Bodensee D 125 As85
Radom PL 228 Cc78
Rådom S 40 Bo54
Rådom S 59 Bf60
Radomin PL 222 Bt74
Radomir BG 272 Cf95
Radomir RO 264 Ci92
Radomirci BG 264 Ci94
Radomirești RO 265 Ck92
Radomsko PL 233 Bt78
Radomyšl CZ 230 Bh82
Radomyśl PL 221 Bo73
Radomyśl nad Sanem PL 234 Cd79
Radomyśl Wielki PL 234 Cc80
Radoseľe RUS 211 Cr63
Radošice CZ 236 Bh81
Radošina SK 239 Bq83
Radošovce SK 238 Bp83
Radostin nad Oslavou CZ 232 Bm82
Radostowice PL 233 Bs80
Radoszewice PL 227 Bs78
Radoszyce PL 228 Ca78
Radoszyce PL 241 Ce82
Radotín CZ 231 Bi81
Radotina BG 272 Ch95
Radovan RO 264 Ch92
Radovanu RO 266 Co92
Radovec BG 274 Co97
Radovići MNE 269 Bs96
Radoviš MK 272 Ce97
Radovljica SLO 134 Bi88
Radovnica SRB 271 Ce96
Radowo Wielkie PL 220 Bl73
Radožda MK 276 Cb98
Radrul Mare MD 248 Cq84
Radstadt A 127 Bg86
Radsted DK 104 Bd71
Radstock GB 97 Sq78
Răducăneni RO 248 Cq87
Răducani, Tochile- MD 257 Cr87
Radučić HR 259 Bn92
Raducz PL 228 Ca77
Raduhovce SRB 262 Ca94
Raduil BG 272 Ch96
Radujevac SRB 263 Cf92
Rădulenii Vechi MD 248 Cr85
Radun' BY 218 Cl72
Radunci BG 273 Cm95
Radu Negru RO 266 Cp92
Raduša MK 271 Cc96
Radužnoe RUS 224 Cf72
Radvaň nad Laborcom SK 241 Cd82
Radviliškis LT 213 Ch69
Radwanice PL 232 Bp78
Radwanka PL 227 Ca77
Radymno PL 235 Cf81
Radzanów PL 223 Ca75
Radzanów PL 228 Cb77
Radzež BY 229 Ch77
Radzice PL 228 Ca78
Radziechowy PL 233 Bt81
Radziejów PL 227 Bs75
Radziejowice PL 228 Cb76
Radziki Duże PL 222 Bt74
Radzików PL 111 Bk76
Radziłów PL 224 Ce74
Radzimowice PL 223 Ca75
Radziwiłłówka PL 229 Cg76
Radzymin PL 228 Cc76
Radzyń Chełmiński PL 222 Bs74
Radzyń Podlaski PL 229 Cf77
Raec MK 271 Cd98
Ræhr DK 100 As66
Rælingen N 58 Bc61
Raeren B 113 An79
Raesfeld D 114 Ao77
Raëvka BY 219 Cp72
Rafelbunyol E 201 Su101
Raffadali I 152 Bh106
Rafina GR 287 Ch104
Råforsen S 59 Bh60
Răfov RO 265 Cn91
Rafsbotn N 23 Ch40
Rafti, Pórto GR 284 Ci105
Raftsjöhöjden S 40 Bl53
Rafz CH 125 As85
Ragaciems LV 213 Cg66
Ragada I 132 Bb88
Ragalna I 153 Bk105
Ragály H 240 Cb84
Ragana LV 214 Ck66
Rågeleje DK 101 Be68
Rageliai LT 214 Cm69
Rågård S 68 Be63
Råggen S 50 Bm55
Raggsjö S 41 Bt53
Raggsteindalen N 57 Aq59
Raglan GB 93 Sp77
Råglanda S 59 Bi62
Råglanda S 69 Bg62
Ragnerud S 59 Bf61
Ragnitz A 135 Bm87
Ragoli I 132 Bb88
Rågsveden S 59 Bi60
Raguhn D 117 Be77
Ragunda S 50 Bn54
Ragusa I 153 Bk107
Raguva LT 218 Ck69
Ragvaldsnäs S 50 Bp56
Ragvaldstråsk S 42 Cb51
Rahava BY 219 Cp72
Rahden D 108 As76
Råheim N 46 An58
Ráhes GR 283 Cf103
Ráhes GR 286 Cd105
Ráhi GR 282 Cb102
Rahkio FIN 62 Cf59
Rahkla EST 210 Co62
Rahkmala FIN 62 Cd59
Rahkonen FIN 43 Ci53
Rahling F 119 Ap83
Rahman RO 267 Cr91
Raholanvaara FIN 45 Cs54
Råholt N 58 Bc60
Rahóna GR 277 Cf99
Rahoúla GR 277 Ce101
Rahovcite BG 273 Cl94
Rahovec RKS 270 Cb96
Råhtan = Raattama FIN 30 Ci44
Rahula FIN 54 Cp57
Raiano I 146 Bh96
Raigada E 183 Sf96
Raijala FIN 62 Cf58
Raikku FIN 53 Ci58
Raikküla EST 209 Ck63
Raikuu FIN 55 Ct56
Räimä FIN 54 Cq54
Raimonda P 190 Sd98
Rain D 126 Bb83
Rainau D 121 Ba83
Rainfeld A 238 Bm84
Rainford GB 84 Sp74
Raiņi LV 213 Ch67
Rain in Taufers = Riva di Tures I 133 Be87
Räisälä FIN 37 Cq47
Räisälänmäki FIN 43 Cl53
Raisdorf D 103 Ba72
Raisio FIN 62 Ce60
Raisjavri N 23 Ce42
Raiskio FIN 45 Ct52
Raismes F 155 Ag80
Raistakka FIN 37 Cr48
Raisting D 126 Bc85
Raitaperä FIN 53 Ci55
Raitenbuch D 122 Bc82
Raitenhaslach D 127 Bf84
Raittijärvi FIN 29 Cd42
Raivala FIN 52 Cf57
Ráj CZ 118 Bk80
Raja EST 210 Co63
Raja-aho FIN 53 Ck56
Rajac SRB 262 Ca93
Rajaharju FIN 63 Cm58
Raja-Jooseppi FIN 31 Cr44
Rajala FIN 30 Cn45
Rajalahti FIN 62 Cf60
Rajamäenkylä FIN 52 Cd56
Rajamäki FIN 63 Ck59
Rajanotko FIN 55 Ct57
Rajanovci BG 263 Cf93
Rajaselkä FIN 55 Cu56
Rajastrand S 40 Bl51
Rajavartioasema = Kemihaara FIN 31 Cs45
Rajčani MK 271 Ce97
Rajcë AL 276 Cb98
Rajcza PL 239 Bt81
Rajë AL 270 Bu96
Rajec SK 239 Bs82
Rájec-Jestřebí CZ 232 Bo82
Rajecké Teplice SK 239 Bs82
Rajgród PL 224 Cf73
Rajhrad CZ 238 Bo82
Rajić HR 250 Bp90
Rajince SRB 271 Cd96
Rajka H 238 Bp85
Rajkonkoski RUS 55 Dd57
Rajkova Mogila BG 274 Cn97
Rajković SRB 261 Ca92
Rajnino BG 266 Co93
Rajvio RUS 55 Cu57
Raka EST 209 Ck62
Raka SLO 135 Bl89
Rakaca H 240 Cb84
Rakalj HR 258 Bi91
Rakamaz H 241 Cc84
Rakaŭ BY 219 Cp73
Rake N 46 Ao57
Rakecy = Königswartha D 118 Bi78
Rakeie N 58 Bd60
Rakek SLO 134 Bi89
Raketbas = Esrange S 29 Cc45
Rakevo BG 264 Cg94
Rakita BG 264 Ci94
Rakitna SLO 134 Bi89
Rakitnica BG 263 Cf92
Rakitnica BG 273 Cm96
Rakitnica BIH 269 Br93
Rakitovo BG 272 Ci97
Rakitovica HR 251 Br89
Rakiva UA 249 Ct83
Rakke EST 210 Cn63
Rakkestad N 58 Bc62
Rakkestangen N 46 Ao55
Rakoc RKS 270 Ca95
Rakóczifalva H 244 Ca86
Rakoľuby SK 239 Bq83
Rakoniewice PL 226 Bn76
Rákos H 244 Cb88
Rakoš = Rakoshi RKS 270 Cb95
Rakoshi RKS 270 Cb95
Rákoskeresztúr H 244 Bt86
Rákosliget H 244 Bt86
Rakošyn UA 246 Cf84
Rakoszyce PL 226 Bo78
Raková SK 233 Bs82
Rakovac = Rakoc RKS 270 Ca95
Rakovec nad Ondavou SK 241 Cd83
Rakovica BIH 260 Br93
Rakovica HR 250 Bm91
Rakovník CZ 123 Bh80
Rakovo BG 271 Cf96
Rakovo BG 274 Cn95
Rakovski BG 266 Co93
Rakovski BG 267 Cr94
Rakovski BG 274 Ck96
Rakow D 105 Bg72
Raków PL 234 Cc79
Ráksi H 251 Bq87
Räksiinalava FIN 45 Ct54
Rakszawa PL 235 Ce80
Rakvere EST 64 Cn62
Rakvice CZ 238 Bo83
Raláki Hálakos GR 288 Ci107
Ralbicy-Róžant = Ralbitz-Rosenthal D 118 Bi78
Ralbitz-Rosenthal D 118 Bi78
Ralewice PL 227 Bs77
Ralingen an der Sauer D 119 Ao81
Ralja SRB 252 Cb91
Ralja SRB 253 Cb91
Raljovo BG 265 Ck94
Rälla S 73 Bo67
Rallinrta IRL 87 Sd71
Rällså S 59 Bl61
Rälta S 59 Bl59
Ram SRB 253 Cc91
Ramača SRB 262 Cb92
Ramacca I 153 Bk106
Rämälä FIN 53 Ci55
Rämälä FIN 54 Cp57
Ramales de la Victoria E 185 So94
Ramalhal P 196 Sb102
Ramallosa (Teo) E 182 Sc95
Ramasaig GB 74 Sg66
Ramatuelle F 180 Ao94
Ramax BIH 260 Bq93
Ramberg D 120 Ar82
Ramberg N 26 Bg44
Rambervillers F 124 Ao84
Rambin D 105 Bg72
Rambla, La E 205 Sl105
Rambo S 41 Bt52
Rambouillet F 160 Ad83
Rambucourt F 119 Am83
Ramdala S 73 Bm68
Rämeelä FIN 45 Cs53
Ramerupt F 161 Ai83
Râmeț RO 254 Ch88
Ramingstein A 134 Bh86
Raminho P 182 Qf103
Ramiseto I 138 Ba92
Ramkvilla S 73 Bk66
Ramljane HR 268 Bn93
Ramlo N 48 Bc55
Ramme DK 100 Ar68
Rämmen S 59 Bi60
Rammenau D 117 Bi78
Ramna RO 253 Cd90
Ramnaberg N 56 Ao58
Ramnäs S 60 Bn61
Rämne S 68 Bc63
Rämne S 68 Be62
Ramnes N 27 Bo44
Râmnicelu RO 256 Cq90
Râmnicu de Jos RO 267 Cr91
Râmnicu Sărat RO 256 Cp90
Râmnicu Vâlcea RO 264 Ci90
Ramosch CH 132 Ba87
Rämppälä FIN 53 Ch57
Rämpsänkylä FIN 45 Ct52
Ramsau am Dachstein A 127 Bh86
Ramsau bei Berchtesgaden D 128 Bf85
Ramsbeck D 115 Ar78
Ramsberg S 60 Bl61
Ramsbottom GB 84 Sq73
Ramsdal N 46 Am57
Ramsdorf D 107 Ao77
Ramsel D 108 Ap75
Ramsele S 40 Bn53
Ramsele S 41 Bu52
Ramsey GB 94 Su76
Ramsey GBM 88 Sm72
Ramseycleuch GB 79 So70
Ramsgate GB 95 Ac78
Rämshyttan S 59 Bl60
Ramsi EST 209 Cm64
Ramsjö S 50 Bm56
Ramsjö S 50 Bn57
Rämslemon S 41 Bp54
Ramsloh D 107 Aq74
Ramsnäs S 60 Bm59
Ramsöö FIN 53 Cg58
Ramspau D 122 Be82
Ramstadlandet N 38 Bb51
Ramstalund S 60 Bp61
Ramstein-Miesenbach D 119 Aq82
Ramsund N 27 Bo44
Ramterp S 70 Bp62
Ramučiai LT 216 Cd70
Ramuļi LV 214 Cl66
Ramundberget S 48 Be55
Ramvik S 51 Bq55
Ramygala LT 218 Ci69
Ramyrbackarna S 59 Bi59
Råna N 27 Bn45
Råna N 27 Bp44
Rana N 66 Ao64
Ranalt A 132 Bc86
Rånäs S 49 Bg57
Rånåsfoss N 58 Bc60
Rânca RO 254 Ch90
Rance B 156 Ai80
Ranchio I 139 Be93
Rancířov CZ 238 Bm83
Rancon F 166 Ac88
Rançonnières F 162 Am85
Randaberg N 66 Am63
Randabygda N 46 An57
Randalstown GB 83 Sh71
Randalsvollen N 33 Bl48
Randan F 172 Ag88
Randazzo I 150 Bk105
Rånddalen S 49 Bg56
Rande P 190 Sd98
Randegg A 237 Bk84
Randen N 47 At57
Randen N 57 Ar59
Randerath D 114 An78
Randers DK 100 Ba68
Randersacker D 121 Ba81
Randerup DK 102 As70
Randijaure S 34 Bt47
Randküla EST 208 Cf63
Randonnai F 160 Ab83
Randsjö S 49 Bh56
Randsverk N 47 At57
Råneå S 35 Ce49
Ranemsletta N 39 Bd52
Rânes F 159 Su83
Rang-du-Fliers F 99 Ad80
Rångedala S 69 Bg65
Rangen S 59 Bf59
Rangendingen D 125 As84
Rangersdorf A 133 Bf87
Rangsby FIN 52 Cc55
Rangsdorf D 118 Bg76
Rangstrup DK 103 At70
Ranhados P 191 Sf99
Ranheim N 38 Bb54
Ranheimstøl N 57 At58
Rani List BG 273 Cl97
Ranillug RKS 271 Cd96
Ranilović SRB 262 Cb92
Ranilug = Ranillug RKS 271 Cd96
Ranis D 116 Bd79
Ranižów PL 234 Cd80
Ranka LV 214 Cn66
Rankendorf D 103 Bc73
Rankinen FIN 43 Cl52
Rankovce MK 271 Ce96
Rankweil A 125 Au86
Ranna EST 210 Cp63
Rannametsa EST 209 Ci64
Rannamõisa EST 63 Ck62
Rannankulma FIN 62 Ce59
Rannankylä FIN 44 Cn53
Rannankylä FIN 53 Cm56
Rannanmäki FIN 62 Ce59
Rannapungerja EST 210 Cp63
Rännavåg S 69 Bg65
Rännelanda S 68 Be63
Ränneslöv S 72 Bg68
Rännö S 50 Bo56
Rannoch Station GB 78 Sl67
Rannsundet S 49 Bg56
Rannu EST 210 Cn64
Rannungen D 121 Ba80
Rånön S 35 Cf49
Ranovac SRB 263 Cc92
Rånøy N 56 Ak58
Ransäter S 59 Bg61
Ransbach D 116 Au79
Ransbach-Baumbach D 114 Aq80
Ransberg S 69 Bi64
Ransby S 59 Bf59
Ransbysäter S 59 Bg60
Ranshofen A 127 Bg84
Ransibodarna S 49 Bg58
Ranskill GB 85 Ss74
Ransol AND 189 Ad95
Ranspach-le-Bas F 169 Ap85
Ranst B 156 Ak78
Ransta S 60 Bo61
Ranstadt D 120 As80
Rantajärvi S 35 Ch47
Rantakangas FIN 53 Ch55
Rantakylä FIN 53 Ck55
Rantakylä FIN 54 Cp57
Rantakylä FIN 55 Cu55
Rantala FIN 64 Cr58
Rantasalmen asema FIN 54 Cr56
Rantasalmi FIN 54 Cr56
Ranta-Töysä FIN 53 Ch55
Ranten A 128 Bi86
Rantrum D 103 At72
Rantsila FIN 43 Cm51
Ranttila FIN 30 Cm42
Rantum D 102 Ar71
Rantzausminde DK 103 Bb70
Ranua FIN 36 Co49
Ranum DK 100 At67
Rånvassbotn N 27 Bp44
Ranvik N 47 Aq55
Ranzano I 138 Ba92
Rao E 183 Sg95
Raon-l'Etape F 163 Ao84
Raon-sur-Plaine F 124 Ap83
Raossi I 132 Bc89
Raotince MK 271 Cc96
Râpa RO 245 Ce87
Rapagnano I 145 Bh94
Rapakkojoki FIN 44 Co53
Rapala FIN 53 Cm58
Rapale F 181 At95
Rapallo I 175 At92
Rapattila FIN 65 Cr59
Rapavaara FIN 45 Ct53
Raperswilen CH 125 At85
Rapëza AL 276 Bu99
Raphamn N 47 Au57
Raphoe IRL 82 Se71
Räpina EST 210 Cp64
Rápita, Sa E 206-207 Af102
Rapla EST 209 Ck62
Rapness GB 77 Sp62
Rapolano Terme I 144 Bd94
Rapolla I 147 Bm99
Rapoltu Mare RO 254 Cg89
Raposeira P 202 Sc106
Rapotín CZ 232 Bp81
Rapoula do Côa P 191 Sf100
Rapovce SK 240 Bu84
Rapperswil-Jona CH 125 As86
Rappin D 220 Bg71
Räpplinge S 73 Bo67
Rappottenstein A 129 Bl83
Rappvika N 23 Cd40
Rapsáni GR 277 Cf101
Raptópoulo GR 286 Cd106
Rapuli FIN 45 Cs53
Rårup DK 100 Au69
Rårup DK 103 Bc71
Raša HR 258 Bi90
Rasa, La E 193 So97
Rasal E 176 St96
Räsälä FIN 54 Cq55
Rasavci BIH 250 Bo91
Rasbo S 61 Bq61
Rasbokil S 61 Bq60
Râșca RO 247 Cn86
Rascaeți MD 257 Cu87
Răscăeți RO 265 Cl91
Rascafría E 193 Sn99
Râșcani = Rîșcani MD 248 Cq85
Raschau-Markersbach D 123 Bf79
Rașcov MD 249 Cs85
Rasdorf D 116 Au79
Raseiniai LT 217 Cg70
Rašeljka BIH 259 Bp93
Rasen N 58 Bd59
Rasen-Antholz = Rasun Anterselva I 133 Be87
Rasenna I 144 Bf95
Răseruci RO 246 Ch87
Rasharkin GB 83 Sh71
Rashedoge IRL 82 Se71
Rasi FIN 64 Cp59
Rašica SLO 134 Bk89
Rasila FIN 55 Cs58
Rasimäki FIN 44 Cp53
Rasimäki FIN 54 Cs54
Rasimbegov MK 277 Cd98
Rasina EST 210 Cp64
Rășinari RO 254 Ci89
Rasinja HR 135 Bo88
Rasinkylä FIN 44 Cq51
Rasinvaara FIN 37 Cu50
Rasiquères F 178 Af95
Rasivaara FIN 55 Cu56
Rasivaara FIN 55 Db56
Råsjö S 50 Bm56
Raška SRB 262 Cb94
Raski FIN 54 Cp57
Raškiv UA 247 Cn83
Raskopel' RUS 211 Cq64
Raškovo BG 272 Ch94
Răsmirești RO 265 Cm92
Rasmyran S 35 Cc49
Řásná CZ 237 Bl82

388 Puyvalador – Řásná

Rasnica **SRB** 272 Cf94
Rasno **SRB** 262 Ca94
Râşnov **RO** 255 Cl89
Rasova **RO** 266 Cq92
Rasovo **BG** 264 Cg93
Rasovo **MNE** 262 Bu94
Raspenava **CZ** 118 Bl79
Raspilla **E** 200 Sq104
Râşpopeni **MD** 249 Cs85
Rasquera **E** 195 Ab98
Råssbyn **S** 68 Bd64
Rässegieddemielli = Ketomella **FIN** 30 Ci44
Raßnitz **D** 117 Be78
Rast **RO** 264 Cg93
Rastatt **D** 120 Ar83
Rasteau **F** 173 Ak92
Råsted **DK** 100 Au67
Rastede **D** 108 Ar74
Rastenberg **D** 116 Bc78
Rastenfeld **A** 129 Bl83
Rasteš **MK** 270 Cc97
Rasti **FIN** 30 Cl45
Rasti **FIN** 55 Cu57
Rastignano **I** 138 Bc92
Rastina **SRB** 243 Bt89
Rastinkylä **FIN** 45 Cu53
Rastište **SRB** 262 Bt93
Răstoci **RO** 246 Ch86
Rastoka **BIH** 260 Bo92
Răstoliţa **RO** 247 Ck87
Rastošnica **BIH** 252 Bs91
Rastovica **MK** 271 Cc98
Rastow **D** 110 Bc74
Råstrand **S** 34 Bq50
Răsuceni **RO** 265 Cm92
Rasueros **E** 192 Sk98
Rasun Anterselva **I** 133 Be87
Rasvåg **N** 66 Ao64
Raszczyce **PL** 233 Br80
Raszków **PL** 226 Bq77
Rataj **BIH** 261 Bs94
Rataje **SRB** 263 Cc94
Rataje nad Sázavou **CZ** 231 Bk81
Ratajki **PL** 221 Bn72
Ratallen Cross Roads **IRL** 82 Sd73
Ratan **S** 42 Cb53
Rätan **S** 49 Bk55
Rätansbyn **S** 49 Bk56
Ratari **SRB** 262 Cb92
Ratasjärvi **FIN** 36 Ch47
Ratasvuoma **FIN** 36 Ci48
Ratčino **RUS** 211 Cs61
Rateče **SLO** 134 Bh87
Rateis = Ratisio **I** 132 Bb87
Ratekau **D** 103 Bb73
Rătești **RO** 265 Cl91
Rathangán **IRL** 91 Sg74
Ráth Caola = Rathkeale **IRL** 89 Sc75
Rathconrath **IRL** 87 Se73
Rathcoole **IRL** 87 Sh74
Rathcormack **IRL** 90 Sd76
Rathdowney **IRL** 87 Se75
Ráth Droma = Rathdrum **IRL** 88 Sh75
Rathdrum **IRL** 88 Sh75
Rathen **GB** 76 Sr65
Rathenow **D** 110 Be75
Rathfriland **GB** 83 Sh72
Rathkeale **IRL** 89 Sc75
Rathlackan **IRL** 86 Sb72
Ráth Luire **IRL** 90 Sc76
Rathmelton **IRL** 82 Se70
Rathmolyon **IRL** 87 Sg74
Rathmore **IRL** 89 Sb76
Rathmullan **IRL** 82 Se70
Rathnew **IRL** 88 Sh75
Rathowen **IRL** 87 Se73
Rathsweiler **D** 163 Ap81
Rathvilly **IRL** 87 Sg75
Ratikylä **FIN** 52 Cg56
Ratina **SRB** 262 Cb93
Ratingen **D** 114 Ao78
Ratisio **I** 132 Bb87
Ratiškovice **CZ** 238 Bp83
Ratītes **LV** 214 Cn67
Ratkoc **RKS** 270 Cb96
Ratková **SK** 240 Ca83
Ratkovac = Ratkoc **RKS** 270 Cb96
Ratkovič **SRB** 263 Cc93
Ratkovo **SRB** 252 Bt90
Ratla **EST** 208 Cf64
Ratnyčia **LT** 217 Ch73
Ratoath **IRL** 87 Sh73
Ratoeira **P** 191 Sf99
Ratomka **BY** 219 Cp73
Ratowo **PL** 223 Ca75
Rattelsdorf **D** 122 Bb80
Ratten **A** 129 Bm86
Rattenberg **A** 127 Bd86
Rattlesden **GB** 95 Ab76
Rattosjärvi **FIN** 36 Ck47
Rattray **GB** 76 So67
Rättsel **S** 34 Bu49
Rättvik **S** 59 Bl59
Ratu **S** 42 Cb53
Ratula **FIN** 64 Cn59
Ratuș **MD** 249 Cs85
Ratzdorf **D** 118 Bk76
Ratzeburg **D** 109 Bb73
Rätzlingen **D** 109 Bc76
Raubling **D** 236 Be85
Răucești **RO** 248 Cn86
Raucourt-et-Flaba **F** 162 Ak81
Raudanjoki **FIN** 36 Cn46
Raudaskylä **FIN** 43 Ck52
Raudeberg **N** 46 Al57
Raudėnai **LT** 213 Cf68
Raudnes **N** 56 Am62
Raudondvaris **LT** 217 Ch71
Raudonė **LT** 217 Cg70
Raudoniai **LT** 212 Cd68
Rauenberg **D** 120 As82
Raufarhöfn **IS** 21 Re24
Raufoss **N** 58 Bb59
Rauha **FIN** 65 Cs58
Rauhala **FIN** 30 Ci45
Rauhamäki **FIN** 54 Cr56
Rauhaniemi **FIN** 54 Cr57
Rauhenebrach **D** 121 Bb81
Raukasjön **S** 40 Bk51
Rauland **N** 57 Ar61
Raulandfjellstoge **N** 57 Ar61
Raulhac **F** 172 Af91
Rauma **FIN** 62 Cc58
Raumo = Rauma **FIN** 62 Cc58
Raumünzach **D** 125 Ar83
Rauna **LV** 214 Cm66
Raunds **GB** 94 St76
Răureni **RO** 264 Ci90
Rauris **A** 128 Bf86
Rausand **N** 47 Ar55
Rausandmoen **N** 67 As63
Rauschenberg **D** 115 As79
Răuseni **RO** 248 Cp85
Raushiq **RKS** 270 Ca95
Rausjødalen **N** 48 Bc56
Rausjøseter **N** 38 Ba53
Raussila **FIN** 64 Co59
Rautajärvi **FIN** 53 Ck58
Rautakorpi **FIN** 64 Co59
Rautalampi **FIN** 54 Co55
Rautaniemi **FIN** 63 Cg58
Rautapera **FIN** 25 Cr42
Rautas **S** 28 Bu45
Rautavaara **FIN** 44 Cr53
Rautila **FIN** 62 Cd59
Rautio **FIN** 43 Ci52
Rautionmäki **FIN** 53 Cn55
Rautjärven kirkonkylä **FIN** 55 Ct58
Rautjärvi **FIN** 55 Ct58
Rautu **FIN** 52 Cf58
Rautuskylä **FIN** 30 Ck45
Râu Vadului **RO** 254 Ci89
Rauvanniemi **FIN** 55 Ct57
Rauvantaipale **FIN** 55 Cs55
Rauvatn **N** 33 Bk48
Rauwiller **F** 120 Ap83
Rauxel, Castrop- **D** 114 Ap77
Rauzan **F** 170 Su91
Rāva **LV** 212 Cc67
Ravanica **SRB** 262 Cb93
Ravanusa **I** 152 Bh106
Rava-Rus'ka **UA** 235 Ch80
Ravattila **FIN** 65 Cs58
Ravazd **H** 243 Bq85
Ravča **HR** 268 Bp94
Ravello **I** 147 Bk99
Ravels **B** 113 Ak78
Ravelseidet **N** 23 Cb41
Rävemåla **S** 73 Bl67
Raven **BG** 274 Cl97
Raven **D** 109 Ba74
Ravenel **F** 161 Af81
Ravenglass **GB** 81 So72
Ravenhorst **D** 104 Bf72
Ravenjaur **S** 34 Bt49
Ravenna **I** 139 Be92
Ravenoville **F** 159 Ss82
Ravensbrück **D** 111 Bg74
Ravensburg **D** 125 Au85
Ravenscar **GB** 85 Su72
Ravenshead **GB** 85 Ss74
Ravenstein **NL** 113 Am77
Ravières **F** 168 Ai85
Ravijoki **FIN** 64 Cq59
Ravila **EST** 210 Cl62
Ravioskorpi **FIN** 53 Cm58
Rävlanda **S** 69 Bf65
Rävmarken **S** 68 Bd62
Ravna **BG** 264 Cf94
Ravna **BG** 275 Cp94
Ravna Banja **SRB** 271 Cd95
Ravna Dubrava **SRB** 263 Ce94
Ravna Gora **BG** 275 Cq94
Ravna Gora **HR** 134 Bk90
Ravna Reka **SRB** 263 Cd92
Ravnec **BG** 275 Cp95
Ravne na Koroškem **SLO** 134 Bk87
Ravni **BIH** 260 Bq94
Ravnište **SRB** 263 Cc94
Ravnkilde **DK** 100 Au67
Ravno **BG** 266 Cn93
Ravno **BIH** 268 Bq95
Ravno Bučje **SRB** 263 Cf94
Ravnogor **BG** 273 Ci97
Ravno Selo **SRB** 252 Bu90
Ravnstrup **DK** 100 At68
Ravsön **S** 51 Br55
Rawa Mazowiecka **PL** 228 Ca77
Rawica **PL** 228 Cc78
Rawicz **PL** 226 Bo77
Rawtenstall **GB** 84 Sq73
Ráxa **GR** 277 Cd101
Rayenstonedale **GB** 81 Sq72
Rayleigh **GB** 99 Ab77
Raymond **F** 167 Af87
Rayol-Canadel-sur-Mer **F** 180 An94
Rayrinki **FIN** 43 Ch54
Räyskälä **FIN** 63 Ci59
Razac-sur-l'Isle **F** 171 Ab90
Ražana **SRB** 262 Bu92
Ražanac **HR** 258 Bl92
Ražanj **SRB** 263 Cd93
Razbegaevo **RUS** 65 Cu61
Războienii de Jos **RO** 248 Co86
Razboj Ljevčanski **BIH** 260 Bp90
Razbojna **SRB** 263 Cc94
Raždaginja **SRB** 262 Ca94
Razdel **BG** 266 Cp93
Razdelna **BG** 274 Cm96
Razdol **BG** 271 Cg97
Razdrto **SLO** 134 Bi89
Raze **F** 169 An85
Razén = Rhäzüns **CH** 131 At87
Rážena **BG** 273 Cl95
Razeni **MD** 257 Cs87
Raženovo **BG** 280 Cm97
Razès **F** 171 Ac88
Razgojna **SRB** 263 Cd94
Razgrad **BG** 264 Cg93
Razgrad **BG** 266 Co93
Ražica **BG** 275 Cp95
Razimet **F** 170 Aa92
Razkrižje **HR** 250 Bn87
Razlog **BG** 272 Cg97
Razlovci **MK** 272 Cf97
Razo **E** 182 Sc94
Răzločno **SK** 239 Bs83
Răzvad **RO** 265 Cm91
Răzvani **RO** 266 Co92
Razvigorovo **BG** 266 Co94
Razzuolo **I** 138 Bc92
Reading **GB** 94 St78
Réalcamp **F** 154 Ad81
Real de la Jara, El **E** 198 Sh105
Real de San Vicente, El **E** 192 Sl100
Reale, la **I** 140 Ar98
Realejo Alto **E** 202 Rg124
Réallon **F** 174 An91
Réalmont **F** 178 Ae93
Realmonte **I** 152 Bg106
Realp **CH** 131 As87
Réalville **F** 177 Ac92
Reana del Roiale **I** 133 Bg88
Rear Cross **IRL** 90 Sd75
Rearsby **GB** 94 Ss75
Réaumur **F** 165 St87
Réaup-Lisse **F** 177 Aa92
Réaux-sur-Trèfle **F** 170 Su90
Reay **GB** 75 Sn63
Rebais **F** 161 Ag83
Rebate **E** 201 St105
Rebbenesbotn **N** 22 Bs40
Rébénacq **F** 187 Su94
Rebild **DK** 100 Au67
Reblino **PL** 221 Bo72
Rebolledo **E** 201 St104
Reboly **RUS** 45 Db53
Rebordãos **P** 191 Sg97
Rebordelo **P** 191 Sf97
Rebordelo (Monfero) **E** 182 Sd94
Reboredo **E** 183 Se94
Rebra **RO** 247 Ck86
Rebricea **RO** 248 Cq87
Rebrișoara **RO** 246 Ci86
Rec **AL** 270 Ca97
Reçan **RKS** 270 Cb96
Recanati **I** 139 Bh94
Rečane = Reçan **RKS** 270 Cb96
Řečany nad Labem **CZ** 231 Bl80
Recas **E** 193 Sn100
Recaș **RO** 253 Cd89
Recco **I** 175 At92
Recea **MD** 249 Cs86
Recea **RO** 255 Ck89
Recea **RO** 265 Cl91
Rečevicy **RUS** 215 Cr65
Recey-sur-Ource **F** 168 Ak85
Rechenberg-Bienenmühle **D** 117 Bh79
Réchésy **F** 169 Ap85
Réchicourt-le-Château **F** 124 Ao83
Rechlin **D** 110 Bf74
Rechnitz **A** 129 Bn86
Recht **B** 119 An80
Rechtenbach **D** 121 Au81
Rechtmehring **D** 127 Be84
Rechtsupweg **D** 107 Ap73
Reci **RO** 255 Cm89
Rečica **HR** 135 Bm89
Řečice **CZ** 237 Bl82
Récicy = Rietschen **D** 118 Bk78
Recke **D** 108 Aq76
Reckendorf **D** 121 Bb80
Reckenzin **D** 110 Bd74
Rečki **RUS** 216 Cc71
Reckinghausen **D** 114 Ap77
Recław **PL** 105 Bk73
Recoaro Terme **I** 132 Bc89
Recogne **B** 156 Al81
Recoubeau-Jansac **F** 173 Al91
Recoules-du-Fumas **F** 172 Ag91
Recsk **H** 240 Ca85
Recz **PL** 221 Bm74
Ręczno **PL** 228 Bu78
Reczyn **PL** 231 Bk78
Reda **PL** 222 Br71
Redalen **N** 58 Bb59
Redange-sur-Attert **L** 119 Am81
Redbourne **GB** 85 St74
Redcar **GB** 85 Ss71
Red Dial **GB** 81 So71
Redditch **GB** 94 Sr76
Redea **RO** 264 Ci92
Redecilla del Camino **E** 185 So96
Redefin **D** 110 Bc74
Redesdale Camp **GB** 81 So70
Redhill **GB** 99 Su78
Redice **MNE** 262 Bt95
Rédics **H** 250 Bn87
Rediu **RO** 256 Co87
Rediu **RO** 256 Cq89
Redkowice **PL** 221 Bq71
Redło **PL** 221 Bm73
Rednitzhembach **D** 121 Bc82
Redon **F** 164 Sq85
Redondela, La **E** 182 Sc96
Redondela, La **E** 203 Sf106
Redondo **P** 197 Se103
Redpoint **GB** 74 Si65
Red Roses **GB** 92 Sl77
Red Row **GB** 81 Sr70
Redruth **GB** 96 Sk80
Redslared **S** 101 Bg66
Redwitz an der Rodach **D** 122 Bc80
Rędzikowo **PL** 221 Bp72
Rędziny **PL** 233 Bu79
Reed **GB** 94 Su76
Reedham **GB** 95 Ad75
Reelsen **D** 115 As77
Reepham **GB** 95 Ac75
Reersø **DK** 103 Bc69
Rees **D** 114 An77
Reeth **GB** 81 Sr72
Reetz **D** 110 Bd74
Reffannes **F** 165 Su87
Refsland **N** 66 An63
Reftele **S** 72 Bh66
Regalbuto **I** 153 Bk105
Regéc **H** 241 Cc84
Regen **D** 123 Bg83
Regensburg **D** 127 Be82
Regensdorf **CH** 125 Ar86
Regenstauf **D** 127 Be82
Regenthal **D** 122 Bc81
Reggello **I** 138 Bd93
Reggio di Calabria **I** 153 Bm104
Reggiolo **I** 138 Bb91
Reggio nell'Emilia **I** 138 Bb91
Reghin **RO** 255 Ck87
Reghiu **RO** 256 Co89
Reginio **GR** 283 Cf103
Reginów, Michałów- **PL** 228 Cb76
Regis-Breitingen **D** 117 Be78
Regna **S** 70 Bm63
Regniéville, Thiaucourt- **F** 119 Am83
Regnitzlosau **D** 122 Be80
Régny **F** 173 Ai89
Regöly **H** 251 Br87
Regstrup **DK** 101 Bd69
Reguengo **P** 197 Sf102
Reguengo do Fetal **P** 196 Sc101
Reguengos de Monsaraz = Reguengos de Monsarraz **P** 197 Se104
Reguengos de Monsarraz **P** 197 Se104
Réguiny **F** 158 Sp85
Regumiel de la Sierra **E** 185 Sp97
Régusse **F** 180 An93
Rehau **D** 230 Be80
Rehburg-Loccum **D** 109 At76
Rehden **D** 108 Ar75
Rehlingen **D** 109 Ba74
Rehlingen-Siersburg **D** 119 Ao82
Rehna **D** 109 Bc73
Rehon **F** 156 Am82
Rehula **FIN** 64 Cr58
Reichelsheim (Odenwald) **D** 120 As81
Reichelsheim in der Wetterau **D** 120 As80
Reichelshofen **D** 121 Ba82
Reichenau an der Rax **A** 129 Bm85
Reichenau im Mühlkreis **A** 237 Bi84
Reichenbach **CH** 130 Aq87
Reichenbach **D** 120 As81
Reichenbach **D** 124 Aq84
Reichenbach/Oberlausitz **D** 118 Bk78
Reichenbach im Vogtland **D** 122 Be79
Reichenbach-Reichenau **D** 118 Bh78
Reichenberg **D** 225 Bi75
Reicheneibach **D** 127 Bf84
Reichenhofen **D** 126 Au85
Reichertshausen **D** 126 Bd84
Reichertsheim **D** 127 Be84
Reichertshofen **D** 126 Bc83
Reichmannsdorf **D** 122 Bc79
Reichraming **A** 237 Bi85
Reichshof **D** 114 Aq79
Reichshoffen **F** 120 Aq83
Reichstädt **D** 117 Bh79
Reiden **CH** 169 Aq86
Reidenbach **CH** 169 Ap87
Reiff **GB** 75 Sk64
Reifferscheid **D** 114 An80
Reigate **GB** 99 Su78
Reighton **GB** 85 Su72
Reignac **F** 170 St90
Reignier **F** 169 An88
Reigoldswil **CH** 124 Aq86
Reijola **FIN** 55 Cu55
Reila **FIN** 62 Cc58
Reíllo **E** 194 Sr101
Reims **F** 161 Ai82
Reimüller **A** 128 Bk86
Rein **N** 38 Au53
Reina **E** 198 Si104
Reinach **CH** 124 Aq86
Reinach (AG) **CH** 125 Ar86
Reinbek **D** 109 Ba73
Reinberg **D** 105 Bg72
Reinberg-Litschau **A** 237 Bl83
Rein dalsseter **N** 47 Aq56
Reine **N** 26 Bg45
Reinfeld (Holstein) **D** 103 Ba73
Reinfjellet **N** 32 Bi48
Reinfjord **N** 23 Cd40
Reinhardshagen **D** 115 Au78
Reinhardtsgrimma **D** 117 Bh79
Reinheim **D** 120 As81
Reiningue **F** 124 Ap85
Reinli **N** 57 At59
Reinosa **E** 185 Sm94
Reinsdorf **D** 117 Bf77
Reinsfeld **D** 163 Ao81
Reinsliseter **N** 48 Ba56
Reinsnes **N** 27 Bm43
Reinsnos **N** 56 Ao61
Reinstädt **D** 116 Bc79
Reinsvoll **N** 58 Bb59
Reinthal **A** 129 Bo83
Reisbach **D** 127 Bf83
Reisbach **D** 128 Bg83
Reischach **D** 236 Bf84
Reisenberg **A** 238 Bo85
Reisjå **N** 57 As61
Reisjärvi **FIN** 43 Ck53
Reiskirchen **D** 120 As79
Reistad **N** 27 Bm43
Reistad **N** 47 Ap55
Reistad **N** 58 Ba61
Reitan **N** 47 Ar56
Reitan **N** 48 Bc55
Reitano **I** 150 Bi105
Reitdorf **A** 127 Bg86
Reit im Winkl **D** 127 Be85
Reitin **N** 39 Bc52
Reitkalli **FIN** 64 Cp59
Reittiö **FIN** 44 Cn53
Reitzengeschwenda **D** 122 Bd79
Reitzenhain **D** 123 Bg79
Rejdová **SK** 240 Ca83
Rejowiec **PL** 229 Cg78
Rejowiec Fabryczny **PL** 229 Cg78
Řeka **CZ** 233 Bs81
Rekavice **BIH** 259 Bp91
Rekeland **N** 66 An64
Reken **D** 107 Ap77
Rekijoki **FIN** 63 Cg60
Rekivaara **FIN** 55 Da56
Rękoraj **PL** 227 Bu77
Rekova **LV** 215 Cq66
Rekovac **SRB** 263 Cc93
Ręków **PL** 232 Bo79
Rekowo Lęborskie **PL** 222 Bq71
Reksa **N** 38 At53
Reksnes **N** 46 Am57
Rększowice **PL** 233 Bt79
Rekuby **FIN** 62 Cf61
Rekvik **N** 22 Br41
Rel' **RUS** 211 Cs63
Relecq, le **F** 157 Sn84
Relecq-Kerhuon, Le **F** 157 Sm84
Relíquias **P** 202 Sd105
Reljevo **BIH** 272 Cg96
Rellanos **E** 183 Sg94
Relletti **FIN** 43 Ck51
Relleu **E** 201 Su103
Rellingen **D** 109 Au73
Relva **P** 182 Qi105
Relvas Verdes **P** 196 Sc105
Remagen **D** 119 Ap79
Rémalard-en-Perche **F** 160 Ab84
Remanzacco **I** 134 Bg88
Rembercourt-aux-Pots **F** 162 Al83
Remblinghausen **D** 115 Ar78
Remda-Teichel **D** 116 Bc79
Remels **D** 108 Aq74
Remeskylä **FIN** 44 Cn53
Remetea **RO** 245 Ce87
Remetea **RO** 247 Cl87
Remetea Chioarului **RO** 246 Ch85
Remetea Mare **RO** 253 Cc89
Remetea Mică **RO** 245 Cc89
Remeți **RO** 246 Cf87
Remich **L** 162 An81
Rémilly **F** 162 An82
Remiremont **F** 124 Ao84
Remlingen **D** 121 Au81
Remlingen-Semmenstedt **D** 116 Bb76
Remmarbäcken **S** 41 Bq53
Remmaren **S** 41 Br53
Remmen **S** 49 Bk56
Remmene **S** 69 Bf64
Remnes **N** 32 Bf49
Remolinos **E** 186 Ss97
Remollon **F** 174 An92
Remoncourt **F** 162 An84
Remouchamps **B** 113 Am80
Remoulins **F** 179 Ak93
Rempstone **GB** 85 Ss75
Remptendorf **D** 122 Bd79
Remscheid **D** 114 Ap78
Remsfeld **D** 115 At78
Remte **LV** 213 Cf67
Remungol **F** 158 Sp85
Rémuzat **F** 173 Al92
Remy **F** 155 Af82
Rena **E** 198 Si102
Rena **N** 58 Bc58
Renac **F** 164 Sr85
Renaison **F** 172 Ah88
Renaix = Ronse **B** 112 Ah79
Renålandet **S** 40 Bl53
Renales **E** 194 Sp99
Renay **F** 160 Ac85
Renazé **F** 165 Ss85
Renčeni **LV** 209 Cl65
Renchen **D** 124 Ar83
Renda **LV** 213 Ce66
Rendsburg **D** 103 Au72
Renedo **E** 185 Sm94
Renedo **E** 185 Sn94
Renedo **E** 192 Sl97
Renedo de Valderaduey **E** 184 Sl95
Renek **RUS** 211 Ct63
Renesse **NL** 112 Ah77
Renfrew **GB** 79 Sm69
Rengshausen **D** 115 Au78
Rengsjö **S** 50 Bo58
Renholmen **S** 42 Cc50
Reni **UA** 257 Cr90
Renieblas **E** 186 Sq97
Reningelst **B** 112 Af79
Renkenberge **D** 107 Ap75
Renko **FIN** 63 Ci59
Renkomäki **FIN** 63 Cm59
Renkum **NL** 107 Am77
Rennaz **CH** 130 Ao88
Rennebu **N** 48 Au55
Rennerod **D** 120 Ar79
Rennertshofen **D** 121 Bc83
Rennes **F** 158 Sr84
Rennes-les-Bains **F** 178 Ae95
Renningen **D** 125 As83
Renns **S** 59 Bg61
Renolsvollen **N** 48 Bd55
Renovica **BIH** 261 Bs93
Renquishausen **D** 125 As84
Rens **DK** 103 At71
Rensjön **S** 28 Bu44
Rensjön **S** 40 Bn54
Reńska Wieś **PL** 233 Br80
Renström **S** 42 Ca51
Rensvik **N** 47 Aq54
Rentería = Errenteria **E** 186 Sr94
Rentina **GR** 278 Ch99
Rentina **GR** 283 Cd102
Rentjärn **S** 41 Bs50
Renträsk **S** 34 Bt49
Renviken **S** 34 Bs49
Renwez **F** 156 Ak81
Renzendorf **D** 115 At79
Renzow **D** 109 Bc73
Reola **EST** 210 Co64
Réole, La **F** 170 Su91
Repbäcken **S** 60 Bl59
Répcelak **H** 242 Bp86
Répcevis **H** 129 Bo86
Repedea **RO** 246 Ci85
Repel **F** 162 Am84
Repino **RUS** 65 Cu60
Repki **PL** 229 Ce76
Replot (Fjärden) **FIN** 42 Cc54
Repojoki **FIN** 30 Cm44
Reposaari **FIN** 52 Cc57
Reposoir-Pralong, Le **F** 174 Ao88
Reppelin **D** 104 Be72
Reppen **N** 32 Bh47
Reppenstedt **D** 109 Ba74
Represa **P** 197 Se101
Represa del Condado **E** 184 Sk95
Repstad **N** 67 Ar64
Repužynci **UA** 247 Cm83
Repvåg **N** 24 Cm39
Requeijo = Requeixo **E** 183 Se94
Requeixo **E** 183 Se94
Requejo **E** 183 Sg96
Requena **E** 201 Ss102
Réquista **F** 178 Af92
Rerik **D** 104 Bd72
Resana **I** 132 Bd89
Resanovci **BIH** 259 Bn92
Resavica **SRB** 263 Cd92
Reschen = Resia **I** 131 Bb87
Resdere **TR** 285 Cn104
Resele **S** 41 Bp54
Reselec **BG** 272 Ci94
Resell **N** 47 Au54
Resen **BG** 273 Cm94
Resen **DK** 100 At68
Resen **MK** 276 Cc98
Resenbro **DK** 100 Au68
Resende **P** 191 Se98
Rešetari **HR** 250 Bp90
Resia **I** 131 Bb87
Resia **I** 134 Bg88
Reșița **RO** 253 Cd90
Resiutta **I** 133 Bg88
Reskjem **N** 57 At61
Resko **PL** 220 Bl73
Resku **AL** 270 Ca97
Reškutėnai **LT** 218 Cn70
Resmo **S** 73 Bn67
Resna **MNE** 269 Bs96
Resnik **SRB** 252 Ca91
Resö **S** 68 Bc63
Respenda de la Peña **E** 184 Sl95
Resse **D** 109 Au75
Ressons-sur-Matz **F** 161 Af81
Restelica = Restelicë **RKS** 270 Cb97
Restelicë **RKS** 270 Cb97
Rester = Retiers **F** 159 Ss85
Restinga, La **E** 202 Re125
Reston **GB** 76 Sq69
Restöröd **S** 68 Bd64
Resuttano **I** 153 Bi105
Reszel **PL** 223 Cc72
Retamal **E** 198 Si103
Retamar **E** 206 Sq107
Retamoso **E** 198 Sl101
Retascón **E** 194 Ss98
Rétaud **F** 170 St89
Reteag **RO** 246 Ci86
Reteče **SLO** 134 Bi88
Retford **GB** 85 St74
Retgendorf **D** 110 Bd73
Rethel **F** 161 Ai81
Rethem (Aller) **D** 109 At75
Réthi **GR** 286 Ce104
Réthimno **GR** 290 Ci110
Retie **B** 113 Al78
Retiers **F** 159 Ss85
Retjons **F** 176 Su92
Retjun' **RUS** 211 Cu63
Retkocer **SRB** 263 Cd95
Retortillo **E** 191 Sh99
Retortillo de Soria **E** 193 Sp98
Retournac **F** 173 Ai90
Rétság **H** 240 Bt85
Retschow **D** 104 Bd72
Rétszilas **H** 243 Bs87
Rettenbach, Markt **D** 126 Ba85
Retuerta del Bullaque **E** 199 Sm102
Retunen **FIN** 54 Cs55
Retz **A** 237 Bm83
Reuden/Anhalt **D** 117 Be76
Reudnitz **D** 122 Be79
Reugny **F** 166 Ab86
Reugny **F** 167 Af88
Reuilly **F** 166 Ae86
Reuland **B** 119 An80
Reus **E** 188 Ac98
Reusel **NL** 113 Al78
Reuskula **RUS** 55 Da57
Reutel **MD** 248 Cq85
Reuterstadt Stavenhagen **D** 110 Bf73
Reuth **D** 230 Bd80
Reuth bei Erbendorf **D** 122 Be81
Reutlingen **D** 125 At84
Reutte **A** 126 Bb86
Revel **F** 174 Ao92
Revel **F** 178 Ae94
Revello **I** 136 Ap91
Revenga **E** 193 Sm99
Revere **I** 138 Bc90
Revesby **GB** 85 Su74
Revesjö **S** 69 Bg66
Revest-du-Bion **F** 180 Am92
Révfülöp **H** 243 Bq87
Revholmen **N** 68 Bb62
Reviers **F** 159 Su82
Reviga **RO** 266 Cp91
Revigny **F** 168 Am87
Revigny-sur-Ornain **F** 162 Ak83
Revilla,La **E** 185 Sm94
Revin **F** 156 Ak81
Revine-Lago **I** 133 Be89
Révleányvár **H** 241 Ce84
Revna **N** 56 Am60
Řevnice **CZ** 123 Bi81
Řevničov **CZ** 123 Bh80
Revonkylä **FIN** 55 Db55
Revonlahti **FIN** 43 Ck51
Revonoja **FIN** 45 Ct53
Revsjøbu **N** 47 Au58
Revsnes **N** 27 Bn43
Revsnes **N** 39 Be50
Revsnes **N** 56 Ap58
Revsneshamn **N** 24 Ci39
Revsudden **S** 73 Bn67
Revsund **S** 49 Bl55
Revúca **SK** 240 Ca83
Rewa **PL** 222 Br71
Rewal **PL** 105 Bl72
Rexbo **S** 60 Bl59
Reyðarfjörður **IS** 21 Rf25
Reydon **GB** 95 Ad76
Reykhólar **IS** 20 Qh25
Reykholt **IS** 20 Qi26
Reykjahlíð **IS** 21 Rd25
Reykjavík **IS** 20 Qi26
Reymyre **S** 70 Bm63
Reyvroz **F** 169 Ao88
Rezala **RKS** 262 Cb95
Rezé **F** 164 Sr86
Rēzekne **LV** 215 Cp67
Rēzesciems **LV** 213 Cf66
Rezina **MD** 249 Cs85
Rezmondo **E** 185 Sm95
Rezovac **HR** 250 Bp89
Rezovo **BG** 275 Cr97
Rezzato **I** 132 Ba89
Rezzo **I** 181 Aq92
Rezzoaglio **I** 137 At91
Rgoŝte **SRB** 263 Ce93
Rgotina **SRB** 263 Ce92
Rhade **D** 109 At74
Rhade **D** 114 Ao77
Rhandirmwyn **GB** 92 Sn76
Rhauderfehn **D** 107 Aq74
Rhaunen **D** 119 Ap81
Rhayader **GB** 92 Sn76
Rhäzüns **CH** 131 At87
Rheda-Wiedenbrück **D** 115 Ar77
Rhede **D** 107 Ao77
Rhede (Ems) **D** 107 Ap74
Rheden **NL** 113 An76
Rheinau **CH** 125 As85
Rheinau **D** 124 Aq83
Rheinbach **D** 120 Ao79
Rheinberg **D** 114 Ao77
Rheinböllen **D** 120 Aq80
Rheinbreitbach **D** 119 Ap79
Rheinbrohl **D** 114 Ap80
Rheindahlen **D** 114 An78
Rheine **D** 108 Ap76
Rheineck **CH** 125 Au86
Rheinfelden **CH** 169 Aq85
Rheinfelden (Baden) **D** 169 Aq85
Rheinhausen **D** 114 Ao78
Rheinhausen **D** 163 Aq84
Rheinkamp **D** 114 Ao77
Rheinsberg **D** 110 Bf74
Rheinstetten **D** 120 Ar83
Rheinzabern **D** 120 Ar82
Rhêmes-Notre-Dame **I** 174 Ap89
Rhenen **NL** 107 Am77
Rheurdt **D** 114 An78
Rheydt **D** 114 An78
Rhiconich **GB** 75 Sl64
Rhinau **F** 163 Aq84
Rhinow **D** 110 Be75
Rhiw **GB** 92 Sl75
Rho **I** 175 At89
Rhoden **D** 115 At78
Rhönblick **D** 121 Ba79
Rhondda **GB** 97 So77
Rhoslan **GB** 92 Sm75
Rhosllanerchrugog **GB** 93 So74
Rhossili **GB** 97 Sm77
Rhostyllen **GB** 93 So74
Rhos-y-gwaliau **GB** 84 Sn75
Rhu **GB** 80 Sl68
Rhuallt **GB** 84 So74
Rhuddlan **GB** 84 So74
Rhüden **D** 115 Ba77
Rhumspringe **D** 116 Ba77
Rhunahaorine **GB** 80 Si69
Rhydaman = Ammanford **GB** 92 Sn77
Rhydtalog **GB** 93 So74
Rhyl **GB** 84 So74
Rhynie **GB** 76 Sp66
Riace **I** 151 Bn104
Riace Marina **I** 151 Bo104
Riaillé **F** 165 Ss85
Riákia **GR** 278 Ce100
Rial (Soutomaior) **E** 182 Sc96
Riala **S** 61 Bs61
Rialb de Noguera = Rialp **E** 177 Ac96
Riale **I** 130 Ar88
Rialet, Le **F** 178 Ae93
Rialp **E** 177 Ac96
Riaño **E** 184 Si94
Riano **I** 144 Bf96
Rians **F** 180 Am93
Riantec **F** 164 So85
Rianxo **E** 182 Sc95
Riaza **E** 193 So98
Riba **E** 185 Sn94
Ribadavia **E** 182 Sd96
Ribadeo **E** 183 Sf93
Riba de Saelices **E** 194 Sq99
Ribadesella **E** 184 Sk94
Ribaforada **E** 186 Sr97
Ribafrecha **E** 186 Sq96
Ribare **SRB** 263 Cc92
Ribare **SRB** 263 Cd94
Ribari **SRB** 262 Bt91
Ribarica **BG** 273 Ci95
Ribariće **SRB** 262 Ca95
Riba-roja d'Ebre **E** 195 Aa98
Riba-roja de Túria **E** 201 St101
Ribarska Banja **SRB** 263 Cd94
Ribas de Miño **E** 183 Se95
Ribatejada **E** 193 So99
Ribay, Le **F** 159 Su84
Ribbåsen **S** 49 Bi58
Ribbingebäck **S** 60 Bp61
Ribble Head **GB** 84 Sq72
Ribe **DK** 102 As70
Ribeauvillé **F** 124 Ap84
Ribécourt-Dreslincourt **F** 161 Af81
Ribeira **E** 183 Sf95
Ribeira Brava **P** 190 Rf115
Ribeira de Nisa **P** 197 Sf102
Ribeira de Pena **P** 191 Se97
Ribeira Grande **P** 182 Qi105
Ribeira Quente **P** 182 Qk105
Ribeiras **P** 190 Qd103
Ribeira Seca **P** 190 Qe103
Ribeira Seca **P** 182 Qi105
Ribeirinha (Graciosa) **P** 190 Qd102
Ribeirinha (Pico) **P** 190 Qd104
Ribemont **F** 155 Ag81
Riben **BG** 265 Ck93
Ribera **I** 152 Bg105
Ribérac **F** 170 Aa90
Ribera de Cardós **E** 188 Ac95
Ribera del Fresno **E** 198 Sh103
Ribesalbes **E** 195 Su100
Ribes de Freser **E** 178 Ae96
Ribiers **F** 174 Am92
Ribiţa **RO** 254 Cf88
Ribnica **BIH** 260 Br92
Ribnica **SLO** 134 Bk89
Ribnica **SRB** 262 Cb93
Ribnica **SRB** 269 Bu93
Ribnica na Pohorju **SLO** 135 Bl87
Ribnik **HR** 135 Bl89
Ribnița **MD** 249 Ct85
Ribnitz-Damgarten **D** 104 Be72
Ribnovo **BG** 272 Ch97
Ribolinhos **P** 191 Se99
Ribouisse **F** 178 Ad94
Rič **MK** 272 Cf98
Ricabo **E** 184 Si94
Ricadi **I** 151 Bm103
Říčany **CZ** 231 Bk81
Riccall **GB** 85 Ss73
Riccia **I** 147 Bk98
Riccione **I** 139 Bf93
Riceys, Les **F** 161 Ai84
Richebourg **F** 162 Al84

Rasnica – Richebourg 389

Richelieu F 166 Aa86
Richelsdorf D 115 Ba79
Richhill GB 88 Sg72
Richiş RO 254 Ci88
Richisau CH 131 As86
Richmond GB 81 Sr72
Richmond GB 94 Su78
Richtenberg D 104 Bf72
Richterswil CH 125 As86
Richvald SK 234 Cc82
Ričiće HR 259 Bm92
Ricigliano I 148 Bl99
Rička UA 247 Ck84
Rickebo S 60 Bn58
Rickeby S 61 Bq61
Ricken CH 125 At86
Rickleå S 42 Cb52
Rickling D 103 Ba72
Rickmansworth GB 99 Su77
Ričky UA 235 Ch80
Ricla E 194 Ss97
Ricobayo E 192 Si97
Ricse H 241 Cd84
Ridala EST 209 Ch63
Ridane HR 259 Bn93
Ridanna I 132 Bc87
Ridasjärvi FIN 63 Cl59
Riddarhyttan S 60 Bm61
Ridderkerk NL 106 Ak77
Riddes CH 130 Ap88
Ridgeway Cross GB 93 Sq76
Riđica SRB 243 Bt89
Riding Mill GB 81 Sr71
Ridkivci UA 247 Cn84
Ridnaun = Ridanna I 132 Bc87
Ridsdale GB 81 Sq70
Riebiņi LV 215 Co68
Rieblingen D 126 Bb83
Riebrau D 110 Bb74
Riec-sur-Belon F 157 Sn85
Ried D 126 Bc83
Ried D 126 Bc84
Riede D 108 As75
Rieden D 230 Bd82
Riedenberg D 121 Au80
Riedenburg D 122 Bd83
Riedhausen D 125 At85
Ried im Innkreis A 236 Bg84
Ried im Oberinntal A 132 Bb86
Ried im Zillertal A 127 Bd86
Riedisheim F 169 Ap85
Riedlhütte, Sankt Oswald- D 123 Bg83
Riedlingen D 125 At84
Riedstadt D 120 As81
Riefensbeek-Kamschlacken D 116 Ba77
Riegersburg A 135 Bm86
Riegersdorf A 134 Bh87
Riegoabajo E 184 Sh93
Riego de Ambrós E 183 Sh95
Riego de la Vega E 184 Si96
Riego del Camino E 192 Si97
Riehen CH 169 Aq85
Riekki FIN 37 Cu48
Rielasingen-Worblingen D 125 As85
Riello E 184 Si95
Rielves E 193 Sm101
Riemäsjuuha = Repojoki FIN 30 Cm44
Rieneck D 121 Au80
Rieni RO 245 Ce87
Riensena E 184 Sl94
Riepe D 107 Ap74
Rieponlahti FIN 54 Co55
Rieps D 110 Bb73
Riepsdorf D 104 Bb72
Riesa D 117 Bg78
Rieseby D 103 Au71
Riesi I 153 Bi106
Rießen D 118 Bk76
Rieste D 108 Ar76
Riestedt D 116 Bc77
Rietavas LT 216 Cd69
Rietberg D 115 Ar77
Rieti I 144 Bf96
Rietschen D 118 Bk78
Rietzneuendorf-Friedrichshof D 117 Bh76
Rieumes F 177 Ac94
Rieupeyroux F 172 Ae92
Rieux F 164 Sq85
Rieux F 177 Ac94
Rieux-Minervois F 178 Af94
Riez F 180 An93
Riezlern A 126 Ba86
Rifallet S 59 Bk60
Riffian = Rifiano I 132 Bc87
Rifiano I 132 Bc87
Rifredo I 138 Bc92
Rifugio Bassano I 132 Bd89
Rifugio Chiusa I 132 Bd87
Rifugio Ciriè I 174 Ap90
Rifugio Citelli I 153 Bl105
Rifugio Conti I 153 Bl105
Rifugio Fratelli Longo I 131 Au88
Rifugio Grostè I 132 Bb88
Rifugio Montagnola I 153 Bk105
Rīga LV 213 Ci67
Rigáni GR 282 Cd104
Riggisberg CH 169 Ap87
Rignac F 172 Ae92
Rignano Flaminio I 144 Be96
Rignano sull'Arno I 138 Bc93
Rigney F 169 An86
Rigny-le-Ferron F 161 Ah84
Rigny-Ussé F 165 Aa86
Riguepeu F 187 Aa93
Riguldi EST 209 Ch62
Rihéa GR 287 Cf107
Rihtniemi FIN 62 Cc58
Riihikoski FIN 62 Cf59
Riihilahti FIN 53 Cm58
Riihimäki FIN 55 Cs55
Riihimäki FIN 63 Ck59
Riihiniemi FIN 54 Cn57
Riihivaara FIN 45 Da53
Riihivalkama FIN 63 Ch59
Riiho FIN 52 Cf57
Riipi FIN 30 Cn46
Riippi FIN 52 Cd56
Riisa EST 210 Ck64
Riisikkala FIN 63 Ch58
Riisipere EST 209 Ci62
Riispyy FIN 52 Cc57
Riistavesi FIN 54 Cr55
Riitakylä FIN 45 Cs51
Riitiala FIN 52 Cf57
Rijeća BIH 261 Bs93
Riječani MNE 269 Bs95
Riječani MNE 269 Bt96
Rijeka BIH 261 Bt93
Rijeka HR 134 Bi90
Rijeka Crnojevića MNE 269 Bt96
Rijen NL 113 Ak77
Rijkevorsel B 113 Ak78
Rijnwaarden NL 107 An77
Rijp, De NL 106 Ak75
Rijsbergen NL 113 Ak77
Rijsenburg, Driebergen- NL 113 Al76
Rijssen-Holten NL 107 Ao76
Rijswijk NL 106 Al77
Rijswijk NL 113 Ai76
Rikkaranta FIN 55 Cs55
Rikkilä FIN 64 Cr59
Riksgränsen S 28 Br44
Rila BG 272 Cg96
Rillaar B 113 Ak79
Rillé F 165 Aa86
Rillo E 195 St99
Rilly-la-Montagne F 161 Ai82
Rilly-Sainte-Syre F 161 Ah84
Rilly-sur-Loire F 166 Ac86
Rima-San Giuseppe I 175 Ar89
Rimasco I 130 Ar89
Rimavská Baňa SK 240 Bu83
Rimavská Seč SK 240 Ca84
Rimavská Sobota SK 240 Ca84
Rimbach D 123 Bf82
Rimbo S 61 Br61
Rimeize F 172 Ag91
Rimella I 175 Ar89
Rimetea RO 254 Ch88
Rimforsa S 70 Bm64
Rimini I 139 Bf92
Rimkai LT 216 Cc69
Rimling F 120 Ap82
Rimmi FIN 43 Cg53
Rimmilä FIN 63 Ci59
Rimnio GR 277 Cd100
Rimpar D 121 Au81
Rimsbo S 60 Bn58
Rimšė LT 218 Cn69
Rimske Toplice SLO 135 Bl88
Rimsting D 236 Be85
Rincón, El E 206 Sr106
Rincón de la Victoria E 205 Sm107
Rincón de Soto E 186 Sr96
Rindal N 47 At54
Rindby Strand DK 102 Ar70
Rinddalseter N 58 Ba58
Rinde N 56 Ao58
Rindseter N 47 At57
Rindsholm DK 100 At68
Rinella I 153 Bk103
Ringamåla S 73 Bk68
Ringarum S 70 Bn64
Ringaskiddy IRL 90 Sd77
Ringe DK 103 Ba70
Ringebu N 48 Ba57
Ringelia N 58 Ba59
Ringford GB 80 Sm71
Ringkøbing DK 100 Ar68
Ringleben D 116 Bc78
Ringmer GB 99 Aa79
Ringnäs S 49 Bg58
Ringnes N 57 Au60
Ringøy N 56 Ao60
Ringsend GB 82 Sg70
Ringsta S 40 Bk54
Ringstad N 58 Bb60
Ringsted DK 104 Bd70
Ringvattnet S 40 Bl52
Ringwood GB 98 Sr79
Rinkaby S 72 Bi69
Rinkabyholm S 73 Bn67
Rinkerode D 107 Aq77
Rinkilä FIN 55 Cs57
Rinlo E 183 Sf93
Rinn S 59 Bg60
Rinna S 70 Bk64
Rinnthal D 163 Aq82
Rinøyvåg N 27 Bm44
Rinsumageast = Rinsumageest NL 107 Am74
Rinsumageest NL 107 Am74
Rintala FIN 43 Cg54
Rintala RUS 55 Ct58
Rinteln D 115 At76
Rinyabesenyő H 251 Bq88
Rio E 203 Ro122
Rio GR 286 Cd104
Riobianco I 132 Bc87
Rioca BIH 269 Br94
Rio Caldo P 190 Sd97
Riocorvo E 185 Sm94
Rio de Moinhos P 197 Sf103
Rio de Onor P 183 Sg97
Río de Trueba E 185 Sn94
Riodeva E 194 Ss100
Riofreddo I 133 Bh88
Riofrío E 184 Si95
Riofrío E 192 Sl99
Rio Frio P 182 Sd97
Rio Frio P 196 Sc103
Riofrío de Aliste E 184 Sh97
Riofrío del Llano E 193 Sp98
Riojuan = Rixoán E 183 Sf94
Riola di Vergato I 138 Bc92
Riola Sardo I 141 As101
Riolobos E 191 Sh101
Riolo Terme I 138 Bd92
Riom F 172 Ag89
Rio Maior P 196 Sc102
Riomalo de Arriba E 191 Sh100
Rio Marina I 143 Ba95
Rio Mau P 190 Sc97
Riom-ès-Montagnes F 172 Af90
Rion-des-Landes F 176 St93
Rionegro del Puente E 184 Sh96
Rionero in Vulture I 147 Bm99
Rionero Sannitico I 146 Bi97
Rions F 170 Su91
Riorges F 173 Ai88
Rioscuro E 183 Sh95
Rioseco E 193 Sp97
Rioseco de Tapia E 184 Si95
Rioseco de Tapia E 184 Sk94
Riotord F 173 Ai90
Rioturbio E 184 Si94
Rioz F 169 An86
Ripa E 176 Sr95
Ripač BIH 250 Bm91
Ripacandida I 148 Bm99
Ripanj SRB 252 Cb91
Riparbella I 143 Bb94
Ripa Teatina I 145 Bi96
Ripatransone I 145 Bh94
Ripats S 35 Cb47
Ripatti FIN 54 Co57
Ripe I 139 Bg93
Ripi I 146 Bg97
Ripiceni RO 248 Cp85
Ripley GB 84 Sr72
Ripley GB 93 Ss74
Ripley GB 94 Su78
Ripoll E 189 Ae96
Ripon GB 84 Sr72
Riposto I 153 Bl105
Rippberg D 121 At81
Rippingale GB 85 Su75
Ripponden GB 84 Sr73
Rips NL 113 Am77
Ripsa S 70 Bo63
Riquewihr F 163 Ap84
Riš BG 275 Co95
Risadiye TR 292 Cq107
Risan MNE 269 Bs95
Risarven S 50 Bm57
Risåsarna S 59 Bk60
Risåsen S 49 Bf56
Risbäck S 40 Bm51
Risbäck S 41 Br53
Risberg S 42 Bu51
Risberg S 59 Bh58
Risbrunn S 49 Bi57
Risca GB 97 So77
Rişca RO 254 Cg87
Rîşcani MD 248 Cq85
Rischenau D 115 At77
Riscle F 187 Su93
Risco E 198 Sk103
Risco, El E 202 Ri124
Risco del Paso E 203 Rm124
Rişculiţa RO 254 Cf88
Rise N 27 Bl43
Riseberga S 72 Bg68
Risede S 40 Bl52
Riseley GB 94 St78
Risinge S 70 Bm63
Risinge S 73 Bn68
Risliden S 41 Bt51
Rismyrliden S 41 Bp51
Risnes N 56 Al58
Risnes N 66 Ao63
Rišňovce SK 239 Bq84
Risögrund S 35 Cg49
Risöhäll FIN 42 Cf53
Risør N 67 At63
Risøy N 22 Bs41
Risøyhamn N 26 Bm43
Rispel D 107 Aq73
Rissa N 38 Au53
Risskov DK 100 Ba68
Rissna S 50 Bl54
Rißtissen D 126 Au84
Rista S 59 Bl59
Riste FIN 52 Ce58
Risteli FIN 45 Ct52
Risti EST 209 Ci63
Ristiina FIN 54 Cp57
Ristijärvi FIN 44 Cr51
Ristijärvi FIN 53 Ck57
Ristikangas FIN 54 Cn56
Ristilä FIN 37 Cr48
Ristilä FIN 54 Co56
Ristilahti RUS 55 Da57
Ristilampi FIN 36 Co47
Ristimäki FIN 54 Cn56
Ristinen FIN 54 Co54
Ristinge DK 103 Bb71
Ristinkylä FIN 55 Ct55
Ristinpohja FIN 55 Ct55
Ristonmännikkö FIN 30 Cn46
Ristovac SRB 271 Cd96
Risträsk S 35 Cd47
Risträsk S 41 Bp51
Risudden S 36 Ch48
Risum-Lindholm D 102 As71
Risuperä FIN 43 Ck54
Risviken S 68 Be62
Risvolvollen N 39 Bd53
Ritamäki FIN 52 Cg55
Rīteri LV 214 Cm67
Ritini GR 277 Ce100
Ritola FIN 53 Ch55
Ritošići SRB 261 Bt94
Ritterhude D 108 As74
Rittersgrün D 117 Bf80
Ritvala FIN 63 Ci58
Ritzleben D 110 Bc75
Riu de Mori RO 254 Cf90
Riudoms E 188 Ac98
Riumar E 195 Ab99
Riu Sadului RO 254 Ci89
Riutta FIN 43 Ci53
Riutta FIN 52 Ce57
Riuttala FIN 52 Cf57
Riuttala FIN 54 Cp55
Riuttanen FIN 53 Ch56
Rīva LV 212 Cc67
Rivabella I 138 Bc92
Riva del Garda I 132 Bb89
Riva di Tures I 133 Be87
Rivanazzano I 175 At91
Riva presso Chieri I 175 Aq91
Rivarolo Canavese I 130 Aq90
Rivarolo Mantovano I 138 Ba90
Rivas E 186 Ss96
Riva San Vitale CH 131 As89
Rivas de Tereso E 185 Sp95
Rive-de-Gier F 173 Ak89
Rivedoux-Plage F 165 Ss88
Rivello I 148 Bm100
Riverbukt N 23 Cf40
Riverchapel IRL 91 Sh75
Rivèrenert F 177 Ac95
Rivergaro I 137 Au91
Riverie F 173 Ak89
Riverstown IRL 83 Sh73
Rivesaltes F 178 Af95
Rives-d'Andaine F 159 Su83
Rives-sur-Fure F 173 Am90
Rivier, le F 174 An90
Rivignano I 133 Bg89
Rivinperä FIN 44 Cn52
Rivis I 133 Bf88
Rivne UA 229 Ch78
Rivne UA 257 Ct88
Rivoli I 136 Aq90
Rivolta d'Adda I 131 Au90
Rixensart B 156 Ak79
Rixheim F 124 Ap85
Rixö S 68 Bc64
Rixoán E 183 Sf94
Rixwarft D 102 As71
Riza GR 282 Cd104
Riza GR 286 Cf104
Rizário GR 277 Ce99
Rizes GR 286 Ce106
Rizia GR 271 Cf99
Rizia GR 280 Cn97
Rizoma GR 277 Cd101
Rizómilos GR 277 Cf102
Rizómilos GR 286 Cd106
Rjabinovka RUS 216 Cc72
Rjabovo RUS 65 Cs60
Rjahovo BG 266 Cn93
Rjånes N 46 Am56
Rjascy RUS 215 Cq66
Rjasino RUS 215 Cs67
Rjatikkja RUS 55 Da58
Rjukan N 57 As61
Rjukanfjellstue N 57 Ar61
Ro I 138 Bd91
Rö S 51 Bq55
Rö S 61 Br61
Roa E 193 Sn97
Røa N 48 Be57
Roa/Lunner N 58 Bb60
Roade GB 94 St76
Roadside GB 75 So63
Roald N 46 An55
Roaldkvam N 56 An61
Roaldkvam N 56 Ao61
Roan N 38 Ba52
Roanne F 173 Ai88
Roasjö S 69 Bf65
Roata de Jos RO 265 Cm92
Roavesavvon = Rovisuvanto FIN 24 Cm42
Roazhon = Rennes F 158 Sr84
Röbäck S 42 Ca53
Robakowo PL 222 Bs74
Robănești RO 264 Ci92
Robbio I 175 As90
Robeasca RO 266 Cp90
Robecco d'Oglio I 131 Ba90
Robecco sul Naviglio I 131 As90
Röbel/Müritz D 110 Bf74
Roberton GB 79 Sp70
Robertsbridge GB 154 Aa79
Robertsfors S 42 Cb52
Robertstown IRL 87 Sg74
Robertville B 113 An80
Robeston Wathen GB 92 Sl77
Robežnieki LV 215 Cq69
Robin Hood's Bay GB 85 St72
Robleda E 191 Sg100
Robledillo de Trujillo E 198 Si102
Robledo E 183 Sg96
Robledo E 200 Sq103
Robledo, El E 199 Sm102
Robledo de Chavela E 193 Sm99
Robledo del Buey E 199 Sl101
Robledo del Mazo E 198 Sl101
Robledollano E 198 Si101
Robles de la Valcueva E 184 Sk95
Röblingen am See D 116 Bd78
Robliza E 191 Sg99
Robliza de Cojos E 192 Si99
Robregordo E 193 Sn98
Robres E 187 Su97
Robres del Castillo E 186 Sq96
Robru N 57 As59
Roč HR 134 Bi90
Roca de la Sierra, La E 197 Sg102
Roca del Vallès, la E 189 Ae97
Rocafort de Queralt E 188 Ac98
Rocamadour F 171 Ad91
Roca Vecchia I 149 Br100
Rocca, la I 153 Bk104
Roccabascerana I 147 Bk98
Roccabianca I 137 Ba90
Rocca Canavese I 130 Aq90
Roccacasale I 146 Bh96
Roccadaspide I 147 Bl100
Rocca de' Giorgi I 137 At91
Rocca di Botte I 146 Bg96
Rocca di Cambio I 145 Bg96
Rocca di Mezzo I 145 Bh96
Rocca di Neto I 151 Bo102
Rocca di Papa I 144 Bf97
Roccaforte del Greco I 151 Bm104
Roccafranca I 131 Au90
Roccagorga I 146 Bg97
Roccaguglielma I 146 Bh98
Rocca Imperiale I 148 Bo100
Rocca Imperiale Marina I 148 Bo100
Roccalbegna I 144 Bd95
Roccalumera I 150 Bl105
Rocca Massima I 146 Bf97
Roccamena I 152 Bg105
Roccamonfina I 146 Bh98
Roccamorice I 145 Bi96
Roccanova I 148 Bn100
Roccapalumba I 152 Bh105
Roccaraso I 145 Bi97
Rocca San Casciano I 138 Bd92
Rocca Santo Stefano I 145 Bg97
Roccasecca I 146 Bh97
Rocca Sinibalda I 144 Bf96
Roccaspinalveti I 145 Bi97
Roccastrada I 143 Bc94
Roccavione I 174 Ap92
Roccella Ionica I 151 Bn104
Roccella Valdemone I 150 Bl105
Rocchetta Belbo I 175 Ar91
Rocchetta Ligure I 175 At91
Rocchetta Sant'Antonio I 148 Bl98
Rocchetta Tanaro I 136 Ar91
Rocester GB 84 Sr75
Ročević BIH 262 Bt91
Ročevići SRB 262 Ca93
Roc'han = Rohan F 158 Sp84
Rochdale GB 84 Sq73
Roche E 204 Sh108
Roche, La CH 169 Ap87
Rochebeaucourt-et-Argentine, La F 170 Aa90
Roche-Bernard, La F 164 Sq85
Roche-Canillac, La F 171 Ad90
Roche-Chalais, la F 170 Aa90
Rochechouart F 171 Ab89
Roche-de-Rame, la F 174 Ao91
Roche-Derrien, La F 158 So83
Roche-des-Arnauds, La F 174 Am91
Roche-en-Ardenne, La B 156 Am80
Roche-en-Brenil, La F 167 Ai86
Rochefort B 156 Al80
Rochefort F 170 St89
Rochefort-en-Terre F 164 Sq85
Rochefort-Montagne F 172 Af89
Rochefort-sur-Loire F 165 St86
Rochefort-sur-Nenon F 168 Am86
Rochefoucauld, La F 170 Aa89
Roche-Guyon, La F 160 Ad82
Rochehaut B 156 Al81
Rochejean F 169 An87
Roche-l'Abeille, L' F 171 Ac89
Rochelle, La F 165 Ss88
Rochemaure F 173 Ak91
Roche-Maurice, La F 157 Sm84
Roche-Posay, La F 166 Ab87
Roche-Saint-Secret-Béconne F 173 Al92
Rocheservière F 164 Sr87
Rochesson F 163 Ao84
Rochester GB 95 Aa78
Roche-sur-Foron, La F 174 An88
Roche-sur-Yon, La F 165 Ss87
Rochette, la F 174 An90
Rochford GB 99 Ab77
Rochfortbridge IRL 87 Sf74
Rochlitz D 230 Bf78
Rociana del Condado E 203 Sg106
Ročinj SLO 133 Bh88
Rocío, El E 203 Sh106
Rociu RO 265 Cl91
Rock GB 96 Sl79
Rockanje NL 106 Ai77
Rockchapel IRL 90 Sb76
Rockcorry IRL 87 Sf72
Rockenhausen D 163 Aq81
Rockesholm S 59 Bk61
Rockhammar S 60 Bl61
Rockhill IRL 90 Sc76
Rockingham GB 94 St75
Ročov CZ 230 Bh80
Rocroi F 156 Ak81
Róda GR 276 Bu101
Roda, La E 183 Sg93
Roda, La E 200 Sq102
Roda de Andalucía, La E 204 Sl106
Roda de Isábena E 187 Ab96
Roda de Ter E 189 Ae97
Rodakowice PL 226 Bo78
Rodal N 47 Ap56
Rodal N 47 As54
Rodalben D 163 Aq82
Rodaljice HR 259 Bm92
Rodalquilar E 206 Sq107
Rödånäs S 42 Bu52
Rod an der Weil D 120 Ar80
Rodatyči UA 235 Ch81
Rødberg N 38 Au54
Rødberg N 57 As60
Rødby DK 104 Bc71
Rødbyhavn DK 104 Bc71
Rødding DK 100 As67
Rødding DK 100 Au68
Rødding DK 103 At70
Rødinge DK 104 Be71
Rödinge S 105 Bh69
Rödeby S 73 Bm68
Rode Heath GB 93 Sq74
Rodeiro E 183 Se95
Rødekro DK 103 At70
Rodel = Roghadal GB 74 Sg65
Rodellar E 188 Su96
Roden NL 107 An74
Rodenbach D 121 At80
Rodenberg D 109 At76
Rodengo-Saiano I 131 Ba89
Rodenkirchen D 108 Ar74
Rodenrijs, Berkel en NL 106 Ai77
Rödental D 122 Bc80
Rödermark D 120 As81
Rodersdorf CH 124 Ap86
Rodewald D 109 At75
Rodewisch D 122 Be79
Rodez F 172 Af92
Rodgau D 120 As80
Rodiá GR 277 Cc100
Rodiá GR 277 Ce101
Rodi Garganico I 147 Bm97
Roding D 236 Bf82
Rödinghausen D 108 Ar76
Rodingträsk S 41 Bs52
Rödjebro S 60 Bp60
Rødkærsbro DK 100 Au68
Rödmyra S 50 Bn57
Rodna RO 247 Ck86
Rodohóri GR 277 Ce99
Rodolivos GR 278 Ch99
Rödön S 40 Bi54
Rodono Hotel GB 79 So70
Rodonyà E 188 Ac98
Rodópoli GR 278 Cg98
Rodopós GR 290 Ch109
Ródos GR 292 Cr108
Rodováni GR 290 Ch110
Rodovoe RUS 215 Cq66
Rødøy N 32 Bg47
Rodrigas (Riotorto) E 183 Sf94
Rodrigas = Rodrigas (Riotorto) E 183 Sf94
Rødsand N 22 Bp42
Rødseidet N 39 Bd51
Rødsvollan N 48 Bb56
Rødtangen N 58 Ba61
Roduchelstorf D 104 Bb73
Rødungstølen N 57 Ar59
Rödvattnet S 41 Bq53
Rødven N 47 Ap55
Rødvig DK 104 Be70
Roela EST 210 Co62
Roermond NL 114 Am78
Roeselare B 112 Ag79
Roeşti RO 264 Ci91
Roetgen D 119 An79
Roez D 110 Bf74
Röfors S 69 Bk63
Rofrano I 148 Bl100
Rogač HR 259 Bn94
Rogačica SRB 261 Bu92
Rogačica = Rogaçiçë RKS 271 Cd95
Rogaçiçë RKS 271 Cd95
Rogale PL 223 Ce72
Rogalice PL 232 Bq79
Rogalin PL 226 Bo76
Rogäsen D 110 Be76
Rogaška Slatina SLO 135 Bm88
Rogate GB 98 St78
Rogatec SLO 135 Bm88
Rogatica BIH 261 Bt93
Rogätz D 110 Bd76
Rogberga S 69 Bi65
Rogen stugan S 48 Be56
Roggel NL 114 Am78
Roggenburg D 126 Ba84
Roggendorf D 109 Bc73
Roggentin D 110 Bf74
Roggiano Gravina I 151 Bn101
Roggwil CH 169 Aq86
Rogil P 202 Sc106
Rogliano F 142 At95
Rogliano I 151 Bn102
Rognac F 179 Al94
Rognaldsvåg N 46 Ak57
Rognan N 33 Bl46
Rogne N 46 An55
Rogne N 57 At58
Rognes F 180 Al93
Rognes N 48 Ba54
Rognli N 28 Ca42
Rognmo N 28 Bs42
Rognsbru N 67 At62
Rogny-les-Sept-Écluses F 167 Af85
Rogojel RO 264 Cg91
Rogojevac SRB 262 Cb92
Rogoš BG 274 Ck96
Rogova RO 264 Cf92
Rogovë RKS 270 Cb96
Rogovka LV 215 Cp67
Rogovo RUS 215 Cr65
Rogovo = Rogovë RKS 270 Cb96
Rogów PL 228 Ca78
Rogów PL 233 Br81
Rogów PL 235 Ch79
Rogowo PL 225 Bq75
Rogozen BG 264 Ch93
Rogozina BG 267 Cr93
Rogoznica HR 259 Bm93
Rogoźnica PL 232 Bn78
Rogoźniczka PL 229 Cf76
Rogoźnik PL 226 Bn78
Rogoźno PL 226 Bo75
Rogoźno PL 227 Bs78
Rogoźno-Zamek PL 222 Bs73
Rogslösa S 69 Bk64
Rogsta S 49 Bk55
Rogsta S 50 Bp57
Roguszyn PL 228 Cd76
Rohan F 158 Sp84
Rohizna UA 248 Co83
Rohovládova Bělá CZ 231 Bm80
Rohožník SK 238 Bp84
Rohr D 121 Bb79
Rohr D 121 Bb82
Rohrbach D 236 Bd82
Rohrbach an der Lafnitz A 129 Bm86
Rohrbach in Oberösterreich A 128 Bh83
Rohrbach-lès-Bitche F 119 Ap82
Rohrberg D 109 Bc75
Rohrbrunn D 121 At81
Rohrdorf D 236 Be85
Rohr im Kremstal A 128 Bi84
Rohr in Niederbayern D 236 Bd83
Röhrmoos D 126 Bc84
Röhrnbach D 127 Bh83
Rohuküla EST 209 Cg63
Rohuneeme EST 209 Ck61
Roigheim D 121 At82
Roio del Sangro I 145 Bi97
Rois E 182 Sc95
Roisel F 155 Ag81
Roismala FIN 52 Cf58
Roitegui E 186 Sq95
Roitzsch D 117 Be77
Roiu EST 210 Co64
Roizy F 156 Ai82
Roja LV 213 Cf65
Rojales E 201 St104
Rojão Grande P 190 Sd100
Röjdåfors S 59 Bf60
Röjeråsen S 59 Bk59
Rojewo PL 222 Br75
Rojişte RO 264 Ch92
Rojľanka UA 257 Cu88
Röjnoret S 42 Ca51
Rök S 69 Bk64
Rökå S 41 Bs50
Rokansalo FIN 54 Cr57
Röke S 72 Bh68
Rokenes N 27 Bm43
Rokiciny PL 227 Bu77
Rokiciny Podhalańskie PL 240 Bu81
Rokietnica PL 226 Bo75
Rokietnica PL 235 Cf81
Rokino 1-e RUS 211 Cs64
Rokiškis LT 214 Cm69
Rokitki PL 226 Bm78
Rokitno PL 229 Cg76
Rokitno PL 233 Bu79
Rokkala FIN 55 Da57
Rokke N 68 Bc62
Røkkum N 47 Ar55
Røkland N 33 Bl46
Roklum D 116 Bb76
Roknäs S 35 Cc50
Rokosowo PL 221 Bm73
Rokoszowa Wola PL 228 Ca77
Rokovic HR 251 Bs90
Roksøy N 27 Bm43
Rokycany CZ 230 Bh81
Rokytnice nad Jizerou CZ 231 Bl79
Rokytnice v Orlických horách CZ 232 Bn80
Rolampont F 162 Al85
Rölanda S 68 Bd63
Rolandstorp S 39 Bi51
Rold DK 100 Au67
Røldal N 56 Ao61
Roldán E 207 Ss105
Rolde NL 107 Ao75
Rolfs S 35 Cg49
Rolfstorp S 72 Be66
Roliça P 196 Sb102
Roligheten N 66 An64
Rollag N 57 At60
Rollamienta E 186 Sp97
Rollán E 192 Si99
Rolle CH 169 An88
Rollset N 38 Bc54
Roløkken N 57 At59
Rolvåg N 32 Be48
Rolvsnes N 56 Al61
Rolvsvåg N 56 Am60
Rom F 165 Aa88
Roma I 144 Bf97
Roma RO 248 Co85
Romagné F 159 Ss84
Romagne F 165 Aa88
Romainmôtier CH 169 An87
Romakkajärvi FIN 36 Ck47
Romakloster S 71 Br66
Roma kyrkby S 71 Br65
Roman BG 272 Ch94
Roman RO 248 Co87
Românaşi RO 246 Cg86
Romancos E 193 Sp99
Romanengo I 131 Au90
Româneşti RO 248 Cp85
Româneşti RO 248 Cp86
Români RO 248 Co87
Romanija BIH 261 Bs93
Romanillos de Medinaceli E 194 Sp98
Romanivka UA 248 Da85
Romankivci UA 248 Cp84
Romano di Lombardia I 131 Au89
Romanós GR 286 Cd107
Romanovce MK 271 Cd96
Romanovka RUS 65 Da61
Romanovka RUS 65 Db60
Romanovo RUS 216 Ca71
Romanów PL 233 Bt79
Romans I 133 Bg89
Romans d'Isonzo I 134 Bg89
Romanshorn CH 125 At85
Romans-sur-Isère F 173 Al90
Romanu RO 256 Cq90
Romanyà de la Selva E 189 Af97
Romaški RUS 65 Cu59
Romaszki PL 229 Cg77
Rombas F 119 An82
Romberg S 50 Bl57
Rombiolo I 151 Bn103
Rombohöjden S 59 Bk61
Rom By DK 100 Ar67
Romeán E 183 Sf94
Romedal N 58 Bc59
Romejki PL 224 Cf74
Romenay F 168 Al87
Romeral, El E 199 So101
Römerstein D 125 At83
Rometta I 150 Bl104
Romfartuna S 60 Bo61
Romfo N 47 As55
Romford GB 99 Aa77
Romhány H 240 Bt85
Römhild D 116 Bb80
Romillé F 158 Sr84
Romilly-sur-Seine F 161 Ah83
Romma S 59 Bl59
Rommele S 68 Be64
Rommerskirchen D 114 Ao78
Romont (FR) CH 130 Ao87
Rømonysetra N 48 Be57
Romoos CH 130 Ar86
Romorantin-Lanthenay F 166 Ad86
Romos RO 254 Cg89
Romppala FIN 55 Cu55
Romrod D 115 At79
Romsey GB 98 Ss79
Romsila FIN 63 Cg60
Rømskog N 58 Bd61
Romstad N 39 Bd52
Römstedt D 109 Bb74
Romuli RO 246 Ci85
Romundgard N 47 At57
Rona de Jos RO 246 Ci85
Rona de Sus RO 246 Ci86
Rönas S 33 Bk49
Roncade I 133 Be89
Roncadello I 138 Ba91
Roncal E 176 St95
Roncesvalles E 176 Ss94
Ronchamp F 169 Ao85
Ronchi dei Legionari I 133 Bh89
Ronciglione I 144 Be96
Roncobilaccio I 138 Bc92
Ronco Campo Canneto I 138 Ba91
Ronco Canavese I 130 Aq89
Roncole Verdi I 137 Ba91
Ronco Scrivia I 137 As91
Ronda E 204 Sk107
Rondablikk N 47 Au57
Rondane N 47 Au57
Rondbjerg DK 100 As67
Rønde DK 100 Ba68
Rondetunet N 48 Ba57
Rondissone I 175 Aq90
Rone S 71 Br66
Ronehamn S 71 Br66
Rong N 56 Ak59
Rong N 56 An59
Röngu EST 210 Cn64
Ronkaisperä FIN 43 Cl53
Ronkeli FIN 45 Ct53
Rönkönvaara FIN 55 Ct56
Rönnäng S 68 Bd65
Rönnäs FIN 64 Cn60
Rönnäs S 59 Bl59
Rönnbacken S 60 Bn59
Rönndalen S 60 Bm59
Rønne DK 105 Bk70
Ronneburg D 230 Be79
Ronneby S 73 Bl68
Ronnebyhamn S 73 Bl68
Rønnede DK 104 Be70

390 Richelieu – Rønnede

Ronnenberg D 109 Au76
Rönneshytta S 69 Bl63
Rönnholm FIN 52 Cd55
Rönnholm S 41 Bt53
Rönninge S 71 Bq62
Ronningen N 22 Br42
Rønningen N 28 Br43
Rönnliden S 34 Bt50
Rönnöfors S 39 Bh53
Rönnskär S 42 Cc51
Rönnynkylä FIN 43 Cm54
Rönö S 70 Bo64
Rönök H 242 Bn87
Ronov nad Doubravou CZ 231 Bm81
Ronquillo, El E 204 Sh105
Ronse B 112 Ah79
Ronshausen D 116 Au79
Roodeschool NL 107 Ao74
Röölä FIN 62 Cd60
Roonagh Quay IRL 86 Sa73
Roosendaal NL 113 Ai77
Roosinpohja FIN 53 Ck56
Roosna-Alliku EST 210 Cm62
Ropa PL 241 Cc81
Ropaži LV 214 Ck67
Ropczyce PL 234 Cd80
Ropeid N 56 An61
Ropelv N 25 Da41
Ropenkåtan S 33 Bk49
Roperuelos del Páramo E 184 Si96
Ropinsalmi FIN 29 Cd43
Ropley GB 98 Ss78
Ropočevo SRB 262 Cb91
Ropot BG 272 Cf94
Ropotovo MK 271 Cc98
Ropša RUS 65 Cu61
Roquebillière F 181 Ap92
Roquebrune F 178 Ag93
Roquebrussanne, La F 180 Am94
Roquecourbe F 178 Ae93
Roquefort F 176 Su92
Roquefort-de-Sault F 178 Ae95
Roquefort-sur-Soulzon F 178 Af93
Roqueredonde F 178 Ag93
Roque-Sainte-Marguerite, La F 178 Ag92
Roquesteron F 136 Ap93
Roque-sur-Cèze, La F 180 Al93
Roquetas de Mar E 206 Sp107
Roquetes E 195 Ab99
Roquevaire F 180 Am94
Rora N 39 Bc53
Röra S 68 Bd64
Rörbäck S 35 Cf49
Rörbäcksnäs S 59 Bf58
Rørby DK 101 Bc69
Rore BIH 259 Bo92
Roren S 50 Bn57
Rørholt N 67 At62
Roriz P 190 Sd98
Rörön S 49 Bi55
Røros N 48 Bc55
Rørøy N 32 Be49
Rorschach CH 125 At86
Rørstad N 27 Bl45
Rörvattnet S 39 Bi53
Rørvig DK 101 Bd69
Rørvik N 38 Ba53
Rørvik N 38 Bc51
Rørvik N 66 Ao64
Rörvik S 72 Bk66
Ros N 58 Bb62
Rosais P 190 Qd103
Rosala FIN 62 Cd61
Rosal de la Frontera E 197 Sf105
Rosalejo E 192 Sk101
Rosa Marina I 149 Bq99
Ros an Mhíl IRL 86 Sa74
Rosans F 173 Al92
Rosário P 197 Sf103
Rosário P 202 Sd105
Rosarno I 151 Bm104
Rosasco I 175 As90
Rosate I 175 At90
Rosazia F 142 As96
Rosbach D 114 Aq79
Rosbach vor der Höhe D 120 As80
Rošča UA 257 Ct88
Roşcani RO 245 Cf89
Roscanvel F 157 Sl84
Rosche D 109 Bb75
Roščino RUS 65 Cu60
Roscoff F 157 Sn83
Roscommon IRL 87 Sd73
Ros Cré = Roscrea IRL 87 Se75
Roscrea IRL 87 Se75
Rosdorf D 116 Au77
Rose MNE 269 Bs96
Rosedale Abbey GB 85 St72
Rosegg A 134 Bi87
Rosegreen IRL 90 Se76
Rosehearty GB 76 Sq65
Roseldorf A 129 Bm83
Rosell = Rossell E 195 Aa99
Rosen BG 275 Cq96
Rosenallis IRL 90 Sf74
Rosenau-Schloss A 129 Bl83
Rosenbach A 134 Bi87
Rosenberg D 121 Ba82
Rosenberg, Sulzbach- D 122 Bd81
Rosendahl D 114 Ap76
Rosendal N 56 An61
Rosendal S 59 Bl61
Rosenfeld D 125 As84
Rosenfors S 73 Bm66
Rosenheim D 236 Be85
Rosenovo BG 266 Cq93
Rosenow D 111 Bg73
Rosenthal D 115 As79
Rosenthal-Bielatal D 117 Bi79
Rosentorp S 49 Bk58
Roses E 189 Ag96
Roseţi RO 266 Cp92
Roseto degli Abruzzi I 145 Bi95
Roseto Valfortore I 147 Bl98
Rosheim F 163 Ap84
Rosia I 143 Bc94
Roşia RO 245 Ce87
Roşia RO 254 Ci89
Roşia de Amaradia RO 264 Ch90
Roşia de Secaş RO 254 Ch88
Roşia Montană RO 254 Cg88
Roşia Nouă RO 253 Ce88
Rosica BG 266 Cq93
Rosica BY 215 Cq69
Rosice CZ 238 Bn82
Rosière, la F 130 Ao89
Rosières F 172 Ah90
Rosières-en-Santerre F 155 Af81
Rosiers, Les F 165 Su86
Roşieşti RO 256 Cq88
Rosignano Marittimo I 138 Ba94
Rosignano Solvay I 138 Ba94
Roşiile RO 264 Ch91
Rosina BG 266 Cn94
Rosina SK 239 Bs82
Rosin'e RUS 215 Cr66
Roşiori RO 245 Cd86
Roşiori RO 256 Cp87
Roşiori de Vede RO 265 Ck92
Rositz D 230 Be78
Roskhill GB 74 Sg66
Roskilde DK 104 Be69
Rośko PL 221 Bn75
Roskovec AL 276 Bu99
Roskow D 110 Bf76
Roslags-Bro S 61 Bs61
Roslags-Kulla S 61 Bs61
Röslau D 230 Bd80
Roslev DK 100 As67
Roslin GB 76 So69
Rosmalen NL 113 Al77
Rosmaninhal P 197 Sf101
Rosnay F 166 Ac87
Rosnay-l'Hôpital F 162 Ai84
Rosnowo PL 221 Bn72
Rosny-sur-Seine F 160 Ad82
Rosochate Kościelne PL 229 Ce75
Rosochy UA 235 Cf82
Rosolina I 139 Be90
Rosolina Mare I 139 Be90
Rosolini I 153 Bk107
Rosoman MK 271 Cd97
Rosovice CZ 123 Bi81
Rosow D 111 Bi74
Rosporden F 157 Sn85
Rösrath D 114 Ap79
Rossa CH 131 At88
Rossä N 32 Bh48
Rossano I 151 Bo101
Rossau D 110 Bd75
Roßbach D 128 Bf83
Roßbach D 236 Be82
Rossberg S 59 Bi59
Rossbol S 50 Bk54
Rössbyn S 58 Be62
Rosscarbery IRL 90 Sb77
Roßdorf D 110 Be76
Roßdorf D 116 Ba79
Roßdorf D 120 As81
Rossegg A 135 Bl87
Rossell E 195 Aa99
Rosseng N 57 At58
Rosses Point IRL 82 Sc72
Rossett GB 93 Sp74
Rossevatn N 66 Ap63
Rossfjord N 22 Br42
Roßhaupten D 126 Bb85
Rosshyttan S 60 Bn60
Rossiglione I 175 As91
Rossillon F 173 Am89
Rossinver IRL 87 Sd72
Rossio ao Sul do Tejo P 196 Sd102
Rössjö S 41 Br54
Roßla D 116 Bc78
Rossland N 56 Al59
Rosslare IRL 91 Sh76
Rosslare Harbour IRL 91 Sh76
Roßlau D 117 Be77
Roßlau, Dessau- D 117 Be77
Rosslea GB 82 Sf72
Roßleben D 116 Bc78
Ross Mhic Thriúin = New Ross IRL 91 Sg76
Rossnes N 56 Ak59
Rossnowlagh IRL 87 Sd71
Rossön S 40 Bn53
Ross-on-Wye GB 93 Sp77
Rossosz PL 229 Cg77
Rossoszyca PL 227 Bs77
Rossow D 110 Bf74
Roßtal D 122 Bb82
Rossum NL 108 Ao76
Rossvassbukt N 32 Bi49
Rossvik N 32 Be50
Rossvoll N 22 Br42
Roßwein D 230 Bg78
Rost N 26 Be45
Rostadalen N 28 Bu43
Rostadseter N 47 At55
Rostadsetra N 58 Bc58
Roståņga S 72 Bg69
Rostarzewo PL 226 Bn76
Rostassac F 171 Ac91
Rostberg S 60 Bm59
Rosti N 47 At57
Rostock D 104 Be72
Rostrenen F 158 So84
Rostrenenn = Rostrenen F 158 So84
Rostrevor GB 83 Sh72
Röström S 40 Bn52
Rostrup DK 100 Au67
Rostudel F 157 Sl84
Rostusa MK 270 Cb97
Rostvollen N 48 Be56
Rosvik N 27 Bl46
Rosvik S 35 Cd50
Rosyth GB 81 So68
Roszki PL 226 Bq77
Roszki-Wodźki PL 224 Cf74
Rot S 49 Bi58
Rota E 203 Sh107
Rota Greca I 151 Bn102
Rot am See D 121 Ba82
Rot an der Rot D 125 Ba84
Rotås N 47 Ar55
Rotbav RO 255 Cm89
Rotberget N 59 Bf59
Roteberg S 50 Bm58
Rotebro S 61 Bq62
Rotella I 145 Bh95
Rotello I 147 Bl97
Rotenburg (Wümme) D 109 At74
Rotenburg an der Fulda D 115 Au79
Rotenes N 46 Am57
Rötgesbüttel D 109 Bb76
Rotgülden A 134 Bg86
Roth D 114 Aq79
Roth D 121 Bc82
Rötha D 117 Be78
Roth an der Our D 119 An81
Rothbach F 119 Aq83
Rothbury GB 81 Sr70
Rotheau A 129 Bm84
Rothemühl D 111 Bh73
Röthenbach an der Pegnitz D 122 Bc82
Rothenbrunnen CH 131 At87
Rothenbuch D 121 At81
Rothenburg/O.L. D 118 Bk78
Rothenburg ob der Tauber D 121 Ba82
Rothenkirchen D 123 Bf79
Rothenschirmbach D 116 Bd78
Rothenstadt D 122 Be81
Rothenuffeln D 108 As76
Rotherham GB 85 Ss74
Rothes GB 76 So65
Rothesay GB 80 Sk69
Rothienorman GB 76 Sq66
Rothiesholm GB 77 Sp62
Rothleiten A 129 Bl86
Rothrist CH 124 Aq86
Rothwell GB 85 Ss73
Rothwell GB 94 St76
Rotimlja BIH 268 Bq94
Rotimojoki FIN 44 Co53
Rotkreuz CH 125 Ar86
Rotnäset S 40 Bm52
Rotneberget N 58 Be60
Rotnes N 58 Bb60
Rotonda I 148 Bn101
Rotondella I 148 Bo100
Rótova E 201 Su103
Rotovo RUS 215 Cq65
Rotselaar B 156 Ak79
Rotsjö S 50 Bm55
Rotsjön S 42 Ca52
Rotsund N 23 Cb41
Rötsweiler-Nockenthal D 119 Ap81
Rott D 126 Bb85
Rottach-Egern D 126 Bd85
Rottal GB 76 So67
Rott am Inn D 236 Be85
Røttangen N 27 Bm45
Rottås N 48 Ba57
Rottenacker D 125 Au84
Rottenbach D 116 Bc79
Rottenbuch D 121 Bc82
Rottenbuch D 126 Bb85
Rottenburg am Neckar D 125 As84
Rottenburg an der Laaber D 127 Be83
Rottendorf D 121 Ba81
Rottenhällan S 49 Bh57
Rottenmann A 128 Bi85
Rotterdam NL 106 Ai77
Rotthalmünster D 236 Bg84
Rottingdean GB 154 Su79
Röttingen D 121 Au81
Rottmersleben D 116 Bc76
Rottna S 59 Bf61
Rottne S 73 Bk66
Rottneros S 59 Bg61
Rottofreno I 137 Au90
Rottorf D 109 Ba74
Rottum NL 107 Am75
Rottweil D 125 As84
Rotunda RO 264 Ci93
Roturas E 198 Sk101
Rotvik N 28 Bq43
Rötviken S 39 Bi53
Rotvoll N 39 Bd54
Rötz D 230 Bf82
Roubaix F 155 Ag79
Roŭbick BY 229 Ci75
Rouchovany CZ 238 Bn82
Roudná CZ 123 Bg81
Roudnice nad Labem CZ 231 Bi80
Roudouallec F 157 Sn84
Rouède F 177 Ab94
Rouen F 154 Ac82
Rouffach F 163 Ap85
Rouffiac F 170 Su89
Rouffignac-Saint-Cernin-de-Reilhac F 171 Ab90
Rõuge EST 215 Co65
Rougé F 165 Ss85
Rougemont F 124 An86
Rougemont-le-Château F 169 Ao85
Rougham GB 95 Ab75
Roughsike GB 81 Sp70
Roughton GB 95 Ac75
Rougnat F 172 Af88
Rouillac F 170 Su89
Rouillé F 165 Aa88
Roujan F 178 Ag93
Roukala FIN 43 Ch52
Roukalahti FIN 55 Cu56
Roulans F 169 An86
Roulers = Roeselare B 112 Ag79
Roundstone IRL 86 Sa74
Roundwood IRL 91 Sh74
Roupy F 155 Ag81
Rouravaara FIN 30 Cl45
Roure I 136 Ap91
Rouret, Le F 181 Ap93
Rousínov CZ 238 Bo82
Rousky GB 82 Sf71
Roússa GR 280 Cn98
Rousset F 173 Al91
Rousset-les-Vignes F 173 Al92
Roussillon F 173 Ak90
Roussillon F 180 Al93
Roussines F 166 Ac88
Roussy-le-Village F 119 An82
Routio FIN 63 Ci60
Routot F 160 Ab82
Rouville F 159 Ab81
Rouvray F 167 Ai86
Rouvres-les-Bois F 166 Ad86
Rouvres-sur-Aube F 162 Ak85
Rouvroy-sur-Audry F 156 Ai81
Roux, le F 136 Ao91
Rouy F 167 Ah86
Rov N 47 As55
Rovačko Trebaljevo MNE 269 Bu95
Rovakka S 35 Ch47
Rovala FIN 37 Co47
Rovale I 151 Bo102
Rovaniemi FIN 36 Cm47
Rovaniemi S 29 Cf46
Rovanpää FIN 36 Ci47
Rovasenda I 175 Ar89
Rovastinaho FIN 36 Cn49
Rovato I 131 Ba89
Rovensko pod Troskami CZ 231 Bl79
Roverbella I 132 Bb90
Roveredo CH 131 At88
Roveredo in Piano I 133 Bf88
Rovereto I 132 Bc89
Rovereto I 138 Bd91
Röversagen D 104 Be72
Roverud N 58 Be60
Roviés GR 283 Cg103
Rovigno = Rovinj HR 139 Bh90
Rovigo I 138 Bd90
Rovinari RO 264 Cq91
Rovine SRB 261 Ca94
Roviniţa Mare RO 253 Cc90
Rovinj HR 139 Bh90
Rovinjsko Selo HR 258 Bh90
Rovišće HR 242 Bo89
Rovisuvanto FIN 24 Cm42
Rovná CZ 230 Bf80
Rovnae Pole BY 215 Cr69
Rovne UA 248 Cq83
Rovon F 173 Al90
Rovte SLO 134 Bi89
Rów PL 220 Bk75
Rowardennan Lodge GB 78 Sl68
Rowlands Gill GB 81 Sr71
Równe PL 241 Cd81
Rowsley GB 93 Sr74
Rowy PL 221 Bp71
Roxel D 107 Ap77
Roxheim, Bobenheim- D 163 Ar81
Royal Tunbridge Wells GB 154 Aa78
Royal Wootton Bassett GB 98 Sr77
Royan F 170 Ss89
Royat F 172 Ag89
Roybon F 173 Al90
Roybridge GB 75 Sl67
Røydland N 66 Ap64
Roye F 155 Af81
Røyelelva N 23 Cc41
Royère-de-Vassivière F 171 Ad89
Røyken N 58 Ba61
Röykkä FIN 63 Ck60
Røyksund N 56 Al62
Røymoen N 47 As55
Royos E 206 Sq105
Røyrbakken N 28 Br43
Røyrvik N 39 Bh51
Røysheim N 47 Ar57
Røysland N 66 Ap63
Royston GB 85 Ss73
Royston GB 94 Su76
Royton GB 84 Sq73
Röyttä FIN 36 Ci49
Røytvik N 32 Bg48
Røytvoll N 32 Be50
Royuela E 194 Sr100
Royuela de Río Franco E 185 Sn97
Roza BG 274 Cn96
Rozadas E 183 Sg94
Rožaje MNE 262 Ca95
Rozalimas LT 213 Ch69
Różan PL 228 Cc75
Różaniec PL 235 Cf80
Różanki PL 225 Bl75
Różanna PL 222 Br74
Rožanstvo SRB 261 Bu93
Różanystok PL 224 Cg73
Rozavlea RO 246 Ci85
Rozay-en-Brie F 161 Af83
Rožďalovice CZ 231 Bl80
Roždeп MK 277 Cd98
Rozdil UA 235 Ci82
Rozdil'na UA 249 Da87
Rozdražew PL 226 Bq77
Rozel, Le F 98 Sr82
Rozelieures F 124 An84
Rozēni LV 209 Ck65
Roženica HR 250 Bm89
Roženthal PL 222 Bu73
Rozewie PL 222 Br71
Rożewo PL 221 Bn74
Rozhanovce SK 241 Cc83
Rozier, le F 172 Ag92
Rozières-en-Beauce F 160 Ad85
Rozières-sur-Mouzon F 162 Am84
Rozino BG 273 Ck95
Rozkochów PL 232 Bq80
Rozkopaczew Pierwszy PL 229 Cf78
Rozkoš CZ 237 Bm82
Rožmberk nad Vltavou CZ 128 Bi83
Rozmierka PL 233 Br79
Rožmitál pod Třemšinem CZ 236 Bh81
Rožňava SK 240 Cb83
Rożniatów PL 227 Bs76
Rożniaty PL 234 Cc80
Rożnica PL 233 Ca79
Rozniszew PL 228 Cc77
Rožniv UA 247 Cl84
Rožnjatyka UA 249 Cr83
Roznov RO 248 Co87
Rožnov pod Radhoštěm CZ 233 Br82
Rożnów PL 234 Cb81
Rożnowice PL 234 Cc81
Rożnowo PL 226 Bo75
Rozogi PL 223 Cc74
Rozovec BG 274 Cl96
Rozoy-sur-Serre F 156 Ai81
Rozprza PL 227 Bu78
Rozsály H 241 Cf85
Rozseč nad Kunštátem CZ 238 Bn81
Rozsochatec CZ 231 Bm81
Rozstání CZ 232 Bo82
Roztoka PL 232 Bn79
Roztoka UA 241 Cf83
Roztoky CZ 231 Bi80
Roztoky UA 247 Cl84
Rozula LV 214 Ck66
Rozvadiv UA 235 Ch82
Rozvadov CZ 230 Bf81
Różyce PL 228 Bu76
Rozzano I 131 At90
Rrapë AL 270 Bu96
Rrazën AL 269 Bu96
Rrejë e Velës AL 270 Bu97
Rrëmbull AL 270 Ca97
Rrëshen AL 270 Bu97
Rrogozhinë AL 276 Bu98
Rsovac SRB 263 Cd93
Rsovci SRB 272 Cf94
Rtina HR 258 Bl92
Rtkovo SRB 263 Cf91
Rtyně v Podkrkonoší CZ 231 Bn79
Ru E 182 Sd94
Rúa, A E 183 Sf96
Ruabon GB 84 So75
Ruba BY 213 Cf68
Rubano I 132 Bd90
Rubbäsen N 28 Bq42
Rubbestadneset N 56 Al61
Rubcovščina RUS 211 Cq63
Rübeland D 116 Bb77
Rübenau D 123 Bg79
Rubene LV 214 Cl66
Rubeņi LV 214 Cm68
Rubercy F 159 St82
Rubery GB 94 Sq76
Rubeži MNE 269 Bt95
Rubha Mor GB 74 Si65
Rubí E 189 Ae98
Rubiá E 183 Sg96
Rubiais E 183 Sf96
Rubián E 183 Sf95
Rubiás = Rubiais E 183 Sf96
Rubiás de los Mistos = Rubiás dos Mistos E 183 Se97
Rubiás dos Mistos E 183 Se97
Rubielos Bajos E 200 Sq102
Rubielos de la Cérida E 194 Ss99
Rubielos de Mora E 195 St100
Rubiera I 138 Bb91
Rubik AL 270 Bu97
Rubikiai LT 218 Cl69
Rublacedo de Abajo E 185 Sn95
Rucăr RO 255 Cl90
Rucas I 174 Ap91
Rucava LV 212 Cc68
Ruchna PL 229 Ce76
Ruč'i RUS 65 Cu58
Ruciane-Nida PL 223 Cd73
Ručica BY 219 Co72
Rückersdorf D 122 Bc82
Rückersdorf D 230 Be79
Ruckland GB 85 Aa74
Rucphen NL 113 Ak77
Rud N 56 Ap58
Rud N 58 Au61
Ruda BG 273 Cm97
Ruda HR 268 Bo93
Ruda PL 227 Bs78
Ruda PL 229 Ch78
Ruda PL 234 Cc80
Ruda S 73 Bn66
Rudabánya H 240 Cb84
Rudaci MNE 262 Bt94
Rudae BY 219 Cp70
Rūdaičiai LT 212 Cc69
Ruda Maleniecka PL 228 Ca78
Rudamina LT 218 Cl71
Rudamina LT 224 Cg72
Ruda nad Moravou CZ 232 Bo81
Rudanmaa FIN 52 Ce57
Rudare SRB 263 Cc94
Ruda Różaniecka PL 235 Cg80
Ruda Śląska PL 233 Bs80
Ruda Strawczyńska PL 234 Ca79
Rudawica PL 225 Bl77
Ruda Wielka PL 228 Cc78
Ruda Wolińska PL 229 Ce76
Rudbārži LV 212 Cd67
Rudbøl DK 102 As71
Ruddingshausen D 115 As79
Ruddington GB 85 Ss75
Rude HR 135 Bm89
Rude LV 212 Cc68
Rude LV 213 Cf65
Ruden A 134 Bk87
Rudersberg D 121 Au83
Rudersdorf A 135 Bn86
Rüdersdorf bei Berlin D 111 Bh76
Rüdesheim am Rhein D 120 Aq81
Rudiliai LT 218 Ck69
Rudilla E 194 Ss98
Rudine HR 258 Bk90
Rudine MNE 269 Bs95
Rudine RKS 262 Cb94
Rūdiškės LT 218 Ck71
Rudiškiai LT 213 Cg68
Rudka PL 229 Cf75
Rudka PL 229 Ch78
Rudkivci UA 248 Cp83
Rudkøbing DK 103 Bb71
Rudky UA 235 Cg81
Rudná CZ 123 Bi80
Rudna PL 226 Bn77
Rudna S 34 Cb47
Rudnå = Rudna S 34 Cb47
Rudna Glava SRB 263 Ce92
Rudňany SK 240 Cb83
Rudna Wielka PL 226 Bo77
Rudne UA 235 Ch81
Rudnia LT 218 Ck72
Rudnia RUS 215 Cs68
Rudnica MNE 261 Bt94
Rudnica SRB 262 Cb94
Rudnik BG 275 Cp95
Rudnik BG 275 Cq95
Rudník CZ 231 Bm79
Rudnik PL 233 Br80
Rudnik PL 233 Bu81
Rudnik SRB 262 Ca92
Rudnik = Runik RKS 270 Cb95
Rudnik nad Sanem PL 235 Ce80
Rudnik Szlachecki-Kolonia PL 235 Ce79
Rūdninkai LT 218 Cl72
Rudnja BY 215 Cr69
Rudnja BY 229 Ci75
Rudno PL 222 Bs73
Rudno PL 226 Bo78
Rudno PL 229 Ce77
Rudno SRB 262 Ca94
Rudno Górne PL 234 Ca80
Rudno polje SLO 134 Bh88
Rudno Trzecie PL 229 Cf77
Rudnycja UA 249 Cs84
Rudnyky UA 235 Ch82
Rudo BIH 269 Bt93
Rudolfov CZ 123 Bk83
Rudolstadt D 116 Bc79
Rudovci SRB 262 Ca92
Rudozem BG 274 Ck98
Rudsgrend N 57 As61
Rudsjön S 40 Bn53
Ruds Vedby DK 104 Bc69
Rudy PL 233 Br80
Rudzāti LV 214 Cn68
Rudžiai LT 217 Ci70
Rudziczka PL 232 Bq80
Rudzienice PL 222 Bu73
Rudziniec PL 233 Br80
Rudziszki PL 216 Cd72
Rue CH 130 Ao87
Rue F 154 Ad80
Ruec BG 275 Co94
Ruecas E 198 Si102
Rueda E 192 Sl98
Rueda de Jalón E 194 Ss97
Rueda de Pisuerga E 185 Sm95
Rueil-Malmaison F 160 Ae83
Ruelle-sur-Touvre F 170 Aa89
Ruen BG 275 Cp95
Ruffano I 149 Br101
Ruffec F 166 Ac87
Ruffec F 170 Aa88
Ruffiac F 164 Sq85
Ruffieu F 173 Am89
Ruffieux F 174 Am89
Rufford GB 84 Sp73
Rufina I 138 Bc93
Rufsholm N 32 Bi48
Rugāji LV 215 Cp67
Rugby GB 94 Ss76
Rugeley GB 93 Sr75
Rugendorf D 122 Bc80
Ruggstorp S 73 Bn67
Rugince MK 271 Cd96
Rugineşti RO 256 Cp88
Ruginoasa RO 248 Co86
Rugisjø N 48 Bc55
Rügland D 122 Bb82
Rugles F 160 Ab83
Ruglianu = Rogliano F 142 At95
Rugsund N 46 Al57
Rugvica HR 135 Bn89
Ruha FIN 52 Cf55
Ruhala FIN 53 Ci57
Rühen D 110 Bb76
Ruhkaperä FIN 44 Cm53
Ruhla D 116 Ba79
Ruhland D 118 Bh78
Rühlerfeld D 107 Ap75
Ruhlkirchen D 115 At79
Ruhlsdorf D 111 Bh75
Ruhmannsfelden D 123 Bf83
Ruhnu EST 209 Cg65
Ruhpolding D 127 Bf85
Ruhstorf an der Rott D 127 Bg84
Ruidera E 200 Sp103
Ruigómez E 202 Rg124
Ruikka FIN 36 Cl48
Ruinas I 141 As101
Ruinen NL 107 An75
Ruislip GB 99 Su77
Ruissalo FIN 62 Ce60
Ruja RO 255 Ck88
Rūjiena LV 210 Cl65
Rujište SRB 263 Cd93
Ruka FIN 37 Ct48
Rukai LT 216 Cd70
Rukainiai LT 218 Cm71
Rukajärvi FIN 37 Ct48
Rukke N 57 As59
Rukla LT 218 Ci70
Rukovo RUS 215 Cs68
Rukšyn UA 248 Cn84
Ruland N 57 Ar61
Rullbo S 49 Bk57
Rully F 161 Af82
Rülzheim D 163 Ar82
Rum A 126 Bc86
Rum BY 218 Cn72
Rum H 242 Bo86
Ruma SRB 261 Bu90
Rumar FIN 62 Cd60
Rumboci BIH 260 Bp93
Rumburk CZ 231 Bk79
Rumelifeneri TR 281 Ct98
Rumenka SRB 252 Bu90
Rumes B 155 Ag79
Rumia PL 222 Br71
Rumianţev MD 257 Cr88
Rumigny F 156 Ai81
Rumilly F 174 Am89
Rumjancevo BG 273 Ci94
Rümlang CH 125 As86
Rummu EST 209 Ci62
Rummukkala FIN 54 Cr56
Rumo FIN 45 Cs53
Rumpu FIN 64 Cr59
Rumšiškes LT 217 Ci71
Rumska SRB 262 Bu91
Rumskulla S 70 Bm65
Run CH 131 As87
Runå-berg S 40 Bo54
Runan F 158 So83
Runavík FO 26 Sg56
Runcorn GB 84 Sp74
Runcu RO 264 Cg90
Runcu RO 264 Ci90
Runcu RO 267 Cr91
Rundāle LV 213 Ci68
Runde N 46 Am56
Rundēni LV 215 Cq68
Rundereim N 46 Al56
Rundfloen N 59 Bf58
Rundhaug N 28 Bs42
Rundhögen S 39 Be54
Runding D 123 Bf82
Rundmoen N 33 Bk48
Rundvik S 41 Bt53
Runemo S 50 Bn58
Rungsted DK 101 Bf69
Runhällen S 60 Bo60
Runik RKS 270 Cb95
Runina SK 241 Ce82
Runjkovac SRB 263 Cd95
Runkel D 115 Ar80
Runnebol S 69 Bi62
Runni FIN 44 Co53
Runnskogen N 57 Au60
Runsten S 73 Bo67
Runtuna S 70 Bp63
Ruohola FIN 36 Cm49
Ruokkee FIN 55 Cu57
Ruokojärvi FIN 30 Ci46
Ruokojärvi FIN 55 Ct57
Ruokojärvi S 35 Cg47
Ruokolahti FIN 55 Ct59
Ruokolanranta FIN 45 Ct51
Ruokoniemi FIN 54 Cs57
Ruokotaipale FIN 54 Cq58
Ruokto S 28 Bt46
Ruolahti FIN 53 Cl57
Ruomi FIN 64 Cq58
Ruoms F 173 Ai92
Ruona FIN 37 Co48
Ruona FIN 53 Cg55
Ruona FIN 62 Cd58
Ruonlahti FIN 62 Cf60
Ruopsa FIN 37 Cp47
Ruorasmäki FIN 54 Cn57
Ruosniemi FIN 52 Cd57
Ruotanen FIN 44 Cn53
Ruotanmäki FIN 44 Co54
Ruotsalo FIN 43 Cg53
Ruotsinkylä FIN 64 Cn59
Ruotsinpyhtää FIN 64 Cn59
Ruottisenharju FIN 37 Cp50
Ruovesi FIN 53 Ci57
Rupa SLO 134 Bi90
Rupča BG 275 Cp95
Rupci BG 264 Cf93
Rupe HR 259 Bm93
Rupea RO 255 Cl88
Rupingrande I 134 Bh89
Rupit E 189 Ae96
Rupniów PL 234 Ca81
Ruppersdorf D 122 Bd79
Ruppertenrod D 121 At79
Ruppertshütten D 121 Au80
Ruppichteroth D 114 Ap79
Ruppovaara FIN 55 Da56
Ruprechtshofen A 237 Bl84
Rupt-sur-Moselle F 163 Ao85
Rus RO 246 Ch86
Rusalja BG 274 Cl94
Rusalka BG 267 Cs94
Rusånes N 33 Bl47
Rusava UA 249 Cr84
Rusazia = Rosazia F 142 As96
Rusbend D 109 At76
Rusca Montană RO 253 Ce89
Ruscova RO 246 Ci85
Rusdal N 66 An63
Ruse BG 265 Cm93
Ruše SLO 250 Bm87
Rusele S 41 Br51
Ruseni MD 248 Cp84
Ruşeţu RO 266 Cp91
Ruševo HR 251 Br90
Rusfors S 41 Br51
Rush IRL 88 Sh73
Rushden GB 94 St76
Rusi FIN 53 Cn57
Ruşi RO 254 Ci89
Rusiec PL 227 Bs78
Ruşii-Munţi RO 247 Ck87
Rusinovo MK 272 Cf97
Rusinów PL 225 Bm77
Rusinów PL 228 Cb78
Rusiny BY 219 Co70
Rusjaci MK 271 Cc98
Rus'ka UA 247 Cl85
Rus'ka, Ruska- UA 235 Ch80
Ruskae Sjalo BY 219 Co71
Ruská Poruba SK 241 Cd82
Ruskeala FIN 53 Cn57
Ruskeala RUS 55 Db57
Ruskela FIN 63 Ck60
Ruski Bród PL 228 Cb78
Ruski Krstur SRB 252 Bt89
Ruskila FIN 54 Cr55
Ruskington GB 85 Su74
Rusko FIN 62 Ce59
Rusko PL 221 Bn72
Rusko PL 226 Bp77
Rus'koivanivka UA 257 Cu88
Rusko Selo SRB 252 Cb89
Ruskov SK 241 Cc83
Ruskseie S 41 Bs51
Rusksträsk S 41 Bs51
Ruskulava LV 215 Cq67
Ruskulla FIN 62 Cf60
Ruský Hrabovec SK 241 Ce83
Ruský Potok SK 241 Ce82
Rusné LT 216 Cc70
Rusokastro BG 275 Cp96
Rusovce SK 129 Bp84
Rußbach am Pass Gschütt A 128 Bg85
Rüsselsheim am Main D 120 Ar81
Russeluft N 23 Cg40
Russelv N 22 Ca41
Russenes N 24 Cl40
Russey, Le F 169 Ao86
Russhaugen N 27 Bn44
Russi I 139 Be92
Russkoe RUS 216 Ca71
Russnes N 27 Br77
Rust A 238 Bo85
Rust D 163 Aq84
Rust N 57 Au58
Rustan N 58 Ba61
Rustand N 57 At60
Rustefjelbma N 25 Cr40
Rusteikiai LT 218 Cn69
Rusteseter N 47 As56
Rusti N 47 At57
Rustøy N 46 Ao57
Rustrel F 180 Al93
Ruswil CH 130 Ar86
Rusynja RUS 211 Da63
Ruszki PL 227 Ca76
Ruszów PL 118 Bl78
Rutakoski FIN 54 Cn56
Rutalahti FIN 54 Cm56
Rutalahti FIN 64 Cm58
Rutava FIN 62 Cf58
Rute E 205 Sm106
Rute S 71 Bs65
Rütenbrock D 107 Ap75
Rüthen D 115 Ar78
Ruthin GB 93 So74
Ruthwell GB 81 So71

Ronnenberg – Ruthwell 391

Saint-Germain-de-la-Coudre F 160 Ab 84
Saint-Germain-des-Fossés F 167 Ag 88
Saint-Germain-des-Prés F 161 Af 85
Saint-Germain-du-Bois F 168 Al 87
Saint-Germain-du-Plain F 168 Ak 87
Saint-Germain-du-Puch F 170 Su 91
Saint-Germain-du-Puy F 167 Ae 86
Saint-Germain-du-Salembre F 170 Aa 90
Saint-Germain-du-Teil F 172 Ag 92
Saint-Germain-en-Laye F 160 Ae 83
Saint-Germain-la-Campagne F 160 Aa 82
Saint-Germain-Laval F 173 Ai 89
Saint-Germain-Lembron F 172 Ag 90
Saint-Germain-lès-Arlay F 168 Am 87
Saint-Germain-les-Belles F 171 Ac 89
Saint-Germain-Lespinasse F 167 Ah 88
Saint-Germain-l'Herm F 172 Ah 90
Saint-Germain-sur-Ay F 158 Sr 82
Saint Germans GB 97 Sm 80
Saint-Germé F 176 Su 93
Saint-Germer-de-Fly F 154 Ad 82
Saint-Germier F 165 Su 88
Saint-Gervais-d'Auvergne F 172 Af 88
Saint-Gervais-les-Bains F 174 Ao 89
Saint-Gervais-sur-Mare F 178 Ag 93
Saint-Géry F 170 Aa 91
Saint-Géry-Vers F 171 Ad 92
Saint-Geyrac F 171 Ab 90
Saint-Gildas F 158 Sp 84
Saint-Gildas-de-Rhuys F 164 Sp 85
Saint-Gildas-des-Bois F 164 Sq 85
Saint-Gilles F 179 Ai 93
Saint-Gilles-Croix-de-Vie F 164 Sr 87
Saint-Gilles-du-Mené F 158 Sp 84
Saint-Gilles-Pligeaux F 158 So 84
Saint-Gingolph F 169 Ao 88
Saint-Girons F 177 Ac 95
Saint-Girons-en-Marensin F 176 Ss 93
Saint-Girons-Plage F 176 Ss 93
Saint-Glen F 158 Sp 84
Saint-Gobain F 161 Ag 81
Saint-Gravé F 164 Sq 85
Saint-Guen F 158 Sp 84
Saint-Guénolé F 157 Sm 85
Saint-Guilhem-le-Désert F 179 Ah 93
Saint-Haon F 172 Ah 91
Saint Helens GB 84 Sp 74
Saint Helens GB 98 Ss 79
Saint Helier GBJ 158 Sq 82
Saint-Herblain F 164 Sr 86
Saint-Hilaire F 178 Ae 94
Saint-Hilaire, Talmont- F 164 Sr 88
Saint-Hilaire-Bonneval F 171 Ac 89
Saint-Hilaire-de-Brens F 173 Al 89
Saint-Hilaire-des-Loges F 165 St 88
Saint-Hilaire-de-Villefranche F 170 St 89
Saint-Hilaire-de-Voust F 165 St 87
Saint-Hilaire-du-Harcouët F 159 Ss 83
Saint-Hilaire-Fontaine F 167 Ah 87
Saint-Hilaire-la-Palud F 165 St 88
Saint-Hilaire-la-Treille F 166 Ac 88
Saint-Hilaire-le-Vouhis F 165 Ss 87
Saint-Hippolyte F 124 Ao 86
Saint-Hippolyte F 124 Ap 84
Saint-Hippolyte F 166 Ac 86
Saint-Hippolyte F 170 St 89
Saint-Hippolyte-du-Fort F 179 Ah 93
Saint-Honoré-les-Bains F 167 Ah 87
Saint-Hubert B 156 Al 80
Saint-Hubert F 166 Aa 85
Saint-Illide F 172 Ae 90
Saint-Imier CH 169 Ao 86
Saint-Inglevert F 95 Ad 79
Saint Ive GB 97 Sm 80
Saint Ives GB 94 Su 76
Saint Ives GB 96 Sk 80
Saint-Jacques I 130 Aq 89
Saint-Jacques-des-Blats F 172 Af 90
Saint-James F 159 Ss 83
Saint-Jean-Brévelay F 158 Sp 85
Saint-Jean-d'Angély F 170 St 89
Saint-Jean-d'Angle F 170 St 89
Saint-Jean-d'Arvey F 174 An 89
Saint-Jean-d'Assé F 159 Aa 84
Saint-Jean-d'Aulps F 169 Ao 88
Saint-Jean-de-Barrou F 178 Af 95
Saint-Jean-de-Blaignac F 170 Su 91
Saint-Jean-de-Bournay F 173 Al 89
Saint-Jean-de-Côle F 171 Ab 90
Saint-Jean-de-Daye F 159 Ss 82
Saint-Jean-de-Duras F 170 Aa 91
Saint-Jean-de-Liversay F 165 St 88
Saint-Jean-de-Losne F 168 Al 86
Saint-Jean-de-Luz F 176 Sr 94
Saint-Jean-de-Marsacq F 186 Ss 93
Saint-Jean-de-Maruéjols-et-Avéjan F 173 Ai 92
Saint-Jean-de-Maurienne F 174 An 90
Saint-Jean-de-Monts F 164 Sq 87
Saint-Jean-de-Sauves F 165 Aa 87
Saint-Jean-de-Sixt F 174 An 89
Saint-Jean-d'Illac F 170 St 91
Saint-Jean-d'Ormont F 163 Ao 84
Saint-Jean-du-Bruel F 178 Ag 92
Saint-Jean-du-Doigt F 157 Sn 83
Saint-Jean-du-Gard F 179 Ah 92
Saint-Jean-en-Royans F 173 Al 90
Saint-Jean-la-Rivière F 181 Ap 93
Saint-Jean-le-Centenier F 173 Ak 91
Saint-Jean-le-Thomas F 158 Sr 83
Saint-Jean-le-Vieux F 173 Al 88
Saint-Jean-le-Vieux F 176 Ss 94
Saint-Jean-Ligoure F 171 Ac 89
Saint-Jeannet F 181 Ap 93
Saint-Jean-Pied-de-Port F 176 Ss 94
Saint-Jean-Poutge F 177 Aa 93
Saint-Jean-Soleymieux F 173 Ai 89
Saint-Jean-sur-Erve F 159 Su 84
Saint-Jean-sur-Reyssouze F 174 Am 90
Saint-Jeoire F 169 An 88
Saint-Jeure-d'Ay F 173 Ak 90
Saint-Joachim F 164 Sq 86
Saint John's GBM 80 Sl 72
Saint John's Chapel GB 81 Sq 71
Saint Johnstown IRL 82 Sf 71
Saint John's Town of Dalry GB 80 Sm 70
Saint-Jores F 159 Ss 82
Saint-Jory F 177 Ac 93
Saint-Jouin-Bruneval F 159 Aa 81
Saint-Jouin-de-Marnes F 165 Su 87
Saint-Jouvent F 171 Ac 89
Saint-Juéry F 178 Ae 93
Saint Julian's M 151 Bi 109
Saint-Julien F 168 Al 88
Saint-Julien F 177 Ac 94
Saint-Julien-Chapteuil F 173 Ai 90
Saint-Julien-de-Civry F 168 Ai 88
Saint-Julien-des-Landes F 164 Sr 87
Saint-Julien-de-Vouvantes F 165 Ss 85
Saint-Julien-du-Sault F 161 Ag 84
Saint-Julien-en-Beauchêne F 173 Am 91
Saint-Julien-en-Born F 176 Ss 92
Saint-Julien-en-Genevois F 169 An 88
Saint-Julien-en-Quint F 173 Al 91
Saint-Julien-l'Ars F 166 Ab 87
Saint-Julien-la-Vêtre F 172 Ah 89
Saint-Julien-le-Faucon F 159 Aa 82
Saint-Julien-lès-Metz F 119 An 82
Saint-Julien-sur-Reyssouze F 168 Al 88
Saint-Junien F 171 Ab 89
Saint-Just F 173 Ak 92
Saint Just GB 96 Si 80
Saint-Just-en-Chaussée F 160 Ae 81
Saint-Just-en-Chevalet F 172 Ah 89
Saint-Justin F 176 Su 93
Saint-Just-Luzac F 170 Ss 89
Saint-Just-Malmont F 173 Ai 90
Saint-Just-Saint-Rambert F 173 Ai 89
Saint Keverne GB 96 Sk 80
Saint Kew Highway GB 96 Sl 79
Saint-Lambert-du-Lattay F 165 St 86
Saint-Laon F 165 Su 87
Saint-Lary F 177 Ab 93
Saint-Lary-Soulan F 187 Aa 95
Saint-Lattier F 173 Al 90
Saint-Laurent F 177 Ab 94
Saint-Laurent-d'Aigouze F 179 Ai 93
Saint-Laurent-de-Cerdans F 178 Af 96
Saint-Laurent-de-Chamousset F 173 Ai 89
Saint-Laurent-de-la-Cabrerisse F 178 Af 94
Saint-Laurent-de-la-Plaine F 165 St 86
Saint-Laurent-de-la-Prée F 170 Ss 89
Saint-Laurent-de-la-Salanque F 178 Af 95
Saint Laurent-de-Mure F 173 Al 89
Saint-Laurent-de-Neste F 177 Aa 94
Saint-Laurent-des-Autels F 165 Ss 86
Saint-Laurent-des-Bois F 160 Ac 85
Saint-Laurent-des-Hommes F 170 Aa 90
Saint-Laurent-du-Bois F 170 Su 91
Saint-Laurent-du-Pape F 173 Ak 91
Saint-Laurent-du-Pont F 173 Am 90
Saint-Laurent-en-Caux F 160 Ab 81
Saint-Laurent-en-Gâtines F 166 Ab 85
Saint-Laurent-en-Grandvaux F 168 Am 87
Saint-Laurent-la-Vallée F 171 Ac 91
Saint-Laurent-la-Vernède F 179 Ai 92
Saint-Laurent-les-Bains F 172 Ah 91
Saint-Laurent-Médoc F 170 St 90
Saint-Laurent-sur-Gorre F 171 Ab 89
Saint-Laurent-sur-Manoire F 171 Ab 90
Saint-Laurent-sur-Mer F 159 St 82
Saint-Léger B 162 Am 81
Saint-Léger-en-Yvelines F 160 Ad 83
Saint-Léger-Magnazeix F 166 Ac 88
Saint-Léger-sous-Beuvray F 167 Ai 87
Saint-Léger-sur-Dheune F 168 Ak 87
Saint-Léon F 167 Ah 88
Saint-Léonard-de-Noblat F 171 Ad 89
Saint-Léon-sur-Vézère F 171 Ac 90
Saint-Lizier F 177 Ac 94
Saint-Lizier F 177 Ac 95
Saint-Lô F 159 Ss 82
Saint-Lô-d'Ourville F 98 Sr 82
Saint-Loubès F 170 Su 91
Saint-Louis F 169 Aq 85
Saint-Louis-de-Montferrand F 170 St 91
Saint-Louis-et-Parahou F 178 Ae 95
Saint-Loup-de-la-Salle F 168 Ak 87
Saint-Loup-du-Dorat F 159 Su 85
Saint-Loup-Hors F 159 St 82
Saint-Loup-Lamairé F 165 Su 87
Saint-Loup-sur-Semouse F 162 An 85
Saint-Lunaire F 158 Sq 83
Saint-Lyphard F 164 Sq 86
Saint-Lys F 177 Ac 94
Saint-Macaire F 170 Su 91
Saint-Macaire-en-Mauges F 165 Ss 86
Saint-Maclou F 160 Aa 82
Saint-Magne F 170 St 91
Saint-Maigrin F 170 Su 90
Saint-Maixant F 171 Ae 89
Saint-Maixent-l'École F 165 Su 88
Saint-Malo F 158 Sq 83
Saint-Malo-de-Beignon F 158 Sq 85
Saint-Malo-des-Trois-Fontaines F 158 Sq 84
Saint-Malô-du-Bois F 165 St 87
Saint-Malo-en-Donziois F 167 Ag 86
Saint-Mamert F 168 Ak 88
Saint-Mamert-du-Gard F 179 Ai 93
Saint-Mamet-la-Salvetat F 172 Ae 91
Saint-Mandrier-sur-Mer F 180 Am 94
Saint-Marcel-de-Careinet F 179 Ai 92
Saint-Marcellin F 173 Al 90
Saint-Marcet F 177 Ab 94
Saint-Marc-sur-Seine F 168 Ak 85
Saint-Mard-de-Reno F 160 Ab 83
Saint-Mards-en-Othe F 161 Ah 84
Saint-Mard-sur-le-Mont F 162 Ak 83
Saint Margaret's at Cliffe GB 154 Ac 78
Saint Margaret's Hope GB 77 Sp 63
Saint-Mars-des-Pres F 165 Ss 87
Saint-Mars-d'Outillé F 159 Aa 85
Saint-Mars-du-Désert F 165 Ss 86
Saint-Mars-la-Jaille F 165 Ss 85
Saint-Martial F 173 Ai 91
Saint-Martial-de-Valette F 171 Ab 89
Saint-Martial-sur-Isop F 166 Ab 88
Saint Martin GBG 98 Sp 82
Saint-Martin-aux-Buneaux F 154 Ab 81
Saint-Martin-d'Ablois F 161 Ah 82
Saint-Martin-d'Ardèche F 173 Ak 92
Saint-Martin-d'Auxigny F 167 Ae 86
Saint-Martin-de-Belleville F 174 Ao 90
Saint-Martin-de-Boscherville F 154 Ab 82
Saint-Martin-de-Bossenay F 161 Ah 84
Saint-Martin-de-Bréhal F 158 Sr 83
Saint-Martin-de-Crau F 179 Ak 93
Saint-Martin-de-la-Lieue F 159 Aa 82
Saint-Martin-de-Lamps F 166 Ad 87
Saint-Martin-de-la-Place F 165 Su 86
Saint-Martin-de-Londres F 179 Ah 93
Saint-Martin-d'Entraunes F 180 Ao 92
Saint-Martin-de-Queyrières F 174 Ao 91
Saint-Martin-de-Ré F 165 Ss 88
Saint-Martin-des-Besaces F 159 St 82
Saint-Martin-de-Seignanx F 186 Ss 93
Saint-Martin-des-Faux F 178 Af 92
Saint-Martin-des-Puits F 178 Af 94
Saint-Martin-d'Estréaux F 167 Ah 88
Saint-Martin-d'Estréaux F 173 Ak 89
Saint-Martin-de-Valmas F 173 Ai 91
Saint-Martin-d'Oney F 176 St 93
Saint-Martin-d'Ordon F 161 Ag 84
Saint-Martin-d'Oydes F 177 Ac 94
Saint-Martin-du-Fouilloux F 165 Su 87
Saint-Martin-du-Frêne F 168 Am 88
Saint-Martin-en-Campagne F 99 Ac 81
Saint-Martin-l'Ars F 166 Ab 88
Saint-Martin-le-Gaillard F 99 Ac 81
Saint-Martin-Lestra F 173 Ai 89
Saint-Martin-le-Vieux F 171 Ac 89
Saint-Martin-lez-Tatinghem F 112 Ae 79
Saint-Martin-l'Heureux F 162 Ai 82
Saint-Martin-Osmonville F 160 Ac 81
Saint-Martin-sur-Ouanne F 161 Ag 85
Saint-Martin-Valmeroux F 172 Ae 90
Saint-Martin-Vésubie F 181 Ap 92
Saint-Martory F 177 Ab 94
Saint Mary's GB 77 Sp 63
Saint-Mathieu F 171 Ab 89
Saint-Mathieu-de-Tréviers F 179 Ah 93
Saint-Mathurin-sur-Loire F 165 Su 86
Saint-Matré F 171 Ac 92
Saint-Maulvis F 154 Ad 81
Saint-Maur F 160 Ad 81
Saint-Maurice CH 130 Ap 88
Saint-Maurice-de-Lignon F 173 Ai 90
Saint-Maurice-des-Lions F 171 Ab 89
Saint-Maurice-lès-Charencey F 160 Ab 83
Saint-Maurice-près-Pionsat F 172 Af 88
Saint-Maurice-sur-Aveyron F 161 Af 85
Saint-Maurice-sur-Moselle F 163 Ao 85
Saint-Maurin F 177 Ab 92
Saint Mawes GB 96 Sk 80
Saint-Max F 162 An 83
Saint-Maximin-la-Sainte-Baume F 180 Am 94
Saint-Maxire F 165 Su 88
Saint-Méard-de-Drône F 170 Aa 90
Saint-Méard-de-Gurçon F 170 Aa 91
Saint-Médard-de-Guizières F 170 Su 90
Saint-Médard-de-Presque F 171 Ad 91
Saint-Médard-en-Jalles F 170 St 91
Saint-Médart F 170 Su 89
Saint-Méen-le-Grand F 158 Sq 84
Saint-Meille F 177 Aa 92
Saint-Menges F 156 Ak 81
Saint-Menoux F 167 Ag 87
Saint-Mesmin F 161 Ah 84
Saint-Mesmin F 165 St 87
Saint-Michel F 156 Ai 81
Saint-Michel F 177 Ac 94
Saint-Michel F 187 Aa 94
Saint-Michel-Chef-Chef F 164 Sq 86
Saint-Michel-de-Castelnau F 170 Su 92
Saint-Michel-de-Double F 170 Aa 90
Saint-Michel-de-Maurienne F 174 An 90
Saint-Michel-en-Brenne F 166 Ac 87
Saint-Michel-en-Grève F 158 Sn 83
Saint-Michel-en-l'Herm F 165 Ss 88
Saint-Michel-l'Observatoire F 180 Am 93
Saint-Michel-Mont-Mercure F 165 St 87
Saint-Mihiel F 162 Am 83
Saint-Mitre-les-Remparts F 179 Al 94
Saint Monance GB 76 Sp 68
Saint Mullin's IRL 91 Sg 76
Saint-Nabord F 124 Ao 84
Saint-Nauphary F 177 Ac 93
Saint-Nazaire F 164 Sq 86
Saint-Nazaire-le-Désert F 173 Al 91
Saint-Nectaire F 172 Ag 89
Saint Neot GB 96 Sl 80
Saint-Nic F 157 Sm 84
Saint Nicholas GB 93 So 78
Saint-Nicodème F 157 So 84
Saint-Nicolas B 156 Am 79
Saint-Nicolas = Sint-Niklaas B 155 Ai 78
Saint-Nicolas-de-la-Grave F 177 Ac 92
Saint-Nicolas-de-Port F 124 An 83
Saint-Nicolas-des-Motets F 166 Ac 85
Saint-Nicolas-du-Pélem F 158 So 84
Saint-Omer F 155 Ae 79
Saint-Omer-en-Chaussée F 160 Ae 81
Saint-Ost F 187 Aa 94
Saint-Ouen-de-Thouberville F 160 Ab 82
Saint-Ouen-du-Breuil F 160 Ac 81
Saint-Ovin F 159 Ss 83
Saint-Pair-sur-Mer F 158 Sr 83
Saint-Palais F 176 Ss 94
Saint-Palais-sur-Mer F 170 Ss 89
Saint-Pal-de-Mons F 173 Ai 90
Saint-Pal-de-Senouire F 172 Ah 90
Saint-Papoul F 178 Ae 94
Saint-Pardoux F 165 Su 87
Saint-Pardoux F 171 Ac 88
Saint-Pardoux-la-Rivière F 171 Ab 90
Saint-Parize-le-Châtel F 167 Ag 87
Saint-Pastour F 171 Ab 92
Saint-Paterne-Racan F 166 Aa 85
Saint-Paul F 136 Ap 93
Saint-Paul F 171 Ac 89
Saint-Paul F 174 Ao 91
Saint-Paul-Cap-de-Joux F 178 Ad 93
Saint-Paul-de-Fenouillet F 178 Ae 95
Saint-Paul-de-Jarrat F 177 Ad 95
Saint-Paul-des-Landes F 172 Ae 91
Saint-Paul-de-Varax F 168 Al 88
Saint-Paul-d'Oueil F 187 Ab 95
Saint-Paul-en-Forêt F 180 Ao 93
Saint-Paul-et-Valmalle F 179 Ah 93
Saint-Paulien F 172 Ah 90
Saint-Paul-le-Gaultier F 159 Su 84
Saint-Paul-le-Jeune F 173 Ai 92
Saint-Paul-lès-Dax F 176 Ss 93
Saint Paul's Walden GB 94 Su 77
Saint-Paul-Trois-Châteaux F 173 Ak 92
Saint-Pé-de-Bigorre F 176 Su 94
Saint-Pée-sur-Nivelle F 176 Sr 94
Saint-Péran F 158 Sq 84
Saint-Péravy-la-Colombe F 160 Ad 84
Saint-Péray F 173 Ak 91
Saint-Perdon F 176 St 93
Saint-Père F 167 Af 86
Saint-Père-en-Retz F 164 Sq 86
Saint-Peter GBJ 158 Sq 82
Saint Peter Port GBG 98 Sp 82
Saint-Pey-d'Armens F 170 Su 91
Saint-Philbert-de-Grand-Lieu F 164 Sr 86
Saint-Pierre I 174 Ap 89
Saint-Pierre-à-Champ F 165 Su 86
Saint-Pierre-d'Albigny F 174 An 89
Saint-Pierre-de-Chartreuse F 174 Am 90
Saint-Pierre-de-Chignac F 171 Ab 90
Saint-Pierre-de-Jards F 166 Ad 86
Saint-Pierre-de-Maillé F 166 Ab 87
Saint-Pierre-d'Entremont F 159 St 83
Saint-Pierre-de-Plesguen F 158 Sr 84
Saint-Pierre-des-Corps F 166 Ab 86
Saint-Pierre-des-Nids F 159 Su 84
Saint-Pierre-de-Trivisy F 178 Ae 93
Saint-Pierre-d'Oléron F 170 Ss 89
Saint-Pierre-du-Chemin F 165 St 87
Saint-Pierre-du-Vauvray F 160 Ac 82
Saint-Pierre-Église F 159 Ss 81
Saint-Pierre-en-Auge F 159 Aa 82
Saint-Pierre-en-Port F 154 Aa 81
Saint-Pierre-le-Moûtier F 167 Ag 87
Saint-Pierre-Montlimart F 165 Ss 86
Saint-Pierre-Quiberon F 164 So 85
Saint-Pierre-sur-Dives F 159 Su 82
Saint-Pierre-sur-Mer F 178 Ag 94
Saint-Pierre-sur-Orthe F 159 Su 84
Saint-Pierre-Toirac F 171 Ad 91
Saint-Pierreville F 173 Ai 91
Saint-Plancard F 187 Ab 94
Saint-Pois F 159 Ss 83
Saint-Poix F 159 Ss 85
Saint-Pol-de-Léon F 157 Sn 83
Saint-Polgues F 172 Ah 89
Saint-Pol-sur-Mer F 155 Ae 78
Saint-Pol-sur-Ternoise F 155 Ae 80
Saint-Polycarpe F 178 Ae 94
Saint-Pompont F 171 Ac 91
Saint-Poncy F 172 Ag 90
Saint-Pons-de-Thomières F 178 Af 94
Saint-Porchaire F 170 St 89
Saint-Pourçain-sur-Sioule F 167 Ag 88
Saint-Priest-des-Champs F 172 Af 89
Saint-Priest-sous-Aixe F 171 Ac 89
Saint-Priest-Taurion F 171 Ac 89
Saint-Privat F 171 Ae 90
Saint-Privat-la-Montagne F 162 An 82
Saint-Prouant F 165 St 87
Saint-Puy F 177 Aa 93
Saint-Quay-Portrieux F 158 Sp 83
Saint-Quentin F 155 Ag 81
Saint-Quentin-en-Tourmont F 99 Ad 80
Saint-Quentin-la-Poterie F 179 Ai 92
Saint-Quentin-les-Anges F 165 St 85
Saint-Quentin-sur-Indrois F 166 Ac 86
Saint-Quentin-sur-Isère F 173 Am 90
Saint-Quirin F 124 Ap 83
Saint-Rambert-d'Albon F 173 Ak 90
Saint-Raphaël F 136 Ao 94
Saint-Remèze F 173 Ak 92
Saint-Rémy F 168 Ak 87
Saint-Rémy F 170 Aa 91
Saint-Rémy-Blanzy F 161 Ag 82
Saint-Rémy-de-Chaudes-Aigues F 172 Ag 91
Saint-Rémy-de-Provence F 179 Ak 93
Saint-Rémy-du-Plain F 158 Sr 84
Saint-Rémy-en-Bouzemont-Saint-Genest-et-Isson F 162 Ak 83
Saint-Rémy-en-Montmorillon F 166 Ab 88
Saint-Rémy-en-Rollat F 167 Ag 88
Saint-Rémy-sur-Avre F 160 Ac 83
Saint-Rémy-sur-Durolle F 172 Ah 89
Saint-Renan F 157 Sl 84
Saint-Révérien F 167 Ah 86
Saint-Rhémy-en-Bosses I 130 Ap 89
Saint-Riquier F 154 Ad 80
Saint-Rivoal F 157 Sm 84
Saint-Romain F 166 Aa 88
Saint-Romain-de-Colbosc F 159 Aa 81
Saint-Romain-le-Puy F 173 Ai 89
Saint-Rome-de-Cernon F 178 Af 92
Saint-Rome-de-Tarn F 178 Af 92
Saint-Saëns F 160 Ac 81
Saint-Salvy-de-la-Balme F 178 Ae 93
Saint Sampson GBG 98 Sp 82
Saint-Samson-la-Poterie F 160 Ad 81
Saint-Sardos F 177 Ac 93
Saint-Satur F 167 Af 86
Saint-Saturnin F 166 Ae 87
Saint-Saturnin F 172 Ag 89
Saint-Saturnin-de-Lenne F 172 Ag 92
Saint-Saturnin-lès-Apt F 180 Al 93
Saint-Saud-Lacoussière F 171 Ab 89
Saint-Saulge F 167 Ah 86
Saint-Sauvant F 165 Aa 88
Saint-Sauvant F 170 Su 89
Saint-Sauves-d'Auvergne F 172 Af 89
Saint-Sauveur F 124 An 85
Saint-Sauveur F 157 Sm 84
Saint-Sauveur F 164 Sq 87
Saint-Sauveur F 165 Su 87
Saint-Sauveur-de-Montagut F 173 Ak 91
Saint-Sauveur-en-Puisaye F 167 Ag 85
Saint-Sauveur-en-Rue F 173 Ai 90
Saint-Sauveur-Lendelin F 159 Ss 82
Saint-Sauveur-le-Vicomte F 98 Sr 82
Saint-Sauveur-sur-Tinée F 181 Ap 92
Saint-Savin F 166 Ab 87
Saint-Savin F 170 Su 90
Saint-Savinien F 170 St 89
Saint-Sébastien-sur-Loire F 164 Sr 86
Saint-Secondin F 166 Aa 88
Saint-Séglin F 158 Sq 85
Saint-Seine F 167 Ah 87
Saint-Seine-en-Bâche F 168 Al 86
Saint-Seine-l'Abbaye F 168 Ak 86
Saint-Senoch F 166 Ab 86
Saint-Sernin-sur-Rance F 178 Af 93
Saint-Servan-sur-Mer F 158 Sq 83
Saint-Seurin-de-Cadourne F 170 St 90
Saint-Sever F 176 St 93
Saint-Sever-Calvados F 159 Ss 83
Saint-Sever-de-Rustin F 187 Aa 94
Saint-Séverin F 170 Aa 90
Saint-Sorlin-d'Arves F 174 An 90
Saint-Sornin F 170 Aa 89
Saint-Sornin-Leulac F 166 Ac 88
Saint-Soupplets F 161 Af 82
Saint-Sulpice F 171 Ad 91
Saint-Sulpice F 177 Ad 93
Saint-Sulpice-de-Favières F 160 Ae 83
Saint-Sulpice-Laurière F 171 Ac 88
Saint-Sulpice-les-Champs F 171 Ae 89
Saint-Sulpice-sur-Lèze F 177 Ac 94
Saint-Sylvain F 159 Su 82
Saint-Symphorien F 170 Su 92
Saint-Symphorien-de-Lay F 173 Ai 89
Saint-Symphorien-d'Ozon F 173 Ak 89
Saint-Symphorien-sur-Coise F 173 Ai 89
Saint-Thégonnec F 157 Sn 83
Saint-Thibault F 168 Ai 86
Saint-Thibéry F 178 Ag 94
Saint-Thurien F 157 Sn 85
Saint-Trivier-de-Courtes F 168 Al 88
Saint-Trivier-sur-Moignans F 173 Ak 88
Saint-Trojan-les-Bains F 170 Ss 89
Saint-Trond = Sint-Truiden B 156 Al 79
Saint-Tropez F 180 Ao 94
Saint-Urcize F 172 Ag 91
Saint-Ursanne CH 124 Ap 86
Saint-Vaast-la-Hougue F 159 Ss 81
Saint-Valérien F 161 Ag 84
Saint-Valery-en-Caux F 99 Ab 81
Saint-Valery-sur-Somme F 99 Ad 80
Saint-Vallier F 168 Ai 87
Saint-Vallier F 173 Ak 90
Saint-Vallier-de-Thiey F 136 Ao 93
Saint-Varent F 165 Su 87
Saint-Vaury F 166 Ad 88
Saint-Venant F 112 Af 79
Saint-Véran F 136 Ao 91
Saint-Viâtre F 166 Ad 85
Saint-Victor F 167 Af 88
Saint-Victor-de-Chrétienville F 159 Ab 82
Saint-Victor-et-Melvieu F 178 Af 92
Saint-Victor-l'Abbaye F 160 Ac 81
Saint-Vigor-des-Mézerets F 159 St 83
Saint-Vigor-le-Grand F 159 St 82
Saint-Vincent-Bragny F 167 Ai 87
Saint-Vincent-de-Connezac F 170 Aa 90
Saint-Vincent-de-Reins F 173 Ai 88
Saint-Vincent-de-Tyrosse F 186 Ss 93
Saint-Vincent-du-Lorouër F 160 Aa 85
Saint-Vincent-la-Châtre F 165 Su 88
Saint-Vincent-Sterlanges F 165 Ss 87
Saint-Vincent-sur-Jabron F 173 Am 92
Saint-Vincent-sur-Oust F 164 Sq 85
Saint-Vit F 168 Am 86
Saint-Vith B 119 An 80
Saint-Vivien-de-Médoc F 170 Ss 90
Saint-Vran F 158 Sq 84
Saint-Vulbas F 173 Al 89
Saint-Wandrille-Rançon F 160 Ab 81
Saint-Yaguen F 176 St 93
Saint-Yorre F 172 Ag 88
Saint-Yrieix-la-Perche F 171 Ac 89
Saint-Yvy F 157 Sn 85
Saint-Yzans-de-Médoc F 170 St 90
Saint-Zacharie F 180 Am 94
Sainville F 160 Ad 84
Sairakkala FIN 63 Cl 58
Sairiala FIN 63 Ck 58
Sairinen FIN 62 Cd 59
Saissac F 178 Ae 94
Saittarova S 29 Ce 46
Saizerais F 162 An 83
Sajach A 135 Bm 87
Sajaniemi FIN 63 Ci 59
Šajince SRB 271 Ce 96
Šajkaš SRB 252 Ca 90
Sajólád H 240 Cb 84
Sajópüspöki H 240 Ca 84
Sajószentpéter H 240 Cb 84
Sajóvámos H 240 Cb 84
Säjvis S 35 Ch 49
Saka LV 212 Cc 67
Säkäjärvi FIN 64 Cq 59
Sakalova BY 219 Cq 70
Šakiai LT 217 Cg 71
Säkinmäki FIN 54 Cn 56
Sakız TR 281 Cp 98
Säkkilä FIN 37 Ct 48
Sakovičy BY 219 Cq 71
Sakovščina BY 218 Cn 72
Sakowczyk PL 235 Ce 82
Sakrishei N 32 Bi 48
Saksala FIN 62 Ce 59
Saksala FIN 63 Cm 60
Sakseid N 56 Al 61
Saksild DK 100 Ba 69
Sakskøbing DK 104 Bd 71
Saksum N 58 Ba 58
Saksun FO 26 Sf 56
Saku EST 209 Ck 62
Šakule SRB 252 Ca 90
Šakvietis LT 217 Ce 70
Säkylä FIN 62 Ce 58
Šakyna LT 213 Cg 68
Sal S 69 Bf 64
Sala I 139 Be 92
Sala S 60 Bo 61
Šaľa SK 239 Bq 84
Sala Baganza I 137 Ba 91
Salacea RO 245 Ce 86
Salacgrīva LV 209 Ci 65
Sala Consilina I 147 Bm 100
Saladamm S 60 Bo 61
Salahmi FIN 44 Co 53
Salakas LT 218 Cn 69
Salakos GR 292 Cq 108
Salakovac SRB 263 Cc 91
Salamajärvi FIN 43 Ck 54
Salamanca E 192 Si 99
Salamína GR 284 Cg 105
Salandra I 148 Bn 99
Šalanky UA 241 Cf 84
Salantai LT 212 Cd 68
Salão P 190 Qc 103
Salar E 205 Sm 106
Sălard RO 245 Ce 86
Sălard RO 247 Cl 87
Salardú E 188 Ab 95
Salas E 183 Sh 94
Salaš SRB 263 Ce 92
Salas Altas E 187 Aa 96
Salasco I 130 Ar 90
Salas de Bureba E 185 So 95
Salas de los Infantes E 185 So 96
Salàs de Pallars E 188 Ab 96
Salaši UA 235 Cg 80
Salaspils LV 214 Ci 67
Sălașu de Sus RO 254 Cf 89
Sălățig RO 246 Cg 86
Sălătrucu RO 255 Ck 90
Salbantone = Salmantón E 185 So 94
Salbertrand I 136 Ao 90
Salbo S 59 Bk 61
Sälboda S 59 Bf 61
Salbohed S 60 Bn 61
Salboro I 132 Bd 90
Sal-Breizh = Sel-de-Bretagne, Le F 158 Sr 85
Salbris F 166 Ae 86
Salbrovad DK 103 Au 70
Salbu N 56 Al 58
Salce E 184 Sl 94
Salcea RO 248 Cn 85
Salcedo E 184 Si 94
Salcia RO 266 Cn 90
Salcia Tudor RO 256 Cp 90
Sălciile RO 266 Cn 91
Šalčininkai LT 218 Cl 72
Šalčininkėliai LT 218 Cl 72
Sălcioara RO 266 Co 91
Sălciua de Jos RO 254 Cg 88
Salcombe GB 97 Sn 80
Sălcuța MD 257 Ct 87
Saldaña E 184 Sl 95
Saldebråten S 59 Bg 61
Saldes E 189 Ad 96
Saldus LV 213 Ce 67
Sale GB 84 Sq 74
Sale I 137 As 91
Saleby S 69 Bg 64
Salem D 125 At 85
Salem S 71 Bq 62
Salemi I 152 Bf 105
Salen GB 78 Si 67
Salen N 39 Bc 51
Sälen S 59 Bg 58
Salérans F 173 Am 92
Salernes F 180 An 93
Salerno I 147 Bk 99
Salers F 172 Ae 90
Salettes F 172 Ah 91
Salford GB 84 Sq 74
S'Algar E 207 Ai 101
Salgótarján H 240 Bu 84
Salgueiro do Campo P 197 Se 101
Sali HR 258 Bl 93
Salica I 151 Bp 102
Salice F 142 As 96
Salice Salentino I 149 Bq 100
Salice Terme I 175 At 91
Saliente Alto E 206 Sq 105
Salientes E 183 Sh 95
Salies-de-Béarn F 176 St 94
Salies-du-Salat F 177 Ab 94
Salignac-Eyvignes F 171 Ac 91
Saligny RO 267 Cr 92
Saligny-sur-Roudon F 167 Ah 88
Salihler TR 280 Cn 101
Salillas E 187 Su 97
Salinas E 184 Si 93
Salinas E 201 St 103
Salinas de Pinilla E 200 Sp 103
Salinas de Pisuerga E 185 Sm 95
Salinas de Sin E 188 Aa 95
Salin-de-Giraud F 179 Ak 94
Salindres F 179 Ai 92
Saline F 159 Su 82
Saline di Volterra I 143 Bb 94
Salinge S 60 Bp 61
Sälinkää FIN 63 Cl 59
Salins-d'Hyères, les F 180 An 94
Salins-les-Bains F 168 Am 87
Salir P 202 Sd 106
Salir do Porto P 196 Sb 102
Salisbury GB 98 Sr 78
Sălište RO 254 Ch 89
Săliștea RO 254 Cg 89
Săliștea de Sus RO 246 Ci 85
Salka SK 239 Bs 85
Salkola FIN 63 Ch 59
Salla A 134 Bk 86
Salla EST 210 Cn 63
Salla FIN 37 Cs 47
Sallahn D 110 Bb 74
Sallanches F 174 Ao 89
Sallent E 189 Ad 97
Sallent de Gállego E 176 Su 95
Sällerryd S 73 Bm 68
Salles F 170 St 91
Salles F 178 Ae 92
Salles-Courbatiès F 171 Ae 92
Salles-Curan F 172 Af 92
Salles-sur-l'Hers F 178 Ad 94
Salles-sur-Verdon, Les F 180 An 93
Sallgast D 118 Bh 77
Sällinkylä FIN 53 Ci 56
Sallins IRL 87 Sg 74
Sällsjö S 39 Bh 54
Sällstorp S 72 Be 66
Salmaise F 168 Ak 86
Salman TR 285 Cn 103
Salmanovo BG 275 Co 94
Salmanskirchen D 127 Be 84
Salmantón E 185 So 94
Salme EST 208 Ce 64
Salme S 28 Ca 44
Salmenkylä FIN 45 Cs 54
Salmenkylä FIN 54 Co 56
Salmentaka FIN 53 Cl 58
Salmerón E 194 Sq 99
Salmi FIN 52 Cg 58
Salmi FIN 64 Cp 59
Salmiech F 172 Af 92
Salmijärvi FIN 37 Cq 50
Salminen FIN 54 Cp 55
Salmis S 36 Ch 49
Salmivaara FIN 30 Ch 45

Saint-Germain-de-la-Coudre – Salmivaara 393

Salmivaara FIN 37 Cr47
Salmoral E 192 Sk99
Salo E 189 Ad97
Salo FIN 63 Cg60
Salo FIN 63 Cm58
Salò I 132 Bb89
Salobral, El E 200 Sr103
Salobreña E 205 Sn107
Saločiai LT 214 Ci68
Saloinen FIN 43 Ci51
Saloinen FIN 63 Ck59
Salo-Issakka FIN 65 Cs58
Salokunta FIN 53 Ci57
Salokylä FIN 55 Ct55
Salokylä FIN 55 Da54
Salon F 161 Ai83
Salon-de-Provence F 179 Al93
Saloníki GR 282 Cb101
Saloníki = Thessaloníki GR 276 Cf99
Salonkylä FIN 43 Ch53
Salonpää FIN 55 Cu56
Salonta RO 245 Cd87
Salorino E 197 Sf102
Salornay-sur-Guye F 168 Ak87
Salorno I 132 Bc88
Salou E 188 Ac98
Salouël F 155 Ae81
Šalovci SLO 135 Bn87
Šalovo RUS 211 Cu63
Sálpi GR 279 Cl98
Salsadella = Salzedella, La E 195 Aa100
Salsån S 49 Bk55
Salsbruket N 39 Bd51
Salses F 178 Af95
Sâlsig RO 246 Cg85
Salsomaggiore Terme I 137 Au91
Salt E 189 Af97
Saltarö S 61 Bs62
Saltash GB 97 Sm80
Saltbæk DK 101 Bc69
Saltburn-by-the-Sea GB 85 St71
Saltcoats GB 78 Sl69
Saltfleet GB 85 Aa74
Salto P 191 Se97
Saltö S 68 Bc63
Saltoluoktafjällstation S 28 Br46
Salton GB 85 St72
Saltrød N 67 As64
Saltsjöbaden S 71 Br62
Saltum DK 100 Au66
Saltvik AX 61 Ca60
Saltvik S 73 Bo66
Saltvikhamn N 38 Bb53
Saluböle S 41 Bt54
Saludecio I 139 Bf93
Saludes de Castroponce E 184 Si96
Saluggia I 175 Ar90
Salungen S 59 Bf61
Salur TR 281 Cq100
Salurn = Salorno I 132 Bc88
Salussola I 130 Ar90
Saluzzo I 136 Aq91
Salva RO 246 Ci86
Salvacañete E 194 Sr100
Salvada P 203 Se105
Salvador de Zapardiel E 192 Sl98
Salvagnac F 177 Ad93
Salvaleón E 197 Sg103
Salvaterra de Magos P 196 Sc102
Salvaterra do Extremo P 197 Sg101
Salvaterra do Miño E 182 Sd96
Salvatierra E 186 Sq95
Salvatierra de Escá E 186 Ss95
Salvatierra de los Barros E 197 Sg104
Salve I 149 Br101
Salvetat-Peyralès, La F 171 Ae92
Salvetat-sur-Agout, La F 178 Af93
Salviac F 171 Ac91
Salvore = Savudrija HR 133 Bh90
Salwayash GB 97 Sp79
Salza di Pinerolo I 136 Ap91
Salzano I 133 Be89
Salzatal D 116 Bd77
Salzberg D 115 Au79
Salzbergen D 108 Ap76
Salzburg A 236 Bg85
Salzedella, La E 195 Aa100
Salzgitter D 116 Ba76
Salzhausen D 109 Ba74
Salzhemmendorf D 115 Au76
Salzkotten D 115 As77
Salzmünde D 116 Bd77
Salzwedel D 109 Bc75
Salzweg D 128 Bg83
Sama E 184 Si94
Šamac BIH 260 Br90
Samadet F 187 Su93
Samadrexhë RKS 270 Cc95
Samaila SRB 262 Cb93
Samala GB 74 Sf65
Şamalia MD 257 Cr88
Sámano E 185 So94
Samarina GR 276 Cc100
Samarinești RO 264 Cg91
Samassi I 141 As102
Samatan F 177 Ab94
Samatzai I 141 At102
Sambade P 191 Sg98
Sâmbăta RO 245 Ce87
Sâmbăta, Stațiunea RO 255 Ck89
Sâmbăta de Jos RO 255 Ck89
Sâmbăta de Sus RO 255 Ck89
Sambir UA 235 Cg81
Samboal E 193 Sm98
Samborowo PL 222 Bu73
Sambreville B 113 Ak80
Šambron SK 240 Cb82
Sambuc, le F 179 Ak93
Sambuca di Sicilia I 152 Bg105
Sambuca Pistoiese I 138 Bc92
Sâmburești RO 264 Ci91
Samedan CH 131 Au87
Samer F 154 Ad79
Sames E 184 Sk94
Sameteli TR 280 Cp100
Sámi GR 282 Cb104
Şamlar TR 281 Cs98
Sammakko S 35 Cd47
Sammakkola FIN 44 Cr53
Sammakkovaara FIN 55 Ct55
Sammaljärvi FIN 64 Cr58
Sammaljoki FIN 52 Cg58
Sámmarlappastugan S 33 Bp46
Sammatti FIN 53 Cg56
Sammatti FIN 63 Ch60
Sammi FIN 52 Ce57
Sammichele di Bari I 149 Bo99
Samnaun CH 132 Ba87
Samo I 151 Bn104
Samobor HR 135 Bm89
Samodiva BG 273 Cl98
Samodreža = Samadrexhë RKS 270 Cc95
Samoëns F 174 Ao88
Samões P 191 Sf98
Samokłęski PL 229 Ce78
Samokłęski Małe PL 221 Bq74
Samokov BG 272 Ch96
Samokov MK 271 Cc97
Samolva RUS 211 Cq64
Samora Correira P 196 Sc103
Šamoranovo BG 272 Cg96
Šamorín SK 238 Bp84
Samos E 183 Sf95
Sámos GR 289 Co105
Samoš SRB 253 Cb90
Samothráki GR 279 Cm100
Samovodene BG 273 Cm94
Samper de Calanda E 195 Su98
Sampeyre I 136 Ap91
Sampieri I 153 Bk107
Sampigny F 162 Am83
Samprizón E 182 Sd95
Sampu FIN 62 Cf58
Samro RUS 211 Cs63
Samson F 168 Am86
Samsonów PL 228 Cb79
Şamşud RO 246 Cf86
Samtens D 220 Bg72
Samuel P 190 Sc100
Samugheo I 141 As101
Samuilovo BG 274 Cn95
Samujlikovo RUS 211 Cr63
Saná GR 278 Cg99
San Abbondio CH 131 As88
Sanadinovo BG 265 Ck93
San Adrián E 186 Sr96
San Agustín E 202 Ri125
San Agustín de Guadalix E 193 Sn99
Sanaigmore GB 78 Sh69
Sânandrei RO 245 Cc89
San Andrés E 186 Sp96
San Andrés E 202 Re125
San Andrés E 202 Rh123
San Andrés de Aulestia (Etxebarría) E 186 Sq94
San Andrés de la Regla E 184 Sl95
San Andrés del Rey E 193 Sp99
San Andrés de San Pedro E 186 Sq97
San Andrés y Sauces E 202 Re123
San Antonino E 184 Sh94
San Antoniño (Barro) E 182 Sc95
San Antonio del Fontanar E 204 Sk106
San Antonio de Requena E 201 Ss101
Sanary-sur-Mer F 180 Am94
San Asensio E 186 Sp96
Sănătăuca MD 249 Cs84
Sanaüja E 188 Ac97
San Bartolomé E 203 Rn122
San Bartolomé de las Abiertas E 199 Sl101
San Bartolomé de la Torre E 203 Sf106
San Bartolomé de Pinares E 192 Sl99
San Bartolomé de Rueda E 184 Sk95
San Bartolomé de Tirajana E 202 Ri125
San Bartolomeo al Mare I 181 Ar93
San Bartolomeo in Galdo I 147 Bl98
San Bartolomeo Valmara I 131 As88
San Basilio I 149 Bo99
San Benedetto I 137 Au92
San Benedetto dei Marsi I 146 Bh96
San Benedetto del Tronto I 145 Bh95
San Benedetto in Alpe I 138 Bd93
San Benedetto Po I 138 Bb90
San Benedetto Val di Sambro I 138 Bc92
San Benito E 199 Sl103
San Benito de la Contienda E 197 Sf103
San Bernardino CH 131 At88
San Besso, Rifugio I 130 Aq89
San Biagio di Callalta I 133 Be89
San Biagio Platani I 152 Bh105
San Blas E 194 Ss100
San Bonifacio I 132 Bc90
San Buono I 145 Bk97
San Cadurniño = Avenida do Marqués de Figueroa E 182 Sd93
San Calixto E 198 Sk105
San Candido I 133 Be87
San Carlo CH 131 As88
San Carlo I 139 Be92
San Carlo I 152 Bg105
San Carlos del Valle E 199 So103
San Casciano dei Bagni I 144 Bd95
San Casciano in Val di Pesa I 143 Bc93
San Cassiano I 132 Bd87
San Cassiano I 138 Bd92
San Cataldo I 149 Br100
San Cataldo I 152 Bh106
San Cebrián de Campos E 184 Sl96
San Cebrián de Mazote E 192 Sk97
Sâncel RO 254 Ch88
Sancergues F 167 Af86
Sancerre F 167 Af86
San Cesario di Lecce I 149 Br100
Sancey-le-Grand F 124 Ao86
Sancheville F 160 Ad84
Sanchidrián E 192 Sl99
San Chirico Nuovo I 147 Bn99
San Chirico Raparo I 148 Bn100
Sancho Abarca E 186 Ss97
Sanchón de la Ribera E 191 Sh98
Sanchonuño E 193 Sm98
Sanchotello E 192 Si100
San Cibrao E 183 Sf93
San Cipirello I 152 Bg105
San Ciprián E 183 Sg96
San Ciprián = San Cibrao E 183 Sf93
San Cipriano Picentino I 147 Bk99
San Clemente E 200 Sq102
San Clemente E 206 Sp105
San Clemente I 138 Bc92
Sancoins F 167 Af87
San Colombano al Lambro I 137 At90
San Cosme (Barreiros) E 183 Sf93
San Costanzo I 139 Bg93
Sâncrăieni RO 255 Cm88
Sâncraiu RO 246 Cf87
San Cristóbal de Entreviñas E 184 Si96
San Cristóbal de La Laguna E 202 Rh124
San Cristóbal de la Vega E 192 Sl98
San Cristóbal de los Mochuelos E 191 Sh99
Sancti Petri E 204 Sh108
Sancti-Spíritus E 191 Sh99
Sancti-Spíritus E 198 Sk103
Sand A 237 Bi85
Sand D 163 Ar83
Sand N 26 Bg44
Sand N 56 An61
Sand N 58 Bc60
Sand N 58 Bc61
Sand N 58 Bd60
Sanda AX 62 Cb60
Sanda N 67 At62
Sanda S 61 Br60
San Damiano d'Asti I 136 Ar91
San Damiano Macra I 174 Ap92
Sandane N 46 An57
San Daniele del Friuli I 133 Bg88
San Daniele Po I 137 Ba90
Sandanski BG 272 Cg97
Sandared S 69 Bf65
Sandarne S 50 Bp58
Sandau (Elbe) D 110 Be75
Sandavágur FO 26 Sf56
Sandbach GB 93 Sq74
Sandbäckshult S 73 Bn66
Sandbakk N 27 Bl45
Sandberg D 121 Ba80
Sandbol S 69 Bf63
Sandbu N 57 As60
Sandbukt N 23 Cc41
Sandby DK 103 Bc71
Sandby S 60 Bq60
Sande D 108 Ar74
Sande D 115 As77
Sande N 46 Al56
Sande N 46 Am58
Sande N 46 Ao57
Sande N 56 An58
Sande N 58 Ba61
Sande, Enge- D 102 As71
Sandefjord N 68 Ba62
Sandeggen N 22 Bt41
Sandeid N 56 Am61
Sandem N 58 Bd61
San Demetrio Corone I 151 Bn101
San Demetrio ne'Vestini I 145 Bh96
Sanden N 57 As61
Sandersdorf-Brehna D 117 Be77
Sandersleben D 116 Bd77
Sanderstølen N 57 At59
Sandfors S 42 Cb51
Sandgerði IS 20 Qh26
Sandhamn S 71 Bs62
Sandhead GB 80 Sl71
Sandhem S 69 Bh65
Sandhult S 69 Bf65
Sandiás E 183 Se96
Sandillon F 166 Ae85
Sandim P 183 Sf97
Sandín E 183 Sh96
Sand in Taufers = Campo Tures I 132 Bd87
Sandl A 128 Bk83
Sandla EST 208 Cf64
Sandland N 23 Cd40
Sandnäset S 49 Bk55
Sandnes N 47 Ar55
Sandnes N 56 Al59
Sandnes N 66 Am63
Sandnes N 67 At62
Sandnes N 67 At63
Sandnesbotn N 27 Bn45
Sandneshamn N 22 Br41
Sandnessjøen N 32 Bf48
Sandö AX 62 Ca60
Sando E 192 Sh99
Sandö S 51 Bq55
San Domenico I 130 Ar88
Sandomierz PL 234 Cd79
Sândominic RO 255 Cm87
Sandon GB 94 Sq75
Sandön S 35 Ce49
San Donaci I 149 Bq100
San Donà di Piave I 133 Bf89
San Donato I 143 Bc95
San Donato di Ninea I 148 Bn101
San Donato Val di Comino I 146 Bh97
Sandørenget N 32 Bi49
Sándorfalva H 244 Ca88
San Dorligo della Valle I 134 Bh89
Sandoval de la Reina E 185 Sm95
Sandown GB 98 Ss79
Sandøy N 46 Ao55
Sandøy N 47 Ap54
Sandøysund N 68 Ba62
Sandra RO 245 Cb89
Sandrigo I 132 Bd89
Sandrovac HR 242 Bp89
Sandrovo BG 265 Cn93
Sandsbråten N 57 Au60
Sandsele S 34 Bq50
Sandsjö S 34 Bq50
Sandsjö S 41 Bq52
Sandsjö S 49 Bk57
Sandsjön S 59 Bi61
Sandsjönäs S 34 Bq50
Sandslån S 51 Bq54
Sandsnes N 58 Bc60
Sandsøy N 27 Bo43
Sandstad N 38 At53
Sandstad N 58 Be60
Sandstedt D 108 As74
Sandtorg N 27 Bo43
Sandträsk S 35 Cc48
Sandudden S 35 Cf48
Săndulení RO 256 Co88
Săndulești RO 254 Ch87
Sandum N 57 Au60
Sandur FO 26 Sg57
Sandvad S 70 Bm62
Sandvarp S 51 Br55
Sandvatn N 66 Ao64
Sandve N 66 Al62
Sandved DK 104 Bd70
Sandvid N 32 Bg49
Sandvig DK 104 Be70
Sandvig DK 105 Bk70
Sandvik FO 26 Sg57
Sandvik N 22 Bs41
Sandvik N 27 Bi46
Sandvik N 27 Bn43
Sandvik N 32 Bf49
Sandvik N 46 Al56
Sandvik N 48 Bd58
Sandvik S 50 Bn57
Sandvik S 70 Bl64
Sandvik S 72 Bg66
Sandvik S 73 Bo66
Sandvika N 58 Bb61
Sandvika S 39 Be53
Sandvika fjellstue N 39 Be53
Sandvikdal N 66 Ao64
Sandviken S 39 Bg53
Sandviken S 49 Bh56
Sandviken S 60 Bo59
Sandviken S 71 Bq62
Sandvikhamn N 56 Al60
Sandviki N 47 Ap58
Sandvikvåg N 56 Al61
Sandwich GB 95 Ac78
Sandwick GB 77 Ss61
Sandy GB 94 Su76
Sandygate GBM 80 Sl72
San Elia I 141 At102
Sanem L 162 Am81
San Emiliano E 184 Sh95
San Esteban E 183 Sg94
San Esteban E 184 Sh93
San Esteban = Santo Estevo E 183 Se94
San Esteban de Gormaz E 193 So97
San Esteban de Litera E 187 Aa97
San Esteban del Molar E 184 Si97
San Esteban del Valle E 192 Sl100
San Esteban de Nogales E 184 Si96
San Esteban de Valdueza E 183 Sg95
San Fele I 148 Bm99
San Felice Circeo I 146 Bg98
San Felices de los Gallegos E 191 Sg99
San Felice sul Panaro I 138 Bc91
San Feliz de Torío E 184 Si95
San Ferdinando I 151 Bm104
San Ferdinando di Puglia I 147 Bn98
San Fernando E 204 Sh108
San Fernando de Henares E 193 Sn100
San Fili I 151 Bn102
San Filippo e Giacomo I 152 Bf105
Sanfins do Douro P 191 Se98
San Fiurenzu = Saint-Florent F 181 At95
San Francesco I 133 Bf88
San Francisco de Olivenza E 197 Sf103
San Fratello I 153 Bk104
Sanfront I 136 Ap91
Sånga S 50 Bq54
Sangalhos P 190 Sd100
Sangarcía E 193 Sm99
Sangarrén E 187 Su96
Sangás GR 286 Ce105
Sangaste EST 210 Cn65
Sangatte F 95 Ad79
San Gavino Monreale I 141 As101
San Gemini I 144 Bf95
San Genesio Atesino I 132 Bc87
San Genesio ed Uniti I 175 At90
Sângeorgiu de Mureș RO 255 Ck87
Sângeorgiu de Pădure RO 255 Ck88
Sângeorz-Băi RO 247 Ck86
Sânger RO 254 Ci87
Sangerhausen D 116 Bc78
San Germano Chisone I 174 Ap91
San Germano Vercellese I 130 Ar90
Săngeru RO 266 Cn90
San Giacomo I 132 Bd87
San Gillio I 136 Aq90
San Gimignano I 138 Bc94
San Ginesio I 145 Bg94
Sangineto Lido I 151 Bm101
Sanginjoki FIN 44 Cn51
Sanginkylä FIN 44 Co51
San Giobbe I 138 Bc91
San Giorgio I 153 Bk104
San Giorgio Albanese I 151 Bn101
San Giorgio a Liri I 146 Bh98
San Giorgio Canavese I 130 Aq90
San Giorgio della Richinvelda I 133 Bf88
San Giorgio del Sannio I 147 Bk98
San Giorgio di Lomellina I 137 As90
San Giorgio di Nogaro I 133 Bg89
San Giorgio di Piano I 138 Bc91
San Giorgio in Bosco I 132 Bd89
San Giorgio Ionico I 149 Bp100
San Giorgio la Molara I 147 Bk98
San Giorgio Lucano I 148 Bn100
San Giorgio Piacentino I 137 Au91
San Giovanni I 133 Bf88
San Giovanni Bianco I 131 Au89
San Giovanni d'Asso I 144 Bd94
San Giovanni di Sinis I 141 Ar101
San Giovanni Incarico I 146 Bh97
San Giovanni in Croce I 138 Ba90
San Giovanni in Fiore I 151 Bo102
San Giovanni in Galilea I 139 Be93
San Giovanni in Marignano I 139 Bf93
San Giovanni in Persiceto I 138 Bc91
San Giovanni la Punta I 153 Bl105
San Giovanni Rotondo I 147 Bm97
San Giovanni Suergiu I 141 As102
San Giovanni Teatino I 145 Bi96
San Giovanni Valdarno I 138 Bd93
Sangis S 35 Cg49
San Giuliano I 133 Be90
San Giuliano Nuovo I 137 As91
San Giuliano Terme I 138 Ba93
San Giuseppe Vesuviano I 147 Bk99
San Giustino I 139 Be93
San Godenzo I 138 Bd93
Sangonera La Verde E 207 Ss105
San Gregorio I 153 Bm104
San Gregorio da Sassola I 146 Bf97
San Gregorio Magno I 148 Bl99
Sangrūda LT 224 Cg72
Sångshyttan S 59 Bi61
Sangüesa E 176 Ss95
Sanguinet F 170 Ss92
Sanguinetto I 138 Bc90
Saní GR 278 Cg100
Sanica BIH 259 Bo91
San Ildefonso o La Granja E 193 Sm99
Sanilhac F 171 Ab90
San Isidro de Níjar E 206 Sq107
Sanislău RO 245 Ce85
Sanitz D 104 Be72
San Javier E 207 St105
San Jorge = Sant Jordi del Maestrat E 195 Aa99
San José E 206 Sq107
San José de la Rábita E 205 Sm106
San José de la Rinconada E 204 Si106
San José del Valle E 204 Si107
San Juan E 185 Sn96
San Juan E 202 Rg124
San Juan d'Alacant E 201 Su104
San Juan de Alicante = San Juan d'Alacant E 201 Su104
San Juan de Aznalfarache E 204 Sh106
San Juan de la Encinilla E 192 Sl99
San Juan de la Nava E 192 Sl100
San Juan de la Rambla E 202 Rg124
San Juan de los Terreros E 206 Sr106
San Juan del Puerto E 203 Sg106
San Juan de Nieva E 184 Si93
San Juan de Plan E 188 Aa95
San Justo de la Vega E 184 Sh96
Sankikangas FIN 37 Ct49
Sankola FIN 63 Ck58
Sankt Andrä A 133 Be86
Sankt Andrä A 134 Bk87
Sankt Andrä = Sant'Andrea in Monte I 132 Bd87
Sankt Andrä-Wördern A 238 Bn84
Sankt Andreasberg D 116 Bb77
Sankt Anna S 70 Bo64
Sankt Anna am Aigen A 242 Bm87
Sankt Anton am Arlberg A 132 Ba86
Sankt Anton an der Jeßnitz A 237 Bl85
Sankt Anton im Montafon A 131 Au86
Sankt Augustin D 114 Ap79
Sankt Barbara im Mürztal A 242 Bm85
Sankt Blasien D 124 Ar85
Sankt Christina in Gröden = Santa Cristina Valgardena I 132 Bd87
Sankt Christoph am Arlberg A 131 Ba86
Sankt Englmar D 123 Bf82
Sankt Gallen A 128 Bk85
Sankt Gallen CH 125 At86
Sankt Gallenkirch A 131 Au86
Sankt Georgen am Fillmannsbach A 236 Bg84
Sankt Georgen am Längsee A 134 Bi87
Sankt Georgen am Reith A 237 Bk85
Sankt Georgen an der Gusen A 237 Bi84
Sankt Georgen an der Stiefing A 135 Bm87
Sankt Georgen bei Salzburg A 128 Bf84
Sankt Georgen im Attergau A 236 Bg85
Sankt Georgen im Lavanttal A 134 Bk87
Sankt Georgen im Schwarzwald D 125 Ar84
Sankt Georgen ob Judenburg A 128 Bi86
Sankt Gertraud = Santa Gertrude I 132 Bb88
Sankt Gilgen A 128 Bg85
Sankt Goar D 120 Aq80
Sankt Goarshausen D 120 Aq80
Sankt Heinrich D 126 Bc85
Sankt Ingbert D 163 Ap82
Sankt Jacob, Mülsen D 117 Bf79
Sankt Jakob = San Giacomo I 132 Bd87
Sankt Jakob bei Mixnitz A 129 Bl86
Sankt Jakob im Lesachtal A 133 Bf87
Sankt Jakob im Rosental A 134 Bi87
Sankt Jakob im Rosental = Šentjakob v Rožu A 134 Bi87
Sankt Jakob in Defereggen A 133 Be87
Sankt Johann am Tauern A 128 Bi86
Sankt Johann am Walde A 127 Bg84
Sankt Johann im Pongau A 127 Bg86
Sankt Johann in Tirol A 127 Be85
Sankt Kanzian am Klopeiner See A 134 Bk87
Sankt Kassian = San Cassiano I 132 Bd87
Sankt Katharein, Tragöß- A 129 Bl86
Sankt Katharinen D 120 Ap79
Sankt Lambrecht A 134 Bi86
Sankt Leonhard A 134 Bi87
Sankt Leonhard am Forst A 237 Bl84
Sankt Leonhard an der Saualpe A 134 Bk87
Sankt Leonhard im Pitztal A 132 Bb86
Sankt Leonhard in Passeier = San Leonardo in Passiria I 132 Bc87
Sankt Lorenzen = San Lorenzo di Sebato I 132 Bd87
Sankt Lorenzen im Lesachtal A 133 Bf87
Sankt Magdalena = Santa Maddalena I 132 Bd87
Sankt Magdalena = Santa Maddalena I 132 Bd87
Sankt Marein bei Graz A 135 Bm86
Sankt Marein im Mürztal A 129 Bl86
Sankt Margareten im Rosental A 134 Bi87
Sankt Margarethen D 103 At73
Sankt Margarethen an der Raab A 135 Bm86
Sankt Margarethen im Burgenland A 238 Bo85
Sankt Margarethen im Lavanttal A 134 Bk87
Sankt Märgen D 124 Ar84
Sankt Margrethen CH 125 Au86
Sankt Marien A 237 Bi84
Sankt Marienkirchen bei Schärding A 127 Bg84
Sankt Martin A 127 Bg86
Sankt Martin A 128 Bk83
Sankt Martin CH 131 At87
Sankt Martin im Innkreis A 127 Bg84
Sankt Martin im Sulmtal A 135 Bl87
Sankt Michael A 237 Bl84
Sankt Michael im Burgenland A 135 Bn86
Sankt Michael im Lungau A 133 Bh86
Sankt Michael in Obersteiermark A 129 Bl86
Sankt Michaelisdonn D 103 At73
Sankt Michel = Mikkeli FIN 54 Cp57
Sankt Moritz CH 131 Au88
Sankt Niklaus CH 130 Aq88
Sankt Nikola an der Donau A 237 Bk84
Sankt Nikolai im Sölktal A 128 Bi86
Sankt Olav N 58 Bc59
Sankt Olof S 73 Bi69
Sankt Oswald A 133 Bh87
Sankt Oswald bei Freistadt A 128 Bk83
Sankt Oswald bei Plankenwarth A 135 Bl86
Sankt Oswald in Freiland A 135 Bl87
Sankt Oswald-Möderbrugg A 128 Bk86
Sankt Oswald ob Eibiswald A 135 Bl87
Sankt Oswald-Riedlhütte D 123 Bg83
Sankt Pankraz = San Pancrazio I 132 Bc87
Sankt Pauli D 109 Au73
Sankt Paul im Lavanttal A 134 Bk87
Sankt Peter = San Pietro I 133 Be86
Sankt Peter, Westerndorf D 236 Be85
Sankt Peter am Kammersberg A 128 Bi86
Sankt Peter am Ottersbach A 242 Bm87
Sankt-Peterburg RUS 65 Da61
Sankt Peter im Lavanttal A 134 Bk86
Sankt Peter in der Au A 128 Bk84
Sankt Peter-Ording D 102 As72
Sankt Peter-Pagig CH 131 Au87
Sankt Peterzell CH 125 At86
Sankt Pölten A 237 Bm84
Sankt Radegund bei Graz A 129 Bl86
Sankt Ruprecht an der Raab A 242 Bm86
Sankt Salvator A 134 Bi87
Sankt Sigfrid S 73 Bn67
Sankt Sigmund im Sellrain A 126 Bc86
Sankt Stefan A 134 Bk87
Sankt Stefan an der Gail A 133 Bh87
Sankt Stefan im Rosental A 242 Bm87
Sankt Stefan ob Stainz A 135 Bl87
Sankt Thomas am Blasenstein A 237 Bk84
Sankt Ulrich = Ortisei I 132 Bd87
Sankt Ulrich am Pillersee A 127 Bf85
Sankt Urban A 134 Bi87
Sankt Valentin A 128 Bk84
Sankt Valentin auf der Haide = San Valentino alla Muta I 131 Bb87
Sankt Veit, Neumarkt- D 236 Bf84
Sankt Veit an der Glan A 134 Bi87
Sankt Veit im Mühlkreis A 128 Bi84
Sankt Veit in Defereggen A 133 Be87
Sankt-Vith = Saint-Vith B 119 An80
Sankt Wendel D 163 Ap82
Sankt Willibald A 127 Bh84
Sankt Wolfgang A 134 Bk86
Sankt Wolfgang D 127 Be84
Sankt Wolfgang im Salzkammergut A 127 Bg85
San Lazzaro di Savena I 138 Bc92
San Leo I 139 Be93
San Leonardo de Siete Fuentes I 140 As100
San Leonardo de Yagüe E 185 So97
San Leonardo in Passiria I 132 Bc87
San Leone I 152 Bh106
San Lorenzo E 193 Sm99
San Lorenzo al Mare I 136 Aq93
San Lorenzo a Merse I 144 Bc94
San Lorenzo Bellizzi I 148 Bn101
San Lorenzo de Calatrava E 199 Sn104
San Lorenzo de la Parrilla E 194 Sq101
San Lorenzo di Sebato I 132 Bd87
San Lorenzo in Campo I 139 Bf93
San Lorenzo Nuovo I 144 Bd95
San Lovrenzo = Lovreč HR 133 Bh90
San Luca I 151 Bn104
Sanlúcar de Barrameda E 203 Sh107
Sanlúcar de Guadiana E 203 Sf106
Sanlúcar la Mayor E 204 Sh106
San Lucido I 151 Bn102
San Lugano I 132 Bc88
San Luis de Sabinillas E 204 Sk108
Sanluri I 141 As101
San Mamés E 185 Sp94
San Marcello Pistoiese I 138 Bb92
San Marco I 148 Bk100
San Marco Argentano I 151 Bn101
San Marco dei Cavoti I 147 Bk98
San Marco in Lamis I 147 Bm97
San Marco la Catola I 147 Bl97
San Marcos E 182 Sd95
San Marcos, Cuevas de E 205 Sm106
San Marino RSM 139 Be93
San Martín E 191 Sg98
Sânmartin RO 245 Cc88
Sânmartin RO 245 Cd86
Sânmărtin RO 246 Ci86
Sânmartin RO 255 Cm88
San Martín = San Martino (Neira de Rei) E 183 Sf95
San Martín de Boniches E 194 Sr101
San Martín de Castañeda E 183 Sg96
San Martín de la Vega E 193 Sn100
San Martín de los Herreros E 184 Sl95
San Martín del Pedroso E 191 Sg97
San Martín del Pimpollar E 192 Sk100
San Martín de Montalbán E 199 Sm101
San Martín de Oscos (Samartiín) E 183 Sg94
San Martín de Pusa E 199 Sl101
San Martín de Trevejo E 191 Sg100
San Martín de Unx E 176 Sr95
San Martín de Valdeiglesias E 193 Sm100
San Martín de Valderaduey E 184 Sk97
San Martino I 175 As92
San Martino (Neira de Rei) E 183 Sf95
San Martino al Cimino I 144 Be96
San Martino dall'Argine I 138 Bb90
San Martiño de Cambre = Cambre E 182 Sd94
San Martino di Campagna I 133 Bf88
San Martino di Castrozza I 132 Bd88
San Martino di Venezze I 138 Bd90
San Martín o el Tesorillo E 204 Sk108
San Martino in Colle I 144 Be94
San Martín Sarroca = Sant Martí Sarroca E 189 Ad98
San Mateo de Gállego E 187 St97
San Mateu = Sant Mateu E 195 Aa100
San Maurizio I 130 Ar89
San Maurizio Canavese I 175 Aq90
San Mauro Castelverde I 150 Bi105
San Mauro Forte I 147 Bn100
San Mauro Marchesato I 151 Bo102
San Menaio I 147 Bm97
San Michele I 146 Bf98
San Michele all'Adige I 132 Bc88
San Michele al Tagliamento I 133 Bf89
San Michele di Ganzaria I 153 Bi106
San Michele Extra I 132 Bc90
San Michele Mondovì I 175 Aq92
San Michele Salentino I 149 Bq99
Sânmiclăuș RO 254 Ci88
San Miguel E 202 Rg124
San Miguel de Bernuy E 193 Sn98
San Miguel del Arroyo E 193 Sm98
San Miguel de las Dueñas E 183 Sg95
San Miguel de Salinas E 201 St105
Sânmihaiu Almașului RO 246 Cg86
Sânmihaiu de Cimpâe RO 246 Ci87

394 Salmivaara – Sânmihaiu de Cimpâe

San Millán de la Cogolla **E** 185 Sp96
San Millán de San Zadornil **E** 185 So95
San Millao **E** 183 Se97
San Miniato **I** 143 Bb93
San Muñoz **E** 192 Sh99
Sannahed **S** 70 Bl62
Sannainen **FIN** 64 Cm60
Sannäs = Sannainen **FIN** 64 Cm60
Sannazzaro de'Burgondi **I** 137 As90
San Nazzaro Val Cavargna **I** 131 At88
Sanne **S** 49 Bi55
Sanne **S** 68 Bd63
Sannerud **S** 68 Bd62
Sannicandro di Bari **I** 149 Bo99
San Nicandro Garganico **I** 147 Bm97
San Nicola da Crissa **I** 151 Bn103
San Nicola dell'Alto **I** 151 Bo102
San Nicola di Tremiti **I** 147 Bm96
San Nicola l'Arena **I** 152 Bh104
San Nicolás, La Aldea de **E** 202 Ri125
San Nicolás del Puerto **E** 204 Si104
San Nicolás de Tolentino = La Aldea de San Nicolás **E** 202 Ri125
Sânnicolau Mare **RO** 252 Cb88
San Nicolò **I** 138 Bd91
San Nicolò d'Arcidano **I** 141 As101
San Nicolò Gerrei **I** 141 At102
Sannidal **N** 67 At63
Sanniki **PL** 228 Bu76
Sänningstjärn **S** 50 Bo56
Sänningsvallen **S** 50 Bm56
Sanok **PL** 241 Ce81
Šanovo **BG** 274 Cm95
San Pablo = Sant Pau **E** 195 Su100
San Pablo de los Montes **E** 199 Sm101
San Pablo o Buceite **E** 204 Sk108
San Pancrazio **I** 132 Bc87
San Pancrazio Salentino **I** 149 Bq100
San Pantaleo **I** 140 At98
San Pantaleón de Losa **E** 185 So95
San Paolo **I** 131 Ba90
San Paolo **I** 153 Bl107
San Paolo Cervo **I** 130 Ar89
San Paolo di Civitate **I** 147 Bl97
San Pedro **E** 185 Sn94
San Pedro **E** 200 Sq103
San Pedro Alcántara **E** 204 Sl108
San Pedro Cansoles **E** 184 Sl95
San Pedro de Ceque **E** 184 Sh96
San Pedro del Arroyo **E** 192 Sl99
San Pedro de las Dueñas **E** 184 Sk96
San Pedro de Latarce **E** 192 Sk97
San Pedro del Pinatar **E** 207 St105
San Pedro del Romeral **E** 185 Sn94
San Pedro del Valle **E** 192 Si98
San Pedro de Mérida **E** 198 Sh103
San Pedro de Ribas = Sant Pere de Ribes **E** 189 Ad98
San Pedro de Riudevitlles = Sant Pere de Riudebitlles **E** 189 Ad98
San Pedro de Valderaduey **E** 184 Sl96
San Pedro Manrique **E** 186 Sq96
San Pedro Palmiches **E** 194 Sq100
San Pelaio = San Pelayo **E** 185 Sp94
San Pelayo **E** 185 Sp94
San Pellegrino Terme **I** 131 Au89
Sânpetru **RO** 255 Cm89
Sânpetru de Câmpie **RO** 254 Ci87
Sânpetru Mare **RO** 253 Cb88
San Piero a Sieve **I** 138 Bc93
San Piero in Bagno **I** 138 Bd93
San Piero Patti **I** 150 Bk104
San Pietro **I** 131 At88
San Pietro **I** 133 Be86
San Pietro **I** 150 Bl103
San Pietro al Natisone **I** 134 Bg88
San Pietro di Cadore **I** 133 Bf87
San Pietro in Bevagna **I** 149 Bq100
San Pietro in Cariano **I** 132 Bb89
San Pietro in Casale **I** 138 Bc91
San Pietro in Gu **I** 132 Bd89
San Pietro in Palazzi **I** 143 Bb94
San Pietro in Vincoli **I** 139 Be92
San Pietro in Volta **I** 133 Be90
San Pietro Vara **I** 137 Au92
San Pietro Vernotico **I** 149 Bq100
San Polo d'Enza **I** 138 Ba91
San Priamo **I** 141 Au102
Sanquhar **GB** 79 Sn70
San Quintín de Mediona = Sant Quintí de Mediona **E** 189 Ad98
San Quirico **I** 138 Bb93
San Quirico d'Orcia **I** 144 Bd94
San Rafael **E** 193 Sm99
San Rafael del Río = Sant Rafael del Maestrat **E** 195 Aa99
Sanremo **I** 181 Aq93
San Remo = Sanremo **I** 181 Aq93
San Rocco Cadarese **I** 130 Ar88
San Román **E** 183 Sf95
San Román **E** 185 Sn94
San Román de Hornija **E** 192 Sk98
San Román de la Cuba **E** 184 Sl96
San Román de los Montes **E** 192 Sl100
San Román el Antiguo **E** 184 Si96
San Roque **E** 204 Sk108
San Roque (Coristanco) **E** 182 Sc94
San Sadurní de Noya = Sant Sadurní d'Anoia **E** 189 Ad98
San Sadurniño = Avenida do Marqués de Figueroa **E** 182 Sd93
Sansais **F** 165 St88
San Salvador de Cantamuda **E** 185 Sm95
San Salvatore **I** 137 Ba90
San Salvatore **I** 141 Ar101
San Salvatore Monferrato **I** 175 As91
San Salvatore Telesino **I** 146 Bi98
San Salvo **I** 147 Bk96
San Salvo Marina **I** 147 Bk96
San Sebastián **E** 185 Sm94
San Sebastián, Donostia / **E** 186 Sr94
San Sebastián de La Gomera **E** 202 Rf124
San Sebastián de los Ballesteros **E** 204 Sl105
San Sebastián de los Reyes **E** 193 Sn99
San Sebastiano Curone **I** 175 At91
San Secondo Parmense **I** 137 Ba91
Sansepolcro **I** 139 Be93
San Severino Lucano **I** 148 Bn100
San Severino Marche **I** 145 Bg94
San Severo **I** 147 Bl97
San Silvestre de Guzmán **E** 203 Sf106
Sânsimion **RO** 255 Cm88
Sanski Most **BIH** 259 Bo91
San Sosti **I** 151 Bn101
San Sperate **I** 141 At102
San Stefano **BG** 275 Co95
Şanţ **RO** 247 Ck86
Santa, La **E** 203 Rn122
Santa Agnès de Corona **E** 206 Ac102
Santa Amalia **E** 198 Sh102
Santa Ana **E** 200 Sq103
Santa Ana **E** 200 Sr103
Santa Ana **E** 205 Sn106
Santa Bárbara **E** 185 Sm96
Santa Bàrbara **E** 195 Aa99
Santa Bárbara **E** 201 Ss102
Santa Bárbara **E** 206 Sr106
Santa Bárbara (Pico) **P** 190 Qd104
Santa Bárbara (Santa Maria) **P** 182 Qk107
Santa Bárbara (Terceira) **P** 182 Qf103
Santa Bárbara de Casa **E** 203 Sf105
Santa Bárbara de Nexe **P** 203 Se106
Santa Bárbara de Padrões **P** 203 Se105
Santa Brígida **E** 199 Sm104
Santa Brígida **E** 202 Ri124
Santacara **E** 176 Sr96
Santa Catarina da Fonte do Bispo **P** 203 Se106
Santa Catarina da Serra **P** 196 Sc101
Santa Caterina **I** 132 Bc87
Santa Caterina dello Ionio **I** 151 Bo103
Santa Caterina dello Ionio-Marina **I** 151 Bo103
Santa Caterina di Pittinuri **I** 141 Ar100
Santa Caterina Valfurva **I** 132 Ba88
Santa Caterina Villarmosa **I** 153 Bi105
Santa Cecilia del Alcor **E** 184 Sl97
Santa Clara-a-Velha **P** 202 Sd105
Santa Clara de Louredo **P** 197 Se105
Santa Coloma de Farners **E** 189 Af97
Santa Coloma de Queralt **E** 188 Ac97
Santa Colomba **E** 183 Sg94
Santa Colomba de Somoza **E** 184 Sh96
Santa Comba **E** 182 Sc94
Santa Comba Dão **P** 190 Sd100
Santa Cristina de la Polvorosa **E** 184 Si97
Santa Cristina Valgardena **I** 132 Bd87
Santa Croce **I** 133 Bh89
Santa Croce Camerina **I** 153 Bk107
Santa Croce di Magliano **I** 147 Bl97
Santa Croce sull'Arno **I** 138 Bb93
Santa Croya de Tera **E** 184 Si97
Santa Cruz **E** 205 Sl105
Santa Cruz **P** 196 Sb102
Santa Cruz **P** 203 Se106
Santa Cruz **P** 190 Rg115
Santa Cruz da Graciosa **P** 190 Qd102
Santa Cruz das Flores **P** 182 Ps102
Santa Cruz da Trapa **P** 190 Sd99
Santa Cruz de Alhalma o del Comercio **E** 205 Sn106
Santa Cruz de Campezo **E** 186 Sq95
Santa Cruz de Grío **E** 194 Ss98
Santa Cruz de la Palma **E** 202 Re123
Santa Cruz de la Serós **E** 187 St95
Santa Cruz de la Zarza **E** 193 So101
Santa Cruz de Llanera **E** 184 Si94
Santa Cruz del Retamar **E** 193 Sm100
Santa Cruz de Moya **E** 194 Ss101
Santa Cruz de Mudela **E** 199 So103
Santa Cruz de Tenerife **E** 202 Rh124
Santa Cruz de Yanguas **E** 186 Sq96
Santadi **I** 141 As102
Santa Domenica Talao **I** 148 Bm101
Santa Domenica Vittoria **I** 150 Bk105
Sant'Adriano **I** 138 Bd92
Santa Elena **E** 199 Sn104
Santa Elena de Emera = Santa Elena de Emerando **E** 185 Sp94
Santa Elena de Emerando **E** 185 Sp94
Santa Elisabetta **I** 152 Bh106
Santaella **E** 204 Sl105
Santa Engracia **E** 186 Ss97
Santa Espina, La **E** 192 Sk97
Santa Eufemia **E** 183 Se96
Santa Eufemia **E** 198 Sl103
Santa Eufémia **P** 191 Sf99
Santa Eufemia Lamezia **I** 151 Bn103
Santa Eugènia **E** 206-207 Af101
Santa Eugenia (Ribeira) = Santa Uxía (Ribeira) **E** 182 Sc95
Santa Eugènia de Berga **E** 189 Ae97
Santa Eulalia **E** 184 Sk94
Santa Eulalia **E** 194 Ss99
Santa Eulália **P** 197 Sf102
Santa Eulalia de Gállego **E** 187 St96
Santa Eulalia de Oscos (Santalla d'Ozcos) **E** 183 Sf94
Santa Eulàlia de Riuprimer **E** 189 Ae97
Santa Eulalia de Tineo **E** 183 Sh94
Santa Eulària des Riu **E** 206 Ad103
Santa Fé **E** 205 Sn106
Santa Fiora **I** 144 Bd95
Santa Gadea **E** 185 Sn95
Santa Gadea del Cid **E** 185 So95
Sant'Agata **I** 153 Bm104
Sant'Agata de'Goti **I** 147 Bk98
Sant'Agata di Esaro **I** 151 Bm101
Sant'Agata di Militello **I** 153 Bk104
Sant'Agata di Puglia **I** 148 Bl98
Sant'Agata Feltria **I** 139 Be93
Sant'Agata sui Due Golfi **I** 146 Bi99
Santa Gertrude **I** 132 Bb88
Santa Gertrudis de Fruitera **E** 206 Ac103
Santa Giuletta **I** 137 At90
Santa Giulia **I** 139 Be91
Santa Giusta **I** 141 As101
Santa Giustina **I** 133 Be88
Sant'Agostino **I** 138 Bc91
Sant Agustí de Lluçanès **E** 189 Ae96
Sant Agustí des Vedrà **E** 206 Ac103
Santahamina **FIN** 63 Cl60
Santaika **LT** 217 Ch72
Santa Isabel **E** 195 St97
Sant'Alberto **I** 139 Be91
Sant-Albin-an-Hiliber = Saint-Aubin-du-Cormier **F** 159 Ss84
Sant-Albin-Elvinieg = Saint-Aubin-d'Aubigné **F** 158 Sr84
Santalha **P** 183 Sf97
Santa Liestra y San Quílez **E** 187 Aa96
Sant Altoni de Calonge **E** 189 Ag97
Santa Lucía **E** 202 Ri125
Santa Lucia **I** 140 Au99
Santa Lucía (Moraña) **E** 182 Sc95
Santa Lucia del Mela **I** 150 Bl104
Santa Lucia di Portivechju = Sainte-Lucie-de-Porto-Vecchio **F** 181 At97
Santa Luzia **P** 202 Sd105
Santa Luzia **P** 190 Qd103
Santa Maddalena **I** 132 Bd87
Santa Maddalena **I** 133 Be87
Santa Magdalena de Polpís **E** 195 Aa100
Santa Magdalena de Pulpis = Santa Magdalena de Polpís **E** 195 Aa100
Santa Mare **RO** 248 Cp85
Santa Margalida **E** 207 Ag101
Santa Margarida da Serra **P** 196 Sc104
Santa Margarida de Montbui **E** 189 Ad97
Santa Margarida do Sado **P** 196 Sd104
Santa Margherita **I** 141 As103
Santa Margherita di Belice **I** 152 Bg105
Santa Margherita Ligure **I** 175 At92
Santa María **E** 176 St96
Santa Maria, el Pla de **E** 188 Ac98
Santa Maria al Bagno **I** 149 Br100
Santa Maria a Monte **I** 138 Bb93
Santa Maria Capua Vetere **I** 146 Bi98
Santa Maria da Feira **P** 190 Sc99
Santa María de Arzúa = Arzúa **E** 182 Sd95
Santa Maria de Corcó **E** 189 Ae96
Santa María de Getxo **E** 185 So94
Santa Maria degli Angeli **I** 144 Bf94
Santa María de Huerta **E** 194 Sq98
Santa Maria dei Sabbioni **I** 137 Au90
Santa María del Águila **E** 206 Sp107
Santa María de las Hoyas **E** 185 So97
Santa María de la Vega **E** 184 Si96
Santa María del Berrocal **E** 192 Sk99
Santa Maria del Camí **E** 206-207 Af101
Santa María del Campo **E** 185 Sn96
Santa María del Campo Rus **E** 200 Sq101
Santa Maria del Cedro **I** 148 Bm101
Santa María del Espino **E** 194 Sq99
Santa Maria della Versa **I** 137 At91
Santa María de los Caballeros **E** 192 Sk100
Santa María del Páramo **E** 184 Si96
Santa Maria del Taro **I** 137 At92
Santa María de Mave **E** 185 Sm95
Santa María de Nava la Zapatera u Hoya de Santa María **E** 204 Sh104
Santa María de Nieva **E** 206 Sr106
Santa María de Redondo **E** 185 Sm95
Santa María de Riaza **E** 193 So98
Santa María de Trassierra **E** 204 Sl105
Santa Maria di Licodia **I** 153 Bk105
Santa María la Real de Nieva **E** 193 Sm98
Santa Maria Maggiore **I** 130 Ar88
Santa Maria Navarrese **I** 141 Au101
Santa Maria Nuova **I** 139 Bg94
Sântămăria-Orlea **RO** 254 Cf89
Santa Maria Rezzonico **I** 175 At88
Santa Maria Val Mustair **CH** 132 Ba87
Santa Marina **E** 184 Si94
Santa Marina **I** 150 Bl104
Santa Marina del Rey **E** 184 Si95
Santa Marina del Sil **E** 183 Sg95
Santa Marina Salina **I** 153 Bk103
Santa Marinella **I** 144 Bd96
Santa Marta **E** 197 Sg103
Santa Marta **E** 200 Sq102
Santa Marta de Magasca **E** 198 Sh101
Santa Marta de Penaguião **P** 191 Se98
Santa Marta de Tormes **E** 192 Si99
Santana **E** 184 Sl95
Santana **P** 196 Sb104
Santana **P** 190 Rg115
Sântana **RO** 245 Cd88
Santana da Serra **P** 202 Sd105
Sântana de Mureș **RO** 255 Ck87
Sant'Anatolia di Narco **I** 144 Bf95
Santander **E** 185 Sn94
Sant'Andrea Apostolo dello Ionio **I** 151 Bo103
Sant'Andrea Bagni **I** 137 Ba91
Sant'Andrea Frius **I** 141 At102
Sant'Andrea in Monte **I** 132 Bd87
Sântandrei **RO** 245 Cd86
Sant Andreu de Llavaneres **E** 189 Ae97
Sant'Angelo **I** 133 Be89
Sant'Angelo **I** 146 Bh99
Sant'Angelo **I** 151 Bn103
Sant'Angelo a Fasanella **I** 147 Bl100
Sant'Angelo d'Alife **I** 146 Bi98
Sant'Angelo dei Lombardi **I** 147 Bl99
Sant'Angelo di Brolo **I** 150 Bk104
Sant'Angelo in Lizzola **I** 139 Bf93
Sant'Angelo in Pontano **I** 145 Bg94
Sant'Angelo in Vado **I** 139 Be93
Sant'Angelo Lodigiano **I** 137 At90
Santa Ninfa **I** 152 Bf105
Sant'Anna **I** 151 Bn104
Sant'Anna Arresi **I** 141 As102
Sant'Anna di Valdieri **I** 136 Ap92
Sant'Anna Pelago **I** 138 Bb92
Sant'Antioco **I** 141 Ar102
Sant'Antioco di Bisarcio **I** 140 As99
Sant'Antone = Saint-Antoine **F** 142 At96
Sant Antoni Abat = Sant Antoni de Portmany **E** 206 Ac103
Sant Antoni de Llombai **E** 201 St102
Sant Antoni de Portmany **E** 206 Ac103
Sant'Antonino di Susa **I** 136 Ap90
Sant'Antonio **I** 138 Bd91
Sant'Antonio di Gallura **I** 140 At99
Sant'Antonio di Santadi **I** 141 Ar101
Santanyí **E** 207 Ag102
Santa Olaja de la Acción **E** 184 Sk95
Santa Olaja de la Vega **E** 184 Sl95
Santa Olalla **E** 193 Sm100
Santa Olalla del Cala **E** 204 Sh105
Santa Pau **E** 189 Af96
Santa Pola **E** 201 St104
Santa Ponça **E** 206 Ae101
Santar **P** 191 Se99
Sant'Arcangelo **I** 148 Bn100
Santarcangelo di Romagna **I** 139 Be92
Santarém **P** 196 Sc102
Santa Rita **P** 182 Qf103
Sant'Arsenio **I** 147 Bl100
Santa Saba **I** 153 Bm104
Santa Sabina **I** 149 Bq99
Santa-Severa **F** 181 At95
Santa Severa **I** 144 Bd96
Santa Severina **I** 151 Bo102
Santaskylä **FIN** 52 Ce57
Santas Martas **E** 184 Sk96
Santa Sofia **I** 138 Bd93
Santa Sofia **P** 196 Sd103
Santa Susana **P** 196 Sd104
Santa Susanna **E** 189 Ad97
Santa Suvera = Santa-Severa **F** 181 At95
Santa Teresa di Gallura **I** 140 At98
Santa Teresa di Riva **I** 150 Bl105
Santău **RO** 245 Cf85
Santăul Mare **RO** 245 Cd86
Santa Uxía (Ribeira) **E** 182 Sc95
Santa Valha **P** 191 Sf97
Santa Venere **I** 148 Bm101
Santa Venerina **I** 153 Bl105
Santa Vitória **P** 196 Sd105
Santa Vittoria **I** 138 Bb91
Santa Vittoria d'Alba **I** 175 Aq91
Santa Vittoria in Matenano **I** 145 Bg94
Sant Boi de Llobregat **E** 189 Ae98
Sant-Brieg = Saint-Brieuc **F** 158 Sp83
Sant-Brizh-Gougleiz = Saint-Brice-en-Coglès **F** 159 Ss84
Sant Carles de la Ràpita **E** 195 Ab99
Sant Carles de Peralta **E** 206 Ad102
Sant Celoni **E** 189 Ae97
Sant Climenç **E** 188 Ac97
Sant Climent **E** 207 Ai101
Sant Climent Sescebes **E** 178 Af96
Sant Cugat del Vallès **E** 189 Ae98
Santed **E** 194 Sr98
Sant'Egidio alla Vibrata **I** 145 Bh95
Sant'Elia a Pianisi **I** 147 Bk97
Santelices **E** 185 Sn94
Sant Elm **E** 206 Ae101
San Telmo **E** 203 Sg105
Sant'Elpidio a Mare **I** 145 Bh94
Sante Marie **I** 146 Bg96
Santenay **F** 166 Ac85
San Teodoro **I** 140 Au99
Santeramo in Colle **I** 149 Bo99
Santervás de Campos **E** 184 Sk96
Santervás de la Vega **E** 184 Sl95
Santes Creus **E** 188 Ac98
Santesteban **E** 176 Sr94
Santeuil **F** 160 Ad84
Sant Feliu de Codines **E** 189 Ae97
Sant Feliu de Guíxols **E** 189 Ag97
Sant Feliu de Pallerols **E** 189 Af96
Sant Feliu Sasserra **E** 189 Ae97
Sant Francesc de Formentera **E** 206 Ac103
Sant Francesc de ses Salines **E** 206 Ac103
Sant Gregori **E** 189 Af97
Sant Guim de Freixenet **E** 188 Ac97
Santhià **I** 130 Ar90
Sant Hilari Sacalm **E** 189 Af97
Sant Hipòlit de Voltregà **E** 189 Ae96
Santiago da Guarda **P** 190 Sd101
Santiago de Alcántara **E** 197 Sf101
Santiago de Calatrava **E** 205 Sm105
Santiago de Castroverde = Castroverde **E** 183 Sf94
Santiago de Compostela **E** 182 Sc95
Santiago de la Espada **E** 200 Sp104
Santiago de la Puebla **E** 192 Sk99
Santiago de la Ribera **E** 207 St105
Santiago del Campo **E** 197 Sh101
Santiago do Cacém **P** 202 Sc104
Santiago do Escoural **P** 196 Sd103
Santiago Maior (Aldeia das Pias) **P** 197 Sf103
Santibáñez de Ayllón **E** 193 So98
Santibáñez de Béjar **E** 192 Si100
Santibáñez de la Peña **E** 184 Sl95
Santibáñez de la Sierra **E** 192 Si99
Santibáñez de Murias **E** 184 Si94
Santibáñez de Vidriales **E** 184 Sh96
Sant'Ilario d'Enza **I** 138 Ba91
Santillán **E** 184 Sk94
Santillana **E** 185 Sm94
Sântimbru **RO** 254 Ch88
Santiorxo **E** 183 Se96
Santiponce **E** 204 Sh106
Sant'Ippolito **I** 139 Bf93
Santiscal, El **E** 204 Si107
Santisteban del Puerto **E** 199 So104
Santiuste de San Juan Bautista **E** 192 Sl98
Sant Jaume d'Enveja **E** 195 Ab99
Sant Joan **E** 207 Ag101
Sant Joan de Labritja **E** 206 Ad102
Sant Joan de les Abadesses **E** 189 Ae96
Sant Joan de Penyagolosa **E** 195 Su100
Sant Joan de Vilatorrada **E** 189 Ad97
Sant Joan les Fonts **E** 189 Af96
Sant Jordi = Platja Es Pirat **E** 206 Ac103
Sant Jordi del Maestrat **E** 195 Aa99
Sant Josep de sa Talaia **E** 206 Ac103
Sant Llorenç de Morunys **E** 189 Ad96
Sant Llorenç d'es Cardassar **E** 207 Ag101
Sant Llorenç Savall **E** 189 Ae97
Sant Lluís **E** 207 Ai101
Sant-Maloù = Saint-Malo **F** 158 Sq83
Sant Martí de Llémena **E** 189 Af96
Sant Martí de Maldà = Sant Martí de Riucorb **E** 188 Ac97
Sant Martí de Riucorb **E** 188 Ac97
Sant Martí de Tous **E** 189 Ad97
Sant Martí Sarroca **E** 189 Ad98
Sant Mateu **E** 195 Aa100
Sant Mateu d'Aubarca **E** 206 Ac102
Sant Maurici **E** 188 Ac95
Sant Miquel de Balansat **E** 206 Ac102
Santo Aleixo **P** 197 Sf103
Santo Aleixo da Restauração **P** 197 Sf104
Santo Amador **P** 197 Sf104
Santo Amaro **P** 190 Qd104
Santo André **P** 196 Sc104
Santo André das Tojeiras **P** 197 Se101
Santo Antão **P** 190 Qe103
Santo António (Pico) **P** 190 Qd103
Santo António (São Jorge) **P** 190 Qd103
Santo António (Saõ Miguel) **P** 182 Qi105
Santo António da Serra **P** 190 Rg115
Santo Domingo de la Calzada **E** 185 Sp96
Santo Domingo de Moya **E** 194 Ss101
Santo Domingo de Silos **E** 185 So97
Santo Espírito **P** 182 Qk107
Santo Estêvão **P** 196 Sc103
Santo Estêvão **P** 203 Se106
Santo Estevo **E** 183 Se94
Santo Isidro de Pegões **P** 196 Sc103
Santok **PL** 225 Bl75
Santomera **E** 201 Ss104
Santoméri **GR** 282 Cd105
Sant'Omobono Terme **I** 131 Au89
Santoña **E** 185 So94
Santo Pietro **I** 153 Bi106
Santo-Pietro-di-Tenda = Santu Petru di Tenda **F** 181 At95
Santorcaz **E** 193 So100
Sant'Oreste **I** 144 Bf96
Santorini = Thira **GR** 288 Cl108
Santos, Los **E** 192 Si99
Santos de Maimona, Los **E** 197 Sh104
Santo Spirito **I** 149 Bo98
Santo Stefano Belbo **I** 136 Ar91
Santo Stefano d'Aveto **I** 137 At91
Santo Stefano di Cadore **I** 133 Bf87
Santo Stefano di Camastra **I** 153 Bi104
Santo Stefano di Magra **I** 137 Au92
Santo Stefano in Aspromonte **I** 151 Bm104
Santo Stefano Lodigiano **I** 137 Au90
Santo Stefano Quisquina **I** 152 Bg105
Santo Stefano Udinese **I** 134 Bg89
Santo Stino di Livenza **I** 133 Bf89
Santo Tirso **P** 190 Sd98
Santo Tomé **E** 200 So104
Santo Tomé de Rozados **E** 192 Si99
Santo Tomé Lourenzá = Lourenzá (San Tomé) **E** 183 Sf94
Santovenia **E** 184 Si97
Sant Pau **E** 195 Su100
Sant Pau de Seguries **E** 189 Ae96
Santpedor **E** 189 Ad97
Sant Pere de Ribes **E** 189 Ad98
Sant Pere de Riudebitlles **E** 189 Ad98
Sant Pere de Torelló **E** 189 Ae96
Sant Pere Pescador **E** 189 Ag96
Sant Pol de Mar **E** 189 Af97
Santpoort **NL** 106 Ak76
Sant Quintí de Mediona **E** 189 Ad98
Sant Quirze de Besora **E** 189 Ae96
Sant Rafael del Maestrat **E** 195 Aa99
Sant Rafel de Forca **E** 206 Ac103
Sant Ramon **E** 188 Ac97
Sant Sadurní d'Anoia **E** 189 Ad98
Sant Salvador de Guardiola **E** 189 Ad97
Sant-Tegoneg = Saint-Thégonnec **F** 157 Sn83
Sant-Teve = Saint-Avé **F** 164 Sp85
Santtio **FIN** 62 Cc59
Sant Tomàs **E** 207 Ai101
Santu Lussurgiu **I** 141 As100
Santu Petru di Tenda **F** 181 At95
Sant'Urbano **I** 144 Bf96
Santurde **E** 185 Sp96
Sant Vicenç de Castellet **E** 189 Ad97
Sant Vicenç dels Horts **E** 189 Ae98
Sant-Yann-Brevele = Saint-Jean-Brévelay **F** 158 Sp85
San Valentino alla Muta **I** 131 Bb87
San Valentino in Abruzzo Citeriore **I** 145 Bh96
San Venanzo **I** 144 Be95
Sanvensa **F** 171 Ae92
San Vicente **E** 183 Sf96
San Vicente (A Baña) = Baña, A **E** 182 Sc95
San Vicente de Alcántara **E** 197 Sf102
San Vicente de Barakaldo = Barakaldo **E** 185 Sp94
San Vicente de la Barquera **E** 185 Sm94
San Vicente de la Sonsierra **E** 185 Sp95
San Vicente del Raspeig **E** 201 St104
San Vicente dels Horts = Sant Vicenç dels Horts **E** 189 Ae98
San Vicente do Mar **E** 182 Sc96
Sanvicenti = Svetvinčenat **HR** 258 Bh90
San Vincenzo **I** 143 Bb94
San Vincenzo Valle Roveto **I** 145 Bh97
San Vitero **E** 183 Sh97
San Vito **I** 141 Au102
San Vito al Tagliamento **I** 133 Bf89
San Vito Chietino **I** 145 Bi96
San Vito dei Normanni **I** 149 Bq99
San Vito di Cadore **I** 133 Be88
San Vito lo Capo **I** 152 Bf104
San Vito Romano **I** 146 Bf97
San Vito sullo Ionio **I** 151 Bn103
San Vittore del Lazio **I** 146 Bh98
San Vittore delle Chiuse **I** 139 Bf94
Sanxay **F** 165 Aa88
Sanxenxo **E** 182 Sc96
Sanxenxo (Sangenjo) = Sanxenxo **E** 182 Sc96
Sanza **I** 148 Bm100
Sanzeno **I** 132 Bc88
San Zenone al Lambro **I** 131 At90
Sânzieni **RO** 255 Cn88
Sanzoles **E** 192 Si98
São Antônio **P** 190 Rg115
São Barnabé **P** 202 Sd106
São Bartolomeu da Serra **P** 202 Sc104
São Bartolomeu de Messines **P** 202 Sd106
São Bartolomeu de Regatos **P** 182 Qf103
São Bartolomeu dos Galegos **P** 196 Sb102
São Bento **P** 196 Sc101
São Bento da Porta Aberta **P** 182 Sc97
São Bento do Cortiço **P** 197 Se103
São Brás da Regedoura **P** 196 Sd104
São Brás de Alportel **P** 203 Se106
São Caetano **P** 190 Qd104
São Cipriano **P** 191 Se98
São Cosmado **P** 191 Se98
São Cristóvão **P** 196 Sd104
São Domingos **P** 196 Sd101
São Domingos **P** 202 Sc105
São Facundo **P** 196 Sd102
São Francisco da Serra **P** 196 Sc104
São Geraldo **P** 196 Sd103
São Jacinto **P** 190 Sc99
São Joaninho **P** 190 Sd100
São João **P** 190 Qd104
São João da Corveira **P** 191 Sf97
São João da Madeira **P** 190 Sd99
São João da Pesqueira **P** 191 Sf98
São João da Ribeira **P** 196 Sc102
São João de Negrilhos **P** 202 Sd105
São João de Tarouca **P** 191 Se99
São João do Campo **P** 190 Sc100
São João do Monte **P** 190 Sd99
São João dos Caldeireiros **P** 203 Se105
São Jorge **P** 190 Sc99
São Jorge **P** 196 Sc101
São Jorge **P** 190 Rg115
São Jorge da Beira **P** 191 Se100
São José das Matas **P** 197 Se101
São José de Lamarosa **P** 196 Sd102
São Lourenço **P** 196 Sb103
São Lourenço de Mamporcão **P** 197 Se103
São Luís **P** 202 Sc105
São Mamede de Ribatua **P** 191 Sf98
São Manços **P** 197 Se104
São Marcos da Ataboeira **P** 203 Se105
São Marcos da Serra **P** 202 Sd106
São Martinho **P** 190 Rg115
São Martinho da Cortiça **P** 190 Sd100
São Martinho das Amoreiras **P** 202 Sd105
São Martinho de Angueira **P** 191 Sh97
São Martinho de Antas **P** 191 Se98
São Martinho do Porto **P** 196 Sb101
São Mateus **P** 190 Qd104
São Matias **P** 197 Se101
São Matias **P** 197 Se104
São Miguel de Acha **P** 191 Sf100
São Miguel de Machede **P** 197 Se103
São Miguel do Outeiro **P** 190 Sd99
São Miguel do Pinheiro **P** 203 Se105
Saône **F** 169 An86
São Pedro **P** 191 Sf98
São Pedro da Cadeira **P** 196 Sb102
São Pedro da Gafanhoeira **P** 196 Sd103
São Pedro da Torre **P** 182 Sc97
São Pedro de Muel **P** 196 Sb101
São Pedro de Serracenos **P** 191 Sg97
São Pedro de Solis **P** 203 Se106
São Pedro de Tomar **P** 196 Sd101
São Pedro do Esteval **P** 197 Se101
São Pedro do Sul **P** 190 Sd99
São Roque **P** 182 Sc97
São Roque do Pico **P** 190 Qd103
São Salvador da Aramenha **P** 197 Sf102
São Sebastião **P** 182 Qf103
São Sebastião dos Carros **P** 203 Se105
São Teotónio **P** 202 Sc105
São Tomé **P** 190 Qe103
Saou **F** 173 Al91
São Vicente **P** 183 Sf97
São Vicente **P** 190 Rf115
São Vicente da Beira **P** 191 Se100
Sap **SK** 239 Bq85
Săpânța **RO** 246 Ch85
Sapareva Banja **BG** 272 Cg96
Sapërnoe **RUS** 65 Cu59
Sápes **GR** 278 Cm98
Sapiãos **P** 191 Se97
Säpilä **FIN** 52 Ce58
Sapine **SRB** 263 Cc91
Sapoca **RO** 256 Co90
Sapockin **BY** 224 Ch73
Saponara **I** 150 Bl104
Sappada **I** 133 Bf87
Sappee **FIN** 53 Ck57
Sappee **FIN** 63 Ck58
Sappemeer, Hoogezand- **NL** 107 Ao74
Sappen **N** 23 Cc41
Sappetsele **S** 34 Bq50
Sappu **FIN** 55 Cs56
Sapri **I** 148 Bm100
Sapsoperä **FIN** 45 Cs52
Sara **FIN** 52 Cf56
Saraby **N** 23 Ch40
Saracena **I** 148 Bn101
Sarafovo, Kvartal **BG** 275 Cq95
Saraiķi **LV** 212 Cc67
Säräisniemi **FIN** 44 Co52
Saraiu **RO** 267 Cr91
Saraj **MK** 271 Cc97
Saraja **BG** 273 Ci96
Sarajärvi **FIN** 37 Cp49
Sarajärvi **FIN** 55 Ct57
Sarajevo **BIH** 260 Br93
Sarakini **GR** 271 Cd99
Sarakiní **GR** 277 Cd100
Sarakiní **GR** 277 Cd101
Saralog **RUS** 211 Ct63
Saramo **FIN** 45 Ct53
Saramon **F** 187 Ab93
Saran **F** 160 Ad85
Sarančany **BY** 218 Cn70
Saranci **BG** 272 Ch95
Sáránd **H** 245 Cd86
Sarandë **AL** 276 Bu101
Saranovo **SRB** 262 Cb92
Saranskoe **RUS** 216 Cc71
Sarantáporo **GR** 277 Ce100
Saraorci **SRB** 253 Cc92
Šarapanivka **UA** 249 Cs84
Sarapiniškės **LT** 218 Ck72
Sa Ràpita **E** 206-207 Af102
Saraqinishtë **AL** 276 Ca100
Sarasa **E** 186 Sr95
Sarasău **RO** 246 Ch85

San Millán de la Cogolla – Sarasău 395

Šarašova BY 229 Ci75
Sarata UA 257 Cu88
Sărata-Monteoru RO 266 Co90
Sarata Noua MD 248 Cq86
Sărata Yalbenă MD 257 Cs87
Sărăţel RO 246 Ci86
Sărăţeni RO 255 Cl87
Saratovskoe RUS 217 Ce71
Saray TR 275 Cq98
Şaraylar TR 281 Cq99
Šarbanovac SRB 263 Ce93
Sârbenii de Jos RO 265 Cl92
Sârbi RO 245 Ce86
Sarbia PL 221 Bo75
Sarbinowo PL 221 Bm72
Sarbinowo PL 225 Bk75
Sárbogárd H 243 Bs87
Sarby Dolne PL 232 Bp79
Sarche I 132 Bb88
Sardañola del Vallès = Cerdanyola del Vallès E 189 Ae98
Sardara I 141 As101
Şardés GR 279 Cl101
Šardice CZ 129 Bp83
Sardina E 202 Ri124
Sardinia GR 282 Cc103
Sardoal P 196 Sd101
Şare F 176 Sr94
Šare SRB 262 Ca94
s'Arenal E 206-207 Af101
Šarengrad HR 252 Bt90
Šarenik SRB 261 Ca93
Sarentino I 132 Bc87
Särestad S 69 Bf64
Särevere EST 209 Cl63
Sargans CH 131 At86
Sargentes de la Lora E 185 Sn95
Sargé-sur-Braye F 160 Ab85
Sárggavárre = Sarkavare S 34 Ca47
Sárhát H 252 Bs88
Sariai LT 218 Cn70
Sarıbelen TR 292 Ct108
Sarichioi RO 267 Cs91
Sari-d'Orcino F 142 As96
Sariego E 184 Si94
Sarighiol de Deal RO 267 Cs91
Sarıkemer TR 289 Cp105
Sarıköy TR 281 Cq100
Sările RO 256 Co89
Sarinasuf RO 267 Ct90
Sariñena E 188 Su97
Sárisáp H 243 Bs85
Šarišské Cierne SK 234 Cc82
Šarišské Michaľany SK 241 Cc82
Šarišský Štiavnik SK 241 Cd82
Sarıyer TR 281 Ct98
Sar'ja BY 215 Cq69
Sarjankylä FIN 43 Cl53
Sárjásjaurestugan S 27 Bn46
Sarkad H 245 Cc87
Sarkadkeresztúr H 245 Cc87
Šarkamäki FIN 54 Cr56
Šarkamen SRB 263 Ce92
Šarkaŭščyna BY 219 Cp70
Sarkavare S 34 Ca47
Särkela FIN 37 Cs46
Särkelä FIN 37 Cs49
Sárkeresztes H 243 Br86
Sárkeresztúr H 243 Bs86
Särkijärvi FIN 30 Ch45
Särkijärvi FIN 36 Cm49
Särkijärvi FIN 44 Cp51
Särkijärvi FIN 45 Cu52
Särkijärvi FIN 63 Cm58
Särkikorpi FIN 45 Ct54
Särkilahti FIN 53 Cm57
Särkilahti FIN 55 Ct57
Särkiluoma FIN 37 Cu48
Särkimäki FIN 54 Cn56
Särkimo FIN 42 Ce54
Särkiniemi FIN 54 Cp55
Särkisalmi FIN 55 Ct57
Särkisalo FIN 53 Cn55
Särkisalo FIN 62 Cf60
Şärkkä FIN 44 Cr54
Šarkovo BG 275 Co96
Şarköy TR 280 Cp99
Sarlat-la-Canéda F 171 Ac91
Sarliac-sur-l'Isle F 171 Ab90
Sărmaş RO 247 Cl87
Sărmăşag RO 246 Cf86
Sărmăşel Gară RO 254 Ci87
Sărmaşu RO 254 Ci87
Sármellék H 242 Bp87
Sarmijärvi FIN 31 Cr43
Sarmingstein A 237 Bk84
Sarmizegetusa RO 254 Cf89
Sarna S 49 Bg57
Sarnadas de Ródão P 197 Se101
Sarnaki PL 229 Cf76
Sarnano I 145 Bg94
Särnate LV 212 Cc66
Sarnen CH 130 Ar87
Sarnesfield GB 93 Sp76
Sărnevo BG 274 Cm96
Sărnevo BG 275 Cp96
Särnez BG 266 Cp93
Sarnia Zwola PL 234 Cc79
Sărnica BG 272 Ci97
Sarnıçköy TR 292 Cr106
Sarnico I 131 Au89
Sărnino BG 267 Cr93
Sarno I 147 Bk99
Sarnonico I 132 Bc88
Sarnow D 220 Bh73
Sarnów PL 234 Cd80
Sarnowa PL 226 Bo77
Sarnówek Duży PL 234 Cc78
Sarnowo PL 223 Ca74
Särnstugan S 49 Bg57
Sarntal = Sarentino I 132 Bc87
Sarö S 68 Bd65
Sa Roca Llisa E 206 Ac103
Sarone I 133 Be89
Saronída GR 287 Cg106
Saronno I 175 At89
Şaroş RO 255 Ck88
Sárosd H 243 Bs86
Sárospatak H 241 Cd84
Šarovce SK 239 Bs84
Sarpdere TR 275 Cq97
Sarpdere TR 280 Cn99
Sărpovo BG 266 Cp92
Sarpsborg, Fredrikstad- N 68 Bb62
Sarpsborg, Fredrikstad- N 68 Bc62
Sarracín E 185 Sn96
Sarral E 188 Ac98
Sarralbe F 163 Ap82
Sarrance F 187 St94
Sarrancolin F 177 Aa95
Sarras F 173 Ak90
Sarreal = Sarral E 188 Ac98
Sarreaus E 183 Se96
Sarrebourg F 163 Ap83
Sarreguemines F 120 Ap82
Sárrétudvari H 245 Cc86
Sarre-Union F 120 Ap83
Sarria E 183 Sf95
Sarrià de Ter E 189 Af96
Sarrians F 179 Ak92
Sarrión E 195 St100
Sarroca = Sarroca de Lleida E 195 Ab98
Sarroca de Bellera E 177 Ab96
Sarroca de Lleida E 195 Ab98
Sarroch I 141 At102
Sarrola-Carcopino F 142 As96
Sarron F 187 Su93
Sarrula Carcupinu = Sarrola-Carcopino F 142 As96
Sarsina I 139 Be93
Sarstedt D 116 Au76
Sárszentlőrinc H 251 Bs87
Sart B 119 Am79
Sartaguda E 186 Sq96
Sartè = Sartène F 142 As97
Sarteano I 144 Bd95
Sartène F 142 As97
Sárti GR 278 Ch100
Sartilly-Baie-Bocage F 159 Ss83
Sartininkai LT 216 Cd70
Şartirana Lomellina I 137 As90
Šartovo RUS 211 Cq64
Sart-Saint-Laurent B 113 Ak80
Saru EST 215 Co65
Sarud H 244 Cb85
Şaru Dornei RO 247 Cl86
Şarule I 140 At100
Sărulești RO 256 Co90
Sărulești RO 266 Co92
Sárvár H 129 Bo86
Sarvela FIN 52 Cf56
Sarvijoki FIN 52 Cd55
Sarvikas FIN 53 Ch55
Sarvikotamaa FIN 31 Cp44
Sarvikumpu FIN 55 Ct56
Sarvilahti = Sarvlax FIN 64 Cn60
Sarviluoma FIN 52 Ce56
Sarvinki FIN 55 Da55
Sarvisalo = Sarvsalö FIN 64 Cm60
Sarvisé E 188 Su95
Sarvisvaara S 35 Cc47
Sarvlax FIN 64 Cn60
Sarvsalö FIN 64 Cm60
Särvsjön S 49 Bg55
Sarzana I 137 Au92
Sarzbüttel D 103 At72
Sarzeau F 164 Sp85
Sarzedas P 197 Se101
Sarzedo P 191 Se98
Şarzhav = Sarzeau F 164 Sp85
Šaš HR 250 Bo90
Sasa MK 271 Cf96
Sása SK 240 Bt84
Sasa del Abadiado E 187 Su96
Sasamón E 185 Sm96
Săsăuş RO 255 Ck89
Sa Savina E 206 Ac103
Sasbach D 124 Ar83
Sasbach am Kaiserstuhl D 124 Aq84
Sasbachwalden D 124 Ar83
Sasca-Română RO 253 Cd91
Saschiz RO 255 Ck88
Săsciori RO 254 Ch89
Sascuţ RO 256 Cp88
Sásd H 243 Br88
Sase BIH 262 Bt92
Sase BIH 262 Bt93
Sasi FIN 53 Cg57
Şąsiadka PL 235 Cf79
Şasina BIH 259 Bo91
Šašinci SRB 261 Bu91
Sasnava LT 224 Cg71
Sasnovy Bor BY 215 Cs69
Sassalbo I 137 Ba92
Sassali FIN 30 Cm46
Sassari I 140 As99
Sassello I 175 Ar92
Sassenage F 173 Am90
Sassenberg D 115 Ar77
Sassenburg D 109 Bb75
Sassenheim NL 106 Ak76
Sassen-Trantow D 105 Bg72
Sassetta I 143 Bb94
Sassnitz D 220 Bh71
Saßnitz = Sassnitz D 220 Bh71
Sasso I 144 Be96
Sassocorvaro I 139 Be93
Sassoferrato I 139 Bf94
Sassoleone I 138 Bc92
Sasso Marconi I 138 Bc92
Sassuolo I 138 Bb91
Săstago E 195 Su98
Sastavci SRB 263 Ce93
Sas van Gent NL 112 Ah78
Såtåhaugen N 48 Bb55
Sătão P 191 Se99
Şatchinez RO 245 Cc89
Šateikiai LT 212 Cd69
Säter S 60 Bm60
Säter S 69 Bh64
Säterbo S 60 Bm62
Şaterland D 107 Aq74
Šatės LT 212 Cd68
Sāti LV 213 Cf67
Sätila S 68 Be65
Satillieu F 173 Ak90
Sătmărel RO 246 Cf85
Satnica Đakovačka HR 251 Br90
Şatopy PL 223 Cc72
Sátoraljaújhely H 241 Cd84
Satovča BG 272 Ch97
Satow D 104 Bd73
Sätra S 60 Bm60
Sätrabrunn S 60 Bn61
Sátres GR 279 Cl98
Satriano di Lucania I 147 Bm99
Satrup D 103 Au71
Sattajärvi FIN 36 Ci48
Sattajärvi S 35 Cg46
Sattanen FIN 30 Co45
Satteins A 125 Au86
Sattel CH 131 As86
Satteldorf D 121 Ba82
Sattendorf A 134 Bh87
Satter S 35 Cd47
Sättna S 50 Bp56
Sattvik N 23 Cg41
Satul Nou MD 257 Cs87
Satulung RO 246 Cg85
Satu Mare RO 241 Cf85
Satu Mare RO 247 Cm85
Satu Nou RO 266 Cq92
Satu Nou RO 267 Cr92
Saturn RO 267 Cs93
Saturnia I 144 Bd95
Sauar N 57 At61
Saubach D 116 Bd78
Sabusse F 186 Ss93
Saucats F 170 St91
Saucejo, El E 204 Sk106
Saucelle E 191 Sg98
Saucliéres F 178 Ag93
Sauda N 56 An61
Sauðárkrókur IS 20 Ql25
Saudasjøen N 56 An61
Saue EST 209 Ck62
Saue N 56 An59
Sauensiek D 109 Au74
Sauerlach D 126 Bd85
Sauga EST 209 Ck64
Saughtree GB 81 Sp70
Saugnacq-et-Muret F 170 St92
Saugon F 170 St90
Saugos LT 216 Cc70
Saugues F 172 Ah91
Sauguis-Saint-Etienne F 176 St94
Saugykla LT 218 Ck71
Sauherad N 57 At62
Şaujon F 170 St89
Šaukėnai LT 213 Cf69
Saukko FIN 45 Cs53
Saukkojärvi FIN 36 Cn48
Saukkola FIN 53 Cl56
Saukkola FIN 63 Ch60
Saukkoriipi FIN 36 Ci47
Saukonkylä FIN 53 Ch55
Şaukonperä FIN 52 Cg57
Şaukonsaari FIN 55 Cs57
Saulaičiai LT 217 Cg69
Saul GB 93 Sq77
Sauland N 57 As61
Saulburg D 123 Bf83
Saulce, La F 174 Am92
Saulce-sur-Rhône F 173 Ak91
Sauldorf D 125 At85
Saule LV 214 Cm65
Saules F 169 An86
Sauleskalns LV 214 Cn67
Saulgé F 166 Ab88
Saulgond F 171 Ab89
Saulgrub D 126 Bc85
Saulheim D 120 Ar81
Şăulia RO 254 Ci87
Şauliai LT 218 Cl71
Saulieu F 168 Ai86
Saulkalne LV 214 Ci67
Saulkrasti LV 214 Ci66
Saulnay F 166 Ac87
Saulnot F 169 Ao85
Sault F 180 Al92
Sault-de-Navailles F 187 St93
Saulx F 169 An85
Saulxures-sur-Moselotte F 163 Ao85
Saulzais-le-Potier F 167 Ae87
Saumeray F 160 Ac84
Saumos F 170 St91
Saumur F 165 Su86
Saunajärvi FIN 45 Cu53
Saunakylä FIN 52 Ce56
Saunalahti FIN 53 Ck54
Saunavaara FIN 37 Cq46
Saundersfoot GB 92 Sl77
Saunton GB 97 Sm78
Saunqueville F 99 Ac81
Saurat F 177 Ad95
Saurieši LV 214 Ci67
Sauris I 133 Bf88
Sausses F 180 Ao92
Saussy F 168 Ak86
Sausvatn N 32 Bf50
Sauvagère, La F 159 Su83
Sauvamäki FIN 54 Co56
Sauve F 179 Ah93
Sauve, La F 170 Su91
Sauvere EST 208 Ce64
Sauvetat-de-Savères, La F 171 Ab92
Sauveterre-de-Béarn F 176 St94
Sauveterre-de-Guyenne F 170 Su91
Sauveterre-de-Rouergue F 172 Ae92
Sauveterre-la-Lémance F 171 Ac91
Sauvo FIN 62 Cf60
Saux F 171 Ac92
Sauxillanges F 172 Ag89
Sauzal E 202 Rh124
Sauze d'Oulx I 136 Ao90
Sauzet F 171 Ac92
Sauzet F 173 Ak91
Sauzé-Vaussais F 165 Aa88
Sauzon F 164 So86
Sava BG 275 Cp94
Sava I 149 Bq100
Savādisla RO 254 Cg87
Savalberget N 48 Bb56
Savalen N 48 Bb56
Savália GR 282 Cc105
Savaloja FIN 43 Cm51
Savar HR 258 Bl92
Sävar S 42 Cb53
Săvârşin RO 253 Ce88
Sävast S 35 Cd49
Savci SLO 250 Bn88
Savcyne UA 249 Cs84
Sävdijäri = Skaulo S 29 Cc46
Säve S 68 Bd65
Sävedalen S 68 Be65
Saveenkylä FIN 52 Cf55
Savelletri I 149 Bp99
Savelli I 145 Bg95
Savelli I 151 Bo102
Savenaho FIN 54 Cn57
Savenay F 164 Sr86
Säveni RO 248 Co85
Säveni RO 266 Cq91
Saverdun F 177 Ad94
Savères F 177 Ac94
Saverkeit FIN 62 Cc60
Saverna EST 210 Co64
Saverne F 124 Ap83
Savero FIN 64 Co59
Sävi FIN 52 Cf57
Säviä FIN 44 Co54
Saviaho FIN 44 Cr53
Savigliano I 136 Aq91
Savignano Irpino I 148 Bl98
Savignano sul Rubicone I 139 Be92
Savigné-l'Evêque F 159 Aa84
Savigné-sous-le-Lude F 165 Aa85
Savigny-en-Sancerre F 167 Af86
Savigny-sur-Braye F 160 Ab85
Savigny-sur-Orge F 160 Ae83
Savijärvi FIN 45 Cu53
Savijoki FIN 63 Cm59
Savikylä FIN 45 Cs53
Savilahti FIN 54 Cs58
sa Vileta E 206-207 Af101
Savimäki FIN 44 Co53
Saviñán E 194 Sr98
Savines-le-Lac F 174 An91
Săvineşti RO 248 Cn87
Saviniemi FIN 44 Cq52
Saviniemi FIN 63 Ch60
Savino Polje MNE 262 Bu94
Savino Selo SRB 252 Bu89
Savinovščina RUS 211 Cr62
Savio FIN 53 Cn56
Savio I 139 Be92
Saviore dell'Adamello I 132 Ba88
Saviselkä FIN 44 Cn52
Savitaipale FIN 64 Cq58
Şăvja S 60 Bq61
Šavnik MNE 269 Bt95
Savo FIN 53 Ch58
Savognin CH 131 Au87
Savoľščina RUS 65 Ct61
Sávoly H 250 Bp87
Savona I 175 Ar92
Savonkylä FIN 53 Ch54
Savonlahti FIN 54 Co56
Savonlinna FIN 55 Cs57
Savonranta FIN 55 Ct56
Savoulx I 136 Ao90
Savran' UA 249 Da84
Sävsjö S 69 Bk66
Sävsjön S 41 Bu51
Sävsjön S 59 Bk61
Sävsjöström S 73 Bl67
Sävtorp S 59 Bf60
Savudrija HR 133 Bh90
Savukoski FIN 31 Cs46
Savulca TR 289 Cp105
Savynci UA 249 Ct84
Sawbridge Worth GB 95 Aa77
Sawin PL 229 Cg78
Sawley GB 84 Sq73
Sawrey GB 81 Sp72
Sawston GB 95 Aa76
Sax E 201 St103
Saxån S 59 Bi61
Saxängen S 70 Bo62
Saxby EST 209 Cg62
Saxby = Saksala FIN 63 Cm60
Saxdalen S 59 Bk60
Saxemara S 73 Bl68
Saxhyttan S 59 Bi61
Saxhyttan S 59 Bl60
Saxilby GB 85 St74
Saxmundham GB 95 Ac76
Saxnäs S 40 Bl51
Saxtead Green GB 95 Ac76
Saxthorpe GB 95 Ac75
Saxtorp S 72 Bf69
Saxvallbygget S 49 Bg56
Saxvallen S 39 Be53
Sayalar TR 281 Cr98
Sayatón E 193 Sp100
Sayda D 118 Bg79
Säyhtee FIN 64 Cn59
Säynäjä FIN 37 Ct48
Säynätsalo FIN 53 Cm56
Säyneinen FIN 44 Cr54
Säyneinjärvi FIN 55 Da57
Säynelahti FIN 54 Cs56
Sayrakçı TR 289 Cq105
Säytsjärvi FIN 24 Cp42
Sázava CZ 238 Bm81
Sazlı TR 285 Cn101
Sazlı TR 289 Cp105
Scăeni, Boldeşti- RO 265 Cn90
Scaër F 157 Sn84
Scăeşti RO 264 Ch92
Scafa I 145 Bh96
Scalasaig GB 78 Sh68
Scalby GB 85 Su72
Scalea I 148 Bm101
Scaletta Zanclea I 153 Bl104
Scalloway GB 77 Ss60
Scamblesby GB 85 Su74
Scampton GB 85 St74
Scandiano I 138 Bb91
Scandicci I 138 Bc93
Scandolara Ravara I 138 Ba90
Scandolaro I 144 Bf95
Scanno I 145 Bh97
Scano di Montiferro I 140 As100
Scansano I 144 Bc95
Scânteia RO 248 Cq87
Scânteia RO 266 Cp91
Scânteieşti RO 256 Cr89
Scanzano Jonico I 148 Bo100
Scar GB 77 Sp62
Şcarborough GB 85 Su72
Ščarby BY 219 Cq70
Ščarcova BY 229 Ci76
Scardovari I 139 Be91
Scardroy GB 75 Sl65
Scarfskerry GB 75 So63
Scarinish GB 78 Sg68
Scario I 148 Bl100
Scărişoara RO 254 Cf88
Scarlino I 143 Bb95
Scarperia I 138 Bc93
Scarriff IRL 86 Sc75
Scartaglin IRL 89 Sb76
Scarva GB 87 Sh72
Scauri I 146 Bh98
Scauri I 152 Bd107
Sceaux F 160 Ae83
Sceaux-d'Anjou F 165 St85
Ščegly RUS 223 Ce71
Šćenica-Bobani BIH 269 Br95
Šćepan Polje MNE 269 Bs94
Ščerbanka UA 257 Da87
Scerkava BY 218 Cl73
Scerni I 145 Bk96
Scešycy BY 219 Cp71
Scey-sur-Saône-et-Saint-Albin F 168 Am85
Schaafheim D 120 At81
Schaan FL 125 Au86
Schadeleben D 116 Bc77
Schaffhausen CH 125 As85
Schafflund D 103 At71
Schafstädt D 116 Bd78
Schafstedt D 103 At72
Schäftlarn D 126 Bc85
Schagen NL 106 Ak75
Schagerbrug NL 106 Ak75
Schaijk NL 113 Am77
Schalchen A 128 Bg84
Schale D 107 Aq76
Schalkau D 121 Bc80
Schalkenmehren D 119 Ao80
Schalksmühle D 114 Aq78
Schallstadt D 163 Aq85
Schambach D 121 Bb83
S-chanf CH 131 Au87
Schangnau CH 130 Aq87
Schänis CH 125 At86
Schaprode D 220 Bg71
Scharbeutz D 103 Bb72
Schärding A 128 Bg84
Scharendijke NL 112 Ah77
S-charl CH 132 Ba87
Scharmbeck, Osterholz- D 108 As74
Scharnebeck D 109 Bb74
Scharnitz A 126 Bc86
Scharnstein Markt A 236 Bh85
Scharrel (Oldenburg) D 108 Aq74
Scharsterland = Skarsterlân NL 107 Am75
Schauenburg D 115 At78
Schauenstein D 122 Bd80
Schöden D 115 Au78
Scheemda NL 108 Ao74
Scheeßel D 109 At74
Scheffau D 127 Bg85
Schefflenz D 121 At82
Scheggia I 139 Bf94
Scheggino I 144 Bf95
Şcheia RO 247 Cn85
Şcheia RO 248 Cq87
Scheibbs A 129 Bl84
Scheibenberg D 123 Bf79
Scheidegg D 126 Au85
Scheidingen D 114 Aq77
Scheifling A 128 Bi86
Scheinfeld D 122 Ba81
Schela RO 256 Cq90
Schela RO 264 Cg90
Schela RO 265 Cl92
Schelklingen D 125 Au84
Schellerten D 115 Ba76
Schellinkhout NL 106 Al75
Schemmerhofen D 125 Au84
Schenefeld D 103 At72
Schenefeld D 109 Au73
Schengen L 119 An82
Schenklengsfeld D 116 Au79
Scheppach, Jettingen- D 126 Ba84
Scherfede D 115 At77
Schermbeck D 114 Ao77
Scherpenheuvel B 113 Ak79
Scherpenisse NL 113 Ai77
Scherpenzeel NL 113 Al76
Scheßlitz D 122 Bc81
Scheuring D 126 Bb84
Scheveningen NL 113 Ai76
Schiavi di Abruzzo I 145 Bi97
Schiavon I 132 Bd89
Schidnycja UA 235 Cg82
Schiedam NL 106 Ai77
Schieder-Schwalenberg D 115 At77
Schieranco I 175 Ar88
Schierke D 116 Bb77
Schierling D 122 Be83
Schiermonnikoog = Skiermûntseach NL 107 An74
Schiers CH 131 Au87
Schiffdorf D 108 As73
Schifferstadt D 163 Ar82
Schifflange L 162 An81
Schiffweiler D 119 Ap82
Schijndel NL 113 Al77
Schildau D 117 Bf78
Schildau, Belgern- D 117 Bg78
Schilde B 113 Ak78
Schildow D 111 Bg75
Schildthurn D 236 Bf84
Schillerslage D 109 Au76
Schillingsfürst D 121 Ba82
Schilpario I 131 Ba88
Schiltach D 125 Ar84
Schiltigheim F 124 Aq83
Schimborn D 121 At80
Schimm D 104 Bd73
Schinteieşti RO 263 Cf91
Schinznach-Dorf CH 124 Ar86
Schio I 132 Bc89
Schipkau D 118 Bh77
Schirgiswalde-Kirschau D 231 Bi78
Schirmeck F 163 Ap84
Schirmitz D 122 Be81
Schirnding D 230 Be80
Schitu RO 265 Cm92
Schitu Duca RO 248 Cq86
Schitu Goleşti RO 255 Cl90
Schkeuditz D 117 Be78
Schkölen D 116 Bd78
Schköna D 117 Bf77
Schkopau D 116 Bd78
Schladen-Werla D 116 Bb76
Schladming A 127 Bh86
Schlagsdorf D 110 Bb73
Schlaitz D 117 Be77
Schlanders = Silandro I 132 Bb87
Schlangen D 115 As77
Schlarigna = Celerina CH 131 Au87
Schlaubetal D 118 Bi76
Schleching D 127 Be85
Schledehausen D 108 Ar76
Schleiden D 119 An79
Schleife D 118 Bk77
Schleithal F 124 Ar83
Schleiz D 122 Bd79
Schlepzig D 117 Bh76
Schlesen D 103 Ba72
Schleswig D 103 Au71
Schlettau D 123 Bf79
Schleusegrund D 122 Bb79
Schleusingen D 121 Bb79
Schlieben D 118 Bg77
Schliengen D 124 Aq85
Schlierbach A 237 Bi85
Schlierbach D 115 At79
Schlieren CH 125 Ar86
Schliersee D 127 Bd85
Schlitz D 115 Au79
Schloß Holte-Stukenbrock D 115 As77
Schloß Neuhaus D 115 As77
Schloßvippach D 116 Bc78
Schlotheim D 116 Bb78
Schluchsee D 125 Ar85
Schlüchtern D 121 Au80
Schluderbach = Carbonin I 133 Be87
Schluderns = Sluderno I 131 Bb87
Schlüsselburg D 109 At76
Schlüsselfeld D 121 Bb81
Schlüttsiel D 102 As71
Schmalfeld D 103 Au73
Schmalförden D 108 As75
Schmalkalden D 116 Ba79
Schmallenberg D 115 Ar78
Schmatzin D 105 Bh73
Schmelz D 163 Ao82
Schmidgaden D 230 Be82
Schmidmühlen D 236 Bd82
Schmidt D 119 An79
Schmidtheim D 114 Ao80
Schmiedeberg D 117 Bh79
Schmiedefeld am Rennsteig D 122 Bb79
Schmilau D 109 Bb73
Schmirn A 132 Bd86
Schmitten CH 169 Ap87
Schmittlotheim D 115 As78
Schmölau D 109 Bb75
Schmölln D 117 Be79
Schmölln D 220 Bi74
Schnackenburg D 110 Bd74
Schnaitsee D 236 Be84
Schnaittach D 122 Bc81
Schnaittenbach D 236 Be81
Schnals = Senales I 132 Bb87
Schneeberg D 123 Bf79
Schneegattern A 236 Bg84
Schneeren D 109 At75
Schnega D 110 Bb75
Schneizlreuth D 127 Bf85
Schnelldorf D 121 Ba82
Schnepfau A 126 Au86
Schneverdingen D 109 Au74
Schöder A 128 Bi86
Schœnau F 124 Aq84
Schöftland CH 124 Ar86
Scholen D 108 As75
Schollene D 110 Be75
Schöllkrippen D 121 At80
Schöllnach D 236 Bg83
Schömberg D 125 As83
Schömberg D 125 As84
Schönach D 122 Be83
Schönach, Herdwangen- D 125 At85
Schonach im Schwarzwald D 163 Ar84
Schönau D 120 As82
Schönau D 236 Bf84
Schönau = Belprato I 132 Bc87
Schönau am Königssee D 128 Bf85
Schönau an der Brend D 115 Ba80
Schönau im Schwarzwald D 124 Aq85
Schönbeck D 220 Bh73
Schönberg B 119 An80
Schönberg D 104 Bb73
Schönberg D 109 Ba73
Schönberg D 123 Bg83
Schönberg (Holstein) D 103 Ba72
Schönberg am Kamp A 129 Bm83
Schönbühl, Urtenen- CH 130 Aq86
Schönburg D 116 Bd78
Schondorf am Ammersee D 126 Bc84
Schönebeck D 110 Be74
Schönebeck (Elbe) D 116 Bd76
Schöneck D 120 As80
Schöneck (Vogtland) D 117 Be80
Schönecken D 119 An80
Schönefeld D 111 Bg76
Schöneiche bei Berlin D 111 Bh76
Schönenberg-Kübelberg D 119 Ap82
Schönermark D 111 Bg74
Schönermark D 111 Bh74
Schönermark D 220 Bi74
Schönewalde D 117 Bg77
Schönfeld A 237 Bl83
Schönfeld D 118 Bh78
Schönfels D 117 Be79
Schongau D 126 Bb85
Schöngleina D 116 Bd79
Schöngrabern A 237 Bn83
Schönhagen D 103 Ba71
Schönhagen D 115 Au77
Schönhausen (Elbe) D 110 Be75
Schönheide D 123 Bf79
Schöningen D 110 Bb76
Schöninghsdorf D 107 Ap75
Schönkirchen D 103 Ba72
Schönsee D 236 Bf82
Schöntal D 121 Au82
Schönthal D 230 Bf82
Schonungen D 121 Ba80
Schönwald D 230 Be80
Schönwalde D 111 Bg75
Schönwalde D 118 Bh77
Schönwalde am Bungsberg D 103 Bb72
Schönwalde-Glien D 111 Bg75
Schönwald im Schwarzwald D 163 Ar84
Schoondijke NL 112 Ah78
Schoonebeek NL 108 Ao75
Schoonhoven NL 106 Ak77
Schoonloo NL 107 Ao75
Schoonoord NL 107 Ao75
Schoorl NL 106 Ak75
Schopfheim D 169 Aq85
Schöpfligtter A 238 Bm84
Schopfloch D 121 Ba82
Schopfloch D 125 As84
Schöppenstedt D 116 Bb76
Schoppernau A 125 Ba86
Schöppingen D 114 Ap76
Schorfheide D 220 Bh75
Schörfling am Attersee A 236 Bh85
Schorndorf D 125 Au83
Schortens D 108 Aq73
Schoten B 113 Ai78
Schotten D 121 At79
Schötz CH 169 Aq86
Schramberg D 125 Ar84
Schraplau D 116 Bd78
Schrecken A 126 Au86
Schrecksbach D 115 At79
Schrems A 129 Bl83
Schrems bei Frohnleiten A 129 Bl86
Schrick A 129 Bo83
Schriesheim D 120 As82
Schrobenhausen D 126 Bc83
Schröcken A 125 Ba86
Schrozberg D 121 Au82
Schruns A 131 Au86
Schuby D 103 At71
Schuddebeurs NL 112 Ah77
Schuld D 114 Ao80
Schulenberg im Oberharz D 116 Ba77
Schulenburg (Leine) D 115 Au76
Schuls = Scuol CH 132 Ba87
Schulzendorf D 111 Bg74
Schulzendorf D 111 Bh76
Schüpfen CH 130 Ap86
Schüpfheim CH 130 Ar87
Schüttdamm D 109 At73
Schuttertal D 124 Aq84
Schutterwald D 124 Aq84
Schüttorf D 108 Ap76
Schützen am Gebirge A 238 Bo85
Schwaan D 104 Be73
Schwabach D 121 Bc82
Schwabbach D 121 At82
Schwaben, Markt D 127 Bd84
Schwabhausen D 126 Bc84
Schwabhausen bei Landsberg D 126 Bb84
Schwäbisch Gmünd D 121 Au83
Schwäbisch Hall D 121 Au82
Schwabmünchen D 126 Bb84
Schwabstedt D 103 At72
Schwadorf A 238 Bo84
Schwaförden D 108 As75
Schwagstorf D 108 Aq75
Schwaiganger D 126 Bc85
Schwaigern D 121 At82
Schwaikheim D 121 At83
Schwaim D 127 Bg84
Schwalbach (Saar) D 163 Ao82
Schwalenberg, Schieder- D 115 At77
Schwalmstadt D 115 At79
Schwalmtal D 114 An78
Schwalmtal D 115 At79
Schwanau D 163 Aq84
Schwanberg A 135 Bl87
Schwanden CH 131 At86
Schwandorf D 230 Be82
Schwanebeck D 116 Bc77
Schwanenstadt A 236 Bh84
Schwanewede D 108 As74
Schwaney D 115 As77
Schwangau D 126 Bb85
Schwanheide D 109 Bb74
Schwante D 111 Bg75
Schwarme D 109 At75
Schwarmstedt D 109 Au75
Schwarz D 110 Bf74
Schwarza D 121 Bb79
Schwarzach D 123 Bf83
Schwarzach D 124 Ar83
Schwarzach bei Nabburg D 230 Be82
Schwarzach im Pongau A 127 Bg86
Schwarzautal A 135 Bm87
Schwarzbach D 116 Au79
Schwarzburg D 122 Bc79
Schwarzenau A 237 Bl83
Schwarzenbach D 230 Bd81
Schwarzenbach D 230 Be81
Schwarzenbach am Wald D 122 Bd80
Schwarzenbach an der Saale D 230 Bd80
Schwarzenbek D 109 Ba74
Schwarzenberg/Erzgebirge D 123 Bf79
Schwarzenberg im Mühlkreis A 128 Bh83
Schwarzenborn D 115 At79
Schwarzenburg CH 169 Ap87
Schwarzenegg CH 169 Aq87
Schwarzenfeld D 230 Be82
Schwarze Pumpe D 118 Bi77
Schwarzhausen D 116 Ba79
Schwarzheide/Niederlausitz D 118 Bh78
Schwarzhofen D 230 Be82
Schwarzsee CH 169 Ap87
Schwaz A 126 Bd86
Schwebenried D 121 Ba80
Schwebheim D 121 Ba81
Schwechat A 129 Bn84
Schwedt/Oder D 220 Bi74
Schwei D 108 Ar74
Schweiburg D 108 Ar74
Schweich D 119 Ao81
Schweiggers A 129 Bl83

396 Šarašova – Schweiggers

Schweighouse-sur-Moder F 120 Aq83
Schweinfurt D 121 Ba80
Schweinitz D 117 Bg77
Schweinrich D 110 Bf74
Schweinsberg D 115 As79
Schweitenkirchen D 126 Bd83
Schwelm D 114 Ap78
Schwemsal D 117 Bf77
Schwend D 122 Bd82
Schwenden CH 130 Ap87
Schwendi D 126 Au84
Schwendt A 127 Be85
Schwenningen D 125 As84
Schwenningen D 126 Bb83
Schwenningen, Villingen- D 125 As84
Schwentinental D 103 Ba72
Schwepnitz D 118 Bh78
Schwerfen D 119 Ao79
Schwerin D 110 Bc73
Schwertberg A 128 Bk84
Schwerte D 114 Aq78
Schwerting A 128 Bf85
Schwesing D 103 At72
Schwetzingen D 163 As82
Schwieberdingen D 121 At83
Schwielochsee D 117 Bi76
Schwiesau D 110 Bc75
Schwindkirchen D 236 Be84
Schwinkendorf D 110 Bf73
Schwörstadt D 169 Aq85
Schwülper D 109 Ba76
Schwyz CH 131 As86
Sciacca I 152 Bg105
Sciale Frattarolo I 147 Bm97
Scianica I 132 Ba88
Sciara I 152 Bh105
Scicli I 153 Bk107
Sciez F 169 An88
Scilla I 151 Bm104
Scillé F 165 St87
Ścinawa PL 226 Bn78
Ścinawa Mała PL 232 Bq80
Ścinawka Dolna PL 232 Bo80
Ścinawka Średnia PL 232 Bn79
Ščirsk RUS 211 Ct64
Šćit BIH 260 Bq93
Scleddau GB 91 Sl77
Scoarţa RO 264 Cg90
Scobinţi RO 248 Co86
Scoglitti I 153 Bi107
Scole GB 95 Ac76
Sconser GB 74 Sh66
Scopello I 152 Bf104
Scopello I 175 Ar89
Scoppito I 145 Bg96
Scordia I 153 Bk106
Scoreni MD 249 Cs86
Scorniceşti RO 265 Ck91
Scorrano I 149 Br100
Scorţaru Nou RO 256 Cq90
Scorţaru Vechi RO 256 Cq90
Scorţeni RO 256 Co87
Scorţeni RO 265 Cm90
Scorţoasa RO 256 Co90
Scorzè I 133 Be89
Scotch Corner GB 81 Sr72
Scotter GB 85 St74
Scourie GB 75 Sk64
Scoury F 166 Ac87
Scrabbi IRL 82 Se73
Scrabster GB 77 Sn63
Scremerston GB 81 Sr69
Scrignac F 157 Sn84
Scrioaştea RO 265 Ck92
Scriob IRL 86 Sa74
Ščuki BY 219 Cp72
Sculeni RO 248 Cq86
Scunthorpe GB 85 St73
Scuol CH 132 Ba87
Scurcola Marsicana I 146 Bg96
Scurteşti RO 266 Co90
Scurtu Mare RO 265 Cl92
Şcutelnici RO 266 Co91
Ščyrec' UA 235 Ch81
Seaca de Padure RO 264 Cg92
Seaford GB 99 Aa79
Seaham GB 81 Ss71
Seamer GB 85 Su72
Seamill GB 80 Sl69
Sea Palling GB 95 Ad75
Seara P 190 Sc97
Seascale GB 81 So72
Seaton GB 97 So79
Seaton Delaval GB 81 Sr70
Seave Green GB 85 Ss72
Sebbersund DK 100 Au67
Sebečevo SRB 262 Ca94
Sebepliköy TR 281 Cq101
Şebeş RO 254 Ch89
Šebetov CZ 238 Bo81
Sebež RUS 215 Cr68
Sebiş RO 245 Ce88
Sebnitz D 231 Bi79
Seboncourt F 155 Ag81
Seborga I 181 Aq93
Sebranice CZ 232 Bn81
Sebta = Ceuta E 205 Sk109
Sebuzín CZ 123 Bi79
Seč CZ 231 Bm81
Seč CZ 236 Bh81
Seca, La E 192 Sl98
Sečanica SRB 263 Cd94
Sečanj SRB 253 Cb90
Seča Reka SRB 262 Bu92
Secăria RO 255 Cm90
Secaş RO 245 Cd89
Seccagrande I 152 Bg106
Sece LV 214 Cl67
Secemin PL 233 Bu79
Séchault F 162 Ak82
Secinaro I 146 Bh96
Seckau A 128 Bk86
Seckington GB 94 Sr75
Seclin F 112 Ag79
Secondigny F 165 Su87
Sečovce SK 241 Cd83
Sečovlje SLO 133 Bh90
Sečovská Polianka SK 241 Cd83
Secu RO 253 Cd90
Secu RO 264 Cg92
Secugnago I 137 Au90
Secui RO 264 Ch92
Secuieni RO 255 Ck88
Secuiu RO 256 Cn89
Secusigiu RO 253 Cb88
Secymin Polski PL 228 Ca76
Seda LT 213 Ce68
Seda LV 214 Cm65
Sedan F 156 Ak81
Sedano E 185 Sn95
Sedas P 203 Se105
Sedbergh GB 81 Sp72
Seddin D 111 Bg76
Sedegliano I 133 Bf88
Sedella E 205 Sm107
Séderon F 173 Am92
Sedgeberrow GB 93 Sr76
Sedgefield GB 81 Ss71
Sedgley GB 93 Sq75
Sedico I 133 Be88
Sedilo I 141 As100
Sedini I 140 As99
Sedlare = Shalë RKS 270 Cb96
Sedlarica HR 242 Bp89
Sedlčany CZ 231 Bi81
Sedlec-Prčice CZ 123 Bk81
Sedlice CZ 230 Bh82
Sedlice SK 241 Cc83
Sedliská SK 241 Cd83
Sedlitz D 117 Bi77
Sedlovina BG 273 Cl97
Sedmihorky CZ 118 Bl79
Sedriano I 131 As90
Sedrina I 131 Au89
Sedring DK 100 Ba67
Sedrun CH 131 As87
Šeduva LT 217 Ch69
Sędziszów PL 233 Ca79
Sędziszów Małopolski PL 234 Cd80
See A 132 Ba86
Seebauer A 133 Bg86
Seeboden am Millstätter See A 134 Bg87
Seebruck, Seeon- D 236 Be85
Seebs A 238 Bl83
Seeburg D 116 Bd78
Seeburg D 125 At84
Seedorf D 103 Ba72
Seefeld D 108 Ar74
Seefeld D 126 Bc84
Seefeld in Tirol A 126 Bc86
Seehausen D 108 As74
Seehausen D 116 Bc76
Seehausen D 117 Bf77
Seehausen (Altmark) D 110 Bd75
Seeheim-Jugenheim D 120 As81
Seekirchen am Wallersee A 236 Bg85
Seeland D 116 Bc77
Seelbach D 124 Aq84
Seelingstädt D 230 Be79
Seelow D 225 Bi75
Seelscheid, Neunkirchen- D 114 Ap79
Seelze D 109 Au76
Seengen CH 125 Ar86
Seeon-Seebruck D 236 Be85
Seerhausen D 117 Bg78
Sées F 159 Aa83
Seesen D 115 Ba77
Seeshaupt D 126 Bc85
Seesta FIN 64 Cm58
Seethal A 128 Bh86
Seevetal D 109 Ba74
Seewalchen am Attersee A 236 Bh85
Seewald D 125 Ar83
Seewen CH 124 Aq86
Seewiesen A 129 Bl85
Séez F 130 Ao89
Sefkerin SRB 252 Ca90
Seftigen CH 169 Aq87
Ségalas F 177 Ac94
Segalstad N 58 Ba58
Segarcea RO 264 Ch92
Segård N 58 Ba59
Segenässätern S 59 Bg60
Segerlund S 42 Cb50
Segersta S 50 Bo58
Segerstad S 69 Bh64
Segerstad S 73 Bo68
Segesd H 250 Bp88
Seghe I 132 Bc89
Segl = Sils in Engadin CH 131 Au88
Seglicy RUS 211 Cs63
Seglinge AX 62 Cb60
Seglingsberg S 60 Bn61
Seglora S 69 Bf65
Seglvik N 23 Cc40
Segmon S 69 Bg62
Segni I 146 Bg97
Segonzac F 170 Su89
Segorbe E 195 Su101
Segovia E 193 Sm99
Segré-en-Anjou-Bleue F 165 St85
Ségrie F 159 Aa84
Segromigno I 138 Bb93
Ségur F 172 Af92
Segura P 197 Sg101
Segura de la Sierra E 200 Sp104
Segura de León E 197 Sg104
Segura de los Baños E 195 St99
Séguret F 173 Al92
Segurilla E 192 Sl100
Ségur-les-Villas F 172 Af90
Sehestedt D 103 Au72
Şehitler TR 280 Cn99
Şehitlik TR 280 Cn100
Sehlde D 116 Ba76
Sehlen D 115 As78
Sehnde D 109 Au76
Šehnyj UA 235 Cf81
Seia P 191 Se100
Şeica Mare RO 254 Ci88
Şeica Mică RO 254 Ci88
Seiches-sur-le-Loir F 165 Su85
Seierstad N 39 Bc51
Seiffen D 118 Bg79
Seifhennersdorf D 118 Bk79
Seignelay F 161 Ah85
Seignosse F 176 Ss93
Seilhac F 171 Ad90
Seillans F 180 Ao93
Seilles B 113 Al79
Seinäjoki FIN 52 Cf55
Seinapalu EST 210 Cm63
Seines N 27 Bi46
Seini RO 246 Cg85
Seipäjärvi FIN 30 Cn46
Seira E 177 Aa96
Seirijai LT 217 Ch72
Seis = Siusi I 132 Bd87
Seissan F 187 Ab94
Seitajärvi FIN 31 Cq45
Seitenstetten Markt A 128 Bk84
Şeitin RO 253 Cb88
Seitlahti FIN 64 Cm60
Seitlax = Seitlahti FIN 64 Cm60
Seivika N 47 Aq54
Seixal P 196 Sb103
Seixal P 190 Rf115
Seixo da Beira P 191 Se100
Sejerby DK 101 Bc69
Sejerslev DK 100 As67
Sejlflod DK 100 Ba67
Šejnovo BG 274 Cl95
Sejny PL 224 Cg72
Šejtun = Zejtun M 151 Bk109
Šeke BG 273 Ci96
Sekirnik MK 272 Cf98
Sekkemo N 23 Cd41
Sekköy TR 292 Cq106
Sękocin PL 228 Cb76
Sékoulas GR 286 Cd105
Šekovići BIH 261 Bs92
Sękowa PL 241 Cc81
Sekule SK 129 Bo83
Sekulići MNE 269 Bt95
Sekulovo BG 266 Cp93
Sela E 182 Sd96
Sela kapell N 38 Bb52
Selånger S 50 Bp56
Selänoja FIN 63 Ck59
Selanovci BG 264 Ch93
Selantaus FIN 43 Cl54
Selargius I 141 At102
Şelaru RO 265 Cl92
Selatrað FO 26 Sg56
Selaya E 185 Sn94
Selb D 230 Be80
Selbäck S 59 Bi58
Sel-bekken N 38 Au53
Selbitz D 117 Bf77
Selbitz D 122 Bd80
Selborne GB 98 St78
Selbu N 38 Bc54
Selbustrand N 38 Bb54
Selby GB 85 Ss73
Selca HR 268 Bo94
Selca SLO 134 Bi88
Selcë AL 270 Bu95
Selce HR 258 Bk90
Selce MK 270 Cb98
Selci I 139 Be93
Selci Đakovački HR 251 Br90
Seľco RUS 211 Cr64
Seľcy RUS 211 Cq63
Selde DK 100 At67
Sel-de-Bretagne, Le F 158 Sr85
Selec SK 239 Bq83
Sele-Cerkev = Zell-Pfarre A 134 Bi88
Šelechove UA 248 Da85
Selegas I 141 At101
Selenča SRB 252 Bt90
Selenicë AL 276 Bu100
Selent D 103 Ba72
Sélero GR 279 Ck98
Sélestat F 124 Ap84
Selet S 35 Cd49
Selet S 40 Bm54
Selet S 42 Cc50
Seleuş RO 245 Cd88
Seleuš SRB 253 Cb90
Selevac SRB 253 Cb92
Seleznëvo RUS 65 Cs59
Selfkant D 114 Am78
Selfoss IS 20 Qi27
Selfranga CH 131 Au87
Selgua E 187 Aa97
Selho P 190 Sd98
Séli GR 277 Cd99
Seli LV 210 Cl65
Seligenstadt D 120 As80
Seligenthal, Floh- D 116 Ba79
Selihnovo RUS 215 Cs66
Selijašnica SRB 261 Bu94
Selijeset N 46 Al57
Şelimbăr RO 254 Ci89
Şelimiye TR 292 Cr107
Selimpaşa TR 281 Cr98
Seliščë RUS 211 Cu62
Seliştat RO 255 Ck89
Seliste EST 209 Ci64
Selişte MD 248 Cr86
Selište MNE 270 Bt96
Selište SRB 263 Ce93
Selitë e Malit AL 270 Bu98
Selja S 59 Bi58
Seljaküla EST 209 Ch62
Seljance = Zijaçë RKS 262 Cb94
Seljänkulma FIN 63 Cg59
Seljatyn UA 247 Cl85
Selje N 46 Al56
Seljelvnes N 22 Bt42
Seljestad N 56 Ao61
Seljord N 57 As61
Selkäkylä FIN 55 Cu57
Selkälä FIN 37 Ct47
Selkäydenkylä FIN 44 Co54
Selkentjakkstugan S 40 Bk51
Selki FIN 63 Ck60
Selkingen CH 130 Ar88
Selkirk GB 81 Sp69
Selkopp N 24 Ck39
Selkoskylä FIN 37 Ct50
Sella E 201 Su103
Sella di Corno I 145 Bg96
Sellano I 144 Bf95
Sellássia GR 286 Ce106
Selles F 162 An85
Selles-Saint-Denis F 166 Ad86
Selles-sur-Cher F 166 Ad86
Sellevoll N 27 Bm42
Selliá GR 290 Ci110
Sellia Marina I 151 Bo103
Sellin D 105 Bh72
Sellrain A 126 Bc86
Sellstedt D 108 As73
Sellye H 243 Bq89
Selm D 114 Ap77
Selmes P 197 Se104
Selmsdorf D 104 Bb73
Selnes N 22 Bt42
Selnes N 28 Bp43
Selnes N 38 At54
Selnes N 38 Au53
Selommes F 166 Ac85
Seloncourt F 124 Ao86
Selongey F 168 Al85
Selonnet F 174 An92
Selow D 104 Bd73
Selseng N 46 Ao58
Selsey GB 98 St79
Selsingen D 109 At74
Selsjön S 41 Bp54
Selsøya N 32 Bf47
Selters (Taunus) D 120 Ar80
Selters (Westerwald) D 120 Aq79
Seltjärn S 41 Bq53
Seltjarnarnes IS 20 Qh26
Seltz F 124 Ar83
Selva E 206-207 Af101
Selva I 133 Bf88
Selva N 38 Au53
Selva, la = Selva del Camp, la E 188 Ac98
Selva dei Molini I 132 Bd87
Selva del Camp, la E 188 Ac98
Selva di Val Gardena I 132 Bd87
Selvåg N 38 At53
Selvåg N 56 Al59
Selve, La F 178 Af92
Selvik N 58 Ba61
Selvino I 131 Au89
Selyeb H 240 Cb84
Selzach CH 169 Ap86
Sem N 39 Bd52
Sem N 68 Ba62
Semakivci UA 247 Cl84
Sembadel-Gare F 172 Ah90
Sembrancher CH 174 Ap88
Semčice CZ 231 Bk80
Semegljevo SRB 269 Bu93
Semeliškės LT 218 Ck71
Semeljci HR 251 Bs90
Šemenivka UA 257 Da88
Šemenovci BIH 259 Bp92
Semenovo RUS 223 Cb71
Semerdžievo BG 265 Cn93
Semič SLO 135 Bl89
Semideiro P 196 Sd102
Semily CZ 231 Bl79
Seminara I 151 Bm104
Semizovac BIH 260 Br93
Semjén H 241 Cd84
Semjuny BY 218 Cm72
Sëmkava BY 219 Cq72
Semkovo BG 272 Ch96
Semlac RO 253 Cb88
Semlow D 104 Bf72
Semmering Kurort A 242 Bm85
Semoutiers-Montsaon F 162 Al84
Sempach CH 130 Ar86
Šempas SLO 134 Bh89
Semproniano I 144 Bd95
Semriach A 129 Bl86
Semrino RUS 65 Da61
Semsales CH 130 Ao87
Šemševo MK 270 Cc96
Semska N 33 Bl47
Semur-en-Auxois F 168 Ai86
Semussac F 170 St89
Semyhyniv UA 235 Ch82
Sena E 188 Su97
Seňa SK 241 Cc83
Sena de Luna E 184 Si95
Sénaillac-Lauzès F 171 Ad91
Senales I 132 Bb87
Senan F 161 Ag85
Senarpont F 154 Ad81
Sénas F 179 Al93
Senasalis LT 218 Cm71
Senćanski Trešnjevac SRB 244 Bu89
Sencelles E 206-207 Af101
Šenčur SLO 134 Bi88
Senden D 107 Ap77
Senden D 125 Ba84
Sendenhorst D 114 Aq77
Šenderivka UA 248 Cq83
Sendim P 191 Sh98
Sendo N 56 Ao59
Şendreni RO 256 Cq90
Şendriceni RO 248 Cn85
Séné F 164 Sp85
Senec SK 238 Bp84
Seneffe B 156 Ai79
Senereuş RO 255 Ck88
Senés E 206 Sq106
Senez F 180 An93
Senftenberg D 118 Bh77
Sengouagnet F 177 Ab95
Senhora da Graça de Padrões P 203 Se105
Sénia, la E 195 Aa99
Senica SK 238 Bp83
Senice na Hané CZ 238 Bp81
Senigallia I 139 Bg93
Senis I 141 As101
Senise I 148 Bn100
Senj HR 258 Bk91
Senje SRB 263 Cc93
Senjehesten N 27 Bo42
Senjehopen N 22 Bp42
Šen'kava BY 215 Cq68
Šenkovec HR 135 Bn88
Šenkvice SK 238 Bp84
Senlis F 161 Af82
Sennariolo I 140 As100
Sennels DK 100 As67
Sennely F 166 Ae85
Sennen GB 96 Sk80
Sennestadt D 115 As77
Sennesvik N 26 Bh44
Senneville-sur-Fécamp F 154 Aa81
Sennheim = Cernay F 124 Ap85
Sennik BG 273 Cl95
Senning A 238 Bn84
Sennori I 140 As99
Sennwald CH 125 At86
Sennybridge GB 92 Sn77
Senohraby CZ 231 Bk81
Senohrad SK 239 Bt84
Senojī Ipiltis LT 212 Cc68
Senoji Varėna LT 218 Ck72
Senokos BG 267 Cr93
Senokos BG 272 Cg97
Senokos SRB 272 Cf94
Senomaty CZ 230 Bh80
Senonches F 160 Ac83
Senones F 163 Ao84
Senonnes F 165 Ss85
Senorbì I 141 At101
Šenov CZ 233 Br81
Senovo BG 266 Cn93
Senovo SLO 135 Bl88
Senožeče SLO 134 Bi89
Sens F 161 Ag84
Sens-Beaujeu F 167 Af86
Sens-de-Bretagne F 158 Sr84
Sent CH 132 Ba87
Senta F 176 St95
Senta SRB 244 Ca89
Sentein F 177 Ab95
Senténac-d'Oust F 177 Ac95
Senterada E 187 Ab96
Šentilj SLO 135 Bm87
Šentjakob v Rožu = Sankt Jakob im Rosental A 134 Bi87
Šentjanž SLO 135 Bl88
Šentjernej SLO 135 Bl89
Šentjur pri Celju SLO 135 Bl88
Šentrupert SLO 135 Bl89
Šentvid pri Stični SLO 134 Bk89
Šentviška Gora SLO 134 Bh88
Senumstad N 67 Ar64
Seoane E 183 Sf94
Seoane E 183 Sf95
Seoca MNE 269 Bt96
Seon CH 124 Ar86
Sepänkylä FIN 54 Cr57
Šepelevo RUS 65 Ct61
Sepino I 147 Bk98
Šepit UA 247 Ck84
Šepit UA 247 Cl85
Sępólno Krajeńskie PL 221 Bq74
Sępólno Wielkie PL 221 Bo73
Sępopol PL 216 Cc72
Seppenrade D 114 Ap77
Seppois-le-Bas F 169 Ap85
Şepreuş RO 245 Cd87
Sepstrup DK 100 At68
Septemvri BG 272 Ci96
Septemvrijci BG 264 Ch93
Septemvrijci BG 267 Cr93
Septeuil F 160 Ad83
Septfonds F 177 Ad92
Septmoncel F 168 Am88
Sept-Saulx F 161 Ai82
Sepúlveda E 193 Sn98
Sepx F 177 Ab94
Sequeiros E 183 Sf96
Sequeros E 192 Sh99
Serafini I 132 Bd88
Seraincourt F 161 Ai81
Seraing B 156 Am79
Seraucourt-le-Grand F 155 Ag81
Seravezza I 137 Ba93
Şerbăneşti RO 247 Cn85
Şerbăneşti RO 265 Ck92
Şerbăuţi RO 247 Cn85
Şerbetli TR 280 Co100
Şerbettar TR 275 Co98
Serbino RUS 211 Cs63
Serby PL 226 Bn77
Şercaia RO 255 Cl89
Sercœur F 124 Ao84
Serdinya F 189 Ae95
Sère F 187 Ab94
Sered' SK 239 Bq84
Seredka RUS 211 Cr64
Seredkevyči UA 235 Ch80
Serednie Wielkie PL 235 Ce82
Serednij Majdan UA 247 Cl84
Serednje UA 246 Cf83
Seredžius LT 217 Cg70
Seregélyes H 243 Bs86
Seregno I 175 At89
Séreilhac F 171 Ac89
Šeremetja BG 273 Cm94
Serene LV 214 Cl67
Sérent F 164 Sp85
Serfaus A 132 Bb86
Sergen TR 281 Cq97
Sergino RUS 215 Cq66
Sergnano I 131 Au90
Serhiji UA 247 Cl85
Serhijivka UA 257 Cu88
Seriate I 131 Au89
Šerići BIH 260 Bq92
Šerići BIH 261 Bs92
Sérifontaine F 160 Ad82
Sérifos GR 287 Ci106
Sérignan-du-Comtat F 173 Ak92
Serina I 131 Au89
Šerlich CZ 232 Bn80
Sermaises F 160 Ae84
Sermaize-les-Bains F 162 Ak83
Sermano F 181 At96
Sermenin MK 278 Ce98
Sermide I 138 Bc90
Sermoneta I 146 Bf97
Sernaglia della Battaglia I 133 Be89
Sernancelhe P 191 Sf99
Serneus CH 131 Au87
Sernikáki GR 283 Ce104
Serno D 117 Be76
Serock PL 222 Br74
Serock PL 228 Cc75
Seroczyn PL 228 Cd76
Serokomla PL 229 Ce77
Serón E 206 Sp106
Séron F 176 Su94
Serón de Nágima E 194 Sq98
Serós E 195 Aa98
Serovo RUS 215 Cs67
Serpa P 203 Se105
Serpneve UA 257 Ct88
Serquigny F 160 Ab82
Serra E 201 Su101
Serra P 196 Sd101
Serracapriola I 147 Bl97
Serrada E 192 Sl98
Serra de'Conti I 139 Bg93
Serra d'El-Rei P 196 Sb102
Serra de Outes E 182 Sc95
Serradifalco I 152 Bh106
Serradilla E 192 Sh101
Serradilla del Arroyo E 191 Sh99
Serra-di-Scopamène F 142 At97
Serra do Cabo P 196 Sb104
Serralunga di Crea I 136 Ar90
Serramanna I 141 As102
Serramazzoni I 138 Bb92
Serranillos E 192 Sl100
Serra San Bruno I 151 Bn103
Serra San Quirico I 139 Bg94
Serra Sant'Abbondio I 139 Bf94
Serrasqueira P 197 Se101
Serrateix E 189 Ad97
Serraval F 174 An89
Serravalle I 136 Ar91
Serravalle I 145 Bg95
Serravalle RSM 139 Be93
Serravalle di Carda I 139 Bf93
Serravalle di Chienti I 144 Bf94
Serravalle Pistoiese I 138 Bb93
Serravalle Scrivia I 137 As91
Serravalle Sesia I 175 Ar89
Serrazzano I 143 Bb94
Serre I 136 Ap91
Serre I 147 Bl99
Serrejón E 198 Si101
Serrenti I 141 As102
Serres F 173 Am92
Sérres GR 278 Ch98
Serres-sur-Arget F 177 Ad95
Serreta P 182 Qf103
Serri I 141 At101
Serrières F 173 Ak90
Serrières-de-Briord F 173 Al89
Serrig D 163 Ao81
Serriqë AL 270 Ca96
Serrone = Casenove I 144 Bf95
Serro Ventoso P 196 Sc101
Sers F 170 Aa89
Sersale I 151 Bo102
Sertã P 196 Sd101
Sertig Dörfli CH 131 Au87
Sertolovo RUS 65 Da60
Servance-Miélin F 124 Ao85
Servanches F 170 Aa90
Serverette F 172 Ag91
Sérvia GR 277 Cd100
Servian F 178 Ag94
Serviană GR 282 Cb101
Servières-le-Château F 171 Ae90
Servigliano I 145 Bg94
Servin F 124 An86
Sérvos GR 283 Cd105
Sery F 161 Ai81
Sesa E 187 Su97
Seseña E 193 Sn100
Sesimbra P 196 Sb104
Seskarö S 36 Ch49
Seskinore GB 87 Sf71
Sésklo GR 283 Cf102
Seslav BG 266 Cn93
Seslavci, Kvartal BG 272 Cg95
Sesma E 186 Sq96
Šešory UA 247 Ck84
Sessa Aurunca I 146 Bh98
Sessa Cilento I 148 Bl100
ses Salines E 207 Ag102
Seßlach D 122 Bb80
Sessvatn N 57 Ap61
Sesta Godano I 137 Au92
Šestani MNE 269 Bt96
Šestanovac HR 260 Bo94
Sestao E 185 So94
Sestino I 139 Be93
Sesto I 133 Be87
Sesto Calende I 175 As89
Sesto Fiorentino I 138 Bc93
Sesto Imolese I 138 Bd92
Šeštokai LT 217 Cg72
Sestola I 138 Bb92
Sesto San Giovanni I 131 At89
Sestriere I 136 Ao91
Sestri Levante I 137 At92
Sestrimo BG 272 Ch96
Sestroreck RUS 65 Cu60
Sestu I 141 At102
Sesulfe P 191 Sf97
Šešuolėliai LT 218 Cl70
Šešuoliai LT 218 Ck70
Sesvete HR 242 Bn89
Séta GR 284 Ch103
Šėta LT 218 Ci70
Setcases E 178 Ae96
Sète F 179 Ah94
Setenil E 204 Sk107
Seter N 38 Ba53
Seter N 47 At54
Seter N 48 Bd55
Seteråsen N 32 Bh49
Seteråsen N 58 Be58
Setermoen N 28 Br43
Seternes N 47 Ap55
Setersetter N 47 Ba55
Seterstøa N 58 Bd60
Seth D 103 Ba73
Setihovo BIH 269 Bt93
Setiles E 194 Sr99
Šetonje SRB 263 Cc92
Setså N 27 Bm46
Settalsjølia N 47 Ba56
Settecamini I 144 Bf97
Settima I 137 Au91
Settimo Torinese I 136 Aq90
Settimo Vittone I 175 Aq89
Settle GB 84 Sq72
Setúbal P 196 Sc103
Seubersdorf D 122 Bb82
Seubersdorf in der Oberpfalz D 122 Bd82
Seu d'Urgell, La E 177 Ac96
Seui I 141 At101
Seulingen D 115 Ba77
Seulo I 141 At101
Seurre F 168 Al87
Seutula FIN 63 Ck60
Seva E 189 Ae97
Sevaldrud N 58 Ba60
Sevalla S 60 Bo61
Sevar BG 266 Co93
Sevaster AL 276 Bu100
Sevasti GR 277 Cf100
Sevatdalen N 48 Bd55
Ševčenkove UA 257 Ct89
Sevel DK 100 As68
Sevelen CH 131 At86
Sevelen D 114 An78
Sevenoaks GB 95 Aa78
Seven Sisters GB 92 Sn77
Sevenum NL 113 An78
Sévérac-le-Château F 172 Ag92
Severci BG 266 Cq93
Sever do Vouga P 190 Sd99
Severin HR 242 Bo89
Severin na Kupi HR 135 Bl90
Severnaja RUS 65 Cr60
Severn Beach GB 98 Sp77
Seveso I 175 At89
Ševětín CZ 123 Bk82
Sevettijärvi FIN 25 Cs41
Sévigny-Waleppe F 155 Ai81
Sevilla E 204 Si106
Şevketiye TR 280 Co100
Şevketiye TR 281 Cq100
Sevlievo BG 273 Cl94
Sevnica SLO 135 Bl88
Sevojno SRB 261 Bu93
Sèvremoine F 165 Ss86
Sèvremont F 165 St87
Sévrier F 174 An89
Sewekow D 110 Bf74
Sexcles F 171 Ae90
Sexdrega S 69 Bg65
Sexten = Sesto I 133 Be87
Seyches F 170 Aa91
Seyda D 117 Bf77
Seyðisfjörður IS 21 Rf25
Seyitler TR 281 Cp98
Seymen TR 280 Cp99
Seymen TR 281 Cq98
Seyne F 174 An92
Seynes F 179 Ai92
Seyne-sur-Mer, La F 180 Am94
Seyssel F 174 Am89
Seysses F 177 Ac94
Sežana SLO 134 Bh89
Sézanne F 161 Ah83
Sezelhe P 183 Se97
Sezemice CZ 231 Bm80
Sezimovo Ústí CZ 231 Bk82
Sezzadio I 175 As91
Sezze I 146 Bg98
Sfáka GR 291 Cm110
Sfântu Gheorghe RO 255 Cm89
Sfântu Gheorghe RO 267 Cu91
Sfelinós GR 278 Ch98
Sfendámi GR 277 Cf100
Sferracavallo I 152 Bg104
Sferro I 153 Bk106
Sfikiá GR 277 Ce100
Sfinári GR 290 Ch110
's-Gravendeel NL 113 Ak77
's-Gravenhage = Den Haag NL 113 Ai76
's-Gravenzande NL 113 Ai76
Sgurgola I 146 Bg97
Shader GB 74 Sh64
Shaftesbury GB 98 Sq78
Shalbourne GB 94 Sr78
Shalë RKS 270 Cb96
Shalës AL 270 Ca96
Shanagolden IRL 90 Sb75
Shanavogh IRL 86 Sb75
Shanklin GB 98 Ss79
Shanlaragh IRL 90 Sb77
Shannon IRL 89 Sc75
Shannonbridge IRL 87 Sd74
Shantonagh IRL 82 Sg72
Shap GB 84 Sp71
Sharnbrook GB 94 St76
Sharpness GB 97 Sq77
Shavington GB 93 Sq74
Shawbury GB 93 Sp75
Sheddings, The GB 83 Sh71
Sheepy Magna GB 94 Sr75
's-Heerenberg NL 107 An77
Sheerness GB 95 Ab78
Sheffield GB 85 Ss74
Shefford GB 94 Su76
Shelcan AL 276 Ca98
Shemëri AL 270 Ca96
Shëmil AL 270 Ca98
Shëmri AL 270 Ca98
Shëngjergj AL 270 Ca98
Shëngjin AL 270 Bu97
Shëngjini AL 276 Bt100
Shënvasija AL 276 Bu101
Sheper AL 276 Ca100
Shepley GB 84 Sr73
Shepshed GB 94 Ss75
Shepton Mallet GB 98 Sp78
Sherborne GB 98 Sp79
Sherburn in Elmet GB 85 Ss73
Shercock IRL 82 Sg73
Shere GB 99 Su78
Sherfield on Loddon GB 94 Ss78
Sheringham GB 95 Ac75
Sherston GB 98 Sq77
's-Hertogenbosch NL 113 Al77
Shetaj AL 270 Bt97
Shiel Bridge GB 75 Sk66
Shieldaig GB 74 Si65
Shifnal GB 93 Sq75
Shijak AL 270 Bu98
Shilavăţ MD 248 Co84
Shilbottle GB 81 Sr70
Shildon GB 84 Sr71
Shillelagh IRL 88 Sg75
Shillingford GB 98 Ss77
Shimatári GR 284 Ch104
Shiniás GR 287 Ci104
Shinoússa GR 288 Cm107
Shinrone IRL 87 Se75
Shipal RKS 262 Cb95
Shipbourne GB 99 Aa78
Shipley GB 84 Sr73
Shipston-on-Stour GB 94 Sr76
Shipton GB 93 Sq75
Shiptonthorpe GB 85 St73
Shipton-under-Wychwood GB 93 Sr77
Shirl Heath GB 93 Sp76
Shirokë AL 270 Bt96
Shishtavec AL 270 Cb97
Shkallnur AL 270 Bu98
Shkodër AL 269 Bu96
Shkozë AL 270 Bu97
Sholári GR 278 Cg99
Shømsvik N 32 Bh47
Shorwell GB 98 Ss79
Shotley Gate GB 95 Ac77
Shottisham GB 95 Ac76
Shotton GB 81 Ss71

Schweighouse-sur-Moder – Shotton 397

Shotts **GB** 79 Sn69
Shrewsbury **GB** 93 Sp75
Shrewton **GB** 98 Sr78
Shrivenham **GB** 98 Sr77
Shrule **IRL** 86 Sb73
Shtepaj **AL** 270 Ca99
Shtërpcë **RKS** 270 Cc96
Shtime **RKS** 270 Cc96
Shtrezë Maji **AL** 270 Cb97
Shtupeli i Madh **RKS** 270 Ca95
Shuec **AL** 276 Cb99
Shulbatër **AL** 270 Ca97
Shullaz **AL** 270 Bu97
Shupal **AL** 270 Bu98
Shupenzë **AL** 270 Ca97
Siadar Iarach **GB** 74 Sh64
Siadcza **PL** 233 Bu79
Siamanna **I** 141 As101
Siána **GR** 292 Cq108
Sianów **PL** 221 Bn72
Šiátista **GR** 277 Cd100
Šiaulėnai **LT** 217 Cg69
Šiauliai **LT** 213 Cg69
Sibari **I** 148 Bn101
Sibbarp **S** 101 Bf66
Sibbesse **D** 116 Au76
Sibbhult **S** 72 Bi68
Sibbo = Sipoo **FIN** 63 Cl60
Šibenik **HR** 259 Bm93
Sibiel **RO** 254 Ch89
Sibin **PL** 105 Bk73
Sibinj **HR** 258 Bk90
Sibinj **HR** 260 Bq90
Sibişel **RO** 254 Cg89
Sibiu **RO** 254 Ci89
Sible Hedingham **GB** 95 Ab77
Sibnica **SRB** 262 Ca92
Sibo **S** 60 Bo58
Sibot **RO** 254 Cg89
Sibratsgfäll **A** 125 Ba86
Sibratshofen **D** 125 Ba85
Sibsey **GB** 85 Aa74
Siča **HR** 135 Bl90
Sicciole = Sečovlje **SLO** 133 Bh90
Sićevo **SRB** 263 Ce94
Sichevița **RO** 253 Cd91
Sichów **PL** 226 Bn78
Siciny **PL** 226 Bn77
Siciska **PL** 228 Bu77
Sicklesmere **GB** 95 Ab76
Sickte **D** 116 Bb76
Sicula **RO** 245 Cd88
Siculeni **RO** 255 Cm88
Siculiana **I** 152 Bg106
Šiculiana Marina **I** 152 Bg106
Šid **SRB** 261 Bt90
Sidabravas **LT** 217 Ch69
Sidári **GR** 276 Bu101
Sidariai **LT** 217 Cg69
Sidbäck **FIN** 52 Cd55
Siddeburen **NL** 108 Ao74
Siddessen **D** 115 At77
Siddington **GB** 84 Sq74
Sideby **FIN** 52 Cc56
Sidensjö **S** 41 Br54
Siderno **I** 151 Bn104
Siders = Sierre **CH** 169 Aq88
Sidford **GB** 97 So79
Sidiró **GR** 280 Cn98
Sidirókastro **GR** 278 Cg98
Sidirókastro **GR** 286 Cd106
Sidirónero **GR** 279 Ci98
Sidiroúnda **GR** 285 Cm104
Sidlesham **GB** 98 St79
Sidlyšče **UA** 247 Ck83
Sidmouth **GB** 97 So79
Sidorovo **RUS** 215 Cr67
Sidra **PL** 224 Cg73
Sidsjö **S** 49 Bl55
Sidskogen **S** 50 Bm57
Sidvallen **S** 49 Bg57
Sidzina **PL** 232 Bp79
Sidzina **PL** 240 Bu81
Siebe **N** 29 Cg43
Siebenlehn **D** 230 Bg78
Sieber **D** 116 Ba77
Siebing **A** 135 Bm87
Siebnen **CH** 125 As86
Siecq **F** 170 Su89
Sieczka **PL** 228 Bu78
Siedenburg **D** 108 As75
Sieding **A** 129 Bm85
Siedlątków **PL** 227 Bs77
Siedlce **PL** 229 Ce76
Siedlec **PL** 226 Bn76
Siedlęcin **PL** 231 Bm79
Siedlice **PL** 220 Bl73
Siedlinghausen **D** 115 Ar78
Siedliska **PL** 234 Cb81
Siedlisko **PL** 221 Bn75
Siedlisko **PL** 226 Bm77
Siedliszcze **PL** 229 Cg78
Siedliszcze **PL** 229 Ch78
Siedliszczki **PL** 229 Cf78
Siegburg **D** 114 Ap79
Siegen **D** 115 Ar79
Siegenburg **D** 127 Bd83
Siegertsbrunn, Höhenkirchen- **D** 126 Bd84
Sieggraben **A** 242 Bn85
Sieglos **D** 115 Au79
Siegsdorf **D** 236 Bf85
Siekierki **PL** 111 Bi75
Siekkinen **FIN** 37 Cr49
Siekluki **PL** 228 Cc77
Sielenbach **D** 126 Bc84
Sielhorst **D** 108 As76
Sielow **D** 118 Bi77
Siemianowice Śląskie **PL** 233 Bt80
Siemiatycze **PL** 229 Cf76
Siemień **PL** 229 Cf77
Siemiochów **PL** 234 Cb81
Siemirowice **PL** 222 Bq72
Siemkowice **PL** 227 Bs78
Siemyśl **PL** 221 Bm72
Sien **D** 119 Aq81
Siena **I** 144 Bc94
Siene **S** 69 Bf65
Sieniawa **PL** 235 Cf80
Sieniawka **PL** 231 Bk79
Sieniawka **PL** 232 Bo79
Sieniec **PL** 227 Bs78
Siennica **PL** 228 Cd76
Siennica Różana **PL** 229 Cg79
Sienno **PL** 228 Cc78
Siennów **PL** 235 Ce81
Sieńsko **PL** 233 Ca79
Sieppijärvi **FIN** 30 Ch46
Sieradz **PL** 227 Bs77
Sieradzice **PL** 228 Cc78
Sieraków **PL** 226 Bn75
Sieraków **PL** 233 Bs79
Sierakowice **PL** 222 Bq72
Sierakowice **PL** 233 Br80
Sierakowo **PL** 226 Bq76
Sierck-les-Bains **F** 119 An82
Sierentz **F** 169 Ap85
Siernicze Małe **PL** 227 Br76
Sierniki **PL** 221 Bp74
Sierning **A** 237 Bi84
Siero de la Reina **E** 184 Sl95
Sierosławice **PL** 234 Ca80
Sierpc **PL** 227 Bu75
Sierra de Fuentes **E** 198 Sh102
Sierra de Luna **E** 187 St96
Sierra de Yeguas **E** 204 Sl106
Sierre **CH** 169 Aq88
Sierro **E** 206 Sq106
Siersburg, Rehlingen- **D** 119 Ao82
Sierville **F** 160 Ac81
Sierzchów **PL** 228 Cc77
Siesikai **LT** 218 Ck70
Siestrzeń **PL** 228 Cb76
Siete Aguas **E** 201 St102
Siete Iglesias **E** 192 Sk98
Sietesz **PL** 235 Ce81
Șieu **RO** 247 Ck86
Șieuț **RO** 247 Ck87
Sievershausen **D** 109 Ba76
Sieverstedt **D** 103 At71
Sievi **FIN** 43 Ck53
Siewierz **PL** 233 Bt80
Sifferbo **S** 60 Bl59
Şifne **TR** 285 Cn104
Sigale **F** 136 Ao93
Sigaste **EST** 209 Ck64
Sigdal **N** 57 Au60
Sigean **F** 178 Af94
Sigersvoll **N** 66 Ao64
Sigetec **HR** 242 Bo88
Sigfridstorp **S** 59 Bi60
Siggavuona = Sikovuono **FIN** 30 Co43
Siggelkow **D** 110 Bd74
Siggerud **N** 58 Bb61
Siggjarvåg **N** 56 Al61
Sigglesthorne **GB** 85 Su73
Sighetu Marmației **RO** 246 Ch85
Sighișoara **RO** 255 Ck88
Sigiełki **PL** 235 Ce80
Sigillo **I** 144 Bf94
Sığırcılı **TR** 280 Co98
Siglufjörður **IS** 20 Rb24
Sigmaringen **D** 125 At84
Sigmaringendorf **D** 125 At84
Sigmen **BG** 275 Co95
Sigmir **RO** 246 Ci86
Signa **I** 138 Bc93
Signalnes **N** 22 Ca42
Signau **CH** 169 Aq87
Signes **F** 180 Am94
Signoressa **I** 133 Be89
Signy-l'Abbaye **F** 162 Ai81
Signy-le-Petit **F** 156 Ai81
Sigogne **F** 170 Su89
Sigoulès **F** 170 Aa91
Sigri **GR** 285 Cm102
Sigriswil **CH** 169 Aq87
Sigtuna **S** 60 Bq61
Sigüeiro **E** 182 Sd95
Sigüenza **E** 194 Sp98
Sigüés **E** 176 Ss95
Sigulda **LV** 214 Ck66
Sigurdsrud **N** 57 As61
Sihlbrugg **CH** 125 As86
Sihlea **RO** 256 Cp90
Sihtuuna **FIN** 36 Ck48
Siikainen **FIN** 52 Cd57
Siikajärvi **FIN** 63 Ck60
Siikajoki **FIN** 43 Ck51
Siika-Kämä **FIN** 36 Cn48
Siikakoski **FIN** 54 Cq57
Siikala **FIN** 63 Ci59
Siikalahti **FIN** 44 Co53
Siikamäki asema **FIN** 54 Cp56
Siikasaari **FIN** 55 Ct56
Siikava **FIN** 64 Cn58
Siikavaara **FIN** 45 Da54
Siilinjärvi **FIN** 54 Cq54
Siimusti **EST** 210 Cn63
Siipyy = Sideby **FIN** 52 Cc56
Siironen **FIN** 43 Ch52
Siitama **FIN** 53 Ci57
Siitarja **GR** 271 Cd99
Siitonen **FIN** 30 Cl45
Siivikkala **FIN** 53 Ch57
Šiivikko **FIN** 37 Cq50
Šijakovo **BG** 265 Ck93
Sijarinska Banja **SRB** 271 Cd95
Sijekovac **BIH** 260 Bq90
Sikaminia **GR** 285 Cn102
Sikås **S** 40 Bl53
Sikéa **GR** 287 Cf107
Sikeå **S** 42 Cb52
Sikées **GR** 277 Ce102
Sikfőkút **H** 240 Ca85
Sikfors **S** 35 Cc49
Sikfors **S** 59 Bk61
Sikiá **GR** 277 Ce101
Sikiá **GR** 278 Ch100
Sikinos **GR** 288 Cl107
Sikióna **GR** 283 Cf105
Sikirevci **HR** 260 Br90
Siklahti **FIN** 45 Db54
Siklós **H** 243 Br89
Siknäs **S** 35 Cf49
Sikole **SRB** 263 Ce92
Sikonda **H** 251 Br88
Sikopohja **RUS** 55 Da57
Sikorráhi **GR** 279 Cm99
Sikory-Piotrowięta **PL** 224 Cf74
Sikórz **PL** 227 Bu75
Sikoúrio **GR** 277 Cf101
Sikovicy **RUS** 211 Cs64
Sikovuono **FIN** 30 Co43
Sīkrags **LV** 213 Ce65
Siksele **S** 33 Bp50
Siksele **S** 41 Bt51
Sikselet **S** 34 Br48
Siksjö **S** 41 Bp51
Siksjö **S** 41 Bq52
Siksjön **S** 49 Bk57
Siksjönäs **S** 40 Bn51
Sil **S** 40 Bn53
Šila **N** 32 Bg48
Šilai **LT** 218 Ck70
Šilalė **LT** 217 Ce70
Silandro **I** 132 Bb87
Šilanus **I** 140 As100
Šilavotas **LT** 224 Ch71
Silba **HR** 258 Bk92
Silbaš **SRB** 252 Bt90
Silberstedt **D** 103 At71
Silbertal **A** 126 Au86
Sil'ce **UA** 241 Cg84
Sildhopen **N** 27 Bm45
Silea **I** 133 Be89
Sileby **GB** 94 Ss75
Silen **BG** 273 Cm97
Silene **LV** 219 Co69
Silenen **CH** 131 As87
Siles **E** 200 Sp104
Silfiac **F** 158 So84
Silica **SK** 240 Cb83
Silická Jablonica **SK** 240 Cb83
Siličy **BY** 219 Cq72
Siligo **I** 140 As99
Șilindia **RO** 245 Cd88
Șilindru **RO** 245 Ce86
Šiliqua **I** 141 As102
Silistea **RO** 265 Cl92
Siliștea, Glodeanu- **RO** 266 Co91
Siliștea Crucii **RO** 264 Cg92
Siliștea Nouă **RO** 265 Cl92
Silistra **BG** 266 Cp92
Silistraru **RO** 256 Cq90
Silius **I** 141 At101
Silivașu de Câmpie **RO** 254 Ci87
Silivri **TR** 281 Cr98
Siljan **N** 67 Au62
Siljansnäs **S** 59 Bk59
Siljuberget **N** 58 Be59
Silkeborg **DK** 100 Au68
Silken **S** 59 Bk61
Silkku **FIN** 55 Da55
Silla **E** 201 Su102
Silla **EST** 209 Ch63
Silla **EST** 209 Ck64
Silla **I** 138 Bb92
Sillamäe **EST** 64 Cq62
Sillano **I** 138 Ba92
Sillanpää **FIN** 63 Ck58
Sillebotten **S** 68 Be62
Silleda **E** 182 Sd95
Sillé-le-Guillaume **F** 159 Su84
Sillemåla **S** 73 Bm68
Sillenstede **D** 108 Aq73
Sillerud **S** 68 Be62
Sillian **A** 133 Be87
S'Illot **E** 207 Ag101
Silloth **GB** 81 So71
Sillre **S** 50 Bo55
Silmalas **LV** 212 Cc66
Silno **PL** 221 Bq73
Silnowo **PL** 221 Bn73
Šilo **HR** 258 Bk90
Silos de Calañas **E** 203 Sg105
Sils **E** 189 Af97
Silsand **N** 22 Bq42
Silsden **GB** 84 Sr73
Sils in Engadin **CH** 131 Au88
Silsjönäs **S** 40 Bn53
Siltakylä **FIN** 64 Co60
Siltala **FIN** 52 Cg56
Siltavaara **FIN** 45 Cu53
Silte **S** 71 Br66
Šilukalns **LV** 215 Co67
Šilutė **LT** 216 Cc70
Šiluva **LT** 217 Cg69
Silvåkra **S** 72 Bg69
Silvalen **N** 32 Be49
Silván **E** 183 Sg96
Silvano d'Orba **I** 175 As91
Silvaplana **CH** 131 Au88
Silvares **P** 191 Se100
Silvberg **S** 60 Bl60
Silveiros **P** 190 Sc98
Silvela **E** 183 Se94
Silvella **I** 133 Bg88
Silverberg **S** 33 Bn50
Silverdale **GB** 84 Sp72
Silverdalen **S** 70 Bm65
Silvergruvan **S** 59 Bi61
Silverstone **GB** 94 Ss76
Silves **P** 202 Sd106
Silvi Marina **I** 145 Bi95
Silvola **FIN** 55 Ct57
Simala **I** 141 As101
Simalan Metsäkulma **FIN** 63 Cg59
Simanala **FIN** 55 Cs56
Simancas **E** 192 Sl97
Šimand **RO** 245 Cc88
Simanda **GR** 278 Cg100
Šimanovci **SRB** 261 Ca91
Simat de la Valldigna **E** 201 Su102
Simavik **N** 23 Cf40
Simaxis **I** 141 As101
Simbach **D** 127 Bf83
Simbach am Inn **D** 236 Bg84
Simbario **I** 151 Bn103
Simbăta Nouă **RO** 267 Cr91
Simeå **S** 50 Bn57
Simeonovgrad **BG** 274 Cm96
Simeria **RO** 254 Cg89
Simested **DK** 100 Au67
Simi **GR** 292 Cq107
Šimian **RO** 245 Ce86
Simiane-la-Rotonde **F** 180 Am93
Šimičevo **SRB** 263 Cc92
Šimići **BIH** 250 Bp91
Šimići **BIH** 261 Bt92
Siminicea **RO** 248 Cn85
Simișna **RO** 246 Ch86
Šimitli **BG** 272 Cg97
Šimkaičiai **LT** 217 Cg70
Simlångsdalen **S** 72 Bg67
Șimleu Silvaniei **RO** 246 Cf86
Simmelsdorf **D** 122 Bc81
Simmerath **D** 119 An79
Simmerberg, Weiler- **D** 126 Au85
Simmern (Hunsrück) **D** 119 Aq81
Simmersfeld **D** 125 As83
Simmershofen **D** 121 Ba81
Simmertal **D** 119 Aq81
Simnas **LT** 217 Ch72
Șimnicu de Sus **RO** 264 Ch92
Šimo **FIN** 36 Cl49
Simola **FIN** 64 Cr59
Simon **AL** 270 Bu97
Simonby **FIN** 62 Ce60
Șimonești **RO** 255 Cl88
Šimoniemi **FIN** 36 Ck49
Simonjaty **RUS** 215 Cr66
Simonkylä **FIN** 36 Cl49
Simonkylä = Simonby **FIN** 62 Ce60
Simonsbath **GB** 97 Sn78
Simonsberg **D** 102 As72
Simonsbo **S** 60 Bn60
Simonstorp **S** 70 Bn63
Šimontornya **H** 243 Bs87
Šimonys **LT** 218 Cl69
Simópoulo **GR** 282 Cd105
Simorre **F** 187 Ab94
Simos **GR** 283 Cd103
Simpele = Rautjärvi **FIN** 55 Ct58
Simpelveld **NL** 114 Am79
Simpiänniemi **FIN** 54 Co57
Simplon **CH** 130 Ar88
Simremarken **S** 73 Bg70
Simrishamn **S** 105 Bi69
Simsjö **S** 40 Bo52
Simskäla **AX** 62 Ca60
Simskar **N** 32 Bh50
Simuna **EST** 210 Cn62
Šimuna **FIN** 54 Cn56
Šimuni **HR** 258 Bk92
Simvola **GR** 279 Cl98
Sinac **HR** 258 Bl91
Sinagovci **BG** 264 Cf93
Sinaia **RO** 255 Cm90
Sinalunga **I** 144 Bd94
Sinanaj **AL** 276 Bu100
Sinanköy **TR** 275 Co97
Sinanlı **TR** 281 Cq98
Sinarcas **E** 201 Ss101
Sincai **RO** 254 Ci87
Șinca Veche **RO** 255 Cl89
Sindal **DK** 68 Ba66
Sindel **BG** 275 Cq94
Sindelfingen **D** 125 At83
Sindendro **GR** 277 Cc100
Sindi **EST** 209 Ck64
Sindia **I** 140 As100
Sinding **DK** 100 As68
Síndos **GR** 278 Cf99
Sîndrilița **RO** 266 Cn91
Sinekçi **TR** 280 Cp100
Sinekli **TR** 281 Cr98
Sinemorec **BG** 275 Cq96
Sinersig **RO** 253 Cd89
Sines **P** 196 Sc105
Sinești **RO** 264 Ch91
Sinești **RO** 266 Cn91
Sinettä **FIN** 36 Cl47
Sinéu **E** 207 Ag101
Sinevo **RUS** 65 Da59
Sinevró **GR** 286 Ce104
Singen (Hohentwiel) **D** 125 As85
Singera **MD** 249 Cs87
Singerei **MD** 248 Cr85
Singerin **A** 129 Bm85
Singhofen **D** 120 Aq80
Singistugorna **S** 28 Br45
Singla **N** 23 Cb40
Singleton **GB** 98 St79
Singö **S** 61 Bs60
Singsås **N** 48 Bb55
Sing-stad **N** 38 Au54
Singureni **RO** 265 Cm92
Singusdal **N** 67 As62
Sinilähde **FIN** 54 Cm58
Sinimäe **EST** 64 Cq62
Siniscola **I** 140 Au99
Sini Vir **BG** 266 Cp93
Sinj **HR** 259 Bo93
Sinjaja Nikola **RUS** 215 Cr67
Sinja Voda **BG** 266 Co94
Sinji Vrh **SLO** 135 Bl90
Sinjo Bărdo **BG** 272 Ch94
Sin-le-Noble **F** 155 Ag80
Sinn **D** 120 Ar79
Sinnai **I** 141 At102
Sinnerbo **S** 73 Bn66
Sinnes **N** 66 Ao63
Sinntal **D** 121 Au80
Sinoie **RO** 267 Cs91
Sinopoli **I** 151 Bm104
Sins **CH** 125 Ar86
Sinsheim **D** 120 As82
Sinsiö **FIN** 54 Co56
Sinspelt **D** 119 An81
Sint-Amands **B** 156 Ai78
Sint Annaparochie **NL** 107 Am74
Sint Anne = Sint Annaparochie **NL** 107 Am74
Sint Anthonis **NL** 114 Am77
Sint-Antonius **B** 113 Ak78
Sintautai **LT** 217 Cf71
Sintea Mare **RO** 245 Cd87
Șintereag **RO** 246 Ci86
Șinteu **RO** 245 Cf86
Sint-Gillis-Waas **B** 155 Ai78
Sint Jabik = Sint Jacobiparochie **NL** 107 Am74
Sint Jacobiparochie **NL** 107 Am74
Sint-Katelijne-Waver **B** 156 Ak78
Sint Maartensbrug **NL** 106 Ak75
Sint Maartensdijk **NL** 113 Ai77
Sint Michielsgestel **NL** 113 Al77
Sint Nicolaasga **NL** 107 Am75
Sint-Niklaas **B** 155 Ai78
Sint Nyk = Sint Nicolaasga **NL** 107 Am75
Sint Oedenrode **NL** 113 Al77
Sint Philipsland **NL** 113 Ai77
Sintra **P** 196 Sb103
Sintsi **FIN** 55 Cu56
Sint-Truiden **B** 156 Al79
Sinués **E** 187 St95
Sinzheim **D** 163 Ar83
Sinzig **D** 120 Ap79
Siófok **H** 243 Br87
Siokovac **SRB** 263 Cc93
Siółko **PL** 224 Ch73
Sion **CH** 130 Ap88
Sionainn = Shannon **IRL** 89 Sc75
Sion-les-Mines **F** 164 Sr85
Sion Mills **GB** 82 Sf71
Sion-sur-l'Océan **F** 164 Sr87
Sipa **EST** 209 Ci63
Şipahi **TR** 280 Co98
Šipanska Luka **HR** 268 Bq95
Șipca **MD** 249 Cu86
Șipet **RO** 253 Cc89
Sipilänperä **FIN** 53 Ck55
Sipinen **FIN** 44 Cr52
Šipka **BG** 273 Cl95
Šipkovica **MK** 270 Cb96
Šipkovica **MK** 272 Ce97
Šipkovo **BG** 273 Ck95
Šipola **FIN** 44 Cm52
Šipolje = Shipal **RKS** 262 Cb95
Sipoo **FIN** 63 Cl60
Șipote **RO** 248 Cp86
Șipotele **RO** 267 Cq92
Šipoviči **BY** 219 Co70
Šipovo **BIH** 259 Bp92
Šippola **FIN** 64 Cp59
Šiprage **BIH** 260 Bq92
Sira **N** 66 Ao64
Sirač **HR** 250 Bp89
Siracusa **I** 153 Bl106
Sirakovo **BG** 274 Cl97
Sirakovo **SRB** 253 Cc91
Sirault **B** 155 Ah79
Sirča **SRB** 262 Cb93
Siresa **E** 176 St95
Siret **RO** 247 Cn85
Siret, Mogoșești- **RO** 248 Co86
Sirevåg **N** 66 Am63
Sirgala **EST** 211 Cq62
Șiria **RO** 245 Cd88
Siridan **F** 187 Ab95
Sirig **SRB** 252 Bu90
Sirijorda **N** 32 Bg49
Sirijorda **N** 32 Bh48
Şirinçavus **TR** 281 Cq100
Sirineasa **RO** 264 Ci91
Sırınsıllı **TR** 280 Cp99
Širitovci **HR** 259 Bn93
Siriu **RO** 255 Cn90
Sirkka **FIN** 30 Ck45
Sirkkakoski **FIN** 36 Ci47
Sirkkamäki **FIN** 54 Cn55
Širkovo **RUS** 211 Cs64
Sirma **N** 24 Cp40
Sirmione **I** 132 Bb90
Sirna **GR** 286 Ce105
Sirna **RO** 265 Cm91
Şirnea **RO** 255 Cl90
Sirnes **N** 66 Ao64
Sirniö **FIN** 37 Cr49
Širnitz **A** 134 Bi87
Sirogojno **SRB** 262 Bu93
Sirok **H** 240 Ca85
Široka Lăka **BG** 273 Ck97
Široká Niva **CZ** 232 Bp80
Široké **SK** 240 Cb83
Široke **UA** 246 Cg84
Široki Brijeg **BIH** 260 Bq94
Sirokoe **RUS** 223 Cb72
Sirokovo **BG** 265 Cm93
Sirolo **I** 139 Bh93
Sırpsındığı **TR** 274 Cn97
Siruela **E** 198 Sk103
Sirvintos **LT** 218 Ck70
Šisak **HR** 135 Bn90
Šišan **HR** 258 Bh91
Sisante **E** 200 Sq102
Sisättö **FIN** 53 Cg57
Šišave **SRB** 263 Ce95
Sisco **F** 181 At95
Șiscu = Sisco **F** 181 At95
Šišenci **BG** 263 Ce93
Șișești **RO** 246 Ch85
Șișești **RO** 264 Cf91
Šiševac **SRB** 263 Cd93
Šišikon **CH** 131 As87
Šiškovci **BG** 271 Cf96
Šišljavić **HR** 135 Bm89
Šišmanci **BG** 274 Ck96
Šismundi **E** 183 Se93
Šišov **SK** 239 Br83
Sissach **CH** 124 Aq86
Sissano = Šišan **HR** 258 Bh91
Sisses **GR** 291 Ck110
Sissone **F** 161 Ah81
Sista-Palkino **RUS** 65 Cs61
Şiştărovaț **RO** 253 Cd88
Šistelo **P** 182 Sd97
Šisteron **F** 174 Am92
Sistin **E** 183 Sf96
Sisto **E** 182 Sc94
Sisto **E** 183 Se93
Sistranda **N** 38 As53
Sita Buzăului **RO** 255 Cn89
Sitaniec **PL** 235 Cg79
Sitasjaurestugorna **S** 28 Bq45
Sitenka **RUS** 211 Cu63
Sitges **E** 189 Ad98
Sitia **GR** 291 Cn110
Sit Ibb **S** 101 Bf69
Sitikkala **FIN** 64 Cn59
Sitio de Calahonda **E** 205 Sl107
Sitke **H** 242 Bp86
Sitneši **BIH** 260 Bq90
Sitnica **BIH** 260 Bo91
Sitnja **RUS** 211 Cu64
Sitno **PL** 221 Bo73
Sitojaurestugorna **S** 28 Br46
Sitómena **GR** 282 Cd103
Sitovo **BG** 266 Cp92
Sitovo **BG** 273 Ck97
Sitovo **BG** 275 Co96
Sittard **NL** 156 Am78
Sitten = Sion **CH** 130 Ap88
Sittensen **D** 109 Au74
Sitter **N** 38 Bb51
Sittersdorf **A** 134 Bk87
Sittersdorf = Žitara vas **A** 134 Bk87
Sittingbourne **GB** 95 Ab78
Sittsjön **S** 50 Bm54
Sitzendorf an der Schmida **A** 129 Bm83
Sitzenroda **D** 117 Bf78
Siucice **PL** 227 Ca78
Siuntio **FIN** 63 Ci60
Siuntion asema **FIN** 63 Ci60
Šiupyliai **LT** 213 Cg68
Siurgus Donigala **I** 141 At101
Siuro **FIN** 53 Cg58
Siurua **FIN** 36 Cn50
Siurunmaa **FIN** 30 Co46
Siusi **I** 132 Bd87
Șivac **SRB** 252 Bt89
Šivačevo **BG** 274 Cn95
Sivakka **FIN** 45 Ct53
Sivakka **FIN** 45 Cu53
Sivakkavaara **FIN** 55 Cs55
Siva Reka **BG** 274 Cn97
Sivčina **SRB** 261 Ca93
Siverić **HR** 259 Bn93
Siverskij **RUS** 211 Da62
Sivica **HR** 135 Bo88
Sivota **GR** 276 Ca102
Sivriler **TR** 275 Cq97
Sivros **GR** 282 Cb103
Sivry-Rance **B** 156 Ai80
Sivry-sur-Meuse **F** 162 Al82
Siwętochłowice **PL** 233 Bs80
Six Ashes **GB** 93 Sq76
Six Crosses **IRL** 89 Sa76
Six-Fours-les-Plages **F** 180 Am94
Sixmilebridge **IRL** 90 Sc75
Sixmilecross **GB** 87 Sf71
Sizun **F** 157 Sm84
Sjabero **RUS** 211 Ct63
Sjalec **BY** 218 Cn72
Själevad **S** 41 Bs54
Sjaljavščyna **BY** 215 Cs69
Själlarin **S** 34 Ca47
Sjanovo **BG** 266 Co93
Sjarèdnjae **BY** 219 Cp72
Sjarheevičy **BY** 219 Cp70
Sjåstad **N** 58 Ba61
Sjau stru **S** 71 Bs66
Sjelle **DK** 100 Au68
Sjemec **BIH** 261 Bt93
Sjenica **SRB** 262 Bu94
Sjeničak Lasinjski **HR** 135 Bm90
Sjenogošte **MNE** 269 Bu95
Sjerslev **DK** 100 At68
Sjoa **N** 47 Au57
Sjöändan **S** 49 Bk57
Sjöarbergssätern **S** 59 Bg59
Sjöåsen **N** 38 Bc52
Sjöberg **FIN** 42 Ce54
Sjöberg **S** 40 Bn51
Sjöbo **S** 73 Bh69
Sjöbotten **S** 42 Cc51
Sjöbrånet **S** 41 Bu52
Sjøenden **N** 58 Be60
Sjöfallstugan **S** 28 Br46
Sjögestad **S** 70 Bl64
Sjøholt **N** 46 Ao56
Sjöhusen **S** 59 Bh59
Sjøland **S** 51 Br54
Sjøli **N** 48 Be57
Sjølstad **N** 39 Be51
Sjølund **DK** 103 Au70
Sjölunda **S** 70 Bm62
Sjömarken **S** 69 Bf65
Sjømoen **N** 48 Au54
Sjoneidet **N** 32 Bh48
Sjong **N** 57 At59
Sjonhem **S** 71 Bs66
Sjørring **DK** 100 As67
Sjösa **S** 70 Bp63
Sjöskog = Seutula **FIN** 63 Ck60
Sjötofta **S** 72 Bg66
Sjötorp **S** 69 Bh63
Sjoutnäs **S** 40 Bk51
Sjövästa **S** 50 Bn57
Sjøvegan **N** 28 Bq43
Sjøvollan **N** 48 Bc54
Sjulnäs **S** 34 Br49
Sjulnäs **S** 35 Cc50
Sjulsåsen **S** 40 Bk52
Sjulsmark **S** 35 Cc49
Sjulsmark **S** 40 Bo51
Sjundeå = Siuntio **FIN** 63 Ci60
Sjundeå stationssamhälle = Siuntion asema **FIN** 63 Ci60
Sjungarbygget **S** 49 Bg57
Sjuntorp **S** 68 Be64
Sjursheim **N** 28 Bq44
Sjursvik **N** 27 Bo42
Sjusjøen **N** 58 Bb58
Sjuvjaoro **RUS** 55 Cu58
Skå **S** 61 Bq62
Skabland **N** 58 Bb60
Skåbu **N** 47 At57
Skadla **PL** 234 Cb79
Skads **DK** 102 As69
Skælingur **FO** 26 Sf56
Skælskør **DK** 104 Bc70
Skaer = Scaër **F** 157 Sn84
Skærbæk **DK** 102 As70
Skærholla **N** 49 Bf58
Skævinge **DK** 101 Be69
Skaftafell **IS** 21 Rc26
Skäfthammars ka **S** 61 Br60
Skaftung **FIN** 52 Cc56
Skagaströnd **IS** 20 Qk25
Skagaströnd = Höfðakaupstaður **IS** 20 Qk25
Skage **N** 39 Bd52
Skagen **DK** 68 Bb65
Skagshamn **S** 41 Bt54
Skagsudde **S** 41 Bt54
Skaidi **N** 24 Ck40
Skaistgirys **LT** 213 Cg68
Skaistkalne **LV** 214 Ck68
Skaiti **N** 33 Bm47
Skakai **LT** 213 Ch68
Skakava Donja **BIH** 251 Bs91
Skakkervollen **N** 39 Bd54
Skala **BG** 266 Cp93
Skála **GR** 282 Cb104
Skála **GR** 283 Cg103
Skála **GR** 285 Cn102
Skála **GR** 289 Co106
Skała **PL** 233 Bu80
Skálabotnur **FO** 26 Sg56
Skála Eressoú **GR** 285 Cm102
Skála Foúrkas **GR** 278 Cg100
Skałągi **PL** 233 Br78
Skála Kalliráhis **GR** 279 Ck99
Skála Marió **GR** 279 Ck99
Skålan **S** 49 Bi55
Skála Oropoú **GR** 284 Ch104
Skála Rahoníou **GR** 279 Ck99
Skálavík **FO** 26 Sg57
Skalbmierz **PL** 234 Ca80
Skålbodarna **S** 49 Bi55
Skålbygget **S** 49 Bl58
Skälderviken **S** 72 Bf68
Skåldö **FIN** 63 Cg61
Skålen **N** 57 Aq61
Skålerud **S** 58 Bd61
Skálevig = Skálavík **FO** 26 Sg57
Skalhamn **S** 68 Bc64
Skálholt **IS** 20 Qk26
Skáli **FO** 26 Sg56
Skalica **BG** 274 Cn96
Skalica **SK** 238 Bp83
Skalité **SK** 233 Bs82
Skałka **PL** 232 Bo78
Skallelv **N** 25 Da40
Skållerud **S** 68 Be63
Skallevoll **N** 68 Bb62
Skallhult **S** 69 Bi64
Skallmeja **S** 69 Bg64
Skallsjö **S** 68 Be65
Skallskog **S** 59 Bk59
Skällvik **S** 70 Bo64
Skalmierz **PL** 227 Br77
Skalmodalen **S** 33 Bk50
Skalmsjö **S** 41 Bq53
Skalná **CZ** 230 Be80
Skålö **S** 59 Bi59
Skalohóri **GR** 277 Cc100
Skalohóri **GR** 285 Cn102
Skaloti **GR** 273 Ci98
Skals **DK** 100 At67
Skåls **S** 71 Br66
Skålsjön **S** 60 Bm58
Skalstugan **S** 39 Be53
Skalsvik **N** 32 Bi46
Skalunda **S** 69 Bg63
Skålvallen **S** 50 Bm57
Skålvum **S** 69 Bg63
Skam'ja **RUS** 211 Cq63
Skamsdalssetra **N** 47 As56
Skandáli **GR** 279 Cl101
Skandawa **PL** 223 Cc72
Skanderborg **DK** 100 Au68
Skånela **S** 61 Bq61
Skånes-Fagerhult **S** 72 Bg68
Skånes Värsjö **S** 72 Bg68
Skånevik **N** 56 Am61
Skånings-Åsaka **S** 69 Bh64
Skåningsbukt **N** 22 Bu40
Skänninge **S** 70 Bl64
Skanör **S** 73 Bf70
Skansbacken **S** 59 Bi60
Skansholm **S** 40 Bn51
Skansnäs **S** 33 Bn50
Skansnäs **S** 33 Bp49
Skåpafors **S** 68 Be62
Skąpe **PL** 225 Bl76
Skapiškis **LT** 214 Cl69
Skapji **LV** 213 Cf67
Skar **N** 33 Bl46
Skår **N** 46 Ao56
Skår **N** 66 An62
Skara **S** 69 Bg64
Skaråsen **N** 57 At58
Skaraseter **N** 57 At59
Skärbäck **S** 73 Bk66
Skarberget **N** 27 Bn44
Skärblacka **S** 70 Bm63
Skårby **S** 73 Bh70
Škarda **HR** 258 Bk92
Skarda **S** 41 Bs52
Škare **HR** 258 Bl91
Skare **N** 56 Ao61
Skåre **S** 59 Bg62
Skarestad **N** 46 Ao58
Skaret **N** 47 Ap55
Skåret **N** 48 Be57
Skäret **S** 59 Bk61
Skärhamn **S** 68 Bd65
Skärkdalen **S** 49 Bf55
Skärkind **S** 70 Bn64
Skärlöv **S** 73 Bo68
Skärmnäs **S** 59 Bf61
Skarmunken **N** 22 Bu41
Skarnes **N** 58 Bd60
Skarø By **DK** 103 Ba70
Skarpengland **N** 67 Aq64
Skärplinge **S** 61 Bq60
Skarpnatö **AX** 61 Bu60
Skarp Salling **DK** 100 At67
Skarrild **DK** 100 As69
Skärså **S** 50 Bp58
Skarsfjord **N** 22 Bs41
Skärsjövälen **S** 49 Bg56
Skarstad **N** 27 Bn44
Skarstad **S** 69 Bg64
Skärstad **S** 69 Bi65
Skarstein **N** 26 Bn42
Skarsterlân **NL** 107 Am75
Skarsvåg **N** 24 Cm38
Skarszewy **PL** 222 Br72
Skarszyn **PL** 226 Bp78
Skartlia **N** 58 Ba58
Skårup **DK** 103 Bb70
Skärvagen **S** 48 Be57
Skarvanes **FO** 26 Sg57
Skarvfjordhamn **N** 23 Cg39
Skarvollen **N** 47 Au55
Skarvsjöby **S** 41 Bp51
Skaryszew **PL** 228 Cc78
Skarżysko-Kamienna **PL** 228 Cb78
Skarżysko Kościelne **PL** 228 Cb78
Skarżysko Książęce **PL** 228 Cb78
Skasenden **N** 58 Be60
Skašov **CZ** 236 Bg81
Skästra **S** 50 Bn57
Skatelöv **S** 72 Bk67
Skåtøy **N** 67 At63
Skattkärr **S** 59 Bh62
Skattlösberget **S** 59 Bk60
Skattøra **N** 22 Bu41
Skattungbyn **S** 59 Bk58
Skatval **N** 38 Bb53
Skatvik **N** 22 Bq42
Skaudvilė **LT** 217 Cf70
Skaugvoll **N** 32 Bi47
Skaulo **S** 29 Cc46
Škaun **N** 38 Ba54
Škaune **LV** 215 Cq68
Skåv **S** 69 Bh64
Skave **DK** 100 As68
Skavik **N** 24 Ck39
Skavnakk **N** 23 Cc40
Skaw **GB** 77 St60
Skawina **PL** 233 Bu81
Skeberg **S** 59 Bk59
Skebobruk **S** 61 Bs61
Skebokvarn **S** 70 Bo62

398 **Shotts – Skebokvarn**

Skęczniew PL 227 Bs77
Skeda S 70 Bm64
Skedala S 72 Bf67
Skedbrostugan S 48 Be56
Šķēde LV 213 Cf66
Skede S 70 Bl66
Skederid S 61 Bs61
Skedevi S 70 Bm63
Skedsmokorset N 58 Bc60
Skedvik S 50 Bp56
Skedvi kyrkby S 60 Bm60
Skee S 68 Bc63
Skegness GB 85 Aa74
Skei N 39 Bd50
Skei N 39 Bd52
Skei N 46 An57
Skei N 47 As55
Skeie N 66 Ap64
Skeikampen N 48 Ba58
Skela SRB 261 Ca91
Skelani BIH 262 Bu93
Skelberry GB 77 Ss61
Skelby DK 104 Bd70
Skelde DK 103 Au71
Skelivka UA 241 Cf81
Skellefteå S 42 Cc51
Skelleftehamn S 42 Cc51
Skellvik N 32 Bi46
Skelmanthorpe GB 84 Sr73
Skelmersdale GB 84 Sp73
Skelmorlie GB 80 Sl69
Skelton GB 85 St71
Šķeltova LV 215 Cp68
Skelund DK 100 Ba67
Skėmiai LT 214 Cm69
Skėmiai LT 217 Ch69
Skenderaj RKS 270 Cb95
Skender Vakuf = Kneževo BIH 260 Bp92
Skenfrith GB 93 Sp77
Skenshyttan S 60 Bl60
Skepastó GR 278 Ch99
Skępe PL 227 Bt75
Skephult S 69 Bf65
Skepperstad S 73 Bk66
Skepplanda S 68 Be65
Skeppshult S 72 Bg66
Skeppsvik AX 61 Bu60
Skeppsvik S 42 Cb53
Skepptuna S 61 Br61
Skerries = Na Sceirí IRL 88 Sh73
Skewen GB 97 Sn77
Ski N 58 Bb61
Skiadás GR 276 Cb102
Skiadás GR 282 Cd105
Skiag Bridge GB 75 Sl64
Skíathos GR 284 Cg102
Skibbereen IRL 89 Sb77
Skibby DK 101 Bd69
Skibotn N 22 Ca42
Skidal' BY 224 Ci73
Skidby GB 85 Su73
Skídra GR 277 Ce99
Skiemonys LT 218 Cl70
Skien, Porsgrunn- N 67 Au62
Skierbieszów PL 235 Cg79
Skiermûntseach NL 107 An74
Skierniewice PL 227 Ca77
Skifjellhytta N 67 Au62
Skillefjordnes N 23 Cg40
Skillemo N 23 Cg41
Skillingaryd S 69 Bi66
Skillinge S 73 Bi70
Skillingsfors S 58 Be61
Skilondiški BY 218 Cn71
Skindro N 47 At58
Skindzierz PL 224 Cg73
Skinnarbøl N 58 Be60
Skinnarbu N 57 Ar61
Skinnarvik FIN 62 Ce60
Skinnerup DK 100 As67
Skinnskatteberg S 60 Bm61
Skipagurra N 25 Cr40
Skipnes N 38 As54
Skipness GB 78 Sk69
Skipsea GB 85 Su73
Skipstadstrand N 68 Bb62
Skipton GB 84 Sq73
Skiptvet N 58 Bc62
Skirdzimy BY 218 Cn72
Skiró S 73 Bl66
Skíros GR 284 Ck103
Škirotava LV 213 Ci67
Skirsnemunė LT 217 Cf70
Skirva N 57 As60
Skíti GR 278 Cf101
Skittenelv N 22 Bt41
Skivarp S 73 Bh70
Skive DK 100 At67
Skivjan RKS 270 Ca96
Skivjane = Skivjan RKS 270 Ca96
Skivsjön S 41 Bt52
Skiwy Duże PL 229 Cf76
Skjærberget N 58 Be58
Skjæret N 48 Be58
Skjærhalden N 68 Bc62
Skjærvangen N 48 Au57
Skjaervik N 27 Bp44
Skjåk N 47 Ar57
Skjåk seter N 47 Aq56
Skjånes N 25 Cr39
Skjåvik N 32 Bh49
Skjeberg N 68 Bc62
Skjeggdal N 67 Ar63
Skjeggedal N 56 Ao60
Skjelbred N 39 Bg51
Skjelfoss N 58 Bb61
Skjeljavik N 56 Am61
Skjellåvollen N 48 Bc56
Skjellesvik N 27 Bn44
Skjelnan N 22 Bt41
Skjelstad N 38 Bb53
Skjelsvik N 67 Au62
Skjeltene N 46 An55
Skjenangen N 57 Au59
Skjerdal N 56 Ap59
Skjerdingen N 48 Bb57
Skjern DK 100 As69
Skjersholmane N 56 Al61
Skjerstad N 27 Bl46
Skjervheim N 56 An59
Skjervøy N 23 Cb40
Skjold N 28 Bt42
Skjoldastraumen N 56 Am62
Skjoldehamn N 26 Bl43
Skjolden N 47 Aq57
Skjomen N 28 Bp44
Skjønhaug N 58 Bc61
Skjøtningberg N 24 Cp38
Skjutfält S 71 Bq62
Skláře CZ 230 Bf81
Skleně SK 239 Bs83
Sklené Teplice SK 239 Bs83
Sklithro GR 278 Cf101
Šklo UA 235 Ch81
Skobelevo BG 273 Ck94
Skobelevo BG 274 Cl95
Skobelevo BG 274 Cl96
Skočivir MK 271 Cd99
Škocjan SLO 135 Bl89
Skoczów PL 233 Bs81
Skodborg DK 103 At70
Škodje N 46 Ao55
Škofja Loka SLO 134 Bi88
Škofljica SLO 134 Bk89
Skofteland N 66 Ap64
Skog N 22 Bu41
Skog N 39 Bd51
Skog S 40 Bn51
Skog S 51 Br55
Skog S 59 Bg61
Skog S 60 Bo58
Skogaby S 72 Bg67
Skogaholm S 70 Bl62
Skogalægret N 57 Au58
Skogalund S 59 Bi62
Skoganvarra N 24 Cl41
Skógar IS 20 Ql27
Skoga Sörda S 59 Bg60
Skogbo S 60 Bp60
Skogböle = Kuovila FIN 63 Cg60
Skogby FIN 63 Cg61
Skogen S 68 Be62
Skogen S 68 Be64
Skoger N 58 Ba61
Skogfoss N 25 Cu42
Skoghall S 69 Bg62
Skogmo N 39 Be51
Skogn N 38 Bc53
Skognes N 22 Bu42
Skogså S 35 Cd49
Skogsåtern S 59 Bf58
Skogsberg S 59 Bg61
Skogsby S 73 Bo67
Skogstorp S 70 Bn62
Skogstorp S 72 Be67
Skogstrand N 27 Bk43
Skogstue N 39 Bd52
Skoki PL 226 Bp75
Skoki Duże PL 227 Bt75
Skokloster S 60 Bq61
Skokowa PL 226 Bo78
Sköldinge S 70 Bn62
Sköldvik = Kilpilahti FIN 63 Cm60
Skollenborg N 57 Au61
Sköllersta S 70 Bl62
Skolneset N 33 Bk47
Skölvene S 69 Bg64
Skołyszyn PL 234 Cc81
Skomarböle = Hallila FIN 64 Cm59
Skomielna Biała PL 234 Bu81
Skomlin PL 227 Br78
Skomlja BG 264 Cf93
Skomovik N 32 Be50
Skön S 50 Bp56
Skönberga S 70 Bn64
Skonseng N 32 Bi48
Skönvik S 50 Bp56
Skópelos GR 284 Ch102
Skópelos GR 285 Cn102
Skopí GR 286 Ce105
Skopí GR 291 Cn110
Skopiá GR 283 Ce102
Skopje MK 271 Cc97
Skopós GR 271 Cd99
Skopos GR 279 Ck98
Skoppum N 58 Ba62
Skopun FO 26 Sg57
Skorabisht RKS 270 Cb96
Skórcz PL 222 Bs73
Skorczów PL 234 Ca80
Skorczyce PL 235 Ce78
Skore N 67 Aq63
Skorenovac SRB 253 Cb91
Skorgenes N 46 Ap55
Skorica SRB 263 Cd93
Skoro N 57 Aq59
Skorobište = Skorabisht RKS 270 Cb96
Skorogoszcz PL 232 Bq79
Skoroszyce PL 232 Bp79
Skorovass gruver N 39 Bg51
Skorovatn N 39 Bg51
Skorovot AL 276 Cb100
Skorpa N 23 Cd41
Skorpa N 46 Ak57
Skorped S 41 Bq54
Skorpetorp S 73 Bn66
Škorpilovci BG 275 Cq95
Skørping DK 100 Au67
Skørpinge DK 104 Bc70
Skorstad N 38 Bc51
Skörstorp S 69 Bh64
Skortsinós GR 286 Ce106
Skórzec PL 229 Ce76
Skorzęcin PL 226 Bq76
Skorzewo PL 222 Bq72
Skoszewy Stare PL 227 Bu77
Skotfoss N 67 Au62
Skotina GR 277 Ce100
Skotiní GR 286 Ce105
Skotnes N 32 Be50
Skotniki PL 228 Bu78
Skotoússa GR 277 Ce102
Skotoússa GR 278 Cg98
Skotræsk S 41 Br50
Skotselv N 58 Au61
Skotten seter N 48 Ba57
Skotterud N 58 Be60
Skottkjær N 67 As63
Skottlanda S 69 Bi62
Skottnes N 39 Bd50
Skottorp S 72 Bf68
Skottsund S 50 Bp56
Skoulikariá GR 282 Cc102
Skoúra GR 286 Ce106
Skoúrta GR 284 Ch104
Skoútari GR 278 Ch98
Skoutári GR 286 Ce107
Skovby DK 100 Au68
Skovby DK 103 Au71
Skövde S 69 Bh64
Skovlund DK 100 As69
Skrá GR 277 Ce98
Skräckarberget S 59 Bf59
Skrad HR 134 Bk90
Skradin HR 259 Bm93
Skraičionys LT 218 Ci72
Skråmestø N 56 Ak59
Skråmträsk S 42 Cb51
Skrautvål N 57 At58
Skravena BG 272 Ch95
Skrbuša MNE 269 Bu95
Skrea S 101 Bf67
Skrebiškiai LT 214 Cl68
Skredå N 66 Ao63
Skredalegret N 47 At56
Skredsvik S 68 Bd64
Skreia N 58 Bb59
Skreland N 67 Aq63
Skreros N 67 Ar64
Skriaudžiai LT 217 Ch71
Skriperó GR 276 Bu101
Skripovo RUS 211 Ct65
Skripton-on-Swale GB 81 Ss72
Skrivena Luka HR 268 Bo95
Skrīveri LV 214 Cl67
Skrochovice CZ 232 Bq80
Skrollsvik N 27 Bo42
Skrova N 27 Bk44
Skröven S 35 Cd47
Skrudaliena LV 215 Co69
Skrudki PL 229 Ce77
Skrunda LV 213 Ce67
Skruv S 73 Bl67
Skrwilno PL 222 Bu74
Skrydstrup DK 103 At70
Skryje CZ 123 Bh81
Skrzydlna PL 234 Ca81
Skrzynno PL 228 Cb78
Skrzyńsko PL 228 Cb78
Skrzypiów PL 234 Cb79
Skrzyszów PL 234 Cc81
Skucani BIH 260 Bo93
Skucku S 49 Bk55
Skudeneshavn N 66 Al62
Skugry RUS 211 Cu65
Skuhrov CZ 231 Bm81
Skujene LV 214 Cl66
Skukani HR 135 Bl90
Skuki LV 215 Cq69
Skulamus GB 74 Si66
Skule S 51 Br54
Skulerud N 58 Bd61
Skulgam N 22 Bt41
Skull IRL 89 Sa77
Skulsfjord N 22 Bs41
Skulsk PL 227 Br76
Skulte LV 214 Ci66
Skultorp S 69 Bh64
Skultuna S 60 Bn61
Skuntiki BY 219 Cq70
Skuø = Skúvoy FO 26 Sg57
Skuodas LT 212 Cd68
Skurów PL 228 Cb77
Skurraj AL 270 Bu97
Skurup S 73 Bh70
Skuteč CZ 232 Bm81
Skutskär S 60 Bp59
Skuttunge S 60 Bq61
Skutvik N 22 Bs42
Skutvik N 27 Bl44
Skúvoy FO 26 Sg57
Škvorec CZ 231 Bk80
Skvoricy RUS 65 Cu61
Skvrňany CZ 230 Bg81
Skwarki PL 235 Cg80
Skwierzyna PL 225 Bm75
Skýcov SK 239 Br84
Skyllberg S 69 Bl63
Skylstad N 46 Ao56
Skymnäs Västra S 59 Bh61
Skyttmon S 40 Bm54
Skyttorp S 60 Bq60
Skyum DK 100 As67
Slabada BY 219 Cp71
Slabadai LT 217 Cf71
Slabinja HR 250 Bo90
Slabodka BY 219 Cp70
Słaboszów PL 234 Ca80
Slåbråten S 59 Bi62
Slådalen N 47 At57
Sladka Voda BG 275 Cp94
Sladki Vrh SLO 135 Bm87
Sládkovičovo SK 239 Bq84
Šladojevci HR 251 Bq89
Sładów PL 228 Ca76
Sladun TR 274 Cn97
Slagavallen S 49 Bg56
Slagelse DK 104 Bc70
Slagharen NL 107 Ao75
Slagnäs S 34 Br49
Slaidburn GB 84 Sq73
Slaka S 70 Bm64
Slaley GB 81 Sq71
Slamannan GB 76 Sn69
Slamino BG 275 Co96
Slampe LV 213 Cg67
Slănčev Brjag BG 275 Cq95
Slancy RUS 211 Cr62
Slane IRL 88 Sg73
Slanec SK 241 Cc83
Slangerup DK 101 Be69
Slănic RO 255 Cm90
Slănic-Moldova RO 256 Cn88
Slano HR 268 Bq95
Slaný CZ 123 Bi80
Släp S 68 Bd65
Šlapanice CZ 123 Bi80
Šlapanice CZ 238 Bo82
Šlapanov CZ 237 Bm81
Slap od Idrijci SLO 134 Bh88
Släppträsk S 34 Bs50
Slapton GB 97 Sn80
Slapy CZ 231 Bi81
Slåstad N 58 Bd60
Slatina BG 266 Cp93
Slatina BG 272 Cg94
Slatina BG 273 Ck94
Slatina BIH 260 Bq91
Slatina BIH 260 Bq93
Slatina HR 251 Bq89
Slatina MNE 271 Cc96
Slatina RKS 263 Cc93
Slatina RO 247 Cm86
Slatina RO 255 Ck90
Slatina RO 264 Ci92
Slatina SRB 261 Bu92
Slatina SRB 262 Ca93
Slatina SRB 263 Ce92
Slatina de Mureş RO 253 Ce88
Slatina Donja BIH 250 Bp91
Slatina nad Zdobnicí CZ 232 Bn80
Slatiňany CZ 231 Bm81
Slatina-Timiş RO 253 Ce90
Slatine HR 259 Bn94
Slatino BG 272 Cg96
Slatino MK 270 Cc96
Slatinské Lazy SK 240 Bt83
Slatinski Drenovac HR 251 Bq89
Slătioara RO 247 Cn86
Slătioara RO 264 Ch90
Slătioara RO 264 Ci92
Slätmon S 70 Bm64
Slato BIH 269 Br94
Slättakra S 72 Bf67
Slättberg S 35 Cc47
Slättberg S 59 Bk58
Slåtten N 24 Ck39
Slätthög S 72 Bk66
Slättingebygd S 73 Bm67
Slåttmon S 50 Bp55
Slåttön S 49 Bl54
Slattum N 58 Bb60
Slava Cherchezä RO 267 Cs91
Slavantai LT 224 Ch72
Slava Rusă RO 267 Cs91
Slaveevo BG 266 Cq94
Slaveevo BG 280 Cn97
Slavejkovo BG 275 Cp94
Slavejno BG 274 Ck97
Slavětín CZ 232 Bo81
Slavhostice CZ 231 Bl80
Slavičín CZ 239 Bq82
Slavikai LT 217 Cf71
Slavinsk RUS 216 Cc71
Slavjanci BG 275 Co95
Slavjani BG 273 Ck94
Slavjanovo BG 265 Ck94
Slavjanovo BG 265 Cn94
Slavjanovo BG 274 Cm97
Slavkov CZ 239 Bq83
Slavkovic SRB 262 Ca92
Slavkov u Brna CZ 238 Bo82
Slavnija SRB 272 Cf94
Slavonice CZ 237 Bl83
Slavonski Brod HR 260 Br90
Slavonski Kobaš HR 260 Bq90
Slavošovce SK 240 Ca83
Slavotin BG 264 Cg93
Slavovica BG 273 Ci93
Slavsk RUS 216 Cd70
Slavskoe RUS 223 Ca71
Slavsko Polje HR 135 Bm90
Sława PL 221 Bm73
Sławatycze PL 229 Ch77
Sławęcin PL 221 Bq73
Sławków PL 233 Bt80
Sławniowice PL 232 Bp80
Sławno PL 221 Bo72
Sławno PL 227 Ca78
Sławoborze PL 221 Bm73
Sławsk PL 227 Br76
Sleaford GB 85 Su75
Sleat = Sloten NL 107 Am75
Słębowo PL 226 Bq75
Sledmere GB 85 St72
Sleen NL 107 Ao75
Sleights GB 85 St72
Sleipa N 57 Aq60
Slemmestad N 58 Ba61
Slemminge DK 104 Bd71
Sleneset N 32 Bf48
Slepčany SK 239 Br84
Slepče MK 271 Cc98
Slepčević SRB 261 Bu91
Slepino RUS 211 Ct62
Slepo = Schleife D 118 Bk77
Sles S 71 Bs65
Šlesvig = Schleswig D 103 Au71
Ślęszów PL 232 Bp79
Sletta N 23 Ce40
Sletta N 38 At53
Slettå N 48 Be58
Slette N 47 Aq57
Sletten DK 101 Bf69
Sletten N 47 Au56
Sletten N 48 Bb56
Sletterust N 47 Ar58
Slettestrand DK 100 At66
Slettmo N 22 Bt42
Slevik N 68 Bb62
Slezské Rudoltice CZ 232 Bq80
Sliače SK 240 Bt82
Sliač-Kúpele SK 240 Bt83
Slidre N 57 As58
Slidy UA 248 Cq83
Sliedrecht NL 106 Ak77
Šliema M 151 Bk109
Šlienava LT 217 Ci71
Sligachan Hotel GB 74 Sh66
Sligeach = Sligo IRL 82 Sd72
Sligo IRL 82 Sd72
Slikajärvi FIN 37 Cq50
Slimminge S 73 Bh69
Slimnic RO 254 Ci89
Slinde N 56 Ao58
Slingsby GB 85 St72
Slipra N 38 Bb53
Slipsikstugan S 40 Bk51
Slipstensjön S 41 Bu52
Slišane SRB 263 Cd95
Slišovci BG 272 Ce95
Slitari MNE 262 Bu95
Slite S 71 Bs65
Slitu N 58 Bc61
Slivata BG 264 Cg93
Sliven BG 274 Cn95
Slivenci BG 266 Cq93
Slivileşti RO 264 Cg91
Slivnica BG 272 Cg95
Slivnica SLO 135 Bm88
Slivno HR 260 Bp94
Slivo Pole BG 265 Cn93
Slivovë RKS 270 Cc96
Slivovica BG 273 Cm94
Slivovo = Slivovë RKS 270 Cc96
Śliwice PL 222 Br73
Śliwnik PL 225 Bl77
Šljivovica SRB 261 Bu93
Sllatinë AL 270 Ca97
Sllatinë e Madhe RKS 270 Cc95
Slobidka UA 249 Ct85
Słobity PL 222 Bu72
Sloboda BY 219 Cq72
Sloboda RUS 219 Co71
Sloboda UA 247 Cn84
Slobodka BY 218 Cm71
Slobodka BY 219 Cp69
Slobodzeja = Slobozia MD 257 Cu87
Slobozia MD 257 Cu87
Slobozia RO 266 Cp91
Slobozia Bradului RO 256 Cp90
Slobozia Ciorăşti RO 256 Cp89
Slobozia Conachi RO 256 Cq89
Slobozia Mândra RO 265 Ck93
Slobozia Mare MD 256 Cr89
Slobozia Moară RO 265 Cm91
Slobyn S 59 Bf61
Slochteren NL 108 Ao74
Slomer BG 265 Cl94
Słomków Suchy PL 227 Bs77
Słomniki PL 233 Ca80
Slon RO 255 Cn90
Słonowice PL 221 Bm73
Słonowice PL 221 Bo72
Słońsk PL 225 Bk75
Słopnice PL 234 Ca81
Slørdal N 38 Au54
Slöta S 69 Bh64
Sloten NL 107 Am75
Slottet N 56 Am59
Slottsbron S 69 Bg62
Slough GB 98 St77
Sloup CZ 232 Bo82
Slovac SRB 261 Ca92
Slovåg N 56 Al59
Slovenj Gradec SLO 135 Bl87
Slovenska Bistrica SLO 135 Bm88
Slovenská Lúpča SK 239 Bt83
Slovenská Ves SK 240 Ca82
Slovenské Ďarmoty SK 239 Bt84
Slovenske Konjice SLO 135 Bl88
Slovenské Nové Mesto SK 241 Cd84
Slovenské Pravno SK 239 Bs83
Slovenský Grob SK 238 Bp84
Słowino PL 221 Bo72
Słubice PL 111 Bk76
Słubice PL 228 Bu76
Słubów PL 228 Cc75
Sluderno I 131 Bb87
Sługocice PL 227 Ca78
Sluis NL 112 Ag78
Sluiskil NL 112 Ah78
Šluknov CZ 231 Bi78
Slunj HR 259 Bm90
Słupca PL 226 Bq76
Słupia PL 227 Br78
Słupia Nadbrzeżna PL 234 Cd79
Słupica PL 228 Cc78
Słupiec PL 232 Cc80
Słupno PL 228 Bu75
Słupno PL 228 Cc76
Sluppen N 38 At54
Słupsk PL 221 Bp72
Slušovice CZ 239 Bq82
Slussfors S 33 Bn50
Słuszków PL 227 Br77
Służewo PL 227 Bs75
Slyngstad N 46 An55
Småbakkan N 47 Ba56
Småbönders FIN 43 Ch54
Småge N 46 Ao55
Smagów PL 228 Cb78
Smålandsstenar S 72 Bg66
Smalåsen N 39 Bg50
Smalfjord N 25 Cr40
Smalininkai LT 217 Cf70
Smaljavičy BY 219 Cr72
Smallburgh GB 95 Ac75
Smallingerland NL 107 An74
Smalvos LT 218 Cn69
Smârdan RO 256 Cr90
Smârde LV 213 Cg67
Smârdioasa RO 265 Cl93
Smardzew PL 227 Bs77
Smarhon' BY 218 Cn72
Šmarje SLO 133 Bh89
Šmarje pri Jelšah SLO 135 Bm88
Šmarje-Sap SLO 134 Bk89
Šmarjeta SLO 135 Bl89
Šmartno ob Dreti SLO 134 Bk88
Šmartno pri Slovenj Graduc SLO 135 Bl88
Šmartno v Tuhinju SLO 134 Bk88
Småsjøvollen N 48 Be56
Smečno CZ 123 Bi80
Smedås N 48 Bc55
Smedby S 73 Bn67
Smedby S 73 Bn68
Smědeč CZ 123 Bi83
Smederevo SRB 253 Cb91
Smederevska Palanka SRB 262 Cb92
Smedjebacken S 60 Bl60
Smedjeviken S 39 Bf53
Smedsbyn S 35 Ce49
Smedsgården N 57 At59
Smedstorp S 73 Bi69
Smeeni RO 266 Co91
Smęgorzów PL 234 Cc80
Smellingerlân = Smallingerland NL 107 An74
Smelteri LV 215 Co68
Smerup DK 104 Be70
Smeržaha RUS 211 Cr64
Smestadsletta N 58 Bb59
Śmicz PL 232 Bq80
Smidary CZ 231 Bl80
Śmiechowice PL 232 Bq79
Śmigiel PL 226 Bo76
Smilčić HR 259 Bm92
Smilde NL 107 An75
Smilec BG 266 Cp92
Smilec BG 273 Ci96
Smilevo MK 270 Cc98
Smilgiai LT 213 Ci69
Smiljan BG 279 Ck97
Smilna UA 235 Cg82
Smilovci SRB 272 Cf94
Śmiłowo PL 221 Bo74
Smiltene LV 214 Cm66
Smiltyně LT 216 Cc69
Smines N 27 Bk43
Smiřice CZ 232 Bm80
Smirnenski BG 264 Cg93
Smithborough IRL 82 Sf72
Smithfield GB 81 Sp71
Smižany SK 240 Cb83
Smjadovo BG 275 Cp94
Smlednik SLO 134 Bi88
Smočan BG 274 Ck94
Smögen S 68 Bc64
Smogorzów PL 226 Bq78
Smogulec PL 221 Bp74
Smojlovo RUS 215 Cs65
Smokinite BG 275 Cq96
Smokovljani HR 268 Bq95
Smokóvou, Loutrá GR 283 Cd102
Smokvica HR 268 Bo95
Smokvica MK 278 Ce98
Smolajny PL 223 Ca72
Smolarnia PL 232 Bq80
Smolča BG 272 Cf94
Smołdzino PL 221 Bp71
Smolenice SK 238 Bp84
Smolevičí = Smaljavičy BY 219 Cr72
Smolice PL 226 Bp77
Smoliny RUS 215 Cs67
Smoljan BG 273 Ck97
Smoljanovci BG 264 Cf93
Smoljinac SRB 263 Cc91
Smolmark S 58 Be61
Smolnica BG 266 Cq93
Smolnica PL 111 Bk75
Smolnice CZ 123 Bh80
Smolník SK 240 Cb83
Smolsko BG 272 Ch95
Smørfjord N 24 Cl39
Smørhamn N 46 Ak57
Smørliseter N 47 As57
Smorodino RUS 211 Ct63
Smørsund N 56 Al61
Smorten N 27 Bi44
Smrock-Kolonia PL 228 Cc75
Smrtići BIH 251 Bq91
Smrtići BIH 261 Bs93
Smržovka CZ 231 Bl79
Smuka SLO 134 Bk89
Smukksjøseter N 47 Au57
Smulți RO 256 Cq89
Smygehamn S 73 Bg70
Smyków PL 228 Ca78
Snäckgärdsbaden S 71 Br65
Snæbum DK 100 Au67
Snagov RO 265 Cn91
Snainton GB 85 St72
Snåiroa N 58 Be59
Snappertuna FIN 63 Ch60
Snaptun DK 100 Ba69
Snåre FIN 43 Cg53
Snarki PL 228 Ca78
Snarstadtorp S 59 Bh62
Snartemo N 66 Ap64
Snarum N 58 Au60
Snarup DK 103 Ba70
Snåsa N 39 Be52
Snaten S 50 Bn57
Snausen N 38 Au54
Snavlunda S 70 Bk63
Snedsted DK 100 As67
Sneek = Snits NL 107 Am74
Sneem IRL 89 Sa77
Snegirëvka RUS 65 Da59
Snehi BY 219 Cp70
Sneisen N 38 Bb54
Snejbjerg DK 100 As68
Snekkerup DK 104 Bd69
Snertingdal N 58 Ba59
Snesbøl N 58 Be61
Sneslev DK 104 Bd70
Snesslinge S 61 Br60
Snesudden S 34 Ca48
Snetra N 48 Bd57
Snevere DK 104 Bd70
Snežina BG 275 Cp94
Snežné CZ 232 Bn81
Śniadowo PL 223 Cd74
Śniatowo PL 105 Bk73
Śnietnica PL 241 Cc81
Snilldal N 38 Au54
Snillfjord N 38 Au54
Snina SK 241 Ce83
Snits = Sneek NL 107 Am74
Snjatyn UA 247 Cm84
Šnjegotina-Velika BIH 260 Bq91
Snöåbyn S 59 Bi59
Snöberg S 50 Bl55
Snøde DK 104 Bb70
Snøfjord N 24 Ck39
Snogebæk DK 105 Bl70
Snøheim N 47 At56
Snultabäck S 59 Bh60
Soajo P 182 Sd97
Soalhães P 190 Sd98
Soalheiro P 191 Sf100
Şoarş RO 255 Ck89
Soave I 132 Bc90
Soazza CH 131 At88
Sober E 183 Se96
Soběslav CZ 237 Bk82
Sobibór PL 229 Ch78
Sobienie Szlacheckie PL 228 Cc77
Sobiesęki PL 227 Br77
Sobieszewo PL 222 Bs72
Sobków PL 234 Ca79
Soblówka PL 233 Bt82
Sobocisko PL 232 Bp79
Sobolew PL 228 Cd77
Sobolice PL 225 Bk78
Sobolivka UA 249 Ct83
Soborzyce PL 233 Bu79
Sobota PL 225 Bm78
Sobota PL 227 Bu76
Sobotín CZ 232 Bp80
Sobotište SK 238 Bp83
Sobotka CZ 118 Bl80
Sobótka PL 232 Bo79
Sobra HR 268 Bq95
Sobradelo E 183 Sg96
Sobradillo E 191 Sg99
Sobrado E 183 Sf95
Sobrado = Sobrado dos Monxes E 182 Sd94
Sobrado dos Monxes E 182 Sd94
Sobral da Adiça P 203 Sf104
Sobral de Monte Agraço P 196 Sb102
Sobrance SK 241 Ce83
Sobreira Formosa P 197 Se101
Sobreiro de Cima P 183 Sf97
Sobrelapeña E 185 Sm94
Sobrón E 185 So95
Søby DK 103 Ba71
Soča SLO 133 Bh88
Sočanica RKS 262 Cb94
Soccia F 142 As96
Soceni RO 253 Cd90
Sočerga SLO 134 Bh90
Sochaczew PL 228 Ca76
Söchau A 135 Bn86
Sochaux F 169 Ao85
Sochocin PL 228 Ca75
Socodor RO 245 Cc87
Socol RO 253 Cc91
Socond RO 246 Cf85
Socovos E 200 Sr104
Socuéllamos E 200 Sp102
Sodankylä FIN 30 Co46
Söderåkra S 73 Bn68
Söderala S 50 Bo58
Söderås S 59 Bl59
Söderbärke S 60 Bm60
Söderboda S 61 Br60
Söderby S 71 Bs62
Söderby-Karl S 61 Bs61
Söderfors S 60 Bp60
Söderhamn S 50 Bp58
Söderköping S 70 Bn64
Söderkulla FIN 63 Cl60
Söderlångvik FIN 62 Ce60
Söderrå S 50 Bp57
Soderstorf D 109 Ba74
Södersunda AX 61 Bu60
Södertälje S 71 Bq62
Söderudden FIN 42 Cc54
Söderveckoski = Ali-Vekkoski FIN 63 Cl60
Södingberg, Geistthal- A 135 Bl86
Södra Åsarp S 69 Bg65
Södra Björke S 69 Bg64
Södra Blommaberg S 50 Bl57
Södra Bredåker S 35 Cc49
Södra Fågelås S 69 Bi64
Södra Finnskoga S 59 Bf59
Södra Harads S 35 Cb48
Södra Härene S 69 Bf64
Södra Johannisberg S 34 Br50
Södra Kedum S 69 Bf64
Södra Ljunga S 72 Bh67
Södra Löteb S 59 Bf58
Södra Lundby S 69 Bg64
Södra Noret S 41 Bp52
Södra Ny S 69 Bg62
Södra Ösjö S 49 Bl55
Södra Paipis = Etelä-Paippinen FIN 63 Cl60
Södra Råda S 69 Bi62
Södra Renbergsvattnet S 42 Cb51
Södra Rörum S 72 Bh69
Södra Sandby S 72 Bg69
Södra Sandsjö S 73 Bl67
Södra Skärvången S 40 Bi53
Södra Tansbodarna S 59 Bl60
Södra Tresund S 40 Bo51
Södra Vallgrund FIN 42 Cc54
Södra Vi S 70 Bm65
Sodražica SLO 134 Bk89
Sodupe E 185 So94
Soe EST 210 Cm64
Soest D 115 Ar77
Soest NL 113 Al76
Sofádes GR 277 Ce102
Sofia MD 248 Cq85
Sofia MD 249 Cr87
Sofiáda GR 283 Ce102
Sofija BG 272 Cg95
Sofikó GR 283 Cg105
Sofronea RO 245 Cc88
Sofronievo BG 264 Ch93
Søfteland N 56 Al60
Søften DK 100 Ba68
Sofuentes E 176 Ss96
Sofular TR 280 Cp100
Sögel D 107 Aq75
Sogge N 47 Aq55
Sogliano al Rubicone I 139 Be92
Soglio CH 131 Au88
Sogndalsfjøra N 46 Ap58
Sogndalstrand N 66 An64
Søgne N 67 Aq64
Sognefjellhytta N 47 Ar57
Søgnesand N 46 Ao57
Sogn Gions CH 131 As87
Soğucak TR 280 Cp100
Söğüt TR 292 Cr107
Söğütlüdere TR 280 Co97
Soham GB 95 Aa76
Sohatu RO 266 Cn92
Sohland am Rotstein D 118 Bk78
Sohland an der Spree D 231 Bi78
Söhlde D 116 Ba76
Sohodol RO 254 Cg88
Sohós GR 278 Cg99
Soidinkumpu FIN 37 Cs48
Soidinvaara FIN 45 Cs52
Soignies B 155 Ai79
Soilukka FIN 55 Cs57
Soimari RO 255 Cn90
Şoimi RO 245 Ce87
Şoimuş RO 246 Cg86
Şoimuş, Buceava- RO 253 Ce88
Soini FIN 53 Ci55
Soiniemi FIN 53 Cm57
Soiniemi FIN 54 Cr57
Soinilansalmi FIN 54 Cr56
Soininkylä FIN 53 Ch56
Soinlahti FIN 44 Cp53
Soinlahti FIN 54 Cp55
Soissons F 161 Ag82
Soisy-sur-École F 160 Ae84
Soivio FIN 37 Ct49
Soizy-aux-Bois F 161 Ah83
Sojkówka PL 235 Ce80
Sojmy UA 246 Cg83
Söjtör H 250 Bo87
Sojvide S 71 Br66
Söke TR 289 Cp105
Sokil UA 248 Co83
Sokil UA 248 Cr84
Sokil'nyky UA 235 Ch81

Skęczniew – Sokil'nyky 399

Sokli FIN 31 Ct45
Soklot FIN 42 Cf53
Sokn N 66 Am62
Sokna N 58 Au60
Soknedal N 48 Ba55
Soko BIH 260 Br91
Soko Banja SRB 263 Cd93
Sokojärvi FIN 55 Da54
Sokol BG 266 Co93
Sokola PL 231 Bn79
Sokolac BIH 261 Bs93
Sokolany PL 224 Cg74
Sokolarci MK 271 Ce97
Sokolare BG 264 Ch94
Sokołda PL 224 Cg74
Sokolec PL 232 Bn79
Sokolinskoe RUS 65 Cs59
Sokolivka UA 247 Cl84
Sokolivka UA 249 Cs84
Sokółka PL 224 Ch74
Sokolnice CZ 238 Bo82
Sokolnik BG 266 Cq94
Sokolniki PL 227 Br78
Sokolov CZ 230 Bf80
Sokolovci BG 273 Ck97
Sokolovići BIH 261 Bs93
Sokolovo BG 267 Cr94
Sokolovo BG 273 Ck94
Sokolovo BG 273 Cl94
Sokołów Małopolski PL 235 Ce80
Sokołowo PL 226 Bq76
Sokołów Podlaski PL 229 Ce76
Sokoły PL 224 Cf75
Sokorópátka H 243 Bq86
Sokyrjany UA 248 Cp84
Sokyrnycja UA 246 Cg84
Sól PL 233 Bt82
Sól PL 235 Cf79
Soľ SK 241 Cd83
Sola FIN 55 Ct55
Sola N 66 Am63
Šolać SRB 262 Ca93
Solacolu RO 266 Co92
Solana, La E 199 So103
Solana de los Barros E 197 Sg103
Solana del Pino E 199 Sm104
Solanas I 141 At102
Solares E 185 Sn94
Solarino I 153 Bl106
Solaris HR 259 Bm93
Solaro F 181 At97
Solarolo I 138 Bd92
Solarussa I 141 As101
Solbakk N 66 Am62
Solberg FIN 63 Ci60
Solberg N 24 Cl39
Solberg N 67 At62
Solberg S 40 Bl53
Solberg S 41 Bq53
Solberg S 49 Bk54
Solberg S 59 Bg60
Solberga S 68 Bd65
Solberga S 69 Bk65
Solbergelva N 58 Ba61
Solbjerg DK 100 Ba67
Solbo N 28 Bt43
Solbodarna S 59 Bi59
Solca RO 247 Cm85
Solčava SLO 134 Bk88
Solda I 131 Bb87
Şoldăneşti MD 249 Cs85
Şoldanu RO 266 Co92
Søldarfjørður FO 26 Sg56
Sölden A 132 Bc87
Šoldėnešt' = Şoldăneşti MD 249 Cs85
Soldeu AND 189 Ad95
Solduba RO 246 Cg85
Solduengo E 185 So95
Solec Kujawski PL 222 Br74
Solec nad Wisłą PL 228 Cd78
Soleil N 47 As57
Soleistølen N 57 Ar58
Solem N 39 Bd52
Solem N 47 Ar55
Solem N 67 As63
Solemoa N 57 At60
Solemseter N 47 Ba54
Solenzara F 181 At97
Solera del Gabaldón E 200 Sr101
Solesino I 138 Bd90
Solesmes F 155 Ah80
Soleşti RO 256 Cq87
Soleure = Solothurn CH 169 Aq86
Solevåg (Sunde) N 46 An56
Solf FIN 52 Cd54
Solférino F 176 St92
Solferino I 132 Bb90
Solfonn N 56 Ao61
Solhaug N 32 Bi50
Solheim N 46 Al57
Solheim N 46 Am57
Solheim N 46 Am58
Solheim N 56 Al59
Solheim N 56 Am58
Solheim N 56 Am61
Solheim N 66 Ao63
Solheimstul N 57 Ar60
Solheimsvik N 56 Ao61
Solholmen N 46 Ao55
Solhom N 66 Ao63
Solignac F 171 Ac89
Solignac-sur-Loire F 172 Ah91
Solignano I 137 Au91
Solignano Nuovo I 138 Bb91
Soligny-les-Étangs F 161 Ah84
Solihull GB 93 Sr76
Solin HR 268 Bn93
Solina PL 235 Ce82
Soline HR 258 Bk92
Solingen D 114 Ap78
Soliški BY 218 Cl72
Soliskylä FIN 53 Cm54
Solivella E 188 Ac98
Soljani HR 252 Bs91
Sölje S 59 Bf62
Solkan SLO 133 Bh89
Solkei FIN 64 Cq58
Sollana E 201 Su102
Sollebrunn S 69 Bf64
Sollefteå S 50 Bp54
Solleiros E 182 Sc95
Sollentuna S 61 Bq62
Söller E 206-207 Af101
Sollerön S 59 Bk59
Sollers Hope GB 93 Sp77
Søllested DK 104 Bc71
Sollia N 27 Bn43
Sollia N 48 Ba57
Söllichau D 117 Bf77
Solliès-Pont F 180 An94
Sollihøgda N 58 Ba61
Sollstedt D 116 Bb78
Solms D 120 Ar79
Solmyra S 60 Bm61
Solna S 61 Br62
Solncevo RUS 65 Ct58
Solnečnoe RUS 65 Cu60
Solnečnoe RUS 65 Da59
Solnes N 25 Da40
Solnes N 39 Bd52
Solnhofen D 121 Bb83
Solnice CZ 232 Bn80
Solniczki PL 224 Cg74
Solnik BG 275 Cq95
Solofra I 147 Bk99
Sologny F 168 Ak88
Solomós GR 287 Cf105
Solonka UA 235 Ci81
Solonț RO 256 Co87
Solopaca I 147 Bk98
Solórzano E 185 Sn94
Solosancho E 192 Sl99
Sološnica SK 238 Bp84
Solothurn CH 169 Aq86
Solotuša SRB 262 Bu93
Solotvyno UA 246 Ch85
Solovăstru RO 255 Ck87
Solov'ëvka RUS 65 Da59
Solov'ëvo RUS 65 Da59
Solpke D 110 Bc75
Solre-le-Château F 155 Ai80
Solrenningshytta N 56 An58
Solrød Strand DK 104 Be69
Solsem N 39 Bd50
Sølsnes N 47 Ap55
Solsona E 189 Ad97
Solstad N 28 Br42
Solstad N 48 Be58
Solsvik N 56 Ak60
Solt H 244 Bs87
Soltau D 109 Au75
Soltendieck D 109 Bb75
Solterre F 161 Af85
Soltvadkert H 251 Bt87
Solumshamn S 51 Bq55
Solund N 56 Ak58
Solvang N 56 Am59
Solvarbo S 60 Bm60
Sölvesborg S 72 Bk68
Solvik N 27 Bm46
Solvik S 68 Be62
Solvorn N 46 Ap58
Soly BY 218 Cn71
Solymár H 244 Bs85
Sol y Nieve E 205 So106
Solynieve = Sol y Nieve E 205 So106
Somaén E 194 Sq98
Somaggia I 131 At88
Somain F 155 Ag80
Şomartin RO 255 Ck89
Sombacour F 169 An87
Somberek H 251 Bs88
Sombernon F 168 Ak86
Sombor SRB 251 Bt89
Somborn D 121 At80
Sombreffe B 113 Ak79
Şomcuta Mare RO 246 Cg85
Someenjärvi FIN 54 Cq58
Somere FIN 44 Cq51
Someren NL 113 Am78
Somerford Keynes GB 98 Sr77
Somerniemi FIN 63 Ch59
Somero FIN 63 Ch59
Someronkylä FIN 43 Ci52
Somerovaara FIN 36 Cn50
Sõmerpalu EST 210 Co65
Somersham GB 95 Aa76
Somerton GB 95 Ad75
Somerton GB 97 Sp78
Sõmeru EST 64 Cn62
Someş-Guruslău RO 246 Cg86
Sommacampagna I 132 Bb90
Somma Lombardo I 175 As89
Sommariva del Bosco I 175 Aq91
Sommarset N 27 Bm45
Sommatino I 152 Bh106
Somma Vesuviana I 146 Bi99
Sommecaise F 161 Ag85
Sommen S 70 Bk64
Sommepy-Tahure F 161 Ak82
Sommerau A 127 Bg85
Sömmerda D 116 Bc78
Sommerfeld D 111 Bg75
Sommerhausen D 121 Au81
Sommersted DK 103 At70
Sommery F 160 Ac81
Sommesous F 161 Ai83
Somme-Tourbe F 162 Ak82
Sommevoire F 162 Ak84
Sommières F 179 Ai93
Sommières-du-Clain F 166 Aa88
Somo E 185 Sn94
Somogyapáti H 251 Bq88
Somogyfajsz H 251 Bq87
Somogyhárságy H 251 Bq88
Somogyjád H 251 Bq88
Somogysárd H 243 Bq88
Somogyszob H 250 Bp88
Somogytarnóca H 250 Bp88
Somogytúr H 243 Bq87
Somogyudvarhely H 250 Bp88
Somogyvár H 251 Bq87
Somolinos E 193 So98
Somonino PL 222 Br72
Somoskőújfalu H 240 Bu84
Somova RO 257 Cs90
Somovit BG 265 Ck93
Sompa EST 210 Cp62
Sompolno PL 227 Bs76
Sompting-Lancing GB 99 Su79
Sompuis F 161 Ai83
Somvix CH 131 As87
Şona RO 254 Ci88
Son Bou de Baix E 207 Ai101
Sonceboz CH 169 Ap86
Soncillo E 185 Sn95
Soncino I 131 Au90
Sonda EST 64 Co62
Sondalen N 39 Bc54
Sondalo I 132 Ba88
Sondby FIN 64 Cm60
Søndeled N 67 At63
Sønderbæk DK 100 Au68
Sønderballe Strand DK 103 At70
Sønder Balling DK 100 As67
Sønder Bjerre DK 100 Au69
Sønder Bjert DK 103 Au70
Sønderborg DK 103 Au71
Sønderby DK 101 Be69
Sønderby DK 103 Au71
Sønder Dalby DK 104 Be70
Sønder Dråby DK 100 As67
Sønder Felding DK 100 As69
Sønderho DK 102 Ar70
Sønderholm DK 100 Au67
Sønder Hygum DK 102 As70
Sønder Karstoft DK 100 As69
Sønder Kirkeby DK 104 Bd71
Sønder Nissum DK 100 Ar68
Sønder Omme DK 100 As69
Sønder Rubjerg DK 67 Au66
Sondershausen D 116 Bb78
Søndersø DK 103 Ba70
Sønder Stenderup DK 103 Au70
Sønder Thise DK 100 At67
Sønderup DK 100 Au67
Søndervig DK 100 Ar68
Sønder Vissing DK 100 Au68
Søndre N 58 Bd59
Søndre Eldåseter N 47 Ba57
Søndre Mangen N 58 Bd61
Søndre Messeltseter N 48 Bb58
Sondrio I 131 Au88
Söne S 69 Bf63
Soneja E 201 Su101
Son en Breugel NL 113 Am77
Songadammen N 57 Aq61
Songe N 67 At63
Songeons F 160 Ad81
Songesand N 66 An62
Sonico I 132 Ba88
Soničy BY 217 Ch73
Sonka FIN 36 Cl47
Sonkaja FIN 55 Db55
Sonkajärvi FIN 44 Cq53
Sonkakoski FIN 44 Cq53
Sonkamuotka FIN 29 Cg44
Sonkari FIN 54 Co55
Son Macià E 207 Ag101
Sonnboda AX 62 Ca60
Sonneberg D 122 Bc80
Sonnefeld D 121 Bc80
Sonnenbühl D 125 At84
Sonneville F 170 Su89
Sonnewalde D 118 Bh77
Sonnino I 146 Bg98
Sonnleiten A 127 Bg84
Sonogno CH 131 As88
Sonsbeck D 114 An77
Sonseca E 199 Sn101
Son Servera E 207 Ag101
Sønstabøvågen N 56 Al61
Sønsterud N 58 Be59
Son-Store Brevik N 58 Bb61
Sonstorp S 70 Bm63
Sonta SRB 251 Bt89
Sontheim D 126 Ba84
Sontheim an der Brenz D 126 Ba83
Sonthofen D 126 Ba85
Sontra D 116 Au78
Söö E 203 Rn122
Soorts-Hossegor F 186 Ss93
Šopalovići BIH 260 Bp91
Sopilja BIH 269 Br94
Sopište MK 271 Cc97
Sopkino RUS 216 Cc72
Sopnes N 23 Ce40
Soponya H 243 Br86
Šoporňa SK 239 Bq84
Sopot AL 276 Ca98
Sopot BG 273 Ci94
Sopot BG 273 Ck95
Sopot PL 222 Bs72
Sopot RO 264 Cg92
Sopot SRB 262 Cb91
Sopotnia Mała PL 240 Bt81
Sopotnia Wielka PL 240 Bt81
Sopotnica MK 271 Cc98
Sopotu Nou RO 253 Cd91
Soppela FIN 37 Cq47
Sopron H 242 Bo85
Sopronkövesd H 242 Bo85
Šopsko Rudare MK 271 Cd96
Sora I 146 Bh97
Soragna I 137 Ba91
Söråker S 50 Bq55
Soraluze = Placencia de las Armas E 186 Sq94
Sorano I 144 Bd95
Sørarnøy N 26 Bh46
Sorbara I 138 Bc91
Sorbas E 206 Sq106
Sörbo S 50 Bn58
Sörböle S 49 Bk55
Sorbolo I 138 Ba91
Sørburøy N 38 At53
Sörby S 50 Bn57
Sörby S 59 Bg61
Sörby S 60 Bo61
Sörbygden S 50 Bn55
Sørbymagle DK 104 Bc70
Sörbyn S 35 Cd48
Sord = Swords IRL 88 Sh74
Sørdal N 33 Bm47
Sordal N 67 Aq62
Sørdalen N 32 Bi49
Sore F 170 St92
Sørebø N 46 Am58
Söréd H 243 Br86
Söredsta S 40 Bn53
Søreide N 56 Am58
Søreidet N 22 Bu41
Sörenberg CH 130 Ar87
Soresina I 131 Au90
Sörfjärden S 50 Bp56
Sørfjord N 28 Bq43
Sørfjordmo N 27 Bm45
Sörflärke S 41 Bq54
Sør-Flatanger N 38 Bb52
Sörfors S 42 Ca53
Sörforsa S 50 Bo57
Sør-Fron N 48 Au57
Sörgårdsbo S 60 Bn61
Sorges-et-Ligueux-en-Périgord F 171 Ab90
Sorgono I 141 At100
Sør-Grunnfjord N 22 Bs40
Sorgues F 179 Ak92
Sør-Halsnes N 47 Ar54
Sørheim N 47 Aq55
Sørhella N 47 As56
Sørhorsfjord N 39 Bd50
Sori I 175 At92
Soria E 186 Sq97
Soriano Calabro I 151 Bn103
Soriano nel Cimino I 144 Be96
Sorigny F 166 Ab86
Sorihuela E 192 Si100
Sorihuela de Guadalimar E 200 So104
Sorila FIN 53 Ch57
Sorinières, Les F 164 Sr86
Sorisdale GB 78 Sh67
Sorita E 195 Su99
Sørkedalen N 58 Bb60
Sorken N 48 Bd57
Sørkjos N 23 Cd41
Sørkjosen N 23 Cb41
Sørkjosen N 24 Ch39
Sørland N 26 Bf45
Sør Lenangen N 22 Ca41
Sör-Leringen S 50 Bn55
Sørli N 22 Bq42
Sørli N 39 Bh52
Sørlia N 39 Bc53
Sörmark S 59 Bf60
Sörmjöle S 42 Bu53
Sørmo N 28 Bs43
Sørmoen N 39 Be53
Sørmyr N 57 Au62
Sorn GB 83 Sm69
Sornac F 171 Ae89
Sorno D 118 Bh77
Sorø DK 104 Bd70
Soroca MD 249 Cr84
Soroka = Soroca MD 249 Cr84
Soroki = Soroca MD 249 Cr84
Sorokpolány H 242 Bo86
Soroky UA 247 Cl83
Soroni GR 292 Cr108
Sorpe E 188 Ac95
Sørreisa N 22 Br42
Sorrento I 146 Bi99
Sorring DK 100 Au68
Sørrollnes N 27 Bo43
Sorsakoski FIN 54 Cq56
Sorsele S 33 Bq49
Sörsjön S 49 Bg58
Sørsjona N 32 Bg48
Sörskog S 60 Bl59
Sorso I 140 As99
Sörstafors S 60 Bn61
Sørstraumen N 23 Cd41
Sort E 177 Ac96
Sortavala RUS 55 Db57
Sortelha P 191 Sf100
Sortino I 153 Bl106
Sörtjärn S 49 Bk56
Sortland N 27 Bl43
Sør-Tverrfjord N 23 Cd40
Sõru EST 208 Cf63
Sørum N 58 Au59
Sørumsand N 58 Bc61
Sorunda S 71 Bq62
Sörup D 103 Au71
Sørvad DK 100 As68
Sørvær N 23 Cd39
Sørvågen N 26 Bg45
Sørvágur FO 26 Sf56
Sörvallen S 49 Bg56
Sörvattnet S 49 Bf56
Sorveus FIN 45 Ct54
Sørvik N 27 Bo43
Sørvik N 27 Bp43
Sörvik S 59 Bl60
Sørvika N 48 Bd56
Sörviken S 40 Bm53
Sos F 177 Aa92
Sosa D 117 Bf80
Sösdala S 72 Bh68
Sos del Rey Católico E 176 Ss96
Sosedno RUS 211 Cs64
Sosenka BY 219 Cp71
Soses E 195 Aa97
Sošice HR 135 Bl89
Sösjö S 50 Bl55
Sośnica PL 221 Bn74
Sośnicowice PL 233 Bs80
Sośnie PL 226 Bq78
Sosnivka UA 235 Cf82
Sośno PL 221 Bq74
Sosnovka RUS 216 Cc71
Sosnovo RUS 65 Da59
Sosnovyj Bor RUS 65 Ct60
Sosnovyj Bor RUS 65 Ct61
Sosnowica PL 229 Cg77
Sosnowiec PL 227 Bu77
Sosnowiec PL 233 Bt80
Sosnówka PL 229 Cg77
Sosnówka PL 231 Bm79
Soso FIN 44 Cm51
Sospel F 136 Ap93
Sospirolo I 133 Be88
Sossais F 166 Aa87
Sost F 187 Ab95
Šoštanj SLO 135 Bl88
Sóstis GR 279 Ci98
Sóstó-fürdő H 241 Cd84
Sot SRB 261 Bt90
Şotânga RO 265 Cl91
Sotaseter N 47 Aq57
Sotelistolan N 57 Ar58
Sotholmen N 68 Bc63
Sotillo de la Adrada E 192 Sl100
Sotillo de la Ribera E 185 Sn97
Sotillo del Rincón E 186 Sp97
Sotin HR 251 Bt90
Sotir GR 279 Ck99
Sotira GR 277 Ce99
Sotirovo BG 266 Cq93
Sotkamo FIN 44 Cr52
Sotkuma FIN 55 Ct55
Soto E 184 Sh93
Sotobañado y Priorato E 185 Sm95
Soto de los Infantes E 183 Sh94
Soto del Real E 193 Sn99
Soto de Ribera E 184 Si94
Soto en Cameros E 186 Sq96
Sotondrio E 184 Si94
Sotopalacios E 185 Sn96
Soto-Rucandio E 185 Sn95
Sotosalbos E 193 Sn98
Sotoserrano E 192 Sh100
Sotres E 184 Sl94
Sotresgudo E 185 Sm95
Şotrile RO 255 Cm90
Sotta F 140 At97
Sottrum D 109 At74
Sottunga AX 62 Cb60
Sotuélamos E 200 Sp102
Soturac F 171 Ac92
Soual F 178 Ae93
Soubès F 178 Ag93
Soubey CH 124 Ap86
Souboz CH 124 Ap86
Soucy F 161 Ag84
Soúda GR 290 Ci110
Soudan F 165 Su88
Soudes P 203 Se106
Soueich F 177 Ab94
Souesmes F 166 Ae86
Soufflenheim F 120 Aq83
Souflí GR 280 Cn98
Sougé F 166 Ab85
Sougères-en-Puisaye F 167 Ag85
Soúgia GR 290 Ch110
Sougy F 160 Ad84
Souhain-Perthes-lès-Hurlus F 161 Ak82
Souillac F 171 Ac91
Souilly F 162 Al82
Soukainen FIN 62 Cd59
Soulac-sur-Mer F 170 Ss89
Soulaines-Dhuys F 162 Ak84
Soulaures F 171 Ab91
Souleuvre-en-Bocage F 159 St83
Soulgé-sur-Ouette F 159 St84
Soúli GR 283 Cf105
Soúli GR 286 Cd104
Soultzeren F 124 Ap84
Soultz-Haut-Rhin F 163 Ap85
Soultzmatt F 163 Ap85
Soultz-sous-Forêts F 120 Aq83
Soumoulou F 176 Su94
Souppes-sur-Loing F 161 Af84
Souprosse F 176 St93
Souquet F 176 Ss93
Sourdeval F 159 St83
Sourdon F 155 Ae81
Soure P 190 Sc100
Sournia F 178 Ae95
Souro Pires P 191 Sf99
Soúrpi GR 283 Cf102
Sours F 160 Ad84
Sourton GB 97 Sm79
Sousceyrac-en-Quercy F 171 Ae91
Sousel P 197 Se103
Soussac F 170 Aa91
Soustons F 176 Ss93
Soutelinho da Raia P 183 Se97
Soutelo P 190 Sd97
Souterraine, La F 166 Ac88
Southam GB 93 Ss76
Southampton GB 98 Ss79
South Benfleet GB 99 Ab77
Southborough GB 154 Aa78
South Brent GB 97 Sn80
South Cave GB 85 St73
South Clifton GB 85 St74
South Creake GB 85 Ab75
Southend GB 80 Si70
Southend-on-Sea GB 99 Ab77
Southerness GB 80 Sn71
Southery GB 95 Aa75
South Ferriby GB 85 St73
South Hayling GB 98 St79
South Kirby GB 85 Ss73
Southminster GB 99 Ab77
South Molton GB 97 Sn79
South Muskham GB 85 St74
South Otterington GB 81 Ss72
South Perrott GB 97 Sp79
South Petherton GB 97 Sp79
South Petherwin GB 97 Sm79
Southport GB 84 So73
South Shields GB 81 Ss71
South Skirlaugh GB 85 Su73
Southwell GB 85 St74
Southwold GB 95 Ad76
South Woodham Ferrers GB 99 Ab77
South Zeal GB 97 Sn79
Souto E 182 Sc95
Souto E 182 Sd95
Souto P 182 Sd97
Souto P 190 Sc99
Souto P 191 Sg100
Souto P 196 Sd101
Soutochao E 183 Sf97
Souto da Carpalhosa P 196 Sc101
Soutra Mains GB 81 Sp69
Souvála GR 284 Cg105
Souvigné F 165 Su88
Souvigny F 167 Ag87
Souvigny-en-Sologne F 166 Ae85
Sovana I 144 Bd95
Søvang DK 103 At71
Søvassli N 38 At54
Sovata RO 255 Cl87
Söve TR 281 Cr101
Soveja RO 256 Co89
Sover I 132 Bc88
Soverato I 151 Bo103
Sovere I 131 Ba89
Soveria Mannelli I 151 Bn102
Soveria Simeri I 151 Bo103
Sövestad S 105 Bh69
Sovetsk RUS 216 Cd70
Sovetskij RUS 65 Cs59
Sovicille I 143 Bc94
Søvik N 46 An55
Søvik N 46 Ao56
Søvika N 47 Aq55
Sovilla E 184 Si94
Sovljak SRB 261 Ca92
Sovljano BG 271 Cf96
Sovlje HR 259 Bm93
Sowerby GB 84 Sr73
Sowin PL 232 Bq79
Sowliny PL 234 Ca81
Soye F 124 An86
Soyons F 173 Ak91
Søysdal N 67 As63
Sozopol BG 275 Cq96
Spa B 114 Am80
Spaboda S 60 Bm61
Spačva HR 261 Bs90
Spadafora I 150 Bl104
Spahići BIH 250 Bm91
Spahievo BG 274 Cl97
Spaichingen D 125 As84
Spalding-Pinchbeck GB 94 Su75
Spálené Poříčí CZ 236 Bh81
Spalt D 121 Bb82
Spanbroek NL 106 Ak75
Spančevac SRB 271 Cd96
Spančevci BG 272 Cg94
Spančevo MK 271 Ce97
Spanci SRB 263 Cc94
Spandau D 111 Bg75
Spangenberg D 115 Au78
Špania Dolina SK 239 Bt83
Spannarp S 72 Be66
Spannberg A 238 Bo84
Spantekow D 220 Bh73
Spanţov RO 266 Co92
Sparagovići HR 268 Bq95
Sparanise I 146 Bi98
Spåras FIN 42 Ce54
Sparbu N 39 Bc53
Spāre LV 213 Ce66
Sparkær DK 100 At68
Sparkford GB 98 Sp78
Sparlösa S 69 Bf64
Sparneck D 122 Bd80
Sparone I 130 Aq90
Sparreholm S 70 Bo62
Sparrsätra S 60 Bo61
Spartà I 153 Bm104
Spárti GR 286 Ce106
Spartiás GR 282 Cd103
Spartó GR 282 Cc103
Spartohóri GR 282 Cb103
Spas AL 270 Ca96
Spas'ka UA 247 Cm84
Spasovo BG 267 Cr93
Spasovo BG 273 Cl96
Spáta GR 284 Ch105
Spatharéi GR 289 Co105
Spathossoúni GR 283 Cf105
Spåtind N 58 Au58
Spay D 119 Aq80
Spay F 159 Aa85
Spean Bridge GB 75 Sl67
Spechbach-le-Bas F 169 Ap85
Spędy PL 216 Bu72
Speia MD 249 Ct87
Speicher CH 125 At86
Speicher D 119 Ao81
Speichersdorf D 122 Bd81
Speinshart D 122 Bd81
Speke S 59 Bf61
Spekedalssetra N 48 Bc56
Spekeröd S 68 Bd64
Spelle D 108 Ap76
Spello I 144 Bf95
Spenge D 115 Ar76
Spennymoor GB 81 Sr71
Spentrup DK 100 Ba67
Sperenberg D 118 Bg76
Sperhías GR 283 Ce103
Sperlinga I 153 Bi105
Sperlonga I 146 Bg98
Spermezeu RO 246 Ci86
Spetalen N 68 Bb62
Spetchley GB 94 Sq76
Spétses GR 287 Cg106
Speuld NL 107 Am76
Spey Bay GB 76 So65
Speyer D 163 Ar82
Spézet F 157 Sn84
Spezia, La I 137 Au92
Spezzano Albanese I 151 Bn101
Spezzano della Sila I 151 Bn102
Spičák CZ 236 Bg82
Spicyno RUS 211 Cq63
Spiczyn PL 229 Cf78
Spiddal = An Spidéal IRL 86 Sb74
Spidsberg seter N 48 Ba57
Spiegelau D 123 Bg83
Spieka D 108 As73
Spiekeroog D 108 Aq73
Spielfeld A 135 Bm87
Spiennes B 156 Ah80
Spiez CH 169 Aq87
Spiggen S 35 Cf49
Spigno Monferrato I 175 Ar91
Spijkenisse NL 106 Ai77
Spiken S 69 Bg63
Spikkestad N 58 Ba61
Spilamberto I 138 Bc91
Spildra N 22 Br42
Spileo GR 280 Cn97
Spili GR 290 Ck110
Spiliá GR 277 Cf101
Spiliá GR 290 Ch109
Spilimbergo I 133 Bf88
Spiljani SRB 262 Ca95
Spille AL 276 Bt98
Spillum N 39 Bd52
Spilsby GB 85 Aa74
Spinaceto I 144 Be97
Spinazzola I 147 Bn99
Spincourt F 162 Am82
Špindlerův Mlýn CZ 231 Bm79
Spinea I 133 Be90
Spineni RO 265 Ck91
Spineta Nuova I 147 Bk99
Spinetta I 175 As91
Spinoso I 148 Bm100
Spinuş RO 245 Ce86
Spionica BIH 261 Bs91
Spirakiai LT 213 Ci69
Spirgus LV 213 Cg67
Spiss A 132 Ba87
Spišská Belá SK 240 Ca82
Spišská Nová Ves SK 240 Cb83
Spišská Stará Ves SK 234 Ca82
Spišské Bystré SK 240 Ca83
Spišské Hanušovce SK 234 Ca82
Spišské Podhradie SK 240 Cb82
Spišské Tomášovce SK 240 Ca83
Spišské Vlachy SK 240 Cb83
Spišský Štvrtok SK 240 Ca82
Spital am Pyhrn A 128 Bi85
Spital am Semmering A 242 Bm85
Spiten AL 270 Bu97
Spiterstulen N 47 Ar57
Spitrėnai LT 218 Cm69
Spittal an der Drau A 134 Bg87
Spitz A 129 Bl84
Spjald DK 100 As68
Spjärsbodarna S 60 Bm59
Spjelkavik N 46 An56
Spjutmyra S 50 Bl58
Spjutsäl S 59 Bh58
Spjutsbygd S 73 Bm68
Spjutsund FIN 63 Cm60
Split HR 268 Bn93
Splügen CH 131 At87
Spoá GR 292 Cp109
Spodnja Idrija SLO 134 Bi88
Spodnja Voličina SLO 250 Bm87
Spodnje Goriče SLO 134 Bi88
Spodnje Škofije SLO 134 Bh89
Spodnji Brnik SLO 134 Bi88
Spodsbjerg DK 104 Bb71
Spofforth GB 85 Ss73
Špoģi LV 215 Co68
Spöland S 42 Bu53
Spoleto I 144 Bf95
Spoltore I 145 Bi96
Spondigna I 131 Bb87
Spondinig = Spondigna I 131 Bb87
Sponevollen N 58 Ba61
Spontin B 156 Al80
Spontour F 171 Ae90
Spornitz D 110 Bd74
Spørring DK 100 Ba68
Sportgastein A 133 Bg86
Spotorno I 136 Ar92
Sprakel D 114 Aq76
Sprakensehl D 109 Ba75
Sprâncenata RO 265 Ck92
Sprang-Capelle NL 113 Al77
Spreenhagen D 118 Bh76
Spreitenbach CH 125 Ar86
Spremberg D 118 Bi77
Sprendlingen D 120 Aq81
Spresiano I 133 Be89
Spridlington GB 85 Su74
Sprimont B 119 Am79
Sprimont B 156 Al80
Spring RO 254 Ch89
Springe D 115 Au76
Springfield GB 82 Se72
Sproatley GB 85 Su73
Sprockhövel D 114 Ap78
Sprötze D 109 Au74
Sprova N 39 Bc52
Sproxton GB 85 Ss72
Spruga CH 131 As88
Spuhlja SLO 250 Bm88
Spurstow GB 93 Sp74
Spuž MNE 269 Bt95
Spychowo PL 223 Cc73
Spycimierz PL 227 Bs77
Spydeberg N 58 Bc61
Spytihněv CZ 238 Bp82
Spytkowice PL 240 Bu81
Squillace I 151 Bo103
Squinzano I 149 Br100
Sračinec HR 135 Bn88
Sráid na Cathrach = Milltown Malbay IRL 86 Sb75
Sraith Salach IRL 86 Sa74
Srăklevo BG 265 Cn93
Srb HR 259 Bm92
Srbac BIH 260 Bq90
Srbica MK 270 Cc97
Srbica = Skenderaj RKS 270 Cb95
Srbinje = Foča BIH 261 Bs94
Srbinovo MK 270 Cb97
Srbljani BIH 250 Bm91
Srbobran SRB 252 Bu89
Srbovac RKS 262 Cb95
Srđevići BIH 260 Bo93
Srdiečko SK 240 Bu83
Srebărna BG 266 Cq92
Srebrenica BIH 262 Bt92
Srebrenik BIH 261 Bs91
Srebrna Góra PL 232 Bo79
Sredec BG 273 Cm96
Sredec BG 275 Cp96
Sredina BG 267 Cr93
Središče ob Dravi SLO 242 Bn88
Središte BG 266 Cp93
Sredkovec BG 266 Cp93
Srednij Majdan UA 247 Ck83
Sredni Kolibi BG 273 Cm95
Srednjevo SRB 263 Cc91
Srednogorci BG 274 Ck97
Srednogorie = Zlatica BG 272 Ci95
Srednogorovo BG 273 Cl95
Sredno Gradište BG 273 Cl96
Sredno Selo BG 274 Cn94
Śrem PL 226 Bp76
Sremčica SRB 262 Ca91
Sremska Kamenica SRB 252 Bu90
Sremska Mitrovica SRB 252 Bu91
Sremska Rača SRB 251 Bt91
Sremski Karlovci SRB 252 Bu90
Srnetica BIH 259 Bo92
Srní CZ 236 Bg82
Srnice Gornje BIH 260 Br91
Środa Śląska PL 226 Bo78
Środa Wielkopolska PL 226 Bp76
Srokowo PL 223 Cd72
Sromowce Niżne PL 234 Ca82
Srpci MK 277 Cc98
Srpska MNE 269 Bt96
Srpska Crnja SRB 252 Cb89
Srpska Kostajnica = Bosanska Kostajnica BIH 250 Bo90
Srpski Brod = Brod BIH 260 Br90
Srpski Itebej SRB 252 Cb89
Srpski Miletić SRB 251 Bt89
Srpsko Goražde = Ustiprača BIH 261 Bt93
Srpski Šamac = Šamac BIH 260 Br90
Staatz A 129 Bn83
Stabbursnes N 24 Ck40
Staberdorf D 104 Bc72
Stabintiškės LT 218 Ck71
Staby DK 100 Ar68
Stachlew PL 227 Ca76
Stachovskija BY 219 Cp70
Stačiūnai LT 213 Ch69
Stacja, Nurzec- PL 229 Cg76

400 Sokli – Stacja, Nurzec-

Storberget N 58 Bd59
Storberget S 35 Cd47
Storberget S 41 Bp51
Storborgaren S 41 Br53
Storbränna S 40 Bk53
Storbrännan S 42 Ca51
Storbron S 49 Bf58
Storbudal N 48 Bb55
Storbudalsetra N 48 Bb55
Storbukt N 25 Cu41
Storby AX 61 Bu60
Stord N 56 Am61
Stordal N 39 Bd52
Stordal N 39 Bd54
Stordal N 46 Ao56
Stordalfjellstove N 56 Am59
Stordalselv N 22 Bu42
Štore SLO 135 Bl88
Store Brevik, Son- N 58 Bb61
Storebro S 70 Bm65
Store Brøndum DK 100 Ba67
Storebru N 46 Am57
Store Ebberup DK 104 Bd70
Storefjell N 57 As59
Støregarden N 58 Bc58
Storehaug N 46 Am58
Store Heddinge DK 104 Be70
Storeidet N 27 Bm45
Storekorsnes N 23 Cg40
Store Kvalfjord N 23 Cf40
Storel N 23 Cf39
Storelvavoll N 48 Bd55
Stor-Elvdal N 48 Bc57
Store Merløse DK 104 Bd69
Store Molvik N 25 Cs39
Støren N 48 Ba54
Storeng N 23 Cc41
Storenga N 33 Bm47
Storerikvollen N 48 Bd54
Store-Rørebæk DK 100 Au67
Storeskar N 57 Ar59
Store Sommarøy N 22 Br41
Store Standal N 46 An56
Storestølen N 57 Aq59
Store Taskeby N 23 Cb41
Storfall S 41 Bt53
Stor-Finnforsen S 40 Bn53
Storfjäten S 49 Bg56
Storfjellseter N 48 Bb57
Storfjord N 22 Bu42
Storfors S 59 Bi61
Storforshei N 33 Bk48
Storgård FIN 62 Cf61
Storhågna S 49 Bi56
Storhallaren N 38 As53
Stor-Hallen S 49 Bi55
Storhögen S 40 Bl54
Storhøliseter N 47 At58
Storholmsjön S 40 Bi53
Štorje SLO 134 Bh89
Storjord N 33 Bl47
Storkåge S 42 Cb51
Storkow D 111 Bi74
Storkow (Mark) D 118 Bh76
Storkyan S 59 Bh59
Stor-Laxjön S 50 Bp55
Storli N 56 An61
Storlia N 47 At55
Storlien S 39 Be54
Stormark S 42 Cb51
Stormi FIN 52 Cg58
Storms S 71 Br67
Stormyren S 34 Bp49
Stormyrsätern S 59 Bf59
Størna N 38 Au53
Stornara I 147 Bm98
Stornarella I 147 Bm98
Stornäs S 40 Bl50
Storndorf D 121 At79
Stornes N 27 Bn43
Storneset N 22 Br42
Storneshamn N 23 Cc41
Stornoway = Steòrnabhagh GB 74 Sh64
Storo I 132 Bb89
Ştorobăneasa RO 265 Cl93
Storoddan N 38 At54
Storön S 35 Cg49
Storøy vollen N 48 Bb55
Storožynec' UA 247 Cm84
Storridge GB 93 Sq76
Storrington GB 99 Su79
Storrøsta N 48 Bb56
Storsandsjö S 41 Bu52
Storsätern S 48 Be56
Storsävarträsk S 42 Bu52
Storsele S 40 Bo51
Storsjö S 41 Bq53
Storsjö S 49 Bg55
Storsjön S 50 Bo58
Storslett N 23 Cc41
Storsletta N 23 Cb41
Storstein N 23 Cb40
Storsteinnes N 22 Bt42
Storsund S 35 Cb49
Storsveden S 50 Bp56
Storsvedjan S 35 Cf48
Stortorgnes N 32 Be49
Stortorp S 70 Bl62
Storträsk S 34 Ca50
Storträskbyn S 35 Cc50
Storulvåns fjällstation S 48 Be54
Storuman S 41 Bp50
Storvallen S 39 Be54
Stor-Vasselnäs S 49 Bi58
Storvik S 60 Bo59
Storvika N 38 Ba52
Storvollen N 47 Ba56
Storvollen N 48 Au56
Storvollseter N 47 As56
Storvorde DK 100 Ba66
Storvreta S 60 Bq61
Štós SK 240 Cb83
Stößen D 116 Bd78
Stössing A 237 Bm84
Stotfold GB 94 Su76
Stötten am Auerberg D 126 Bb85
Stotternheim D 116 Bc78
Stotzing A 238 Bo85
Stouby DK 100 Au69
Stoughton GB 98 St79
Stoumont B 113 Am80
Stoúpa GR 286 Ce107
Stourbridge GB 94 Sq76
Stourport-on-Severn GB 93 Sq76
Støvring DK 100 Au67
Støvset N 27 Bk46
Stow GB 79 Sp69
Stowięcino PL 221 Bp71
Stowmarket GB 95 Ab76
Stow-on-the-Wold GB 93 Sr77
Stožec CZ 123 Bh83
Stožer BG 266 Cq94
Stozer MNE 269 Bu94
Stožer Mračaj BIH 260 Bp93
Strà I 133 Be90
Straach D 117 Bf77
Strabane GB 82 Sf71
Strabyčovo UA 246 Cf84
Strachan GB 79 Sp66
Strachomino PL 221 Bm72
Strachotice CZ 238 Bn83
Strachówka PL 228 Cd76
Strachur GB 78 Sk68
Stracia I 151 Bm105
Stracin BG 275 Cq95
Strackholt D 107 Aq74
Strada in Chianti I 143 Bc93
Strådalen S 49 Bg56
Stradbally IRL 90 Sf74
Stradbally IRL 90 Sf76
Stradbroke GB 95 Ac76
Stradella I 137 At90
Stradishall GB 95 Ab76
Stradone IRL 82 Sf73
Stradouň CZ 231 Bn81
Stradsett GB 95 Aa75
Stradunia PL 233 Br80
Straduny PL 217 Ce73
Stradzečy BY 229 Ch77
Straelen D 113 An78
Stræte N 27 Bo43
Strætkvern N 58 Bd59
Stragari SRB 262 Cb92
Strahilovo BG 265 Cm94
Straid IRL 86 Sb73
Straimont B 156 Al81
Straiton GB 83 Sl70
Straja RO 247 Cm85
Strakonice CZ 236 Bh82
Straky CZ 231 Bk80
Straldža BG 275 Co95
Stralendorf D 110 Bc73
Stralendorf D 110 Bd74
Stralki BY 215 Cr69
Stralsund D 105 Bg72
Štramberk CZ 239 Br81
Strambino I 130 Aq90
Stramproy NL 156 Am78
Strâmtura RO 246 Ci85
Strand N 27 Bl43
Strand N 33 Bk47
Strand N 47 Au58
Strand N 48 Bc58
Strand S 60 Bm60
Stranda N 24 Cm39
Stranda N 27 Bl43
Stranda N 46 Ao56
Stranda N 58 Ba58
Strandasmyrvallen S 49 Bi57
Strandbro S 60 Bl60
Strandby DK 68 Ba66
Strandby DK 100 At67
Strandebarm N 56 An60
Strandhill IRL 82 Sc72
Strandlykkia N 58 Bc59
Strandrak N 67 As62
Strandval N 39 Bc51
Strandvik N 56 Am60
Strandža BG 275 Co96
Strandža BG 275 Cq96
Strangford GB 80 Si72
Strängnäs S 60 Bp62
Strängsered S 69 Bh65
Strångsjö S 70 Bn63
Strångsund S 49 Bl55
Strání CZ 239 Bq83
Stranice SLO 135 Bl88
Stranocum GB 83 Sh70
Stranorlar IRL 82 Se71
Stranraer GB 80 Sk71
Stransko BG 273 Cm96
Străoane RO 256 Cp89
Strasatti I 152 Bf105
Strasbourg F 124 Aq83
Strasburg (Uckermark) D 111 Bh73
Străşeni MD 249 Cs86
Strašeny = Străşeni MD 249 Cs86
Strašice CZ 230 Bh81
Strašín CZ 123 Bh82
Stråsjö S 50 Bm57
Straškov- Vodochody CZ 123 Bi80
Strašnicy RUS 211 Cu65
Stråssa S 60 Bl61
Straßberg D 116 Bc77
Straßburg A 134 Bi87
Straßburg = Strasbourg F 124 Aq83
Straßengel, Judendorf- A 135 Bl86
Straß im Straßertale A 237 Bm84
Strass im Zillertal A 127 Bd86
Straßkirchen D 123 Bf83
Straßlach-Dingharting D 126 Bd84
Straßwalchen A 236 Bg85
Straszów PL 225 Bk77
Straszydle PL 234 Cd81
Straszyn PL 222 Bs72
Stratford IRL 87 Sg75
Stratford-upon-Avon GB 94 Sr76
Strathaven GB 80 Sm69
Strathblane GB 80 Sm69
Strathcarron GB 75 Sk66
Strath Kanaird GB 75 Sk65
Strathpeffer GB 75 Sl65
Strathyre GB 79 Sm68
Stratínista GR 276 Ca101
Stratinska BIH 260 Bo91
Stratóni GR 278 Ch99
Strátos GR 282 Cc103
Stratton GB 96 Sl79
Straubing D 123 Bf83
Straufhain D 121 Bb80
Straum N 32 Bg49
Straumbu N 47 Ba57
Straume N 46 Am57
Straume N 56 Am59
Straume N 67 At62
Straumen N 22 Br42
Straumen N 27 Bk46
Straumen N 27 Bm46
Straumen N 27 Bn43
Straumen N 27 Bp43
Straumen N 32 Bh48
Straumen N 38 Ar54
Straumen N 39 Bc53
Straumen N 39 Bd51
Straumfjord N 27 Bm45
Straumfjordnes N 23 Cc41
Straumgjerde N 46 Ao56
Straumshamn N 46 An56
Straumsjøen N 27 Bi43
Straumsli N 28 Bt42
Straumsnes N 22 Bp42
Straumsnes N 27 Bk43
Straumsnes N 27 Bl46
Straumsnes N 28 Bq43
Straumsnes N 28 Bq44
Straumsnes N 56 Al60
Straupe LV 214 Ck66
Straupitz D 117 Bi77
Strausberg D 225 Bh75
Straußfurt D 116 Bb78
Stravaj AL 270 Ca99
Strawczynek PL 234 Ca79
Stráž CZ 123 Bf81
Straža BG 275 Co94
Straža SLO 135 Bl89
Straža SRB 253 Cc91
Stráže, Šaštín- SK 238 Bp83
Stražec BG 280 Cm98
Stražica BG 274 Cm94
Strážkovice CZ 123 Bk83
Stráž nad Nežárkou CZ 237 Bk82
Strážnice CZ 238 Bp83
Strážný CZ 123 Bh83
Strážov CZ 230 Bg82
Stráž pod Ralskem CZ 231 Bk79
Strážske SK 241 Cd83
Štrba SK 240 Ca82
Štrbské pleso SK 240 Ca82
Streatham GB 94 Su78
Streatley GB 98 Ss77
Strečno SK 239 Bs82
Streda nad Bodrogom SK 241 Cd84
Street GB 97 Sp78
Strehaia RO 264 Cg91
Strehla D 117 Bg78
Strei RO 254 Cf89
Streisângeorgiu RO 254 Cg89
Streitberg D 122 Bc81
Strejeşti RO 264 Ci91
Strejnicu RO 265 Cm91
Strekov SK 239 Br85
Strelac SRB 263 Ce95
Strelča BG 273 Ci95
Strelci BG 273 Cl97
Strelci BG 274 Ck96
Strelci BG 274 Cn95
Streľcovo RUS 65 Ct59
Strelec BG 265 Cm94
Strėliškiai LT 212 Cd68
Strelkovo BG 266 Cp93
Strellci i Epërm RKS 270 Ca95
Streller DK 100 As69
Strel'na RUS 65 Da61
Strelníky SK 239 Bt83
Strem A 135 Bn86
Stremţ RO 254 Ch88
Stremutka RUS 215 Cr65
Strenči LV 214 Cm65
Strendene N 32 Bg50
Strendur FO 26 Sg56
Strengberg A 128 Bk84
Strengelvåg N 27 Bl43
Strengen A 132 Ba86
Strengen N 67 At62
Strengereid N 67 As63
Strenggjerdet N 32 Bf48
Stresa I 175 As89
Strėšen' = Străşeni MD 249 Cs86
Stretham GB 95 Aa76
Stretti I 133 Bf89
Stretton GB 94 St75
Strettura I 144 Bf95
Streufdorf D 121 Bb80
Strezimirovci SRB 272 Ce95
Strezovce RKS 271 Cd96
Strezovce SRB 271 Cd95
Strib DK 103 Au69
Striberg S 59 Bk61
Stříbro CZ 123 Bg81
Strichen GB 76 Sq65
Stridholm S 35 Cc50
Strigleben D 110 Bd74
Strigno I 132 Bd88
Strigova HR 250 Bn88
Strihovce SK 241 Ce83
Strijen NL 113 Ak77
Strikçan AL 270 Ca98
Strilec'kyj Kut UA 247 Cm84
Strilki UA 241 Cf82
Strimasund S 33 Bk48
Strími GR 279 Cm99
Strimmelen N 25 Cr40
Strinda N 27 Bm45
Stripeikiai LT 218 Cm70
Stripuny BY 218 Cn72
Střítež CZ 232 Bn82
Striževo BIH 268 Bq93
Strizivojna HR 251 Br90
Strjama BG 274 Ck96
Strmac HR 250 Bp90
Strmec = Novi Cerkev SLO 135 Bl88
Strmica HR 259 Bn92
Strmilov CZ 237 Bl82
Strmovo SRB 262 Bu92
Strö S 69 Bg63
Strobl A 128 Bg85
Ströbohög S 60 Bm61
Strøby DK 104 Be70
Stroby Egede DK 104 Be70
Strodi LV 215 Cp68
Stroeşti RO 264 Ch90
Strofiliá GR 284 Cg103
Ströhen D 108 As75
Strohkirchen D 110 Bc74
Stroieşti RO 247 Cn85
Strojec PL 233 Bs78
Strojkovce SRB 263 Cd95
Strojne UA 246 Cg83
Strokestown IRL 87 Sd73
Strøm N 38 As53
Ström S 33 Bk49
Ström S 41 Bt52
Ström S 58 Be62
Strömåker S 40 Bo51
Strömåker S 41 Bs53
Strömäs S 51 Bq55
Strömbacka S 50 Bo57
Stromberg D 115 Ar77
Stromberg D 120 Aq81
Stromboli I 150 Bl103
Strömby S 73 Bm68
Stromeferry GB 74 Si66
Strömfors S 34 Ca50
Strömfors S 42 Ca51
Strömfors = Ruotsinpyhtää FIN 64 Cn59
Stromiec PL 228 Cc77
Strömma AX 61 Bu60
Strömma FIN 62 Cf60
Strömma S 71 Bs62
Strömnäs S 40 Bn51
Strömnäs S 40 Bo53
Stromness GB 77 So63
Strømsått N 58 Au60
Strömsbäck S 42 Ca53
Strömsberg S 60 Bq60
Strömsbruk S 50 Bp57
Strömsdal S 59 Bk60
Strömsfors S 70 Bn63
Strömsholm S 60 Bn62
Strømsik N 32 Bg47
Strømsmo N 28 Bs43
Strömsnäs S 35 Cf48
Strömsnäs S 50 Bm54
Strömsnäsbruk S 72 Bh67
Strömstad S 68 Bc63
Strömsund S 33 Bo50
Strömsund S 40 Bm53
Strona I 175 Ar89
Stronachlachar GB 78 Sl68
Stroncone I 144 Bf96
Strongoli I 151 Bp102
Stronie Śląskie PL 232 Bo80
Stronsdorf A 129 Bn83
Strońsko PL 227 Bs77
Strontian GB 78 Si67
Stropkov SK 241 Cd82
Stroppiana I 175 Ar90
Stroppo I 136 Ap91
Stroud GB 93 Sq77
Strovja MK 271 Cc97
Stróża PL 234 Bu81
Stróże PL 234 Cb81
Štrpce = Shtërpcë RKS 270 Cc96
Štrpci SRB 262 Bt93
Struckum D 102 As71
Struer DK 100 As68
Strueth F 169 Ap85
Strug MNE 262 Bt95
Struga MK 276 Cb98
Strugovo MK 277 Cc98
Struindol BG 263 Cf93
Struki BY 219 Cq71
Strullendorf D 122 Bb81
Strumica MK 272 Cf98
Strumień PL 233 Bs81
Strumjani BG 272 Cg97
Strumkivka UA 241 Ce83
Strumok UA 257 Ct89
Strunga RO 248 Co86
Strunguri RO 254 Ch89
Strupčice CZ 118 Bh80
Strupina PL 226 Bo78
Strupin Mały PL 229 Ch78
Strupļi LV 215 Co67
Struth D 116 Ba78
Struvenhütten D 103 Ba73
Struy GB 75 Sl66
Strūžāni LV 215 Cp67
Stružec HR 135 Bo89
Strużka PL 118 Bl77
Strycksele S 41 Bt52
Stryeŭka BY 224 Ci73
Stryj UA 235 Ch82
Stryjno Drugie PL 229 Cf78
Stryków PL 227 Bu77
Strykowo PL 226 Bo76
Stryn N 46 Ao57
Stryno By DK 103 Bb71
Stryszawa PL 233 Bu81
Strzakły PL 229 Cf77
Strzałków PL 233 Bt78
Strzałkowo PL 226 Bq76
Strzebielino PL 222 Br71
Strzegocin PL 228 Cb75
Strzegom PL 232 Bn79
Strzegowo PL 228 Ca75
Strzelbiń PL 233 Bs79
Strzelce PL 227 Bt76
Strzelce Dolne PL 222 Br74
Strzelce Krajeńskie PL 221 Bm75
Strzelce Opolskie PL 233 Br79
Strzelce Wielkie PL 227 Bt78
Strzelin PL 232 Bp79
Strzelno PL 227 Br75
Strzemiele PL 221 Bm73
Strzepcz PL 222 Br72
Strzeszkowice Duże PL 229 Ce78
Strzyboga PL 228 Ca77
Strzyżew PL 226 Bq77
Strzyżewice PL 229 Ce78
Strzyżów PL 234 Cd81
Strzyżów PL 235 Ci79
Strzyżowice PL 233 Bt80
Stua N 58 Ba61
Stubal SRB 262 Cb93
Stubbekøbing DK 104 Be71
Stubben D 109 Ba73
Stubbendorf D 104 Bf73
Stubel BG 264 Cg94
Stuben am Arlberg A 131 Ba86
Stubenberg A 242 Bm86
Stubica SRB 263 Cc93
Stubičke Toplice HR 242 Bm89
Štubik SRB 263 Ce92
Stubline SRB 262 Ca91
Stubno PL 235 Cf81
Stubøen N 47 Ar55
Stuchów PL 105 Bl73
Studánka CZ 230 Bf81
Studena BG 272 Cg95
Studena BG 274 Cn97
Studená CZ 237 Bl82
Studena SRB 263 Cf95
Studena UA 249 Cs84
Studena Bara MK 271 Cd96
Studenac SRB 263 Cd94
Studençanë RKS 270 Cb96
Studenčane = Studençanë RKS 270 Cb96
Studenci HR 258 Bl91
Studenci HR 268 Bp93
Studenec BG 266 Co94
Studenec CZ 231 Bm79
Studenica BG 266 Co94
Studeničani MK 271 Cd97
Studénka CZ 233 Br81
Studeno Buče BG 264 Cg94
Studënoe RUS 65 Cu59
Studenzen A 135 Bm86
Studienka SK 238 Bp83
Studina RO 264 Ci93
Studland GB 98 Sr79
Studley GB 93 Sr76
Studnica PL 226 Bn78
Studsviken S 41 Bs53
Studzianna PL 228 Ca77
Studzienice PL 221 Bq72
Studzieniec PL 228 Bu76
Studzienki PL 221 Bq74
Studzionka PL 233 Bs81
Studzjanica BY 219 Cp71
Stuer D 110 Be74
Stugsund S 50 Bp58
Stugubacken S 60 Bn58
Stugufläten N 47 Ar56
Stuguliseter N 48 Ba56
Stugun S 40 Bm54
Stuguvattentjälen S 40 Bo53
Stuguvollenmoen N 48 Bd55
Stuhlfelden A 127 Be86
Stühlingen D 125 Ar85
Stuhr D 108 As74
Stukany BY 219 Cq70
Stukenbrock, Schloß Holte- D 115 As77
Stulgiai LT 217 Cf70
Stul'hi BY 218 Cm72
Stul'hi BY 224 Ci74
Stülpe D 117 Bg76
Stulpicani RO 247 Cm86
Stumbriškis LT 214 Ck69
Stumlia N 58 Ba58
Stumsnäs S 59 Bk59
Štun' UA 229 Ci78
Stuoramjargga N 23 Cg42
Stupany RUS 215 Cq66
Stupari BIH 261 Bs92
Stupava SK 129 Bp84
Stupina RO 267 Cr91
Stupna BIH 259 Bp92
Stupnik HR 250 Bm89
Stupnycja UA 235 Cg82
Stuposiany PL 235 Cf82
Stuppach D 121 Au82
Stupstad N 67 Aq64
Sturefors S 70 Bm64
Sturevågen N 56 Ak59
Stūri LV 213 Cf67
Sturkö S 73 Bm68
Šturlić BIH 259 Bm90
Sturminster Newton GB 98 Sq79
Štúrovo SK 239 Bs85
Sturry GB 95 Ac78
Sturton by Stow GB 85 St74
Sturzelbronn F 119 Aq82
Sturzeşti MD 248 Cq85
Stusshyttan S 60 Bn60
Stutensee D 120 Ar82
Stuttgart D 125 At83
Stützerbach D 122 Bb79
Stuv S 68 Be66
Stuvetra N 57 Ar61
Stužycja UA 241 Cf82
Stvolny CZ 123 Bg80
Štvrtok na Ostrove SK 238 Bp84
Stwolno PL 226 Bo77
Stybbersmark S 41 Bs54
Styggberget S 50 Bn56
Styggbo S 60 Bm58
Stykkishólmsbær IS 20 Qh25
Styków PL 228 Cc79
Stypsi GR 285 Cn102
Stypułów PL 225 Bm77
Styri N 58 Bc60
Styrkesvik N 27 Bm45
Styrnäs S 51 Bq54
Styrsö S 68 Bd65
Su E 189 Ad97
Suances E 185 Sm94
Suare F 142 As96
Suatu RO 254 Ch87
Subačius LT 218 Ck69
Subaşı TR 280 Cn98
Subaşı TR 281 Cr98
Subate LV 214 Cm68
Subbiano I 138 Bd93
Subcetaţe RO 247 Cl87
Subcetate RO 254 Cf89
Subiaco I 145 Bg97
Šubířov CZ 232 Bo81
Subkowy PL 222 Bs72
Sublaines F 166 Ab86
Subotica SRB 252 Bu88
Subotica Podravska HR 250 Bo88
Subotište SRB 252 Bu91
Subotniki BY 218 Cm72
Sučany SK 239 Bt82
Suceava RO 247 Cn85
Sucé-sur-Erdre F 164 Sr86
Suceviţa RO 247 Cm85
Suchá CZ 231 Bm80
Sucha PL 226 Bq76
Sucha PL 228 Cd78
Sucha Beskidzka PL 233 Bu81
Suchá Hora SK 233 Bu82
Sucha Koszalińska PL 221 Bn72
Suchań PL 220 Bl74
Suchaverch'e BY 219 Cq69
Suchdol nad Lužnicí CZ 237 Bk83
Suchdol nad Odrou CZ 232 Bq81
Suchedniów PL 228 Cb78
Suchodoly UA 235 Ci79
Suchohrdly CZ 238 Bn83
Suchomasty CZ 123 Bi81
Suchorze PL 221 Bp72
Suchowola PL 224 Cg73
Suchowola PL 229 Cf77
Suchowola PL 234 Cc79
Suchowola PL 235 Cg79
Suchożebry PL 229 Ce76
Süchteln D 114 An78
Suchy Las PL 226 Bo76
Sucina E 207 St105
Sućuraj HR 268 Bp94
Sudargas LT 217 Cf70
Súðavík IS 20 Qh24
Südbrookmerland D 108 Ap74
Sudbury GB 84 Sr75
Sudbury GB 95 Ab76
Suddesjaur S 34 Bt49
Süden D 102 As72
Süderbrarup D 103 Au71
Suderburg D 109 Ba75
Süderhafen D 102 As72
Süderhastedt D 103 At72
Süderlügum D 102 As71
Süderzollhaus D 103 At71
Südharz D 116 Bb77
Sudice CZ 233 Br80
Sudiste EST 210 Cm64
Sudiţi RO 266 Cq91
Sudjávárri = Suijavaara S 29 Cf44
Südliches Anhalt D 116 Bd77
Südlohn D 107 Ao77
Sudniki BY 219 Cp72
Sudoměřice CZ 123 Bk82
Sudoměřice CZ 237 Bk81
Sudova Vyšnja UA 235 Cg81
Sudovec HR 135 Bn88
Suðureyri IS 20 Qg24
Suður-Múla IS 21 Rf25
Sudwalde D 108 As75
Sueca E 201 Su102
Suelli I 141 At101
Sueros de Cepeda E 184 Sh95
Suèvres F 166 Ac85
Suffersheim D 121 Bc83
Şugag RO 254 Ch89
Sugères F 172 Ag89
Suginčiai LT 218 Cm70
Suha BIH 260 Br92
Suhače BG 272 Ci94
Suhaia RO 265 Cl93
Suharekë RKS 270 Cb96
Suhindol BG 273 Cl94
Suhl D 121 Bb79
Sühlen D 103 Ba73
Suhlendorf D 109 Bb75
Suhlovo RUS 211 Cu65
Suhmura FIN 55 Cu56
Suhodol BG 266 Co93
Suhodol BG 275 Cp96
Suhodol RUS 218 Cm72
Suhodol'e RUS 65 Da59
Suho Polje BIH 252 Bt91
Suhopolje HR 251 Bq89
Suhozem BG 274 Ck96
Şuhr CH 124 Ar86
Šuica BIH 259 Bp93
Şuici RO 255 Ck90
Šuigu EST 209 Ck63
Suijavaara S 29 Cf44
Suikka FIN 54 Cr58
Suilly-la-Tour F 167 Ag86
Suinula FIN 53 Ci57
Suinula FIN 53 Ck57
Suippes F 161 Ak82
Suislepa EST 210 Cm64
Sukë AL 276 Ca100
Şukeva FIN 44 Cp53
Šukioniai LT 213 Ch69
Šukionys LT 214 Ck68
Sukošan HR 258 Bl92
Sükösd H 244 Bs88
Sukovo SRB 272 Cf94
Sukow D 110 Bd73
Sükow D 110 Bd74
Suków PL 234 Cb79
Sukth AL 270 Bt98
Şul N 39 Be53
Šula MNE 261 Bt94
Şula N 38 Ar53
Šuľa SK 240 Bt84
Sulaghju, U = Solaro F 181 At97
Sulåmo N 39 Bd53
Suldalseid N 56 An61
Suldalsosen N 56 An61
Suldalsosen N 56 Ao61
Sulden = Solda I 131 Bb87
Suldrup DK 100 Au67
Sulechów PL 225 Bm76
Sulęcin PL 111 Bl76
Sulęcinek PL 226 Bp76
Sulęczyno PL 222 Bq72
Sulejów PL 228 Bu78
Sulejów PL 234 Cd79
Sulejówek PL 228 Cc76
Süleoğlu TR 275 Co97
Suleskard N 66 Ao62
Sulesund N 46 An56
Şuletea RO 256 Cq88
Süleymaniye TR 280 Co98
Sülfeld D 109 Ba73
Sulgen CH 125 At85
Sulgrave GB 94 Ss76
Sulheim N 47 Ar57
Sulibórz PL 221 Bm74
Sulików PL 231 Bl78
Sulina RO 267 Cu90
Sulingen D 108 As75
Sulisławice PL 234 Cc79
Sulistrowice PL 232 Bo79
Suliszewice PL 221 Bm73
Suliţa RO 248 Co85
Suliţa, Moldova- RO 247 Cl85
Sulitjelma N 27 Bn46
Sulkava FIN 44 Co54
Sulkava FIN 54 Cr57
Sulkava FIN 63 Cl59
Sulkavanjärvi FIN 44 Cn54
Sulkavanjärvi FIN 44 Co54
Sulkavankylä FIN 53 Ch56
Sully F 168 Ai86
Sully-sur-Loire F 167 Ae85
Sulmierzyce PL 226 Bq77
Sulmierzyce PL 227 Bt78
Sulmona I 146 Bh96
Sułoszowa PL 233 Bu80
Súľov SK 239 Bs82
Sułów PL 226 Bp78
Sulów PL 235 Ce79
Sułów PL 235 Cf79
Sulseter N 48 Au57
Sulsted DK 100 Au66
Sultana RO 266 Co92
Sultaniça TR 280 Cn99
Sultaniye TR 281 Cr100
Sultanköy TR 280 Cn98
Sultanköy TR 281 Cq98
Sülte D 110 Bc73
Suluca TR 280 Cn99
Sulva = Solf FIN 52 Cd54
Sulvik S 58 Be61
Sulviken S 39 Bg53
Sülysáp H 244 Bu86
Sulz am Neckar D 125 As84
Sulzbach am Inn D 236 Bg84
Sulzbach am Main D 121 At81
Sulzbach an der Donau D 127 Be82
Sulzbach an der Murr D 121 At82
Sulzbach-Laufen D 121 Au83
Sulzbach-Rosenberg D 122 Bd81
Sulzdorf an der Lederhecke D 121 Bb80
Sülze D 109 Ba75
Sulzemoos D 126 Bc84
Sulzfeld (im Grabfeld) D 122 Ba80
Sulzheim D 121 Ba81
Sulz im Weinviertel A 129 Bo83
Sulz im Wienerwald A 238 Bn84
Sumacàrcer E 201 St102
Şumartin HR 268 Bo94
Šumavské Hoštice CZ 236 Bh82
Şumba FO 26 Sg58
Šume SRB 262 Ca93
Sümeg H 242 Bp87
Şumegor BG 274 Ck96
Şumen BG 275 Co94
Šumenci BG 266 Co93
Şumer BG 264 Cg94
Šumiac SK 240 Ca83
Sumiainen FIN 53 Cn55
Sumiswald CH 130 Aq86
Sumivka UA 249 Ct84
Summa FIN 64 Cp59
Summer Bridge GB 84 Sr72
Şummerhill IRL 87 Sg74
Şumná CZ 237 Bm83
Şumnatica BG 279 Cl98
Šumperk CZ 232 Bo81
Sumsa FIN 45 Cu52
Şumsk RUS 211 Ct62
Šumskas LT 218 Cm71
Sumstad N 38 Ba52
Sumukka FIN 55 Ct54
Sumundshytta N 48 Bc56
Sunākste LV 214 Cl68
Sünching D 122 Be83
Şuncuiuş RO 245 Cf87
Sund AX 61 Ca60
Sund N 32 Bf48
Sund N 56 Al60
Sund S 50 Bm56
Sund S 51 Br54
Sund S 61 Br60
Sund S 68 Bd62
Sund S 70 Bl65
Sundals-Ryr S 68 Be63
Sundborn S 60 Bm59
Sundby DK 100 As67
Sundby DK 104 Bd71
Sundby FIN 42 Cf53
Sundby N 58 Bd60
Sundby S 60 Bo62
Sundby S 60 Bp62
Sundby S 69 Bi62
Sundbyberg S 61 Bq62
Sundbyfoss N 58 Ba61
Sunde bru N 67 At63
Sunderland GB 81 Ss71
Sundern (Sauerland) D 115 Ar78
Sundet N 38 Ba52
Sundet N 67 Ba62
Sundet S 39 Bf53
Sundet S 40 Bn52
Sunde-Valen N 56 Am61
Sundginge S 68 Be62
Sundhultsbrunn S 69 Bk65
Sundnes N 56 Am61
Sundö S 41 Bt52
Sundom FIN 52 Cd54
Sundom S 35 Ce49
Sundøy N 32 Bf49
Sundre S 71 Br67
Sunds DK 100 At68
Sundsbø N 46 Ao55
Sundsby N 38 Ar54
Sundsbyn S 58 Bd62
Sundsfjord N 32 Bi47
Sundsjö S 49 Bl55
Sundsjöåsen S 49 Bl54
Sundsjön S 59 Bh61
Sundsli N 67 Ar62
Sundsnäs S 35 Cd48
Sundstabyn S 58 Bd62
Sundsvall S 50 Bp56
Sundvollen N 58 Ba60
Sungurlare BG 275 Co95
Suni I 140 As100
Sunja HR 135 Bo90
Sünlük TR 281 Cr101
Sunnan N 39 Bd52
Sunnanå S 41 Bt52
Sunnanhed S 60 Bl58
Sunnansjö S 41 Bt52
Sunnansjö S 41 Bt53
Sunnansjö S 50 Bo55
Sunnansjö S 59 Bk60
Sunnås S 50 Bo55
Sunnäs S 60 Bp58
Sunndal N 46 Am57
Sunndal N 56 An60
Sunndalen N 46 Ap57
Sunndalsøra N 47 As55
Sunndalsseter N 47 Ap57
Sunne S 49 Bi54
Sunne S 59 Bg61
Sunnemo S 59 Bh61
Sunnerå S 50 Bm55
Sunnersberg S 69 Bg63
Sunnervik S 69 Bg63
Sunnet S 49 Bh57
Şunnfjordtunet N 46 Am58
Šunskai LT 224 Cg71
Suntaži LV 214 Ck67
Sünzhausen D 126 Bd83
Suo-Antilla FIN 64 Cq59
Suobbat S 35 Cd48
Suodenniemi FIN 52 Cf57

402 Storberget – Suodenniemi

Suodnjo **N** 23 Ch 42
Suojala **FIN** 45 Cu 52
Suojanperä **FIN** 25 Cr 42
Suojoki **FIN** 52 Cd 56
Suolahti **FIN** 53 Cm 55
Suolijärvi **FIN** 37 Cr 50
Suolijoki **FIN** 36 Cl 48
Suolipera **FIN** 44 Cr 50
Suoločielgi = Saariselkä **FIN** 31 Cp 44
Suolovuobme **N** 23 Ch 41
Suomela **FIN** 63 Ci 60
Suomenkylä **FIN** 54 Cp 58
Suomenniemi **FIN** 54 Cp 58
Suomijärvi **FIN** 52 Cf 56
Suomusjärvi **FIN** 63 Ch 60
Suomussalmi **FIN** 45 Cs 51
Suonenjoki **FIN** 54 Cp 55
Suonsalmi **FIN** 54 Co 57
Suontaka **FIN** 62 Cd 59
Suontee **FIN** 54 Cp 56
Suopelto **FIN** 53 Cm 58
Suorajärvi **FIN** 37 Ct 48
Suorrva = Suorva **S** 28 Br 45
Suorsa **FIN** 37 Cp 48
Suorva **S** 28 Br 45
Šuošjavrre **N** 24 Ci 42
Suotaalanmaa **FIN** 52 Cf 58
Suotuperä **FIN** 43 Cl 52
Suovaara **FIN** 44 Cr 52
Suovaara **FIN** 55 Ct 55
Suovanlahti **FIN** 53 Cn 54
Superbagnères **F** 187 Ab 95
Superga **I** 136 Aq 90
Super-Sauze **F** 174 Ao 92
Supetar **HR** 259 Bo 94
Supetarska Draga **HR** 258 Bk 91
Suphella **N** 46 Ao 58
Supino **I** 146 Bg 97
Suplac **RO** 255 Ck 88
Suplacu de Barcău **RO** 245 Cf 86
Suplai **RO** 246 Ci 86
Supranenty **BY** 218 Cn 71
Supraśl **PL** 224 Cg 74
Supska **SRB** 263 Cc 92
Supuru de Jos **RO** 246 Cf 86
Suradówek **PL** 227 Bt 75
Surahammar **S** 60 Bn 61
Suraia **RO** 256 Cp 89
Şura Mare **RO** 254 Ci 89
Şura Mică **RO** 254 Ci 89
Šuramščyna **BY** 219 Cq 69
Šurany **SK** 239 Br 84
Suraż **PL** 224 Cf 75
Surbo **I** 149 Br 100
Surch = Zurich **NL** 106 Al 74
Surčin **SRB** 252 Ca 91
Surd **H** 242 Bo 88
Surdegis **LT** 218 Ck 69
Şurdeşti **RO** 246 Ch 85
Surdila-Găiseanca **RO** 266 Cp 90
Surdila-Greci **RO** 266 Cp 90
Surduc **RO** 246 Cg 86
Surducu Mic **RO** 253 Ce 89
Surduk **SRB** 261 Ca 90
Surdulica **SRB** 271 Ce 95
Şurean **RO** 254 Ch 89
Surgères **F** 165 St 88
Surhuisterveen **NL** 107 An 74
Surhusterfean = Surhuisterveen **NL** 107 An 74
Súria **E** 189 Ad 97
Surier **I** 174 Ap 89
Surin **F** 170 Aa 88
Suris **F** 171 Ab 89
Surju **EST** 209 Ck 64
Surka **N** 58 Bb 60
Surliden **S** 34 Bs 50
Surmin **PL** 226 Bq 78
Surnadalsøra **N** 47 As 55
Suroide **D** 109 Au 75
Šúrovce **SK** 239 Bq 84
Surowe **PL** 223 Cc 74
Surroj **AL** 270 Ca 96
Sursee **CH** 124 Ar 86
Surtainville **F** 98 Sr 82
Surte **S** 68 Be 65
Survie **F** 159 Aa 83
Surviliškis **LT** 217 Ci 70
Surwold **D** 107 Aq 75
Sury-ès-Bois **F** 167 Af 86
Sury-le-Comtal **F** 173 Ai 89
Suryty **PL** 216 Cb 72
Surzur **F** 164 Sp 85
Sus **F** 176 St 94
Susa **I** 136 Ap 90
Susak **HR** 258 Bi 91
Susam **BG** 273 Cl 97
Susana, A **E** 182 Sd 95
Şuşani **RO** 264 Ci 91
Susanino **RUS** 65 Da 62
Šušara **SRB** 253 Cc 91
Šušary **RUS** 65 Da 61
Susch **CH** 131 Ba 87
Susegana **I** 133 Be 89
Susek **SRB** 252 Bu 90
Süsel **D** 103 Bb 72
Suseni **RO** 265 Ck 91
Suševo **BG** 266 Co 93
Sušica **BG** 274 Cm 94
Sušica **MK** 271 Cg 97
Sušice **CZ** 123 Bh 82
Susikas **FIN** 63 Ch 59
Šušino **RUS** 65 Cu 58
Suškava **BY** 219 Cq 71
Susleni **MD** 249 Cs 86
Šūsninkai **LT** 217 Cg 72
Šušnjevica **HR** 134 Bi 90
Suspiro del Moro **E** 205 Sn 106
Süßen **D** 125 Au 83
Susteren **NL** 156 Am 78
Sustinente **I** 138 Bc 90
Susuzmüsellim **TR** 280 Cp 98
Susz **PL** 222 Bt 73
Suszec **PL** 233 Bs 80
Šutai **LT** 218 Cn 70
Šutaky **UA** 248 Cq 83
Šutavičy **BY** 218 Cn 72
Şuţeşti **RO** 256 Cp 90
Suteşti **RO** 264 Ci 91
Sutina **BIH** 268 Bp 93
Sutivan **HR** 268 Bn 94
Sutjeska Cyrjecka **SRB** 252 Cb 90
Sutme **S** 40 Bk 51
Sutomore **MNE** 269 Bt 96
Sutri **I** 144 Be 96
Sutterhöjden **S** 59 Bh 61
Sutterton **GB** 85 Su 75
Sutton **GB** 94 Su 78
Sutton **GB** 95 Aa 76
Sutton Bridge **GB** 95 Aa 75
Sutton Coldfield **GB** 94 Sr 75
Sutton in Ashfield **GB** 93 Ss 74
Sutton on Sea **GB** 85 Aa 74
Sutton-on-the-Forest **GB** 85 Ss 72
Sutton Saint James **GB** 95 Aa 75
Sutton Scotney **GB** 98 Ss 78
Sutton-under-Whitestonecliffe **GB** 85 Ss 72
Suuraho **FIN** 54 Cr 55
Suure-Jaani **EST** 210 Cl 63
Suurejõe **EST** 210 Cl 63
Suuremõisa **EST** 208 Cf 63
Suure-Usenitsa **EST** 211 Cq 65
Suurikylä **FIN** 55 Cu 57
Suurimäki **FIN** 44 Cq 54
Suurlahti **FIN** 54 Cq 58
Suurmäki **FIN** 55 Cs 55
Suur-Miehikkälä **FIN** 64 Cq 59
Suurpea **EST** 210 Cm 61
Suur-Saimaa **FIN** 64 Cr 58
Suur-Selänpää **FIN** 64 Co 58
Suutarinkylä **FIN** 44 Cm 51
Suutarinkylä **FIN** 44 Co 52
Suutarla **FIN** 62 Cf 59
Suvainiškis **LT** 214 Cl 68
Suvanto **FIN** 31 Cp 46
Suva Reka = Suharekë **RKS** 270 Cb 96
Suvereto **I** 143 Bb 94
Suvi Do **SRB** 262 Ca 94
Suvi Do **SRB** 263 Cd 92
Suviekas **LT** 214 Cn 69
Suvodol **MK** 277 Cd 98
Suvojnica **SRB** 271 Ce 95
Suvorove **UA** 257 Cs 89
Suvorovo **BG** 266 Cq 94
Suvorovo = Ştefan Vodă **MD** 257 Cu 87
Suwałki **PL** 217 Cf 72
Suze-la-Rousse **F** 173 Ak 92
Suze-sur-Sarthe, La **F** 159 Aa 85
Suzette **F** 179 Al 92
Sužionys **LT** 218 Cm 71
Suzzara **I** 138 Bb 91
Sva **S** 70 Bl 64
Svabensverk **S** 60 Bm 58
Svadhall **S** 60 Bm 62
Sværdborg **DK** 104 Bd 70
Sværen **N** 46 An 58
Svaipavalle **S** 33 Bn 48
Svalenik **BG** 265 Cn 93
Svålestad **N** 66 An 63
Svaljava **UA** 246 Cf 83
Svallerup **DK** 103 Bc 69
Svalöv **S** 72 Bg 69
Svalsjö **S** 70 Bl 64
Svanabyn **S** 40 Bo 52
Svaneke **DK** 105 Bl 70
Svanesund **S** 68 Bd 64
Svängsta **S** 73 Bk 68
Svanhals **S** 69 Bk 64
Svanhult **S** 69 Bk 63
Svaningen **S** 40 Bl 52
Svannäs **S** 34 Br 48
Svannäs **S** 40 Bo 51
Svanön **S** 51 Bq 55
Svanøy **N** 46 Al 57
Svansele **S** 40 Bl 51
Svansele **S** 42 Bu 51
Svanskog **S** 69 Bf 62
Svanstein **S** 36 Ch 47
Svanträsk **S** 34 Bu 50
Svappavaara **S** 29 Cc 45
Svärdsjö **S** 60 Bm 59
Svare **N** 47 At 57
Svarinci **LV** 215 Cq 68
Svarstad **N** 58 Au 62
Svartå **FIN** 63 Ch 60
Svartå **S** 69 Bk 62
Svärta **S** 70 Bp 63
Svartåsen **N** 28 Br 42
Svartbäck = Purola **FIN** 64 Co 60
Svartberget **S** 35 Cg 48
Svartbyn **S** 35 Cf 48
Svarte **S** 73 Bh 70
Svarteborg **S** 68 Bd 63
Svartehallen **S** 68 Bd 64
Svarthyttan **S** 60 Bl 60
Svärtinge **S** 70 Bn 63
Svartisdalen **N** 32 Bi 48
Svartlå **S** 35 Cc 48
Svartliden **S** 41 Bs 51
Svartnäs **S** 60 Bn 59
Svartnes **N** 22 Bt 42
Svartnes **N** 33 Bk 46
Svartöstaden **S** 35 Ce 49
Svartrå **S** 72 Bf 66
Svarttorp **S** 69 Bi 65
Svartvik **N** 24 Ck 38
Svartvik **S** 50 Bp 56
Svatki **BY** 219 Cp 71
Svatobořice **CZ** 238 Bp 83
Svatsum **N** 48 Au 58
Svätý Jur **SK** 238 Bp 84
Svätý Peter **SK** 239 Br 85
Svea **N** 56 Ao 58
Svebølle **DK** 104 Bc 69
Svedala **S** 105 Bg 69
Svedasai **LT** 218 Cl 69
Svederník **SK** 239 Bs 82
Svedje **S** 41 Bs 53
Svedje **S** 41 Bs 54
Svedje **S** 49 Bk 54
Svedje **S** 50 Bp 56
Svedjorna **S** 60 Bn 58
Švedlár **SK** 240 Cb 83
Švedy **BY** 219 Co 72
Sveg **S** 49 Bi 56
Sveggesundet **N** 47 Aq 54
Šveicarija **LT** 218 Ci 70
Sveindal **N** 66 Ap 64
Sveingardsbotn **N** 57 Aq 59
Sveio **N** 56 Al 61
Svejbæk **DK** 100 Au 68
Sveklino **RUS** 215 Cr 66
Švekšna **LT** 216 Cd 69
Svelgen **N** 46 Al 57
Svelvik **N** 58 Ba 61
Svenarum **S** 69 Bi 66
Švenčionėliai **LT** 218 Cn 70
Švenčionys **LT** 218 Cn 70
Švenčiuliškiai **LT** 217 Ci 70
Svendborg **DK** 103 Bb 70
Svene **N** 57 Au 61
Sveneby **S** 69 Bh 63
Svenes **N** 67 Ar 63
Svenljunga **S** 69 Bg 66
Svenneby **N** 58 Bd 60
Svenneby **S** 68 Bc 63
Svennebyseter **N** 58 Bd 59
Svennevad **S** 70 Bl 62
Svensby **N** 22 Bu 41
Svensbyn **S** 35 Cc 50
Svenskby = Ruotsinkylä **FIN** 64 Cn 59
Svensköp **S** 72 Bh 69
Svensnäs **S** 59 Bl 61
Svenstavik **S** 49 Bi 55
Svenstrup **DK** 100 Au 67
Svenstrup **DK** 103 Bc 70
Svente **LV** 214 Cn 69
Šventininkai **LT** 218 Cl 71
Šventoji **LT** 212 Cc 68
Sventorp **S** 69 Bi 64
Švermov **CZ** 123 Bi 80
Sveštari **BG** 266 Co 93
Sveštarovo **BG** 266 Cq 93
Sveta Ana = Tenja **HR** 251 Bs 89
Sveta Marija **HR** 250 Bo 88
Sveta Nedelja **HR** 250 Bm 89
Svēte **LV** 213 Ch 67
Sveti Đurad **HR** 251 Br 89
Sveti Filip i Jakov **HR** 258 Bl 93
Sveti Ivan Žabno **HR** 242 Bo 89
Sveti Ivan Zelina **HR** 242 Bn 89
Sveti Juraj **HR** 258 Bk 91
Sveti Jurij **SLO** 242 Bn 87
Sveti Jurij ob Pesnici = Jurski Vrh **SLO** 250 Bm 87
Sveti Konstantin **BG** 273 Ci 96
Sveti Konstantin **BG** 275 Cq 94
Sveti Nikola **BG** 267 Cr 94
Sveti Nikola **MNE** 269 Bt 97
Sveti Nikole **MK** 271 Cd 97
Sveti Petar na moru **HR** 258 Bl 93
Sveti Petar u šumi **HR** 258 Bh 90
Sveti Rok **HR** 259 Bm 92
Sveti Stefan **MNE** 269 Bs 96
Sveti Tannflo **S** 40 Bo 54
Sveti Vlas **BG** 275 Cq 95
Světlá nad Sázavou **CZ** 231 Bl 81
Svetlen **BG** 266 Cn 94
Svetlice **SK** 241 Ce 82
Svetlina **BG** 274 Cn 96
Svetlodolins'ke **UA** 257 Cu 88
Svetloe **RUS** 223 Ca 71
Svetlogorsk **RUS** 216 Ca 71
Svetlyj **RUS** 223 Ca 71
Svetogorsk **RUS** 65 Cs 58
Svetozar Miletić **SRB** 243 Bt 89
Svetvinčenat **HR** 258 Bh 90
Svežen **BG** 274 Cl 95
Sviby **EST** 209 Cg 63
Svidník **SK** 234 Cd 82
Svidnja **BG** 272 Cg 95
Švihov **CZ** 230 Bg 82
Svihus **N** 66 Am 63
Svilajnac **SRB** 263 Cc 92
Svilengrad **BG** 274 Cn 97
Svineng **N** 24 Cl 42
Svines **N** 32 Bf 49
Svinesund **S** 68 Bc 62
Svingvoll **N** 48 Ba 58
Svinhult **S** 70 Bl 65
Svinica **SK** 241 Cc 83
Sviniţa **RO** 263 Ce 91
Svinná **SK** 239 Br 83
Svinndal **N** 58 Bc 62
Svinnegarn **S** 60 Bp 61
Svinninge **DK** 101 Bc 69
Svinninge **S** 61 Br 62
Svinø **DK** 104 Bd 70
Svinø = Svínoy **FO** 26 Sh 56
Svínoy **FO** 26 Sh 56
Svinvik **N** 38 Ar 54
Svir **BY** 218 Cn 71
Svirany **BY** 219 Co 71
Svirkančiai **LT** 213 Cf 68
Svirkovo **BG** 274 Cm 96
Sviščaki **SLO** 134 Bi 89
Sviščova **BY** 229 Ch 76
Svislač **BY** 224 Ci 74
Svištov **BG** 265 Cl 93
Svit **SK** 240 Ca 82
Svitava **BIH** 268 Bq 94
Svitavy **CZ** 232 Bn 81
Svitjaz' **UA** 229 Ch 78
Svoboda **BG** 266 Cq 93
Svoboda **BG** 273 Ci 96
Svoboda **BG** 274 Cl 96
Svoboda **RUS** 223 Cd 71
Svoboda nad Úpou **CZ** 231 Bm 79
Svobodné Heřmanice **CZ** 232 Bq 81
Svobodnoe **RUS** 65 Ct 58
Svode **BG** 272 Ch 94
Svođe **SRB** 263 Ce 95
Svodín **SK** 239 Bs 85
Svodna **BIH** 259 Bo 90
Svoge **BG** 272 Cg 95
Svogerslev **DK** 104 Be 69
Svojetín **CZ** 230 Bh 80
Svolvær **N** 27 Bk 44
Svor **CZ** 118 Bk 79
Svork-land **N** 38 Au 54
Svorkmo **N** 38 Au 54
Svortemyr **N** 56 Am 58
Svortevik **N** 46 Al 57
Svortland **N** 56 Al 61
Svratouch **CZ** 231 Bn 81
Svrčinovec **SK** 233 Bs 82
Svrljig **SRB** 263 Ce 94
Svržno **CZ** 236 Bf 81
Svukuriset **N** 48 Be 56
Svullrya **N** 58 Be 60
Swadlincote **GB** 93 Sr 75
Swaffham **GB** 95 Ab 75
Swainshill **GB** 93 Sp 76
Swalmen **NL** 113 An 78
Swanage **GB** 98 Sr 79
Swanley **GB** 95 Aa 78
Swansea **GB** 97 Sn 77
Swanton Novers **GB** 95 Ac 75
Swarland Estate **GB** 81 Sr 70
Swarożyn **PL** 222 Bs 72
Swarzędz **PL** 226 Bp 76
Swaton **GB** 85 Su 75
Świątniki Górne **PL** 234 Bu 81
Świbie **PL** 233 Bs 79
Świderki **PL** 229 Ce 77
Świdnica **PL** 225 Bl 77
Świdnica **PL** 232 Bn 79
Świdnik **PL** 229 Cf 78
Świdry **PL** 229 Ce 77
Świdwin **PL** 221 Bm 73
Świebodzice **PL** 232 Bn 79
Świebodzin **PL** 225 Bm 76
Święcica **PL** 234 Cc 79
Świecie **PL** 222 Br 74
Święciechowa **PL** 226 Bo 77
Świecko **PL** 111 Bk 76
Świedziebnia **PL** 222 Bu 74
Świekatowo **PL** 222 Br 74
Świeradów-Zdrój **PL** 231 Bl 79
Świerczów **PL** 232 Bq 79
Świerczyna **PL** 226 Bo 77
Świerki Górne **PL** 232 Bn 79
Świerklaniec **PL** 233 Bs 80
Świerklany Górne **PL** 233 Bs 80
Świerzawa **PL** 232 Bm 78
Świerże **PL** 229 Ch 78
Świerzno **PL** 105 Bk 73
Świeszyno **PL** 221 Bn 72
Święta **PL** 111 Bk 73
Święta Anna **PL** 233 Bu 79
Świętajno **PL** 223 Cc 73
Święta Katarzyna **PL** 234 Cb 79
Święta Lipka **PL** 223 Cc 72
Święte **PL** 235 Cf 81
Świętno **PL** 226 Bn 76
Świętoszów **PL** 225 Bl 78
Świętów Polski **PL** 232 Bp 80
Święty Gaj **PL** 222 Bt 73
Swifterbant **NL** 107 Am 75
Świlcza **PL** 234 Cd 80
Swindon **GB** 98 Sr 77
Swinefleet **GB** 85 St 73
Swineshead **GB** 85 Su 75
Swinford **IRL** 86 Sc 73
Świniary **PL** 223 Cb 74
Świnice Warckie **PL** 227 Bs 76
Świniokierz Włościański **PL** 228 Bu 77
Świnoujście **PL** 105 Bi 73
Swinton **GB** 81 Sq 69
Swisttal **D** 114 Ao 79
Swobnica **PL** 220 Bk 74
Swords = Sord **IRL** 88 Sh 74
Swornegacie **PL** 221 Bp 73
Swory **PL** 229 Cf 76
Swyre **GB** 97 Sp 79
Syberia **PL** 222 Bu 74
Syčevičy **BY** 219 Cp 72
Sycewice **PL** 221 Bo 72
Syców **PL** 226 Bq 78
Sydänmaa **FIN** 52 Cf 57
Sydänmaa **FIN** 53 Cg 55
Sydänmaa **FIN** 54 Cq 56
Sydänmaa **FIN** 62 Cd 58
Sydänmaankylä **FIN** 44 Cn 53
Sydlangeland **DK** 103 Bb 71
Sydmo **FIN** 62 Ce 60
Syðradalur **FO** 26 Sg 56
Syðrugøta **FO** 26 Sg 56
Sygnefest **N** 56 Al 58
Syhaja Dalina **BY** 224 Ci 74
Sykäräinen **FIN** 43 Ci 53
Syke **D** 108 As 75
Sykkylven **N** 46 Ao 56
Sylda **D** 116 Bc 77
Sylling **N** 58 Ba 61
Syl'ne **UA** 229 Ci 78
Sylstationen Sylarna **S** 48 Be 54
Sylt **D** 102 Ar 71
Sylte **N** 46 Am 56
Sylte **N** 46 Ap 55
Sylte **N** 46 Ap 56
Sylte **N** 47 Au 57
Syltevikmyra **N** 25 Da 39
Sylvänä **FIN** 63 Cg 59
Symbister **GB** 77 Ss 60
Šymkove **UA** 248 Da 85
Symoneli **BY** 218 Cm 71
Syndicat, le **F** 124 Ao 84
Synes **N** 46 An 55
Synevyr **UA** 246 Ch 84
Synevyrs'ka Poljana **UA** 246 Ch 83
Synjak **UA** 246 Cf 83
Synnerby **S** 69 Bg 64
Synod Inn **GB** 92 Sm 76
Synžerej = Sîngerei **MD** 248 Cr 85
Syötekylä **FIN** 37 Cq 49
Syra **N** 48 Bc 58
Syrau **D** 122 Be 79
Syri **FIN** 43 Ci 53
Syrjä **FIN** 54 Cr 56
Šyrjajeve **UA** 249 Da 86
Syrjäntaka = Tuulos **FIN** 63 Ck 58
Šyrke **UA** 257 Da 89
Syrkovicy **RUS** 65 Ct 62
Syrmež **BY** 219 Co 71
Šyrokyj Luh **UA** 246 Ch 84
Syrovatki **BY** 218 Cn 71
Syrstad **N** 47 Au 54
Syrynia **PL** 233 Br 80
Šyšlivči **UA** 241 Ce 83
Sysmä **FIN** 53 Cm 58
Sysmänsärkkä **FIN** 55 Dc 55
Sysslebäck **S** 59 Bf 59
Syston **GB** 94 Ss 75
Syväjärvi **FIN** 30 Cm 46
Syvälahti **FIN** 54 Cm 55
Syvänniemi **FIN** 54 Cp 55
Syvänsi **FIN** 54 Cq 56
Syvärinpää **FIN** 44 Cq 54
Syväsmäki **FIN** 54 Co 57
Syvde **N** 46 Am 56
Syvdsnes **N** 46 Am 56
Syvinki **FIN** 53 Ci 56
Syvsten **DK** 100 Ba 66
Syyspohja **FIN** 54 Cs 58
Szabadbattyán **H** 243 Br 86
Szabadszállás **H** 243 Bt 87
Szabás **H** 250 Bp 88
Szachy **PL** 229 Cf 77
Szadek **PL** 227 Bs 77
Szadki **PL** 228 Cc 75
Szadkowice **PL** 227 Ca 78
Szaflary **PL** 233 Ca 82
Szajol **H** 244 Ca 86
Szakcs **H** 251 Br 87
Szakmár **H** 251 Bt 87
Szákszend **H** 243 Br 85
Szalafő **H** 242 Bn 87
Szalánta **H** 243 Br 89
Szalejów Górny **PL** 232 Bo 80
Szalkszentmárton **H** 243 Bt 87
Szalonna **H** 240 Cb 84
Szamocin **PL** 221 Bp 74
Szamotuły **PL** 226 Bo 75
Szanda **H** 240 Bt 85
Szandaszőlős **H** 244 Ca 86
Szank **H** 244 Bu 87
Szany **H** 242 Bp 86
Szápár **H** 243 Br 86
Szarbków **PL** 234 Cb 79
Szárföld **H** 242 Bp 85
Szarvas **H** 244 Cb 87
Szarvaskő **H** 240 Ca 85
Szatmárcseke **H** 246 Cf 84
Szatymaz **H** 244 Ca 88
Százhalombatta **H** 244 Bs 86
Szczaniec **PL** 225 Bm 76
Szczawa **PL** 240 Ca 81
Szczawnica **PL** 234 Ca 82
Szczawno-Zdrój **PL** 232 Bn 79
Szczebrzeszyn **PL** 235 Cf 79
Szczecin **PL** 111 Bk 74
Szczecinek **PL** 221 Bo 73
Szczecno **PL** 234 Cb 79
Szczejkowice **PL** 233 Bs 80
Szczekociny **PL** 233 Bu 79
Szczepańcowa **PL** 234 Cd 81
Szczepankowo **PL** 223 Cd 74
Szczepanów **PL** 226 Bo 78
Szczepanowice **PL** 233 Ca 80
Szczepocice Rządowe **PL** 233 Bt 78
Szczerbice **PL** 233 Br 80
Szczerców **PL** 227 Bt 78
Szczucin **PL** 234 Cc 80
Szczuczki Czwarte **PL** 229 Ce 78
Szczuczyn **PL** 224 Ce 73
Szczurkowo **PL** 216 Cb 72
Szczurowa **PL** 234 Cb 80
Szczyrk **PL** 233 Bt 81
Szczytna **PL** 232 Bn 80
Szczytniki **PL** 111 Bl 73
Szczytniki **PL** 227 Br 77
Szczytno **PL** 223 Cb 73
Szécsény **H** 239 Bu 84
Szederkény **H** 243 Br 89
Szedres **H** 243 Bs 88
Szeged **H** 244 Ca 88
Szeghalom **H** 245 Cc 86
Szegvár **H** 244 Ca 87
Székely **H** 241 Cd 84
Székesfehérvár **H** 243 Br 86
Székkutas **H** 244 Cb 87
Szekszárd **H** 243 Bs 88
Szeleste **H** 129 Bo 86
Szelevény **H** 244 Ca 87
Szellő **H** 251 Br 88
Szemere **H** 241 Cc 84
Szemud **PL** 222 Br 72
Szendehely **H** 240 Bt 85
Szendrő **H** 240 Cb 84
Szenna **H** 243 Bq 88
Szenta **H** 242 Bp 88
Szentbalázs **H** 243 Bq 88
Szentendre **H** 243 Bt 85
Szentes **H** 244 Ca 87
Szentgotthárd **H** 242 Bn 87
Szentgyörgyvölgy **H** 242 Bn 87
Szentlászló **H** 251 Bq 88
Szentliszló **H** 250 Bo 87
Szentlőrinc **H** 251 Bq 88
Szentmártonkáta **H** 244 Bu 86
Széphalom **H** 241 Cd 84
Szepietowo-Stacja **PL** 229 Cf 75
Szerencs **H** 241 Cc 84
Szerzyny **PL** 234 Cc 81
Szestno **PL** 216 Cc 73
Szewnia Górna **PL** 235 Cg 79
Szigetszentmiklós **H** 244 Bt 86
Szigetvár **H** 251 Bq 88
Szigliget **H** 242 Bp 87
Szikáncs **H** 244 Ca 88
Szikszó **H** 240 Cb 84
Szil **H** 242 Bp 85
Szilsárkány **H** 242 Bp 85
Szilvágy **H** 135 Bo 87
Szilvásvárad **H** 240 Ca 84
Szin **H** 240 Cb 83
Szirák **H** 239 Bu 85
Szkaradowo **PL** 226 Bp 77
Szklarnia **PL** 235 Ce 79
Szklarska Poręba **PL** 231 Bm 79
Szklary Dolne **PL** 226 Bn 78
Szklary Górne **PL** 226 Bn 78
Szkodna **PL** 234 Cd 81
Szlachta **PL** 222 Br 73
Szlichtyngowa **PL** 226 Bn 77
Szob **H** 239 Bs 85
Szőcsénypuszta **H** 250 Bp 87
Szokolya **H** 240 Bt 85
Szolnok **H** 244 Ca 86
Szombathely **H** 242 Bo 86
Szonów **PL** 232 Bq 80
Szostaki **PL** 224 Ce 74
Szóstka **PL** 229 Cf 77
Szpetal Górny **PL** 227 Bt 75
Szpica **PL** 229 Cg 78
Szprotawa **PL** 225 Bm 77
Szprotawka **PL** 225 Bm 77
Szreniawa **PL** 234 Bu 80
Szreńsk **PL** 223 Ca 74
Sztabin **PL** 224 Cg 73
Sztum **PL** 222 Bt 73
Sztutowo **PL** 222 Bt 72
Sztynort Duży **PL** 223 Cd 72
Szubin **PL** 221 Bq 74
Szúcs **H** 240 Ca 84
Szűcsi **H** 240 Bu 85
Szufranowa **PL** 234 Cd 81
Szulborze-Koty **PL** 229 Ce 75
Szulok **H** 243 Bq 88
Szumanie **PL** 228 Bu 75
Szumowo **PL** 223 Ce 75
Szwagrów **PL** 234 Cc 80
Szwarszowice **PL** 234 Cc 79
Szwecja **PL** 221 Bo 74
Szybowice **PL** 232 Bp 80
Szydłów **PL** 234 Cb 79
Szydłowiec **PL** 228 Cb 78
Szydłówka **PL** 229 Cf 76
Szymany **PL** 223 Cb 74
Szymbark **PL** 222 Bt 73
Szymbark **PL** 241 Cc 81
Szymiszów **PL** 233 Br 79
Szymki **PL** 224 Ch 75
Szymonka **PL** 216 Cd 73
Szynkielów **PL** 227 Bs 78
Szypliszki **PL** 217 Cg 72
Szyszków **PL** 235 Cf 80

T

Taagepera **EST** 210 Cm 65
Taalintehdas = Dalsbruk **FIN** 62 Cf 60
Taapajärvi **FIN** 30 Ck 46
Taarstedt **D** 103 Au 71
Taasia **FIN** 64 Cn 59
Taastrup **DK** 104 Be 69
Taattola **FIN** 44 Cr 52
Taavetti **FIN** 64 Cq 59
Taavetti = Luumäki **FIN** 64 Cq 59
Tab **H** 243 Br 87
Tabačka **BG** 265 Cm 93
Tåbäcken **S** 59 Bi 62
Tabaiba **E** 202 Rh 124
Tabaky **UA** 257 Cs 89
Tabalt **RO** 253 Cd 88
Tabanera de Cerrato **E** 185 Sm 96
Tabanera la Luenga **E** 193 Sm 98
Tabanköy **TR** 281 Cp 100
Tabanovac **SRB** 263 Cc 92
Tabanovce **MK** 271 Cd 96
Tabaqueros **E** 201 Ss 102
Tábara **E** 184 Si 97
Tabăra **MD** 249 Cs 86
Tabariškės **LT** 218 Cm 72
Tabayesco **E** 203 Ro 122
Tabaza **E** 184 Si 93
Taberg **S** 69 Bi 65
Tabernas **E** 206 Sq 106
Tabernes = Tavernes de la Valldigna **E** 201 Su 102
Taberno **E** 206 Sq 106
Tabivere **EST** 210 Co 63
Tablate **E** 205 Sn 107
Tablero, El **E** 202 Ri 125
Tablier, le **F** 165 Ss 87
Taboada **E** 183 Se 95
Taboadela **E** 183 Se 96
Tabód **H** 243 Bs 88
Tábor **CZ** 231 Bk 82
Tábua **P** 190 Sd 100
Tabuaço **P** 191 Se 98
Tabuenca **E** 194 Sr 97
Tabuyo del Monte **E** 184 Sh 96
Täby **S** 61 Br 62
Tåby **S** 70 Bn 63
Tăcău **RO** 266 Cq 91
Taceno **I** 175 At 88
Tacherting **D** 127 Bf 84
Tachoires **F** 187 Ab 94
Tachov **CZ** 230 Bf 81
Tackåsen **S** 49 Bl 57
Tackskog = Takkula **FIN** 63 Ck 60
Tacoronte **E** 202 Rh 124
Tăcuta **RO** 248 Cq 87
Tacuz **MD** 257 Ct 87
Taczanów II **PL** 226 Bq 77
Tadaiķi **LV** 212 Cc 67
Tadcaster **GB** 85 Ss 73
Tadley **GB** 94 Ss 78
Tadulina **BY** 219 Cq 72
Taebla **EST** 209 Ch 63
Tæbring **DK** 100 As 67
Tælavåg **N** 56 Ak 60
Taevaskoja **EST** 210 Cp 64
Tafalla **E** 176 Sr 95
Tafers **CH** 130 Ap 87
Tafjord **N** 47 Ap 56
Täftea **S** 41 Bs 54
Täfteå **S** 42 Cb 53
Taftesund **N** 46 An 55
Taga **RO** 246 Ci 87
Taganana **E** 202 Rh 123
Tagarádes **GR** 278 Cg 100
Tagaranna **EST** 208 Ce 63
Tagarp **S** 72 Bf 69
Tagavere **EST** 208 Cf 63
Taggia **I** 181 Aq 93
Taghmon **IRL** 91 Sg 76
Tagliacozzo **I** 146 Bg 96
Taglio di Po **I** 139 Be 90
Tagnière, La **F** 168 Ai 87
Tagoat **IRL** 91 Sh 76
Tagsdorf **F** 169 Ap 85
Tågsjöberg **S** 40 Bo 53
Tagula-1 **EST** 210 Cn 65
Tahal **E** 206 Sq 106
Tahitótfalu **H** 239 Bt 85
Tahivilla **E** 205 Si 108
Tahkoranta **FIN** 54 Cq 56
Tähtelä **FIN** 30 Co 46
Tähtelä = Täkter **FIN** 63 Ci 60
Taibeart = Tarbert **IRL** 89 Sb 75
Taibique **E** 202 Re 125
Taíde **P** 190 Sd 97
Taikkokylä **FIN** 54 Cn 55
Tailfingen **D** 125 At 84
Taillant **F** 170 St 89
Taillebois **F** 159 Su 83
Taillebourg **F** 170 St 89
Tailovo **RUS** 211 Cq 65
Taimoniemi **FIN** 53 Cm 54
Tain **GB** 75 Sm 65
Tainionkoski **FIN** 65 Cs 58
Tain-l'Hermitage **F** 173 Ak 90
Taintrux **F** 163 Ao 84
Taio **I** 132 Bc 88
Taipale **FIN** 36 Cl 49
Taipale **FIN** 44 Cp 54
Taipale **FIN** 53 Cm 57
Taipale **FIN** 54 Co 54
Taipaleenharju **FIN** 37 Co 50
Taipaleensuu **S** 29 Ch 45
Taipalsaari **FIN** 64 Cr 58
Taipas (Caldelas) **P** 190 Sd 98
Tai'r Bull **GB** 93 So 77
Taiskirchen im Innkreis **A** 127 Bh 84
Taivalkoski **FIN** 37 Cr 49
Taivalkunta **FIN** 53 Cg 58
Taivalmaa **FIN** 52 Cf 55
Taivassalo **FIN** 62 Cd 59
Taizé **F** 165 Su 87
Taizé **F** 168 Ak 87
Taizé-Aizie **F** 170 Aa 88
Taizon **F** 165 Su 86
Taja **E** 184 Sh 94
Tajcy **RUS** 65 Da 61
Tajmište **MK** 270 Cb 97
Tajov **SK** 239 Bt 83
Tăkač **BG** 266 Cp 93
Takácsi **H** 242 Bp 86
Takamaa **FIN** 53 Ch 57
Takamaa **FIN** 64 Co 59
Takaryški **BY** 218 Cn 72
Takeley **GB** 95 Aa 77
Takene **S** 69 Bg 62
Takkula **FIN** 63 Ck 60
Takkulankulma **FIN** 62 Ce 59
Taklax **FIN** 52 Cc 55
Takle **N** 56 Al 58
Takovo **SRB** 262 Ca 92
Taktaharkány **H** 241 Cc 84
Täkter **FIN** 63 Ci 60
Taktikoúpoli **GR** 287 Cg 105
Täktom **FIN** 63 Cg 61
Talais **F** 170 Ss 90
Talamanca **E** 189 Ad 97
Talamantes **E** 194 Sr 97
Talamone **I** 143 Bc 95
Talana **I** 141 Au 100
Talarn **E** 188 Ab 96
Talarrubias **E** 198 Sk 102
Talaton **GB** 97 So 79
Talaudière, La **F** 173 Ai 90
Talaván **E** 198 Sh 101
Talavera de la Reina **E** 192 Sl 101
Talavera la Real **E** 197 Sg 103
Talayuela **E** 192 Si 101
Talayuelas **E** 194 Ss 101
Talcy **F** 166 Ac 85
Tále **SK** 240 Bu 83
Talea **RO** 255 Cm 90
Talensac **F** 158 Sr 84
Tales **E** 195 Su 101
Talgarth **GB** 93 So 77
Talgje **N** 66 Am 62
Talhadas **P** 190 Sd 99
Talheim **D** 125 As 84
Tali **EST** 209 Ck 64
Táliga **E** 197 Sf 103
Talinenstugan **S** 29 Ce 46
Talişoara **RO** 255 Cm 88
Talizat **F** 172 Ag 90
Talkau **D** 109 Bb 73
Talla **I** 138 Bd 93
Tallaght = Tamhlacht **IRL** 87 Sh 74
Tallard **F** 174 An 92
Tallåsen **S** 50 Bn 57
Tallbacken **S** 59 Bk 60
Tallberg **S** 42 Bu 52
Tällberg **S** 60 Bk 59
Tallberget **S** 35 Ce 48
Taller **F** 176 Ss 93
Talley **GB** 92 Sn 77
Tallhed **S** 59 Bk 58
Tallinn **EST** 63 Ck 62
Talljärv **S** 35 Ce 48
Talloires-Montmin **F** 174 An 89
Tallow **IRL** 90 Sd 76
Tallowbridge **IRL** 90 Sd 76
Tallsjö **S** 41 Br 52
Tallsund **S** 34 Bu 49
Tällträsk **S** 35 Cb 50
Tallträsk **S** 41 Br 51
Tallträsk **S** 42 Ca 52
Talluskylä **FIN** 54 Co 54
Tallvik **S** 35 Cf 48
Tállya **H** 241 Cc 84
Tălmaciu **RO** 254 Ci 89
Talmassons **I** 133 Bg 89
Talmaz **MD** 257 Cu 87
Talmont **F** 170 St 89
Talmont-Saint-Hilaire **F** 164 Sr 88
Talpaki **RUS** 223 Cc 71
Talpa-Ogrăzile **RO** 265 Cl 92
Talpe **RO** 245 Ce 87
Talsi **LV** 213 Cf 66
Taltitz **D** 117 Be 80
Taluc' **BY** 219 Co 71
Taluskylä **FIN** 43 Ci 52
Talviainen **FIN** 53 Ck 57
Talvik **N** 23 Cf 40
Tal-y-bont **GB** 92 Sm 75
Talybont **GB** 92 Sn 76
Tal-y-cafn **GB** 92 Sn 74
Tama **E** 184 Sl 94
Tămădău Mare **RO** 266 Co 92
Tamaimo **E** 202 Rg 124
Tamajón **E** 193 So 98
Tamallancos **E** 183 Se 96
Tamame **E** 192 Si 98
Tamames **E** 192 Sh 99
Tamanhos **P** 191 Sf 99
Tamara **I** 138 Bd 91
Tamaraceite **E** 202 Rk 124
Tamarë **AL** 269 Bu 96
Tamarinda **E** 207 Ah 101
Tamarino **BG** 275 Co 96
Tamarit **E** 188 Ac 98
Tamarite de Litera **E** 187 Aa 97
Tamariz de Campos **E** 184 Sk 97
Tămaşda **RO** 245 Cd 87
Tămăşeni **RO** 248 Co 87
Tamási **H** 251 Br 87
Tambach-Dietharz **D** 116 Bb 79
Tâmboeşti **RO** 256 Cp 89
Tåme **S** 42 Cc 51
Tameiga **E** 182 Sc 96
Tamengont **RUS** 65 Cu 61
Tåmeträsk **S** 42 Cc 50
Tamhlacht = Tallaght **IRL** 87 Sh 74
Tamins **CH** 131 At 87
Tamıs **TR** 285 Cn 101
Tamme **EST** 209 Ck 63
Tammela **FIN** 37 Da 49
Tammela **FIN** 63 Ch 59
Tammenlahti **FIN** 54 Cs 57
Tammensiel **D** 102 As 71
Tammeråsen **S** 59 Bk 59
Tammerfors = Tampere **FIN** 53 Ch 58
Tammijärvi **FIN** 53 Cm 57
Tammikoski **FIN** 53 Cm 57
Tammilahti **FIN** 53 Ci 56

Suodnjo – Tammilahti 403

Tammisaari = Ekenäs FIN 63 Cg61
Tâmna RO 264 Cg91
Tamnay-en-Bazois F 167 Ah86
Tamnič SRB 263 Cf92
Tamniès F 171 Ac91
Tamošiai LT 217 Cg70
Tampere FIN 53 Ch58
Tamsalu EST 210 Cn62
Tamsweg A 133 Bh86
Tåmta S 69 Bf65
Tamurejo E 198 Sl103
Tamworth GB 94 Sr75
Tanabru N 25 Cr40
Tanacu RO 256 Cq87
Tanágra GR 284 Ch104
Tanai I 131 Bb87
Tanakajd H 242 Bo86
Tananger N 66 Am63
Tänassilma EST 210 Cm64
Tanaunella I 140 Au99
Tâncăbeşti RO 265 Cn91
Tancarville F 154 Aa82
Tanda SRB 263 Ce92
Ţandărei RO 266 Cq91
Tandern, Hilgertshausen- D 126 Bc84
Tandö S 59 Bg59
Tandragee GB 87 Sh72
Tandsbyn S 49 Bk54
Tandsjöborg S 49 Bk57
Tandslet DK 103 Au71
Tanem N 38 Ba54
Tang IRL 87 Se73
Tangane N 57 As58
Tångböle S 39 Bf54
Tange DK 100 Au68
Tangen N 23 Cg41
Tangen N 57 Ap60
Tangen N 58 Ba61
Tangen N 58 Bc59
Tangen N 58 Bd61
Tangen N 68 Bb62
Tangenes N 56 Ak58
Tångeråsa S 69 Bk62
Tångeråsen S 39 Bh53
Tangerhütte D 110 Bd76
Tangermünde D 110 Bd75
Tangnesland N 23 Ce41
Tangstedt D 109 Ba73
Tangvik N 27 Bp44
Tanhua FIN 31 Cq45
Tani FIN 64 Cr59
Tåning DK 100 Au68
Taninges F 169 Ao88
Tanjava UA 235 Ch82
Tankapirtti FIN 31 Cp44
Tankavaara FIN 31 Cp44
Tankenrade D 103 Bb73
Tankolampi FIN 53 Cn55
Tänkovo BG 274 Cm97
Tänkovo BG 275 Cq95
Tanlay F 167 Ai85
Tann D 127 Bf84
Tann (Rhön) D 115 Ba79
Tanna D 116 Bd80
Tannåker S 72 Bh67
Tännäs S 49 Bf56
Tannay F 162 Ak81
Tannay F 167 Ah86
Tänndalen S 48 Be55
Tanne D 116 Bb77
Tanneberg D 230 Bg78
Tannenbergsthal D 117 Be80
Tannerre-en-Puisaye F 167 Ag85
Tännesberg D 236 Be81
Tännfallet S 49 Bf55
Tannheim A 126 Bb86
Tannheim D 125 Ba84
Tannière, la F 159 St84
Tannila FIN 36 Cm50
Tannisby DK 68 Ba65
Tännö S 72 Bi66
Tannroda D 116 Bc79
Tannsjön S 40 Bm53
Tannvik-vågan N 38 At54
Tanowo PL 111 Bi73
Tansa RO 248 Cp87
Tansor GB 94 Su76
Țânțăreni RO 264 Cg91
Tantonville F 162 An84
Tantow D 111 Bi74
Tanttala FIN 63 Ck59
Tanttila FIN 63 Ck58
Tanum S 68 Bc63
Tanumshede S 68 Bc63
Tanus F 178 Ae92
Tanvald CZ 231 Bl79
Taole = Taulé F 157 Sn83
Taormina I 150 Bl105
Táp H 243 Bq85
Tapa EST 210 Cm62
Tapala FIN 63 Cg59
Tapanikylä FIN 45 Ct52
Tapia de Casariego E 183 Sg93
Tápióbicske H 244 Bu86
Tápiógyörgye H 244 Bu86
Tapionkylä FIN 36 Cl47
Tapionniemi FIN 37 Cp47
Tápiószele H 244 Bu86
Tápiószentmárton H 244 Bu86
Tápiószőlős H 244 Bu86
Tapizë AL 270 Bu98
Tapojärvi FIN 29 Ch45
Tapolca H 242 Bp87
Tapolcafő H 243 Bq86
Tappeluft N 23 Ce40
Tappernøje DK 104 Bd70
Tapsony H 250 Bp88
Ţapu RO 254 Ci88
Tar HR 133 Bh90
Taraclia MD 257 Cs89
Taraclia MD 257 Ct87
Taradell E 189 Ae97
Taragoña E 182 Sc95
Taragona = Taragoña E 182 Sc95
Tarajalejo E 203 Rm124
Tårån BG 274 Ck97
Tarancón E 193 So100
Taranto I 149 Bp100
Tarare F 173 Ai89
Taraš SRB 252 Ca90
Tarašany UA 247 Cn84
Tarasava BY 219 Cp73
Tarascon F 179 Ak93
Tarascon-sur-Ariège F 177 Ad95
Tarasivci UA 248 Cn84
Tarasovo RUS 65 Ct60
Tarasp-Fontana CH 132 Ba87
Tărătu RO 256 Co89
Taravilla E 194 Sr99
Tarazona E 186 Sr97
Tarazona de Guareña E 192 Sk98
Tarazona de la Mancha E 200 Sr102
Tarbert GB 74 Sg65
Tarbert GB 78 Sk69
Tarbert IRL 89 Sb75
Tarbes F 187 Aa94
Tarbet GB 75 Sk64
Tarbolton GB 83 Sm69
Tärby S 69 Bg65
Tărcaia RO 245 Ce87
Tărcăiţa RO 245 Ce87
Tarcal H 241 Cc84
Tarcău RO 247 Cn87
Tarce PL 226 Bq77
Tarcea RO 245 Ce86
Tarcenay F 169 An86
Tarcento I 133 Bg88
Tarčin BIH 260 Br93
Tarczyn PL 228 Cb77
Tard H 240 Cb85
Tardajos E 185 Sn96
Tardelcuende E 194 Sp97
Tardets-Sorholus F 176 St94
Tardienta E 187 St97
Tardosbánya H 243 Br85
Tärendö S 29 Cf46
Tarevci BIH 251 Br91
Tarfside GB 76 Sp67
Târg, Fierbinţi- RO 266 Cn91
Târgale LV 212 Cd66
Targon F 170 Su91
Târgovište BG 275 Co94
Târgovişte RO 265 Cl91
Targowa Górka PL 226 Bp76
Targowiska PL 234 Cd81
Târgu Bujor RO 256 Cq89
Târgu Cărbuneşti RO 264 Ch91
Târgu Frumos RO 248 Cp86
Târgu Jiu RO 264 Cg90
Târgu Lăpuş RO 246 Ch86
Târgu Mureş RO 255 Ck87
Târgu Neamţ RO 248 Cn86
Targuny BY 219 Cq71
Târgu Ocna RO 256 Co88
Târgu Secuiesc RO 255 Cn89
Târguşor RO 267 Cr92
Târguşoru Vechi RO 265 Cm91
Târgu Trotuş RO 256 Co88
Tarhapää FIN 53 Ck56
Tarhos H 245 Cc87
Tărian RO 245 Cd86
Tarifa E 205 Si108
Tariquejo E 203 Sf106
Tarján H 243 Bs85
Tarkawica PL 229 Cf77
Tarland GB 79 Sp66
Tarleton GB 84 Sp73
Tărlişua RO 246 Ci86
Tarłów PL 228 Cd79
Tărlungeni RO 255 Cm89
Tarm DK 100 As69
Tarmstedt D 109 At74
Tarna E 184 Sk94
Tärna S 60 Bo61
Tärnaby S 33 Bl49
Tarnac F 171 Ad89
Tárnak BG 264 Ci94
Tarnala FIN 55 Cu57
Tarnaleles̆z H 240 Ca84
Tarna Mare RO 246 Cg84
Tarnaméra H 244 Ca85
Tarnaörs H 244 Ca85
Tärnasjöstugorna S 33 Bm49
Tărnava BG 264 Ch94
Târnava RO 254 Ci88
Târnăveni RO 254 Ci88
Tarnawatka PL 235 Cg79
Tärnby DK 104 Bf69
Tarnelv N 22 Br42
Tärnet N 25 Da41
Tarnkovo BG 274 Cm96
Tarnobrzeg PL 234 Cd79
Tarnogród PL 235 Cf80
Tarnoszyn PL 235 Ch80
Tarnov SK 234 Cc82
Târnova RO 245 Cd88
Târnova RO 253 Cd90
Tarnow D 110 Be73
Tarnów PL 228 Cc77
Tarnów PL 234 Cb80
Tarnówek PL 226 Bn77
Tarnów Jezierny PL 226 Bm77
Tarnówka PL 221 Bo74
Tarnówko PL 111 Bk73
Tarnówko PL 226 Bo75
Tarnowo-Mroczki PL 224 Ce75
Tarnowo Podgórne PL 226 Bo76
Tarnowskie Góry PL 233 Bs80
Tärnsjö S 60 Bo60
Tärnvik N 27 Bl45
Tarouca P 191 Se98
Tarouquela P 190 Sd98
Tarp D 103 At71
Tarp DK 102 Ar69
Tarpa H 246 Cf84
Tărpiu RO 246 Ci86
Tarporley GB 93 Sp74
Tarquinia I 144 Bd96
Tarquinia Lido I 144 Bd96
Tarragona E 188 Ac98
Tårrajaur S 34 Bu48
Tàrrega E 188 Ac97
Tarrekaisestugan S 34 Bp47
Tarrenz A 126 Bb86
Tarrio E 182 Sb95
Tarrio = Culleredo E 182 Sd94
Tårs DK 100 Ba66
Tårs DK 103 Bc71
Tarsele S 40 Bo53
Tarsia I 151 Bn101
Tărşolţ RO 246 Cg85
Tartaks LV 215 Co69
Tartanedo E 194 Sr99
Tartano I 131 Au88
Tartas F 176 St93
Tărtăşeşti RO 265 Cm91
Tartigny F 160 Ae81
Tartonne F 180 An92
Tartu EST 210 Co64
Tarumaa EST 210 Cp62
Tårup DK 103 Bb70
Tarutyne UA 257 Ct88
Tarva EST 209 Ci63
Tarva N 38 At53
Tarvaala FIN 53 Cl55
Tarvainen FIN 62 Ce59
Tarvasjoki FIN 62 Cf59
Tarvin GB 93 Sp74
Tarvisio I 133 Bh87
Tarvola FIN 43 Ch54
Tasburgh GB 95 Ac75
Taşca RO 247 Cn87
Täsch CH 175 Aq88
Taschachhaus A 132 Bb87
Täši LV 212 Cc67
Tåsjö S 40 Bm52
Táska H 251 Bq87
Taşlıc MD 249 Ct86
Taşlıca TR 292 Cr107
Taşnad RO 245 Cf86
Tasov CZ 237 Bn82
Tasovice CZ 238 Bn83
Tass H 243 Bt86
Tassjö S 72 Bg68
Tastarp S 72 Bf68
Tata H 243 Br85
Tatabánya H 243 Br85
Tataháza H 252 Bt88
Tatanir RO 257 Ct90
Tătărani RO 256 Cq87
Tătărani RO 265 Cl90
Tătăranu RO 256 Cp89
Tătărăşti RO 256 Cp88
Tătărăştii de Jos RO 265 Cl92
Tătărăştii de Sus RO 265 Cl92
Tatarbunary UA 257 Cu89
Tătăreşti MD 257 Cr88
Tatareşty = Tătăreşti MD 257 Cr88
Tatari BG 265 Cl93
Tatarino RUS 215 Cr67
Tatarli MK 271 Cf98
Tatárszentgyörgy H 243 Bt86
Tătaru RO 266 Cn90
Tătăruşi RO 248 Co86
Tating D 102 As72
Tatlısu TR 281 Cq100
Tåtorp S 69 Bi63
Tatranská Javorina SK 240 Ca82
Tatranská Lomnica SK 240 Ca82
Tatranská Polianka SK 240 Ca82
Tatranská Štrba SK 240 Ca82
Tattersett GB 95 Ab75
Tattershall GB 85 Su74
Tatulešti RO 265 Ck91
Tau N 66 Am62
Tauberbischofsheim D 121 Au81
Taucha D 117 Be78
Tauche D 117 Bi76
Tauer D 118 Bi77
Taufers im Münstertal = Tubre I 132 Ba87
Täuffelen CH 130 Ap86
Taufkirchen D 126 Bd84
Taufkirchen (Vils) D 127 Be84
Taufkirchen an der Pram A 127 Bh84
Taujėnai LT 218 Ck70
Tauka A 135 Bn87
Taul MD 248 Cq84
Taulé F 157 Sn83
Taulignan F 173 Ak92
Taüll E 188 Ab95
Taulov DK 103 Au69
Taulu FIN 53 Cl58
Taunton GB 97 So78
Taunusstein D 120 Ar80
Tauplitz A 128 Bi85
Tauplitzalm A 128 Bi85
Taupont F 158 Sq85
Tauragė LT 217 Ce70
Tauragnai LT 218 Cm70
Taurasi I 147 Bk98
Taure RO 246 Ci86
Taurene LV 214 Cm66
Tăureni RO 254 Ci87
Taurianova I 151 Bn104
Taurisano I 149 Br101
Taurkalne LV 214 Ck67
Taurupe LV 214 Cl67
Taüs E 188 Ac96
Taussat F 170 Ss91
Tauste E 186 Ss97
Tauţ RO 245 Cd88
Tautavel F 178 Af95
Tăuteu RO 245 Ce86
Tautkaičiai LT 224 Cg71
Tautra N 38 Bb53
Tauves F 172 Af89
Tauvo FIN 43 Ck51
Tavankut SRB 252 Bt88
Tavannes CH 169 Ap86
Tavarnelle Val di Pesa I 143 Bc93
Tavastila FIN 64 Co59
Tavastkenkä FIN 44 Cn52
Tavaux F 168 Al86
Tavaux-et-Pontséricourt F 155 Ah81
Tavel F 179 Ak92
Tåvelsås S 73 Bk67
Tavelsjö S 42 Ca52
Taverham GB 95 Ac75
Taverna I 151 Bo102
Taverne d'Arbia I 144 Bc94
Tavernelle I 137 Ba92
Tavernelle I 144 Be94
Tavernelle d'Emilia I 138 Bc91
Tavernes F 180 An93
Tavernes de la Valldigna E 201 Su102
Tavernola Bergamasca I 131 Ba89
Tavernole sul Mella I 131 Ba89
Tavernspite GB 92 Sl77
Taverny F 160 Ae82
Tavestehus = Hämeenlinna FIN 63 Ci58
Taviano I 149 Br101
Tavira P 203 Se106
Tavistock GB 97 Sm79
Tavlovo RUS 211 Cr64
Tavnik SRB 262 Cb93
Tavoleto I 139 Bf93
Tawny IRL 82 Se70
Tawnyinah IRL 82 Sc73
Täxan S 40 Bm53
Taxenbach A 127 Bf86
Taxiárhes GR 283 Cd101
Taxiárhis GR 278 Ch100
Taxinge S 70 Bp62
Tayakadın TR 280 Co97
Tayfur TR 280 Cn100
Tayinloan GB 80 Si69
Taynuilt GB 78 Sk68
Tayport GB 76 Sp68
Tăža BG 274 Cl95
Tazacorte E 202 Re123
Tazlău RO 256 Cn87
Tazlău, Bereşti- RO 256 Co88
Tazo E 202 Rf124
Tazona E 200 Sr104
Tazones E 184 Sk93
Tchórzew-Plewki PL 229 Cf76
Tczew PL 222 Bs72
Tczów PL 228 Cc78
Tczyca PL 234 Bu80
Teaca RO 247 Ck87
Teano I 146 Bi98
Tearce MK 270 Cc96
Teasc RO 264 Ch92
Teba E 204 Sl107
Tébar E 200 Sq102
Tebay GB 81 Sp72
Tebongu E 183 Sg94
Tebra E 182 Sc96
Techendorf A 134 Bg87
Techentin D 110 Bd73
Techirghiol RO 267 Cs92
Tecklenburg D 108 Aq76
Teckomatorp S 72 Bg69
Tecuci RO 256 Cp89
Tecuci RO 265 Ck92
Tedavnet IRL 87 Sf72
Tedburn Saint Mary GB 97 Sn79
Teelin IRL 86 Sc71
Teerijärvi FIN 43 Ch53
Teeriranta FIN 37 Cu49
Teerisuo FIN 55 Ct55
Teerivaara FIN 37 Cp48
Teersalo FIN 62 Cd60
Teféli GR 291 Cl110
Tefia E 203 Rn123
Teg S 42 Ca53
Tegane S 68 Be62
Tegelen NL 113 An78
Tegelsmora S 60 Bq60
Tegelträsk S 41 Bq53
Tegernau D 169 Aq85
Tegernbach D 126 Bc83
Tegernsee D 126 Bd85
Teggiano I 147 Bm100
Téglás H 245 Cd85
Teglio I 131 Ba88
Tegneby S 68 Bd64
Tęgoborze PL 234 Cb81
Teguise E 203 Rn122
Teguital E 203 Rn124
Tehi FIN 53 Cl57
Tehla SK 239 Br84
Teichel D 116 Bc79
Teichel, Remda- D 116 Bc79
Teichwolframsdorf D 230 Be79
Teichwolfframsdorf, Mohlsdorf- D 117 Be79
Teigebyen N 58 Bc60
Teignmouth GB 97 Sn79
Teijo FIN 62 Cf60
Teil, Le F 173 Ak91
Teilhet F 178 Ad94
Teillay F 164 Sr85
Teillé F 165 Ss86
Teilleul, le F 159 St83
Teinevassetrene N 57 At59
Teişani RO 255 Cn90
Teisendorf D 236 Bf85
Teising D 236 Bf84
Teisko FIN 53 Ch57
Teistungen D 116 Ba78
Teiu RO 265 Cl91
Teiuş RO 254 Ch88
Teixeira P 191 Sg98
Teixeiro E 182 Sd94
Teixelo P 191 Se99
Teixoso P 191 Sf100
Tejadillos E 194 Sr100
Tejado E 194 Sq97
Tejeda y Segoyuela E 192 Sh99
Tejerina E 184 Sk95
Tejina E 202 Rh123
Tejina (Guía de Isora) E 202 Rg124
Tejn DK 105 Bk70
Tekenye H 242 Bp87
Tekeriš SRB 262 Bu91
Tekija SRB 263 Ce91
Tekirdağ TR 281 Cq99
Tekkeşehler TR 280 Cp97
Tekovské Lužany SK 239 Bs84
Ţela RO 245 Ce89
Telatyn PL 235 Ch79
Telč CZ 238 Bl82
Telciu RO 246 Ci86
Teldau D 110 Bb74
Telde E 202 Rk125
Telečka SRB 252 Bt89
Telega RO 265 Cm90
Telenešt' = Teleneşti MD 249 Cr85
Teleneşti MD 249 Cr85
Telenešty = Teleneşti MD 249 Cr85
Telerig BG 266 Cq93
Telese = Telese Terme I 147 Bk98
Telese Terme I 147 Bk98
Teleśnica Oszwarowa PL 235 Cf82
Teleşti RO 264 Cg90
Telford GB 93 Sq75
Telfs A 126 Bc86
Telgárt SK 240 Ca83
Telgruc-sur-Mer F 157 Sm84
Telgte D 114 Aq77
Telicyno RUS 211 Cr63
Teliš BG 264 Ci94
Teliu RO 255 Cm89
Teliucu RO 254 Cf89
Teljo FIN 45 Cu53
Telkibánya H 241 Cc84
Tellancourt F 162 Am81
Tellejåkk S 34 Bu48
Tellingstedt D 103 At72
Tel'my BY 229 Ch76
Telšiai LT 213 Ce69
Telti I 140 At99
Teltow D 111 Bg76
Témbi GR 277 Cf101
Tembleque E 199 Sn101
Temelín CZ 237 Bi82
Temelkovo = Batanovci BG 272 Cf95
Temeri RUS 215 Cq67
Temerin SRB 252 Bu90
Temiño E 185 Sn96
Temmes FIN 43 Cm51
Temnitztal D 110 Bf75
Tempelseter N 57 At60
Tempio Pausania I 140 At99
Temple, Le F 170 St91
Temple, The GB 83 Si72
Temple Bar GB 92 Sm76
Temple-de-Bretagne, Le F 164 Sr86
Templemartin IRL 90 Sc77
Templemore IRL 90 Se75
Templenoe IRL 89 Sa77
Templepatrick GB 83 Sh71
Temple Sowerby GB 84 Sp71
Templeton GB 92 Sl77
Templetouhy IRL 90 Se75
Templewo PL 225 Bl76
Templin D 220 Bg74
Tempo GB 87 Sf72
Temse B 156 Ai78
Temska SRB 263 Cf94
Tenalo FIN 63 Cg60
Tenay F 173 Al89
Ten Boer NL 107 Ao74
Tenbury Wells GB 93 Sp76
Tenby GB 96 Sl77
Tence F 173 Ai90
Tencin F 174 Am90
Tenczyn PL 234 Bu81
Tende F 181 Aq92
Tendilla E 193 Sp99
Teneniai LT 216 Cd70
Tenevo BG 274 Co96
Tengelfjord N 27 Bl44
Tengen D 125 As85
Tengene S 69 Bf64
Tengesdal N 66 An63
Tenhola = Tenala FIN 63 Cg60
Tenhult S 68 Bi65
Tenigerbad CH 131 As87
Teningen D 163 Aq84
Tenja HR 251 Bs89
Tenk H 244 Ca85
Tenna N 32 Be49
Tenneck A 127 Bg86
Tennenbronn D 125 Ar84
Tennenlohe D 121 Bc81
Tenneville B 156 Am80
Tennevoll N 28 Bq43
Tennilä FIN 36 Cn48
Tennilä FIN 63 Cl59
Tennskjer N 22 Br42
Teno E 202 Rg124
Tensfeld D 103 Ba72
Tensjö S 41 Bp52
Tenskog S 49 Bl57
Tensta S 60 Bq60
Tentellatge E 189 Ad96
Tenterden GB 154 Ab78
Tentúgal P 190 Sc100
Tényő H 243 Bq85
Teočak BIH 261 Bt91
Teodorówka PL 228 Cb77
Teodorówka PL 235 Cf79
Teolo I 132 Bd90
Teora I 147 Bl99
Teovo MK 271 Cd97
Tepasto FIN 30 Ck45
Tepava BG 274 Ck94
Tepecik TR 281 Cr100
Tepecik TR 281 Cs98
Tepeköy TR 280 Cm100
Tepelenë AL 276 Bu100
Teplá CZ 123 Bf81
Teplice CZ 123 Bh79
Teplice nad Bečvou CZ 239 Bq81
Teplice nad Metují CZ 232 Bn79
Teplý Vrch SK 240 Ca84
Tepsa FIN 30 Cm45
Ţepu RO 256 Cp89
Terälahti FIN 53 Ch57
Teramo I 145 Bh95
Ter Apel NL 108 Ap75
Teratyn PL 235 Ch79
Terchová SK 239 Bt82
Tercis-les-Bain F 186 Ss93
Tërdevc RKS 270 Cb95
Terebeşti RO 245 Ce87
Terebišće RUS 211 Cq64
Tereblja UA 246 Ch84
Teregova RO 253 Ce90
Terelle I 146 Bh97
Teremia Mare RO 244 Cb89
Terena P 197 Sf103
Terénez F 157 Sn83
Teresa E 195 St101
Teresa de Cofrentes E 201 Ss102
Teresin PL 228 Ca76
Terespol PL 229 Ch76
Teresva UA 246 Ch84
Tereszpol-Zaorenda PL 235 Cf79
Terezín CZ 123 Bi79
Terezino Polje HR 242 Bp89
Tergnier F 161 Ag81
Tergu I 140 As99
Ter Hole NL 155 Ai78
Terjärv = Teerijärvi FIN 43 Ch53
Terkelsbøl DK 103 At71
Terlan = Terlano I 132 Bc87
Terlano I 132 Bc87
Terlizzi I 148 Bo98
Termal TR 281 Ct99
Terme di Brennero I 132 Bc87
Terme di Lurisia I 175 Aq92
Terme di San Calogero I 153 Bk104
Terme di Sardara I 141 As101
Terme di Valdieri I 136 Ap92
Termeno sulla Strada del Vino I 132 Bc88
Térmens E 188 Ab97
Termes-d'Armagnac F 187 Su93
Termignon F 174 Ao90
Termine I 145 Bg96
Termini Imerese I 152 Bh105
Terminillo I 144 Bf96
Termoli I 147 Bk97
Termonde = Dendermonde B 155 Ai78
Termonfeckin IRL 88 Sh73
Termunten NL 108 Ap74
Ternant F 167 Ah87
Ternberg A 237 Bi85
Terndrup DK 100 Ba67
Ternes, Les F 172 Ag91
Terneuzen NL 112 Ah78
Ternhill GB 84 Sp75
Terni I 144 Bf95
Ternitz A 129 Bn85
Ternovë AL 270 Ca98
Ternove UA 246 Ch84
Ternovycja UA 235 Cg81
Teror E 202 Ri124
Térovo GR 276 Cb102
Terpezița RO 264 Ch92
Terpilicy RUS 65 Ct62
Térpillos GR 278 Cf98
Terpling DK 102 As69
Terpní GR 278 Cg99
Terrachán (Entrimo) E 182 Sd97
Terracina I 146 Bg98
Terra del Sole I 138 Bd92
Terrades E 178 Af96
Terradillos de los Templarios E 184 Sl96
Terråk N 39 Be50
Terralba I 141 As101
Terranova da Sibari I 151 Bn101
Terranova di Pollino I 148 Bn101
Terranuova Bracciolini I 138 Bd93
Terras do Bouro P 190 Sd97
Terrasini I 152 Bg104
Terrassa E 189 Ae97
Terrasse, La F 174 Am90
Terrasson-la-Villedieu F 171 Ac90
Terraube F 177 Ab93
Terravecchia I 151 Bo102
Terrazos E 185 So95
Terrer E 194 Sr98
Terres-de-Caux F 159 Ab81
Terria I 144 Bf96
Terriente E 194 Sr100
Terrinches E 200 Sp103
Terrington Saint Clement GB 95 Aa75
Terrsjö S 40 Bn53
Terrugem P 197 Sf103
Teršiv UA 241 Cf82
Terslev DK 104 Bd70
Terstenë RKS 271 Cd95
Tertenia I 141 Au101
Teruel E 194 Ss100
Tervahauta FIN 52 Cf58
Tervajoki FIN 52 Ce55
Tervakoski FIN 63 Ck59
Tervala FIN 53 Cl57
Tervasmäki FIN 52 Cd58
Tervavaara FIN 44 Cr50
Tervel BG 266 Cp93
Tērvete LV 213 Cg68
Tervo FIN 54 Co55
Tervola FIN 36 Ck48
Tervuren B 113 Ak79
Terwolde NL 113 An76
Terz A 129 Bl85
Terzaga E 194 Sr99
Terzialan TR 280 Cp101
Terzijsko BG 275 Co95
Terzılı TR 280 Cp97
Terzone San Pietro I 145 Bg95
Tés H 243 Br86
Tešanj BIH 260 Bq91
Teschendorf D 111 Bg75
Tescureni MD 248 Cq86
Teševikovo SK 239 Bq84
Tesejerague E 203 Rm124
Tešel BG 273 Ci97
Teşila RO 255 Cm90
Tesimo I 132 Bc87
Tesjoki FIN 64 Cn60
Teslić BIH 260 Bq91
Tesluі RO 264 Ci92
Tešovo BG 272 Ch98
Tessenderlo B 156 Al78
Tessenow D 110 Bd74
Tessin D 104 Be72
Tessjö = Tesjoki FIN 64 Cn60
Tesson F 170 St89
Tessouale, La F 165 St86
Tessvär FIN 62 Cf60
Tessy-Bocage F 159 Ss83
Testa d'Acqua I 153 Bk107
Teşvikiye TR 281 Ct99
Tét H 243 Bq85
Tetbury GB 98 Sq77
Tețchea RO 245 Ce86
Tețcoiu RO 265 Cl91
Tetenbüll D 102 As72
Teterchen F 119 Ao82
Teterow D 110 Bf73
Teteven BG 273 Ci95
Tetford GB 85 Su74
Teti I 141 At100
Tetir E 203 Rn123
Tetirvinai LT 214 Ci68
Tetoiu RO 264 Ch91
Tetovo BG 266 Cn93
Tetovo MK 270 Cb96
Tetrálofo GR 277 Cd100
Tetrivaari FIN 55 Ct56
Tettau D 116 Bc80
Tettau D 117 Bh78
Tettnang D 125 Au85
Teublitz D 122 Be82
Teuchatz D 121 Bc81
Teuchern D 117 Be78
Teuerting D 127 Bd83
Teufelsmoor D 108 As74
Teufen (AR) CH 125 At86
Teufenbach-Katsch A 134 Bi86
Teulada E 201 Aa103
Teulada I 141 As103
Teunz D 230 Be82
Teupitz D 117 Bh76
Teurajärvi FIN 30 Ci46
Teurajärvi S 35 Cf47
Teuro FIN 63 Ch59
Teuro FIN 63 Ck58
Teuroinen FIN 64 Cn59
Teusajaurestugorna S 28 Br45
Teuschnitz D 116 Bc80
Teutschenthal D 116 Bd78
Teuva FIN 52 Cd56
Tevaniemi FIN 52 Cg57
Tevansjö S 50 Bl56
Teväntö FIN 63 Ci59
Tevel H 251 Br88
Tevfikiye TR 280 Cn101
Tevfikiye TR 280 Cn99
Teviothead GB 79 Sp70
Tewkesbury GB 94 Sq77
Tewswoos D 109 Bc74
Texing A 237 Bl84
Tezze sul Brenta I 132 Bd89
Thafmakó GR 283 Ce102
Thairé F 170 St88
Thal A 133 Bf87
Thal A 237 Bm85
Thalámai GR 286 Ce107
Thale D 116 Bc77
Thaleischweiler-Fröschen D 119 Aq82
Thalfang D 119 Ap81
Thalgau A 236 Bg85
Thalheim (Erzgebirge) D 230 Bf79
Thalheim an der Thur CH 125 As85
Thalitter D 115 As78
Thalkirch CH 131 At87
Thallichtenberg D 163 Ap81
Thalmässing D 122 Bc82
Thalwil CH 125 As86
Thame GB 94 St77
Thanai = Tanai I 131 Bb87
Thann D 122 Bd83
Thann F 124 Ap85
Thannenkirch F 124 Ap84
Thannhausen D 126 Ba84
Thanvillé F 163 Ap84
Thaon-les-Vosges F 124 An84
Tharandt D 230 Bh79
't Harde NL 107 Am76
Tharsis E 203 Sf105
't Hasselt B 113 Al79
Thássos GR 279 Ck99
Thatcham GB 94 Ss78
Thaumiers F 167 Af87
Thaxted GB 95 Aa77
Thayngen CH 125 As85
Theale GB 94 Ss78
The Argory GB 87 Sg72
The Barony GB 77 So62
The Deepings GB 94 Su75
Thedinghausen D 109 At75
Theeßen D 110 Be76
Theillay F 166 Ae86
Theil-sur-Vanne F 161 Ag84
Theisa D 118 Bg77
Theisbergstegen D 163 Ap81
Theix-Noyalo F 164 Sp85
Thelbridge Barton GB 97 Sn79
Thelkow D 104 Bf72
Thelle F 160 Ae82
Them DK 100 Au68
Themar D 121 Bb79
Thénezay F 165 Su87
Thenon F 171 Ac90
Theodorákio GR 271 Ce99
Theodósia GR 278 Cg99
Theológos GR 279 Ck99
Theológos GR 283 Cg103
Theológos GR 284 Ch104
Théoule-sur-Mer F 136 Ao93
Theres D 122 Ba80
Thérma GR 279 Cm99
Thérma GR 289 Cn105
Thermés GR 279 Cl98
Thérmi GR 278 Cg99
Thermissia GR 287 Cg106
Thérmo GR 282 Cd103
Thérondels F 172 Af91
Thérouanne F 155 Ae79
Thespiés GR 283 Cg104
Thesprotikó GR 282 Cb102
Thessaloníki GR 276 Cf99
Thetford GB 95 Ab76
Theth AL 270 Bu96
Theuern D 230 Bd82
Theux B 119 Am79
Thevet-Saint-Julien F 166 Ae87
Thézan-des-Corbières F 178 Af94
Thiaucourt-Regniéville F 119 Am83
Thiberville F 160 Aa82
Thibie F 161 Ai83
Thiéblemont-Farémont F 162 Ak83
Thiede D 116 Ba76
Thieffrain F 161 Ai84
Thiendorf D 118 Bh78
Thiene I 132 Bc89
Thierhaupten D 126 Bb83
Thierrens CH 169 Ao87
Thiers F 172 Ah89
Thiersee A 127 Be85
Thiersheim D 230 Be80
Thierstein D 122 Be80
Thieshope D 109 Ba74
Thiesi I 140 As99
Thießen D 117 Be77
Thiessow D 105 Bh72
Thilliers-en-Vexin, les F 160 Ad82
Thillot, le F 163 Ao85
Thilouze F 166 Ab86
Thimena GR 289 Cn105
Þingeyri IS 20 Qg25
Thionville F 119 An82
Thira GR 288 Cl108
Thirassia GR 291 Cl108
Thírio GR 282 Cb103
Thirlestane GB 79 Sp69
Thiron F 160 Ab84
Thirrë AL 270 Ca96
Thirsk GB 81 Ss72
Thisnes B 113 Al79
Thissó GR 286 Cd105
Thisted DK 100 As67
Thisvi GR 287 Cf104
Thíva GR 284 Cg104
Thiviers F 171 Ab90
Thixendale GB 85 St72
Thizay F 165 Aa86
Thizy-les-Bourgs F 173 Ai88
Thoard F 180 An92
Thoirette-Coisia F 168 Am88
Thoiry F 160 Ad83
Thoissey F 168 Ak88
Thoisy-la-Berchère F 168 Ai86

404 Tammisaari – Thoisy-la-Berchère

Tholária GR 288 Cm107
Tholen NL 113 Ai77
Tholey D 120 Ap82
Thollet F 166 Ac88
Tholy, le F 124 Ao84
Thomas-Müntzer-Stadt Mühlhausen = Mühlhausen (Thüringen) D 116 Ba78
Thomastown IRL 90 Sf75
Thomm D 119 Ao81
Thommen B 119 An80
Thonac F 171 Ac90
Thônes F 174 An89
Thonnelle F 162 Al81
Thonon-les-Bains F 169 An88
Thor, Le F 179 Ak93
Thorame-Basse F 180 Ao92
Thorame-Haute F 180 Ao92
Thorée-les-Pins F 165 Aa85
Thorembais-les-Béguines B 113 Ak79
Thorenc F 136 Ao93
Thorens-Glières F 174 An89
Thorigné-sur-Dué F 159 Ab84
Thorigny F 165 Ss87
Thorigny-sur-Oreuse F 161 Ag84
Thorikó GR 287 Ci105
Thörishaus CH 130 Ap87
Thörl A 129 Bl85
Thorn NL 114 Am78
Thornaby-on-Tees GB 85 Ss71
Thornbury GB 97 Sm79
Thornbury GB 98 Sp77
Thornby GB 94 Ss76
Thorne GB 85 St73
Thorney GB 94 Su75
Thornhill GB 79 Sm68
Thornhill GB 80 Sn70
Thorning DK 100 At68
't Horntje NL 106 Ak74
Thornton-Cleveleys GB 84 So73
Thornton Curtis GB 85 Su73
Thorntonloch GB 76 Sq69
Thoronet, Le F 180 An94
Thorpe-le-Soken GB 95 Ac77
Thorpeness GB 95 Ad76
Thorsager DK 100 Ba68
Thorshavn = Tórshavn FO 26 Sg56
Þórshöfn IS 21 Re24
Thou F 167 Af85
Thouarcé F 165 Su86
Thouaré-sur-Loire F 165 Ss86
Thouars F 165 Su87
Thoult-Trosnay, Le F 161 Ah83
Thoúri GR 275 Co98
Thouría GR 286 Ce106
Thourie F 159 Ss85
Thourotte F 155 Af82
Thourout = Torhout B 155 Ag78
Thrapsanó GR 291 Cl110
Thrapston GB 94 St76
Threekingham GB 85 Su75
Threlkeld GB 84 So71
Thresfield GB 84 Sq72
Thrilóri GR 279 Cl98
Thrumster GB 75 So64
Thue-et-Mue F 159 St82
Thuès-entre-Valls F 189 Ae95
Thueyts F 173 Ai91
Thuin B 156 Ai80
Thuir F 189 Af95
Thülen D 115 As78
Thum D 230 Bf79
Thumeries F 112 Ag80
Thun CH 169 Aq87
Thüngen D 121 Au81
Thurcroft GB 85 Ss74
Thuret F 172 Ag89
Thurey F 168 Al87
Thüringen A 125 Au86
Thürkow D 104 Bf73
Thurlby GB 94 Su75
Thurles IRL 90 Se75
Thurles = Durlas IRL 90 Se75
Thurlestone GB 97 Sn80
Thurnau D 122 Bc80
Thurø By DK 103 Bb70
Thursby GB 81 So71
Thursford GB 95 Ab75
Thurso GB 77 Sn63
Thurstonfield GB 81 So71
Thury F 168 Ak86
Thury-Harcourt F 159 Su83
Thusis CH 131 At87
Thuy F 174 An89
Thyborøn DK 100 Ar67
Þykkvibær IS 20 Qk27
Thyregod DK 100 At69
Thyrnau D 127 Bh83
Thyrow D 111 Bg76
Tiagua E 203 Rn122
Tiainen FIN 36 Cn47
Tiarno di Sopra I 132 Bb89
Tiarp S 69 Bh64
Tías E 203 Rn123
Tibana RO 248 Cp87
Tibănești RO 248 Cp87
Tibava SK 241 Ce83
Tibble S 60 Bq61
Tiberget S 59 Bh58
Tibi E 201 St103
Tibro S 69 Bi64
Tibshelf GB 93 Ss74
Tibucani RO 248 Co86
Tiča BG 274 Cn95
Tichilești RO 266 Cq90
Tichindeal RO 254 Ci89
Tickhill GB 85 Ss74
Ticknall GB 93 Ss75
Țicleni RO 264 Cg91
Ticușu Vechi RO 255 Cl89
Ticvaniu Mare RO 253 Cd90
Tidaholm S 69 Bh64
Tidan S 69 Bi63
Tidavad S 69 Bh63
Tiddische D 109 Bb75
Tidersrum S 70 Bm65
Tideswell GB 84 Sr74
Tido S 60 Bn62
Tiedra E 192 Sk97
Tiefenbach D 230 Bf82
Tiefenbronn D 120 As83
Tiefencastel CH 131 Au87
Tiefenort D 116 Ba79
Tiefensee D 225 Bh75
Tiefenstein D 120 Ap81
Tiel NL 106 Al77
Tielmes E 193 So100
Tielt B 112 Ag79
Tielt B 113 Ak79
Tiemblo, El E 192 Sl100
Tienen B 156 Ak79
Tiengen, Waldshut- D 125 Ar85
Tienhaara FIN 37 Da49
Tiercé F 165 Su85
Tierga E 194 Sr97
Tiermas E 176 Ss95
Tierp S 60 Bq60
Tierrantona E 177 Aa96
Tiers = Tires I 132 Bd88
Tierzo E 194 Sr99
Tiétar del Caudillo E 192 Sk100
Tietelsen D 115 At77
Tietsjerksteradeel = Tytsjerksteradiel NL 107 Am74
Țifești RO 256 Cp89
Tiffauges F 165 Ss86
Tigaday E 202 Rd125
Tigănași RO 248 Cp86
Tigănași RO 263 Cf92
Țigănești RO 265 Cl93
Tigare BIH 262 Bt92
Tigase EST 210 Cp64
Tigerton GB 79 Sp67
Tigharry (Tigh a Ghearraidh) GB 74 Se65
Tighina = Bender MD 249 Ct87
Tighnafiline GB 74 Si65
Tiglieto I 175 As91
Tignes F 130 Ao90
Tigveni RO 265 Ck90
Tigy F 166 Ae85
Tihaljina BIH 268 Bp94
Tihany H 243 Bq87
Tihău RO 246 Cg86
Tihemetsa EST 210 Cl64
Tiheró GR 280 Cn98
Tihilä FIN 44 Cn53
Tihio GR 277 Cc99
Tihkovicy RUS 65 Cu62
Tihomir BG 279 Cl98
Tihusniemi FIN 54 Cq56
Tihvinka RUS 211 Cr62
Tiilää FIN 63 Cm59
Tiilikkala FIN 54 Co57
Tiimola FIN 54 Cr57
Tiistenjoki FIN 52 Cg55
Tiitilänkylä FIN 54 Co55
Tiitsa EST 215 Co65
Tijarafe E 202 Re123
Tíjola E 206 Sq106
Tikkakoski FIN 53 Cm56
Tikkala FIN 53 Cl56
Tikkala FIN 55 Da56
Tikøb DK 72 Be68
Tikos H 250 Bp87
Tikvarići BIH 261 Bt92
Tilburg NL 113 Al77
Tilbury GB 95 Aa78
Til-Châtel F 168 Al85
Tileagd RO 245 Ce86
Tilh F 187 St93
Tilișca RO 254 Ch89
Tilisos GR 291 Cl110
Tilkerode D 116 Bc77
Tillac F 187 Aa94
Tillberga S 60 Bo61
Tilleda (Kyffhäuser) D 116 Bc78
Tillicoultry GB 79 Sn68
Tillières-sur-Avre F 160 Ac83
Tilloy-et-Bellay F 162 Ak82
Tilly F 166 Ac88
Tillyfourie GB 76 Sp66
Tilly-sur-Seulles F 159 St82
Tilst DK 100 Ba68
Tiltagaliai LT 214 Ck69
Tiltai LT 218 Ck72
Tiltrem N 38 Au53
Tilža LV 215 Cp67
Tim DK 100 Ar68
Timahoe IRL 87 Sf75
Timár H 241 Cc84
Timar MNE 262 Bt95
Timau I 133 Bf87
Timbáki GR 291 Ck110
Time N 66 Am63
Timelkam A 127 Bh84
Timermani LV 214 Cn66
Timfors S 34 Cb49
Timfristós GR 283 Cd103
Timirjazevo RUS 216 Cd70
Timiș, Slatina- RO 253 Ce90
Timișești RO 248 Co86
Timișoara RO 253 Cc89
Timișu de Sus RO 255 Cm89
Timmel D 107 Aq74
Timmele S 69 Bg65
Timmendorf D 104 Bc73
Timmendorfer Strand D 103 Bb73
Timmernabben S 73 Bn67
Timmersdala S 69 Bh63
Timmervik S 68 Be64
Timola FIN 54 Cq56
Timoleague IRL 90 Sc77
Timolin IRL 87 Sg75
Timoniemi FIN 45 Ct52
Timovaara FIN 55 Ct54
Timpinvaara FIN 37 Ct50
Timrå S 50 Bp56
Timring DK 100 As68
Timsfors S 72 Bh68
Tinahely IRL 87 Sh75
Tinajas E 194 Sp100
Tinajo E 203 Rn122
Tinalhas P 191 Se101
Tinca RO 245 Cd87
Tinchebray-Bocage F 159 St83
Tindaya E 203 Rn123
Tindbæk DK 100 Au68
Tinden N 38 At53
Tineo E 183 Sh94
Tinéu = Tineo E 183 Sh94
Tingelstad N 58 Ba60
Tinglev DK 103 At71
Tingsryd S 73 Bk67
Tingstad S 70 Bn63
Tingstäde S 71 Bs65
Tingsted DK 104 Bd71
Tingvoll N 47 Ar55
Tingwall GB 77 So62
Tinieblas E 185 So96
Tinizong-Rona CH 131 Au87
Tinjan HR 258 Bh90
Tinlot B 113 Al80
Tinnoset N 57 At61
Tínos GR 288 Cl105
Tiñosillos E 192 Sl99
Tinosu RO 265 Cn91
Tintagel GB 96 Sl79
Țintăreni MD 249 Ct87
Tinténiac F 158 Sr84
Tintenieg = Tinténiac F 158 Sr84
Tintern Parva GB 93 Sp77
Țintești RO 266 Co90
Tintigny B 156 Am81
Tinūži LV 214 Ck67
Tiobraid Árann = Tipperary IRL 90 Sd76
Tione di Trento I 132 Bb88
Țipala MD 249 Cs87
Tipasjoki FIN 45 Cs52
Tipasoja FIN 45 Cs52
Tipčenica BG 272 Ch94
Tipperary IRL 90 Sd76
Tiptree GB 95 Ab77
Tipu EST 210 Cl64
Tiranë AL 270 Bu98
Tiranges F 172 Ah90
Tirano I 131 Ba88
Tiraspol MD 249 Cu87
Tiream RO 245 Ce85
Tīreļi LV 213 Ch67
Tires I 132 Bd88
Tiriá GR 282 Cb101
Tiriez E 200 Sq103
Tirig E 195 Aa100
Tiriolo I 151 Bo103
Tirivolo I 151 Bo102
Tirkšliai LT 213 Ce68
Tirlemont = Tienen B 156 Ak79
Tirmo FIN 64 Cm60
Tírnavos GR 277 Ce101
Tirnova MD 248 Cq84
Tirol RO 253 Cd90
Tirol, Dorf = Tirolo I 132 Bc87
Tirolo I 132 Bc87
Tirós GR 287 Cf106
Tirrenia I 143 Ba93
Tirro FIN 30 Co43
Tirschenreuth D 122 Be81
Tirstrup DK 101 Bb68
Tirvia E 188 Ac95
Tirza LV 214 Cn66
Tisa Nouă RO 253 Cc88
Tišća BIH 261 Bs92
Tiscar-Don Pedro E 206 So105
Tisens = Tesimo I 132 Bc87
Tiševica BG 272 Ch94
Tisieu RO 255 Ck87
Tišina HR 135 Bn89
Tišina SLO 250 Bn87
Tišino RUS 223 Cb71
Tisjölandet S 59 Bg59
Tismana RO 264 Cf90
Tisno HR 259 Bm93
Tišnov CZ 232 Bn82
Tisová CZ 230 Bf81
Tisovec SK 240 Bu83
Tisselskog S 68 Be63
Tissi I 140 As99
Tisvildeleje DK 101 Be68
Tiszaadony H 241 Ce84
Tiszaalpár H 244 Bu87
Tiszabecs H 241 Cf84
Tiszabög H 244 Ca87
Tiszabura H 244 Ca86
Tiszacsege H 245 Cb85
Tiszacsermely H 241 Cd84
Tiszadada H 241 Cc84
Tiszadob H 241 Cc84
Tiszadorogma H 245 Cb85
Tiszaeszlár H 241 Cc84
Tiszaföldvár H 244 Ca87
Tiszafüred H 245 Cb85
Tiszajenő H 244 Ca86
Tiszakécske H 244 Ca87
Tiszakeszi H 240 Cb85
Tiszakürt H 244 Ca87
Tiszalök H 241 Cc84
Tiszalúc H 241 Cc84
Tiszanána H 244 Cb85
Tiszaörs H 245 Cb85
Tiszaroff H 244 Ca86
Tiszaszőlős H 244 Cb85
Tiszatelek H 241 Cd84
Tiszaújváros H 241 Cc85
Tiszavasvári H 241 Cc85
Titaguas E 194 Ss101
Titel SRB 252 Ca90
Titelle I 132 Bd88
Țițești RO 265 Ck91
Tithoréa GR 283 Cf103
Titisee-Neustadt D 163 Ar85
Tito I 148 Bm99
Titograd = Podgorica MNE 270 Bt96
Titova Mitrovica = Mitrovicë RKS 262 Cb95
Titov Drvar = Drvar BIH 259 Bn92
Titovo Užice = Užice SRB 261 Bu93
Titovo Velenje = Velenje SLO 135 Bl88
Titov Vrbas = Vrbas SRB 252 Bu89
Titran N 38 Ar53
Tittling D 128 Bg83
Tittmoning D 128 Bf84
Tittola FIN 44 Cq52
Titu RO 265 Cm91
Titulcia E 193 Sn100
Titz D 114 An78
Tiu RO 264 Cg92
Tiuccia F 142 As96
Tiukka = Tjöck FIN 52 Cc56
Tiurajärvi FIN 30 Ci45
Tivat MNE 269 Bs96
Tived S 69 Bk63
Tivenys E 188 Ab99
Tiverton GB 97 So79
Tivisa = Tivissa E 188 Ab98
Tivissa E 188 Ab98
Tivoli I 144 Bf97
Tivsjön S 50 Bn55
Tixall GB 94 Sq75
Tizac-de-Curton F 170 Su91
Tizzano F 140 As97
Tjačiv UA 246 Ch84
Tjäderåsen S 49 Bk57
Tjädernäset S 40 Bm52
Tjæreborg DK 102 As70
Tjåkkele stugorna S 32 Bi50
Tjåkkjokk S 34 Ca48
Tjallingen S 48 Be54
Tjällmo S 70 Bl63
Tjåmodis = Tjåmotis S 34 Bs47
Tjåmotis S 34 Bs47
Tjamša RUS 211 Cr65
Tjanevo BG 266 Cq93
Tjappsåive S 34 Bt49
Tjarlevo RUS 65 Da61
Tjärn S 41 Bq53
Tjärnberg S 34 Bs50
Tjarnir IS 21 Rb25
Tjärnmyrberget S 40 Bm52
Tjärnvall S 50 Bl57
Tjärstad S 70 Bm64
Tjärutråsk S 35 Cf48
Tjäurek S 28 Bt45
Tjautjas S 29 Cb46
Tjeldstø N 56 Ak59
Tjeldsund N 27 Bn43
Tjelle N 47 Aq55
Tjentište BIH 261 Bs94
Tjernagel N 56 Al61
Tjöck FIN 52 Cc56
Tjøflot N 56 Ao60
Tjøme N 68 Ba62
Tjomsland N 66 Ao64
Tjong N 32 Bg47
Tjønna N 32 Bi50
Tjønnefoss N 67 As63
Tjønvik N 39 Bg51
Tjørhom N 66 Ao63
Tjörn IS 20 Qk25
Tjörnarp S 72 Bh69
Tjørnuvík FO 26 Sf56
Tjørvåg N 46 Am56
Tjøtta N 32 Be49
Tjourenstugorna S 39 Bg53
Tjuda FIN 62 Cf60
Tjudö AX 61 Bu60
Tjugesta S 60 Bl62
Tjugum N 56 Ao58
Tjulenovo BG 267 Cs94
Tjutboda S 50 Bk55
Tkon HR 258 Bl93
Tlačene BG 264 Ch94
Tlamino SRB 272 Ce96
Tleń PL 222 Br73
Tlmače SK 239 Bs84
Tłuchowo PL 227 Bt75
Tlučná CZ 230 Bg81
Tlumačov CZ 239 Bq82
Tłumaczów PL 232 Bn79
Tłuszcz PL 228 Cc76
Toab GB 77 Ss61
Toaca RO 247 Ck87
Toarcla RO 255 Ck89
Toba D 116 Bb78
Toba SRB 252 Cb89
Tobar E 185 Sn96
Tobar an Choire = Tobercurry IRL 86 Sc72
Tobarra E 200 Sr103
Tobed E 194 Ss98
Tobercurry IRL 86 Sc72
Tobermore GB 82 Sg71
Tobermory GB 78 Sh67
Toberonochy GB 78 Si68
Tobha Mor = Howmore GB 74 Sf66
Toblach = Dobbiaco I 133 Be87
Tobo S 60 Bq60
Tobo S 70 Bo62
Tobøl DK 102 As70
Tobolac SRB 263 Cc93
Toboso, El E 200 So101
Tocane-Saint-Apre F 170 Aa90
Tocco da Casauria I 145 Bh96
Tocha P 190 Sc100
Tochile-Răducani MD 257 Cr87
Tocina E 204 Si105
Töcksfors S 58 Bd61
Tocón E 205 Sn106
Toctoucau F 170 St91
Todal N 38 As54
Todalen N 47 As55
Todalshytta N 47 As55
Todalsøra N 47 As55
Toddington GB 94 Sr77
Toddington GB 94 St77
Todesfelde D 103 Ba73
Todi I 144 Be95
Todireni RO 248 Cp85
Todirești RO 247 Cn85
Todirești RO 248 Cp87
Todmorden GB 84 Sq73
Todolella, La E 195 Su99
Todolella = Todolella, La E 195 Su99
Todoričane BG 273 Ci94
Todorići BIH 259 Bp92
Todor Ikonomovo BG 266 Cp93
Todsø DK 100 As67
Todtmoos D 169 Ar85
Todtnau D 163 Aq85
Tofeli BY 215 Cs69
Toffen CH 169 Ap87
Toft GB 77 Ss60
Tofta S 101 Be66
Tofte N 47 As57
Tofte N 58 Bb61
Toftebjerg DK 101 Bb69
Töftedal S 68 Bd63
Tofterup DK 102 As69
Tofteryd S 69 Bi66
Toftevåg N 56 Ak60
Toftir FO 26 Sg56
Toftlia N 33 Bk48
Toftlund DK 103 At70
Toftseter N 57 Au58
Togher IRL 83 Sh73
Togher IRL 89 Sb77
Töging am Inn D 236 Bf84
To-Grenda N 58 Bb61
Tohmajärvi FIN 55 Da56
Tohmo FIN 37 Cp47
Toholampi FIN 43 Ci53
Toija FIN 63 Cg60
Toijala FIN 63 Ch58
Toikkala FIN 64 Co59
Tõikvere EST 210 Co63
Toila EST 64 Cq62
Toirano I 181 Ar92
Toivakka FIN 37 Co48
Toivakka FIN 53 Cn56
Toivala FIN 54 Cq55
Toiviaiskylä FIN 44 Cn53
Toivola FIN 54 Co58
Töjby FIN 52 Cc55
Tojšići BIH 261 Bs92
Tokačka BG 278 Cm98
Tokaj H 241 Cc84
Tokajík SK 241 Cd82
Tokarevo RUS 65 Cs59
Tokarnia PL 233 Bu81
Tokarówka PL 235 Cf79
Tokeensalmi FIN 54 Cm58
Tokkarlahti RUS 55 Db57
Tokod H 243 Bs85
Tököl H 244 Bs86
Tokrajärvi FIN 55 Db55
Toksovo RUS 65 Db60
Toksværd DK 104 Bd70
Tolbaños E 192 Sl99
Tolbuhin = Dobrič BG 266 Cq93
Tolcsva H 241 Cc84
Tołcze PL 224 Cg74
Toledo E 193 Sm101
Tolentino I 145 Bg94
Tolfa I 144 Bd96
Tolfta S 60 Bq60
Tolg S 73 Bk66
Tolga N 48 Bc56
Tolinas E 184 Sh94
Tolišnica SRB 262 Ca93
Tolivia E 184 Si94
Tolk D 103 Au71
Tolkee FIN 45 Cu53
Tolkis = Tolkkinen FIN 63 Cm60
Tolkkinen FIN 63 Cm60
Tolkmicko PL 222 Bu72
Tolko PL 223 Cb72
Tolkūnai LT 218 Ci72
Tollånes N 33 Bk47
Tollarp S 72 Bh69
Tolleshunt d'Arcy GB 95 Ab77
Tollevshaugen N 48 Au56
Tollikko FIN 42 Cf54
Tollo I 145 Bi96
Toll of Birness GB 76 Sr66
Tølløse DK 104 Bd69
Tollsjö S 69 Bf65
Tolmezzo I 133 Bf88
Tolmin SLO 134 Bh88
Tolminske Ravne SLO 134 Bh88
Tolna H 251 Bs88
Tolnanémedi H 243 Br87
Tolne DK 68 Ba66
Toló GR 287 Cf105
Tolofóna GR 283 Ce104
Tolonen FIN 36 Cl47
Tolosa E 186 Sq94
Tolosa P 197 Se102
Tolosenmäki FIN 55 Da56
Tolox E 204 Sl107
Tolskepp S 70 Bm63
Tolva E 187 Ab96
Tolva FIN 37 Cs48
Tolve I 147 Bn99
Tolvojarvi RUS 55 Dc56
Tomai MD 257 Cs88
Tomar P 196 Sd101
Tomaševac SRB 252 Cb90
Tomaševo MNE 269 Bu94
Tomaševska UA 229 Ch77
Tomašica BIH 250 Bo91
Tomášovce SK 240 Bu84
Tomašpil' UA 249 Cs83
Tomasvatn N 32 Bg50
Tomaszów Górny PL 225 Bm78
Tomaszów Lubelski PL 235 Cg80
Tomaszów Mazowiecki PL 227 Ca77
Tomatin GB 75 Sn66
Tombe, La F 161 Ag84
Tombebœuf F 170 Aa91
Tombo S 73 Bh68
Tomelilla S 105 Bh69
Tomellosa E 193 Sp99
Tomelloso E 200 So102
Tomești RO 248 Cq86
Tometno Polje SRB 261 Ca92
Tomich GB 75 Sl66
Tomintoul GB 75 So66
Tomislavgrad BIH 260 Bp93
Tomma N 32 Bf48
Tømmerneset N 27 Bm45
Tømmerup DK 101 Bc69
Tømmerup Stationsby DK 103 Ba70
Tømmervåg N 38 Aq54
Tømmervika N 24 Co39
Tomnatic RO 245 Cc87
Tömörkény H 244 Ca87
Tompa H 252 Bu88
Tompaládony H 129 Bo86
Tomra N 38 Bc54
Tomra N 46 Ao55
Tomrefjord N 46 Ao55
Tomșani RO 264 Ci90
Tomșani RO 266 Cn91
Tomta S 60 Bo61
Tomter N 58 Bc61
Tona E 189 Ae97
Tonara I 141 At100
Tonbridge GB 154 Aa78
Tondela P 190 Sd99
Tønder DK 102 As71
Tondorf D 114 Ao80
Tonezza del Cimone I 132 Bc89
Tong GB 93 Sq75
Tongeren B 113 Al79
Tongres = Tongeren B 113 Al79
Tongue GB 75 Sm64
Tönisvorst D 114 An78
Tonkopura FIN 37 Cr47
Tonnara del Secco I 152 Bf104
Tonnara di Bonagia I 152 Bf104
Tonnara Saline I 140 Ar99
Tonnare I 141 Ar102
Tonnay-Boutonne F 170 St89
Tonnay-Charente F 170 St89
Tønne N 68 Ba62
Tonneins F 170 Aa92
Tonnerre F 168 Ah85
Tönnersjö S 72 Bg67
Tonnes N 32 Bg47
Tönning D 102 As72
Tønning DK 100 Au69
Tonno I 175 At91
Tønnsberg N 68 Ba62
Tonsåsen N 57 Au59
Tønsberg N 68 Ba62
Tönsen S 60 Bo58
Tonstad N 66 Ao63
Tonsvik N 22 Bt41
Tonyrefail GB 97 So77
Toomaa EST 210 Cn63
Toome GB 83 Sh71
Toomyvara IRL 87 Sd75
Toormakeady = Tuar Mhic Éadaigh IRL 86 Sb73
Toormore IRL 89 Sa77
Tootsi EST 209 Ck63
Topalu RO 267 Cr91
Topana RO 265 Ck91
Topas E 192 Si98
Töpchin D 117 Bh76
Topčić Polje BIH 260 Bq92
Topčii BG 266 Co93
Topcliffe GB 81 Ss72
Topczewo PL 229 Cf75
Töpen D 230 Bd80
Topeno FIN 63 Ci59
Tophisar TR 281 Cr100
Toplet RO 253 Ce91
Topliceni RO 256 Cp90
Toplița RO 247 Cl87
Toplița RO 254 Cf89
Topo P 190 Qe103
Topola BG 267 Cr94
Topola PL 232 Bo80
Topola SRB 262 Cb92
Topola Królewska PL 227 Bt76
Topolčani MK 271 Cc98
Topoľčany SK 239 Br83
Topoľčianky SK 239 Br84
Topoli BG 275 Cq94
Topólia GR 290 Ch110
Topolje HR 135 Bn89
Topólka PL 227 Bs75
Topol'ki RUS 65 Ct58
Topolnica SRB 263 Ce92
Topoľníky SK 239 Bq85
Topolog RO 267 Cr91
Topolovac HR 135 Bn90
Topolovățu Mare RO 253 Cd89
Topolovec BG 263 Cf93
Topoloveni RO 265 Cl91
Topolovgrad BG 274 Cn96
Topolovnik SRB 253 Cc91
Topolovo BG 274 Cl97
Topolšica SLO 135 Bl88
Toponár H 251 Bq88
Toponica SRB 262 Cb93
Toponica SRB 263 Cc91
Toponica SRB 263 Cd94
Toporec SK 240 Ca82
Toporivci UA 247 Cn84
Toporów PL 234 Cd80
Toporowice PL 233 Bt80
Toporu RO 265 Cm92
Toppenstedt D 109 Ba74
Topraisar RO 267 Cr92
Topusko HR 250 Bm90
Tor E 188 Ac95
Torà E 188 Ac97
Torajärvi FIN 63 Ch59
Toral de los Guzmanes E 184 Si96
Toral de los Vados (Viladecanes) E 183 Sg95
Torasalo FIN 54 Cr56
Torasjärvi S 35 Ce47
Torba TR 292 Cp106
Torbačevo RUS 211 Cr63
Tørberget N 58 Be58
Torbergskogen N 32 Bf50
Torbjörntorp S 69 Bh64
Torbole-Casaglia I 131 Ba89
Torcello I 133 Bf89
Torchiarolo I 149 Br100
Torcieu F 173 Al89
Torcross GB 97 Sn80
Torcy-le-Grand F 154 Ac81
Torda SRB 252 Ca89
Tordas H 243 Bs86
Tordehúmos E 184 Sk97
Tordera E 189 Af97
Tordesillas E 192 Sk97
Tordesilos E 194 Sr99
Tordillos E 192 Sk99
Tordinci HR 251 Bs90
Tordómar E 185 Sn96
Tore GB 75 Sm65
Töre S 35 Cf49
Töreboda S 69 Bi63
Toreby DK 104 Bd71
Torekov S 101 Bf68
Torella del Sannio I 145 Bk97
Torelló E 189 Ae96
Toreno E 183 Sg95
Torestorp S 101 Bf66
Torete E 194 Sq99
Torfjanoe RUS 65 Cu59
Torfjanovka RUS 64 Cq59
Torfou F 165 Ss86
Torgau D 117 Bg77
Torgelow D 111 Bi73
Torgestad S 68 Bd64
Torget N 58 Bc59
Torgiano I 144 Be94
Torgnon I 130 Aq89
Torgueda P 191 Se98
Torhamn S 73 Bm68
Torheim N 46 Am57
Torhout B 155 Ag78
Torhovycja UA 247 Cl83
Tori EST 209 Ck64
Torigni-les-Villes F 159 St82
Torija E 193 So99
Toriki RUS 65 Da61
Torikka FIN 62 Cf60
Toril E 194 Ss100
Torino I 136 Aq90
Torino di Sangro Marina I 145 Bk96
Torittu FIN 53 Cl58
Torjulvågen N 47 Ar55
Torkanivka UA 249 Ct84
Torkelsbo S 50 Bn57
Torkkala FIN 62 Cf59
Torla E 188 Su95
Torma EST 210 Co63
Tormac RO 253 Cc89
Törmälä FIN 55 Da54
Tormaleo E 183 Sg95
Törmänen FIN 31 Cp43
Törmänen FIN 37 Co50
Törmänki FIN 36 Ck47
Törmänmäki FIN 44 Cq51
Tormás H 243 Bq88
Törmäsenvaara FIN 37 Ct49
Törmäsjärvi FIN 36 Ci48
Törmäsniska FIN 29 Ch46
Tormestorp S 72 Bh68
Tornac F 179 Ai92
Tornada P 196 Sb102
Tornaľa SK 240 Ca84
Tornanádaska H 240 Cb83
Tornau vor der Heide D 117 Be77
Tornavacas E 192 Si100
Tornby DK 100 Au65
Tørnby N 58 Bd61
Tornehamn S 28 Bs44
Tørnes N 27 Bn44
Tornes N 46 Ap55
Tornesch D 109 Au73
Torneträsk S 28 Bu44
Törnevalla S 70 Bm64
Törnevik S 70 Bm64
Tornimäe EST 209 Cg64
Tornio FIN 36 Ci48
Tornjoš SRB 244 Bu89
Tornos, El E 204 Si107
Tornos E 194 Ss99
Törnsfall S 70 Bn65
Tornyiszentmiklós H 250 Bo87
Tornyosnémeti H 241 Cc83
Toro E 192 Sk97
Torö S 71 Bq63
Törökbálint H 244 Bs86
Törökkoppány H 251 Br87
Törökszentmiklós H 244 Ca86
Toróni GR 278 Ch101
Toroppala FIN 55 Ct57
Toros BG 273 Ci94
Torošino RUS 211 Cs65
Torp AX 61 Bu60
Torp N 68 Ba62
Torp S 68 Bd63
Torp S 68 Bd64
Torpa S 70 Bl65
Torpa S 72 Bh67
Torpè I 140 Au99
Torpeheimen N 58 Ba58
Torpet N 48 Bd55
Torphins GB 79 Sp66
Torpo N 57 As59
Torpoint GB 97 Sm80
Torpsbruk S 73 Bk66
Torpshammar S 50 Bn56
Torquay GB 97 Sn80
Torquemada E 185 Sm96
Torraca I 148 Bm100
Torralba E 194 Sq100
Torralba I 140 As99
Torralba de Aragón E 187 St97
Torralba de Calatrava E 199 Sn102
Torralba del Moral E 194 Sq98
Torralba de los Frailes E 194 Sr98
Torrão P 196 Sd104
Torråsen N 58 Bd59
Torrazza I 136 Aq93
Torrbekk N 58 Au61
Torre, La E 201 Ss101
Torreagüera E 201 Ss105
Torre-Alháquime E 204 Sk107
Torre a Mare I 149 Bo98
Torre Annunziata I 146 Bi99
Torrebaja E 194 Ss100
Torre Baja = Torrebaja E 194 Ss100
Torrebarrio E 184 Si94
Torrebeleña E 193 So99
Torre-Beltrans = Torre dels Beltrans, la E 195 Su100
Torre Beretti I 137 As90
Torreblacos E 193 Sp97
Torreblanca E 195 Aa100
Torreblanca de los Caños E 204 Si106
Torreblascopedro E 199 Sn105
Torrebruna I 145 Bk97
Torrecaballeros E 193 Sm99
Torrecampo E 199 Sl104
Torre Canne I 149 Bp99
Torre-Cardela E 205 So106
Torrechiara I 138 Ba91
Torrecilla E 194 Sq100
Torrecilla E 199 Sm104
Torrecilla de Alcañiz E 188 Su99
Torrecilla del Pinar E 193 Sm98
Torrecilla de Valmadrid E 195 St97
Torrecilla en Cameros E 186 Sp96
Torrecillas de la Tiesa E 198 Si101
Torre Colimena I 149 Bq100
Torre de' Busi I 131 At89
Torre de Cabdella, la E 177 Ab96
Torre de Coelheiros P 197 Se104
Torre de Dona Chama P 191 Sf97
Torre de Don Miguel E 191 Sg100
Torre de Embesora = Torre d'En Besora, La E 195 Su100
Torre de Endoménech = Torre dels Domenges E 195 Aa100
Torre de Esteban Hambrán, La E 193 Sm100
Torre de Juan Abad E 200 So103
Torre de la Higuera E 203 Sg106
Torre del Bierzo E 183 Sh95
Torre del Campo E 205 Sn105
Torre del Greco I 146 Bi99
Torre del Lago Puccini I 138 Ba93
Torre dell'Impiso I 152 Bf104
Torre del Mar E 205 Sm107
Torre del Peñón E 206 Sr106
Torre dels Beltrans, la E 195 Su100
Torre dels Domenges E 195 Aa100
Torredembarra E 188 Ac98
Torre de Miguel Sesmero E 197 Sg103
Torre de Moncorvo P 191 Sf98
Torre d'En Besora, La E 195 Su100
Torre de'Passeri I 145 Bh96

Tholária – Torre de'Passeri 405

Torre di Barì I 141 Au101
Torre di Gaffe I 152 Bh106
Torre di Mangano I 175 At90
Torre d'Isola I 175 At90
Torredonjimeno E 205 Sn105
Torre Faro I 153 Bm104
Torrefarrera E 195 Ab97
Torre Fortore I 147 Bl97
Torregrossa E 188 Ab97
Torre Guaceto I 149 Bq99
Torreira P 190 Sc99
Torrejoncillo E 191 Sh101
Torrejoncillo del Rey E 194 Sp100
Torrejón de Ardoz E 193 So100
Torrejón del Rey E 193 So99
Torrejón el Rubio E 198 Sh101
Torrelacárcel E 194 Ss99
Torre la Cárcel = Torrelacárcel E 194 Ss99
Torrelaguna E 193 Sn99
Torrelapaja E 194 Sr97
Torre Lapillo I 149 Bq100
Torrelavega E 185 Sm94
Torrellano Alto E 201 St104
Torrelobatón E 192 Sk97
Torrelodones E 193 Sn99
Torremaggiore I 147 Bl97
Torremanzanas E 201 Su103
Torre Mattarelle I 149 Br99
Torremayor E 197 Sg103
Torremegía E 197 Sh103
Torre Melissa I 151 Bp102
Torremendo E 201 St105
Torre Mileto I 147 Bm97
Torremocha E 198 Sh102
Torremolinos E 205 Sl107
Torremormojón E 184 Sl97
Torre Mozza I 149 Br101
Torre Muzza I 152 Bg104
Torrenieri I 144 Bd94
Torrenostra E 195 Aa100
Torrenova I 153 Bk104
Torrent E 201 Su102
Torrente de Cinca E 195 Aa98
Torrenueva E 199 So103
Torrenueva E 205 So107
Torre Nuova I 140 Ar99
Torreorgaz E 198 Sh102
Torre Orsaia I 148 Bl100
Torre-Pacheco E 207 St105
Torre Pali I 149 Br101
Torre Pedrera I 139 Bf92
Torre Pellice I 174 Ap91
Torreperogil E 199 So104
Torrequebradilla E 205 Sn105
Torrequemada E 198 Sh102
Torre Rinalda I 149 Br100
Torres E 205 Sn105
Torresandino E 185 Sn97
Torre San Gennaro I 149 Br99
Torre Santa Susanna I 149 Bq100
Torres de Albánchez E 200 Sp104
Torres de Aliste, Las E 183 Sh97
Torres de Berrellén E 186 Ss97
Torres de Cotillas, La E 201 Ss104
Torres de la Alameda E 193 So100
Torres del Carrizal E 192 Si97
Torres del Obispo E 187 Aa96
Torres del Río E 186 Sq95
Torres de Montes E 188 Su96
Torres de Segre E 195 Ab97
Torres Novas P 196 Sc102
Torrestio E 184 Sh94
Torres-Torres E 201 Su101
Torre Suda I 149 Br101
Torres Vedras P 196 Sb102
Torre Vã P 202 Sd105
Torre Vado I 149 Br101
Torrevelilla E 188 Su99
Torrevicente E 193 Sp98
Torrevieja E 201 St105
Torrflonäs S 49 Bl56
Torricella I 149 Bq100
Torricella in Sabina I 144 Bf96
Torricella Peligna I 146 Bi96
Torricella-Taverne CH 175 As88
Torrico E 198 Sk101
Torri del Benaco I 132 Bb89
Torridon GB 74 Si65
Torriglia I 175 At91
Torrijas E 195 St100
Torrijo del Campo E 194 Ss99
Torrijos E 193 Sm101
Torrin GB 74 Sh66
Torring DK 100 At69
Tørring N 39 Bc52
Torrita di Siena I 144 Bd94
Torrita Tiberina I 144 Bf96
Torrivaara S 35 Cd47
Torrlid DK 100 Ba69
Torro FIN 63 Ch59
Torroal P 196 Sc104
Torroella de Fluvià E 189 Ag96
Torroella de Montgrí E 189 Ag96
Torrón E 183 Se96
Torrox E 205 Sn107
Torrox-Costa E 205 Sn107
Torry GB 76 Sp66
Torsac F 170 Aa89
Torsåker S 51 Bq54
Torsåker S 60 Bn59
Torsåker S 70 Bp63
Torsång S 60 Bm60
Torsansalo FIN 55 Ct58
Torsås S 73 Bn68
Torsborg S 49 Bg55
Torsbu N 57 Ar59
Torsby S 59 Bf60
Torsby S 59 Bg61
Torsby S 68 Bd65
Torsdalsdamen N 67 Aq62
Torsebro S 72 Bi68
Torserud S 69 Bg62
Torsetlia N 57 Ar60
Torsetnes N 38 As54
Torsfjärden S 40 Bk52
Torshälla S 60 Bn62
Torshaug N 28 Bt42
Tórshavn FO 26 Sg56
Torsheller N 56 Ap61
Torsholma AX 62 Cc60
Torshov N 58 Bc61
Torshus N 38 Au54
Torskbäcken S 59 Bi61
Torsken N 22 Bp42
Torskinge S 72 Bh66
Torslunde DK 103 Bc71
Torsminde DK 100 Ar68
Torsmo S 60 Bk58
Torsö S 69 Bh63
Torsted DK 100 Ar68
Torsteinbu N 56 An62
Torsteinsvik N 56 Ak60
Torstrup DK 100 As69
Torsvåg N 22 Bu40
Törtel H 244 Bu86
Tortima I 132 Bd89
Tortinmäki FIN 62 Ce59
Tórtola E 194 Sq101
Tórtola de Henares E 193 So99
Tórtoles de Esgueva E 185 Sm97
Tortoli I 141 Au101
Tortoman RO 267 Cr92
Tortona I 137 As91
Tortoreto I 145 Bh95
Tortoreto Lido I 145 Bh95
Tortorici I 153 Bk104
Tortosa E 195 Ab99
Tortosendo P 191 Se100
Tortuera E 194 Sr99
Tortuna S 60 Bo61
Torum DK 100 At67
Toruń PL 222 Bs74
Torup S 72 Bg67
Tõrva EST 210 Cm65
Torvaianica I 144 Be97
Torvenkylä FIN 43 Ch52
Torver GB 81 So72
Tørvik N 38 Au52
Torvik N 46 Am56
Torvik N 47 Aq55
Torvik N 47 Ar55
Torvikbukt N 47 Aq55
Tørvikbygd N 56 An60
Torviksele S 34 Bq50
Torvinen FIN 30 Co46
Torvizcón E 205 So107
Torvoila FIN 63 Ck58
Torvsjö S 41 Bp52
Torvund N 56 Am58
Torysa SK 240 Cb82
Torysky SK 240 Cb82
Torzym PL 111 Bl76
Tosbotn N 32 Bf50
Toscaig GB 74 Si66
Toscanella I 138 Bd92
Toscolano-Maderno I 132 Bb89
Tösens A 132 Bb86
Toševci BG 263 Cf93
Tosno RUS 65 Db61
Tossa S 36 Ch48
Tossa de Mar E 189 Af97
Tossavanlahti FIN 44 Cn54
Tosse F 176 Ss93
Tösse S 69 Bf63
Tossene S 68 Bc64
Tossicia I 145 Bh95
Tõstamaa EST 209 Ch64
Tostared S 68 Be66
Tostedt D 109 Au74
Tosterglope D 110 Bb74
Tostón E 203 Rm123
Tószeg H 244 Ca86
Toszek PL 233 Bs80
Totana E 206 Sr105
Totebo S 70 Bn65
Totegan GB 75 Sm63
Tötensen D 109 Au74
Tôtes F 160 Ac81
Tótkomlós H 244 Cb88
Totland GB 98 Sr79
Tøtlandsvik N 66 An62
Totleben BG 265 Ck94
Totnes GB 97 Sn80
Totra S 60 Bp59
Totsås N 39 Bg52
Tótszerdahely H 250 Bo88
Tøttdal N 38 Bc52
Tottenham GB 99 Su77
Tottenhill GB 95 Aa75
Tottijärvi FIN 53 Cg58
Totton GB 98 Sr79
Tottubella I 140 Ar99
Tótvázsony H 243 Bq86
Touça P 191 Sf98
Touches-de-Périgny, Les F 170 Su89
Toucy F 167 Ag85
Touët-sur-Var F 181 Ap93
Touffailles F 171 Ac92
Touguinha P 190 Sc98
Tõukvere EST 210 Cn65
Toul F 162 Am83
Toulat FIN 53 Cn54
Toulon F 180 Am94
Toulon-sur-Arroux F 167 Ai87
Toulouges F 189 Af95
Toulouse F 177 Ac93
Toulx-Sainte-Croix F 166 Ae88
Tounan RUS 55 Cu58
Tounj HR 135 Bl90
Touques F 159 Aa82
Touquet-Paris-Plage, Le F 99 Ad79
Tourcoing F 112 Ag79
Tour-d'Aigues, La F 180 Am93
Tour-d'Auvergne, La F 172 Af89
Tour-de-Faure F 171 Ad92
Tour-de-Sçay, la F 169 An86
Tour-du-Parc, Le F 164 Sp85
Tour-du-Pin, La F 173 Al89
Tour-Fondue, la F 180 An94
Touriñán E 182 Sb94
Tourlaville F 158 Sr81
Tourlida GR 282 Cc104
Tournai B 112 Ag79
Tournaig GB 74 Si65
Tournan-en-Brie F 161 Af83
Tournay F 187 Aa94
Tournecoupe F 177 Ab93
Tournehem-sur-la-Hem F 112 Ae79
Tournoisis F 160 Ad84
Tournon-d'Agenais F 171 Ac92
Tournon-Saint-Martin F 166 Ab87
Tournon-sur-Rhône F 173 Ak90
Tournus F 168 Ak87
Tourny F 160 Ad82
Touro P 191 Se99
Tourouvre-au-Perche F 160 Ab83
Tourrette-Levens F 181 Ap93
Tourriers F 170 Aa89
Tours F 166 Ab86
Tours-en-Savoie F 174 An89
Tours-en-Vimeu F 154 Ad80
Tourteron F 162 Ak81
Tourtoirac F 171 Ac90
Tourula FIN 62 Cf59
Tourves F 180 Am94
Tourville-sur-Sienne F 158 Sr82
Toury F 160 Ad84
Tousson F 160 Ae84
Toutainville F 160 Aa82
Toutencourt F 155 Ae80
Touvet, Le F 174 Am90
Touvois F 164 Sr87
Touzac F 171 Ac92
Toužim CZ 123 Bf80
Toúzla GR 278 Ch99
Tovačov CZ 232 Bp82
Tovariševo SRB 252 Bt90
Tovarnik HR 261 Bt90
Tøvelde DK 104 Be71
Toven N 32 Bg48
Tovena I 133 Be89
Toverud N 58 Ba60
Toverud S 68 Bd62
Tovik N 27 Bo43
Tøvik N 47 Ap55
Tovmodalen N 39 Bd54
Tovrljane SRB 263 Cc94
Tovščiv UA 235 Ci81
Tovsli N 67 Aq62
Toward GB 80 Sl69
Towcester GB 94 St76
Tow Law GB 81 Sr71
Town Yetholm GB 81 Sq69
Toya E 205 So105
Tøyenhaugen N 58 Bb60
Töyrenperä FIN 53 Cl54
Töysä FIN 53 Ch55
Töysän asema FIN 53 Ch55
Töysänperä FIN 53 Cl56
Tozaklı TR 281 Cq97
Tozalmoro E 194 Sq97
Tråastølen N 57 Aq60
Trabada E 183 Sf94
Trabanca E 191 Sh98
Trabazos E 191 Sh97
Trabbochburn GB 79 Sm70
Traben-Trarbach D 120 Ap81
Trabia I 152 Bh105
Trabotivište MK 272 Cf97
Traby BY 218 Cm72
Tracino I 152 Be107
Tracy-le-Mont F 155 Ag82
Tradate I 131 As89
Trädet S 69 Bh65
Trældal N 28 Bq44
Trælvika N 47 As57
Træna N 32 Be47
Trættlia N 39 Bc53
Trafo = Trafoi I 131 Bb87
Trafoi I 131 Bb87
Tragacete E 194 Sr100
Tragana GR 282 Cc105
Tragöß-Sankt Katharein A 129 Bl86
Tragwein A 128 Bk84
Trăhila GR 286 Ce107
Trahili GR 284 Ch103
Traian RO 254 Cf89
Traian RO 256 Cp87
Traian RO 267 Cr90
Traian Vuia RO 253 Ce89
Traiguera E 195 Aa99
Traînel F 161 Ag84
Traisen A 129 Bm84
Traiskirchen A 238 Bn84
Traismauer A 238 Bm84
Trăisteni RO 255 Cm90
Trait, Le F 154 Ab82
Traitsching D 236 Bf82
Trajkovo BG 264 Cg93
Trajouce P 196 Sb103
Trakai LT 218 Ck71
Trakija BG 273 Cm96
Trakovice SK 239 Bq84
Tralee IRL 89 Sa76
Trá Lí = Tralee IRL 89 Sa76
Trallwng = Welshpool GB 93 So75
Trälshult S 72 Bg67
Tramacastilla E 194 Sr100
Tramagal P 196 Sd102
Tramariglio I 140 Ar99
Tramatza I 141 As100
Tramayes F 168 Ak88
Trambly F 168 Ak88
Tramelan CH 169 Ap86
Trá Mhór IRL 90 Sf76
Tramin an der Weinstraße = Termeno sulla Strada del Vino I 132 Bc88
Tramm D 110 Bd73
Tramnitz D 110 Bf75
Tramonti di Sopra I 133 Bf88
Tramore = Trá Mhór IRL 90 Sf76
Trampot F 162 Al84
Tramutola I 147 Bm100
Trăn BG 263 Cf95
Tranås N 38 Bc51
Tranås S 70 Bk64
Tranås S 105 Bh69
Tranbjerg DK 100 Ba68
Tranby N 58 Ba61
Tranche-sur-Mer, La F 165 Ss88
Tranco E 200 Sp104
Trancoso P 191 Sf99
Trănčovica BG 265 Ck94
Trandal N 46 An56
Tranebjerg DK 101 Bb69
Tranekær DK 104 Bb71
Tranemo S 69 Bg66
Tranent GB 76 Sp69
Trångforsen S 35 Cd49
Trånghalla S 69 Bi65
Trångmon S 40 Bk51
Trångslet S 49 Bh58
Trångsviken S 39 Bi54
Trani I 148 Bn98
Trankil S 68 Bd62
Trannes F 162 Ak84
Tranóvalto GR 277 Cd100
Tranøy N 27 Bm44
Trans F 158 Sr84
Trånshult S 73 Bm66
Transinne B 156 Al80
Transtrand S 59 Bg58
Tranum DK 100 At66
Tranum S 69 Bf64
Tranum Strand DK 100 At66
Tranvik AX 61 Ca60
Tranvikan N 38 At53
Tranzault F 166 Ad87
Trapani I 152 Bf104
Trápeza GR 286 Ce104
Trapivka UA 257 Cu89
Trapoklovo BG 275 Co95
Trappenkamp D 103 Ba72
Trappes F 160 Ad83
Trappeto I 152 Bg104
Trappstadt D 122 Bb80
Traquair GB 81 So69
Trarbach, Traben- D 120 Ap81
Traryd S 72 Bh67
Trasacco I 145 Bh97
Traščany BY 218 Cn71
Trasdorf A 129 Bm84
Trasierra E 198 Si104
Träskholm S 34 Ca50
Traskoŭščyna BY 219 Cp73
Träskvik FIN 52 Cd56
Traslaviña E 185 So94
Träslövsläge S 101 Be66
Trasmiras E 183 Se96
Traspinedo E 193 Sm97
Traßdorf D 116 Bc79
Trassem D 163 Ao81
Traßlberg D 122 Bd82
Trästena S 69 Bi63
Trăstenik BG 264 Ci93
Trăstenik BG 265 Cm93
Trăstikovo BG 275 Cp96
Tratalias I 141 As102
Tratten A 128 Bi86
Trattenbach A 242 Bm85
Traubach-le-Haut F 169 Ap85
Traun A 128 Bi84
Traundorf A 237 Bi84
Traunfeld D 122 Bc82
Traunreut D 236 Bf85
Traunstein D 236 Bf85
Traunwalchen D 236 Bf85
Traupis LT 218 Ck69
Trävad S 69 Bg64
Travagliato I 131 Ba89
Travassos P 190 Sd98
Trävattna S 69 Bg64
Travedona I 175 As89
Travemünde D 104 Bb73
Traversa, la I 140 Au100
Traversella I 175 Aq89
Traverses F 176 Su92
Traversetolo I 138 Ba91
Travná CZ 232 Bo80
Travnik BIH 260 Bq92
Trávnik SK 239 Bq85
Travo F 181 At97
Trawniki PL 229 Cg78
Trawsfynydd GB 92 Sn75
Trazo E 182 Sc94
Trbosilje BIH 269 Bt93
Trbovlje SLO 135 Bl88
Trbuk BIH 260 Br91
Trbušac SRB 262 Bu91
Trbušani SRB 262 Ca93
Trdevac = Tërdevc RKS 270 Cb95
Trearddur Bay GB 92 Sl74
Trębaczew PL 227 Bs78
Trebägo E 186 Sq97
Treban F 167 Ag88
Trébas F 178 Ae93
Trebaseleghe I 133 Be89
Trebatsch D 117 Bi76
Trebbin D 111 Bg76
Trebbus D 118 Bh77
Třebechovice pod Orebem CZ 231 Bn80
Trebeha RUS 211 Cu65
Trebel D 110 Bc75
Třebeň CZ 122 Be80
Treben D 230 Be78
Třebenice CZ 117 Bh80
Trebenište MK 270 Cb98
Trèbes F 178 Ae94
Trebeurden F 158 Sn83
Třebíč CZ 237 Bm82
Trebinje AL 270 Cb99
Trebinje BIH 269 Br95
Trebisacce I 148 Bo101
Trebisht AL 270 Cb98
Trebišov SK 241 Cd83
Trebitz D 117 Bf77
Trębki PL 227 Bu76
Treblinka PL 229 Ce75
Trebnitz D 225 Bi75
Trebnje SLO 135 Bl89
Třebohostice CZ 230 Bh82
Trebolle (O Páramo) E 183 Se95
Trebolle (Páramo) = Trebolle (O Páramo) E 183 Se95
Třeboň CZ 237 Bk82
Třebovice CZ 232 Bo81
Trębowiec PL 228 Cc78
Trebra D 116 Bb78
Trebsen (Mulde) D 117 Bf78
Trebujena E 204 Sh107
Trecate I 131 As90
Trecchina I 148 Bm100
Trecenta I 138 Bc90
Trede DK 100 Ba67
Tredegar GB 93 So77
Tredington GB 94 Sr76
Trédion F 164 Sp85
Tredozio I 138 Bd92
Treen GB 96 Si80
Trefeglwys GB 92 Sn75
Treffelstein D 230 Bf82
Treffen A 134 Bh87
Treffieux F 164 Sr85
Treffurt D 116 Ba78
Tréflez F 157 Sm83
Trefnant GB 84 So74
Tre Fontane I 152 Bf105
Trefor GB 88 Sm74
Tréfumel F 158 Sq84
Trefynwy = Monmouth GB 93 Sp77
Tregandín (Noja) E 185 Sn94
Tregaron GB 92 Sn76
Trégastel-Plage F 158 Sn83
Tregnago I 132 Bc89
Trégon F 158 Sq83
Tregony GB 96 Sl80
Trégourez F 157 Sn84
Tréguennec F 157 Sm85
Tréguier F 158 So83
Trégunc F 157 Sn85
Tréhorenteuc F 158 Sq84
Trehörna S 69 Bk64
Trehörningen S 42 Ca52
Trehörningsjö S 41 Bs53
Treia D 103 At71
Treia I 145 Bg94
Treib CH 131 As87
Trei Brazi RO 255 Cm89
Treige, le F 174 An89
Treignac F 171 Ad89
Treignat F 167 Ae88
Treignes B 156 Ak80
Treiksröset S 28 Ca42
Treilles F 178 Af95
Treimani EST 209 Ci65
Treis-Karden D 119 Ap80
Trekanten S 73 Bn67
Trekilen S 40 Bl53
Trekljano BG 271 Cf95
Trelawnyd GB 84 So74
Trélazé F 165 Su86
Trelech GB 92 Sl77
Treleddyfawr GB 91 Sk77
Treleth GB 84 So72
Trélex CH 169 An88
Trelissick GB 96 Sk80
Trelleborg S 73 Bg70
Trélon F 155 Ai80
Treluminjt AL 276 Ca99
Tremblade, La F 170 Ss89
Tremblay F 159 Ss84
Tremblay-les-Villages F 160 Ac83
Tremblois-lès-Rocroi F 156 Ai81
Tremedal E 192 Si100
Tremedal de Tormes E 192 Sh98
Tremelo B 113 Ak79
Trémentines F 165 St86
Třemešná CZ 232 Bq80
Tremêz P 196 Sc102
Tremmen D 110 Bf75
Trémolat F 171 Ab91
Tremor de Arriba E 184 Sh95
Třemošná CZ 123 Bg81
Třemošnice CZ 231 Bm81
Tremp E 188 Ab96
Tremsbüttel D 109 Ba73
Trenčianska Teplá SK 239 Br83
Trenčianska Turná SK 239 Br83
Trenčianske Jastrabie SK 239 Br83
Trenčianske Stankovce SK 239 Bq83
Trenčianske Teplice SK 239 Br83
Trenčín SK 239 Br83
Trend DK 100 At67
Trendelburg D 115 At77
Trengereid N 56 Am60
Trensacq F 170 St92
Trent D 220 Bg71
Trenta SLO 134 Bh88
Trento I 132 Bc88
Tréogan F 158 Sn84
Tréouergat F 157 Sl84
Trepča HR 135 Bm90
Trepča MNE 270 Bu95
Trepça RKS 262 Cb95
Trepça = Trepča RKS 262 Cb95
Treponti I 139 Be90
Tréport, Le F 99 Ac80
Treporti I 133 Be90
Treppeln D 118 Bk76
Trepuzzi I 149 Br100
Trequanda I 144 Bd94
Tresana I 137 Au92
Trescore Balneario I 131 Au89
Treseburg D 116 Bb77
Trešenik BG 272 Ch96
Tresfjord N 46 Ap55
Tresigallo I 138 Bd91
Trésilley F 169 An86
Tresjuncos E 200 Sp101
Treskë AL 276 Ca100
Treski EST 211 Cq65
Treskog S 59 Bf61
Trešnjevica SRB 261 Ca93
Trešnjevo MNE 269 Bs95
Tresnuraghes I 140 As100
Tresonče MK 270 Cb97
Trespaderne E 185 So95
Tressait GB 79 Sn67
Tresson F 160 Ab85
Třešť CZ 238 Bl82
Tresta GB 77 Ss60
Trestel F 157 So83
Trestina I 144 Be94
Tret'jakovo RUS 217 Cf71
Tretjärn S 59 Bi60
Tretower GB 93 So77
Trets F 180 Am94
Tretten N 23 Cc41
Tretten N 48 Ba58
Trettnes N 33 Bl47
Treuchtlingen D 121 Bb83
Treuen D 122 Be79
Treuenbrietzen D 117 Bf76
Treuungen N 67 As62
Treuzy-Levelay F 161 Af84
Trevélez E 205 So107
Tréveray F 162 Al83
Trèves F 178 Ag92
Trevi I 144 Bf95
Treviana E 185 So95
Treviglio I 131 Au89
Trevignano Romano I 144 Be96
Trévignon F 157 Sn85
Trévillach F 189 Af95
Trévillers F 124 Ao86
Trevinano I 144 Bd95
Trevine GB 92 Sk77
Trevi nel Lazio I 145 Bg97
Treviño E 186 Sp95
Treviso I 133 Be89
Trevões P 191 Sf98
Trévoux F 173 Ak89
Treysa D 115 At79
Treytorrens CH 130 Ao87
Trez F 157 Sm83
Trez-Hir, le F 157 Sl84
Trezneа RO 246 Cg86
Trezzo sull'Adda I 131 Au89
Trgovište SRB 263 Cd93
Trgovište SRB 263 Ce93
Trgovište SRB 271 Ce96
Trhomné CZ 123 Bg81
Trhová Kamenice CZ 231 Bm81
Trhové Sviny CZ 237 Bk83
Trhovište SK 241 Cd83
Trhový Štěpánov CZ 231 Bl81
Triacastela E 183 Sf95
Triaize F 165 Ss88
Triana I 144 Bd95
Triangelen N 25 Cu42
Triánta = Ialisós GR 292 Cr108
Triantafilliá GR 277 Cc99
Triaucourt-en-Argonne F 162 Al83
Tribalj HR 258 Bk90
Tribanj-Krušćica HR 258 Bl92
Tribano I 138 Bd90
Triberg im Schwarzwald D 163 Ar84
Tribsees D 104 Bf72
Tribunj HR 259 Bm93
Tricarico I 147 Bn99
Tricase I 149 Br101
Tricase Porto I 149 Br101
Tricerro I 175 Ar90
Tricesimo I 133 Bg88
Trichiana I 133 Be88
Tricias, La E 202 Re123
Tricot F 161 Af81
Triebel (Vogtland) D 122 Be80
Trieben A 128 Bi86
Triebes D 230 Be79
Triebes, Zeulenroda- D 230 Bd79
Trie-Château F 160 Ad82
Triei I 141 Au100
Triengen CH 124 Ar86
Trient = Trento I 132 Bc88
Trier D 119 Ao81
Triesen FL 131 Au86
Triest = Trieste I 134 Bh89
Trieste I 134 Bh89
Trie-sur-Baïse F 177 Aa94
Trifeşti RO 248 Cq86
Trifilli GR 280 Cn99
Trifos GR 282 Cc103
Triftern D 127 Bg84
Trigáki GR 292 Cp107
Trigance F 180 An93
Trige DK 100 Ba68
Triggiano I 149 Bo98
Trignac F 164 Sq86
Trigny F 161 Ah82
Trigóna GR 277 Cc101
Trígono GR 277 Cc99
Trigorci BG 267 Cr93
Trigrad BG 273 Ci97
Trigueros E 203 Sg106
Trigueros del Valle E 184 Sl97
Trijebine SRB 262 Bu94
Trijueque E 193 Sp99
Tríkala GR 277 Cf99
Tríkala GR 282 Cd101
Trikāta LV 214 Cm65
Trikéri GR 283 Cg102
Tri Kladenci BG 264 Ch94
Trilj HR 268 Bo93
Trillevallen S 39 Bg54
Trillick GB 82 Se72
Trillo E 194 Sp99
Trilofo GR 283 Ce102
Trim IRL 87 Sg73
Trimdon GB 81 Ss71
Trimmis CH 131 Au87
Tri Mogili BG 273 Cl97
Trimouille, la F 166 Ac88
Trindade P 191 Sf98
Trindade P 203 Se105
Třinec CZ 233 Bs81
Tring GB 94 St77
Tringstrup DK 100 Au69
Trinità I 138 Ba91
Trinità I 175 Aq91
Trinità d'Agultu e Vignola I 140 As99
Trinitapoli I 147 Bn98
Trinité, la F 157 Sl84
Trinité-Porhoët, La F 158 Sp84
Trinity GBJ 158 Sq82
Trinkstein = Fonte alla Roccia I 133 Be86
Trino I 136 Ar90
Trinta P 191 Sf100
Trinwillershagen D 104 Bf72
Triollo E 184 Sl95
Triora I 181 Aq93
Trípi GR 286 Ce106
Tripiti GR 278 Ch100
Trípoli GR 286 Ce105
Triponzo I 144 Bf95
Tripótama GR 283 Cd105
Tripótamos GR 277 Ce100
Tripoteau F 170 Su91
Trippstadt D 163 Aq82
Triptis D 230 Bd79
Triquivijate E 203 Rn124
Triset N 57 Ar62
Triškoniai LT 213 Ch68
Trite Buki BG 271 Cf96
Tritenii de Jos RO 254 Ch87
Trittau D 109 Ba73
Trittenheim D 120 Ao81
Trivalea-Moşteni RO 265 Cl92
Trivento I 145 Bk97
Trivignano Udinese I 134 Bg89
Trivigno I 147 Bm99
Trizac F 172 Af90
Trizina GR 287 Cg106
Trjavna BG 274 Cl95
Trn BIH 250 Bp91
Trnakovac HR 250 Bp90
Trnava CZ 232 Bm82
Trnava SK 239 Bq84
Trnava SRB 261 Bu93
Trnava SRB 262 Cb94
Trnavac HR 259 Bm91
Trnavci SRB 263 Cc94
Trnjane SRB 263 Cd93
Trnjane SRB 263 Ce92
Trnjani = Trnopolje BIH 250 Bo91
Trnopolje BIH 250 Bo91
Trnovec MK 271 Ce96
Trnovec Bartolovečki HR 135 Bn88
Trnovo BIH 269 Br93
Trnovo SLO 133 Bh89
Trnovo ob Soči SLO 133 Bh88
Trnovska vas SLO 250 Bm87
Trnski Odorovci SRB 263 Cf95
Troarn F 159 Su82
Troaş RO 253 Ce88
Trobajo del Camino E 184 Si95
Trobal, El E 204 Si106
Trocadero, El E 204 Sh107
Trochtelfingen D 125 At84
Trockau D 122 Bc81
Trockenborn-Wolfersdorf D 116 Bd79
Trödje S 60 Bp59
Troense DK 103 Bb70
Trofa P 190 Sc98
Trofaiach A 129 Bl86
Trofors N 32 Bg49
Trögern A 134 Bi88
Trogir HR 268 Bn93
Troglan Bare SRB 263 Cd93
Trögtjärnsåsen S 50 Bm56
Troia I 147 Bl98
Troianul RO 265 Cl92
Troic'ke UA 257 Da87
Troina I 153 Bk105
Troisdorf D 114 Ap79
Trois-Fontaines F 162 Ak83
Trois-Moutiers, Les F 165 Aa86
Trois-Ponts B 119 Am80
Troissereux F 155 Ae82
Troisvierges L 119 An80
Troiţcol MD 257 Ct87
Trojaci MK 271 Cd98
Trojan BG 273 Ck95
Trojan BG 274 Cm96
Trojane SLO 134 Bk88
Trojanovice CZ 239 Br81
Trojanovo BG 274 Cm96
Trojanovo BG 275 Cp95
Trojanów PL 228 Cd77
Trójca PL 235 Cf81
Trojicja UA 247 Cl84
Trojic'ke UA 248 Da85
Trokeli BY 218 Cl72
Trökörna S 69 Bf64
Troldhede DK 100 As69
Trolla N 38 Ba54
Trøllanes FO 26 Sg56
Trollbõle FIN 63 Cg61
Trolle-Ljungby S 72 Bi68
Trollenäs S 72 Bg69
Trollhättan S 68 Be64
Trollholmsundet N 24 Cl40
Trollsved S 50 Bp56
Trollvik N 23 Cb41
Trolo MK 271 Ce97
Trømborg N 58 Bc61
Tromello I 175 As90
Trompia, Val I 131 Ba89
Tromsø N 22 Bs41
Tromvik N 22 Br41
Trönbyn S 50 Bo58
Troncedo E 187 Aa96
Trondenes N 27 Bo43
Trondheim N 38 Ba54
Trondjord N 22 Bs41
Trondsaune N 48 Bc55
Trones N 39 Bf51
Tronget F 167 Ag88
Trongisvágur FO 26 Sg57
Trönninge S 72 Bf67
Trönningeby S 101 Be66
Trönö S 50 Bo58
Tronsjø N 48 Bb56
Tronstad N 67 Aq64
Tronsvangen N 48 Bb56
Tronvik N 38 Bb53
Tronvik N 66 Ao64
Tronville-en-Barrois F 162 Al83
Tronzano Vercellese I 130 Ar90
Troo F 166 Ab85
Troon GB 83 Sl69
Troøyen N 48 Bb55
Trooz B 119 Am79
Trópea GR 283 Cd105
Tropea I 151 Bm103
Tropojë AL 270 Ca96
Tröpolach A 133 Bg87
Tropy Sztumskie PL 222 Bt73
Trösken S 60 Bo60
Troškūnai LT 218 Ck69
Trošmarija HR 135 Bl90
Trossin D 117 Bf77
Trossingen D 125 As84
Tröstau D 230 Bd80
Trostberg D 236 Bf84
Trosterud N 58 Bd61
Trostjančyk UA 249 Ct83
Trostjanec' UA 248 Cr84
Trostjanec' UA 249 Ct83
Troszczyno PL 220 Bl73
Troszyn PL 111 Bk75
Troubelice CZ 232 Bp81
Troubky CZ 232 Bp82
Troutbeck Bridge GB 81 Sp72
Trouville F 159 Ab81
Trouville-sur-Mer F 159 Aa82
Trouy F 167 Ae86
Troviscal P 196 Sd101
Trowbridge GB 98 Sq78
Troyes F 161 Ai84
Troyon F 162 Al82
Trpanj HR 268 Bp94
Trpejca MK 270 Cb99
Trpezi MNE 262 Ca95
Trpinja HR 252 Bs90
Trsa MNE 269 Bs94
Tršić SRB 262 Bt91
Tršice CZ 238 Bp81
Trstená SK 233 Bu82
Trstena = Terstenë RKS 271 Cd95
Trstenci BIH 260 Bq90
Trstenik HR 268 Bp95
Trstenik SRB 263 Cc93
Trsteno HR 268 Bq95
Trstice SK 239 Bq84
Trstín SK 238 Bp83
Trubenhausen D 116 Au78
Trubia E 184 Si94
Trubjela MNE 269 Bs95
Trubschachen CH 130 Aq87
Truchas E 183 Sh96
Truchtersheim F 124 Aq83
Trud BG 273 Ck96
Trudovec BG 272 Ch95

406 Torre di Barì – Trudovec

Truébano E 184 Sh95
Trujillanos E 198 Sh103
Trujillo E 198 Si102
Trullo di Mezzo I 148 Bn99
Trumieje PL 222 Bt73
Trumisgarry GB 74 Sf65
Trumpan GB 74 Sg65
Trumpet GB 93 Sp76
Trumpji LV 213 Ce65
Trun CH 131 At87
Trun F 159 Aa83
Trundön S 35 Cd50
Trupale SRB 263 Cd94
Truro GB 96 Sk80
Truşeşti RO 248 Cp85
Trusetal D 116 Ba79
Trusetal, Brotterode- D 116 Ba79
Trush AL 269 Bt97
Truskava LT 217 Ci70
Truskavec' UA 235 Ch82
Truskaw PL 228 Cb76
Truskolasy PL 233 Bs79
Trustrup DK 101 Bb68
Trutnevo RUS 211 Cq63
Trutnov CZ 232 Bm79
Truttikon CH 125 As85
Trybusivka UA 249 Cs84
Tryggeboda S 69 Bk62
Tryggestad N 46 Ao56
Tryland N 66 Ap64
Tryńcza PL 235 Cf80
Tryserum S 70 Bo64
Trysil N 48 Be58
Tryškiai LT 213 Cf68
Trysunda S 51 Bs54
Tržac HR 259 Bm90
Trzciana PL 234 Cd80
Trzcianka PL 221 Bn74
Trzciel PL 226 Bm76
Trzciniec PL 229 Cf78
Trzcinna PL 111 Bl75
Trzcinno PL 221 Bp72
Trzcińsko Zdrój PL 220 Bk75
Trzebawie PL 220 Bl73
Trzebiatów PL 220 Bl72
Trzebiel PL 225 Bk77
Trzebielino PL 221 Bp72
Trzebiesławice PL 233 Bt80
Trzebieszów PL 229 Cf77
Trzebieszowice PL 232 Bo80
Trzebież PL 111 Bi73
Trzebina PL 228 Ca78
Trzebinia PL 232 Bq80
Trzebinia PL 233 Bt80
Trzebnica PL 226 Bp78
Trzebnice PL 226 Bn78
Trzeboś PL 235 Ce80
Trzebownisko PL 235 Ce80
Trzebunia PL 233 Bu81
Trzemeśnia PL 233 Ca81
Trzemeszno PL 226 Bq75
Trzemeszno Lubuskie PL 225 Bl76
Trzemżal PL 226 Bq75
Trzepnica PL 227 Bu78
Trzęsacz PL 105 Bk72
Trzęsacz PL 222 Br74
Trześcianka PL 224 Cg75
Trześń PL 234 Cd79
Trześniów PL 234 Cd81
Tržič SLO 134 Bi88
Tržišče SLO 135 Bl89
Trzyciąż PL 233 Bu80
Trzylatków Mały PL 228 Cb77
Trzyniec PL 221 Bp73
Tsamantás GR 276 Ca101
Tsangaráda GR 283 Cg102
Tsaritsani GR 277 Ce101
Tschagguns A 131 Au86
Tschernitz D 118 Bk77
Tschirn D 116 Bc80
Tschlin CH 132 Ba87
Tschuggen CH 131 Au87
Tsepélovo GR 276 Cb101
Tséria GR 286 Ce107
Tsirguliina EST 210 Cn65
Tsitália GR 287 Cf106
Tsjummarum = Tzummarum NL 107 Am74
Tsótili GR 277 Cc100
Tsoúka GR 283 Ce103
Tsoukaládes GR 282 Cb103
Tsoukaládes GR 283 Cf104
Tsoukaléika GR 286 Cd106
Tsoútsouros GR 291 Cl111
Tšupc = Straupitz D 117 Bi77
Tua N 38 Bc53
Tuaim = Tuam IRL 86 Sc73
Tuam IRL 86 Sc73
Tuar Mhic Éadaigh IRL 86 Sb73
Tubala EST 208 Cf63
Tubbergen NL 108 Ao76
Tubići SRB 262 Bu93
Tübingen D 125 At83
Tubize B 113 Ai79
Tubre I 132 Ba87
Tučapy CZ 231 Bk82
Tučepi HR 268 Bp94
Tuchan F 178 Af95
Tucheim D 110 Be76
Tüchen D 110 Be74
Tuchlino PL 222 Bq72
Tuchlovice CZ 230 Bh80
Tuchola PL 222 Bq73
Tuchola Mała PL 118 Bl77
Tuchomie PL 221 Bp72
Tuchorza PL 226 Bn76
Tuchów PL 234 Cc81
Tucquegnieux F 119 Am82
Tuczempy PL 235 Cf81
Tuczna PL 229 Cg77
Tuczno PL 221 Bn74
Tuczno PL 226 Bp75
Tudal N 67 Au62
Tudanca E 185 Sm94
Tuddal N 57 As61
Tudeils F 171 Ad90
Tudela E 186 Sr96
Tudela de Duero E 192 Sl97
Tudela-Veguín E 184 Si94
Tudjemili MNE 269 Bt96
Tudora RO 248 Co85
Tudor Vladimirescu RO 256 Cq89
Tudor Vladimirescu RO 256 Cq90
Tudu EST 210 Co62
Tudulinna EST 210 Cp62
Tuéjar E 201 Ss101
Tuelas, Los E 207 Ss105
Tuen N 58 Bc61
Tufeni RO 265 Ck92
Tufeşti RO 266 Cq91
Tuffé-Val-de-la-Chéronne F 159 Ab84
Tufjord N 24 Ch38
Tufo Basso I 146 Bg96
Tuglui RO 264 Ch92
Tuhala EST 210 Ck62
Tuhaň CZ 123 Bi79
Tuhkakylä FIN 44 Cr52
Tui E 182 Sc96
Tuilla E 184 Si94
Tuin MK 270 Cc97
Tuineje E 203 Rm124
Tuiskula FIN 52 Ce55
Tuixén E 189 Ad96
Tuiza de Abajo E 184 Si94
Tūja LV 214 Ci66
Tujetsch CH 131 As87
Tuksi EST 209 Ch62
Tukums LV 213 Cg67
Tula I 140 As99
Tulach Mhór = Tullamore IRL 87 Sf74
Tulare SRB 271 Cc95
Tülau D 110 Bb75
Tuławki PL 216 Cb73
Tulca RO 245 Cd87
Tulce PL 226 Bp76
Tulcea RO 267 Cs90
Tulčik SK 241 Cc82
Tulešice CZ 238 Bn82
Tulette F 173 Ak92
Tulgheş RO 247 Cm87
Tuliholove UA 235 Ch81
Tuliszków PL 227 Br76
Tulla IRL 86 Sc75
Tullaghought IRL 90 Sf76
Tullamore IRL 87 Sf74
Tullaree IRL 89 Sa76
Tulle F 171 Ad90
Tullebølle DK 104 Bb71
Tulleråsen S 40 Bi54
Tullibody GB 79 Sn68
Tullins F 173 Al90
Tulln A 237 Bn84
Tulloch Station GB 75 Sl67
Tullow IRL 91 Sg75
Tulnici RO 256 Co89
Tulos RUS 45 Da53
Tulovo BG 273 Cm95
Tułowice PL 232 Bq79
Tulppio FIN 31 Ct45
Tulsk IRL 87 Sd73
Tulucești RO 256 Cr89
Tumba S 71 Bq62
Tumbalejo, El E 203 Sg106
Tumbarino I 140 Ar98
Tumbo S 60 Bn62
Tumby GB 85 Su74
Tummel Bridge GB 79 Sm67
Tumpen A 126 Bb86
Tumšupe LV 214 Ck66
Tun S 69 Bf64
Tuna S 50 Bp56
Tuna S 59 Bl60
Tuna S 61 Br60
Tuna S 70 Bn65
Tuna S 70 Bo63
Tunaberg S 70 Bo63
Tunadal S 50 Bp56
Tunari RO 265 Cn91
Tunbyn S 50 Bp56
Tundradalsseter N 47 Aq57
Tune DK 104 Be69
Tune N 48 Bb56
Tune N 68 Bc62
Tungaseter N 47 Aq56
Tungastølen N 46 Ao57
Tunjë AL 276 Ca99
Tunkkari FIN 43 Ch53
Tunnerstad S 69 Bi64
Tunnhovd N 57 As60
Tunnhovddammen N 57 As60
Tunnila FIN 54 Cr57
Tunnsjø N 39 Bh51
Tunnsjø-Royvik N 39 Bg51
Tunø By DK 100 Ba69
Tunstall GB 84 Sp72
Tunstall GB 85 Su73
Tunstall GB 95 Ac76
Tuntenhausen D 236 Be85
Tuntsa FIN 31 Cu45
Tunturikeskus Kiilopää FIN 31 Cp44
Tunvågen S 49 Bk55
Tuohikotti FIN 64 Cp58
Tuohittu FIN 63 Cg60
Tuolluvaara S 28 Ca45
Tuomaala FIN 37 Cs49
Tuomikylä FIN 52 Cf55
Tuomioja FIN 43 Cl51
Tuomiperä FIN 43 Cl53
Tuopanjoki FIN 55 Cu54
Tuorila FIN 52 Cd57
Tuoro sul Trasimeno I 144 Be94
Tuottarstugorna S 27 Bp46
Tuovilanlahti FIN 44 Cp54
Tupá SK 239 Bs84
Tupadły PL 227 Br75
Tupale SRB 263 Cd95
Tupanari BIH 261 Bs92
Tupenurme EST 209 Cg63
Tupicy RUS 211 Cr65
Tupicyno RUS 211 Cr63
Tupilaţi RO 248 Co86
Tupkovići BIH 261 Bs92
Tuplice PL 225 Bk77
Tupos FIN 44 Cl51
Tuppurinmäki FIN 54 Cr55
Tura H 244 Bu85
Turaida LV 214 Ck66
Turajärvi FIN 62 Cd58
Turanj HR 258 Bl93
Turany SK 240 Bt82
Turate I 175 At89
Turawa PL 233 Br79
Turballe, La F 164 Sp86
Turbe BIH 260 Bq92
Turbenthal CH 125 As86
Turbigo I 175 As89
Turburea RO 264 Ch91
Turčc-Bajary BY 219 Co72
Turceni RO 264 Cg91
Turčianske Teplice SK 239 Bs83
Turcifal P 196 Sb102
Turcio I 132 Bd89
Turckheim F 124 Ap84
Turcoaia RO 267 Cr90
Turda RO 254 Ch87
Turdaş RO 254 Cg89
Turégano E 193 Sm98
Turek PL 227 Br76
Tureni RO 254 Ch87
Turenki FIN 63 Ck59
Turenne F 171 Ad90
Turgeliai LT 218 Cm72
Turgenevo RUS 216 Cc71
Turgut TR 292 Cr107
Turgutbey TR 275 Cp98
Turgutreis TR 292 Cp106
Turhala FIN 44 Co53
Türi EST 210 Cl63
Turi I 149 Bp99
Turia RO 255 Cn88
Turija BIH 260 Br91
Turija SRB 252 Bu89
Turija SRB 263 Cd91
Tur'i Remety UA 241 Cf83
Turis E 201 St102
Turiststasjon N 28 Bq43
Turja EST 208 Cf64
Tur'ja Bystra UA 241 Cf83
Turjaci HR 268 Bo93
Turjak SLO 134 Bk89
Tur'ja Poljana UA 241 Cf83
Turjatka UA 247 Cn84
Türje H 242 Bp87
Tur'je UA 235 Cg82
Turjej = Tauer D 118 Bi77
Turka PL 229 Ch78
Turka UA 241 Cg82
Türkbükü TR 292 Cp106
Türkeli = Avşa TR 281 Cp99
Türkenfeld D 126 Bc84
Türkenfeld D 127 Be83
Türkeve H 244 Cb86
Türkgücü TR 281 Cq98
Turkhauta FIN 63 Ck59
Türkheim D 126 Bb84
Turki LV 214 Cn68
Türkismühle D 163 Ap81
Türkmenli TR 280 Co99
Türkobaşı TR 280 Co98
Turkovići BIH 268 Bq95
Turku FIN 62 Ce60
Turlava LV 212 Cd67
Turleque E 199 Sn101
Turmantas LT 218 Cn69
Turmenti BIH 269 Br95
Turmiel E 194 Sq98
Turňa nad Bodvou SK 240 Cb83
Turnau A 129 Bl85
Turnberry GB 80 Sl70
Turnhout B 113 Ak78
Türnich D 114 Ao79
Turnišče SLO 250 Bn87
Türnitz A 238 Bl85
Turnov CZ 118 Bl79
Turnu RO 245 Cc88
Turnu Măgurele RO 265 Ck93
Turnu Rosu RO 254 Ci89
Turnu Ruieni RO 253 Ce90
Turnu Severin, Drobeta RO 263 Cf91
Turobin PL 235 Cf79
Turośl PL 223 Cd73
Turoszów PL 231 Bk79
Turów PL 227 Bs78
Turów PL 229 Cf77
Turowiec PL 235 Ch79
Turowo PL 221 Bo73
Turrach A 134 Bh87
Turre E 206 Sr106
Turriers F 174 An92
Turriff GB 76 Sq65
Tursi I 148 Bn100
Tursite TR 285 Cn104
Turţ RO 246 Cg85
Turtagro N 47 Aq57
Turtmann CH 169 Aq88
Turtola FIN 36 Ch47
Turula FIN 44 Cp53
Turulung RO 246 Cg85
Turunç TR 292 Cr107
Turycja UA 241 Cf83
Turynka UA 235 Ci80
Turza PL 233 Br81
Turza PL 234 Cc81
Turza Wielka PL 223 Ca74
Turzovka SK 233 Bs82
Tus E 200 Sq104
Tusa I 150 Bi105
Tusa RO 246 Cf86
Tuscania I 144 Bd96
Tuse DK 101 Bd69
Tušilović HR 135 Bm90
Tuskas = Tuuski FIN 64 Co60
Tuşnad RO 255 Cm88
Tusomancy BY 218 Cl72
Tušovica BG 275 Co94
Tussenhausen D 126 Bb84
Tustervatn N 32 Bh49
Tustna N 38 Ar54
Tusvik N 46 An56
Tuszów Narodowy PL 234 Cc80
Tuszyn PL 227 Bu77
Tutana RO 265 Ck90
Tutaryd S 72 Bi67
Tutbury GB 84 Sr75
Tutin SRB 262 Ca95
Tutjunniemi FIN 55 Cu56
Tuţora RO 248 Cq86
Tutova RO 256 Cq88
Tutow D 105 Bg73
Tutrakan BG 266 Co92
Tuttlingen D 125 As85
Tutuleşti RO 254 Ci90
Tütüncü TR 281 Cq100
Tutzing D 126 Bc85
Tützpatz D 111 Bg73
Tuudi EST 209 Ch63
Tuuhoskylä FIN 53 Ci56
Tuukkala FIN 54 Co57
Tuukkala FIN 54 Cp57
Tuulenkylä FIN 52 Cf56
Tuuliharju FIN 30 Ck46
Tuulos FIN 63 Ck58
Tuunajärvi FIN 52 Ce57
Tuupovaara FIN 55 Db56
Tuurala FIN 52 Ce54
Tuuri FIN 53 Ch55
Tuusjärvi FIN 54 Cr55
Tuuski FIN 64 Co60
Tuusmäki FIN 54 Cr56
Tuusniemi FIN 54 Cs55
Tuusula FIN 63 Cl60
Tuv N 57 Ar59
Tuvaseter N 57 Ar60
Tuvattnet S 40 Bk53
Tuven N 32 Bh49
Tuvsletta N 28 Bs43
Tuvträsk S 41 Bs51
Tuxford GB 85 St74
Tuzan, Le F 170 St92
Tuzburgazı TR 289 Cp105
Tuzi MNE 270 Bt95
Tuzi MNE 270 Bt96
Tuzla BIH 261 Bs91
Tuzla RO 267 Cs92
Tuzla TR 281 Cq100
Tuzla TR 285 Cn101
Tuzlata BG 267 Cr94
Tuzly UA 257 Da89
Tužno HR 250 Bn88
Tuzsér H 241 Ce84
Tvååker S 72 Be66
Tværå = Tvøroyri FO 26 Sg57
Tvärbäck S 41 Bu52
Tvärålund S 41 Bu52
Tvåråmark S 42 Ca53
Tvärån S 35 Cc49
Tvåråträsk S 34 Bq50
Tvärdalen S 58 Be62
Tvărdica BG 267 Cr93
Tvărdica BG 274 Cm95
Tvardiţa MD 257 Cs88
Tvärminne FIN 63 Cg61
Tvärred S 69 Bg65
Tvärskog S 73 Bn67
Tved DK 100 Ba68
Tvedestrand N 67 As63
Tveit N 56 Ap59
Tveit N 66 An62
Tveit N 67 As63
Tveita N 56 Am60
Tveita N 56 Am62
Tveitan N 68 Ba62
Tveitarå N 56 An62
Tveitebo N 67 Aq62
Tverai LT 217 Ce69
Tverrå N 32 Bi48
Tverråmo N 27 Bm46
Tverrberg N 46 Am56
Tverrelvmo N 28 Bu43
Tverrfjell N 46 Ap55
Tverrlandet N 27 Bk46
Tversted DK 68 Ba65
Tveta S 69 Bf62
Tveta S 70 Bn62
Tveta S 73 Bm66
Tveter N 68 Bc62
Tving S 73 Bl68
Tvis DK 100 As68
Tvist N 57 Ar59
Tvøroyri FO 26 Sg57
Tvorožkovo RUS 211 Cs64
Tvrdići SRB 261 Bu93
Tvrdonice CZ 238 Bo83
Tvrdošín SK 239 Bu82
Tvrdošovce SK 239 Br84
Twarda PL 227 Ca78
Twardawa PL 233 Br80
Twardogóra PL 226 Bp78
Twatt GB 77 So62
Tweedmouth GB 81 Sq69
Tweedsmuir GB 79 So69
Twello NL 113 An76
Tweng A 127 Bh86
Twenterand NL 107 Ao76
Twickenham GB 94 Su78
Twiehausen D 108 As76
Twielenfleth, Hollern- D 109 Au73
Twist D 107 Ap75
Twiste D 115 As78
Twistetal D 115 As78
Twistringen D 108 As75
Two Bridges GB 97 Sn79
Twomileborris IRL 90 Se75
Tworków PL 233 Br80
Tworóg PL 233 Bs79
Tworzyjanów PL 232 Bo79
Twycross GB 93 Ss75
Twyford GB 94 St75
Twyford GB 94 St78
Twyford GB 98 Ss78
Tybjerg DK 104 Bd70
Tychowo PL 221 Bn73
Tychowo PL 221 Bo72
Tychy PL 233 Bt80
Tyczyn PL 235 Ce81
Tydal N 48 Bd54
Tyddewi = Saint David's GB 92 Sk77
Tye S 59 Bh62
Tyfors S 59 Bi60
Tyin N 57 Ar58
Tyinholmen N 47 Ar57
Tyinosen N 47 Ar58
Tyinstølen N 47 Ar58
Tykocin PL 224 Cf74
Tykölä FIN 63 Ci58
Tylawa PL 234 Cd82
Tylicz PL 234 Cc82
Tylldal N 48 Bb56
Tyllinge S 70 Bn64
Tylösand S 72 Bf67
Tylstrup DK 100 Au66
Tylwica PL 224 Cg74
Tymanivka UA 249 Cs83
Tymbark PL 234 Ca81
Tymień PL 221 Bm72
Tymkove UA 249 Ct85
Tymowa PL 226 Bn78
Tymowa PL 234 Cb81
Tyn PL 221 Bo72
Tynagh IRL 90 Sd74
Tynan GB 82 Sg72
Tynderö S 50 Bq56
Tyndrum GB 78 Sl68
Týnec nad Labem CZ 231 Bl80
Tynemouth GB 81 Ss70
Tyngsjö S 59 Bh60
Týniště nad Orlicí CZ 231 Bn80
Tynkä FIN 43 Ci52
Týn nad Vltavou CZ 237 Bi82
Tynningö S 61 Br62
Tynset N 48 Bb56
Typpö FIN 43 Ci52
Tyra CZ 233 Bs81
Tyrämäki FIN 37 Cs50
Tyrävaara FIN 37 Cs50
Tyrawa Wołoska PL 241 Ce81
Tyrenevik N 56 Al60
Tyresö S 71 Br62
Tyresta S 71 Br62
Tyrinäs S 49 Bg58
Tyringe S 72 Bh68
Tyrislöt S 70 Bo64
Tyristrand N 58 Ba60
Tyrjänsaari FIN 55 Db55
Tyrnävä FIN 43 Cm51
Tyrrellspass IRL 87 Sf74
Tyruliai LT 213 Cg69
Tyrväntö FIN 63 Ci58
Tyry FIN 53 Cl57
Tysdal N 66 An62
Tyskeberget N 58 Be59
Tysken N 58 Be59
Tyśmienica PL 229 Cf77
Tysnes N 27 Bm44
Tysnes N 56 Am60
Tysse N 46 Al58
Tysse N 56 Am60
Tyssebotn N 56 Am59
Tyssedal N 56 Ao60
Tysslinge S 69 Bl62
Tystberga S 70 Bp63
Tysvær N 56 Am62
Tyszowce PL 235 Ch79
Tytsjerksteradiel NL 107 Am74
Tyttbo S 60 Bo60
Tytuvėnai LT 217 Cg69
Tyukod H 241 Cf85
Tywyn GB 92 Sm75
't Zandt NL 107 Ao74
Tzermiádo GR 291 Cl110
Tzummarum NL 107 Am74

U

Uachdar GB 74 Sf66
Uachtar Ard = Oughterard IRL 86 Sb74
Ub SRB 261 Ca92
Übach-Palenberg D 113 An79
Ubbergen NL 114 Am77
Ubbetorp S 70 Bl63
Ubby DK 103 Bc69
Ubeda E 205 So104
Übelbach A 129 Bl86
Übergsmoen N 67 As63
Überherrn D 119 Ao82
Überlingen D 125 At85
Ubierna E 185 Sn96
Ubja EST 64 Cn62
Ubl'a SK 241 Ce83
Ubli HR 268 Bo95
Ubli MNE 269 Bs95
Ubli MNE 269 Bt95
Ubli MNE 270 Bt96
Ubrique E 204 Sk107
Ubstadt-Weiher D 120 As82
Ucea RO 255 Ck89
Uceda E 193 So99
Uceira E 183 Se93
Ucero E 193 So97
Uchacq-et-Parentis F 176 St93
Uchanie PL 235 Ch79
Uchaud F 179 Ai93
Uchorowo PL 226 Bo75
Uchte D 108 As75
Uchtspringe D 110 Bd75
Ucieda E 185 Sm94
Uckerath D 114 Ap79
Uckfield GB 154 Aa79
Ucklum S 68 Bd64
Uckro D 118 Bh77
Uclés E 193 Sp101
Uçmakdere TR 280 Cp99
Ucrainca MD 257 Ct88
Ucria I 153 Bk104
Uda RO 265 Ck91
Udalla E 185 So94
Udavské SK 241 Cd83
Udbina HR 259 Bm91
Udby DK 104 Bd70
Udbyhøj Vasehuse DK 100 Ba67
Uddebo S 69 Bg66
Uddebo S 69 Bi66
Uddeholm S 59 Bh60
Uddevalla S 68 Bd64
Uddheden S 59 Bf61
Uddington GB 80 Sn69
Udekai LT 213 Ci68
Udel'naja RUS 65 Da60
Uden NL 113 Am77
Udenhausen D 115 At78
Udenhout NL 113 Al77
Uder D 115 Ba78
Udeşti RO 248 Cn85
Udiča SK 239 Br82
Udine I 133 Bg88
Udorpie PL 221 Bp72
Udosolovo RUS 211 Cs61
Udrija LT 217 Ch72
Udrión E 184 Si94
Udvar H 243 Bs89
Uebigau-Wahrenbrück D 117 Bg77
Ueckermünde D 111 Bi73
Uedem D 114 An77
Ueffeln D 108 Aq76
Uehlfeld D 122 Bb81
Uelsen D 108 Ao76
Uelzen D 109 Bb75
Uentrop D 114 Aq77
Uerdingen D 114 Ao78
Uesslingen CH 125 As85
Uetersen D 109 Au73
Uetze D 109 Ba76
Uffenheim D 121 Ba81
Uffing am Staffelsee D 126 Bc85
Ufs N 57 At62
Uftrungen D 116 Bb78
Ugāle LV 213 Ce66
Ugao SRB 262 Ca94
Ugao-Miraballes E 185 Sp94
Ugaran E 186 Sp94
Ugarana (Dima) E 185 Sp94
Ugarana = Ugarana (Dima) E 185 Sp94
Ugărčin BG 273 Ci94
Ugento I 149 Br101
Ugerløse DK 104 Bd69
Uggdal N 56 Al60
Uggerby DK 68 Ba65
Uggiano la Chiesa I 149 Br100
Uggleheden S 58 Be59
Ugglekull S 73 Bk67
Ugglum S 69 Bh64
Ugijar E 206 So107
Ugilt DK 68 Ba66
Ugine F 174 An89
Uglev DK 100 As67
Ugljan HR 258 Bl92
Ugljane HR 268 Bo93
Ugljevik BIH 261 Bt91
Ugly RUS 211 Cs65
Ugrinovci SRB 261 Ca91
Ugrinovci SRB 262 Ca92
Ugrjumovo RUS 223 Cd71
Ugulsvik N 46 Ap58
Uğurlutepe TR 279 Cm100
Uhart-Mixe F 186 Ss94
Uhelná Příbram CZ 231 Bm81
Uherce Mineralne PL 235 Ce82
Uherské Hradiště CZ 238 Bp82
Uherský Brod CZ 239 Bq82
Uherský Ostroh CZ 238 Bp83
Uhingen D 125 Au83
Uhkalankyla FIN 37 Cp49
Uhlingen-Birkendorf D 125 Ar85
Uhlířské Janovice CZ 231 Bl81
Uhlja UA 246 Ch84
Uhlstädt-Kirchhasel D 116 Bc79
Uhnin Białkowski PL 229 Cg77
Uhniv UA 235 Ch80
Uhorské SK 240 Bu84
Uhowo PL 224 Cf74
Uhrovec SK 239 Br83
Uhryń PL 234 Cb82
Uhtna EST 64 Co62
Uhyst D 118 Bk78
Uhyst am Taucher D 118 Bi78
Uig GB 74 Sh65
Uiherla FIN 53 Ck57
Uileacu de Beiuş RO 245 Ce87
Uimaharju FIN 55 Da55
Uimaniemi FIN 30 Cm46
Uimaniemi FIN 54 Cn57
Uimila FIN 64 Cn58
Uitgeest NL 106 Ak75
Uithoorn NL 106 Ak76
Uithuizen NL 107 Ao74
Uivar RO 253 Cb89
Ujazd PL 226 Bp77
Ujazd PL 228 Bu77
Ujazd PL 233 Br80
Ujazd Górny PL 226 Bo78
Újezd u Brna CZ 238 Bo82
Ujeździec Wielki PL 226 Bp78
Újfehértó H 241 Cd85
Újkígyós H 245 Cc87
Ujma Duża PL 227 Bs75
Újpetre H 243 Br89
Ujście PL 221 Bo74
Ujsoły PL 233 Bt82
Újszász H 244 Ca86
Újszentmargita H 245 Cc85
Újszőlőskert H 241 Cd85
Ujué E 176 Sr95
Ukk H 242 Bp86
Ukkola FIN 55 Da55
Ukkolanvaara FIN 55 Dc55
Ukmergė LT 218 Ck70
Ukna S 70 Bn64
Ukri LV 213 Cg68
Ukrinai LT 213 Ce68
Ukta PL 223 Cd73
Ula N 68 Ba62
Ulaberg N 28 Bu43
Uland S 50 Bq55
Ul'anka SK 240 Bt83
Ulan-Majorat PL 229 Ce77
Ulanów PL 235 Ce80
Ulaş TR 281 Cq98
Ulassai I 141 Au101
Ulbering D 128 Bg84
Ulbjerg DK 100 At67
Ulbroka LV 214 Ci67
Ulbster GB 75 So64
Ulceby GB 85 Aa74
Ulcinj MNE 269 Bt97
Uldum DK 100 Au69
Ulea E 201 Ss104
Uleåborg = Oulu FIN 43 Cm50
Ulefoss N 67 At62
Uleila del Campo E 206 Sq106
Uleviken S 68 Be63
Ulëz AL 270 Bu97
Ulęż PL 229 Ce77
Ulfborg DK 100 Ar68
Ulft NL 107 An77
Ulgardereköy TR 280 Cn100
Ulgham GB 81 Sr70
Ulibice CZ 231 Bl80
Ulič SK 241 Ce83
Ulieş RO 255 Cl88
Ulieşti RO 265 Cl91
Ulinia PL 221 Bq71
Ulis, Les F 160 Ae83
Uliūnai LT 218 Ci69
Uljanik HR 250 Bp89
Ul'janovka RUS 65 Db61
Ul'janovka = Blahoviščens'ke UA 249 Da84
Ul'janovo RUS 217 Ce71
Uljma SRB 253 Cc90
Ulla N 46 An55
Ullanda S 60 Bp60
Ullånger S 51 Br54
Ullapool GB 75 Sk65
Ullared S 72 Bf66
Ullarp S 101 Bf67
Ullastret E 189 Ag96
Ullatti S 35 Cd46
Ullava FIN 43 Ch53
Ullbergsträsk S 34 Bu50
Ullbolsta S 60 Bp61
Ulldecona E 195 Aa99
Ullene S 69 Bg64
Ullensaker N 58 Bc60
Ullensvang N 56 Ao60
Ulleren N 58 Bd60
Ullerslev DK 103 Bb70
Ullervad S 69 Bh63
Üllés H 244 Bu88
Ulleskelf GB 85 Ss73
Ullisjaur S 33 Bn50
Üllő H 243 Bt86
Ullsfjord N 22 Bu41
Ullsnesvik N 22 Bu41
Ullvi S 60 Bn62
Ullvi S 60 Bo61
Ully-Saint-Georges F 160 Ae82
Ulm D 126 Au84
Ulma RO 247 Cl85
Ulmale LV 212 Cc67
Ulmbach D 121 At80
Ulme P 196 Sd102
Ulmen D 120 Ao80
Ulmeni RO 246 Cg86
Ulmeni RO 266 Co90
Ulmeni RO 266 Co92
Ulmerfeld A 237 Bk84
Ulmetu = Olmeto F 181 As97
Ulmi RO 265 Cl91
Ulmu MD 249 Cs86
Ulmu RO 266 Cp91
Ulnes N 25 Da42
Ulnes N 57 At58
Ulog BIH 260 Br94
Uloybukt N 23 Cb41
Ulricehamn S 69 Bg65
Ulrichen CH 130 Ar87
Ulrichsberg A 128 Bh83
Ulrichstein D 121 At79
Ulrika S 70 Bl64
Ulriksberg S 59 Bk60
Ulriksfors S 40 Bm53
Ulrum NL 107 An74
Ulsak N 57 As59
Ulsberg N 48 Au55
Ulslev DK 104 Be71
Ulsnis D 103 Au71
Ulsta GB 77 Ss60
Ulsted DK 100 Ba66
Ulstein N 46 Am56
Ulsteinvik N 46 Am56
Ulstrup DK 100 Au68
Ulstrup DK 101 Bb69
Ulten = Ultimo I 132 Bb87
Ultimo I 132 Bb87
Uluabat TR 281 Cr100
Ülüce TR 280 Co99
Ulvan N 38 At53
Ulvenes N 57 As62
Ulvenhout NL 113 Ak77
Ulverston GB 81 So72
Ulvi EST 210 Co62
Ulvik N 56 Ao59
Ulvila FIN 52 Cd58
Ulvkälla S 49 Bi56
Ulvoberg S 41 Bp51
Ulvöhamn S 51 Bs54
Ulvsås S 40 Bi54
Ulvshyttan S 60 Bl60
Ulvsjön S 49 Bi57
Ulvsjön S 50 Bn56
Ulvsnes N 38 As54
Ulvsundet S 70 Bp62
Ulvsvåg N 27 Bm44
Ulyčne UA 235 Ch82
Ulzurrun E 186 Sr95
Umag HR 133 Bh90
Umago = Umag HR 133 Bh90
Umasjö S 33 Bl49
Umberleigh GB 97 Sn79
Umbertide I 144 Be94
Umbralejo E 193 So98
Umbrăreşti RO 256 Cp89
Umbuktafjellstue N 33 Bk48
Umbusi EST 210 Cn63
Umčari SRB 262 Cb91
Umeå S 42 Ca53
Umetić HR 250 Bn90
Umgransele S 41 Br51
Umhausen A 132 Bb86
Umień PL 227 Bs76
Umin Dol MK 271 Cd96
Umka SRB 262 Ca91
Umkirch D 124 Aq84
Umljanović HR 259 Bn93
Ummanz D 105 Bg72
Ummari I 152 Bf105
Ummeljoki FIN 64 Co59
Ummendorf D 116 Bc76
Ummendorf D 126 Au84
Ummendorf D 126 Bb84
Ummerstadt D 121 Bb80
Umnäs S 33 Bn50
Umpferstedt D 116 Bc79
Umurbey TR 280 Co100
Umurcu TR 280 Co98
Umurga LV 214 Ck65
Uña E 194 Sr100
Unaðsdalur IS 20 Qh24
Unaja FIN 62 Cd58
Únanov CZ 237 Bn83
Unari FIN 30 Cm46
Unbyn S 35 Cd49
Uncastillo E 176 Ss96
Unčen' = Ungheni MD 248 Cq86
Unčeny = Ungheni MD 248 Cq86
Undeloh D 109 Au74
Undenäs S 69 Bi63
Undereidet N 23 Cd41
Undersåker S 39 Bg54
Understed DK 100 Ba66
Undløse DK 104 Bd69
Undredal N 56 Ap59
Undrom S 51 Bq54
Undurein F 176 St94
Unelanperä FIN 44 Cp52
Úněšov CZ 230 Bg81
Ungerdorf A 242 Bm87
Ungerhausen D 126 Ba84
Ungheni MD 248 Cq86
Ungheni RO 265 Ck92
Ungra RO 255 Cl89
Ungrej AL 270 Bu97
Unguraş RO 246 Ci86
Ungureni RO 248 Co85
Ungureni RO 256 Cp87

Truébano – Ungureni 407

Valldossera E 188 Ac98
Vall d'Uixó, La E 201 Su101
Valle LV 214 Ck67
Valle N 32 Bh46
Valle N 46 Ao56
Valle N 67 Aq62
Valle N 67 Au63
Valle = Bale HR 258 Bh90
Valle (Valle de Cabuérniga) E 185 Sm94
Valle Castellana I 145 Bg95
Vallecillo E 184 Sk96
Vallecorsa I 146 Bg98
Valle-d'Alesani F 142 At96
Valle d'Alisgiani, E = Valle-d'Alesani F 142 At96
Valle de Abdalajís E 205 Sl107
Valle de Cerrato E 185 Sm97
Valle de Guerra E 202 Rh123
Valle de la Serena E 198 Si103
Valle de Matamoros E 197 Sg104
Valle de Santa Ana E 197 Sg104
Valledolmo I 152 Bh105
Valledoria I 140 As99
Valle Dorizzo I 132 Ba89
Valle Gran Rey E 202 Rf124
Vallehermoso E 202 Rf124
Vallelado E 193 Sm98
Vallelunga Pratameno I 152 Bh105
Valle Mosso I 130 Ar89
Vallen S 40 Bn53
Vallen S 40 Bo53
Vallen S 42 Cc52
Vallendar D 114 Aq80
Vallensved DK 104 Bd70
Vallentuna S 61 Br61
Valleraugue F 179 Ah92
Vallermosa I 141 As102
Vallerstad S 70 Bl64
Valleseco E 202 Ri124
Vallet F 165 Ss86
Valletta M 151 Bk109
Valleviken S 71 Bs65
Valley GB 92 Sl74
Vallfogona de Ripollès E 189 Ae96
Vallibona E 195 Aa99
Vallico I 138 Ba92
Valli del Pasubio I 132 Bc89
Vallières F 171 Ae89
Vallières F 174 Am89
Vallières-les-Grandes F 166 Ac86
Valliguières F 179 Ak92
Vallivana, la E 195 Aa99
Vallivana = Vallivana, la E 195 Aa99
Valljöbol S 69 Bi63
Vallmoll E 188 Ac98
Vallo N 57 Ar59
Vallobal E 184 Sk94
Vallo della Lucania I 148 Bl100
Valloire F 174 An90
Vallombrosa I 138 Bd93
Vallon-en-Sully F 167 Af87
Vallon-Pont-d'Arc F 173 Ai92
Vallon-sur-Gée F 159 Su85
Vallorbe CH 169 An87
Vallorcine F 174 Ao88
Vallouise-Pelvoux F 174 Ao91
Vallrun S 40 Bi53
Valls E 188 Ac98
Vallsbo S 60 Bo59
Vallset N 58 Bc59
Vallsjärv S 35 Cf47
Vallsnäs S 70 Bl64
Vallsta S 50 Bn57
Vallstedt D 109 Ba76
Vallstena S 71 Bs65
Vallvik S 60 Bp58
Vällviken S 49 Bi54
Valmadrid E 195 St98
Valmaggiore I 131 Au89
Valmanya F 189 Af95
Valmeinier F 174 An90
Valmen N 48 Bd58
Valmiera LV 214 Cl65
Valmojado E 193 Sm100
Valmont F 159 Ab81
Valmontone I 146 Bf97
Valmorel I 133 Be88
Välnari BG 266 Cp93
Valne S 39 Bi54
Valö S 61 Br60
Valognes F 159 Ss81
Valongo P 190 Sc98
Valongo dos Azeites P 191 Sf98
Valonne F 124 Ao86
Válor E 206 So107
Valoria la Buena E 184 Sl97
Valøy N 38 Bb51
Valøy N 39 Bd52
Valožyn BY 219 Co72
Valpaços P 191 Sf97
Valpalmas E 187 St96
Valpelline I 174 Ap89
Valpiana I 143 Bb95
Valpovo HR 251 Br89
Valpperi FIN 62 Ce59
Valprato Soana I 130 Aq89
Valpromaro I 138 Ba93
Valras-Plage F 178 Ag94
Valréas F 173 Ak92
Valsain E 193 Sm99
Valsamáta GR 282 Cb104
Vălsăneşti RO 265 Ck90
Valsäs FIN 52 Cd55
Valsavarenche I 174 Ap89
Välse DK 104 Bd71
Valsebo S 68 Bd62
Valseca E 193 Sm99
Valsemé F 159 Aa82
Valsequillo E 198 Sk104
Valset N 38 Au53
Valsinni I 148 Bn100
Välsjö S 50 Bn57
Valsjöbyn S 39 Bi52
Valsjön S 50 Bn56
Valskog S 60 Bm62
Vals-les-Bains F 173 Ai91
Valsøybotn N 47 As54
Vals-Platz CH 131 At87
Välsta S 50 Bp57
Valstad S 69 Bh64
Valstad S 70 Bo65
Valstagna I 132 Bd89
Valsvikdalen N 56 An59
Valtaiķi LV 212 Cd67
Valtessinikó GR 286 Ce105
Valtétsi GR 286 Ce106
Val-Thorens F 174 Ao90
Valtice CZ 238 Bo83
Valtierra E 186 Sr96
Valtimo FIN 45 Cs53
Valtin, le F 163 Ap84
Valtopina I 144 Bf94
Valtorp S 69 Bh64
Valtorta I 131 Au89
Váltos GR 280 Cn97
Valtotópi GR 278 Ch99
Valtournenche I 130 Aq89
Val Trompia I 131 Ba89
Valtura HR 258 Bh91
Valtuvalta S 50 Bm56
Valu lui Traian RO 267 Cr92
Valun HR 258 Bi91
Valva I 148 Bl99
Valvåg N 27 Bn44
Valvåg N 38 Ar53
Valvengo E 197 Sg104
Valverde E 186 Sr97
Valverde E 202 Re125
Valverde de Burguillos E 197 Sg104
Valverde de Júcar E 200 Sq101
Valverde de la Vera E 192 Sk100
Valverde del Camino E 203 Sg105
Valverde de Leganés E 197 Sg103
Valverde del Fresno E 191 Sg100
Valverde de Llerena E 198 Si104
Valverde del Majano E 193 Sm99
Valverde de Mérida E 198 Sh103
Valverdón E 192 Si98
Valvignères F 173 Ak92
Valvik N 27 Bk46
Valvikja N 46 Ak57
Välvsjölinden S 42 Ca52
Valvträsk S 35 Cd48
Valy CZ 231 Bm80
Vama RO 246 Cg85
Vama RO 247 Cm85
Vama Buzăului RO 255 Cm89
Våmartveit N 57 Aq61
Vama Veche RO 267 Cs93
Våmb S 69 Bh64
Vamberk CZ 232 Bn80
Vamdrup DK 103 At70
Våmhus S 59 Bi58
Vamlingbo S 71 Br67
Vammala FIN 52 Cf58
Vammen DK 100 Au67
Vammervollsetra N 47 At56
Vámos GR 290 Ci110
Vámosgyörk H 244 Bu85
Vámosmikola H 239 Bs85
Vámospércs H 245 Cd85
Vámosszabadi H 239 Bq85
Vampula FIN 62 Cf58
Vamvaka GR 286 Ce107
Vamvakiá GR 278 Cg98
Vamvakoú GR 277 Ce102
Vamvakoú GR 286 Cf106
Vana SRB 262 Bu91
Vanagi LV 212 Cc66
Vanagi LV 214 Cn68
Vanaja FIN 54 Co56
Vanaja FIN 63 Ck59
Vana-Kariste EST 210 Cl64
Vana-Koiola EST 210 Cp65
Vanassaare EST 210 Co63
Vânători RO 245 Cd87
Vânători RO 255 Ck88
Vânători RO 256 Cr89
Vânători RO 264 Cf92
Vânătorii Mici RO 265 Cm92
Vanault-le-Châtel F 162 Ak83
Vanault-les-Dames F 162 Ak83
Vana-Vigala EST 209 Ci63
Vancé F 160 Ab85
Van'čykivci UA 248 Cn84
Vanda = Vantaa FIN 63 Cl60
Vandäni LV 214 Cn68
Vandans A 131 Au86
Vandenesse F 167 Ah87
Vandenesse-en-Auxois F 168 Ak86
Vandoies I 132 Bd87
Vandoma P 190 Sd98
Vändra EST 209 Cl63
Vändträsk S 35 Cc49
Vandzene LV 213 Cf66
Vandžiogala LT 217 Ch70
Väne LV 213 Cf67
Väne-Åsaka S 68 Be64
Vanebu N 57 Au62
Vänersborg S 59 Bh60
Vänersborg S 68 Be64
Vänersnäs S 69 Bf64
Väne-Ryr S 68 Be64
Vang DK 100 As67
Vang N 57 As58
Vang N 58 Ba60
Väng S 58 Bd62
Vanga I 132 Bc87
Vånga S 69 Bf65
Vånga S 70 Bm63
Vånga S 72 Bi68
Vanga = Wangen I 132 Bc87
Vangaži LV 214 Ck66
Vänge S 60 Bp61
Vänge S 71 Bs66
Vängel S 40 Bn53
Vangen N 58 Bd61
Vangshamn N 22 Br42
Vangshaugen N 47 As55
Vangshylla N 38 Bc53
Vängsjö S 70 Bp62
Vangsnes N 56 Ao58
Vangsvik N 22 Bq42
Vanha-Kihlanki FIN 29 Cg45
Vanhakylä FIN 45 Cs52
Vanhakylä FIN 52 Cd56
Vanhakylä FIN 53 Ci55
Vanhakylä FIN 64 Cm60
Vanhala FIN 54 Cp57
Vanhamäki FIN 54 Co57
Vanjärvi FIN 63 Ci60
Vänjaurbäck S 41 Bs52
Vänjaurträsk S 41 Bs52
Vânjuleț RO 264 Cf92
Vânju Mare RO 264 Cf92
Vankiva S 72 Bh68
Vanlay F 161 Ai84
Vannareid N 22 Bu40
Vännäs S 41 Bt53
Vännäs S 41 Bu53
Vännäsberget S 35 Cf48
Vännäsby S 42 Bu53
Vannes F 164 Sp85
Vannes-sur-Cosson F 166 Ae85
Vannsätter S 50 Bo58
Vannvåg N 22 Bu40
Väno FIN 62 Ce60
Vänö FIN 62 Ce61
Vanonen FIN 64 Cp58
Vans, les F 173 Ai92
Vansbro S 59 Bi59
Vanse N 66 Ao64
Vansjö S 60 Bn60
Vansjö S 60 Bo61
Vansö S 60 Bo62
Vanstad S 105 Bh69
Vantaa FIN 63 Cl60
Vanțina MD 248 Cr84
Vanttausjärvi FIN 36 Co48
Vanttauskoski FIN 36 Co48
Vanttila FIN 62 Cf58
Vanvikan N 38 Ba53
Vanxains F 170 Aa90
Vanyarc H 239 Bt85
Vanzac F 170 Su90
Vanzay F 165 Aa88
Vanzone con San Carlo I 130 Ar89
Vao EST 210 Cn62
Vaour F 178 Ad92
Vapavaara FIN 37 Cu48
Vaplan S 40 Bi54
Vapnjarka UA 249 Cs83
Vapnjarky UA 249 Cs83
Vaprio d'Adda I 131 Au89
Vaqueira E 188 Ab95
Vaqueiros P 203 Se106
Var RO 253 Ce90
Vara EST 210 Co63
Vara S 69 Bf64
Varacieux F 173 Al90
Vara de Rey E 200 Sq102
Varadero, El E 205 Sn107
Varades F 165 Ss86
Vărădia RO 253 Cd90
Vărădia de Mureș RO 253 Ce88
Varadouro P 190 Qc103
Varages F 180 Am93
Varaize F 170 Su89
Varajärvi FIN 36 Ck48
Varajoki FIN 45 Cu52
Varakļāni LV 215 Co67
Värålä FIN 64 Co59
Varaldskogen N 58 Be60
Varaldsøy N 56 Am60
Varallo I 175 Ar89
Varana BG 265 Cl94
Varangerbotn N 25 Cs40
Varano de'Melegari I 137 Ba91
Varanpää FIN 62 Cc59
Varapaeva BY 219 Cp70
Varapodio I 151 Bm104
Vărăști RO 266 Cn92
Văratec RO 247 Cn86
Varatic MD 248 Cp85
Varaždin HR 135 Bn88
Varaždinske Toplice HR 135 Bn88
Varazze I 175 As92
Vârbak BG 266 Co94
Vărbanovo = Careva Livada BG 274 Cl95
Varberg S 101 Be66
Vărbešnica BG 272 Ch94
Vârbica BG 263 Cf91
Vârbica BG 265 Ck94
Vărbica BG 274 Cm94
Vârbilău RO 255 Cm90
Vărbino BG 275 Co95
Vărbjane BG 266 Cp94
Varbla EST 209 Ch64
Vărbnica BG 272 Cg95
Vărbovka BG 274 Cl94
Vărbovo BG 280 Cm97
Varchentin D 110 Bf73
Várciorog RO 245 Ce87
Várda GR 286 Cc104
Varda SRB 261 Bu92
Vardali GR 283 Ce102
Vardamičy BY 219 Cq71
Varde DK 102 Ar69
Vardebrotet N 66 Ap62
Varden N 38 Ar54
Vardim BG 265 Cl93
Vårdinge S 70 Bp62
Vårdnäs S 70 Bm64
Vardnes N 24 Cp39
Vårdö AX 62 Ca60
Vardø N 25 Dc40
Várdomb H 243 Bs88
Vardsberg S 70 Bm64
Vardun BG 274 Co94
Varedo I 175 At89
Varejoki FIN 36 Ck48
Varekil S 68 Bd64
Varel D 108 Ar74
Varen F 178 Ad92
Varèna LT 218 Ck72
Varengeville-sur-Mer F 99 Ab81
Varenna I 175 At88
Varenne, La F 165 Ss86
Varennes F 177 Ad94
Varennes-Changy F 161 Af85
Varennes-en-Argonne F 162 Al82
Varennes-Saint-Sauveur F 168 Al88
Varennes-sur-Allier F 167 Ag88
Varennes-sur-Amance F 162 Am85
Varennes-sur-Fouzon F 166 Ad86
Varennes-Vauzelles F 167 Ag86
Vareš BIH 260 Br92
Varese I 131 As89
Varese Ligure I 137 Au92
Vârfu Câmpului RO 248 Cn85
Vârfurile RO 245 Cf88
Vårgårda S 69 Bf64
Vargas E 185 Sn94
Vârgata RO 255 Ck87
Vargeneset N 27 Bo44
Vargesztes H 243 Br86
Vărghiș RO 255 Cm88
Vargön S 68 Be64
Varhaug N 66 Am63
Varhela FIN 62 Cd59
Vári GR 288 Ck106
Variaș RO 253 Cb88
Variașu Mic RO 245 Cc88
Varieba LV 213 Cf67
Varigotti I 136 Ar92
Variku EST 209 Ch62
Varilhes F 177 Ad94
Varin SK 239 Bs82
Våring S 69 Bh63
Váris GR 277 Cd100
Varislahti FIN 54 Cs55
Varisperä FIN 43 Cl53
Varistaipele FIN 54 Cs55
Variz P 191 Sg98
Varize F 160 Ad84
Varja EST 64 Cp62
Varjakka FIN 43 Cl51
Varjaž UA 235 Ci79
Varkaus FIN 54 Cq56
Várkiza GR 284 Ch105
Vårkumla S 69 Bh64
Varland N 57 Ar61
Vårlezi RO 256 Cq89
Varmahlíð IS 20 Ql25
Värme LV 213 Ce67
Värmlands Bro S 69 Bf62
Varmo FIN 55 Cu57
Varmo I 133 Bf89
Värmsätra S 60 Bo61
Värmskog S 59 Bf62
Varna BG 275 Cq94
Värna S 70 Bm64
Värnamo S 72 Bi66
Varnaviči LV 215 Cp69
Varnenci BG 266 Co93
Varnhem S 69 Bh64
Varniai LT 217 Ce69
Varnja EST 210 Cp64
Varnjany BY 218 Cn71
Värnäs S 51 Br54
Varnsdorf CZ 231 Bk79
Varntresk N 32 Bi49
Varnum S 69 Bg65
Varnupiai LT 217 Ch72
Värö S 68 Be66
Varois-et-Chaignot F 168 Al86
Varola S 69 Bi64
Város GR 279 Cl101
Varoška Rijeka BIH 259 Bn90
Varpaisjärvi FIN 44 Cq54
Várpalota H 243 Br86
Varpanen FIN 45 Cu54
Varpanen FIN 54 Co58
Varparanta FIN 55 Cs57
Varparanta FIN 55 Cu55
Varpasalo FIN 55 Ct56
Varpsjö S 40 Bo52
Varpuselkä FIN 37 Cs47
Varputėnai LT 213 Cf69
Varpuvaara FIN 37 Cr47
Varrelbusch D 108 Ar75
Värriö FIN 31 Cq46
Värriöjoki FIN 31 Cs46
Vars F 174 Ao91
Vars FIN 63 Ch60
Vârșag RO 255 Cl87
Vârșand RO 245 Cc87
Värsås S 69 Bi64
Vâršec BG 272 Cg94
Varsi I 137 Au91
Vârșilo BG 275 Cp96
Värska EST 211 Cq65
Vârșolț RO 246 Cf86
Varsseveld NL 107 An77
Värst DK 100 Ba67
Vårsta S 71 Bq62
Varstu EST 215 Co65
Vartai LT 224 Cg72
Vartdal N 46 An56
Varteig N 58 Bc62
Vartemjagi RUS 65 Da60
Vârteșcoiu RO 256 Cp89
Vartholomió GR 282 Cc105
Vartiala FIN 54 Cr55
Vartius FIN 45 Cu51
Vartiusniemi FIN 45 Cu52
Vârtoapele de Sus RO 265 Cl92
Vartofta S 69 Bh64
Vârtop BG 264 Cf93
Vârtop RO 264 Cg92
Vartsala FIN 63 Cg60
Värtsilä FIN 55 Db56
Vartykivci UA 248 Co84
Varuskunta FIN 54 Cn55
Varuträsk S 42 Cb51
Varv S 69 Bh64
Varv S 70 Bl64
Varvara BG 272 Ci96
Varvára GR 278 Ch99
Varvarin SRB 263 Cc93
Várve LV 212 Cd66
Vårvik S 68 Be62
Varvikko FIN 37 Cr47
Várvölgy H 242 Bp87
Várvoru de Jos RO 264 Ch92
Vary UA 246 Cf84
Várzea P 190 Sc97
Varzi I 175 At91
Varzjany BY 218 Cn71
Varzo I 130 Ar88
Varzy F 167 Ag86
Väs S 50 Bm56
Vasa = Vaasa FIN 52 Cd54
Vasalemma EST 209 Ci62
Vasanello I 144 Be96
Vasankari FIN 43 Ci52
Vasara FIN 37 Cs50
Vasaraperä FIN 37 Cs48
Vásárosnamény H 241 Ce84
Vasbeck D 115 As78
Våsbo S 50 Bm57
Vașcău RO 245 Ce88
Vășcăuți MD 249 Cr85
Vascœuil F 154 Ac82
Vascon I 133 Be89
Våsdalen N 48 Ba58
Väse S 59 Bh62
Vasetseter N 57 As58
Vashtëmi AL 276 Cb99
Vasilați RO 266 Cn92
Vasilcău MD 249 Cr84
Vasileuți MD 248 Cq84
Vasilevo BG 267 Cr93
Vasilevo MK 272 Cf98
Vasil'evo RUS 65 Cu59
Vasil'evo RUS 215 Cq65
Vasil'evščina RUS 211 Cr63
Vasilj SRB 263 Ce93
Vasiljov BG 273 Ci95
Vasil Levski BG 266 Cp93
Vasil Levski BG 274 Ck95
Vasil Levski BG 274 Cm96
Vaškai LT 213 Ci68
Vaskelovo RUS 65 Da60
Vaški RUS 215 Cq67
Väskinde S 71 Br65
Vaskio FIN 62 Cf60
Vaškivci UA 247 Cm84
Vaškivci UA 248 Cp84
Vaskivesi FIN 53 Ch56
Vasknarva EST 211 Cq63
Vaskuu FIN 53 Ch56
Vasles F 165 Su87
Vaslui RO 256 Cq87
Vassända S 68 Be63
Vassarás GR 286 Ce106
Vassbotten S 68 Bd63
Vassdal N 28 Bq43
Vassejávri = Vassijaure S 28 Br44
Vasselbodarna S 59 Bh58
Vasselhyttan S 59 Bl61
Vassenden N 46 An57
Vassenden N 47 Ar57
Vassenden N 47 Au58
Vassendvik N 56 Am62
Vassfarplass N 57 At59
Vasshus N 56 An62
Vassijaure S 28 Br44
Vassiláki GR 286 Cd105
Vassiliká GR 278 Cg100
Vassiliká GR 285 Cn102
Vassilikí GR 282 Cb103
Vassilikó GR 276 Cb100
Vassilikó GR 286 Cd104
Vassilikós GR 282 Cb105
Vassilis GR 277 Ce102
Vassilitsi GR 286 Cd107
Vassilópoulos GR 282 Cc103
Vassli N 38 At54
Vassli N 46 Ao58
Vassmoen N 38 Bc52
Vassmolösa S 73 Bn67
Vassnäs S 39 Bg53
Vassnäs S 50 Bl56
Vassno N 66 An63
Vassor FIN 42 Ce54
Vasstrand N 22 Br41
Vasstulan N 57 Ar60
Vasstveit N 57 At61
Vassunda S 60 Bq61
Vassurány H 129 Bo86
Vassy F 159 St83
Vassy F 167 Ai85
Vast, le F 159 Ss81
Västanå S 50 Bo55
Västanå S 50 Bp56
Västanfjärd FIN 62 Cf60
Västanfors S 60 Bm61
Västanhede S 60 Bn60
Västanhede S 60 Bo60
Västansjö S 33 Bl49
Västansjö S 33 Bm50
Västansjö S 41 Bq52
Västansjö S 50 Bo55
Västansjö S 50 Bp54
Västansjö S 59 Bk60
Västansjön S 50 Bo56
Västanträsk S 42 Ca52
Västanvik S 59 Bk59
Västbacken S 39 Bh54
Västby S 60 Bo58
Västbyn S 40 Bi53
Vaste-Kuuste EST 210 Co64
Vastemõisa EST 210 Cl64
Västerås S 60 Bo61
Västerbacke S 41 Br54
Västerby S 60 Bm60
Västerby S 71 Bq62
Västerby S 71 Bs66
Västerbykil S 60 Bn60
Västerdal S 70 Bn62
Västerfärnebo S 60 Bn61
Västerfjäll S 34 Bp47
Västergarn S 71 Br66
Västergissjö S 41 Bs53
Västerhållan S 49 Bi56
Västerhaninge S 71 Br62
Väster Hjäggböle S 42 Cb51
Västerhus S 41 Bs54
Västerlanda S 68 Be64
Västerlandsjö S 41 Bs54
Väster-Ledinge S 50 Bo54
Västerljung S 70 Bp63
Västerlösa S 70 Bl64
Västermo S 70 Bn62
Västermyckeläng S 59 Bi58
Västernäs S 61 Bs61
Väster Övsjö S 50 Bm54
Västerplana S 69 Bg63
Västersel S 41 Br54
Västersträsjö S 50 Bn57
Västerträsjö S 40 Bm52
Västervåla S 60 Bm61
Västervik FIN 52 Cd54
Västervik S 70 Bo65
Västilä FIN 53 Ck57
Vastila FIN 64 Co59
Vastinki FIN 53 Ck55
Västinniemi FIN 54 Cr55
Västland S 60 Bq60
Vasto I 147 Bk96
Vastorf D 109 Bb74
Västra Åmtervik S 59 Bg61
Västra Bispgården S 50 Bo54
Västra Bodane S 68 Be63
Västra Bodarna S 68 Be65
Västraby S 69 Bi65
Västra Eneby S 70 Bm64
Västra Gerum S 69 Bg64
Västra Grännäs S 60 Bn58
Västra Harg S 70 Bl64
Västra Husby S 70 Bn64
Västra Karup S 101 Bf68
Västra Ny S 70 Bk63
Västra Ormsjö S 40 Bn52
Västra Ritjemjåkk S 28 Bp45
Västra Ryd S 61 Bq61
Västra Sjulsmark S 42 Cb52
Västra Skedvi S 60 Bm61
Västra Stenby S 69 Bl64
Västra Stugusjön S 50 Bl55
Västra Torup S 72 Bh68
Västra Tunhem S 68 Be64
Västra Yltermark FIN 52 Cc55
Västrum S 70 Bo65
Vastseliina EST 215 Cp65
Västsjön S 39 Bh53
Västtjärna S 59 Bl59
Vasvár H 135 Bo86
Vasylivka UA 257 Cs89
Vasylivka UA 257 Ct89
Vát H 129 Bo86
Vata de Jos RO 253 Cf88
Vatala FIN 55 Da56
Vatan F 166 Ad86
Vätava RO 247 Ck87
Vaterá GR 285 Cn102
Vaterstetten D 126 Bd84
Váthi GR 278 Cf98
Vathí GR 282 Cb103
Vathí GR 289 Cn107
Vathí GR 289 Co105
Váthia GR 286 Ce108
Vathilakkos GR 278 Cf99
Vathilakos GR 277 Cd100
Vathís GR 292 Cp107
Väthult S 72 Bg66
Váti GR 292 Cq108
Vatia FIN 54 Cm55
Vaticana, Civitas V 144 Be97
Vatici MD 249 Cs86
Vatísi GR 287 Ci104
Vatjusjärvi FIN 43 Cl52
Vätkölssätern S 49 Bf58
Vatland N 66 Ap64
Vatnås N 57 Au61
Vatne N 46 An56
Vatne N 46 Ao55
Vatne N 66 Am63
Vatne N 67 Aq63
Vatneli N 67 Aq64
Vatnet N 27 Bk46
Vatnfjord N 27 Bi44
Vatnhamn N 23 Cf39
Vatnstrom N 67 Ar64
Vätö S 61 Bs61
Vatohóri GR 277 Cc99
Vatoússa GR 285 Cn102
Vatra Dornei RO 247 Cl86
Vaträne LV 214 Cl67
Vatry F 161 Ai83
Vats N 56 Am61
Vats N 57 Ar59
Vatta H 240 Cb85
Vättak S 69 Bh64
Vattholma S 60 Bq60
Vättis CH 131 At87
Vattjom S 50 Bp56
Vättlång S 50 Bp57
Vättlax FIN 62 Cf61
Vattnäs S 59 Bk58
Vattuaho FIN 55 Dc55
Vattukylä FIN 43 Cl52
Vatula FIN 52 Cf57
Vatvet N 68 Bc62
Vätvik N 27 Bl46
Vaubadon F 159 St82
Vaubecourt F 162 Al83
Vauchassis F 161 Ah84
Vauclaix F 167 Ah86
Vauconcourt-Nervezain F 168 Am85
Vaucouleurs F 162 Am83
Vaud I 130 Ap89
Vaudoy-en-Brie F 161 Ag83
Vaufrey F 124 Ao86
Vaugneray F 173 Ak89
Vaulammi FIN 63 Cg59
Vauldalen N 48 Be55
Vaulino RUS 211 Cr65
Vaulruz CH 130 Ao87
Vaulx-Vraucourt F 155 Af80
Vaumas F 167 Ah88
Vautorte F 159 St84
Vauvenargues F 180 Am93
Vauvert F 179 Ai93
Vauville F 98 Sr81
Vauvillers F 162 An85
Vaux-et-Chantegrue F 169 An87
Vaux-lès-Saint-Claude F 168 Am88
Vaux-sur-Sûre B 156 Am81
Vavd S 61 Bq60
Vávdos GR 278 Cg100
Vävaersunda S 69 Bk64
Vavincourt F 162 Al83
Vavkalata BY 219 Cp71
Växbo S 50 Bo58
Vaxholm S 61 Br62
Växjö S 73 Bk67
Växtorp S 72 Bg68
Växvik S 58 Be61
Vay F 164 Sr85
Väylä FIN 31 Cq42
Väylänpää FIN 36 Ch46
Vayrac F 171 Ad91
Vayres F 171 Ab89
Väyrylä FIN 44 Cq51
Vaysal TR 275 Co97
Väystäjä FIN 36 Ci48
Vaz CH 131 At87
Vážany CZ 238 Bp82
Vazáš = Vittangi S 29 Cd45
Važec SK 240 Bu82
Vazerac F 177 Ac92
Vazia I 144 Bf96
Vazovo BG 266 Co93
Vazzola I 133 Be89
Veadla EST 210 Cn62
Veahčat = Vetsikko FIN 24 Cp41
Veahtasjávri = Vettasjärvi S 29 Cd46
Veahtosakŋjarga = Vetsikko FIN 24 Cp41
Vean N 38 As54
Vear N 68 Ba62
Veauche F 173 Ai89
Veaugues F 167 Af86
Vebbestrup DK 100 Au67
Veberöd S 105 Bg69
Veblungsnes N 47 Aq55
Vebomark S 42 Cc52
Vébron F 172 Ah92
Vecāķi LV 213 Ci66
Vecate LV 210 Cl65
Vecbebri LV 214 Cl67
Vecchiano I 138 Ba93
Veče RUS 215 Cs66
Vecerd RO 254 Ci89
Vechelde D 109 Ba76
Vechta D 108 Ar75
Vecilla de Curueño, La E 184 Sk95
Vecindario E 202 Rk125
Vecinos E 192 Si99
Veckaļēji LV 213 Ce67
Veckholm S 60 Bp61
Vecpiebalga LV 214 Cm66
Vecpils LV 212 Cc67
Vecružina LV 215 Cp68
Vecsés H 243 Bt86
Vecslabada LV 215 Cq68
Vecstropi LV 215 Co69
Vecstrūžāni LV 215 Cp67
Vecumnieki LV 214 Ck67
Vedavågen, Åkrahamn- N 66 Al62
Vedbo S 60 Bn61
Vedby S 72 Bg68
Veddige S 72 Be66
Vēde LV 212 Cd65
Vedea RO 265 Ck91
Vedea RO 265 Cm93
Vedelago I 133 Be89
Vederslöv S 72 Bk67
Vedersø DK 100 Ar68
Vedersø Klit DK 100 Ar68
Vedevåg S 60 Bl61
Vedrare BG 274 Ck95
Vedriano I 138 Bd92
Vedrina BG 266 Cq93
Védrines-Saint-Loup F 172 Ag90
Vedum S 69 Bg64
Veendam NL 108 Ao74
Veenendaal NL 113 Am76
Veenesgarth GB 77 Ss60
Veenwouden NL 107 An74
Veere EST 208 Ce64
Veere NL 112 Ah77
Vega E 185 Sn94
Vega, La (Vega de Liébana) E 184 Sl94
Vegacervera E 184 Si95
Vega de Almanza, La E 184 Sk95
Vega de Espinareda E 183 Sg95
Vegadeo (A Veiga) E 183 Sf94
Vega de Pas E 185 Sn94
Vega de Río Palmas E 203 Rm124
Vega de San Mateo E 202 Ri124
Vega de Valcarce E 183 Sg95
Vega de Valdetronco E 192 Sk97
Vegaquemada E 184 Sk95
Vegarienza E 184 Sh95
Vegårshei N 67 As63
Vegas de Coria E 192 Sh100
Vegas de Domingo Rey E 191 Sh100
Vegas del Condado E 184 Sk95
Vegaviana E 191 Sg100
Vegby S 69 Bg65
Vegesack D 108 As74
Vegger DK 100 Au67
Veggli N 57 At60
Veghel NL 113 Am77
Veglie I 149 Bq100
Végora GR 277 Cd99
Vegset N 39 Be52
Veguilla E 185 Sn94
Veguillas, Las E 192 Si99
Veguillas de la Sierra E 194 Ss100
Vegusdal N 67 Ar63
Vehkajärvi FIN 63 Ck57
Vehkalahti FIN 54 Cn57
Vehkalahti FIN 64 Cp59
Vehkaperä FIN 53 Ci55
Vehkaranta FIN 54 Co55
Vehkasalo FIN 53 Cm57
Vehkataipale FIN 64 Cr58
Vehma FIN 54 Cq57
Vehmaa FIN 62 Cd59
Vehmaiainen FIN 62 Ce59
Vehmasjärvi FIN 44 Cq53
Vehmaskylä FIN 54 Cp56
Vehmaskylä FIN 54 Cp57
Vehmasmäki FIN 54 Cq55
Vehmersalmi FIN 54 Cr55
Vehniä FIN 53 Cm56
Vehtovo BG 275 Cp94
Vehu FIN 53 Ci55
Vehus N 57 Ar61
Vehuvarpee FIN 52 Cf57
Vehvilä FIN 54 Cp55
Veidarvon N 48 Au58
Veidholmen N 38 Aq53
Veidnes N 25 Co39
Veiga, A E 183 Sf96
Veigge = Pirttivuopio S 28 Bt45
Veigné F 166 Ab86
Veihtivaara FIN 45 Cu51
Veilsdorf D 116 Bb80
Veines N 25 Ct39
Veineset N 25 Ct41
Veinge S 72 Bg67
Veiros P 197 Se103
Veisiejai LT 224 Ch72
Veitsbronn D 122 Bb81
Veitsch A 242 Bl85
Veitservasa FIN 30 Ck45
Veitshöchheim D 121 Au81
Veitsiluoto FIN 36 Ck49
Veiveriai LT 217 Ch71
Veivirženai LT 216 Cd69
Vejano I 144 Be96
Vejby DK 101 Be68
Vejbystrand S 72 Bf68
Vejen DK 103 At70
Vejer de la Frontera E 204 Si108
Vejers Strand DK 102 Ar69
Vejle DK 100 Au69
Vejle DK 103 Ba70
Vejlø DK 104 Bd70
Vejmara RUS 65 Cs62
Vejno RUS 211 Cr63
Vejprty CZ 117 Bg80
Vejrum DK 100 Au68
Vejrumstad DK 100 As68
Vekarajärvi FIN 64 Co58
Vekilski BG 266 Cp93
Vekkula FIN 53 Cl56
Vektarlia N 39 Bh51
Velaatta FIN 53 Ch57
Velada E 192 Sl101
Velagići BIH 259 Bo91

Valldossera – Velagići 409

Vėlaičiai **LT** 213 Cf68
Vela Luka **HR** 268 Bo95
Velanidiá **GR** 277 Cc100
Velanídia **GR** 287 Cg108
Veláora **GR** 282 Cc102
Velars-sur-Ouche **F** 168 Ak86
Velas **P** 190 Qd103
Velasco, Cuevas de **E** 194 Sq100
Veľaty **SK** 241 Cd83
Velayos **E** 192 Sl99
Velbert **D** 114 Ap78
Velburg **D** 122 Bd82
Velčevo **BG** 274 Ck95
Velden **D** 122 Bd81
Velden **D** 236 Be84
Velden am Wörthersee **A** 134 Bi87
Veldenz **D** 119 Ap81
Veldhoek **NL** 114 An76
Veldhoven **NL** 113 Al78
Veldre **N** 58 Bb59
Veldwezelt **B** 156 Am79
Velfe **RUS** 215 Cs67
Velefique **E** 206 Sq106
Velehrad **CZ** 238 Bp82
Velemín **CZ** 123 Bh79
Vele Mune **SLO** 134 Bi90
Velen **D** 107 Ao77
Velēna **LV** 214 Cn66
Velence **H** 243 Bs86
Velenje **SLO** 135 Bl88
Velentzikó **GR** 282 Cc102
Vele Polje **SRB** 263 Cd94
Velerín, El **E** 204 Sk108
Veles **MK** 271 Cd97
Velešín **CZ** 123 Bi83
Velesmes-Echevanne **F** 168 Am86
Velešta **MK** 270 Cb98
Velestino **GR** 277 Cf102
Velestovo **MK** 276 Cb98
Veletovo **RUS** 211 Cs63
Vélez Blanco **E** 206 Sq105
Vélez de Benaudalla **E** 205 Sn107
Vélez-Málaga **E** 205 Sm107
Vélez Rubio **E** 206 Sq105
Velgast **D** 104 Bf72
Velgen **D** 109 Ba74
Vel Horožanka **UA** 235 Ch81
Veli Drvenik **HR** 259 Bn94
Veliés **GR** 287 Cf107
Velika **GR** 278 Cf101
Velika **HR** 251 Bq90
Velika **MNE** 270 Bu95
Velika Barna **HR** 250 Bp89
Velika Cista **HR** 268 Bo93
Velika Dobron' **UA** 241 Ce84
Velika Drenova **SRB** 263 Cc93
Velika Gorica **HR** 250 Bn89
Velika Greda **SRB** 253 Cc90
Velika Ivanča **SRB** 262 Cb92
Velikaja Rusava **UA** 249 Cr83
Velika Kladuša **BIH** 259 Bm90
Velika Kopanica **HR** 260 Br90
Velika Kopašnica **SRB** 263 Ce95
Velika Krsna **SRB** 253 Cb92
Velika Kruša = Krushë e Madhe **RKS** 270 Cb96
Velika Lomnica **SRB** 263 Cc94
Velika Nedelja **SLO** 242 Bn88
Velika Obarska **BIH** 251 Bt91
Velika Pisanica **HR** 250 Bp89
Velika Plana **SRB** 263 Cc92
Velika Plana **SRB** 263 Cc94
Velika Polana **SLO** 250 Bn87
Velika Račna **SLO** 134 Bk89
Velika Šatra **SRB** 263 Cc94
Velika Slatina = Sllatinë e Madhe **RKS** 270 Cc95
Velika Trnovitica **HR** 250 Bo89
Velike Draga **HR** 135 Bl90
Velike Krčmare **SRB** 262 Cb92
Velike Lašče **SLO** 134 Bk89
Velike Livade **SRB** 252 Cb89
Velike Pčelice **SRB** 262 Cb93
Velike Središte **SRB** 253 Cc90
Velike Trgovišće **HR** 242 Bm88
Velike Trnjane **SRB** 263 Cd95
Veliki Belaćevac = Bardhi i Madh **RKS** 270 Cc95
Veliki Crljeni **SRB** 252 Ca92
Veliki Gaj **SRB** 253 Cc90
Veliki Građevac **HR** 250 Bp89
Veliki Izvor **SRB** 263 Ce93
Veliki Kičić = Kçiq i Madh **RKS** 262 Cb95
Veliki kupci **SRB** 263 Cc94
Veliki Obljaj **HR** 250 Bn90
Veliki Popovac **SRB** 263 Cc92
Veliki Popović **SRB** 263 Cc92
Veliki Preslav **BG** 275 Co94
Veliki Prolog **HR** 268 Bp94
Veliki Radić **BIH** 250 Bn91
Veliki Radinci **SRB** 261 Bu90
Veliki Šiljegovac **SRB** 263 Cd93
Veliki Štupelj = Shtupeli i Madh **RKS** 270 Ca95
Veliki Trnovac **SRB** 271 Cd96
Veliki Zdenci **HR** 250 Bp89
Velikoe Selo **RUS** 211 Da63
Velikoe Selo **RUS** 215 Cr68
Veliko Gradište **SRB** 253 Cd91
Veliko Laole **SRB** 263 Cc92
Veliko Orašje **SRB** 263 Cc92
Veliko Selo **SRB** 253 Cc92
Veliko Tărnovo **BG** 273 Cm94
Veliko Tičevo **BIH** 259 Bo92
Veliko Trebeljevo **SLO** 134 Bk88
Veliko Trojstvo **HR** 242 Bo89
Velikovo **BG** 267 Cr93
Velilla de Cinca **E** 195 Aa97
Velilla del Río Carrión **E** 184 Sl95
Velilla de Tarilonte **E** 184 Sl95
Veli Lošinj **HR** 258 Bk91
Veli Iž **HR** 258 Bl92
Velimáhi **GR** 283 Cd105
Velimeşe **TR** 281 Cq98
Velimirovac **HR** 251 Br89
Velimlje **MNE** 269 Bs95
Velinga **S** 69 Bh64
Velingrad **BG** 272 Ch96
Velinovo **BG** 272 Cf95
Veli Rat **HR** 258 Bk92
Velise **EST** 209 Ck63
Veliuona **LT** 217 Cg70
Veljamoviĉy **BY** 229 Cg76
Veljatyn **UA** 246 Cg84
Velje Duboko **MNE** 269 Bt95
Veljun **HR** 135 Bm90
Velká Biteš **CZ** 232 Bn82
Velká Bystřice **CZ** 238 Bp81
Velká Hleď'sebe **CZ** 230 Bf81
Veľká Ida **SK** 241 Cc83
Veľká Lehota **SK** 239 Bs84
Veľká Lomnica **SK** 240 Ca82
Veľká nad Ipľom **SK** 240 Bu84
Velká nad Veličkou **CZ** 239 Bq83
Velká Polom **CZ** 233 Br81
Velké Bílovice **CZ** 238 Bo83
Velké Heraltice **CZ** 232 Bq81
Velké Hoštice **CZ** 232 Bq81
Veľké Kapušany **SK** 241 Ce83
Velké Karlovice **CZ** 233 Br82
Veľké Kosihy **SK** 239 Bq85
Veľké Kostoľany **SK** 239 Bq83
Veľké Kunětice **CZ** 232 Bp80
Veľke Leváre **SK** 129 Bp84
Velké Losiny **CZ** 232 Bp80
Veľké Lovce **SK** 239 Br84
Velké Meziříčí **CZ** 231 Bn82
Velken **N** 56 Ao59
Velké Němčice **CZ** 238 Bo83
Velké Opatovice **CZ** 232 Bo81
Velké Pavlovice **CZ** 238 Bo83
Veľké Pole **SK** 239 Bs83
Velké Popovice **CZ** 231 Bk81
Velké Přílepy **CZ** 231 Bi80
Veľké Ripňany **SK** 239 Bq84
Veľké Rovné **SK** 233 Bs82
Vel'ké Straciny **SK** 239 Bt84
Veľké Uľany **SK** 239 Bq84
Veľké Zálužie **SK** 239 Bq84
Velkua **RUS** 211 Cs61
Velkua **FIN** 62 Cd60
Velkuankaupunki **FIN** 62 Cd60
Velký Beranov **CZ** 231 Bm82
Veľký Blh **SK** 240 Ca84
Velký Bor **CZ** 230 Bh82
Velký Dřevíč **CZ** 232 Bn79
Vel'ky Dur **SK** 239 Br84
Veľký Kamenec **SK** 241 Cd84
Veľký Krtíš **SK** 240 Bt84
Velký Malahov **CZ** 123 Bf81
Veľký Meder **SK** 239 Bq85
Veľký Osek **CZ** 231 Bl80
Veľký Pesek **SK** 239 Bs84
Velký Šenov **CZ** 231 Bi79
Veľký Šlavkov **SK** 240 Ca82
Velký Újezd **CZ** 238 Bp81
Vella **CH** 131 At87
Vellahn **D** 110 Bb74
Vellamelen **N** 39 Bc52
Vellberg **D** 121 Au82
Vellescot **F** 169 Ap85
Velletri **I** 146 Bf97
Velling **DK** 100 Ar68
Vellinge **S** 73 Bg70
Vellisca **E** 193 Sp100
Velliza **E** 192 Sl97
Vellmar **D** 115 At78
Vellón, El **E** 193 Sn99
Vellua **FIN** 62 Cd59
Velluire **F** 165 St88
Vélo **GR** 283 Cf105
Velpke **D** 110 Bb76
Velsen **NL** 106 Ak76
Velț **RO** 254 Ci88
Velta **N** 58 Be59
Velten **D** 111 Bg75
Veltheim **D** 115 As76
Veltrusy **CZ** 231 Bi80
Velušina **MK** 271 Cc99
Velvary **CZ** 123 Bi80
Velventós **GR** 277 Ce100
Velvina **GR** 282 Cd104
Velyka Byjhan' **UA** 246 Cf84
Velyka Horožanka **UA** 235 Ch81
Velyka Kopanja **UA** 246 Cg84
Velyka Mychajlivka **UA** 249 Cu86
Velyka Palad' **UA** 241 Cf84
Velyka Tur'a **UA** 235 Ci82
Velyki Berehy **UA** 241 Cf84
Velyki Kom'jaty **UA** 241 Cf84
Velyki Lučky **UA** 246 Cf84
Velyki Mosty **UA** 235 Ci80
Velykobojarka **UA** 248 Da85
Velykomarjanivka **UA** 257 Da88
Velykyj Bereznyj **UA** 241 Ce83
Velykyj Byčkiv **UA** 246 Ci85
Velykyj Kučuriv **UA** 247 Cm84
Velykyj Ljubin' **UA** 235 Ch81
Velykyj Rakovec' **UA** 246 Cg84
Velžys **LT** 218 Ci69
Vemb, Ulfborg- **DK** 100 Ar68
Vemdalen **S** 49 Bh56
Vemdalsskalet **S** 49 Bh56
Véménd **H** 251 Bs88
Vemhån **S** 49 Bi56
Vemmedrup **DK** 104 Be70
Vemmelev **DK** 104 Bc70
Vemmenæs **DK** 103 Bb71
Vemork **N** 57 Ar61
Vemundvik **N** 39 Bd51
Ven **N** 66 An63
Vena **S** 73 Bm65
Venäänaho **FIN** 54 Cr54
Venabu **N** 48 Ba57
Venabygd **N** 48 Ba57
Venaco **F** 181 At96
Venacu = Venaco **F** 181 At96
Venafro **I** 146 Bi98
Venäjä **FIN** 63 Cg59
Venarey-les-Laumes **F** 168 Ai85
Venaria Reale **I** 136 Aq90
Venarotta **I** 145 Bg95
Venås **N** 47 Ap55
Venas Arnionys **LT** 218 Cm70
Venasca **I** 174 Ap91
Venas di Cadore **I** 133 Be88
Venåsen **N** 48 Au57
Venasque **F** 179 Al93
Venaus **I** 136 Ap90
Venčan **BG** 275 Cp94
Venčane **SRB** 262 Ca92
Vence **F** 181 Ap93
Venčiūnai **LT** 224 Ci72
Venda **P** 191 Sf99
Vendada **P** 191 Sf99
Venda Nova **P** 191 Se97
Vendas da Barreira **E** 183 Sf97
Vendas Novas **P** 196 Sd103
Vendays-Montalivet **F** 170 Ss90
Vendegies-sur-Ecaillon **F** 155 Ah80
Vendel **S** 60 Bq60
Vendelä = Ventelä **FIN** 63 Ci60
Vendeuil **F** 155 Ag81
Vendeuvre-sur-Barse **F** 162 Ai84
Vendinha **P** 197 Se104
Vendœuvres **F** 166 Ac87
Vendoli **CZ** 232 Bn81
Vendôme **F** 166 Ac85
Vendrell, El **E** 189 Ad98
Vendyčany **UA** 248 Cq83
Veneby **DK** 100 As67
Venec **BG** 266 Co93
Venec **BG** 275 Co95
Veneheitto **FIN** 44 Co52
Venejärvi **FIN** 30 Ci46
Venejoki **FIN** 55 Cu55
Venekoski **FIN** 54 Cn56
Venelin **BG** 275 Cq94
Venelles **F** 180 Al93
Venesjärvi **FIN** 52 Ce57
Veneskoski **FIN** 52 Cg55
Venetmäki **FIN** 44 Co54
Venetmäki **FIN** 54 Co56
Veneto **I** 132 Bd89
Venezia **I** 133 Be90
Veng **DK** 100 Au68
Vengedal **N** 47 Aq55
Venhuizen **NL** 106 Al75
Venialbo **E** 192 Si98
Venjan **S** 59 Bh59
Venlo **NL** 113 An78
Venne **D** 108 Ar76
Vennesla **N** 67 Aq64
Vennesund **N** 32 Be50
Venosa **I** 148 Bm99
Venray **NL** 114 Am77
Vent **A** 132 Bb87
Venta **LT** 213 Cf68
Venta de Ballerías **E** 187 Su97
Venta de Baños **E** 185 Sm97
Venta de Gaeta **E** 201 St102
Venta de la Chata **E** 205 So105
Venta de las Ranas **E** 184 Sk93
Venta de la Virgen **E** 207 Ss105
Venta del Charco **E** 199 Sm104
Venta del Moro **E** 201 Ss102
Venta de los Santos **E** 200 So104
Venta del Tollo **E** 201 Ss104
Ventanueva **E** 183 Sg94
Ventas con Peña Aguilera, Las **E** 199 Sm101
Ventas de Huelma **E** 205 Sn106
Ventas de Muniesa **E** 195 St98
Ventas de San Julián, Las **E** 192 Sk100
Venté **LT** 216 Cc70
Ventelä **FIN** 63 Ci60
Ventimiglia **I** 181 Aq93
Ventimiglia di Sicilia **I** 152 Bh105
Ventiseri **F** 181 At97
Ventlinge **S** 73 Bn68
Ventnor **GB** 98 Ss79
Ventorrillo **E** 185 Sm94
Ventorro del Negro **E** 204 Sh105
Ventorros de Balerma **E** 205 Sm106
Ventosa del Río Almar **E** 192 Sk99
Ventosa de Pisuerga **E** 185 Sm95
Ventotene **I** 146 Bg99
Ventron **F** 163 Ao85
Ventschow **D** 110 Bd73
Ventspils **LV** 212 Cd66
Venturina **I** 143 Bb94
Venus **RO** 267 Cs93
Venzone **I** 133 Bg88
Vép **H** 242 Bo86
Vepriai **LT** 218 Ck70
Veprinac **HR** 134 Bi90
Vepřová **CZ** 237 Bm81
Vepsä **FIN** 44 Cn51
Vepsä **FIN** 45 Ct53
Vepsä **FIN** 55 Da56
Vera **E** 206 Sr106
Vera **N** 39 Be53
Verab'i **BY** 219 Cq70
Veracei **BY** 219 Cq70
Vera Cruz de Marmelar **P** 197 Se104
Vera de Bidasoa **E** 176 Sr94
Vera de Moncayo **E** 186 Sr97
Verbania **I** 175 As89
Verberie **F** 161 Af82
Verbeshticë **RKS** 270 Cb96
Verbicaro **I** 148 Bm101
Verbier **CH** 130 Ap88
Verbka **UA** 249 Cs84
Verbka **UA** 249 Ct84
Verbūnai **LT** 213 Cg68
Verceia **I** 131 At88
Vercelli **I** 130 Ar90
Vercel-Villedieu-le-Camp **F** 124 An86
Verchen **D** 104 Bf73
Verchne Syn'ovydne **UA** 235 Ch82
Verchnij Jalovec' **UA** 247 Cl85
Verchnij Lužok **UA** 241 Cg82
Verchni Petrivci **UA** 247 Cm84
Verchni Stanivci **UA** 247 Cm84
Verchnja Hrabivnycja **UA** 241 Cf83
Verchnja Vyznycja **UA** 246 Cf83
Verchnje Vysoc'ke **UA** 241 Cg83
Verchovyna **UA** 247 Ck84
Vercjališki **BY** 224 Ci73
Verclause **F** 173 Al92
Verçun **AL** 276 Cb99
Verd **SLO** 134 Bi89
Verdalen, Kleppe- **N** 66 Am63
Verdalsøra **N** 39 Bc53
Verdatičy **BY** 224 Ci74
Verdello **I** 131 Au89
Verden (Aller) **D** 109 At75
Verdens Ende **N** 68 Ba62
Verdes **F** 160 Ac85
Verdière, La **F** 180 Am93
Verdikoússa **GR** 277 Cd101
Verdille **F** 170 Su89
Verdon-sur-Mer, Le **F** 170 Ss89
Verdun **F** 162 Al82
Verdun-sur-Garonne **F** 177 Ac93
Verdun-sur-le-Doubs **F** 168 Al87
Vereaux **F** 167 Af87
Verebiejai **LT** 217 Ch72
Verebkovo **RUS** 211 Cq65
Vereide **N** 46 An57
Veren **BG** 274 Cl96
Verenčanka **UA** 247 Cm83
Verenci **BG** 274 Cn94
Vereniki **GR** 282 Cb101
Vereşti **RO** 248 Cn85
Verešycja **UA** 235 Ch81
Vereteni **RUS** 211 Ct65
Verevo **RUS** 65 Da61
Verfeil **F** 177 Ad93
Vergale **LV** 212 Cc67
Vergato **I** 138 Bc92
Vergel **E** 201 Aa103
Vergeletto **CH** 131 As88
Verges **E** 189 Ag96
Vergheretó **I** 139 Be93
Verghia **F** 181 As97
Vergi **EST** 210 Cn61
Vėrgi **GR** 278 Cg99
Vergiate **I** 175 As89
Vergons **F** 180 Ao93
Vergt **F** 171 Ab90
Verguleasa **RO** 264 Ci91
Verhnij Most **RUS** 215 Cs65
Verholino **RUS** 211 Cr64
Véria **GR** 277 Ce99
Verići **BIH** 250 Bp91
Vérignon **F** 180 An93
Verín **E** 183 Sf97
Veringenstadt **D** 125 At84
Verinsko **BG** 272 Ch96
Veriora **EST** 210 Cp64
Veriškės **LT** 218 Cl71
Verket **N** 58 Ba61
Verl **D** 115 As77
Verla **FIN** 64 Co58
Vermand **F** 155 Ag81
Vermenton **F** 167 Ah85
Vermeș **RO** 253 Cd89
Vermezzo **I** 131 As90
Vërmicë **RKS** 270 Cb96
Vermiosa **P** 191 Sg99
Vermoil **P** 196 Sc101
Vermoim **P** 190 Sd98
Vermont, le **F** 163 Ap84
Vermosh **AL** 270 Bu95
Vermuntila **FIN** 62 Cd58
Vernante **I** 136 Aq92
Vernantes **F** 165 Aa86
Vernár **SK** 240 Ca83
Vernayaz **CH** 130 Ap88
Verne **D** 115 As77
Verneřice **CZ** 231 Bi79
Vernești **RO** 256 Co90
Vernet **F** 177 Ac94
Vernet, Le **F** 177 Ad94
Vernet-la-Varenne **F** 172 Ag90
Vernet-les-Bains **F** 189 Ae95
Verneuil **F** 171 Ab89
Verneuil d'Avre et d'Iton **F** 160 Ab83
Verneuil-le-Château **F** 166 Aa86
Vernier **CH** 169 An88
Verninge **DK** 103 Ba70
Verningen **N** 67 Ba62
Vernio **I** 138 Bc92
Vernioz **F** 173 Ak90
Vernoil **F** 165 Aa86
Vernois-lès-Vesvres **F** 168 Al85
Vernole **I** 149 Br100
Vernon **F** 160 Ac82
Vernou-en-Sologne **F** 166 Ad85
Vernoux-en-Vivarais **F** 173 Ak91
Vern-sur-Seiche **F** 158 Sr84
Verny **F** 162 An82
Vero **F** 181 As96
Veröce **H** 240 Bt85
Verolanuova **I** 131 Ba90
Verolengo **I** 136 Aq90
Veroli **I** 146 Bg97
Verona **I** 132 Bb90
Verosvres **F** 168 Ai88
Veřovice **CZ** 239 Br81
Verpe **N** 57 As62
Verpelét **H** 240 Ca85
Verrès **I** 130 Aq89
Verrey-sous-Salmaise **F** 168 Ak86
Verrie, La **F** 165 St87
Verrières **F** 166 Ab88
Vers **F** 169 An88
Vers **F** 171 Ad92
Versailles **F** 160 Ae83
Versam **CH** 131 At87
Verseg **H** 244 Bt85
Veršiai **LT** 217 Cg71
Versmold **D** 115 Ar76
Versoix **CH** 169 An88
Verstaminai **LT** 224 Ch72
Vertaizon **F** 172 Ag89
Vertalava **LV** 215 Cq68
Vertavillo **E** 185 Sm97
Verteillac **F** 170 Aa90
Verteneglio = Brtonigla **HR** 133 Bh90
Verteuil-d'Agenais **F** 170 Aa92
Verteuil-sur-Charente **F** 170 Aa89
Verthier **F** 174 An89
Vertiskos **GR** 278 Cg99
Vertolaye **F** 172 Ah89
Vërtop **AL** 276 Ca99
Vertou **F** 165 Ss86
Verttu **FIN** 52 Ce57
Vertukšne **LV** 215 Cp68
Vertus **F** 161 Ai83
Verucchio **I** 139 Be93
Verum **S** 72 Bh68
Veruša **MNE** 269 Bu95
Verveln **S** 70 Bm65
Verviers **B** 119 Am79
Vervik **N** 66 Am62
Vervins **F** 155 Ah81
Vervnäs **S** 49 Bg58
Verwood **GB** 98 Sr79
Veržej **SLO** 250 Bn87
Verzino **I** 151 Bo102
Verzuolo **I** 136 Ap91
Verzy **F** 161 Ai82
Vesajärvi **FIN** 52 Cf57
Vesala **FIN** 37 Cs48
Vesala **FIN** 37 Ct49
Vesamäki **FIN** 54 Co55
Vesanka **FIN** 53 Cm56
Vesanto **FIN** 54 Cn55
Vescovato **F** 181 At96
Vesdun **F** 167 Ae87
Vése **H** 250 Bp88
Vesela **BIH** 260 Bp92
Vesela **FIN** 44 Cn50
Vesela Balka **UA** 257 Da89
Vesela Dolyna **UA** 257 Ct88
Veselec **BG** 266 Co93
Veselie **BG** 275 Cq96
Veselij Kut **UA** 257 Ct88
Veselina **BG** 266 Co94
Veselí nad Lužnicí **CZ** 237 Bk82
Veselí nad Moravou **SK** 238 Bp83
Veselinovo **BG** 274 Co95
Veselinovo **BG** 275 Cp95
Veseloe **RUS** 222 Bu71
Vésenaz **CH** 169 An88
Vesetrud **N** 58 Ba60
Veseud **RO** 255 Ck89
Vesijako **FIN** 53 Cl58
Vesijärvi **FIN** 52 Cd56
Vesilahti **FIN** 53 Ch58
Vesime **I** 136 Ar91
Věšín **CZ** 236 Bh81
Vesivehmaa **FIN** 63 Cm58
Veskoniemi **FIN** 31 Cq43
Veskoonjarga = Veskoniemi **FIN** 31 Cq43
Veslesetra **N** 58 Ba61
Vesleskag **N** 47 At58
Vesmajärvi **FIN** 30 Cm45
Vesnino **RUS** 219 Cq72
Vesnovo **RUS** 217 Ce71
Vesoul **F** 169 An85
Vespolate **I** 131 As90
Véssa **GR** 285 Cn104
Vesseaux **F** 173 Ai91
Vessem **NL** 113 Al78
Vessige **S** 101 Bf67
Vestad **N** 47 Ap55
Vestbjerg **DK** 100 Au66
Vestby **N** 58 Bb61
Vestbygd **N** 27 Bl44
Vestbygd **N** 66 Ao64
Vester **DK** 102 As70
Vesterbølle **DK** 100 At67
Vesterborg **DK** 104 Bc71
Vester Bregninge **DK** 103 Ba71
Vesterby **DK** 100 Au69
Vesterby **DK** 103 Ba69
Vester Egesborg **DK** 104 Bd70
Vesterelv **N** 25 Cs40
Vester Gammelby **DK** 102 As70
Vester Grønning **DK** 100 At67
Vester Hæsinge **DK** 103 Ba70
Vester Hassing **DK** 100 Ba66
Vester Hjermitslev **DK** 100 Au66
Vester Hornum **DK** 100 At67
Vesterli **N** 33 Bl46
Vesterlund **DK** 100 At69
Vester Nebel **DK** 103 At69
Vesterø Havn **DK** 101 Bb66
Vester Skørringe **DK** 104 Bc71
Vester Sottrup **DK** 103 Au71
Vestertana **N** 25 Cq40
Vester Tørslev **DK** 100 Au67
Vester-Vandet **DK** 100 As66
Vester Velling **DK** 100 Au68
Vestervig **DK** 100 Ar67
Vestfossen **N** 58 Au61
Vesti **FIN** 62 Cf60
Vestiena **LV** 214 Cm67
Vestlax **FIN** 62 Cf60
Vestmanhavn = Vestmanna **FO** 26 Sf56
Vestmanna **FO** 26 Sf56
Vestmarka **N** 58 Bd61
Vestnes **N** 46 Ap55
Vestone **I** 132 Ba89
Vestpollen **N** 27 Bk44
Vestre (Ås) **N** 58 Bb59
Vestre Åmøy **N** 66 Am62
Vestre Jakobselv **N** 25 Ct40
Vestre Kile **N** 67 Aq62
Vestre Vallesverd **N** 67 Ar64
Vestvågan **N** 32 Bf49
Vestvik **N** 38 Bb53
Vesunti **FIN** 52 Cf57
Veszprém **H** 243 Bq86
Veszprémvarsány **H** 243 Bq86
Vésztő **H** 245 Cc87
Vetaherrado **E** 204 Si106
Vețca **RO** 255 Ck88
Vetčiny **RUS** 211 Cu63
Vețel **RO** 254 Cf89
Veteli **FIN** 43 Ch54
Veteren **N** 57 Au60
Veterja **RUS** 211 Cq64
Veternik **SRB** 252 Bu90
Vetersko **MK** 271 Cd97
Vétheuil **F** 160 Ad82
Vetiș **RO** 241 Cf85
Vetla **EST** 209 Cl62
Vetlanda **S** 70 Bl66
Vetovo **BG** 266 Cn93
Vetovo **HR** 251 Bq90
Vētraine **LV** 215 Cp66
Vetralla **I** 144 Be96
Vetren **BG** 266 Cp92
Vetren **BG** 272 Ci96
Vetren **BG** 274 Cm95
Vetren Dol **BG** 273 Ci96
Vetrino **BG** 266 Cp94
Vetrișoaia **RO** 256 Cr88
Větrný Jeníkov **CZ** 238 Bl82
Vetschau (Spreewald) **D** 117 Bi77
Vetsikko **FIN** 24 Cp41
Vettaland **N** 66 Am63
Vettasjärvi **S** 29 Cd46
Vetterud **N** 58 Bd60
Vetti **N** 47 Aq58
Vettin **D** 110 Be74
Vetto **I** 138 Ba92
Vettweiß **D** 114 Ao79
Vetulonia **I** 143 Bb95
Vetunica **SRB** 271 Ce96
Vetvenik **RUS** 211 Cq63
Veules-les-Roses **F** 99 Ab81
Veulettes-sur-Mer **F** 99 Ab81
Veum **N** 67 Ar62
Veurdre, le **F** 167 Ag87
Veurne = Furnes **B** 155 Af78
Vevang **N** 47 Ap55
Vevčani **MK** 270 Cb98
Veverská Bítýška **CZ** 238 Bn82
Vevey **CH** 169 Ao88
Vévi **GR** 277 Cd99
Vevring **N** 46 Al57
Vex **CH** 130 Ap88
Vexala **FIN** 42 Ce54
Vexin-sur-Epte **F** 160 Ad82
Veynes **F** 174 Am91
Veyrier-du-Lac **F** 174 An89
Věž **CZ** 238 Bl81
Vėžaičiai **LT** 216 Cc69
Vézaponin **F** 155 Ag82
Vezdemarbán **E** 192 Sk97
Vézelay **F** 167 Ah86
Vézelise **F** 162 An84
Vézelois **F** 169 Ao85
Vezels-Roussy **F** 172 Af91
Vezendiu **RO** 245 Ce85
Vezenkovo **BG** 275 Co95
Vézénobres **F** 179 Ai92
Vézilly **F** 161 Ah82
Vezins **F** 165 St86
Vézins-de-Lévézou **F** 172 Af92
Vežionys **LT** 218 Ck72
Vezza d'Oglio **I** 132 Ba88
Vezzani **F** 181 At96
Vezzano **I** 132 Bc88
Vezzano sul Crostolo **I** 138 Bb91
Vezzola **I** 138 Bb91
Vi **S** 50 Bp56
Via **S** 50 Bp57
Viadana **I** 138 Bb91
Viagrande **I** 153 Bl105
Vialas **F** 172 Ah92
Viam **F** 171 Ad89
Viana **E** 186 Sq95
Viana do Alentejo **P** 197 Se104
Viana do Bolo **E** 183 Sf96
Viana do Castelo **P** 190 Sc97
Vianden **L** 119 An81
Viane **F** 178 Af93
Vianen **NL** 106 Al77
Viaño Pequeno (Trazo) **E** 182 Sc94
Viaño Pequeño (Trazo) = Viaño Pequeno (Trazo) **E** 182 Sc94
Vianos **E** 200 Sp103
Vianta **FIN** 44 Cp54
Viantie **FIN** 36 Ck49
Viareggio **I** 138 Ba93
Viarmes **F** 160 Ae82
Vias **F** 178 Ag94
Viașiu **RO** 264 Cf92
Viasvesi **FIN** 52 Cd58
Viatodos **P** 190 Sc98
Viator **E** 206 Sq107
Vibal, Le **F** 172 Af92
Vibberbo **S** 60 Bm60
Vibble **S** 71 Br65
Vibbyn **S** 35 Cd49
Viblemo **N** 66 Ap64
Viborg **DK** 100 At68
Vibo Valentia **I** 151 Bn103
Vibo Valentia Marina **I** 151 Bn103
Vibrac **F** 170 Su89
Vibraye **F** 160 Ab84
Vibraye **DK** 104 Be69
Viby **S** 69 Bk62
Viby **S** 72 Bi68
Vic **E** 189 Ae97
Viča **SRB** 262 Ca93
Vicálvaro **E** 193 Sn100
Vicari **I** 152 Bh105
Vicchio **I** 138 Bc93
Vicdessos **F** 177 Ac95
Vicedo **E** 183 Se93
Vic-en-Bigorre **F** 187 Aa94
Vicenza **I** 132 Bd89
Vic-Fezensac **F** 177 Aa93
Vichy **F** 167 Ag88
Vicién **E** 187 Su96
Viciomaggio **I** 138 Bd94
Vickan **S** 68 Be66
Vickleby **S** 73 Bn67
Vic-le-Comte **F** 172 Ag89
Vico **F** 142 As96
Vico del Gargano **I** 147 Bm97
Vico Equense **I** 146 Bi99
Vicoforte **I** 175 Aq92
Vicopisano **I** 138 Bb93
Vicosoprano **CH** 131 Au88
Vicovaro **I** 146 Bf96
Vičovo **BG** 267 Cr93
Vicovu de Jos **RO** 247 Cm85
Vicovu de Sus **RO** 247 Cm85
Vicq-sur-Nahon **F** 166 Ad86
Vicques **CH** 124 Ap86
Vic-sur-Aisne **F** 161 Ag82
Vic-sur-Cère **F** 172 Af91
Victoria **M** 151 Bi108
Victoria **RO** 248 Cq86
Victoria **RO** 255 Ck89
Victoria **RO** 266 Cq91
Vicuña, La **E** 204 Sl105
Vicu = Vico **F** 142 As96
Vid (Narona) **HR** 268 Bq94
Vidago **P** 191 Se97
Vidais **P** 196 Sb102
Vidamlja **BY** 229 Ch76
Vidanes **E** 184 Sk95
Vidángoz **E** 176 Ss95
Viðareiði **FO** 26 Sg56
Vidauban **F** 180 An94
Vidbo **S** 61 Br61
Viddal **N** 46 Ao56
Viddalba **I** 140 As99
Vide **P** 191 Se100
Videbæk **DK** 100 As68
Videle **RO** 265 Cm92
Videm **SLO** 134 Bk89
Videm = Videm ob Ščavnici **SLO** 250 Bn87
Videm ob Ščavnici **SLO** 250 Bn87
Videm pri Ptuju **SLO** 242 Bm88
Videniškiai **LT** 218 Cl70
Videseter **N** 47 Ap57
Vidhareidhi = Viðareiði **FO** 26 Sg56
Vidice **CZ** 236 Bf81
Vidigueira **P** 197 Se104
Vidigulfo **I** 175 At90
Vidima **BG** 274 Ck95
Vidin **BG** 264 Cf93
Vidiškiai **LT** 218 Ck70
Vidlin **GB** 77 Ss60
Vidly **CZ** 232 Bp80
Vidnava **CZ** 232 Bp80
Vidno **BG** 267 Cr93
Vidoky **BY** 215 Cr69
Vidoni **RUS** 211 Cu64
Vidonín **CZ** 232 Bn82
Vidor **I** 133 Be89
Vidou **F** 187 Aa94
Vidovište **MK** 272 Ce97
Vidra **RO** 254 Cf88
Vidra **RO** 256 Co89
Vidra **RO** 265 Cn92
Vidrar **BG** 271 Cf95
Vidrare **BG** 272 Ci95
Vidreres **E** 189 Af97
Vidriži **LV** 214 Ck66
Vidsel **S** 34 Cb49
Vidsodis **LT** 213 Cf69
Vidukle **LT** 217 Cf70
Vidutinė **LT** 218 Cn70
Vidzy **BY** 219 Co70
Viechtach **D** 123 Bf82
Viečiūnai **LT** 224 Ci72
Viedås = Vietas **S** 28 Br46
Viehbrock **D** 109 At74
Viehhofen **A** 127 Bf86
Vieille-Brioude **F** 172 Ag90
Vieillevigne **F** 165 Ss87
Vieils-Maisons **F** 161 Ag83
Vieira de Leiria **P** 196 Sc101
Vieira do Minho **P** 190 Sd97
Vieki **FIN** 45 Cu54
Viekšniai **LT** 213 Cf68
Vielank **D** 109 Bc74
Vielha e Mijaran **E** 188 Ab95
Viella-Mitg Arán = Vielha e Mijaran **E** 188 Ab95
Vielle-Aure **F** 177 Aa95
Vielle-Soubiran **F** 176 Su92
Vielmur-sur-Agout **F** 178 Ae93
Vielsalm **B** 119 Am80
Vieluft **N** 23 Ch40
Vienenburg **D** 116 Bb77
Vienne **F** 173 Ak89
Viens **F** 180 Am93
Viensuu **FIN** 45 Cu54
Vierchnjadzvinsk **BY** 215 Cq69
Viereck **D** 111 Bi73
Vieremä **FIN** 44 Co53
Viereth-Trunstadt **D** 122 Bb81
Vierhouten **NL** 107 Am76
Vieritz **D** 110 Be75
Vierlinden **D** 225 Bi75
Vierlingsbeek **NL** 113 An77
Viernheim **D** 163 As81
Vierraden **D** 111 Bi74
Viersen **D** 114 An78
Viersla **N** 57 Ap60
Vierumäki **FIN** 64 Cm58
Vierville-sur-Mer **F** 159 St82
Vierzon **F** 166 Ae86
Viesāti **LV** 213 Cf67
Vieselbach **D** 116 Bc79
Viesimo **FIN** 55 Da56
Viešintos **LT** 218 Ck69
Viesīte **LV** 214 Cm68
Viessoix **F** 159 St83
Vieste **I** 147 Bn97
Viešvėnai **LT** 213 Ce69
Viešvilė **LT** 217 Ce70
Vietas **S** 28 Br46
Vietmannsdorf **D** 111 Bh74
Vietri di Potenza **I** 148 Bm99
Vietri sul Mare **I** 147 Bk99
Vietze **D** 110 Bc74
Vieux-Boucau-les-Bains **F** 176 Ss93
Vievis **LT** 218 Ck71
Vieyes **I** 174 Ap89
Vif **F** 173 Am90
Viffort **F** 161 Ag83
Vig **AL** 269 Bu97
Vig **DK** 101 Bd69
Vigan, Le **F** 179 Ah93
Viganj **HR** 268 Bp95
Vīganti **LV** 215 Co68
Vigarano Mainarda **I** 138 Bd91
Vigasio **I** 132 Bb90
Vigdalsmo **N** 38 Ba54
Vigdel **N** 66 Am63
Vigeland **N** 66 Ap64
Vigeland **N** 67 As64
Vigeois **F** 171 Ad90
Vigevano **I** 131 As90
Vigge **S** 49 Bi55
Vigge **S** 50 Bo56
Viggianello **I** 148 Bn101
Viggiano **I** 147 Bm100
Viggja **N** 38 Ba54
Vigľaš **SK** 239 Bt83
Vigmostad **N** 66 Ap64
Vignacourt **F** 155 Ae80
Vignale Monferrato **I** 136 Ar90
Vignanello **I** 144 Be96
Vignats **F** 159 Su83
Vignes, Les **F** 172 Ag92
Vigneulles-lès-Hattonchâtel **F** 119 Am83
Vigneux-de-Bretagne **F** 164 Sr86
Vigneux-Hocquet **F** 156 Ah81
Vignola **I** 138 Bc92
Vignola Mare **I** 140 At98
Vignole **I** 133 Be88
Vignolles **F** 170 Su89
Vignory **F** 162 Al84
Vignoux-sous-les-Aix **F** 167 Ae86
Vignoux-sur-Barangeon **F** 166 Ae86
Vigny **F** 160 Ad82
Vigo **E** 182 Sc96
Vigone **I** 174 Ap91
Vigonza **I** 132 Bd90
Vigo Rendena **I** 132 Bb88
Vigrestad **N** 66 Am63
Vigsnæs **DK** 104 Bd71
Vigsø **DK** 100 As66
Viguzzolo **I** 137 As91
Vigy **F** 119 An82
Vihajärvi **FIN** 44 Cq51
Vihanninkylä **FIN** 53 Ck55
Vihantasalmi **FIN** 54 Co58
Vihanti **FIN** 43 Ck52
Vihari **FIN** 45 Cu53
Vihavuosi **FIN** 53 Ck58
Viherlahti **FIN** 62 Cc59
Vihiers **F** 165 St86
Vihren **BG** 272 Cg97
Vihtajärvi **FIN** 54 Co55
Vihtalahti **FIN** 53 Cm56
Vihtari **FIN** 55 Ct56
Vihtasuo **FIN** 45 Ct54

410 Vėlaičiai – Vihtasuo

Vinsa S 35 Cf47
Vinslöv S 72 Bh68
Vinsternes N 38 Ar54
Vinstra N 47 Au57
Vintala FIN 62 Ce59
Vintermossen S 59 Bk61
Vintervollen N 25 Da41
Vintilă Vodă RO 256 Co90
Vintjärn S 60 Bn59
Vintl = Vandoies I 132 Bd87
Vintrosa S 70 Bk62
Vintu de Jos RO 254 Cg89
Viñuela E 205 Sm107
Viñuela de Sayago E 192 Si98
Viñuelas E 193 So99
Vinuesa E 185 Sp97
Vinzaglio I 131 As90
Vinzelberg D 110 Bd75
Viöl D 103 At71
Viola I 175 Aq92
Violay F 173 Ai89
Viols-le-Fort F 179 Ah93
Vion F 173 Ak90
Vionnaz CH 130 Ao88
Viozene I 181 Aq92
Vipava SLO 134 Bh89
Vipereşti RO 256 Cn90
Vipiteno I 132 Bc87
Viplaix F 167 Ae88
Vipperød DK 101 Bd69
Vipperow D 110 Bf74
Vir BIH 268 Bp93
Vír CZ 238 Bn81
Vir HR 258 Bl92
Vir MNE 269 Bs95
Vira HR 268 Bn94
Vira (Gambarogno) CH 131 As88
Virala FIN 63 Ck59
Virbalis LT 224 Cf71
Virböle = Viirilä FIN 64 Cn59
Vircava LV 213 Ch67
Virda RUS 45 Db53
Vireda S 69 Bk65
Virenoja FIN 64 Cm59
Vire Normandie F 159 St83
Vireši LV 214 Cn66
Virestad S 72 Bi67
Vireux-Wallerand F 156 Ak80
Virgen A 133 Be86
Virgen de la Cabeza E 199 Sm104
Virgen de la Vega E 195 St100
Virginia IRL 82 Sf73
Virieu-le-Grand F 173 Am89
Virje HR 242 Bp88
Virkby = Virkkala FIN 63 Ch60
Virkkala FIN 63 Ch60
Virkkula FIN 37 Ct48
Virkkunen FIN 37 Cq49
Virklund DK 100 Au68
Virksund DK 100 At67
Virmaanpää FIN 54 Cp55
Virmaila FIN 53 Cl58
Virmutjoki FIN 55 Cs58
Virneburg D 119 Ap80
Virojoki FIN 64 Cq59
Virolahden kirkonkylä FIN 64 Cq59
Vironchaux F 154 Ad80
Virónia GR 278 Cg98
Virove BG 264 Cg93
Virovitica HR 242 Bp89
Virovsko BG 264 Ch94
Virpazar MNE 269 Bt96
Virpe LV 213 Ce66
Virrankylä FIN 37 Cs48
Virrat FIN 53 Ch56
Virring DK 100 Ba68
Virsbo S 60 Bn61
Virserum S 73 Bm66
Viršužiglis LT 217 Ci71
Virtaa FIN 53 Cm58
Virtaniemi FIN 31 Cr43
Virtasalmi FIN 54 Cp56
Virton B 162 Am81
Virtsu EST 209 Ch63
Virttaa FIN 62 Cf59
Viru-Jaagupi EST 210 Cn62
Viru-Nigula EST 64 Co62
Virville F 159 Aa81
Viry F 169 An88
Vis HR 268 Bn94
Viš MNE 269 Bt95
Visag RO 253 Cd89
Visaginas LT 218 Cn69
Visaille, La I 130 Ao89
Višakio Rūda LT 217 Cg71
Visan F 173 Ak92
Vişani RO 266 Cp90
Visbek D 108 Ar75
Visby DK 100 Ar67
Visby S 71 Br65
Visé B 156 Am79
Višegrad BIH 262 Bt93
Visegrád H 240 Bs85
Višegrad Banja BIH 262 Bt93
Viserba I 139 Bf92
Viseu P 191 Se99
Vişeu de Jos RO 246 Ci85
Vişeu de Sus RO 246 Ci85
Visiedo E 194 Ss99
Vişina RO 265 Cl91
Vişineşti RO 265 Cm90
Visingsö S 69 Bi64
Viška UA 241 Cf83
Viskafors S 69 Bf65
Viskan S 50 Bn56
Viskedal N 46 An58
Višķi LV 215 Co68
Visland N 66 Ao63
Vislanda S 72 Bi67
Višļi LV 213 Ce66
Visnes N 56 Al62
Višneva BY 218 Cn72
Višněvcy BY 219 Cp71
Višnevka RUS 65 Ct60
Višnevo BY 219 Co71
Višnjovca MD 257 Cr88
Višnja Gora SLO 134 Bk89
Višnjan HR 134 Bh90
Višnjevac HR 251 Bs89
Višnjica SRB 252 Cb91
Višnjića Do MNE 269 Bs94
Višnjićevo SRB 251 Bt91
Višňová CZ 118 Bl79
Višňové CZ 238 Bn83
Visnum S 69 Bi62
Visnumskil S 69 Bi62
Viso, El E 198 Sl104
Visoca MD 248 Cq84
Visočka Ržana SRB 272 Cf94
Viso del Alcor, El E 204 Si106
Viso del Marqués E 199 Sn103
Visoka SRB 261 Bu93
Visoko BIH 260 Br93
Visoko SLO 134 Bi88
Visone I 175 As91
Višovgrad BG 273 Cl94
Visp CH 130 Aq88
Vispvallen S 49 Bg55
Viss H 241 Cd84
Vissani GR 276 Cb101
Vissefjärda S 73 Bm67
Visselhövede D 109 Au75
Visseltofta S 72 Bh68
Vissenbjerg DK 103 Ba70
Vissinéa GR 277 Cc99
Visso I 145 Bg95
Vissoie CH 169 Aq88
Vistabella E 194 Ss98
Vistabella del Maestrat E 195 Su100
Vistabella del Maestrazgo = Vistabella del Maestrat E 195 Su100
Vistasstugorna S 28 Bs44
Vistheden S 35 Cb49
Visthus N 32 Bf49
Vistino RUS 65 Cr61
Vistorp S 69 Bh64
Vištytis LT 217 Cf72
Visuvesi FIN 53 Ch56
Vita I 152 Bf105
Vitåfors S 35 Ce49
Vităneşti RO 265 Cl92
Vitanje SLO 135 Bl88
Vitanovac SRB 262 Cb93
Vitanovac SRB 263 Cc94
Vitanvaara FIN 37 Cp49
Vitaperä FIN 44 Cq50
Víťaz SK 240 Cb83
Vitberget S 34 Ca49
Vitemölla S 72 Bi69
Viterbo I 144 Be96
Vitez BIH 260 Bq92
Vithkuq AL 276 Cb99
Viti EST 63 Ci62
Viti RKS 271 Cc96
Vitigudino E 191 Sh98
Vitina BIH 268 Bp94
Vitina GR 286 Ce105
Vitina = Viti RKS 271 Cc96
Vītiņi LV 213 Cf68
Vitino RUS 65 Cu61
Vitis A 129 Bl83
Vitkovo SRB 263 Cc94
Vitkov Wigstadl CZ 232 Bq81
Vitolište MK 277 Cd98
Vitomirica = Vitumirusë RKS 270 Ca95
Vitonice CZ 238 Bn83
Vitorchiano I 144 Be96
Vitória P 190 Qd102
Vitoria-Gasteiz E 186 Sp95
Vitoševac SRB 263 Cd93
Vitovlje BIH 260 Bq92
Vitrac F 171 Ac91
Vitrac-Saint-Vincent F 171 Ab89
Vitré F 159 Ss84
Vitrey-sur-Mance F 168 Am85
Vitrolles F 180 Al94
Vitrolles F 180 Am93
Vitry-aux-Loges F 160 Ae85
Vitry-en-Artois F 155 Af80
Vitry-le-Croisé F 162 Ak84
Vitry-le-François F 162 Ak83
Vitry-sur-Seine F 160 Ae83
Vitsakumpu FIN 30 Cl45
Vitsikkopalo FIN 29 Ch45
Vitt D 220 Bg71
Vittajoki FIN 44 Cp51
Vittangi S 29 Cd45
Vittaryd S 72 Bh67
Vitte D 105 Bg71
Vitteaux F 168 Ak86
Vittel F 162 Am84
Vittiko FIN 37 Cr47
Vittinge S 60 Bp61
Vittjärn S 59 Bf60
Vittjärv S 35 Cd49
Vittoria I 153 Bk107
Vittorio Veneto I 133 Be89
Vittorp S 70 Bn62
Vittsjö S 72 Bh68
Vitulano I 147 Bk98
Vitumirusë RKS 270 Ca95
Vituniči BY 219 Cq71
Vitvattnet S 35 Cg48
Vitzenburg D 116 Bd78
Vitzlj UA 241 Cf83
Vitznau CH 130 Ar86
Viù I 174 Ap90
Viuf DK 103 At69
Viuhkola FIN 64 Cp58
Viul N 58 Ba60
Viuruniemi FIN 55 Cs55
Vivar del Cid E 185 Sn96
Vivares E 198 Si102
Vivario F 181 At96
Vivariu = Vivario F 181 At96
Vivaro I 133 Bf88
Vivastbo S 60 Bo60
Vive DK 100 Ba67
Viveda E 185 Sm94
Viveiro E 183 Se93
Viveiró E 183 Se94
Vivel del Río Martín E 195 St99
Vivelstadsvea N 58 Bc58
Viver E 195 St101
Viverols F 172 Ah90
Viveros E 200 Sp103
Vivestad N 58 Ba62
Viviers F 173 Ak92
Vivier-sur-Mer, Le F 158 Sr83
Vivild DK 100 Ba68
Vivljunga S 72 Bh67
Vivonne F 165 Aa88
Vivungi S 29 Ce45
Vivunperä FIN 53 Cl54
Vivy F 165 Su86
Vix F 165 St88
Vizcaínos E 185 So96
Vize TR 281 Cq97
Vizić SRB 261 Bt90
Vizille F 174 Am90
Vižinada HR 134 Bh90
Viziru RO 266 Cq90
Vizitsa GR 283 Cg102
Vizovice CZ 239 Bq82
Vizsoly H 241 Cc84
Vizvár H 242 Bp88
Vizzavona F 181 At96
Vizzini I 153 Bk106
Vjalikae Sjalo BY 219 Cq70
Vjalikaja Berastavica BY 224 Ci74
Vjalikaryta BY 229 Ci77
Vjalikija Ejsmanty BY 224 Ci74
Vjarchoviĉy BY 229 Ch76
Vjarhi BY 229 Ci76
Vjarhovity BY 229 Cg76
Vjartsilja RUS 55 Db56
Vjarzjki BY 224 Ci74
Vjazyn' BY 219 Cp72
Vjetrenik BIH 261 Bs93
Vlaardingen NL 106 Ai77
Vlachovice CZ 239 Bq82
Vlachovo SK 240 Ca83
Vlachovo Březi CZ 236 Bh82
Vlad AL 270 Ca96
Vlădeni RO 248 Co85
Vlădeni RO 248 Cp86
Vlădeni RO 265 Cm91
Vlădeni RO 266 Cq91
Vlădeşti RO 256 Cr89
Vlădeşti RO 264 Ci90
Vlădeşti RO 265 Ck90
Vladičin Han SRB 271 Ce95
Vlădila RO 264 Ci92
Vladilovce MK 271 Cd97
Vladimir MNE 269 Bt96
Vladimir RO 264 Ch91
Vladimir (Andreesti) RO 264 Ch91
Vladimirci SRB 262 Bu91
Vladimirescu RO 253 Cc88
Vladimirovac SRB 253 Cb90
Vladimirovci BG 266 Co93
Vladimirovka RUS 65 Da59
Vladimirovo BG 264 Cg93
Vladimirovo BG 266 Cq93
Vladimirskij RUS 65 Da61
Vladimirskij RUS 211 Ct64
Vladinja BG 265 Ck94
Vladislav CZ 232 Bm82
Vlad Tepeş RO 266 Cp92
Vlăduleni RO 264 Ci92
Vladyčen' UA 257 Cs89
Vladyčna UA 248 Cn84
Vlagtwedde NL 107 Ap74
Vlaháta GR 282 Cb104
Vláhava GR 277 Cd101
Vlahérna GR 286 Ce105
Vlahiá GR 284 Ch103
Vlahii RO 266 Cq92
Vlahióti GR 286 Cf107
Vlăhiţa RO 255 Cm88
Vlahně AL 270 Ca96
Vlahokerassiá GR 286 Ce106
Vlahović HR 135 Bn90
Vlahovići BIH 269 Br94
Vlahovo BG 273 Ck97
Vlajkovac SRB 253 Cc90
Vlajkovci SRB 262 Cb94
Vlajnovići SRB 262 Bt92
Vlaka HR 268 Bn94
Vlakča SRB 262 Cb92
Vlaole SRB 263 Cd92
Vlasatice CZ 238 Bn83
Vlase SRB 271 Cd95
Vlasenica BIH 261 Bs92
Vlashuk AL 276 Bu99
Vlašići HR 258 Bl92
Vlašim CZ 231 Bk81
Vlaşin RO 265 Cm92
Vlasina Okruglica SRB 272 Ce95
Vlasina Rid SRB 272 Ce95
Vlăsineşti RO 248 Co85
Vlaška SRB 252 Cb92
Vlaški Do SRB 253 Cc92
Vlaško Polje MNE 262 Bu95
Vlasotince SRB 263 Ce95
Vlatten D 119 Ao79
Vlčany SK 239 Bq84
Vlčice CZ 231 Bm79
Vlčnov CZ 239 Bq82
Vledder NL 107 An75
Vlesno RUS 215 Cr67
Vleuten NL 113 Al76
Vlijmen NL 113 Al77
Vlissingen NL 112 Ah78
Vlkava CZ 231 Bk80
Vlkolínec SK 240 Bt82
Vlohós GR 283 Ce101
Vlönkylä FIN 62 Cf60
Vlorë AL 276 Bt100
Vlotho D 115 As76
Vluyn, Neukirchen- D 114 Ao78
Vnorovy CZ 238 Bp83
Vnučkove UA 246 Ch84
Vo I 132 Bd90
Vobarno I 132 Bb89
Vochabni BY 219 Cp71
Voćin HR 251 Bq89
Vöcklabruck A 127 Bh84
Vöcklamarkt A 127 Bg84
Voden BG 273 Cl97
Voden BG 273 Cm96
Vodeničane BG 275 Co95
Vodeničarsko BG 274 Cl98
Voderady SK 239 Bq84
Vodica BG 265 Cn94
Vodica BIH 259 Bp92
Vodicë AL 276 Cb100
Vodice HR 134 Bi90
Vodice HR 259 Bm93
Vodinci HR 251 Bs90
Vodná CZ 123 Bf80
Vodna SRB 263 Cd92
Vodňany CZ 123 Bi82
Vodnjan HR 258 Bh91
Vodnjanci BG 264 Cf93
Vodno BG 274 Cn94
Vodokrty CZ 236 Bg81
Vodovrat MK 271 Cd97
Vodskov DK 100 Ba66
Vodycja UA 246 Ch84
Voe GB 77 Ss60
Voel DK 100 Au68
Voer DK 100 Ba67
Voerde (Niederrhein) D 114 Ao77
Voerendaal NL 114 Am79
Voerladegård DK 100 Au68
Voersă DK 100 Ba66
Vœuil-et-Giget F 170 Aa89
Vogar IS 20 Qh26
Vogatsikó GR 277 Cc100
Vogelsberg D 116 Bc78
Vögelsen D 109 Ba74
Voghenza I 138 Bd91
Voghera I 175 At91
Vognill N 47 Au55
Vognsild DK 100 At67
Vogogna I 175 Ar88
Vogošća BIH 260 Br93
Vogt D 125 Au85
Vogtareuth D 236 Be85
Vogtei D 116 Ba78
Vogüé F 173 Ai91
Vohburg an der Donau D 126 Bd83
Vohenstrauß D 230 Be81
Vöhl D 115 As78
Võhma EST 208 Ce63
Võhma EST 209 Cm63
Võhmuta EST 210 Cm62
Vohonovo RUS 211 Cu61
Vöhrenbach D 125 Ar84
Vöhringen D 125 As84
Vöhringen D 125 Ba84
Vöhrum D 109 Ba76
Voiakkala FIN 36 Ci49
Voiceşti RO 264 Ci91
Void-Vacon F 162 Am83
Voikkaa FIN 64 Co59
Voikoski FIN 54 Co58
Voila RO 255 Ck89
Voilemont F 162 Ak82
Voiluoto FIN 62 Cc58
Voina RO 255 Cl90
Voineasa RO 254 Ch90
Voineşti RO 265 Cl90
Voinsalmi FIN 54 Cr56
Voiron F 173 Am90
Voismaut A 238 Bm85
Võiste EST 209 Ci64
Voiteg RO 253 Cc90
Voiteur F 168 Am87
Voitoinen FIN 62 Ce58
Voitsberg A 135 Bl86
Voitsdorf A 128 Bi84
Võivaku EST 210 Cm64
Voivodeni RO 255 Ck87
Vojakkala FIN 63 Ci59
Vojany SK 241 Cd83
Vojens DK 103 At70
Vojislavci MK 272 Ce97
Vojka SRB 261 Ca91
Vojlovica SRB 252 Cb91
Vojmån S 40 Bo51
Vojnić HR 135 Bm90
Vojnica BG 263 Cf93
Vojnidenjaty BY 218 Cn71
Vojnik MK 271 Cd96
Vojnik SLO 135 Bl88
Vojnika BG 275 Co96
Vojnjagovo BG 273 Ck95
Vojnův Městec CZ 231 Bm81
Vojšanci MK 271 Ce98
Vojska SRB 263 Cc92
Vojskaja BY 229 Ch76
Vojstom BY 219 Co71
Vojtanov CZ 230 Be80
Vojtjajaurekapell S 33 Bl49
Vojutyči UA 241 Cg81
Vojvoda BG 266 Cp94
Vojvoda Stepa SRB 252 Cb89
Vojvodino BG 266 Cq94
Vojvodinovo BG 273 Ck96
Voka EST 64 Cq62
Vokil BG 266 Cp93
Voknavolok RUS 45 Db51
Voksa N 46 Al56
Vokslev DK 100 Au67
Volákas GR 278 Ci98
Volary CZ 123 Bh83
Voľberavičy BY 219 Cq71
Volbu N 57 At58
Volčja Draga SLO 133 Bh89
Volda N 46 An56
Voldby DK 100 Au68
Voldby DK 101 Bb68
Volden N 48 Bb55
Volders A 126 Bd86
Volduchy CZ 123 Bh81
Voldum DK 100 Ba68
Volendam NL 106 Al76
Volenice CZ 236 Bh82
Volenseter N 48 Au58
Volesy = Valjasy BY 215 Cr68
Volgsele S 40 Bo51
Volimes GR 282 Cb105
Volintiri MD 257 Cs88
Volissós GR 285 Cm104
Volja BY 229 Ci76
Volja Baranec'ka UA 235 Cg81
Volja-Blažīvs'ka UA 235 Cg82
Voljice BIH 260 Bq93
Volkach D 121 Ba81
Volkenschwand D 127 Bd83
Völkermarkt A 134 Bk87
Volketswil CH 125 As86
Völklingen D 163 Ao82
Volkmarsen D 115 At78
Volkovija MK 270 Cb97
Volkovija MK 270 Cc97
Volkringhausen D 114 Aq78
Voll N 47 Ap55
Voll N 58 Bb59
Voll N 67 Au62
Volleberg N 67 Aq64
Vollen N 22 Bs41
Vollen N 47 Ba56
Völlenerfehn D 107 Ap74
Vollenhove NL 107 Am75
Vollersode D 108 As74
Vollerup DK 103 At71
Völlinghausen D 115 Ar78
Vollnes N 46 Am56
Vollom N 56 Al59
Vollrathsruhe D 110 Be73
Vollseter N 46 Ao56
Vollseter N 47 Au57
Vollum N 48 Ba57
Volma BY 219 Cq73
Volmunster F 120 Ap82
Voločaevka RUS 65 Cu60
Volodarskoe RUS 211 Cu64
Voloder HR 135 Bo89
Volodymyr-Volyns'kyj UA 235 Ci79
Voloiac RO 264 Cg91
Voloka UA 247 Cm84
Vólos GR 283 Cf102
Vološča UA 235 Ch81
Volosjanka UA 235 Cf83
Vološovo RUS 211 Ct63
Volovăţ RO 247 Cm85
Volovo BG 265 Cm93
Volpago del Montello I 133 Be89
Volpriehausen D 115 Au77
Völs A 126 Bc86
Völs am Schlern = Fiè allo Sciliar I 132 Bc87
Volsemenhusen D 103 At73
Volsted DK 100 Au67
Voltaggio I 137 As91
Volta Mantovana I 132 Bb90
Voltana I 138 Bd91
Volterra I 138 Bb94
Voltlage D 108 Aq76
Voltri I 175 As92
Voltti FIN 43 Cf54
Volturara Irpina I 147 Bk99
Volturino I 147 Bl98
Voluja SRB 253 Cd92
Volujac SRB 262 Bu91
Volum N 48 Be58
Voluntari RO 265 Cn92
Volvera I 136 Aq91
Volvic F 172 Ag89
Volx F 180 Am93
Volycja UA 235 Ch80
Volyně CZ 123 Bh82
Volyns'kyj, Volodymyr- UA 235 Ci79
Voněche B 156 Ak80
Vonešta Voda BG 273 Cm95
Vónitsa GR 282 Cb103
Vonnas F 168 Ak88
Võnnu EST 210 Cp64
Vönöck H 242 Bp86
Võõbu EST 210 Cl62
Võõpsu EST 211 Cq64
Voorburg NL 113 Ai76
Voorschoten NL 113 Ai76
Voorthuizen NL 113 Am76
Vopša RUS 65 Da61
Vörå FIN 52 Ce54
Voranava BY 218 Cl72
Vorau A 129 Bm86
Vorbasse DK 103 At69
Vorchdorf A 236 Bh85
Vorde DK 100 At67
Vorden NL 114 An76
Vörden, Neuenkirchen- D 108 Ar75
Vorderkaser = Casera di Fuori I 132 Bb87
Vorderlanersbach A 132 Bd86
Vorderriß D 126 Bc85
Vorderstoder A 128 Bi85
Vordingborg DK 104 Bd70
Vordónia GR 286 Ce106
Vorë AL 270 Bu98
Voreppe F 173 Am90
Vorey F 172 Ah90
Vorhelm D 114 Aq77
Vóri GR 291 Ck110
Voriná GR 277 Ce98
Vormsele S 41 Bs51
Vormstad N 38 Au54
Vormsund N 58 Bc60
Vormträsk S 41 Bs52
Vorna FIN 44 Cm52
Vorniceni RO 248 Co85
Vorobino RUS 211 Ct64
Vorobleviči UA 235 Ch82
Vorochta UA 247 Ck84
Vorona RO 248 Co85
Voroniči BY 219 Co71
Vorring DK 100 Au67
Vorselaar B 156 Ak78
Vorsfelde D 110 Bb76
Vorst D 114 An78
Vorta RO 253 Cd87
Võru EST 210 Cp65
Vorwerk D 109 At74
Vosava BY 219 Cq71
Vosiliškis LT 217 Ch69
Voskop AL 276 Cb99
Voskopojë AL 276 Cb99
Voşlăbeni RO 255 Cm87
Voss N 56 An59
Võsu EST 210 Cm61
Votice CZ 231 Bk81
Votonóssi GR 277 Cc101
Vou F 166 Ab86
Voúčyn BY 229 Cg76
Voúdia GR 287 Ci107
Voué F 161 Ai84
Vougy F 167 Ai88
Vougy F 174 An88
Vouhé F 165 St88
Vouillé F 165 Aa87
Vouillé-les-Marais F 165 St88
Vouillon F 166 Ad87
Voukoliés GR 290 Ch110
Voúla GR 284 Ch105
Vouliagméni GR 284 Ch105
Voúlpi GR 282 Cd102
Voulte-sur-Rhône, La F 173 Ak91
Voulx F 161 Af84
Vounargo GR 286 Cc106
Vouneuil-sous-Biard F 165 Aa87
Vouneuil-sur-Vienne F 166 Ab87
Vounihora GR 283 Ce104
Vourkári GR 288 Ci105
Vourliótes GR 289 Co105
Voúrvoura GR 286 Ce106
Vourvouroú GR 278 Ch100
Voussac F 167 Ag88
Voutás GR 290 Ch110
Voutenay-sur-Cure F 167 Ah85
Voutiáni GR 286 Ce106
Vouvant F 165 St87
Vouvry CH 130 Ao88
Vouzailles F 165 Aa87
Vouzela P 190 Sd99
Vouzeron F 166 Ae86
Voúzi GR 283 Ce102
Vouziers F 162 Ak82
Vouzon F 166 Ae85
Vovče UA 241 Cf82
Vovčkovci UA 247 Cl84
Voves F 160 Ad84
Vovkavščyna BY 219 Cp69
Vowchurch GB 93 Sp76
Voxna S 50 Bm58
Voxnabruk S 50 Bl58
Voxtorp S 72 Bi66
Voxtorp S 73 Bn67
Vöyri = Vörå FIN 52 Ce54
Vozgjaljancy BY 219 Co70
Vozilići HR 258 Bi90
Voznesenka UA 257 Ct88
Voznice CZ 123 Bi81
Vozroždenie RUS 65 Cs59
Vozuća BIH 260 Br92
Vrå DK 100 Au66
Vrå S 72 Bg67
Vrabča BG 263 Cf95
Vráble SK 239 Br84
Vraca BG 272 Ch94
Vračeš BG 272 Ch95
Vračev Gaj SRB 253 Cc91
Vraćevšnica SRB 262 Cb92
Vracov CZ 238 Bp83
Vrådal N 57 Ar62
Vráha GR 282 Cd102
Vraháti GR 283 Cf105
Vrahnéika GR 282 Cd104
Vraie-Croix, La F 164 Sp85
Vrakún SK 239 Bq85
Vrålisen N 57 Ar62
Vrana HR 258 Bi91
Vrana HR 259 Bm93
Vranče MK 271 Cc98
Vrâncioaia RO 256 Co89
Vranduk BIH 260 Bq92
Vrångfall S 70 Bn65
Vrångö S 68 Bd65
Vrani RO 253 Cd90
Vranić SRB 262 Ca91
Vranići BIH 269 Bs93
Vrani Kon BG 275 Co94
Vranilovci BG 273 Cl95
Vranino BG 267 Cr93
Vranja HR 134 Bi90
Vranjak BG 264 Ch94
Vranjak BIH 251 Br91
Vranje SRB 271 Cd95
Vranjina MNE 269 Bt96
Vranjit AL 270 Ca97
Vranjska BIH 269 Br94
Vranjska Banja SRB 271 Ce95
Vrankunge S 72 Bk67
Vranov CZ 230 Bf82
Vranovice CZ 238 Bo83
Vranov nad Dyjí CZ 237 Bm83
Vranov nad Topľou SK 241 Cd83
Vranovo SRB 253 Cb91
Vransko SLO 134 Bk88
Vrap AL 276 Bu98
Vrapčići BIH 260 Bq94
Vrapčište MK 270 Cb97
Vrástama GR 278 Ch100
Vratarnica SRB 263 Ce93
Vratimov CZ 233 Br81
Vrátna SK 240 Bt82
Vratna SRB 263 Ce92
Vratnica MK 270 Cc96
Vrăv BG 263 Cf92
Vravróna GR 284 Ci105
Vražogrnac SRB 263 Ce93
Vrba MNE 261 Bt94
Vrbanj HR 268 Bo94
Vrbanja BIH 260 Bp91
Vrbanja HR 251 Bs91
Vrbanjci BIH 260 Bp91
Vrbanje MNE 269 Bs95
Vrbanovec HR 135 Bo88
Vrbas SRB 252 Bu89
Vrbaška BIH 259 Bp90
Vrbeštica = Verbeshticë RKS 270 Cb96
Vrbica SRB 263 Ce93
Vrbka CZ 231 Bl81
Vrbnica = Vërmicë RKS 270 Cb96
Vrbnik HR 258 Bk90
Vrbno pod Pradědem CZ 232 Bp80
Vrboska HR 268 Bo94
Vrbov SK 240 Ca82
Vrbovce SK 238 Bp83
Vrbové SK 239 Bq83
Vrbovec HR 242 Bn89
Vrbovsko HR 135 Bl90
Vrćenovica SRB 263 Cd94
Vrchlabí CZ 231 Bm79
Vrchotový Janovice CZ 123 Bk81
Vrčin SRB 252 Cb91
Vrdnik SRB 261 Bu90
Vrdy CZ 231 Bl81
Vrebac HR 258 Bl91
Vrecourt F 162 Am84
Vreden D 114 Ao76
Vrees D 108 Aq75
Vrela = Vrelë RKS 270 Ca95
Vrelë RKS 270 Ca95
Vrelo SRB 252 Ca92
Vrelo SRB 263 Cd94
Vrelo Koreničko HR 259 Bm91
Vremski Britof SLO 134 Bi89
Vrena S 70 Bo63
Vrengen N 68 Ba62
Vreoci SRB 262 Ca92
Vresovo BG 275 Cp95
Vresse-sur-Semois B 156 Ak81
Vrésthena GR 286 Ce106
Vrestó GR 286 Cd105
Vreta FIN 62 Cf60
Vretstorp S 70 Bk62
Vrev RUS 215 Cs66
Vrgada HR 259 Bm93
Vrginmost = Gvozd HR 135 Bm90
Vrgorac HR 268 Bp94
Vrh HR 258 Bk90
Vrhnika SLO 134 Bi89
Vrhovine HR 258 Bl91
Vrhpolje BIH 259 Bo91
Vrhpolje SRB 262 Bt92
Vrhprača BIH 261 Bs93
Vridsted DK 100 At68
Vries NL 107 Ao74
Vriezenveensewijk, Westerhaar- NL 107 Ao76
Vrigne-au-Bois F 156 Ak81
Vrigstad S 72 Bi66
Vrin CH 131 At87
Vrinners DK 100 Ba68
Vrisses GR 286 Cd106
Vrisses GR 290 Ci110
Vrissiá GR 283 Ce102
Vrissohóri GR 276 Cb101
Vrissoúla GR 282 Cb102
Vrlika HR 259 Bn93
Vrmdža SRB 263 Cd93
Vrnčani SRB 261 Ca93
Vrnjačka Banja SRB 262 Cb93
Vrnograč BIH 250 Bm90
Vron F 154 Ad80
Vrondádos GR 285 Cn104
Vronderó GR 276 Cc99
Vrondoú GR 278 Ce100
Vrontamás GR 286 Cf107
Vroomshoop NL 107 Ao76
Vrossina GR 276 Cb101
Vrpile HR 259 Bm91
Vrpolje HR 251 Br90
Vrpolje HR 259 Bn93
Vrrith SRB 270 Ca96
Vršac SRB 253 Cc90
Vršani BIH 251 Bt91
Vrsar HR 139 Bh90
Vršatské Podhradie SK 239 Br82
Vrsi HR 258 Bl92
Vrtoče BIH 259 Bn91
Vruda RUS 65 Cs62
Vrulja MNE 262 Bt94
Vrulje HR 258 Bl93
Vrutice CZ 123 Bi79
Vrútky SK 239 Bs82
Vrutok MK 270 Cb97
Všestary CZ 231 Bm80
Všetaty CZ 123 Bk80
Vsetín CZ 232 Bq82
Vsevoložsk RUS 65 Db60
Vuarrens CH 169 Ao87
Vuča MNE 262 Ca95
Vučiniće SRB 262 Ca94
Vučitrin = Vushtri RKS 262 Cb95
Vučje SRB 263 Cd95
Vučkovica SRB 262 Cb93
Vue F 164 Sr86
Vught NL 113 Al77
Vujetinci SRB 262 Cb93
Vujinovača SRB 261 Bu92
Vuka HR 251 Bs90
Vukanja SRB 263 Cd94
Vukël AL 269 Bu96
Vukova Gorica HR 135 Bl90
Vukovar HR 251 Bt90
Vukovići MNE 270 Bt96
Vuku N 39 Bd53
Vulcan RO 254 Cg90
Vulcan RO 255 Cl89
Vulcana-Băi RO 265 Cl90
Vulcana-Pandele RO 265 Cl90
Vulcăneşti MD 257 Cr89
Vulkan, Kvartal BG 273 Cm96
Vulpeni RO 264 Ch92
Vulpeşti RO 265 Ck91
Vultureni RO 246 Ch87
Vultureni RO 256 Cp88
Vultureşti RO 248 Cn85
Vultureşti RO 248 Cq87
Vultureşti RO 264 Ci91
Vulturu RO 256 Cp89
Vulturu RO 267 Cr91
Vuoggatjålme S 33 Bn47
Vuohčču = Vuotso FIN 31 Cp44
Vuohijärvi FIN 64 Co58
Vuohiniemi FIN 63 Ci59
Vuohtomäki FIN 44 Cn53
Vuojalahti FIN 54 Co57
Vuojärvi FIN 36 Co46
Vuojat stugorna S 34 Bs47
Vuokatti FIN 44 Cr52
Vuoksenniska FIN 65 Cs58
Vuolenkoski FIN 64 Cn58
Vuolijoki FIN 44 Co52
Vuolijoki FIN 53 Ci58
Vuolleriebme = Vuollerim S 34 Cb48
Vuollerim S 34 Cb48
Vuomajärvi S 35 Ch48
Vuomatakka N 23 Cd42
Vuonisjärvi FIN 55 Da54
Vuonislahti FIN 55 Da54
Vuontisjärvi FIN 30 Ci44
Vuontispirtti FIN 30 Ci44
Vuorenkylä FIN 53 Cm57
Vuorenmaa FIN 54 Cq57
Vuorenmaa FIN 62 Cf58
Vuoreslahti FIN 44 Cp52
Vuorijärvi FIN 52 Cf56
Vuorilahti FIN 53 Cm55
Vuorimäki FIN 44 Cq53
Vuorimäki FIN 53 Ch55
Vuoriniemi FIN 55 Ct57
Vuorz = Waltensburg CH 131 At87
Vuosaari FIN 63 Cl60
Vuosanka FIN 45 Ct52
Vuoskojaure S 28 Ca44
Vuosnainen FIN 62 Cc59
Vuostimo FIN 37 Cq47
Vuotinainen FIN 63 Ci59
Vuotlahti FIN 54 Cr54
Vuotso FIN 31 Cp44
Vuottas S 35 Cd48
Vuottesjávri = Vuontisjärvi FIN 30 Ci44
Vuottolahti FIN 44 Cp52
Vuotunki FIN 37 Cu48
Vuovdaguoika = Outakoski FIN 24 Cm41
Vurben BG 274 Ck96
Vurbovo BG 263 Cf93
Vurhari BG 272 Ch97
Vurpăr RO 254 Ci89
Vusanje MNE 270 Bu95
Vushtri RKS 262 Cb95
Vust DK 100 At66
Vutcani RO 256 Cq88
Vutudal N 38 At54
Vuzenica SLO 135 Bl87
Vuzlove = Bat'ovo UA 241 Ce84
Vvedenka UA 257 Cu88
Vvedenskaja RUS 65 Da62
Vyb'e RUS 64 Cr61
Vyborg RUS 65 Cs59
Výčapy-Opatovce SK 239 Br84

412 Vinsa – Výčapy-Opatovce

Východná SK 240 Bu82
Vydeniai LT 218 Ck72
Vydraň SK 234 Cd82
Vydyniv UA 247 Cl84
Vyhalavičy BY 219 Cp71
Vykoty UA 235 Cg81
Vylkove UA 257 Cu90
Vylok UA 241 Cf84
Vynogradiv = Vynohradiv UA 241 Cg84
Vynohradiv UA 241 Cg84
Vynohradne UA 257 Cs89
Vyrica RUS 65 Da62
Vyšgorodok RUS 215 Cr66
Vyskatka RUS 211 Cr62
Vyškov CZ 238 Bp82
Vyškovo UA 246 Cg84
Vyskytná CZ 231 Bl82
Výsluní CZ 117 Bg80
Vyšná Revúca SK 239 Bt83
Vyšné Nemecké SK 241 Ce83
Vyšné Raslavice SK 241 Cc82
Vyšné Ružbachy SK 234 Cb82
Vyšniv UA 229 Ci78
Vyšný Klátov SK 241 Cc83
Vyšný Komárnik SK 234 Cd82
Vyšný Koniec SK 233 Bs82
Vysočany CZ 238 Bm83
Vysock RUS 65 Cs59
Vysoc'k UA 229 Ch78
Vysoká CZ 230 Bf81
Vysokaje BY 229 Cg76
Vysoká nad Kysucou SK 233 Bs82
Vysoká pri Morave SK 238 Bo84
Vysoké Mýto CZ 232 Bn81
Vysoké Veselí CZ 231 Bl80
Vysokij Most RUS 215 Cq65
Vysokoe RUS 216 Cd71
Vysokoe RUS 217 Cf71
Vysokokljucevoj RUS 65 Da62
Vyšší Brod CZ 128 Bi83
Vyžnij Bereziv UA 247 Ck84
Vyžnycja UA 247 Cl84
Vyžuonos LT 218 Cl69
Vzmor'e RUS 223 Ca71

W

Waabs D 103 Au71
Waakirchen D 126 Bd85
Waal D 126 Bb85
Waalre NL 113 Al78
Waalwijk NL 113 Al77
Waben F 154 Ad80
Wabern D 115 At78
Wabienice PL 226 Bq78
Wąbrzeźno PL 222 Bs74
Wachenheim an der Weinstraße D 120 Ar82
Wachenzell D 122 Bc83
Wąchock PL 228 Cc78
Wachow D 110 Bf75
Wachtberg D 119 Ap79
Wachtebeke B 155 Ah78
Wachtendonk D 114 An78
Wächtersbach D 121 At80
Wacken D 103 At72
Wackersdorf D 230 Be82
Wadahl N 47 Au57
Waddesdon GB 94 St77
Waddeweitz D 110 Bb75
Waddington GB 85 St74
Waddinxveen NL 113 Ak76
Wadebridge GB 96 Sl79
Wädenswil CH 125 As86
Wadern D 163 Ao81
Wadersloh D 115 Ar77
Wadgassen D 163 Ao82
Wadlew PL 227 Bt77
Wadowice PL 233 Bt81
Waganiec PL 227 Bs75
Wagenfeld D 108 As75
Wagenhofen D 126 Bc83
Wagenhoff D 109 Bb75
Wageningen NL 107 Am77
Waghäusel D 163 As82
Waging am See D 236 Bf85
Wąglin PL 227 Bu78
Wagrain A 127 Bg86
Wągrodno PL 228 Cc77
Wągrowiec PL 226 Bp75
Wahl D 114 Ap79
Wahlsburg D 115 Au77
Wahlsdorf D 118 Bg77
Wahlstedt D 103 Ba73
Wahlstorf D 110 Be74
Wahrenbrück, Uebigau- D 117 Bg77
Wahrenholz D 109 Bb75
Waiblingen D 121 At83
Waibstadt D 120 As82
Waidhaus D 122 Bf81
Waidhofen an der Thaya A 237 Bl83
Waidhofen an der Ybbs A 237 Bk85
Waidring A 127 Bf85
Wailly-Beaucamp F 154 Ad80
Waimes B 113 An80
Wainfleet GB 85 Aa74
Waischenfeld D 122 Bc81
Waizenkirchen A 236 Bh84
Wakefield GB 85 Ss73
Walbach F 163 Ap84
Walbeck D 109 Bc76
Walbeck D 113 An77
Walbeck D 116 Bc77
Wałbrzych PL 232 Bn79
Walburg D 115 Au78
Walburgskirchen D 236 Bf84
Walce PL 233 Br80
Walchen A 126 Bd86
Walchsee A 127 Be85
Walchum D 108 Ap75
Walchwil CH 131 As86
Walcourt B 156 Ai80
Wałcz PL 221 Bn74
Wald D 125 At85
Wald (ZH) CH 125 As86
Waldaschaff D 121 At81
Waldbäck A 129 Bm86
Waldböckelheim D 120 Aq81
Waldbreitbach D 120 Ap79
Waldbröl D 114 Aq79
Waldbrunn D 121 At82
Waldburg D 125 Au85
Walddorf D 118 Bk79
Walddrehna D 117 Bh77
Waldeck D 115 At78
Waldems D 120 Ar80
Waldenbuch D 125 At83
Waldenburg CH 124 Aq86
Waldenburg D 117 Bf79
Waldenburg D 121 Au82
Waldenstein A 134 Bk87
Walderbach D 122 Be82
Waldersbach F 163 Ap84
Waldershof D 230 Be81
Waldesch D 119 Aq80
Waldfeucht D 113 An78
Waldfischbach-Burgalben D 163 Aq82
Waldhausen im Strudengau A 237 Bk84
Waldheim D 230 Bg78
Waldighofen F 169 Ap85
Wald im Pinzgau A 127 Be86
Walding A 128 Bi84
Waldkappel D 116 Au78
Waldkirch CH 125 At86
Waldkirch D 124 Aq84
Waldkirchen D 127 Bh83
Waldkirchen/Erzgebirge D 230 Bg79
Waldkirchen am Wesen A 128 Bh84
Waldkraiburg D 127 Be84
Wald-Michelbach D 120 As81
Waldmohr D 163 Ap82
Waldmünchen D 230 Bf82
Wałdowo PL 221 Bq74
Waldsassen D 230 Be80
Waldsein = Woudsend NL 107 Am75
Waldshut-Tiengen D 125 Ar85
Waldsolms D 115 Ar80
Waldstetten D 126 Au83
Waldthurn D 122 Be81
Waldwisse F 119 Ao82
Waldzell A 128 Bg84
Walenstadt CH 131 At86
Walentynów PL 228 Cd78
Wales GB 85 Ss74
Walferdange L 162 An81
Walford GB 93 Sp76
Walgherton GB 93 Sq74
Walim PL 232 Bn79
Walincourt-Selvigny F 155 Ag80
Waliska PL 228 Cb77
Waliszów PL 232 Bo80
Walkendorf D 104 Bf73
Walkenried D 116 Bb77
Walkersdorf A 135 Bm86
Wallasey GB 84 So74
Wallau (Lahn) D 115 Ar79
Walldorf D 120 As80
Walldorf D 120 As82
Walldorf D 122 Ba79
Walldorf, Mörfelden- D 120 As81
Walldürn D 121 At81
Wallendorf D 119 An81
Wallendorf (Luppe) D 117 Be78
Wallenfels D 122 Bc80
Wallenhorst D 108 Ar76
Wallerfangen D 119 Ao82
Wallerfing D 127 Bf83
Wallern an der Trattnach A 236 Bh84
Wallern im Burgenland A 129 Bo85
Wallers F 155 Ag80
Wallersdorf D 127 Bf83
Wallerstein D 122 Ba83
Wallgau D 126 Bc85
Wallhalben D 119 Aq82
Wallhausen D 116 Bc78
Wallhausen D 120 Aq81
Wallhausen D 122 Ba82
Wallingford GB 98 Ss77
Wallitz D 110 Bf74
Walls GB 77 Sr60
Wallsbüll D 103 At71
Wallstawe D 109 Bc75
Wałowice PL 118 Bk77
Walpole Saint Peter GB 95 Aa75
Wał-Ruda PL 234 Cb80
Walsall GB 94 Sr75
Walsdorf D 121 Bb81
Walsleben D 110 Bf75
Walsrode D 109 Au75
Walstedde D 114 Aq77
Walsum D 114 Ao77
Waltenhofen D 126 Ba85
Waltensburg CH 131 At87
Waltershausen D 116 Bb79
Waltham GB 85 Su73
Waltham Abbey GB 95 Aa77
Waltham on the Wolds GB 85 St75
Walton-on-the-Naze GB 95 Ac77
Walton-Weybridge GB 94 Su78
Waltrop D 114 Ap77
Waly F 162 Al82
Wały PL 223 Cc73
Wamba E 192 Sl97
Wampierzów PL 234 Cc80
Wandersleben D 116 Bb79
Wanderup D 103 At71
Wandlitz D 111 Bg75
Wandsbek D 109 Ba73
Wanfried D 115 Ba78
Wang D 127 Bd84
Wangen = Vanga I 132 Bc87
Wangen an der Aare CH 169 Aq86
Wangenbourg-Engenthal F 124 Ap83
Wangen im Allgäu D 126 Au85
Wangerland D 108 Aq73
Wangerooge D 108 Aq73
Wangersen D 109 At74
Wangford GB 95 Ad76
Wanhöden D 108 As73
Wankendorf D 103 Ba72
Wańkowa PL 241 Ce81
Wanlockhead GB 79 Sn70
Wansford GB 94 Su75
Wantage GB 93 Ss77
Wantzenau, La F 124 Aq83
Wanzleben-Börde D 116 Bc76
Wapenveld NL 107 An76
Wapnica PL 220 Bl74
Wapno PL 221 Bp75
Wara PL 235 Ce81
Warbomont B 113 Am80
Warboys GB 94 Su76
Warburg D 115 At78
Warching D 121 Bb83
Warcoing B 155 Ag79
Wardböhmen D 109 Au75
Wardenburg D 108 Ar74
Wardin B 119 Am80
Wardington GB 94 Ss76
Wardlow GB 84 Sr74
Wardow D 104 Be73
Ware GB 94 Su77
Waregem B 112 Ag79
Wareham GB 98 Sq79
Waremme B 156 Al79
Waren (Müritz) D 110 Bf73
Warendorf D 114 Aq77
Warffum NL 107 Ao74
Warga = Wergea NL 107 Am74
Warin D 110 Bd73
Wark GB 81 Sq70
Warka PL 228 Cc77
Warkum = Workum NL 106 Al75
Warkworth GB 81 Sr70
Warlubie PL 222 Bs73
Warmensteinach D 122 Bd81
Warmington GB 93 Ss76
Warminster GB 98 Sq78
Warmsen D 108 As76
Warmwell GB 97 Sq79
Warnemünde D 104 Be72
Warnino PL 221 Bm72
Warnkenhagen D 104 Be73
Warnow D 104 Bc73
Warnow D 110 Bd73
Warrenpoint GB 88 Sh72
Warrington GB 84 Sp74
Warsingsfehn D 108 Ap74
Warslow GB 93 Sr74
Warsop GB 85 Ss74
Warstein D 115 Ar78
Warszawa PL 228 Cb76
Warszawice PL 228 Cc77
Warszkowo PL 221 Bo72
Warta PL 227 Bs77
Warta Bolesławiecka PL 225 Bm78
Wartenberg D 121 At79
Warth A 126 Ba86
Wartha D 116 Ba79
Warthe D 105 Bh73
Wartmannsroth D 121 Au80
Warwick GB 93 Sr76
Wasbek D 103 Au72
Wasbister GB 77 So62
Wasen im Emmental CH 130 Aq86
Washford GB 97 So78
Washington GB 81 Sr71
Washington GB 99 Su79
Wasigny F 161 Ai81
Wasilków PL 224 Cg74
Waskemeer NL 107 An74
Waśniów PL 234 Cc79
Wąsosz PL 224 Ce73
Wąsosz PL 226 Bo77
Wąsosz Górny PL 233 Bs78
Wąsowo PL 226 Bn76
Waspik NL 113 Ak77
Wasselonne F 124 Ap83
Wassen CH 131 As87
Wassenaar NL 113 Ai76
Wassenberg D 114 An78
Wasserauen CH 125 At86
Wasserbillig L 119 An81
Wasserburg F 163 Ap84
Wasserburg (Bodensee) D 125 Au85
Wasserburg am Inn D 236 Be84
Wasserleben D 116 Bb77
Wasserlosen D 121 Ba80
Wassermungenau D 121 Bb82
Wassertrüdingen D 122 Bb82
Wassigny F 155 Ah80
Wassy F 162 Ak84
Wast, le F 154 Ad79
Wastl am Wald A 237 Bl85
Wasungen D 116 Ba79
Watchet GB 97 So78
Watchfield GB 97 Sp78
Watenstedt D 116 Ba76
Waterbeach GB 95 Aa76
Waterbeck GB 81 So70
Waterford IRL 90 Sf76
Watergrasshill IRL 90 Sd76
Waterhouses GB 93 Sr74
Waterloo B 156 Ai79
Waterloo Cross GB 97 So79
Waterlooville GB 98 Ss79
Watermeetings GB 79 Sn70
Waterville GB 94 Su75
Waterville = An Coireán IRL 89 Ru77
Watervliet B 112 Ah78
Watford GB 99 Su77
Wathlingen D 109 Ba75
Watlington GB 98 Ss77
Watou B 155 Af79
Watten F 112 Ae79
Watten GB 75 So64
Wattenbach D 115 Au78
Wattendorf D 121 Bc80
Wattens A 126 Bd86
Watton GB 95 Ab75
Wattwil CH 125 At86
Waver = Wavre B 156 Ak79
Wavre B 156 Ak79
Wąwelno PL 221 Bq74
Wąwolnica PL 229 Ce78
Wawrów PL 225 Bl75
Wawrzeńczyce PL 234 Ca80
Wawrzyszów PL 232 Bp79
Wawyrce PL 234 Cd81
Waxweiler D 119 An80
Waygaard D 102 As71
Wdzydze PL 222 Bq72
Wdzydze Tucholskie PL 222 Bq73
Wealdstone GB 99 Su77
Weaverham GB 84 Sp74
Weberin D 110 Bd73
Wechselburg D 230 Bf78
Wedde NL 107 Ap74
Weddelbrook D 103 Au73
Weddingstedt D 103 At72
Wedel (Holstein) D 109 Au73
Wedemark D 109 Au75
Wedendorf D 109 Bc73
Wedhampton GB 94 Sr78
Weding, Jarplund- D 103 At71
Wedmore GB 97 Sp78
Weedon Bec GB 94 Ss76
Weener D 108 Ap74
Weenzen D 115 Au76
Weer A 126 Bd86
Weerselo NL 108 Ao76
Weert NL 113 Am78
Weertzen D 109 At74
Weesow D 111 Bh75
Weesp NL 106 Al76
Weeting GB 95 Ab76
Weeze D 113 An77
Wefensleben D 109 Bc76
Weferlingen, Flecken D 109 Bc76
Weferlingen, Oebisfelde- D 110 Bb76
Wegberg D 114 An78
Wegeleben D 116 Bc77
Wegenstedt D 110 Bc76
Wegenstetten CH 169 Aq85
Wegeringhausen D 114 Aq78
Weggis CH 130 Ar86
Węgierki PL 226 Bq76
Węgierska Górka PL 240 Bt81
Węgleszyn PL 234 Ca79
Węglosen CH 131 As86
Węglówka PL 233 Ca81
Węglówka PL 234 Cd81
Węgorzewo PL 223 Cd72
Węgorzewo Szczecineckie PL 221 Bo73
Węgorzyno PL 221 Bm73
Węgrów PL 226 Bp78
Węgrów PL 229 Ce76
Węgrzce PL 234 Bu80
Węgrzynice PL 225 Bl76
Wegscheid A 128 Bg85
Wegscheid A 129 Bl85
Wegscheid D 128 Bh83
Wehe-Den Hoorn NL 107 An74
Wehingen D 125 As84
Wehl NL 107 An77
Wehr D 114 Ap80
Wehr D 169 Aq85
Wehrbleck D 108 As75
Wehrendorf D 108 Ar76
Wehretal D 116 Au78
Wehrheim D 120 As80
Wehrland D 105 Bh73
Weibern A 127 Bh84
Weibhausen D 236 Bf85
Weichselboden A 129 Bl85
Weida D 230 Be79
Weidenau D 115 Ar79
Weidenberg D 122 Bd81
Weidenhain D 117 Bf77
Weiden in der Oberpfalz D 230 Be81
Weidenstetten D 126 Au83
Weigetschlag A 128 Bi83
Weiher, Ubstadt- D 120 As82
Weihmichl D 127 Be83
Weikersdorf am Steinfelde A 238 Bn85
Weikersheim D 121 Au82
Weikertschlag an der Thaya A 238 Bl83
Weil D 126 Bb84
Weil am Rhein D 169 Aq85
Weilburg D 115 Ar80
Weil der Stadt D 125 As83
Weiler D 120 As82
Weilerbach D 163 Aq82
Weiler-Simmerberg D 126 Au85
Weilerswist D 114 Ao79
Weilheim D 125 Ar85
Weilheim an der Teck D 125 Au83
Weilheim in Oberbayern D 126 Bc85
Weilmünster D 115 Ar80
Weilnau D 120 Ar80
Weilrod D 120 Ar80
Weimar D 115 As79
Weimar D 116 Bc79
Weinberg D 121 Ba82
Weinböhla D 117 Bh78
Weinfelden CH 125 At85
Weingarten D 125 Au85
Weingarten (Baden) D 163 As82
Weinheim D 120 As81
Weinsberg D 121 At82
Weisen D 110 Bd74
Weisendorf D 122 Bb81
Weiskirchen D 163 Ao81
Weismain D 122 Bc80
Weissach D 120 As83
Weißbach an der Alpenstraße D 127 Bf85
Weißbach bei Lofer A 127 Bf85
Weißbriach A 133 Bg87
Weißenbach A 128 Bi85
Weißenbach = Riobianco I 132 Bc87
Weißenbach am Attersee A 127 Bh85
Weißenbach am Lech A 126 Bb86
Weißenbach an der Triesting A 238 Bn85
Weißenberg D 118 Bk78
Weißenborn D 115 Ba78
Weißenborn (Erzgebirge) D 118 Bg79
Weißenborn-Lüderode D 116 Ba77
Weißenbrunn D 122 Bc80
Weissenburg CH 130 Ap87
Weißenburg in Bayern D 122 Bb82
Weißenfels D 116 Bd78
Weißenhaus D 103 Bb72
Weißenhorn D 125 Ba84
Weißenkirchen in der Wachau A 238 Bl84
Weißensberg D 125 Au85
Weißensee D 116 Bc78
Weißensee D 126 Bb85
Weißenstadt D 230 Bd80
Weißenthurm D 114 Ap80
Weißewarte D 110 Bd76
Weißkeißel D 118 Bk78
Weißkirchen in Steiermark A 128 Bk86
Weisslingen CH 125 As86
Weisstannen CH 131 At87
Weißwasser/Oberlausitz D 118 Bk77
Weiswampach L 119 An80
Weiswell D 163 Aq84
Weiten A 237 Bl84
Weitendorf D 104 Be73
Weitersfeld A 237 Bm83
Weitersfelden A 128 Bk84
Weiterstadt D 120 As81
Weitin D 111 Bg73
Weitra A 237 Bk83
Weitramsdorf D 122 Bb80
Weixdorf D 118 Bh78
Weiz A 242 Bm86
Wejherowo PL 222 Br71
Wejsuny PL 223 Cd73
Wekerom NL 113 Am76
Welden D 126 Bb84
Wełdkowo PL 221 Bn73
Welkenraedt B 114 Am79
Wellaune D 117 Bf77
Wellen B 113 Al79
Wellesbourne GB 94 Sr76
Wellheim D 122 Bc83
Wellin B 156 Al80
Wellingborough GB 94 St76
Wellingholzhausen D 115 Ar76
Wellington GB 97 So79
Wellingtonbridge IRL 91 Sg76
Wellmitz D 118 Bk76
Wells GB 98 Sp78
Wells-next-the-Sea GB 95 Ab75
Welney GB 95 Aa75
Wełnin PL 234 Cb80
Wels A 128 Bi84
Welsberg-Taisten = Monguelfo-Tesido I 133 Be87
Welschbillig D 119 Ao81
Welschen Ennest D 114 Ar78
Welschenrohr CH 124 Aq86
Welschnofen = Nova Levante I 132 Bc88
Welshampton GB 84 Sp75
Welshpool GB 93 So75
Welsickendorf D 117 Bg77
Welsleben D 116 Bd76
Welt D 102 As72
Welterod D 120 Aq80
Welver D 114 Aq77
Welwyn GB 94 Su77
Welwyn Garden City GB 94 Su77
Welzheim D 121 Au83
Welzow D 117 Bi77
Wem GB 84 Sp75
Wembley GB 99 Su77
Wemding D 122 Bb83
Wemeldinge NL 112 Ah77
Wemmel B 156 Ai79
Wemyss Bay GB 78 Sl69
Wendeburg D 109 Ba76
Wendelsheim D 120 Aq81
Wendelstein D 121 Bc82
Wenden D 114 Aq79
Wendisch Baggendorf D 104 Bf72
Wendisch Rietz D 118 Bh76
Wendlingen am Neckar D 125 At83
Wendorf D 110 Bd73
Wendover GB 94 St77
Wenecja PL 226 Bq75
Weng D 236 Be83
Wengen CH 130 Aq87
Wengi bei Büren CH 130 Ap86
Weng im Innkreis A 127 Bg84
Wennigsen (Deister) D 109 Au76
Wenns A 126 Bb86
Wensley GB 81 Sr72
Wentnor GB 93 Sp75
Wentorf bei Hamburg D 109 Ba74
Wenzen D 115 Au77
Wépion B 113 Ak80
Weppersdorf Markt A 242 Bn85
Werbach D 121 Au81
Werbelow D 111 Bh74
Werben (Elbe) D 110 Bd75
Werbig D 117 Bg77
Werbkowice PL 235 Ch79
Werchrata PL 235 Cg80
Werda D 117 Be80
Werdau D 117 Be79
Werden D 114 Ap78
Werder (Havel) D 110 Bf76
Werdohl D 114 Aq78
Werdum D 108 Aq73
Werentzhouse F 169 Ap85
Werfen A 127 Bg86
Wergea NL 107 Am74
Werken, Zarren- B 155 Af78
Werkendam NL 106 Ak77
Werl D 114 Aq77
Werlte D 107 Aq75
Wermelskirchen D 114 Ap78
Wermsdorf D 117 Bf78
Wernau (Neckar) D 125 At83
Wernberg-Köblitz D 236 Be81
Werne D 114 Aq77
Werneck D 121 Ba81
Werneuchen D 111 Bh75
Wernfeld D 121 Au80
Wernigerode D 116 Bb77
Wernshausen D 116 Ba79
Wertach D 126 Ba85
Wertheim D 121 Au81
Werther (Westfalen) D 115 Ar76
Wertingen D 126 Bb83
Wervershoof NL 106 Al75
Wervik B 155 Ag79
Wesel D 114 Ao77
Wesenberg D 110 Bf74
Wesendorf D 109 Bb75
Wesoła PL 228 Cc76
Wesoła PL 233 Ca80
Wespelaar B 113 Ak79
Wesselburen D 102 As72
Wesseling D 114 Ao79
Wesseloh D 109 Au74
Weßling D 126 Bc84
Wessobrunn D 126 Bc85
West Bay GB 97 Sp79
West Bergholt GB 95 Ab77
West Bridgford GB 85 Ss75
West Bromwich GB 94 Sq75
West Burrafirth GB 77 Sr60
Westbury GB 93 Sp75
Westbury GB 98 Sq78
Westbury-sub-Mendip GB 97 Sp78
West Calder GB 76 Sn69
West Coker GB 97 Sp79
Weste D 109 Bb74
Westen D 109 At75
Westende B 155 Af78
Westendorf A 127 Be86
Westensee D 103 Au72
Westerau D 109 Ba73
Westerbeck D 109 Bb75
Westerbork NL 107 Ao75
Westerburg D 108 Ar74
Westerburg D 120 Aq79
Westerdale GB 75 So64
Westerdale GB 85 St72
Westeregeln D 116 Bc77
Westerein, De NL 107 An74
Westerende-Kirchloog D 107 Ap74
Westergellersen D 109 Ba74
Westerhaar-Vriezenveensewijk NL 107 Ao76
Westerham GB 95 Aa78
Westerham, Feldkirchen- D 127 Bd85
Westerhausen D 116 Bc77
Westerholt D 107 Ap73
Westerholt D 114 Ap77
Westerholz D 103 Au71
Westerhorn D 103 Au73
Westerkappeln D 108 Aq76
Wester-Koggenland NL 106 Ak75
Westerland D 102 Ar71
Westerlo B 156 Ak78
Westermarkelsdorf D 103 Bc71
Westernbödefeld D 115 Ar78
Westerndorf Sankt Peter D 236 Be85
Wester-Ohrstedt D 103 At71
Westerscheps D 108 Aq74
Westerstede D 108 Aq74
Westertilli D 102 As71
Westervesede D 109 Au74
West Haddon GB 94 Ss76
West Harptree GB 98 Sp78
West Harting GB 98 St79
Westhausen D 116 Bb79
Westhausen D 121 Ba83
Westhay GB 97 Sp78
Westheim D 121 Bb82
Westhill GB 79 Sq66
Westhofen D 120 Ar81
Westhoffen F 124 Ap83
Westhope GB 93 Sp76
Westkapelle NL 112 Ag77
West Kilbride GB 80 Sl69
West Kingsdown GB 95 Aa78
Westkirchen D 115 Ar77
West Lavant GB 98 St79
West Lavington GB 94 Sr78
Westleton GB 95 Ad76
West Linton GB 79 So69
West Lulworth GB 98 Sq79
West Lutton GB 85 St72
Westmalle B 113 Ak78
West Meon GB 98 Ss78
West Mersea GB 95 Ab77
West Mors GB 98 Sr79
Weston GB 84 Sp75
Weston GB 94 Sq75
Weston-on-the-Green GB 94 Ss77
Weston Subedge GB 93 Sr76
Weston-Super-Mare GB 97 Sp78
Weston-under-Lizard GB 93 Sq75
Westoverledingen D 107 Ap74
West Pennard GB 98 Sp78
Westport IRL 86 Sa73
Westrhauderfehn D 107 Aq74
Westruther GB 81 Sp69
West Sandwick GB 77 Ss59
West-Skylge = West-Terschelling NL 106 Al74
Weststellingwerf NL 107 Am75
West Tanfield GB 84 Sr72
West-Terschelling NL 106 Al74
West Wittering GB 98 St79
West Woodburn GB 81 Sq70
Wetheral GB 81 Sp71
Wetherby GB 85 Ss73
Wetlina PL 241 Ce82
Wétošov = Vetschau (Spreewald) D 117 Bi77
Wettenberg D 120 As79
Wetter (Hessen) D 115 As79
Wetter (Ruhr) D 114 Ap78
Wetteren B 155 Ah78
Wettin D 116 Bd77
Wettingen CH 125 Ar86
Wettin-Löbejün D 116 Bd77
Wettmar D 109 Au75
Wettringen D 107 Ap76
Wettrup D 107 Aq75
Wetwang GB 85 St72
Wetzdorf D 116 Bd78
Wetzikon (ZH) CH 125 As86
Wetzlar D 120 As79
Wevelgem B 112 Ag79
Wewelsburg D 115 As77
Wewer D 115 As77
Wexford IRL 91 Sh76
Weybourne GB 95 Ac75
Weybridge, Walton- GB 94 Su78
Weyer A 237 Bk85
Weyerbusch D 114 Aq79
Weyhausen D 109 Ba75
Weyhausen D 109 Bb76
Weyhe D 108 As75
Weyhill GB 98 Sr78
Weymouth GB 97 Sq79
Weyregg am Attersee A 127 Bh85
Wezep NL 107 An76
Wezet = Visé B 156 Am79
Whaley Bridge GB 84 Sr74
Whalley GB 84 Sq73
Whalton GB 81 Sr70
Whaplode GB 85 Su75
Whatstandwell GB 93 Ss74
Whauphill GB 83 Sm71
Wheathampstead GB 94 Su77
Wheatley GB 94 Ss77
Wheatley Hill GB 81 Ss71
Wheddon Cross GB 97 Sn78
Wherwell GB 98 Ss78
Whickham GB 81 Sr71
Whiddon Down GB 97 Sn79
Whitburn GB 76 Sn69
Whitburn GB 81 Ss71
Whitby GB 85 St72
Whitchurch GB 84 Sp75
Whitchurch GB 94 St77
Whitchurch GB 98 Ss78
Whitcombe GB 97 Sq79
Whitecroft GB 93 Sp77
Whitegate IRL 87 Sd75
Whitegate IRL 90 Sd77
Whitehall GB 77 Sp62
Whitehaven GB 84 Sn71
Whitehead GB 80 Si71
Whitehills GB 76 Sp65
Whitekirk GB 81 Sp68
Whiteparish GB 98 Sr78
White's Cross IRL 90 Sd77
Whithorn GB 83 Sm71
Whithorn, Isle of GB 83 Sm71
Whiting Bay GB 78 Sk70
Whitland GB 92 Sl77
Whitley GB 85 Ss73
Whitley Bay GB 81 Ss70
Whitstable GB 95 Ac78
Whitstone GB 97 Sm79
Whittingham GB 81 Sr70
Whittington GB 84 So75
Whittlesey GB 94 Su75
Whitwell-on-the-Hill GB 85 St72
Whorlton GB 81 Ss72
Wiązów PL 232 Bp79
Wiązowna PL 228 Cc76
Wiązownica PL 235 Cf80
Wiblingen D 126 Au84
Wiblingwerde, Nachrodt- D 114 Aq78
Wibtoft GB 94 Ss76
Wicewo PL 221 Bn73
Wichmannshausen D 116 Au78
Wichów PL 225 Bl77
Wicimice PL 220 Bl73
Wicina PL 118 Bl77
Wick GB 75 So64
Wick GB 92 Sn78
Wickede (Ruhr) D 114 Aq77
Wickford GB 99 Ab77
Wickham GB 98 Ss79
Wickham Market GB 95 Ac76
Wicklow IRL 88 Sh75
Wicko PL 221 Bq71
Wickrath D 114 An78
Wickwar GB 97 Sq77
Widawa PL 227 Bs78
Widecombe in the Moor GB 97 Sn79
Widełka PL 234 Cd80
Widełki PL 234 Cb79
Widford GB 95 Aa77
Widnau CH 125 Au86
Widnes GB 84 Sp74
Widuchowa PL 220 Bi74
Widugiery PL 217 Cg72
Wiebrechtshausen D 115 Ba77
Więcbork PL 221 Bp74
Wiechowo PL 220 Bl74
Wieck am Darß D 104 Bf72
Więckowice PL 226 Bo76
Wieda D 116 Bb77
Wiedenbrück, Rheda- D 115 Ar77
Wiedensahl D 109 At76
Wiederau, Königshain- D 117 Bf79
Wiederitzsch D 117 Be78
Wiefelstede D 108 Ar74
Wiehe D 116 Bc78
Wiehl D 114 Aq79
Wiek D 220 Bg71
Większyce PL 233 Br80
Wielawino PL 221 Bn73
Wielbark PL 223 Cb74
Wiele PL 222 Bq73
Wieleń PL 221 Bn75
Wielgie PL 227 Bs78
Wielgolas PL 228 Cd76
Wielgomłyny PL 233 Bu78
Wielichowo PL 226 Bn76
Wieliczka PL 233 Ca81
Wieliszew PL 228 Cb76
Wielka Nieszawka PL 222 Br75
Wielka Wieś PL 228 Cb78
Wielka Wieś PL 234 Cb81
Wielkie Oczy PL 235 Cg80
Wielki Klincz PL 222 Br72
Wielki Komorsk PL 222 Bs73
Wielki Łęck PL 222 Bu74
Wielkolas PL 229 Ce78
Wielkopole PL 234 Bu79
Wielmoża PL 233 Bu80
Wielobycz PL 235 Cg79
Wielopole Skrzyńskie PL 234 Cd81
Wielowieś PL 233 Bs79
Wielowieś Klasztorna PL 227 Br77
Wieluń PL 227 Bs78
Wien A 238 Bn84
Wiener Neustadt A 238 Bn85
Wienhausen D 109 Ba75
Wieniawa PL 228 Cb78
Wieniec PL 227 Bs75
Wiepersdorf D 117 Bg77
Wiepke D 110 Bc75
Wierden NL 107 Ao76
Wieren D 109 Bb75
Wieringerwerf NL 106 Al75
Wiers B 112 Ah79
Wieruszów PL 227 Br78
Wierzbica PL 228 Cc78
Wierzbica Dolna PL 226 Bq78
Wierzbica Górna PL 232 Bq78
Wierzbie PL 227 Bs78
Wierzbie PL 232 Bq79
Wierzbięcin PL 220 Bl73
Wierzbnik PL 232 Bp79
Wierzbno PL 228 Cd76
Wierzbowo PL 223 Ca74
Wierzchaczewo PL 226 Bn76
Wierzchosławice PL 234 Cb80
Wierzchowiny PL 228 Cc77
Wierzchowiny PL 229 Cg78
Wierzchowiska PL 229 Cf78
Wierzchowo PL 221 Bn74
Wierzchowo PL 221 Bo73
Wierzchucin Królewski PL 222 Bq74
Wierzchucino PL 222 Br71
Wierzchy PL 233 Br79
Wierzonka PL 226 Bp76

Východná – Wierzonka 415

Wies A 135 Bl87
Wies D 126 Bb85
Wiesau D 230 Be81
Wiesbaden D 120 Ar80
Wiesbaum D 119 Ao80
Wieściszowice PL 232 Bm79
Wiesedermeer D 108 Aq74
Wieselburg A 237 Bl84
Wiesembach F 124 Ap84
Wiesen A 129 Bn85
Wiesen D 121 At80
Wiesen (GR) CH 131 Au87
Wiesenburg/Mark D 117 Be76
Wiesenfelden D 236 Bf82
Wiesensteig D 125 Au83
Wiesentheid D 121 Ba81
Wieseth D 122 Ba82
Wiesloch D 120 As82
Wiesmath A 242 Bn85
Wiesmoor D 108 Aq74
Wieszczyce PL 221 Bq73
Wieszowa PL 233 Bs80
Wietmarschen D 108 Ap75
Wietrzychowice PL 234 Cb80
Wietze D 109 Au75
Wietzen D 109 At75
Wietzendorf D 109 Au75
Wietzetze D 110 Bb74
Wieuwerd = Wiuwert NL 107 Am74
Wiewiórki PL 222 Bs74
Wigan GB 84 Sp73
Wiggen CH 130 Aq87
Wiggensbach D 126 Ba85
Wigmore GB 93 Sp76
Wigston GB 94 Ss75
Wigton GB 81 So71
Wigtown GB 83 Sm71
Wijchen NL 107 Am77
Wijewo PL 226 Bn77
Wijhe NL 107 An76
Wijk, De NL 107 An75
Wijk bij Duurstede NL 106 Al77
Wiktoryn PL 234 Cd79
Wil (SG) CH 125 At86
Wilamowa PL 232 Bp80
Wilamowice PL 233 Bt81
Wilanów PL 228 Cc76
Wilbarston GB 94 St76
Wilburgstetten D 121 Ba82
Wilchta PL 228 Cd77
Wilcza Wola PL 234 Cd80
Wilczków PL 226 Bn78
Wilczkowice PL 227 Bt76
Wilczkowo PL 216 Ca72
Wilczogóra PL 227 Br76
Wilczopole PL 229 Cf78
Wilczyn PL 227 Br76
Wildalpen A 128 Bk85
Wildau D 111 Bh76
Wildbad Kreuth D 126 Bd85
Wildberg D 110 Bf75
Wildberg D 111 Bg73
Wildberg D 125 As83
Wildbergerhütte D 114 Aq79
Wildeck D 116 Au79
Wildegg, Möriken- CH 125 Ar86
Wildemann D 116 Ba77
Wildenau D 122 Be81
Wildenberg D 127 Bd83
Wildendürnbach A 238 Bn83
Wildenfels D 117 Bf79
Wildenstein F 163 Ao85
Wildenthal D 117 Bf80
Wilderswil CH 130 Aq87
Wildeshausen D 108 Ar75
Wildflecken D 116 Au80
Wildhaus-Alt Sankt Johann CH 125 At86
Wildon A 135 Bm87
Wilfersdorf A 129 Bo83
Wilga PL 228 Cc77
Wilhelm-Pieck-Stadt Guben = Guben D 118 Bk77
Wilhelmsburg A 238 Bm84
Wilhelmsdorf D 125 At85
Wilhelmshaven D 108 Ar73
Wilhelmsthal D 122 Bc80
Wilhering A 128 Bi84
Wilhermsdorf D 122 Bb82
Wilkasy PL 223 Cd72
Wilkau-Haßlau D 230 Bf79
Wilkinstown IRL 87 Sg73
Wilków PL 226 Bm78
Wilków PL 226 Bq78
Wilków PL 228 Cb77
Wilków PL 228 Cd78
Wilkowa PL 234 Cc80
Wilkowice PL 233 Bt81
Wilkowsko PL 234 Ca81
Willebadessen D 115 At77
Willebroek B 156 Ai78
Willemstad NL 113 Ai77
Willersley GB 93 So76
Willerzie B 156 Ak81
Willesden GB 99 Su77
Willgottheim F 124 Aq83
Williamstown IRL 82 Sc73
Willich D 114 Ao78
Willingen (Upland) D 115 As78
Willingham GB 95 Aa76
Willingshausen D 115 At79
Willington GB 81 Sr71
Willington GB 84 Sr75
Willington GB 93 Sp75
Willisau CH 130 Aq86
Williton GB 97 So78
Willmering D 236 Bf82
Willoughby GB 85 Aa74
Willstätt D 124 Aq83
Wilmersdorf D 220 Bh74
Wilmslow GB 84 Sq74
Wilnsdorf D 115 Ar79
Wilsdruff D 230 Bh78
Wilstead GB 94 Su76
Wilster D 103 At73
Wilsum D 108 Ao75
Wilthen D 118 Bi78
Wiltingen D 163 Ao81
Wilton GB 98 Sr78
Wiltz L 119 Am81
Wimbledon GB 94 Su78
Wimblington GB 95 Aa75
Wimborne Minster GB 98 Sr79
...ux F 99 Ad79
...Aq87
Wincanton GB 97 Sq78
Wincentów PL 228 Ca78
Winchcombe GB 93 Sr77
Winchelsea GB 99 Ab79
Winchester GB 98 Ss78
Windbergen D 103 At72
Windeberg D 116 Bb78
Windeck D 114 Aq79
Windecken D 120 As80
Winden D 163 Ar82
Winden am See A 238 Bo85
Winden im Elztal D 124 Ar84
Windermere GB 81 Sp72
Windesheim NL 107 An76
Windhaag bei Freistadt A 128 Bk83
Windheim D 109 At76
Windischeschenbach D 122 Be81
Windischgarsten A 128 Bi85
Windischleuba D 230 Be78
Windorf D 128 Bg83
Windsbach D 122 Bb82
Windsor GB 94 St78
Wing GB 94 St77
Wingate GB 81 Ss71
Wingene B 155 Ag78
Wingen-sur-Moder F 119 Ap83
Wingfield GB 95 Ac76
Wingham GB 95 Ac78
Winhöring D 127 Bf84
Winkel, Oestrich- D 120 Ar80
Winklarn D 230 Be82
Winkleigh GB 97 Sn79
Winklern A 133 Bf87
Winnebach = Prato alla Drava I 133 Be87
Winnenden D 121 At83
Winnert D 103 At72
Winnica PL 228 Cb75
Winningen D 116 Bc77
Winningen D 119 Aq80
Winnweiler D 163 Aq81
Winowno PL 233 Bt79
Winschoten NL 107 Ap74
Winscombe GB 97 Sp78
Winsen (Aller) D 109 Au75
Winsen (Luhe) D 109 Ba74
Winsford GB 93 Sp74
Wińsko PL 226 Bo78
Winslow GB 94 St77
Winster GB 93 Sr74
Winston GB 84 Sr71
Winsum NL 107 Am74
Winsum NL 107 Ao74
Winten A 135 Bn86
Winterbach D 125 At83
Winterberg D 115 As78
Winterborne Whitechurch GB 98 Sq79
Winterbourne Abbas GB 98 Sp79
Winterbourne Stoke GB 98 Sr78
Winterburg D 120 Aq81
Winterlingen D 125 At84
Winterspelt D 119 An80
Winterswijk NL 107 Ao77
Winterthur CH 125 As85
Winterton GB 85 St73
Wintrich D 120 Ao81
Wintzenheim F 163 Ap84
Winzeln, Fluorn- D 125 Ar84
Winzenburg D 116 Au77
Wipperdorf D 116 Bb78
Wipperfürth D 114 Ap78
Wippra D 116 Bc77
Wir PL 228 Cb78
Wirdum D 108 Ap74
Wirges D 114 Aq80
Wirksworth GB 93 Sr74
Wirtshaus Eng A 126 Bd86
Wiry PL 226 Bo76
Wiry PL 232 Bo79
Wisbech GB 95 Aa75
Wisborough Green GB 99 Su78
Wisch NL 107 An77
Wischhafen D 109 At73
Wishaw GB 79 Sn69
Wiskitki PL 228 Ca76
Wisła PL 233 Bs81
Wisła Wielka PL 233 Bs81
Wiślica PL 234 Cb80
Wisłok Wielki PL 234 Cd82
Wismar D 104 Bc73
Wiśniew PL 228 Cd76
Wiśniewo Ełckie PL 224 Cf73
Wiśniowa PL 234 Ca81
Wiśniowa PL 234 Cd81
Wissant F 95 Ad79
Wissembourg F 163 Aq82
Wissen D 114 Aq79
Wissenkerke NL 112 Ah77
Wistanstow GB 93 Sp76
Wistedt D 109 Au74
Wisznice PL 229 Cg77
Witaszewiczki PL 227 Bt76
Witaszyce PL 226 Bq77
Witham GB 95 Ab77
Witheridge GB 97 Sn79
Withern GB 85 Aa74
Withernsea GB 85 Aa73
Withington Green GB 84 Sq74
Withleigh GB 97 Sn79
Withnell GB 84 Sp73
Witków PL 235 Ch79
Witkówko PL 226 Bq76
Witmarsum NL 106 Al74
Witney GB 93 Ss77
Witnica PL 220 Bi75
Witnica PL 225 Bk75
Witonia PL 227 Bt76
Witosław PL 221 Bp74
Witosławice PL 233 Br80
Witów PL 233 Bu82
Witowo PL 227 Bs75
Wittdün D 102 Ar71
Wittelsheim F 124 Ap85
Witten D 114 Ap78
Wittenbach CH 125 At86
Wittenberg, Lutherstadt D 117 Bf77
Wittenberge D 110 Bd75
Wittenburg D 109 Bc73
Wittendörp D 109 Bc73
Wittenhagen D 105 Bg72
Wittenheim F 124 Ap85
Wittenhofen D 125 At85
Witternheim F 124 Aq84
Wittichenau D 118 Bi78
Wittighausen D 121 Au81
Witting F 119 Ap82
Wittingen D 109 Bb75
Wittisheim F 124 Aq84
Wittislingen D 126 Ba83
Wittlich D 120 Ao81
Wittmund D 107 Aq73
Witton-le-Wear GB 81 Sr71
Wittorf D 109 Au74
Wittstock/Dosse D 110 Be74
Witzenhausen D 116 Au78
Witzhave D 109 Ba73
Witzin D 110 Bd73
Wiuwert NL 107 Am74
Wiveliscombe GB 97 So78
Wivenhoe GB 95 Ab77
Wixoe GB 95 Ab76
Wiżajny PL 217 Cf72
Wizernes F 112 Ae79
Wizna PL 224 Ce74
Wjelcej = Welzow D 117 Bi77
Władysławowo PL 222 Br71
Wleń PL 231 Bm78
Włocin PL 227 Br77
Włocławek PL 227 Bt75
Włodary PL 232 Bq80
Włodawa PL 229 Ch77
Włodowice PL 233 Bt79
Włodzienin PL 232 Bq80
Włosienica PL 233 Bt80
Włostów PL 234 Cc79
Włoszakowice PL 226 Bn77
Włoszczowa PL 234 Bu79
Wnory-Pażochy PL 224 Cf74
Wöbbel D 115 At77
Wöbbelin D 110 Bd74
Woburn Sands GB 94 St76
Wochozy = Nochten D 118 Bk78
Wodniki PL 226 Bo77
Wodynie PL 228 Cd76
Wodzisław PL 234 Ca79
Wodzisław Śląski PL 233 Br80
Woerden NL 113 Ak76
Wœrth F 120 Aq83
Wognum NL 106 Al75
Wohlde D 103 At72
Wohlen (AG) CH 125 Ar86
Wohlen bei Bern CH 130 Ap87
Wohratal D 115 As79
Wöhrden D 102 As72
Wohyń PL 229 Cf77
Woippy F 162 An82
Wojakowa PL 234 Cb81
Wojaszówka PL 234 Cd81
Wojbórz PL 232 Bo80
Wojciechów PL 229 Ce78
Wojciechów PL 233 Br79
Wojcieszków PL 229 Ce77
Wojcieszów PL 232 Bm79
Wojcieszyce PL 231 Bm79
Wojerecy = Hoyerswerda D 118 Bi78
Wojkowice PL 233 Bt80
Wojnarowa PL 234 Cb81
Wojnicz PL 234 Cb81
Wojnowice PL 226 Bn76
Wojnówka PL 229 Ch75
Wojnowo PL 222 Bq74
Wojsław PL 234 Cc80
Wojsławice PL 235 Ch79
Wojtowice PL 232 Bp79
Woking GB 94 St78
Wokingham GB 94 St78
Wokuhl D 111 Bg74
Wola PL 228 Cb76
Wola Batorska PL 234 Ca80
Wola Filipowska PL 233 Bu80
Wola Gołkowska PL 228 Cb76
Wola Jachowa PL 234 Cb79
Wola Jedlińska PL 227 Bt78
Wola Klasztorna PL 228 Cd77
Wola Korybutowa PL 229 Cg78
Wola Krzysztoporska PL 227 Bu78
Wola Mielecka PL 234 Cc80
Wola Młocka PL 228 Ca75
Wola Mołodycka PL 235 Cf80
Wola Moszczenicka PL 227 Bu78
Wola Mysłowska PL 228 Cd77
Wola Mystkowska PL 228 Cc75
Wola Niechcicka PL 227 Bu78
Wola Niżna PL 234 Cd82
Wolanów PL 228 Cb78
Wola Obszańska PL 235 Cf80
Wola Okrzejska PL 229 Ce77
Wola Osowińska PL 229 Ce77
Wola Przybysławska PL 229 Ce78
Wola Rakowa PL 227 Bu77
Wola Rasztowska PL 228 Cc76
Wola Rębkowska PL 228 Cd77
Wola Rudlicka PL 227 Bs78
Wola Sernicka PL 229 Cf78
Wola Uhruska PL 229 Ch78
Wola Wereszczyńska PL 229 Cg78
Wola Wiązowa PL 227 Bs78
Wola Wielka PL 235 Cg80
Wola Wierzbowska PL 223 Cb75
Wola Zabierzowska PL 234 Ca80
Wola Zaleska PL 235 Cf81
Wola Żarczycka PL 235 Ce80
Wola Życka PL 228 Cd77
Wolbeck D 114 Aq77
Wölbling A 238 Bm84
Wolbórz PL 227 Bu78
Wolbrom PL 233 Bu80
Wołczyn PL 229 Ch78
Wołczyn PL 233 Br78
Wolde D 111 Bg73
Woldegk D 220 Bh74
Wolfach D 163 Ar84
Wolfegg D 125 Au85
Wolfen, Bitterfeld- D 117 Be77
Wolfenbüttel D 116 Bb76
Wolfersheim D 115 As80
Wolfhagen D 115 At78
Wolframs-Eschenbach D 121 Bb82
Wolfratshausen D 126 Bc85
Wolfsberg A 134 Bk87
Wolfsburg D 116 Bc77
Wolfsburg D 109 Bb76
Wolf's Castle GB 91 Sl77
Wolfstein D 163 Aq81
Wölfterode D 115 Ba78
Wolfurt A 125 Au86
Wolgast D 105 Bh72
Wolhusen CH 130 Ar86
Wolibórz PL 232 Bo79
Wolica PL 234 Ca79
Wolica Uchańska PL 235 Cg79
Wolin PL 105 Bk73
Wólka PL 233 Ca78
Wólka Abramowicka PL 229 Cf78
Wólka Biska PL 235 Cf80
Wólka Dobryńska PL 229 Cg76
Wólka Gonciarska PL 228 Cc78
Wólka Gościeradowska PL 234 Cd79
Wólka Łabuńska PL 235 Cg79
Wólka Leszczańska PL 235 Ch78
Wólka Milanowska PL 234 Cc79
Wólka Niedźwiedzka PL 235 Ce80
Wólka Tarnowska PL 229 Cg78
Wólka Wieprzecka PL 235 Cg79
Wólka Zastawska PL 229 Ce77
Wolkenburg-Kaufungen D 117 Bf79
Wolkenstein D 123 Bg79
Wolkenstein in Gröden = Selva di Val Gardena I 132 Bd87
Wolkersdorf im Weinviertel A 238 Bo84
Wölkisch D 118 Bg78
Wolkramshausen D 116 Bb78
Wollaston GB 94 St76
Wollersheim D 114 Ao79
Wollin D 110 Be76
Wöllstadt D 120 As80
Wöllstein D 120 Aq81
Wolmirstedt D 110 Bd76
Wolnica PL 216 Ca72
Wolnzach D 126 Bd83
Wołomin PL 228 Cc76
Wołosate PL 241 Cf82
Wołoskowola PL 229 Cg78
Wołów PL 226 Bo78
Wołowe Lasy PL 221 Bn74
Wołowice PL 233 Bu81
Wolpertshausen D 121 Au82
Wolphaartsdijk NL 112 Ah77
Wolsingham GB 81 Sr71
Wolsztyn PL 226 Bn76
Woltem D 109 Au75
Woltersdorf D 110 Bc75
Woltersdorf D 111 Bh76
Woltersdorf D 117 Bg76
Wolthausen D 109 Au75
Wöltingerode D 116 Bb77
Wolvega NL 107 An75
Wolvegea = Wolvega NL 107 An75
Wolvercote GB 94 Ss77
Wolverhampton GB 94 Sq75
Wolverton GB 85 Aa75
Wolverton-Stony Stratford GB 94 St76
Wolvey GB 93 Ss76
Wombourne GB 94 Sq75
Wommelgem B 156 Ak78
Wommels NL 107 Am74
Wonck B 156 Am79
Wonsees D 122 Bc81
Wonseradeel = Wûnseradiel NL 106 Al74
Woodbridge GB 95 Ac76
Woodbury GB 97 So79
Woodchurch GB 154 Ab78
Woodenbridge IRL 88 Sh75
Woodford IRL 90 Sd74
Woodhall Spa GB 85 Su74
Woodseaves GB 84 Sq75
Woodstock GB 93 Ss77
Woodton GB 95 Ac75
Woodyates GB 98 Sr79
Woofferton GB 93 Sp76
Wool GB 98 Sq79
Woolacombe GB 97 Sm78
Wooler GB 81 Sr69
Woolfardisworthy GB 97 Sm79
Woolpit GB 95 Ab76
Woolstone GB 98 Sr77
Wooperton GB 81 Sr70
Woore GB 84 Sq75
Wootton Bassett = Royal Wootton Bassett GB 98 Sr77
Wootton Wawen GB 93 Sr76
Wootz D 110 Bc74
Worb CH 169 Aq87
Worbis D 116 Ba78
Worblingen, Rielasingen- D 125 As85
Worcester GB 93 Sq76
Wördern, Sankt Andrä- A 238 Bn84
Wörgl A 127 Be86
Workington GB 84 Sn71
Worksop GB 85 Ss74
Workum NL 106 Al75
Wörlitz, Oranienbaum- D 117 Be77
Wormeldange L 162 An81
Wormer NL 106 Ak76
Wormhout F 155 Ae79
Worms D 163 Ar81
Worpswede D 108 As74
Worringen D 114 Ao78
Wörrstadt D 120 Ar81
Wörschach A 128 Bi85
Wört D 121 Ba82
Wörth A 127 Bf86
Wörth am Main D 121 At81
Wörth am Rhein D 163 Ar82
Wörth an der Donau D 127 Be82
Wörth an der Isar D 127 Be83
Worthen GB 93 Sp75
Worthing GB 99 Su79
Woskowice Górne PL 226 Bq78
Wóspork = Weißenberg D 118 Bk78
Wotton-under-Edge GB 97 Sq77
Woudenberg NL 113 Al76
Woudsend NL 107 Am75
Woumen B 155 Af78
Wouw NL 113 Ai77
Woźławki PL 223 Cb72
Woźniki PL 227 Bu78
Woźniki PL 233 Bt79
Wragby GB 85 Su74
Wrea Green GB 84 Sp73
Wręczyca Wielka PL 233 Bs79
Wredenhagen D 110 Bf74
Wrelton GB 85 St72
Wremen D 108 As73
Wrentham GB 95 Ad76
Wrestedt D 109 Bb75
Wrestlingworth GB 94 Su76
Wrexen D 115 At77
Wrexham GB 93 Sp74
Wrexham Industrial Estate GB 93 Sp74
Wriedel D 109 Ba74
Wriezen D 225 Bi75
Wrist D 103 Au73
Writtle GB 95 Aa77
Wróblewo PL 228 Ca75
Wróbliniec PL 226 Bq77
Wrocki PL 222 Bt74
Wrocław PL 232 Bp78
Wrohm D 103 At72
Wroniawy PL 226 Bn76
Wroniniec PL 226 Bn77
Wronki PL 217 Ce72
Wronki PL 226 Bn75
Wroughton GB 98 Sr77
Wroxeter GB 93 Sp75
Wrząca Wielka PL 227 Bs76
Wrzelowiec PL 228 Cd78
Września PL 226 Bq76
Wrzeszczów PL 228 Cb78
Wrzos PL 228 Cb78
Wrzosowa PL 233 Bt79
Wschowa PL 226 Bn77
Wszeliwy PL 228 Bu76
Wulfen D 114 Ap77
Wulfen D 116 Bd77
Wulfersdorf D 110 Be74
Wülfershausen D 121 Ba80
Wülfrath D 114 Ap78
Wulfsode D 109 Ba74
Wulften D 116 Ba77
Wulkenzin D 111 Bg73
Wulke Ždźary = Groß Särchen D 118 Bi78
Wulkow D 110 Be75
Wullowitz A 128 Bi83
Wünschendorf/Elster D 230 Be79
Wünsdorf D 118 Bg76
Wûnseradiel NL 106 Al74
Wunsiedel D 230 Be80
Wunstorf D 109 At76
Wuppertal D 114 Ap78
Würenlingen CH 125 Ar85
Wurmannsquick D 236 Bf84
Wurmlingen D 125 As84
Würnsdorf A 237 Bl84
Würselen D 113 An79
Wurzbach D 116 Bd80
Würzburg D 121 Au81
Wurzen D 117 Bf78
Wuskidź = Weißkeißel D 118 Bk78
Wusterhausen/Dosse D 110 Be75
Wusterhusen D 105 Bh72
Wustermark D 110 Bf75
Wüstermarke D 117 Bh77
Wusterwitz D 110 Be76
Wust-Fischbeck D 110 Be75
Wüstmark D 110 Bc73
Wustrau-Altfriesack D 110 Bf75
Wustrow D 104 Be72
Wustrow D 110 Bf74
Wustrow (Wendland) D 109 Bc75
Wutha-Farnroda D 116 Ba79
Wutöschingen D 125 Ar85
Wuustwezel B 113 Ak78
Wybczyk PL 222 Br74
Wyborów PL 228 Cc77
Wych Cross GB 154 Aa78
Wyczechy PL 221 Bp73
Wyczółki PL 229 Ce76
Wydminy PL 217 Ce73
Wye GB 154 Ab78
Wyesham GB 93 Sp77
Wyganki PL 227 Br77
Wygoda PL 222 Bu73
Wygoda PL 223 Ce74
Wygon PL 221 Bm74
Wyk auf Föhr D 102 As71
Wylatowo PL 226 Bq75
Wyle GB 98 Sr78
Wymbritseradeel = Wymbritseradiel NL 107 Am75
Wymbritseradiel NL 107 Am75
Wymeer D 108 Ap74
Wymondham GB 95 Ac75
Wynigen CH 130 Aq86
Wyrazów PL 233 Bt79
Wyre Piddle GB 94 Sq76
Wyryki-Adampol PL 229 Cg77
Wyrzysk PL 221 Bp74
Wyśmierzyce PL 228 Cb77
Wysocice PL 234 Bu80
Wysoczyn PL 228 Cc77
Wysogotówek PL 226 Bq77
Wysoka PL 226 Bm78
Wysoka Głogowska PL 235 Ce80
Wysoka Strzyżowska PL 234 Cd81
Wysoka Wielka PL 227 Bt76
Wysokie PL 235 Cf79
Wysokie Mazowieckie PL 224 Cf75
Wysowa PL 234 Cc82
Wyspa PL 234 Cd79
Wyszanów PL 227 Br78
Wyszatyce PL 235 Cf81
Wyszki PL 229 Cf75
Wyszków PL 228 Cc75
Wyszobór PL 220 Bl73
Wyszogród PL 228 Ca76
Wyszonki Kościelne PL 229 Cf75
Wyszyny PL 221 Bo75
Wythall GB 94 Sr76
Wytmarsum = Witmarsum NL 106 Al74
Wyvis Lodge GB 75 Sl65

X

Xàbia E 201 Aa103
Xaintrailles F 177 Aa92
Xanten D 114 An77
Xánthi GR 279 Ck98
Xàtiva E 201 St103
Xavestre E 182 Sc95
Xeraco E 201 Su102
Xert E 195 Aa99
Xerta E 188 Aa99
Xertigny F 124 An84
Xërxë RKS 270 Cb96
Xestada = Xesteda E 182 Sc94
Xesteda E 182 Sc94
Xhyrë AL 276 Ca98
Xibrrakë AL 276 Ca98
Xifianí GR 271 Ce99
Xilagani GR 279 Cl99
Xiliki GR 283 Cf103
Xilókastro GR 286 Cf104
Xilópoli GR 278 Cg99
Xilóskalo GR 290 Ch110
Xilxes E 201 Su101
Xiniáda GR 283 Ce102
Xinó Neró GR 277 Cd99
Xinorlet E 201 St104
Xinóvrissi GR 283 Cg102
Xinzo de Limia E 183 Se96
Xirohóri GR 278 Cf99
Xirókambo GR 292 Co106
Xirolimni GR 277 Cd100
Xironda E 183 Se97
Xixón = Gijón E 184 Si93
Xixona E 201 St103
Xove E 183 Se93
Xubín (Cenlle) E 182 Sd96
Xunqueira de Ambía E 183 Se96

Y

Yad RO 255 Cl89
Yağcılı TR 275 Co97
Yaiza E 203 Rn123
Yăleşti MD 249 Cr86
Yalı TR 289 Cq106
Yalıkavak TR 292 Cp106
Yalova TR 280 Cn100
Yancıklar TR 281 Cp97
Yanguas E 186 Sq96
Yanıkağıl TR 281 Cq98
Yapıldak TR 280 Cn99
Yapıldak TR 280 Co100
Yarcombe GB 97 So79
Yarmouth GB 98 Ss79
Yassıören TR 281 Cs98
Yate GB 97 Sq77
Yátova E 201 St102
Yatton GB 97 Sp78
Yavaşca TR 280 Cp98
Yaxley GB 94 Su75
Yaylaköy TR 280 Cn99
Yaylaköy TR 285 Cn103
Yazıköy TR 292 Cp107
Yazlık TR 281 Cs98
Ybbs an der Donau A 129 Bl84
Ybbsitz A 237 Bk85
Ychoux F 170 St92
Ydby DK 100 Ar67
Yddebu N 57 At58
Ydermossa S 72 Bg68
Ydes F 172 Ae90
Ydrefors S 70 Bm65
Y Drenewydd = Newtown GB 93 So75
Yealmpton GB 97 Sn80
Yeamăna MD 249 Ct87
Yébenes, Los E 199 Sn101
Yebra E 193 Sp100
Yebra de Basa E 176 Su96
Yéchar E 201 Ss104
Yecla E 201 Ss103
Yecla de Yeltes E 191 Sh99
Yeles E 193 Sn100
Yelverton GB 97 Sm80
Yenibedir TR 281 Cp98
Yenice TR 275 Cq97
Yenice TR 280 Cn99
Yenice TR 281 Cr100
Yenice TR 292 Cr106
Yenicegörüce TR 280 Cn98
Yeniçiftlik TR 280 Cp100
Yeniçiftlik TR 281 Cq98
Yenikarpuzlu TR 280 Cn99
Yeniköy TR 280 Co98
Yeniköy TR 280 Cp99
Yeniköy TR 281 Cs98
Yeniköy TR 281 Ct98
Yeniköy TR 289 Cp105
Yeniköy TR 292 Cr106
Yeniköy TR 292 Cu108
Yeniköy Plajı TR 281 Cr100
Yeni Mahalle TR 280 Cp97
Yeni Sarıbey TR 281 Cr100
Yenne F 174 Am89
Yeovil GB 98 Sp79
Yepes E 193 Sn101
Yerkesik TR 292 Cr106
Yerseke NL 113 Ai78
Yerville F 160 Ab81
Yesa E 176 Ss95
Yeşilce TR 275 Cq97
Yeşilköy TR 281 Cs99
Yeşilköy TR 289 Cq105
Yeşilköy TR 292 Ct108
Yeşilsırt TR 281 Cp98
Yeşilyurt TR 292 Cr106
Yesnaby GB 77 So62
Yeste E 200 Sq104
Yestebø N 56 Al59
Yetts o'Muckhart GB 76 Sn68
Y-Fenni = Abergavenny GB 93 So77
Yffiniac F 158 Sp84
Y Fför GB 92 Sm75
Ygle N 48 Bc58
Ygos-Saint-Saturnin F 176 St93
Ygrande F 167 Af87
Ygskorset S 50 Bm57
Yhidighici MD 249 Cs86
Yiğitler TR 281 Cq100
Ykspihlaja FIN 43 Cg53
Ylakiai LT 212 Cd68
Ylä-Kintaus FIN 53 Cl56
Ylä-Kolkki FIN 53 Ci56
Ylä-Kuona FIN 55 Ct57
Ylä-Luosta FIN 45 Cs54
Ylämaa FIN 64 Cr59
Ylämylly FIN 55 Cu55
Yläne FIN 62 Ce59
Ylä-Vääri FIN 53 Ci57
Ylä-Valtimo FIN 45 Cs53
Ylä-Vehkalahti FIN 54 Cr54
Yli N 57 At61
Ylihärmä FIN 52 Cf54
Ylijärvi FIN 64 Cq59
Yli-Kärppä FIN 36 Cm49
Ylike FIN 64 Cm60
Ylikiiminki FIN 44 Cn50
Yli-Kitinen FIN 30 Co45
Yli-Körkkö FIN 36 Cn48
Ylikuhna FIN 63 Ch59
Ylikulma FIN 63 Cg60
Yli-Kurki FIN 37 Cq50
Ylikylä FIN 37 Cp47
Ylikylä FIN 43 Ci54
Ylikylä FIN 45 Ct53
Ylikylä FIN 52 Cd56
Ylikylä FIN 53 Cg55
Ylikylä FIN 62 Cc59
Yli-Lesti FIN 43 Ck54
Yli-li FIN 36 Cm50
Ylimarkku = Övermark FIN 52 Cc55
Yli-Muonio FIN 29 Ch44
Yli-Nampa FIN 36 Cn47
Ylinenjärvi S 35 Cg47
Yli-Olhava FIN 36 Cm49
Ylipää FIN 36 Ck47
Ylipää FIN 43 Ck52
Ylipää FIN 43 Cl51
Ylipää FIN 43 Cl53
Ylipää FIN 44 Cm51
Ylipää FIN 44 Cn51
Ylipää FIN 53 Ch54
Yli-Paakkola FIN 36 Ck48
Yli-Siurua FIN 36 Co49
Yliskulma FIN 62 Cf59
Yliskylä FIN 52 Cg57
Ylistaro FIN 52 Cf55
Ylistaron asema FIN 52 Cf55
Yli-Tannila FIN 36 Cn50
Ylitornio FIN 35 Ch48
Yli-Utos FIN 44 Co51
Yli-Valli FIN 52 Cf56
Ylivesi FIN 54 Cq57
Ylivieska FIN 43 Ck52
Yli-Viirre FIN 43 Ck53
Yli-Vuotto FIN 44 Co51
Ylläsjärvi FIN 30 Ci45
Yllestad S 69 Bh64
Ylöjärvi FIN 53 Ch57
Yltäkylä FIN 63 Ch60
Ylterhogdal S 50 Bk56
Ylvingen N 32 Be49
Ymonville F 160 Ad84
Yngsjö S 72 Bi69
Ynnesdal N 56 Al59
Yoğuntaş TR 280 Cp97
Yolageldi TR 280 Co97
Yolağzı TR 281 Cr100
Yordineşti MD 248 Cp84
York GB 85 Ss73
Yörükler TR 280 Cp98
Yoteşti MD 256 Cr88
Youghal IRL 90 Se77
Youlgreave GB 93 Sr74
Yövesi FIN 54 Cp58
Yoxford GB 95 Ad76
Ypäjä FIN 63 Cg59
Ypäjänkylä FIN 63 Cg59
Yport F 154 Aa81
Yppäri FIN 43 Ci52
Ypres = Ieper B 155 Af79
Ypreville-Biville F 159 Ab81
Ypyä FIN 43 Ck53
Ypykkävaara FIN 45 Ct52
Yrigorievca MD 257 Ct87
Yrigoriopol MD 249 Ct86
Yrouerre F 167 Ah85
Yrttivaara S 35 Cd47
Yset N 48 Ba55
Ysjö S 40 Bo53
Yspertal A 129 Bl84
Ysselsteyn NL 114 Am78
Yssingeaux F 173 Ai90
Ystad S 73 Bh70
Ystalyfera GB 92 Sn77
Ystebrød N 66 Am64
Ystradfellte GB 92 Sn77
Ystradgynlais GB 92 Sn77
Ytre Arna N 56 Al60
Ytre Billefjord N 24 Cl40
Ytre Bu N 56 Ao60
Ytre Enebakk N 58 Bc61
Ytre Frønningen N 56 Ap58
Ytre Gåradak N 24 Cl40
Ytre Honningsvåg N 46 Al56
Ytre Kårvik N 22 Bs41
Ytre Kjæs N 24 Cm39
Ytre Korsnes N 24 Co40
Ytre Lauvrak N 67 Ar63
Ytre Leirpollen N 24 Cm40
Ytre Matre N 56 Am61
Ytre Ofredal N 57 Ap58
Ytre Oppedal N 56 Al58
Ytre Ramse N 67 Ar63
Ytre Rendal N 48 Bc57
Ytre Standal N 46 An56
Ytre Veines N 24 Cl40
Ytterån S 39 Bi54
Ytteräng S 39 Bg53
Ytterås N 38 Bc54
Ytterberg S 49 Bi56
Ytterboda S 42 Cb53
Ytterby N 39 Bd51
Ytterby S 68 Bd65
Ytterbystrand S 61 Br62
Ytteresse FIN 43 Cf53
Ytterjärna S 71 Bq62
Ytterjeppo FIN 42 Cf54
Ytterlännäs S 50 Bq54
Yttermalung S 59 Bh59
Ytterocke S 39 Bh54
Ytterolden S 39 Bh53
Ytterøy N 38 Bc53
Ytter-Rissjö S 41 Bq52
Yttersby S 61 Bs60
Ytterselö S 60 Bp62
Yttersjön S 41 Bu52
Ytterstad N 27 Bm44
Yttertällmo S 41 Bq53
Yttervik S 34 Bs48
Ytt Heden S 60 Bm60
Yttilä FIN 62 Ce58
Yttre Lansjärv S 35 Ce47
Yttrö S 60 Bp60
Yukarıkılıçlı TR 280 Cp99
Yuncos E 193 Sn100
Yunquera E 204 Sl107
Yunquera de Henares E 193 So99

Wies – Yunquera de Henares

Yunta, La **E** 194 Sr99
Yurdulești = Guirguilști **MD** 256 Cr90
Yürük **TR** 280 Cp99
Yutz **F** 162 An82
Yuvacık **TR** 292 Cr107
Yverdon-les-Bains **CH** 169 Ao87
Yvetot **F** 160 Ab81
Yvignac **F** 158 Sq84
Yville-sur-Seine **F** 160 Ab82
Yvoir **B** 156 Ak80
Yvoire **F** 169 An88
Yvonand **CH** 130 Ao87
Yvré-le-Pôlin **F** 165 Aa85
Yvré-l'Évêque **F** 159 Aa84
Yxbodarna **S** 59 Bk59
Yxnerum **S** 70 Bn64
Yxpila = Ykspihlaja **FIN** 43 Cg53
Yxsjö **S** 41 Bq52
Yxsjöberg **S** 59 Bk60
Yxskaftkälen **S** 40 Bl53
Yzeure **F** 167 Ag87
Yzeures-sur-Creuse **F** 166 Ab87

Z

Zaamslag **NL** 156 Ah78
Zaanstad **NL** 106 Ak76
Ząb **PL** 234 Bu82
Żaba **PL** 232 Bq79
Zăbala **RO** 255 Cn89
Žabalac' **BY** 218 Ck73
Žabalj **SRB** 252 Ca90
Zabalocce **BY** 219 Cp71
Zabar **H** 240 Ca84
Zabărdo **BG** 273 Ck97
Žabari **SRB** 263 Cc92
Zabartowo **PL** 221 Bq74
Zabelsdorf **D** 111 Bg74
Zabel'sko **RUS** 211 Cr64
Zaberfeld **D** 120 As82
Žabica **BIH** 269 Br95
Zabiče **SLO** 134 Bi89
Zăbiedovo **SK** 233 Bu82
Zabiele **PL** 223 Cd74
Zabierzów **PL** 233 Bu80
Žabinka **BY** 229 Ci76
Ząbki **PL** 228 Cc76
Ząbkowice Śląskie **PL** 232 Bo79
Zablaće **SRB** 262 Ca93
Žabljak **MNE** 269 Bt94
Žabljak **MNE** 269 Bt96
Zabłudów **PL** 224 Cg74
Żabnica **PL** 239 Bt81
Żabno **PL** 234 Cb80
Žabok **HR** 242 Bm88
Žabokreky nad Nitrou **SK** 239 Br83
Žabokryč **UA** 249 Ct84
Žabokryčka **UA** 249 Ct84
Zabolotiv **UA** 247 Cl84
Zabolottja **UA** 241 Cf85
Zaborcy **BY** 219 Cq71
Zabor'e **RUS** 219 Cq71
Zaborów **PL** 228 Cb76
Zaborów **PL** 234 Cb80
Zaborowice **PL** 226 Bo77
Zaborowo **PL** 226 Bp76
Žabów **PL** 111 Bk74
Żabowo **PL** 111 Bl73
Zăbrani **RO** 253 Cd88
Zabrđe **BIH** 252 Bs91
Zabrđe **MNE** 262 Bt94
Zabrđe **SRB** 269 Bt93
Zabrega **SRB** 263 Cc91
Zábřeh **CZ** 232 Bo81
Žabren **SRB** 262 Ca94
Zabrez'e **BY** 218 Cn72
Zăbriceni **MD** 248 Cp84
Zabrnie **PL** 234 Cc80
Zabrnie Dolne **PL** 234 Cd79
Zabrnjica **SRB** 269 Bt93
Zabrowo **PL** 222 Bt73
Zabrze **PL** 233 Bs80
Zabrzeg **PL** 233 Bs81
Zabrzeż **PL** 240 Ca81
Zabužžja **UA** 229 Ch78
Zabzuni **AL** 270 Ca98
Zacharivka **UA** 249 Cu86
Zacharni **BY** 219 Cq69
Zacharzew **PL** 226 Bq77
Zacharzowice **PL** 233 Bs80
Záchlumí **CZ** 123 Bf81
Začléř **CZ** 232 Bm79
Zadar **HR** 258 Bl92
Zădăreni **RO** 253 Cc88
Žadeikoniai **LT** 214 Ci68
Zadežža **BY** 215 Cr69
Zádielske Dvorníky **SK** 240 Cb83
Zadubenne **BY** 219 Cp71
Zadubrivci **UA** 247 Cl83
Zadunaivka **UA** 257 Ct89
Žadvainiai **LT** 216 Cd69
Zadzim **PL** 227 Bs77
Zafarraya **E** 205 Sm107
Zafferana Etnea **I** 153 Bl105
Zafirovo **BG** 266 Co93
Zafra **E** 197 Sh104
Zafra de Záncara **E** 194 Sp101
Zafrilla **E** 194 Sr100
Žaga **SLO** 134 Bg88
Zagajica **SRB** 253 Cc91
Żagań **PL** 225 Bl77
Zagăr **RO** 255 Ck88
Žagarė **LT** 213 Cg68
Žagarinė **LT** 218 Cl72
Zagarise **I** 151 Bo103
Zagarolo **I** 146 Bf97
Zaglav **HR** 258 Bl93
Zaglavak **SRB** 262 Bu93
Zaglavica **BIH** 259 Bn92
Zagłobień **PL** 234 Cd80
Zagnańsk **PL** 234 Cb79
Zagon **RO** 255 Cn89
Zagoni **BIH** 252 Bt91
Zagorá **GR** 283 Cg102
Zagora **MNE** 269 Bs96
Zagora **MNE** 269 Bt95
Zagorci **BG** 274 Cm96
Zagorci **BG** 275 Cp96
Zagor'e **RUS** 211 Cs62
Zagorica **SLO** 134 Bk89
Zagoriče **BG** 266 Cp93
Zagorje ob Savi **SLO** 135 Bl88
Zagórnik **PL** 229 Ch79
Zagorów **PL** 226 Bq76
Zagórsko **PL** 234 Cc80
Zagorskoe **RUS** 216 Cd71
Zagórz **PL** 241 Ce81
Zagórze **PL** 233 Bt80
Zagórze Śląskie **PL** 232 Bn79
Zagra **E** 205 Sm106
Zagra **RO** 246 Ci86
Zagrad **MNE** 262 Bu95
Zagrađe **SRB** 263 Ce92
Zagrađe **SRB** 263 Ce93
Zagradje **SRB** 262 Ca92
Zagražden **BG** 265 Ck93
Zagražden **BG** 274 Ck97
Zagreb **HR** 250 Bm89
Zagrilla **E** 205 Sm106
Zagriv'e **RUS** 211 Cq62
Zagrivje **RUS** 215 Cq67
Zagrodno **PL** 226 Bm78
Žagubica **SRB** 263 Cd92
Zagumienie **PL** 229 Cg77
Zagvozd **HR** 259 Bp94
Zagwiździe **PL** 232 Bq79
Zahajki **PL** 229 Cf77
Zahara **E** 204 Sk107
Zahara de los Atunes **E** 205 Si108
Zaháro **GR** 286 Cd105
Zahattja **UA** 241 Cf84
Zahinos **E** 197 Sg104
Zahna-Elster **D** 117 Bf77
Zahnitkiv **UA** 249 Cs84
Zahodskoe **RUS** 65 Ct60
Zahody **RUS** 211 Cr64
Zahody **RUS** 215 Cq66
Zahon'e **RUS** 211 Ct63
Záhony **H** 241 Ce84
Záhor **SK** 241 Ce83
Záhoří **CZ** 231 Bi82
Záhorská Ves **SK** 238 Bo84
Zahrádky **CZ** 123 Bk79
Zahrensdorf **D** 109 Bb74
Zahrisht **AL** 270 Ca96
Zăicani **MD** 248 Cp85
Zaidin **E** 195 Aa97
Žaiginys **LT** 217 Cg70
Zaim **MD** 257 Ct87
Zainingen **D** 125 Au84
Zaisertshofen **D** 126 Bb84
Zaistovec **HR** 135 Bn88
Zajača **SRB** 261 Bt92
Zajączki Bankowe **PL** 227 Br77
Zajączków **PL** 234 Ca79
Zajan'e **RUS** 211 Cs63
Zajas **MK** 270 Cb97
Zajcevo **RUS** 65 Ct58
Zajcevo **RUS** 223 Cb72
Zaječar **SRB** 263 Ce93
Zaječov **CZ** 123 Bh81
Zajezierze **PL** 216 Bu73
Zajezierze **PL** 228 Cd77
Žakai **LT** 217 Ce70
Zákamenné **SK** 233 Bt82
Zákány **H** 250 Bo88
Zákányszék **H** 244 Bu88
Zákas **GR** 277 Cc100
Zákinthos **GR** 282 Cb105
Zakliczyn **PL** 234 Cb81
Zaklików **PL** 235 Ce79
Zaklin'e **RUS** 211 Cr63
Zaklopača **BIH** 261 Bt92
Zakopane **PL** 234 Bu82
Zákopčie **SK** 233 Bs82
Zakroczym **PL** 228 Cb76
Zákros **GR** 291 Cn110
Zakrzew **PL** 228 Cb78
Zakrzewo **PL** 221 Bp74
Zakrzewo **PL** 227 Bs75
Zakrzów **PL** 229 Cf78
Zakrzów **PL** 233 Br80
Zakrzów **PL** 233 Bu81
Zakrzówek-Osada **PL** 235 Ce79
Zákupy **CZ** 118 Bk79
Zalabaksa **H** 135 Bo87
Zalabér **H** 242 Bp87
Zalacsány **H** 242 Bp87
Zalaegerszeg **H** 242 Bo87
Zalaháshágy **H** 135 Bo87
Zalahtov'e **RUS** 211 Cq64
Zalakaros **H** 250 Bp87
Zalakomár **H** 250 Bp87
Zalakoppány **H** 242 Bp87
Zalalövő **H** 135 Bo87
Zalamea de la Serena **E** 198 Si103
Zalamea la Real **E** 203 Sg105
Žalany **CZ** 123 Bh79
Zalas **PL** 233 Bu80
Zalasowa **PL** 234 Cc81
Zalaszabar **H** 250 Bp87
Zalaszántó **H** 242 Bp87
Zalaszentbalázs **H** 250 Bo87
Zalaszentgrót **H** 242 Bp87
Zalaszentlászló **H** 242 Bp87
Zalatárnok **H** 242 Bo87
Zalău **RO** 246 Cg86
Zalaudvarnok **H** 242 Bp87
Załazy **PL** 228 Cd78
Zaldibar **E** 186 Sp94
Žalec **SLO** 135 Bl88
Zalęcino **PL** 111 Bl74
Załęcze **PL** 226 Bo77
Žalenieki **LV** 213 Ch67
Zales'e **BY** 219 Co72
Zales'e **RUS** 211 Cu65
Zales'e **RUS** 216 Cd71
Zales'e **UA** 229 Ch78
Zalesen'e **RUS** 211 Cu64
Zalesie **PL** 229 Cg76
Zalesie Śląskie **PL** 233 Br80
Zalesse **BY** 219 Cq70
Zaleszany **PL** 224 Ch75
Zaleszany **PL** 234 Cd79
Zalewo **PL** 222 Bu73
Zalha **RO** 246 Ch86
Zališčyky **UA** 247 Cm83
Zalivnoe **RUS** 216 Cb71
Zalla = Mimetiz **E** 185 So94
Zall i Dardhës **AL** 270 Ca97
Zall i Gjogjesh **AL** 270 Ca97
Zallkuq **RKS** 270 Cb95
Zalnoc **RO** 246 Cf86
Zalog **SLO** 134 Bk88
Zalogovac **SRB** 263 Cc93
Zálongo **GR** 276 Cb101
Zálongo **GR** 282 Cb102
Zalosem'e **RUS** 215 Cr68
Zaloseme **RUS** 215 Cr68
Žalpiai **LT** 217 Cf70
Zaltbommel **NL** 106 Al77
Žálti Brjag **BG** 273 Cm97
Zalustež'e **RUS** 211 Cs63
Záluží **CZ** 123 Bh79
Zalve **LV** 214 Cl68
Zam **RO** 253 Ce88
Zamárdi **H** 243 Bq87
Zamarte **PL** 221 Bp73
Zamascjany **BY** 218 Ck73
Zamastočča **BY** 219 Cq71
Žamberk **CZ** 232 Bn80
Zambra **E** 205 Sm106
Zambrana **E** 185 Sp95
Zămbreasca **RO** 265 Ck92
Zambrów **PL** 224 Ce75
Zambrzyce **PL** 233 Bu81
Zambujeira do Mar **P** 202 Sc105
Zamch **PL** 235 Cg80
Zamfirovo **BG** 264 Cg94
Zamoćok **UA** 235 Ch80
Zamogil'e **RUS** 211 Cq63
Zámoly **H** 243 Br86
Zamora **E** 192 Si98
Zamość **PL** 235 Cg79
Zamoš'e **RUS** 211 Cs65
Zamoš'e **RUS** 211 Cu64
Zamošša **BY** 219 Cp70
Zamosťe **RUS** 65 Da59
Zamostea **RO** 247 Cn85
Zamostja **UA** 247 Cl84
Zamostoč'e **RUS** 211 Ct65
Zams **A** 126 Bb86
Zamšany **BY** 229 Ci77
Zamutov **SK** 241 Cd83
Žandov **CZ** 231 Bi79
Zandt, 't **NL** 107 Ao74
Zandvoort **NL** 106 Ak76
Zănești **RO** 248 Co87
Zangenstein **D** 230 Be82
Zangliveri **GR** 278 Cg99
Zaniemyśl **PL** 226 Bp76
Zaniże **PL** 235 Ch79
Zănoaga **RO** 264 Ci92
Zante **LV** 213 Cf67
Zaorejas **E** 194 Sq99
Zaostrog **HR** 268 Bp94
Zaostrov'e **RUS** 65 Da59
Zaovine **SRB** 262 Bt93
Zaozernoe **RUS** 223 Cd72
Zapałów **PL** 235 Cf80
Zapasiški **BY** 215 Cq69
Zapfendorf **D** 121 Bb80
Zapillja **UA** 229 Ch78
Zápio **GR** 277 Ce102
Zapljus'e **RUS** 211 Cu64
Zapod **AL** 270 Cb96
Zăpodeni **RO** 256 Cq87
Zapole **PL** 227 Bs78
Zapole **PL** 234 Cd80
Zapol'e **RUS** 65 Cu62
Zapol'e **RUS** 211 Cs64
Zapoľe **RUS** 211 Cs64
Zapoľe **RUS** 211 Ct63
Zapoljarnyj **RUS** 25 Db42
Zapovednoe **RUS** 216 Cc70
Zapponeta **I** 147 Bm98
Zaprešić **HR** 242 Bm89
Zapuntel **HR** 258 Bk92
Zapyškis **LT** 217 Ch71
Zaraevo **BG** 266 Cn94
Zaragoza **E** 195 St97
Zarand **RO** 245 Cd88
Zarańsko **PL** 221 Bm73
Zarasai **LT** 218 Cn69
Zaratán **E** 192 Sl97
Zarautz **E** 186 Sq94
Zarbince **SRB** 271 Cd95
Zarcilla de Ramos **E** 206 Sr105
Zaręba Górna **PL** 225 Bl78
Zaręby Kościelne **PL** 229 Ce75
Zaréčča **BY** 219 Cq72
Zareč'e **RUS** 211 Ct65
Zarec'e **RUS** 216 Cb71
Žarėnai **LT** 213 Ce69
Zarenthien **D** 110 Bb74
Zariččja **UA** 247 Ck83
Zaričevo **UA** 241 Cf83
Žarki **PL** 233 Bt79
Zárkos **GR** 277 Ce101
Zărnești **RO** 255 Cl89
Zărnevo **BG** 266 Cp93
Žarnik **BG** 266 Cq93
Žarnovica **SK** 239 Bs84
Żarnów **PL** 227 Ca78
Żarnowiec **PL** 222 Br71
Żarnowiec **PL** 234 Bu80
Żarnówka **PL** 233 Bu81
Zarnsdorf **A** 129 Bl84
Zarodišči **RUS** 215 Cs68
Zaronica **BG** 273 Ck97
Zarós **GR** 291 Ck110
Zaroúhla **GR** 283 Ce105
Žarovnica **HR** 242 Bn88
Żarów **PL** 232 Bn79
Zarožje **SRB** 261 Bu92
Zarpen **D** 103 Bb73
Zarrendorf **D** 105 Bg72
Zarrentin am Schaalsee **D** 110 Bb73
Zarren-Werken **B** 155 Af78
Zarszyn **PL** 241 Ce81
Zaruden'e **RUS** 211 Cs63
Zarudnia **PL** 229 Ch78
Žary **PL** 118 Bl77
Zarza, La **E** 192 Sl98
Zarza-Capilla **E** 198 Sk103
Zarza de Alange **E** 198 Sh103
Zarza de Granadilla **E** 192 Sh100
Zarza de Pumareda, La **E** 191 Sg98
Zarza de Tajo **E** 193 So100
Zarzadilla de Totana **E** 206 Sr105
Zarza la Mayor **E** 197 Sg101
Zarzecze **PL** 227 Bt78
Zarzecze **PL** 234 Cc81
Zarzosa **E** 186 Sq96
Zarzuela **E** 194 Sq100
Zarzuela del Monte **E** 193 Sm99
Zarzuela del Pinar **E** 193 Sm98
Żarzyn **PL** 225 Bl76
Zas **E** 182 Sc94
Zás = Zas **E** 182 Sc94
Zasa **LV** 214 Cm68
Zasavica **SRB** 261 Bu91
Zaseki **RUS** 211 Cs64
Zasiadki **PL** 229 Cf76
Zasieki **PL** 225 Bk77
Zasitino **RUS** 215 Cr68
Zaskoviči **BY** 219 Co72
Zaslav'e **BY** 219 Cp72
Žasliai **LT** 218 Ck71
Zasmjano **BG** 266 Cq94
Zásmuky **CZ** 231 Bl81
Zasos'e **RUS** 211 Cs62
Zasów **PL** 234 Cc80
Zastávka **CZ** 238 Bn82
Zastavna **UA** 247 Cm83
Zastražišće **HR** 268 Bo94
Zastronie **PL** 228 Cb78
Zasvir **BY** 218 Cn71
Žatec **CZ** 230 Bh80
Zaton **HR** 259 Bm93
Zaton **MNE** 262 Bu94
Zatonie **PL** 225 Bm77
Zatonje **SRB** 253 Cc91
Zator **PL** 228 Ca77
Zator **PL** 233 Bt81
Zatory **PL** 228 Cc75
Zaube **LV** 214 Cl67
Zauchseehaus **A** 127 Bg86
Zauchwitz **D** 111 Bg76
Zau de Câmpie **RO** 254 Ci87
Zauliče **BY** 219 Cp70
Zaumsko **SRB** 262 Bu94
Zaunhof **A** 132 Bb86
Zauzan **RO** 245 Cf86
Závada pod Čiernym vrchom **SK** 239 Br83
Zavadiv **UA** 235 Cg80
Závadka **SK** 241 Ce83
Zavala **BG** 272 Cf95
Zavala **BIH** 268 Bq95
Zavala **HR** 268 Bo94
Zavalatica **HR** 268 Bo95
Zavalinë **AL** 270 Ca99
Zavalje **BIH** 259 Bm91
Zavallja **UA** 249 Da84
Zavar **SK** 239 Bq84
Zavattarello **I** 137 At91
Zaveľcy **BY** 218 Cn71
Zaventem **B** 156 Ai79
Zaverduž'e **RUS** 211 Ct63
Zavet **BG** 266 Co93
Zavetnoe **RUS** 65 Cu58
Zavidoviči **BIH** 260 Br92
Zavišyna **BY** 219 Cq72
Zav"jazanci **UA** 235 Cg81
Zavlaka **SRB** 262 Bt92
Závoaia **RO** 266 Cp91
Závod **SK** 129 Bp83
Zavodnje **SLO** 135 Bl88
Zăvoi **RO** 253 Ce89
Zavoj **MK** 276 Cb98
Zavračica **BG** 272 Ch96
Zawada **PL** 225 Bm77
Zawada **PL** 227 Bt76
Zawada **PL** 234 Ca81
Zawada **PL** 235 Cg79
Zawady-Kolonia **PL** 227 Bs78
Zawadzkie **PL** 233 Br79
Zawichost **PL** 234 Cd79
Zawidów **PL** 231 Bl78
Zawiercie **PL** 233 Bt80
Zawiść **PL** 232 Bq79
Zawodzie **PL** 227 Bu77
Zawoja **PL** 233 Bu81
Zawonia **PL** 226 Bp78
Zázrivá **SK** 240 Bt82
Žbandaj **HR** 139 Bh90
Zbarzewo **PL** 226 Bn77
Zbąszyń **PL** 226 Bm76
Zbąszynek **PL** 226 Bm76
Zbečno **CZ** 230 Bh80
Zbehy **SK** 239 Br84
Zberki **PL** 226 Bp76
Zbiersk **PL** 227 Br77
Zbiroh **CZ** 230 Bh81
Zblewo **PL** 222 Br73
Zboj **SK** 241 Ce82
Zbójna **PL** 223 Cd74
Zbójno **PL** 222 Bt75
Zbojstica **SRB** 262 Bu93
Zborov **SK** 234 Cc82
Zborovice **CZ** 238 Bp82
Zborów **PL** 234 Cb80
Zborowice **PL** 234 Cb81
Zborowskie **PL** 233 Bs79
Zbrachlin **PL** 222 Br74
Zbraslav **CZ** 231 Bi81
Zbraslavice **CZ** 231 Bl81
Zbucz **PL** 229 Cg75
Zbuczyn Poduchowny **PL** 229 Ce76
Zburaž **BY** 229 Ch77
Zbýšov **CZ** 231 Bl81
Zbytowa **PL** 226 Bp78
Ždala **HR** 250 Bp88
Ždaňa **SK** 241 Cc83
Ždani **RUS** 211 Cs64
Ždánice **CZ** 238 Bp82
Ždanovičy **BY** 219 Cp73
Žď'ár **CZ** 118 Bi79
Žď'ár **CZ** 123 Bg80
Žďárec **CZ** 232 Bn82
Žďárná **CZ** 232 Bo82
Žďár nad Sázavou **CZ** 238 Bm81
Zděchov **CZ** 239 Br82
Zdechovice **CZ** 231 Bl80
Zděněli **BY** 219 Co70
Zdenci **HR** 251 Bq89
Zdenijevo **UA** 241 Cf83
Ždiar **SK** 234 Ca82
Zdiby **CZ** 231 Bi80
Zdice **CZ** 123 Bh81
Zdíkovec **CZ** 123 Bh82
Zdírec nad Doubravou **CZ** 231 Bm81
Zdobnice **CZ** 232 Bn80
Zdounky **CZ** 238 Bp82
Zdrajsh **AL** 270 Ca98
Zdralovi **HR** 242 Bo89
Zdravec **BG** 266 Cn94
Zdravec **BG** 275 Cq94
Zdravinje **SRB** 263 Cc94
Zdrelo **SRB** 263 Cd92
Zdrój, Lądek **PL** 232 Bo80
Zdrój, Świeradów- **PL** 231 Bl79
Zdunje **MK** 271 Cc97
Zduńska Wola **PL** 227 Bs77
Zduny **PL** 226 Bp77
Zduny **PL** 227 Bu77
Zdżary **PL** 228 Ca77
Zdżary **PL** 234 Cc80
Zdziary **PL** 235 Ce79
Zdziechów **PL** 228 Cb78
Zdziechowice **PL** 235 Ce79
Zdzieszowice **PL** 233 Br80
Zdziłowice **PL** 235 Cf79
Žebětín **CZ** 238 Bn82
Zebil **BG** 266 Co93
Zebil **RO** 267 Cs91
Zębowice **PL** 233 Br79
Žebrák **CZ** 230 Bh81
Žebráky **CZ** 230 Bf81
Zebreira **P** 197 Sf101
Zebrene **LV** 213 Cf67
Zeče **SLO** 135 Bl88
Zečevo Rogozničko **HR** 259 Bm93
Zechin **D** 225 Bi75
Zechlinerhütte **D** 110 Bf74
Zeddam **NL** 107 An77
Zedelgem **B** 155 Ag78
Zederhaus **A** 127 Bh86
Žedna **BG** 272 Cf96
Żednia **PL** 224 Cg74
Zeebrugge **B** 112 Ag78
Zeeland **NL** 113 Am77
Zeetze **D** 110 Bb74
Zeewolde **NL** 107 Am76
Zegama **E** 186 Sq95
Zegerscappel **F** 155 Ae79
Żegiestów-Zdrój **PL** 234 Cb82
Žeglarci **BG** 266 Cp93
Zeglingen **CH** 124 Aq86
Żegocina **PL** 234 Ca81
Žegra = Zhergë **RKS** 271 Cc96
Zegrze Południowe **PL** 228 Cc76
Zegrze Pomorskie **PL** 221 Bn72
Žegulja **BIH** 269 Br94
Zehdenick **D** 220 Bg75
Zehlendorf **D** 111 Bg75
Zehna **D** 110 Be73
Žehra **SK** 240 Cb83
Zehren **D** 118 Bg78
Zehrental **D** 110 Bd75
Žehuň **CZ** 231 Bl80
Žehušice **CZ** 231 Bl81
Zeil am Main **D** 121 Bb80
Zeilarn **D** 236 Bf84
Zeilfeld **D** 116 Bb80
Žeimelis **LT** 213 Ci68
Žeimiai **LT** 213 Cg69
Žeimiai **LT** 217 Ci70
Zeiningen **CH** 169 Aq85
Zeinisjochhaus **A** 131 Ba87
Zeisholz, Cosel- **D** 118 Bh78
Zeist **NL** 113 Al76
Zeithain **D** 118 Bg78
Zeitlarn **D** 127 Be82
Zeitlofs **D** 121 Au80
Zeitz **D** 230 Be78
Žejane **HR** 134 Bi90
Żejtun **M** 151 Bk109
Żelazna **PL** 222 Bq71
Żelazna **PL** 227 Ca77
Żelazna **PL** 232 Bp79
Żelazna Góra **PL** 223 Ca72
Żelazno **PL** 232 Bo80
Żelazowa Wola **PL** 228 Ca76
Zele **B** 155 Ai78
Želeč **CZ** 231 Bk82
Żelechlinek **PL** 227 Ca77
Żelechów **PL** 228 Cb76
Żelechów **PL** 228 Cd77
Zelena **UA** 248 Co84
Zelenaja Rošča **RUS** 65 Ct60
Zelená Lhota **CZ** 236 Bg82
Zelencovo **RUS** 223 Cd71
Zelengora **BIH** 261 Bs94
Zeleni Jadar **BIH** 262 Bt92
Zelenik **SRB** 263 Cd91
Zelenika **MNE** 269 Bs96
Zelenikovo **BG** 273 Cl96
Zelenikovo **MK** 271 Cd97
Zelenogirs'ke **UA** 248 Da85
Zelenogorsk **RUS** 65 Cu60
Zelenogradsk **RUS** 216 Ca71
Želetava **CZ** 238 Bm82
Železari **BG** 280 Cm98
Železná Breznica **SK** 240 Bt83
Železna Kapla = Bad Eisenkappel **A** 134 Bk88
Železna Kapla-Bela = Eisenkappel-Vellach **A** 134 Bk88
Železná Ruda **CZ** 123 Bg82
Železné **SK** 240 Bt83
Železnica **BG** 272 Cg95
Železnice **CZ** 231 Bl80
Železnik **BG** 275 Co95
Železnik **SRB** 252 Ca91
Železniki **SLO** 134 Bi88
Železnodorožnyj **RUS** 223 Cc72
Železný Brod **CZ** 231 Bl79
Zelhem **NL** 114 An76
Želichów **PL** 234 Cb80
Želiezovce **SK** 239 Bs84
Želino **MK** 270 Cc97
Zélio **GR** 283 Cf103
Želisławiec **PL** 220 Bk74
Želistrzewo **PL** 222 Br71
Želiv **CZ** 237 Bl81
Želivec **CZ** 123 Bk81
Želizna **PL** 229 Cf77
Željezno Polje **BIH** 260 Bq92
Želiuša **BIH** 260 Bq94
Želju Vojvoda **BG** 274 Cn95
Zelki **PL** 223 Ce73
Żelkowo **PL** 221 Bp71
Zell **D** 122 Be82
Zell **D** 126 Bc83
Zell (LU) **CH** 130 Aq86
Zell (Mosel) **D** 120 Ap80
Zella-Mehlis **D** 116 Bb79
Zell am Harmersbach **D** 124 Ar84
Zell am Moos **A** 236 Bg85
Zell am See **A** 127 Bf86
Zell am Ziller **A** 127 Bd86
Zell an der Pram **A** 127 Bh84
Zellerfeld, Clausthal- **D** 116 Ba77
Zellerndorf **A** 129 Bm83
Zell im Fichtelgebirge **D** 122 Bd80
Zell im Wiesental **D** 169 Aq85
Zellingen **D** 121 Au81
Zell-Pfarre **A** 134 Bi88
Želovce **SK** 240 Bt84
Zelovo **HR** 259 Bo93
Zelów **PL** 227 Bt78
Zeltingen-Rachtig **D** 120 Ap81
Zeltiņi **LV** 215 Co66
Zeltweg **A** 128 Bk86
Želva **LT** 218 Cl70
Zelzate **B** 155 Ah78
Žemaičių Kalvarija **LT** 213 Ce68
Žemaičių Naumiestis **LT** 216 Cd70
Žemaitėliai **LT** 218 Cl71
Žemalė **LT** 213 Ce68
Žemberovce **SK** 239 Bs84
Zemblak **AL** 276 Cb99
Zeme **I** 137 As90
Zeměchy **CZ** 123 Bh80
Zemen **BG** 272 Cf96
Zemendorf **A** 129 Bn85
Zemenō **GR** 286 Cf104
Zemeș **RO** 256 Cn87
Zemianska Oľča **SK** 239 Bq85
Zemīte **LV** 213 Cf67
Zemitz **D** 105 Bh73
Zemlen **BG** 274 Cm96
Zemné **SK** 239 Br85
Zempin **D** 105 Bh72
Zemplénagárd **H** 241 Ce84
Zemplínska Teplica **SK** 241 Cd83
Zemun **SRB** 252 Ca91
Ženda **BG** 273 Cl97
Zendek **PL** 233 Bt80
Zenica **BIH** 260 Bq92
Ženiowska **PL** 234 Cb82
Zenna **I** 131 As88
Zennor **GB** 96 Si80
Zentene **LV** 213 Cf66
Žepa **BIH** 261 Bt93
Žepče **BIH** 260 Br92
Żerań Duży **PL** 223 Cc74
Žeravna **BG** 274 Cn95
Zerbst/Anhalt **D** 117 Be77
Zerebino **RUS** 215 Cr67
Zerf **D** 163 Ao81
Zeri **I** 137 Au92
Zerind **RO** 245 Cd87
Żerków **PL** 226 Bq76
Zerkowice **PL** 233 Bu79
Zermatt **CH** 175 Aq88
Zernez **CH** 131 Ba87
Zernien **D** 110 Bb74
Żerniki **PL** 226 Bq75
Żerniki **PL** 235 Ch80
Zernitz-Lohm **D** 110 Be75
Zernsdorf **D** 111 Bh76
Zero Branco **I** 133 Be89
Zerocin **PL** 229 Cf77
Zerpenschleuse **D** 111 Bh75
Zerqan **AL** 270 Ca97
Zerrenthin **D** 220 Bi74
Zestoa **E** 186 Sq94
Žetale **SLO** 250 Bm88
Zetea **RO** 255 Cl88
Zetel **D** 108 Aq74
Zetjovo **BG** 274 Cl96
Zeuchfeld **D** 116 Bd78
Zeulenroda-Triebes **D** 230 Bd79
Zeuthen **D** 111 Bh76
Zeven **D** 109 At74
Zevenaar **NL** 107 An77
Zevenbergen **NL** 113 Ak77
Zevgolatió **GR** 278 Cg98
Zevgolatió **GR** 283 Cf105
Zevgolatió **GR** 286 Cd106
Zevio **I** 132 Bc90
Zeytinler **TR** 285 Cn104
Żezulin **PL** 229 Cf78
Zgalevo **BG** 265 Ck94
Zgierz **PL** 227 Bt77
Zglinna Duża **PL** 227 Ca77
Zgłobice **PL** 234 Cb81
Zgniłocha **PL** 223 Cb73
Zgornje-Gorje **SLO** 134 Bi88
Zgornje Jezersko **SLO** 134 Bi88
Zgornji Duplek **SLO** 250 Bm87
Zgorzelec **PL** 118 Bl78
Zgozhd **AL** 270 Ca98
Zgurița **MD** 248 Cr84
Zhergë **RKS** 271 Cc96
Zhorany **UA** 229 Ch78
Zhubi **RKS** 270 Ca96
Zhukë **AL** 276 Bt99
Zhur **RKS** 270 Cb96
Ziano di Fiemme **I** 132 Bd88
Žiar nad Hronom **SK** 239 Bs83
Zibalai **LT** 218 Ck70
Zibello **I** 137 Ba90
Žibuliai **LT** 217 Ch70
Zicavo **F** 181 At97
Zicavu = Zicavo **F** 181 At97
Žiče **SLO** 135 Bl88
Zichow **D** 111 Bi74
Ziçisht **AL** 276 Cb99
Zickhusen **D** 110 Bc73
Zidani Most **SLO** 135 Bl88
Židarovo **BG** 275 Cp96
Židikai **LT** 213 Ce68
Židilov Bor **RUS** 211 Cr65
Židlochovice **CZ** 238 Bo82
Ziduri **RO** 256 Cp90
Ziębice **PL** 232 Bp79
Zięby **PL** 223 Ca72
Ziegelroda **D** 116 Bc78
Ziegendorf **D** 110 Bd74
Ziegenhain **D** 115 At79
Ziegenrück **D** 122 Bd79
Zielenice **PL** 234 Ca80
Zieleniec **PL** 232 Bn80
Zieleniewo **PL** 221 Bm72
Zieleniewo **PL** 221 Bm74
Zielona **PL** 222 Bu74
Zielona **PL** 233 Bu79
Zielona Góra **PL** 225 Bm77
Zielonczyn **PL** 111 Bk73
Zielonka **PL** 228 Cc76
Zielonka **PL** 235 Ce80
Ziemetshausen **D** 126 Bb84
Ziemupe **LV** 212 Cc67
Ziérbena (Abanto y Ziérbena) **E** 185 So94
Zierenberg **D** 115 At78
Zierikzee **NL** 112 Ah77
Ziersdorf **A** 129 Bm83
Zierzow **D** 110 Bd74
Ziesar **D** 110 Be76
Ziesendorf **D** 104 Be73
Ziethen **D** 105 Bh73
Zieuwent **NL** 114 Ao76
Žiežmariai **LT** 218 Ci71
Žigljan **HR** 258 Bk91
Zigós **GR** 279 Ci98
Žīguri **LV** 215 Cq66
Žiharec **SK** 239 Bq84
Žihle **CZ** 230 Bg80
Zijaçë **RKS** 262 Cb94
Zijemlje **BIH** 260 Bq94
Zilaiskalns **LV** 214 Cl65
Zīlāni **LV** 214 Cm67
Zīle **LV** 214 Cn65
Zilenci **BG** 271 Cf96
Zili **RUS** 215 Cq67
Žilina **SK** 239 Bs82
Žilino **RUS** 216 Cd71
Zillis-Reischen **CH** 131 At87
Zilly **D** 116 Bb77
Ziltendorf **D** 118 Bk76
Zilupe **LV** 215 Cr68
Zimadi **RUS** 215 Cs66
Zimandu-Nou **RO** 245 Cc88
Zimány **H** 243 Bq88
Zimbor **RO** 246 Cg86
Zimbru **RO** 245 Ce88
Zimbru **RO** 266 Co92
Zimin **PL** 226 Bp76
Zimmernsupra **D** 116 Bb79
Zimna Brzeźnica **PL** 226 Bm77
Zimnica **BG** 275 Co95
Zimnicea **RO** 265 Cl93
Zinal **CH** 169 Aq88
Zinasco Nuovo **I** 137 As90
Žindaičiai **LT** 217 Cf70
Zingsheim **D** 119 Ao79
Zingst **D** 104 Bf72
Zinkgruvan **S** 70 Bi63
Zinna, Kloster **D** 117 Bg76
Zinnik = Soignies **B** 155 Ai79
Zinnowitz **D** 220 Bh72
Zinnwald-Georgenfeld **D** 118 Bh79
Zinswiller, Oberbronn- **F** 120 Aq83
Zinzenzell **D** 236 Bf82
Žiobiškis **LT** 214 Cl68
Zipári **GR** 289 Cp107
Ziras **LV** 212 Cd66
Zirc **H** 243 Bq86
Žirče **SRB** 262 Ca94
Zirchow **D** 105 Bi73
Žiri **SLO** 134 Bi88
Žirje **HR** 259 Bm93
Zirl **A** 126 Bc86
Zirndorf **D** 122 Bb82
Zirnești **MD** 256 Cr88
Zirni **LV** 213 Ce67
Ziros **GR** 291 Cn110
Žirovnica **MK** 270 Cb97
Žirovnica **SRB** 263 Cc92
Žirovnice **CZ** 237 Bl82
Zistersdorf **A** 129 Bo83
Žitara vas = Sittersdorf **A** 134 Bk87
Žitarovo **BG** 275 Cp95
Žitište **SRB** 252 Cb90
Žitkovac **SRB** 263 Cd93
Žitkovicy **RUS** 211 Cs63
Žitkovo **RUS** 65 Ct59
Žitnica **BG** 273 Ck96
Žitnica **BG** 275 Cq94
Žitni Potok **SRB** 263 Cd94
Žitorađa **SRB** 263 Cd94
Žitosvjat **BG** 275 Co96
Zitsa **GR** 276 Cb101
Zittau **D** 118 Bk79
Žituša **BG** 272 Cf96
Živinice **BIH** 261 Bs92
Živkovci **SRB** 262 Ca92
Živkovo **BG** 272 Ch96
Živogošće **HR** 268 Bp94
Živojno **MK** 271 Cd99
Zizers **CH** 131 Au87
Zjabki **BY** 215 Cr69
Zjum = Zym **RKS** 270 Cb96
Złaków Borowy **PL** 227 Bu76
Zlarin **HR** 259 Bm93
Zlata **SRB** 263 Cd94
Zlatá Baňa **SK** 241 Cc83
Zlatá Koruna **CZ** 123 Bi83
Zlatar **BG** 275 Co94
Zlatar **HR** 242 Bn88
Zlatar Bistrica **HR** 250 Bn88
Zlatari **SRB** 263 Cc94
Zlatarica **BG** 272 Ch97
Zlatarica **BG** 273 Cm94
Zlaté Hory **CZ** 232 Bp80
Zlaté Klasy **SK** 238 Bp84
Zlaté Moravce **SK** 239 Br84
Zlatibor **SRB** 262 Bu93
Zlatica **BG** 272 Ci95
Zlatija **BG** 264 Ch93
Zlati Vojvoda **BG** 274 Cn95
Zlatna **RO** 254 Cg88
Zlatna Greda **HR** 252 Bs89
Zlatná na Ostrove **SK** 239 Bq85
Zlatna Niva **BG** 266 Cp94
Zlatna Panega **BG** 272 Ci94
Zlatni Pjasăci **BG** 275 Cr94
Zlatograd **BG** 279 Cl98
Zlatoklas **BG** 266 Cp93
Zlatokop **SRB** 271 Cd95
Zlatopole **BG** 274 Cm96
Zlatovo **SRB** 263 Cc92
Zlatuša **BG** 272 Cg95
Zławieś Wielka **PL** 222 Br74
Žlebič **SLO** 134 Bk89
Žleby **CZ** 231 Bl81
Žlėkas **LV** 212 Cd66
Zletovo **MK** 271 Ce97
Žlibinai **LT** 213 Ce69
Zliechov **SK** 239 Br83
Zlín **CZ** 239 Bq82
Zliv **CZ** 237 Bi82
Žljebovi **BIH** 261 Bs93
Złobek **PL** 235 Cf82
Zlobin **HR** 134 Bk90
Złochowice **PL** 233 Bs79
Złocieniec **PL** 221 Bn73
Złoczew **PL** 227 Bs78
Zlogoš **BG** 271 Cf96
Złojec **PL** 235 Cg79
Zlokućane = Zallkuq **RKS** 270 Cb95
Zlonice **CZ** 123 Bi80

Yunta, La – Zlonice 415

Zlosela BIH 260 Bp 93
Zlostup MNE 269 Bs 95
Zlot SRB 263 Cd 92
Złota PL 234 Cd 80
Złotniki Lubańskie PL 231 Bl 78
Złotoria PL 222 Bs 75
Złotoryja PL 226 Bm 78
Złotów PL 221 Bp 74
Złotów PL 226 Bp 78
Złoty Potok PL 233 Bt 79
Złoty Stok PL 232 Bq 80
Žlutice CZ 123 Bg 80
Zmajevac HR 251 Bs 89
Zmajevo SRB 252 Bu 90
Žman HR 258 Bl 93
Zmejovo BG 273 Cm 96
Zmiennica PL 234 Cd 81
Žmigród PL 226 Bo 78
Žminj = Gimino HR 258 Bh 90
Zminjak SRB 262 Bt 91
Znamenka BY 219 Cq 72
Znamenosec BG 274 Cm 96
Znamensk RUS 223 Cc 71
Znamenta RUS 211 Cr 64
Žnin PL 226 Bq 75
Znojmo CZ 237 Bn 83
Zoagli I 175 At 92
Zöbern A 242 Bn 85
Zöblitz D 123 Bg 79
Zocca I 138 Bb 92
Žodino = Žodzina BY 219 Cr 72
Žodiški BY 218 Cn 71
Žodzina BY 219 Cr 72
Zoersel B 113 Ak 78
Zoetermeer NL 113 Ai 76
Zofingen CH 124 Aq 86
Zogaj AL 270 Bt 96
Zogaj AL 270 Ca 96
Zogno I 131 Au 89
Zograf BG 266 Cq 93

Zohor SK 129 Bo 84
Zoio P 191 Sg 97
Zoița RO 256 Cp 90
Zola Predosa I 138 Bc 92
Żoliborz PL 228 Cb 76
Żółkiewka PL 235 Cf 79
Zollikofen CH 130 Ap 87
Zollikon CH 125 As 86
Zolling D 126 Bd 84
Zolotievca MD 257 Ct 87
Zolotkovyči UA 235 Cg 81
Zolt RO 253 Ce 89
Żółtnica PL 221 Bo 73
Żołynia PL 235 Ce 80
Zomba H 251 Bs 88
Zonhoven B 156 Al 79
Zóni GR 274 Cn 98
Zonianá GR 291 Ck 110
Zons D 114 Ao 78
Zonza F 181 At 97
Zoppè di Cadore I 133 Be 88
Zora, Kvartal BG 273 Cm 96
Żórawina PL 232 Bp 79
Zörbig D 117 Be 77
Zorge D 116 Bb 77
Zorita E 198 Si 102
Zorita de la Loma E 184 Sk 96
Zorita del Maestrazgo = Sorita E 195 Su 99
Zorja UA 257 Cu 89
Zorleni RO 256 Cq 88
Zorlențu Mare RO 253 Cd 90
Zorneding D 127 Bd 84
Zornica BG 266 Cq 94
Zornica BG 275 Co 96
Zornotza = Amorebieta-Etxano E 186 Sp 94
Żory PL 233 Bs 80
Zosin PL 229 Ce 77

Zosin PL 235 Ci 79
Zosna LV 215 Cp 68
Zossen D 118 Bg 76
Zotes del Páramo E 184 Si 96
Zottegem B 155 Ah 79
Zoutkamp NL 107 An 74
Zoutleeuw B 156 Al 79
Zoúzouli GR 276 Cc 100
Žovkva UA 235 Ch 80
Žovtneve = Karakurt UA 257 Cs 89
Žovtyj Jar UA 257 Cu 89
Zrenjanin SRB 252 Ca 90
Zrmanja-Velo HR 259 Bn 92
Zrnovci MK 272 Ce 97
Žrnovnica HR 268 Bo 93
Zruč nad Sázavou CZ 231 Bl 81
Zrze MK 271 Cc 97
Zrze = Xërxë RKS 270 Cb 96
Zsadány H 245 Cc 87
Zsámbék H 243 Bs 85
Zsámbok H 244 Bu 85
Zsana H 244 Bu 88
Zschopau D 230 Bg 79
Zschoppach D 117 Bf 78
Zschornewitz D 117 Be 77
Zschortau D 117 Be 78
Zsórifürdő H 240 Ca 85
Zsurk H 241 Ce 84
Zuazo de Cuartango E 185 Sp 95
Żub = Zhubi RKS 270 Ca 96
Zuberec SK 240 Bu 82
Zubia E 205 Sn 106
Zubialde (Zeberio) E 185 Sp 94
Zubiaur (Orozco) = Zubiaur (Orozko) E 185 Sp 94
Zubiaur (Orozko) E 185 Sp 94
Zubići BIH 260 Bq 92

Zubieta E 186 Sr 94
Zubin Potok RKS 262 Cb 95
Zubiri E 176 Sr 95
Zubné SK 241 Ce 82
ZuborniČka = Kleinsaubernitz D 118 Bk 78
Zubowice PL 235 Ch 79
Zubrzyca Górna PL 240 Bu 81
Zubrzyce PL 232 Bq 80
Žuč SRB 263 Cc 94
Zucaina E 195 Su 100
Zuchau D 116 Bd 77
Zuchwil CH 169 Aq 86
Zudaire E 186 Sq 95
Zudar D 220 Bg 72
Zudiviarte E 185 So 94
Zuera E 187 St 97
Zufía E 186 Sq 95
Zufre E 203 Sh 105
Zug CH 125 As 86
Zuglio I 133 Bg 88
Zuheros E 205 Sm 105
Zuid-Beijerland NL 113 Ai 77
Zuidhorn NL 107 An 74
Zuidlaren NL 107 Ao 74
Zuidwolde NL 107 An 75
Zújar E 206 Sp 105
Zuków PL 226 Bn 77
Zuków PL 229 Cg 77
Żukowice PL 234 Cc 80
Żukowo PL 222 Br 72
Żulin PL 229 Cg 78
Žulin UA 235 Ch 82
Žuljana HR 268 Bp 95
Žulová CZ 232 Bp 80
Zumaia E 186 Sq 94
Zumárraga E 186 Sq 94
Zumiè I 132 Bb 89
Zundert NL 113 Ak 78

Zungoli I 148 Bl 98
Zungri I 151 Bm 103
Žunjeviće SRB 262 Ca 94
Zunzarren E 176 Ss 95
Župa CH 131 Au 87
Zupa HR 259 Bp 94
Županja HR 261 Bs 90
Županjac SRB 261 Ca 92
Županjevac SRB 263 Cc 93
Župče RKS 262 Cb 95
Župčići BIH 269 Bs 93
Župrany BY 218 Cn 72
Žur = Zhur RKS 270 Cb 96
Žuravlivka UA 249 Cs 83
Žuraw PL 233 Bt 79
Žurawica PL 235 Ct 81
Zurgena E 206 Sq 106
Zürich CH 125 As 86
Zürich NL 106 Al 74
Zuriza E 176 St 95
Zurndorf A 129 Bp 85
Żuromin PL 222 Bu 74
Žurominek PL 223 Ca 74
Zurow D 104 Bd 73
Zurrieq M 151 Bi 109
Zürs A 125 Ba 86
Zusamzell D 126 Bb 84
Züschen D 115 As 78
Züschen D 115 At 78
Zusmarshausen D 126 Bb 84
Züsow D 105 Bh 73
Züssow D 105 Bh 73
Žuta Lokva HR 258 Bl 91
Zutendaal B 156 Am 79
Zutphen NL 114 An 76
Zuzela PL 229 Ce 75
Žužemberk SLO 134 Bk 89
Zuzwil CH 125 At 86
Žvan MK 271 Cc 98
Žvan UA 248 Cp 83

Zvänari BG 266 Cn 93
Zvänarka BG 273 Cm 98
Žvanec' UA 248 Cn 83
Zväničevo BG 273 Ci 96
Zvečan RKS 262 Cb 95
Zvečan = Zvečan RKS 262 Cb 95
Zvečka SRB 262 Ca 91
Zvegor MK 272 Cf 97
Zvejniekciems LV 214 Ci 66
Zvenimir BG 266 Co 93
Zvezda BG 274 Cn 94
Zvezdec BG 275 Cp 96
Zvezdel BG 273 Cm 98
Zvíkovské Podhradí CZ 231 Bi 82
Zvinkove UA 241 Ce 84
Žvirče SLO 134 Bk 89
Zvirgzde LV 214 Ci 67
Zvirinė AL 276 Cb 99
Zvole CZ 232 Bn 82
Zvolen SK 240 Bt 83
Zvolenéves CZ 123 Bi 80
Zvolenská Slatina SK 239 Bt 83
Zvonce SRB 263 Cf 95
Zvorištea RO 247 Cn 85
Zvornik BIH 261 Bt 92
Zwaagwesteinde = De Westerein NL 107 An 74
Zwanenburg NL 106 Ak 76
Zwardoń PL 240 Bs 81
Zwaring, Dobl- A 135 Bl 87
Zwartsluis NL 107 An 75
Zweeloo NL 107 Ao 75
Zweibrücken D 119 Ap 82
Zweisimmen CH 130 Ap 87
Zwenkau D 117 Be 78
Zwentendorf an der Donau A 238 Bm 84
Zwethau, Großtreben- D 117 Bg 77

Zwettl A 129 Bl 83
Zwettl an der Rodl A 237 Bi 84
Zwevezele B 155 Ag 78
Zwiartów PL 235 Ch 79
Zwickau D 117 Be 79
Zwiefalten D 125 At 84
Zwierzno PL 222 Bt 72
Zwierzyn PL 225 Bm 75
Zwierzyniec PL 235 Cf 79
Zwiesel D 123 Bg 82
Zwieselstein A 132 Bc 87
Zwijndrecht B 113 Ai 78
Zwillbrock D 114 Ao 76
Zwinge D 116 Ba 77
Zwingenberg D 163 As 81
Zwingendorf A 129 Bn 83
Zwischenwasser = Longega I 132 Bd 87
Zwochau D 117 Be 78
Zwoleń PL 228 Cd 78
Zwolle NL 107 An 75
Zwönitz D 123 Bf 79
Żychlin PL 227 Bu 76
Życiny PL 234 Cc 79
Żydowo PL 221 Bo 72
Żydowo PL 222 Bs 74
Żyguli BY 219 Cq 69
Žylow = Sielow D 118 Bi 77
Zymne UA 235 Ci 79
Żyraków PL 234 Cc 80
Żyrardów PL 228 Ca 76
Żyrzyn PL 229 Ce 78
Żytkiejmy PL 217 Cf 72
Żytniów PL 233 Bs 78
Żytno PL 233 Bu 79
Žytomlja BY 224 Ci 73
Żywiec PL 233 Bt 81
Żywocice PL 232 Bq 80